2011

上海工业年鉴

SHANGHAI
INDUSTRIAL YEARBOOK

上海市经济和信息化委员会编

上海社会科学院出版社

上海工业年鉴
编辑委员会

编辑说明

由上海市经济和信息化委员会主编的《上海工业年鉴》是一部全面系统反映上海工业发展、经济运行、技术进步和各种所有制工业企业发展情况的资料性工具书。

2011 年版《上海工业年鉴》反映的是 2010 年上海工业经济发展情况，设置 11 个栏目：(1) 特载，刊有市领导及市经济和信息化委领导关于上海产业经济发展的重要讲话和文章；(2) 综述，概述了 2010 年上海工业发展的特点；(3) 专题，记述了全市工业经济运行、高新技术产业发展、电子信息产业、生产性服务业、创意产业、都市产业、工业投资、技术进步、能源节约、环保治理、对外经济合作、国防科技工业、国资国企改革以及中小企业等方面的发展情况；(4) 区县工业，反映了 2010 年各区县工业的发展情况；(5) 企业简介，介绍了宝钢集团有限公司、上海汽车工业（集团）总公司、上海石油化工股份有限公司等大中型工业企业 2010 年的发展情况；(6) 上市股份公司，介绍了 2010 年上海工业类上市股份公司的资产运作、股本结构以及全年主要经济指标；(7) 行业协会简介，介绍了 90 多个工业行业协会 2010 年的工作；(8) 大事记；(9) 经济法规，刊载了 2010 年上海市颁布的有关工业的主要经济法规；(10) 统计资料，刊载了 2010 年上海工业经济发展的重要统计数据；(11) 企业形象，以彩色版面展示了 140 多户各类企业形象。

《上海工业年鉴》编辑委员会

2011 年 7 月

2010 年 7 月 28 日，上海高新技术产业化展隆重开幕

2010 年 1 月 10 日，上海紫竹新兴产业技术研究院正式成立

2010 年中国国际工业博览会开幕

2010 年工博会论坛

上海多家企业获工博会金奖

LED 灯照亮 2010 上海世博会夜空

采用节能照明的世博区内高架通道

世博会电力馆

江南船厂址上建的部分世博展馆

世博会在上海港机厂址上保留的设备引人注目

世博太阳能

上海电气制造海风机在东海风场运行

第五届上海市信息化专家委员会第一次全体会议

上海首个云计算机产业基地和上海基础软件产业基地落户“市北高新技术服务业园区”

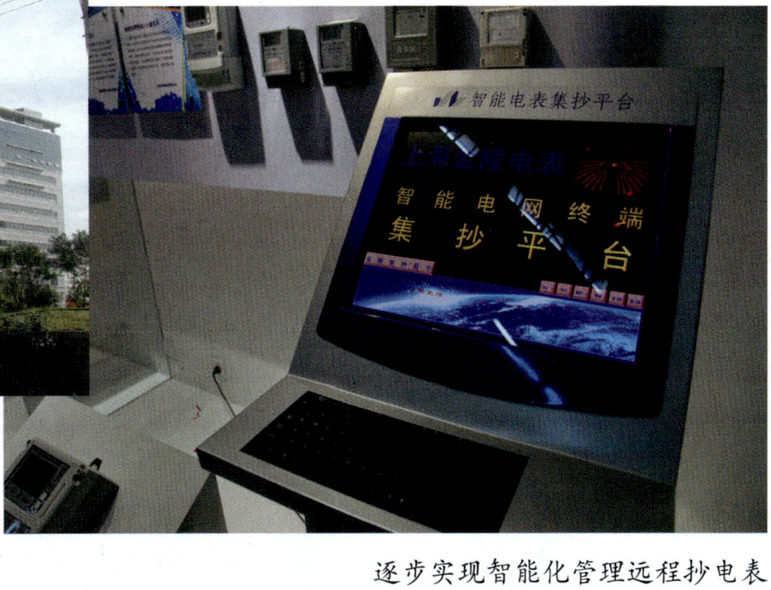

逐步实现智能化管理远程抄电表

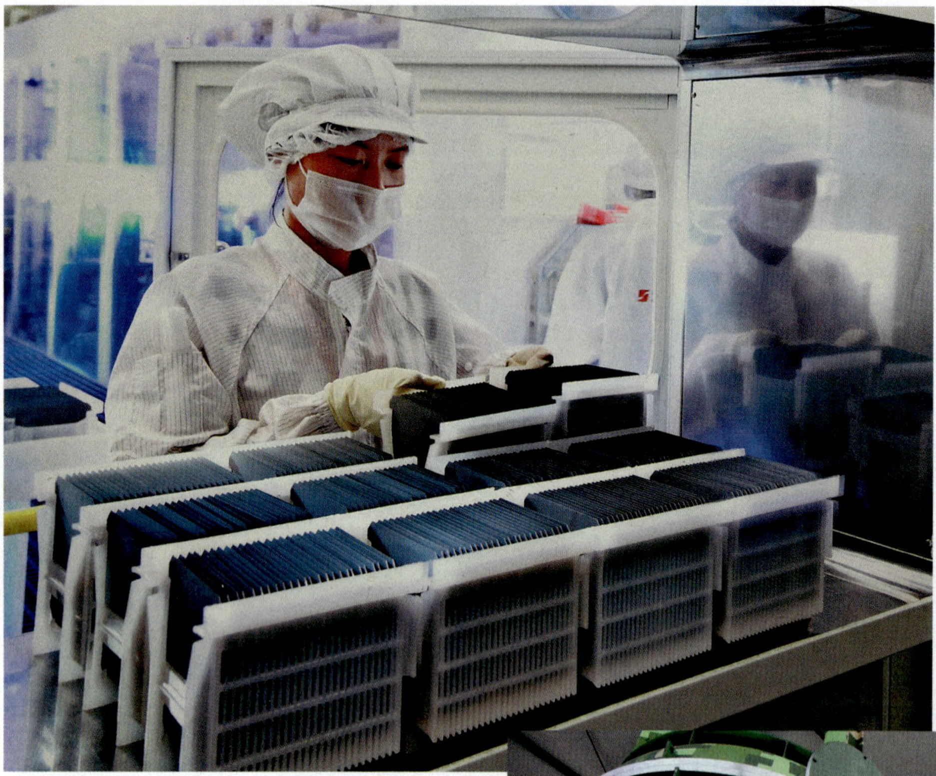

尚德太阳能电池规模最大

上海多晶硅炉水平国际领先

上海贝尔网络设备制造行业领先

上海大众第600万辆轿车下线

上汽上海牌燃料电池新款车亮相工博会

上汽大力研发的新能源轿车取得成功

高桥石化年产 10 万吨丁苯橡胶装置

上海石化获中华环境友好企业称号

上海液化天然气一期工程

宝钢连续七年入榜世界500强业绩居全球第一阵营

双工位LF精炼装置

宝钢产品展示

中国自主化首台百万千瓦级蒸汽发生器交付使用

中国首台 IGCC 气化炉下线

上海电气建成临港风机制造大型基地

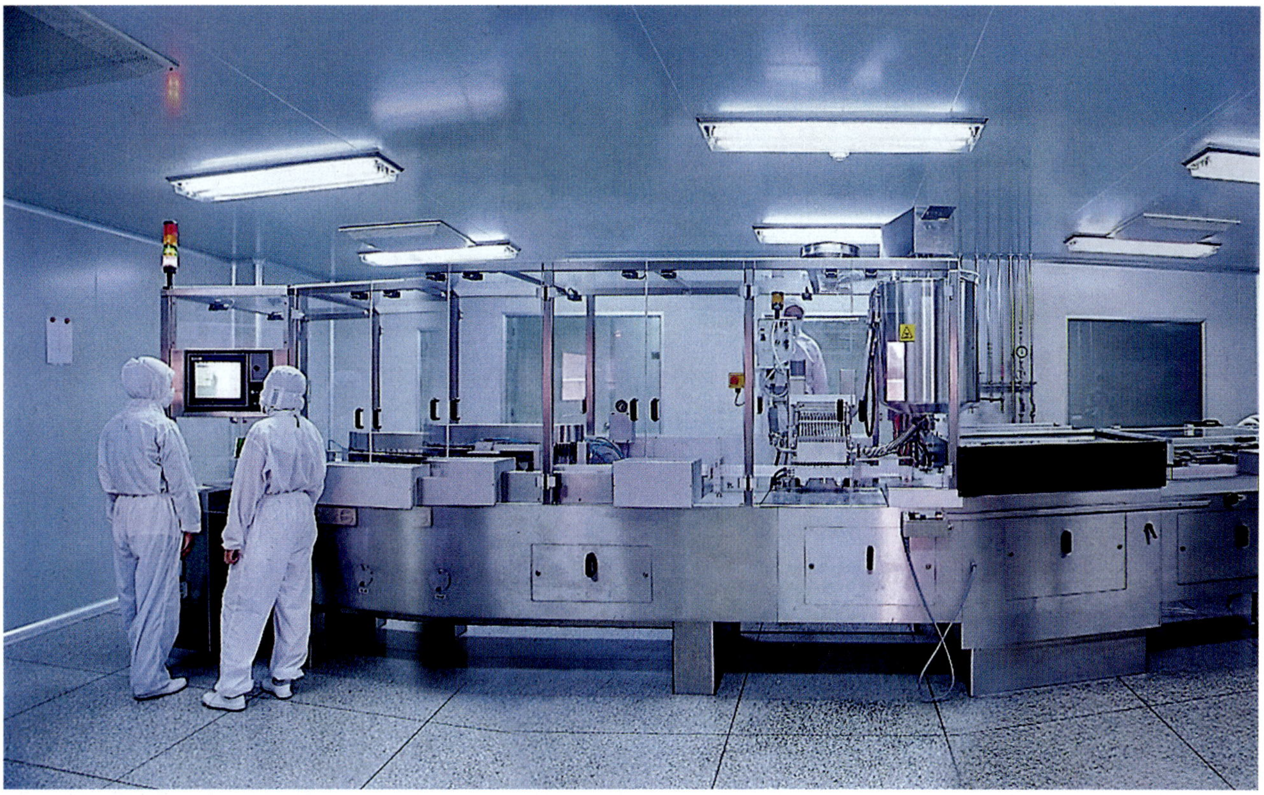

上海现代医药药品生产流水线

上海医药开发新药填补国内空白

上海医疗器械行业研发的数字一体化手术设备

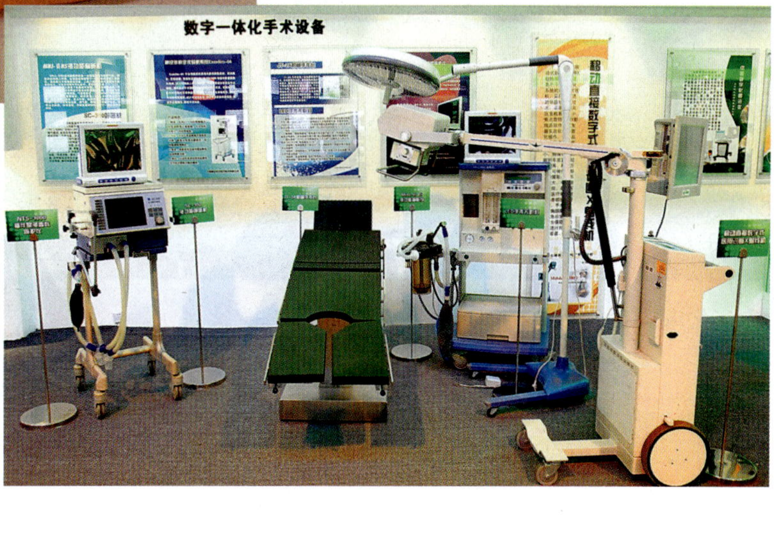

国际先进水平的第六代3000米深水半潜式钻井平台顺利出坞

上海外高桥造船突破年造船700万载重大关

上海港集装箱吞吐量具世界首位

（本栏图片由蔡钧等提供）

目　录

特　载

综　述

专 题

区县工业

企业简介

上市股份公司

行业协会简介

大事记

经济法规

统计资料

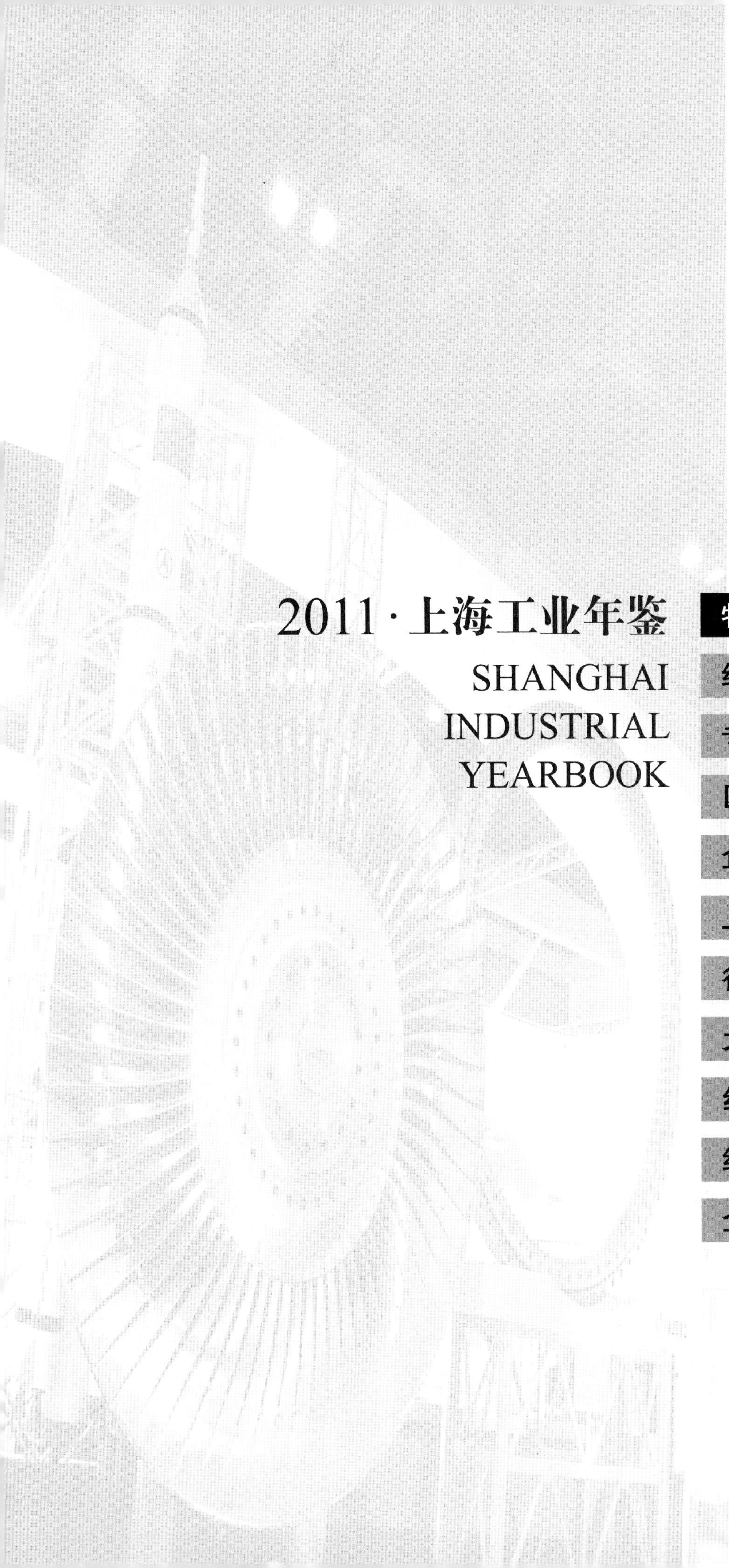

2011·上海工业年鉴

SHANGHAI
INDUSTRIAL
YEARBOOK

加快高新技术产业化是转方式的主攻方向
——在全市推进高新技术产业化工作会议上的讲话

俞正声

（2010年7月28日）

一、推进高新技术产业化的总体情况

市委、市政府2008年经过调研，2009年确定了目标和措施，明确全力推进九个重点领域高新技术产业化工作。全市上下经过一年多努力，这项工作得到了大力推进。比如，上汽的电动车，从实验室到零部件，在真抓实干中出了成效，现在正在研究出台相关配套政策。大飞机项目进展很快。尚德将把1/3的光电产能放在闵行区，今后的研发也要放在上海。LPVCD项目也在张江落户，这是薄膜光电的设备。上海的多晶硅、单晶硅项目，在深度加工上具有发展前景。上海核电项目一直占据着国内的重要地位。总之，上海在推进9个重点领域高新技术产业化方面都相继取得了不少重大突破。另一方面，还要传递压力。根据国家发改委日前公布的发展战略性新兴产业七大方向，江苏、湖北等省市相继在物联网、云计算、新能源等项目上提出了发展思路和重大项目，竞争十分激烈。上海跟他们比，特别是与江苏比，在发展的魄力、速度与节奏上还有差距。科学发展要在关键的符合长远发展的产业上千方百计加快发展。从市发改委、市经信委、市科委等职能部门到各区县，都要传递压力。把压力变成动力。在讨论制定“十二五”规划时，除了优先发展现代服务业外，要把发展战略性新兴产业放在重要位置，提出发展思路和目标。上海虽然受到土地资源、环境条件、要素成本高的限制，但在培育战略性新兴产业、推进高新技术产业化上仍然有相当大的发展空间，一定要加大工作力度。

二、推进高新技术产业化要明确重点

海洋工程，上海主要依靠中船和振华重工，充分利用海岸线，要从环境和资源出发。一些劳动密集型的、高能耗的项目上海不能搞。一些受国内市场环境限制的，存在地区分割的，要合理利用资源，达到合作双赢。上海电气已经到江苏省建了一个风电发电机制造厂，这是沪苏两地友好合作的成果。推进高新技术产业化项目，既要确定重点，又要有舍有取。如上海TFT八代线最终没上，主要是觉得条件不成熟。上海先把五代线和OLED搞好，让五代线恢复生产盈利，OLED明年恢复生产，另辟捷径寻找上海面板未来的出路。

要有舍有取，必须把握住两条原则。第一条要服务国家战略，第二条要看市场取向。凡是国家战略需要的项目，上海要大力推进。大飞机项目，国家放在上海，这是上海站在全局的高度，体现上海影响力、带动力的一个重要标志项目。还有上海华虹的12英寸集成电路芯片生产线，这是国内唯一国资完全控股的项目，上海要把这个国资项目坚持下去。关于市场取向，一是看市场的需求，一是看上海资源的配置。所以，确定重点，有舍有取，取决于国家战略和市场取向。上海要根据这两条进行研判，确定工作重点。

三、推进高新技术产业化要抓好落实

要做到落实项目，落实责任，落实措施。具体包括六个方面：

一是抓好重大项目的落实。凡是非常重大的项目，都是筛了又筛的项目，全市上下都要给它开辟“绿色通道”。比如大飞机项目，绝不能耽搁。又比如上海核电装备，上海要保持全国第一的领先位置，占国内市场份额40%以上。尚德光电项目达到世界领先水平，上海要全力支持。市建委有个重大办，高新技术产业化也要有办公室，负责重大项目的推进，重大项目的事情，办公室有权利进行协调。

二是解决好中小企业的金融支持。特别是新业态的中小企业很多，这些中小企业的发展，最需要金融扶持政策。对此，上海要有重大突破，明确一个部门牵头把这件事解决好。如果私人融资没有结果，国有融资就要跟上。国有融资要解决好机制、体制问题，下决心进行扶持。

三是大力培育一批龙头企业。培育龙头企业跟金融支持有关系，但又不完全一样，跟重大项目开辟绿色通道也不一样。上海需要平稳较快发展，要增强培育龙头企业的意识。有的企业可以引进，有的现有企业可以重组，真正把高新技术产业做大做强做实。比如上海的智能电网项目，正在大力推进落实之中，加快形成智能电网的龙头企业。

四是研究解决好关键的政策难点。对一些关键的政策难点，上海要深入研究。比如集成电路的保税政策，新医药的试用和审批流程等，“三网融合”也有一些政策上的难点，都要尽快提出办法和政策，或者争取一种灵活的办法。如果取得了突破，这个行业就会迅速发展。必要时争取国家有关部委的支持和理解，在上海先行先试。

五是高新技术产业化的一些应用政策，需要在制定“十二五”规划中通盘考虑，并提出应用和普及的相应政策。比如国家已经出台电动车相应政策，上海在“十二五”规划中如何体现和跟进，跟进的规模及力度有多大。回答这个问题可以提振做好这个产业的信心，对这个产业的研发人员和企业是一个正面的导向。比如光伏太阳能在设计建筑中如何应用，也要下决心抓好落实。

六是充分调动郊区的积极性。目前，在城区布局战略性新兴产业项目已没有多大余地，更多的是布局在郊区。作为郊区一定要选准方向，最好奔着一个产业链的方向有计划地招商。如嘉定区就着力发展汽车和物联网，宝山区要鼓励发展宝钢深加工，延伸产业链，提高它的附加值。总之，每个郊区都要根据自己的特点，寻求未来5年战略性新兴产业的发展方向，逐步迈上新台阶。

继续推进全市高新技术产业化工作
——在推进高新技术产业化工作会议上的讲话

韩 正

（2010年7月28日）

2009年5月，市委、市政府召开推进高新技术产业化大会以来，在全市各方面的共同努力下，上海高新技术产业化无论是在重点领域，还是在规模上，都取得了一些进展，在一些领域也有突破。今天，我想就两个问题跟大家沟通和交流。

一、当前和下一步上海高新技术产业化工作的着力点，需要进一步强化

什么是着力点呢？就是推进高新技术产业化的着力点要放在产业化和市场化上。这是我们必须要时时把握的着力点。这个着力点，最后要归结到以项目为抓手，这是我们一年多来工作中的体会。推进高新技术产业化的核心是产业化，如果没有产业化就谈不上工作成效。那就必须围绕重点项目、关键环节和重要技术，加快推进科技成果转化为现实生产力。这是上海的优势，也是我们的特点。所以，市委、市政府确定在9个领域安排重大项目，推进高新技术产业化工作。

在加快推进高新技术产业化的进程中，要重视加强和深化研究产学研相结合的机制，以加快提升技术成果转化的能力，发展自主知识产权。这就需要各方形成合力，突破一批技术上的瓶颈，提高产业的竞争力。刚才，三个单位的工作交流发言中也谈到这个问题，就是技术上的瓶颈突破以后还要尽快形成产业规模。这一方面包括很多领域，涉及许多地区，期望我们的领军企业和领军人物作不懈努力。从政府扶持方面来讲，推进高新技术产业化还要加强产业链的建设，这也是一年多来工作的重要体会。与此同时，要强调市场化。因为推进产业化的基础是市场化。面向市场，坚持市场化的运作方向，这也是一年多来一直坚持的。今后，推进高新技术产业化要按市场需求来确定主攻方向。当然，市场需求包括今天的市场需求，还要研究未来的市场需求是什么，这很重要。此外，就是要用好市场机制，引入市场机制来扶持、遴选高新技术产业化的项目。这一方面我们还要进一步加大力度。寻求重点项目进行突破，最终要用市场来评价。国家的重大专项，需要上海配合的一定要配合做好落地工作，因为它代表着国家意志和国家竞争力。

我们的着力点就是产业化、市场化。实际工作一定要聚焦到项目上扎扎实实地加以推进。政府部门要提高工作效率，减少一些繁琐的审批程序，还要鼓励创新，包括制定一些优惠政策。越是新的东西，越是要给予政策扶持。当然，市发改委、市经信委和市科委还要有一套科学的管理机制，互相配合，有序协调推进工作。

二、在关键的工作环节上一定要形成共识和合力

第一个关键环节就是要全市形成合力，聚焦几个重点。高新技术产业化包括九大领域，不能说这个委办有这个委办的重点，那个委办有那个委办的重点。九大领域的项目虽然是很分散的，但是实施起来需要聚焦聚焦再聚焦。

第二个关键环节就是要进一步健全创新机制。创新机制主要是政府管理层面，涉及三个方面：一是高新技术

一旦进入一个平台，除了秘密内容外，信息要共享；二是制定政府扶持的政策，特别是带有资金支持的政策要打破常规；三是去年讲的100亿元资金都要集中在这个平台上，统一扶持上海高新技术产业。

第三个关键环节是现在已经下达的一些重点项目，无论如何要抓紧推进。现在“三个一批”，即启动一批，突破一批，投产一批，都有目录和时间表，大家都要咬住这个目标全力推进。

第四个关键环节是在推进高新技术产业化的过程中，要积极推进与中小企业配套对接工作。要完善中小企业对高新技术产业化重点项目的衔接，健全对接、扶持产业链的工作机制。这方面区（县）层面已做了大量的工作，还要进一步强化。

第五个关键环节是形成战略性新兴产业的跟踪发现机制。要更加密切跟踪智能电网、物联网、云计算、节能环保、绿色低碳等新领域，建立跟踪发现全国、全球科研发展信息动态工作机制。

第六个关键环节是抓住世博会的学习机会。在2010年上海世博会上已经展示和运行的新能源汽车，需要进一步优化，各国各企业馆展出很多先进的创意和技术，上海要努力学习和借鉴。这是一个大平台，要注意世博会创新成果的吸收和转化。

总之，期望大家共同努力，通过今天的会议，各委办局都能按照总的目标和任务，在推进高新技术产业化、贯彻落实国家战略性新兴产业发展进程中，结合上海的实际，发挥上海的优势，把这项工作抓得更紧、更实、更有成效。

推进创意产业　打造“创意城市”
——在上海创意城市工作推进会议上的讲话

殷一璀

（2010年5月20日）

一、发展创意产业是上海转变经济发展方式、调整产业结构的重要任务

随着上海产业发展，创意产业的重要性越来越凸显。发展创意产业成为上海转变经济发展方式、调整产业结构的重要任务之一。2010年1月中旬，胡锦涛总书记来上海考察工作，要求上海率先利用国际金融危机形成的倒逼机制，找准国际产业发展新方向，在转变经济发展方式上取得突破性进展，当好推动科学发展、促进社会和谐的排头兵，这是党中央交给上海的一项任务，也是上海发展的内在需求。温家宝总理在全国省部级领导干部参加的培训会上讲过一句话，“国际金融危机对我国经济冲击很大，表面上看来是对经济增长速度的影响，实质上是对现有经济发展方式的冲击”。现在，上海受到资源环境约束日益突出，经济增长的推动力一定程度上在减弱，产业结构不合理的影响日益凸显。在这个背景下，发展创意产业正逢其时，它既为生产服务，也为生活服务，近两年来，已证明具有反经济周期的特征，在优化产业结构、转变经济发展方式上有着独特优势和特殊作用。从产业特点来看，创意产业具有资源消耗低、环境污染小、智力密集程度高、吸纳就业人数多等特征，是少数几个与资源、能源、环境瓶颈制约关系不大的新兴产业之一，也是典型的低碳经济、绿色经济，非常适合上海这座城市的产业发展要求。

经过多年努力，上海创意产业有了相当的规模。从产业带动力看，它不仅是经济概念上的产业。比如8号桥的创意产业不仅具有经济效益，实际上已成为城市名片。现在，上海把对老厂房、老仓库和老大楼的开发，与文化传承、文化发展紧密结合起来。创意产业带给城市创新能力，增强了城市的活力，效益是多方面的，非常有发展前途。2010年对上海创意产业发展来说是具有特殊意义的一年。

第一，1月16日，胡锦涛总书记视察了8号桥创意产业园区，指出“创意产业蕴藏着巨大发展潜力，要真正把创意产业打造成上海经济发展的新亮点”，这既是对上海创意产业发展的充分肯定，也是对上海发展创意产业提出更高的期望和要求。

第二，2月10日，联合国教科文组织正式批准上海加入“创意城市网络”，命名为“设计之都”，并已正式授牌。市里专门设立了“申创”领导小组，现在上海成功加入了联合国“创意城市网络”。国内第一家是深圳，第二家是上海。联合国教科文组织总干事博科娃表示要把全世界的创意城市组织起来形成一个网络，就是“创意城市网络”，将深圳、上海命名为“设计之都”，这是上海创意产业发展走向国际化的重要一步，也为上海创意产业发展创造了良好环境。

第三，5月1日，上海世博会隆重开幕，这是人类文明的盛会。世博园区内的展馆和布展都充满着创意，还吸引着一大批来自世界各地的创意企业、创意机构和创意人才，为上海近距离、全方位观察世界创意产业发展提供了机会，不仅给上海留下了丰富的创意理念和实践，而且通过各国和国际组织的展览，让我们看到了全球创意

产业的发展前景。

总之，发展创意产业既是上海实现转变经济发展方式的客观要求，同时也面临着难得的发展机遇，我们有理由，也有信心、有条件在新的起点上实现新的发展。

二、进一步解放思想，以改革创新的精神推动上海创意产业发展

创意渗透在各个领域，涉及多个行业，现在有创意产业、文化创意服务业、网络与信息创意产业，设计、时尚、广告、会展、印刷、包装、动漫等发展重点。创意产业是“跨界”产业，与文化、科技、资本、制造等有着广泛的联系，有显著的交叉性。

如今，深圳工业设计是全国第一。上海是我国重要的制造业基地，上海工业设计比不过深圳是说不过去的。科技是文化创意产业的支撑，文化是创意产业的原动力，经济是创意产业的基础，资本是创意产业的保证。不同产业与创意的结合，创造出许多令人鼓舞的成果，这就是创意产业的魅力。发展创意产业必须突破传统产业发展的思维，解放思想，探索新的发展路径。

一要加强创意产业与文化的结合。2009 年，一些专家给市领导写信，建议上海创意产业千万不能没有文化内涵。文化产业和创意产业究竟是什么关系？从现实来看，创意产业和文化产业两大概念之间存在交叉性。在英国，创意产业权威概念明确标识出的 15 类核心创意产业中有 13 类为现在统计中的文化产业。我国文化产业有全国统计口径，创意产业还没有。国家文化产业行业代码与上海创意产业行业代码相比较，其重复度达到 53.77%。2009 年，国务院发布的《文化产业振兴规划》把发展文化产业提升为国家战略，重点发展文化创意、影视创作、出版发行、印刷复制、广告、演艺娱乐、文化会展、数字内容和动漫等产业。市委、市政府也相应出台了《关于加强本市文化产业发展的若干意见》。这两个产业重合度很高，这两者在上海都要有充分的发展，而且要尽最大努力融合发展。市发改委统计，创意产业占 GDP 的 7%，文化产业占 GDP 的 5.8%。

二要加强创意产业与科技的结合。如今，科学技术已经渗透到创意产业的各个领域，技术与创意相结合，将好的创意通过科技手段实现，引领新的生活方式和带来新的体验，催生了创意产业的新业态。同时，科技与创意产业的加速融合，也为科技创新带来了巨大的经济价值。在这次世博会上，大量的创意就是依靠光、机、电、声、化学、计算机、仿真等多种科技的综合集成应用，给人们带来美仑美奂的感受。像沙特馆，通过全球最大的 1600 平方米 IMAX 屏幕，让参观者获得了身临其境的体验。又如 LED 照明应用，LED 的大屏幕从亮度、清晰度都十分出色。中国馆的清明上河图，让每个参观者都赞不绝口，好就好在传统文化和现代高科技结合。上海要重视利用高校、大院、大所集中，科技创新力量强、科技成果产出多的优势，把创意产业与科技成果应用、高新技术产业化结合起来，依靠科技进步推动创意产业新发展。

三要加强创意产业与制造业的结合。设计与制造就像是皮和毛的关系，好的工业设计可以直接为产品带来高附加值和强竞争力。现在，海尔、联想、长虹、三星、索尼等很多品牌都有强大的设计中心。上海是我国制造业的重要基地，目前正在大力推进现代制造业发展，这既对创意产业服务上海制造业发展提出了要求，也是创新产业发展的机遇。上海要把创意设计与先进制造业、现代服务业紧密结合起来，一方面在制造业企业中发展设计部门，更重要的是发展社会化、专业化的设计服务机构。制造业中应该有大量的工业设计。设计产业应该是创意产业当中的重中之重。上海要通过设计拉动产业升级，实现产品品种多样化，并使设计成为引领现代生产生活的重要手段。

四要加强创意产业与金融的结合。推动创意产业要与金融业对接，充分发挥金融支持创意产业发展的作用。

创意产业中，中小企业多，为中小企业提供金融的支持，是非常重要的。做好金融服务，平台不能缺少。这既是发展壮大创意产业的要求，也是推动本市金融部门拓展新的业务。要深化创新融资方式，鼓励开展并购、贷款保证、保险业务，逐步推广股权质押融资、知识产权质押融资、保单质押融资、供应链融资、贸易融资、融资租赁、典当等融资方式。要拓宽融资渠道，鼓励国际风险资本的介入，鼓励企业在海内外资本市场上市。推进创意企业改制上市培育工作，促进创意企业的快速成长。要完善融资担保体系，鼓励发展政策性、互助性、商业性中小企业融资担保机构，落实营业税免税、风险补偿和奖励补助等优惠政策，提高各类担保机构对创意企业的融资担保能力和意愿。设立扶持资金，推动创意产业在新兴领域的发展。要充分利用上海国际金融中心的条件，创新完善国际金融结算，促进创意产业的国际服务贸易发展。

三、加强领导和服务，合力推进上海创意产业实现新的发展

一要完善工作推进机制。为进一步加大推进力度，在2009年文化大都市建设调研的基础上，市委、市政府明确提出成立“上海文化及创意产业推进领导小组”，加强统筹，研究制定本市文化及创意产业发展规划和政策，推动创意产业发展公共平台建设和重大项目落地。领导小组下设工作办公室，由市委宣传部、市经济信息化委具体负责推进全市创意产业工作，由肖贵玉同志担任办公室主任。现在，文化和创意产业的“十二五”规划，还是各有侧重的两个规划，但这两个规划要对表。在市级层面，要用体制与机制逐步把这两块结合得更紧，但也各有分工，创意城市工作推进办公室也和这个框架有联系，要梳理好、整合好。上海除了15家骨干园区，还要星星点点，特别是在中心城区都要亮起来。区委要更积极主动地把文化和创意紧紧揉在一起，推进区级机构进一步完善，形成上下联动的推进机制。

二要加大政策扶持力度。第一，要有定位；第二，要有举措；第三，要有政策；第四，要有抓手。规划主要是讲政府干什么，但创意企业对政府的感觉是“若即若离”。一方面，不希望政府一直管着它；另一方面，它需要环境、政策、扶持、平台、服务。

三要加强服务平台的建设。这是一个中小企业为主的产业，一定要把服务平台建设好。这是降低创意企业运营成本、营造良好环境的重要工作。要推动一批投资融资、产权版权登记交易、公共技术研发等公共服务平台建设，刚才开通的创意产业展示与服务平台网站就是一个很好的平台。市级、区级平台都要规划好、整合好，真正在上海形成一个综合服务平台。

四要加快创意产业集聚区的功能建设，提高集聚区的品质。集聚区要争取在未来5年发展中形成产业特色，如卢湾、杨浦、静安要各具特色。一定要提高集聚区的品质，千万不要变成房地产项目。现在，全市已形成80家创意产业集聚区和15家文化产业园区，下一步要继续研究制定发展规划。

五要特别重视创意人才培养和引进工作。创意，主要是人在创意。所以，要把创意人才的培养和引进作为一项长期的重要工作来抓，这是一项根本和优先的工作。要关注创意人才的培养和引进。培养人才靠高校，关键要培养有用的创意人才。创意人才的培养，是个终身学习的过程，光靠学校4年甚至读到研究生也不一定培养出创意人才，人才培训基地一定要把大学教育和大学后教育紧紧地结合在一起，一定要根据产业特点，进行培训、学习、提高。另外，要引进真正的大牌创意人才，在上海开创新的事业。

六要进一步形成全社会推进合力。经济信息化委要力争在联合国创意城市网络建设工作中使上海成为非常重要的节点。另外，要积极争取国家各部委支持，把全国性的创意展会、公共平台、重大项目争取到上海落地。同时要调动区县政府的积极性，充分发挥创意产业相关的协会、研究机构、中介组织的作用。

以信息化引领上海未来城市发展
——在“信息化与城市发展”主题论坛上的讲话

杨 雄

(2010年5月15日)

自20世纪90年代以来，面对全球信息化浪潮和信息通信技术的日新月异，上海一直在思考，在工业化、城市现代化水平与发达国家和地区差距明显的情况下，如何通过信息化建设实现跨越式发展。十多年来，上海牢牢抓住全球信息化创新发展的历史机遇，把信息化提升到覆盖现代化建设全局的高度，全面实施信息化领先发展战略，大力推动信息通信技术及产业的持续创新发展，大力推动城市建设管理、政府和社会公共服务等领域的信息化应用，为上海推进国际经济、金融、贸易和航运中心建设发挥了重要的基础作用和带动效应。

城市信息通信服务能级显著提升，国际互联网出口带宽超过200G，约占全国1/3，城域网出口在全国率先达到TB级，3G网络覆盖中心城区、郊区新城镇和重要交通干线。信息产业始终保持全市支柱产业地位，信息产业规模从2000年不到1000亿元增长到目前近8000亿元，增加值占全市GDP比重超过10%，其中，信息服务业保持20%左右的年均增速。作为国家级“信息化与工业化融合”先行试验区，上海立足产业发展实际，全面推进信息技术在企业研发设计、生产过程、内部管理、节能减排和市场营销等环节的应用，促进传统产业改造和产业结构的优化升级，并向高端化、服务化和低碳化发展。

充分发挥信息技术对“四个中心”建设的基础作用，加快推动城市和经济转型发展。上海积极推动金融、航运、贸易等领域的信息化应用，推进要素市场建设，以信息流促进资金流、物流等加快运转。着眼于建设国际金融中心，大力发展金融信息服务业，培育发展了东方财富、快钱等一批专业服务企业。网上支付、移动支付等新型支付方式日益普及，2009年，主要网上支付企业第三方交易额达到1600亿元，银行卡刷卡消费占社会消费品零售总额比重从2002年不到5%上升到目前的57%。着眼于建设国际航运中心，2004年启用上海电子口岸平台，已覆盖海空港和各出口加工区，贯穿交易、监管、物流和支付等环节，大幅提高了口岸通关效率，基于电子口岸加快建设国际航运中心综合信息平台，将服务范围拓展到集疏运和航运服务等领域。着眼于建设国际贸易中心，大力营造有利于电子商务发展的综合环境，建成了钢铁、机电等国内领先的行业性电子商务平台，电子商务交易额近5年增长了10倍，2009年达到3250亿元，占全国10%以上，RFID在物流领域得到日益广泛的应用。

充分发挥信息化技术的支撑服务作用，提高城市管理智能化和精细化水平。为促进城市空间、土地等资源的合理利用，上海建成了统一的空间地理信息基础数据库和应用平台，可共享的基础信息逐步涵盖陆域、地下空间和海洋领域，基于这一平台开展城市规划、房屋土地管理等各类专业应用和面向公众的社会应用，并积极打造城市智能化管理平台。一是城市网格化管理平台，已覆盖中心城区和部分街道、乡镇，以“万米网格”为单元，对市政工程、市容环卫和园林绿化等领域的重要事件和部件，实施全覆盖、全过程、全天候的综合管理，形成及时发现、快速处置和监督评价的有效机制；二是交通综合信息管理平台，形成了交通信息的采集、汇总、分析和发布机制，实时交换各类交通数据，智能分析交通动态信息，通过广播、电视、网站和路边引导标志等发布信息，加快推进ETC（不停车收费）等应用，提高城市交通运转的效率；三是城市应急联动处置管理平台，实现110、

119的统一接入，推动公安、民防、卫生等近20家部门对重大突发事件开展应急联动处置，为城市安全特别是世博会召开提供重要保障。

充分发挥信息技术对提升公共服务效能的载体作用，不断缩小“数字鸿沟”。上海以便民利民为导向，在政务管理、公共服务等领域普及推广信息化应用，努力使公众共享信息化发展成果。着力打造“一站式”的电子政务服务模式，以电子政务网络平台为基础，以“中国上海”门户网站为主渠道，为企业、市民提供咨询、办事、监督、投诉等“一站式”服务，提高了行政效率和服务水平；初步建成全市统一的网上行政审批平台，通过整合审批流程、促进部门协同，提高了审批效率和透明度。滚动实施一批市政府实事项目，涵盖了教育、医疗、卫生和社会保障等领域。其中，社会保障卡系统历经10年建设，应用已覆盖各类人群和20多项政府服务事项；“付费通”系统让市民足不出户缴付公用事业费；正在推行的电子健康档案，将为居民提供便捷的社区医疗服务。加快建设覆盖城乡的信息化普遍服务体系，已建成349个社区信息苑，基本覆盖中心城区，特别是在郊区建成了652个为农综合信息服务站，为暂无条件上网的农村居民提供基本的网络服务。大力开展信息化应用普及培训，面向社区居民实施“百万家庭网上行”项目，近三年内培训73万人；面向农村城镇实施“千村万户”农村信息化培训普及工程，累计培训普及50万人。与此同时，上海更加关注残障人士，实施“信息沟通无障碍”项目，通过补贴或优惠服务，保障其基本的交流需要；对市政府主要网站和世博官方网站进行了无障碍改造，提高对视力残障者的服务能力。

充分发挥信息技术创新应用的示范作用，举办一届“成功、精彩、难忘”的世博会。利用世博会平台，展示最新信息技术应用成果，推进信息化应用试点，体现“城市让生活更美好”的主题。世博会历史上首次开通“网上世博会”，利用CDN（内容分发网络）、Web3D等技术，实现世博园区及展馆三维展示、网络体验、实时交流互动等功能；世博园区电子围栏主要应用无线传感网技术，实现无线通信及信息处理功能；RFID技术广泛应用于世博会门票、物流配送、展馆预约、电子车牌等多个领域，同时探索通过RFID实现手机门票和手机支付功能；LED技术在场馆展示、信息发布屏、表演场景等多个领域广泛应用；世博园区TD-LTE示范网覆盖整个园区，可实现语音、视频等多媒体通信演示；智能视频技术在客流引导、车载系留气球、视频监控等多个领域应用。

随着信息通信技术向智能、集成、可信和服务等方向发展，下一代网络、云计算、物联网等技术和应用将引领新一轮全球信息化浪潮。上海将结合正在开展的“十二五”规划编制等工作，加强全市信息化建设的统筹规划，深化实施信息化提升发展战略；积极跟踪和应用最新信息通信技术，加快智能电网、无线宽带、三网融合等新兴技术的研发创新及产业化步伐，推进集成电路、通信和网络设备、新型显示等电子信息制造业，以及软件、网络视听、数字出版等信息服务业做大做强；推动信息的互联互通、资源整合共享和信息化渗透应用，提升城市建设和运行管理效率，促进社会管理和服务方式创新，使市民享受到更多的信息化应用便利和实惠。

IBM作为全球最大的信息技术和业务解决方案公司，多年来在技术专利研发、商务模式创新等方面取得了显著成就。上海一直关注和支持IBM公司在上海的投资发展，非常赞赏IBM在推进中国2010年上海世博会国家电网馆建设、世博官方网站无障碍改造等工作中作出的积极贡献，并希望IBM公司继续关心支持上海信息产业发展和信息化应用。

上海推进产业发展　要在调结构转方式上下功夫见实效
——在全市产业结构调整会议上的讲话

艾宝俊

（2010 年 3 月 3 日）

上海作为我国老工业基地之一，产业和经济社会进入了新的发展阶段。在建设“四个中心”和现代化国际大都市进程中，加快推进产业结构调整，转变经济发展方式，促进经济和社会的协调、持续发展，更显紧迫性和必要性。改革开放尤其是浦东开发开放以来，上海按照建设“四个中心”和现代化国际大都市的战略定位，不断推动产业向高度化、集约化、现代化发展，形成与城市功能相适应的经济规模和综合实力，上海产业发展大体经历了三个阶段。

20 世纪 80 年代，上海工业从恢复性调整转为适应性调整阶段。培育发展汽车、钢铁、石化、家电等 17 个重点行业，逐步形成支柱产业和主导产品，推动传统工业基地向经济中心城市转型，工业结构从轻纺工业为主向重化工业转变。

20 世纪 90 年代，上海工业从适应性调整转为战略性调整阶段。实施调整中发展和发展中调整，推动产业从劳动密集型向资本技术密集型转变，壮大电子信息、汽车、钢铁、石化等支柱产业，积极调整产业布局，中心城区实施“退二进三”，城区工业大量向郊区转移。

进入 21 世纪以来，上海工业进入发展调整中提升阶段。按照建设“四个中心”和现代化国际大都市的要求，加快发展先进制造业和现代服务业，促进结构调整及新型产业体系构建。从总体上看，上海已处于工业化后期的稳定发展阶段，正向后工业化时期过渡。这一阶段的核心是加快转变经济发展方式，重点是推动产业结构优化调整、转型升级和内涵发展。

一、坚持促进科技创新，加快培育战略性新兴产业、推进高新技术产业化

推动创新要素向高端产业集聚。上海一直高度重视推动科技创新，从引进及成立合资企业起步，逐步走上技术消化吸收与自主创新相结合的道路。2009 年以来，全面启动推进高新技术产业化，作为转变经济发展方式的主攻方向，落实国家发展战略性新兴产业要求的具体实践。先期聚焦新能源、民用航空制造、先进重大装备、电子信息制造、新能源汽车、高端船舶和海洋工程装备、新材料、软件和信息服务业、生物医药等 9 个重点领域，同时编制了智能电网、物联网、云计算等行动方案。2009 年，9 个重点领域产业规模达到 7365 亿元，比上年增长 13% 以上，2010 年争取达到 8400 亿元，增长 14% 以上。

加快突破重点项目。先期推进 209 个项目，涉及总投资 532 亿元，其中，大型客机研发、总装、客服三个中心相继启动建设，核电 690U 型管具备批量生产能力，3000 米深水半潜式钻井平台完成总装出坞等。正在推进 AP1000 核岛主设备研制及产业化等项目启动实施，4.5 代 AM-OLED 中试线等项目重点突破，荣威混合动力轿车等项目建成投产。

推动产业化基地建设。全市设立 41 个高新技术产业化基地，明确规划布局，提升配套能力。如嘉定区新能源

汽车及关键零部件基地，重点发展混合动力汽车、纯电动汽车和“电池、电机、电控”。浦东新区争取电子信息、重大装备等项目落地。

推动产业链衔接和产学研合作。2009年年底，全市共有66所高校、250多家科研院所。全市建立近600个工业企业技术开发机构，其中，国家级企业技术中心和分中心38个，以产学研结合方式建成175家联合研发机构。推进高新技术产业化项目主体与科研院所、金融机构、中小企业等对接，加强各领域之间的对接。

完善政策配套和运作机制。成立全市高新技术产业化领导小组和推进工作组，设立100亿元专项资金，实施专项资金管理办法及新能源、新能源汽车、生物医药、信息服务业等“1+4”扶持政策；发挥集成电路设计等高新技术产业创投基金带动作用，探索推进风险投资与重大项目对接；推进重点项目单位投融资试点，探索突破担保、资本金注入等方式。

二、以重大项目建设为抓手，加快改造提升传统优势产业

承接一批国家重大科技专项。上海承担国家16个重大科技专项中大型客机、“核高基”等民口专项及军口专项任务。目前，大型客机、商用发动机等项目已落户上海。核电、“核高基”、新一代宽带无线移动通信网、高档数控机床与基础制造技术等4个专项取得进展。正在争取承担更多国家重大专项任务，以及智能电网、物联网等战略性新兴产业领域国家试点任务，确保承担的重大专项按照国家要求有序推进。

聚焦一批重大产业项目。如电子信息产业重点推进12英寸集成电路芯片生产线以及新型显示、新一代移动通信设备等领域项目，加快完善产业链，提升产业能级；机械成套设备推进清洁高效发电装备、高压输配电成套设备、轨道交通等首台（套）业绩突破，增强极端制造能力和关键零部件配套能力；汽车产业重点发展自主品牌汽车和核心零部件，加快推进新能源汽车示范应用；精品钢材重点发展为汽车、电子信息、船舶等配套的高端钢材产品，实施精品战略；石油和精细化工推动装置大型化、产业基地化、产品高端化，加快推进1200万吨炼油、100万吨乙烯、氟精细化学品等重点项目。

推进一批重点技术改造项目。每年聚焦产品升级换代、工艺流程再造、资源综合利用、引进先进技术和“两化融合”等5类200项重点技改项目，涉及投资500多亿元。2009年，市财政安排10亿元技改专项资金，全年完成技改投资711亿元，占工业固定资产投资50%以上，新增产值1200亿元。2010年，重点推进摩恩电气风电海工特种电缆、亨斯迈MDI扩产等重大项目建设，加快形成新的增长点。

引进一批国内外优势项目。把世博会作为招商引资的重大机遇和平台，从产业链升级、新技术和新产品应用等方面加强与参展外商和国内企业交流合作，引进外资、央企、外省市企业和民企等优势项目落户。同时鼓励行业龙头企业参与本市工程机械、轨道交通、通用机械等领域国资国企的市场化、开放性重组。

三、加快推进国家新型工业化示范基地建设，促进产业的集约集聚集群发展

深入推进重大产业基地建设。持续推进工业向产业基地和园区集中，建成以微电子、国际汽车城、化工区和精品钢材为代表的一批重大产业基地。加快推进临港装备、漕泾化工、长兴船舶和海洋工程装备、民用航空等首批4个国家新型工业化示范基地建设，明确规划布局和土地、资金等支持政策，探索产业链招商、绿色招商等新型引资方式成为项目落地和产业集聚的重点区域。如长兴岛基地集聚了沪东造船、振华重工等企业，3000全压式液化气船、浮式生产储油船等产品达到国际先进水平。

提高工业用地集约利用水平。根据城市总体规划和土地利用规划“两规合一”要求，形成104个产业区块，总面积764平方公里。鼓励符合规划要求的重大项目向产业区块集中，探索建立产业、规划、环保等部门同步受

理、审核和推进项目的机制。推进工业用地调整转型，通过开发区“腾笼换鸟”、回购土地和二次开发等，每年盘活1万亩左右存量工业用地，探索建立集约高效的用地管理模式。

推动工业开发区提升发展。培育开发区发展新优势，引进和培育拥有核心技术、高附加值产品的重点企业，提升开发区信息技术创新应用和节能降耗减排水平。2009年，工业向重点产业基地和开发区的集中度达到72%，市级以上开发区产出达到58亿元／平方公里。突出联动、带动发展，开展漕河泾、金桥、张江、外高桥等品牌开发区联动试点，鼓励开发区对外输出品牌、管理、资本和人才。如漕河泾开发区将品牌、招商、管理优势延伸到松江光仪电产业园，预计园区今年土地产出可达75亿元／平方公里。

四、充分发挥服务经济的支撑和促进作用，推动二三产业融合发展

加强规划引导。生产性服务业，聚焦支持总集成总承包、专业维修、科技研发等重点行业发展，推动制造业企业向研发设计、品牌营销等环节延伸。2009年，全市770家重点生产性服务企业经营收入达到3350亿元。信息服务业，加快发展嵌入式软件、工业软件和基础软件、网络视听等互联网服务业，以及3G应用服务等。信息服务业连续多年保持20%左右的增速，2009年，实现经营收入2108亿元。文化及创意产业，大力发展广告会展与咨询服务、时尚消费与休闲娱乐、工业设计等领域，以创意和品牌提升轻工、纺织等都市产业发展优势。2009年，创意产业增加值占全市GDP比重近8%，2010年，上海加入联合国“创意城市网络”，成为“设计之都”。

抓好载体建设。全市首批认定19个生产性服务业功能区，建成82家创意产业集聚区，形成包括国家级和市级软件园区、信息服务外包基地在内的11个软件和信息服务业基地。推动中心城区老工业基地和工业企业转型发展服务业，引导产业基地园区形成各具特色、错位发展态势。如杨浦区、长宁区分别以建筑设计、时尚产业为主，形成环同济设计产业带、环东华时尚创意产业集聚区等。

完善政策环境。形成软件产业专项资金、自主知识产权产品研发、政府采购软件产品和信息服务等支持政策，将软件业现有政策向信息服务业领域延伸，探索制定针对总集成总承包、融资租赁、咨询服务等生产性服务业的财政、用地等优惠政策，正在探索生产性服务业和信息服务业的营业税差额征收政策，加快制定完善鼓励创意时尚产业发展的政策。

五、坚持推动信息化与工业化融合，加快走跨越式工业化发展道路

聚焦重点行业“两化融合”。自工信部批准上海成为国家“两化融合”试验区以来，发布了“两化融合”实施意见和3年行动计划，围绕区域、行业、企业、产品等层面，通过深化信息技术应用提升传统产业、壮大支柱产业、发展新兴产业。围绕航空、钢铁、石化、汽车、装备、船舶等10个行业，推进工业软件振兴、中小企业信息化应用推广等10项工程。

实施“两化融合”重点项目。首批推进大型客机全球协同研制、自主品牌汽车柔性制造、高炉智能专家系统等100多个重点项目，形成典型应用示范，如中国商飞公司推进大型客机全球协同研制，实施数字化并行设计制造流程，将设计周期缩短40%等。正在探索建设“两化融合”重点项目储备库，完善项目建设管理长效机制。

加强基础建设。形成“两化融合”发展水平评估指标体系，2009年，上海“两化融合”指数为69，2010年争取达到72以上。加强产学研用联动，建立了4个“两化融合”研究中心和10个重点实验室，发挥企业、高等院校、行业协会等作用，加强“两化融合”基础研究和关键技术研发。实施“2200两化融合人才培训计划”，加快推进区县“两化融合”实践区建设。

六、努力突破资源能源和环境约束，推动低碳、绿色产业和循环经济发展

大力调整淘汰落后产能。专门成立市产业结构调整联席会议办公室，每年调整淘汰落后产能600-700项、节约标煤100万吨左右。2007-2009年，共完成结构调整项目1939项，累计节约标煤380万吨，调整腾出土地约3.6万亩。推动“三个转变”：从企业调整向行业调整转变，重点调整水泥、纺织印染、电镀等四大工艺及危化等高能耗、高污染、高危险行业，实现铁合金全行业退出，小化肥、小冶炼等基本退出；从单个拔点向区域性调整转变，聚焦中心城区和近郊黄浦江上游水源保护区、太湖流域环境治理区等区域，实施嘉定马陆、金山第二工业区等区域调整专项；从单一降耗考核向综合效益转变，综合考核节能降耗、减排COD、CO_2、废水和调整盘活土地等指标。

推进工业节能降耗。上海积极落实国务院和工信部节能减排工作要求，着眼于提升工业整体能效，建成市能效监控平台，全力抓好高载能的重点行业、重点用能单位节能，每年推进200-300项节能技改项目；利用市场机制促进工业节能，扶持专业机构实施合同能源管理项目，推进企业清洁生产审核和强制能源审计；推动循环经济发展，实施一批有推广价值的能源利用效率和能源替代示范项目，提高资源综合开发和工业固体废弃物回收再利用率。“十一五”前4年，上海万元工业增加值能耗共下降22.4%，2009年降至约0.957吨标煤／万元，2010年要完成下降3.6%以上目标，确保全市万元GDP能耗“十一五”期间下降20%。

七、不断增强中小企业和非公经济发展活力，完善发展政策和环境

发展思路。以贯彻落实《国务院关于进一步促进中小企业发展若干意见》、《国务院关于鼓励和引导民间投资健康发展的若干意见》和本市《实施意见》为主线，体现“四个关注”：更加关注发挥中小企业在调结构、促转型、转方式方面的重要作用，与城市转型和产业优化升级相结合；更加关注科技型、创新型、成长型中小企业的培育及初创、小型微利企业的生存和发展；更加关注中小企业在公平环境、创新能力、企业融资、市场开拓、服务体系等方面迫切需要解决的困难和诉求；更加关注服务中小企业的长效机制和各项政策措施落地。

主要举措。一是营造发展环境，落实两个“三分之一”的财政扶持政策（中小企业发展专项资金用于小企业的不低于1/3，现有支持企业发展的相关专项资金要适当向中小企业倾斜，原则上不低于1/3），降低准入门槛，扩大准入范围，减轻中小企业负担；二是加快结构优化调整，鼓励中小企业参与“四个中心”建设，提高创新能力，发展战略性新兴产业，实施高新技术产业化，向“专、精、特、新”方向发展；三是缓解融资困难，拓宽融资渠道，创新融资方式，完善融资担保体系，推进小企业信贷网络服务平台建设；四是帮助开拓市场，完善和落实政府采购支持中小企业的有关制度，支持创建自主品牌，拓展境内外市场；五是提高经营管理水平，加强中小企业诚信体系建设，提高运营透明度，推进信息化建设，加强对经营管理者的培训；六是建立健全服务机构和政策落地保障机制，成立市促进中小企业发展工作领导小组，建立中小企业服务中心，推动各区县建立相应的组织机构和工作机制。

促进中小企业健康持续发展

——在全市促进中小企业发展会议上的讲话

艾宝俊

（2010年5月12日）

《国务院关于进一步促进中小企业发展的若干意见》发布以后，市委、市政府及时贯彻实施，要求有关部门抓紧制定本市的实施意见。在各区县和相关中小企业的支持下，上海市《实施意见》现已正式行文对外发布。市政府召开促进中小企业发展工作会议，就是全面贯彻落实国务院《意见》和上海市《实施意见》，对服务中小企业工作进行再动员和再部署。

一、中小企业是国民经济和社会发展的重要力量

中小企业和非公经济最具活力和最具产业竞争力。中小企业不仅是扩大就业、稳定市场。推动增长的重要力量，也是提升城市创新能力的生力军。2009年，尽管受到国际金融危机的严重冲击，上海中小企业仍然保持了平稳较快发展，为全市完成“四个确保”任务发挥了应有的作用。

1．对全市经济增长作出了重要贡献。截至2009年年底，全市中小型法人企业（不含不具有法人资格的个体工商户）占全市法人企业总数的99.5%；实收资本总额占全市法人企业实收资本总额的76.5%；营业收入占全市法人企业营业收入总额的60.1%。以规模以上工业中小企业为例，从上年一季度的可比负增长9.8%到四季度增长10.7%。因此，中小企业的复苏为全市经济的保增长作出了重要贡献。

2．为构建和谐社会发挥了积极作用。全市中小企业吸纳从业人员788.5万人，占全市企业吸纳从业人员总数的81.7%，中小企业成为吸纳就业的主要渠道之一，是构建和谐社会的重要基础。中小企业在许多行业中的比例超过50%，在商务服务业、软件和信息服务业、科研及技术服务业等行业超过70%，是推动行业发展的主体，成为稳定经济发展的基础。

3．技术创新发展的生力军。目前，上海市超过65%的发明专利、80%的新产品来自中小企业。中小企业创新能力强、运营机制活，成为新兴业态、高新技术产业和战略性新兴产业的重要主体。在高新技术产业化9个重点领域中，新材料、软件和信息服务业领域基本以中小企业为主，新能源、生物医药、电子信息制造业领域也都集聚了一大批有活力的中小企业，其他重点领域也有不少与之专业化配套的中小企业。

4．促进了产业结构的优化调整。中小企业在三次产业中的数量均占九成以上，按三次产业分布比例为0.4：29.4：70.2，第三产业中小企业数量遥遥领先。不少中小企业从早期的初级加工、传统商贸等领域，向新兴服务、高新技术等领域拓展，实现了产业结构的升级。近几年，中小企业在商务服务和科研及技术服务等生产性服务业的占比逐年上升。一大批中小企业从技术落后、资源利用低、能源消耗高的领域逐步退出，越来越多的中小企业进入园区，加快规模化和专业化发展，推动了产业结构优化调整和发展方式转变。

二、要努力营造促进中小企业科学发展的良好环境

目前，国内经济企稳回升，中小企业生产经营出现积极变化。但是我们要清醒地看到，当前经济回升的基础

仍不牢固，特别是当前受欧洲经济、国际经济的影响，不确定性因素增大。面对新形势、新要求，要努力营造促进中小企业科学发展的外部环境，推动中小企业平稳较快发展，加快转变发展方式和调整优化结构。

1．建立健全与中小企业发展相适应的服务体系。首先，要从思想上真正重视民营企业和中小企业发展，全心全意做好为中小企业服务工作，了解其需求和困难，真心实意地支持其成长和发展；其次，要面向各种所有制、各行业中小企业，提高配置资源效率，加强政策传导功能和资源带动能力，引导各类社会服务机构为中小企业服务。同时，要围绕信用担保、投资融资、创业辅导、技术支持、信息服务、管理咨询、市场开拓、国际合作等领域，培育中小企业社会化服务体系。

2．进一步缓解中小企业“融资难”问题。自去年7月份IPO重启以来，上海市已有12家中小企业上市。闵行区成功发行了中小企业集合票据，浦东新区推出了“张江易贷通”等园区中小企业融资模式。但是，中小企业的金融需求仍未得到有效解决，存在直接融资与间接融资结构失衡、金融产品和服务创新滞后、部分中小企业管理能力和信用水平偏低等问题。解决中小企业“融资难”是个系统工程，必须采取有效措施，一是切实提高中小企业综合素质、增强企业运营透明度；二是发挥政府的政策导向与资金支持功能，鼓励、支持和引导各金融机构不断加大对中小企业的信贷支持；三是构建多层次中小企业直接融资体系，发挥各类基金的引导作用。

3．提升中小企业自主创新能力和核心竞争力。为提升中小企业自主创新能力和核心竞争力，要引导和鼓励中小企业加大研发投入。一是加强产学研联合和资源整合，提高中小企业技术创新能力和产品质量；二是发挥公共服务平台作用，降低费用，帮助中小企业提升技术创新能力；三是引导中小企业借助信息化技术，提高管理运营水平，降低经营成本，增强创新能力，把握市场机遇，运用电子商务技术，开拓市场。

4．推动中小企业加快结构优化调整。一是扩大中小企业技术改造专项资金规模，支持中小企业采用新技术、新工艺、新设备、新材料进行技术改造；二是按照发展循环经济和低碳经济的要求，综合运用金融、环保、土地、产业政策等手段，推进中小企业节能降耗、减排治污，实现节约生产和清洁生产；三是引导中小企业走“专、精、特、新”的发展路子，与大企业建立多种形式的协作配套关系；四是大力引导支持发展软件、物流、服务外包、电子商务等现代服务业，扩大生产性服务业的领域和规模，支持中华老字号等民间特色工艺、传统商贸服务业，提升服务质量和水平。

5．落实中小企业发展的量化指标。上海市《实施意见》提出到2012年中小企业发展的量化指标。一是力争中小企业通过各类资本市场上市的数量达到100家；二是培育“科技小巨人”企业达到200家；三是培育细分行业领先、具有“专、精、特、新”特点的成长型中小企业达到1000家，中小型高新技术企业达到2500家左右。

三、全面贯彻落实国务院《意见》和上海市《实施意见》

2010年，中小企业工作的总体要求是，以全面贯彻落实国务院《意见》和上海市《实施意见》为主线，以结构优化调整、转变发展方式为重点，以营造中小企业发展的外部环境为基础，提高中小企业的整体素质和竞争力，支持中小企业健康发展。

1．各职能部门要进一步形成合力。长期以来，在扶持中小企业发展方面，各职能部门联合推进，形成了良好的合作机制。各职能部门要再接再厉，通力合作。一是形成服务中小企业的制度。相关委办局要依托上海市促进中小企业发展工作领导小组，利用好中小企业服务机构平台的作用，形成服务中小企业的合力；二是共同推进各项政策落实。各部门要根据《实施意见》的内容和分工，二季度前完成相关实施细则的制定，及时向中小企业发布；三是支持中小企业参与本市重大项目。支持中小企业参与“四个中心”建设，鼓励中小企业发展高新技术产业，参与国企开放性、市场化重组等重大项目。

2．**区县政府要进一步发挥积极作用。**近年来，市、区联动扶持中小企业方面，有成功的经验和好的做法，我们应当及时总结，予以推广。一是建立健全中小企业服务体系。各区县要按照《实施意见》要求，建立相应组织机构和工作机制，建立相关的综合服务机构，对本区县中小企业工作加强指导、协调和服务；二是共同缓解中小企业融资难的问题。区县要加大对改制上市中小企业的补助，拓宽中小企业融资渠道、创新中小企业融资方式，推广中小企业集合债券等各类行之有效的融资模式；三是加大对中小企业资金支持力度。对中小企业技术改造、技术创新、改制上市、服务体系建设等加大支持力度。

3．**形成全社会共同促进中小企业发展的格局。**各级政府要以“政府支持中介、中介服务企业”的方式，发挥行业协会、商会、大专院校、科研机构的作用，大力发展为中小企业服务的各类中介组织。希望中介服务机构、行业协会、社会团体、新闻媒体等社会方方面面关注和关心中小企业，为发展中小企业方面尽力，宣传和推动落实各项政策措施，形成良好的发展氛围。同时，希望企业家积极行动起来，加强对市场和行业的研判，重视技术创新和结构调整，强化内部管理，选准方向，明确定位，抓住机遇，勇于面对挑战，积极参与上海市“调结构、转方式、促发展”等各项重点工作。

全力贯彻国家战略部署　全面启动上海市三网融合工作
——在全市三网融合工作协调小组第一次全体会议上的讲话

艾宝俊

（2010 年 11 月 12 日）

一、充分认识三网融合工作对上海市经济社会发展的重要意义

推进三网融合，是党中央、国务院作出的重大战略决策，不仅是当前和今后一个时期应对国际金融危机的重大举措，也是培育战略性新兴产业、推进高新技术产业化、建设“智慧城市”的重要任务，对上海加快发展现代服务业和先进制造业，实现“四个率先”、建设“四个中心”，以及满足群众多样化的生产生活服务需求，促进产业和社会事业的协调发展等，具有重要的意义。

一是有利于提升上海市信息通信服务能级。以三网融合为契机，加快电信光纤宽带网、3G 网络建设进度，拓宽国际、国内互联网出口带宽，提升网络承载能力。加快有线电视网络整合、改造和数字化，推进下一代广电网络（NGB）在中心城区全覆盖，优化各类网络资源的综合服务能力，将为“十二五”信息化和经济社会发展提供有力的支撑和保障。

二是有利于促进新兴产业发展。三网融合将带动相关芯片设计、设备制造、网络运营、软件和内容服务等产业链相关企业协同发展，以及产业形态、业务应用的创新，吸引国内外优势企业落户，推动本地企业走出去拓展国内市场，提升产业开放发展能力。

三是有利于满足群众需求、促进社会进步。三网融合将推动 IPTV、手机电视、互动电视等新媒体，网络游戏、数字出版、动漫、文化创意等数字内容和服务模式创新，满足用户的多样化需求，使城市更加宜居、生活更加美好。

但挑战也是多方面的，主要包括：电信和广电的行业协调机制有待进一步加强；市区和郊区广播电视网络尚未完全整合，使统一的广电运营体制尚未全面理顺；大规模视频业务的开放带来网络和业务平台改扩建等技术上和管理上的挑战；新技术新业务的推出，对网络信息安全和文化安全带来管控上的挑战等。我们要抓住机遇，正视挑战，提高对这项工作重要性和艰巨性的认识。

二、明确发展目标，扎实推进三网融合试点工作

刘健同志代表协调小组办公室提出了市三网融合“五个领先”的工作目标。上海早在 1999 年就由国家确定为网络资源综合利用唯一的试点城市，我们没有理由不在三网融合试点工作中继续保持全国领先。三网融合的基础是网络通信能力，核心是数字内容和业务融合，关键是推进机制的创新。我们要抓住“十二五”新一轮发展契机，围绕三网融合试点，重点抓好以下几方面工作：

一是加大投入，加快网络基础设施建设步伐。目前，上海市各运营企业加快光纤宽带网、3G 网络和下一代广播电视网建设。上海电信在去年已完成约 75 万户家庭光纤宽带覆盖的基础上，今年计划再完成 75 万户，实际可能超出一倍，东方有线已完成 50 万户的 NGB 建设，今年计划达到 100 万户。希望各运营企业再接再厉，积极争

取集团公司的支持，进一步加大投资力度，力争全市到2012年完成80%的家庭光纤覆盖，到2015年基本实现家庭光纤覆盖，为上海市三网融合发展打下坚实的网络基础。

二是加强规划标准建设，规范推进试点工作。统筹电信、广电等信息基础设施规划，抓紧编制《全市信息基础设施布局专项规划》，将通信管道、通信机房、移动通信基站等信息基础设施的布局纳入城市规划体系和建设工程行政审批流程中，加强集约化建设和资源共享。积极探索用户驻地网建设标准创新，着力研究探索针对用户住宅小区信息基础设施，特别是用户驻地网的第三方集约化建设模式，加快IPTV、手机电视、NGB等相关技术标准的研究制定，促进三网融合试点工作规范有序开展。

三是鼓励探索创新，促进内容服务产业发展。各有关单位要创新发展思路和理念，鼓励融合业务和商业模式的创新，对国家没有明令禁止的、有利于老百姓、有利于产业发展的，要积极探索试点，推进示范性典型应用。特别是要大力发展基于NGB、3G和CMMB等传输方式的数字内容产业链，加快开发应用新技术，不断创新服务模式；推动互动娱乐、网络视听、电子阅读、数字出版、电子商务等业态发展和数字内容的开发创新；加快建设国家级的网络视听产业基地和综合公共服务平台，以及金融、贸易、航运等领域的信息服务平台，同时还要大力探索移动互联网等业务模式和商业模式创新，推动移动互联网业务和终端的融合，促进移动数字内容服务业等发展。

三、形成全市合力，确保三网融合试点工作继续走在全国前列

上海市三网融合工作要充分依托市三网融合工作协调小组的工作机制，充分发挥网络资源综合利用试点中形成的好机制、好做法，完善部门合作、政企合作以及多部门、跨行业合作的长效机制。同时，要注意吸收其他试点城市好的经验做法，争取三网融合试点在上海市取得显著进展，并继续保持全国领先。

1．各成员单位要全力推进三网融合试点的顺利开展。协调小组的18家成员单位，要根据各自的职能，加强协同配合。市经信委、市文广局、市通管局要大力推进网络建设、协调产业发展；市文广局和市通管局要及时跟踪掌握上级主管部门的动态，争取国家对上海试点工作的支持；市规划局和市经信委要牵头编制《全市信息基础设施布局专项规划》；市建交委会同市经信委和市通管局，研究制定住宅小区集约化光纤到户设计、施工和验收标准；市经信委会同市通管局、市建交委、市住房局，研究探索针对住宅小区信息基础设施特别是用户驻地网“光纤到户”的第三方集约化建设模式，抓紧提出实施方案；市住房保障局在新旧小区光纤建设和改造过程中，要指导、协调小区物业给予积极支持；请市财政局研究设立三网融合专项资金，同时各有关部门在已有各类专项资金的使用中，要对三网融合工作有所倾斜，用于支持相关基础设施建设、业务应用推广和技术产品研发等。各试点企业和相关部门，要积极推进三网融合相关的数字内容开发、业务模式创新和信息服务业等发展。

2．协调小组办公室要做好日常管理和协调工作。协调小组办公室要与国务院三网融合工作协调小组办公室建立沟通机制，及时汇总并上报信息；研究提出上海市的试点工作建议，督促落实协调小组议定的事项，具体协调各有关单位试点工作的开展，主动做好相关的服务工作；各相关部门要加强三网融合工作的推进，并将工作进展情况、有关意见和建议及时反映给协调小组办公室，加强信息的沟通与交流；三网融合工作专家小组要积极开展专题研究，做好相关决策咨询、建言献策工作。

3．要处理好网络安全和业务发展的关系。要着力从行业监管、技术保障、企业职责等层面同步建立和完善安全管理体制。广电和电信主管部门要加强本地信息网络视听节目监管和网络信息安全技术管控，把相关监管平台的建设和相关管理工作纳入市网安协调小组的工作范围协调推进；试点企业要同步建立健全网络安全保障体系，

完善内部安保、应急预案，主动接受管理部门的监督检查。相关部门要抓紧研究解决影响三网融合发展的重大安全问题，及时监测、发现和查处各类传输网络中涉及违规的视听节目。

上海三网融合工作的有力有序推进，需要大家齐心协力、大胆探索、深化试点，争取使这项工作继续走在全国前列，同时要进一步积累经验，为国家三网融合工作的全面推广作出应有的贡献。

推动中小企业应用电子商务工作创新发展
——在推动电子商务企业创新发展、推动中小企业应用电子商务工作会议上的讲话

肖贵玉

（2010 年 7 月 19 日）

随着信息通信技术的创新应用，电子商务已经成为经济转型发展中最有活力的新业态。全市中小企业应用电子商务平台试点工作已经全面启动。这项工作的开展，一方面有利于全市量大面广的中小企业拓展电子商务应用，以较低的信息化建设成本，推动企业经营管理模式的全面创新；另一方面，也有利于电子商务平台企业加强与中小企业对接，扩大用户规模，提高面向需求的市场竞争力。因此，市政府把这项试点作为落实国家和本市发展中小企业、电子商务有关意见的实质性举措，作为推进上述两项工作的重要结合点和突破口。

前一阶段，市经信委在有关部门、区县、企业以及行业协会的支持下，完成了试点方案，明确了示范企业，初步形成了政府搭台、企业主体、第三方评估的试点机制，为下一步工作开了个好头。今后，市经信委要统筹实施，做好资金落实、试点评估、总结推进等工作，根据试点效果适时地调整完善工作方案；各区县要积极配合，组织发动本区的中小企业参加试点，吸引更多有潜力的电子商务企业向园区基地集聚。各示范企业按照试点要求，履行示范职责，为对接中小企业提供优质的第三方电子商务服务；更多的中小企业也要抓住试点契机，充分依托电子商务平台，增强适应信息化发展的竞争优势。

一、上海发展电子商务具有良好的基础和空间

近几年来，上海通过政策支持、营造环境等举措，大力发展电子商务，推动电子商务成为新的经济增长点和市场交易的重要形式；同时，通过发展企业电子商务，有效促进二、三产业融合发展，推动制造业转型升级。整体上呈现四个特点：

一是市场规模持续快速扩展。全市电子商务交易额五年来年均增长近 20%。2009 年，电子商务交易额达 3315 亿元，保持两位数增长态势，为全市经济在金融危机下保持平稳增长发挥了重要作用。

二是发展环境日趋完善。电子商务发展的“硬软”环境都在国内领先。全市信息通信网络实现普遍接入，各类终端普及率迈入国际先进行列；率先出台了国内首部电子商务地方性法规，支付、信用、物流、监管等支撑服务体系进一步完善。

三是应用模式不断创新。形成了 B2B、B2C、C2C、G2B 等多种电子商务业态，其中 B2B 交易占据主导地位，B2C 交易日趋活跃；特别是网上支付、手机支付等电子支付应用发展迅速，2009 年，全市主要第三方电子支付平台实现交易额突破 3000 亿元，本地支付清算业务企业数占到全国近 1/4。

四是一批各具优势的品牌企业加快形成。如制造业领域的爱姆意在线、东方钢铁、盖世汽车等企业，带动了供应链上下游的资源整合；商贸业领域的百联 E 城、东方 CJ 等企业，创新了传统的零售商业模式；金融领域的

银联电子支付、汇付天下等企业，促进了资金流高效流转；物流领域的新跃、畅联等企业，提高了各类物流的运转效率。同时，包括这次被列入示范企业的理想、筑京等在内，一批第三方电子商务服务企业快速成长，为传统企业特别是中小企业应用信息化、创新营销管理模式提供了平台支撑。

从电子商务的创新性、带动力和倍增效应来看，不仅带来个人消费、交易和生活方式的变革，在产业优化升级、经济发展方式转变中也有更大的发展空间。结合“十二五”相关规划的编制，我感到有四方面的趋势值得关注。一是随着信息网络向高速、智能、泛在的下一代网络演进，个性化的移动电子商务将更加普及；二是随着物联网、云计算等新技术、新应用的创新扩散，支撑电子商务的技术手段将更加丰富；三是随着产业转型升级步伐加快，企业电子商务应用将更加普遍，并从营销环节向供应链、产业链整合的方向发展；四是随着电子商务普及渗透程度的提高，对支付安全、信用、监管等方面的要求将更加突出。面临这些趋势，在继续扩大市场规模的同时，需要不断创新电子商务的服务模式、应用模式和监管方式。

二、以环境营造为重点，加快发展电子商务

立足上海“十二五”发展的全局要求，电子商务仍将是下一轮产业发展和信息化建设的重点内容，要以应用创新为抓手，以环境营造为重点，着力推动电子商务加快发展、创新发展。

1. **抓紧完善法规政策环境。**要尽快制订发布《上海市促进电子商务发展规定》的实施意见。特别是要重点突破扶持电子商务平台企业、中小企业应用电子商务等方面的政策措施；针对处于不同发展阶段，面向不同细分市场的电子商务企业，制订实施针对性较强的支持政策。

2. **优化电子商务支撑服务体系。**要与技术手段及应用模式创新相适应，加强支付、信用、物流、监管等环节建设，建立渠道丰富和安全可靠的电子支付体系，加强交易信用评估，建立物流配送服务体系，培育起一批公共服务平台。另外，国家已开始实施网店实名制，在电子商务监管上有了新突破，有关部门要在国家政策框架内，把监管职能向网络延伸，探索建立对电子商务交易行为的监督、投诉、处理机制。

3. **加强协同推进和规划引导。**电子商务是高度市场化的行为，并且超出了传统交易和监管的范畴，更需要政府采取符合市场规律的做法，创新监管和服务模式，重点进行规划引导和政策支持。市级有关部门要加强协同，形成统筹推进的机制，并引导行业协会、第三方服务机构等在行业自律、标准制订等方面发挥作用；区县要结合本区域产业实际，落实资金、园区、人才等配套措施，发展定位不同的电子商务业态。

4. **充分发挥市场机制和企业主体作用。**各类电子商务企业要发挥机制灵活、模式创新等优势，根据需求创新应用和服务模式，形成信用、安全、品牌等综合竞争优势。与此同时，欢迎阿里巴巴等市外知名企业到上海发展，带动上海的商业模式创新和产业优化升级。广大企业特别是中小企业，要把电子商务作为企业长期发展战略，通过积极应用电子商务促进核心竞争力提升。

大家要以中小企业应用电子商务平台试点为新的起点，加强政府引导，强化企业主体，探索应用创新，共同推动电子商务持续健康发展，为上海建设“四个中心”、发展服务经济发挥更大的带动和促进作用。

充分发挥上海总部经济的带动和拉动效应

——在“2010上海总部经济论坛”上的讲话

肖贵玉

（2010年11月20日）

这次“2010上海总部经济论坛”是在上海世博会圆满结束的背景下举办的，主旨是希望作好后世博这篇文章。在今年11月上旬召开的中共上海市委九届十三次会议上，明确提出，上海要为加快推进“四个率先”、加快建设“四个中心”和社会主义现代化国际大都市而奋斗。如何加快总部经济发展，对于实现这一战略目标具有十分重要的意义。

近年来，上海出台了一些吸引总部企业的优惠政策，总部企业开始迅猛发展。到目前为止，在上海的跨国公司地区总部以及国内企业总部累计超过1000家，逐步显现总部企业的集聚效应。在全国范围内，上海总部经济发展水平目前仅次于北京，数量和税收占全国6−7%的份额。超过一半的跨国公司和国内企业总部集中在中心城区的商务区内，其他集中在张江、金桥、虹桥、漕河泾等具有生产性服务业功能区特征的工业园区内。跨国公司地区总部的级别也在逐步提升，其中大约10%为亚太区总部，80%为中国总部。多数企业总部在先进制造业领域发挥着管理、投资、研发、营销等职能，在投资和研发领域产生带动和拉动效应明显。

一、抓住机遇，转型发展

机会是留给迎难而上的人的。当前，全球金融危机正处在逐步缓和的阶段，上海要面向未来，抓住机遇，努力建设充满活力的创新型城市。

从国际来看，本次金融危机在虚拟经济层面上是美元债务和信用危机，这个危机在过去存在，未来还将长时期存在；在实体经济层面，是投资方式、贸易制度、技术创新的重新思考和定位。无论是在传统行业，还是在高新技术产业领域都将带来全球性的重组和调整，以及全球性的投资机会。

从国内来看，在当前实体经济产能过剩、资源价格不断上涨的双重矛盾背景下，中央提出强调产业结构转型是有战略意义的。国务院关于推进上海加快发展现代服务业和先进制造业、建设国际金融中心和国际航运中心的重大战略部署，不仅有利于上海加快实现“四个率先”、“四个中心”和现代化国际大都市建设，而且也有利于上海更好地服务长三角、服务全国。

总部经济大发展是上海经济转型的一个重要方面，也是相应国家经济结构战略转型的重要方面。

从上海来看，跨国公司把地区总部选择在上海，不少民营企业也把管理总部和研发中心从其他地方搬到上海，一些已经落户的总部性企业不断追加投资，新成立的大飞机公司总部也落户上海，这些代表国家产业能力的龙头企业，充分显示了上海具备了发展先进制造业和现代服务业的强大基础，也为发展总部经济所必备的整合资源能力。

上海刚刚经历了世博经济发展的重要机遇，还将迎来后世博的投资机会。通过构建成熟的商业文明、广泛培植创新精神、增强城市综合竞争能力是世博带给我们的精神财富。7000多万人次参观世博会，不仅带来旅游、酒店、餐饮方面的实惠，还将带来后世博时期构建与转型并重的机遇。

二、找准方向，创新发展

发展总部经济，要在科学发展观的指导下，坚持创新驱动、转型发展的道路。“十二五”以及今后更长一段时期内，我们要引导金融助推技术创新、信息化助推产业发展，最终提高城市的创新能力和竞争实力。这些既是总部经济发展的路径，也是总部经济发展的战略方向。

上海总部经济也要坚持“两个优先”，即优先发展现代服务业，形成以服务经济为主的产业结构，加快生产型经济向服务型经济转变；优先发展先进制造业，进一步提高产业附加值，促使产业往高端发展，尽快提升制造业的国际竞争力。众多企业总部在上海集聚发展，必然会产生覆盖面广、辐射力强的现代服务需求，有利于衍生发展生产性服务业、形成大量服务外包的新兴服务业，为现代服务业提供更广阔的发展空间，为先进制造业提供高端竞争的制胜条件。

三、建设载体，营造环境

上海拥有基础实施完备、商业配套良好、研发实力较强、专业服务水平较高、开放程度较高等总部经济发展优势，但与发达国家的总部经济水平相比，还有较大差距。我们将更加注重“两个载体”建设：

一是硬件载体建设，将充分利用上海的地理及国际地位优势，精心打造一批总部基地，吸引各类经济成分企业总部入驻发展，形成总部经济的集群发展效应。中心城区要通过产业提升来实现总部经济发展，有条件的郊区工业区要通过二次转型来实现生产性服务业、总部经济的飞跃。截至 2010 年 10 月，累计有 23 个生产性服务业功能区，包括各种科技型、综合性、物流型园区；创意产业园区超过 80 家，总部经济园区和基地超过 20 家。未来还将进一步增加，这些都将为上海总部企业发展提供空间。

二是软件载体建设。将不断完善发展总部经济的市场环境、社会环境、政策环境、法制环境和服务环境。作为政府，将积极为总部经济发展提供到位的公共服务和支撑，使上海成为最适宜总部经济发展的大都市之一。

参加这次“2010 上海总部经济论坛”的，既有中资、外资企业，又有国资、民资企业；既有产业资本，也有创投资本的代表。希望大家发表真知灼见，共同为加快发展总部经济建言献策，共同为上海加快转变经济发展方式、推进国际金融中心建设，形成以服务经济为主的产业结构贡献智慧和力量。

深入开展创先争优活动 争当服务世博先锋
——在系统纪念建党89周年暨争当世博先锋座谈会上的讲话

潘志纯

(2010年6月25日)

今天，我们在这里隆重召开会议，庆祝中国共产党成立89周年，表彰系统在办博工作中涌现出来的先进基层党组织和优秀共产党员。同时，也借今天会议，对系统深入开展创先争优活动作进一步动员和部署。刚才，三位同志从不同角度作了交流发言，生动具体地展示了为世博作贡献的画面，在系统内，识大体、顾大局、立足岗位、彰显先进的人物和事迹还有很多，年内还要评选，还要全面总结，这些都是开展创先争优活动最形象、最有力的动员。

一、统一思想，充分认识开展创先争优活动的重大意义

创先争优活动是党中央继学习实践活动之后，着眼于经济社会发展全局和党的建设实际，为加强基层党组织建设和党员队伍建设而部署的一项经常性工作，影响深远，意义重大。

从巩固扩大学习实践成果的要求来看，开展创先争优活动，有利于深入学习实践科学发展观。历时一年多的学习实践活动已基本结束，但贯彻落实科学发展观任重而道远。活动中形成的一些好经验、好做法有待进一步总结提升，一些深层次矛盾和问题有待进一步研究解决，一些促进科学发展的制度机制有待进一步健全完善。不论是从全党全国还是我们自身而言，作为学习实践活动的延展和深化，深入开展创先争优活动，对于进一步巩固和扩大学习实践活动成果，把学习实践活动中形成的科学发展规划、思路和举措切实落到实处，不断解决影响和制约科学发展的深层次矛盾和问题，解决好职工群众最关心、最直接、最现实的利益问题，在新的起点上推动科学发展观的贯彻落实。

从系统党的建设的状况来看，开展创先争优活动，有利于加强基层党组织建设和党员队伍建设。近年来，我们坚持以改革创新精神加强基层党组织和党员队伍建设，党建工作活力不断增强，党员队伍素质不断提高，为推动经济平稳较快发展提供了坚强的组织保证。但也要清醒地看到工作中存在的问题，如一些基层党组织的凝聚力和战斗力不够强，抓工作、促发展的能力还不够，一些党员学先进、赶先进、争当先进的动力还不足，党员意识淡化，先锋模范作用发挥不充分，等等。开展创先争优活动，就是要使党组织和党员明确新的努力方向，在激励和竞争中提升能力素质，发挥好主体作用，就是要在争创活动中解决工作难题，从而进一步提升基层党建科学化水平。

从推动经济和信息化科学发展的实际来看，开展创先争优活动，有利于在新起点上推进经济信息化系统科学发展。当前，我们正处于加快经济发展方式转变、大力推进高新技术产业化的关键时期，面临全面完成“十一五”对接“十二五”的重大任务。如何实现更好更快发展，关键在于建设一支高素质的党员干部队伍。我们要通过深入开展创先争优活动，充分发挥基层党组织战斗堡垒作用和广大党员先锋模范作用，动员和组织全系统各级党组织和广大党员以更加饱满的热情、务实的作风、创新的举措，推进产业创新、融合、转型、提升。

系统各级党组织和广大党员务必充分认识开展创先争优活动的重大现实意义和深远历史意义，统一思想和行动，认真开展好创先争优活动，确保圆满实现“推动科学发展、促进社会和谐、服务人民群众、加强基层组织”的总目标。

二、突出特色，下功夫推进创先争优活动深入开展

创先争优，贯穿各项工作，渗透到工作的各个环节、各个方面，是与各项工作的目标任务相辅相成的。我们现在进行的各项工作都可以成为创先争优活动的载体。我们各级党组织、每一名党员都要认真对待，力戒形式主义，不但要说到嘴上、写在纸上，更要见诸在工作中，实实在在体现在行动上，把创先争优活动抓实抓好抓出特色。

创先争优，一要在注重继承性上下功夫。创先争优，对于我们来讲并不是一个新鲜提法。在全党开展创建先进基层党组织、争做优秀共产党员的活动，是我党的优良传统。新中国建国之初很长一段时间内，创先进、争优秀就曾掀起过一次又一次热潮，而每一次都有其深刻的具体内容，大到社会各种生产活动，小到个人的打扫卫生，都可以成为一个特定时期内的创先争优载体。生产建设中的先进集体的评选，劳模个人先进的表彰，乃至于小朋友身上的那朵小红花，这些都从不同侧面反映出了传统的“创先争优”在人们心中的印象。开展创先争优活动，是一次实实在在地党优化自己、强化自己、提高自己的伟大实践。多年来，我们开展了不同主题的创先争优活动，积累了一定的经验，并取得了较好的成效。但今年对活动的要求与以往有所不同。系统各基层党组织要在开展创先争优活动中认真借鉴和运用以往的成功经验，注意同已有活动载体相衔接，以进一步增强活动的实效。

创先争优，二要在注重实践性上下功夫。创先争优活动不流于形式，关键要紧紧围绕中心工作，紧密联系本系统、本行业、本单位的具体实践。开展创先争优活动，我们要找准着力点和结合点，努力增强针对性和实效性，以活动开展的实际成果促进和保证各项任务的完成。当前，我们正在加快推进经济发展方式转变，推进高新技术产业化，我们要把创先争优活动与这些工作紧密结合起来，在加快转变经济发展方式的生动实践中，进一步丰富创先争优的内涵，提高创先争优的质量，发挥创先争优的作用。举办世博会，是今年上海的头等大事，这也是创先争优活动最生动的实践载体，我们要继续围绕开展创先争优活动，以勤奋的工作和出色的表现影响群众、带动群众，为上海世博会成功举办提供坚强保证。我们要着力于实践，激发基层党组织和党员内在动力，激励广大党员在加快推进经济发展方式转变、举办世博会中发挥中坚作用，争当排头兵，切实把党的政治优势转化为科学发展优势，党的组织资源转化为科学发展资源，党的建设成果转化为科学发展成果。

创先争优，三要在注重创新性上下功夫。创先争优活动效果好不好，与活动中采用的方法创新不创新、是不是创造性开展工作紧密相关。我们要尊重基层首创精神，各级党组织要适应新形势、新任务的要求，结合实际、实事求是，创新创先争优活动的内容和形式，做到特色鲜明、形式多样、活动有效。通过创先争优活动，使我们的党组织要有先进的理念、先进的机制、先进的方法、先进的工作。通过创先争优活动，培养广大党员创新性的思维，取得创新性的成果。

创先争优，四要在注重广泛性上下功夫。开展创先争优活动要认真贯彻群众路线，充分发扬民主。要坚持开门搞活动，把开展创先争优活动的过程作为运用科学发展观宣传群众、组织群众、教育群众、推动群众、凝聚群众的过程，切实扩大群众参与，坚持做到确定活动目标、制定活动方案听取群众意见，向群众作出承诺；活动开展情况定期向群众通报，接受群众评议；评选先进请群众参与，接受群众监督。要坚持“党建带团建”、“党建带工建”、“党建带妇建”，以基层党组织和党员的创先争优活动带动工会、共青团、妇联等群团组织广泛开展创建先

进集体、争当先进个人活动，以全方位的创先争优影响和带动群众，成为推动企业经济发展、基层党的建设的强大引擎。

创先争优，五要在注重长效性上下功夫。创先争优活动是推动基层党组织和党员立足本职发挥先进模范作用的经常性工作。多年来，系统央企如上海石化开展的“两带一挑战”（党小组带班组、党员带群众、向先进水平挑战）、外高桥船厂开展的“三高一流”（党员的觉悟高于群众、操作业务技能高于群众、生产工作业绩高于群众、培育一流党员队伍）等创先争优活动，都取得了积极成效。这些活动要持之以恒开展下去，形成长效坚持下去。一方面我们要根据形势任务的要求，及时确定和提出新任务、新要求，使党员争创先进的热情经久不衰；另一方面我们要通过健全的制度来保证。通过制度，保持和增强“争”、“创”意识，形成你追我赶的局面，使创先争优活动始终处于滚动向前的状态。通过制度，把加强基层组织建设作为开展创先争优活动的重要目标和检验活动成效的重要标准，着眼于提高基层党建工作的科学化水平，完善运行机制、管理机制、保障机制、监督机制，全面提高党组织的凝聚力和战斗力。

创先争优活动，重在坚持、重在落实、重在深入，贵在实践、贵在创新、贵在长效，我们一定要紧贴实际，做到活动开展富有特色，活动成效群众公认。

三、加强领导，确保创先争优活动取得实效

组织开展好创先争优活动，是我们各级党组织的一项重大政治责任。中央、市委关于开展创先争优活动的实施意见，明确了活动的总体要求、主要内容、方式方法和组织领导，这是我们开展创先争优活动的重要依据。各级党组织要高度重视，做到组织领导到位、工作基础扎实、实施措施有力，把创先争优活动抓出成效。

一要精心设计好载体，实施分类开展。开展创先争优活动，既要有催人奋进的目标方向，也要有切实可行的工作抓手。我们要区别不同区域、不同行业基层党组织的职责任务和不同群体党员的岗位特点，精心设计特色鲜明、具体实在的载体，分类提出开展创先争优活动的具体要求。设计活动载体，要注意活动载体保持相对稳定性、连续性，内容要与时俱进、不断创新。在以往实践中，不少单位已经形成了好的经验和做法，比如开展“党员先锋岗”、“党员责任区”、“党员品牌工程”、“党员承诺”等活动，我们既要把这些实践载体与这次活动载体有机衔接、深入推行、巩固发展，又要积极探索新的活动载体和活动方式，坚持分类指导，针对不同领域和行业特点，针对当前群众最希望党组织和党员发挥作用的问题来设计活动载体，以切实增强创先争优活动的针对性和实践性。

二要创造性地运用好活动方法。创先争优活动的主体是基层党组织和党员，工作主要在基层开展，成效关键在基层体现。因此，在创先争优活动中，我们要充分发挥党员的主体作用和基层党组织的创新精神，运用好公开承诺、领导点评、群众评议、评选表彰等方式，使这项活动既丰富生动，又务实有效。一是公开承诺。各党组织要制定开展创先争优活动实施方案，党员提出参加活动的具体打算，并采取适当方式向群众公布，做出承诺，接受群众监督；二是领导点评。各上级党组织负责人要对基层党组织和党员开展创先争优活动情况进行点评，可通过听取汇报、交流研讨、实地查访等多种形式，实事求是肯定取得的成绩，指出存在的问题和努力方向，要加强督促检查，对思想不重视、工作不得力的，要限期整改；三是群众评议。我们可以采取下级测评、同级互评、上级考评的方式，综合运用民主测评、满意度调查、政风行风评议等考核评价办法，适时组织党员、群众对创先争优活动情况进行评议；四是评选表彰。上级党组织对基层党组织、基层党组织对党员开展创先争优活动情况要进行考核，并要强化考核结果的运用。在此基础上，适时评选表彰创先争优活动中涌现出的先进基层党组织和优秀共产党员。在具体实践中，各级党组织可结合本单位实际，在充分保护好、引导好、发挥好党员的积极性、主动

性和创造性的前提下，进一步丰富、完善和创新创先争优活动的方式方法，激发创先争优的动力。

三要抓好典型示范。我们要充分发挥系统党建网、企业报以及党建信息简报等宣传载体的作用，采取基层党员群众喜闻乐见的方式，宣传开展创先争优的好做法、好经验，加大对先进典型、先进事迹的宣传力度，特别要注意选树党员身边的典型，发掘和推出一批真正具有时代性、典型性、可学性的先进基层组织和优秀共产党员，使大家感到可亲可近、可学可比。通过充分发挥先进典型的示范引领作用，在系统内努力形成学习先进、崇尚先进、争当先进的良好风气。

中国共产党已走过了89周年的光辉历程，我们要继续牢记宗旨，不忘使命，创先争优，充分发挥基层党组织和广大党员的先进模范作用，以更大的创造力、凝聚力和战斗力，把党的事业推向前进，为上海建设“四个中心”、做到“四个率先”作出新的更大的贡献！

扎实完成2010年主要目标和重点工作
——在市经济信息化工作党委、市经济信息化委工作会议上的讲话

王 坚

（2010 年 1 月 15 日）

2010 年是上海具有特殊意义的一年，世博盛会将持续半年，围绕世博有大量工作要做。同时，产业发展和信息化建设面临的外部环境也十分严峻，国际经济复苏的基础还不稳固，国家宏观政策还在不断调整完善，上海产业自身转型升级的压力增大，这对我们做好今年工作提出了更高要求。

一、把握 2010 年工作的总体要求

2010 年要以“调结构、转方式、促发展”为工作主线，以高新技术产业化为核心，以确保产业平稳较快发展和信息化深化推进为目标，以“两化融合”为突破，以创新工作机制为保障，促进发展方式从资源要素投入为主向创新驱动、资源节约和环境友好转变。突出“五个着力，五个体现”。

一是着力推进高新技术产业化，大力培育战略性新兴产业，推进技术创新，鼓励开放发展，实现聚焦突破，提高技术和规模优势，体现产业发展制高点和新的增长点。

二是着力推进支柱产业持续发展，加大技术改造和服务企业力度，推动大企业集团跨地区发展，保持总量规模和质量效益，体现结构优化、能级提升和高端发展。

三是着力推进信息化建设和信息服务业、生产性服务业及创意产业等服务业重点领域，深化“两化融合”，促进制造业服务化，提升信息化水平，强化信息安全，体现服务经济为主的产业结构。

四是着力推进非公经济和中小企业发展，深化改革、完善环境和优化政策，促进成长型、创新型、科技型非公和中小企业发展，加强专业配套，体现发展活力和动力。

五是着力推进调整淘汰落后产能和工业节能、降耗、减排，腾出发展空间、合理规划布局，促进低碳产业发展，体现资源节约集约利用与和谐发展。

要紧紧围绕“调结构、转方式、促发展”这条主线，坚持开放发展，完善服务企业的长效机制，吸引各类市场主体参与上海产业发展和信息化建设，实现优势互补和共同发展。坚持持续发展，推动支柱产业保持竞争优势，战略产业提升规模水平，新兴产业超前布局，继续发挥工业对全市经济发展的基础和支撑作用。坚持提升发展，提升产业运行质量，优化产业结构，抓好产业投资，提升中小企业发展水平。坚持融合发展，推进二、三产业融合，推动信息化与工业化融合，推进军民融合。坚持创新发展，以重大科技专项为抓手，加大对前沿技术趋势的跟踪，创新体制机制，加快新产业、新技术、新业态、新模式发展。

二、明确 2010 年工作的主要目标

2010 年的工作目标分两个层面：

总体目标要实现“四个快于”：高新技术产业增长快于全市工业增长；工业增加值增长快于工业总产值增长；工业利税增长快于工业增加值增长；信息服务业增长快于全市服务业增长。

具体目标方面：

总量规模：完成工业总产值24700亿元，比上年增长4%以上；工业增加值5500亿元，增长5%以上。

质量效益：实现工业利润1500亿元，增长10%左右；工业利税增速快于工业增加值增速4个百分点。

结构优化：高新技术产业化9个重点领域产业规模达到8430亿元，增长14%以上；六大支柱产业工业总产值占全市规模以上工业的65%以上；工业投资与上年基本持平，技改投资比重占50%以上。

服务经济：软件和信息服务业实现经营收入2500亿元，增长20%；生产性服务业经营收入3800亿元，增长15%左右；时尚创意产业增加值1400亿元，增长15%以上。

集约发展：调整淘汰落后产能项目600－700项左右，节约标煤80万吨以上，区域综合效应进一步改善；万元工业增加值能耗进一步下降。104个产业区块单位面积产出提高1－2亿元，达到59亿元－60亿元／平方公里；工业开发区产值增速快于全市工业2个百分点。

信息化建设：互联网国际出口带宽增加到300G以上；家庭宽带接入用户数达到420万户，普及率约60%；电子商务交易额比上年增长25%以上。

市政府实事项目："千村万户"农村信息化培训普及工程完成培训1万人、宣传普及20万人；推广高效节能灯1200万只。

三、2010年的12项重点工作

市经信委2010年《工作要点》明确了全年12项重点工作，并按照"菜谱、菜系、菜点"分解了《2010年重点工作安排表》。

1. **确保产业平稳较快发展，提高增长质量和效益。**在推动产业平稳较快发展的同时，要更加注重产业的质量提高、效益提升。一是加强经济运行监测，分行业、市场、区域、阶段进行跟踪分析，关注反映内涵发展的重点运行指标，关注重点集团市外发展情况，完善高新技术产业化等运行指标；二是完善服务企业机制，继续做好推进政策落实服务办的工作，与有关委办形成协调解决企业需求的机制，在共性问题上探索政策突破，推动区县完善服务企业工作机制，同时要进一步加大对央企的服务力度；三是做好能源资源协调保障。建立相应的监测系统和网络，加强动态监测和应急预案制定，畅通应急供应渠道，确保全市能源资源供应。

2. **大力推进高新技术产业化，培育发展战略性新兴产业。**市委、市政府主要领导年前都专门听取汇报，提出了明确要求。2010年，9个重点领域产业规模争取达到8430亿元。高新技术产业化不但要纵比，跟自己比，还要横比，跟国内外同行比，我们在进步，人家也在发展，避免差距越拉越大。这就要求我们增强紧迫性，大力推进高新技术产业化是上海经济发展调结构、促转型的重要任务；加强主动性，不主动出击，就会被动出局，进一步明晰目标，细化梳理9个重点领域，聚焦突破；注重开放性，持续推进引进吸收再创新，吸引国内外龙头企业共同参与、协同发展；体现坚韧性，始终保持勇挑重担的责任意识和危机意识；强调实效性，联合委办、区县，切实推动高新技术产业增长快于全市工业增长。

在工作举措上落实"四个加大"，即加大主动衔接和服务国家战略的力度，争取更多具有示范性、引领性和关键技术领域的国家项目在上海实施；加大高新技术产业化重点项目推进力度，聚焦突破，发挥对产业扩大规模和提升能级的带动作用；加大对专项政策的分解落实力度，使政策更加具有专业性和针对性，落实到区县、企业和基地；加大鼓励引导全社会参与的力度，引导金融和社会资本投入，鼓励各类所有制企业进入。

近期要重点做好的工作：一是抓紧编制2010年高新技术产业化工作重点，尽快下发一季度工作计划，需要争取的政策抓紧提出来；二是已明确的重点项目加快推进力度，再推进200项左右新增项目，重点跟踪100项左右；三是筹划好市高新技术产业化工作会议，3月底完成高新技术产业化成果展。

3．深入贯彻落实国家战略，提升产业创新能力。结合国家调整振兴重点产业、科技重大专项等战略，推动关键技术研发和成果转化，提高产业的引进消化吸收再创新、集成创新、原始创新能力。一是落实国家重点产业调整振兴规划，对上海市已发布的8个产业调整振兴方案，明确进度要求，进行评估总结。工信部最近还将出台“装备制造业做强做大行动纲要”，要尽早启动研究，就推动上海装备制造业做大做强形成落实方案；二是推动国家科技重大专项落地，协调落实上海已承担专项的地方配套。按照工信部要求，加强对项目实施各环节的管理；三是推动企业技术创新，支持企业建设技术创新体系，按计划做好国家企业技术中心申报、市级企业技术中心遴选，以及专利和知识产权保护等工作；四是加强质量管理和品牌建设，落实国家加强工业产品质量的政策措施，配合开展重点产品质量振兴攻关表彰、市长质量奖等评优活动，开展中小企业“质量巡诊”活动；五是推进军民结合、寓军于民。在船舶、航空等行业先行先试，建立军民两用技术研发、双向转移和产业化的服务体系。

4．大力发展服务业重点领域，促进服务经济发展。推动以信息服务业为重点的服务业相关领域发展。按照信息服务业增长快于全市服务业增长的目标，更加关注互联网服务业和其他新型信息服务业态发展，其中，互联网服务业重点推动网络游戏、网络视听、NGB增值服务、金融信息服务、数字出版产业等。电信和广电服务业重点发展3G服务等。软件业加快发展汽车电子、轨道交通等领域嵌入式软件和工业软件，结合国家“核高基”重大专项落地，打造中国“软件名城”。同时，继续优化环境，衔接国家新18号文，落实《关于鼓励信息服务业发展的若干政策》，制定《上海互联网产业振兴发展计划》，推动国家级项目落地。

创意产业要突出“设计城市”内涵，大力发展工业设计、时尚设计、软件动漫设计等6个领域。推进中国工业设计博物馆、新材料体验馆等建设。提升创意产业集聚区功能。

生产性服务业要有规划、有重点、有载体、有政策，建立反映生产性服务业发展的指标体系，包括速度、比重、要素、资源、品牌、准入等。继续加快发展总集成总承包、融资租赁、制造业物流等发展。推动生产性服务业功能区形成错位竞争和发展，引导生产性服务业向专业化、品牌化、规模化、集聚化、高端化方向发展。

时尚产业重点依托黄浦、长宁、静安等区和相关企业集团，推进时尚产业基地、国际时尚中心等建设，扶持时尚设计机构和著名设计师创业发展，努力打造上海“时尚之都”。

5．不断促进非公经济和中小企业发展，增强产业发展活力。落实《国务院关于进一步促进中小企业发展的若干意见》，国务院36号文已明确的支持中小企业发展的政策，要逐条抓紧落实。同时，结合上海市非公和中小企业的特点，要关注非公和中小企业对调结构、促转型、转变经济发展方式的重要作用；关注非公企业、初创微小型、无上级主管部门和科技型、创新型四类企业；关注营造发展环境、缓解融资困难、创新发展、完善扶持体系等内容；关注扶持政策抓紧落地，增强非公企业尤其是科技型中小企业的发展活力。一是继续完善工作机制。抓紧建立区县非公和中小企业服务体系，发挥专业服务机构和服务平台作用，形成全覆盖的服务网络；二是支持非公和中小企业参与重点产业发展。鼓励非公和中小企业发展新兴产业，如互联网、智能电网和物联网，以及信息化与工业化融合催生的新业态等。引导非公和中小企业参与“四个中心”建设。支持中小企业参与高新技术产业专业化配套，如新材料、软件和信息服务业等大都以中小企业为主，要加大支持力度，创造更优环境；三是大力发展成长型、创新型、科技型非公和中小企业。推动社会科技成果向非公和中小企业转化，提高非公和中小企业高新技术产业化的能力；四是加大政策支持力度。技术改造、节能减排等专项资金安排不低于1/3资金用于非公企业和中小企业。大力推进非公企业和中小企业上市融资，3年内争取100家非公和中小企业上市。

6．加强技术改造和基地园区建设，推进项目落地和产业投资。要确保完成工业投资基本持平目标，加大技术改造力度，保持占工业投资的比重；加快园区基地建设，确保项目落地。在技术改造和产业投资方面，全年推进200项重点技改项目，涉及投资500亿元左右，建成投产一批，加快建设一批，新开工一批，对这“三个一批”的技改和投资项目，要加强项目管理。规范项目申报、实施、评审等各个流程，形成管理长效机制；要加强沟通协调，建立重点项目协调推进机制，定期与有关部门和区县协调商议。在产业基地建设方面，对104个产业区块、城镇建设区内195平方公里以及城镇建设区外198平方公里的存量土地，要形成重点不同的盘活政策，提高集约利用水平，同时，依托国家新型工业化示范基地等载体，抓好重大项目落地，临港装备、上海化工区、长兴造船、航空航天四个基地都要明确投资和产出目标，加强引导。在推进上面两项工作中，特别要联手区县加大招商引资力度，重点引进专业化、产业链和引领性的项目，引进国内外优势企业、地区总部，并配合国资部门推动国企开放性、市场化重组。

7．深入推进信息化建设，确保网络和信息安全。深化信息化建设和应用拓展，继续推进社会诚信体系建设。一是优化提升信息基础设施能级。加快推进信息基础设施配套规划建设，协调世博园区内TD-LTE网络建设及应用演示试点，争取成为国内首个开展第4代移动通信技术的试点地区；二是推进信息化深入应用。在电子政务方面，推动信息化项目归口管理从前置审核把关向全过程管理拓展。在社会公共服务方面，深化“为农综合信息服务千村通”工程，完成“千村万户”农村信息化三年培训普及工程目标任务；三是深化社会诚信体系建设。落实推进工信部的食品工业企业诚信管理体系建设工作和信用信息共享工作，大力推进信用主动公开和依申请公开，进一步提升联合征信系统功能。以市委《关于完善适合服务业发展的信用法律法规框架》研究为契机，建立完善信用制度，加强“守信收益，失信惩戒”的制度设计。加强行业信用管理，指导企业加快信用风险防范建设。培育信用服务市场，推进信用产品使用。积极营造社会诚信氛围，继续开展诚信宣传周、长三角信用体系建设合作等工作；四是确保信息安全。落实世博信息安全专项规划，完善信息安全应急处置机制。依法开展迎世博全市信息安全检查，实施远程渗透检测与整改。全面完成重要信息系统安全测评、风险评估、保障体系建立等，确保世博前各项准备工作就绪。加强城域网信息安全监测，保障世博期间全市信息系统安全受控。实施世博无线电水、陆、空立体监测网络，合理指配频率资源，落实重点部位无线电管制、电磁环境专项管控和国家元首、重要国家馆日的专项保障任务。同时，配合做好工信部政府部门互联网安全接入现场会的筹备工作。办好全球城市信息化论坛。

8．坚持调整淘汰落后产能，抓好工业节能降耗减排。结构调整工作要进一步拓展思路、创新方法，不能停留在全年完成几百个淘汰项目，要更加关注节能、减排、环境、区域等。因此，2010年要推动调整领域从“两高一低”转到“三高一低”，调整重点从一家一户企业转到对部分行业、落后工艺和重点区域的专项调整。考核方式从能耗降低转到综合考核节能、减排和城市安全。今年调整的重点区域包括黄浦江上游水源保护区、太湖流域环境治理区、杭州湾北岸线等整治区域，104个产业区块外工业区的整体调整等。重点推进嘉定南翔、宝山大场和奉贤零星化工生产点等5-6个调整专项。继续推进嘉定马陆、金山第二工业区、浦东（南汇）滨海等重点地区以及九亭、张江等企业集中区调整，关注虹桥商务拓展区调整，年内基本完成调整整合任务。产业节能降耗要继续稳妥推进，2010年要建成市能效监控平台。开展12个重点用能行业75个产品的对标活动，监察8个类别40家企业单位产品能耗限额标准。加快推进节能服务业，加强合同能源管理，推广节能环保新技术、新产品，推进“千万节能灯进家庭”活动。

9．加快推进“两化融合”，提升产业发展能级。继续围绕“1010”工程，抓住区域、行业、企业、产品等切入点加快推进，完善配套环境。重点项目要形成示范效应，已经启动的首批重点项目，比如大型客机全球协同研制、自主品牌汽车柔性制造等，要加大支持力度，争取有所突破，体现对所在行业、产业链“两化融合”的带动。专项工程要加快推进，2010 年重点实施的一批专项工程，比如示范园区引导工程、电子商务扶持引导工程、专业人才培训工程等，要进一步明确工作目标和具体指标，形成“数字工厂”、第三方电子商务服务平台等典型的示范案例。基础工作要进一步加强，包括“两化融合”发展评估、产学研用联动、宣传培训等工作，都要形成一些长效的工作机制，并争取在这些方面能走在全国前面，发挥上海“两化融合”工作的示范作用。

10．配合做好世博筹办工作，保障世博会顺利举行。市领导指出，能否办成一届成功、精彩、难忘的世博会，事关党和国家的声誉，事关中华民族的形象，事关上海的国际地位和影响力。办好世博会是压倒一切的头等大事，绝不能有丝毫马虎，绝不能有任何松懈。经信委要按照全市统一部署和部门职责，确保完成本系统、本单位世博安保目标和任务。一是确保城市运行安全。做好世博安保群防群治工作方案提及的 54 个市级重点目标、242 个区级重点目标中相关目标的防范工作。确保应急指挥机制、力量、预案到位；二是确保产业安全。加强应急物资生产储备管理，加强危险化学品和易燃易爆物品的管控，加强电力系统基本情况排摸，确保世博期间能源供应和生产安全；三是做好世博园区应用示范等工作。推进世博园区太阳能、智能电网、LED 照明、新能源汽车等示范运行；四是以世博为契机加强招商引资，加强与世博局沟通，根据产业链配套需求协调参展企业对接，争取优质产业项目落户。同时，筹办好世博会“信息化与城市发展”主题论坛，做好中央部委和有关省市的接待任务。

11．启动“十二五”规划编制，谋划持续发展思路。编制“十二五”规划是今年的一项重点工作，也是一项系统工程，各处室要通力协作，保质保量按时完成“十二五”产业和信息化发展总体规划、专项规划的编制任务。一是要坚持“开门办规划”，调动各方面力量，落实规划研究编制的节点和重点；二是要准确把握“十二五”时期产业和信息化发展阶段特征，在规划编制过程中，要按照科学发展的要求，抓紧解决关系“十二五”产业和信息化发展的重大问题，立足“调整、聚焦、转变、提升、创新”，关注“内涵、融合、持续发展”，抓紧编制工业、信息化、社会诚信体系等 3 个总体规划；三是要同步开展重点产业、“两化融合”、高新技术产业化、信息基础设施、重点领域信息技术应用、信息安全保障等一批专项规划编制；四是加强与各类规划相衔接。做好与国家、上海市总体规划的衔接，争取将有关工作纳入国家工业和信息化规划，以及上海市国民经济和社会发展总体规划。做好专项规划与全市产业和信息化规划编制工作相衔接，指导区县开展本区域产业、信息化、基地园区等规划编制工作。同时，做好国防科技工作。贯彻落实中央领导同志在 2010 年国防科技工作会议上的讲话精神，加强与有关部门协调，在规划、土地、环保、资金、人才等方面支持国防科技工业发展。

12．加强队伍能力建设，切实转变政府职能。以加强干部队伍能力建设为抓手，以提高办事效率为重点，加快管理创新，完善工作机制，推动“服务政府、责任政府、法治政府、廉洁政府”建设。全委同志要始终保持清醒头脑，做到“勤奋、务实、诚信、宽容”。

主动做好服务企业工作。立足于求实效，多倾听企业的呼声，建立和完善服务承诺、一次性告知、限时办结等制度，切实服务好央企、中小企业等各种所有制企业，形成长效机制。

继续推进行政审批制度改革。2009 年，根据市委、市政府要求，对原两委的行政审批事项进行了清理与核对，开展了企业登记注册前置审批清理，进一步调整审批方式、明确审批期限，提高审批效率。今年要按照上海市审改工作的要求，规范审批事项，减少流转环节，缩短审批时间，提高行政效率，做到公开、公平、公正审批，完善服务承诺、限时办结、协同办理等制度，提高服务效率。

强化责任分工。围绕上海市产业和信息化重点工作，落实分工、落实责任、落实节点，重点工作明确由委领导牵头负责，加大推进力度。

完善各处室内部职能。新机构组建一年多来，大家坚守岗位，重点工作得到有力推进，新机构运行也是比较顺利的。下一步，要在机构改革运行一段时间的基础上，完善处室内部职责，理清工作界面，建立健全权责明晰、分工协作的工作机制。

创新管理办法。充分应用信息化手段，实现办公自动化、部门信息传递网络化、公共服务在线化，提升工作的整体效率和水平。继续加强公共资金管理、课题研究、出国管理等基础工作，推进内部管理各项制度建设。完善工作机制，更多发挥经济、市场、法律等手段的作用，加强政府信息公开的透明度，创造和优化产业发展环境。发挥好新闻媒体作用，主动引导媒体加大对产业和信息化发展、高新技术产业化成果等宣传力度。

加强队伍能力建设。完善总结考评制度，积极探索年度考核与专项考核相结合的考核办法。创造条件做好干部的集中培训，加大对中青年干部的培养，促进后备干部的培养考察，通过公开选拔、轮岗交流、专项培训等形式，提高队伍解决问题、创新发展的能力，引导干部加强有针对性的产业政策研究。招聘的公务员要考虑与岗位相适应的工作经历等。

发扬团队精神、形成工作合力。总结好2009年在服务企业保增长、高新技术产业化建设、产业结构调整等工作中形成的经验做法，发扬敢打硬仗、善打难仗、能打胜仗的精神。要围绕中心工作，处理好处室和全委工作的关系，既要当好牵头工作的“红花”，也要为委内其他重点工作做好“绿叶”，加强合作，互相补台。依靠兄弟委办和区县，主动与相关委办局联系沟通，提高产业和信息化工作的协调能力和推进水平。根据各区县机构改革的实际，形成沟通对接和职能延伸的渠道，充分调动区县部门的工作积极性。

加强对直属（归口）单位的管理。近期，两委将下发《关于进一步加强直属（归口）单位管理的意见》，《意见》将按照分层分责、统一高效的原则，明确直属（归口）单位有关工作的管理职责。各部门都要按照要求，加强综合协调，切实承担起管理、指导和服务职责，确保直属（归口）单位健康平稳发展。

继续加快高新技术产业化推进步伐
——在上海市2010年郊区（县）先进制造业发展座谈会上的讲话

王 坚

（2010年3月25日）

一、今年一季度高新技术产业化取得了一定的进展

一是重点领域加快发展。如新能源领域，太阳能产能可望提前两年达到800兆瓦－1000兆瓦，2兆瓦风机今年产量可达300—400台，比上年增长3—4倍；电子信息领域，大屏幕投影和微投影等激光显示领域一批项目正抓紧投资，经过2—3年培育可望形成上百亿元规模；新能源汽车领域，1000多辆新能源汽车投入世博会示范应用，德朗能等动力电池项目陆续开工。

各领域在分管委领导的带领下，发扬坚韧性，咬住重点项目不放，会同区县、开发区开展针对性招商。如新能源领域，天合光能等一批项目落户，跟踪推进益科博、曙海、纽升等新能源装备项目；重大装备领域，争取西重所2万吨难变形材料卧式挤压机项目落户临港；海洋工程领域，会同崇明县、长兴管委会到宝鸡石油机械公司、电子科技集团54所等专题招商；电子信息领域，争取手机测试平台落户等；软件信息服务业领域，积极培育新业态、新模式，抓紧国家视听产业基地落户等。这批项目的落户，将为上海占领产业高端创造条件。同时，发布了智能电网、物联网行动方案，云计算行动方案正在制定中。

二是明确了全年要推进的工作。2009年年底提出577个项目，再加上第二批132个项目，经过聚焦明确了97个重点项目。97个项目代表了9个高新技术行业的发展水平。下一步，要研究解决好97个项目的产学研问题、支持政策和协调问题。此外，还明确了107件具体事项逐一突破。上述这些重点项目和事项，都明确责任人、联络员，积极有序地向前推进，确保项目落地，工作到位，寻求突破。

三是创新工作机制。机制创新是一个系统，它涉及项目与承担单位、资金、人才的对接。新材料领域，根据其特点，组织了40项与各领域对接项目，并探索产学研对接新模式。软件信息服务业领域，主动加强与其他领域的对接；新能源汽车领域，支持嘉定区与中科深江建设“育成中心”，推进科技成果产业化；海洋工程领域，推进兰马克股权投资基金建设等。

四是形成工作合力。包括经信委内部与外部。在外部，主动争取市发改委、科委、财政局、规土局、金融办、国资委、统计局和各区县的支持，形成了新的工作局面；在委内，不管是责任处室，还是配合处室，围绕高新技术产业化，加强工作主动性、超前性。技术进步处和高新技术产业化促进中心做好面上协调工作，逐步完善工作推进机制。各相关处室都要积极做好有关配合和对接工作。很多同志加班加点，放弃节假日休息，凝聚了同志们的心血和汗水，值得大家学习。

二、清醒认识当前面临的形势和任务

高新技术产业化全面推进一年多来，工作取得了一定的进展。但是，也要清醒看到高新技术产业化推进与市领导的要求，与兄弟省市的工作力度，与社会各方的期望相比，还有一定的差距。如项目会审、计划对接周期较

长，这既有客观原因，也有主观因素。这些都需要我们在下一步工作中加以改进。

当前，推进高新技术产业化工作有挑战、有竞争、有压力，要求我们丝毫不能懈怠，必须时刻保持高昂的精神状态，保持扎实的工作作风，保持稍纵即逝的工作态度，全力以赴、集中精力抓好推进工作。

从全国看，各地都在加快高新技术产业布局，竞争更加激烈。年初，国家启动了战略性新兴产业研究，各地都把发展新兴产业作为推进产业发展的重要内容。很多地区工作力度很大，措施针对性很强。如天津以滨海新区为重点推进高新技术产业发展，在与新加坡合作的中新生态城建设中，突出智能电网等绿色、低碳主题。江苏加快新兴产业布局，在苏北沿海地区集聚了国内主要风电企业设备制造和应用基地，并加大与大飞机等重大项目对接力度，提前布局配套产业。浙江、北京、深圳等地区都在加快新兴产业布局。

从上海市看，市委、市政府对高新技术产业化高度重视，时刻没有放松。去年12月31日，俞正声书记、韩正市长听取了工作汇报；春节前夕2月11日又专题听取新能源、新能源服务业和智能电网推进的汇报；3月25日，在世博会筹备最为紧张的时期，又召开9个郊区先进制造业发展座谈会；5月6日，韩正市长和杨雄常务副市长，艾宝俊、沈晓明副市长又专题听取市级专项资金支持的第二批12个项目汇报。市领导在筹办世博会繁重事务面前，把高新技术产业化工作放到十分突出位置，这对我们是鼓舞和鞭策。

当前，市里已把高新技术产业化作为转变经济发展方式的主要内容，将有限资源进行集聚。各区县、部门和主要企业集团更加重视高新技术产业化，支持力度不断加大，这为推进高新技术产业化，提升发展先进制造业创造了十分有利条件。同时，也表明我们肩上的担子重，责任大。必须按照市委、市政府“两手抓”的要求，一手抓办博，一手抓发展，抓住当前时机，埋头苦干，扎实工作，为完成全年任务打好基础。

三、推进高新技术产业化工作要注意“三个体现、四个突出”

“三个体现”：一是体现持续性。已经定下的工作和明确的事情，要按照时间节点抓紧、抓实。要避免工作的随意性，凡是明确的任务，已经找准的问题，要不断朝着既定目标一抓到底；二是体现坚韧性。推进高新技术产业化工作要系统、全面、整体地考虑，不仅要考虑产业本身，还要考虑相关要素，包括应用、市场、政策、人才等，认准的事情要坚韧不拔地推进；三是体现主动性，要主动深入一线，了解具体情况，帮助区县和企业解决实际问题，要主动反映情况，揭示矛盾，寻找破解办法；与兄弟部门合作要主动向前一步，加强沟通，争取支持。

“四个突出”：一是突出聚焦重点。3月底4月初，市经信委各分管领导逐一听取了8个领域年内重点突破事项，这些突破事项是各领域取得进展的关键环节，要把工作资源向重点集聚。重点项目是突破口，已经启动的项目要加强跟踪，新的项目要加快推进，落实责任主体和联系人，遇到问题及时协调解决。基地是推进高新技术产业化的载体，要完善管理和服务的机制；二是突出进度目标。各项工作都要抓紧推进，不能拖拉，尽管有些外部因素制约，但是我们要主动出击，发挥主观能动性，破解难题。项目推进的周期要加快，第二批受理的项目要尽快启动，尤其是进入委内资金计划的，有关处室要加强配合，争取市推进大会前下达。进入市级专项资金计划的，要加强同发改委协调，缩短周期。对于不具备支持条件的，要及时给企业明确答复；三是突出依靠区县。加强与区县、集团的工作沟通联系。最近，经信委组成8个调研组，由委领导分头带队到区县调研。到区县去，要善于总结好的做法和经验，虚心向基层的同志学习，真心帮助区县解决问题。同时，要完善与区县、集团互动的工作网络，加强与责任主体的联系，主动服务，靠前服务，争取市有关部门的支持，努力破解产业化遇到的瓶颈问题；四是突出创新机制。通过工作实践，不断完善委内推进高新技术产业化的机制，做到制度化、常态化。结合各领域特点，创新工作推进机制，在产业链对接、中小企业对接、产学研对接，融资对接等方面继续探索突破。加快推进金融资本与产业资本的结合，做好与5个政府性产业基金对接，形成具体工作方案并组织实施等。

以贯彻《实施意见》为契机
进一步促进中小企业创新发展
——在全市促进中小企业发展会议上的讲话

王 坚

(2010 年 5 月 12 日)

2009 年，面对国际金融危机的严重冲击，在市委、市政府的正确领导和广大中小企业的不懈努力下，上海市中小企业总体保持稳定发展。中小企业整体运行呈现前低后高、逐步好转的态势，为全市实现“四个确保”目标作出了积极贡献。截至 2009 年年底，全市中小型法人企业共 33.7 万户，占全市法人企业总数的 99%；全年实现营业收入 51130.4 亿元，与上年相比基本保持稳定；吸纳从业人员 788.5 万人，实收资本总额 21272.9 亿元，从业人数和实收资本持续提高。中小企业已成为上海市“调结构、转方式、促发展”的重要力量。从事商务服务、科研及技术服务等现代服务业的中小企业的数量和占比持续提升。一批从事新型业态、新兴产业的中小企业脱颖而出，在细分行业中形成了较大影响力。

一、上海市《实施意见》起草的过程及主要内容

为了起草和印发上海贯彻国务院《意见》精神的《实施意见》，市委、市政府领导多次分专题召开中小企业座谈会，了解不同行业和不同业态中小企业最关切的问题和政策需求，作为制定《实施意见》的依据。各部门形成合力、相互支持，提出许多有针对性的举措，先后八易其稿，最终形成了上海市《实施意见》。

3 月 15 日，市政府常务会议讨论通过了上海市贯彻国务院《意见》的《实施意见》。

上海市《实施意见》体现了“四个关注”。一是更加关注发挥中小企业在调结构、促转型、转方式、实现科学发展方面的重要作用，与上海市城市转型和产业优化升级相结合；二是更加关注科技型、创新型、成长型中小企业的培育及初创、小型微利企业的生存和发展；三是更加关注中小企业在公平环境、创新能力、企业融资、市场开拓、经营管理和服务体系等方面迫切需要解决的困难和诉求；四是更加关注各项政策措施的落地，形成落实政策的长效机制，使中小企业和民营企业切实享受到政策支持。

《实施意见》从营造良好环境、参与“四个中心”建设、缓解融资困难、帮助开拓市场、提高管理水平、完善服务体系等 6 个方面，提出 23 条具体意见，具有上海特点和政策突破的内容主要有：

一是推进产业结构调整，加快经济发展方式转变。这部分共 7 条。第 4–6 条规定，鼓励中小企业参与上海国际金融中心、国际航运中心和国际贸易中心等建设。第 7 条规定，支持中小企业实施高新技术产业化，加强专业对接。第 8 条规定，支持中小企业积极参与新兴产业发展，重点是发展生产性服务业、信息服务业和创意产业以及互联网、智能电网和物联网等。第 9 条规定，支持中小企业提高创新能力。第 10 条规定，鼓励中小企业向“专、精、特、新”方向发展。

二是建立健全中小企业工作机构和服务体系。第 21 条规定，成立市促进中小企业发展工作领导小组，领导小

组办公室设在市经济信息化委，并要求各区县明确或建立相应的组织机构和工作机制，加强领导、统筹规划和工作协调。第22条规定，为了更好体现“一站式服务”的做法，建立市、区（县）中小企业服务机构。

三是加大财政支持力度。第2条规定，加大对中小企业发展的资金支持，中小企业发展专项资金用于小企业的不低于1/3，现有支持企业发展的相关专项资金要适当向中小企业倾斜，原则上不低于1/3。第11条规定，鼓励区县对中小企业改制上市相关费用给予资助；市创业投资风险救助专项资金对创业投资机构提取风险准备金给予资助；对中小企业发行集合债券、集合票据和信托融资给予资助。第12条规定，建立小企业贷款风险补偿资金，对金融机构发放小企业贷款按增量给予适度补助，对小企业不良贷款损失给予适当风险补偿。对小额贷款公司和村镇银行向初创期企业提供融资服务，符合条件的给予利息补贴。

四是提出到2012年上海市中小企业发展的量化指标。第10条规定，到2012年培育“科技小巨人”企业达到200家左右；培育的细分行业领先、具有“专、精、特、新”特点的成长型中小企业达到800–1000家；培育中小型高新技术企业达到2500家左右。第11条规定，重点推进200家中小企业改制，力争通过各类资本市场上市的中小企业达到100家左右。

二、2010年进一步促进中小企业发展的工作要求

2010年，以优化中小企业发展环境为基础，以聚焦重点产业发展、缓解融资困难、推动政策落地为重点，以完善工作服务体系加强全面服务为抓手，重点做好四方面工作：

1．全面贯彻落实国务院《意见》和上海市《实施意见》。这是今后一个时期上海中小企业工作的重点任务。一是抓紧制定实施细则。各有关部门要根据《实施意见》的内容和分工，尽早完成相关实施细则和工作计划的制定完善工作；二是多渠道宣传解读。各部门、各区县、园区和行业协会、商会等组织专场政策宣传解读会，利用公共信息平台等渠道，面向广大中小企业做好舆论宣传，送政策到企业；三是做好落实督查工作。按照职责分工，责任部门要逐条落实，有关部门要做好政策落实的督查工作。

2．建立健全中小企业服务机构和政策落地保障机制。根据市经济工作会议和市政府常务会议的要求，建立市、区（县）中小企业服务中心，重点开展宣传落实政策、反映企业诉求、形成综合枢纽、提供公共服务等职能，完善中小企业社会化服务体系建设，加强中小企业服务工作，为中小企业提供“一站式”服务。成立上海市促进中小企业发展工作领导小组，加强对上海市中小企业工作的统筹规划、组织领导和政策协调。政府各职能部门要强化对中小企业的指导和服务，制定、宣传、解读和落实有关的政策措施。各区（县）建立相应的组织机构和工作机制。

3．进一步提高中小企业活力。围绕上海“四个中心”建设，进一步提高中小企业创新活力，支持中小企业在转变经济发展方式、实现产业结构调整中发挥作用，鼓励发展战略性新兴产业、推进高新技术产业化。一是推动中小企业提升产业能级。支持“专、精、特、新”成长型中小企业发展。安排支持中小企业产业升级配套专项资金，实施“科技小巨人工程”，支持中小企业参与高新技术企业认定，支持中小企业技术中心建设，加强中小企业知识产权保护，大力推进中小企业技术改造、节能减排和清洁生产；二是鼓励发展高新技术和战略性新兴产业。支持中小企业承接科研成果项目，鼓励高新技术成果转化，结合高新技术产业化九大重点领域，组织中小企业开展专项对接活动。鼓励中小企业实施国家战略，发展战略性新兴产业，发展互联网、智能电网和物联网以及生产性服务业、信息服务业和创意产业等；三是推进中小企业信息化建设。实施中小企业信息化应用推广工程，支持中小企业信息化公共平台建设，鼓励引导中小企业应用第三方电子信息平台开展产供销管理和交易活动，培育中

小企业信息化应用示范企业。引导中小企业利用信息技术提高企业管理水平和综合竞争力。

4．**进一步缓解中小企业融资困难**。一是深化创新融资方式。推进小企业信贷网络服务平台建设，鼓励开展中小企业并购贷款、中小企业贷款保证保险业务，逐步推广股权质押融资、知识产权质押融资、保单质押融资、供应链融资、贸易融资、融资租赁、典当等融资方式。深化小额贷款公司和村镇银行试点工作；二是继续拓宽融资渠道，深化推进中小企业改制上市培育工作，推广中小企业集合票据成功发行经验；三是完善融资担保体系建设。鼓励发展政策性、互助性、商业性中小企业融资担保机构，落实营业税免税、风险补偿和奖励补助等优惠政策，提高各类担保机构对中小企业的融资担保能力和意愿。

2011·上海工业年鉴

SHANGHAI
INDUSTRIAL
YEARBOOK

2010 年上海工业发展综述

王　坚

一、2010 年上海工业发展情况

2010 年，上海工业系统认真落实胡锦涛总书记在上海考察期间的重要讲话，按照市委、市政府“五个确保”的要求，一手抓办博、一手促发展，较好地完成了全年各项任务和“十一五”主要目标。

（一）各项主要指标全面完成

全年规模以上工业完成增加值 6226 亿元，可比增长 18.4%；实现工业利润总额 2217 亿元，增长 56.7%；完成工业税收 2064 亿元，增长 16.5%；高新技术产业化 9 个重点领域产业规模达 8859 亿元，增长 23%；完成工业投资 1422 亿元，增长 0.1%，其中，技术改造投资占工业投资 50% 以上；完成淘汰落后产能项目 934 个，节约标煤 100 万吨；规模以上工业企业增加值能耗（当量）下降 7.18%。

（二）世博会服务保障工作圆满完成

危险品管控领域，完成全市 505 家危险品企业的备案管理，对 250 家剧毒品生产流通企业实施动态监测，全年未发生重大安全生产事故；电力保障领域，平稳渡过园区 11.7 万千瓦的最高负荷，确保供电企业稳发满发、重要用户安全用电，涉博电网总体运行平稳；新能源汽车保障领域，保障 120 辆纯电动客车、61 辆超级电容客车和 370 辆新能源观光车在园区安全运营，每天运行 15.5 小时，日运送乘客 70 余万人次。

（三）高新技术产业化推进取得阶段成效

先后发布物联网、智能电网、云计算等专项行动方案。52 个高新技术产业化重点项目列入市级财政专项。推出国内首个商用集装箱式数据中心“云积木”；LPCVD、PECVD 等太阳能薄膜核心设备、IGCC 实现首台业绩突破；首台 3.6 兆瓦海上风电机组并网发电。大唐电信、映瑞 LED 项目、中国联通手机软件应用商店等一批大项目落户上海。浦东电子信息产业基地、闵行浦江高科技园、奉贤新材料产业基地等一批基地初具特色，上海市基础软件、云计算等产业基地相继成立。智能电网用户端设备国家级检测中心、国家 LED 照明产品及工程质量监督检验中心等顺利落户。TD-LTE、LED 半导体照明、新能源汽车等新技术在世博会得到充分展示，世博园智能电网综合示范工程项目获得成功。探索开展产业链对接、中小企业对接、产学研对接、金融与产业对接等工作。高新技术产业化展成功举办。

（四）工业投资和产业基地建设有序推进

聚焦重大项目，建立重大项目推进机制，重点跟踪 10 亿元以上项目 53 个，总投资 2500 多亿元。加快推进一批央企项目落地。推进技术改造，实施《重点技术改造项目竣工验收管理办法》。全年实施 230 项重点技改项目，涉及总投资 460 亿元。提升产业基地能级，加快临港装备、长兴海洋装备等首批国家新型工业化产业示范基地建设，上海国际汽车城、张江高科技园区、漕河泾开发区创建成为国家第二批示范基地。推动上海化工区与奉贤分区、金山分区联动发展，加快漕河泾开发区、外高桥保税区等品牌园区“走出去”步伐。

（五）生产性服务业加快发展

发布《关于进一步推进本市生产性服务业功能区建设的意见》，全年新认定 4 个生产性服务业功能区；联合财税部门，研究制定鼓励制造业主辅分离、促进生产性服务业发展的支持政策；推进总集成总承包、电子商务、检验检测等重点领域发展；推进中小企业应用电子商务“双推”试点工程；推进服务业、高新技术产业化、中小企业、园区品牌建设，支持品牌公共服务项目和第三方品牌运作。

（六）中小企业发展环境不断改善

推动成立上海市促进中小企业发展工作领导小组；发布上海市贯彻国发[2009]36号文的实施意见；起草《上海市促进中小企业发展条例》草案；形成中小企业服务机构组建方案，成立市中小企业发展服务中心，推进区县中小企业服务中心组建；加快中小企业上市培育工作，共有15家企业在中小板和创业板上市，7家企业过会待发行；闵行区成功发行5亿元中小企业集合票据，嘉定区、杨浦区两只中小企业集合票据获准注册；培育“专、精、特、新”中小企业500家。

（七）淘汰落后产能和工业节能降耗工作力度不断加大

推进重点地区专项调整工作，完成嘉定马陆、浦东滨海、金山第二工业区的专项调整，推进宝山大场地区调整，加快制定浦东合庆、青浦徐泾等地区的调整方案；完成淘汰产业导向目录的编制及修订，制定印染、零星化工、四大工艺等重点行业调整的三年行动方案和计划。

14个重点用能产品单耗普遍下降，吨钢综合能耗下降19.4千克标煤，电厂火力供电能耗下降6.2克标煤/千瓦时，整体工业能效保持全国领先水平；实施节能技改项目251个，总投资48亿元，节约标煤68万吨；推进实施合同能源管理项目43项，节能量达2.15万吨标煤；启动火电、石化、化工、电镀等12个重点行业200余家企业实施清洁生产审核，完成22家企业清洁生产验收；冶炼渣、粉煤灰、脱硫石膏等工业固体废弃物利用率达到96%以上。

二、2011年工业的发展环境、指导思想和主要目标

（一）发展环境

2011年，上海工业发展面临复杂多变的内外部环境。一方面，工业发展面临重大战略机遇期。一是世界经济全球化深入发展，科技创新孕育新突破；二是我国国际经济地位快速上升，经济社会发展长期向好的基本态势没有根本改变，经济结构转型加快，市场需求潜力巨大；三是长三角地区一体化进程加快，上海加快建设“四个中心”，世博会后续效应持续释放；四是上海经受了国际金融危机的考验，产业基础更加扎实，应对危机的能力得到提升；五是上海产业在发展调整中不断提升，产业结构进一步优化，高新技术产业发展壮大，可以赢得更多的发展机会。

另一方面，工业发展面临一系列不确定因素。一是国际金融危机影响深远，全球经济增速减缓，需求结构出现明显变化；二是人民币升值使工业出口难度增大，同时国际贸易保护摩擦加剧；三是中央经济工作会议明确“积极稳健审慎灵活”的政策取向，宽松的货币政策转为稳健的货币政策，中小企业将受到较大的影响；四是能源资源价格的变化以及市场走势的变化，将对相关产业发展造成影响；五是国内各地区对“十二五”期间产业发展提出更高要求，开始新一轮产业竞争。

此外，由于土地、能源、人力成本、交通运输等资源环境约束，部分行业和企业等加快向外省市梯度转移，上海工业投资难有大的增长，产业结构调整和工业节能降耗的压力加大，需要综合平衡产值、职工安置、社会稳定等因素，走高端、低碳、可持续发展道路的要求日益迫切。

（二）指导思想

2011年，上海工业工作要全面贯彻党的十七届五中全会、中央经济工作会议、全国工业和信息化工作会议、

九届市委十三次和十四次全会精神，围绕市委、市政府“六个着力”的要求和创新驱动、转型发展的主线，以“发展调整中提升”为核心，体现“六个发展”，即创新发展、融合发展、改革发展、开放发展、调整发展和集约发展；围绕培育和发展战略性新兴产业，推进高新技术产业化重点领域和主要项目；围绕技术创新、技术改造和“两化”深度融合，推进传统制造业改造提升和产业集聚发展；围绕淘汰落后产能和节能减排，推进资源能源综合利用和城市和谐发展；围绕发展生产性服务业、信息服务业和文化创意产业，推进服务经济加快发展；围绕服务各种所有制企业，推进产业发展环境不断提升。

（三）主要目标

2011 年的总体目标实现战略性新兴产业和高新技术产业产值增长快于全市工业产值的增长，工业利税增长快于全市工业产值的增长，信息服务业增长快于全市服务业的增长；加大淘汰落后产能力度，推进产业升级、城市发展以及生态环境和市民生活的和谐发展，加大服务中小企业力度，增强经济活力和市场机制。具体目标是：

1. 总量规模：实现工业增加值 6500 亿元左右，可比增长 6% 左右；信息服务业完成经营收入 3000 亿元，同比增长 20% 左右；生产性服务业完成营业收入超过 4600 亿元，同比增长 15%；文化创意产业营业收入同比增长 10% 左右。

2. 结构优化：战略性新兴产业和高新技术产业化产值同比增长 15% 左右；技术改造投资占全市工业投资比重提高 2 个百分点；确保完成调整淘汰项目 600—700 项；规模以上工业企业增加值能耗（当量）完成全市目标任务。

3. 集约发展：市级以上开发区单位土地产出水平达到 65 亿元 / 平方公里；工业能源综合利用效率提高 1 个百分点；工业用水重复利用率提升至 85% 左右，单位工业增加值二氧化碳排放量下降 3.5% 左右。

三、2011 年上海工业工作主要任务

（一）培育发展战略性新兴产业，大力推进高新技术产业化

主动对接国家战略性新兴产业发展要求，全力推进“四个聚焦”，坚持有舍有取，突破瓶颈，提升战略性新兴产业和高新技术产业的综合竞争力。大力推进重点项目，持续推进 100 个左右高新技术产业化重点项目，并引导其向 41 个高新技术产业化基地集聚，在土地、资金、市场、人才、平台建设等方面加强跟踪服务。加大招商引资力度，争取更多各类所有制企业参与战略性新兴产业和高新技术产业化。加快创新体系建设，培育和推荐一批企业申请国家级企业技术中心；支持已获批的国家级研发平台提升功能，争取再建一批国家级研发平台。推进后世博科技成果示范应用，在新能源汽车、三网融合、两化融合、物联网、智能电网、云计算、新一代移动通信、LED 显示、光伏建筑一体化等领域申报国家重大应用示范工程。深化市场化推进机制，吸引更多的金融资本和社会资本进入战略性新兴产业和高新技术产业化重点领域。制定落实支持政策，扩大信息服务企业营业税差额征收试点；实施电动汽车购置补贴等鼓励新能源汽车消费政策。推进领军人才队伍建设，落实上海市战略性新兴产业、高新技术产业化重点领域人才规划（1+10）。

（二）加大淘汰落后产能力度，不断优化和提升产业结构

聚焦调整重点行业，推进纺织印染、小型炼钢炼铁、砖瓦、制革、四大工艺（铸造、锻造、电镀、热处理）、零星化工（含危险化学品生产储存）、医药原料药和中间体、橡胶塑料制品、普通建材、金属冶炼及压延加工等十类能耗高、污染重的行业的淘汰关停和退出。聚焦重点区域专项调整，实施重点地区专项调整项目 5—6 个。聚焦重点企业集团调整，继续推进华谊集团氯碱化工、吴泾焦化部分落后产能的调整关停工作；推进上海医药集团 51

个生产点的整体布局调整整合工作；进一步推动中央在沪企业的调整工作。

（三）大力推进技术改造和产业集聚，提高先进制造业核心竞争力

加大技术改造力度，实施制造业改造提升推进计划；围绕产品升级换代、工艺流程再造、资源综合利用、引进先进技术和“两化融合”等方向，推进200个重点技改项目，完善技术改造配套政策。推动产业集聚发展，创建国家新型工业化产业示范基地，争取2–3家示范基地创建成功；大力推进开发区联动发展，推动工业区通过品牌输出方式形成联动机制；推进工业用地节约集约利用，推动工业区盘活存量用地；提高新增工业用地的节约集约利用水平。推进企业开放性和市场化重组，制定并实施《本市贯彻国务院关于促进企业兼并重组意见的实施意见》。推动先进制造业结构优化，加快电子信息制造、装备、汽车、重化等产业以及生产性服务业发展。

（四）建立机制和营造环境，促进中小企业健康发展

针对国家宏观调控政策的新变化，密切关注中小企业运行状况，及时掌握和解决中小企业在发展中遇到的各种困难。推进中小企业地方立法，争取2011年上半年审议通过《上海市促进中小企业发展条例》。实施中小企业“阳光计划”，加大政策措施的宣传力度，建立推进政策落地的长效机制。完善中小企业服务体系，发挥市级中小企业综合服务机构引领作用，推进18个区县组建中小企业服务中心；培育一批国家级示范平台，充实完善200家中小企业公共服务平台，重点培育50家中小企业公共服务示范平台；发布上海市中小企业100强和百名领军人物名单。培育“专、精、特、新”中小企业，全年新培育细分行业领先、具有“专、精、特、新”特点的成长型中小企业300家，总数达到800家。缓解中小企业融资困难，完善中小企业融资服务平台；开展中小企业项目与资本对接、银企对接等工作；推进集合票据试点，争取嘉定、杨浦和张江三只票据成功发行，浦东浙商票据通过审核，中信浦东票据上报交易商协会；争取完成50家中小企业改制。推进社会诚信体系建设，起草《关于进一步加强本市社会诚信体系建设的意见》；完善中小企业信用信息采集、比对机制；探索建立餐饮等领域的信用彰显机制；探索设立“上海诚信体系建设创新实践区”。

（五）深化工业节能降耗工作，提升工业能源综合利用效率

加快推进能效提升工作，全面启动合同能源管理与节能服务产业、能效电厂与节电产品推广、能量系统优化、淘汰落后用能设备等十大工业能效整体提升工程。建立健全节能服务机制，全面落实节能服务相关政策；开展节能规划与设计、节能评估、节能诊断和能源审计、设计、融资、设备租赁采购、施工安装、节能量审核、运行维护管理等系统总集成总承包服务。提高能效管理水平，制定8个高耗能行业产品能耗限额标准和6个用能产品能效等级标准，编制《上海市重点行业产品单耗标准指南》；公布12个行业50种产品的能效对标年度目标，推动高载能行业产品单耗指标赶超国际和国内标杆水平。

（六）加强经济运行监测，保障城市运行安全

重点跟踪13个工业行业、生产性服务业、信息服务业、创意产业以及21个重点监控产品的运行态势；密切监测松江等10个郊区和上海化工区等4个开发区的工业运行态势，加强中心城区生产性服务业、信息服务业发展情况的监测。综合分析全国工业增长、全市GDP增长、投入产出、节能降耗等指标，提高匹配性；加大对战略性新兴产业企业的监测力度，抓紧出台战略性新兴产业统计指标体系；强化分析税收、就业人员等综合指标，突出工业经济作用。建立高新技术产业化运行平台、投资投产运行平台和能源运行平台。完善能源运行监测网络，重点加强对重点电厂库存、成品油储备库存和质量的在线监测；细化预案工作，完善应急体系建设，组织发电企业走访重点煤企和港口企业，加强成品油生产企业的协调，确保成品油应急供应渠道畅通；会同市有关部门加强对成品油、煤炭等能源的规划与监管体系建设。

2011·上海工业年鉴

SHANGHAI INDUSTRIAL YEARBOOK

产业经济运行情况

2010年是“十一五”收官之年，上海以加快转变经济发展方式为主线、加快推进产业结构调整和高新技术产业化，有效巩固和扩大了应对国际金融危机的成果，实现了工业和信息化平稳较快增长。“十一五”以来，上海市工业和信息化经济运行质量显著提升，在创新驱动上取得一定成效，在转型发展上有了新的突破。

在产业经济发展方面，实现“两个2000亿”，即工业利润和工业税收均超过2000亿元；“三个显著”，即工业对经济增长贡献显著、工业税收对全市税收贡献显著、工业投资效益显著高于全社会平均水平；“四个快于”，即高新技术产业化制造业增速快于工业总产值增速、工业利税增速快于工业总产值增速、信息服务业增速快于第三产业、工业万元增加值能耗下降快于全市单位GDP能耗下降；“五个翻番”，即工业总产值、工业利税、软件产业经营收入、千亿元开发区数量、工业企业R&D投入“十一五”期末比“十五”期末翻番。

一、经济运行质量显著提升

2010年，上海市工业和信息化领域紧紧围绕加快经济发展方式转变这一主线，着力推进高新技术产业化和产业结构调整，朝着“四个快于”(即高新技术产业化制造业增速快于工业产值、工业利税快于工业产值、软件和信息服务业增速快于第三产业、工业万元增加值能耗下降速度快于全市单位GDP能耗）的运行目标不断努力：一是高新技术产业化制造业增速与工业总产值（现价）增速的差距缩小到1.5个百分点；二是工业利润和税收增速分别快于产值33个和0.9个百分点；三是信息服务业增速比第三产业快10.2个百分点；四是规模以上工业万元增加值能耗下降速度快于单位GDP能耗下降速度。

相关指标增长幅度

增幅（%）	2006	2007	2008	2009	2010
总产值（可比价）	14.7	16.1	8	3.2	23.1
总产值（现价）	15.88	19.78	11.24	−2.18	24.9
工业利润	16	20	−28.9	43.8	56.1
工业税收（含海关代征代收）	12.65	23.75	11.31	11.67	24
高新技术产业（制造业产值）	−	−	−	−	23.4
信息服务业（增加值）	18.1	17.9	18.4	12.8	15.2
第三产业增加值	13.6	18.8	11.7	12.2	5
万元工业增加值能耗下降	7.3	8.4	4.8	4.8	6以上
全市单位GDP能耗下降	4.29	5.45	3.78	6.17	2.09（预计）

1．产业结构不断优化

（1）重点产业增长好于工业整体增长

上海市工业总产值从2005年的15807亿元提高到2010年的30003亿元，年均增长13.7%；工业增加值从3995亿元提高到6225亿元，年均增长9.3%；高新技术产业化制造业、软件和信息服务业、生产性服务业增长均超过20%。从中央、市属和区县看，中央工业增长14.2%，市属工业增长28.1%，区县工业增长23.6%。从六大支柱产业看，累计完成工业总产值19863亿元，可比增长26.6%，好于全市工业3.5个百分点。其中，汽车、电子信息保持快速增长，分别增长43.1%和34.7%。精品钢材、生物医药、成套设备和石化及精细化工分别增长16.4%、14.7%、14.6%和13.6%。

（2）工业集中度不断提高，制造业服务化趋势明显

上海市工业向工业区和产业基地集中度从2005年的59%提高到2010年的73%，5年提高14个百分点，年均提高约3个百分点。2010年全市工业区（104个产业区块）实现工业总产值22656亿元，增长24.98%，占全市工业总量73%，同比提高0.6个百分点。其中，2010年市级以上开发区产出规模占全市一半以上，实现工业总产值16231亿元，增长26.95%，占全市的52.3%，同比提高0.7个百分点。

2010年，全市开发区实现第三产业营业收入11800亿元，增长28.5%，比工业生产增幅高3个百分点。二三产营业收入之比为57：43，三产比重提高3个百分点。其中，第三产业营业收入超过100亿元的开发区有8个，第三产业营业收入比重超过50%的开发区有5个。

2．经济效益不断提高

（1）工业利润和税收双双超过2000亿元

2010年，上海市工业利润首次超过2000亿元，从2005年940亿元提高到2010年2216亿元，年均增长18.7%。2010年，工业经济效益综合指数263.91点，比2005年196.19点提高67.72点；全员劳动生产率创历史新高，从2005年15.09万元／人提高到2010年24.1万元／人，年均增长9.8%；全市工业亏损面18.3%，比2005年下降0.3个百分点；应收账款从2005年2421亿元提高到4363亿元；产成品库存从2005年639亿元提高到1160亿元。

分行业看，13个主要行业全部实现盈利，其中，电子行业同比扭亏；钢铁、石化行业分别增长1.8倍、1.0倍；汽车、有色、纺织行业增速快于工业平均水平，分别增长71.8%、69.0%、64.0%；烟草、轻工、医药、机械、建材

行业实现两位数增长，分别增长23.7%、20.5%、20.2%、20.1%、18.9%；船舶、电力行业分别下降1.4%和15.6%，其中，供电行业下降29.5%，发电行业下降8.8%。

2010年，工业税收（含海关代征代收）从2005年1712亿元提高到3679亿元，年均增长16.5%；工业税收（不含海关代征代收）从1063亿元提高到2064亿元，年均增长14.2%，保持较快增长态势。

分税种看，增值税稳定增长，共完成955.8亿元，剔除免抵调库收入后的直接税收增长17.9%；消费税大幅增长，累计完成499.6亿元，增长45.6%，成品油、烟草、汽车消费税全面增收；所得税增长迅速，累计完成388.4亿元，增长48.8%。分行业看，汽车、石化、烟草行业为税收增量的主要来源，汽车行业税收371.2亿元，增长59%，主要原因是上汽集团三家汽车整车企业全年销量达到216.5万辆，增长53.8%；烟草行业税收412.6亿元，增长53%，主要原因是卷烟计税价格提高，且中华烟销量和占比进一步提高；石化行业税收287.4亿元，增长32%，主要原因是两家炼油企业销售成品油销量上升，且下游部分化工产品价格涨幅大于原材料价格涨幅。

（2）工业企业利润率比“十一五”平均水平高25.7%

“十一五”期间，上海市工业企业平均利润率为5.53%，除2008年受金融危机影响外，其余年份工业企业利润率都保持在5%以上，2006−2010年分别为5.64%、5.74%、3.64%、5.53%和6.95%。2010年，工业利润率是自2005年来提高最快的一年，较上年提高25.7%，比“十一五”期间平均水平高25.7%。上海市工业企业利润率在全国各省市中排名第九。

工业企业相关数据

	2006	2007	2008	2009	2010
利税占增加值比重	39.64%	41.24%	31.02%	48.92%	57.67%
利润率	5.64%	5.74%	3.64%	5.53%	6.95%

（3）工业区单位土地产出水平显著提高，规模能级持续提升

2010年，上海市开发区单位土地产出水平为63亿元／平方公里，比2005年的49亿元／平方公里提高了14亿元／平方公里。2010年，全市千亿元以上的开发区（产业基地）有7个，比2005年增加4个；500亿元以上开发区（产业基地）有8个，比2005年增加5个。

3．工业对全市经济发挥重要支撑作用

（1）工业对全市经济增长贡献显著

工业在促进经济增长、增加税收、稳定就业等方面继续发挥重要支撑作用。2010年，工业对全市经济增长贡献率（现价）58.8%，比2005年的31.9%提高26.9个百分点。“十一五”期间，工业增加值占全市生产总值比重为39.6%；工业从业人员平均达到300万左右，占上海市全社会从业人员比重为1/3左右。

（2）工业税收对全市税收增长贡献率达54%

完成工业税收（含海关代征代收）3679亿元，占全市税收的比重为46%，对全市税收增长贡献率达54%。其中，汽车、烟草和石化三个行业对全市税收收入增长的贡献率为40%，拉动全市税收增长7个百分点。“十一五”期间，工业税收占全市税收平均比重为43%。

（3）工业进出口总额占全市进出口总额60.3%

完成工业进出口总额2226亿美元，占全市进出口总额的60.3%，增长29.6%。其中，进口900.4亿美元，占全市进口总额的47.9%，增长38.7%；出口1325.6亿美元，占全市出口总额的73.3%，增长24.0%，比2008年净增171.3亿美元，增长14.8%；进口同比增速快于出口14.7个百分点，贸易顺差有所减小。12个主要行业（电力行业进出口为零）看，烟草行业进口下降，其他行业进口均实现两位数增长，船舶行业出口基本持平，建材、烟草、医药出口增长在10%以内，其他行业出口均实现两位数增长。

二、创新驱动初显成效

2010年，上海市注重加强工业研发投入，工业企业R&D经费、研发机构、申请专利数均比2005翻番。同时牢牢把握产业发展趋势，将高新技术产业化作为战略选择，高新技术产业化制造业全年增长超过20%，成效逐渐显现。

1．高新技术产业化制造业增长较快

2009年以来，上海市启动推进高新技术产业化，聚焦重点领域和重点项目，加强产业化基地建设，促进产业链对接，推动新能源汽车、TD−LTE、LED新型显示、太阳能光伏、物联网、智能电网在世博会上示范应用，促进新能源、先进重大装备、新材料等领域快速增长并形成高端引领态势。

2010年，高新技术产业化制造业实现工业总产值6325.59亿元，同比增长23.4%。其中，新能源、新能源汽车领域生产增长超过50%，分别达94.6%和60.1%；民用航空、新材料、电子信息制造领域生产增长超过平均水平，分别增长48.8%、36.1%、29.0%；生物医药和先进重大装备领域保持两位数增长，分别增长15.4%和14.0%；船舶和海洋工程领域小幅增长1.4%。重点领域实现新突破。100万千瓦超超临界机组和60万千瓦超超临界机组国内市场份额达到50%；大型客机研发、总装、客服“三大中心”相继启动建设，商用飞机发动机设计研发中心奠基；推出国内首个商用集装箱式数据中心“云积木”；核电大型铸锻件取得技术突破；研制成功LPCVD、PECVD等太阳能薄膜核心设备并实现首台业绩突破；首台3.6兆瓦海上风电机组并网发电；IGCC实现首台业绩突破；110千伏智能变电站系统中标国

网公司首批智能变电站示范项目并实现小批量销售。重大创新成果示范应用力度加大。包括TD-LTE、LED半导体照明、新能源汽车在内的一批新兴技术在世博会得到充分展示，世博园智能电网综合示范工程项目获得成功。

2．工业和信息服务业企业成为上海市研发活动的主体

根据上海市第二次R&D资源清查结果，2009年，上海市工业和信息服务业企业R&D人员和经费投入均占全市50%以上。其中，工业企业R&D人员当量和R&D经费投入分别占全市的50.7%和55.4%，软件和信息服务业企业分别占5.5%和4.0%。

3．工业企业研发活动取得积极进展

从研发投入情况看，2009年，上海市规模以上工业企业R&D经费236.51亿元，比"十五"期末的2005年增长96%，年均增长18%；R&D投入占规模以上工业增加值的4.6%（全市为2.9%），比2005年提高1.6个百分点。2010年，上海市规模以上工业企业R&D经费预计268亿元。从机构建设和产出情况看，2009年，上海市规模以上工业企业办研究开发机构1322个，比2005年增长2.1倍；完成新产品产值4921.23亿元，比2005年增长44.4%；申请专利15472件，是2005年的2.66倍，其中，发明专利6246件，是2005年的2.26倍。

三、转型发展有所突破

上海市工业积极调结构、促转型，在工业投资、结构调整、节能、发展新业态等方面实现新突破。"十一五"期间，工业投资效率是全市固定资产投资效率的1.37倍；技术改造投资占工业总投资的比重从2005年40%上升到2010年50%；产业结构调整范围不断拓展，调整重点从一家一户企业转向对部分行业、落后工艺和重点区域的专项调整；单位GDP能耗下降1%，工业单位能耗下降超过1.3%；2010年，软件信息服务业和生产性服务业增长均超过20%。

1．工业投资效益提升，投资结构持续优化

"十一五"期间，上海市以调整优化产业结构作为固定资产的"指南针"，推动工业全速前进，工业投资累计完成6860亿元，年均增速5.76%，比"十五"期间增长63%。

（1）工业投资对全市工业拉动效应进一步增强

"十五"期间，上海工业投资产出比（同期工业投资比工业产值）约1∶14，"十一五"期间的工业投资产出比约1∶17，"十一五"期间，上海工业投资对工业的拉动作用进一步增强。

（2）工业投资的价值创造能力进一步提升

纵向看，"十五"期间，上海工业增加值总额15106亿元，剔除时滞因素工业投资效果系数（一定时期内工业增加值总额／同期工业投资总额）为3.58，"十一五"期间，上海工业增加值总额26854亿元，工业投资效果系数为3.91，比"十五"期间提高9.2%，体现效益进一步提高。

（3）工业投资效益显著高于全社会平均水平

"十一五"期间，全市固定资产投资效果系数（同期地区增加值／全社会固定资产投资）为2.86，同期，上海工业投资效果系数为3.92，工业投资效率是全社会固定资产投资效率的1.37倍。同时，从投资和产出的比重分析，工业投资以占全市29%的投资比重，贡献了39%的地区增加值。"十一五"期间的上海工业投资对全市工业和国民经济拉动效应明显，工业投资效益显著高于全社会投资平均水平。

（4）投资结构持续优化，为上海工业转型升级提供坚实支撑

2010年，技术改造投资占工业总投资的比重从2005年40%上升到50%；高新技术产业化重点投资项目全年实施300个，占全市工业投资的21%；非国有经济企业投资占全市工业投资的28.2%，比2005年提高10个百分点；制造业完成投资1184亿元，同比增长16.2%，为"十一五"时期以来制造业投资总量最高的一年，占全市工业投资的比重83.3%。

"十一五"期间，工业投资更加注重转变经济发展方式和产业结构升级。其中，产业链延伸投资占30%左右；自主创新项目投资占20%左右，主要集中在汽车、先进装备、新能源、生物医药、航空航天等高端制造业，体现了产业技术水平提升；产品升级换代方面投资占20%左右，主要集中在汽车、装备、钢铁等领域；节能环保投资比重由"十五"期间的3%左右提高至8%。

（5）产业集聚度进一步提高，104区块外投资减少

重点项目向临港、长兴岛、化工区、航空航天等四大新型工业化示范基地集聚，如三一重工、LED产业化、中船二期、大飞机研制保障条件等大项目分别在上述基地开工建设，新增用地项目集中在104区块，对于104区块外，除了符合产业发展方向、规划导向以及环保要求的技术改造项目，原则上不再新上项目。

2．结构调整加快推进，促进产业转型升级

产业结构调整范围不断拓展，调整力度不断加强，效益逐步显现。产业结构调整领域从"两高一低"扩展到"三高一低"，调整重点从一家一户企业转向对部分行业、落后工艺和重点区域的专项调整，考核方式从关注能耗降低转到综合考核节能、减排和城市安全。

（1）产业结构调整深入，劣势产业逐步减少

产业结构调整项目完成934项，节约标煤93.13万吨，涉及产值244亿元，职工8.89万人，土地1.05万亩；调整方式包括全厂调整888项（其中，关闭503项、停产260项、搬迁125项）、关停部分生产线46项。所属行业主要为金属加工、普通建材、零星化工、纺织印染、塑胶制品、家具、食品以及锻造、铸造、电镀、热处理等行业。

“十一五”期间，累计淘汰落后产能项目2873项，节约标煤共计480万吨，涉及产值约1004亿元，分流安置职工30.89万人，涉及工业用地4.64万亩。实现铁合金、平板玻璃全行业退出，基本关停小化肥、小水泥、小冶炼等行业，铸造等四大工艺企业从“十五”期末1400多家减少到2010年1100家以内。

（2）危化项目调整有效减少了城市安全隐患

危化调整项目67项、统计标煤3.25万吨，超额完成全年目标。经市安监局核定调整企业危险化学品生产、使用、储存当量42.2万吨，其中，剧毒0.35万吨、易燃易爆品14.29万吨、其他危险化学品27.56万吨。

“十一五”期间，累计对149家危险化学品企业实施了关停或搬迁调整，减少危险化学品生产、使用、储存当量70.4万吨。

（3）重点区域专项调整取得成效

重点区域专项调整取得成效。大力推进的重点地区调整专项中，嘉定马陆、浦东滨海2项已全部完成，金山第二工业区除4家制革企业外已全部完成，以上三项节约标煤3.69万吨。松江九亭、宝山大场等地区调整工作正在积极推进中。在淘汰落后产能的同时促进产业转型升级，如嘉定马陆淘汰落后产能并转型为信息产业园区和生产性服务业功能区，浦东滨海调整后引入著名制药企业迪赛诺建立维生素、抗艾滋病药和抗疟疾药的衍生物研发、检测中心，建设具有工业旅游功能的产业基地。

3．工业节能取得新进展

2010年是完成全市“十一五”节能减排目标的决战之年，上海市强化措施，狠抓推进，在工业节能上取得明显进展。

（1）工业节能超额完成目标，对全市节能贡献显著

工业实现节能量100万吨标煤，规模以上工业单位增加值能耗（当量）下降6%以上，超额完成单位增加值能耗下降3.6%的年度预定目标，为完成全市“十一五”节能减排总目标作出了积极贡献。

“十一五”期间，全市单位GDP能耗下降1%，规模以上工业万元增加值能耗下降超过1.3%。“十一五”末，工业（全口径）用能占全市比重约56%，比“十五”末降低了5个百分点。

（2）工业能效水平显著提升

工业集团、区县工业产值能耗全面下降，月度监控的14个重点用能产品单耗普遍下降，吨钢综合能耗下降19.4千克标煤／吨，电厂火力供电标煤耗下降6.2克标煤／千瓦时，上海市在重工业耗能比重相对较高的基础上，整体工业能效保持全国领先水平。

（3）能源和资源利用水平稳步提升

实施节能技改251个项目、节约标煤67万吨；完成52家企业清洁生产审核验收；工业固体废弃物利用率达98%，处于国内领先地位；供电煤耗、精品钢、醋酸、乙烯、整车、大型锻件等产品单耗已达行业先进水平。

“十一五”期间，组织实施了900多个节能技改项目，节约能源240万吨标准煤；组织推进630多家企业清洁生产审核，节约能源35万吨标准煤；组织推进700多家重点用能单位能源审计工作，挖掘节能潜力300万吨标准煤。

（4）合同能源管理积极推进，企业数累计超100家

全市登记备案的合同能源管理服务公司共计100多家。2010年，实施合同能源管理43个项目、节约标煤2.2万吨。“十一五”期间完成合同能源管理项目800多项，节约能源40万吨标准煤。

4．软件和信息服务业收入增速超过20%

信息服务业实现经营收入2532.02亿元，增长20.1%。实现增加值903.52亿元，同期增长15.2%，占第三产业比重达到9.4%，占全市国内生产总值的比重达到5.4%，对全市国内生产总值的贡献达到10.2%。随着交技发展、华平股份和东方财富等企业的上市，上海累计有29家信息服务业在海内外上市。“十一五”期间，信息服务业经营收入年均增长22.5%。

从行业发展特点看，软件产业中，软件产业经营收入、超亿元企业数、软件产品登记数在“十一五”期间均实现翻番。软件行业完成营业收入1459.5亿元，增长21%，比2005年的455.17亿元增长2.2倍。企业赢利能力进一步提高，利润总额达到211.63亿元，同比增长25.1%，占营业收入的比重达到14.5%。软件企业的实力不断增强，全年新增认定软件企业327家，登记软件产品2920个（2005年登记软件产品801个）。截至2010年年末，通过CMM/CMMI3级以上国际认证的企业达到117家，其中，5级的18家、4级的17家。有189家企业获得计算机信息系统集成资质认证，其中，一级12家、二级33家、三级105家、四级39家。经营收入超亿元软件企业150家（2005年超亿软件企业43家），其中，经营收入超10亿元的软件企业16家，超千人软件企业24家。互联网服务业完成营业收入360.98亿元，增长34%，增速高于整个信息服务业近14个百分点，正快速形成高技术性、高附加值、高增长性的知识密集型现代服务产业群。在网络游戏领域，盛趣和巨人继续保持稳步增长的势头，增速逐步趋缓；《魔兽世界》的重新运营使网之易四季度的营收出现大幅增长，较三季度营收环比上涨22%；淘米网络通过不断的推陈出新，进一步巩固其在儿童虚拟社区的优势地位，营业收入较上年同比增长近5倍。在网络视听领域，土豆网、激动网、PPS和PPLIVE等四大主流视频网站全年的营业收入达到5.1亿元，较上年翻番。在金融信息服务业领域，从银联、万得信息、东方财富、大智慧、快

钱、汇付、花旗和易保等企业的监测数据来看，金融信息服务业发展迅猛，总体营收有望超过100亿元，增长45%。电信服务业受世博效应拉动收入增速持续回升，完成营业收入551.9亿元，增长9.2%，其中，上海电信前三季度营收全国排名第五，增速快于全国平均水平，比上年同期提高3个百分点。截至2010年年末，上海电话用户数3296万户，移动电话用户数2361万户，3G用户规模达到197万。

5．生产性服务业10个行业重点企业收入增长20%左右

上海市总集成总承包、研发设计等生产性服务业增加值预计达到5300亿元，占全市服务业增加值比重达到54%，共认定建设生产性服务业功能区30家左右。

生产性服务业10个行业重点企业完成营业收入4100亿元，增长20%左右，1-11月重点监测企业预计共实现营业收入3855亿元，增长32.6%，利润292亿元，增长15.8%。从主要领域看，总集成总承包营收增长21.8%，利润增长11.9%，中冶赛迪等6家企业营收翻番，40家企业营收两位数增长；物流服务营收增长38.5%，利润增长21.8%，规模前10位企业营收均实现两位数增长；商务服务营收增长22.1%，利润增长33.5%，投资管理、包装印务等保持良好发展势头；金融服务营收增长24.8%，利润增长0.6%，集团财务公司、融资租赁公司、小额贷款公司的营收和利润均实现30%-150%不等增幅；科技研发、节能环保、专业维修、职业教育增长较快，专业维修表现突出，营收增长1.7倍。主要举措方面，发布了《关于进一步推进本市生产性服务业功能区建设的意见》，鼓励企业集聚；推进总集成总承包发展，发布《上海市总集成总承包项目支持指南》，解决了总集成总承包按业务形态分别缴纳增值税和营业税的范围；推进电子商务、检验检测等重点领域发展；推进中小企业应用电子商务“双推对接”活动，共有5786家中小企业与8家平台实现对接；全市电子商务交易额预计突破4000亿元，同比增长20%；推进服务业、高新技术产业化、中小企业、园区品牌建设，支持品牌公共服务项目和第三方品牌运作。

6．创意产业集聚区规模增长迅速，服务功能不断提升

2010年2月，上海成功加入联合国教科文组织“创意城市网络”，被授予“设计之都”，创意产业预计全年保持两位数增长。完成12个创意产业集聚区立项，目前，全市已授牌和立项创意产业集聚区共97家。截至2010年年末，集聚区总营业收入672.8亿元，增长59.4%，总税收28.7亿元，增长13.35%。入驻企业8231家，增长34.71%，其中，主导产业企业5857家，占入驻企业的71.15%；从业人员15.53万人，增长35.43%；集聚区服务功能不断提升，共建有121个公共服务平台，15家示范性创意产业集聚区在服务管理、产业定位、经济贡献、品牌建设等方面取得了示范引导效应。通过整合全市集聚区、相关行业协会等社会资源，建设了上海创意产业展示与服务平台（一期），并开通平台网站，为创意产业发展提供公共服务，网站访问量突破63万人次。开展创意人才培养，依托上海优质高校资源和机构，挂牌成立了5个上海创意产业人才培训基地。针对政府创意产业主管部门、创意产业集聚区、创意企业相关管理人员，开展各类培训共计5300人次。开展了高端青年创意人才评选活动，从工业设计、时尚设计、建筑与城市设计、平面设计、室内设计、多媒体艺术设计等领域评选出了21名高端青年创意人才，为上海创意产业发展提供人才储备。

四、中小企业不断壮大，成为经济发展重要力量

“十一五”期间，上海市中小企业不断发展壮大，营业收入年均增幅20%以上，占全市法人企业营业收入的60%，上缴税收占全市企业上缴税收总额的50%左右。高新技术成果转化项目占全市总数的80%以上，经认定的高新技术企业绝大多数为中小企业。

截至2010年11月底，上海市共有20家中小板、9家创业板上市公司，累计筹集资金191.2亿元，全国排名第4。2010年有12家企业在中小企业板和创业板上市，募集资金达170亿元，另有6家已通过发审会审核的企业，拟筹集资金25.4亿元，已发行和正在发行的中小企业集合票据达到10支，发行规模预计超过35亿元。

中小企业持续创新发展，已成为上海市创新驱动的生力军。高新技术成果转化项目占全市总数的80%以上，经认定的高新技术企业绝大多数为中小企业。自2006年起，中小企业品牌建设不断深化。2010年产生了114个中小企业品牌企业和329个中小企业品牌产品。2006年以来已累计向社会告示了900多项品牌产品和300多家品牌企业，据不完全统计，有50多款产品获得了上海市名牌产品称号，有20多家品牌企业被授予上海市“著名商标”、1家企业获得国家驰名商标称号。

五、服务企业又有新举措

完善机制、扩大宣传，营造服务企业良好局面。建立并推进经税、经保协作等工作机制，定期召开例会，进一步完善上海市推进政策落实服务企业的长效机制。建立重点企业数据库，更新238家重点企业联系人目录，完善企业呼声直通车处理平台，开展重点企业诉求调研，收集企业诉求700余项，其中，网上呼声直通车192项，办结率达85%。加大政策宣讲力度，会同上海海关、市科委、中国信保上海公司等单位及媒体，在相关园区开展了“政策宣讲服务企业”活动，解读了海关分类管理、出口信用保险优惠、技术开发加计扣除等政策。

政策突破、应急协调，保障产业经济正常运行。在生产性服务业方面，会同市财税部门形成《关于进一步鼓励和支持制造业主辅分离促进本市生产性服务业加快发展的若干财

税政策意见》。在软件和信息服务业方面，推动实施信息服务业企业营业税差额征收试点。针对世博期间运行特点，建立了市内运行及长三角经济运行的应急协调机制，开辟了应急绿色通道，保证涉及国计民生和大型企业正常经营。开展减轻企业负担专项治理工作。

推动立法、完善网络，继续改善中小企业发展环境。发布上海市贯彻国务院36号文的实施意见，起草《上海市促进中小企业发展条例》并提请市人大审议；成功举办2010年上海中小企业发展论坛；成立市中小企业服务中心，推进区县中小企业服务中心组建工作；加快上市培育和中小企业集合票据发行工作，加大“专、精、特、新”中小企业培育力度，完善中小企业信用信息采集、比对机制。

六、能源保障能力进一步提高

2010年，在上海能源形势进一步趋紧的情况下，争取各方支持，加大协调力度，落实各项措施保证总体供应平稳有序，确保了世博能源供应以及城市和产业运行安全。一是在国家发改委、工信部等部门关心支持下，市政府、相关企业分别与中央、地方能源企业签订战略合作协议，确保世博会期间能源供应安全；二是畅通工作渠道，及时争取国家发改委、工信部、商务部等国家部委对上海能源供应的政策倾斜与支持。建立与市发改委、市财政局、市质监局、市环保局等部门关于能源保障和管理的协同推进机制；三是健全能源运行监测网络，进一步扩大监测网络和平台，全面监测重点电厂、重点油站的产运销情况，监控上海市煤炭市场和港口库存情况和天然气供需平衡情况；四是完善长效机制，完善煤炭和成品油保障资金的使用考核方案，推进成品油战略储备和煤炭储备基地建设，确保成品油和煤炭连续平稳供给。

全市煤炭消费量5029万吨，增长11.7%，其中，电煤3586万吨，增长21.0%。成品油重点企业销售量640万吨，增长11.8%。用电量1296亿千瓦时，增长12.4%，其中，工业用电量787亿千瓦时，增长12.1%；发电量944亿千瓦时，增长20.6%；受电量399亿千瓦时，增长2.4%；天然气用气量44.9亿立方米，增长34.6%。

（王志佳）

服务保障世博会情况

上海市经济信息化委服务世博工作主要涉及电力运行保障、信息安全保障、能源保障、危险物品管控、无线电保障、世博接待工作等6个方面。

一、电力运行保障工作

世博会开园后，世博电力保障各项工作平稳有序推进，经受了极端高温天气频频出现、用电负荷屡创新高的考验，基本完成了世博会前五个多月的保电任务，特别是完成了世博会电力保障难度最大的电力迎峰度夏工作任务。上海主网发电和供电运行情况正常，电力系统稳定运行，世博园区电力供应基本正常。

主要做法：一是完善了电力安全保障工作机制，华东电网公司、各发电公司、市电力公司成立领导小组和工作小组；二是加强电力系统基本情况排摸，全面落实电力内部安保各项措施；三是进一步完善了电力应急预案，在原有应急处置预案的基础上，增加反恐应急处置预案，包括工作目标、应急防范措施、监督管理等内容；四是建立了电力抢修队伍，各发电公司、市电力公司成立了世博会安保反恐工作抢修队伍；五是加强重要电力用户用电安全管理。六是深入做好外部电力设施保护工作。

二、信息安全保障工作

世博开园后，全市面上信息安全态势总体良好，全市未出现重大信息安全事故，全市重点网站未监测到异常情况，世博官网等涉博重要信息系统未发现异常情况。城域网共监测发现并处理85起信息安全突发事件，得到了妥善处置，均未形成较大影响。

主要做法：一是建立健全信息安全保障机制，在国家层面，公安部、工业和信息化部专门成立指挥协调机构。组建世博会信息安全保障应急专家组，开展“世博会信息安全中期评估”。在市级层面，市经信委协调配合主运行指挥部通信网络组、安全保卫指挥部网络安全工作部、安保情报中心等相关世博会信息安全保障机构，加强跨部门协调与合作，共同开展网络态势研判、突发事件处置等相关工作。与全市156家信息安全重点单位签订“世博会信息安全保障工作责任书”，组建世博会信息安全保障工作网。在园区层面，依托市网安办协同机制，指导园区建立具有组织管理、技术防护、服务保障等功能的信息安全保障体系；二是推进重要信息系统安全监管，开展重要信息系统安全测评，实施重点网站深度检测，加强信息安全综合检查；三是加强安全事件预警和处置能力，完善城域网监测预警体系，将上海市156家信息安全重点单位、世博官网等14个世博系统、198家重要门户网站、18个区县政务外网互联网出口、城域互联网交互中心等重要节点纳入城域网应急管理平台开展实时监测。建立信息安全态势研判机制，督促重要信息系统开展应急演练，妥善处置信息安全突发事件。

三、能源保障工作

世博期间，上海市电煤和成品油保障和供应充足，保持较高存储水平。

主要做法：一是加强组织领导。2010 年 2 月，上海市成立由市经信委与上海海事局、上海铁路局、重点发电企业组成的工作小组，加强煤炭调运的组织工作，完善上海市电煤运输“绿色通道”，在做好迎峰度夏工作的基础上，重点确保世博期间上海市煤炭供应安全；二是加强沟通协调。加强与秦皇岛港的协调，引导上海市发电企业加强与港口的战略性合作，落实上海电煤在秦皇岛的专用堆场、专用泊位，切实提高秦皇岛港电煤装卸效率。加强部门之间沟通，形成工作合力，确保煤炭运输船舶顺利通过黄浦江。加强与重要能源企业、物流企业的沟通，加大煤炭资源采集力度，确保迎峰度夏期间电煤库存达到 12 天以上；三是加强监测预警。实行主要煤炭、成品油供应企业日报表制度，对煤炭、成品油库存销售情况进行动态跟踪。做好油气回收装置改造的进程控制，确保世博会前完成关键区域加油站完成安装任务，保证成品油市场的稳定供应。创建全市加油站 GIS 系统监测项目；四是完善应急预案。高度重视世博会的举办工作，从“资金确保、资源落实、运输调度”等方面入手，统筹完善全市各单位能源运输应急预案，确保能源供应正常安全。启动市级成品油储备。根据保量不保价原则，加大考核力度，将补贴资金落实到位，确保预案落到实处。

四、危险物品管控工作

主动加强与世博安保指挥部、市安监局、市交通港口局、上海海事局等部门的联系，多次组织重点企业、行业协会和区县经委通报危险物品管控措施，并与市级相关部门建立起应急协调机制。世博会期间，上海市未发生重大危险物品危害事件。

主要做法：一是梳理确定涉及国计民生的剧毒化学品、民用爆炸物品企业名单。梳理确定了第一批 229 家剧毒品生产、使用单位和 4 家民用爆炸物品进出口单位，并函告给公安、安监、消防等部门，以落实管控措施，同步梳理确定了 121 家需要港口作业、132 家需要水路运输的危险物品企业名单，并分别函告了相关部门，为后续监管工作奠定了基础；二是围绕重点目标实施剧毒化学品动态监测。世博会开幕以来，14 个区县每周报送剧毒化学品从业单位使用、库存的情况，涉及企业 250 余家。明确了每家企业的责任人和联系方式，以此督促企业进一步落实管理措施；三是主动做好面向企业的协调和服务工作。危险物品管控涉及部门和流程较多，管控措施的出台也较频繁，为此，市经信委主动对接，做好协调服务。针对世博期间铁路可能停止液氨运输的问题，组织协调上海铁路局、宝钢集团、上海石化等研究确定了严格审批、降低频次的解决方案，并获铁道部同意，保证了宝钢集团和上海石化的正常生产。根据海事、交通港口部门的管理规定，协调解决重点企业在危险物品水路运输、港口作业遇到的时间限制、运输路线调整等问题，确保企业正常运营，配合交警、交通港口部门，协调解决了剧毒品生产企业申请道路运输时的流程衔接问题。

五、无线电保障工作

世博期间，园区及其周边地区无线电电磁环境水平总体良好。4 月 20–10 月 22 日，累计出动无线电保障力量 4032 人／天，监测车辆 829 车／天，启用固定监测站 1285 站／天，监测时间超过 19500 站（车）／小时。共处置违规用频、非法设台、干扰申诉等事件 152 起，重大事件 12 起，办结率 100%，保证了军地涉博无线电通信的畅通。

主要做法：一是完善指挥体系和组织架构。协调苏、浙、沪三省市及南京军区在上海签署了“上海世博会长三角及军地无线电联合保障的合作框架协议”，与浙江、江苏、南京军区以及上海市无线电保障工作部各成员单位共计 25 家确立了对口联系渠道和快速响应机制；二是做好重要时间节点的无线电保障工作。围绕世博会开幕式、开园日、中国国家馆日、高峰论坛及闭幕式（筹划进行中）等重要时间节点，协调江苏、浙江和南京军区的无线电保障力量确保了重点时段和常态运营阶段各类无线电应用的万无一失；三是强化频率及设备安全管理。截至 1 月 22 日，通过军地统筹，累计指配频率超过 3300 个（组），确立重点保护频率 1486 组（个），形成专门的频率储备和冗余 3800 个（组），实现了频率与区域对应、设备与用户对应，涉及 4500 余家单位的逾 15 万台无线电设备纳入管控范畴；四是实施无线电管制。自 4 月 30 日中午 12 时开始至 5 月 1 日 24 时、10 月 1 日零时至 24 时、10 月 31 日零时至 24 时，对包括上海市中环线以内、全市范围、世博园区周边 1 公里、世博园区周边 500 米等四个层次的部分区域分别采取了不同的无线电管制举措；五是大力开展专项整治工作，及时查处各类干扰事件。

六、世博接待工作

世博接待工作进展顺利，服务到位，受到接待团组和贵宾的好评。4 月 21–10 月 25 日，市经信委共接待 303 个团组、4563 人（包括正部级领导 47 人、副部级 414 人）。主要涉及国家 4 个部委局；对口省市，湖北省、武汉市和宜昌市；对口央企和能源企业，其中，央企和能源企业团组 264 个，3903 人。

主要做法：本次上海世博会，市经信委承担了 63 个贵宾单位的接待任务，主要涉及工业和信息化部等国家 4 个部委局。湖北省、武汉市和宜昌市等对口省市以及 56 家中央企业和能源企业。接待单位数量多、情况复杂，任务非常重。为做好本次世博会的接待工作，一是成立了世博接待组，组建了20人的工作小组，在做好日常工作的同时，集中优秀干部投入世博接待工作；二是制定了接待工作方案，先后多次召开接待工作部署落实会讨论落实接待工作、安排接待细节，并多次走访了世博局、市接待服务指挥部、市合作交流办、湖北省驻沪办、武汉市驻沪办等部门；三是牵头协调部分央企、湖北省驻沪办与锦江旅游有限公司分别签订了世博接待合作协议。

七、经济和信息化工作系统世博安保和系统稳定工作

市经济信息化系统涉及电力、化工、石油、天然气、通信和国防军工等关乎国计民生的领域，重点单位、重点目标和重点部位多达966个（含世博安保社控部、市反恐部认定的一级、二级重点目标96个）。市经济信息化工作党委世博安保领导小组办公室认真落实市委提出的上海世博会安全保卫工作“四个坚决防止发生”的总体要求和“四个确保”的总体目标，以层层落实安全保卫工作责任制为抓手，以组建平安志愿者队伍为载体，明确工作责任，细化具体任务，系统各单位高度重视世博安保社会面防控工作，领导挂帅、加大投入，确保了世博会期间系统内生产稳定、治安平稳、秩序良好，确保了世博会期间上海市电、油、气、通信的安全与保障，以实际行动为世博会的顺利举办作出贡献。

主要做法：一是建立健全组织机构，明确职责分工。市经济信息化工作党委和市经信委专门成立两委世博安保领导指挥小组，党委书记潘志纯亲自任组长，经信委副主任刘健任常务副组长，党委秘书长陈更和市国防科工办副主任沈庭忠任副组长，分别对口物资保障、社会面防控和反恐怖工作，由党委办公室、行政办公室和经济运行处牵头，协调各相关处室做好经济信息化系统承担的各项世博安全和保障任务；二是层层签订安保责任书，落实安保责任。市经信两委在世博会开幕前，与系统全部单位签订了《2010年上海世界博览会安全保卫工作责任书》和《2010—2011年度上海市经济信息化工作党委、上海市经济信息化委社会治安综合治理目标责任书》，与系统重点单位签订了《系统企事业单位内部治安保卫工作责任书》，明确工作任务和责任人；三是制定工作方案和应急预案，确保工作做细做实。制定了世博会期间“电力、无线电、信息安全、信息基础设施、重要物资保障、能源供应、反恐怖工作、系统群体性事件、个人极端行为和应对突发新闻”等10个应急预案，印发到两委领导和各处室，补齐短板，进一步完善机关应急管理工作；四是领导带队检查，督促做好安保工作。从去年9月份开始，市经信两委领导多次对系统重点单位开展世博安保检查，基本上消除了系统重点单位的安全隐患；五是加强值班备勤和信息报送工作，确保信息畅通。世博期间，市经济信息化工作党委在世博会开幕、中国国家馆日及其他一些重要节点期间，安排双人值班，相关工作人员手机24小时开机，严格值班备勤工作；六是严格做好危化品管控。梳理确定229家剧毒品生产、使用单位和4家民用爆炸物品进出口单位，落实管控措施。梳理确定105家港口作业、132家水路运输的危险物品企业名单，函告相关部门。建立250余家剧毒化学品从业单位周报制度，重点对52家氰化钠和氰化钾使用企业进行了全面检查，强化剧毒品管理；七是重视化解矛盾，促进社会和谐。4月1—10月25日，市经信委信访办共受理信访件308件，相比上年同期下降23%，市经信两委共有4位委领导接待上访群众32批48人次，共有8位委领导包案13件，化解6件；八是建立平安志愿者队伍，促进发挥志愿者作用。世博会期间，市经济信息化工作党委在全系统组建了966支、11000多人的平安志愿者队伍。通过开展各种活动，极大提升了单位员工的安全意识，发挥了重要作用。

（王志佳）

高新技术产业化推进情况

2010年是国家培育发展战略性新兴产业的启动年，也是上海市全面推进高新技术产业化的重要一年。上海培育战略性新兴产业和推进高新技术产业化工作，得到了中央领导和国家发展改革委、工业信息化部、科技部等有关部委的关心支持。市委、市政府高度重视，俞正声书记强调推进高新技术产业化是转变经济发展方式的主攻方向，是培育战略性新兴产业的有力抓手。韩正市长要求加快推进高新技术产业化必须以产业化、市场化为着力点，以重点项目的落实为抓手。殷一璀副书记，杨雄常务副市长，艾宝俊、沈晓明副市长亲自推动重点领域发展，协调重大项目落户。市人大、市政协等有关方面都非常关心，多次视察调研、指导。

一年来，根据市推进高新技术产业化工作小组及办公室的工作部署，市经济信息化委、市科委积极组织推进，市有关部门形成合力，创造保障条件，各区县、开发区和产业化基地成为主战场，中央在沪企业、主要地方大集团、民营企业和外资企业发挥主力军作用，高校、科研院所等社会各方积极参与，确保了工作扎实有效推进。

2010年，高新技术产业化推进工作做到了“三个坚持”：一是坚持深化落实市委、市政府的工作要求，按照7月28日全市推进大会精神和市领导关于明确重点、明确项目、明确责任、明确进度的要求，全力以赴抓好落实；二是坚持有舍有取、聚焦重点，主动对接国家培育发展战略性新兴产业的要求，在推进高新技术产业化取得阶段性进展基础上，进一步梳理提出了聚焦重点项目、龙头企业、保障条件和政策突破；三是坚持开创性、坚韧性、持续性、实效性相结合，加大现有政策落实力度，努力创新突破支持政策，加快推进重大项目实施，发挥了区县的主战场和企业的主力军作用，不断探索市场化推进机制。在全市各方共同努力下，高新技术产业化工作取得了新进展：

1．产业增长实现预期目标。全年九大领域规模达到8859亿元，比上年增长23%左右，规模及增幅超过8400亿元和增长15%左右的年初预定目标。

其中，发展较快的领域有：新能源，高效晶硅太阳能快速增长，产能超过1.7吉瓦，增长150%，提前两年超过1吉瓦的规划目标，薄膜太阳能电池装备实现突破；电子信息制造业，在集成电路、移动通信、新型显示等带动下实现29%的增长，汽车电子也较快增速；软件和信息服务业，保持20%左右的增长速度，其中，软件经营收入达1459.5亿元（增长21%），数字内容、专业信息服务等新兴业态蓬勃发展使互联网服务业增幅达到34%；新材料，重点围绕八大领域进行产业链对接，并争取一批项目落地，实现36%的增长。生物医药，保持制造业较快增长的同时，医药商业实现销售总额703亿元，服务外包服务收入86.5亿元，100家重点骨干企业发展势头良好。此外，海洋工程装备，造船量首次超过1200万载重吨，但受振华重工产值下降40%的影响，全年产业规模与上年基本持平。

2010年高新技术产业化9个重点领域的规模

领域	2009年（亿元）	2010年（亿元）	比上年增长（%）
新能源	129.41	245.02	94.6
民用航空制造	22.38	33.50	48.8
先进重大装备	978.81	1109.46	14.0
生物医药	502.25	588.03	15.3
电子信息制造	1458.84	1901.27	29.0
新能源汽车	15.19	23.77	60.1
海洋工程装备	876.82	894.65	1.4
新材料	1105.01	1531.48	36.1
（制造业）合计	5088.72	6327.18	23.4
软件和信息服务业	2108.11	2532.02	20.1
（产业规模）总计	7197	8859.20	23

数据来源：上海市统计局。

2．加强产业引导和项目推进。根据《关于推进科技创新加快高新技术产业化的若干意见》（沪委发［2009］9号）和《关于加快推进上海高新技术产业化的实施意见》（沪府发［2009］26号）文件要求，在2009年发布了9个领域行动方案基础上，2010年根据高新技术产业发展的需要，又发布了智能电网、物联网、云计算等行动方案，启动实施专项计划，并着手制定节能环保产业等专项行动方案。有关区县根据自身产业定位也发布了一批实施方案。一系列规划，成为引导社会资本投资各重点领域的依据。

截至2010年年末，市高新技术产业化促进中心收到8个重点领域866个项目申请，市科委收到204个生物医药领域项目申请。上海市自主创新和高新技术产业化发展重大项目资金已计划安排三批项目计划，涉及项目107个，新增投资331.45亿元，共安排资金44.83亿元，已下达33.10亿元。

市经信委聚焦委内专项资金支持高新技术产业化，已累计安排227个项目，涉及总投资303.73亿元，计划安排26.15亿元，目前已下达7.82亿元。市科委委内专项资金累计支持高新技术产业化项目83项，涉及新增投资28.23亿元，计划安排资金2.76亿元，已下达2.27亿元。

2010年，市高新技术产业化促进中心收到8个领域355个高新技术产业化项目申请，涉及总投资293.41亿元。2010年，市级专项资金对8个领域支持了52个项目，涉及总投资112.78亿元，新增投资87.88亿元，计划安排专项资金6.49亿元，已下达2.21亿元。市科委共收到生物医药产业领域高新技术产业化93个项目申请，涉及总投资57.81亿元，市级专项资金计划安排21个项目。

2010年，市经济信息化委专项资金分四批安排87项，涉及总投资46.52亿元，计划安排专项资金3.78亿元，已下达专项资金6412.5万元。市科委专项资金安排30项，计划安排专项资金6155万元，已下达3650万元。

从8个重点领域的项目承担单位所有制情况分析，2010年与2009年相比，民营企业项目获得专项资金支持的比例明显提高，从9.92%上升近29个百分点（达38.23%）；生物医药领域2010年支持项目中78.3%的额度用于支持民营及民营控股企业，表明政府专项资金正在加大向中小企业和非公经济倾斜，有利于激发全社会的创新活力。

3．重点领域呈现积极变化。新能源从稳步发展到加快发展，核电AP1000主泵签订8台研制协议，U型管批量供货，数字化保护系统研发启动；高效晶硅太阳能电池产能达到1.7吉瓦，薄膜太阳能电池关键设备PECVD和LPCVD下线，3.6兆瓦风机并网发电并中标东台20万千瓦风场项目。民用航空制造从规划布局到全面启动，大型客机三大中心（研发设计、总装制造、客户服务），商用发动机研发客服中心、航电系统实质性启动，已形成上海民用航空制造业发展的基本框架。先进重大装备积极扩大国内外市场和首台业绩突破，大规模集成电路用等离子体刻蚀机、清洗机、封装光刻机交付用户，100万千瓦超超临界火电DCS控制系统获得首台订单；自主设计制造的地铁复合盾构、轨道交通车辆实现出口。生物医药领域已初步形成政府引导、园区和龙头企业招商相结合的发展格局，六个产业基地集聚发展的态势初步形成，落在六个产业基地中的项目比例达到92%。以龙头企业为骨干，研发机构和相关产业链上下游企业集聚发展模式在积极探索之中。电子信息制造业保持国内领先水平，909升级改造工程12英寸集成电路生产线项目建设顺利，展讯通信40nm手机基带芯片一次流片成功；以TD-SCDMA产业和集成电路产业为核心的大唐产业园项目正式开工，TD-LTE演示网顺利建成并在世博期间成功展示；映瑞LED外延及芯片项目开工；上海物联网中心启动建设。新能源汽车实现从百辆级研制到千辆级应用的跨越，节油20%的荣威750中混轿车小批量下线。动力电池及管理系统的产业布局基本形成。新材料增强了产业配套能力，核电用新型锆合金管、钛合金管已研制成功并投入批产，SOI外延片国内占有率达到20%并率先打入国际市场；高智能节能玻璃膜、背光膜组用光学膜等产品达到国际先进水平。海洋工程装备能力建设和产品研发取得突破，中船长兴二期获得国家核准，蓝滨石化设备项目三期启动；第六代3000米深水半潜式钻井平台即将交付。软件和信息服务业在新兴业态带动下实现规模扩张和质量提升，成立云海产业联盟，启动实施云海计划，成为国家云计算创新服务试点城市；数字内容产业加快发展，国家级网络视听产业基地和电信视讯运营基地、移动视频创新基地、联通手机软件商店等平台加快建设，盛大网络等发起电子书产业联盟；东方财富、大智慧等专业信息服务企业积极探索新业态、新模式，保持行业领先。

4．重点领域引入新的发展增量。在上海市高新技术产业化发展的规划布局引导下，中央企业、地方国有大集团、国际跨国公司、国内知名民营大企业等在上海加大总部运营、研发设计、高端制造等重大项目的投资力度。全年新增固定资产投资约500亿元，占全市工业投资比重1/3以上。

一是加强与央企战略合作。在深化与中国商飞、中国船舶、普天、三大电信运营商等央企战略合作基础上，又推进了一批与央企战略合作项目，在培育战略性新兴产业重点领域超前布局。如上海电气与国网公司将组建合资公司，围绕电力电子、接入系统、储能系统、智能变电站等智能电网核心设备加大产业化力度；大唐电信产业园落户浦东重点发展TD-SCDMA和集成电路产业；国药集团以上海医药工业研究院为核心组建了中国医药工业研究总院并在奉贤建设生物制品产业基地。

2010年上海市与中央企业建立战略合作情况

合作对象	合作领域	合作内容
中国北车集团	先进重大装备（轨道交通车辆）	2月24日，中国北车和上海电气正式签署战略合作协议，中国北车收购上海轨道交通设备发展有限公司的股权，并将控股该公司。9月27日完成资产重组
国家电网公司	新能源（智能电网）	7月25日，市政府与国家电网签署战略合作协议，上海电气集团公司、上海市电力公司和中科院上海硅酸盐研究所共同签署了《关于推进钠硫电池产业化的合作意向书》，上海电气与国家电网合资发展智能电网产业
中国航空工业集团公司	民用航空制造业（航电系统）	7月12日，市政府与中航工业集团签署共同投资发展民机航空电子产业合作框架协议，11月签订了中方合资公司股东出资合同。
大唐电信科技产业集团	电子信息制造（移动通信）	10月20日，大唐产业园开工建设，以TD-SCDMA产业和集成电路产业为核心依托，建立具有国际竞争力的电子信息产业群，旗下TD芯片设计公司——上海联芯科技有限公司正式入园
中国联通集团	软件和信息服务（互联网服务）	11月10日，中国联通在上海宣布其手机应用商店正式上市
中国医药集团	生物医药	以上海医药工业研究院为核心组建了中国医药工业研究总院，在奉贤建设国药集团生物制品产业基地，争取中国生物科技集团总部落沪

二是吸引一批国内外优势企业来沪发展。如华锐风电落户浦东发展5兆瓦及以上功率大型风机产业化项目；映瑞LED外延及芯片生产、封装测试项目落户临港；奇瑞落户安亭建设新能源汽车产业基地；吉富新能源公司落户青浦研制第5代PECVD装备，建设太阳能薄膜电池生产线；酷6网被盛大收购，总部拟从北京迁至上海；华为云计算示范应用中心、央视网络电视台南方数据中心、天脉聚源等落户上海。同时，近两年来生物医药招商引资项目达267个，涉及总投资约330亿元。其中，正式签约项目175个，总投资约182亿元。上海已成为国内外生物医药企业提高产品技术水平、拓展产品市场、实现新一轮发展的重要平台。外地企业纷纷来沪发展，江苏恒瑞、先声、扬子江、正大天晴、百迈博，青岛康原，杭州诺尔康，珠海康德莱，南昌北际，沈阳同联等20余家企业均将在沪投资新建生产企业。

三是加大开放发展力度，吸引跨国公司合资合作。7月12日，中国商飞与美国伊顿公司签署合资合同，推进C919大型客机燃油和液压管路系统项目；国核自仪与美国马丁公司合作研发核电全数字化保护系统已于11月2日签约；中航工业、上海市与GE合资合作民机航电系统产业化项目公司已落户上海；振华重工母公司中交集团通过其全资子公司香港振华工程公司收购了全球领先的海上钻井平台设计服务和装备供应商F&G公司，将增强振华重工的海洋工程装备设计制造和成套供货能力；佳豪船舶设计公司与全球著名动力系统公司罗尔斯·罗伊斯公司加强船舶设计合作研发新的船舶设计；著名动力电池企业美国A123与上汽成立合资公司（上汽持股51%），共同开发车用锂离子电池系统集成与管理。在沪外资企业加大投资力度，9家著名跨国生物医药企业新增投资约28亿元。如勃林格殷格翰增加投资1亿欧元，百特公司追加投资2.5亿元，罗氏公司引入了新产品生产线。

5．加快推进高新技术产业化基地建设。按照《实施意见》规划布局了41个高新技术产业化基地，至2010年年末已认定命名22个。国家工信部批准临港装备、民用航空、化工区、长兴岛和张江、国际汽车城、漕河泾共7家基地入选国家新型工业化产业示范基地。上海被批准成为首批国家高新技术服务产业基地。临港产业基地、化工区年度招商引资分别达到100亿元左右。区县发挥高新技术产业化的主战场作用，各区县结合自身产业基础、区位特点和资源优势，千方百计推动大项目落户，一批基地初具特色。如浦东新区高新技术产业化规模占全市40%左右，临港重型装备、外高桥海洋工程、祝桥大型飞机总装、南汇新能源、金桥通信设备、张江生物医药和软件等基地都引入了新的重大项目。宝山区积极推进与大企业的联动发展，加强了与宝钢、电气、上汽和中国节能环保集团、中国机械集团等央企的紧密合作。嘉定区新能源汽车及关键零部件基地，围绕新能源整车及“三电”开展专业招商，已有恒动、卡耐、贯裕等10多家部件企业落户。青浦区以青浦工业区为主打造新材料和生物医药产业基地，在徐泾大力发展软件和信息服务业。松江区集聚正泰、中电电气、金陵股份等打造以智能电网为特色的新能源产业基地。闵行区依托紫竹科学园和浦江高科技园，大力发展新能源、民用航空制造等产业，已有尚德、阿海珐、天合、中广核、中航商发等项目落户。奉贤区积极引进包括中国国药集团、上海生物制品研究所等国内外著名企业落地发展，已签约或正在洽谈生物医药领域产业项目27项，并积极培育阿波罗、德朗能等一批“专、精、特、新”中小企业。金山区打造新材料产业基地，高端涂料、碳纤维、超细纤维、功能膜等领域发展势头良好，以康德莱、复星医药等生物医药龙头企业为核心的产业链上下游企业实现初步集聚。崇明县围绕长兴海工基地引进了一批专业化配套企业，正在争取中远船务等大项目落户。闸北区打造云计算、基础软件产业基地，集聚了上海数据港、宝信云计算、东方通泰、中标、达梦等行业龙头企业。杨浦区围绕建设国家创新型试点城区，加快发展以云计算、智能电网、节能环保等为重点的新兴产业。徐汇区加快建设生物医药、电子信息、软件和信息服务业基地等。

6．大力引进国家级创新平台。发挥国家级创新平台的带动作用，不断提升专业技术平台的服务能力。年内新增20家国家级创新平台，包括智能电网、海上风电、核电仪表等3家国家能源研发中心；智能电网终端产品、新能源车辆、工程软件产品等国家质量监督检验中心；数字电视、宽带无线移动通信等国家工程研究中心（重点实验室）；软件和信息服务、网络视听基地等国家公共服务平台；新增4家国家级企业技术中心（累计达到42家）。

2010年新增国家级创新平台情况

序号	名称	所属领域	承担单位
1	国家能源核电站仪表研发（实验）中心	新能源（核电）	上海自动化仪表院
2	国家能源海上风电研发中心	新能源（风电）	华锐风电与上海交通大学共建
3	国家能源上海智能电网研发中心	新能源（智能电网）	上海交通大学
4	国家智能电网终端产品质量监督检验中心	新能源（智能电网）	上海电器科学研究所
5	国家新能源车辆质量监督检验中心	新能源汽车	国家（上海）机动车检测中心
6	国家港口起重机机械产品质量监督检验中心	海洋工程装备	上海市特检院
7	国家工程软件产品质量监督检验中心	软件和信息服务业	电子科技集团32所
8	国家汽车电子标准工作委员会	电子信息	上海市交通电子行业协会
9	新一代宽代无线移动通信国家重点实验室	电子信息	大唐电信集团
10	新一代移动通信系统技术－无线网络与芯片国家工程实验室	电子信息	大唐电信集团
11	数字电视国家工程研究中心	电子信息	上海高清数字科技产业公司
12	清洁高效煤电成套设备国家工程研究中心	先进重大装备	上海发电设备成套院牵头
13	工业自动化国家工程研究中心上海分中心	先进重大装备	浙大中控和上海电气中央研究院共建
14	国家软件和信息服务公共服务平台	软件和信息服务业	上海浦东软件平台有限公司
15	国家（上海）网络视听产业基地综合公共服务平台	软件和信息服务业	上海紫竹数字创意港有限公司
16	国家游戏软件测评与认证平台	软件和信息服务业	上海紫竹数字创意港有限公司、上海市软件测评中心
17	上海隧道工程股份有限公司技术中心（国家认定企业技术中心）	先进重大装备	上海隧道工程股份公司
18	微创医疗器械（上海）有限公司技术中心（国家认定企业技术中心）	生物医药	微创医疗器械（上海）有限公司
19	中交上海航道局有限公司技术中心（国家认定企业技术中心）	海洋工程装备	中交上海航道局有限公司
20	上海船厂船舶有限公司技术中心（国家认定企业技术中心）	海洋工程装备	上海船厂船舶有限公司

7．加强高新技术产业化人才工作。落实国家和上海市人才发展中长期规划纲要，贯彻市人才工作会议精神，全面启动“1+X”人才工作，编制完成《关于加快推进上海高新技术产业化人才队伍建设的若干意见》。积极推荐引进人才申报国家级海外高层次人才“千人计划”，在全市入选的183人中，属于高新技术产业化重点领域的有137人，占总数的75%，其中，生物医药（占28%）、电子信息制造（占16%）、新材料（占10%）是人数最多的三个领域。这些人才既有受聘于中国商飞、中航商发、上海贝尔、上海天马、宝钢股份、上海航天等大型国企，也有供职于益科博、展讯、尚德、大郡、杰盛等民营和海外留学归国人员创办企业，这些高层次创新人才，有力地支撑起上海战略性新兴产业、高新技术产业持续向纵深发展。高新技术产业化重点项目承担主体，加大领军人才和创新团队的引进和培育力度，如新能源汽车领域引进了精进电动、双奥隔膜、捷新电池、中科深江等团队。软件和信息服务业领域引进了普华基础软件、达梦数据库、东方通中间件等研发团队。

8．推进创新成果示范应用和市场拓展。世博会的成功举办为上海高新技术产业化发展赢得了重大机遇和展示平台。一批新兴技术在世博会得到充分展示，支撑了科技世博。其中，1538辆新能源汽车经受了高温、大载客量和连续运转的考验，成为国际上新能源汽车“种类最全、数量最多、规模最大、负荷最强”的示范运行，为应用推广积累了经验。又如全球首个TD-LTE宽带移动通信规模演示网，为争取成为第四代国际标准和国内外市场突破创造了条件。LED照明在世博期间得到广泛应用，共使用14.5亿颗芯片的LED照明成为世博园区尤其是夜景中的一个突出亮点。同时，国内首个智能电网综合示范工程、基于射频识别技术（RFID）电子门票系统等一批创新成果在世博会得到展示，大量生态材料、冰蓄冷、中水回用、绿色建材等节能环保新技术得到充分应用。此外，还启动了上海市物联网应用示范工程。

一批重大创新成果取得市场突破和拓展。如第三代AP1000核电压力容器、蒸发器、汽动及电动辅助给水泵、3.6兆瓦海上风机、2000吨IGCC气化炉等取得首台业绩突破。66万超临界机组获得印度36台82亿美金订单，使火电设备在国内市场容量大幅下降的情况下，继续实现平稳快速增长。在珠海航展上，C919签订了100架首批启动订单，ARJ21新支线飞机新增订单100架，累计达到340架。市政府机管局率先采购了10辆即将上市的荣威混合动力轿车。市医保办在进行新一轮医保药品目录调整工作中积极支持上海市生物医药企业研发创新产品的临床应用，将10种本地产创新药品纳入上海市2010年版医保药品目录。市医保办还逐步规范使用国产和进口医疗器械产品的临床诊疗项目的医保收费标准，鼓励患者使用国产医疗器械产品。

2010年取得首台业绩和市场突破的典型创新产品

领域	产品名称	突破情况
新能源	核电主泵	电气集团KSB联合体和中核工业集团签定了8台AP1000主泵协议
新能源	薄膜太阳电池装备	理想能源公司研制成功LPCVD、PECVD，主要性能指标与Oerikon相当，用于正泰新能源生产线
新能源	3.6兆瓦海上风机	上海电气3.6兆瓦风机已实现并网发电，并中标江苏东台20万千瓦风场项目
新能源	IGCC气化炉	上海电气为国内首个示范项目天津IGCC示范工程气化炉供货，完成2000吨干煤粉式气化炉研制
新能源	智能变电站	思源电气110kV智能变电站系统实现市场突破，中标国家电网智能变电站第一批试点项目中唯一的110KV项目（湖南金南站）
先进重大装备	百万千瓦火电DCS控制系统	上海自仪与西门子合作中标河南新密100万千瓦超超临界火电DCS控制系统项目订单2套，取得工程实施业绩
先进重大装备	海水淡化	取得了越南永新、印度尼西亚公主港等海水淡化工程订单，上海海水淡化设备首次打入了国际市场
先进重大装备	轨道交通信号系统	卡斯柯公司新中标上海地铁12、13号线，宁波地铁、北京地铁6号线，昆明地铁1、2号线等线路；已开通的高速铁路“调度集中”系统全部采用该公司产品
先进重大装备	地铁复合盾构出口	隧道股份自主设计制造的地铁复合盾构出口新加坡，首次正式进入海外市场
先进重大装备	大型履带式起重机	三一科技自主研制的1000吨履带式起重机与中原公司签订供货合同，1600吨履带式起重机为中广核台山100万千瓦核电站供货
先进重大装备	工程机械液压及电控系统	6吨系列挖掘机的全套液压系统元件研制完成，逐步批量生产，20-22吨系列挖掘机液压系统部分元件样品已下线；35MPa级的高压油缸已完成试验进入小批量生产
先进重大装备	轨道交通车辆出口	上海生产、出口伊朗的首列轨道交通车辆下线，伊朗、阿根廷两个项目车辆总计377辆。
先进重大装备	等离子体刻蚀设备	中微半导体自主研发的等离子体刻蚀设备，在台积电等8家企业实现正式销售
先进重大装备	光刻机	上海微电子装备公司自主研发的国内首台封装光刻机，在江阴长电公司成功上线运行
先进重大装备	半导体清洗设备	盛美12英寸45nm半导体清洗设备首次突破韩国市场
先进重大装备	核电应急柴油发电机	首台国产核电1E级6300千瓦应急柴油发电机研制完成，交付用户。
先进重大装备	核电用泵	阿波罗公司研制出凝结水泵、电动辅助给水泵、汽动辅助给水泵、设备冷却水泵、重要厂用水泵、乏燃料水池冷却泵、硼酸输送泵、化学添加剂混合泵、循环水过滤系统反冲洗泵9种核电站用泵样机并实现合同订货
电子信息制造	汽车电子芯片	先进半导体的MEMS、MCU等多款自主开发芯片取得突破，SUMO系列汽车电子芯片投产，月产能达5000片
电子信息制造	数字电视解码主芯片	华亚微电子打破了有线数字电视主芯片SoC由国外公司垄断的局面，国内市场占有率达到12%
电子信息制造	TD-SCDMA增强技术智能终端关键芯片	联芯科技发布了自主开发的INNOPOWER系列基带芯片，在中国移动600万台TD手机招标中，12款入围产品中有7款是采用了联芯科技的方案产品

（续表）

海洋工程装备	3000米深水半潜式钻井平台	由外高桥造船公司制造的当今国际最先进的第六代3000米深水半潜式钻井平台完成建造，即将命名交付中海油集团
海洋工程装备	起重铺管船	振华重工集团公司向卢森堡MCS公司交付3000吨浅水起重铺管船，也是迄今为止中国本土企业向国际用户成功交付的第一艘铺管船
海洋工程装备	8000吨浮式起重船	振华重工设计研发的目前世界最大的海上作业浮式起重船—8000吨浮式起重船交付韩国三星重工
海洋工程装备	12缆深水物探船	国内首艘12缆深水物探船“海洋石油720”号进入入坞搭载阶段，该船建成后将为海上油气勘探服务，主要从事海上三维地震采集作业
新能源汽车	荣威750混合动力轿车	国内自主品牌中高端车型正式上市并进入国家推荐目录，向市机管局定向销售首批10辆车
新能源汽车	动力电池及电控总成	一批磷酸铁锂电池生产线基本建成形成4500万Ah规模并开始小批量供货；国内领先的电池电容动力系统市场销售数百套
新材料	核电U型管	宝钢股份690U型管首批成品管下线，将用于防城港核电1号机组
软件和信息服务业	网络集成办公软件	中标普华开发的维哈柯文办公软件于2010年8月向新疆自治区赠送1万套，并开展了对口支援应用培训
软件和信息服务业	电子政务应急管理软件	万达开发了应急指挥平台V2.0产品，获得2010年中国十大创新软件产品称号，实现18套销售
生物医药	一批创新药进入市场	2010年，上海市共获得药物临床研究批文33个，其中，一类新药7个，获得药物生产批文16个，获得三类医疗器械产品注册证153个，一类、二类医疗器械产品注册证1602个。上海市生物医药领域销售过亿元的创新产品达到55个

9．积极探索市场化推进机制。产业链对接方面，新材料领域，组织与八大领域配套对接，排出了40项重点对接项目上网公开招标、吸引企业和科研院所深度合作，已有安集微电子的超净高化试剂、新阳公司的高纯铜电镀液、新傲的外延片等8个招标项目收到了对接申情，正在组织推进落实。新能源汽车领域，引导动力电池、驱动电机等中小企业与整车企业对接。软件和信息服务业发布了工业软件振兴计划，提出了与民用航空、先进重大装备等领域对接的重点项目，在钢铁制造、数控与伺服、柴油电喷控制、功能安全、轨道交通制动、质量检测等领域成立工业软件工程中心，将软件业的支持政策向工业软件领域拓展。民用航空制造业领域，组织了标准件企业专业对接会，15家上海企业被中国商飞列为标准件潜在供应商。生物医药领域，正式启动以企业为主体的技术创新联盟建设工作，首批立项资助4个生物医药技术创新联盟。

中小企业对接方面，聚焦促进中小企业有关政策，通过招商引资、培育支持、牵线搭桥、搭建平台等手段，组织中小企业参与高新技术产业化对接工作。如斯瑞碳纤维、万得信息、海利生物等一批中小企业成为新材料、软件和信息服务业、生物医药等领域的重点项目承担主体，提升了创新发展能力，增强了市场影响力。通过加大重点项目和“专、精、特、新”中小企业对接力度，推动中小企业参与原材料、零部件、外包服务等专业化配套，促进中小企业与重点项目承担主体开展技术研发、产供销等多种形式的经济技术合作。2010年发布了第一批500家“专、精、特、新”中小企业。

产学研对接方面，针对产业链的瓶颈环节，推进一批产学研攻关联合体的组建，如上海重型机器厂与上海交通大学共建“大型铸锻件工程技术中心”，由数位院士领衔，进行大型铸锻件材料、工艺、检测等攻关。新材料领域组织走访了13家大学和研究院所，收集到37个“产学研”项目，经过专家推荐和筛选，选择了12个项目重点推进对接。借助高新展平台，组织召开产学研对接会，梳理80多家企业提出的105个合作技术方向，与中科院和有关高校的创新团队进行对接，推进科技成果产业化。生物医药领域组织召开科技成果推荐及投融资洽谈会，集中展示创新项目和产业优势，搭建科研机构、企业和资本方交流平台，加速创新成果的有效转化，并分别协助上海绿谷和中西医药公司召开重点产品的专题研讨会，使企业和临床医务人员分享最新的临床研究成果，促进了产学研医的深度融合，进一步打开了产品的市场前景。

金融与产业对接方面，设立上海市创业投资引导基金，出台《管理办法》，成立新能源、新材料等5个创投基金，并启动新一代信息、生物两个领域基金申报工作；市发展改革委、市国资委出台《上海市国有创业投资企业股权转让管理暂行办法》。全市18个区县设立41家小额贷款公司，注册资金33亿元；设立担保机构85家，注册资金115亿元；2010年，新增高新技术产业化领域上市中小企业12家（含海外2家），IPO募集资金超过100亿元。通过高新展平台，已组织两次金融机构与企业的专项对接。

2010年新增上市中小企业情况

序号	股票简称	注册区县	上市板块	上市时间	主营业务	IPO资金（亿元）
1	交技发展	浦东	中小板	2010.5	智能交通系统	3.5
2	摩恩电气	浦东	中小板	2010.7	特种电线电缆	3.7
3	超日太阳	奉贤	中小板	2010.11	晶硅太阳能电池	23.8
4	新时达	嘉定	中小板	2010.12	电梯控制系统	8.0
5	上海凯宝	奉贤	创业板	2010.1	现代中药	10.4
6	东方财富	嘉定	创业板	2010.3	互联网信息服务	14.2
7	康耐特	浦东	创业板	2010.3	光学树脂材料	2.7
8	华平股份	杨浦	创业板	2010.4	多媒体通信	7.2
9	泰胜风能	金山	创业板	2010.10	风电塔架	9.3
10	科泰电源	青浦	创业板	2010.12	智能环保电源设备	8.0
11	微创医疗	浦东	香港主板	2010.9	医疗器械	7.7亿港元
12	锐迪科	浦东	纳斯达克	2010.11	移动终端射频芯片	6750万美元

10．强化工作保障和政策支持。为促进新兴产业发展，加快重大项目落地和推进，市委、市政府要求将土地、人才等政策向高新技术产业化重点领域集聚，市有关部门形成合力，不断探索突破。土地政策方面，为突破制约项目落地的土地瓶颈问题，与市规划国土资源局等建立市统筹土地指标保障重点项目落地机制，确保中航商用发动机研发中心、林洋电子、中科深江电动车、超日太阳能等项目落地。人才政策方面，市委组织部、市人力资源社会保障局等大力支持高层次人才引进，并协调了先进重大装备、海洋工程装备、民用航空制造等重点领域人才落户上海，体现了户籍优惠政策向高新技术产业化重点企业倾斜。财税政策方面，市财政局组织研究制定支持新兴产业发展的政策，加快落实市自主创新和高新技术产业化发展重大资金计划安排；市税务局等支持开展第三方支付服务业适用营业税差额征收试点工作，研究了电信增值业务适用3%营业税税率操作办法和总集成、总承包的有关税收操作意见。示范应用方面，已制定三网融合实施方案，推动智慧城市的信息基础设施建设提速；市科委牵头申报，国家支持私人购买新能源汽车首批试点城市，成功获批嘉定国际电动汽车示范区。上海市已制定三网融合实施方案，推动智慧城市的信息基础设施建设提速。此外，市发展改革委牵头对涉及行业政策、金融政策、人才政策等17项战略性新兴产业和高新技术产业化发展中急需突破的政策进行梳理，正在会同有关部门进行研究破解，并向国家有关部门提出了33项支持战略性新兴产业发展的政策诉求，其中，优化区域布局、深化国际合作等已在国务院《决定》中得到体现。

同时，加强高新技术产业化前瞻性研究。编制战略性新兴产业“十二五”规划，主动对接国务院下发的《关于发展战略性新兴产业的决定》，将上海市高新技术产业化九大领域与国家战略性新兴产业的七大领域全面对接，并梳理上海市发展节能环保、民用航天等领域的重点内容。根据上海市高新技术产业工作的阶段性成果，按照“主动有为、有舍有取”要求，研究提出上海下一步推进高新技术产业化的发展重点。

7月28日，举办高新技术产业化展，市委、市政府主要领导亲自出席开幕式。高新技术产业化展得到了各方面的重视和肯定，国家副主席习近平同志和国家发改委、工信部，市人大、市政协、市委政法委和相关社会团体以及外省市领导先后莅临高新技术产业化展视察指导，给予高度评价。高新展影响面不断扩大，先后接待100多批次、11000多人次参观，对上海发展先进制造业和现代服务业起到了统一思想、提高认识、形成合力的积极作用。

（张宏韬）

附件1：《上海推进智能电网产业发展行动方案（2010—2012年）》

智能电网是传统电网与现代传感测量技术、通信技术、计算机技术、控制技术、新材料技术高度融合的新一代电力系统，能够实现对电力系统的全方位监控和信息、电能的智能化统一管理。与传统电网相比较，智能电网更加智能、清洁、高效、安全、经济，是未来智能城市建设的基础。

上海加快推进智能电网相关产业发展、率先进行智能电网示范，是对接国家战略、贯彻落实科学发展观的重要举措，对于转变经济发展方式、促进产业结构优化升级、加快信息化与工业化融合，具有重要意义。

根据国家战略要求和上海经济社会发展实际，特制定《上海推进智能电网产业发展行动方案（2010～2012年）》。

一、上海智能电网产业发展的总体思路和主要目标

（一）总体思路

按照“发挥优势，超前布局，示范带动，分步突破”的总体思路，在国内率先建成智能电网三大基地：智能电网功能示范应用基地、智能电网关键技术研发基地、智能电网核心设备产业基地。把握智能电网未来技术与产业发展趋势，坚持高端引领与规模拓展相结合、重点突破与整体提升相结合、消化吸收与自主创新相结合、市场推动与政府引导相结合，立足自主化，聚焦重点领域，提升产业核心竞争力。

（二）发展目标

以国家战略为导向，发挥区域优势，聚焦具有高端引领作用和重大产业前景的发展方向，着眼高端技术，重视关键基础器件，重点布局推进，分步实现突破。到2012年，力争培育3—5家国内智能电网行业的龙头企业，形成有竞争力的智能电网产业集群，重点领域达到国内领先水平，产业规模达到500亿元－800亿元。

其中，新能源接入与控制、电力电子应用、电力电子核心器件等领域的技术达到国内领先水平，形成国内领军企业和高端产品制造基地；智能变电站力争在国家电网公司智能变电站规范试点阶段（2010—2011年）获得重点项目试点运行，在全面建设阶段（2012—2015年）进入国内行业前列，并具备智能变电站工程总包能力，参与国际智能变电站建设领域竞争，带动形成一个智能变电站产业链；储能技术逐步成熟，进入国家电网示范工程，产业化逐步展开，打造国内具有一流水平和竞争力的储能技术与产业发展基地；智能配

电网、智能用户端与能源管理系统通过示范试点积累技术，搭建智能用户端设备与系统检测平台，智能用户端能源管理系统、智能家居、高端智能电器、智能电表核心芯片等初步形成产业化，保持国内领先地位；加强对高温超导等前瞻性技术的培育，以超导带材为核心，带动超导电缆等发展，保持国内领先优势。

二、上海智能电网产业发展的重点

（一）新能源接入与控制、电力电子应用及核心器件

围绕新能源接入与控制、柔性输电、电能质量治理，继续研制和完善用于风电及光伏发电接入的大功率变流器和控制器、无功补偿装置、有源滤波装置、柔性直流输电技术及装备、可控串联补偿器、静止同步串联补偿器、统一潮流控制器、大功率变频装置等。在高电压、大电流的电力电子核心器件方面形成突破。

（二）智能变电站系统及智能设备

智能变电站是智能电网的关键支撑点。立足于模块化设计理念，研制开发110千伏及以上智能变电站系统，促进变电站一、二次技术的融合，使变电站建设更简单、运营更容易；在智能变电站系统的基础平台上集成数字式互感器等各类传感器，带动发展智能化超（特）高压变压器、气体绝缘组合电器设备（Gas Insulated Switchgear，GIS）、输电导线等输变电设备；推动在线监测技术、区域与广域保护技术、电能质量管理等高端技术的应用，不断提升智能变电站的功能与附加值。

（三）电力储能

继续完善钠硫电池，提高产品一致性、安全性，加快产业化生产线建设，逐步达到商品化水平，形成规模化生产能力，抓住国家电网公司智能电网第二阶段、第三阶段建设机遇，迅速做大规模。加快发展钒电池等液流电池、磷酸铁锂等锂电池、超级电容等其他技术路线的电力储能技术，加快发展电动车辆充电装置、车辆到电网（Vehicle-to-grid，V2G）等分布式储能系统。争取建设国家级大容量电力储能技术研发中心和工程中心，形成国内电力储能技术和产业发展的重要基地。

（四）智能配电网与智能用户端

重点对智能配电技术、能源管理与智能表计技术、设备监控技术、智能家居控制技术、汽车充电设备接入技术、智能用户端设备与系统检测技术研究和攻关，形成针对商用楼宇、工矿企业和家庭的智能电网用户端系统解决方案。加快对下一代智能电器、智能电表的研究开发，组织智能电器相关标准的制定，积极参与智能电表相关标准的制定，智能电表芯片继续提升和抢占更多高端市场。

（五）高温超导

高温超导是具有前瞻性、战略意义的技术，要继续完善重点实验室装备，尽快建立中试基地，支持超导应用技术的发展。以二代高温超导带材制备技术为突破口，掌握完整的超导带材生产核心制备技术，同时带动超导限流器、超导电缆、超导变压器和超导电机等应用技术加快产业化进程。

三、上海智能电网产业发展的推进措施

（一）完善智能电网产业发展推进机制

一是将智能电网列入上海高新技术产业化新能源领域，享受新能源产业有关政策；二是支持建立智能电网产业发展联盟，由电力、信息等领域的研发、制造、咨询等单位共同发起，形成智能电网信息发布、沟通交流、咨询互动的载体和平台，推动智能电网产、学、研、用联合。

（二）推进智能电网产业基地建设

在支持上海市企业不断做精做强的同时，围绕重点领域，积极引进国内外优秀企业，努力打造有竞争力的智能电网产业集群。以浦东临港、奉贤、闵行、松江等输配电及新能源企业集中的区域为中心，围绕智能电网相关领域，以及通讯、软件、控制等相关产业，形成研发、制造、人才、信息、配套等方面的集聚，打造智能电网产业基地或产业园区。

（三）加快示范项目、示范工程建设

加快电动汽车充电站建设和示范运营，带动钠硫电池等储能技术、V2G能源转换系统的突破；进行智能楼宇电力综合管理系统的示范，成熟后逐步推广应用；创造条件推动工矿企业、智能用电小区、智能家居控制系统研究及示范应用；建设国家级的智能电网用户端设备检测平台，推动示范性应用和产业化开发；推动其他智能电网示范、试点项目建设。

（四）推动智能电网与通信、检测、网络安全、软件及信息服务业融合发展

围绕智能电网的建设和应用，推动智能电网与通信、网络、信息安全等支撑性技术和产业融合发展，发展智能电网所需的系统软件、终端服务软件，需求侧能源服务、检测服务等衍生服务业。推动相关制造企业拓展生产性服务业，从设备生产制造向系统集成、提供整体解决方案方向发展。

（五）推动首台（套）业绩突破

建立企业、政府、社会各方共同争取重大依托工程项目的协调机制，为企业争取重大项目、重大装备首台业绩突破提供必要的支持。鼓励用户单位、制造企业和保险公司共同开展首台（套）重大装备保险业务，对上海市用户单位首次订购或使用首台（套）重大技术装备，给予一定比例的风险补贴。

（六）形成开放发展产业格局

按照市场化运作、开放性发展的思路，支持企业创新体制机制；通过政府政策引导，吸引企业资金、金融资本、社

会资本和风险投资等加大投入；加大招商引资力度，吸引国内外优势企业来上海发展智能电网相关产业；支持有条件的企业并购国内外具备研发实力、核心技术及关键能力的企业。

（七）加快引进和培养领军人才

支持引进智能电网相关领域的领军人才和技术团队，积极落实上海市各项人才政策；优先推荐智能电网领域的领军人才进入国家“千人计划”，落实相关政策；支持上海高等院校加强相关学科建设，培养一批优秀人才，形成人才梯队。

（八）积极拓展海外市场

拓展新能源接入、智能变电站、能源管理系统与智能电表等领域的海外市场及工程总包业务，鼓励金融机构增加出口信贷资金投放，支持企业承揽海外承包工程，带动设备出口。对承接海外工程项目的企业，按照上海市有关规定给予支持。

附件 2：《上海推进物联网产业发展行动方案（2010–2012 年）》

物联网（The Internet of Things）是指将物体通过传感设备、通信手段实现全面互联的网络，包括物与物之间的互联互通，也包括人与物之间的互联互通。物联网是应用信息通信技术的最新产物，可实现智能化的实时管理和控制，从而提高资源利用率和生产率，已成为国际新一轮信息技术竞争的关键点和制高点。加快发展物联网产业，不仅是上海提升信息产业综合竞争力、培育新增长点的重要途径，也是促进产业结构调整、提升城市管理水平的重要举措。

根据国家战略要求和上海经济社会发展实际，特制定《上海推进物联网产业发展行动方案（2010 ~ 2012 年）》。

一、物联网产业发展背景和现状

（一）发达国家加快物联网相关技术和产业的前瞻布局

物联网是继计算机、互联网和移动通信之后引发新一轮信息产业浪潮的核心领域，发达国家和地区已纷纷开展物联网领域的规划布局。美国 2009 年 9 月提出美国创新战略，将物联网作为振兴经济、确立优势的关键战略；欧盟 2009 年 6 月制定物联网行动方案，推出物联网标准战略，确保物联网的可信度、接受度和安全性；韩国出台了《物联网基础设施构建基本规划》，提出“通过构建世界最先进的物联网基础设施，到 2012 年打造信息通信融合的超一流 ICT 强国”目标，并制定了四大战略和 12 个重点项目。目前，物联网发展关键技术标准和协议虽未统一，但各国已在一些领域加快应用，如商业零售、物流、环境监测、生物医药、智能基础设施等领域。欧洲智能系统集成技术平台组织（EPoSS）在 *Internet of Thingsin 2020* 中预测，物联网的发展将经历四个阶段：2010 年之前广泛应用于物流、零售和制药等领域；2010–2015 年实现物与物之间的互联；2015–2020 年进入半智能化；2020 年之后实现全智能化。

（二）我国将物联网作为战略性新兴产业予以重点关注和推进

国务院 2006 年发布的《国家中长期科学和技术发展规划纲要（2006–2020 年）》中关于“重要领域及其优先主题”、“重大专项”和“前沿技术”部分均有涉及物联网的内容。温家宝总理 2009 年 11 月 3 日在向首都科技界发表题为“让科技引领中国可持续发展”的讲话时明确指出“要着力突破传感网、物联网关键技术，及早部署后 IP 时代相关技术研发，使信息网络产业成为推动产业升级、迈向信息社会的‘发动机’”。北京、江苏、广东、浙江等地方政府已开始抓紧布局。

国内物联网的技术研究和标准制定工作起步较早。1999 年，中科院上海微系统所和国内有关高校即开始相关工作的研究，并呼吁成立国际物联网标准特别工作组，负责相关国际标准的编写。目前，国内在器件设计和制造、短距离无线通信技术、网络架构、软件信息处理系统配套、系统设备制造、网络运营等物联网主要环节已具备一定的产业化能力，并在第二代身份证、奥运门票、世博门票、货物通关等领域开展应用。

（三）上海在物联网技术研发、标准制定、产业基础等方面居国内领先

上海是国内物联网技术和应用的主要发源地之一，在技术研发和产业化应用方面具有一定基础。在技术研发方面，从“十五”时期起，市政府在物联网相关技术（主要是 RFID 技术）研发方面已累计投入 6000 多万元，“十一五”期间，上海有关单位承担了 10 余项与物联网相关的国家科技重大专项（主要是短距离无线通信技术），总经费超过 1 亿元。部分研究机构建立研究团队，在无线传感网工程化、实用化关键技术方面获得了重大突破。在标准推进方面，上海正牵头推进我国无线传感网标准化工作并代表我国参加国际传感网标准工作组，此外，上海还制定了国内首个城轨反恐技防地方标准。在产业化方面，上海是国内信息产品制造业的重要基地，已经形成了以集成电路、计算机、通信设备、信息家电等为主的信息产品制造产业群。上海企业在物

联网领域积极布局，开展相应的设备开发；在无线传感网与移动通信网融合、设备与设备间通信（M2M 通信）等方面取得一定的技术成果；开始构建提供公共服务的物联网网络体系，并推进各类行业应用。在推广应用方面，防入侵传感网防护系统已在上海机场成功应用；基于双向时分双工－正交频分复用技术（TDD-OFDM）的多用户高速移动中程多媒体传感器网络在上海合作组织峰会、特奥会期间的交通流量监测、安防等方面发挥了重要作用；基于物联网技术的电子围栏已在世博园区安装，实现了智能安防。

目前，上海物联网产业总体仍处于起步阶段，在核心关键技术、企业发展、行业应用等方面与世界先进水平还有一定差距。面对全球物联网发展的历史机遇和国内外激烈的竞争态势，上海必须抓住机遇，抢占制高点，突破关键技术瓶颈，推广示范应用，促进产业发展，推动上海信息产业的结构转型，进一步提升综合竞争力。

二、上海推进物联网产业发展的总体思路和主要目标

（一）总体思路

贯彻落实国家发展战略性新兴产业的总体部署，对接国家科技重大专项，抓住物联网发展的历史机遇，坚持高端发展、差别发展、创新发展、协同发展的原则；发挥和提升现有通信网、互联网和广播网等网络基础设施的作用；突破传感器、控制芯片、短距离无线通信、组网和协同处理、数学建模、系统集成、数据管理和挖掘、协同控制等物联网核心技术；推进环境监测、物流管理等 10 个应用示范工程，创新商业模式；推进物联网传感设备、通信设备产业化与信息服务业协同发展，促进物联网应用市场和产业链形成；推进嘉定、浦东等物联网产业化基地建设；提升上海在国内物联网产业的引领地位，抢占物联网产业链的高端。

（二）主要目标

到 2012 年，传感器、短距离无线通信及通信和网络设备、物联网服务等重点领域形成一定产业规模；大力推进物联网关键技术攻关，强化技术对产业的支撑引领作用；培育一批在国内具有影响力的系统集成企业，扶持一批具有领先商业模式的物联网运营和服务企业，聚集一批具有自主创新能力、占领技术高端的专业企业；形成较为完善的物联网产业体系和空间布局；通过建设应用示范工程和实施标准、专利战略，在与市民生活和社会发展密切相关的重要领域初步实现物联网应用进入国际先进行列，显著提升城市管理水平。

三、上海推进物联网产业发展重点、空间布局和应用示范工程

（一）发展重点

1．先进传感器。研发低功耗、小型化、高性能的新型传感器，着力研发各类物理、化学、生物信息传感器的设计、制造和封装技术并实现产业化，支持上海优势企业通过收购、并购国外公司的方式迅速掌握世界先进传感器制造技术，占领高端传感器市场。

2．核心控制芯片。联合芯片设计和制造企业，共同开展应用于物联网各环节的控制芯片的设计和制造，形成包括 MCU、协议芯片、微电源管理芯片、DSP、ADC、接口控制芯片和一体化芯片在内的系列化芯片产品，并迅速推向市场。

3．短距离无线通信技术。集中攻关 WLAN、UWB、Zigbee、NFC、高频 RFID 等核心技术，研制相关接口、接入网关设备，着力形成短距离无线通信模块化产品，并推动接口和设计的标准化工作。

4．组网和协同处理。重点研究网络架构、网络与信息安全、节点间通信与组网、协同检测与数据处理等技术，解决物联网节点间的双向通信、路由和协同；研究物联网地址编码技术，推动相关协议、技术标准的建立，并形成专利。

5．系统集成和开放性平台技术。重点研究网络集成、多功能集成、软硬件操作界面基础、系统软件、中间件软件等技术，按照不同应用场景建立完整的解决方案，创新商业模式。

6．海量数据管理和挖掘。重点研究海量数据存储、云计算、模糊识别等智能技术，针对行业应用示范工程建立专家模型，对海量数据和信息进行存储、分析和处理。

（二）产业布局

在世博园区率先进行物联网应用示范；在嘉定、浦东等地区建设物联网产业基地，形成若干个物联网应用示范区和产业集聚区，展示物联网应用技术和示范工程，集聚本市物联网优势企业，发挥产业集群优势，形成技术创新、应用方案创新和商业模式创新的合力；设立“上海物联网中心”，形成高端产品研发和产业化能力。

（三）应用示范工程

推进 10 个方面的应用示范工程，通过示范工程探索完善的运作模式，形成长效运作机制，将上海打造成国家物联网应用示范城市。

1．环境监测。一是环境质量监控，主要是对水源地环境质量、蓝藻的监控和电子防护，对大气空气质量和辐射环境质量的监控；二是移动源监控，主要是对医疗废弃物、探伤机的出入库监控和转运跟踪，以及对机动车交通污染排放的监控；三是结合环保能力建设，完善环境预警和应急响应系统。

2．智能安防。利用现有的电信网等固定网络及互联网，采用 RFID、传感器、智能图像分析、网络传输等信息技术，建设具有人口动态实时管理功能的社区智能对讲门禁、社区单元视频拍照记录、家庭安防综合应用系统，并实现门禁管理与公安人口信息平台的对接。

3．智能交通。整合上海市以埋地线圈、摄像探头等传感设备获得的交通流量信息，建设交通信息互动发布平台，向社会提供实时交通流量信息和出行建议；应用传感技术对全市停车位进行实时监控，结合实时交通流量信息，提供点到点服务；适时启动根据实时交通流量信息对交通信号机实行自动控制的工程，进一步优化上海市交通状况，提升交通管理水平。

4．物流管理。通过RFID技术在多式联运、大型物流园区、城市配送、冷链物流等方面的应用，探索利用物联网技术对物流环节的全流程管理；开发面向物流行业的公共信息服务平台，开发适用于各种物流环境的特种电子标签、物流装备、读写器、中间件、管理系统等产品。

5．楼宇节能管理。利用传感器技术，对楼宇中每个单元的温度、湿度、照明进行实时监控，达到楼宇节能管理的目的。并逐步增加楼宇安防、门禁、电梯管理等方面的实时监控功能。

6．智能电网。以远程智能电力终端为突破口，形成以物联网技术为核心的双向信息通信、远程监控、信息存储、负荷分配技术，实现智能电网中的远程读取、双向交互功能，并开展万户以上示范工程建设。以智能电网中的新技术为抓手，推动未来智能电网构架的应用示范，并在世博园区开展智能终端示范工程展示。

7．医疗。采用无线射频技术，对医务人员、患者和医疗物品进行管理，带动RFID标识装置的研发和产业化。利用无线遥感技术，实现远程医疗服务功能，带动远程医疗产品和服务的研发和产业化。采用自动测量和控制技术，实现连续、及时、准确地监测目标区域的饮用水质及其变化状况，带动传感器、通信模块等产品的研发和产业化。

8．精准控制农业。在马陆葡萄园开展综合试点，利用传感器技术，实时监测温度、湿度、光照、二氧化碳、土壤微量元素等参数，以短距离无线通信技术进行数据传输并通过与专家系统进行比对，自动进行通风、滴灌、控温、补光等操作，实现农业生产的精准化和智能化，提高农产品附加值。在试点基础上推广并培育系统集成、传感器和控制设备产业，实现精准农业技术和装备的国产化。

9．世博园区。在世博园区实施电子门票、陆上和水上电子围栏、智能电网等应用项目，将世博园区建设成为物联网技术的集中应用示范区，并在总结经验的基础上加大推广力度。其中，电子门票包括高频RFID普通门票和2.4GHz有源RFID手机门票；陆上电子围栏主要采用视频监控、抛物雷达和震动光缆等智能安防技术，水上电子围栏主要采用声纳、红外及可见光等技术，对非法入侵进行实时监控和报警；智能电网项目包括输电线路状态监测、智能楼宇、智能家居、数字变电站等应用。

10．应用示范区和产业基地。建设物联网应用示范区，集中展示物联网应用技术和示范工程。在社区综合应用物联网相关技术，对城市基础设施进行监控；在居民家庭试点推广家域网，利用无线通信技术对家电、照明和家庭安防系统等进行组网，并实现远程控制；对社区居民试行健康监控，通过随身携带的健康监控仪，及时将居民的心率、血压、体温等基本健康数据发赜到社区卫生中心，使社区医生及时掌握重点人群的健康状况。在嘉定、浦东等区县建立产业基地，形成若干个产业园区，集聚物联网相关企业，充分发挥产业集群优势，形成技术创新、应用方案创新和商业模式创新的合力。

四、上海推进物联网产业发展的主要举措

（一）加强全市统筹协调

将上海市物联网产业发展纳入市高新技术产业化发展范畴并加以推进。示范工程牵头部门要落实专人负责推动相关项目。充分利用已有的部市合作、院市合作机制，争取国家发展改革委、工业和信息化部、科技部等国家部委以及中国科学院的合作与支持。

（二）加强规划引导和前瞻研究

充分发挥规划引导作用，着手制定《上海物联网产业和技术发展中长期规划纲要（2011 – 2020年）》；加强物联网前沿技术的研究，重点谋划未来发展；跟踪国际物联网产业和技术发展趋势。

加强对短距离无线通信的频谱规划工作，制定短距离无线通信发射功率标准，减少电磁干扰和电磁污染。

结合物联网在具体领域的示范应用需要，加快研究制定关键技术和服务标准。

（三）加强物联网产业基地建设

充分发挥区县积极性，在嘉定、浦东等区县建立物联网产业基地，建立应用示范园区和产业园区，鼓励物联网相关企业向产业园区集中，在用地、用房、研发补助、立项审批等方面向基地和园区内企业倾斜。

（四）加快推进应用示范工程

以企业为主体，加快推进环境监测、智能安防、智能交通、物流管理、楼宇节能管理、智能电网、医疗、精准控制农业、世博园区、应用示范区和产业基地十个方面的物联网应用示范工程。

（五）建设公共服务平台

建设物联网相关技术公共服务平台，加强对短距离无线通信技术和产品的第三方测试认证以及传感器共性技术的研究；建设物联网信息服务平台，在物流、交通、能效管理等领域提供专业信息服务。

（六）加大资金支持力度

对物联网应用示范工程、核心技术开发、系统集成、信息服务平台建设、标准制定等物联网产业链发展的关键环节进行重点支持。将现有的由市级财政安排的市软件和集成电路产业发展专项资金、高新技术产业化专项资金、科技小巨人工程专项资金、科技型中小企业技术创新基金、企业自主创新资金等专项资金向物联网产业倾斜，发挥财政资金的引导作用，推动风险投资和民间资本投向物联网产业，促进金融机构加大信贷支持力度。

（七）加强物联网产业领域人才引进和培养工作

加大人才引进和培养力度，通过“千人计划”、“浦江人才计划”等引进产业技术领军人才和产业化高端人才，制定实施股权激励等扶持政策，集聚一批物联网领域高层次科研人才和研发机构。

（八）扩大开放和交流合作

以开放合作的方式，引进技术、创意和创业团队，吸引国内外企业来上海共同发展，使上海成为全球物联网发展的重要地区。扩大对外交流合作，积极参与国际物联网标准制定。举办物联网创意大赛、发展论坛等活动，探索研究物联网产业发展推广之路。

附件 3 :《上海推进云计算产业发展行动方案（2010–2012 年）》

云计算是以虚拟化技术为基础，以按需使用、动态扩展为特征，以按需付费为商业模式的新型网络化计算模式。在云计算模式下，软件、硬件、平台等信息资源将作为基础设施以服务的方式提供给使用者。云计算具备弹性扩展、动态分配和资源共享等特点。作为一种新兴技术和商业模式，云计算将加速信息产业和信息基础设施的服务化进程，催生大量新型互联网信息服务，带动信息产业格局的整体变革。加快发展云计算产业，不仅是上海提升信息产业综合竞争力、培育新增长点的重要途径，也是促进产业结构调整、率先实现经济发展方式转变的重要举措。

根据国家战略要求和上海经济社会发展实际，特制定《上海推进云计算产业发展行动方案（2010 ~ 2012)》。

一、云计算产业发展现状

（一）云计算是重构信息产业格局的重要历史机遇

云计算的概念由互联网服务商率先提出，国际国内 IT 企业迅速跟进并推动其成为 IT 产业发展的新热点。云计算涉及虚拟化、云平台、分布式资源管理、海量分布式存储、云安全等核心技术。在技术层面上，云计算通过网络使用计算、存储、软件等资源与服务的方式，将改变传统信息资源的提供与管理模式，实现资源的集约共享，降低 IT 资源的能源消耗。在产业层面上，云计算将推动传统设备提供商进入服务领域，带动软件企业向服务化转型，催生跨行业融合的新型服务业态，支撑物联网、智能电网等新兴产业发展，加速制造业、服务业的转型和提升。

（二）发达国家与知名 IT 企业正在发力云计算

信息产业强国纷纷将云计算纳入战略性产业范围，从政策、标准、政府应用等方面制定了长期发展战略，部分国家已开始部署国家级云计算基础设施。国际知名 IT 企业把云计算作为引领下一轮信息技术创新重要产业机遇，纷纷投入巨资进行前沿技术研发和标准研究，希望在云计算领域占据主导地位。微软、IBM、谷歌、亚马逊等企业都已推出了云计算相关产品，并占据了部分市场份额。同时，云计算作为新兴领域，受到了国际资本市场的高度关注，Salesforce 等多家新兴云计算技术和服务企业凭借先发优势，已成功在欧美证券市场上市，发展势头强劲。

（三）国内已将云计算作为新兴产业予以重点推进

国内部分省市和部分大型企业已开始关注云计算产业发展。北京、广东、无锡等已率先启动云计算基础设施、云计算服务平台和云计算产业园区的建设工作，积极吸引国内外云计算技术和服务企业入驻，部分云计算平台已开始向企业和社会提供服务；部分基础运营商和数据中心企业从市场需求出发，着手建设面向企业服务的云计算基础设施；一批新兴互联网企业基于云计算技术创新商业模式，已开始提供服务于产业的云计算基础平台；传统软件企业纷纷抓住产业变革机会，推出面向行业的云计算解决方案。国内风险投资基金和产业集团也在密切关注云计算产业发展动态，掌握云计算核心技术的创新型企业成为资本市场的关注热点。

（四）上海在云计算产业链各个环节具备较好基础

上海已建成数字化、广覆盖的信息通信网络，城域网出口在国内率先达到 TB 级，国际互联网出口带宽超过 200G。超级计算中心、电信运营商和独立数据中心提供商拥有庞大的计算和存储资源，并已对各自的基础设施资源启动了基于云计算模式的升级改造。同时，上海互联网信息服务业的快速发展为云计算大规模应用提供产业化条件，一批国内领先的互联网企业已开始应用云计算技术拓展服务范围。上海的云计算技术企业、研究机构和行业用户紧密合作，与国际主流厂商同步推出了虚拟化、云平台、云安全等关键技术产品和解决方案，并在部分领域实现了商业化应用。

目前，云计算产业总体仍处于起步阶段，多种技术路线和标准共存，尚未形成稳定的产业链分工，大规模商业应用模式仍未形成。率先发力云计算产业，占据云计算技术与服务的产业链高端，对上海区域产业发展必将产生积极而深远的影响。

二、上海推进云计算产业发展的总体思路和主要目标

（一）总体思路

1．聚焦自主创新，推进产业链协同发展。加快云计算领域的自主创新步伐，以系统应用为重点，形成国际领先的云计算技术解决方案，打造完整的云计算产业链。推进自主创新产品在云计算平台和服务中的应用，注重与国内各省市，尤其是长三角地区的产业联动和合作发展。

2．聚焦示范工程，引领产业创新应用。坚持以示范应用引领产业发展。通过整体规划、分类推进，依托自主创新的云计算关键技术，以市场化手段建设面向各行业的云计算基础设施和服务平台，探索新型商业模式的创新应用，树立行业应用典范。

3．聚焦配套环境，健全产业支撑体系。整合各类社会资源，抓住产业发展关键支撑要素，健全和完善云计算相关基地、联盟、标准和实验室，积极营造云计算发展的良好产业环境。

4．聚焦国际合作，加速产业能级提升。加大力度吸引国际知名云计算技术和服务提供商在沪集聚，营造国际技术交流和项目合作的产业环境，拓展本土企业海外发展空间，不断提高上海在国际云计算产业分工中的地位。

（二）主要目标

抓住国际信息产业变革的历史机遇，经过3年的努力实现上海在云计算领域“十百千”的发展目标，即培育10家在国内有影响力的年销售额超亿元的云计算技术与服务企业，建成10个面向城市管理、产业发展、电子政务、中小企业服务等领域的云计算示范平台；推动百家软件和信息服务业企业向云服务转型；带动信息服务业新增经营收入千亿元，培养和引进千名云计算产业高端人才。

三、上海推进云计算产业发展重点、空间布局和重点工程

（一）发展重点

1．突破虚拟化核心技术。着力研发跨平台、支持多操作系统的虚拟化技术，优化虚拟化技术的安全性，实现虚拟机之间完全隔离与资源的动态调整。支持上海优势企业通过收购、并购国外公司或国外技术的方式迅速掌握世界先进虚拟化技术。

2．研发云计算管理平台。着力研发支持资源管理、资源调度、计费等功能的云计算管理平台并实现产业化；研发软硬件一体化的云存储平台；研发云中间件技术，并推动消息队列服务、文件服务、自服务门户和内部管理工具等接口和设计的标准化工作。

3．建设云计算基础设施。鼓励自主创新云计算关键技术与解决方案和电信运营商、第三方数据中心与行业信息中心合作，推动传统信息基础设施向云计算模式转型，提高基础设施资源使用效率。推动新建基于云计算技术建设节能、环保、低碳的新型云计算基础设施。

4．鼓励云计算行业应用。组织上海和全国各云计算领先企业，在电子政务、市民服务、工业、现代服务业和中小企业服务等领域建设云计算示范项目，引导信息化应用使用云计算基础设施服务，降低社会信息化的整体成本。

5．构建云计算安全环境。鼓励企业参与云安全关键技术研发，推动传统信息安全企业面向云安全解决方案转型与提升，打造可靠的云计算生态环境，促进云计算产业的全面发展。

（二）空间布局

充分发挥区县政府在推进云计算产业发展上的积极作用，结合产业园区整体规划布局，在闸北、杨浦、浦东、徐汇等区县建设云计算产业基地，形成若干个云计算产业集聚区，引导云计算技术和服务企业向产业基地聚集。集聚上海市云计算优势企业，发挥产业集群优势，形成技术创新、应用方案创新和商业模式创新的合力。

（三）重点工程

推进6个方面的重点工程，通过重点探索完善的运作模式，形成长效运作机制，努力将上海建成全国云计算技术与服务提供中心，并在国际上形成一定的技术和市场优势。

1．核心技术创新工程。抓住全球产业竞争格局调整机遇，统筹资源、市场、技术、人才等各种要素，聚焦云计算核心技术的自主创新，优先支持虚拟化技术、云管理、云存储、云中间件以及云安全等云计算关键技术的研发和产业化，形成具有国际竞争能力的自主知识产权解决方案；鼓励传统软件企业运用云计算技术，进行产品和服务模式上的再创新，加快研发基于云计算平台软件产品，探索软件服务化的新型商业模式，形成覆盖各应用领域的云计算解决方案，提升软件和信息服务业产业竞争能力。

2．基础设施提升工程。以应用需求为导向，整合社会各类信息基础设施资源，推动传统电信运营商和其他第三方数据中心向云计算基础设施服务商转型，推出面向不同企业需求的一体化云计算基础设施和平台服务，形成按资源使用付费的新型服务模式，不断提高基础设施资源使用效率；支持具备条件的区县政府和大型企业集团，基于云计算技术建设节能、环保、低碳的新型云计算基础设施，逐步引导各种社会信息化项目应用云计算基础设施服务，降低社会信息化的整体成本，形成上海在云计算基础设施服务上的领先优势，并具备辐射长三角的云计算基础设施服务能力。

3．典型应用示范工程。引导市区两级政府运用自主创

新的云计算解决方案，创新电子政务的体制和机制，整合信息中心和数据中心现有资源，降低电子政务成本，为民众与社会提供公正、透明、高效的政府服务；鼓励金融、文化、教育、医疗、交通等信息化基础水平较高的行业，率先运用云计算技术，提供覆盖市民服务的各类云服务，全面提升上海的城市管理水平；探索基于云计算服务的新型商业模式，建设支撑产业发展的新型云计算公共服务平台，支撑传统产业转型升级，降低社会服务成本。支持汽车、钢铁、石化等工业企业对现有信息系统和基础设施进行云计算改造，建设服务于产业链的产品研发和仿真分析等公共云计算服务平台，提升传统产业的信息化水平，促进产业转型与升级。鼓励服务于中小企业的各类促进机构和产业园区，建设满足中小企业发展共性需求的公共云计算服务平台，充分发挥云计算的按需使用、动态扩展特性，为广大中小企业提供优质低价的信息资源服务，减少中小企业创业初期的信息化投入。

4．产业环境配套工程。充分发挥区县政府在推进云计算产业发展上的积极作用，结合产业园区整体规划布局，建设“上海市云计算产业基地”，并引导云计算技术和服务企业向产业基地聚集；组织云计算产品与解决方案提供商、行业应用厂商、相关硬件厂商、高等院校及科研院所和用户，成立“上海云计算产业发展联盟”，加强云计算产业链上下游企业间的信息沟通和业务合作；以高等院校与科研院所为主体，联合国内外主要云计算技术企业和评测机构，成立产学研用合作的“云计算联合实验室”；依托产业促进机构，集聚社会力量共同开展云计算关键技术与应用软件研发，建立国内领先的云计算开源社区；依托产业联盟研究制定云计算相关技术标准和规范，推动并参与国际、国家云计算标准制定。

5．专业人才培养工程。加大人才引进和培养力度，通过“千人计划”、“浦江人才计划”等引进云计算技术和云计算产业化领军人才。以高等院校和科研机构为主体，联合人力资源认证培训机构，培养千名以上云计算技术研究与产业化的高端人才；支持企业与高等院校科研院所、培训与咨询机构合作，对云计算技术研发、市场推广、服务咨询等方面的人才进行岗位培训与职业教育；支持上海高等院校加强相关学科建设，培养一批优秀人才，形成人才梯队。

6．信息安全保障工程。以完善信息安全保障体系为目标，以贯彻落实信息安全等级保护制度为主线，着力加强云计算公共服务平台等信息安全重点单位安全责任落实，深化安全测评、电子认证、应急防范等与云计算相关的信息安全基础性工作。推动云计算模式下信息安全标准、规范制定与落实，构建安全认证体系，为云计算服务环境中数据安全、隐私保护提供支撑环境，重点支持云安全技术实现，云计算标准制定，按照标准对公共云计算服务提供商进行评级与认定。通过技术实现与政策制定保障云安全，提升用户对云计算的服务信任度。

四、推进云计算产业发展的保障措施

（一）加强组织协调

在市软件和信息服务业联席会议机制下，由市经济信息化委、市发展改革委联合相关部门，组织制定产业发展规划、协调产业发展中的重大问题、落实各项相关政策等。定期组织发布重点示范工程项目，落实牵头部门负责推动相关项目进展。

（二）完善配套政策

制定云计算产业发展相关促进政策，鼓励区县和产业基地对入驻云计算基地的企业给予房租、税收优惠；引导企业与社会使用公共云计算平台，对使用符合条件的云计算公共服务平台的企业给予专项补贴；联合基础设施运营商，对云计算产业基地内企业给予带宽和基础设施服务费用的补贴。

（三）加大资金支持

加大对云计算产业发展的资金支持力度。在市高新技术产业化专项资金、市软件和集成电路产业发展专项资金、市现代服务业发展引导资金中增加云计算专项，优先支持云计算产品和解决方案、应用示范工程、云计算公共服务平台等重点项目的研发和产业化。

（四）拓展融资渠道

由市政府与社会风险投资资金联合成立云计算产业投资基金，引导各类风险投资机构加大对云计算产业的投资力度，鼓励金融机构为符合条件的云计算企业提供资金贷款，拓宽云计算技术研发和平台服务企业的融资渠道。

（五）加强合作交流

组织开展多个层面、多种形式的产业交流活动，加强与国内外云计算领先企业间的技术交流和产业合作，举办云计算产业高峰论坛，鼓励上海云计算企业为全国提供优质的基础设施服务和成熟解决方案，提高上海云计算技术和服务企业的品牌影响力。

重点（支柱）产业发展情况

2010年，六大支柱工业完成工业总产值19863.27亿元，比上年增长26.6%，增幅高出上海市工业平均增幅3.5个百分点，拉动工业增长17.3个百分点，比“十五”期末增长1.2倍。“十一五”时期年均增长16.9%，年均增幅高出上海市工业总产值增幅4.1个百分点，占上海市工业比重由2005年的63.2%提高到2010年的66.2%，增加3个百分点；实现主营业务收入21423.9亿元，比上年增长29%，占67.1%；实现利润总额1517.61亿元，增长77.2%，占68.5%；上缴税金总额692.03亿元，增长19.7%，占50.4%。主要经济指标占上海市工业比重均在50%以上，是工业发展的主导力量。

2010年上海6个重点发展行业主要经济指标　单位：亿元

行业	主营业务收入	比2005年增长(%)	所占比重(%)	利润总额	比2005年增长(%)	所占比重(%)
全市工业合计	31915.32	95.2	100	2216.55	1.4倍	100.0
其中六个重点工业行业	21423.90	1.1倍	67.1	1517.61	1.7倍	68.5
其中电子信息产品制造业	7159.53	74.4	22.4	200.21	99.1	9.0
汽车制造业	4577.53	2.9倍	14.3	582.85	4.9倍	26.3
石油化工及精细化工制造业	3561.14	1倍	11.2	236.69	3.1倍	10.7
精品钢材制造业	2072.07	39.2	6.5	154.19	−13.5	7.0
成套设备制造业	3464.97	1.2倍	10.9	264.71	1.3倍	11.9
生物医药制造业	588.66	1倍	1.8	78.96	2.8倍	3.6

资料来源：上海市统计局。

分行业看，汽车制造业是发展最快最好的行业。“十一五”时期，在国家振兴汽车产业规划和各项推进汽车消费政策推动下，上海市汽车制造业有效整合国内外汽车生产资源，大力提升乘用车生产能力、加快自主品牌轿车和新能源汽车建设，生产增势强劲，盈利显著，是“十一五”时期发展最快最好的重点发展行业。2010年完成工业总产值3602.2亿元，比“十五”期末增长3.1倍，“十一五”时期年均增长32.4%；实现主营业务收入、利润总额分别增长2.9倍和4.9倍。

电子信息产品制造业是上海市第一大重点发展行业，2010年完成工业总产值7061.26亿元，比“十五”期末增长1.3倍，“十一五”时期年均增长18.6%，占上海市工业总产值的23.5%；完成出口交货值5045.6亿元，占61.7%，在工业生产和出口中发挥了重要作用。但受代工生产模式等因素影响，行业盈利能力较低，主营业务收入利润率仅2.8%，比6个重点发展工业行业平均水平7.1%低4.3个百分点。

成套设备制造业实施国家战略，聚焦重点项目和重点产业基地建设，生产平稳有序，2010年完成工业总产值3457.56亿元，比“十五”期末增长1.2倍，“十一五”时期年均增长17.5%，是“十一五”时期生产最稳定的重点发展行业。自主创新成果显著，海洋工程设备、高附加值船舶、百万千瓦级发电设备、大型盾构、大型铸锻件等领域实现首台（套）重大突破，行业核心竞争力增强。

石油化工及精细化工制造业、精品钢材制造业是受外部环境影响波动较大的行业。“十一五”时期，随着上海化工区赛科乙烯、巴斯夫聚氨酯，宝钢罗泾基地等项目陆续投产放量，石油化工及精细化工制造业、精品钢材制造业均呈现产业集聚、产能提升、产品升级的发展特点。但这两个行业易受国际市场原油、铁矿石等资源类产品价格波动影响，2008年以来，基础原材料价格的大起大落均对行业的正常生产造成诸多不利影响。“十一五”时期，石油化工及精细化工制造业、精品钢材制造业分别年均增长8.8%和2.7%，经济运行的不稳定性较大。

生物医药制造业利润增长较快，“十一五”期间增长2.8倍，远远高于全市工业和六大支柱工业平均水平。但是，行业总体规模相对较小，行业主营业务收入、利润总额仅分别占全市工业主营业务收入、工业利润总额的1.8%和3.6%。

（刘　平）

产业基地建设情况

一、微电子产业基地

2010年，上海国家微电子产业基地生产经营全面呈现强势反弹，全年实现销售收入538亿元，同比增长33.7%，其中，集成电路设计业实现销售收入达113.2亿元，同比增长68.9%。在重大项目开发建设方面，“909工程升级改造—12英寸集成电路生产线项目”启动，展讯通信（上海）有限公司的40纳米低功耗商用TD-HSPA/TD-SCDMA多模通信芯片一次性流片成功。

二、上海化学工业区

2010年，主要经济指标较上年大幅增长，完成销售收入779亿元，比上年增长73.6%；完成工业总产值728.9亿元，增长67.8%；上缴税金42.7亿元，增长60.5%；完成固定资产投资54.3亿元，下降42.2%。土地投资强度为每平方公里158亿元，单位土地产出为每平方公里124.2亿元。纳入一体化管理的金山、奉贤分区，2010年分别实现销售收入72.9亿元和18.8亿元。

三、上海国际汽车城

2010年，国际汽车城实现生产总值479.9亿元，完成固定资产和各类项目建设投资62亿元；完成工业总产值1724亿元，比上年增长51.5%；实现工业利润192.6亿元，增长103.6%；上缴税金57.6亿元（不含上海大众汽车有限公司），增长21.3%；引进内外资68个，增长40%以上；外贸直接出口14.2亿美元，增长39.2%。截至2010年年底，国际汽车城已吸引400多家汽车相关企业入驻，其中，世界500强外资企业15家；集聚5万人从事汽车行业相关工作。

四、精品钢材产业基地

2010年，以宝钢集团为龙头的上海精品钢材制造业完成工业总产值1710亿元，比上年增长33.5%；实现利润总额147.87亿元，增长1.8倍。重点项目方面，热镀锌GA线、CCPP发电工程、钢管厂新增油套管热处理生产线、不锈钢事业部冷轧后续工程、罗泾二步工程连铸工程、一号烧结机增设干法脱硫装置工程、二号烧结节能环保综合技术改造工程、特钢事业部钛镍特种金属板带技术改造工程等项目相继建成投产。

五、长兴岛船舶与海洋工程产业基地

长兴岛基地坚持服务国家战略，集聚了中船集团、中海集团、振华重工等大企业。截至2010年年末，上述企业长兴基地共占地约900万平方米，建筑面积250万平方米，固定资产投资260多亿元，年创造产值430亿元左右。基地内各企业均建立了节能减排的管理网络，资源消耗和环境污染治理水平均达到或优于国家有关标准。基地内信息网络基础设施迈上新台阶，基本建立了与企业信息化需求相适应的信息基础设施配套。

六、临港装备产业基地

2010年，临港装备产业基地完成“三个100”的年度目标，新增产业项目总投资、固定资产投资、工业总产值均超过100亿元。全年，基地完成工业总产值350.5亿元，比上年增长40.4%；实现属地税收收入29.8亿元，增长25.2%；招商引进产业项目总投资100.8亿元，连续6年新增产业项目投资超100亿元。在招商引资方面，除继续聚焦重装备项目外，还成功引进了映瑞光电LED等一批新兴产业领域重点项目。

（刘　平）

工业开发区发展情况

一、2010年工业开发区发展情况

1. 产业布局框架基本形成

104产业区块格局基本形成。结合核销工业区梳理和“两规合一”工作，全市加大对工业用地的优化调整力度，形成由产业基地、开发区、城镇工业地块等104个工业区块组成的产业布局框架，规划总面积760平方公里，构成了上海市未来产业发展的重要空间载体。

2. 全面完成各项主要经济指标

2010年，104个工业区实现工业总产值22628.83亿元，比上年增长26.48%，占全市工业总产值的73%。其中，市级以上开发区实现工业总产值16295.23亿元，增长28.55%，松江、金桥、漕河泾、嘉定、康桥等5家开发区工业总产值超过1000亿元，销售收入超过1000亿元的园区达到7个。松江工业区工业总产值超过3000亿元。全市开发区第三产业主营业务收入达到12642.67亿元，增长37.7%。二三产业之比为57.5：42.5，三产比重提高近1个百分点。上缴税金1924.3亿元，增长32.26%。引进合同外资74亿美元，内资企业注册资金达563亿元。

104个工业区单位土地面积产出为53亿元／平方公里，市级以上开发区单位土地面积产出近63亿元／平方公里。万元产值能耗下降到0.095吨标准煤／万元，下降5%。工业企业R&D投入占工业销售收入的比重从0.9%提高到1%。高新技术企业数量达到1200家以上。

3. 高新技术产业化深入推进

一批产业特色明晰、产业集聚度高、产业配套完善的特色产业集群正在加快形成。全市各区县和园区规划了电子信息制造业、新能源汽车及关键零部件、新材料等41个高新技术产业化基地的产业布局。如外高桥海洋工程、金桥通信设备、南汇工业区新能源、张江软件等基地集聚了新的重大项目；闵行区依托紫竹科学园区和浦江高科技园，大力发展新能源、民用航空制造业；市北园区着力打造云计算产业基地。一批重大高新技术产业化项目如益科博、林洋、理想能

源、华锐风电、映瑞光电、华为云计算中心等落户工业区和产业基地。聚焦高新技术产业化项目，市规土局、市经信委研究制定了《关于加快推进高新技术产业化项目落地的通知》，推进区县加大高新技术产业化，全市9个郊区县共安排54个产业项目，总投资约230亿元。

4．开发区联动发展及品牌建设成效明显

加快推进开发区品牌联动，漕河泾开发区与松江高科技园区合作建设以及与康桥工业区合作建设科技绿洲。上海化工区与奉贤分区、金山分区联动发展，临港产业区奉贤园区加快建设，化工区存量土地转让、西区土地权属变更及设立土地储备中心等问题得到解决。开发区品牌建设成效明显，开展第二批“上海品牌园区、上海品牌建设优秀园区”推选活动，推选出11家品牌园区，10家品牌建设优秀园区。积极推进园区做好商标注册和知识产权的培育工作，近50家园区注册或受理了商标注册，2家园区获上海著名商标。

5．开发区创建新型工业化产业示范基地有序推进

开发区国家新型工业化产业示范基地创建工作初见成效，在继续推进临港产业区、民用航空产业基地、长兴海洋装备产业基地、上海化学工业区等第一批国家级新型工业化产业示范基地的基础上，张江高科技园区（生物医药产业）、上海国际汽车城（汽车产业）、漕河泾开发区（电子信息产业）等获批国家新型工业化产业示范基地。

聚焦国家新型工业化产业示范基地建设，临港产业区积极打造上海市智能电网高新技术产业化基地，映瑞光电LED、华锐风电等项目落户临港；漕河泾全年新引进项目362个，其中，外资项目49个，新增合同外资2.5亿美元；民用航空产业基地积极推进大型客机研发中心、大型客机总装制造中心、商用发动机研发与客服中心等重大项目建设；长兴海洋装备产业基地抓紧编制“十二五”总体规划，中船二期已获国家批准即将全面启动；上海化学工业区大力推进招商引资和项目落地，全年实现工业总产值806.3亿元，销售收入870.7亿元，完成固定资产投资66.2亿元。重点开发区加快发展。金桥出口加工区大力发展生产性服务业，大唐电信产业园、中国移动手机视频数据中心、LG全球研发中心等一批生产性服务业项目相继投入运营。

6．资源集约化水平不断提高

全市工业区通过调整产业结构，盘活存量土地，土地产出水平不断提升。目前，全市104个工业区块平均土地产出水平达到53亿元/平方公里，是“十一五”期初的3倍，41个市级以上开发区单位土地面积产出近63亿元/平方公里。通过开展部分工业区存量工业用地调查，对全市开发区已批存量工业用地利用现状，市属工业大集团存量土地利用情况进行了全面调研，进一步摸清了全市开发区存量土地的利用情况。开展开发区工业用地节约集约利用宣传，积极利用杂志、报纸、网站等媒介，征集和宣传开发区工业用地节约集约利用成功案例。组织上海市相关媒体对漕河泾松江园区、张江东区进行报道宣传，促进园区节约集约用地成功经验的交流和推广。

7．开发区管理机制不断完善

进一步完善开发区的发展指标体系，初步将104区块纳入开发区统计指标体系工作。形成开发区经济运行分析成果定期发布机制，定期发布开发区经济运行分析及排名，年度发布开发区发展报告。开展全市开发区综合评价工作，出台《关于开展本市开发区综合评价工作的通知》，建立评价指标体系，制定开发区评价办法，进行开发区综合评价排名，年底前正式发布评价结果和首次上海开发区综合排名。开展全市产业用地数据调查工作，进一步完善全市产业用地数据系统，完成2009年度产业用地调查数据更新工作，完善产业用地调查管理信息系统。

8．开发区企业服务工作力度加强

加强企业服务工作成为上海市开发区转变经济发展方式、加快产业结构调整、提升核心竞争力的重要途径。从企业实际需求出发，立足于优化产业发展环境，整合资源，搭建平台，形成长效机制，不断拓展和优化企业服务工作的内容、方式和方法，建立和完善多层次的开发区综合服务体系，营造灵活、高效、务实、一流的企业服务环境，使上海市开发区企业服务工作更上一个新台阶。

进行了首届上海市开发区企业服务优秀园区、服务明星评选活动，评选出首批企业服务优秀园区和服务明星，上海漕河泾新兴技术开发区、上海市市北高新技术服务业园区和上海市工业综合开发区等开发区入选上海市首批企业服务优秀园区。为了更好地加强园区管理和服务企业工作，着力解决园区企业发展遇到的各类实际问题，努力营造有利于企业发展的良好环境，特别成立了上海市开发区企业协会（商会）沙龙，整合各开发区力量共同做好企业服务工作。

9．长三角地区园区互动成效显著

长三角地区园区共建有实质性进展，市经信委、市合作交流办、市政府发展研究中心共同召开了长三角园区共建联盟成立大会，发起成立长三角园区共建联盟，推进上海市开发区与外地开发区共建园区，如漕河泾与嘉兴海宁合作建设漕河泾开发区海宁分区、嘉定工业区与盐城建湖县合作建设上海嘉定工业区建湖科技工业园等。

二、2011年工业开发区发展目标及措施

2011年，上海工业开发区发展将面临十分复杂而多变的宏观环境，预计经济总量将维持增长，但增速较上年放缓。其中，由于宏观经济形势动荡、经济结构调整、后世博时期投资减少和资源瓶颈等因素影响，开发区第二产业将呈现经济总量较上年稳步上升但增速回落态势，高科技产业和生产

性服务业将成为开发区第二产业增长的亮点。受国家和上海的产业导向、世博会的影响、迪士尼项目开工、虹桥商务区建设等重要因素的促进，开发区第三产业将呈现经济总量和增速同步增长的局面。

（一）2011 年发展目标

1．发展规模

争取打造“双千双百”工程，即推进建设千亿级工业区和千亿级产业集群，打造百亿级龙头企业和百亿级特色园区。“双千”即一是打造若干个千亿级工业区（产业基地），2011 年工业向 104 区块集中度达到 74%，全年打造 7–8 个千亿级的工业区（产业基地），松江工业区、金桥开发区、宝钢基地、国际汽车城、漕河泾开发区、康桥工业区、嘉定工业区、莘庄工业区等超过 1000 亿元，2015 年达到 10 个；二是加快培育若干个千亿级产业集群。聚焦上海市重点推进的九大高新技术产业化领域、先进制造业和传统优势产业，加快培育千亿级产业集群，2011 年争取达到 6 个，重点打造以宝钢为核心的精品钢产业基地、以安亭汽车城和金桥通用为核心的汽车产业基地、以化工区和金山石化为核心的石油化工和精细化工产业基地、以张江金桥漕河泾为核心的微电子产业基地、以长兴岛为核心的船舶制造和海洋工程产业基地、以临港和闵行为核心的高端装备产业基地等，2015 年争取达到 10 个。“双百”即一是着力推进工业区百个龙头企业建设。在工业区内着力培育具有带动作用的龙头企业，力争在 2011 年超过 100 亿元的龙头企业达到 50 个，2015 年超过 100 亿元的龙头企业达到 100 个；二是打造若干个百亿级的特色产业园区。2011 年打造 20 家左右产值规模在百亿以上的特色产业园区。

2．创新驱动、转型发展

市级以上开发区工业企业 R&D 投入占工业销售收入比重提高到 1.1%；高新技术企业数量达到 1400 家以上。高新技术产业产值达到 7900 亿元，占工业总产值比例为 45%，提高 2 个百分点。

104 产业区块单位土地面积产出为 55 亿元／平方公里，其中，市级以上开发区单位土地面积产出为 65 亿元／平方公里。市级以上开发区第三产业主营业务收入 13200 亿元，增长 12%，二三产业之比为 57：43。万元工业产值能耗下降到 0.090 吨标准煤／万元，下降 5%。

（二）2011 年主要工作措施

1．主动承接国家战略，推进重大基地加快发展

主动承接国家战略，对接国家战略性新兴产业发展要求，以创建国家新型工业化产业示范基地为抓手，进一步发挥国家示范基地示范效应和引导作用，推进产业集聚发展。

聚焦重点产业基地。临港装备产业区加快集聚新能源、船舶关键件、海洋工程、汽车整车及零部件、大型工程机械等领域的高端装备制造产业，积极培育节能环保、新一代信息技术、民用航空产业高端智能与基础制造装备等领域战略性新兴产业，不断增强产业区核心竞争力，全年争取完成“3 个 100”的目标；民用航空产业基地积极推进大型客机研发中心、大型客机总装制造中心、商用发动机研发与客服中心的建设；长兴海洋装备产业基地以先进船舶制造业和海洋工程为主体，依托中船、中海和振华三大企业，启动建设中船二期项目。上海化学工业区大力推进精细化工和石油化工大项目落地建设，力争实现 18 亿美元左右招商引资目标。上海国际汽车城以新能源汽车为特色，形成具有自主汽车品牌影响力和国际竞争力，集研发设计、整车制造、零部件配套、检测应用等功能为一体的综合性汽车产业基地；张江高科技园区，形成以研发创新为主线、以产业化为重点、以商务服务为平台、以研发服务外包为特色、以重大新药创制成果为支撑的产业格局，建成具有国际水准、国内一流的生物医药产业高地。漕河泾开发区以电子信息为主导产业，建成国家一流的电子信息产业基地，全力打造成体现国家发展战略、上海发展优势和较强国际竞争力的高新技术产业基地。

创建国家新型工业化产业示范基地。以“创建一批、培育一批”为原则，力争 2011 年 2 家左右获得国家新型工业化产业示范基地荣誉称号，创建形成 9–10 个国家新型工业化产业示范基地。组织开展各种形式的新型工业化产业招商签约和推介活动，吸引战略性新兴产业项目和高新技术产业化项目入驻示范基地。会同相关部门，从规划、产业、土地、财政、环境等方面，研究制定支持新型工业化产业示范基地建设和发展的相关配套政策。组织开展市级示范基地创建工作，推荐优秀基地争取列入第三批国家新型工业化产业示范基地。

推进特色产业园区建设。研究制定上海市新型工业化特色产业园区管理办法。坚持走新型工业化道路，体现产业集聚发展特色，重点聚焦战略性新兴产业、高新技术产业、生产性服务业等领域。研究落实产业、土地、规划、财政等方面相关配套政策措施，支持技术开发、质量检测、人才培训、展示交易、现代物流和信息化等公共技术和服务平台建设。发挥区县和开发区的积极性，积极对接国家新型工业化示范基地建设工作，稳步推进上海市新型工业化特色产业园区建设，推进特色产业集聚。

2．大力推进高新技术产业化，促进工业区创新集聚发展

发挥好工业区在全市高新技术产业化的载体和平台作用，推进工业区培育战略性新兴产业，推进高新技术产业化。

完善高新技术产业化基地布局。推进工业区规划布局高新技术产业化基地，重点推进建设以金桥开发区为核心的

ICT 产业集群建设，以安亭汽车城和金桥通用为核心的新能源汽车产业基地，以化工区、金山石化、宝钢为核心的新材料产业基地，以张江、金桥、漕河泾为核心的软件和信息服务业产业基地，以长兴岛为核心的海洋工程产业基地、以临港和闵行为核心的重装备产业基地。以临港、浦江、南汇工业区等为新能源产业布局，以张江、临港、紫竹为核心的民用航空产业基地。

聚焦重大专项和龙头企业。积极争取国家科技重大专项和国家科技奖励成果产业化专项落户工业区，深化与央企战略合作，推进央企在上海的产业基地建设，支持工业区内龙头企业做大做强。大力推进大型客机总装基地、12 英寸集成电路芯片生产线、T300 碳纤维产业化及 T700 碳纤维研发、4.5 代 AM-OLED 中试线、临港核电站全数字化仪控系统等项目；对 MOCVD 装备研发及产业化、盛大云计算服务平台、民机航电系统、智能电网输配电、钠硫电池产业化等项目予以重点支持。

加强园区高新技术产业化跟踪、统计和分析。完善支持高新技术产业化项目政策，重点研究和制定加快项目落地、土地征转分离、办理农转用手续、提高容积率、土地协议转让、预留土地利用等方面的政策突破，以及用地方式上的改革。做好对工业区的跟踪服务和运营监测工作。发布 2010 年全市开发区龙头企业、产业集群和园区排名，促进工业区发展提升。加强对重点项目、龙头企业跟踪协调服务工作。

3．大力推进工业区招商引资工作，加大产业投资力度

建立和完善全市工业区招商网络。搭建全市工业区招商引资平台，通过召开工业区招商引资推介会、对接会，央企、市属企业与工业区对接，服务跨国公司和民营企业等方式，支持重点领域重大项目向工业区布局。

加大招商引资力度。支持工业区引进带动性强的龙头项目，为其配套的上下游项目和填补产业链空间的紧缺项目。鼓励符合国家和上海产业发展方向的跨国公司、体现国际先进制造水平的中央企业、具有良好未来增长前景的民营企业等优势企业以及区域总部、研发中心、销售总部落户。

保障重点基地、重点园区、重点项目落地建设。推进重点产业基地、开发区高新技术产业化项目建设，确保全年产业用地总量规模，确保全市 30% 用地指标用于产业发展。建立推进高新技术产业化项目落地的工作机制，根据高新技术产业化项目用地需求，合理分配市统筹用地指标计划。

4．加大品牌园区输出力度，推进园区联动发展

推进漕河泾、张江、金桥、外高桥、闵行、化工区、临港、市北、莘庄、康桥等 10 家开发区与工业区块进行整合联动发展。以推进品牌园区建设为抓手，开展具有产业特色鲜明的，具有园区品牌建设特点的创建活动。积极引导和推进上海市园区与外省市开展合作，拓展发展空间。

推进市内开发区联动发展。跟踪推进上海市开发区之间的联动发展，推进化工区与奉贤分区、金山分区，漕河泾与松江光仪电产业园、康桥、佘山，临港产业区与奉贤南桥新城，张江与南汇国际医学园区等之间的联动发展。组织全市相关开发区开展开发区联动交流。推进相关联动开发区做好招商、项目签约、集中开工等活动。研究制定支持开发区联动发展的政策。

推进开发区品牌建设。结合产业发展趋势和开发区发展需求，建立上海市品牌战略建设服务平台，定期组织品牌建设培训活动，交流和培训建设品牌园区的经验和做法，发挥品牌园区的示范效应。引导和指导园区增强品牌意识，完善和制定《上海品牌园区建设指南》，开展园区品牌建设和商标培育，做好园区商标注册咨询服务，力争全市 20 个园区完成商标注册。

推进长三角开发区联动发展。促进长三角产业梯度转移和产业联动发展，加快长三角地区经济发展方式的转变，推动长三角地区一体化发展，深化长三角园区共建联盟，推进园区之间合作开发、招商引资、品牌输出、招商投资、项目对接、信息共享、经验交流等方面的园区共建工作。

5．推进工业用地节约集约利用，提高利用效率

做好工业用地现状基础调查工作。开展全市 104 区块产业用地调查工作，完成 2010 年度产业用地调查数据更新工作。完善产业用地调查管理信息系统。摸清全市工业区存量工业用地现状，梳理各类用地基本情况，形成工业区存量工业用地调查报告。

推进园区提高新增工业用地使用效率。推进各区县和开发区完善项目用地评估机制。从项目的产业、投资、占地、容积率、建筑密度、生产工艺、能耗、环保等多方面进行产业评估，把好项目准入关。组织《上海产业用地指南》第四次更新工作。结合最新的行业用地统计数据及产业用地调查数据，提出容积率、投资强度、土地产出率等相关用地指标的控制值和推荐值。

推进园区盘活存量工业用地。研究制定盘活存量用地行动计划。充分运用增减挂钩和指标平移等政策，积极探索存量工业用地二次开发，推进康桥、市北、工业综合、漕河泾等开发区开展腾笼换鸟，盘活存量土地，争取年内盘活 2000 亩存量工业用地。征集和宣传开发区的成功案例，组织上海市相关媒体进行报道宣传，促进成功经验的交流和推广。

推进工业区外工业用地转型升级。加强对工业区外工业用地调研和梳理企业，会同各区县和各相关部门，选取部分乡镇作为重点调研对象，对工业区外调整转型的重点企业、重点行业和重点地区进行排摸梳理。在此基础上，针对不同企业、行业的情况和特点，加强分类指导和政策研究，积极稳妥地分类推进工业区外企业调整转型，建立工业区外工业

用地信息数据库。市经信委、市环保局、市发改委、市规土局等部门研究制定《推进工业区外产业结构调整转型的指导意见》，推进工业区外企业加快产业调整转型。研究探索建立产业、发改、环保、规土等部门的会审机制，推进符合导向工业区外重点企业的项目落地。

6. 加强配套功能建设，提升工业区发展水平

围绕推进园区发展，进一步加强园区管理，做好为园区的指导、协调和服务，夯实园区工作基础，优化园区产业定位，做好园区统计、经济运行分析、综合评价和信息发布工作，积极搭建服务园区平台，做好政策协调和研究工作。

做好开发区综合评价工作。继续开展2010年度上海开发区综合评价工作，完善指标体系、数据标杆、计算方法等。开展2010年开发区综合评价和分类评价工作，完成评价数据的审核、计算、排名、报告撰写和发布工作。推进各开发区根据全市评价结果，找出差距，加快提升。开展开发区综合评价专项调研，撰写调研报告，研究支持开发区发展的相关支持政策。

做好园区统计和经济运行分析工作。继续完善开发区统计体系，基本完成将104区块纳入开发区统计指标体系工作，研究完善战略性新兴产业、高新技术产业及生产性服务业等统计指标体系。按月、按季、按年做好统计数据收集、审核、整理工作，确保数据的及时性、准确性和有效性。按时编制月度、季度和年度统计手册。开展开发区经济运行分析点评工作，定期召开月度、季度和年度的经济运行分析点评会，形成经济运行分析成果定期发布机制，客观反映、科学预测开发区经济发展的规模、速度、比例、结构和发展趋势等。

搭建开发区服务企业平台。开展“开发区企业服务月”活动。包括开发区企业服务月启动仪式、投融资服务进园区、技术创新服务、政府公共服务、信息化服务及总结表彰等活动。开展金融服务进园区活动，推进园区搭建融资担保、商业银行融资服务、企业上市服务、创业投资和股权投资服务等平台。组织开展政策宣讲，为园区和企业提供便捷精细的政策服务，加强政策落地。开展开发区企业服务质量和星级评价，研究制订开发区服务质量评价办法，发布开展开发区企业服务质量评价的通知，完成评价工作，对服务优秀园区和服务明星予以表彰。

加强园区政策协调和研究。发布工业区“十二五”发展规划。会同市相关部门研究制定指导工业区发展的指导意见。围绕战略性新兴产业和高新技术产业化领域，进一步完善《上海市工业区（产业基地）产业定位指南》。充分发挥网站、杂志和简报的信息发布作用，进一步优化网站、杂志和简报结构和内容。

7. 推进园区信息化，建设智慧园区

开展园区信息化现状调研，通过调查问卷和实地走访，了解园区信息化的现状和问题。组织评估整理一批园区信息化优秀应用案例，发布征集通知，组织专家评审，公布评选结果并编辑优秀案例成册。开展“智慧园区”评选认定工作的前期研究，按照全市“十二五”规划，组织协会及行业专家开展智慧园区的前期研究。依托开发区协会、信息化培训协会及有关专业机构，组织园区信息化专项培训。

（徐　明）

产 业 投 资 情 况

2010年，上海市全社会固定资产投资保持适度规模，工业投资与上年同期基本持平。完成全社会固定资产投资5317.67亿元，比上年增长0.8%，其中，工业投资1422.08亿元，增长0.1%；基础设施投资完成1497.46亿元，下降29.1%；房产开发投资完成1980.68亿元，增长35.3%。工业投资、基础设施投资和房产开发投资分别占全社会固定资产投资总量的26.7%、28.2%和37.2%。

一、投资特点

（一）高新技术产业化投资加快，高载能行业投资下降

2009年5月，全市启动高新技术产业化工作以来，市区两级政府加大了支持的力度，实施了300多个重点项目，2010年完成固定资产投资近300亿元，占全市工业投资的21.1%，其中，华力12英寸集成电路生产线、电气临港核电装备基地、航天811所动力锂电池等一批电子信息、重大装备、新能源汽车投资项目加快了产业化进程。由于上海市投资项目主要是节能减排、安全生产及产品结构升级项目，钢铁、石化等载能行业全年投资分别下降29.2%和17.8%。

（二）技术改造投资比重保持上升，新建项目投资下降

完成技术改造投资756.84亿元，占全市工业投资的53.2%，同比上升3.1个百分点。其中，产品升级换代、工艺流程改造、装备水平提升项目投资500亿元，增长27%。新建项目投资665.5亿元，下降6.2%。2009-2010年，上海市共推进实施462项重点技术改造项目，涉及总投资1025.6亿元，截至2010年年底，已完成140项，占项目总

数 30.3%。

（三）制造业投资增速加快，电力、燃气、水的生产供应投资下降较大

制造业完成投资 1184 亿元，增长 16.2%，同比提高 26 个百分点，为“十一五”以来制造业投资总量最高的一年，占全市工业投资的 83.3%，比上年提高 12 个百分点，电力水务投资由于世博会前大量投入后，全年投资锐减为 236.5 亿元，同比下降 40%。

（四）民营、外资等非国有经济投资上升，国有经济投资下降

民营、集体、股份制、外资等非国有经济企业完成投资 937.7 亿元，占工业投资的 2/3，其中，民营企业投资 400.7 亿元，增长 14.2%，占全市工业投资的 28.2%，同比提高 4 个百分点；外资企业共投资 336.8 亿元，增长 8.4%；国有经济投资 484.3 亿元，下降 24.2%，全市工业投资比重由上年的 45% 下降至 34%，下降 11 个百分点。民营企业投资快速增长，一方面是国家及上海市鼓励民企投资政策的效应，另一方面，也表明民营企业参与上海新一轮发展特别是高新技术产业化和战略性新兴产业发展的积极性较高，体现了投资决策更快、把握时机能力更强的特点。外资企业投资增幅加快主要是增资及利用自有资金改造项目大幅增加，成为“十一五”以来外资企业投资唯一一个同比增长的年份。

（五）企业自筹资金及政府财力投资增幅较快，银行贷款、外商直接投资下降

从项目建设资金来源看，全年新增到位资金 1498.43 亿元，同比增长 6.8%，快于投资增长速度，企业投资资金较为充裕。其中，国家预算内资金 13 亿元，增长 111%；企业自筹 1121.8 亿元，增长 11.4%；银行贷款 202.2 亿元，下降 9.4%；外商直接投资 65.5 亿元，下降 4%。

（六）产业投资集聚度进一步提高，104 区块外投资减少

重点项目向临港、长兴岛、化工区、航空航天等四大新型工业化示范基地集聚，四大产业基地完成投资 140 亿元。如三一重工、LED 产业化、中船二期、大飞机研制保障条件等大项目分别在上述基地开工建设，新增用地项目集中在 104 区块。对于 104 区块外，除了符合产业发展方向、规划导向以及环保要求的技术改造项目，原则上不再新上项目。

（七）工业投资的主要行业及区域分布

1. 工业支柱产业投资“三升三降”。工业六大支柱产业完成投资 730.68 亿元，同比增长 16.7 个百分点。其中，电子信息产品制造业投资增长 139.9%，成套设备制造业投资增长 24.3%，汽车制造业投资增长 11.3%，精品钢材制造业投资下降 29.2%，石油化工及精细化工制造业投资下降 17.8%，生物医药制造业投资下降 13.2%。

主要行业（按照与经济运行相同的统计口径）投资中，增长较快的是电子、烟草、机械工业和轻工，下降的行业主要有电力、冶金、建材、石化和纺织。

2. 区县投资年度持平。主要区县完成投资（不包括央企和市属国有企业）610.54 亿元。奉贤区全年 45% 土地指标用于工业，成立了航空配套产业专业招商组，加大招商力度，完成投资 101.5 亿元，同比增长 20%，成为浦东新区外唯一一个区属投资超百亿元的区。浦东新区把投资目标完成列入乡镇考核指标，加大重点项目推进力度，大飞机、烟草科技园等一批重大项目相继落户，在地投资完成 380 亿元，占全市工业投资的 1/4。闵行区出台大招商政策，通过补贴生产设备方式加大先进制造业招商工作力度，完成投资 40 亿元，增长 10.1%。崇明县投资增幅最快，达到 39.9%。

3. 央企投资降幅较大。中央在沪企业和市属国有企业共完成投资 738.88 亿元，下降 3.1%。其中，中央在沪企业完成投资 300.66 亿元，下降 26.9%；市属国有企业完成投资 438.22 亿元，增长 13.5%。由于中船二期大项目尚未启动、海洋装备等项目推迟进度，船舶投资下降 63.8%；宝钢扩大生产规模的投资均在外省市，市内投资主要是产品质量提升、节能减排等技改项目，投资下降 25.5%。

二、投资建设资金

2010 年，工业固定资产投资到位建设资金共计 1604.22 亿元，同比增长 7.2%。其中，上年末结余资金 105.79 亿元，本年新增资金 1498.43 亿元。本年新增资金以自筹为主，共 1121.70 亿元，占本年新增资金的 74.9%。其中，区（县）自筹 21.69 亿元，下降 42.9%。国内贷款 202.01 亿元，降幅 9.4%。

三、投资效果评价

（一）各项主要指标全面完成

2010 年，全市完成工业总产值 31038.57 亿元，比上年增长 22.9%；预计实现工业增加值 6225.98 亿元，增长 18.4%；实现工业利润总额 2180 亿元左右，增长 55% 左右；高新技术产业化 9 个重点领域产业规模达 8760 亿元，增长 20% 左右。

完成工业投资 1422.08 亿元，增长 0.1%，其中，技术改造投资占工业投资 50% 以上。

市级以上开发区单位土地面积产出达 62.6 亿元 / 平方公里。

完成淘汰落后产能项目 934 个，节约标煤 100 万吨；调整危化企业 67 家；规模以上工业企业增加值能耗（当量）下降 6% 以上。

（二）高新技术产业化推进取得阶段成效

先后发布物联网、智能电网、云计算等专项行动方案。52 个高新技术产业化重点项目列入市级财政专项，市经信委分两批累计下达 87 个重点项目计划。

重点领域实现新突破，如100万千瓦和60万千瓦超超临界机组国内市场份额达到50%；大型客机研发、总装、客服三大中心相继启动建设，商用飞机发动机设计研发中心奠基；推出国内首个商用集装箱式数据中心“云积木”；核电大型铸锻件取得技术突破；研制成功LPCVD、PECVD等太阳能薄膜核心设备并实现首台业绩突破；首台3.6兆瓦海上风电机组并网发电；IGCC实现首台业绩突破；110千伏智能变电站系统中标国家电网公司首批智能变电站示范项目并实现小批量销售。

招商引资取得新进展，如大唐电信上海产业园落户浦东（重点发展TD-SCDMA产业和集成电路产业），映瑞LED项目落户临港，中航工业集团与上海市组建合资公司推进民机航电系统产业化，中国联通手机软件应用商店、CNTV南方数据中心落户上海，中国北车集团与上海电气战略合作。

产业化基地建设加快推进，浦东电子信息产业基地、闵行区浦江高科技园、奉贤区新材料产业基地等一批基地初具特色，上海市基础软件产业基地、上海市云计算产业基地与云计算创新基地相继成立。

国家级公共服务平台相继落户，智能电网用户端设备国家级检测中心、国家LED照明产品及工程质量监督检验中心、国家新能源车辆质量监督检验中心等顺利落户。

高新技术产业化人才工作不断加强，编制了《关于加快推进上海高新技术产业化人才队伍建设的若干意见》。

重大创新成果示范应用力度加大，包括TD-LTE、LED半导体照明、新能源汽车在内的一批新兴技术在世博会得到充分展示，世博园智能电网综合示范工程项目获得成功。

市场化推进机制正在形成，探索开展了产业链对接、中小企业对接、产学研对接、金融与产业对接等工作。

成功举办高新技术产业化展，累计吸引80多批次1万多人次参观，国家副主席习近平和国家有关部委和市主要领导及市有关部门、外省市领导视察指导，并给予肯定。

（三）工业投资和产业基地建设有序推进

聚焦重大项目，建立重大项目推进机制，重点跟踪10亿元以上项目53个，总投资2500多亿元，其中，上海石化炼油扩建、上汽变速器有限公司搬迁等20个项目已开工建设。

加快推进一批央企项目落地，与国电集团签署战略合作协议，推进太阳能示范工程落地，航天与上实合作开拓海外光伏电站市场。

加大吸引外资力度，大飞机发动机、诺华医药等一批项目相继签约，拜耳、康宁、欧姆龙等外资企业增资扩建。

推进技术改造，实施《重点技术改造项目竣工验收管理办法》，健全国家重点技改项目推进机制，建立上下对口的工作网络，推进市级项目简化审批程序试点。全年实施230项重点技改项目，涉及总投资460亿元。

提升产业基地能级，加快临港装备、长兴海洋装备等首批国家新型工业化产业示范基地建设，上海国际汽车城、张江高科技园区、漕河泾开发区创建成为国家第二批示范基地；推动上海化工区与奉贤分区、金山分区联动发展，推进临港产业区与奉贤园区、嘉定园区与金山园区合作建设；加快漕河泾开发区、外高桥保税区等品牌园区“走出去”步伐。

（四）淘汰落后产能和工业节能降耗工作力度不断加大

加大淘汰落后产能力度。推进重点地区专项调整工作，完成嘉定马陆、浦东滨海、金山第二工业区的专项调整，推进宝山大场地区调整，加快制定浦东合庆、青浦徐泾等地区的调整方案；完成淘汰产业导向目录的编制及修订，制定印染、零星化工、四大工艺等重点行业调整的三年行动方案和计划。

推进工业节能降耗工作。14个重点用能产品单耗普遍下降，吨钢综合能耗下降19.4千克标煤，电厂火力供电能耗下降6.2克标煤／千瓦时，整体工业能效保持全国领先水平；分解细化18个区县和24个工业集团年度节能目标，签订考核目标责任书；实施节能技改项目251个，总投资48亿元，节约标煤68万吨；推进实施合同能源管理项目43项，节能量达2.15万吨标煤；启动火电、石化、化工、电镀等12个重点行业200余家企业实施清洁生产审核，完成22家企业清洁生产验收；冶炼渣、粉煤灰、脱硫石膏等工业固体废弃物利用率达到96%以上。

四、“十二五”期间投资展望

（一）指导思想

全面落实科学发展观，围绕转变经济发展方式和调整优化产业结构，积极探索实践新型工业化道路，牢牢抓住重要发展机遇期，根据上海市产业发展规划的总体安排，积极为企业创造良好的投资环境，引导企业和各类资本聚焦产业发展重点，保持适度的投资规模，进一步优化投资结构，加快产业转型和产业结构升级。

（二）总体思路

围绕上海产业“发展调整中提升能级”的总体要求，突出科学发展，更加注重高端发展，加快高新技术产业化和战略性新兴产业的培育；更加注重内涵发展，进一步鼓励企业加大技术改造力度；更加注重结构优化，不断提高投资项目的技术含量和质量；更加注重投资效益，提高土地、能源等资源的利用效率；更加注重软实力的投入，提高研发、品牌等投资比重。

1．基本原则

“十二五”期间，上海工业投资坚持六个“有利于推进”的工作原则：

（1）有利于推进产业持续发展。必须把促进工业持续发展作为第一要务，继续保持工业对全市经济发展的基础和支撑作用，做到“稳速度、求高度、扩总量、求质量”，始终保持上海工业产业持续健康发展势头。

（2）有利于推进产业转型升级。按照“调结构、促转型、转变发展方式”的具体要求，加快促进产业发展模式转型，实现从粗放型向节约型、发展动力从要素投入向创新驱动、产业结构从低附加值的加工业向高附加值的先进制造业和高新技术产业的“三个转变”，确保投资顺势而动、主动作为、因势利导、积极助推。

（3）有利于推进产业内涵发展。更加注重产业投资的质量，加大高新技术产业，技术改造升级，品牌、人才、知识产权及商业模式等“软实力”的投资力度；提升产业载体内涵，逐步提高投入产出比和单位面积产出水平；提升高新技术产业化效应、发展规模，以及比重和结构。

（4）有利于推进产业深度融合。着力推进二三产业融合；聚焦制造业服务化，大力支持先进、高端制造业及新型战略产业的服务外包的发展；继续支持以信息服务业、创意产业为重点的生产性服务业发展；积极支持智能电网、物联网和云计算等新的热点产业的发展，推进产业的多元融合和纵深发展。

（5）有利于推进新兴战略产业培育。加快推进新能源、民用航空制造、电子信息制造、新材料、生物医药等九大高新技术重点领域的产业化，着力驱动上海重点领域新兴产业与国家战略新兴产业的互动对接，完善政府引导与市场主体结合机制，探索推进产业资本与金融资本相结合，全力构建高新技术产业化配套产业链和公共服务平台。

（6）有利于推进产业集聚发展。积极探索产业规划、城市规划、土地利用规划“三规合一”条件下，推动产业投资和重大项目向临港、长兴、漕泾等重大产业基地集聚，推进产业区块外土地利用转型，拓展产业空间布局层次。

2．总体目标

“十二五”期间，工业投资总规模约6500亿元，年均投资1300亿元，比“十一五”时期略减。其中，战略性新兴产业（民用航空航天、船舶及海洋工程、新能源装备、新能源汽车、新材料、新一代电子信息、生物医药）的投资总量约3250亿元，占总量50%；技改投资超过3800亿元，占固定资产投资比重从2010年的50%增至55%左右。工业R&D投入年均600亿元，5年达到3000亿元。工业对外投资（外省市、国外）每年500亿元左右（含股权和固定资产投资）。到2015年，工业总产值将达3.5万亿元，工业增加值约8100亿元。

（刘玉斐）

产业创新体系建设情况

2010年，上海围绕产业结构优化升级的总体目标，加强产业创新体系建设，持续推进产业技术创新工作。

一、产业创新投入不断加大

积极争取国家技术创新支持项目。申报25项财政部和工信部组织的2010年国家重大科技成果转化项目，已有7家企业获得国家支持。组织28家企业申报“第二届中国产学研合作创新与促进奖”。

组织实施引进技术的吸收与创新计划。根据《上海市鼓励引进技术的吸收与创新规定》，为加快推进高新技术产业化，进一步提升上海市企业自主创新能力，实施了2010年引进技术的吸收与创新计划项目，聚焦支持引进技术的吸收与创新、企业技术创新能力建设、产学研合作平台建设等专题，在268个申报项目中，经过评审下达84个。

二、构建企业为主体的产业创新体系

全年新认定高新技术企业629家，自2008年国家实行新的高新技术企业认定管理办法以来，已累计达到3129家，超过了新认定办法实施前的总数。2010年，争取4家企业技术中心获得国家认定，认定46家企业技术中心为第16批市级企业技术中心，全市国家级和市级企业技术中心分别达到42家和323家，并向国家推荐三爱富新材料公司的国家认定企业技术中心创新能力建设项目。

（一）2010年新增的国家认定企业技术中心名单

1．上海隧道工程股份有限公司技术中心

2．微创医疗器械（上海）有限公司技术中心

3．中交上海航道局有限公司技术中心

4．上海船厂船舶有限公司技术中心

（二）上海市第十六批企业技术中心名单

1．上海航天电子有限公司技术中心

2．上海天合汽车安全系统有限公司技术中心

3．上海南亚覆铜箔板有限公司技术中心

4．上海凯波特特种电缆料厂有限公司技术中心

5．凤凰光学（上海）有限公司技术中心

6．上海电力修造总厂有限公司技术中心

7．上海绿新包装材料科技股份有限公司技术中心

8．上海海螺服饰有限公司技术中心

9．上海江河幕墙系统工程有限公司技术中心

10．金安国纪科技股份有限公司技术中心
11．德谦（上海）化学有限公司技术中心
12．上海锐奇工具股份有限公司技术中心
13．上海熊猫线缆股份有限公司技术中心
14．上海建工材料工程有限公司技术中心
15．上海市建筑装饰工程有限公司技术中心
16．高斯图文印刷系统（中国）有限公司技术中心
17．上海电科智能系统股份有限公司技术中心
18．上海众恒信息产业股份有限公司技术中心
19．上海金力泰化工股份有限公司技术中心
20．上海浦东电线电缆（集团）有限公司技术中心
21．上海牛奶（集团）有限公司技术中心
22．上海乾通汽车附件有限公司技术中心
23．上海金盾消防安全设备有限公司技术中心
24．上海英硕聚合物材料有限公司技术中心
25．上海东富龙科技股份有限公司技术中心
26．万达信息股份有限公司技术中心
27．上海东方传媒集团有限公司技术中心
28．通标标准技术服务（上海）有限公司技术中心
29．上海市建筑科学研究院（集团）有限公司技术中心
30．上海复旦复华科技股份有限公司技术中心
31．上海亨通光电科技股份有限公司技术中心
32．上海市第一市政工程有限公司技术中心
33．上海市凌桥环保设备厂有限公司技术中心
34．上海睿智化学有限公司技术中心
35．上海大智慧股份有限公司技术中心
36．上海浦东路桥建设股份有限公司技术中心
37．上海市城市建设设计研究院技术中心
38．上海高桥捷派克石化工程建设有限公司技术中心
39．上海良信电器股份有限公司技术中心
40．上海明凯照明有限公司技术中心
41．上海电气核电设备有限公司技术中心
42．中国银联股份有限公司技术中心
43．上海荣泰健身科技发展有限公司技术中心
44．纽福克斯光电科技（上海）有限公司技术中心
45．上海阿波罗机械制造有限公司技术中心
46．上海德朗能电池有限公司技术中心

（三）大力引进国家级创新平台

发挥国家级创新平台的带动作用，不断提升专业技术平台的服务能力。年内新增一批国家级创新平台，包括智能电网、海上风电、核电仪表等3家国家能源研发中心；智能电网终端产品、新能源车辆、工程软件产品等国家质量监督检验中心；数字电视、宽带无线移动通信等国家工程研究中心（重点实验室）；软件和信息服务、网络视听基地等国家公共服务平台。

序号	名称	所属领域	承担单位
1	国家能源核电站仪表研发（实验）中心	新能源（核电）	上海自动化仪表院
2	国家能源海上风电研发中心	新能源（风电）	华锐风电与上海交通大学共建
3	国家能源上海智能电网研发中心	新能源（智能电网）	上海交通大学
4	国家智能电网终端产品质量监督检验中心	新能源（智能电网）	上海电器科学研究所
5	国家新能源车辆质量监督检验中心	新能源汽车	国家（上海）机动车检测中心
6	国家港口起重机机械产品质量监督检验中心	海洋工程装备	上海市特检院
7	国家工程软件产品质量监督检验中心	软件和信息服务业	电子科技集团32所
8	国家汽车电子标准工作委员会	电子信息	上海市交通电子行业协会
9	新一代宽代无线移动通信国家重点实验室	电子信息	大唐电信集团
10	新一代移动通信系统技术－无线网络与芯片国家工程实验室	电子信息	大唐电信集团
11	数字电视国家工程研究中心	电子信息	上海高清数字科技产业公司
12	清洁高效煤电成套设备国家工程研究中心	先进重大装备	上海发电设备成套院牵头
13	工业自动化国家工程研究中心上海分中心	先进重大装备	浙大中控和上海电气中央研究院共建
14	国家软件和信息服务公共服务平台	软件和信息服务业	上海浦东软件平台有限公司
15	国家（上海）网络视听产业基地综合公共服务平台	软件和信息服务业	上海紫竹数字创意港有限公司
16	国家游戏软件测评与认证平台	软件和信息服务业	上海紫竹数字创意港有限公司、上海市软件测评中心

（四）持续推进企业知识产权和专利新产品工作

年内发布第五批20家上海市知识产权示范企业，完成“十一五”期间累计创建100家企业“上海市知识产权示范企业”的目标。通过创建知识产权示范企业，为企业发展注入积极动力，为提升企业竞争力发挥了应有作用，主要体现在：一是增强企业领导知识产权意识。越来越多的企业都已建立了决策层、管理层等组成的知识产权产权管理架构；二是完善知识产权基础管理。从分散管理变为集中管理，前四批示范企业中从事知识产权管理的专职人员从认定前的202名增加到423名，各项知识产权管理制度从认定前的607项提高到819项；三是促进企业经济效益的增长。前四批知识产权示范企业的总资产和净资产平均每年都有12%以上的增长幅度，销售收入总额认定后增长900多亿元，产品的市场占有率、利税率居于同类产品前列；提升了知识产权创造能力，截至2009年年末，专利申请从认定前的7509件增加到

13456件，年平均增幅37%。专利授权从认定前的3800件增加到9782件，年平均增幅46%。商标注册从认定前的2817件增加到3997件，年平均增幅10%，拥有中国驰名商标企业17家，上海市著名商标有51家。著作权登记从认定前的779件增加到1607件，年平均增幅43%。提高了知识产权运用水平，包括专利技术的产业化和商标（品牌）的运作等；四是加大知识产权保护力度。包括申请外围专利、注册防御商标，注重技术秘密和商业秘密的保护等。

第五批上海市知识产权示范企业名单

1. 中国商用飞机有限责任公司
2. 上海锅炉厂有限公司
3. 上海金发科技发展有限公司
4. 上海红双喜股份有限公司
5. 上海安字实业有限公司
6. 上海新时达电气股份有限公司
7. 上海汽车制动系统有限公司
8. 上海微创软件有限公司
9. 上海加冷松芝汽车空调股份有限公司
10. 上海裕隆生物科技有限公司
11. 上海清远管业科技有限公司
12. 华东师范大学出版社有限公司
13. 上海科立特农科（集团）有限公司
14. 华荣集团有限公司
15. 上海市合成树脂研究所
16. 上海爱登堡电梯有限公司
17. 上海通用风机股份有限公司
18. 上海电器股份有限公司人民电器厂
19. 上海富臣化工有限公司
20. 三信国际电器上海有限公司

根据《上海市人民政府印发关于进一步加强本市知识产权工作若干意见的通知》（沪府发〔2003〕48号）和《上海市人民政府办公厅转发市经委等三部门制订的关于上海市专利新产品认定实施办法的通知》（沪府办发〔2004〕50号）等文件要求，经市经信委、市财政局、市知识产权局审核，认定“JP-JA型节能环保低噪声风机”等50个产品为2010年度上海市专利新产品。

编号	产品名称	企业名称
SHZX101001	JP-JA型节能环保低噪声风机	上海尔华杰机电装备制造有限公司
SHZX101002	LG系列苯乙烯尾气螺杆压缩机组	中国船舶重工集团公司第七一一研究所
SHZX101003	工业化集成控制弃废胶胎裂解生产线(GK/RP-10000A)	上海金匙环保科技有限公司
SHZX101004	大型发电机组冷凝器用薄壁不锈钢焊管(TP316L)	上海华钢不锈钢有限公司
SHZX101005	Magnum8卷筒纸胶印机	上海高斯印刷设备有限公司
SHZX101006	LEHY-MRL微机网络控制交流变压变频调速无机房乘客电梯	上海三菱电梯有限公司
SHZX101007	2700千瓦大功率大气量螺杆式压缩机	上海电气压缩机泵业有限公司
SHZX101008	割草车轴承(50551、50552、51462、52465)	上海振华轴承总厂有限公司
SHZX101009	Ex9M1塑料外壳式断路器	上海诺雅克电气有限公司
SHZX101010	SSB500/10A型用于先进封装的步进投影光刻机	上海微电子装备有限公司
SHZX101011	HYS-311OGMHF2满液式地源热泵机组	上海瀚艺冷冻机械有限公司
SHZX101012	JDQX-126电磁式电压互感器	上海吴淞电气实业有限公司
SHZX101013	SM-100型价格标签秤	上海寺冈电子有限公司
SHZX101014	热缩管加热机TH80,TH801,TH8001	如冈自动化控制技术（上海）有限公司
SHZX101015	ERH/C冠卓智能脱缆钩	上海冠卓企业发展有限公司
SHZX101016	PZ4740-AL连续润版大四开四色平版印刷机	上海光华印刷机械有限公司
SHZX101017	高炉专用耐磨三通固定球球阀(QNMS48CF、DN15-80)	凯泰阀门（集团）有限公司
SHZX101018	君越（GMX353）轿车外部灯	上海小糸车灯有限公司
SHZX101019	SEZ型立式抽芯式混流泵	上海凯士比泵有限公司
SHZX101020	超超临界1000兆瓦等级汽轮机	上海电气电站设备有限公司
SHZX101021	165MN自由锻造油压机	上海重型机器厂有限公司
SHZX101022	自润滑角接触球轴承B708CK	上海市轴承技术研究所
SHZX101023	RMD2智能电动机保护器	上海电器股份有限公司人民电器厂
SHZX101024	船用曲轴8K90MC-C	上海船用曲轴有限公司
SHZX101025	SHZV油浸式真空有载分接开关	上海华明电力设备制造有限公司
SHZX101026	DELTA后悬架弹簧	上海中国弹簧制造有限公司
SHZX101027	PQ24转向机	上海采埃孚转向机有限公司
SHZX101028	LG110H型冷轧管机	上海攀枝花机械厂
SHZX101029	MFE-9乙烯基酯树脂	华东理工大学华昌聚合物有限公司
SHZX101030	FDTC-酒瓶防伪胶帽	上海复旦天臣新技术有限公司
SHZX101031	新型双亲阳离子污泥调质絮凝剂(CP-70,CP-80,CP-90系列)	上海恒力水处理材料有限公司
SHZX101032	FLTSB-1太阳能超白压花玻璃	上海福莱特玻璃有限公司
SHZX101033	多功能防腐复合涂层加工件SDD-1	上海达克罗涂复工业有限公司
SHZX101034	汽车用低气味、低散发、高性能聚丙烯材料(C3322T-1)	上海普利特复合材料股份有限公司
SHZX101035	水性复膜胶	上海奇想青晨化工科技股份有限公司

（续表）

SHZX101036	PTT 短纤维	上海德福伦化纤有限公司
SHZX101037	超高分子量聚乙烯（SLL、SLL-J、SLL-X 系列）	上海联乐化工科技有限公司
SHZX101038	芳香族聚酰胺短纤维纱线（T970）	上海申河纺织实验有限公司
SHZX101039	行人闯红灯自动监控报警系统 JD-XRJK-02 型	上海经达实业发展有限公司
SHZX101040	适应无铅制程的环氧玻璃布基覆铜箔板	上海南亚覆铜箔板有限公司
SHZX101041	HG49/56PWM 汽车冷却风扇控制器	上海沪工汽车电器有限公司
SHZX101042	商用车轮胎压监测系统	上海保隆汽车科技股份有限公司
SHZX101043	智能客流视频监控分析系统 IPVAV1.0	上海汇纳网络信息科技有限公司
SHZX101044	带以太接口视频光端机（TD 系列）	上海宽岱电讯科技发展有限公司
SHZX101045	不停车电子收费车载单元（OBU）	上海东海电脑股份有限公司
SHZX101046	TM-6A 型条码打印计价秤	上海精函衡器有限公司
SHZX101047	Type9 制动软管总成	上海汽车制动系统有限公司
SHZX101048	荣心丸	上海玉丹药业有限公司
SHZX101049	麝香保心丸	上海和黄药业有限公司
SHZX101050	解毒烧伤软膏	上海金皮宝制药有限公司

（五）加强产业和信息化标准工作

为推进工业化与信息化融合，服务城市信息化建设，促进产业发展，启动 19 项标准计划，其中 5 项已列入国家标准，2 项已列入地方标准，3 项已申报地方标准。

序号	标准名称
1	用于物品管理的射频识别：数据协议标签数据结构
2	低压电器通信规约
3	民用飞机航材支援数据元
4	危险品运输车辆电子营运证通用要求
5	信息技术多媒体格式转换
6	公共交通车辆电子标签基本技术要求
7	农产品追溯要求果蔬
8	信息服务外包行业个人信息保护规范
9	民用飞机服务请求数据元
10	IC 卡芯片通用技术规范
11	微型激光投影机技术规范
12	车载远程通信信息服务系统地图服务标准
13	信息安全服务指南
14	电力线宽带通信家庭联网设备技术规范
15	低压开关设备和控制设备控制器 － 设备接口（CDI）第 1 部分：总则
16	城市无线宽带通信工程设计规范
17	大型公共活动（会展、赛事）电子票务系统应用技术规范
18	面向国际航运中心建设的港口业务数据（代码）标准
19	产业园区信息化标准

（六）做好“中国工博会”评奖工作

2010“中国工博会”总计评出 38 项获奖展品，其中，金奖 4 项，银奖 12 项，铜奖 10 项，创新奖 12 项。

本届“中国工博会”围绕新能源、低碳、环保、绿色的产品和技术，以及后世博经济等方面的内容，重点突出战略新兴产业和高新技术产业化，突出高端装备制造业，突出技术集成创新。获奖产品中绝大部分属于战略性新兴产业和高新技术产业化的产品，如特变电工股份有限公司“±800 千伏直流换流变压器”，宝山钢铁股份有限公司的“高磁感取向硅钢”，上海交通大学的“小型化高性微波无线元件与天线”；属于先进重大装备制造业的创新产品、国家数控机床重大专项的产品有 3 项，如陕西秦川机械发展股份有限公司的“大型数控圆锥齿轮磨齿机”，齐齐哈尔二机床（集团）有限责任公司的 CXK5463×50×150 型数控龙门移动式车铣床等；属于技术集成创新，加快工业化和信息化融合的产品有 7 项，如万达信息股份有限公司、上海申康医院发展中心的“医联工程”，将电子信息技术应用到医疗卫生系统等关系民生的工程中。还有 12 项产学研紧密合作、经济和社会效益相当显著的产品受到了重点关注和推荐。

（张宏韬）

工业利用外资情况

一、利用外资基本情况

2010 年，全市共批准各类外资项目 3906 项，比上年增长 26.4%；合同外资 153.07 亿美元，增长 15.1%。其中，第一产业共批准项目 26 项，吸收合同外资 1536 万美元；第二产业共批准项目 372 项，吸收合同外资 28.84 亿美元；第三产业共批准项目 3508 项，吸收合同外资 124.1 亿美元。当年，上海市实际利用外资再创历史新高，达到 111.21 亿美元，同比增长 5.5%。

截至 2010 年年末，全市累计批准各类外资项目 59497 项，合同外资 1751.2 亿美元。其中，累计批准制造业外商投资项目 24708 项，占全市各类外资项目数的 41.5%；吸收合同外资 780.2 亿美元，占全市各类外资项目合同外资金额的 44.6%。累计批准交通运输、仓储和邮政业外商投资项目 2490 项，占全市各类外资项目数的 4.19%；吸收合同外资 74.2 亿美元，占全市各类外资项目合同外资金额的 4.2%。累计批准信息传输、计算机服务和软件业外商投资项目 1776

项，占全市各类外资项目数的2.99%；吸收合同外资41.9亿美元，占全市各类外资项目合同金额的2.39%。

二、利用外资主要特点

1．利用外资产业结构进一步优化

上海市利用外资继续保持“三、二、一”的发展态势。实际利用外资中，三、二、一产业的比重分别为79.4%、19.8%、0.8%。合同利用外资中，三、二、一产业的比重分别为81.1%、18.8%、0.1%，呈现以服务经济为主的引资结构。

2．地区总部继续成为引资亮点

投资性公司和地区总部实际利用外资达到21.62亿美元，占比为19.4%。全年共新设投资性公司22家，较2009年增长70%，认定跨国公司总部45家。截至2010年年末，上海市共吸引投资性公司213家，跨国公司地区总部305家。其中，财富500强企业累计已有74家在上海设立了地区总部。美国百事可乐公司、雅芳公司、韩国LG公司等在沪设立研发中心。至年末，在沪外资研发中心累计达到319家。

3．制造业利用外资质量水平进一步提高

制造业利用外资恢复性增长，全年新引进制造业外商投资项目333项；吸收合同外资27.7亿美元，同比增长13.9%。先进制造业有序发展，利用外资向化工、通用设备制造、专用设备制造、汽车制造、电气机械制造、电子设备制造等行业集聚。信息技术、新能源、新材料、节能环保等战略性新兴产业成为利用外资新的增长点。

高新技术领域，引进了从事集成电路封装测试的日月光集成电路制造（中国）有限公司（总投资12亿美元）。新能源领域，引进了上海崇明北沿风力发电有限公司（总投资7786万美元）、从事新能源汽车电池系统研发和生产的卡耐新能源上海有限公司、捷新动力电池系统有限公司、尚德太阳能投资总额增长2.89亿美元。环保领域，世界500强企业美国废弃物管理公司进驻上海，收购上海环境集团40%的股权，从事垃圾处理。拜耳（中国）有限公司更与上海市经济和信息化委签定战略合作备忘录，承诺“十二五”期间在上海投资10亿欧元，进一步扩大生产、研发和管理能力。

（张 莉）

工业品出口情况

2010年，上海工业在市委、市政府的正确领导下，按照“五个确保”要求，一手抓办博、一手抓发展，以巩固学习落实科学发展观活动成果为动力，面对复杂的国内外经济环境，克服国际金融危机带来的不利影响，坚定信心，振奋精神，在工业经济全面回升的同时，发挥上海工业出口产品结构的优势，积极开拓国际市场，工业出口实现较快发展。

根据海关统计，2010年全市外贸进出口完成3688.7亿美元，比上年增长32.8%，其中，进口1880.9亿美元，增长38.5%，出口1807.8亿美元，增长27.4%。全市工业进出口完成2226亿美元，增长29.6%，其中，进口900.4亿美元，增长38.7%，出口1325.6亿美元，增长24%，占全市出口总额的73.3%。

根据市统计局公布的资料，2010年全市规模以上工业出口交货值为8171.1亿元，增长22.1%，占工业总产值的比重为27.2%。

全市出口5亿美元以上的商品共41只，比上年增加7只，其中，出口10亿美元以上商品21只，比上年增加5只。出口前6位的商品分别是：自动数据处理设备及其部件出口473.4亿美元，增长28.7%；服装类产品出口128.1亿美元，增长14.5%；集成电路出口108.9亿美元，增长34.8%；船舶出口62.1亿美元，增长11.7%；纺织品类产品出口50.1亿美元，增长22.9%；自动数据处理设备的零件出口41.3亿美元，增长4.1%。

全市进口5亿美元以上的商品共54只，比上年增加7只，其中，进口10亿美元以上商品26只，比上年增加4只。进口前6位的商品分别是：集成电路进口303.8亿美元，增长33.1%；铜材进口92.4亿美元，增长44.8%；自动数据处理设备及其部件进口81.9亿美元，增长24.5%；铁矿砂进口69亿美元，增长68.9%；初级形状的塑料进口47.2亿美元，增长47.5%；计量检测分析自控仪器及器具进口46.1亿美元，增长53.6%。

全市出口市场多元化战略进一步得到巩固。对传统市场出口保持稳步增长，对新兴市场出口增长较快，对欧盟、美国、日本、香港四大传统市场分别为417.3亿美元、409.9亿美元、196.5亿美元和134.1亿美元，占全市出口总额的64%，增长23%。对俄罗斯出口增长104.5%，对拉美地区出口增长61.1%，对东盟地区出口增长38.7%。

2010年，上海工业品出口的主要特点：

一、全年工业出口持续快速增长

2010年，虽然国际金融危机依然有一定影响，但是由于经过一年多的经济低迷，国际市场需求开始抬头，上海市产业结构调整的优势得到体现，出口产品结构的优化得以发挥，工业出口从年初开始持续上升，一季度增长25.3%，上半年增长32.1%，三季度增长29%，全年增长24%。

1．区县工业出口首次超过千亿美元

全市区县工业出口达到1107亿美元，首次超过千亿美元大关，增长27.4%。区县工业出口占全市工业出口的比重为83.5%，同比上升2个百分点。

在区县工业出口中，出口超过100亿美元的区县有3个，分别是：松江区出口419.4亿美元、浦东新区出口269.9亿美元和闵行区出口176.6亿美元。这三个区合计占全市区县工业出口的78.2%，占全市工业出口的65.3%。出口超过10亿美元以上的区县有6个，分别是：嘉定区出口69.1亿美元、青浦区出口61.1亿美元、奉贤区出口35.4美元、金山区出口22.4亿美元、宝山区出口21.4亿美元和徐汇区出口18.2亿美元。

各区县工业园区的出口集聚效应依然明显，松江出口加工区实现出口360.2亿美元，占全区出口的85.9%。外高桥保税区和金桥出口加工区实现出口176.7亿美元和45.2亿美元，占浦东新区出口的82.2%。

2．市属工业集团出口平稳增长

上海市各市属工业集团、控股公司加快出口产品结构调整，增强出口产品的国际竞争力，继续稳定和保持国际市场的份额。市属各工业集团、控股公司出口218.6亿美元，增长9.2%。全年出口10亿美元以上的有7个集团公司，分别是：工业船舶出口53.6美元，增长0.3%；上海纺织控股（集团）公司出口31.7亿美元，增长19.9%；上海广电（集团）有限公司出口21.8亿美元，增长1.9%；上海电气（集团）总公司出口19.4亿美元，增长1.1%；上海宝钢集团公司出口18.3亿美元，增长54.8%；上海仪电控股（集团）公司出口13.7亿美元，增长20.7%；上海轻工控股（集团）公司出口12.4亿美元，增长21.7%。

全市工业自营出口1000万美元以上企业为348家，比上年增加68家，出口1亿美元以上的企业为44家，其中，出口5亿美元以上为8家、出口10亿美元以上为6家，比上年增加2家。出口前三位的企业分别是：上海振华重工（集团）股份有限公司出口24亿美元、宝山钢铁股份有限公司出口18.1亿美元、上海外高桥造船有限公司出口15.1亿美元。

3．民营企业出口快速增长

全市民营企业出口为228亿美元，增长31%，高于全市外贸和工业出口增幅3.6和7个百分点，占全市出口比重为12.6%。在348家年出口超1000万美元的工业自营企业中，有186家民营企业，比上年增加60家，占比达到53.5%。位于前10位的分别是：上海协通集团（嘉定）出口1.65亿美元，增长35.7%；上海祥源化工有限公司（浦东）出口1.31亿万美元，下降13.2%；晨风集团股份有限公司（浦东）出口1.26亿美元，增长3.9%；上海迪赛诺医药投资有限公司（浦东）出口1.1亿美元，下降6.5%；上海利步瑞服饰股份有限公司（长宁）出口9135.8万美元，增长39.3%；上海启越化工有限公司（浦东）出口8375万美元，增长20.3%；上海特波电机有限公司（南汇）出口7745.6万美元，增长58.1%；上海洋帆实业有限公司（浦东）出口7679.6万美元，增长46.7%；上海依德工具有限公司（浦东）出口7501.3万美元，增长48.5%；上海双牌铝业有限公司（浦东）出口7252.5万美元，增长6.99倍。

4．外资企业出口依然强劲

全市外商投资企业出口1259.7美元，增长29.7%，高于全市增幅2.3个百分点，占全市外贸出口比例69.7%。在全市出口前100位的企业中外商投资企业占67家，在前10位中占8家。上海市外资企业出口的产品主要集中在电子信息、集成电路、计算机等高新技术产业，出口产品大部分通过跨国公司国际销售网络，在国际市场开始复苏中率先走出困境，一季度出口增长31.7%，上半年出口增长40.3%，三季度出口增长36.2%，全年出口增长29.7%。

松江区的达丰（上海）电脑有限公司出口320亿美元，增长47.1%，继续位居全市出口企业的首位。年出口超过10亿美元以上的外资企业有15家，其中，年出口超过20亿美元的有4家，分别是：昌硕科技（上海）有限公司（浦东）出口50.7亿美元、英顺达科技有限公司（闵行）出口45.3亿美元、英源达科技有限公司（闵行）出口36.4亿美元、星科金朋（上海）有限公司出口（青浦）20.5亿美元。

二、高新技术产品和机电产品出口高于一般商品

2010年，全市高新技术产品和机电产品出口增幅高于一般商品，高新技术产品出口841.1亿美元，增长32.2%，占全市出口的46.5%；机电产品出口1311.6亿美元，增长27.6%，占全市出口的72.6%，增幅分别高于全市外贸出口4.8和0.3个百分点。

1．电子信息类产品是出口量最大的产品

以高端优势产品为主线，加快电子信息产业的发展，不断提高国际化程度，为电子信息类产品的稳定和持续发展打下基础。全市电子信息类产品出口800亿美元，占全市工业出口的60%，是出口量最大的产品。在全市41个出口超过5亿美元以上的产品中，电子信息类产品有13只，其中，自动数据处理设备及零部件、集成电路、二极管及半导体器件和液晶显示板等出口都超过20亿美元。

位于松江出口加工区的台资企业——广达集团所属的达丰电脑是世界第一大笔记本电脑专业代工厂，年产量占全世界笔记本电脑年度总生产量的30%以上，出口达到320亿美元，增长47.1%；位于青浦的星科金朋（上海）有限公司是世界排名前列的半导体封装测试公司，产品提供全球知名IDM大厂与集成电路设计公司，2010年出口达20.5亿美元，增长10.8%；落户于徐汇区的捷普科技（上海）有限公司是著名美资企业，在电脑外围设备、数据传输、自动化及消费产品等多个领域向全球客户提供从设计、开发、生产、装配、系统技术支持及到最终用户分销等优质服务，出口11.2亿美元，增长109.4%；上海贝尔阿尔卡特股份有限公司出口9.1亿美元，增长29.6%，并将为阿尔卡特朗讯公司出口给沙特电信（STC）的宽带接入网络扩容项目提供成套关键设备；位于浦东张江的中芯国际集成电路制造（上海）有限公司出口4.6亿美元，增长25.1%；上海长丰智能卡有限公司出口9,616.2万美元，增长47.8%。

2．上海电气集团坚持不懈开拓国际市场

作为上海市机电产品出口的重点——上海电气集团是我国装备制造业的重要基地，在经历国际金融危机以后，上海电气不仅坚持不懈地开拓国际发电设备市场，而且在输配电设备、城市轨道交通装备以及海水淡化产业等国际领域也有新突破。

10月28日，上海电气与印度信诚集团在上海签订由上海电气制造的36台660兆瓦超临界火力发电机组的超大电厂项目合同，合同金额高达82.91亿美元。这是印度历史上最大的进口合同，也是上海电气迄今为止承接的最大合同。温家宝总理在出访印度时两次发表演讲都提到了以上海电气为主的国内装备制造企业与印度公司签署的电站合同项目，充分肯定了这个项目为印度工业发展和两国经贸合作作出的贡献。

由上海电气总承包的越南永新二期2X622兆瓦燃煤电站项目8月8日在现场开工。这是越南首个600兆瓦等级的国家级重点电站项目，越南副总理黄中海高度赞扬中国政府和上海电气的技术水平和在越南的建设项目。

上海电气输配电股份有限公司作为生产供应商，与中国机械设备进出口总公司合作承接了埃塞俄比亚BBDA400千伏输变电工程和斯里兰卡PUTTALAM220千伏输变电工程项目的制造出口，合同总金额约14亿元。

上海电气加强与中国北车集团的战略合作，全力推进上海轨道交通装备“立足上海、辐射区域、拓展海外”的战略目标，加快拓展国内外市场，已获得包括伊朗地铁在内的600多辆地铁车辆订单。上海首个出口地铁列车项目——伊朗德黑兰地铁列车也于年内成功下线，实现了上海轨道交通装备在海外市场上零的突破。

10月7日，在温家宝总理及意大利总理贝卢斯科尼的共同见证下，上海电气集团与意大利英波基洛集团、曼达林基金管理公司以及国开证券有限责任公司在意大利共同签署《海水淡化产业的合作意向书》，中意双方以各自在海水淡化领域的技术、工程以及专有技术的优势开展合作，通过强强联合，为国际市场提供更为高效的水电联动工程项目，这将为中意双方在这一领域的合作带来更多的互惠互利成果。

三、船舶行业出口势头不减

2010年，上海地区船舶企业实现造船总量和经济总量的快速增长，造船完工量突破1300万载重吨，工业总产值超过700亿元，全市船舶出口达到62亿美元，增长11.7%。

随着为美国福茂集团建造的绿色环保型17.6万吨好望角型散货船“忠梅”号完工交船，上海外高桥造船有限公司2010年造船完工总量累计达到706万载重吨，连续6年高居我国各船厂之首，同时也是我国第一家年造船产量突破700万载重吨大关的船厂，创造了中国船舶工业发展史上又一项新的纪录。全年出口达到15.1亿美元。

沪东中华造船集团出口14.3亿美元，增长9.1%，其中ＬＮＧ液化天然气船，是国际上公认的高技术、高难度、高附加值的“三高”产品，被喻为造船工业“皇冠上的明珠”，标志着我国在高新技术船舶领域取得了重大突破，并在国际船舶行业中走在前列。以往沪东中华造船集团造的ＬＮＧ液化天然气船都是国内用户，现在已经开始走出国门，目前由中国船舶工业集团公司和沪东中华为国外船东—美国埃克森美孚／日本商船三井制造四条ＬＮＧ液化天然气船项目已经签约。

上海江南长兴造船有限责任公司、上海船厂船舶有限公司和江南造船（集团）有限责任公司分别出口11.6亿美元、5.6亿美元和3.8亿美元。

四、宝钢集团加大附加值产品出口力度

经过前两年国际金融危机的直接冲击，国际市场上的钢铁需求大幅度下降，宝钢集团及时针对市场变化，加强海外营销体系，加大高附加值产品出口力度，出口有较大幅度增长，全年钢材出口签约260万吨，出口总额18.3亿美元，增长54.8%，出口比重为10.9%，超额完成年度出口计划。

宝钢出口的高合金油井管、高强度钻杆、系列抗腐蚀油套管等高附加值产品已经占管材出口总量的40%。如首批顺利出口到加拿大的按CSA标准生产的抗腐蚀管线管；首批顺利出口到土库曼斯坦5000米高抗扭抗硫钻杆；向国际知名石油公司批量提供的13Cr高合金油井管；成功打开东南亚和中亚市场的BG系列抗腐蚀油套管；已承接中石油乍得、肯尼亚管线项目等。

宝钢加强与海外知名用户的交流与沟通，积极培育重点用户，扩大国际市场份额，如在澳大利亚昆士兰柯蒂斯国际招标中成功中标的液化天然气管线项目，使宝钢成为该项目的独家供应商，将为其提供20万吨高钢级管线管。这是宝钢 UOE 焊管厂投产以来承接的第一个大批量出口合同，表明宝钢大口径焊管已具备与国际同类著名企业竞争的能力。针对美国市场油套管反倾销而钻杆需求不足的情况，宝钢深挖用户需求，与美国用户签订了钻杆合同，其中包括宝钢钻杆生产线的首个 65/8” 钻杆出口合同。

五、纺织、轻工行业出口恢复性增长

2010 年，由于受到国际市场上纺织服装以及日用消费品需求回暖因素的影响，上海市纺织服装和轻工产品出口开始恢复性增长。

全市纺织服装出口 178.2 亿美元，增长 16.7%。其中，上海纺织控股（集团）公司出口 31.7 亿美元，增长 20.3%；上海针织集团的上海飞马进出口有限公司出口 3.3 亿美元，增长 30.5%，成为上海市纺织工业自营出口额最大的企业。纺织控股集团所属的上海新联纺进出口有限公司出口 3.2 亿美元，增长 22.9%；上海申达进出口有限公司出口 3.1 亿美元，增长 20.7%；上海龙头股份有限公司出口 2.5 亿美元，增长 67.1%。

各区县的纺织服装重点出口企业出口也都呈增长态势。浦东新区的上海利步瑞服饰股份有限公司出口 9135.8 万美元，增长 39.3%；长宁区的上海风格服饰有限公司出口 5004 万美元，增长 26.7%；徐汇区的上海标旗服饰有限公司出口 3485.6 万美元，增长 56.3%；奉贤区上海温龙化纤有限公司出口 3343.9 万美元，增长 89.7%；松江区的上海塔汇针织厂出口 2760.8 万美元，增长 26.6%；嘉定区的上海诚凯制衣有限公司出口 2358 万美元，增长 49%；闵行区的上海题桥纺织染纱有限公司出口 2242.2 万美元，增长 77.4%；杨浦区的上海佳丽绒绣厂出口 2217.5% 万美元，增长 39.7%；青浦区的上海晟达纺织品有限公司出口 1929.8 万美元，增长 48.4%；金山区的上海豪润家纺有限公司出口 1833.6 万美元，增长 99.7%。

上海轻工控股（集团）公司出口 12.4 亿美元，增长 21.7%。主要出口骨干企业和重点轻工产品出口均有不同程度的增长。富士施乐复印机出口 3.6 亿美元，增长 73.2%；大金空调出口 7863 万美元，增长 41.4%；巨凤自行车出口 5537 万美元，增长 20.5%；白象天鹅电池出口 2794.6 万美元，增长 6.1%；白猫系列洗涤用品出口 1835.6 万美元，增长 36.1%。全市各类箱包出口增长 30.5%、电扇出口增长 28.5%、家用缝纫机出口增长 24.2%、体育用品及设备出口增长 14.8%、玩具出口增长 10%。

（胥培初）

工业产业结构调整情况

2010 年，根据市委、市政府领导对于产业结构调整工作要在确保办博的前提下，尽量早启动、早推进、早落实的指示精神，全市各方面形成合力共同推进，顺利完成全年结构调整工作目标。

一、全面完成年度调整目标

全年共完成结构调整项目 934 项，节约标煤 100.07 万吨，其中，市重点项目 130 项、节约标煤 66.42 万吨；区县、集团自行推进项目 804 项、节约标煤 26.71 吨；危化调整项目标煤 3.25 万吨，重点地区专项节约标煤 3.69 万吨，实现了全年节约 100 万吨标煤目标任务。调整项目涉及产值 244 亿元，职工 8.89 万人，土地 1.05 万亩。调整形式包括关闭 503 项、停产 260 项、调整生产线 46 项、搬迁 125 项（主要往江苏、山东、四川等地）。项目所属行业主要为金属加工、普通建材、零星化工、纺织印染、塑胶制品、家具、食品以及锻造、铸造、电镀、热处理等行业。

二、完成危化企业调整任务

完成危化调整项目 67 项、统计标煤 3.25 万吨，超额完成全年 50 项以上任务目标。经市安监局核定，调整企业危险化学品生产、使用、储存当量 42.2 万吨，其中，剧毒品 0.35 万吨、易燃易爆品 14.29 万吨、其他危险化学品 27.56 万吨。该批危化项目调整后将有效地减少城市安全隐患。

三、实施重点地区调整专项

嘉定马陆、浦东滨海 2 个重点地区专项已全部完成，金山第二工业区除 4 家制革企业外已基本完成，共涉及企业 144 家、土地 2245 亩。此外，浦东张江、松江九亭也已启动实施并接近完成，宝山大场地区调整工作正在积极推进中。

（何海昌）

工业节能减排工作情况

2010年是上海完成“十一五”节能减排目标的决战之年。市经信委按照市委、市政府的工作部署，根据韩正市长关于“务必提高认识、务必强化措施、务必落实责任”的工作要求，狠抓落实、扎实推进，工业节能与综合利用工作取得明显进展，呈现三个特点：一是超额完成工业节能目标，全面完成上海市节能减排领导工作小组办公室所要求的40项重点工作，实现节能量100万吨标准煤，规模以上工业单位增加值能耗（当量）比上年下降6%以上，超额完成单位增加值能耗下降3.6%的年度预定目标；二是工业能效水平显著提升，工业集团、区县工业产值能耗全面下降，14个重点产品单耗普遍下降，吨钢综合能耗下降19.4千克标准煤/吨，供电煤耗下降6.2克标准煤/千瓦时；三是重点工作取得新突破，实施节能技改项目251个、节约标准煤67万吨。实施合同能源管理项目43个、节约标准煤2.2万吨。推广高效照明灯具1301万只、高效空调132万台，节约标准煤31万吨。

一、早启动、早落实、早安排，确保完成年度节能目标

1. 明确节能目标责任。核准18个区县和24个工业集团年度节能目标；通过能效监控平台，对660多家工业重点用能单位开展月度能效监控，将年综合能耗5万吨标煤以上工业企业列为重点监控对象。

2. 强化节能监察。推进单位产品能耗限额标准和高耗能落后机电设备专项检查；启动50家重点用能单位强制能源审计和200项用能系统专项能源审计，挖掘节能潜力20多万吨标准煤；促使重点用能单位能源管理岗位（机构）备案和能源利用状况报告制度落实率达100%。

3. 推进社会节能。成功组织开展2010年上海节能宣传周系列活动；组织实施“千万节能灯进家庭”等市政府实事项目，推广高效节能灯1301万只，推广高效节能空调132万台，共节约能源31万吨标准煤；落实节能节水、环境保护、安全生产专用设备退税优惠政策，完成60家企业专用设备认定，抵扣企业所得税1.189亿元。

二、推进节能技改专项，整体提升工业能效

1. 实施重点节能工程。完成工业锅炉节能技改65台，天然气替代燃煤燃油锅炉19台，淘汰关停锅炉45台；推进300家重点用电企业电平衡工作，挖掘254个电机系统节能改造项目，节能潜力1.67亿千瓦时；组织申报三批节能技改市级奖励项目，确定重点节能项目251个，目标节能量60.8万吨标准煤。

2. 积极推行合同能源管理。贯彻落实国家《关于加快推行合同能源管理促进节能服务产业发展的意见》，举办上海市节能服务产业展览会、上海合同能源管理高峰论坛等活动，吸引150余家节能服务企业参展；大力发展节能服务产业，培育节能服务机构，受理40家节能服务机构备案申请；召开合同能源管理项目信息对接会，发布第一批50项合同能源管理项目信息，组织推进实施合同能源管理项目43项，节能量2.15万吨标准煤。

三、加强节能能力建设，营造全社会节能减排氛围

1. 修订、制定专项扶持政策。制定《上海市节能服务机构备案管理办法》，修订《上海市合同能源管理项目财政奖励办法》，会同相关部门认定2009—2010年节能节水、环境保护、安全生产专用设备。

2. 组织编制“十二五”规划。编制工业节能与综合利用“十二五”规划，分析工业节能潜力和目标，规划主要任务和措施；开展节能环保产业“十二五”发展规划研究，聚焦高端、高效节能环保技术装备和产品，重点发展15个节能环保装备产品领域和7个节能环保服务领域。

3. 继续推进专家库建设。建设工业系统节能减排专家档案库，筛选引导专家参与节能减排技术推广、项目评审等工作；对专家库进行动态管理，确保专家队伍整体质量。

（陶　然）

工业环保治理情况

2010年是第四轮环保三年行动计划的关键一年。市经信委按照全市环保三年行动计划总体要求和部署，协调各部门和项目实施主体，切实推进年度计划任务的完成。积极探索增强工业污染防治能力和推进上海市节能环保产业发展的有效途径，工业固体废弃物资源化利用技术和水平继续处于全国前列，粉煤灰、高炉炉渣连续10年超百利用。同时，以加快推进清洁生产为抓手，“以点带块、以块带面”，积极培育“清洁生产示范企业”，努力提升上海市清洁生产工作能级和示范效应，取得明显的节能降耗减排治污综合效益。

一、大力实施清洁生产

1．组织推进361家企业清洁生产审核，完成72家企业清洁生产验收工作，共实施无／低费方案665项，中高费方案123项，企业投资2.12亿元，年节能6.62万吨标准煤，减少CODcr排放808.11吨，减少SO2排放138.17吨。

2．建立持续清洁生产工作机制，组织开展对已通过清洁生产验收企业的年检工作。推进122家企业启动持续清洁生产工作，组织实施无／低费方案137项、中高费方案37项，企业投资7934.5万元，年节能7496吨标准煤，减少CODcr排放226.3吨，减少SO2排放93.83吨。

3．会同市环保局公布“2010上海市重点企业清洁生产审核名单”，协同推进重点企业清洁生产审核。

二、切实推进工业资源综合利用

1．公布2008—2009年资源综合利用认定企业和名单，公布管理办法，对获得国家鼓励的资源综合利用企业进行情况汇总分析。

2．推进工业固废综合利用，前三季度全市粉煤灰利用量404.467万吨、消纳脱硫石膏51.5万吨，粉煤灰、脱硫石膏等工业固体废弃物利用率达到95%以上。

三、深入开展工业污染防治

协调推进第四轮环保三年行动计划32大项105小项工作。

1．推进吴泾工业区环境综合整治，完成上海焦化5#、6#焦炉治理；受污染居民动迁进度94.7%，人员安置工作基本完成。绿化建设、集中供热系统、道路整治等工作有序推进。

2．杭州湾北岸石化化工集中区制定25家企业关停调整方案，已关停21家。居民动迁进度98.3%，启动第二工业区大气VOC自动监测站和防护林带建设，上海石化、高桥石化两家企业2个污染治理项目按计划完成。

3．继续完善工业区、保留和非保留工业区环境基础设施项目，涉及8个区89个项目，推进完成43项。

（陶　然）

电力建设和电力供应情况

一、电力建设情况

截至2010年年末，上海电网内共有发电厂32座、总装机容量1993.9万千瓦，单机容量在10万千瓦及以上的容量共计1851.6万千瓦、占装机总容量的92.9%，其中，100万千瓦机组4台、90万千瓦机组2台、60万千瓦机组6台、30万千瓦机组（35万千瓦、40万千瓦）机组19台、10—20万千瓦机组21台；接入500千伏的发电容量为700万千瓦（外高桥三厂200万千瓦，外高桥二厂180万千瓦，石洞口二厂120万千瓦，上电漕泾电厂200万千瓦），接入220千伏及以下电网的发电容量为1293.9万千瓦。

上海电网共有500千伏和220千伏变电站117座，变压器279台，总变电容量4870万千伏安，其中，500千伏变电站11座（不含上电漕泾电厂、外高桥三厂、外高桥二厂和石洞口二厂），500/220千伏联络变压器29台，变电容量为2650万千伏安；220千伏变电站107座，变压器250台，变电容量为4612万千伏安。500千伏线路45条（含汾三5902线、牌渡5903/5913线、太徐5923/太行5933线、葛南直流线、宜华直流线以及复奉直流的上海段），总长度为900.977千米；220千伏线路347条，总长度为3539.625千米，其中架空线3100.264千米、电缆439.356千米。

二、电力供应情况

2010年是世博之年，按照“六个确保”和万无一失的要求，以确保世博会期间上海市电力供应充足、供用电安全和电力安保万无一失为中心，将电力安全供应与节能减排相结合，认真谋划，精心组织，全力以赴做好全市电力供需平衡，同时，进一步注意电力迎峰度夏的长效机制建设，确保上海市夏季电力运行平稳有序，为上海市经济社会又好又快发展提供可靠的电力保障。

1．发用电情况

（1）用电情况

全社会用电量完成1298.20亿千瓦时，比上年的1155.39亿千瓦时，增长142.81亿千瓦时，增长12.36%。最高日用电量5.3489亿千瓦时（8月13日），比上年的4.8204亿千瓦时增长0.5285亿千瓦时，增长率为10.96%，其中，第一产业完成6.07亿千瓦时，增长12.62%；第二产业完成797.58亿千瓦时，增长12.16%；第三产业完成323.26亿千瓦时，增长13.70%。居民生活用电完成168.94千瓦时，增长11.50%。

在采取错峰让电、轮休和避峰等负荷控制措施后，最高用电负荷仍达到2621.2万千瓦，比上年最高用电负荷2379.9万千瓦净增241.3万千瓦，增长10.14%。

(2) 发电情况

2010年全社会发电量完成942.53亿千瓦时，比上年的781.43亿千瓦时增长161.10亿千瓦时，增长20.62%。2010年全年最高出力达1776.4万千瓦，比上年的1524.2万千瓦增长252.2万千瓦，增长16.55%。最高日发电量达38580万千瓦时(8月13日)，比上年的32214万千瓦时增长6366万千瓦时，增长19.8%。

2．夏季电力供需情况

在2010年迎峰度夏期间，上海市气温超过35℃以上的天数共达到29天，8月份平均气温30.9℃，月平均最低气温27.8℃，8月13日最低气温达到32.1℃，39℃以上高温日数为5天，且有4天为连续39℃以上高温，持续高温导致用电需求连创历史新高。受极端高温天气的影响，上海市最大用电负荷达到2621.2万千瓦（8月12日），最高用电负荷刷新历史纪录。上海市最大出力最高达到1776.4万千瓦，发电量为38580万千瓦，用电量为53489万千瓦，世博园区内最高用电负荷为11.7万千瓦，均创历史新高（8月13日）。区外来电最高达到987.2万千瓦（8月3日），最大峰谷差为1019.0万千瓦(8月16日)。

3．冬季电力供需情况

在迎峰度冬期间，上海市的最大用电负荷达到2191.7万千瓦，比上年同期增长157.2万千瓦，增长7.73%。上海市的发电实际最高出力为1805万千瓦，市外来电实际最高为574万千瓦。2010年1–2月全社会用电量累计219.33万千瓦，同比增长11.38%。2010年1–2月最高平均负荷1817.4万千瓦，同比增长12.16%，最低平均负荷1176.1万千瓦同比增长10.08%。

按照市委、市政府关于“坚持限电不拉电，确保居民生活用电不受影响，确保重点企业生产用电需要，确保城市生产生活正常有序”的要求，2010年电力迎峰度冬工作采取了以下措施：

一是确保电力供应能力和安全稳定运行。稳定上海市燃煤机组发电能力，确保发电设备正常运行；提高电煤供应和库存，确保用电高峰时燃煤机组安全运行，稳发满发；确保上海市燃气机组顶峰发电能力；确保燃气机组正常顶峰发电。

二是完善各项应急处置措施。继续推进有序用电的长效机制建设，推进全天候的负控应急预案常态化，继续完善全市和局部区域的快速减负荷措施，做好应急情况下局部区域实施临时限电的准备，以有效缓解电力供需矛盾，确保城市电网安全稳定运行。

（陈伟丽）

信息化与工业化融合情况

2010年，上海作为国家级信息化与工业化融合（以下简称“两化融合”）试验区之一，根据上海市推进“两化融合”实施意见和三年行动计划的总体部署，聚焦点（企业）、线（产业）、面（区域），落实重点任务、推进重点项目、完善工作机制，推进信息化与工业化融合走向深入，“两化融合”发展水平指数达到72分，较2009年提高3分。

一、聚焦重点项目，加快培育“两化融合”企业典型应用

形成了全方位、分层次、多渠道的“两化融合”项目支持体系。通过高新技术产业化专项重点关注以信息技术为主要支撑的高端产品研制和产业化发展，2010年，支持“两化融合”项目60余个，涉及投资22亿元，支持资金达到1.7亿元。通过信息化发展专项重点关注企业在研发、生产、管理、营销等环节信息化的应用，连续两年滚动支持了大型客机全球协同研制、自主品牌汽车柔性制造、核电装备数字化工厂、消费品客户资源管理等60余个企业信息化应用项目，累计支持资金近5000万元，带动企业项目投入资金近5亿元。此外，技术改造、软件和集成电路发展、中小企业发展等方面也从不同角度出发在各自领域支持一批“两化融合”项目。

二、聚焦大型企业信息化，促进产业链上下游联动发展

围绕“1010工程”确定的重点产业积极扶持和加快推进龙头企业信息化应用。如航空产业，以中国商飞为龙头，推动大型客机全球协同平台和供应商研制符合性管理系统建设，进一步提高大型客机设计研发和供应商管理能力；装备产业，以上海电气为龙头，加强电站、电梯等核心产业信息化，推动新能源、先进装备等领域产业链协同发展；汽车产业，以上汽集团为龙头，推动汽车工艺规划与仿真系统开发与应用，带动上下游企业工艺开发能力提升；化工产业，指导华谊集团召开信息化工作会议，充分调动“两化融合”企业主体积极性。

三、聚焦区县及园区，深化推进区域“两化融合”实践

在做好市级层面总体布局和面上推进的基础上，进一步下移工作重心，促进“两化融合”向广度拓展。一方面，推进“两化融合”向区县层面延伸。认定浦东新区、松江区、宝山区、杨浦区4个“两化融合”实践区；另一方面，率先在临港装备、长兴船舶和海洋工程等国家新型工业化示范基地，以及张江、漕河泾等信息化基础较好的产业基地，推进“两化融合”示范园区建设，支持园区在智能安防、公共服务平台、电子报关等方面信息化项目建设，研究形成园区信息化管理规范标准，并作为临港集团企业标准进行试点。

四、聚焦专项工程，继续完善“两化融合”综合环境建设

电子商务扶持引导方面，开展以推动电子商务平台企业创新发展、推动中小企业应用电子商务平台为内容的“双推”工作，5800家中小企业享受第三方电子商务平台的服务。专业人才培训方面，实施“2200两化融合人才培训计划”，成为国家“两化融合”人才培训基地，构建首批4个联合培训机构成员单位及5个人才实训点，全年累计培训人数超过2200人。中小企业信息化应用推广方面，召开中小企业发展推进大会，评选产生50个中小企业信息化示范企业，并支持一批面向中小企业的公共服务平台建设。工业软件振兴方面，发布振兴工业软件专项行动方案，设立一批上海工业软件工程中心。此外，以“信息化与工业化融合，促进绿色经济发展”为主题之一，成功举办全球信息化论坛和上海信息化应用成果展。

五、聚焦“两化融合”带动节能减排，促进产业绿色低碳发展

围绕节能减排相关信息技术研发和产业化应用，在高耗能行业有针对性地推进一批“两化融合”项目，推荐上海氯碱、上海焦化部分项目列入工信部节能减排信息技术应用项目，带动相关领域产学研结合，促进了上海在相关领域的信息化深化应用。同济大学CIMS中心作为“两化融合”研究中心之一，自主研发的“企业生产和能耗过程耦合建模与能源综合优化系统”列入《国家鼓励发展的工业领域节能减排电子信息应用技术导向目录》。

六、聚焦“两化融合”新兴技术应用，促进产业创新转型发展

跟踪物联网、云计算、智能电网、新一代无线通信等新兴信息技术在工业领域的应用，按照先进性与适用性相统一的思路，加快企业运用新兴技术实现创新驱动和转型发展。如美特斯邦威在顾客服务中引入云计算和物联网技术，通过将RFID芯片运用于服装吊牌和用户卡，极大提升了顾客的购物体验。光明集团通过建设质量安全追溯与监管平台，实现了农产品从源头到最终产品全生命周期的质量追溯与跟踪。上海电器科学研究所开发智能电网用户端能源管理、智能配电和智能家居系统，在智能电网领域申请专利近10项。

（唐燕萍）

国资国企改革工作情况

2010年，在市委、市政府的正确领导下，上海国资系统按照科学发展观的要求，一手抓服务世博，一手抓深化改革，进一步贯彻落实《关于进一步推进上海国资国企改革发展的若干意见》，推进开放性市场化重组、资产证券化、国资监管全覆盖、法人治理结构、非主业资产调整等重点工作，实现了又好又快发展。

一、国资保持稳健发展态势

国有经济运行良好，国资总量稳步增长。全年，上海市国有及国有控股企业（含金融保险业）实现营业收入16989.89亿元，比上年增长34.8%；实现利润总额1671.96亿元，增长41.7%。地方国有经济实现生产总值（GDP）3727.13亿元，增长20.1%，占全市GDP（16872.42亿元）的22.1%。上海市地方国有资产总量达到11020.84亿元，增长13.6%。

大企业集团发挥主力军作用。上汽集团努力提升自主品牌产品质量，加大新能源汽车研发和产业化力度，全年整车销量达到358万辆，同比增长31.5%。上海电气积极开拓国外市场，与印度大型基建工业公司信诚集团签订总价达82.91亿美元的电力设备供应合同，是印度历史上最大的进口项目。上港集团抓住进出口逐步回暖的机遇，采取积极有效举措开拓市场，集装箱吞吐量超过2900万标箱，实现了上海港货物吞吐量和集装箱吞吐量的世界第一。上海建工把“调结构、转方式”作为应对后世博挑战，积极推进产业结构和地域结构调整，实现营业额858亿元，增长14%。百联集团积极推行“强店战略”，提升业态总部经营能力，营业收入达到1100亿元。地产集团旗下7家具有房地产开发一级资质的房地产企业，通过各种方式积极参与保障性住房建设，发挥骨干和示范作用。上海机场抓住上海世博会机遇，主动提升服务水平，运输指标增长迅猛，旅客吞吐量突破7200万人次。光明食品集团深化商业模式转型，加强网络渠道建设，核心主业实现较快增长，主营业务收入突破600亿元。

企业集团创新发展呈现较多亮点。上海电气成功制造全球首台AP1000国产化主设备——三门核电1# 机组安注箱，标志着我国第三代核电技术设备国产化实现了零的突破，开启了我国第三代商业核电站国产化和自主设计发展之路。独立研发试制的海上风机“巨无霸”——3.6兆瓦大型海上风机在临港重装备基地成功下线，是我国自主研发的技术最先进、容量最大的风力发电机组，标志着中国掌握了大容量风电机组设计核心技术，填补了国内海上风机独立研制的空白。上海建工自主设计制造2台直径达7.26米、拥有首个“上海芯”的大型复合土压平衡式盾构机，用于该公司中标承建的浙江三门核电一期海底取水隧道工程，其驱动部分全部是自主设计加工制造，最大掘进速度为每分钟6厘米，实现了完全自主国产化。另外，建成世界上最大、最深的地下变电站——位于北京路与成都路口的全地下圆筒体500千伏变电站。建成世界范围内最大的异型曲面单层铝合金网壳建筑群——总建筑面积21165平方米的辰山植物园温室。上海城建设计制造的拥有自主知识产权的 φ6.64M 复合型铰接式土压平衡盾构成功运抵新加坡，标志着由我国自主研发制造的国产盾构首次进入海外市场，实现了国内基建设备研发制造史上的新突破。

二、开放性、市场化重组积极推进

集团公司层面重组继续深化。一是组建上海国有资本管理有限公司，搭建了综合性国有资本流动平台，为形成盘活国资存量、促进国有股权流动的机制创造了条件；二是实施完成建工集团与市政工程设计院联合重组，市政院整建制划转建工集团，进一步加快上海市建筑业总承包商的培育步伐，促进工程设计企业和建筑施工企业的联动发展和优势互补，增强上海市建筑业企业的竞争力；三是推进上海纺织控股与纺织有限公司重组，通过增资方式，将纺织控股的经营性资产向纺织有限集中，为将纺织有限转变为市国资委出资监管单位及其下一步资产证券化创造条件。

优势企业“走出去”并购和均势企业“引进来”重组取得积极进展。在“走出去”方面，光明集团投资控股英茂糖业和新西兰 SynlaitMiik 公司，百联集团收购香港 KPIRM 公司，上药集团投资国内部分省市医药分销企业，上港集团投资参股比利时马士基集团泽布吕赫公司，机场集团与香港机场管理局合资成立沪港机场管理公司，国盛集团与中国国电合作开发新能源项目。在“引进来”方面，中国北车重组上海轨道交通实施完成，上海轨道交通获得中国北车集团600多辆地铁车辆订单，出口伊朗车辆成功下线，打开了国际市场。中航技重组广电 NEC 五代线资产交割完成，电子信息产业继续在上海发展，广电集团重组全面结束。此外，英雄集团整建制划转普陀区，瑞典山特维克重组电气建设路桥机械，四川环龙重组纺织金熊网毯，中冶北方重组上海冶矿机械，中航工业重组上海国际消防装备，中国节能重组仪电节能环保，民营企业重组华谊生物等项目基本完成。

三、国有资产证券化工作继续推进

通过非公开发行、资产置换等多种方式，加快整体上市和核心资产上市。上海建工、锦江股份等10家企业基本完成整体和核心资产上市，现金融资556亿元，资产注入169亿元。上港集团、上海医药等12家企业进入审批程序。全市经营性国资证券化率从年初的25.4%提高到30.5%。扣除公益性国资，市国资委系统证券化率目前已超过50%。上港集团、百联集团、久事公司、地产集团等加快解决上市公司历史遗留问题，不断提高企业整体质量，初步形成“融资发展、机制创新、价值提升、回报社会”的良性发展机制。

制发了《关于进一步加强本市国有控股股东所持上市公司股份管理规定》，规范最低持股比例、股份转让及收入使用、信息披露等行为。对652个国有股东证券账户进行标识管理。与中国证券登记结算有限公司合作，对国有股东证券账户股权变动情况进行动态监控。

四、企业法人治理结构进一步完善，中长期激励积极推进

11家主要产业类企业集团实行规范董事会建设试点、监事会团队化管理。制发《董事会试点企业治理指引》等制度。经资格认定委派的35名外部董事、6名外派监事，以及董事会各专门委员会认真履职，企业科学决策、风险防控、管理水平有所提高。企业监事会对年度战略执行、重大投融资等项目进行专项检查、评估，提出了很好的改进措施和建议。

董事会“选人用人、投资决策、考核奖惩”等职权逐步落实，上汽集团、上海电气、光明食品集团已新聘经营班子成员。良友集团等市管企业领导人员岗位通过市场化方式公开选聘。近50%的产业类企业集团董事会实行任期考核。按照“成熟一家推进一家”的原则，光明乳业实施股权激励，建工等5家整体上市或核心资产上市企业形成相关方案。

五、国资监管体制进一步完善，国资监管全覆盖工作完成

根据“统一授权、统一规则、分类监管”要求，基本完成市政府委办局所属企业政企分开、经营性国资划转工作，涉及23家企业，国有权益560亿元。以契约方式，分两批对13家单位所属金融保险、科教文卫等领域经营性国有资产实行委托监管，落实战略规划和投资、收益和预算、资产评估、业绩考核和薪酬分配等九个方面监管内容。各委托监管单位按照“责任有主体、行为有规范、问责有对象”的目标，建立健全制度，规范法人治理结构、加强经营业绩考核等工作。如市金融办加快推进经营者市场化、职业化，国泰君安、申银万国和上海国际等市属金融企业高管实行公开选聘，改革步伐比较快。市委宣传部完成系统经营性和非经营性国资管理体系全覆盖，监管流程清晰，监管制度专业性强。

六、国资监管水平全面提高，管控能力进一步加强

形成“3+X”国资监管网络运行格局，国资监管信息系统进一步优化。国资委层面建立“财务风险预警、企业土地管理监管、产权交易预警监测”三大监管系统，上海城投、华谊集团、申能集团、上海城建等企业在“资金运行、财务管理、物资采购、资产处置、工程建设”等关键环节实行网上监管。财务风险预警系统方面，已与41家企业集团联网。对债务、现金流、盈利能力和投资等四大类风险进行定期检测，处于红灯状态的单位按要求作出成因分析，提出处理预案。企业土地管理监管系统方面，已导入企业集团土地位置、面积、权属、租用情况等信息。产权交易预警监测系统方面，重点加强交易后“监事会跟踪检查，竞价变更由上级董事会复审，市国资委每月按10%比例抽查”等工作。另外，法人治理、收入分配、安全生产等新三大系统将投入运行。

形成较完整的财务预算审核标准和工作流程，国资监管各项基础管理有新的提高。完成评估管理办法调整试点，按照产权关系分级落实评估项目的核准、备案责任。完成上海兰生、电动工具所经济责任审计，相关企业按照审计要求认真整改，完善内控制度、加强资金管理、强化法制建设。大多数企业集团规章制度、经济合同法律审核把关率达到100%。

七、非主业资产调整、层级收缩、行业收缩和解决历史遗留问题成效明显

非主业资产调整继续推进，一批非主业企业完成退出。全年，通过转型发展、改制重组、关闭注销和破产注销等方式，共完成非主业企业和壳体企业调整清理726户，其中，520户通过清算和破产予以注销，200多户向民营企业、外资和自然人转让。

层级收缩面上推进，一批企业有效管理层级收缩至三级。层级收缩作为面上重点工作积极推进。至年末，长发、世博、机场、港务、锦江航运等集团实现管理层级控制在三级，系统内有效管理层级在三级的企业集团数量增加到11家。同时，上汽、华谊、国盛、仪电等企业集团将层级上收一级，其他集团末端层级企业明显减少。

行业收缩面上推进，国资布局结构进一步优化。完成木材、皮毛、造纸、家具、非金属矿采选业等9个大类行业的退出，涉及13个集团47户企业，国资行业跨度从79个收缩到70个。同时，出租车行业整合加快，纺织集团225辆车向锦江转让，国盛、城建等集团出租车资产转让继续推进。

相关政策进一步落实，一批历史遗留问题得到解决。在土地方面，基本完成系统内划拨土地变更工作。规土、房管、国资等相关部门对企业集团申报的第三批、第四批、第五批共289幅划拨土地使用权变更进行联合审核，发文批复134幅，涉及土地面积4115亩，建筑面积72万平米。同时，合力解决一批房地历史遗留问题。广电重组中31处房地产完成变更过户。申能燃气集团17处房地产的权属问题得到确认。蔬菜集团历时多年的两幅历史公房产证涉税问题得到解决。纺控集团与纺织有限重大重组中的房地变更问题推进解决。在破产操作方面。开展破产工作的企业集团数量大大增加，由电气、华谊、纺织等数个集团扩展到仪电、城建、光明、兰生、良友、东方国际等10多个集团，共向市高院增加申报破产项目135个，20多个破产项目进入司法程序，11户完成司法终结，核销金融债务12亿元，历史欠税8000万元。仪电金泰铜业政策性破产项目完成，政策性破产全面结束。

在抓好改革发展的同时，国资系统以“出精品、出精彩、出精神”为目标，全力支持世博，促进世博会成功举办。上海建工、现代设计、建科院等单位承担了世博园区80%的建设任务、70%的设计任务、60%的项目管理，中国馆、主题馆等永久性展馆获国家建筑“鲁班奖”等。国盛集团牵头38家企业集团出资3.5亿元承建上海企业联合馆，集中展现上海国资国企风采。锦江国际、久事、申能、城投、百联等集团圆满完成交通运输、能源保障、通信畅通和商品供应等任务。全系统接待各方来宾4000批5.7万人次。

（曾茂生）

央企综合情况

2010年，是在沪央企充分发挥“综合实力强、创新能力强、资源优势足、行业跨度大、辐射效应广”等引领示范作用的重要一年。上海市委、市政府更加重视发挥在沪央企的作用，更加注重完善和优化央企在沪发展的环境和条件，切实加强和改善央企服务工作，以央企在沪又好又快发展为重要的引擎之一，促进上海自身的“创新驱动，转型发展”、“四个中心”和国际化大都市建设。

一、2010年在沪央企总体实现了又好又快发展

据最近的一次全国经济普查显示，目前在沪央企及以办事处或窗口公司形式设立的分支机构有2500家左右，其中，第一产业1家，第二产业531家（主要包括394家工业企业、137家建筑企业），第三产业1947家（主要包括114家金融单位、185家房地产单位、94家交通运输企业、302家科研与专业技术服务单位、1161家服务企业、32家教育与卫生单位和59家文化娱乐单位）。其中，有77家党的工作归口市经济和信息化工作党委协管。

2010年，在沪央企在上海经济社会发展中的地位和作用主要体现在“三大贡献”、“三大推动”上：

（一）“三大贡献”，即影响力较大、带动力较大和贡献率较大

1．影响力较大

从企业规模看，在沪规模以上工业央企有177家，其中，重点央企84家，大型企业15家。

从功能形态看，除金融业外，在沪设总部的有5家，包括中国商飞有限责任公司、宝钢集团有限公司、中国东方航空集团公司、中国海运（集团）总公司、上海贝尔股份有限公司；在沪设地区总部、重要生产基地和营运中心的有131家，包括上海石化、高桥石化、上海烟草、上海电信、上海移动等。

2．带动力较大

——在产业发展方面

目前，在沪央企分布在上海市各重点产业领域，主要集中在航天、航空、造船、石化、电力、电子信息、钢铁、医药和金融、房地产、交通运输、通信服务、商贸流通、工程设计等先进制造业和现代服务业的重点行业。其中，国务院国资委辖管的122家央企集团已有100家在上海设有下属公司或办事机构，覆盖上海市高新技术产业化九大重点领域。

从门类分布看，在沪央企主要涉及17个行业门类，占国民经济全部20个门类的85%，仅有采矿业、公共管理与社会组织以及国际组织门类未涉及。列前5位的分别是批发和零售业、制造业和科学研究、技术服务和地质勘查业、租赁和商务服务业及交通运输、仓储和邮政业。这5个门类共有央企1702家，占全部央企数量的69%。

从行业大类看，企业数量最多的前6个行业大类依次为批发业、商务服务业、零售业、房地产业和专业技术服务业以及科技交流和推广服务业，共1244家企业，占在沪央企总数的50.2%。

——在区域经济方面

在沪央企覆盖了全市18个区县，主要集中在浦东新区、徐汇区、杨浦区、闸北区、虹口区、黄浦区等6个区，占在沪央企总数分别达到22%、19%、8%、7.9%、7%和6.8%。经过多年的产业聚集发展，使相关区县、区域凸显了特色产业，如浦东新区的电子信息制造、民用航空、海洋装备工程、先进重大装备，杨浦区的烟草，闵行区的航天航空，金山区的精细化工，宝山区的精品钢材，浦东临港的先进重大装备、现代物流，崇明长兴岛的船舶及装备制造、港口运输等。

在沪央企主要集中在中心城区和浦东区，其中，中心城区总面积289平方千米，共有央企1601家，企业数量所占比例为64.61%；浦东区包括浦东新区和原南汇区，总面积为1210.41平方千米，共有央企546家，所占比例为22.03%；郊区总面积为5211平方千米，共有331家，所占比例为13.36%。

3．贡献率较大

在沪央企业绩优良，是推动上海经济社会发展的重要力量。以工业为例，2010年，在沪工业央企资产累计7532.8亿元，占全市工业总资产27.5%；完成工业总产值6367.9亿元，占全市工业比重21.2%；实现主营业务收入6729.7亿元，占全市工业总收入21.1%；实现利润总额473.9亿元，占全市工业21.4%；税收总额686.1%，占全市工业49.9%；从业人员15.7万人，占全市工业5.4%。

（二）“三大推动”，即推动产业升级、推动技术创新、推动城市和经济运行工作。

1．推动产业升级

央企在上海市发展支柱产业、战略产业和高新技术产业中居于绝对主力地位，上海拥有中国商飞、宝钢集团、上海石化、高桥石化、上海烟草、上海航天局、上海船舶总公司和江南、长兴岛等一批全国骨干的造船企业，以及振华重工、贝尔股份等一批全国的行业领军企业。

2．推动技术创新

在沪央企技术创新体系比较完善，有的拥有国家级和上海市技术中心，有的拥有博士后工作站。同时，上海船舶运输科学研究所和上海医药工业研究院等一批科研“国家队”。在沪央企大多拥有比较完善的技术创新体系。据不完全统计，在沪央企现有博士后工作站近30个，占全市总数的30%。企业技术中心42个，占全市总12%，其中，国家级13个、市级29个，分占全市总数31%和9%，央企成为了上海高新技术产业化、企业技术创新的重要引擎。

3．推动城市和经济运行工作

上海煤、电、油、运、气等涉及城市和经济运行及安全保障工作，均由央企挑大梁，如中石化、中石油、华东电网、市电力公司、电力股份、东方航空、中海运、中外运和“西气东输”等。2010年，在沪央企为上海市提供电网最大负荷2621.2万千瓦、用电总量1298.15亿千瓦，再创历史新高，同时，为全市市场稳定供应汽油283.38万吨、柴油638.71万吨。2010年1—11月，央企为全市提供煤炭消费量4561万吨，同比增长11.9%，其中，电煤3249万吨，同比增长21.6%。天然气用气量40.2亿立方米，同比增长37.8%。为

上海经济和城市安全运行提供了重要保障。

二、上海加强央企服务工作的主要举措

最近两年，按照市委、市政府《关于加强和改进对中央在沪企业服务工作的若干意见》的精神，全市上下共同加强和改进央企服务工作。上海市经济和信息化委员会发挥该项工作的全市牵头部门作用，坚持“联合委办，依托区县，服务央企”，集合市内资源，集聚国内外资源，不断优化央企在沪发展的环境和条件。上海加强央企服务工作的主要举措是：

（一）健全央企服务体系

全市上下形成了主要领导带头重视、分管领导各负其责、市区两级政府相关部门各司其职、协同配合的央企服务工作新体系。全市央企服务工作由分管产业发展的副市长负责，在市区两级政府相关部门都落实了强化央企服务的职能，明确市经济信息化委承担全市央企服务牵头部门的职能。2008年10月，原市经委和市信息化委合并组建新的市经济信息化委后，新增的一项职能是央企服务。尽管内设处室从原37个减少到24个，但增设了央企服务处。央企服务处成立两年多来，认真履行职能，工作从零起步，在探索中实践，逐步延伸工作范围、提升服务央企内涵。

（二）多方位“服务央企促发展”

在保增长方面，为应对国际金融危机，上海把服务在沪央企作为全市服务企业保增长的重中之重。多次召开“服务央企促发展”座谈会，倾听央企的服务需求和建议；开展“央企服务月”活动，各级领导分别带队到央企调研，帮助排忧解难，先后深入到近百家央企调研，了解服务新需求，明确协调解决了一批急难问题；将央企纳入了服务企业“直通车”，开辟“绿色通道”，推动央企与金融单位合作，帮助一些央企解决了巨额银行授信额度问题。

在高新技术产业化方面，围绕九大重点领域，对接国家十大产业调整和振兴规划以及国家科技重大专项，启动了对大型飞机、核电等16个国家重大专项的重点配套支持，加大推进力度。2009～2010年，共有25家在沪央企承担了七大领域、32个上海市高新技术产业化项目，主要涉及新能源（智能电网）、民用航空制造、先进重大装备、电子信息制造（物联网）、新材料、海洋工程装备、软件和信息服务业，项目总投资91.3亿元，市经信委提供专项资金支持逾6亿元。

在“两化融合”方面，把央企相对集中的航空、钢铁、石化、造船等行业列为“两化融合”的重点支持产业，推动中国商飞、宝钢集团、外高桥造船等央企实施重点项目，提供专项支持资金千万元；依托央企技术中心，建立了10个“两化融合”重点实验室，推进在沪央企“两化融合”走产学研用结合之路。

在技术改造方面，最近两年，市经信委重点支持了22个在沪央企重大技术改造项目，投入专项投资近4亿元，涉及钢铁、装备制造、物流、船舶、电子信息等领域。

在发展生产性服务业方面，支持央企开展总集成总承包业务，2008–2010年，共投入总集成总承包工程专项引导资金1000多万元，扶持了一批央企发展项目，涉及石油化工、新材料、装备制造、节能环保、信息服务等重点领域。

在结构调整和节能减排方面，近两年，累计投入专项支持资金5.1亿元，完成一批在沪央企结构调整项目，年节约标煤数十万吨；投入700万元专项资金，支持3家在沪央企实施会同能源管理项目；投入100万元专项资金，推进部分在沪央企清洁生产。

在世博工程建设和接待服务方面，10家在沪央企承担了世博会6个央企场馆和园区内外电力、通信、安保等基础设施及配套建设任务。在“建设任务重、资金流量大、参与单位广、监管难度高、安保压力大”的情况下，市有关部门联手组织力量，加强服务协调工作，保证了涉博项目如期建成，保障了世博会期间园区内运行安全和全市煤电油运汽、通信等顺畅。在世博会试运行和举办期间，针对央企“团组多，分散来，变化多”等特点，市经信委建立专门的接待服务体系，借助委内外各类接待资源，共接待省部级的对口央企领导团组273个、3954人，实现了“无缝衔接”。

（三）形成了日常服务的“四大板块”

经过两年的探索，全市服务央企的途径、手段和方法日益丰富。市经信委形成了日常服务央企的“四大板块”：

——政策服务平台。举办“形势与政策系列报告会”，集中解决和解答在沪央企的共性需求问题。先后组织了高新技术产业化、人才政策、土地规划、高新技术产业税收政策、发展低碳经济与上海节能减排等5个专场，组织市相关部门负责人与央企面对面沟通，传递政策信息，解答了一批央企关心的共性需求问题，150多家央企、近800人次参加。与此同时，不定期为系统归口管理央企举办法律讲座。

——央企与地方发展对接平台。先后组织了“央企考察数字长宁”、“央企观临港新区”、“央企看杨浦”、“央企闸北行”等对接活动，选择与区县、开发区产业对口的央企领导参加，通过互动交流，促进了央企与区县、基地、园区在发展需求、项目合作等方面的“三个对接”。

——日常联络服务平台。各级领导干部按照分工，定期走访相关央企，与高层领导保持密切的沟通。机构改革后，市经信工作党委建立了归口协管央企书记“双月”例会制度；行政分步组建在沪央企联络员网络，目前已形成了由120家央企组成的联络员队伍，并分行业召开了联络员会议。同时，与市税务局、市规土局、市政府合作交流办、市金融工作党委等部门初步建立了央企服务的协作关系。

——信息沟通平台。市经信委依托现有的网站平台，在行政网上开设了“央企动态”专栏，宣传上海产业政策，与央企双向传递与沟通信息；宣传央企形象、成功经验和最新发展动态，展示央企形象；编印了《央企动态》简报，逐步丰富央企服务工作的交流形式，开展专项调研，起步建立在沪央企基本情况信息和数据库。

（四）协调解决央企难点问题

把央企发展中的难点作为加强服务的重点，这在全市上下逐步形成共识。两年来，市经信委聚焦“五个重点”，加强和改进央企服务工作。

——着力解决发展难点问题。三大电信运营商在沪推进TD等3G网络和基站建设难度较大。在2009年年底全市已建成各类3G基站近7000个的基础上，市经信委牵头建立了上海市推进TD-SCDMA等3G网络建设和应用联席会议制度，结合世博会建设需求，协调落实并推进完成了409个高难度的新基站建设任务。同时，在闵行、普陀、长宁等区开展“TD网络建设和应用试点示范区”建设。某央企在货物进出港报关时发生归类差错，被上海海关降低管理类别。因该公司承担大量特种航空部件的紧急进出关转运业务，亟需继续将其列为B类管理企业。经市经信委与上海海关多次协调，最终得到了妥善解决。

——着力解决人才“引进难”问题。近些年，为服务国家战略和新兴产业发展的需要，一些新成立的央企分别在上海设立子公司。然而，面向全国引进高端人才时常遇到现行户籍制度的束缚。市委、市政府高度重视突破突破人才制约瓶颈问题。市经信委会同市人保局等部门为一批在沪央企排忧解难，多次召开专题协调会，因央企而异，形成了一批解决的建议方案，已协调解决了数百名高端人才的落户问题，并为一些因年龄、学历问题而无法落户的特殊专业人才开辟了“绿色通道”。同时，市有关部门建立专门机制，联手召开中央在沪企业人才引进工作座谈会，将近80家中央在沪企业列入人才引进重点单位。在上海领军人才评选、中期考核工作中，更加重视在央企中发掘和推荐承担高新技术产业化项目的突出人才。

——着力解决医疗保障问题。为协助做好在沪央企高管人员和员工的医疗服务保障工作，建立央企与上海市各大医疗单位医疗服务需求定期对接机制，上海市各大医院通过与央企双向交流沟通，增进了彼此了解，专门为一些央企开辟了就诊“绿色通道”。

——着力解决历史遗留问题。上海市相关部门协助财政部上海专员办、市人保局完成了1990年以来中央在沪计划内破产企业的人员现状清查和财政补贴落实工作。协调并妥善解决了一批央企与央企、央企与地方企业在房地产转让履约方面的历史遗留问题。

——着力解决社会关注的问题。市经信委联合相关委办局，协调解决世博会期间个别央企周边外来人口稳定、项目建设动迁等问题；认真办理并协调解决市人大代表、政协委员提出的“进一步发挥中央在沪单位作用”的各项议案和建议，均给出满意答案。

（五）助推央企在沪扩大投资合作

产业部门委制定了重点中央企业项目落实的走访计划，分管市领导和相关部门主要领导分别带队，多次专程到北京拜访相关的中央企业总部和部分中央部委；市经信委召开部分央企“十二五”规划对接会议，争取更多央企项目布局上海，促成了一批项目洽谈、签约和落地。近两年争取到了商用飞机发动机项目和民机航电系统项目分别落户上海，初步构建了“大型客机、商用发动机、航电系统”三大主体项目带动关键零部件、材料等配套的上海民用航空产业发展的新格局；开工建设了一批央企在沪的新能源发展项目；协助区县推动一批央企投资项目落地和施工建设。

（马 峰）

中小企业发展情况

根据市统计局快报数据显示，2010年，全市中小型法人企业（以下简称“中小企业”，不包括非法人企业和个体工商户）呈现“9、8、7、6”的格局。截至年末，全市共有中小企业33.86万户，占全市法人企业总数的99.50%；吸纳从业人员805.72万人，占全市法人企业总数的80.80%；实收资本总额为20028.60亿元，占全市法人企业总额的77.09%；实现营业收入61924.31亿元，占全市法人企业总额的64.51%。

一、2010年上海市中小企业总体情况

1. 中小企业数量基本保持稳定

截至2010年年末，全市共有中小型法人企业33.86万户，占全市法人企业总数的99.50%，其中，中型企业1.04万户，比上年增加119家。小型企业32.82万户，比上年增加270家。

“十一五”期间，全市中小企业户数增多，在全市中所占的比重基本稳定。2010年年末，中小企业户数比2006年增加1.22万家，增长3.75%。其中，中型企业增加2623家，

小型企业9608家。2006-2010年，中小企业户数占全市的比重基本稳定在99.5%左右，但中型、小型企业所占的比重表现为“中型增，小型减”的态势。2010年，中型企业、小型企业占全市的比重分别为3.06%、94.44%，与2006年相比，中型企业提高了0.69个百分点，小型企业减少了0.61个百分点。

2. 中小企业从业人员略有增长

全市中小企业从业人员805.72万人，占全市法人企业从业人员总数的80.80%，比上年增长0.79%。其中，中型企业从业人员260.67万人，占中小企业从业人员总数的32.35%，增长0.56%；小型企业从业人员545.05万人，占中小企业从业人员总数的67.65%，增长0.91%。

“十一五”期间，中小企业吸纳的从业人员总数增加，占全市的比重有所下降。2010年年末，中小企业吸纳的从业人员数比2006年增加25.02万人，增长3.20%。其中，中型企业增加16.93万人，小型企业增加8.09万人。2010年，中小企业从业人员占全市的比重比2006年下降1.81个百分点。其中，中型企业比重增加0.35个百分点，小型企业下降2.16个百分点。

3. 中小企业实收资本大幅下降

全市中小企业实收资本达20028.60亿元，占全市法人企业总额的77.09%，比上年下降16.66%。其中，中型企业实收资本6426.99亿元，占中小企业实收资本的32.09%，下降18.95%；小型企业实收资本13601.61亿元，占中小企业实收总额的67.91%，下降15.52%。

“十一五”期间，中小企业实收资本总额增加，在全市中所占的比重有所上升。2010年年末，中小企业实收资本额比2006年增加3438.82亿元，增长20.73%。其中，中型企业增加788.74亿元，小型企业增加2650.08亿元。2010年，中小企业实收资本占全市的比重比2006年增加8.97个百分点。其中，中型企业占比由2006年的23.15%增加到2010年的24.74%，小型企业由2006年的44.97%增加到2010年的52.35%。

4. 中小企业营业收入增长明显

全市中小企业实现营业收入总额61924.31亿元，占全市法人企业总额的64.51%，比上年增长11.14%。其中，中型企业实现营业收入19204.03亿元，占中小企业营业收入总额的31.01%，下降4.38%；小型企业实现营业收入42720.28亿元，占中小企业营业收入总额的68.99%，增长19.88%。

“十一五”期间，中型企业实现的营业收入增大，在全市中所占的比重上升。2010年中小企业营业收入比2006年增加22600.06亿元，增长54.47%。其中，中型企业增加4562.51亿元，小型企业增加18037.55亿元。2010年，中小企业营业收入占全市的比重比2006年增加9.22个百分点。其中，中型企业占比由2006年的20.59%下降到2010年的20.01%，小型企业由2006年的34.70%增加到2010年的44.51%。

二、2010年全市中小企业三次产业情况

2010年，三次产业中小企业的数量均占9成以上，从业人数占比均在7成以上，营业收入占比均在7成以上，实收资本占比均在6成以上。

1. 第一产业

第一产业中小企业户数1993户，占全市第一产业数量的99.75%；从业人员4.46万人，占95.48%；营业收入89.06亿元，占92.39%；实收资本59.02亿元，占77.14%。

2. 第二产业

第二产业中小企业数量达9.82万户，占全市第二产业数量的99.84%；从业人员425.11万人，占83.07%；营业收入22562.44亿元，占64.43%；实收资本5888.42亿元，占80.35%。

3. 第三产业

第三产业中小企业数量达23.84万户，占全市第三产业数量的99.36%；从业人员376.15万人，占78.25%；营业收入39302.86亿元，占64.55%；实收资本14051.12亿元，占75.72%。

三、2010年中小企业注册类型情况

1. 中小企业在全市各注册类型中的地位

截至2010年年末，在全市国有企业、集体企业、私营企业、港澳台及外商投资企业、混合型企业（除国有、集体、私营、港澳台及外商投资企业以外的所有企业，以下同）中，中小型私营企业和集体企业在数量、从业人员、营业收入、实收资本上占绝对优势，在全市的比重均在9成以上；中小型国有企业、港澳台及外商投资企业、混合型企业尽管在数量上优势明显，但在营业收入等方面不够突出，混合型中小企业营业收入仅占全市混合型企业的44.19%。

2. 中小企业注册类型分布情况

2010年年末，中小企业在数量上以私营企业为主，中小型私营企业占中小企业总数的80.83%，遥遥领先其他注册类型的中小企业；在从业人员上，中小型私营企业占一半以上，比中小型港澳台及外商投资企业多27.69个百分点；在营业收入上，主要集中在中小型港澳台及外商投资企业和私营企业，分别占38.79%、31.82%，两种类型的比重相差不大；在实收资本上，中小型港澳台及外商投资企业、私营企业、混合型企业分别占35.13%、24.59%、21.41%，比重相对较为均衡。

3. 各类注册类型中小企业发展情况

（1）中小型国有企业

上海市中小型国有企业5626户，吸纳从业人员47.57

万人，实现营业收入 7362.21 亿元，累计实收资本 3349.75 亿元。

（2）中小型集体企业

上海市中小型集体企业 1.14 万户，吸纳从业人员 36.52 万人，实现营业收入 1193.56 亿元，累计实收资本 429.24 亿元。

（3）中小型私营企业

上海市中小型私营企业 37.37 万户，吸纳从业人员 418.62 万人，实现营业收入 19705.33 亿元，累计实收资本 4925.53 亿元。

（4）中小型港澳台及外商投资企业

上海市中小型港澳台及外商投资企业 2.90 万户，吸纳从业人员 195.53 万人，实现营业收入 24018.93 亿元，累计实收资本 7035.14 亿元。

（5）中小混合型企业

上海市中小型混合型企业 1.89 万户，吸纳从业人员 107.48 万人，实现营业收入 9644.29 亿元，累计实收资本 4288.94 亿元。

四、2010 年中小企业资本来源情况

1．中小企业资本来源的总体分布

2010 年，上海市中小企业累计实收资本 20028.60 亿元，占全市法人企业总额的 77.09%。其中，国家资本 3369.52 亿元，占全市中小企业资本投入总额的 16.82%；集体资本 661.76 亿元，占 3.30%；法人资本 5815.79 亿元，占 29.04%；个人资本 4376.96 亿元，占 21.85%；港澳台商资本 2209.03 亿元，占 11.03%；外商资本 3591.02 亿元，占 17.93%。

2．中小企业主要资本来源情况

（1）国家资本

中小企业国家资本为 3369.52 亿元，比上年下降 3.45%。从三次产业看，国家资本主要投向第三产业，第三产业中小企业国家资本 2988.91 亿元，占中小企业国家资本总额的 88.70%；从注册类型上看，国家资本主要投向国有企业，资本总额为 2287.23 亿元，占 67.88%；从行业大类来看，国家资本主要投向商务服务业、房地产业、工业、交通运输业、批发业等，5 个行业分别占中小企业国家资本总额的 44.70%、20.95%、9.38%、8.09%、6.69%。

（2）法人资本

中小企业法人资本为 5815.79 亿元，比上年下降 31.28%。从三次产业看，法人资本主要投向第三产业，资本总额累计为 4199.65 亿元，占中小企业法人资本总额的 72.21%；从注册类型上看，法人资本主要投向混合型企业，资本总额累计为 2558.91 亿元，占 44.00%；从行业大类来看，法人资本主要投向房地产业、工业、商务服务业等，3 个行业分别占中小企业法人资本总额的 25.22%、24.83%、23.35%。

（3）个人资本

中小企业个人资本为 4376.96 亿元，比上年增长 6.72%。从三次产业看，个人资本主要投向第三产业，资本总额累计为 3189.04 亿元，占中小企业个人资本总额的 72.86%；从注册类型上看，个人资本主要投向私营企业，资本总额累计为 3695.73 亿元，占 84.44%；从行业大类来看，个人资本主要投向批发业、商务服务业、工业、房地产业等，4 个行业分别占中小企业个人资本总额的 22.55%、18.95%、17.66%、14.94%。

（4）外商资本

中小企业外商资本为 3591.02 亿元，比上年下降 29.91%。从三次产业看，外商资本主要投向第二产业、第三产业，资本总额分别为 1856.58 亿元、1732.30 亿元，分别占中小企业外商资本总额的 51.70%、48.24%；从行业大类来看，外商资本主要投向工业、商务服务业、房地产业、批发业等，分别占中小企业外商资本总额的 51.32%、13.58%、11.07%、8.50%。

（卫丙戌）

电子信息产业发展情况

一、2010 年发展概况

2010 年，上海电子信息产业领域认真贯彻中央和市委、市政府决策部署，紧紧围绕加快经济发展方式转变这一主线，着力推进高新技术产业化，进一步优化产业发展环境，促进产业经济运行质量提升，全年保持较快的增长势头。

（一）规模扩大，运行质量提升

电子信息产业完成工业总产值 7061.3 亿元，比上年增长 34.7%，对全市工业增长的贡献率达到 32.3%。生产规模比“十五”期末增长 75%，5 年年均增长 35%。

实现利润 200.2 亿元，增长 402 %，完成利税总额 235.99 亿元，对全市工业利税总额增长的贡献率达到 15.2%。经济效益比“十五”期末增长 100%，5 年年均增长 39.8%，人均销售收入突破 128.7 万元，比“十五”末提高 29.3 万元。

（二）结构调整初显成效

出口持续增长，外向型经济特色明显。电子信息产业实现出口5045.6亿元，增长26.2%，出口占产值比为71.5%，出口、内需共同增长成为拉动产业发展的双动力。

企业转型升级提速。首次出现了利润增速大于收入增速，产值增速大于产量增速的现象。以代工企业为主的电子计算机制造业，利润增长24.7%，销售收入增长17.6%；工业总产值增长36.9%，笔记本电脑产量增长17%。代工企业逐渐向研发化、高端化发展，促转型成效初显。

（三）优势行业、重点产品齐增长

占据电子信息产业半壁江山的电子计算机制造业在高基数基础上继续保持快速增长，完成工业总产值3873.8亿元，增长36.9%，占电子信息产业总产值的54.9%，对电子信息产业产值增长的贡献率达到57.4%。集成电路制造业完成工业总产值460.7亿元，增长61%，集成电路设计业销售收入首次突破100亿元，达到113.2亿元，增长68.9%。

重点产品不断扩大增长的动因主要是随着需求的复苏，消费电子产品的升级换代周期加快，消费电子产品产量出现较大幅度增长，并连带电子元器件需求旺盛。电子元件产量增长25%，半导体分立器件产量增长40%，集成电路产量增长36%，晶圆片产量增长49%。液晶电视机产量增长22%，笔记本电脑产量增长17%，打印机产量增长50%，传真机产量增长261%。

二、重点行业

《上海推进电子信息制造业高新技术产业化行动方案》明确要求聚焦集成电路、通信和网络设备、新型显示等发展重点。上海汽车电子行业经过多年的综合发展，已经成为国内汽车电子产业快速发展的标杆。

（一）集成电路

上海集成电路产业，在经过2008—2009年世界金融危机的洗礼和全球半导体市场严重衰退的考验之后，2010年呈现出前所未有的兴旺景象，是“十一五”以来增长最快的一年，也是上海集成电路设计业、芯片制造业、封装测试业和设备材料业相互协调、共同发展表现得最为突出的一年。

1. 产业规模不断扩大

集成电路产业总销售额为537.9亿元，同比增长33.7%。占全球半导体市场及我国大陆集成电路产业的比重分别为2.6%和37.4%。

2. 产业结构不断完善

设计业在产业链中的比重持续增长，由2006年仅占6.5%提高到2010年占21%。芯片制造业在产业链中的比重持续下降，并趋向稳定，近两年约占产业链的24%左右。封装测试业占产业链比重基本稳定，在50%左右，但略显下降。设备材料业虽然目前规模还不大，但占产业链比重较快上升，近两年已上升到8%左右。近几年来集成电路各行业在产业链中比重的发展走势，可以清晰看到上海集成电路产业链结构正在向着技术含量提升的方向推进

3. 企业及从业人员队伍不断扩大

根据上海市集成电路行业协会对上海会员单位的统计，截至2010年年底，上海从事集成电路开发、生产、研究及专业教育的企事业单位共407家，比2009年净增15家。这些单位的从业人员总数为10.64万人，比2009年净增7294人。其中，专业技术人员（包括从事科研和教育的专业人员）约4.79万人，比2009年净增5572人。

（二）通信和网络设备

2010年《国务院关于加快培育和发展战略性新兴产业的决定》、国家“三网融合”试点方案、《上海推进物联网产业发展行动方案（2010—2012年）》的相继出台以及世博会的成功举办、上海被列为十二个“三网融合”试点城市之一、全市开展NGB改造50万户示范网建设的形势下，上海市通信企业积极调整与应对，加大产品研发力度，抓住产业发展机遇。

通信设备制造业完成工业总产值752.3亿元，同比增长21.7%；实现销售收入766.3亿元，增长22.7%；创造利润总额为25.8亿元，增长46.5%。生产手机129.38万部，程控交换机247.03万线，移动通信基站2994434信道。

通信与网络设备业的发展以高新技术产业化等相关政策为指导，以3G移动通信、三网融合、加快物联网产业建设为契机，重点围绕产业结构调整，重大科技成果产业化和产业集聚方向，发挥上海在移动通信芯片研发、NGN（下一代网络）建设方面的优势，重点发展3G及其演进系统设备、智能信息终端、物联网、三网融合相关设备的研发和制造。

（三）新型显示

新型显示产业已初步形成产业基础、技术和人才集聚效应，聚集了一批国内有影响的骨干企业。

平板显示产业呈现回暖的趋势，重点项目得以落实。随着上海天马、中航接手上电，上海TFT—LCD产业出现回升势头，同比增长22%左右。现由上海天马微电子有限公司托管的上海中航光电子有限公司（原上海广电NEC液晶显示器有限公司），以5代线TFT—LCD为主营业务，并且推出目前流行的以LED为背光源的产品，现阶段共有两款尺寸分别为23.6英寸和19英寸的产品，也受到了包括国内外客户的多方关注。上海天马微电子有限公司4.5代AM—OLED中试线2010年安装设备、连线、调试、打通关键工艺，2011年试产，2012年大规模量产。

2010年上海世博会上新型显示技术的应用之广，给人们留下深刻印象，也为上海LED显示屏行业带来巨大商机。技术已经相对成熟的LED显示屏以及LED工程照明在世博会

上应用较广，也较丰富，LED 显示屏应用的显示面积超过了 3 万平方米，室内显示屏约 9200 平方米，室外显示屏约 2 万平方米，其中在世博会开幕式上所使用的大型 LED，其面积达到 9000 多平方米，是迄今为止世界上面积最大的 LED 显示屏。而 LED 照明方面，80% 以上的场馆均以 LED 光源作照明。

（四）汽车电子

2010 年是上海汽车电子产业实施“十一五”发展规划的收官之年。我国汽车工业的持续快速增长，助推了上海汽车电子产业的集聚与发展。上海汽车电子产业已成为业内的排头兵，并凸显以下特点：

1．初步形成完整的汽车电子产业结构性布局

上海共有汽车电子企业 180 余家。围绕上海大众、上海通用、上海荣威整车企业，在嘉定国际汽车城和浦东金桥、张江高新技术开发区已开始形成上海汽车电子产业的集聚区，将上海主要汽车零部件制造厂商、汽车电子跨国公司在沪独资或合资的技术中心和生产企业大都齐集在这两个产业园区。在嘉定专设了“上海市新能源汽车及关键零部件产业基地”，依托嘉定区和浦东新区协同推进汽车电子产业新一轮的发展。

2．开始步入同步研发的配套模式，逐步形成集研发、制造、应用、服务产业链的整合效应

汽车电子跨国公司已把上海作为全球同步研发的基地。除了先期合资的上海大众技术中心、泛亚技术中心外，上海本土汽车电子技术的研发亦步入同步设计趋势。如上汽技术中心对自主品牌“荣威”系列的研发，已经实施上海、南京（名爵）、英国（罗孚）三地技术团队联手同步设计模式。上汽技术中心的二期建设“汽车电子工程中心”，将对包括“荣威”新能源轿车在内的汽车电子关键零部件实施同步研发。

在对汽车电子产品基础科研、试验和检测技术条件方面，上海创建有上汽技术中心、同济大学的“国家燃料电池汽车及动力系统工程技术研究中心”、“新能源车及动力系统国家工程实验室”、“上海地面交通工具风洞中心”，上海交通大学的“汽车电子控制技术国家工程实验室”，上海质监局的“国家汽车质量检测认证中心”，上海微系统所的“上海汽车电子工程中心”等，发挥产、学、研、用结合的整体优势。

3．汽车电子行业综合服务功能与平台建设日趋完善

在政府指导，企业参与和上海相关行业协会积极发挥作用下，为汽车关键芯片设计、制造、模块化应用专业服务的“汽车电子关键芯片制造产业化平台”已开放运营。上海软件测评中心对汽车电子嵌入式软件逐步开展检测服务，对产品技术专利和著作权评测登记。上海硅知识产权中心有关汽车电子技术知识产权方面的评审认证处于国内领先。上海国际汽车城国际汽车零部件中心，建有汽车电子零部件在内的电子商务平台，处于行业领先，为公共服务体系进入汽车电子产业领域开创了先河。上海为开展第三方检测认证服务建立了“国家汽车检测中心”，为整车、零部件及汽车电子产品研发、制造提供质量控制与产品性能保障。上汽打造安吉品牌现代信息服务业，应用网络信息工具开展汽车物流等服务。上海汽车电子产业已纳入了统计体系。

（王 雷）

装备产业发展情况

“十一五”以来，上海装备制造业快速发展，到 2010 年年末，上海市装备制造业有企业 7181 户，占全市规模以上工业企业户数的 43%；资产总额 13509.65 亿元，占 49%；从业人员数 144.46 万人，占 49.5%。

一、运行情况

1．生产呈高增长态势

2010 年，随着国际经济开始复苏，上海市装备制造业生产呈现恢复性增长，全年完成工业总产值达到 15857.82 亿元，比上年增长 30.5%，增长势头强劲。

分行业看，由于受国内汽车市场需求持续旺盛影响，交通运输设备制造业一路领先，产值增长 40.3%。通讯、计算机及其他电子设备行业增长 36.8%，位居第二；金属制品业在国际航运业缓慢复苏、集装箱制造业恢复增长的影响下，产值增长 30.2%；在国家固定资产投资和房地产发展的推动下，专用设备制造业增长 26.5%；仪器仪表及办公用机械制造业逐渐走出上年下滑的阴影，产值增长 26.6%；电气机械及器材制造业、通用设备制造业分别增长 18.1%、10.9%。

2．出口形势向好

2010 年，上海市装备制造业出口交货值达到 6345.4 亿元，比上年增长 24.2%。

分行业看，金属制品业出口增长迅猛，仪器仪表、电气机械及器材、通信设备与计算机制造业这三大行业出口呈现恢复性较快增长的态势，增幅都较高于销售产值，出口形势向好；专用设备制造业、交通运输设备制造业出口保持 2 位数增长，但增幅低于销售产值；通用设备制造业是 2010 年上海市装备制造业中唯一出口下降的行业，比上年下降 9.9%，

显示行业出口尚未恢复。

3．利润快速回升，行业利润分化

随着国家扩大内需政策的延续效果和产业转型升级，装备制造业市场扩大、效益显著。2010年，装备制造业完成利润总额1270.53亿元，比上年增长73.3%，高于规模以上工业12.7个百分点，利润总额比2005年增长2.4倍。其中，交通运输设备制造业、专用设备制造业分别增长5.2倍、3.4倍，全行业收入利润率为7.5%，比2005年提高2.6个百分点，其中，交通运输设备制造业、专用设备制造业分别提高5.3、3.4个百分点，高于全行业平均水平，显示行业利润分化。

分行业看，通信设备与计算机制造业扭亏为盈，实现利润138.98亿元；专用设备制造业、交通运输设备制造业受益于国内市场的旺盛需求，利润大幅增长，分别增长80.1%、73.4%，其中，交通运输设备制造业完成利润672.74亿元，净增284.85亿元，拉动上海市装备制造业利润增长22个百分点；金属制品业、仪器仪表、电气机械及器材分别增长53.5%、27.9%、24%，通用设备制造业由于出口下滑，利润增长仅8.8%。

4．外商及港澳台投资企业占主导地位

外商及港澳台投资企业在上海市装备制造业中占绝对优势，是上海市装备制造业的中坚力量。2010年年末，该行业外商及港澳台投资企业达到2629户，占全行业总单位数的36.6%；资产8262.86亿元，占61.2%；从业人员85.82万人，占59.4%。全年主营业务收入13028.94亿元，占76.6%；完成工业总产值11998.92亿元，占75.7%；实现利润总额900.61亿元，占70.9%。

二、主要特点

1．汽车产业结构不断优化，产销再创新高

2010年，在国家政策利好等因素鼓励下，汽车制造业生产销售形势良好。全年生产各类汽车169.89万辆，比上年增长35.9%，再创历史新高。其中，轿车159.77万辆，增长30.5%。

据中国汽车工业协会统计，2010年，上汽集团整车销量达到358.3万辆，比上年增长31.5%，成为国内首家年销量突破300万辆的汽车集团，国内市场占有率接近20%，蝉联全国汽车销售冠军，列全球汽车行业销量排名第8位，比2009年上升两位。

从产品结构看，汽车产品结构进一步优化，产品种类更加丰富。在国家对节能环保汽车产业政策的扶持和小排量乘用车购置税优惠的双重利好下，低耗油的1.0–1.6升经济型轿车产量达到85.26万辆，增长41.7%，占上海市汽车产量的50.1%，是各类型汽车产品中增长最快、生产最多的。在国内汽车消费快速增长的多样性需求的拉动下，利润率较高的中高级轿车、多功能乘用车生产情况良好。其中，1.6–2.0升中级轿车产量61.36万辆，增长19%；2.0–2.5升高级轿车产量11.27万辆，增长26.7%；多功能乘用车（MPV）产量2.23万辆，增长15.8%；运动型多用途乘用车（SUV）产量7.28万辆。

在国内汽车市场产销两旺的持续推动下，上海市汽车制造业依托成熟的沪产汽车品牌和过硬的产品质量，继续保持快速增长势头。全年完成工业总产值3626.46亿元，增长43.1%，增幅居上海市工业各行业之首，高出上海市工业19.9个百分点，拉动上海市工业增长4.6个百分点，占上海市工业总产值的12%；完成销售产值3604.18亿元，增长42.4%；产销率99.4%。

分行业看，以上海大众、上海通用、上汽股份为代表的整车制造业通过改进原有车型，推广重点新车型，积极扩大市场份额。上海大众途观、上汽荣威550、上海通用英朗、新君越等新老车型叫好叫座，注入新的增长动力，全年完成工业总产值1937.7亿元，比上年增长49.9%，占汽车制造业工业总产值的53.4%；零部件及配件制造业积极配套整车制造，生产保持良好发展态势，完成1642.97亿元，增长39.6%，占45.3%；改装汽车制造业、车身、挂车的制造业生产形势欠佳，产值双双下降。

2010年，上海市汽车制造业增产增收，经济效益实现大幅增长。实现主营业务收入4603.17亿元，增长46.5%，是6个重点发展工业行业中增长最快的；实现利润总额634.42亿元，增长80.4%，增幅高出上海市工业20.9个百分点，拉动上海市工业增长19.6个百分点，占上海市工业利润总额的27.6%；上缴税金总额259.66亿元，增长31.6%，拉动5.6个百分点，占15.6%；实现利润总额、上缴税金总额双双位列上海市工业各行业之首。

分行业看，整车制造业市场表现优异，经济效益增长强劲，实现利润总额429.87亿元，比上年增长98.8%；上缴税金总额206.53亿元，增长38.6%，主要经济效益指标占汽车制造业的七成左右。零部件及配件制造业效益增长稳定，实现利润总额203.4亿元，增长55.1%；上缴税金总额52.28亿元，增长14.4%。

上海市汽车制造业把握国际汽车业从金融危机中复苏的有利机遇，各类汽车零部件产品出口全面恢复，完成出口交货值173.95亿元，比上年增长43.5%。其中，零部件及配件制造业努力提升汽车零部件的国际竞争能力，进一步融入美国通用、德国大众等国际著名汽车生产厂商的零部件全球供应体系中，完成出口交货值167.58亿元，增长44.2%，占上海市汽车制造业出口交货值的96.3%。

上汽集团积极实施“走出上海，布局全球”的经营战略。除继续发展现有的柳州、重庆、烟台、沈阳、青岛、仪征、南京、英国长桥等生产基地外，上汽集团积极开拓亚洲市场，投资建设印度工厂；提升国际经营能力，参股美国通用，集团整体实力再上新台阶。

合资品牌和自主品牌产销呈现共同发展的良好态势。上海通用整车销量103.9万辆、上海大众销量100万辆，双双突破百万辆大关，分列国内乘用车市场前两位；上汽通用五菱微车销量超过123万辆，成为全国微型车市场的销量冠军；自主品牌乘用车销量超过16万辆。

2．电站产业发展和技术进步取得新突破

2010年，电站设备制造业继续调整结构，在保持行业平稳发展同时，向高端、新能源领域转型发展，全年发电机组产量2555.6万千瓦，比上年增长5%，占全国比重19.7%。其中，汽轮发电机是2492.6万千瓦，比上年增长3.9%；风力发电机组产量是63万千瓦，增长74.1%，2005年，风电领域还是空白，如今作为新能源产业，该行业发展势头迅猛。

作为国内最大的装备制造业集团，上海电气在创新驱动、转型发展中不断取得突破，火电、核电、风电各个领域齐头并进，形成了产业化发展体系。火电正在向绿色、低碳、高端发展，世界最大的1200兆瓦超超临界机组和我国首台百万千瓦超超临界抽气汽轮机组已经成功投入运行，各项技术性能指标良好，百万千瓦超临界褐煤锅炉完成初步设计。核电技术取得重大突破，1710毫米核电汽轮机长叶片开发成功并投入使用；用于辽宁“红沿河”1号机组的核岛主设备通过验收，标志着我国二代加核电反应堆制造技术100%国产化；“台山”核电1号机组主设备研制成功又标志我国第三代核电技术国产化取得突破。风电方面，2兆瓦陆上风电机组实现产业化，完成高原、防盐雾、低温型机组研制，目前国内2兆瓦风场已有12个，自主研发的国内最大3.6兆瓦海上风机成功下线，国产3.6兆瓦风电轴承下线打破了依赖进口的局面。

3．输配电行业布局高端新领域

2010年，输配电及控制设备制造业完成工业总产值548.21亿元，比上年增长11.3%；比2005年增长1.3倍，利润65.42亿元，增长25.1%，比2005年增长1.6倍，显示行业发展状态良好。

由于发展特高压是未来我国电网发展的重中之重，上海市输配电行业已经开始布局。上海电气在临港装备基地通过消化吸收特高压技术，生产110—1000千伏交流变压器、电抗器、±500—800千伏直流换流变压器等产品，抓住风电发展的机遇，推进风电配套的主控装备系列化生产，积极推进智能电网产品的研发。因此，上海市输配电行业紧紧抓住特高压、风电、智能电网这三大领域，未来发展前景广阔，必将成为上海市装备制造业新的增长点。

4．工程机械快速增长

2010年，在国内固定资产投资和房地产较快增长背景下，工程机械行业呈现出高速增长态势，完成工业总产值353.28亿元，占专用设备制造业大类比重33.1%，比上年增长31.8%，高于大类行业5.3个百分点，比2005年增长2.5倍；完成利润44.43亿元，比上年增长1.2倍，比2005年增长13.4倍；出口交货值44.41亿元，比上年增长13.1%，比2005年增长2.7倍。

分产品看，2010年，由于应用领域和市场饱和程度不同，不同产品增长力度不同。建筑工程用和建材生产专用设备中，挖掘机一马当先，累计产量2.01万台，比上年增长1.2倍，水泥专用设备累计产量2.86万台，比上年增长1.1倍，装载机和混凝土机械增速也有较快增长，分别是71.6%、36.6%；金属冶炼设备、金属轧制设备由于市场相对饱和，比上年分别下降56.8%、54.6%。

（陈海林）

重化产业发展情况

2010年，上海重化产业完成工业总产值6119.41亿元，占全市规模以上工业总产值的20.39%。其中，石油化工完成工业总产值3582.31亿元，占全市工业总产值的11.94%；钢铁完成工业总产值1710.76亿元，占全市工业总产值的5.70%；有色完成工业总产值447.55亿元，占全市工业总产值的1.49%；建材完成工业总产值378.79亿元，占全市工业总产值的1.26%。

一、石油化工产业发展情况

上海的石油和化学产业主要由石油化工、煤基化工、化工原料、橡塑制品、精细化工五大板块构成。其中，石油化工占41%，精细化工占23%，化工原料占19%，煤基化工占10%，塑料制品占5%，其他化工占2%。全行业拥有1319家石化及精细化工生产经营企业。其中，产值超过1亿元的大中型企业282家，占总数的23.1%，剩下的多为中小型或村办企业，占总数的70%以上。上海石油化工及精细化工制造业2010年完成工业总产值3582.3亿元，比上年增长36.8%，产值规模在全市工业总产值中的占比稳定在11.94%，在国内石化产值中占比4.13%，全年实现税收234.79亿元，同比增长23.1%。

上海化学工业区

2010年，上海化学工业区坚持“引进来”和“走出去”并重，加大招商引资力度。创新招商引资机制，吸引外资企业地区总部、研发中心等功能性机构，推动一批重大项目建设，优化升级园区产业能级。园区经济发展保持良好势头，主要经济指标完成情况较上年大幅增长，全区（含分区）工业总产值806.3亿元创历史新高，按原化工区统计口径增长67.8%。万元产值综合能耗下降17.2%。

1. 事关园区发展的若干重大问题得到落实，为加快发展创造了条件。《上海化学工业区区域安全风险评价报告》和《上海化学工业区光气安全风险评价报告》通过专家论证，由市安监局报国家安监总局备案。化工区获准建立土地储备中心，机构和人员编制等相关批文已经到位，筹建工作取得实质性进展。转变政府职能取得实效，各项行政管理工作推进有力。项目审批高效、规范，满足了企业生产、运营需要；规划、建设、土地、环保管理工作平稳、有序，促进了项目建设的顺利实施。园区的品牌影响力、带动力日益增强，上海化工区先后被国家工业和信息化部评为全国第一批“国家新型工业化产业示范基地”，被联合国开发计划署、联合国环境规划署和上海市环保局授予“环境友好型城市动议示范项目”称号，被评为“上海品牌园区”、“上海市开发区服务企业优秀园区”，被国家环保部、商务部、科技部批准创建国家生态工业园区。同时，化工区管委会还被授予“第一次全国污染源普查先进集体”、“2010年全国安全生产月活动优秀单位”等荣誉称号，获得“上海市工业统计工作综合评比一等奖”、“上海市能源统计工作综合评比三等奖”。

2. 锲而不舍抓项目，推动一批重大项目建设。有效推进亨斯迈聚氨酯有限公司和上海联恒异氰酸酯有限公司24万吨/年MDI扩建项目的申报以及西萨化工公司40万吨/年苯酚丙酮项目申请报告核准文件的催批工作。通过加强与高桥石化公司、三菱瓦斯化学公司以及三井化学公司的沟通联系，促进投资2.9亿美元的40万吨苯酚丙酮、投资2亿美元的聚碳酸酯增资、投资1.5亿美元的三元乙丙橡胶（EPT）等扩建项目前期工作的开展。此外，促成上海市政府和拜耳材料科技签署合作备忘录，进一步明确了拜耳一体化基地“十二五”期间总投资10亿欧元的扩产项目，并促使拜耳公司将地区总部和研发中心落户上海浦东。

3. 实施“走出去”招商策略。管委会积极争取市政府、市外办的支持，紧跟项目动向，成功组团六批次出访招商，分别拜访了德国赢创德固赛公司、巴斯夫聚氨酯公司、朗盛化工公司、布登海姆公司、意大利马贝公司、博莱科医药公司、荷兰舒驰公司、法国法液空集团公司、瑞士亨斯迈先进技术材料公司、沙提公司、西班牙西萨化工公司、泰国正大公司以及日本三菱瓦斯鹿岛生产基地、拜耳美国贝塔基地和裕廊、关丹等化工区，就有关投资项目选址和具体项目进展情况进行了洽谈和推进，增强了外商到上海化工区的投资信心，提高了国家安全生产总局等相关职能单位和部门对光气项目安全可控的认识，解决了久拖未决的拜耳TDI扩建项目的安全确认事宜，为园区未来发展带来新的动力。

4. 突破瓶颈，进一步完善投资环境。《上海化学工业区区域安全风险评价报告》和《上海化学工业区光气安全风险评价报告》通过专家论证，为摆脱制约园区未来发展的限制因素、推动化工区持续发展提供决策依据；完善化工区土地管理机制，积极争取并获准建立上海化工区土地储备中心和土地招拍挂办公室。此外，管委会继续强化经济运行分析，加强对重点企业和主要产品动态跟踪，及时掌握企业生产经营中遇到的困难，帮助解决实际问题；继续在项目审批以及天然气、电力、蒸汽等能源供需方面满足企业需要，落实能源价格补贴，为企业正常的生产运营创造条件；积极协调市财政局，落实专项发展资金，确保了年内开发建设各项资金的用款需求；帮助企业协调、梳理项目开展前期工作的重点和难点问题，及时出具规划、土地等征询意见、办理项目施工许可等，提高办事效率和服务水平，保持了园区良好的投资环境。

5. 着力落实节能降耗工作措施，完成年度节能工作目标。根据市经信委下达的2010年节能目标要求，管委会认真制定园区年度节能目标，主要领导亲自带队到赛科、巴斯夫化工等区内企业开展节能工作调研，了解企业能耗现状，宣传节能政策，鼓励节能挖潜，并主动沟通市节能主管部门，积极争取理解和支持，圆满完成了园区年度节能工作目标。全年，区内企业申报三个节能技改项目，合计每年可节省1.32万吨标准煤。

6. 加大循环经济项目建设和环境保护力度。进一步加强环境保护工作和循环经济项目建设力度，积极推进国家生态工业示范园区创建工作；编制《上海化学工业区2010年度环境公报》；开展区域环境质量及重点污染源调查监测，进一步加强对企业废水、废气、危险废物排放的监督检查；举行以“化学致力于美好生活”为主题的“2010年公众开放日”活动和“化工区低碳发展愿景与选择”主题嘉宾论坛；开展湿地试运行和数据分析工作。园区环保和循环经济项目成效日益显现。

上海石化

2010年，上海石化集团（本公司及附属公司）积极把握宏观环境总体好于2009年、国内石油石化行业经济运行良好、国际原油价格波幅相对减小、国内成品油价格基本到位、石化市场需求增长以及本公司五期工程全面建成投产等有利形势，坚定不移做大总量，凝心聚力加快发展，全面完成了年度各项生产经营任务，原油加工量、乙烯产量、商品总量、营业额等多项指标达到历史最好水平，并取得了良好的经营业绩。

1. 生产经营保持安、稳、优运行。得益于五期工程的全面建成投产，产品结构得到进一步优化，资源利用效率得到提升，整体规模效益得到有效发挥。近40套主要生产装置的平均开工率达到90.82%，平均负荷率达到99.80%，乙烯等重要生产装置保持100%左右的高负荷率。主要生产装置运行情况良好，重要技术经济指标全面提升，约84%的指标好于上年，约52%的指标达到中石化集团系统先进水平。全年未发生重大责任、重大火灾爆炸、重大环境污染等事故。

产品实物量大幅增长，商品总量首次超过1000万吨，达到1148.11万吨，比上年增长29.24%。全年加工原油1052.07万吨（包括来料加工40.89万吨），增长20.13%。生产汽油、柴油、航空煤油总量增长25.34%，其中，生产汽油93.24万吨、柴油367.59万吨、航空煤油76.57万吨，分别增长15.68%、31.16%和12.77%。生产乙烯97.29万吨、丙烯52.32万吨，分别增长4.87%和7.30%。生产塑料树脂及共聚物（不包括聚酯和聚乙烯醇）113.37万吨，增长4.03%。生产合纤原料95.01万吨、合纤聚合物64.32万吨、合成纤维25.36万吨，分别增长86.77%、7.25%和5.10%。本集团产品质量继续保持优质稳定。

集团营业额为775.207亿元，增长50.07%。产品产销率为99.97%；货款回笼率为100.12%。全年进出口总额为52.72亿美元（不含进口原油），增长51.62%。

2. 六期工程项目启动。按照“低成本与差异化兼顾、规模化和精细化并重，上游侧重低成本、规模化，下游侧重高附加值、精细化”的发展思路，启动以炼油改造项目为主体的六期工程建设。天然气综合利用项目于一季度起逐步投用，用以替代制氢原料、液化石油气（LPG）和渣油等燃料，已取得良好的经济效益；2# 氧化装置系统优化节能降耗改造项目于7月29日开工；1500吨／年碳纤维项目和炼油改造项目（包括新建390万吨／年渣油加氢装置、350万吨／年催化裂化装置等）已进行长周期设备采购和桩基处理；1万吨／年异戊烯、5万吨／年乙醇胺及10万吨／年EVA（乙烯－醋酸乙烯共聚物）等项目的前期工作按计划推进。同时，其他重要技术改造项目按计划稳步实施，如成品油输送管线金闵管线扩能改造于6月完成，使沪Ⅳ标准汽柴油的输送能力由原来的120万吨／年增加至180万吨／年；1# 乙二醇／环氧乙烷装置技术改造项目于11月完成等。

集团与中石化股份、BP公司合资的上海赛科石油化工有限责任公司90万吨／年乙烯装置（2009年生产能力扩能改造至119万吨／年）2010年生产乙烯129.43万吨，增加41.9万吨，增长47.87%；全年实现营业收入291.69亿元。

3. 节能减排工作进一步深化。继续按照国家节能减排的有关要求，落实各项节能减排措施，全面完成国家发改委、中石化集团和上海市下达的“十一五”节能减排目标。公司万元产值综合能耗为1.311吨标煤／万元（2009年为1.597吨标煤／万元），下降17.91%；万元产值工业取水量为11.25吨／万元（2009年为13.39吨／万元），下降15.98%；工业水重复利用率保持在96%以上；外排废水达标率、工业废水排放量、COD排放总量和危险废物处理率等指标均达到环保考核要求；加热炉平均热效率达到91.25%，较上年提高0.24个百分点；火炬区域污水治理等一批节能降耗、节水减排、环境保护及隐患治理项目顺利完成。

4. 技术进步取得阶段性成果。围绕主业、突出重点，继续推进技术进步各项工作。积极开展碳纤维、丙烯／1－丁烯无规共聚透明聚丙烯专用料、工业丝用阻燃聚酯、生物降解性聚酯切片等新产品开发工作；完成15万吨／年碳五分离装置工业化成套技术、催化裂化汽油选择性加氢脱硫第二代技术（RSDS－Ⅱ）、煤粉锅炉富氧点火助燃技术等的开发并应用于实际生产，取得了显著的经济效益。公司开发的“大型PTA生产关键技术—加氢精制催化剂及反应工艺的开发与应用”项目，获得2010年度国家科技进步二等奖。共有7项成果获得中石化集团或上海市的科技进步奖，其中，“15万吨／年碳五分离装置工业化成套技术”项目获得中石化集团科技进步一等奖；“钛系聚酯催化剂的研制”项目获得中石化集团技术发明二等奖；“高效裂解汽油加氢催化剂的研制及工业应用”项目获得上海市科技进步一等奖。有3项工业应用项目获得中石化集团首次实施的新技术奖励，有9项高新技术成果转化项目获上海市财政专项支持资金1103万元，为历年最高。全年申请专利23件，获得专利授权13件。

在信息化建设方面，BW/BCS(数据仓库及合并报表系统)项目于1月上线并运行；设备管理信息系统、生产执行系统（MES）、人力资源管理系统（SAP-HR）于三季度先后投入运行；2# 乙烯装置裂解炉裂解深度控制系统开发应用项目、2# 延迟焦化装置APC项目分别于4月和5月启动，2# 乙二醇装置APC项目于10月投入运行；覆盖本公司所有生产装置的实时数据库二期项目基本完成。公司在中石化股份企业信息化建设和应用水平评价中被列为A级企业。

高桥石化

2010年，高桥石化实现工业总产值600.37亿元，增长31.31%；实现销售收入600亿元，增长29.87%；实现利税117.2亿元，增长8.62%。

高桥石化加工原油1071万吨，增长1.5%。汽、煤、柴、润四大类石油产品682.85万吨，减少2.77%，其中，汽油减少7.2%，柴油增长0.9%，航空煤油减少11.1%，润滑油基础油减少2.7%。化工产品总量达到88万吨，增长16.4%。其中，苯酚产量21.28万吨，增长57.4%；丙酮产量13.2万吨，增长57.3%；橡胶产量16.9万吨，增长3.0%；聚醚产量17.7万吨，增长13.7%；DCP产量2.2万吨，增长13.6%；发电量10.2亿千瓦时，增长7.5%。围绕完成世博保供任务，控制产品质量、落实产销衔接，保障沪Ⅳ标准汽柴油生产供应，全年累计供油172万吨，为践行绿色世博理念、改善城市空气质量作出积极贡献；推动首船符合欧Ⅴ标准的汽油顺利出口香港，实现成品油出口的新突破。

华谊集团

2010年，华谊集团面对原材料价格大幅上涨、主要产品市场竞争日益激烈、世博安保工作要求不断提高等严峻挑战，以确保世博一方平安为己任，坚持"提早谋划，抓紧抓实"，坚持"眼睛盯着市场，功夫下在现场"，强化"三基"管理，加快发展速度，加大改革力度，成功实现平安世博的目标，全面完成董事会确定的经济指标，高质量编制完成集团"十二五"发展规划，圆满完成市政府下达的节能减排和产业结构调整目标。全集团实现产值436.8亿元，完成年度预算的106%；主营业务收入完成360亿元，完成年度预算的110%；实现利润总额6.8亿元，完成年度预算的166%，全面完成董事会年初确定的预算指标。

1. 以确保世博一方平安为己任，按照"确保世博一方平安，确保工作万无一失"的要求，投入4.85亿元，努力实现安全环保全过程控制。全年，集团安全生产、环境保护和反恐维稳工作处于平稳及可控状态。制定"抓管理固基础保平安迎世博——2010年世博安保行动计划"，修订完善了集团《安全管理制度》，并依据"表单化"原则将该制度细化为1067条操作细则。创新工作方法，建立了各级领导干部定点联系班组制度，集团领导共参加44次定点联系点活动，加强集团领导与一线员工的沟通交流，推动安全措施的落实。通过安全大检查，特别是对隐患的及时整改，提高本质安全度。

2. 充分发挥集团整体优势，深化"一体化"运作，强化采购规则、程序及流程的制定和完善，形成八大类通用性物品的"采购速赢"方案。首次召开包括中石化、宝钢、三菱商事、杜邦公司、中集集团在内的25家国内外知名企业参加的大客户座谈会，扎实推进集团与大客户的战略合作。重点推进吴泾地区资源整合，通过关停氯碱公司重油蒸汽锅炉，由吴泾公司循环流化床锅炉供给氯碱公司中压蒸汽，节约成本超过2000万元。通过焦化公司向氯碱公司供应氧气、氮气，推进氯碱公司氧氮资源整合。继续加大业内直供，提高一体化运作效率。按照吴泾环境整治和"迎世博"的要求，加快结构调整，全集团综合能耗378.7万吨标煤，万元产值能耗0.867吨标煤，圆满完成节能减排目标。

3. 以提升产业链核心竞争力为重点，编制完成集团"十二五"发展规划。加快推进重点项目建设，安徽无为一期、本体ABS、化工区码头扩建等一批重点项目均按时间节点有序推进，为集团"十二五"经济增量奠定了基础。

4. 以科技资源整合为突破，初步形成了重大研发设备的共享机制，以及研究院与各企业技术中心联合攻关和技术信息的共享制度。完成集团数字图书馆一期建设。加快重点科研攻关项目产业化步伐，年初确定的10个重大科研项目进展良好。以集团研究院为平台，通过开展各类产学研学术交流活动，以及历时半年、有50多名院士专家参与的"院士专家华谊行"活动，对集团的煤化工、新材料、精细化工以及科研体制机制创新集思广益，着力提高集团科技创新能力。

5. 进一步深化产业整合，积极推进企业清理和开放性市场化重组。完成安徽华谊化工公司和安徽华谊精化公司的整合，成功实现华原、上硫、试四赫维和涂料公司的整合；完成涂料收购天同精细化工（南通）公司75%的股权、三爱富收购内蒙古万豪公司70%股权工作。同时，为打造集团海外投融资平台，集团还通过吸收调整，组建了华谊集团（香港）有限公司。通过增资扩股，完成天原物流与上海化工区发展有限公司的强强联合，积极引进建工集团，推进华谊建设的开放性重组工作；引进山东兖州煤业股份有限公司作为战略合作伙伴，转让内蒙古昊盛煤业有限公司部分股权。进一步加快推进企业清理，完成80户企业的清理工作，超额完成国资委下达的"销户50户"的考核指标。截至年末，集团行业大类从31个压缩到22个，行业小类从58个压缩到48个。

6. 完善法人治理结构。华谊集团作为上海市第二批董事会建设试点单位，组建以外部董事占多数的新一届董事会，强化董事会决策职能，提高董事会决策质量和效率。继续推行"两个集中"，通过拓展融资渠道，扩大集中范围等方式来控制和降低集团存贷款总规模和资金成本。通过加强资金集中管理，降低成本约1.4亿元。通过强化"三基"管理，提升企业基础管理水平。加快信息化建设步伐，启动"生产运营、资金集中、预算管理、人力资源和采购管理"等"4+1"重点信息化项目，进一步提高集团管控水平。

7. 积极推进监审体系建设，"集团一体，两级管理，统分结合"的内部监审工作管理体系建设取得明显进展。通过实施条块结合的"矩阵式"两级管理模式，有力促进集团内部风险控制水平的提高。通过加强专项审计，有效控制管理成本，确保企业财产安全，提高风险防范水平。

二、钢铁产业发展情况

上海钢铁产业以推进宝钢集团公司为主体的精品钢材基地建设为重点、以发展高附加值产品为方向。2010年，完成工业总产值1710亿元，同比增长33.5%；利润总额147.87亿元，增长1.8倍；粗钢产量2214万吨，增长9.6%；钢材产量2476万吨，增长10.6%。

1．加快推进重点项目实施

全年完成工业投资约118亿元，建成投产8个重点项目。其中，一号烧结机增设干法脱硫装置工程于9月投运、二烧结节能环保综合技术改造于11月投运、罗泾二步工程连铸工程于9月开始热负荷试车、CCPP发电工程于2010年4月并网发电（10月完成168小时考核）、不锈钢事业部冷轧后续工程已于8月末开始热负荷试车、钢管厂新增油套管热处理生产线和配套设施已于5月末开始热负荷试车、宝日汽车板公司新建热镀锌GA线已于2月开始热负荷试车、特钢事业部钛镍特种金属板带技术改造工程已于11月开始热负荷试车。取向硅钢后续工程（第一步）已开始建设，计划于2012年建成投产，使宝钢形成20万吨的取向硅钢产能。

2．坚持科技创新，加快高附加值新产品的开发

一是技术创新方面，R&D投入率2%，新产品销售率18.5%，环境友好新产品比例87%；专利申请量首次超过1000件，其中，发明专利比例40%，科研直接新增效益16亿元。

二是新产品开发方面，494个新牌号进入工业性试制，其中，85个具备稳定批量生产能力，全年新产品试制量超过180万吨。超级13Cr高抗腐蚀油套管等8项新产品被认定为上海市高新技术成果。

首次批量生产100吨双相不锈钢，交付庞巴迪公司制造列车关键部位。

生产核电蒸汽发生器用690U型管，用于防城港核电1号机组。

高等级电工钢、OA及高端影视行业用耐指纹产品实现批量稳定供货。

新产线达标达产稳步推进，取向硅钢以国际同类产线的最快速度实现年“四达”。高强钢专用生产线实现年达标，标志宝钢汽车用钢制造能力达到世界一流水平。

3．对接国家战略，加大独有领先产品市场开拓

全年实现销售商品坯材2582万吨，其中，独有／领先产品1190万吨。实现销售冷轧80公斤级以上超高强钢1.6万吨，增长177%。

高磁感取向硅钢和高牌号无取向硅钢通过三峡工程重大设备制造检查组专家评审，替代进口产品，分别用于500千伏高等级变压器和700兆瓦及以上级水轮发电机组，实现国产硅钢在以上两个领域内零的突破；硅钢产品向全球供应商发布产品绿色环保申明，无取向无铬环保涂层产品实现销售超过5万吨，完成无取向电工钢在多家企业的供应商资格认证。

昆士兰项目20.8万吨X70管线钢是UOE产线首次批量出口；国内首次生产出20毫米以上X60大壁厚高钢级HFW焊管；实现批量生产国内最高钢级、最大壁厚、技术要求和生产难度极高的X65MO海洋立管；供巴西矿浆项目X70管线钢具备供货能力；H40钢级光套管产品性能满足标准要求。

厚板新品种开发取得突破，石油储罐用钢、TMCP船板、X80管线钢、核电用钢、Cr-Mo钢等形成批量生产，8毫米以下薄规格产能实现突破，80毫米以上特厚板形成批量供货能力。

高导电型耐指纹电镀锌产品打破日系钢厂垄断局面，实现向上海理光等6家企业批量供货，全年销量超1万吨。

DR材产量实现翻番，突破10万吨，其中60%销往海外。

三、有色金属产业发展情况

2010年，上海有色金属产业以发展有色金属新材料为重点、以发展高附加值产品为方向，生产经营继续呈稳步增长态势，主营收入达443.83亿元，同比增长16.37%；利润总额12.76亿元，增长69.04%。贵金属冶炼和加工的利润增幅最大，常用有色金属压延加工的利润增幅也达20%，表明附加值高的产品明显增加，带动行业经济效益明显改善。大类常用原材料和加工材产量均呈两位数增长，平均增幅17.6%。其中，电解铜10.08万吨，增长13.20%；铅5.93万吨，增长24.53%；铝合金41.37万吨，增长18.32%；铜材39.30万吨，增长15.57%；铝材30.23万吨，增长16.42%；单晶硅1086.43吨，增长243.62%。，生产用能高的多晶硅产量下降74.4%，反映了行业结构优化调整正在进行中。

萨帕铝热传输（上海）有限公司的复合铝带箔产品是生产汽车热交换器的主要能效材料，附加值较高。2010年，该公司二期工程竣工投产，新增钎焊复合铝带箔产能4万吨／年，总产能达到8万吨／年，持续引领国内外铝热传输材料产业的发展。萨帕集团中国区总经理、上海有色金属行业协会副会长雷星湖（瑞典）先生荣获2010年上海市“白玉兰荣誉奖”。

上海大昌铜业有限公司投资400万元建造的“净液反应釜真空浓缩装置”于2010年8月竣工投产，该装置替代原“直火燃烧蒸发装置”，年可节约标准煤300吨，并有效减少有害物质的排放。此外，该公司总投资800万元的“余热利用系统”增在紧张施工中，预计该系统将带来节约标准煤6000吨／年的可观效益。

中铝上海铜业有限公司与中国船舶与海洋工程研究院（708）所、上海交通大学共同研制的铜合金长管和盘卷管，

得到国际船级社协会（IACS）的认证，并已出口国外，创造产值达1000多万元。

2010年7月，上海有色金属技术监测中心与上海纤导精密机电设备有限公司合作，成立了中国有色金属工业无损检测中心技术研究室。该公司承担中心的涡流技术项目的研发与试制。

四、建材工业发展情况

2010年，上海的建筑材料行业拥有457家建筑材料企业，比上年增加3家企业。从业人员5.45万人。完成工业总产值378.79亿元，增长4.6%，占全市规模以上工业总产值1.26%，占国内建材行业产值的1.02%；实现利税14.29亿元，增长11.1%。生产水泥670.80万吨，下降14%；商品混凝土3248.60万立方米，下降12%；卫生陶瓷制品258.46万件，增长1.7%。

（李惠民）

都市产业发展情况

一、2010年上海市都市产业运行情况

2010年，上海市都市产业实现平稳发展，其中，轻纺行业完成工业总产值5372.98亿元，比上年增长21.0%。主要特点：

1．生产实现平稳较快增长。从月度走势看，生产水平呈现逐季提升态势，月度产值增速在18%左右波动，9月份开始增速呈回落态势。从子行业情况看，46个子行业中，41个子行业实现可比增长，5个下降。其中，产值规模最大的塑料行业增长15.3%；电池、纤维素纤维原料及纤维制造、家具、玻璃纤维及制品制造、毛纺织和染整精加工、纸制品、工艺品、家电等行业增长较快，分别增长76.6%、48.4%、37.9%、、32.2%、28.0%、23.4%、21.5%和20.9%；食品行业增长14.2%；农副食品加工业小幅增长0.1%；麻纺织业大幅下降43%；饮料行业小幅下降0.3%。从监控的43家上海市重点轻纺企业看，全年共实现工业总产值1140亿元，可比增长13.0%；该行业67%的重点企业增长，33%下降。其中，尤妮佳生活用品、百事食品、东辰粮油等增长较快，分别增长77.6%、63.2%、59.4%；嘉里食品工业、申美饮料降幅超过了10%。

2．出口继续恢复，主要子行业出口规模高于2008年水平。都市产业完成出口交货值1226.98亿元，同比增长17.8%。其中，轻工行业完成出口交货值965.34亿元，增长21.8%；轻工行业出口交货值占销售产值的比重为21.9%，同比提高0.3个百分点。从子行业情况看，46个子行业中，37个子行业实现增长，8个下降，1个无出口。其中，出口规模前三的子行业家电、塑料、电池制造业出口规模均超过100亿元，分别增长21.2%、25.4%、57.5%，出口规模已经分别比2008年高出10.0%、26.2%和68.8%。

3．盈利情况进一步改善。都市产业实现利润总额361.33亿元，同比增长26.7%，行业总体保持盈利，利润率为6.68%，比2009年提高0.57个百分点。其中，轻工行业实现利润总额294.29亿元，增长20.5%；纺织行业实现利润66.84亿元，增长64.0%,。从子行业情况看，46个子行业44个实现盈利，37个子行业实现增长，4个子行业同比扭亏，5个子行业下降。从监控的43家上海市重点轻纺企业看，该行业86%的重点企业保持盈利，51%的企业增长。其中，松下微波炉、荣威塑胶、箭牌糖类等增长超过1倍，良友海狮、日立家用电器、上海庄臣、江森自控国际蓄电池等由盈转亏。

二、重点工作情况

1．完成工信部各项工作任务。一是加强经济运行分析。按照工信部要求，调研形成《上海消费品工业2010年上半年经济运行情况》报告，并与轻工、纺织服装等重点行业协会建立统计分析沟通机制，完成工信部消费品工业指标体系修订征求意见工作；二是在食品行业方面，完成全国食品安全整顿督导检查迎检工作，完成“2008年问题奶粉”专项清查工作，组织开展乳制品生产企业问题乳粉集中清查专项行动。根据全国食品安全整顿办和工信部部署，研究制定《上海市食品工业企业诚信体系建设试点工作方案》，并启动试点工作。根据工信部食品安全工作的要求，完成乳制品行业整顿验收和专项督察工作；三是在家电行业方面，配合完成上海家电下乡新增品种备案、招投标等相关工作，以及《上海市家电以旧换新实施细则》修订。推动家电下乡维修服务体系建设工作。服务家电生产企业，帮助家电下乡中标生产企业协调高峰让电工作，为家电企业的产品生产提供保障；四是根据工信部《关于下达2010年工业行业淘汰落后产能目标任务的通知》的要求，将高能耗、高污染、低附加值的低端制造业进行调整，截至6月底，已完成上海集祥印染有限公司、上海亚伟洗染有限公司、上海青浦白鹤洗染有限公司等三家印染企业的关停，淘汰产能2294万米以上，超额完成2000万米的目标任务。

2．做好“十二五”规划编制工作。市经信委根据本地区业发展现状和国内外产业发展趋势，抓好“十二五”期间都市产业发展工作的谋划布局，梳理产业发展重点项目，基本完成《上海市都市产业“十二五”规划》编制工作，明确了“十二五”期间产业发展的目标任务和重点。

3．做好世博特许产品开发服务工作。2010年是世博年，市经信委派专员到世博特许办公室，密切联系轻工、纺织行业重点企业，对接产品设计师，加强世博特许产品开发，以世博会的举办为契机，促进世博特许产品销售，带动都市产业增长。

4．以科技创新促进产业转型升级。一是促进都市产业“两化融合”重点项目建设。将都市产业作为上海“两化融合”2010年重点发展的四个行业之一，加大了对传统产业信息化改造的示范项目支持力度，提升了产业的信息化水平。光明乳业2009年在加强供应链管理节约了6000万元成本的基础上，2010年作为业内第一家也是唯一一家实施WCM（世界级制造）管理系统的公司，尽管面临乳制品市场的激烈竞争，在乳制品生产利润缩小的背景下，以确保产品质量为前提，通过提升成本控制能力、管理水平来实现劳动生产率提高180%，维护成本下降50%，综合效率提升40%；二是推进都市产业高新技术产业化、技改等重点项目建设。跟踪推进推动芳砜纶纤维和芳砜纶绝缘纸高性能纤维项目高新技术产业化项目。高性能耐高温纤维材料芳砜纶千吨级产业化项目作为上海市高新技术产业化项目，已实现产品出口，并填补了我国在耐高温纤维市场领域的空白，目前，已经研发出系列耐高温防热服。年产1000吨绿色纤维Lyocell产业化项目已完成了1.5亿元的前期投资，进入中试阶段，技术和工艺均为国家级发明专利，打破了奥地利（兰精）Lenzing公司对环保型化纤高新技术和市场垄断。

5．以设计创新促进产业能级提升。2月，上海正式获批加入联合国教科文组织创意城市网络，成为“设计之都”，上海正不断加大创意设计产业的扶持力度，为消费品产业转变发展方式提供了新的机遇。各知名企业纷纷注重产品设计创新，逐步扩大产品市场占有率。如美特斯邦威公司总部进入上海后，发展300人的设计团队，不断创新产品设计。奔腾电器与本土设计公司合作，开发电饭煲、剃须刀等系列小家电，不断拓展新市场。尚街创意产业集聚区建设了服装设计师孵化器，为中小服装设计师工作室提供服务。由第十七棉纺厂改造的上海国际时尚中心，正致力于打造成为亚洲第一秀场。上海国际家用纺织品产业园已拥有企业交流中心、打样中心、设计中心等综合服务能力，目前已引进法国、西班牙、英国、美国、以色列、意大利等国的海外设计师及工作室，已入驻纺织企业约150家。位于上海松江区的时尚硅谷创意园，与中国纺织协会紧密合作，致力于打造成为纺织自主品牌企业的二次创业园，目前已签约和有意向进驻的有30多家知名企业。

6．大力实施品牌战略，集聚和培养一批自主时尚品牌。重点扶持一批都市产业自主品牌项目建设。上海家化在拥有“清妃”、“六神”、“美加净”等传统品牌基础上，近年又开发了“家安”系列清洁用品等，并且在成功运营“佰草集”品牌的基础上推出了高端品牌“双妹”。美特斯邦威实施自主品牌战略，推出了ME&CITY品牌，企业于2008年8月成功上市，成为中国知名休闲品牌。上海博士蛙集团采取多元化品牌战略，目前旗下拥有自主核心品牌“博士蛙”、Drfrog及哈利波特、网球王子等授权品牌，致力于打造中国儿童消费品领袖企业。上海纺织控股集团面对激烈的市场竞争态势，与时尚媒体合作开展“魔法天裁”大型时尚设计师选秀活动，进一步拓宽了本土原创设计师的发现与培养渠道，共同推出了“EY”服装品牌，目前，又推出了“Prolivon”原创高档品牌。

7．加强区域合作，完善都市产业链。借助长三角纺织制造业优势，积极开展区域合作。在中国时尚同盟的联系下，长宁区政府联合石狮、绍兴、大朗、虎门等国内多家优势产业集群共同发布“长宁宣言”，将逐步实现信息互通、优势互补，从而进一步完善上海时尚产业链。2010年，中国时尚同盟时尚发布系列活动和中国时尚产业论坛在上海的成功举办，标志着上海将进一步加快产业转移和互动，更好地开展区域合作，为促进我国纺织产业结构调整和转型作出应有的贡献。上海东隆集团公司针对国内外纺织产业竞争态势和市场变化，在山东、安徽等地设立或计划设立制造工厂，加大了企业自主品牌战略的实施，努力从优秀代工型企业向自主品牌企业方向发展，增强了企业市场竞争力和应对危机的能力。

8．稳步推进工艺美术保护工作。加强工艺美术成果积累和宣传。完成建国以来上海第一套工艺美术系列丛书编辑工作，包括《上海工艺美术大师风采录》、《上海工艺美术在世博》、《上海市工艺美术精品集》、《上海市传统工艺美术品种技艺》，举办11场上海市工艺美术大师系列展览活动，举办中瑞纸艺联展、中外壶艺双年展等国际性交流活动。启动第三次工美精品专家评审认定工作。完成《上海市工艺美术“十二五”规划》。

（那海燕）

创意产业发展情况

2010年5月26日，市委、市政府召开上海“创意城市”工作推进会，明确了上海创意产业发展目标和方向。市经济信息化委以编制规划为抓手，聚焦打造设计之都，借助世博机遇，以设计创新为切入点，推进创意产业集聚区内涵式发展，全面推进创意城市建设。

一、全市创意产业保持持续、快速、稳步发展

1．《上海市文化创意产业发展“十二五”规划》编制工作取得明显进展。市委、市政府高度重视文化创意产业组织推进机制，建立了市文化及创意产业推进领导小组及办公室。在领导小组的指导下，市经济信息化委与市委宣传部共同组织编制《上海市文化创意产业“十二五”发展规划》，初步形成全市文化创意产业发展工作基础。

2．完成申请加入“创意城市网络”工作，全面推进“设计之都”建设。市经济信息化委积极开展上海申请加入联合国教科文组织“创意城市网络”，2月正式加入联合国“创意城市网络”，被授予“设计之都”称号，并成立了“创意城市”推进工作办公室，联合相关行业协会建立了创意设计联席会议制度。

3．区县合作进一步深化。与长宁、静安、卢湾、杨浦4个区签订市区合作协议，积极推进设计一场、江南智造、环东华时尚创意产业集聚区等重大项目建设。

4．创意产业发展的环境进一步优化。一是完成上海市创意产业展示与服务平台一期建设，建立了平台工作机制，开通平台网站和服务热线，平台点击量超过63万人次；二是重点推动工业设计公共服务平台建设，完成工业设计博物馆一期建设，启动创新材料馆建设；三是抓住世博机遇，开展世博与创意产业发展主题宣传，联合东方卫视、《解放日报》、《上海商报》、《青年报》等主流媒体，开辟宣传专栏。与《中小企业》杂志社共同策划，出版创意产业专刊。

5．形成创意产业人才培训和培养机制。一是依托浦东干部学院、上海交通大学、东华大学、同济大学和亚太经济和信息化培训中心，首批挂牌成立了5个上海创意产业人才培训基地，全年基地培训各类创意产业相关人员累计达5300人次；二是联合团市委共同开展高端青年创意人才促进计划，从工业设计、时尚设计、建筑与城市设计、平面设计、室内设计、多媒体艺术设计等领域评选出了21名高端青年创意人才，为上海创意产业发展提供人才储备。

6．举办上海国际创意产业活动周。2010（第六届）上海国际创意产业活动周于9月15–21日举办。本届活动周以“创意·后世博”为主题，突出了创意为世博服务、为产业服务的特色。活动周期间的博览会、论坛、讲座、项目对接、创意之旅等活动，吸引了30多个国家和地区的近10万观众。期间，举办“京、津、沪、渝”四直辖市创意联盟活动。

7．开展时尚产业发展理论研究。组织东华大学、市政府发展研究中心成立时尚产业丛书编委会，编写出版了国内第一部系统阐述时尚产业发展理论的《时尚产业系列丛书》，进一步理清了时尚产业的发展规律，提出上海发展时尚产业的思路和路径。

8．推动时尚产业发展。以时装、黄金饰品和化妆品等核心领域为重点，推进重要项目的落实；依托长宁、静安、黄浦、松江等区推进一批以时尚产业为主题的集聚区建设；推动长宁区与中国时尚同盟、与兄弟省市时尚产业集群的战略合作；在上海市首次举办了中国时尚同盟时尚发布活动并发布《长宁时尚宣言》，探索建立长三角乃至国内外的时尚产业链；主动服务上海纺织控股集团战略转型，推动上海纺织集团、上海美特斯邦威服饰股份有限公司、上海东隆集团等企业加强自主品牌建设，引导和推动中小企业加大自主创新和自主品牌建设力度。

二、创意产业集聚区提升发展质量

2010年，市经济和信息化委制定《关于进一步促进上海市创意产业集聚区建设的意见》，明确创意产业集聚区的服务和管理规范；重点推进15家“管理规范、特色鲜明、产业集聚、功能突出、贡献显著、品牌知名”的示范性创意产业集聚区建设，引导促进集聚区提升功能；建立创意产业集聚区季度统计制度；完成12个创意产业集聚区立项。创意产业集聚区建设逐步进入质量发展阶段。

2010年上海创意产业集聚区情况表

项目名称	单位	2009年	2010年
建筑面积	万平方米	268	265
入驻企业	家	6110	8231
从业人员	万人	11.47	15.53
营业收入	亿元	422.1	672.8
上缴税收	亿元	25.3	28.7
区内公共服务平台	个	43	121

（吴栋林）

生产性服务业发展情况

2010年，上海生产性服务业继续保持平稳较快的发展势头，在推动产业结构优化升级，促进先进制造业和现代服务业融合发展，提升上海城市功能方面发挥了积极作用。全年，上海重点生产性服务企业完成营业收入4105亿元，比上年增长23.8%；实现利润320.2亿元，增长17.5%。

一、“十一五”期间运行特点与推进情况

“十一五”期间，按照我国《国民经济和社会发展第十一个五年规划纲要》提出“大力发展主要面向生产者的服务业，细化深化专业化分工，降低社会交易成本，提高资源配置效率”的要求，制定相关政策，明确发展重点，加大支持力度，生产性服务业已成为上海经济转型发展的重要方向。

1．规模和效益快速增长，比重逐步上升。“十一五”期间，生产性服务业快速发展，年均增速超过15%，高于全市工业和服务业的增长速度，企业效益明显提高。

2．发展重点逐步清晰，服务领域不断拓展。“十一五”期间，上海编制了《上海“十一五”生产性服务业发展重点及空间布局规划》和《上海生产性服务业发展重点指南》，制订了《上海产业发展重点支持目录（2008）》，将生产性服务业列入重点支持门类。总集成总承包、检验检测、电子商务、供应链管理等新兴的生产性服务业加速发展，同时，一些传统生产性服务业经过现代技术的改造，层次不断提升，加速向制造生产的全过程渗透，生产性服务业的结构得到改善和服务领域不断拓展。

3．制造业服务化趋势加快，服务功能不断增强。上海市制造业企业，利用制造业的优势向两端延伸，在为集团主业配套服务的基础上，也为其他企业提供专业的第三方服务。目前，上海已集聚了一批提供总集成总承包、研发设计、检验检测、数据处理、品牌运营、咨询培训等一体化解决方案服务的生产性服务企业总部，服务功能不断增强。

4．功能区建设稳步推进，集聚效应初步显现。“十一五”期间，根据产业布局规划、城市总体规划、土地利用规划，推进生产性服务业功能区建设和发展。一批以新能源服务、医疗器械研发、工业设计、电子商务、检验检测、云计算等为产业导向的功能区开始涌现，吸引了行业内具有引领作用的企业向功能区集聚，初步形成特色鲜明、错位竞争的态势。

5．发展环境不断改善，支持力度逐步加大。“十一五”以来，上海逐步加大对生产性服务业的支持力度，着力改善上海市生产性服务业的发展环境。在总集成总承包方面，制定了《上海市总集成总承包工程专项引导资金管理办法》；在电子商务方面，颁布了全国首部地方性电子商务法规《上海市促进电子商务发展规定》；在推进品牌工作方面，发布了《上海市加快自主品牌建设专项资金管理暂行办法》；在功能区方面，2008年和2009年陆续发布了《关于推进本市生产性服务业功能区建设的指导意见》和《关于进一步推进生产性服务业功能区建设的意见》。

二、2010年上海生产性服务业发展情况

2010年，上海生产性服务业继续保持平稳较快的发展势头，在推动上海产业结构优化升级，促进先进制造业和现代服务业融合发展，提升上海城市功能方面发挥了积极作用。

全市生产性服务业十大行业重点企业完成营业收入4105亿元，增长23.8%。结合“十二五”产业规划的制定，生产性服务业围绕进一步加强产业引导、支持重点制造型企业向服务业转型、提升服务经济比重、增强服务能级和水平，开展了相关推进工作。

1．以加强理论研究为基础，认真做好相关发展与对策分析

结合国家和市委、市政府提出的“加快形成以服务经济为主的产业结构”要求，承接了工业和信息化部“生产性服务业发展与对策研究”软课题，会同相关部门、研究机构、大专院校和重点企业、产业园区，通过对上海生产性服务业发展现状及国外的发展趋势进行深入研究，进一步明确了生产性服务业的内涵、特征和发展规律。同时，配合市委决策咨询委员会开展了“生产性服务业发展税制改革”研究，分析了上海市生产性服务业发展的主要瓶颈问题，认清了上海发展生产性服务业的优势和机遇，逐步明确了上海生产性服务业的发展模式和路径选择。课题获得了工业和信息化部有关领导的高度重视，为做好下一步工作和政策制定打下了良好的基础。

2．以编制“十二五”规划为契机，明确工作发展重点

按照“以需求为导向、以问题为导向、以项目为导向”的要求，在前期规划研究基础上，“开门搞规划”，广泛听取区县、企业、政府部门以及委内有关处室的意见，总结“十一五”期间上海发展生产性服务业及电子商务的特点和经验，根据国家和市委、市政府有关促进电子商务发展、大力推进生产性服务业发展的要求，结合上海产业发展基础和转型发展方向，明确了“十二五”期间上海发展生产性服务业及电子商务的目标、思路和途径，提出了上海生产性服务业

发展的10个重点领域，涉及国民经济行业分类中的12个门类、33个大类、90个中类和141个小类，以及开展电子商务的八大重点引导工程和有关保障措施，基本完成上海“十二五”生产性服务业发展规划和电子商务发展专项规划的编制工作。

3．以鼓励“转型发展”为目标，寻求突破政策瓶颈

围绕生产性服务业发展要求，贯彻落实市政府“研究服务业相关税制政策”专题会议精神，深入研究大型制造集团在剥离生产性服务业过程中的具体问题，通过调研各种业态和各类所有制企业，重点对企业剥离过程中和剥离后的税收政策问题以及劳动关系转移、资质平移等比较突出的问题，以“解剖麻雀”的方法，逐个进行个案研究，分析整理并形成了“有关上海市制造业分拆生产性服务业工作专题调研的情况汇报及建议”，并会同市财政局、市地税局有关部门研究制定了《关于进一步鼓励和支持制造业主辅分离促进本市生产性服务业加快发展的若干财税政策意见》，下一步将着手在全市重点制造业集团企业开展生产性服务业增值税扩围试点，鼓励制造企业剥离生产性服务业业务，提供社会化服务。

4．以“六个优先”为原则，推进总集成总承包工作

2010年，把推进“总集成总承包”工作作为上海市调结构、转方式的主要抓手，促进企业扩大服务半径，走市场化、国际化道路。在深入开展调研的基础上，基本形成了“突破、完善、提升”的促进发展思路，编制发布有关项目支持指南，明确了“六个优先”的支持原则：一是优先支持向价值链两端延伸，尤其是包含前端设计、研发、咨询等项目；二是优先支持外省市和国外项目；三是优先支持集成产业链上更多服务环节，组合更多服务产品的项目；四是优先支持入驻生产性服务业功能区企业和列入市经信委生产性服务业统计监测范围重点单位的项目；五是优先支持涉及重大民生的集成项目；六是优先支持第三方总集成总承包企业的项目。全年总计对48个项目进行了支持，类型涉及先进制造业、高新技术产业和高端生产性服务业中的装备制造、石油化工、物流外包、节能环保、检验检测、新能源、新材料、船舶制造、信息服务、公共服务等十大行业，得到了企业广泛响应和积极参与。

5．以“双推”试点活动为重点，深化促进电子商务发展

积极贯彻落实《上海市促进电子商务发展规定》和《上海市人民政府贯彻国务院关于进一步促进中小企业发展若干意见的实施意见》，为进一步加快发展上海市电子商务，一手抓完善政策促发展，会同有关部门研究制定《关于贯彻落实＜上海市促进电子商务发展规定＞的实施意见》，细化任务措施，明确责任主体，加快推动落实，一手抓服务企业促增长，结合去年“服务企业保增长”的专题调研，了解企业需求，促进转型发展，培育壮大企业。重点开展了推进电子商务企业创新发展、推进中小企业应用电子商务的“双推”试点活动，同时通过引入第三方评测机构，使政府财政资金发挥最大扶持效应，体现更高透明。此外，为体现创新发展要求，积极配合浦东新区开展国家电子商务综合创新实践区的创建活动，组织承办2010中国（上海）电子商务创新发展论坛举办等，力求探索上海市电子商务创新发展思路、模式、举措、机制，为实现上海市电子商务发展新跨越打下良好基础。

6．以服务经济为导向，探索品牌建设新模式

进一步明确“品牌战略服务于全市经济转型，服务于全市产业发展，以品牌引领产业升级”的工作思路，形成与相关部门协作共推的工作局面。一是以“上海市加快自主品牌建设专项资金”为抓手，发布《2010年上海市加快自主品牌建设专项资金重点支持目录》，重点推进服务业、高新技术产业化、时尚创意产业、信息化及园区品牌建设，支持中小企业品牌建设。2010年，共收到品牌申报项目近200个，对“‘双妹’品牌复兴”等项目给予重点支持；二是以培育第三方品牌运作机构为发展方向，对相关行业协会、重点企业和第三方品牌运作机构进行了有针对性的调研和研究，支持第三方机构开展品牌运作及品牌公共服务，探索品牌建设的新模式。

7．以推进生产性服务业功能区建设为抓手，引导企业集聚发展

制定发布《上海市经济信息化委关于进一步推进本市生产性服务业功能区建设的意见》，积极推进生产性服务业功能区建设和发展：一是“评估一批”，依托区县经委对2009年认定的功能区进行年度评估；二是“认定一批”，2010年年，新认定4家生产性服务业功能区，使全市生产性服务业功能区达到23家，总面积达3900多公顷；三是“创建一批”，对尚在起步建设并有发展前景的园区，采取创建办法进行鼓励。同时，会同市规土部门对区县现状工业用地进行调研，重点推进现状工业用地发展生产性服务业功能区。此外，积极开展长三角地区合作，响应国务院《皖江城市带承接产业转移示范区规划》要求，为制造业企业牵线搭桥，推进功能区“腾笼换鸟”，辐射并服务长三角地区。目前，市北工业园区、宝山智力产业园等生产性服务业功能区已集聚一批生产性服务业企业，初步形成规模效应。

（孙赞犀）

国防科技工业发展情况

2010年，在上海市委、市政府领导下，在总装备部、国家国防科工局等关心支持下，上海市国防科技工业坚持“振兴发展航空，做大做强船舶，做精做优航天，积极发展核能，拓展海洋工程”的发展思路，较好地完成了全年科研生产任务，有力保障了国家战略在上海的实施，实现了国防科技工业的可持续发展。

2010年，上海国防科技工业实现总收入突破1200亿元，是“十一五”初期的2.4倍，超额完成年初预定目标。

一、主要行业发展情况

1．航空航天

上海航空航天行业在确保军工任务完成和推进军工条件保障项目建设的同时，积极依靠技术、人才和行业优势，大力发展军民两用技术重点项目，民品产业化、规模化工作取得了可喜进展。

航空紧紧抓住国家实施大飞机重大专项的历史机遇，积极开展民用飞机零部件的研发和生产。在中国商飞公司的大力支持下，部分单位开展了民用客机的生产测试装备、客舱控制系统、客舱娱乐系统及部分电缆零件的研制生产。随着国家低空开放试点工作的进行，通用飞机市场持续升温，上海西科斯基公司的民用直升飞机产品销售持续扩大，年内完成销售小型直升机8架。2010年，上海航空制造业的企事业单位实现科研和销售收入62.9亿元，同比增长26%；销售利润和科研收益5.01亿元，同比增长26%；工业总产值60.32亿元，同比增长57%；工业增加值为10.26亿元，同比增长30%。

上海航天坚持航天技术应用产业结构向国家战略性新兴产业方向调整，抓住国家扶持新能源和新能源汽车的契机，大力发展新能源和新能源汽车产业，进一步改善产业结构。在保持高端汽配等传统产业稳定增长的基础上，全力打造垂直一体化太阳能光伏产业百亿工程，重点建设柔性非晶硅薄膜电池中试生产线和150兆瓦电池片生产基地。积极进军汽车动力锂离子电池领域，与上汽、东风汽车等国内著名汽车厂商开展项目合作。2010年实现总收入182.8亿元，同比增长26.9%；利润10.6亿元，同比增长8.2%。

2．船舶及海洋工程

船舶及海洋工程产业继续落实《上海贯彻落实国家船舶产业调整振兴规划的实施方案》和海洋工程装备高新技术产业化战略，以国际市场为主要方向，积极推进现代产业化发展，上海船舶企业管理和技术水平也逐步向世界发达国家靠拢。造船造能力突破1200万吨，成为世界最大的造船基地之一。此外，船用低速柴油机等配套产业发展迅速，一些产品已具有国际先进水平。

大力推进海洋工程装备高新技术产业化。积极支持引导长兴海洋装备岛和临港重装备园区的国内外推介和招商引资活动，支持优势企业在上海建立海洋工程装备研发中心和生产基地。支持海洋工程装备领域重点项目，推进一批重大项目顺利实施。海洋工程装备基地建设取得新进展，外高桥造船、上海船舶工艺研究所、蓝滨石化等企业重大投资项目进展顺利。编制完成船舶及海洋工程装备产业“十二五”规划和长兴岛“十二五”产业规划并成功举办2010年中国国际海洋工程发展论坛。支持海工企业战略合作，实现快速发展。中国交通建设集团的全资子公司香港振华工程有限公司完成对全球领先的海上钻井平台设计服务和装备供应商F&G公司的全资收购，大大提升振华重工的海洋工程装备设计能力以及制造实力，显著增强上海在海洋工程装备领域的竞争力。上海佳豪船舶工程设计股份有限公司与全球著名动力系统公司罗尔斯·罗伊斯公司签订合作协议，共同合作研发和改进船舶和海洋工程装备设计，实现公司快速发展。

2010年，行业总体继续保持良好的发展势头，全市船舶及海洋工程（包括港口机械等）装备行业完成经济总量950亿元左右，其中，船舶工业经济总量达750亿元，完工交船1200万吨，吨位同比增长40%以上；低速柴油机全年超过200万千瓦，同比增长约10%以上。

二、基地建设及重点项目

上海市国防科技工业坚持集群发展思路，在推动现有产业规模化发展基础上，积极争取国家重大项目落沪，吸引中央军工企业集团来沪发展。目前已形成闵行航天产业基地，以大飞机为代表的航空产业基地，长兴、外高桥船舶与海洋工程装备产业基地和临港海洋工程装备产业基地等一批较大规模、充满生机的产业基地。

航天产业基地。以航天八院航天新区建设为代表，目前已基本完成一期工程，一批企业已经入驻产业基地，总投资规模近15亿元。航天科普基地和航天博物馆项目已经启动。航天新区二期工程也已开工建设，民用航天产业已初显规模。航天科工集团061基地下属上市公司航天电器投资1个多亿在上海建设研发中心，努力打造航天电器产业。

航空产业基地。闵行航电产业基地建设在大型飞机重大专项的带动下，积极引进大型客机C919的配套项目，年内完成了上海市、中航工业集团、山东省的6家企业共同投资组建民机航电产业公司的筹备工作，为下一步开展民机航空电子的中外合资合作作了前期准备；中航商发公司规划总建筑面积30万平方米、投资额32.3亿元的研发基地项目实现开工建设；在建中的中航上海航空无线电电子研究所紫竹新区科研生产基地项目，年内启动了内部设施和设备安装工作，且进展顺利。

船舶产业基地。中船长兴造船基地二期工程项目（第一阶段）得到国家发改委核准并准备报批开工建设，这对于提高我国在LNG船、万箱级以上超大型集装箱船以及海洋工程装备等产品的生产能力，满足我国能源战略需要，推进我国船舶工业向高端制造转型升级，促进上海市金融与航运两个中心建设以及经济发展具有重要意义。“十一五”期间，顺利完成“十五”国家重点建设项目上海外高桥造船基地二期工程建设和部分三期工程建设，生产能力超过300万载重吨，年造船产量达到700万载重吨，被誉为“中国第一船厂”。上海船厂崇明基地一期工程和新增港池完工投产，造船能力上升到100万载重吨。船用低速柴油机等配套产业基地建设进展迅速。上海沪东重机目前已是国内大功率低速柴油机的龙头企业，预计2015年产能可达480万马力。上海中船三井造船柴油机有限公司于2009年一期项目完工后，已形成170万马力的柴油机生产能力，并提交当今世界最大缸径的8K98MC船用低速柴油机，公司全面建成后将形成超过300万马力的柴油机年生产能力。上海船用曲轴二期已建成投产，船用中速发电机组等船舶配套项目已形成生产能力。此外，上海长兴岛船舶配套产业基地已启动建设。“十一五”末，上海的年造船能力超过1200万吨，成为世界最大的造船基地之一。

临港海洋工程装备产业基地。上海外高桥造船有限公司临港项目——上海临港海洋工程有限公司海洋工程及高技术船舶工程配套项目在临港重装备产业区开工建设，第一阶段建设已完成并投入试生产，目前正在积极承接海工订单，推进第二阶段建设。该项目计划总投资32亿元，建设纲领为年造海洋工程平台4座，各类船用功能模块1050个，计划于2011年完工。上海船舶工艺研究所的临港装备基地土建工程、设备安装已基本结束，正逐步形成产业化能力。蓝滨石化设备公司三期工程计划投资14亿元，重容车间钢结构框架已完工65%，500吨吊机已完成招投标，水运码头年底完成板桩施工。

重点项目：

1. 3000米深水半潜式钻井平台。2010年2月，我国第一座有海洋工程“航空母舰”之称的3000米深水半潜式钻井平台“海洋石油981”在上海外高桥造船有限公司顺利出坞，标志着中国船舶工业在深水海洋工程领域取得了重大进展，从此，我国跻身世界海洋深水装备先进行列。

2. 3000吨起重铺管船。年中，振华重工集团公司向卢森堡MCS公司交付一艘3000吨浅水起重铺管船。该船是振华重工向国外船东交付的第一艘海洋石油铺管船，也是迄今为止中国本土企业向国际用户成功交付的第一艘铺管船。下半年，振华重工又向新加坡用户成功交付一艘3000吨起重铺管船。

3. 12缆深水物探船。上海船厂承建的国内首艘12缆深水物探船“海洋石油720”号开工建造，年内出坞进入系泊试验，标志着填补国内空白的第一艘深水物探船的建造取得了新突破。该船建成后将为海上油气勘探服务，主要从事海上三维地震采集作业。

4. 3800千瓦可升降全回转吊舱推进器。由振华重工自主研制的3800千瓦可升降全回转吊舱推进器于年内完成总装，并已完成相应功能测试，填补了国内深水动力系统的硬件空白。

5. 液化天然气（LNG）船。沪东中华造船集团与上海液化天然气海运有限公司签约1艘液化天然气（LNG）船，与日本三井签约建造4艘17万立方米的液化天然气（LNG）船，是我国目前为止唯一有建造LNG船业绩的企业。与上海液化天然气海运公司的项目船交付使用后，将为我国第三个液化天然气引进项目——上海液化天然气接收站提供运输船舶，为我国海上能源运输大通道的建设以及我国能源战略的顺利实施提供重要装备保障。

6. 光伏太阳能电池项目。上海航天技术研究院全力打造太阳能光伏产业。神舟硅业一期和二期多晶硅项目已试生产，10年累计实现生产和销售多晶硅300多吨，销售额1.3亿元；神舟新能源太阳能电池片项目已建成单晶硅电池片2条生产线，产能达50兆瓦，多晶硅电池片6条生产线，已开始试生产。

7. 1500万安时汽车动力产业化项目。由上海航天技术研究院下属企业建设的1500万安时动力锂离子电池芯生产线及电池系统集成生产线，是上海市第一条1500万安时汽车动力产业化项目示范生产线。

8. 世博“系留浮空平台”项目。由电子科技集团第23研究所承担研制。该项目是在世博园区上空设立的一道防御警戒线，搭载图像监控和环境检测设备，实现世博园区视频监控、气体及气象的实时监测并引导人流，保障园区和场馆安全。

9. 基于裂缝波导的CBTC车地RF系统。由电子科技集团第51研究所研制。目前已成功应用于北京轨道交通，打破了国外企业在该领域的垄断，创造了良好的社会和经济效益。

（李亚军）

“十二五”工业规划编制情况

一、规划编制过程及特点

“十二五”工业发展规划是指导2011-2015年上海市工业发展的行动纲领，是市委“十二五”规划建议和市“十二五”规划纲要中有关工业内容的进一步深化和拓展。按照市政府的统一部署，自2009年8月启动规划研究以来，大致经历四个阶段：一是规划思路形成阶段（2009年8月-2010年2月），深入调研，开展前期研究，组织规划大讨论活动，召开专家座谈会，向市领导作了专题汇报汇报规划思路；二是规划初稿形成阶段（2010年3-5月），建立规划编制工作机制，吸收前期成果，对规划主线、目标、布局、重点、任务等进行深化研究，形成规划初稿；三是修改完善阶段（2010年6-10月），征求各方面的意见，听取人大、政协以及协会、专家的建议，分管市领导专门主持召开上海市国民经济和社会发展“十二五”规划纲要中有关工业内容的专题座谈会；四是衔接论证阶段（2010年11月至今），召开专家论证会，与全国国民经济和社会发展“十二五”规划纲要、工业和信息化部“十二五”工业转型升级规划以及上海市国民经济和社会发展“十二五”规划纲要进行衔接，进一步吸收行业规划最新内容，分管市领导再次召开座谈会听取各方意见。

整个规划编制过程的特点：一是坚持开门办规划，采取人大代表和政协委员咨询会、高层座谈会、网上建言、通信征询等多种形式，动员社会力量参与；二是坚持问题导向，按照“对题”、“命题”、“破题”的要求，聚焦重点和热点问题，力争有所突破；三是注重规划衔接，与国家归口部门规划、上海市总体规划、委办局专项规划和区县规划衔接。

二、《规划》（草案）的主要内容

《规划》（草案）分为七部分。第一部分回顾“十一五”期间的发展成效，总结基本经验，剖析存在问题，重点分析了工业在全市经济社会发展中的地位和作用；第二部分分析判断“十二五”期间工业发展所处环境，重点把握了工业发展面临的机遇和挑战；第三部分提出“十二五”期间工业发展的指导思想、发展原则和主要目标；第四部分提出“十二五”期间工业发展的重点内容；第五部分提出“十二五”期间工业发展的空间布局；第六部分从10个方面提出“十二五”工业发展的主要任务；第七部分提出“十二五”规划实施的政策保障。

1．总体思路

聚焦中国特色新型工业化战略，围绕上海建设“四个中心”和社会主义现代化国际大都市的总体目标，按照上海“高端化、集约化、服务化，推动三二一产业融合发展，加快形成服务经济为主产业结构”的产业发展方针，充分发挥科技、人才、金融、信息、品牌等优势条件，坚持创新驱动、转型发展，以率先转变工业发展方式为核心，以发展调整中提升为主线，以“双倍增一提升”为重点，加快构建战略性新兴产业引领、先进制造业支撑、生产性服务业协同发展的现代工业体系，促进“生产型制造”向“服务型制造”方向发展，不断提高产业国际竞争力，为上海建设“四个中心”尤其是全面提升国际经济中心城市地位作出重要贡献。

2．主要目标

《规划》（草案）提出定性和定量两类目标。定性目标方面，5年阶段性目标是使上海成为全国率先转变工业发展方式的先行先试区、战略性新兴产业的创新引领区、高端生产性服务业的集聚辐射区。中长期目标则是将上海打造成为全球高端智造中心之一。

在定量目标方面，《规划》（草案）淡化了工业总产值、固定资产投资等总量目标，强化了经济效益、结构优化、创新能力和资源环境目标，具体设置了4类15项指标。与“十一五”规划相比，新增了工业增加值率、技改投资占全部工业固定资产投资比重、战略性新兴产业增加值、生产性服务业增加值、工业企业研发投入占主营业务收入比重、工业园区单位土地产值、工业能源综合利用效率、单位工业增加值用水量下降率等反映质量效益的指标。

3．发展重点

结合国家战略要求和上海市实际，“十二五”时期大力推进“双倍增一提升”（即“战略性新兴产业倍增”、“生产性服务业倍增”、“先进制造业提升”），构建战略性新兴产业、先进制造业和生产性服务业三大工业体系。具体而言：

在培育发展战略性新兴产业、大力推进高新技术产业化方面，以上海市高新技术产业化9个重点领域为基础，对接国家战略性新兴产业的7个重点领域，提出“十二五”时期聚焦发展新能源、新一代信息技术、生物医药、先进重大装备、民用航空航天、高端船舶和海洋工程装备、新材料、新能源汽车和节能环保，突破瓶颈，扩大应用，加快产业化步伐，提升国际竞争力。

在优化提升先进制造业方面，加大技术创新和技术改造力度，提升汽车、成套设备产业核心竞争力，促进电子信息产品制造业转型升级，优化钢铁、石化等基础产业产品结构，提升新型都市产业能级，提升配套能力，延伸产业链，提高产品附加值，保持发展优势。

在促进生产性服务业发展方面，大力发展支撑工业升级且与工业紧密关联的生产性服务业，鼓励工业企业向价值链两端延伸，重点发展总集成总承包、研发设计、检验检测、供应链管理服务、专业维修、金融专业服务、节能环保服务、电子商务与企业信息化等领域，提高生产性服务业专业化、社会化、信息化和国际化水平。

4．关于“十二五”时期的空间布局

《规划》（草案）提出，在工业布局方面，按照构建形成“带状引领、基地聚焦、组团发展”总体布局的要求，加快存量工业和新建项目向产业基地、市级以上开发区等规划产业区块集中，规划产业区外存量工业用地积极转型升级。“带状引领”是指重点建设具有世界一流水平的临海沿江工业发展带；“基地聚焦”是指加快发展一批国家新型工业化产业示范基地，培育壮大一批占领技术制高点的战略性新兴产业基地，改造提升一批基础条件较好、相对成熟的产业基地，着力调整一批受环境、能耗等条件制约的传统产业基地；“组团发展”是指统筹规划产业区块和新城建设，推动南汇、嘉定、松江、青浦、南桥、金山、城桥等新城与规划产业区块融合发展。在生产性服务业布局方面，主要依托规划产业区块以外存量工业用地，以内外环区域、外郊环区域为重点，以生产性服务业功能区为载体，形成各具特色的发展格局。

5．关于“十二五”时期的主要任务

《规划》（草案）从推进高新技术产业化、完善产业技术创新体系、优化投资结构等方面提出了十大任务：

一是以推进高新技术产业化为重点，抢占工业发展制高点。聚焦高新技术产业化重点领域，实施一批专项工程，加强新技术应用和市场培育结合，完善推进机制，强化科技创新成果产业化，加快新兴产业规模化发展。

二是以完善产业技术创新体系为重点，增强工业自主创新能力。围绕实现创新驱动的要求，加快构建以企业为主体、市场为导向、产学研结合的技术创新体系，为工业提升发展提供科技支撑。

三是以优化投资结构为重点，提高工业投资效益。在保持适度投资规模的基础上，进一步优化投资结构，聚焦高新技术产业化和技术改造项目投资，加大研发设计平台建设、系统集成及应用、品牌经营、营销渠道开发等软实力投资。

四是以园区和产业基地建设为重点，推动工业集聚发展。加快存量工业和新建项目向产业基地、市级以上开发区等规划产业区块集中，推动规划产业区外存量工业用地积极转型升级。

五是以实施能效提升工程为抓手，提高工业能源利用效率。以提高能源利用效率为核心，以健全节能标准体系为基础，以高载能行业为重点，以实施能效提升工程为抓手，探索建立节能、清洁、循环、低碳的新型生产方式，形成能效提升、监管有效、低碳发展的工业节能降耗减排治污新格局。

六是以淘汰落后产能为抓手，加快工业结构战略性调整。推动调整领域从“两高一低”（高能耗、高污染、低效益）转向“三高一低”（高能耗、高污染、高危险、低效益），调整对象从单个企业转向重点行业和重点区域，调整考核从关注节能指标转向综合考核节能、减排和城市安全。

七是以推进二三产业融合为抓手，促进工业高端化发展。积极推动制造业与服务业深度融合，促进生产性服务业向专业化、高端化和集聚化发展，努力形成综合服务能级高、辐射带动力强的生产性服务业体系。

八是以推进信息化与工业化深度融合为抓手，实现工业能级提升。深化落实国家“两化融合”试验区战略，推动信息化在重点产业的全面渗透和高效应用，以信息技术应用促进产业链整合提升。

九是以促进中小企业和民营经济发展为重点，增强工业发展活力和实力。发挥市场机制和政府扶持的作用，以完善社会化服务体系为重点，以营造有利于发挥中小企业和民营经济发展活力的环境为基础，鼓励中小企业向“专、精、特、新”方向发展，增强民营经济发展动力。

十是以扩大对内对外开放为重点，强化工业辐射能力。进一步推进企业对内对外开放，充分利用国际国内两个市场、两种资源，深度融入区域乃至全球产业链分工体系。

6．关于“十二五”时期的政策保障

《规划》（草案）从国家、市级两个层面提出“十二五”期间推动工业发展的支持政策。

在国家层面，积极争取在制造业改造升级、战略性新兴产业培育、生产性服务业发展等方面进行政策突破和先行先试。

在市级层面，从土地、金融、人才、财税等六个方面提出相关政策需求：一是在产业用地方面，确保年均新增用地2万亩以上，重点用于高新技术产业化和技术改造重点项目，规划产业区块内工业用地规模保持相对稳定；二是在金融支撑方面，大力发展风险投资、私募股权投资，加快中小企业上市步伐；三是在财税扶持方面，制定鼓励外资增资的扶持政策，推进生产性服务业重点领域扩大增值税征收范围改革试点，制定企业兼并重组过程中的相关财税扶持政策；四是在人才政策方面，加快推进职务科技成果股权和分红权激励，对优秀企业家群体、技术领军人物、高技能人才给予政策倾斜；五是在推进机制方面，探索建立新兴技术和产品的市场应用机制和社会化投融资机制，以及新型的产学研合作、跨区域产业和园区联动、国资投向战略性新兴产业等机制；六是在政府职能转变方面，扩大产业基地招商引资的主动权，将能耗、安全、环保等事项外的其他政策向基地聚焦。

（刘　平）

2011·上海工业年鉴

SHANGHAI
INDUSTRIAL
YEARBOOK

区县工业

浦东新区工业

【概况】

2010年，浦东新区工业企业紧跟国际市场复苏步伐，积极把握国内市场发展机遇，在保持良好产销衔接基础上，生产规模稳步提高，经济效益全面提升。工业产业结构和区域布局更趋完善，土地集聚效率和产出效益进一步提高。

【2010年发展情况】

一、生产规模稳步提高，内需拉动成效突出

1．产值增幅创近年新高。浦东新区实现工业总产值8488.02亿元，比上年增长21.1%，产值增幅同比提高14.4个百分点，创近年产值增幅新高。工业运行总体呈现生产规模稳步提高，产值增幅由高向低并回稳的特点，工业经济自经历金融危机影响后的复苏调整已基本到位。

2．外资工业引领增长。外资工业实现总产值5043.64亿元，增长29.9%，增幅同比提高18.7个百分点，对新区工业经济增长贡献率超过80%。其中，外商独资企业实现工业总产值2688.22亿元，增长35.9%，占新区工业比重31.7%，提高2.2个百分点。同期，内资工业总产值3444.38亿元，增长9.4%，增幅比外资工业低20.5个百分点，其中，占内资比重70%的股份制工业增长乏力，全年实现产值2433.11亿元，增长5.8%，国有和私营经济在内资工业中保持相对较快增长，分别实现产值886.98亿元和678.59亿元，增长21.7%和11.5%。

3．内需继续成为工业增长主因。国内市场在投资和产业政策效应延续等因素的积极影响下，对生产类和消费类工业品的需求充分释放。新区工业企业依托竞争优势，在迎合内需同时，不断扩大重点产品的市场份额。全年新区工业实现国内销售产值6238.74亿元，增长23.4%，占全部销售产值比重74.4%，同比提高1.4个百分点，拉动新区工业增长约17个百分点。受成套设备制造业出口负增长影响，新区工业出口增幅平稳，全年实现出口交货值2148.02亿元，增长14.3%，比内销增幅低9.1个百分点，全年工业产品出口率降至25.6%。

4．对区域经济贡献突出。新区工业实现增加值1899.04亿元，增长16%，占新区生产总值比重40.3%，同比提高0.8个百分点，对新区经济增长贡献率50.4%，比金融、商业、房地产等第三产业合计贡献率高2.9个百分点，拉动新区经济增长6.2个百分点。

二、主导产业差异发展，区域布局更趋完善

1．“三大产业”增幅“二高一低”。新区工业“三大产业”在分别维持千亿元产值规模基础上继续扩大规模，但增幅呈现“二高一低”特点。其中，电子信息产品制造业得益于物联网、云计算和移动宽带等新兴信息处理和传输技术的广泛应用，在移动通信、集成电路和计算机制造等方面迎来新的发展机遇，全年实现工业总产值2146.10亿元，增长39%。汽车制造业在以旧换新政策延续和新能源汽车政策引导激励下，持续高速增长，全年实现工业总产值1382.20亿元，增长36.5%。成套设备制造业由于产品生产周期长，受国际金融危机影响滞后，因此，在前期订单减少情况下，出现多个月份的产值负增长，负增长局面一直延续至10月份，在最后2个月产值增长的带动下，全年实现小幅增长，全年实现工业总产值1097.16亿元，增长3.8%。“三大产业”合计占新区工业比重54.5%，比上年提高0.7个百分点。

2．“三新产业”集聚发展。由生物医药、航空航天和新能源构成的“三新”产业保持良好增长态势，全年实现工业总产值306.88亿元，增长26.1%。其中，生物医药制造业依托内涵式发展，实现稳定增长，全年产值255.42亿元，增长19.2%，增幅同比下降2.9个百分点。航空航天制造业目前总量虽小，但增长快速，全年产值3.34亿元，增长43.9%。新能源制造业随着新投产企业不断增加，生产规模日益壮大，全年产值48.12亿元，增长78.4%，当年新投产企业对新能源产值增长贡献率超过20%。“三新产业”集聚度进一步提高，全年开发小区“三新产业”产值238.89亿元，占新区“三新产业”比重77.8%，提高0.8个百分点。其中，生物医药主要集聚张江高科技园区和国际医学园区，航空航天集聚金桥出口加工区和张江高科技园区，新能源集聚南汇工业区和临港开发区。

3．高新技术产业化有序推进。高新技术产业化产值2189.31亿元，占全市比重34.6%。从产业领域看，电子信息制造业、船舶及海洋工程、生物医药领域的产出规模在新区高新技术产业化中位列前三，占全市同行业比重均超过同期新区高新技术产业化占比，分别达到44.7%、66.3%和45.9%。从增长情况看，除新能源汽车增幅较低、船舶及海洋工程因危机影响导致产值负增长外，其余产业均保持较快增长。全年新区工业投资336.72亿元，占全社会投资总量的23.5%，其中，用于高新技术产业化项目的投资比重超过50%。

4．小区工业比重提升。重点开发小区工业实现产值4704.97亿元，增长32.9%，增幅比新区工业平均水平高11.8个百分点。产值占新区工业比重55.4%，上升3.1个百分点。分小区情况看，金桥出口加工区在区域内多家年产值百亿元以上的企业支撑下，全年工业总量突破2000亿元，产值占新区工业比重接近1/4，其中，汽车和电子信息产品制造业对小区工业贡献率超过70%；康桥工业园区、外高桥保税区和张江高科技园区也在区域内重点企业高增长的带动下实现高增长，全年3个小区内有33户企业跻身新区产值“百强”。临港开发区、南汇工业园区和国际医学园区虽年产值均在200亿元以下，但由于开发时间较晚，目前尚有一定土地和项目储备，区域工业发展潜力较大。

三、经济效益全面提升

规模以上工业企业实现主营业务收入9392.47亿元，增长22.5%。工业企业利润增幅明显快于收入增幅，全年实现利润总额719.58亿元，增长53.4%。利润增长主要来源于汽车、电子信息等行业的贡献，其中，汽车制造业利润增长57.5%，电子信息产品制造业利润则由上年亏损10亿元以上转为盈利67亿元。规模以上工业企业亏损面14.7%，下降2.3个百分点，亏损企业亏损额降至35.98亿元，下降62%。应交税金365亿元，增长11.1%。随着对未来经济预期的转好，企业应收账款和产成品存货比重有不同程度上升，全年工业企业应收账款1232.93亿元，增长5%，产成品存货319.18亿元，增长21.7%。年末规模以上工业企业经济效益综合指数升至267.73点，同比上升30.8个百分点。

【2011年发展趋势】

2011年，浦东新区工业主导产业的发展预计将回复平稳。以外需为主的电子信息产品制造业在国外市场尚未完全恢复的情况下，产业发展机遇和挑战并存，增幅可能明显下降。以内需为主的汽车制造业在国内激励政策影响消退、主要城市道路拥挤矛盾日益突出的制约下，产业竞争将继续加剧，发展前景不容乐观。生物医药、石油化工等产业在暂无新项目投产的情况下，增幅也将有所回落。成套设备制造业预计有所回暖，一批新能源等新建产业项目有望在今年投产，但对新区工业贡献非常有限。预计，工业总产值增幅达到10%左右。

（毛　韻）

徐汇区工业

【概况】

2010年，徐汇区工业坚持把调结构、促转型作为全年工作的重中之重，工业经济运行呈现规模不断扩大、结构不断优化、效益不断提高的良好发展态势。全年实现工业总产值622.0亿元，比上年增长28.1%。工业产销率达到100.1%。实现工业利润52.0亿元，增长39.0%。完成工业税收33.9亿元，增长17.0%。

【2010年发展情况】

一、高新技术产业比重稳步上升

全年实现产值240.1亿元，增长33.2%，占全区工业总产值的38.6%，同比提高1.5个百分点。电子及通信设备制造业产值增长40.3%，是高新技术产业比重稳步上升的主要推力。高新技术以外的产业中，金饰品制造、汽配制造、食用油加工增长明显。因金价走高拉动投资和消费、国家出台的政策鼓励汽车消费、新的外高桥项目投入运行，金饰品制造、汽配制造、食用油加工业产值分别增长53.5%、38.4%、44.7%。

二、漕河泾开发区转型有序推进

在电子信息、新材料、生物医药等一批优势企业的带动下，漕河泾开发区徐汇部分实现产值325.4亿元，增长26.1%，占全区工业总产值的52.3%，对徐汇区工业的发展继续起重要作用。与此同时，开发区内现代服务业集聚区建设有序推进。至年末，已完工建筑面积26.1万平米，占规划建筑面积的59.7%，签约入驻企业17个，入驻总部3个。

三、高新技术产业化聚焦重点

细化落实高新技术产业化相关政策，出台高新技术产业化融资担保方案，制订高新技术产业化重点领域统计口径和统计方法，落实市高新技术产业化重点项目区级匹配政策，涉及22个项目，市、区政府总支持资金1.24亿元。9个项目新获市高新技术产业化重点项目计划资助，25个项目列入区高新技术产业化重点项目计划。落实市重点技术改造项目政策，共涉及5个项目，总支持资金3944万元。成功申报国家重点中小企业技术改造项目4个，获得国家专项资助777万元。

四、企业创新能力不断增强

通标标准、万达信息成功申报市级企业技术中心单位，3M中国、寰球石化等9户企业成为徐汇区企业技术中心单位。裕隆生物、合成树脂等3户企业获认定为上海市知识产权示范企业，“十一五”期间累计12户，处于全市领先水平。

五、产业园区建设继续加码

在提前完成“十一五”规划目标的基础上，启动航天808所永嘉庭、远中产业园、解放报业园区、现代物流大厦等新产业园区项目。推进SVA越界、现代都市工业园等重点项目的后期建设，推进华泾工业资源整合申报市级生产性服务业功能区，推进浦原科技园、500视觉申报市级创意产业园区并获批准。

六、节能降耗工作攻坚克难

推进区域节能降耗政策配套体系建设，开展重点用能企业节能目标签约工作，着手启动“徐汇区节能降耗长效管理平台”建设。在重点区域推广节能应用示范。继续加大产业结构调整力度，签约单位全覆盖推进节能技改项目工作。完成产业节能技改项目单位37户，核定节能技改项目92项，总节能量达10644吨标煤。

【2011年发展趋势】

2011年，徐汇区预计实现工业总产值600亿元，与上年基本持平，高新技术产业占全区工业总产值的39%。

一、积极促进产业优化升级

1.优先发展优势企业。对符合区域产业发展规划的优势企业，全力落实帮扶措施。重点是继续实施能源、资源向优势产业、优势企业聚焦，优先保证优势企业发展需要，通过主动对接国家科技重大专项、国家重点产业振兴规划、战略性新兴产业规划等方式全力保障优势企业加快发展。

2.稳定发展均势企业。对提供基础税收和创造大量就业机会的均势企业，着力完善政策服务。重点是积极推进中小企业融资平台建设，通过设立小额贷款公司、做大政府担保基金，推动银企合作，降低企业融资门槛，破解企业融资难题。

3.加快淘汰劣势企业。对不符合产业发展政策的劣势企业，逐步帮助其安全退出或实施战略转移。淘汰能耗高、污染重、占地多、效益低的落后产能。

二、加快实施高新技术产业化

1.聚焦项目、分类管理，提高各项政策的针对性和有效性。重点支持纳入国家和全市的重大项目、促进本区经济和社会发展的基础性项目、关键共性技术和创新性技术的研发及产业化，扶持有较好产业化前景的科技创业项目。针对不同项目特点，完善项目管理服务模式，在助推企业创新研发、市场拓展、政府采购、人才培养等环节上按需定制。

2.“四入五联”，完善政府、院所、企业联动机制。以创新为突破口，以产业化为抓手，以快速形成产业规模为目的，进一步鼓励引导院所科技成果应用服务于区域经济社会发展，发挥院所合作发展资金的政策效应，着力促进院所科技示范成果转化。

3.构筑公共服务平台，加强产业链以及产业集群建设。重点推进软件外包服务平台和徐汇版权服务联盟、生物研发外包服务等平台建设，着力推进市公共研发服务平台与区域产业发展的对接，为区域产业发展提供相关专业服务。

4.加强科技金融结合，构筑立体化、全方位的金融支持科技产业的发展网络。选取具有发展潜力且有上市意向的成熟企业，通过信息交流、辅导培训、深化合作等方式对企业在上市过程中的各阶段给予全方位服务；大力扶持规模企业发展，充分发挥科技引导基金的作用，引导社会资本进入产业领域，拓展股权投资企业对高新技术产业直投的广度和深度，不断推动区内优秀中小型科技企业和项目与股权投资机构对接；通过银行借贷、担保融资、知识产权质押等金融创新方式为科技型中小企业服务。

三、大力提升园区功能和能级

1.提升功能。关键是强化对入驻企业的综合服务功能，组织符合条件的入驻企业申报品牌企业和产品的认定等，以满足入驻企业需要的体现“增值、增效、增质”的双赢服务项目，提升管理层次和水平。

2.提升能级。要求园区管理公司全部通过ISO质量管理体系认证，重视构建产业集群，提升每个园区主打产业的集聚度，努力实现符合园区产业功能定位的企业每年有10%的提升；每个园区每平方米的销售收入和每平方米属地企业税收较上年有10%-20%的增长。

四、全面启动“十二五”节能

1.加强节能工作指导。在全面总结“十一五”节能工作的基础上，分解“十二五”节能工作目标，部署和落实各条线“十二五”节能目标和工作任务，全面启动“十二五”节能工作。

2.夯实能源利用状况监管。继续加强全区能耗监测，完善街道、镇及重点耗能单位能耗公报制度，进一步明确统一能耗核算口径及方法。

3.推进各类节能技改项目。在“十一五”产业领域节能工作的基础上，深入挖潜、拓宽领域，继续开展节能技改项目申报工作，争取节能技改项目节能量达到6000吨标煤。结合市政府推进合同能源管理的契机，完善企业投融资政策，推广合同能源管理项目。

4. 启动“四个绿色”建设。遵循“一高一低”，即高端服务和低碳节能的总体思路，在全力完成市政府下达的节能总目标的前提下，着重推进“绿色滨江”、“绿色商圈”、“绿色漕开发”、“绿色华泾”等具有徐汇特色的低碳示范区建设。

（罗友山）

长宁区工业

【概况】

2010年，长宁工业经济稳步发展，全年实现工业总产值77.70亿元，比上年增长17.1%；实现工业销售产值81.15亿元，增长26.1%；工业产品产销率104.4%，增长7.6个百分点。

【2010发展情况】

一、推进企业技术进步和科技创新

编制工业投资三年滚动计划，其中，计划项目37个，分别涉及新能源汽车、生物医药、软件和信息服务等重点行业，投资总额达21.3亿元；对三年滚动计划进一步筛选，向市经信委上报今年储备项目7个，投资额共计18345万元。组织企业做好国家重点技改项目、国家中小企业项目申报工作，上海普泽瑞华环保科技有限公司的普泽垃圾气力输送系统固定资产建设项目获得国家中小企业发展专项资金60万元；上海华太数控技术有限公司的数字技术在高端多色印刷机领域应用项目获得国家重点技术改造项目扶持资金220万元；上海未来宽带技术及应用工程研究中心有限公司iPON缆桥接入系统产业化项目，上海蓝蔚科技发展有限公司燃料电池的新型柔性双极板材料产业化开发分别获得上海高新技术产业化专项资金150万元和80万元，上海宝钢建筑设计研究院获得引进与吸收项目80万元。

二、做好节能减排工作

梳理2009年重点企业能耗情况，分析能耗变动原因，做好能耗情况分析、预测等工作。完成节能空调核查工作，对全区范围内享受中央空调财政补贴政策的422户用户是否足额享受国家财政补贴等有关情况进行核查，按时间节点完成该项工作。启动重点企业电平衡工作，落实资金保障。开展年度高效照明产品推广工作，向居民推广节能灯45万只。

三、加强剧毒化学品使用管理工作

对区血液中心、疾控中心、生物所、中华药业、环境检查站、动物疫病控制中心、微系统所等8户使用剧毒化学品的单位进行调查和梳理，建立联系机制，各使用单位在世博期间每周按规定时间向区商务委上报剧毒化学品使用情况，并向市经信委转报。

四、严格控制加油站成品油灌装零售工作

下发《关于加强柴油、煤油灌装零售工作的通知》，建立购买灌装柴油、煤油由街道（镇）初审、商务委复审的工作机制；与各加油站签订承诺书，要求各加油站严格控制世博期间灌装零售工作，确保世博期间煤、柴油灌装零售工作的安全、有序开展。

五、做好中小企业服务工作

探索中小企业发展服务新机制，营造良好投资氛围，拟定长宁区中小企业服务机构组建计划，制定中小企业上市培育方案，促进我区中小企业发展和壮大。加强政府、企业联动，组织企业参与“品牌企业”、“品牌产品”推荐活动，共上报3户企业的4个项目参与“品牌产品”推荐评选活动，完成2007—2009年上报的5个项目的复审工作。

六、优化调整创意园区，提升品质内涵

对33个创意园、都市工业园进行了初步梳理和分类，其中，重点扶持5个；业态调整、提升功能11个；转型12个；历史建筑物保留、市政动迁等5个。积极推进环东华时尚创意产业集聚区项目，确定从东华大学周边着手实质性启动。积极推进华阳创业创意天地项目业态调整。积极争取市、区支持，确定明年上海国际创意产业活动周在长宁举办。

七、时尚园、新十钢、红坊被评为上海市首批示范创意产业集聚区

在市经信委公布的上海市首批示范创意产业集聚区的评选结果中，全市共计15家创意产业集聚区入选，我区时尚园、新十钢、红坊榜上有名，占总数的13.3%。

八、首届中国时尚产业论坛在长宁举行

10月18日，由中国时尚同盟与区政府联合主办的首届中国时尚产业论坛在长宁举办。中国纺织工业协会副秘书长夏令敏，中国流行色协会常务副会长兼中国时尚同盟组委会副主任梁勇，市经信委副主任邵志清，区委常委、副区长杲云出席论坛并致词。作为中国时尚同盟和区政府的战略合作内容之一，这场主题为中国时尚产业的未来之路的论坛吸引了来自海内外的数百位时尚界知名人士参与。来自国际流行色委员会主席欧娜拉比歌娜尼、路威酩轩LVMH集团中国区总监吴越等时尚界知名人士以专业的视角、独到的见解，阐述了意大利时尚产业之成功模式、中国时尚的演变等。嘉宾还就如何实现由制造优势向设计优势提升、如何建设上海

时尚之都等进行了对话。

九、中国时尚同盟时尚发布在长宁开幕

10月18日，由中国时尚产业论坛、中国时尚同盟先锋设计发布等系列活动构成的中国时尚同盟时尚发布在长宁区世贸商城拉开帷幕。发布活动体现了中国时尚同盟与区政府达成的战略合作成果，在今后几年中，双方将在中国纺织工业协会和市经信委的指导下，结合上海时尚之都建设规划，将中国时尚同盟时尚发布打造成中国时尚领域的代表性活动，切实推进中国时尚的提升。

【2011年发展趋势】

2011年，区商务委将大力推进工业能级提升。积极开发、储备一批产品技术含量高、经济效益好、节能环保的新型工业项目；继续加强节能减排宣传和导向，提高全民节能环保意识；制定措施，推动中小企业改制上市培育工作；优化提升创意产业能级，推进环东华时尚创业产业集聚区、华阳创业创意天地等重点项目。

（张亦易）

普陀区工业

【概况】

2010年，面对复杂多变的经济发展形势，普陀区围绕年度经济增长目标和经济转型目标，迎难而上，真抓实干，在确保世博会各项任务圆满完成的同时，经济保持了平稳较快发展的良好势头，区级财政收入首次突破50亿元大关，“3、2、2”的产业结构调整目标基本实现，重点地区的形象建设和功能建设实现新突破，民生改善工作取得新成效。

全年实现区级财政收入51.96亿元，比上年增长17.42%，第三产业增加值占比达到71%。1-11月，现代服务业、商贸业、科技产业在区级税收中的占比分别为21.58%、19.4%、17.24%；制造业在区级税收中的占比为20.59%；房地产业在区级税收中的占比从去年的35.44%降低到34.21%。税收亿元楼累计达到6幢。

【2010年发展情况】

一、产业经济运行良好

全年累计实现制造业区级税收5.21亿元，增长6.39%；累计实现区属工业销售产值227.68亿元，增长18.82%。

二、产业结构进一步优化

1. 园区建设进展顺利。区域规划进一步完善，产业功能进一步明晰，重点项目有序推进。积极推进桃浦、长征两大生产性服务业功能区建设，构建工作对接平台。指导、落实相关政策，解决瓶颈问题。会同市有关部门对两大功能区进行评估，获得肯定，并召开现场专题交流会，着力推进控制性详细规划的编制落地工作。继续推动创意产业集聚区建设，努力形成创意产业的品牌效应和溢出效应。中华印务创意产业集聚区已试运营，争取2011年授牌。ShanghaiTop创意产业集聚区于6月举行开园仪式。

2. 结构调整扎实推进。完成淘汰劣势企业15户的年度计划指标，其中1户为危险化学品企业。落实2009年度淘汰劣势企业区级配套资金273.19万元。落实与江苏海门滨海开发区的签约工作，为普陀区产业转移提供支撑。

3. 节能减排力度加强。进一步推进燃煤锅炉改造，落实“绿色照明工程”，向全区居民推广高效节能灯62.4万只，完成市里下达指标的104%。对全区16777台高效节能空调情况逐户核查落实。推进重点能耗企业节能技术改造，8户企业成功申报市节能技改项目，申报区级节能技改项目24项，总投资额约7635.95万元。完成上海市工业企业电能平衡相关工作。加强对煤炭及成品油营运企业的管理，做好迎峰度夏让电工作。开展2010年普陀区节能宣传周活动。

三、企业服务工作不断完善

进一步完善中小企业服务工作机制，制定《普陀区促进中小企业发展的实施意见》。全年共指导企业完成节能技改、知识产权、高新技术产业化、专利新产品认定、资源综合利用、企业技术中心建设等各类申报项目共计102项，获国家、市级财政扶持资金分别达到726万元、4431万元。抓好“五个排摸”工作，重点聚焦112户纳税重点企业，深入挖掘税收增长潜力，努力实现企业税收落地。

【2011年发展趋势】

2011年，普陀区经济发展工作的总体要求是：服从服务于上海“四个率先”、“四个中心”建设的发展大局，把握世博会后的发展机遇，围绕“力争保持区域经济社会发展达到上海中心城区中等水平”的工作定位，以调整结构、提升功能、优化布局、改善民生为工作主线，全力促进区域经济社会发展，为“十二五”时期普陀的发展开好局、起好步，以优异的成绩迎接建党90周年。

主要措施：

一、打造一批功能发展平台，努力发挥集聚效应

功能平台的建设有利于集聚产业、企业和人才，特别是在建设国际商贸重要承载区过程中，功能性平台的建设至关重要。一方面要提升一批现有功能平台的能级，做优、做

强、做大、做响、做出特色。如长风金融港、保税物流中心、陆上货运交易中心、有色金属交易市场以及一批科技公共服务平台等；另一方面要围绕国际商贸功能重要承载区建设、战略性新兴产业发展和高新技术产业化等，努力引进和建设一批新的功能平台和发展载体。此外，还要加强建设为中小企业服务的投融资平台以及智能电网平台等。

二、建立普陀区物流产业“产、学、研”一体的物联网战略联盟

大力发展物联网产业以技术带动产业转型，促进区域物流业整体发展。我们以同济大学物流研究与培训中心为平台，以电科所智能交通物联网关键设备、软件产业化项目、50所城市公用交通智能管理项目等科研单位为基础，以陆交中心、保税物流中心的集聚功能，利用天地软件园园内企业晨路信息科技发展有限公司、灵禅信息技术有限公司、李子园炬腾网络有限公司等信息技术企业的资源优势，会同区内上医、远成、九州通等优秀企业，与上海市物联网联盟进行对接，发挥政府部门的政策优势，力争建立普陀区物联网联盟，并确定具体的政策和发展目标，形成具有普陀区特色的“产、学、研”一体的战略联盟，在未来竞争中取得优势，占领制高点。

三、引进、培育和服务一批优质企业，夯实发展基础

完成招商引资工作确定的指标不仅要重“量”，还要重“质”，要注重提高资源使用效益、优化引资结构、提升引资质量，要在引进总部型、行业龙头型和成长型企业上下功夫，全年计划引进龙头型、总部型企业8个，力争达到10个，尽快形成区域经济发展新的增长点。

四、促进一批科技园区、文化创意园区发展，落实创新驱动

围绕区苏州河文化商务轴，打造文化创意产业集聚带，力争打造国家级动漫游戏产业交易中心，目前，在创意园区内已经集聚了一批创新能力较强、发展潜力较大的优秀网络动漫制作企业。在此基础上，整合资源配置，发挥天地软件园“一平台一中心”（“动漫制作公共服务平台”和“多媒体紧缺人才培训工程授权培训中心”）的培育作用，提高集数字内容、动漫游戏制作及衍生品研发生产能力，会同区文化局向国家文化部申报“动漫游戏产业交易中心”，力争获得国家相关部门认定和授牌，为普陀区的创意产业发展增添新亮点。

规划建设8个科技园区，如华大科技园区、同济科技园、武宁科技园、天地软件园、未来岛科技园等，有些正在建设，有些发展速度非常快，正在形成新的亮点，比如，电科所的智能电网终端用户联盟展示区、天地软件园的手机动漫平台、正在协助华东师大争取国家级嵌入式软件工程技术中心落户普陀，等等。继续推进华大科技园、同济科技园等科技园区建设运作；依托电科所的智能电网技术，提升武宁科技园建设水平；拓展天地软件园的范围，加快形成以其为核心的信息产业集聚区。

五、继续抓好节能降耗工作

继续推进企业设备技术改造节能；积极推进重点能耗企业节能，积极组织年节能量在500吨标煤以上的节能项目申报上海市节能技改项目；组织实施区级节能技改项目，做到项目个数、项目年节能量、项目投资额、项目扶持资金逐年递增。继续推进“十大节能工程”、绿色照明工程，做好煤炭、成品油经营企业的日常管理；做好电力迎峰度夏，以及让电困难企业的协调工作。

（陈晓川）

闸北区工业

【概况】

2010年，区商务委以调结构、转方式、促发展为核心，迎世博、保平安、惠民生为重点，积极推动全区“南高中繁北产业”发展，顺利实现“十一五”规划目标，产业经济大幅增长。全区规模以上工业总产值实现154.79亿元，比上年增长17.5%，总量位列中心城区第4位。区属工业总产值实现95.77亿元，增长10.7%。区属规模以上工业产值实现83.88亿元，增长10.7%。工业区级税收实现3.4亿元，增长8.5%，占全区比重7.4%。

【2010年发展情况】

一、工业经济运行特点

1. 生产性服务业快速发展。全年，13户生产性服务业抽样企业累计营收达到30.4亿元，增长386%。全区生产性服务业实现区级税收7.8亿元，增长47.1%，占全区税收总额的17%，上升2.3个百分点。

2. 技术创新活力增强，高新技术产业化为经济发展注入新的活力。组织企业申报国家技改、市重点技改、市高新技术产业化、市企业技术中心、市专利新产品、市总集成总承包等各类技术创新、技术改造项目28项，共获扶持资金3404万元。

3．产业园区贡献扩大。重点园区税收属地率明显提高，22个都市型工业园区税收属地率达75%，全年累计上缴税收总额6.1亿元，增长30%；上缴区级税收2.4亿元，增长68%。

二、生产性服务业总量规模不断扩大

市北生产性服务业功能区能级进一步提升，园区生产性服务业企业已占全部企业的65%，生产性服务业企业对园区税收贡献率达到74%。该园区成功转型为国家级“市北高新技术服务业园区”，沪上首个上海云计算产业基地和上海基础软件产业基地落户“市北高新技术服务业园区”，并加快建设中国首个国际通讯运营商聚集区主体工程——“数据港大厦”等五大数据中心。规划占地560亩、规划建筑面积80余万平方米的上海多媒体谷形态与功能建设已形成集聚效应，初步形成数字化影视技术、流媒体产品网络化的产业集聚，并被命名为国家数字媒体技术产业化基地。规划占地134亩、建筑面积21万平方米的东方环球企业中心总部经济加快集聚，被命名为上海市总部基地之一。闸北区创意产业已形成一定的产业基础和规模，创意产业集聚区成为创意企业集聚发展的主体空间，至年末，共建成创意仓库、名仕街、新慧谷、合金工厂等8个创意产业集聚区，建筑面积16.54万平方米，入驻企业368户，实现营业收入16.54亿元，上缴税收7790万元，从业人员6825人。

三、促进中小企业发展力度加大

制定《闸北区关于进一步促进中小企业发展的实施意见》（初稿），组织筹备促进中小企业发展联席会议。制定《关于推进闸北区企业上市工作的实施意见》（初稿），建立区拟上市企业资源库，目前，11户企业有上市意愿。组织12户企业申报“上海市第二批中小企业发展专项资金项目”，其中，4户通过评审，获资助资金85万元。组织5户企业申报国家“2010—2011年地方特色产业中小企业发展资金项目”，其中，1户通过初审，推荐2户企业申报“2009年度国家中小企业公共服务示范平台”，4户企业申报“2010年上海市中小企业信息化应用示范企业”。建立区“专、精、特、新”企业数据库，71户企业纳入数据库跟踪监测，推荐纳税贡献突出、吸纳就业能力强的前10位中小企业进入市重点中小企业数据库，为7户企业办理融资补贴手续，通过中介担保，共获贷款3725万元。

四、企业技术创新步伐加快

1．推进高新技术产业化工作。组织9户企业申报上海市高新技术产业化项目，其中，2户企业获专项资金300万元。组织卡斯柯信号有限公司、上海亨通光电科技有限公司参加世博期间高新技术产业化展览会。新能源、信息技术等行业表现突出，晶澳太阳能光伏全年累计实现营收27.6亿元，增长556%。复高数字信息技术有限公司累计营收增长58.2%。

2．企业技术改造工作。提出2010—2012年闸北区技改项目3年滚动计划，区内工业企业3年内争取投入2.9亿元进行技术改造。组织4户企业申报国家重点技改项目，获资助资金560万元；指导8户企业开展“引进消化吸收与创新项目”验收，其中，3户通过验收；组织4户企业申报上海市重点技改项目，获资助资金1034万元。

3．推进企业技术中心建设。组织上海亨通光电科技有限公司成功申报上海市企业技术中心，获资助资金60万元；组织申报、验收区级企业技术中心6个，获资助资金48万元。闸北区市级企业技术中心累计达16家，区级企业技术中心累计达15家。

4．推进专利新产品项目申报。1户企业获得“2010年度上海市专利新产品”，共获资助资金2054万元。

五、产业园区结构调整成效显著

加强对创意产业园区发展的指导，推动园区健康发展，创意产业园区经济效益大幅上升。全年，8个创意产业园区入驻企业260户，税收属地率61%，税收总额2650.34万元，增长37%；区级税收1113.67万元，增长44%。都市型工业园区结构调整深化，全年，22个都市型工业园区入驻企业958户，税收属地率75%，税收总额60916.97万元，增长30%；区级税收23988.16万元，增长68%。园区注重以园引资，以资建园，加大招商引资力度，全年产业园区引进企业73户，引入资金6432万元。

六、产业园区、重点行业综合管理加强

1．促进产业园区就业。引导产业园区承担促进就业社会重任，年内在岗职工10080人，新增就业岗位992人。

2．强化产业园区安全管理。开展“安全生产年”活动，30个园区签订《2010年安全生产、消防安全工作责任书》；组织实施元旦、春节、“两会”等重要节点的安全检查和隐患排查，全年检查企业985户，整改238处；会同区安监局对产业园区危险化学品进行安全专项整治检查，出动332人次，检查园区24个、企业256户，排查隐患85处。

3．油、电、煤调控有序。对289户企业进行电力迎峰度夏管理。为确保世博会期间的柴油灌桶零售安全，严格审批70户企业的柴油灌桶零售，同时对区30户成品油经营企业进行年检（其中，中石化23户、中石油7户）。

【2011年发展趋势】

2011年，闸北区要紧紧抓住后世博和上海加快“四个中心”建设的发展机遇，按照“南高中繁北产业”的总体发展战略和“提升转型创新惠民”的总体工作要求，以推进结构调整和发展方式转变为主攻方向，提高自主创新能力作为核心环节，“围绕两条主线”，一是以“北产业”为重点，科技创新为主线，大力发展人力资源服务业、信息服务业、创意产业等生产性服务业和高新技术产业；二是以“苏河湾”为重点，扩大内需为主线，大力提升现代商务商业和旅游业，切实提高全区现代服务业发展能级和水平，全力以赴为“十二五”开好头、起好步，进一步提高商务工作在全区经济发展中的作用和地位。全年预期实现区规模以上工业产值159亿元，比上年增长12%，其中，区属规模以上工业产值82亿元，增长5%。

一、坚持以发展生产性服务业为目标，促进产业能级提升

围绕服务业综合配套改革试点，加快推进以生产性服务业为特色、以高新技术产业化为重点的产业体系建设。一是大力推进相关重点产业发展。集中人力和财力，重点推动人力资源服务、科技研发服务、商务服务和专业服务业发展，争取成为引领相关产业发展的主导力量；二是大力推进重点功能园区建设。积极参与“中国上海人才市场”为基础的国家级人力资源服务业园区建设，着力完善园区配套商务服务设施，为园区发展创造良好环境。积极推进市北高新技术服务业集聚区建设，继续推进多媒体谷、上大高新园区等高科技产业园建设，重点推进新材料、新能源研发应用等科技研发服务业和数字媒体、动漫设计等软件信息服务业。重点支持园区集聚检测与认证企业，加快打造“上海贸易认证中心”平台，进一步增强园区的贸易服务功能；三是大力推进高新技术产业化。以新能源、新材料和信息软件等领域为重点，支持相关企业做好技术开发和应用。继续推进上海布朗环境科技有限公司、上海鼎杰软件有限公司等企业技术中心项目建设，推动要素驱动向创新驱动发展。支持亨通光电科技、格尔软件等产学研联合项目建设，引导企业积极争取市“引进技术消化与吸收”、“重大技术装备研制”、“总集成总承包”等技术创新项目和改造资金，支持企业加快核心技术研究开发和推广应用。引导企业开发拥有自主知识产权的专利技术与新产品，争取年内申请专利新产品若干项。

二、坚持以工业园区转型为落脚点，推动产业结构转型

进一步盘活都市型工业园区的存量资源，鼓励引进外生资源，开展多种形式的合作，引导都市园区大力发展总部经济、服务外包、创意产业等新兴产业，推进园区改造升级和功能拓展；一是着力打造特色创意产业园。根据8个创意产业园的发展特点，指导各个园区发挥自身优势，加快服装、婚庆、动漫、工艺品、建筑等重点行业集聚，增强园区主业特色，提升园区经济效能，为经济发展提供新增长点；二是加快推进重点项目建设。积极推进灵石路老厂房改建工作，指导和支持企业做好招商工作，争取早开业、早见效。协助推进万荣路第一机床厂综合改造，确保年内投入运营，成为工业元素与现代商业商务和谐共生的示范平台。

三、坚持以服务企业为着力点，提升经济发展后劲

尽快出台《关于推进闸北区企业上市工作的实施意见》，成立推进企业上市工作联席会议。建立健全全区中小企业数据库，重点加强对有上市意愿企业情况的跟踪和服务，为企业上市创造良好的外部环境。开展企业上市政策培训，帮助企业培养熟悉和掌握上市程序的专门人员。加强沟通、协调，多渠道、多形式推进企业上市，力争做到“推出一批，培育一批，储备一批”。

四、推进区内工商企业节能降耗

在继续抓好年耗能800吨以上工业企业节能降耗、十大节能工程和节能技改工作的基础上，重点推进商业领域和办公楼宇合同能源应用。同时，完善重点商业企业能源统计体系，加强能源利用检查督促工作。建立健全重点用能企业工作平台，建立落后产能退出机制，鼓励企业通过技术改造、转产或资产重组等形式淘汰落后产能，并根据市产业结构调整协调推进工作要求，做好年度产业结构调整工作。

（曹济南）

虹口区工业

【概况】

2010年，虹口区工业围绕“保增长、调结构、促转型”的目标，积极应对复杂多变的国内外经济形势，抓住世博机遇及一系列扩内需、鼓励技术进步的政策，在中心城区“退二进三”发展格局的大趋势下，全区工业基本呈现生产水平持续提高，危机影响逐渐趋弱、增速企稳的主要特点，全区在地规模以上工业企业实现产值继续保持增长、税收总量保持相对稳定的总体特征。

【2010年发展情况】

一、工业产值保持平稳增长

全年规模以上在地工业总产值60.8亿元，比上年增长4.19%，销售产值60.1亿元，下降1.96%；区级工业总产值39.3亿元，实现较大幅度增长，达15.15%，区级工业销售产值38.6亿元，增长9.52%；区域工业利润4.5亿元（1-11月），同比增长4.7%；工业三级税收共完成4.76亿元，上升1.9%；区域和区级工业产销率分别为98.8%和98.1%，保持较高水平，但下降6.19%和5.05%，未达到产

销总量动态平衡。总体来看，全区工业出现“两个高于、一个低于”的态势，即在产值总体保持平稳增长的基础上，工业总产值增速高于工业销售产值增速，工业利润增幅高于工业总产值增幅，产销率低于去年整体水平。

二、企业技术创新能力不断增强

虹口区工业逐渐形成依靠技术进步、产业升级带动投资增长的新格局。一是开展企业技术中心建设。上海中技桩业股份有限公司、上海东华钻石饰品有限公司、上海医疗器械（集团）有限公司卫生材料厂、上海三吉电子工程有限公司、号百信息服务有限公司被认定为虹口区企业技术中心；二是组织开展企业重点技术改造。共组织开展上海新兴医药等5户企业重点技术改造，总投资额7186万元，项目达纲后预计新增产值1.28亿元、新增利润3686万元。其中，新兴医药、长园维安、上海医疗器械（集团）共获得市、区两级重点技改专项资金329万元；三是高新技术产业化蓬勃发展。软件和信息服务业、电子信息、生物医药、先进重大装备、新材料五大领域，全年产业化规模目标65.3亿元，其中，软件与信息服务业增长较快，产值贡献度较大，带动区域经济可持续发展的效果显著。

三、创意园区建设再上新台阶

新建成创意园区1个，全区已有创意产业园区共22个，其中，市级创意产业集聚区11个，获市级集聚区立项1个，总建筑面积近40万平方米，园区共入驻企业900余户，整体入驻率达到86%。创意产业发展态势良好，重点发展研发设计、节能环保、信息服务、数字媒体、文化时尚等产业。全年，区创意产业园区共实现税收4.7亿元，比上年增长59%。“1933老场坊”和“花园坊”被市经信委评为首批示范创意产业集聚区，并作为世博会期间上海市重点推荐的参观接待点。世博期间，创意园区共接待参观考察120批4000余人次。王忠禹、周小川、江丙坤、宋楚瑜等视察参观了部分创意园区，园区还接待了法国、德国、美国以及28个国家（国际组织）世博参展方代表。创意园区建设为区工业转型升级提供了良好的发展契机。

四、节能降耗工作稳步推进

开展高效照明产品推广活动，共推广国家、市财政补贴的高效节能灯具47万余只，通过向居民及大宗用户推广国家、市财政补贴的高效照明产品，引导公众科学消费、绿色消费，传播节能理念，普及节能知识；对本区30户重点用能单位进行能源审计，以掌握用能单位的能耗水平，为下一步的节能工作提供科学依据；手术器械厂、尼赛拉传感器、上海家化3户企业成功开展电平衡工作；上海曙光家具塑料厂进行产业结构调整，实现生产线整体停产，年节约标煤113吨，同时，也极大改善了周边的城市环境；日用－友捷汽车电气、海昌医用塑胶、上海医疗器械集团进行节能技改，共获得市区两级财政节能技改专项资金122万元，年节约能耗2205.3吨。

【2011年发展趋势】

2011年，虹口区工业将继续围绕“保增长、调结构、促转型”的目标，努力摆脱中心城区土地资源限制及商务成本不断提高的影响，加大扶持优质企业、调整劣势企业的力度，利用高新技术产业化和创意园区新一轮大发展的契机，为全区工业调整期的转型成功努力。

一、以加大研发力度为关键点，鼓励企业自主创新

鼓励企业成为研发投入、技术创新活动与创新成果应用的主体，提高企业综合竞争力。重点跟踪、着重培育科技小巨人企业，继续扶持自主创新项目，培育企业上市，推进市、区两级企业技术中心建设；加大节能降耗、技术改造项目的扶持力度。通过市区联手，搭建产业公共技术服务平台，促进重点企业集聚，加快中小企业的培育发展，形成产业集群。

二、以推进企业服务为基本点，完善企业服务的常态化管理体制

对现有制造业企业进行认真分析，探索实行常态管理，分阶段、分步骤，完善企业服务的流程和标准，健全企业服务档案。对于重点企业创建企业信息档案，确定专人进行定期走访，及时了解企业动态，掌握企业需求，帮助企业解决困难，为企业提供个性化服务。其余企业，则鼓励企业自主发展，遇到困难，政府积极提供相应的服务和支持。

三、以聚焦品牌战略为支撑点，加强企业自身建设

聚焦普利特、医疗器械集团、上海家化等重点企业和“花园坊”、“1933老场坊”等市级园区的自主品牌创建、创新能力建设和能级提升，强化扶持和转型工作，促进先进制造业品牌知名度提高和创意园区的平台功能强化；关注品牌战略发展情况，注重培育重点企业，形成品牌示范带动效应。全力推进“上海市花园坊节能环保生产性服务业功能区”和“上海现代照明产业生产性服务业功能区”的创建。

四、以加强资源整合为着重点，扩大政府政策扶持的覆盖面

盘活存量工业用地，并使这些资源得到合理有效利用，将区已出台的各类企业专项资金扶持政策和现存的企业帮扶措施结合起来，提供内容丰富且针对性强的政策和服务。同时，对企业情况跟踪了解，及时掌握，加大政策宣传和落实力度，做到政策扶持和政府服务不留盲区。

（徐　杰）

杨浦区工业

【概况】

2010年，面对复杂的国内外经济形势和举办上海世博会的繁重任务，杨浦区一手办博、一手促发展，牢牢把握建设国家创新型试点城区的重要机遇，圆满完成全年各项目标任务。

【2010年发展情况】

一、主要经济指标完成情况和运行特点

全区规模以上工业企业完成产值828.34亿元，比上年增长29%，其总量和增幅列中心城区第一位。完成工业投资29.42亿元，完成规模以上工业利润151.7亿元，增长21.6%。运行特点：一是市属集团公司企业增幅喜人，烟草集团公司、上海拖拉机内燃机公司、上海工具厂有限公司、上海柴油机股份有限公司年产值增幅均达40%以上；二是区属规模以上企业迎难而上，迅速从全球金融危机中走出，尽管企业数从原来的203户减少到175户，但产值增长11.8%。其中，上海复旦微电子股份有限公司由于承担世博大礼包交通卡50%的生产任务，产值增长53.8%。生产移动厕所和小型压缩式生活垃圾收集等环保设备的上海美申环境设施设备有限公司产值增长133%。生产安防监控设备的上海三利数字技术有限公司产值增长751%；三是受国际金融危机的后续效应，出口形势仍较为严峻，除个别企业保持增长外，大部分企业出口定单明显减少，全年出口交货值下降24.6%。

二、国家创新型试点城区建设开局良好

年初，国家科技部授予杨浦国家创新型试点城区，并要求按照“四个着力”，积极先行先试，市政府高度肯定试点城区建设的意义，提出“五个聚焦”的要求，在产业发展、滨江开发、金融创新、人才工程等方面积极探索推进。上海高校技术市场举办48场产学研合作会，举办南南全球技术产权交易峰会。集聚国家“千人计划”人才35名，海外人才创业企业105户，新增科技企业710户，发明专利申请量增长15%。在全市率先成立科技金融投贷联盟，全年，各类融资渠道为科技企业及中小企业融资500余笔、约46亿元。

三、大力发展高新技术产业

重点推进节能环保业、电子信息业、现代设计产业等高新技术产业的发展，重点培育云计算、物联网、智能电网等战略性新兴产业。全区年内高新技术产业规模达189亿元，增长14.4%。积极推进企业开展技术改造，如上海柴油机有限公司的新能源汽车发动机研制开发、上海纺织科学研究院的纺织研发基地及纺织服装技术公共服务平台的建造、上海新上化高分子材料有限公司的新型中压电缆绝缘塑料生产线建设、上海安全印务有限公司薄型非接触智能卡芯片封装技术开发及产业化等项目建设。

四、调结构降能耗促可持续发展

围绕“办世博、调结构、促改革、惠民生、保稳定”各项任务，全面推进产业结构调整工作，圆满完成市里下达的任务，实现区域经济结构持续优化。全面完成年初制定的6项产业结构调整目标任务，并在此基础上，积极贯彻市委、市政府关于在世博年做好危险化学品企业的结构调整工作，以确保城市安全的指示精神，于世博前夕又完成上海远洋运输有限公司船舶供应公司的危化企业调整工作。全年通过结构调整共减少能耗1817吨标煤，减少危险因子1172.1吨。完成区域内6户工业企业的清洁生产审核，2户企业的锅炉节能改造，3户企业开展了电平衡审核。推进2户重点企业节能改造。积极推广节能灯的应用，企业用户推广4745套，居民用户推广62.7万只。

五、推进园区功能提升促产业集聚

推动老厂房改造，推进复地四季广场、五维空间、杜雅特经济园区建设，都市型产业能级不断提升。加强专业园区建设和管理，对创意产业集聚区、创意类园区及都市型园区开展调研梳理工作，确认创意类企业319户。扩大园区品牌知名度和影响力，协助成功举办“创意、低碳、迎世博”高峰论坛。积极推进上海国际设计和贸易促进中心国家级公共服务平台建设，发展时尚设计产业，拓展相关产业链。

【2011年发展趋势】

2011年，是实施“十二五”规划的第一年，也是杨浦国家创新型试点城区建设的关键年。杨浦正处于转型发展的关键时期，既要增强机遇意识，充分利用各种有利条件，又要增强忧患意识和紧迫感，着力破解前进中的困难和瓶颈，努力开拓科学发展、创新发展、和谐发展的新局面。

一、推进创新型试点城区建设转型发展

构建区、校、企、科研院所多层次联运工作机制，不断健全“创业苗圃—孵化器—加速器”创业服务体系，规划建设科技中介园区，努力提升科技服务专业化水平。以创智天地为重点，依托美国湾区投资咨询（上海）有限公司，积极吸引美国创新企业和机构集聚杨浦。全面推进国家级海外高层次人才创新创业基地建设，新增国家、市“千人计划”人才20名和30名，海外人才创业企业40户。

二、优先发展高新技术产业和战略性新兴产业大力发展高新技术产业，重点推进上海软件和信息服务业基地（创智天地）、复旦软件园等的建设和招商，依托易安信、易保、中和软件等领军企业，着力促进软件与信息服务、电子信息产业集聚发展，实现增加值同比增长20%。培育发展战略性新兴产业，建立区战略性新兴产业推进工作联席会议制度，设立区级层面工作机制和专项资金，积极推进已落户的上海市云计算创新基地、物联网产业基地、上海市智能电网示范应用基地的建设。

三、提升转型都市型工业

坚持“梳理、调整、提高”原则，强化规划先导和政策扶持，分类引导区域内传统工业企业产业结构调整、技术改造和产业链建设，支持科技含量较高的企业开展技术改造、提升生产能级，强化总部和研发、销售等服务性功能。重点提升发展烟草、现代纺织、装备和设备制造、电子信息等制造业，支持完成“中华烟”技改项目，推进现代服务外包集聚区（原矽钢片厂）、文化教育服务园区（原市印三厂）等项目建设和招商。

四、加强产业结构调整，促进节能降耗

继续淘汰“二高一低”落后产能，关注重点，突破瓶颈，争取调整计划目标数与上年度持平。完善深化节能降耗工作机制，落实年度节能工作责任目标。推广节能新技术，推进企业节能改造。推广合同能源管理模式，推进节能环保产业发展。

五、加强政府服务职能

以中小企业服务中心成立为契机，建立、充实和完善中小企业公共服务平台，加强与中小企业的沟通联系，协调解决发展中的难题，探索推进拓宽中小企业融资渠道，缓解融资难题；继续实施市“专、精、特、新”中小企业的培育工程。通过推进创新服务体系建设，推动金融服务与产业结合，推进科技与产业结合，加强创新创业环境塑造。聚焦重点领域、重点企业，建立从招商引资、注册落户、日常事务、重大事项、重点项目跟踪挖掘的全周期服务体系。

（吴健恒）

黄浦区工业

【概况】

2010年，全区共有工业企业22户，其中，市级6户，属地16户，主要是旅游纪念品、食品加工、电子、服装、机械等行业，随着中心城区产业结构调整的深入，我区工业企业将会越来越少，工业总产值所占比例将逐年下降。全年工业总产值96.74亿元，比上年下降0.9%；工业完成出口交货值23.96亿元，增长51.8%；销售收入177.11亿元，增长23.5%；利润累计完成6亿元，增长34.6%。

【2010年发展情况】

一、工业经济整体向好

1. 从企业归属地看，在地企业产值比上年下降9.4%。降幅最大的是金陵股份有限公司，由于转产因素，且于11月始不再纳入区的工业统计范围，全年影响产值1.4亿元。属地企业在部分行业拉动下，全年保持高歌猛进态势，产值增长22.7%。

2. 从行业看，旅游纪念品业遥遥领先，主力地位不改。随着金价的不断攀升，相关企业的生产、销售也是不断创新高，亚一金厂和老凤祥珠宝首饰有限公司的产值和销售产值都增长50%以上。亚一金厂8-9月的产量更是连续刷新历史纪录，分别达到823公斤和932公斤。食品饮料业受益世博，量价齐升，与游客相关度较高的产品和企业表现较为突出。如上海城隍庙五香豆公司产值增长95%。电子仪器行业积极开发新品，小有收获。新华灯具厂除恢复机床灯具的出口外，还积极开发节能产品，其LED首饰柜台灯和教室灯等相继研发完成，投入应用，企业产能和效益明显提升。

二、出口得到恢复但发展不平衡

全区完成工业出口交货值23.96亿元，增长51.8%。其中，在地企业完成22.6亿元，增长62.6%。出口的增长主要依靠市级企业的拉动，且增量全部由双钱集团公司贡献。从属地企业看，出口情况仍呈现下降趋势，降幅最大的为江崎格力高食品有限公司，下降67%，原因是企业转变经营策略，逐年降低出口，大部分内销。

三、工业利润实现大幅增长，运行质量保持较高水平

利润大多由在地企业贡献，占利润总额的84.5%。从行业来看，旅游纪念品表现良好，老凤祥珠宝首饰公司和亚一金厂2户企业全年利润增长63%。同时，得益于原材料价格的上升，其主营业务收入上升62.5%。从产销衔接看，全年，我区工业产销率上升1.7个百分点，65%的企业产销率超过100%。

【2011年发展趋势】

2011年是“十二五”计划的开局之年，预计消费和服务行业投资机会大为增加。医药、食品饮料业等与居民生活相关的行业将涌现机会，带动区域工业经济呈现稳中有升的格局。

一、主要目标

全年实现工业总产值120.9亿元，比上年增长24.9%；完成出口交货值26.1亿元，增长10.2%；销售收入198亿元，增长11.8%；利润累计完成6.5亿元，增长8.3%。

二、主要措施

1. 继续发挥本区旅游纪念品行业特长，抓好上海旅游纪念品公共技术服务平台服务体系建设，发挥好平台作用，重点转入推进黄金珠宝业的发展，积极打造国际黄金珠宝功能区。

2. 结合中小企业发展方向，进一步聚焦服务，加大品牌扶植力度，重点培育一批“专、精、特、新”的中小企业和“中小企业品牌”企业和产品。

3. 组织好企业的各类项目申报，建立起区级技术中心，支持企业产业能级提升、技术改造、促进企业更好发展。

（黄浦区商务委员会）

卢湾区工业

【概况】

2010年，卢湾区在地工业企业累计完成工业总产值17.1亿元，比上年增长20.7%；在地企业实现工业销售产值17亿元，增长16.2%；区属工业企业累计完成工业总产值17.5亿元，增长35.9%；区属企业实现工业销售产值17.2亿元，增长32.8%。

大型企业经济运行良好，带动工业生产的较快增长，服装、汽车配件、机电科技等行业增势强劲。加强与重点工业企业的联系，大力宣传落实区供电事故应急处理预案，加强区经贸系统网络发布平台安保工作，有序推进技改和信息化工作。在推进刷卡无障碍工作中，淮海中路和新天地2个商业街区（全市10个）被评为市刷卡无障碍活动示范街区，区商务委被评为优秀组织奖第一名。扎实推进工业、商业、旅游业节能减排工作，对70余户重点企业开展节能减排新技术、新方法、新产品培训。推进财政补贴高效照明产品推广工作，共推广节能灯26.3万只。

【2010年发展情况】

一、加强对重点用能单位的指导、监测

加大节能减排工作力度，召开区工业、商业、旅游业节能减排工作推进会，请市节能监察中心专家和有关节能企业对重点工业、商业、旅游业企业开展节能减排新技术、新方法、新产品培训。对红双喜、中环广场、大上海时代广场2009年节能目标完成情况和2010年工作开展情况进行实地考核检查，并进行现场指导。加强宣传，指导企业申报区节能减排专项资金支持，并对申报项目进行初审。组织开展2009年度空调惠民工程节能空调推广情况核查，完成104台享受国家和上海财政补贴空调购买、安装情况核查任务，入户核查信息有效率91%，在全市18个区县中排名第一。推进财政补贴高效照明产品推广工作，制订工作方案，召开街道暨区机关推广工作动员会和大宗用户动员会，共推广节能灯26.3万只，在全市率先超额完成推广任务，其中，各街道（社区）推广23.1万只，大宗用户推广2万只，区机关工会系统推广1.2万只。

二、推进企业技术创新

区经委会同区科委、区财政局认定上海力进铝质工程有限公司为卢湾区企业技术中心。完成上海四维医学科技有限公司、上海儿童营养中心等3户企业投资项目备案意见。协助市经信委对新联、威士申报的2009年国家技改项目执行情况进行检查。完成对海德、杉胜2户公司申报市引进技术吸收与创新项目的初审。推荐新联和威士2户公司参加2010年“上海高新技术产业化展”。指导海德公司，上海儿童营养中心申报国家“2010年中小企业发展专项资金项目”及“上海市高新技术产业化2010年度生物医药产业化项目”。在第四届“银联杯”全国商业服务业收银员职业技能竞赛活动中，我区推荐的收银员有4人进入上海地区决赛前10名，其中1人在全国总决赛中获得二等奖。推荐、指导8号桥申报市电子商务示范园区，玫瑰婚典、全土、上海药房申报市电子商务示范企业。

三、落实区供电事故应急处理预案

加强与市经信委、市电力公司和区重点用电单位的联系沟通，建立市、区两级政府、供电公司和重点用电单位三方间的协调沟通机制，争取市经信委和市电力公司支持，制定区供电事故应急处置工作流程。排摸区域内重点用电单位，对19户列入市名单的重点用电单位，确定了用电事故应急处置联络人，并逐一联系，传达市、区政府对世博期间安全用电的工作要求及供电事故应急处置流程安排，做到全覆盖。

四、完善区经贸系统网络发布平台功能

年内，与电信签订2009–2010年度机柜租借合同。完成2009年平台硬件政府采购后续工作。审核玫瑰婚典入驻平台申请。完成平台域名备案续费，组织开展入驻企业业务培训及安保工作培训，组织入驻企业签署安保承诺书。根据工信部、市通管局和电信公司要求，积极落实网络服务提供商与网站所有人备案信息不一致问题整改，召开经贸平台入驻单位会议，传达有关方面要求，布置整改工作，通知、指导各入驻单位做好过渡时期衔接工作，确保入驻单位网站平稳有序运行。

五、精心开展中小企业服务工作

对卢湾区中小企业工作机构设置及运作情况进行调研，形成调研报告。起草卢湾区政府贯彻落实沪府发〔2010〕11号文实施意见，组织开展成立卢湾区促进中小企业发展领导小组、区中小企业发展专项资金、区中小企业服务中心等事项的调研，召开区中小企业工作专题会议，广泛听取各相关单位意见。推荐、指导新联纬讯公司董事长林卫慈申报上海市领军人才，成功推荐林卫慈成为区第四届领军人才。宣传、发动、指导企业参加品牌申报和复评，东汇集团，吉晨等7户企业被评为上海市中小企业品牌产品（服务），东汇集团、海德众业工业被评为品牌企业。上海正章实业、红双喜等7户企业被认定为“专、精、特、新”企业。

【2011年发展趋势】

一、主要目标

预计卢湾区2011年区属工业销售产值完成15亿元，实现工业经济基本稳定。在做好常规工作基础上，进一步推进企业技术进步和信息化，加大节能减排工作力度，扎实开展中小企业服务工作。

二、主要措施

1．扎实开展工业经济运行分析指导，确保健康发展。根据国内外经济发展变化趋势，及时分析对区工业的影响，加强指导和服务，推进政策落地，确保工业经济运行稳定。

2．继续推进平台建设，确保富有成效。组织开展2011年度区技术中心认定工作，推荐区技术中心申报市技术中心认定，力争全年认定2–3家区企业技术中心。开展区科技小巨人评选工作。积极动员、组织企业申报国家、上海市相关政策支持项目。

3．积极拓展电子商务，确保取得实效。加强对重点电子商务企业的服务指导工作，组织开展电子商务企业沙龙活动，指导相关企业积极申报国家和上海市相关政策支持项目，重点推进网上淮海路项目建设取得实效，并落实相关政策支持。

4．深入推进节能减排，确保实现既定目标。继续深入推进工业、商业、旅游业节能减排工作，走访重点工业、商业、旅游业企业，宣传、指导工作开展。组织开展工业、商业、旅游业企业2011年度节能技改项目申报工作，加强指导，做好审核，支持、引导节能减排工作开展。根据要求，组织开展好年度财政补贴高校照明产品推广。

5．全面推动中小企业工作制度与机制建设，确保工作体系基本建立。贯彻落实市政府推进中小企业发展相关文件精神，按照市统一安排和市经信委具体要求，进一步推进卢湾区实施意见和成立领导小组及服务中心建设等工作。发挥中小企业发展专项资金作用，积极服务、支持区中小企业发展。加强“专、精、特、新”企业工作，进一步扩大“专、精、特、新”企业规模，推动成立“专、精、特、新”企业家沙龙活动，定期组织开展交流、培训活动。加强对拟改制上市中小企业的联系、服务工作，推进区中小企业上市工作开展。

（李贺楠）

静 安 区 工 业

【概况】

2010年，静安区实现工业总产值38.8亿元，比上年增长4%，实现工业销售产值38.4亿元，增长0.8%。时尚创意产业稳步发展，推进800秀园区等重点创意产业园区的招商和升级改造。自主品牌创新能力不断提升，完成第二轮自主品牌入围企业“三审”评审工作。开展上海展览中心等重点商务楼宇（商业设施）能源审计工作，积极做好高效节能产品推广工作。

【2010年发展情况】

一、加快推进时尚创意产业发展

加大800秀园区招商力度，引入庞立公关、夏梦意杰、青蛙设计等品牌企业。完成安垦四行仓库创意园区载体建设，引进大量国际时尚创意企业入驻，协调工商注册事宜，提高园区入驻企业的税收落地率和创意企业所占比例。完成源创创意园改建，以时尚定制中心的定位积极推进招商，已引入荷兰创意设计孵化器、艾瑞亚家具设计等创意机构和企业。800秀园区还先后承办荷兰文化馆、上海国际时装周、现代戏剧谷壹戏剧大赏等时尚活动，并被上海时装周组委会授牌为上海国际服装文化节上海时装周第一家指定时尚秀场。组织园区企业作品参加上海设计双年展等活动。与市经信委签约推进“静安时尚创意产业示范区”。召开静安时尚创意产业研讨会，邀请市经信委领导和专家，为静安创意产业建言献策。筹备并协调静安国际设计师座谈会，与市经信委合作，整合安垦孵化器、荷兰孵化器等资源，筹建上海国际设计师联盟。

二、不断提升自主品牌创新能力

完成第二轮自主品牌入围企业“三审”评审工作，入围企业总共56户。做好“中华老字号”宣传展示和新产品研发工作，立丰公司、龙凤旗袍、大美华成为上海世博会特许产品生厂商。龙凤旗袍在世博会展馆内走秀向世界展现东方服饰的经典魅力；大美华鞋业为世博会设计的4种系列30多种款式的产品。做好第四届中华老字号博览会参展工作，此次博览会静安有20户老字号企业参加，参展企业数是历次之最，布展总体方案获多方好评。

三、深入推进商务楼宇（商业设施）节能减排

开展对全家超市327个店铺的能源调查工作，全面摸清全家超市用能状况。与5户重点用能单位签订目标管理责任书，以责任书的形式下达年度能耗约束性指标。完成上海展览中心能源审计工作。与楼宇企业加强沟通，宣传政府政策和了解企业节能愿望，协调东方海外、银发大厦开展合同能源管理技术改造工程。开展高效节能产品推广工作。对全区5个街道73个居委会的推广人员召开家庭节能知识宣传与推广工作培训，完成25万只松下电工节能灯推广指标任务。

四、提升区域银行卡消费软环境

组织静安南京路沿线各广场、专卖店收银人员开展银行卡使用相关业务培训，累计培训收银员人员近200人次，大幅度提高银行卡刷卡无障碍工作比率，优化商业收费环境，在市经信委、市商务委和市总工会联合召开的上海市窗口服务行业迎世博银行卡刷卡无障碍立功竞赛活动表彰大会上，静安区荣获优秀组织奖，南京西路商圈被评为刷卡无障碍示范商业街区，梅龙镇广场、马莎百货等多家商家被评为刷卡无障碍示范商户。

【2011年发展趋势】

以打造上海时尚文化创意产业示范区为目标，有效配置和整合区域载体资源、时尚品牌、专业人才、专业机构等时尚要素，集聚重点版块、重点项目、重点活动，提升静安时尚能级。加大政策扶持力度，构建适宜于人才成长、企业发展、产业升级的政策制度环境。继续推进创意产业载体建设，改造升级现有园区，加强创意园区招商工作，着力引进时尚创意品牌。努力完善老字号品牌和科技自主创新品牌开发的长效管理，加大对自主品牌建设入围企业的扶持。围绕重点商业商务楼宇，加大节能减排力度，推行合同能源管理。

（王　娟）

宝山区工业

【概况】

2010年，区经委以“调结构、转方式、促发展”为主线，全面推进高新技术产业化，加快产业结构转型、二三产业融合、信息化与工业化融合发展，顺利完成了年初确定的各项目标。全年完成工业销售产值1172亿元，比上年增长14%；工业园区（产业区块）完成444亿元，增长42%；生产性服务业营业收入全年达到1870亿元，增长15%；工业固定资产投资完成41亿元，工业万元产值能耗下降11%。

【2010年工业发展情况】

一、制造业能级得到进一步提升

1.围绕重点产业领域，加快引进和建设高新技术产业化项目，全年共引进高新技术产业化项目25个，总投资61亿元；加快项目落地与建设，为13个高新技术产业化项目争取到市统筹用地指标500亩，督促已供地项目的建设。

2.积极促进现有企业技术进步提升能级，帮助17户企业（项目）申报市高新技术产业化专项、市重点技改专项和中央振兴产业重点技改专项。

3.加强对重点企业的培育和扶持，聚焦各类资源，帮助企业做大做强，增强企业的影响力和带动力，上海海隆石油工业集团有限公司、东芝电梯有限公司等企业已成为业内的领军企业；上海汉虹精密机械有限公司生产的硅片多线切割机等产品供不应求，已成为亚洲第一的集生产、研发、服务于一体的太阳能装备制造基地。

4.以“三高一低”行业为重点，大力淘汰劣势企业，争取南大地区综合整治列入市产业结构调整重大专项，为城市发展、产业升级腾出空间和资源。全年调整企业70户，腾地近1900亩，节能3.8万吨标煤。

二、生产性服务业得到进一步发展

1.立足区域实际，加强生产性服务业产业发展研究和统计分析，完成了一系列调研报告，建立和完善工作推进体系和统计指标体系。

2.积极推进产业地块规模转型和园区品牌提升，推进罗森宝二期项目加快实施，配合城市工业园区推动北部综合产业区开发，成功推荐动漫衍生产业园为上海首批创意产业示范园区，上海国际钢铁服务业中心等6家单位创建市级生产性服务业功能区。

3.推进上海凡清环境工程有限公司污水处理总集成总承包、上海亚泰仪表有限公司嵌入式软件等项目的发展，引导

企业由制造型向服务型转变。

4. 积极推进信息化与工业化融合发展，制定实施方案，启动发展水平评估等前期工作，被认定为上海市首批“两化融合”实践区之一。完成200人次的企业信息化培训，申报6户企业为市信息化应用示范企业，建立“两化融合”储备项目库，为企业争取市级信息化扶持资金195万元。

三、服务企业能力得到进一步提高

1. 建立完善100户先进制造业重点企业、50户生产性服务业重点企业、50个高新技术产业化重点项目、中小企业改制上市后备企业等数据库，加强跟踪服务和政策聚焦，帮助企业做大做强。

2. 积极培育支持成长型中小企业发展，按照细分行业领先、企业需求满足的原则，确定市、区两级重点培育成长型中小企业约100户，推荐市级“专、精、特、新”中小企业21户。

3. 加强和改善对中小企业的金融服务，协调专业机构为20户拟上市企业提供个性化咨询辅导，积极推进中小企业集合票据发行试点工作，建行成为首批支持银行。

4. 继续办好高新技术产业化论坛，搭建政府与企业、企业与企业信息互通平台，及时为企业解读政策、提供市场信息。

四、全面完成“十一五”节能降耗目标

1. 加大节能宣传培训力度，通过举办节能宣传周、节能服务产业展览会、拍摄专题宣传片，推广财政补贴节能灯等活动，举办节能技术、合同能源管理等专业培训班10期共计1000人次参加，加强政策宣传和低碳发展理念传播。

2. 完善工作推进机制，严格分解落实各街镇园区、重点用能单位节能降耗指标，对60个工艺、设备落后的项目实施关停并转，节能8万吨标煤。

3. 深入推进“节能五色管理法”，加大“黑色、红色”企业夏季用电错避峰力度，加强重点用能单位节能改造，实现节能8773吨标煤。

4. 加强技术节能，充分发挥清洁能源合作平台和节能技术信息平台的作用，推进能源替代和节能技术开发应用，启动17台四吨以上燃煤锅炉改造，对17户高污染高能耗企业开展清洁生产审核。

5. 推进区域循环经济发展，与宝钢等单位共同推进冶金废渣整治和资源综合利用，加强对50户资源综合利用单位的监管，做强固废利用产业。

【2011年发展趋势】

2011年，宝山区工业系统将全面贯彻落实党的十七届五中全会和中央经济工作会议精神，以“创新驱动，转型发展”为主题，加快转变经济发展方式为主线，全面推进高新技术产业化为抓手，细化年度目标，分解主要任务，推进重点工作，努力做到“结构调整有新突破、项目建设有新成效、两化融合有新进展、发展水平上新台阶”。

一、主要目标

实现工业销售产值1247亿元，比上年增长6%，其中，工业园区企业销售产值目标500亿元，增长13%；完成工业固定资产投资40亿元；生产性服务业营业收入2094亿元，增长12%；结构调整力争完成50项；工业万元产值能耗下降5%–7%。

二、主要措施

（一）抓产业项目建设，增强发展后劲

1. 开展工业园区综合评价工作。全面梳理工业园区发展现状，按照“产业发展、资源利用、创新发展、投资环境”四大类指标体系，开展工业园区综合评价工作，促进工业园区加快转变经济发展方式，推进产业结构转型调整。按照“经营规模、资源利用、创新能力”三大类指标体系，开展对企业的综合评价，引导企业节约发展、融合发展、创新发展、调整发展，提升企业核心竞争力和园区可持续发展能力。

2. 加强项目引进与储备。根据上海高新技术产业化推进要求和宝山产业基础与优势，进一步加强与宝钢、电气、上汽等大企业（集团）的合作，围绕其发展战略，力争在合作机制方面有所突破，配合各镇园区主动对接，引进储备一批投资规模大、带动效应强、发展前景好的产业项目。进一步加强与区有关职能部门的沟通协调，完善工作推进机制，加强新增产业项目的用地审核，积极争取指标资源，合理安排产业用地指标，确保优质项目优先安排用地指标。协调推进2010年集中开工的项目建设，会同区相关职能部门及工业园区，定期召开项目推进会，督促项目单位加快项目建设，促进项目早竣工、早投产。加快太平洋机电、宝钢包装等一批重大项目建设，力争实现中钢（上海）钢材等20个项目竣工投产。

（二）抓企业创新能力建设，提高产业竞争力

1. 进一步推进高新技术产业化。发挥宝山先进制造业发展专项资金引导作用，进一步发挥本区产业优势，形成本区高新技术产业特色，扎实推进上海海隆石油工业集团有限公司、上海发那科机器人有限公司等高端装备制造企业发展，打造本区高新技术产业化重点领域亮点。

2. 积极培育发展新兴产业。加快技术的引进、消化和吸收，推动一批技术水平国内领先、国际先进的专利新产品的产业化，着力挖掘工业企业潜力，支持发展新材料、新能源、软件设计、智能电网、生物医药和物联网等新兴产业。

3. 进一步推进企业技术进步和品牌建设。加大传统产业技术改造力度，力争全年完成技术改造投资4亿元，创建市级、区级企业技术中心3–5家。发展一批市级品牌企业，

力争创中小企业名牌、市著名品牌、商标15项。

（三）抓产业融合发展，推进产业优化升级

1．加快推进园区二三产业融合发展。重点推进宝山工业园区生活居住、金融商务项目的建设，力争罗森宝二期地块、潘泾路东侧地块的项目开工建设，加快推进城市工业园区北部综合产业区的建设。

2．大力发展生产性服务业。聚焦50户重点企业，积极争取国家、市、区相关扶持政策，重点突出工业设计行业、钢铁服务业和总集成总承包企业发展，通过市区联手加大行业扶持力度，大力引导企业从制造型向服务型转变。

3．深入推进“两化融合”实践区建设。以列入全市“两化融合实践区”为契机，大力推动信息化与工业化深度融合，加快发展信息服务业，整体提升制造业能级。加大“两化融合”培训力度，完成“两化融合”发展水平评估，形成符合宝山实际的发展指标体系。

（四）抓产业结构调整，优化产业布局

1．加快劣势企业退出。加大“铸锻热镀”4个特种工艺和高能耗、高污染行业管理，淘汰一批能耗高、工艺落后的生产线，确保完成市经信委下达的年度目标和任务。

2．推进重点地区调整。加快推进吴淞工业区和上港14区等重点项目实施功能转型调整，进一步配合做好南大路综合整治、整体调整推进工作，争取市经信委等部门的更大支持，围绕顾村、罗店等镇建设大型社区规划调整情况，做好产业优化布局指导工作。

（五）抓节能降耗，推进绿色发展

1．加强节能监察。明确工业节能目标和工作要点，签订各街镇（工业园区）、重点用能单位节能责任书。加强对重点用能单位及新建、改建、扩建项目开展能源监察，积极发展循环经济。

2．推广“节能五色管理法”。制定出台《关于进一步认真执行工业系统节能五色管理法的实施意见》，推动年耗能500吨标煤以上用能单位节能工作，进一步以“能效色块”为标准，贯彻“抓大不放小”的原则，分类对重点用能单位开展不同的节能措施，并综合运用法律、行政、经济等手段开展结构节能、技术节能、管理节能工作，充分用好“差别电价加价收费”政策，扭转高耗能高污染等行业由原来财政补贴推动节能的被动局面，促进企业主动实施关停、转移或提升产业能级等结构调整措施。

（六）抓政策聚焦，加强对重点企业的支持扶持力度

1．加强对重点企业的研究和跟踪服务。进一步完善100户先进制造业重点企业、50户生产性服务业重点企业、50个高新技术产业化重点项目、中小企业改制上市后备企业等数据库，加强对重点企业的研究和跟踪服务。加强对市下放企业的对接、服务和管理。

2．加强政策聚焦。发挥各类支持企业发展专项资金的引导作用，帮助企业做大做强。继续做好中央振兴产业重点技改、上海市重点技改专项和高新技术产业化项目的申报工作。继续做好中小企业发展专项资金项目梳理、申报、跟踪检查和绩效评估工作。

（七）抓服务平台建设，满足中小企业发展的服务需求

1．搭建融资服务平台。继续推进中小企业改制上市培育工作，跟踪13户近期拟上市企业，挖掘拟上市企业资源，开展改制上市知识培训，联系中介机构，为企业做好协调、服务工作。进一步推进中小企业集合票据发行工作，做好中小企业资格认定、集合票据发行过程的监管和统筹协调工作。

2．完善政策咨询与宣传平台。以举办高新技术论坛活动为平台，国家“十二五”加快发展战略性新兴产业为核心，结合本市、区的产业发展重点，为企业解读好政策和未来产业发展趋势，选好论坛主题，提升高新技术论坛活动效果。编纂《2011年宝山工业年鉴》，全面系统反映宝山工业发展、经济运行、技术进步等情况，加强对新能源、新材料、装备制造、软件与信息化服务业等高新技术企业，“专、精、特、新”成长型中小企业，拟上市企业的宣传，更好地推进“十二五”工业经济发展。

3．建立行业协会沟通平台。建立与宝山区行业协会的沟通机制，扩大中小企业取得政府信息资源的渠道，借助行业协会的平台及时掌握行业及企业发展趋势、了解企业的需求和困难，协调解决企业发展中碰到的矛盾和问题，同时通过行业协会的平台及时将政府扶持产业和企业的政策与信息传递给企业。

（王　琳）

闵行区工业

【概况】

2010年，闵行区坚持以科学发展观为统领，积极服务国家战略和融入全市发展大局，牢牢把握服务世博会的重大契机，坚持“在发展中调整、在调整中提升”，着力推进经济结构调整和经济发展方式的转变，全区经济实现平稳较快增长，经济运行质量和效益稳步提高，经济发展方式逐步向内

需拉动转变，各项主要经济指标均圆满完成年度计划目标。全年实现工业总产值3780.04亿元，比上年增长7.8%。其中，规模以上工业企业完成工业总产值3615.55亿元，增长9.3%；工业利润达250.6亿元。增长43.6%。

【2010年发展情况】

一、加强产业结构调整工作，加快淘汰劣势产业

建立区、镇（街道）、工业区重大产业项目落地协调推进机制和区内相关职能部门“调结构、促转型”联席会议制度。加快淘汰高能耗、高污染、高危险、低效益的劣势企业，根据市、区两级政府签订的责任书，扎实推进完成84户企业的产业结构调整工作（降耗9.7万吨标煤），争取到市产业结构调整补助资金5644万元。同时组织申报并列入2010年国家重点产业振兴和技术改造项目及市重点技术改造项目共20个。

二、承接国家战略，积极打造高端产业链集群

全区共完成工业总产值约3780亿元，其中，六大高新技术产业工业总规模达到2110亿元，增长12.2%。在新能源产业方面，投资6000万美元的天合光能亚太区运营总部、国家级光伏实验室和研发中心落户。民用航空航天产业方面，总投资32.6亿元的中航商用飞机发动机研发中心已开工建设。先进重大装备产业方面，与上海电气集团签定战略合作协议，高斯印刷包装装备产业基地落户闵行。电子信息产业方面，推进了上海三思、博恩世通公司大功率LED发光显示器件和芯片等高端产业。生物医药产业方面，全区102户生物医药企业总产值110.5亿元，利润14.58亿元，销售收入90亿元。新材料产业方面，目前，新材料产业的产值已突破100亿元，年产值1000万元以上的新材料企业41户，成为上海市新材料领域重要的产业基地。

三、发挥创新驱动，加快培育发展战略性新兴产业

依托漕河泾开发区浦江高科技园区、闵行开发区、莘庄工业区、紫竹科学园区等四大产业园区雄厚产业基础与上海交通大学、华东师范大学的人才和智力优势，大力吸引战略性新兴产业项目落户。积极配合推进上海紫竹新兴产业技术研究院，首批已有大型铸锻件工程技术中心、新奥清洁能源（上海）联合研发中心、纳米薄膜太阳能电池研发中心等新兴产业研发中心入驻。智能电网产业已集聚思源电气、ABB、上海电气等龙头企业和项目，具有一定的产业规模和发展基础。积极推动物联网、云计算等产业发展，举办了相关产业发展论坛，已有1个物联网产业项目进入市高新技术常年展。

四、注重民生需求，提升发展食品纺织等轻工产业

进一步突出服装、食品等具有基础优势且与人民生活密切相关的产业的质量效益和品牌效应，积极引进和培育壮大衣恋、可口可乐、百事可乐、光明乳业、杏花楼、香特莉、汇源果汁、宜芝多、大金空调等企业集团的研发中心、物流中心、销售中心、设计中心、品牌中心等，进一步发挥其繁荣市场、稳定物价、扩大内需、增加出口、保障就业等重要作用。

五、点面结合，全面开展促发展工作

一是通过有效参与产业用地招拍挂工作，在产业结构布局、节能降耗、引进优势项目等方面发挥了重要作用；二是工业经济固定资产投资项目，年内工业领域投资项目累计备案105个，项目总投资107亿元；三是进一步梳理和完善产业区块的信息系统，协调做好全区产业区块的发展规划和功能定位；四是编制工业投资三年滚动计划。建立了本区项目库，2010—2012年三年滚动计划入库项目116个，项目总投资184.5亿元；五是做好市级各类专项扶持资金项目申报工作。共组织申报37个上海市中小企业发展专项扶持项目，其中，19个项目经过评审获得资助。组织申报总集成总承包工程专项引导资金项目7个，有2个单位通过市验收。组织申报2户企业分别获得市服务业引导资金；六是推进淘宝网电子商务项目。年初，筹划举办“闵行淘宝城”电子商务平台项目推介及签约会，区政府与淘宝网签订战略合作协议，部分企业代表在大会上与淘宝网签约；七是组织企业参加各类博览会；八是年内“专、精、特、新”企业已达35户，有10户单位获上海中小企业“品牌企业”，16项产品获“品牌产品”。

【2011年发展趋势】

2011年，全区工业经济发展预期目标是工业总产值4000亿元，比上年增长6%，力争实现合同吸收外资15亿美元，实际到位外资12亿美元；新增内资注册资金280亿元。

一、以产业链培育为重点，继续推动高新技术产业化发展

1. 依托区内四大产业园区和国家级产业基地，加快推进高新技术产业化，力争率先形成高端制造业的规模化产能。定期举办产业链对接推介会，推动龙头骨干企业和生产及服务配套企业的对接与合作，力争早日形成若干条产值在100亿元以上的产业链集群。

2. 培育壮大其他战略性新兴产业。重点培育智能电网、节能环保、物联网、云计算等重点领域，率先在智能电网方面取得突破性进展，打造从研发到中试，再到生产和销售的全产业链集群，形成国内一流的智能电网产业基地。

3. 在重民生中加快提升轻工产业能级。起草和编制闵行区轻工产业调整提升发展规划，支持和推动闵行区与百姓生活密切相关的、具有竞争优势的传统轻工产业发展；研究制定吸引品牌型、国际型、龙头型、总部型轻工企业落户闵行的鼓励和扶持政策。

二、以“调结构”为基础，继续保持高强度的产业投资

1. 加强产业投资的规划引导。积极落实闵行区“十二

五”规划，进一步深化镇域合作，促进区域经济发展，细化落实“一轴一带三大功能区”空间布局。修订完善《闵行产业规划地图》，进一步明确各产业地块的功能定位。

2. 加大招商引资工作力度，优化闵行投资环境，促进落户企业增资扩股。

3. 编制闵行区产业投资三年滚动计划，建立闵行区工业、商业、服务业领域项目库，并将三年滚动计划与项目库的更新相结合。

三、以服务企业为抓手，强化对企业和基层的服务

1. 继续加强重点产业链培养，重点围绕高新技术产业化重大项目和现代服务业重点项目，推动区域内形成相关产业链，并引导高新技术产业向四大产业园区集中、产业链向高端延伸，同时加大政策落实力度。

2. 建立和完善中小企业服务平台，全面实施中小企业“阳光计划”，做好“专、精、特、新”企业培育，继续加大专项资金对中小企业的支持力度。

3. 推进战略性新兴产业领域的民营企业与外资企业和大型国企的合资合作，实现产业链高端环节的延伸扩张，提升整个产业链的技术创新能力。

4. 加强招商队伍和招商平台建设，加强专业招商团队建设，充分发挥专业中介团队的力量，聚焦高新技术产业和服务业开展招商。完善并有效利用招商信息管理平台（一期）数据和功能，为全区招商工作提供强大的数据支持，筹备建设二期平台。

（刘文娟）

嘉定区工业

【概况】

2010 年，全区工业经济在经历国际金融危机冲击后，呈现强劲反弹，各项主要经济指标均较好完成年度以及“十一五”规划目标，为“十二五”开局奠定坚实基础。全年实现工业总产值 3365 亿元，比上年增长 36.4%；实现工业销售收入 1975.8 亿元，增长 28.8%；实现工业利润 140.1 亿元，增长 49.79%。

【2010 年发展情况】

一、工业经济量质并举，总体呈现快速增长态势

1. 在地规模以上工业产值首超 3000 亿元。在国内外经济环境好转的带动下，工业经济迅速恢复，多数企业产能利用处于高位，规模以上工业企业产值从年初的 233.9 亿元到年底连续 2 个月突破 300 亿元，特别是 12 月产值高达 310.1 亿元，单月产值创历史新高，全年累计实现产值 3365 亿元，增长 36.4%。

2. 龙头企业产出实现重大突破。全区年产值超亿元企业共计 415 户，实现产值 1771.7 亿元，占全区规模以上工业产值的 77.1%，其中，德尔福派克成为区史上第 1 户（除上海大众外）产值超 60 亿元的企业，另有 7 户企业全年产值超 30 亿元，超额完成“十一五”规划的 5 户目标；年利润超亿元企业共计 35 户，实现利润 79.3 亿元，占全区规模以上利润总额的 45.9%。

3. 汽车零部件产业贡献进一步提高。在政策刺激及市场向好的带动下，全区汽车产业呈现快速发展态势，成为带动全区经济增长的主要驱动力，全年实现工业产值 850.9 亿元，增长 44.6%，占全区规模以上产值的 37%，提高 5 个百分点；实现利润总额 82.7 亿元，增长 54.2%，占全区工业利润的 47.9%。

4. 工业项目开工建设超百个。区内工业项目建设进一步加快。全年 158 个已供地项目中，58 个项目于年内已陆续投产；30 个项目已完成基建，进入设备安装和调试阶段；46 个项目处于基建中；24 个项目正在加紧办理前期相关手续中。在项目加快开工建设的带动下，全年共完成工业固定资产投资 96.6 亿元，连续 2 年超 90 亿元，为全区制造业增添了强有力的发展后劲。

二、产业能级得到提升，内涵式发展基础进一步加固

1. 企业技术创新能力得到显著提升。继续推进“小巨人”发展战略，并出台多项政策措施，从税收、融资、人才引进等多方面提供支持，鼓励企业不断创新，提升制造业产业能级，全年共新增市级企业技术中心 7 家（认定数创历史新高，占全市认定总数的 1/6）、区级 11 家，企业投入技术与新产品研发的资金 7.5 亿元，新产品研发项目达 3500 个。至年末，全区已有各级企业技术中心 135 家，其中，国家级 6 家、市级 68 家、区级 61 家，总量位居全市前列。在企业创新能力提高的带动下，全区共实现新产品产值 157.9 亿元，增长 53.3%，快于全区工业经济增速 24.1 个百分点。

2. 企业技术改造力度明显加大。通过对各级技改政策的宣传以及小巨人战略的推动，企业技术改造积极性明显提升。共审核立项技术改造项目 56 个，总投资 80 亿元，主要集中在汽车、电子电器等支柱行业。年内，此类项目共完成投资 20.8 亿元，占全区工业固定资产投资总量的 21.5%。这些项目改造完成后，将进一步帮助企业提高产品竞争力、提

升企业能级。

3. 重大项目推进实现新突破。一方面，项目引进实现新突破，沃尔沃项目年内成功入驻嘉定，代表医疗装备行业先进水平的联影医疗也于11月18日与嘉定工业区成功签约。另一方面，行业龙头企业加快做大做强步伐。年初，上海大众动力总成有限公司启动了2期扩产项目，年底，公司再次明确启动3期投资项目，项目全部建成后将达到年产123万台发动机的水准。9月，萨帕铝热传输（上海）有限公司3期项目已正式落成。12月，大陆泰密克汽车系统（上海）有限公司北区新厂建成投产。

三、金融体系不断完善，企业融资途径得到拓展

1. 企业上市步伐不断加快。年内成功培育“东方财富”创业板上市、“新时达”中小板上市，并引进上市公司“飞乐音响”总部落户嘉定，全区上市公司已达5户。同时，“姚记扑克”已报国家证监会候审，“齐家信息科技”等3户企业也已列入备案，“新傲科技”等8户企业已完成股改。另外，年内在全市率先成立“嘉定区上市公司俱乐部”，为企业上市搭建交流平台，进一步加快企业上市步伐。

2. 金融服务体系不断完善。继2008年、2009年成功开业3户小贷公司后，区内第4户小贷公司——嘉加小贷公司成功开业。至年末，4户公司累计为中小企业发放贷款611笔，放贷总金额10.4亿元，有效缓解了中小企业的融资难题。此外，银企合作沙龙深入开展、中小企业集合票据成功发行、民生村镇银行筹备工作推进顺利，企业融资途径得到进一步拓展。

四、世界经济缓慢恢复，外贸出口大幅反弹

全区外贸出口78.4亿美元，增长24.9%，其中，100户重点出口企业全年出口49.5亿美元，增长21.6%，占出口总额的63.1%。从出口产品看，机电产品和汽车零部件产品大幅增长，年内，全区累计出口机电产品55.9亿美元，增长27.4%，增幅高于全区水平2.5个百分点，汽车零部件产品出口12.2亿美元，增长53.7%。从出口国别看，北美、日本、欧盟依然是我区前三的贸易伙伴，对3个地方的出口分别为18亿美元、15.1亿美元、13.9亿美元，增长分别为23.7%、19.4%、22.1%。自中国——东盟自贸区建立后，我区对东盟的出口大幅增长，今年对东盟出口6.6亿美元，增长54.3%。

【2011年发展趋势】

2011年，汽车零部件行业依然会保持稳步增长。上年新投产的58个项目，正常生产后将会带来新的增长点。“十二五”开局之年，各类新项目的开工建设，将会带动全区设备制造业的增长。预计工业总产值达3520亿元，比上年增长8%；工业销售收入2040亿元，增长9%；工业利润150亿元，增长8%。

1. 产业能级不断提升。2010年，全区共审核立项技术改造项目56个，总投资80亿元，主要集中在汽车、电子电器等行业；企业投入技术与新产品研发的资金7.5亿元，新产品研发项目达3500个。这些投入将在产出上会有所体现。

2. 新投产项目带来发展后劲。上年有58个供地项目陆续投产，这些项目的不断投产，将会给经济增长带来新的增长点。

3. 汽车零部件行业预计会保持稳步增长。现代人购车的理念越来越强，中央电视台财经频道的经济大调查数据显示，调查对象中有35%的人2011年最想购买的商品是汽车。此外，随着技术的不断提升，生产效率也逐步提高，汽车的价格会不断下降，而人们的收入水平在不断提高，购车压力将会进一步减小。因此预计汽车零部件行业还会继续保持增长，但增速将会放缓。

（郑元章）

金山区工业

【概况】

2010年，金山区经济紧紧围绕“转方式、促转型、提能级”的工作主线，着力抓好招商引资增后劲，推进项目落地促发展，继续增强技术创新能力，推动产业结构调整和转型升级。全区工商业经济冲破2009年金融危机的阴霾，经济增长的速度、质量和效益得到全面提高，实现了建区以来的历史性高位增长，全区经济正由恢复性增长阶段进入追赶式发展阶段。

全区累计实现工业总产值1112.96亿元，比上年增长22.02%，其中，规模以上企业产值795.09亿元，增长35.95%。到位资金完成74.27亿元；合同外资26481.5万美元，增长111.7%；工业性投入71.2亿元；经济小区税收46.14亿元，增长28.2%；备案（核准）的技术改造项目111只，总投资17.72亿元。

【2010年发展情况】

一、工商业经济稳步发展

1. 全区工业经济实现四个“快于”。一是规模产值增速快于总产值增速；二是工业利润增速保持快于产值增速的发

展态势；三是工业增加值增速不断接近总产值增速；四是高新技术企业产值增速快于规模产值增速。

2. 重点支柱产业能级继续提升，转型发展进一步深化。全区精细化工、汽车及零部件、机械电子、食品加工和新型纺织品等重点产业保持快速上升势头。重点支柱产业实现产值639.6亿元，占规模产值的80.4%。

3. 高新技术产业领域发展态势良好，不断推动全区工业经济转型提升。4个高新技术产业领域实现产值169.2亿元，增长36.4%，占全区规模产值的21.3%，增幅比总产值增速高14.6个百分点。新材料产业领域完成产值53.9亿元，增长54.8%；生物医药产业实现产值69.3亿元，增长29.4%；新能源产业产值36.4亿元，增长35.8%；海洋工程装备产业在3季度生产逐步回升，实现产值9.6亿元，增长7.8%。高新技术产业领域良性发展不断推动全区产业转型升级。

4. 产业集聚度继续提高，呈现出结构性差异。工业园区集聚效应不断提升，实现产值645.5亿元，增长40.2%，占全区工业总产值的58%，同比提升7.5个百分点。除金山工业区外，有5个镇的园区集聚度高于全区平均水平。由于各镇产业结构的不同，园区集聚度呈现不平衡的特点，枫泾工业园区占全区园区产值的23.6%，为各镇之首，增速最快的是金山卫镇，增幅高达81.2%。

5. 外向型经济运行质量效益保持较高水平。三资企业完成工业总产值279.5亿元，增长27%，增速高于全区总体水平5个百分点，占比25.1%。产值5亿元以上的24个企业中，三资企业有12个，其中，华普国润汽车、嘉乐股份和圣东尼产值达到20亿元以上。年内，三资企业实现利润27.74亿元，增长41.2%；缴纳税金15.03亿元，增长11.4%。

6. 工业经济效益继续快速增长，运行质量呈现可持续性提升。工业产品销售收入1093.1亿元，增长22.4%。工业利润总额达57.43亿元，增长37.9%。实业型高新技术企业实现产值184.66亿元，增长31%，比全区工业总产值增速高出9个百分点；实业型企业实现税收28.67亿元，增长7.15%。

7. 招商引资快速推进，签约项目和重点储备项目结构进一步优化。内外资签约项目共250个，计划投资总额约259亿元，增长56.5%，完成计划的129.7%。其中，151个土地出让项目投资总额达247亿元，项目平均投资额约为1.6亿元，计划总用地面积约10511亩，项目平均投资强度约235万元／亩。签约项目的投资领域主要集中在机械制造、精细化工、纺织服装等领域。投资规模在1亿元或1000万美元以上的项目达79个，占项目总数的32%，投资总额占已签约项目总投资额的79%。签约项目的行业和规模结构继续优化。

8. 外贸进出口实现全面恢复，内需拉动强劲。进出口总值完成42.46亿美元，增长47.1%。其中，出口20.2亿美元，增长45.04%；进口22.26亿美元，增长48.97%。由于原材料价格上升以及内需的快速增长，进口增势迅猛，全年贸易逆差2.06亿美元。

二、产业布局不断明晰，发展重点日益突出

进一步确定金山工业区、枫泾工业园区、精细化工园区的定位，以及重点发展区域和重点聚焦产业的空间布局，各镇、工业园区的发展重点进一步清晰。为适应金山产业发展新要求，根据各镇、工业园区产业发展状况，在国家战略性产业发展纲要的框架下，高质量编制《金山区产业导向和投资指南》（2010版），并于年底对外发布。

三、工业投入不断加快，项目建设扎实有效

继续加强项目到位资金和工业性投入的管理。全区完成工业固定资产投资71.2亿元，增长13.1%，占全社会固定资产投资86.7%，完成年初制定的70亿元计划。重点项目推进有效，全年开工项目127个，竣工项目95个。项目的顺利推进为工业经济发展不断提供新的生力军。

四、利用外资创下新高，外向型经济成为新的经济增长极

外向型经济总量取得较快提升，经济贡献日渐突出。吸引外资呈现结构性突破，新设外商投资企业108个，为建区以来历史最高，利用外资在项目数量上取得三产项目超越二产项目的结构性突破，全年新批二产项目47个，而三产外资项目达到60个。外商投资企业投资总额5.9亿美元，增长110%；合同利用外资达2.64亿美元。新设项目中第二产业合同外资实现1.26亿美元，占比73.8%，外资投资额仍以第二产业为主导。

五、科技创新驱动产业发展，内涵式和低碳化成为发展的主旋律

1. 工业经济内涵式发展取得良好成效，“调结构、提能级、促转型”内生动力不断提升。技术改造：全区备案（核准）的技术改造项目111只，总投资17.72亿元，其中，设备投资15.62亿元。这些项目达产后预计可新增产值84.12亿元，新增利润8.68亿元。品牌建设：全区累计已有2件中国驰名商标，28件上海市著名商标；4项中国名牌产品，36项上海市名牌产品；23项上海市中小企业品牌产品，7户上海市中小企业品牌企业。上海红双喜股份有限公司和上海清远管业科技有限公司被市经信委等6部门认定为上海市知识产权示范企业。技术中心建设：有13户企业的技术中心被认定为“2009年度金山区企业技术中心”。至此，全区共有25户企业的技术中心被认定为“金山区企业技术中心”，共有6户企业的技术中心被认定为“上海市企业技术中心”。改制上市：全区列入上市资源库的30户企业中，高新技术

企业15户，“科技小巨人”培育企业7户，50%以上的企业均为机械装备和精细化工行业。上海泰胜风能装备股份有限公司和上海嘉麟杰纺织品股份有限公司已分别在创业板和中小板鸣锣上市，2户企业共募集资金14.97亿元。上海华峰超纤材料股份有限公司创业板过会。

2. 工业经济低碳式发展速度加快，工业节能降耗水平继续提高。全区规模企业能源消耗总量为114万吨标煤，比上年98万吨标煤增长16%；全区万元产值能耗0.156吨标煤/万元，比上年0.177吨标煤/万元下降11.86%。随着各项节能措施到位，规模企业万元产值能耗率下降幅度呈逐月下降趋势。通过对调整产业结构、淘汰落后产能的企业（生产线）进行现场验收，完成淘汰落后产能72项，腾出土地638亩，削减年废水排放量88万吨，削减年COD排放量99吨，削减年二氧化硫排放量161吨，削减年标煤消耗4.28万吨，工业节能减排为全区经济社会的低碳式发展作出了积极贡献。

六、招商理念发生根本转变，招商选资成为共识

聚焦“重点产业、重点区域、重点项目”的招商氛围正在逐渐形成。按照“发挥优势，创造特色，加快产业集群集聚”的总体构想，招商引资从主要依赖优惠政策、减免税让利等引资手段，向优化综合投资环境、提高综合竞争力转变；从主要依靠数量扩张，向规模、质量和效益并举转变；从主要注重吸引资本为主，向引资与引智并重转变；从注重项目招商向产业招商、产业链招商转变。全区招商引资项目质量逐渐提高，项目投资强度增大、产业能级不断提升，大项目、行业龙头项目不断增多。全年签约的250个项目中，投资规模在1亿元或1000万美元以上的项目达79个（其中有9个项目投资规模超过5亿元或5000万美元），其投资总额约为205亿元，占已签约项目总投资额的79%，项目规模效应明显，招商选资成果显著。

七、注册型商贸业继续为全区经济发展作出积极贡献

完成税收46亿元，增长27.94%，高于全区总税收增速9.1个百分点，占全区总税收收入50.6%，完成全年计划（38.84亿元）的118.45%。新增注册企业16487户，增长28.76%。全区现有注册企业总户数已达73668户，增长26.68%。招商及税收均创历史新高。

【2011年发展趋势】

2011年，金山区经济工作的总体要求是：转变经济发展方式，调整产业结构，提升产业能级。“创新、转型”是2011年经济工作的主线。

一、主要目标

工业总产值1280亿元，增长15%；规模以上企业产值938亿元，增长18%；工业性投入90亿元，增长26%；合同利用外资3亿美元，增长13.3%。

二、主要措施

1. 加快优化经济结构，继续巩固提升传统制造业，积极推进战略性新兴产业。加快产业结构优化与提升，从招商引资源头抓起，注重招商选资，重点突出投资结构的优化。继续巩固和提升精细化工、机械电子、新型轻纺、汽车及零部件和食品加工等五大重点支柱产业，进一步提高重点产业的集聚度，不断提升制造业产业能级。积极发展战略性新兴产业，聚焦重点项目，在新材料、新能源及新能源汽车、生物医药、海洋装备工程等高新技术产业领域形成投资和产业高地。

2. 坚持产业集聚，突出产业基地建设。继续突出产业集聚，加快精细化工、机械电子、汽车及零部件、新型轻纺、食品加工五大重点支柱产业的提升；继续推进产业基地建设，重点推进8个产业基地建设，加快高新技术产业的新材料（包括功能性薄膜系列）、新能源、新能源汽车、海洋工程装备及生物医药产业等基地建设。

3. 进一步明晰重点区域、重点园区和重点项目等发展重点。继续强化园区建设，在推进金山工业园区、枫泾工业园区、精细化工园区方面要更大突破。同时，重点聚焦和鼓励扶持凯鑫森项目、“叶氏化工”紫荆花漆项目、索日光电、双汇大昌、日腾电子等重点项目推进，强化重点项目对产业发展的支撑作用。

4. 坚持内外并举，外资外经发展要有新突破。2011年，外资工作要保持去年良好上升态势，争取在引进大项目、引进高科技项目、引进高附加值产品项目上取得突破，进一步优化外资产业结构，提升现代服务业发展空间，尤其是要继续提升运行质量，外向型经济要在经济总量、效益指标等方面对金山经济发展作出更大贡献，要在金山产业经济的整体提升中有更大作为。

5. 以科技创新为原动力，推动内涵发展，提升产业能级。要继续将转变发展方式、调整产业结构放在突出位置，依靠科技创新驱动，加快推进技术进步和自主创新，促进和引导传统制造业通过技术改造、产业集聚进行转型发展。不断提升经济整体综合竞争力。

（徐卫民）

松江区工业

【概况】

2010年，松江区以“调结构、转方式、促发展”为经济工作主线，充分利用上海世博会成功举办和国际国内经济环境发生新的变化等重要契机，坚持科学发展，创新发展，一手抓调整，一手抓提升，勇于好中求快，快中求先，先中求强，在“十一五”规划最后一年使工业经济呈现较大幅度的恢复性增长。

全区实现工业总产值4337.61亿元，比上年增长29.3%。其中，规模以上工业企业实现工业产值4217.16亿元，增长33.7%，占全区工业总产值97.2%；电子信息、现代装备、精细化工、新材料、生物医药等五大主导产业实现工业产值3499.7亿元，增长51.2%，占全区工业总产值80.7%；高新技术产业实现工业产值2573.43亿元，增长42.2%，占全区工业总产值的59.3%。实现工业增加值584.01亿元，增长18.6%，占全区生产总值的64.9%。实现工业利润155.78亿元，增长62.6%。实现工业税收106.04亿元，增长4%。实现民营经济税收86.39亿元，增长13.9%。实现出口产品总额400.74亿美元，增长42.6%。三资企业实现销售收入3831.56亿元，增长36.2%。新批准外资项目164个，总投资13.96亿美元，增长29.1%。合同外资7.02亿美元，增长34.6%。外商到位资金4.63亿美元，下降21.5%。吸引内资项目1235个，总投资24.24亿元。工业固定资产投入63.92亿元，增长3.9%。

【2010年发展情况】

一、加快产业结构调整，优化产业布局，提升产业能级，推进高新技术产业化

制定《2010—2015年松江产业发展和布局战略规划》、《关于加快推进松江高新技术产业化的若干意见》以及《实施办法》与《若干政策》、《松江区产业结构调整专项资金使用管理暂行办法》，形成《进一步优化产业布局推进产业功能区发展思路》。在坚持“一城两翼三片”城市发展形态的基础上，根据“两规合一”确定的产业布局进行调整，打破原来街镇相对独立的产业布局模式，从行政区域经济向功能区经济转变。把五大主导产业调整为电子信息制造、先进重大装备、新能源、软件与信息服务、生物科技、精细化工和新材料7个重点发展领域。聚焦重点产业功能区，加快产业区块和产业园区改造提升，上海松江工业园区向综合型经济技术开发区转型，车墩莘莘学子园确定区块改造调整目标，九亭黄亭工业小区区块改造项目列入市重点调整计划，区下拨产业区块调整引导资金2000万元。召开高新技术产业化推进工作座谈会、高新技术产业化政策研究会、新能源和智能电网技术与实践研讨会、智能电网产业发展专题座谈会，举办光能发输配用智能集成系统、晶体硅光伏组件、新型复合稀土基汽车排气三效催化剂等高新技术产业化项目展示会，制定电子信息制造产业基地行动计划和智能电网产业技术路线图，设立高新技术产业化发展专项资金，建立电动大巴、智能变电站、智能小区示范项目。6个列为市“一新三重”高新技术产业化项目获得土地指标350亩，龙工机械、正泰电气、比亚迪、生工生物等企业10个高新技术产业化项目总投资5.3亿元，财政对高新技术产业化项目补贴资金1836万元。松江工业区在中国经济发展研究会等单位联合公布的“2010中国新能源产业园区百强”名单中列第86位。加快建设智能电网、电子信息制造、新能源、先进重大装备四大高新技术产业化基地，智能电网产业基地以正泰电气为核心，电子信息制造产业基地以广达、台积电、国基为龙头，新能源产业基地以中电电气、万象汽车、比亚迪为主导，先进重大装备产业基地以龙工机械、中联重科、永大电梯为重点。智能电网产业基地经市有关部门批准，占地面积3平方公里，基地内已集聚正泰电气、诺雅克电气、金陵智能电表等一批重点骨干企业，周边有一电电气、华通开关、熊猫电线电缆、飞航线缆等一批配套企业。

二、加强品牌建设，鼓励改制上市，增加科技投入，推进企业自主创新

认真落实企业自主品牌建设专项资金、企业上市融资专项资金、工业企业技术改造专项资金、产学研创新项目扶持资金等补贴政策，其中，品牌建设专项资金增长10%，企业上市融资专项资金比上年增加2000万元。年内，评为市“名牌企业”有15户，复评为市“名牌企业”17户，评为“上海市创新型企业”有8户，认定为市著名商标企业有6户，复评为市著名商标企业有8户。全区有3户市级专利示范企业、23户专利试点企业、6户专利培育企业。累计建成17户市级企业技术中心、60户区级企业技术中心、18户外资研发中心。10月13日，上海锐奇工具股份有限公司在创业板上市。全区有4户企业上市材料报送中国证监会、5户企业进入上市辅导期、1户企业完成上市改制工作、9户企业进行上市股份制改制、8户企业有上市意向。对产学研合作开展调查，鼓励和支持科技成果转化17项，验收产学研合作项目20个，区财政补贴100万元。

三、坚持资源能源集约利用，完善项目评估，淘汰劣势产能，推进节能减排

实施倍增计划，工业新项目投资强度每亩提高到50万美元，税收产出每亩提高到30万元。对54只项目进行评估，项目总投资177.46亿元，每亩平均投资强度56.07万美元，预期每亩平均年销售额574.88万元、利润100.27万元、税收53.42万元。认真开展项目后评估，组织供地项目后评估综合调研；对重点投资项目实行常态化管理，确保工业新项目早建设、早竣工、早投产，被列入重点跟踪服务的25个项目有23个项目开工建设；对存量土地开发利用进行引导和指导，标准厂房项目备案面积70.33万平方米。淘汰劣势企业266户，腾出土地2826.5亩、厂房95.4万平方米，减少年能源消耗折合标煤7.48万吨、年废水排放57.27万吨、年废气排放3250立方米、年烟尘排放371.38吨。区政府与各街镇、重点用能工业企业签订2010年节能减排目标责任书，把工业产值能耗指标分解到各街镇和重点用能工业企业，建立和完善节能降耗工作考核机制，制定考核办法，明确考核方法和责任主体。全区214户年用能2000吨标煤及以上工业企业全部建立能源管理岗位，62户年用能5000吨标煤及以上工业企业能源利用审计率达100%。组织25户重点用能企业举办松江区"十一五"工业节能成果展，交流节能工作经验，推动节能工作向纵深发展。做好再生资源回收企业备案登记，下拨再生资源回收体系建设资金58.5万元，抓紧再生资源管理。继续推进燃煤工业锅炉改造、电机系统节能、能量系统优化、绿色照明等十大重点节能工程，节能技术改造项目完成64个，总投资2.33亿元，其中，市级项目16个、区级项目48个，节约标煤3.57万吨，企业获得市、区专项奖励资金1605万元。对46户年用电1000万千瓦时及以上工业企业开展电能平衡测试，1784户企业参与避峰让电，2847户企业参与轮休让电，避让电能87.34万度。

四、确保二三产业融合发展，集聚创意产业，做大服务经济，推进生产性服务业

制定《松江区推进生产性服务业发展的若干意见》以及《实施办法》与《若干政策》、《松江区推进生产性服务业发展专项资金使用管理办法》、《松江区生产性服务业园区认定管理办法》、《松江区现代物流业发展实施意见》。召开生产性服务业发展政策贯彻落实工作会议、在松物流企业座谈会，对生产性服务业功能区和物流企业经营状况进行排摸，开展总部经济和商务楼宇调查，编辑《物流信息简报》。建立上海漕河泾开发区松江生产性服务业功能区，列为上海市重点推进功能区之一，规划土地面积2700亩、建筑面积350万平方米，预计吸引1600—1800户高新技术和生产性服务业企业、就业员工5万−6万名、年产值500亿−600亿元、年税收20亿−25亿元；车墩镇浦江源生产性服务业功能区重新选址经市批准，计划在3年内培育3户年销售额5亿元、2户员工超过1000名的大型服务外包企业。上海西南综合物流园区完成规划编制和前期论证，申报列入市现代物流业发展"十二五"规划重点园区。全区物流企业已发展到908户。正泰电气、江河幕墙、柯马等10户企业申报市总集成总承包工程专项引导资金项目21个，占全市13.8%；本田、新城2户企业申报国家和市服务外包专项资金24.3万元；本田、味之素2户企业认定为市技术先进型服务企业。

五、抓好外资外贸，明确发展导向，提高利用水平，推进外向型经济

认真贯彻落实国务院《关于进一步做好利用外资工作的若干意见》，鼓励和引导外资投向高端制造业、高新技术产业、现代服务业、新能源和节能环保产业；培育出口骨干企业，增加高新技术产品和自主知识产权产品出口数量，在国际市场中增强竞争能力；加快建设机电产品出口基地，延伸产业链，集聚机电出口企业；利用国际市场开拓专项资金，支持中小企业实施"走出去"战略，扩大出口份额；全区外资审批纳入上海外资网上审批系统，与市区联动，增加透明度，优化审批流程；开展"转关业务分送集报"、"分批出区内销，集中报关纳税"等试点，加快内外销物流速度，降低企业报关成本。出口额在1000万美元以上企业有126户，比上年增加12户，实现出口额386.14亿美元，占全区出口额96.4%；外商及港澳台投资企业实现税收85.77亿元。以外向型经济为主的松江工业区实现增加值202亿元，增长29%；工业总产值2958亿元，增长38%；销售收入2943亿元，增长37%；利润59.5亿元，增长96%；出口产品总额376亿美元，增长45%，其中，松江出口加工区实现出口产品总额360.08亿美元，增长45.8%。

六、大力发展民营经济，数量质量并重，扶持培育并举，推进中小企业做大做强

多次召开区民营经济工作领导小组会议、区民营经济联席会议、全区民营经济工作会议、各经济小区总经理会议，分析发展新情况，提出新思路和新要求；修订《2010年度松江区经济小区工作目标责任书》和《松江区经济小区日常管理考核办法》；34个经济小区分别签订工作目标责任书，每个季度对经济小区进行ABC考核；制定《关于规范本区企业迁移管理的意见》，下发《关于加强本区经济小区服务费收取管理的通知》；各经济小区形成小区总部、驻沪办事处和外设招商办三位一体招商网络，各街镇发动实业公司、村和居委会共同参与招商；区举办第10期招商人员培训班，招商平台定期发布招商信息。全年新发展民营企业1.18万户，增长32.7%；民营企业新增投资23.34亿元；吸纳劳动力3.73万人，其中，本地劳动力占45.5%。至年末，全区民营企业总数5.61万户，净增9365户，其中，实体型企业9320户，占16.6%；科技型企业5398户，占9.6%。以多种举措

进行扶持培育，在民营企业中，16户申报国家和市中小企业专项扶持资金，6户申报上海市中小企业信息化应用示范企业，42户申报上海市“专、精、特、新”重点扶持企业，16户申报上海市品牌企业和品牌产品，26户评为区重点骨干企业，20户获得区创业资金。民营经济税收净增10.53亿元，占全区税收的40.7%。

七、加大服务力度，整合服务资源，延伸服务内容，推进“企业服务年”活动

推出畅通政企沟通渠道、解决企业融资困难等7项工作内容，制订改进行政审批、发挥社会中介服务作用等85条服务举措，健全区级和街镇党政领导联系走访企业制度、重点骨干企业和重点项目跟踪制度、企业联络员制度，完善服务工作推进协调机制，制定《2010年松江区经委政风行风建设工作实施意见》，成立松江区工业企业联合会，召开松江区外商投资企业协会第四届会员代表大会，充分发挥信息服务平台、企业融资平台、人才供需平台、产品展示平台、市场营销平台、行业协会平台作用。区政企互通平台受理企业咨询26件，发布政策信息450多条；区财政部门对200万元以下政府采购项目，向中小企业倾斜；区企业服务中心对25个重点建设项目建立跟踪服务台账，及时协调；区中小企业贷款信用担保中心新增担保金额4.68亿元，比上年增长16.7%；7户小额贷款股份有限公司注册资本6.46亿元，为企业提供贷款17.04亿元；工商松江分局形成商标培育服务体系，在累计1万多件注册商标中，44件成为市著名商标，5件成为中国驰名商标；区食药监局建立标准备案咨询服务工作机制，餐饮服务许可证办理缩短7个工作日；区科委指导金融机构与科技企业交流，开展金融为科技企业3项服务措施；松江海关坚持“7×24”小时专人查验服务，确保4个小时内通关，年受理业务60多万笔；各街镇建立一批企业服务受理中心、外来务工人员居住中心，千方百计为企业排忧解难。全区“企业服务年”活动在人才引进、政策咨询、化解劳资矛盾、融资、科技、中介、安全生产等方面为企业提供全方位支持，进一步优化经济发展环境。

【2011年发展趋势】

2011年，把“创新驱动、转型发展”全面贯彻落实在经济工作当中，以“做深结构调整，腾出空间；做强先进制造业，提升质量；做大生产性服务业，改善结构”为主线，加快转变经济发展方式，加快产业优化升级，加快主导产业中的核心企业向价值链两端延伸，推进生产制造向服务制造转型，推进信息化与工业化融合，推进高新技术产业化，提高产业核心竞争力，提高产业附加值，提高经济发展质量和效益，实现全区经济又快又好发展。

一、主要目标

完成工业总产值4685亿元，比上年增长8%；工业增加值636.3亿元，增长9%。完成出口产品总额420亿美元，合同外资4.5亿美元，外资到位资金4亿美元。工业固定资产投入64亿元。民营经济税收增长6%，个体经济税收增长7%；新发展民营企业8000户，力争完成10000户；新增就业10000人。

二、主要措施

1．加强规划引导，进一步优化产业布局。按照“两规合一”完善重点产业、重点园区和生产性服务业布局，通过战略性新兴产业、7个重点发展领域、重点产业功能区、重要产业基地引领产业发展，加快形成以高新技术产业化为主导作用、以都市产业经济为优化作用、以生产性服务业为推动作用的新兴产业化体系。

2．鼓励科技创新，加快推进高新技术产业化。进一步完善科技创新体系，推动创建企业技术中心、成立研发中心、开展产学研合作，加快培育名牌企业和驰名商标、著名商标企业，以现有主导产业和重点企业为基础加快建设智能电网、电子信息制造、新能源、先进重大装备四大高新技术产业化基地。采取政府购买等方式使高新技术产业化产品和示范性项目得到推广和利用。

3．大力开展招商引资，不断增强发展后劲。成立区招商联席会议，搭建政策、信息、资源、培训为一体的招商平台，建立招商项目信息库，坚持政府招园区、园区招企业的招商模式，以“城中园”、“园中园”、“园中区”为载体引进重点产业，围绕重点产业和重点企业拓展产业链招商，确保2009年、2010年工业供地项目早建设、早竣工、早投产。

4．提升产业能级，积极实施倍增计划。项目评估准入标准，掌握在每亩平均投资强度不少于50万美元、出让价格不少于50万元、税收产出不少于50万元，用“三个50”把住准入门槛。后评估与后续供地挂钩，对不按照评估内容实施、整改力度不明显的，在以后年度中减少所在街镇供地面积。推进产业区块调整和改造，区财政对每个区块补贴启动资金，力争5年内全区单位面积产出税收翻一番，平均每年增长15%左右。建立园区质量管理考核机制，对土地利用和产业集群集聚发展进行引导，对项目引入进行监管，对亩均税收、厂均效益、人均贡献进行对比，对环保以及低碳等约束性指标进行测评，形成考核办法，坚持一抓到底。

5．坚持二三产业融合发展，壮大服务经济。抓好园区载体建设，按照功能定位和发展特色，在漕河泾、仓城、浦江源3个生产性服务业功能区内集聚一批企业总部、结算中心和服务外包企业。积极争取把九亭和松江工业区的生产性服务业功能区创建成为市级生产性服务业功能区。加快创意产业集聚区发展速度，利用创意产业推动服务经济。高起点规划西南物流综合园，合理布局园区核心区域，进入园区的物流企业必须具有一定档次和规模，使整个园区产出能力高

于其他园区。

6. 节约集约利用资源，强化节能减排工作措施。用地指标向骨干项目和重大项目倾斜，把淘汰劣势产能腾出的土地和厂房配置给最需要的企业，推进工业向园区集中，建立健全切实可行的土地管理、标准厂房备案、重点项目跟踪等工作机制，积极盘活已批未用土地和闲置标准厂房等存量资源。计划调整劣势企业100户，调整出土地370亩，减少能源消耗折合标煤2万吨。规模以上工业企业综合能源消耗总量控制在折合标煤18万吨，万元工业产值能耗下降5%。

7. 积极引导，提升民营经济和外资外贸质量。引导民营企业通过工业化和信息化“两化融合”改造传统工业，向新兴产业和新兴业态转型，向“专、精、特、新”突破，向科技型、创新型、成长型发展，提高自主创新能力，增强核心竞争力，成为高新技术企业和“小巨人”企业。外资以“功能定位、优势互补、有序发展”为开放格局，引导新设项目向高端制造业、高新技术产业、现代服务业、新能源和节能环保产业集聚，充分发挥外向型经济在产业结构转型中的作用。外贸以“出口规模、出口基地、出口品牌”形成在国际市场上的竞争优势，引导外贸企业发挥自身优势，增加高新技术产品和自主知识产品出口总量。

8. 努力拓展服务，营造更好的发展环境。在政策咨询、企业自主创新、吸引龙头企业和高端人才、提升传统制造业水平等方面强化服务，深化和细化领导干部联系企业制度、重点骨干企业重点联系制度、民营企业园区联系制度，区企业服务年领导小组办公室对整改企业意见建议建立通报制度，以完善项目并联审批机制提高审批速度和效率，通过区中小企业贷款信用担保中心增加注册资金和小贷公司创新融资模式解决企业融资难问题，用特色服务争取年内有2–3户企业上市。

（方炳云）

奉贤区工业

【概况】

2010年，奉贤工业坚持“调结构、转方式”的发展思路，依靠科技创新和技术进步，搭建“政府推进、政策扶持、市场主导、企业主体”企业发展平台，构建起了战略新兴产业先行、高新技术引领、传统产业升级的产业体系，稳步推进淘汰劣势产业，扶持企业技术改造，鼓励争创品牌名牌，取得了经济持续增长、效益显著提高双丰收。

全区共有工业企业8587户，其中，区直属企业82户，开发区所属企业283户，镇属企业8222户。实现工业增加值297.7亿元，比上年增长12%；完成工业总产值1452.30亿元，增长18.1%；实现销售收入1513.6亿元，增长10.6%；实现利润总额88.1亿元，增长22.3。

【2010年发展情况】

一、55户企业入选区“财富百强”

3月，由区政府核准上年度区“财富百强”企业面世。入选“财富百强”企业纳税总额为32.04亿元，其中，55户工业企业入围，纳税额15.96亿元，占百强纳税总额49.8%。纳税1亿元以上的有5户企业，3户为工业企业，分别是上海广电电气（集团）、上海柘中（集团）有限公司、亚东石化（上海）有限公司。上海广电电气（集团）以纳税1.87亿元的业绩居首位。

二、5户企业入围上海企业100强

10月22日，市企业联合会、市企业家协会联合公布“2010上海企业100强”榜单。评选以上年销售（营业）收入为标准。区内5户企业榜上有名。分别是上海浦东电线电缆（集团）有限公司列56位，远纺工业（上海）有限公司列65位，亚东石化（上海）有限公司列71位，上海恒逸聚酯纤维有限公司列81位，上海永进电缆（集团）有限公司列99位。

三、10户企业入选上海民营企业100强

8月28日，市企业联合会、市企业家协会、市商会、市经团联联合公布“2010上海民营企业100强”榜单，我区10户民营企业入选。分别是上海浦东电线电缆（集团）有限公司列10位，上海恒逸聚酯纤维有限公司列19位，上海永进电缆（集团）有限公司列31位，上海远天船务有限公司列42位，人本集团上海轴承有限公司列46位，上海超日太阳能科技股份有限公司列47位，上海柘中（集团）有限公司列76位，上海欧格米兰化妆品厂列79位，上海华明电力设备制造有限公司列90位，上海凯宝药业股份有限公司列92位。

四、淘汰劣势企业54户

年内，完成淘汰企业54户，其中，关闭企业39户，搬迁企业4户，停产企业10户，转产或调整生产线企业1户，共涉及用地面积952亩，职工3185人，降低能耗折合标煤35537.87吨。

五、完成“十一五”节能目标

全区单位增加值综合能耗下降3.21%，5年累计下降20.81%。工业万元产值能耗下降7.54%，圆满完成年初市经信委节能考核指标和“十一五”期间全区工业节能目标。

六、形成“6+8”产业体系

区内拥有新能源、生物医药、新材料、大飞机配套、智能化电网、重大装备六大高新技术产业和输配电、汽车配件、精细化工、游艇制造、光仪电、物流装备制造、农产品深加工、信息设备制造八大优势产业。属于六大高新技术产业的企业达208户，完成产值227.11亿元，占全区工业产值的比重达17.6%。属于八大优势产业的企业有499户，完成产值517.27亿元，占全区工业产值的比重达40.0%。

七、工业固定资产投资额首破百亿

完成工业固定资产投资103.99亿元，增长24.54%，首次突破百亿元。投资总额和增幅均列全市前列，成为全市郊区（除浦东之外）第1个超百亿元大关的区县。

八、26个重大技改项目获市级以上贴补

实施市级以上重大技改项目26个，总投资46.84亿元，其中，固定资产投入39.30亿元。获国家级政府技术改造补贴金额2128万元，市级政府技术改造补贴金额7477万元。

九、2个产业化项目获1940万元市专项资助

2个高新技术产业化项目被列入“2010年度上海市高新技术产业化重大项目计划”，获市级专项资助1940万元。上海玻璃钢研究院有限公司的大型风力机复合材料叶片研制及产业化建设项目获1600万元。上海广电电气（集团）股份有限公司的风电变流器产业化项目获340万元。

十、6户新能源企业享受区财政扶持

自2009年起，根据以老企业增值税、营业税、企业所得税3税区得部分增量的50%扶持企业；以新企业增值税、营业税、企业所得税3税区得部分全额扶持企业政策规定，年内，上海超日太阳能等6户新能源老企业获得区级财政扶持资金68.32万元。

十一、品牌获奖数居全市第一

42项产品获制造业类“品牌产品”，占全市近2成，位居全市第一；12户企业获“品牌企业”，占全市制造业类“品牌企业”近1/5，1户企业获服务业类“品牌企业”；8项服务获得服务类“品牌服务”，获奖总数名列全市第一。

十二、3户企业成功上市

1月，上海凯宝药业股份有限公司在创业板成功上市，募集资金10.41亿元，成为区首家上市企业。至年末，上海柘中建设股份有限公司、上海超日太阳能股份有限公司相继在中小板上市，分别募集资金近6.48亿元和23.76亿元。

十三、完成编制“十二五”规划

历时半年编制完成奉贤工业“十二五”发展规划。为“十二五”开局之年，实现工业经济的创新驱动、转型发展打下坚实基础。

【2011年发展趋势】

一、主要目标

规模以上工业企业产值1460亿元，比上年增长15%；争取完成1500亿元，增长18%。工业固定资产投资113亿元，增长13%；争取完成124亿元，比上年增长24%，其中，技术改造到位资金15亿元。完成外贸出口值48亿美元，增长11.6%。

二、主要工作

1．提升高新技术产业主导地位。完善政策措施。进一步梳理、整合目前已出台实施的产业扶持政策，细化、完善各项配套政策，形成齐整完备的政策体系。进一步加强对高新技术产业化过程中项目研发、科研服务、成果转化、创业孵化、服务平台建设等的扶持力度。积极培育区域出口名牌，引导和扶持具有自主知识产权、自主品牌产品和高新技术产品的企业扩大出口。

2．推进产业结构调整。根据《2010年奉贤区产业结构调整工作方案》，加强南桥新城和杭州湾北岸重点区域落后产能的淘汰力度，着重加大对一般区域能耗高、污染重、危险大、群众反映强烈的纺织印染行业、零星化工企业及四大工艺等劣势企业的关停并转力度。加大对劣势企业和低效益项目“腾笼换鸟”力度，加大对存量土地、标准厂房的“二次招商”力度。

3．推进企业自主创新能力建设。加大企业技术改造力度。围绕市10个制造业重点领域，对于纳入国家和市级的重点产业振兴规划的技改项目、重点跟踪的企业技改项目、节能减排技改项目等给予贴息支持，扶持企业购买国际先进技术、装备、仪表仪器，鼓励企业提高装备水平和技术能级。确保重点技改项目按时建成投产见效。

4．增强企业自主创新能力。深化企业与高校院所、研发机构、风投基金合作的层次和水平，扶持中小企业、民营科技企业开展技术创新活动，加快完善国家、市、区企业技术中心的梯队建设，力争新增区级技术中心7-8家，市级技术中心2家。

5．全面实施企业品牌战略。加大品牌战略宣传力度，完善品牌奖励政策，支持和引导有条件的产业和企业集群建立标准、申请集体商标，开展知名品牌评选活动，增强企业品牌自我保护意识。

6．积极整合能源资源和生产要素。及时监测监控煤炭、电力、成品油、天然气、运输等供求情况，加大对企业用电情况的排摸，实施电力运行的实时监控，不断完善区内企业用电错、避峰方案，做好企业用电的指导协调工作。

7．加强企业服务。进一步完善中小企业服务平台，加大对中小企业市场拓展、技术改造、自主创新、人才引进、税收减免等方面的扶持力度。不断完善中小企业担保体系，落实中小企业发展的各项专项资金，拓展中小企业融资渠道，积极帮助企业解决贷款融资难问题。

8．保障经济平稳运行。保障经济健康稳定运行。建立健全经济运行监测、预警、分析、调节机制，“把握走势、超前应变”，进一步加强对经济运行动态的深度分析、准确预测和严密监控，提高经济运行监测分析的及时性、准确性和系统性。进一步提高对国家及市有关最新产业、金融、税收等宏观政策动态变化的敏感度，关注宏观经济新趋势、把握宏观政策新取向，做到随时发现问题、随时了解情况、随时采取措施，确保经济平稳、持续、健康发展。

9．推进服务型政府建设。进一步推进政企分开、政事分开、政府与市场中介组织分开，把政府工作的着力点放到经济调节、市场监管和公共服务上来。以争创服务型部门、服务型科室为重点，开展“创优争先、建功立业”活动为抓手，不断改进机关作风，提高行政效能。

（袁新良）

青浦区工业

【概况】

2010年，在经济环境依然严峻复杂的大背景下，青浦区紧紧围绕“调结构、转方式、促发展”的总体要求，着力强化招商引资工作，大力推进高新技术产业发展，积极实施产业结构调整，工业经济运行质量和水平进一步提高。全区实现工业总产值1633.7亿元，比上年增长16.5%，其中，规模工业实现产值1326.5亿元，增长26.6%。

【2010年发展情况】

一、规模工业经济效益提升明显

全年，区规模以上工业实现利润77.97亿元，增长45%，规模工业产值增长26.6%，利润增幅高于产值增幅18.4个百分点。亏损企业326户，亏损额13.3亿元，分别下降11.4%和10.1%。规模以上工业企业在实现较快增长的同时运行质量有明显提高。

二、高新技术产业发展迅速

全区高新技术产业化企业228户，实现产值271.8亿元，增长38.1%，高于全区规模工业平均发展水平11.5%，高于全市高新技术产业化发展水平14.7%，增速位居全市郊区县第三。

三、企业技术进步势头强劲

技改项目投入大、质量好。全年批准技术改造项目55个，完成本年度目标45个的122%，项目总投资13.45亿元，完成全年目标6亿元的224%。其中，3个项目获批中央投资重点产业振兴和国家中小企业技术改造项目，合计总投资近3亿元；13户企业获批年度市重点技术改造专项，共计总投资11亿元。全年批准节能技术改造项目13个，预计项目竣工投产后年节约标准煤可以达到27000吨。科技型中小企业改制上市取得新进展。年内，上海安诺其纺织化工股份有限公司和上海科泰电源股份有限公司2户企业在深交所创业板成功上市，上海汉得信息股份有限公司顺利通过证监会股票发行审核。

四、节能减排工作取得新成效

淘汰落后产能成效显著。全年关闭70户，搬迁29户，停产1户，转产1户，合计101户，节约能耗4.09万吨标煤，为原计划数3.6万吨的113.61%。重点企业实施清洁生产进展良好。有26户企业通过清洁生产审核验收，其中包括上海昭和高分子有限公司等5户年度市重点清洁生产企业，全区累计通过清洁生产审核验收企业已达42户。全年，规模工业企业万元产值能耗下降11.7%，为“十一五”期间万元GDP能耗下降20%的完成作出了贡献。

五、重点工业项目建设有序推进

重点推进支持一批投资强度大、产出高、就业容量大的企业。全区竣工投产项目76个，总投资约46亿元。如尤妮佳生活用品有限公司，占地面积96亩，投资总额3亿元，预计达产后年产值35亿元。全区在建项目94个，总投资约66亿元，其中，投资超过1亿元的项目有18只。

六、青浦工业园区建设发展机制进一步优化

7月6日，加快青浦工业园区发展动员大会暨园区三大开发公司揭牌仪式隆重举行。占地56.2平方公里的青浦工业园区由此“三分天下”，由新组建的上海青浦工业园区发展（集团）有限公司、上海张江高新技术产业开发区青浦园区有限公司和上海青浦出口加工区开发有限公司分别运作，从而形成青浦工业园区“一园三区”联动发展新格局。3户公司将各自明确并承担不同功能，其中，青浦工业园区发展（集团）有限公司重点在总部经济、产城联动和调整现有产业结构上下功夫；青浦出口加工区将紧紧围绕上海市九大高新产业，向综合保税区和先进制造业及现代服务业基地目标迈进；张江青浦园区将加快发展生物医药、新材料、电子信息、先进重大装备制造、软件和信息服务业等五大主导产业，努力建成支撑地区经济发展的核心区。全年“一园三区”实现规模以上工业产值655.8亿元，增长27.3%，比全区平均增幅高0.7%。全年实现税收49亿元，增长36%。

七、招商引资工作力度大、效果实

区政府制定印发新招商引资工作考核办法，并将其列为对各镇（街道）工作目标考核的主要内容之一。召开全区招商引资工作大会，推动各单位增强紧迫感，在招商引资工作上形成你追我赶局面。全年共吸收合同外资 7.5 亿美元，增长 44.9%，实到外资 4.9 亿美元，增长 25.3%。工业内资投资到位 32.1 亿元，增长 30.9% 左右。

【2011 年发展趋势】

2011 年，按照“一城两翼”发展战略，用科学发展观指导产业发展和转型，创新工作机制，推动经济发展由要素驱动为主向创新驱动为主转变，大力提升制造业能级，积极推进高新技术产业化，确保青浦工业经济保持良好增长态势，努力实现经济发展方式转变新突破。

一、主要目标

完成规模工业总产值 1380 亿元，比上年增长 10%；实现工业投资 6 亿元，增长 10%；产业结构调整 30 户；万元产值能耗下降率 3%。

二、主要措施

1. 创新机制，实现招商引资成效新突破。制定科学有效的 2011 年招商引资考核方案，激发全区干部群众投身招商引资工作热情；完善相关政策，促进老厂房、闲置土地等存量资产盘活利用；根据“十二五”期间的产业导向，创新招商方式，实施主题招商活动。

2. 改进服务，扶持中小企业做强做大。大力挖掘本地企业资源，根据上海市的有关政策，联合财税、工商等有关部门，出台青浦区的实施细则，加大中小企业上市扶持力度；优化技改服务，鼓励企业实施技改，促进传统产业转型升级；加强基层单位调研工作和重点企业的走访工作，帮助企业解决实际困难。

3. 凝心聚力，扎实推进项目开工开业。一是合理安排土地指标，确保重点工业项目；二是加强对重点项目的申报和跟踪服务工作。重点做好推进斯伦贝谢油田设备（上海）有限公司、亚士创能科技（上海）股份有限公司等 6 个市里解决用地指标的高新技术产业化项目和 45 个区内解决用地指标项目。同时加紧推进处于基本建设阶段的 94 个项目以及正在办理开工手续项目 91 个。

4. 深入持续地开展节能降耗和清洁生产工作。加强对 5000 吨以上的能耗重点企业节能监督管理，督促重点用能企业建立健全能源计量、内部能源审计和统计制度；深入开展节能降耗技术改造工作；建立节能降耗激励机制；加强节能宣传与培训，提高资源忧患意识、节约意识和环境意识。继续推广开展清洁生产工作。年内争取有 20 户以上企业开展清洁生产的审核工作。

5. 加大政策的完善和宣传，进一步发挥政策效应。建立设立中小企业服务机构，搭建好用足用好政策的服务平台。根据市经信委的安排，设立“上海市青浦区中小企业服务中心”，整合各方力量，大力宣传产业政策，把政策落到实处。加强对镇（街道）、一园三区政策业务工作的指导，定期召开专项会议对企业亟需或比较关注的政策阐述和培训。按照政策所要求的有关条件，针对性地寻找合适企业，变被动服务为主动服务，上门送政策，送服务。

（陆国平）

崇明县工业

【概况】

2010 年，崇明县工业经济以转方式、调结构、促发展为主线，推进产业发展和结构调整，加快产业优化升级步伐，扶持中小企业发展，较好地完成了年初确定的各项目标任务。至年末，全县纳入统计口径的工业企业有 815 户（规模以上 295 户），从业人员 74210 人。累计完成工业总产值 376.4 亿元，比上年增长 28.3%，完成全年目标的 116.5%。完成销售产值 371.5 亿元，增长 30.2%，产销率为 98.7%。实现利润 9.9 亿元，上缴税金 11.9 亿元。其中，11 户海洋装备企业实现工业总产值 240.3 亿元，增长 48.5%，占总量的 63.8%，拉动全县工业经济不断放大。

【2010 年发展情况】

一、乡镇园区经济全面趋好

从绝对数来看，产值排名前三位的乡镇园区是长兴镇、建设镇和陈家镇，分别为 229.3 亿元、22.2 亿元和 17.5 亿元。从相对数来看，17 个单位的产值同比实现增长，增幅排名前三位的是向化镇、长兴镇和新河镇。从完成目标看，15 个乡镇园区超额完成目标，完成目标百分比前三位的是向化镇、港西镇和新河镇。长兴产业园区竣工投产的 2 户企业实现产值 4400 万元。

二、重点行业“四增二减”

六大重点行业实现工业总产值 316.4 亿元，增长 37.7%，占总量的 84.1%。交通运输设备制造业得益于中船 3 条生产线的不断增长以及中海长兴和华润大东的回暖，产值总量和增幅均列六大行业之首，基本决定着全县产值的走向。纺织业、金属制品业和电气机械及器材制造业恢复性增长较明显。黑色金属冶炼及压延加工业产值下降的主要原因是几户钢厂技术改造影响生产所致。通用设备制造业由于振华公司的产业结构调整等因素，配套企业业务量下降影响了产值。

三、产业布局更加优化

以长兴海洋装备产业园区为主体，崇明工业园区、富盛经济开发区为两翼的工业“一体两翼”格局基本形成。海洋装备产业成为支柱产业，其增加值占全县总量达25%左右。长兴产业园区建设步伐加快，沪东中华管子件厂等6户企业开工建设，沪船助剂厂等4户企业竣工投产。崇明工业园区2期开发推进顺利，总部经济园概念性规划基本形成。富盛经济开发区“南扩”工程稳步推进，实体型企业引进和建设达到预期要求。完成了长兴产业园区、崇明工业园区、富盛开发区和陈家镇创建生产性服务业功能区申报工作，其中，陈家镇被市里认定通过并即将授牌，将成为本县第一个生产性服务业功能区。完成陈家镇现代服务业集聚区认定申报工作。

四、结构调整推进顺利，节能降耗继续深化

全县调整淘汰落后产能企业72户，降耗折合标煤3.5万多吨，腾出土地1320亩。已下拨市专项扶持资金164万元，完成市调整单项的上报工作。节能降耗上，全县规模以上工业企业万元产值能耗为0.1985吨标煤，下降9.4%。全县11个乡镇、园区完成年初确定的能耗下降目标。

五、工商投资力度加大，科技创新得到加强

工商投资方面，完成工业投资21.0亿元，比上年略有增长。备案、核准工商领域投资项目130个，总投资34.8亿元，其中，工业项目124个，总投资33.8亿元；商业项目6个，总投资0.98亿元。科技创新方面，2个产品被评为国家级科技新产品，5个被评为市科技新产品；1户企业被评为市专利工作试点企业，4户试点企业转为示范企业；4户企业获市高新技术企业称号；3个产品被评为市专利新产品，18个产品被评为市品牌产品。

六、服务企业真心诚意

县级扶持2009年度工业企业发展项目113个，补贴资金达1144万元。组织8户企业申报市重点技术改造专项资金，其中，沪东中华获4000万元，达华医疗获680万元，德科电子获145万元。组织5户企业申报市中小企业发展专项资金，其中，群力橡塑获98万元。拨付中小企业国际市场开拓资金10.1万元。

【2011年发展趋势】

2011年，把加快转变经济发展方式贯彻全年工作始终，坚持做到“四个着力”，即着力推进海洋装备支柱产业发展，培育发展战略性新兴产业，发展高端产品，提升配套水平，抢占产业发展制高点。着力推进服务业重点领域发展，坚持现代服务业和生产性服务业并举，完善政策措施，加强招商引资，提高服务经济比重。着力推进中小企业发展壮大，落实扶持政策，健全帮扶机制，体现中小企业发展活力和动力。着力推进调整淘汰落后产能和工业节能、降耗、减排，腾出发展空间，合理规划布局，促进低碳经济发展。

一、主要目标

完成工业总产值448亿元，比上年增长19%；工业投资50亿元，增长137.8%。调整淘汰落后产能项目20个左右，节约标煤1万吨。规模以上工业企业能耗总量控制在35万吨标煤以内。

二、主要措施

1．加强经济运行监测，确保产业平稳较快发展。重点在每月每季、年中年末加强对工业运行、节能降耗和工商投资等主要经济指标进行趋势研究，提出对策措施。加强对重点行业、原材料产品和乡镇、园区的运行走势监测。关注利润、产销率、应收账款等反映内涵发展的运行指标，引导企业注重产销衔接和风险控制，确保本县工业利润实现较快增长，应收账款和库存维持合理水平。

2．注重发展海洋装备产业，强化“一体两翼”工业格局。一是全力推进海洋装备制造业发展。以海洋装备产业为主导，借创建国家船舶出口基地（即将获批）的契机，进一步依托振华重工、中船长兴、中海长兴三大企业，发展壮大配套产业，争取国家和上海装备制造重大项目落地；二是加快长兴产业园区建设。尽快做好设立园区创业投资引导基金的各项准备工作，发挥财政资金的杠杆放大效应，促进优质创业资本、项目、技术和人才向园区集聚。同时配合园区推进生产性服务业功能区的中央商务区建设；三是提升崇明工业园区能级。着力推进园区总部经济园建设，促进园区产业转型，提高园区单位土地产出率。继续推进汽车零部件产业、生物医药以及有一定科技含量的轻工纺织等产业发展，积极培育龙头企业；四是提高富盛开发区竞争力。配合开发区加大土地储备、公共基础设施和产业配套生活设施等方面的推进力度，大力发展以船舶制造配套产业为核心的生产性服务业；五是加速陈家镇地区开发。一个重点是大力推进生产性服务业功能区建设，主要发展总部商务、智慧产业、新能源、软件和信息服务等行业。另一个重点是积极创建现代服务业集聚区，着力引进生态会展服务业、金融服务、研发服务业和户外休闲服务业等产业。力争引入重大项目，形成一定的产业规模和集聚效应，实现两大区的联动发展。

3．坚持立足传统优势产业，做强农产品加工业。一是继续推进传统优势产业发展。发挥国家、市县各类扶持政策优势，运用先进技术改造传统优势产业。引导企业加快研发并投产一批具有自主知识产权、自有知名品牌、较高附加值的新产品，提升企业市场竞争力。深入推进中小企业改制培育工作，年内争取完成1家企业改制上市；二是加快农产品加工业发展。积极引进农产品加工企业，采用新技术新工艺，大力发展农产品精深加工业，形成一批具有自主知识产权的绿色食品。鼓励农产品加工企业向现代农业园区农产品加工区集中，推进特色农产品规模发展。

4．调整淘汰落后产能，深化节能降耗工作。产业结构调整方面，在完成去年市调整单项的基础上，二季度启动调整8户，下半年完成12户企业的调整关闭。协调乡镇发挥主体作用，妥善解决好人员分流、土地利用等难点问题。会同县有关部门严把审核关，确保补贴准确、合理，引导企业做好转型发展工作。节能降耗方面，协调各乡镇、园区锁定、分解节能目标，加强对所辖区域企业节能降耗管理，控制好能耗总量。继续推进十大节能工程和合同能源管理试点，完成市下达的节能灯推广任务，积极开展节能技改、清洁生产审核等工作。

5．加大对中小企业的服务扶持力度，增强产业发展活力。一是完善服务企业机制。进一步完善乡镇联系制度和科室进企业送服务活动，重点加强对初创微小型、无上级主管部门，以及创新性和科技型中小企业的服务，推动共性问题解决和面上政策突破；二是落实扶持政策。加强与市级部门的沟通，帮助企业申报各类专项资金。加强县级扶持政策宣传，争取在5月底前完成2010年度扶持工业企业发展项目的审批工作；三是提高投资项目办理效率。进一步规范管理流程，简化审核程序，争取在10个工作日内完成备案手续，并建立投资项目跟踪和后评估制度；四是推进企业技术创新。指导企业申报国家和市级企业技术中心、专利新产品以及名牌和品牌产品等科技创新项目。鼓励中小企业承接高效与科研院所科技成果，组织企业参与高新技术产业化对接活动。

（陈　彪）

2011·上海工业年鉴

SHANGHAI
INDUSTRIAL
YEARBOOK

宝钢集团有限公司

【概况】

1998年11月，以宝山钢铁（集团）公司为主，吸收上海冶金控股（集团）公司和上海梅山（集团）有限公司，组成上海宝钢集团公司。2000年2月，创立宝钢集团控股子公司——宝山钢铁股份有限公司，并于同年12月12日在国内上市。2005年10月，上海宝钢集团公司更名为宝钢集团有限公司。

宝钢集团有限公司（简称“宝钢”）是当今世界现代化程度最高、生产规模最大、品种规格最齐全的钢铁联合企业之一，是国家授权投资的机构和国家控股公司，对授权经营范围内的国有资产向国务院国资会承担保值增值责任。注册资本510.83亿元。

宝钢生产高技术含量、高附加值的钢铁产品，用途覆盖汽车、家电、石化、机械制造、金属制品等领域。围绕钢铁供应链、技术链、资源利用链，宝钢还发展资源开发及物流业、钢材加工业、工程技术服务业、生产服务业、煤化工业、金融投资业等多元产业。

【2010年经济工作情况】

2010年，宝钢完成工业总值（现行价格）3203亿元，工业销售产值3204亿元，资产总值4321亿元，流动资产1448亿元，流动负债1203亿元，资产负债率39.79%，流动比率1.2，营业总收入2730亿元，营业成本2337亿元，产品销售费用441亿元，管理费用119亿元，实现利润总额242亿元，净资产收益率达到7.9%。全年完成铁产量3896万吨，钢产量4450万吨，商品坯材产量4408万吨。

年内，宝钢研究院重组特钢技术中心，并被国家批准建设汽车用钢与应用技术国家重点实验室；建立“COREX生产关键技术研发”和“特钢生产关键技术研发”两大平台，取得初步成效；汽车超高强度钢实现批量生产，并实现向菲亚特供货；硅钢产品研发全面完善优化了0.27毫米系列取向硅钢的生产过程，各项工艺得到验证，投料比下降50%；三峡大型变压器用高磁感取向硅钢的各项指标满足了用户的技术协议要求；中高铬超纯铁素体不锈钢的冶炼技术研究达到国内领先、国际先进水平；薄带连铸连轧试验机组实现低碳钢的整炉浇铸和卷取，并选址宁波钢铁启动工业化生产线建设。

一、环境经营成效明显

宝钢股份直属厂部能源管理体系经国家评审，成为中国钢铁行业首批通过认证的单位；一批合同能源管理项目顺利实施；能源协同继续发挥巨大作用。宝钢提出了绿色产品技术营销工作设想及计划；启动并践行了绿色采购；资源综合利用产业化发展顺利推进，再生油项目、高炉矿渣项目等取得突破性进展；节能减排技术装备的产业化工作成效明显。

二、提升用户服务能力

宝钢在打造服务先行的制造业方面进行多年探索并取得了成功经验，这就是汽车板领域的实践。宝钢股份直属厂部的产销研推进机制进一步完善，不锈钢事业部、特钢事业部、钢管条钢事业部强化产销研协同、提升对用户需求的响应速度；产品发展部紧密围绕客户需求，针对主要产品和重点行业提出了未来的发展、改进策划方案；实施“基于产销研一体化下的SBU推进机制”，在冷轧超高强钢开发应用、高磁感电工钢产品推进等方面成效显著。营销系统积极贯彻“用户为中心”的营销理念，进一步完善大客户经理制，已涵盖了多个行业和大部分宝钢产品。海外公司以市场需要和客户需求为出发点，组建商务快速响应团队，提升了整体服务质量和效率。

三、深化成本改善活动

面对矿石及煤、电、油、运涨价的不利因素，宝钢上下继续巩固应对金融危机中形成的有效做法，实施全员、全面、全过程的成本改善活动。宝钢股份公司持续推进目标成本管理，不断优化内部生产组织，挖掘瓶颈机组产量，聚焦核心指标，积极开展“降低不锈钢事业部、罗泾地块铁水成本”、“控制维修费用”等9项成本改善活动。多元产业系统的各家子公司根据自身特点，发挥各家特长，通过价值管理、倡导“市场营销、技术创新、自主集成”等方式，开展成本改善活动。

【2011年发展趋势】

2011年，宝钢按照“认真落实新一轮发展规划，继续强化五项能力建设，着力提升资产运行效率，加速国际化进程，实现宝钢做强做优”思路做大做强企业。

生产经营目标是：铁产量4126万吨，钢产量4703万吨、坯材产量4586万吨，营业收入2750亿元，利润总额222亿元。

宝钢重点节能减排项目计划149项，要继续加强节能减排技改投入，提升节能减排的体系管理能力。以清洁生产为抓手，对照清洁生产标准、国内外先进指标，组织开展清洁生产达标行动，推进清洁生产和审核工作。

钢铁主业要大力提升宝钢的技术创新能力，实施服务先行的经营策略，加强钢铁业日常运行管理，要在品种、质量、成本控制、现场安全等方面得到进一步的改善和提升。保持并扩展在钢铁业的领先地位。

（金　荣）

上海汽车工业（集团）总公司

【概况】

上海汽车工业（集团）总公司（以下简称“上汽集团”）是中国三大汽车集团之一，主要从事乘用车、商用车和汽车零部件的生产、销售、开发、投资及相关的汽车服务贸易和金融业务。上汽集团持有上海汽车集团股份有限公司（简称“上海汽车”）72.95%的股份，同时持有独立供应汽车零部件业务上市公司——华域汽车系统股份有限公司（简称“华域汽车”）60.10%的股份。上汽集团坚持自主开发与对外合作并举，一方面通过加强与德国大众、美国通用等全球著名汽车公司的战略合作，不断推动上海通用、上海大众、上汽通用五菱、上汽依维柯、上海申沃等系列产品的后续发展，取得了卓越成效；另一方面通过集成全球资源，加快技术创新，全力推进自主品牌轿车的研发、生产和销售。目前，已实现荣威750、550、350及MG7、MGTF、MG6、MG3等多款产品成功上市，树立起良好的品牌形象。由此，深入推进了合资品牌和自主品牌共同发展的格局。上汽集团除在上海当地发展外，还在柳州、重庆、烟台、沈阳、青岛、仪征、南京、英国长桥等地建立自己的生产基地，拥有韩国通用大宇6.01%的股份，在美国、欧洲、我国香港地区、日本和韩国设有海外公司。上汽集团的愿景是：为了用户满意，为了股东利益，为了社会和谐，上汽集团要建设成为品牌卓越、员工优秀，具有核心竞争能力和国际经营能力的汽车集团。上汽集团的核心价值观是：满足用户需求、提高创新能力、集成全球资源、崇尚人本管理。

【2010年经济工作情况】

一、企业发展继续保持快速增长，世界500强排名大幅提升

2010年，上汽集团以上一年度合并报表336.3亿美元的销售收入，又一次跻身《财富》杂志世界500强企业行列，排名第223位，比2009年上升136位。这是上汽集团自2004年以上一年度117.2亿美元的销售收入首次跻身《财富》全球500强、排名第461位之后，第六次入选《财富》全球500强。

二、整车销量再创新高，三家整车企业年产销量达到百万辆级

2010年，上汽集团国产整车销售达到358.3万辆，同比增长31.5%，市场占有率达到19.8%。其中，乘用车全年实现销售227.9万辆，增长41.9%。商用车全年实现销售130.4万辆，增长16.6%。上汽在国内汽车大集团排名中继续保持第一位，在全球汽车行业的销量排名从2009年的第10位上升到第8位。继上汽通用五菱之后，2010年，上海通用、上海大众的整车年产销量也分别突破100万辆，位居全国乘用车企业前两位，上汽集团已形成三家百万辆级的汽车厂家。

三、圆满完成世博服务工作，千辆新能源车良好运行

自2006年11月28日上汽集团携手通用汽车，与世博局正式签署合同、成为全球合作伙伴起，前后历时4年，上汽集团精心策划、积极准备、稳妥实施，认真服务世博，圆满完成各项工作任务，为实现“成功、精彩、难忘”的目标作出积极贡献。

一方面，认真履行世博参展承诺，全力做好场馆建设与运营服务工作。汽车馆的最终设计方案“旋动”荣获上海市建筑设计最高奖——公共建筑优秀奖，汽车馆建筑成为了浦西园区的地标性建筑。馆内展演内容以“直达2030”为主题，并吸收全球创意，形成动感电影加舞台表演的展演模式。其中，上汽自行设计、制造的动感座椅成为世博会上一大亮点，得到社会各方广泛赞誉。世博期间，汽车馆共接待参观者近218万人次，表演4500多场，保持184天无闭馆的运营记录。作为世博会首次使用的汽车馆排队区长条椅，和上汽的叶子车、动感座椅一起被上海世博会纪念馆永久收藏。在世博局官方进行的数据调研中，汽车馆被评定为最受大众游览者喜爱的企业馆第一名，在主流网络媒体“最受喜爱的世博展馆”评选中，汽车馆位居前三位。

另一方面，全力配合演绎“城市，让生活更美好的”世博主题，积极投身于世博交通“园区零排放，周围低排放”的绿色目标，向本届世博会提供1125辆多种技术方案、多种车型的新能源汽车，用于园区内外的公共交通服务。千辆级规模的新能源车示范运行，在世博会历史上还是第一次。在世博会184天的运行中，这些新能源汽车累计运送游客近2亿人次，行驶里程约1242万公里，承担园区内75%以上的客流量，经受超大客流、连续高温和强对流天气等的严峻考验，车辆完好率达到99%，圆满实现世博车辆“万无一失”的目标，得到国内外各界高度评价。据估算，千余辆新能源汽车在世博运行中共节约传统燃油约1万吨，减少有害

物质排放约 118 吨，减少温室气体排放约 2.84 万吨，真正体现了“科技世博”、“绿色世博”的理念。

四、新能源汽车加速推进，首款产业化产品开始投产

上汽集团经过多年的跟踪分析和探索研究，明确“加快推进混合动力和电动汽车产业化、推动燃料电池汽车研发升级和示范运行”的中长期技术路线，确定 2010 年和 2012 年上汽新能源汽车产业化目标。围绕这一目标，一方面不断加大研发孵化投入力度，加快推动相关整车项目的开发进度，已累计投入孵化费用 7.9 亿元；另一方面，按照“自主创新、内外结合，两条腿走路”的原则，加快开展面向产业化的新能源汽车零部件产业链建设。2010 年，荣威 750 中混项目按计划投放市场，顺利达到 20% 节油率的挑战目标。荣威 550 插电强混项目已完成整车安全性能验证和碰撞试验，进入功能样车试制阶段。纯电动小车项目已进入模拟样车开发阶段。上汽集团自行开发的荣威 350EV 样车、E1 和荣威 350V2G 纯电动概念车还分别参加世界电动车大会和上海世博会的展演。同时，在新能源关键零部件产业链建设上也取得了突破，电池系统的合资公司已承接起上汽插电强混项目和电动车项目的部分开发工作。新能源汽车电机研发合作项目也已正式签约，集成式起动机、发电机、驱动电机和电力电子等关键零部件项目正在按计划推进。

五、自主创新能力不断提升，自主品牌阵营进一步扩大

到 2010 年，上汽集团已建成国家级技术中心 5 家，市级技术中心 25 家；与国内有关科研院所、高校共同组建产学研工程中心 17 家；拥有按照国家新标准认定的高新技术企业 53 家；上汽集团被列为“国家创新型企业试点单位”。在此基础上，通过全面整合上海、南京和英国长桥三地的研发资源，建立自主品牌全球研发体系，并实施统一的 GVDP2.0 流程，保证了开发过程中各地资源的分工明确、衔接顺畅。“十一五”期间，上汽集团累计投入研发经费 358 亿元，较“十五”期间增长 1.1 倍；申请专利 2825 件，较“十五”期间增长 5.3 倍，授权专利 2018 件，较“十五”期间增长 4.4 倍；相继推出包括荣威、MG 系列轿车在内的一批拥有自主品牌和知识产权的整车、零部件新产品，并获得 33 次中国汽车工业科技进步奖、23 次上海市科技进步奖。

2010 年，上汽集团自主品牌发展又取得新突破。其中，上汽集团自主品牌乘用车相继推出荣威 350、MG6Salon、MG3 等新产品，并抓住市场机遇，快速提升销量，全年整车销售突破 16 万辆，同比增长 77.4%。到 2010 年年底，上汽自主品牌乘用车的用户已突破 30 万。同时，经过精心准备，上汽自主品牌商用车正式发布“MAXUS 大通”品牌，取意“大智融天下，通达铸成功”，并推出首款产品。年内，合资整车企业的自主品牌发展也取得突破，上汽通用五菱发布乘用车自主品牌“宝骏”，首款产品已正式下线。

六、零部件竞争能力不断增强

2010 年，完成重组后的零部件业务上市公司——“华域汽车系统股份有限公司”已顺利实施实体化独立运作，并着力加强零部件技术研发能力建设，推进国产化和产品技术创新。同时，不断巩固与国内外整车企业的战略合作关系，在上海以外地区新设近 20 家工厂，实现就近供货配套，并在北美设立制造基地，走出零部件业务海外制造的第一步。上汽集团的零部件业务经过 20 多年发展与整车的同步发展，已形成门类较齐全、产业链较完整的零部件产业体系；通过与全球 13 个国家和地区的 30 余家国际领先零部件厂商合资合作，先后组建 80 余家零部件企业；在全国 25 个区域，建立 63 家零部件配套基地，初步形成全国生产布局，并在此基础上深入推进“中性化、零级化、国际化”发展。

七、服务产业扎实推进产业链融合发展

2010 年，上汽集团充分发挥服务产业专业化发展架构优势，着力提升专业能力，深入推进物流管理模式创新和对外合作，形成 530 万辆整车运输规模，口岸物流国内市场占有率跃升行业第一；有效推动内外贸协同发展，业务增长显著；加快销售服务网络和二手车业务平台建设，强化消费性服务业的产业链延伸作用，并积极培育车载信息、售后配件和创意节能等新兴业务、增强服务产业发展后劲。上汽集团的服务产业经过 10 多年的高起点发展、国际化合作和全方位拓展，已与 11 家国际领先服务厂商合资合作，先后组建 73 家汽车服务企业；形成汽车物流、国际商贸、零售服务、融资租赁、信息服务和创意节能的 5+1 专业化发展架构；建立安吉、安悦两大服务伞品牌体系，并正在积极向产业价值链高端和汽车后市场延伸。

【2011 年发展趋势】

2011 年是“十二五”的开局之年，也是改革攻坚之年，机遇挑战并存、任务艰巨繁重。上汽集团要坚定信心、振奋精神、锐意进取，围绕“创变方式提内涵，创造纪录上台阶，创新体制谋长远”，紧密跟踪市场形势，加快市场响应速度，全力推进整车产销和自主品牌发展再上新台阶；积极推进结构调整，注重内涵提升，加快转变经济发展方式，进一步提升核心竞争能力；深化体制改革，增强企业活力，不断提升经济效益与发展质量，积极培养和提高国际经营能力，全面实现年度各项工作任务，确保“十二五”发展开好局、起好步。

（杨　巍）

中国石化上海石油化工股份有限公司

【概况】

中国石化上海石油化工股份有限公司（简称“上海石化”）位于上海市金山区，占地面积9.40平方千米，是中国集炼油、化工、塑料、化纤生产经营于一体，高度综合的现代化石油化工企业之一，也是中国第一家股票在上海、香港、纽约三地同时上市的股份制企业。上海石化前身为创建于1972年的上海石油化工总厂，1993年6月改制为上海石油化工股份有限公司。2000年10月，更名为现名。上海石化下设炼油事业部、烯烃事业部、芳烃事业部、化工事业部、塑料事业部、腈纶事业部、涤纶事业部和热电事业部以及物资供应公司、经营销售公司、储运部、公用事业公司、化工研究所、环保中心、水务公司、培训中心、新闻中心等单位，并由上海石化投资发展有限公司管理对外投资企业。截至2010年年底，上海石化总资产291.58亿元，在册员工总数1.64万人。上海石化具有一次加工原油1400万吨／年（综合加工原油1200万吨／年）、乙烯84.5万吨／年、有机化工原料322万吨／年、塑料树脂96万吨／年、合纤原料114万吨／年、合纤聚合物59万吨／年、合成纤维40万吨／年的生产能力。上海石化主要生产石油制品、中间化工原料、合成树脂及塑料制品、合纤原料及合成纤维等四大类产品。

【2010年经济工作情况】

2010年，面对国际金融危机以来复杂多变的市场形势，上海石化以“学习先进、精细管理、加快发展、凝心聚力、再站排头”为工作主线，坚定不移做大总量，凝心聚力加快发展，完成生产经营和世博安保任务，实现“原油加工总量过千万吨、商品总量过千万吨、利税总额超百亿元”等多项历史性突破。2010年，实现营业收入775.91亿元，比上年增长50.01%。实现利润总额34.54亿元，增长61.67%。

一、扎实推进安全环保工作，“十一五”节能减排任务顺利完成

上海石化积极倡导“安全生产、清洁发展”理念，持续开展“我要安全”主题活动，细化《安全生产禁令》，落实安全生产责任；完善ISO14001环境管理体系，努力减少污染物排放。全年未发生重、特大安全环保事故，外排废水综合达标率为99.91%，COD（化学需氧量）总量3867吨，万元产值综合能耗为1.31吨标煤，同比下降17.91%，顺利完成国家发改委、上海市和中国石化集团下达的“十一五”节能减排目标。被中宣部、公安部等评为2010年全国安全生产月活动优秀单位；获得由方圆认证集团颁发的ISO14001环境管理体系认证证书；被中华环保联合会授予中华环境友好企业称号。

二、全力保持生产装置高负荷运行，炼油加工总量实现历史性突破

上海石化努力发挥炼化一体化优势，把握系统优化平衡，保持常减压、乙烯等重要生产装置高开工率和高负荷率，全年主要装置停工次数和时间同比分别下降22.73%和30.43%。丁二烯老区、1号芳烃抽提、丙烯腈老区、2号高压聚乙烯、2号聚酯等12套装置年内创下长周期运行最好水平。全年，加工原油1052.07万吨，增长20.13%。生产成品油537.40万吨（其中，沪IV标准成品油148.01万吨），增长25.34%；乙烯97.29万吨，丙烯52.32万吨，分别增长4.87%、7.30%；对二甲苯84.06万吨，增长143.13%；主体商品总量达到1021.21万吨，增长25.65%，均创历史纪录。

三、加快落实炼油改造前期工作，六期工程建设全面启动

按照“低成本与差异化兼顾、规模化和精细化并重”的发展战略，上海石化加快以炼油改造工程为龙头的六期工程建设（总投资约90亿元，建设工期计划为2010−2012年），全年累计完成投资13.6亿元。其中，天然气综合利用主体项目一季度开始逐步投用，取得良好的经济效益。总投资64亿元的炼油改造项目、投资8亿元的1500吨／年碳纤维项目2009年12月开工建设。1万吨／年异戊烯项目、5万吨／年乙醇胺项目、10万吨／年EVA（乙烯－醋酸乙烯共聚物）等精细化工项目，2号氧化装置节能改造、2号和3号芳烃节能改造项目正在积极推进过程中。1号乙二醇技术改造、火炬区域污水治理等一批节能降耗、节水减排、环境保护及隐患治理项目顺利完成。

四、努力把握国际国内“两个市场、两种资源”，产品结构调整工作有序推进

根据国内外市场变化和生产实际，上海石化扎实做好原油采购和经营销售，积极依靠技术进步，加快产品结构调整步伐。金闵成品油管线扩能改造顺利完成，使沪IV成品油输送能力由原来的120万吨／年增至180万吨／年。聚乙烯管道料首次应用于国内民用燃气管道。成品油来料加工复出口业务顺利打通流程，累计出口柴油19.72万吨、航煤13.90万吨。全年产品产销率为99.95%，货款回笼率为100.12%。碳纤维成套技术开发、10万吨／年碳十分离工艺

软件包开发已通过中国石化集团审查。全年开发、生产新产品45.96万吨，合成纤维差别化率达到55.57%，合成树脂新产品和专用料率达到60.74%，申请专利21件。7项成果获得中国石化集团及上海市2010年度科技进步奖；9项高新技术成果转化项目获政府专项扶持资金1103万元。

五、坚持发挥国有控股企业骨干作用，世博安保和市场保供工作圆满完成

在4月15–11月15日世博安保期间，上海石化按照上海市关于危险化学品生产、储存和运输等方面严格要求，加强炼油关键装置、重要部位、重点目标安全防范控制，力求生产、销售、使用、运输、储存全过程控制，努力克服自身困难，将有关影响降到最小程度，确保生产经营安全平稳运作。上海石化获上海市迎世博环境整治贡献奖、上海世博反恐工作先进集体，获中国石油、中国石化、中国海油联合参展2010年上海世博会杰出贡献奖。四季度，面对国内市场柴油供应紧张和高桥石化检修情况，上海石化讲政治、顾大局，挖掘生产潜力，压减乙烯负荷，调整产品结构，全力增产汽柴油，确保市场供应，11–12月共生产沪IV汽油16.2万吨、沪IV柴油29.7万吨，增产柴油6.84万吨。

【2011年发展趋势】

2011年，上海石化以“保安全、争效益，抓改革、强管理，调结构、促发展”为工作主线，注重安全环保节能减排，倡导绿色健康环境友好；保持全年生产安稳运行，实现经济效益平稳增长；稳妥推进各项改革措施，不断提升精细管理水平；加快结构调整前进步伐，全面推进六期工程建设；加强人才队伍建设，保持和谐稳定大局，为“十二五”发展打下坚实基础。为实现2011年生产经营目标，拟做好以下主要工作：

一、持续抓好安全环保和节能减排工作，夯实企业安稳生产和环境友好基础

深化“我要安全”主题活动，实施HSE观察，提高员工自我保护意识；落实安全环保隐患治理，明确隐患治理责任和措施，完善大气环境自动监测站工作和应急响应机制，积极防范硫化氢和氨等引发的大气污染事故发生，有效控制VOC（挥发性有机物）排放和装置泄漏；提高节能减排工作水平，推进5号、6号炉烟气脱硫项目、涤纶污水改造项目、焦化装置低温热利用项目建设；全年力争新鲜水用量、污水排放量、固体废物总量较上年分别下降10%。实施生产区域全封闭管理，完善人防、物防、技防“三防”体系。

二、保持炼油化工装置高负荷运行，做大加工总量

优化炼油和化工加工流程，推进化工产品结构调整，向生产经营优化要效益。优化整体燃料结构，多烧气，少烧油，实现液化气作为燃料的比例在上年基础上再下降50%，天然气用量从2亿立方米／年增至3亿立方米／年以上。努力降低火炬气排放和提高火炬气回收利用率，火炬气排放量力争降低10%。注重新产品开发工作，增强持续盈利能力。适应市场需求，优化产品品种，抓好售后服务，提高经营效益。

三、落实中国石化特色管理模式要求，推进管理体制完善工作

按照管理体制“扁平化、专业化、规范化”总体方向，优化管理层级，明确功能定位，探索构建“公司－管理部－车间”三级管理模式，全面启动一体化管理体系建设，加快推进业务流程规范化和制度标准化信息化，提高组织运行效率和工作效率。强化对外投资企业管理，推进对外投资企业建设和发展；继续抓好改制企业跟踪管理、规范支持工作。

四、加快结构调整步伐，抓好技术进步和信息化工作

全面推进六期工程建设，强化炼油改造等工程建设全过程管理。确保炼油改造、碳纤维等项目达到计划节点；力争2号、3号芳烃装置改造项目、10万吨／年乙烯－醋酸乙烯共聚物（EVA）项目、5万吨／年乙醇胺项目2011年内开工建设；2号氧化装置节能项目10月投运；1万吨／年异戊烯装置2011年内完工。1号乙烯易地改造项目取得实质性进展。新技术开发方面，重点抓好碳纤维项目开发，明确T–800项目研发目标，实现碳纤维关键技术和下游延伸技术的突破，实现腈纶产品升级换代。深化ERP达标应用，做好生产执行系统（MES）日常应用。抓紧炼化一体化PIMS模型建设，尽快实现炼油和化工生产计划整体优化，确保2011年6月系统上线应用。开展2号乙烯装置、1号聚酯装置、丙烯腈装置等实施先进过程控制（APC）系统建设。开展2号乙二醇和丙烯腈装置流程模拟系统建设。

五、加强人才队伍建设，保持和谐稳定企业氛围

编制和实施“十二五”人才工作规划，进一步调整和优化人力资源结构。有计划地加强后备力量培养，大力选拔任用优秀青年后备干部。加强职工培训，倡导全员学习，全面开展业务竞赛活动，努力建设学习型企业。积极开展企业文化教育实践活动，努力营造积极向上、和谐稳定、艰苦奋斗、无私奉献的良好氛围，为推进企业科学发展提供强大的精神动力。

（万　军）

中国石化股份有限公司上海高桥分公司

【概况】

中国石化股份有限公司上海高桥分公司（含中国石化集团资产经营管理有限公司上海高桥分公司，以下合并简称“高桥石化”）的前身是上海高桥石化公司，成立于1981年11月，是我国第一个跨行业、跨部门的特大型经济联合体，隶属于中国石油化工集团。

公司占地面积420公顷，共有76套生产装置，可生产300余种产品，主要产品有汽油、航空煤油、柴油、润滑油基础油、石蜡、合成橡胶、有机化工原料、合成塑料以及精细化工产品等，公司拥有年原油加工能力1250万吨，年化工产品生产能力100万吨，自备电厂具有装机容量19.5万千瓦。公司现有职工6590人。

公司加强对外经济合作与交流，先后与世界著名大公司如德国巴斯夫公司、美国加德士公司、日本三井石化株式会社、韩国SK公司等分别成立合资企业。

【2010年经济工作情况】

2010年，高桥石化实现工业总产值600.37亿元，比上年增长31.31%；实现销售收入600亿元，增长29.87%；实现利税117.2亿元，增长8.62%。

2010年，高桥石化加工原油1071万吨，增长1.5%。汽、煤、柴、润四大类石油产品682.85万吨，减少2.77%，其中，汽油减少7.2%，柴油增长0.9%，航空煤油减少11.1%，润滑油基础油减少2.7%。化工产品总量达到88万吨，增长16.4%。其中，苯酚产量21.28万吨，增长57.4%；丙酮产量13.2万吨，增长57.3%；橡胶产量16.9万吨，增长3.0%；聚醚产量17.7万吨，增长13.7%；DCP产量2.2万吨，增长13.6%；发电量10.2亿千瓦时，增长7.5%。

高桥石化以“我要安全”主题活动为主线，加强宣传教育，积极堵漏建制，着力防控风险隐患。按照《国务院关于进一步加强企业安全生产工作的通知》要求，修订完善各单位、各部门、各岗位的HSE职责；在全体科级以上干部中开展HSE观察活动，并形成记录、整改、反馈的闭环控制，全年实施HSE观察8503人次，提出问题及建议6261条；加强工作票、用火票管理，引入第三方现场监管，严格控制施工环节安全风险；优化开停车及扫线、蒸塔方案，严查各类违规排放现象，全力消除环保扰民风险。

高桥石化紧紧抓住市场景气向好、产品量价齐升的难得时机，积极做大加工总量，着力实施结构优化，千方百计挖掘效益潜力。坚持性价比最优的原则，认真做好原油加工基础数据的采集、分析工作，积极引入适宜装置加工、综合效益最优的原油品种，为装置平稳生产和企业效益提升奠定了基础。围绕完成世博保供任务，抓好平稳运行、控制产品质量、落实产销衔接，全力保障沪Ⅳ标准汽柴油生产供应，全年累计供油172万吨，为践行绿色世博理念、改善城市空气质量作出积极贡献。切实增强“行商”意识，加强客户走访，开展客户服务，全年累计走访市场346人次，有效巩固了与关键客户、主力客户的战略合作关系，扩大了市场份额。推动首船符合欧Ⅴ标准的汽油顺利出口香港，实现成品油出口的新突破。

高桥石化围绕完成“十一五”节能目标，开展群众性的节能活动、落实高能耗装置限产等措施，全年，上市、非上市部分分别实现万元产值能耗比年度指标降低11.05%和22.71%。同时，通过加强管理、技术改进，提高资源利用效率，减排工作取得实效，全年工业取水量下降5.28%，工业废水排放量下降6.46%，二氧化硫排放量下降16.34%，COD排放量下降4.12%。

高桥石化加强工程管理，推进润滑油系统改造系列项目，500万吨/年蒸馏改造项目年内开车一次成功，为公司炼油综合能力突破1250万吨奠定基础。加氢裂化尾油切割、2号酮苯改造等润滑油系统改造项目年内先后建成中交，为巩固公司润滑油生产特色发挥积极作用。同时，公司主动适应上海城市发展要求，结合企业实际，有计划、分步骤地推进结构调整，关停高污染、高危险性的生产装置，促进发展方式转变。公司全年实施科研项目66项，投入科研经费2126万元，完成24项科研项目的鉴定或评审。安排10项新产品试产，产量12万吨、产值7亿元。公司落实过程控制，强化质量管理，组织修订了50个产品138个项目的内控标准，严禁超内控标准产品出厂，确保了出厂产品100%合格。

高桥石化围绕“管理体制扁平化、资源利用一体化、整体效益最大化”的总体目标，按照先易后难、稳步展开、试点先行、积极稳妥的原则，全面推进优化管理组织、深化体制改革各项工作。8月8日，扁平化管理体制正式运行，公司由三级管理体制调整为两级管理模式。公司深化推进“比学赶帮超”活动，共拟定166项赶超指标，落实575项保障措施。全年有47项指标达到行业先进水平或历史最好水平。

高桥石化着眼于真困难、真帮助，尽心尽力为职工解决实际困难，全年，公司补充医保基金、帮困基金共出资1418万元，为10501人次困难职工“雪中送炭”。同时，依托社会资源，加大投入力度，改善了职工体检方式和体检环境，组织开展了退休人员体检工作。

【2011 年发展趋势】

2011 年，高桥石化的总体要求是：深入贯彻党的十七届五中全会精神，以科学发展观为指导，扎实开展“强化基础管理年”各项工作，深化推进“比学赶超”、“我要安全”和“树新风、立新功”各项活动，落实各级责任、加强风险控制；实施结构优化、争创最佳效益；突出创新推动，强化技术支撑；完善战略规划，推进科学发展；规范内部管理，巩固改革成果；促进人本关怀，焕发队伍活力，为“十二五”发展开好局、起好步。

主要经营目标是：完成原油加工量 1200 万吨，力争化工产品总量 90 万吨，确保发电总量 10.2 亿度。主要效益目标是：上市部分实现利润 35.64 亿元，非上市部分盈利 1.68 亿元。主要质量安全环保和节能降耗目标是：零缺陷、零事故、零污染、零伤害；质优量足、客户满意。万元产值综合能耗上市部分完成 0.49 吨标准煤，非上市部分完成 1.3 吨标准煤；全年累计节水 50 万吨，外排废水达标率保持在 98% 以上。

主要改革管理目标是：进一步明确职责权限、健全制度体系，完善定岗定编、优化薪酬结构；制定人才规划纲要、畅通人才成长通道，促进企业科学管理。

主要发展建设目标是：全面完成润滑油系统改造，力争 40 万吨／年苯酚丙酮、7.5 万吨／年三元乙丙橡胶合资项目正式启动，开展柴油质量升级项目前期工作，有序推进 1200 万吨／年炼油项目准备工作，继续推动高桥老区结构调整，不断完善“十二五”发展规划。重点抓好以下工作：

一是强化 HSE 责任，提高风险控制能力，扭转安环被动局面。增强责任意识，抓好责任落实；强化制度执行，严格日常监管；全力消除隐患，确保风险受控。

二是强化经营创优，提高资源利用效率，提升整体盈利水平。优化运行管理，提升技经指标；优化采购策略，保障物资供应；优化营销方案，确保应得尽得；优化预算管理，强化成本控制。

三是强化技术引领，提高装置运行水平，增强创新驱动能力。针对生产经营过程中存在的问题和矛盾，组织专题攻关，为优化生产运行、提高产品创效能力提供技术支撑；围绕节能降耗，大力推进节能短平快攻关，积极引进节能新技术、新工艺、新材料，提升节能工作整体水平；按照“质优量足、客户满意”的目标，加强全过程质量控制，确保出厂产品 100% 合格，提升产品市场信誉度；通过原始创新、集成创新和引进消化吸收再创新相结合的方式，做好新产品的开发推广工作，占领市场新高点。

四是推进战略规划，加快项目建设，注入企业持续发展新动力。以党的十七届五中全会精神为指导，以科学发展为主题，在中国石化整体战略框架内，积极制定和推进公司“十二五”发展战略、产品战略和人才战略；全面建成润滑油系统改造项目；稳步推进柴油质量升级、出口航煤配套等项目，提升炼油产品质量、增强炼油综合配套能力；加强与外方沟通、谈判，力争 40 万吨／年苯酚丙酮装置年内打桩动工，7.5 万吨／年三元乙丙橡胶项目年内成立合资公司。

五是推进机制完善，巩固改革成果，提高企业科学发展内动力。按照公司新体制、新机制的要求，进一步细化职责划分、完善规章制度、健全工作和管理标准，尽快建立符合改革理念、适应体制变化、契合运行实际的制度体系；稳妥推进定岗、定编、定员各项工作，建立科学合理的薪酬体系，逐步解决人员结构性冗余和薪酬局部性不平衡的问题；开展“强化基础管理年”活动，进一步创新工作思路、完善工作方法、夯实工作基础，确保各项基础管理取得实效。

六是推进队伍建设，统筹共建共享，焕发企业和谐发展新活力。切实把“人”的建设放在各项工作的突出位置，努力培养人、关心人、帮助人、凝聚人，充分调动职工奉献企业发展的积极性和主动性。牢固树立“人才支撑发展，发展造就人才”和“让员工在岗位成才是最大关怀”的人才工作理念，将人力资本作为核心资产来经营，将人力资源开发作为系统工程来组织，畅通发展通道，实施有效激励，充分挖掘“三支队伍”的潜力。

（陈建浩）

上海电气（集团）总公司

【概况】

上海电气集团是注册在中国上海的装备制造业工业集团。上海电气的主要业务包括高效清洁能源，新能源与环保，工业装备和现代服务业。主要产品有 1000 兆瓦等级超超临界火力发电机组，1000 兆瓦等级核电机组，3.6 兆瓦海上风电机组，（特）高压输配电设备、电梯、机床、制冷压缩机、自动化设备，等等。2010 年，销售收入超 800 亿元。上海电气是中国最早的机械工业代表。20 世纪 50—60 年代以制造中国第一套发电机组、世界第一台“双水内冷”发电机、中国首台万吨水压机而闻名。进入 21 世纪后，上海电气以世界先进的火电、核电、风电装备等排名中国装备制造业前列，得到全球客户和业界的关注。

【2010 年经济工作情况】

2010 年以来，上海电气集团按照“三个整体提高、一个不断加强”的要求，大力推进高新技术产业化和世界级工厂建设，创新管理，深化改革，基本完成年初预定的目标和任务。全年经济工作呈现四个特点。

一、经济指标完成得比较理想

从全年看，呈现经济运行回升向好的趋势，产销增长较快，盈利水平稳步提高。

销售收入有了新的增长。全年实现主营业务收入 816.35 亿元，增长 11.62%。核电、风电、EPC、空调压缩机等业务增长较快，有力支撑了销售的增长。

经济效益有了新的提高。毛利率达到 16.95%，增长 1.55 个百分点。实现净利润 27.1 亿元，增长 16.01%。重工集团、机电股份、三菱电梯、海立股份、集优股份净利润实现了两位数以上的增长，其中，重工集团净利润同比增长 68%，海立股份净利润同比增长 66%。三菱电梯继续保持高位运行，销售首次突破 100 亿元，成为集团内第二个销售超过百亿元的产业集团，利润达到 8.38 亿元，增长 16.3%。

市场开拓有了新的亮点。电站集团大力开发海外市场，EPC 在手合同达到 150 亿美元。2010 年 10 月 28 日，公司与印度信诚电力公司举行合作签字仪式，向其提供 36 台 660 兆瓦超临界火力发电机组，合同金额 82.9 亿美元，这是印度历史上最大的进口合同，也是上海电气迄今为止承接的最大合同。

二、产业发展和技术进步取得新突破

上海电气集团大力推进高新技术产业化和世界级工厂建设，一手紧紧抓住核心产业和关键产业重大技术的攻关突破，一手紧紧抓住战略性产业培育，积极扩大规模，提升能级，拓展领域。

火电向低碳发展。公司参与建设的国内首台拥有自主知识产权的 IGCC 于 2009 年 6 月份开工，燃气轮机和气化炉已进行安装调试，拉开了向零排放“绿色煤电”进军的序幕。我国首台 1000 兆瓦超超临界抽汽汽轮机机组已成功投运，各种技术性能指标良好；双水内冷发电机有所突破，转子绕组嵌线试验初步获得成功；1000 兆瓦超临界褐煤锅炉完成方案初步设计。

核电技术取得重大突破。年内组建大型铸锻件工程技术中心。铸件能级已达 520 吨，掌握二代加核电容器大锻件的制造工艺技术，核电堆内构件六种不锈钢大型锻件全部解决，已经实现堆内构件整套锻件产业化。焊接转子、1700 毫米末级长叶片等重大创新关键技术，首次在百万等级核电常规岛产品中实施。核电大钢锭等级从 200 吨级提升到 500 吨级，用 1 年左右时间，走过世界领先企业 10 年左右的攻关历程。全球首台 AP1000 三门核电安注箱发运，开启我国第三代商业核电站国产化和自主设计发展之路。

风电上升到新的台阶。2 兆瓦陆上风电机组实现产业化，完成高原型、防盐雾型和低温型机组研制。东台大型风机制造基地投入使用，具备批量生产 2 兆瓦及以上风电机组的生产能力，当年投产当年见效。自主研发的国内最大容量的 3.6 兆瓦海上风机成功下线。风电公司中标首轮海上特许权项目，成为国内首批拥有海上风机业绩的三家企业之一。

工程产业实现规模扩张。电站工程燃气轮机突破、相对发达国家市场突破和融资突破均取得了新的进展。2008 年、2009 年、2010 年连续三年销售超过 100 亿元。目前，EPC 在手订单约 150 亿美元，80% 为海外市场。从 2009 年开始，电站工程在印度、越南等主要传统市场的基础上开始进军中东、南非等相对发达的国家和地区。输配电海外 EPC 销售已经达到 16 亿元，在非洲市场取得重大突破。

其他产业也取得新的进展。南昌海立建成投产，海立股份空调压缩机产量成为世界第二，进入“自主创新”阶段。集优股份 3.6 兆瓦海上风电轴承下线，打破了大功率海上风电轴承必须依赖国外进口的被动局面。三菱电梯公司 6.0 米／秒电梯通过专家鉴定，将中国电梯技术自主创新能力提高到了一个新的高度。

三、结构调整取得初步成效

开放性市场化重组有新的突破。成功推进与北车集团的战略重组，达到了预期目标。投资 1 亿元，建设转向架生产基地。轨道交通公司承接了伊朗、巴西、阿根廷等海外地铁车辆项目，首个出口地铁列车项目——伊朗德黑兰地铁列车成功下线。英雄集团成功划转普陀区政府，历时多年的轻工企业问题已基本解决。上海建设路桥与瑞典山特维克重组成功。

企业法人进一步减少。2010 年年底，集团减少企业法人 134 户。调整环保集团业务模式，退出太阳能光伏产业，积极转让 BOT 项目，使环保集团一心一意发展固废处理、水处理和节能技术。积极稳妥推进四方锅炉厂整合，达到预期目标。

稳妥推进兼并收购。投资控股无锡锻压厂，组建上海电气（无锡）锻压有限公司，使上重厂具备 6000 吨压机能力，与现有的 1250 吨、2800 吨、12000 吨水压机和 16500 吨油压机形成完整系列。出资 4100 万元受让中国华电工程公司持有的上海电气风电公司全部股权，使风电公司成为上海电气全资子公司。

四、管理的集中度和透明度有了新提高

网上集中采购扎实推进。2009 年，大力推进了紧固件、铸锻件等的集中采购，优化供应链管理，在 2007 年集中采购41亿元，2008年采购158亿元，2009年采购241亿元的基础上，2010年上网及集中采购金额超过300亿元，采购品种扩大到钢材、紧固件、吊索具、IT、办公用品等十大门类，已发展供应商500多家，通过竞价平均降低成本5%。

管理公司形成新的架构。管理公司对原来的组织架构进行了优化，形成8个管理单元，将经营性企业向管理一部、管理二部集中；小股东企业向电气实业公司集中；调整型企业向管理三部集中；物业管理向文通物业公司集中；离岗人员向人力资源公司和日用五金公司集中，取得了非常好的效果。

管理创新取得新的成效。总部建设上升到新的台阶，成立了总部工作党委，围绕提高总部能力，在梳理的基础上，制定和实施了行动计划。信息化对管理支撑作用明显，2009年上半年又有一批企业上KOA系统，推进集团门户建设项目，ERP项目正式启动。电气股份资金信息管理系统不断完善，所属企业已实现“5+1”银行直接联网，能够统计和反映74家企业的926个账户资金情况。《固定资产投资管理系统》上线运行，90%的新建项目进入系统，项目金额49亿元，取得了比较好的效果。

【2011年发展趋势】

2011年是“十二五”规划的第一年，也是上海电气（集团）总公司再次创业全面推进的一年，总的要求是再次创业要起好步，见实效。

一是加强技术进步。在原中央研究院基础上，整合相关资源，构建集团科研开发体系。集团层面为中央研究院，产业集团层面建立研发中心，在重点企业建立若干个研究所。大力推进产业转型升级，保持一定投资力度，优化投资结构，推进产业转型升级，加快产品的信息化、智能化，提高产品附加值。做到两个倾斜：一是向高新技术产业化项目和世界级工厂倾斜，优先解决技术来源，鼓励通过技术引进和技术开发，解决关键技术瓶颈，鼓励通过技术改造提升装备水平；二是向前瞻技术研发倾斜。投入一定资金，开展700度超超临界机组研发、CAP1400常规岛机组研发等。

二是提高“十一五”投资项目产出效益。以股份公司为重点，提高“十一五”投资项目的产出效益，成立提高“十一五”投资项目产出效益推进委员会和推进办，梳理项目，制定评价标准，总结经验教训，提高工作水平。发挥临港基地的作用，创新临港公司机制，增强两个职能：一是增强生产服务和生活服务职能；二是增强经营职能。

三是加快国际化进程。大力推进合资合作，深化与西门子、三菱等合作，有效应对汇率变化，积极进口，加强外汇收支计划管理，争取实现财务公司外汇远期结售汇资质的突破，积极布局海外事业。

四是提高现代化管理水平。在世界级工厂内推进供应链建设、物流优化和数字化存货管理。用现代理念抓安全生产工作。围绕投资等方面，提高规范水平。

五是做好集中采购工作。做到“两个扩大”、“一个完善”、“一个规范”。“两个扩大”：扩大集中采购的范围和品种；扩大企业参与户数和价值量。“一个完善”：进一步完善招、评标和供应商管理。“一个规范”：坚持标准，规范程序，做到制度化、规范化、标准化。

六是推进模式创新。围绕海水淡化、自动控制、数字印刷、智能电网、节能环保等领域实施兼并收购，大力发展服务业。

七是深化改革。进一步减少企业法人，缩短战线，基本解决历史遗留问题，积极解决银行借款。

八是抓好ERP建设。搭建起能够支撑集团业务管理、业务运作和业务发展的共享的一体化信息平台。实施决策支持、财务管理、人力资源管理等8个模块，实现“五个协同”。

（肖玉满）

上海华谊（集团）公司

【概况】

上海华谊（集团）公司是由市政府国有资产管理委员会授权，通过资产重组建立的大型企业集团，前身为成立于1957年4月的上海市化学工业局，1995年12月28日改制为上海化工控股（集团）公司，1996年11月重组改制为上海华谊（集团）公司，集团总部位于徐家汇路560号（华仑大厦）。集团所属全资和控股企业有双钱集团股份有限公司、上海氯碱化工股份有限公司、上海焦化有限公司、上海吴泾化工有限公司、上海三爱富新材料股份有限公司、上海涂料有限公司、上海华谊丙烯酸有限公司等20多家子公司，其中，双钱集团、氯碱公司、三爱富公司为上市公司，双钱集团、氯碱公司同时发行A、B股。集团拥有8家设计、研究院所，3家国家级企业技术中心、5家市级企业技术中心、1家上海市工程研究中心，并设有博士后科研工作站，年内实现了集团科技部与研究院的功能整合，完成集团研究院新址一期建设。集团总资产438亿元，净资产193.8亿元，在岗员工 26135 人。产品涉及基础化学品、清洁能源、橡胶制品、塑料、涂料、染料和颜料、氟化工、试剂、助剂、医药中间体、生物化学品、化工设备等十几大类约近万种。

华谊集团是上海化学工业发展有限公司的主要股东之一。

2010 年，华谊集团名列中国企业 500 强年度排行榜第 210 位，中国制造业企业 500 强第 103 位，上海企业 100 强第 21 位。

【2010 年经济工作情况】

2010 年，华谊集团面对后金融危机时期的不利影响、确保“世博平安”的重大课题、完成全年目标任务的刚性要求，在原材料价格大幅上涨、主要产品市场竞争日益激烈、世博安保工作要求不断提高等严峻挑战面前，确保世博一方平安，落实“高端发展、跨市发展、创新发展、一体化发展”，抓住提高集团各业务板块核心竞争力和盈利水平这一主线，按照“加快发展，加速整合，加强管理”的工作部署，坚持“提早谋划，抓紧抓实”和“眼睛盯着市场，功夫下在现场”，加快发展速度，加大改革力度，实现平安世博目标、经济指标，完成上海市政府下达的节能减排和产业结构调整目标，编制完成集团“十二五”发展规划。

2010 年，华谊集团实现产值 436.8 亿元，为年度预算的 106%；主营收入 360 亿元，为年度预算的 110.4%；实现利润总额 6.8 亿元，为年度预算的 165.9%；期间费用 40.4 亿元，为年度预算的 95.7%。核心产品产量实现较大增长，其中，醋酸完成 56 万吨，增长 20.2%；甲醇完成 58.4 万吨，增长 21.4%；全钢胎完成 607 万条，增长 23.4%；丙烯酸完成 20.3 万吨，增长 34.7%；丙烯酸丁酯完成 14.4 万吨，增长 16.7%；油漆完成 19.9 万吨，增长 25%。综合能耗，378.7 万吨标煤；万元产值能耗，0.867 吨标煤；各类污染物排放率大幅下降，其中，二氧化硫排放率下降达 58.7%，粉尘下降 29.6%。八大类通用性物品采购涉及金额约 2400 万元，年采购成本节约 563 万元，采购均价下降幅度达 23%。安徽无为煤基多联产项目，全面完成土建及配套工程设施，进入主体装置安装阶段；本体 ABS 项目，完成土建工程施工，进入设备安装阶段；完成 CPVC 项目土建施工，进入设备安装阶段。

科技投入达到 6.6 亿元，为年度预算的 101.5%。资金集中管理，降低成本约 1.4 亿元。其中，通过集团资金平台降低财务费用 6000 多万元；完成 20 亿元中期票据的发行和 40 亿元短期融资券的续发工作，进一步优化集团债务结构，通过统一融资，降低融资成本达 7500 万元。

产业整合，完成安徽华谊化工有限公司和安徽华谊精化有限公司的重组，并由华谊集团持股 30%；形成华谊集团（香港）有限公司收购双钱集团（如皋）轮胎有限公司 23.33% 股权和双钱集团（重庆）轮胎有限公司 10% 股权方案；精细化工实现华原、上硫、试四赫维和涂料公司的整合；实业公司持有的华谊集团房产公司 80% 股权划转到集团，完成华谊集团房产公司和实业公司整合的第一步。同时，为打造集团海外投融资平台，集团通过吸收调整，组建华谊集团（香港）有限公司

企业的清理工作，完成 80 户，超额完成市国资委要求“销户 50 户”的考核指标。

按照“确保世博一方平安，确保工作万无一失”的要求，树立“安全环保是化工企业的生命线”理念，全员发动，落实责任，严防死守，全年集团无工伤死亡事故，无火灾、爆炸、泄漏、中毒事故，无重、特大环境污染事故，无重、特大职业病危害事故，未发生对社会造成影响的重大集访事件，安全生产、环境保护和反恐维稳工作处于平稳及可控状态。

一、发挥集团整体优势，深化“一体化”运作，提高集团经济运行质量

以中石化为试点，加强对集团与中石化采购与销售情况的梳理。全年，华谊集团与中石化的互供品种超过 40 种，总量达 50 万吨，金额达 30.5 亿元。其中，采购量为 28 万吨，采购金额达 26 亿元；销售量为 22 万吨，销售金额达 4.5 亿元。集团还首次召开包括中石化、宝钢、三菱商事、杜邦公司、中集集团在内的 25 家国内外知名企业参加的大客户座谈会，推进集团与大客户的战略合作。

对标先进企业，明确赶超目标和措施，促进运营管理水平的提高。编制和完善“子公司生产经营质量评判标准”、“工艺检查制度”和“合格维修承包商管理”等一系列制度，推进生产运营的标准化。以集团 51 套重点装置及核心产品为重点，优化生产运营模式，加强检维修控制，科学核算成本，细化考核指标，提高运行效率。

整合资源，加大业内直供，提高“一体化”运作效率。重点推进吴泾基地资源整合，关停氯碱公司重油蒸汽锅炉，吴泾公司循环流化床锅炉供给氯碱公司中压蒸汽，节约成本超过 2000 万元；焦化公司向氯碱公司供应氧气、氮气，推进氯碱公司氧氮资源整合，提高装置利用效率；以煤基多联产业务效益最大化为目标，确定“内部挖潜，系统优化，加强考核”的原则，完善醋酸、甲醇的生产方案，优化焦化公司、吴泾公司联动运营。

调整结构，节能减排，关停能耗高、排放大的装置。关停焦化公司 UGI 炉，氯碱公司 F1 离子膜烧碱、中压锅炉、氢气锅炉等装置，三爱富公司聚偏氟乙烯、六氟丙酮、四氟乙烯、环氧装置，涂料公司上染厂和南大化工厂、台硝公司等共 16 套生产装置（生产线），减少综合能耗 24.6 万吨标煤，影响销售收入 9.2 亿元，调整成本累计 8.1 亿元。集团还投入 1.13 亿元，实施焦化公司余热系统发电、吴泾公司

醋酸乙酯工艺改进、丙烯酸公司氧化尾气循环新工艺等65个节能技改项目，完成的40个项目节约标煤8万吨。

二、以提升产业链核心竞争力为重点，编制集团“十二五”发展规划，加快转变集团发展方式

3月，华谊集团成立“十二五”发展规划编制领导小组和工作小组，进一步明确规划编制目标和要求，通过集团主要领导带队、集团相关部门与核心企业进行12次互动讨论，明确“十二五”期间集团的各项发展指标和赶超举措，形成集团“十二五”的发展规划。还先后组织12次专题讨论，对产业发展规划、技术创新发展规划、资产管理规划、人力资源规划、组织架构规划、财务管理规划、信息化规划、安全运营管理规划等专项规划加以讨论。《上海华谊（集团）公司“十二五”总体发展规划》（初稿）6月底完成，送审稿9月底编制完成，并在集团四届三次董事会上获得批准。

三、以科技资源整合为突破，加快重点科研攻关项目产业化步伐，提高集团科技创新能力

华谊集团研究院与三爱富、氯碱、吴泾、丙烯酸等公司实现核磁共振分析仪、材料后加工、特种材质反应器、催化剂成型等重要仪器和设备共享，初步形成重大研发设备的共享机制。建立研究院与各企业技术中心联合攻关和技术信息共享制度，加大研究院与企业的技术合作，研究院60%以上课题与企业联合开发。

加快重点科研攻关项目产业化步伐，加大科技投入，全年科技投入6.6亿元（为年度预算的101.5%），10个重大科研项目进展良好。其中，丙烯酸连续结晶器项目提前完成，并实现产业化；丙烯酸催化剂（一段）性能达到国外先进水平，每年降低催化剂成本约5000万元；醋酸新一代复合催化剂成功研发，使醋酸装置效益及产品质量得到明显提高；FE轮胎开发取得突破，通过美国环保署（EPA）认证，成为国内首家进入绿色轮胎领域的企业。

开展对外技术合作交流，提高科技创新能力。集团研究院作为对外技术合作与交流的平台，全年组织开展15项技术、学术交流活动，邀请包括清华、浙大、复旦、华东理工、北京化工、大连化物所、福建物构所等高校及科研院所来集团参加产学研活动和学术交流。邀请陶氏、巴斯夫、石化盈科、杰事杰等著名企业的专家参加集团学术交流和技术合作。

四、深化产业整合，推进企业清理和开放性市场化重组

深化产业整合，围绕五大核心业务的发展，提高产业盈利能力与核心竞争力。一是煤化工板块，完成安徽华谊化工公司和安徽华谊精化公司的整合，并由集团持股30%，为安徽基地“一体化”建设创造了条件；二是轮胎板块，形成由华谊集团（香港）有限公司收购双钱集团（如皋）轮胎公司23.33%股权和双钱集团（重庆）轮胎公司10%股权的方案，提升主业控制力；三是精细化工板块，实现华原、上硫、试四赫维和涂料公司的整合，完成涂料收购天同精细化工（南通）公司75%的股权；四是新材料板块，三爱富公司、华谊集团完成对内蒙古万豪公司50%、20%股权的收购；五是服务业板块，将华谊集团实业公司持有的华谊集团房产公司80%股权划转到集团，完成华谊集团房产公司和华谊集团实业公司整合的第一步。同时，为打造集团海外投融资平台，集团通过吸收调整，组建华谊集团（香港）有限公司。

从集团产业发展角度出发，积极引进战略投资、民营资本，推进开放性市场化重组。完成天原物流公司与上海化工区发展公司增资扩股，为打造具有国际竞争力的专业物流公司创造条件。引进建工集团，推进华谊集团建设公司的开放性重组工作。引进山东兖州煤业股份有限公司作为战略合作伙伴，转让内蒙古昊盛煤业有限公司部分股权，为集团煤资源的落实提供有力支撑。生物公司的开放性重组，作为上报市国资委的重点项目，按计划有序推进。上海太平洋生物高科技有限公司的股权转让，完成审计评估，10月在上海联交所挂牌。集团还优化对外投资，实施退股、清算等方式，完成上海华谊微电子有限公司中方股权、上海米其林回力轮胎股份有限公司中方股权、上海远大过氧化物有限公司股权转让工作，完成加纳基础化工原料有限公司中方投资者股权转让及增资事宜等相关工作。

五、完善法人治理结构，强化“三基”管理，拓宽融资渠道，加快信息化建设步伐，提高集团管控水平

华谊集团作为上海市第二批董事会建设试点单位，组建以外部董事占多数的新一届董事会。董事会设立战略与投资委员会、提名委员会、薪酬考核委员会以及审计与风险控制委员会。

深化集团总部改革，完善集团管理构架。7月，集团总部以专业咨询机构对总部管理职能的调研结果为依据，从集团的发展需求出发，对集团总部部室职能调整，增加采购、大客户管理等管控职能。在此基础上，修订完善总部职能机构的职责，并制定集团总部《员工手册》。

以“集中平台，统一调度，内部融通，安全方便，监管有序”为原则，通过拓展融资渠道，扩大集中范围等方式来控制和降低集团存贷款总规模和资金成本。扩大与银行的战略合作，先后与交通银行上海市分行、浦东发展银行上海市分行签订战略合作协议，为推进集团资金集中管理和组建财务公司提供专业支持。加强对存款和授信融资的管理，逐步搭建、完善多银行资金结算平台。

2010年，作为“管理提升年”，华谊集团以加强“三基”管理为切入点，通过选取丙烯酸公司、涂料公司上海造漆厂、双钱集团载重轮胎分公司进行“三基”工作摸底抽查，进一步完善“三基”工作检查评分手册，并按照“责任实名

化、考核简约化、结果透明化”的标准建立和完善考核体系。年底对19家企业单位进行“三基”工作检查评分，有效地提升企业基础管理水平。

六、整合培训资源，开展“差别化、专业化”培训，提高人力资源集团化管控水平

按照集团“一体化”理念，从华谊集团党校（化工教培中心）、上海信息技术学校、吴泾职校的教育资源状况出发，形成集团培训资源整合方案，组建上海化工职业教育集团。实施差别化、专业化的培训计划，组织开展总经理、工会主席、财务总监培训班。同时举办两期中层骨干培训班。继续在高级职称对象中普及ASPEN软件，在财务管理人员、人力资源管理人员和技术人员中提高office操作技能。与中改院合作，举办中青年干部参加的中青班。

提高劳动生产率，推进一般性管理岗位的整合，完善集团人员招聘的管控机制，按照“有招聘需求的企业必须向集团上报招聘计划，经集团批准后才能实施”的原则，对于上报的招聘计划，按照“先业内，后业外，尽可能业内调配”的原则进行统筹安排，充分用足用好集团内部的人力资源，为集团范围内人员的柔性流动创造条件。同时，从严控制对外人员的招聘，对于确实需要从业外招聘的岗位，以“有一定工作经验的高层次、紧缺人才”为原则进行聘用。规范企业用工管理、降低企业人工成本，加强返聘人员的清理，明确“除有特别要求的技术岗位外，其他岗位一般不得返聘”的原则，并明确要求各企业返聘人员均须经集团备案后才能实施。

完善干部考核，根据集团实际制定的干部“1+x+y”考核体系，确定管理人员岗位档级，并制订绩效考核办法。氯碱公司、双钱集团、精细化工板块等结合自身实际，按照“组织结构扁平化”的原则，对管理架构、激励制度等进行制度创新的探索，引入竞争机制，推进精简高效的组织架构的形成，并通过提高一线岗位待遇，鼓励一般管理岗位人员向生产一线、向营销岗位流动，提高管控效率。

七、推进监审体系建设，加强专项审计，提高风险防范水平

“集团一体，两级管理，统分结合”的内部监审工作管理体系建设，取得明显进展。集团核心企业已全部设立独立的内部监审职能部门，其他二级单位也已建立与企业的资产规模、生产经营特点相适应的监审机构。通过实施条块结合的“矩阵式”两级管理模式，即二级企业的监审部门负责人既要对企业的总经理负责，又要对集团监审部的总经理负责，有力促进集团内部风险控制水平的提高。

以工程项目、检维修费用为重点，加强专项监审。集团监审部联合专业事务所对丙烯酸公司、聚合物公司、焦化公司、双钱集团等企业政府资金支持的项目进行全过程监审，对发现的问题，提出审计建议，规范项目管理，提高资金使用效率。根据年初制定的《关于销售与收款监审实务规范》，以涂料公司上染厂等5家单位为重点，围绕销售与应收账款管理、交易授权批准制度执行情况、坏账核销、票据管理等环节，开展专项监审，促进企业经营管理水平的提升。

【2011年发展趋势】

2011年，华谊集团主要经济目标是：在确保安全生产的前提下，力争完成工业总产值450亿元，同比增长3%；销售收入390亿元，同比增长8.3%；利润总额7.5亿元，同比增长10.3%。完成2011年57.7亿元的固定资产投资，安全环保消防投入5.7亿元，全年综合能耗总量控制在397万吨标煤以内。

2011年做好以下工作：巩固世博成果，进一步健全HSE体系建设，形成长效工作机制，全面夯实集团安全生产基础；以供应链管理为抓手，扎实推行采购营销体系规范化，深化“一体化”运作，进一步提高集团经济运行质量；加快重点项目建设，抓好“十二五”规划实施，提升集团核心业务竞争力；进一步加强集团科技创新体系建设，加强产学研合作，扎实推动产业链高端发展，以科技创新支撑集团发展；深化产业整合，加速企业清理，加快集团核心资产证券化；扎实推进“三基”管理，加快“两个集中”和信息化体系建设，提高集团管控效率和水平；推进管理变革，加强人才队伍培养，加快建设与集团战略目标相一致的人力资源管理体系；进一步推进风险控制体系建设，强化管理，优化流程，提升监审管理水平。

（祁崇之）

上海纺织控股（集团）公司

【概况】

上海纺织控股（集团）公司是一家以科技为先导、以品牌营销和进出口贸易为支撑、以先进纺织制造业和时尚产业为依托的大型企业集团。集团以“成就无限科技梦想、编织多彩时尚生活”为使命，以“致力于成为中国现代纺织的领航者和全球客户信赖的服务商”为愿景，紧紧围绕“科技与时尚”的发展理念，努力打造与上海国际大都市相匹配的现代都市纺织业。集团现拥有总资产227亿元，员工1.9万

人，有下属企业214家，上市公司2家。2010年，纺织集团实现营业收入363.5亿元，利润总额达到6.5亿元，进出口41.7亿美元。在2010年发布的中国企业500强排名第256位，中国纺织服装行业百强企业排名第5位；中国进出口企业500强排名第78位；中国出口企业200强排名第37位，中国纺织服装出口排名第2位；在2011年发布的上海市国资委所管企业的营业收入排名第9位。

【2010年经济工作情况】

一、稳定外贸业务，夯实制造基础

（一）深入调研，强化运行分析

面对严峻的经济形势，总部积极深入企业调查研究，摸准经济运行脉搏，针对部分亏损企业的经济运行情况，及时组织有关部门和企业进行专题研讨，就如何进一步采取减亏、扭亏措施，提高经济运行质量等提出解决办法。

（二）继续实施扶持企业政策

在认真梳理"双七条扶持企业发展政策"的基础上，制定2010年新七条的扶持措施，进一步明确和细化总部对企业的扶持办法和支持力度，促进企业稳步发展。积极扶优扶强，对在品牌效应、核心产品、市场渠道、管理能力、规模效益等方面具有一定优势的外贸企业以及对符合公司战略发展方向的重点制造业企业给予"一企一策"的专项扶持政策。

（三）发挥优势，稳定业务发展

1. 继续大力发挥集团整体优势。集团总部积极平衡资金，认真做好投资企业综合授信额度的审定工作，支持企业生产经营方面的资金需求，全年共落实银行授信17.6亿元、总部授信4.6亿元，共办理授信借款5.5亿元，企业票据贴现借款2205万元，固定资产项目借款1630万元。进一步强化中信保、商检、海关、UPS、中外运、纺织品检测以及服装快速打样中心等服务平台的作用。通过与中国信保上海分公司签订《全面合作框架协议补充协议》，双方的合作进一步加强，全年，上海纺织共完成保额9.5亿美元，获得赔付49万美元、由其协助追讨各类欠款200多万美元。

2. 加快利用集团产业链开发的新产品的市场化进程，如纺织装饰实现由阻燃面料出口向阻燃工装出口的跨越性突破，接到欧洲12500套石油开采阻燃防护工装和2200套浦项制铁企业阻燃防护工装订单；飞马与民光合作开发的赛尔芙抗菌吸湿透气舒馨垫系列产品受到市场广泛关注。

3. 充分利用集团的海外现有资源，积极探索构筑海外贸易平台，如发挥香港永伟公司的作用，开展NDF运作以及境外涉及贸易项下的结算和划转业务；申达美国公司扭亏为盈，全年实现1000万美元的销售收入，还在洛杉矶设立米索卡公司。

4. 上下联动加快推进贸易转型，如新联纺公司成立设计中心和打样中心，推出NewUnion自主品牌，在日本成功举办NewUnion品牌展示会；纺织装饰积极开发高附加值商品以及非纺产品，有效扩大了市场份额和利润空间；申达外贸加强服饰研发中心建设，自主品牌"米索卡"市场拓展成效明显，并开发洲克、拉夏贝儿、衣索等品牌内销的新客户。

5. 进一步开拓园区的客户资源，在进出口贸易、产品设计、集团服务平台建设等方面进行许多有益的试点工作，为集团整体业务的发展提供有力支撑，全年共调减外贸企业年租金近500万元。

（四）继续夯实制造业基地

1. 新型化纤板块。葆莱纤维派丝特系列、里奥竹纤维和芳砜纶纤维三个条龙产业链建设进展良好。联吉年产10万吨聚酯柔性化生产线和年产15万吨聚酯柔性化改造项目相继投达产，葆莱纤维派丝特系列的染黑及与腈纶同染工艺攻关获得了成功，面料、衬衫、T恤、毛衫、地毯、袜子等多个领域开发的新产品得到国内外客户的认同。里奥生产线生产技术稳定，常规Lyocell纤维市场认可度提升，销售稳步上升，里奥竹纤维在小批量生产基础上着力提高产能，通过工艺攻关改进过滤器和喷丝板，纤维优级品率达30%以上，后道的内衣、衬衫及家纺产品开发同步展开。芳砜纶纤维产品品质达到市场接受质量指标要求，全年销售从年初200吨扩展到400吨，产品在消防隔衬、水刺等领域形成市场突破，并具有批量销售能力。

2. 产业用纺织品板块。一是汽车内饰板块实现全面复苏。跟随整车企业同步发展，各主要汽车内饰企业的销售和利润均有大幅增长，汽车地毯总厂为宝马和一汽大众配套的沈阳铁岭工厂、为大众配套的南京工厂以及松江埃驰为北京奔驰配套的分厂相继建成并投产。积极拓展高端产品市场，成立宝马开发团队、设立德国办事处，并且成为宝马在国内的第一家内资供应商。新纺联跟随一汽大众成都工厂的建设，成功争取到新速腾车型顶棚面料指定供应商的资格，实现批量供货；二是新材料板块实现快速增长。申达科宝加大新产品开发的力度，产品应用范围从最初的灯箱布拓展到篷房布、充气材料、防水卷材、农用沼气膜、建筑膜结构等多个领域，成为世博会国产膜材主要供应商，2万多平方米PVC+PVDF膜材应用于远大等场馆，PVC海上围油栏（布）产品被应用到墨西哥湾原油泄漏事件的善后处置中。

3. 棉纺、印染板块。一是荷叶的技改项目、申安的紧密纺项目、大丰二期色织项目、沪邦印染基地建设项目相继投达产；二是进一步理顺裕丰科贸等4家企业股权及管理关系，形成以裕丰科贸为平台的新型管控结构；三是结合"十二五"规划编制，积极探索和编制大丰后期项目方案。

（五）强化降本增效管理

面临金融危机的后续影响和能源及原材料等成本上升的

因素，进一步强化基础管理，降低运行成本。主要采取以下措施：一是加强和健全市场分析功能，根据市场行情分析，控制成品销售、生产运行、原料采购的三大节奏，把握时机，降低生产经营风险；二是围绕降低生产成本，分解并落实成本控制责任，加大挖潜和节约力度，做好过程优化，走出一条依靠精细管理，实现低成本生产之路。

（六）继续强化落实节能减排工作

一是召开公司节能减排工作小组会议，明确全年节能技改项目的立项；二是确定华爱织造、申达川岛织造、大野时装和虹冠针织等4家产业结构调整对象，获政府标煤节约财政补贴113.5万元；三是组织上海纺织节能环保中心对2009年节能技术改造项目进行节能量审核；四是抓好全年冬夏用电避高峰和企业用水计划的制定和执行。

二、强化国内市场，推进品牌建设

（一）加强国内贸易建设

一是龙头股份进一步强化终端科学布局，全年共新开终端198家（三枪167家、MGHome22家、海螺9家）；二是“上海纺织品牌街”建设取得显著进展，总量达到18条，实现覆盖上海所有区县的目标；三是继续提升终端盈利率，针织事业部的单店盈利比例达到77%，家纺事业部的单店盈利比例达到70%，服饰事业部的单店盈利比达到75%，高于2009年同期水平；四是继续探索品牌的国际化合作，首家Bagutta专厅在徐家汇东方商厦开业，销售情况良好；五是新品研发取得成功，如皇后世博毛巾礼盒产品推出后受到广泛的关注和欢迎，世博会期间销售量达18.4万条。

（二）集团新品牌和纤维品牌运作取得阶段性成果

1. 完成Prolivon品牌的投资方案、2家旗舰店开业和运行团队的构建，Prolivon品牌还积极参与2011年第14届国际游泳锦标赛赞助活动，为国际泳联官员、组委会官员以及技术官员（包括裁判员）提供正装；EY服饰品牌新开8家专卖店，达到了12家门店的规模。

2. 完成葆莱纤维、里奥竹纤维的VI、CI设计和运用管理，形成了整体的宣传方案、展销方案，在2010国际针织展、中国国际纺织服装面料展等各类专业展中，以葆莱纤维、里奥竹纤维为代表的上海纺织科技新形象得到进一步提升。

此外，上海纺织还被中国纺织工业协会授予“2010中国纺织十大品牌文化企业称号”。

三、创新科研模式，深化条龙运作

（一）继续提升技术创新体系建设

一是编制2010年度技术创新计划，1000万元科技专项扶持基金重点聚焦葆莱纤维派丝特系列、里奥竹纤维和芳砜纶纤维三个条龙产业链项目；二是纺研院科研综合楼全面完成并投入使用，列入国家纺织产业创新支撑服务平台计划的纺织检测服务子平台项目建设按计划进度完成。数字化服装快速打样中心得到商务部肯定，被认定为大虹桥商务区服装设计基地；三是继续做好企业技术中心建设，海螺服饰技术中心被认定为市级企业技术中心，申达外贸通过浦东新区企业技术中心认定评审，龙头技术中心正在作建设市级企业技术中心和知识产权试点企业的准备。此外，新材料高新技术产品参展上海市高新技术产业化世博常设展，得到市领导首肯和参观者好评，国家副主席习近平还亲自莅临我司展台视察。

（二）科技创新项目取得积极成效

《芳砜纶色织面料的关键技术与产业化研究》等5个项目参加中国纺织工业协会科学技术奖评选（获4项二等奖、1项三等奖），《年产1000吨芳砜纶耐高温纤维关键技术及产业化》入围2010年度上海市科学技术奖技术发明一等奖，《热塑性高聚物基纳米复合功能纤维产业化及其应用开发》申报2010年度国家重大科技成果转化项目计划，《功能性蓬盖材料制造技术及产业化》申报国家科技部重大支撑计划项目；申报上海市引进技术的吸收与创新计划项目6项（其中，“高技术多功能纳米复合阻燃聚酯纤维的产业化产学研合作平台”项目已列入计划，获50万元资助）。

（三）继续抓好知识产权管理工作

完成发明专利申请23件和实用新型专利申请5件，芳砜纶获欧盟专利授权，《棉及其混纺织物印染前处理的一浴法连续生产工艺》获上海市发明创造专利奖二等奖；获得2010年全国纺织行业优秀质量管理小组奖1项、2010年上海市标准化优秀技术成果奖二等奖和三等奖各1项、2010年上海市标准化优秀学术成果奖三等奖1项。

（四）继续深化同高校、科研机构的产学研合作

与上海工程技术大学进行研究生联合培养基地的签约，共同参与创意工程技术中心和时尚设计中心建设，深化数字化服装快速打样中心的合作建设；特安纶、新纺织产业及东华大学联合开发的“高温烟气过滤系统用的耐高温高性能过滤材料”项目已申报联盟计划“上海市产学研合作优秀项目”。

2010年，公司集聚科技资源、创新发展，还被市委调研室以专报形式予以积极肯定；市科委对公司的科技创新工作进行深入调研，认为上海纺织的科技创新充分体现“科技＋时尚”的发展战略。

四、整合时尚资源，提高运作能级

（一）进一步优化时尚产业运作体系

一是完成时尚产业事业部的管理分工，逐步明确并实现从管理型向“管理＋运行”的转变；二是完成上海纺织时尚发展有限公司的构建和新的主营业务实施的运行构架，建立新的业务发展的团队和制定业务实施方案；三是根据专业

化、集成化的要求，组建上海纺织物业经营有限公司和上海纺织联合公司，理清业务和管理边界分割；四是继续办好上海国际服装文化节、上海时装周，实现工作有序和专业化发展。

（二）抓好重点时尚项目建设

一是上海国际时尚中心一期项目进展顺利，并在2010上海国际服装文化节中精彩亮相，为向世博献礼——“亚洲时尚绽放”提供了服装表演场所；二是纺发智力产业园项目一期南区于12月底实现竣工，二期项目实现开工；三是加速推进时尚教育大楼和时尚教育综合楼建设，并与上海杉达学院产学合作共建“上海时尚设计学院”，现学院挂牌、实际运作；四是完成M50二期项目建设，并积极探索M50品牌的延伸，桃浦M50创意园顺利挂牌营运。

五、深化国资改革，增强企业活力

（一）推进国资结构调整

积极贯彻市府和市国资委的要求，认真做好与有限公司各股东的前期沟通，完成控股公司与有限公司重组框架方案（采取单向增资方式，以控股公司范围内的有效资产及对应负债对有限公司实施单方面增资，增大控股公司在有限公司的持股比例），各项工作按节点顺利推进。

（二）实施开放性、市场化重组

按照市国资委加快推进市场化、开放性重组的要求，完成金熊公司转让至四川环龙的产权交易、管理权移交、党组织关系的落地，顺利实现金熊的平稳退出；完成出租车业务转让的框架模式，置业公司下属汇龙公司、纺运、华申进出口的出租车业务先后转让至锦江汽车。在非核心主业退出的同时，积极把握国资布局调整的战略机遇，在市国资委、上实集团的大力支持下，完成对上实集团所属上实国贸及相关企业股权的国资划转。

（三）抓好相关产业调整

先后完成华文公司行业退出的初步方案，实施36棉部分人员分流工作、联吉合纤股权及财务结构调整，完成对纺织装饰公司的第二期出资、申安监理的工商变更、尚街公司小股东退出的工商变更、华纶印染股权收购后的工商登记变更、申安纺织部分自然人股东退出，做好洪都拉斯天齐印染厂资产处置工作，并就协联系三家合资公司整合提出初步方案。

（四）加速非主业企业退出

2010年销号企业户数为52户（二级1户、三级33户、四级18户，按市国资委的考核口径23户计，完成率为226.1%），退出企业涉及资产总额为9.3亿元，负债总额为17.5亿元，人员1560人。积极做好产权关系调整的服务工作，1—12月完成产权交易37宗，其中，挂牌后协议转让12宗，竞价2宗，直接协议转让23宗（1宗为有限公司增资项目），涉及资产总额68.2亿元，交易总额60.1亿元。在层级收缩上，年初财务并表范围内20户四级企业中，销号8户，层级上升5户，四级企业还余7户，控制在10户内的国资委考核目标。

六、加强总部建设，提升管控水平

（一）认真做好“十二五”规划的编制工作

年初，公司实质性启动“十二五”发展规划编制工作，在各部门和投资企业大力支持下，形成“十二五”发展规划的草稿，经过补充、修订后于6月形成征求意见稿。

（二）推进以财务信息化为核心的信息化建设

一是继续完善财务信息化建设，开展资金模块上线准备工作，完成预算模块预算分析的设置，外贸企业财务信息化工作正常运行；二是启动集团物业运营信息化、人力资源（劳动保障）信息化项目；三是加强信息安全工作，完成集团数据中心机房建设并投入运行，启动对集团目前信息安全水平的测评工作。

（三）完善审计监管体系

认真做好控股公司主要领导人任期经济责任审计配合协调工作，及时掌握信息、进行协调研究；完成对2009年度列入考核指标决审的投资企业39家、托管企业12家的决审；对纳入合并报表企业审计范围的54家单位（含17个托管单位）实施2010年预审，并对有关单位进行风险提示；结合经济责任审计，推进联合公司的清理工作，进一步夯实企业的资产质量；加强遵循审计，重点抓好对外担保的遵循审计、金融投资的遵循审计、资金使用情况的遵循审计。

（四）抓好人力资源建设

根据管理构架和管理关系的调整变化，抓紧完成相关企业的干部人事梳理、配备和交流工作；抓好“1+1”培训计划，全年共有950人次的公司及其下属企业领导人员参加；举办“时尚产业高级研修班”，培训各级学员近50人；举办优秀青年人才培训班和领导人员EMBA核心课程培训班，63名人员参加培训。

（五）加强劳动保障和维稳工作

加强劳动关系管理，组织197户劳动定统报表企业开展自查、互查，依法规范企业用工行为；加大对企业执行最低工资标准的跟踪力度，做好分行业企业人工成本分析；推进面上企业工资集体协商工作的落实，工资集体协商签约率达89%；加强职业技能培训，对5类工种71名技能人员进行技能等级提升培训，落实政府职业技能培训补贴；对970名外来务工人员进行岗位技能培训。

（六）加强公司法制建设

积极推进公司三年法制建设实施计划，建立公司总法律顾问制度，聘任公司总法律顾问；修改完善公司法律事务管理制度4项；督办投资企业完成三年法制建设实施计划28

份；与党干校一起开办企业法律顾问培训班，培训66人；审核公司本部经济合同145份，参与和指导投资企业法律案件7件，追回损失35万元。

（七）抓好安全生产管理工作

学习落实国务院下发的《关于进一步加强企业安全生产工作的通知》；全面发动开展“平安世博安全生产双百日”活动；加大安全培训教育，开展“全国职工职业安全卫生知识竞赛”、“安康杯”班组安全建设成果交流等活动；开展应急处置预案的演练，参与应急救援抢险、应急疏散逃生演练人数达3030人。此外，认真吸取“11.15特大火灾事故”教训，加大安全现场检查力度，确保防患未然。

（八）企业管理创新取得新成果

纺织控股、M50等7家单位获得2010上海市企业管理现代化创新成果奖项，其中，纺织控股、M50（一等奖）；原料公司、上海国际设计中心（二等奖）；德福伦、纺织装饰、汇智创意园（三等奖）。纺织控股的《以科技与时尚为引领的大型纺织集团战略转型》还被上海市经济团体联合会推荐到中国企业联合会，获第十七届全国企业管理现代化创新成果一等奖。

【2011年发展趋势】

2011年，上海纺织经济工作的指导思想：深入贯彻落实十七届五中全会精神以及中央经济工作会议、上海市经济工作会议的精神，始终坚持“科技与时尚、走高端纺织之路”的发展理念，紧紧围绕加快转变经济发展方式这一主线，进一步发挥集团的整体优势、集成优势和协同优势，积极应对复杂的经济形势，继续做实做强核心主业，提升公司核心竞争能力，坚定不移地推进上海纺织的新一轮发展。

主要做好五个方面的工作：

1．进一步促进外贸转型。一是加快推进贸易发展方式的转变；二是继续加大对贸易的政策扶持，积极利用现有海外平台，逐步培育和发展海外市场；三是加快上实国贸融入，做好信息系统的对接以及总部服务平台的开放；四是通过加快推进跨境贸易人民币结算等举措和结合国内DF在境外开展NDF运作，规避人民币汇率风险。

2．进一步加快制造业升级。一是大力发展以新型化纤和产业用纺织品为核心的先进纺织制造业，继续聚焦葆莱纤维派丝特系列、里奥竹纤维、芳砜纶纤维等三个条龙项目，实现产业化、商品化。继续巩固汽车内饰纺织品在全国的领先地位，积极发展以膜结构为核心的规模化、系列化、功能化产业用新材料，不断优化产品结构；二是加快整合提升传统纺织制造业，通过与纺织贸易的结合，逐步探索一条小生产、大贸易的都市纺织发展之路。

3．进一步提升时尚产业运作水平。一是进一步加强品牌建设，加大对品牌终端建设的支持力度，加强老品牌建设，加快新品牌布局，继续深化国际品牌合作，推进品牌终端信息化，探索集团电子商务方案；二是提升时尚产业运作水平，全面谋划、精心组织好“一节一周”活动；三是打造时尚集聚地，做好品牌延伸，高起点打造四大主题园区；四是切实抓好上海国际时尚中心二期项目、智力产业园二期项目、时尚教育大楼等重点时尚项目建设。

4．进一步强化科技创新能力。加大科技投入，突出产业链培育，继续抓好国家支撑计划项目和上海市高新技术产业化重点项目等一批战略层面的龙头项目建设，力争有所突破；继续优化整合集团科技资源，推进中央研究院建设；继续完善企业技术创新体系，提高项目建设水平。

5．进一步加强总部建设。围绕“进一步强化战略管控能力、进一步增强资本运作能力、进一步提升业务运营能力、进一步加强协同创新能力”的总部建设目标，加快形成战略管控型的集团总部。一是提升服务企业的效率；二是继续提高人力资源管理水平；三是进一步加强资本运作；四是继续加强财务管理；五是继续提升审计监管水平；六是扎实推进法制建设；七是继续抓好安全生产工作。

（詹理敏）

上海医药集团股份有限公司

【概况】

2010年，上海医药集团股份有限公司（以下简称“上海医药”）成功实现重组上市，成为总部设在上海的覆盖医药研发与制造、分销与零售全产业链的全国性大型医药产业集团。公司以重组上市为契机，转变经济发展方式，改变了上海医药多年来徘徊不前的局面，在当年无大规模增量资金、无大规模并购支持的情况下，公司实现销售规模和盈利能力的历史性双突破。公司主营业务的增长达到行业平均水平，净利润增长高于主营业务的增长，经营性现金流净额高于净利润额。

【2010年经济工作情况】

一、销售规模、盈利能力达到双突破

据统计，2010年公司营业收入达到374.11亿元，比上年增长19.67%；主营业务收入为372.6亿元，增长

19.79%；营业利润实现 20.77 亿元，增长 35.22%；利润总额为 21.73 亿元，增长 36.32%。归属于上市公司股东的净利润达到 13.68 亿元，增长 46.15%。

2010 年，上海医药进入上证 180 和沪深 300 指数，成为中国医药上市公司的样本股。公司重大资产重组项目获年度“最佳创新项目”。上海医药获“2010 年中国最具投资价值的医药上市公司 10 强”；获得“中国医药上市公司竞争力 50 强”榜首；获得“中国制药工业百强”第 3 位；获得 2010 年中国医药行业“十大最具影响力企业”；获得上海市守合同重信用企业、合同信用等级 AAA 级；获得中国制药企业信用等级 AAA 级；位列上海企业 100 强第 19 位、上海制造业企业 50 强第 9 位；位列中国企业 500 强第 203 位、中国制造业企业 500 强第 99 位。年内，上海医药编制完成三年行动计划和“十二五”发展规划纲要，形成“十二五”规划的总体目标及实现目标的主要路径和举措，明确基本战略目标，即三年确立地位，五年领跑行业，成为千亿元收入的大型蓝筹医药产业集团，成为国家战略下的中国医药界第一集团军、中国医药行业的主要整合者。

二、上海医药实现重组上市

3 月 9 日，上海实业（集团）有限公司（以下简称“上实集团”）和上海医药（集团）有限公司涉及沪港两地四家上市公司的重大资产重组工作历时 8 个月结束。重组资产涉及 300 亿元、交易对价达 168.49 亿元、总股本 20 亿股的上海医药集团股份有限公司以新名称、新的证券代码复牌上市。3 月底，公司建立新的法人治理结构和经营管理团队，成为一个具有全产业链特征的 A 股市场医药板块中市值最大的上市公司之一。上海医药全年股价表现明显优于同期大盘和行业表现。9 月，上海医药又启动发行 H 股在香港上市的工作，以拓宽融资渠道，搭建跨市场资本运作的平台。依托境内外两地资本市场更高标准的监管及评价体系实质性推动公司体制、机制的全面变革，真正实现从一家传统国企向市场化、国际化转型变革。年内，公司已完成 H 股融资前期工作。

三、上海医药业务全面整合

上海医药围绕营销变革、研发转型、全国布局、内部重组、优化管控、质量安全等内容，对公司业务进行全面整合：一是建设营销四大平台。推进分销控股为主渠道的集中分销平台、政府公共事务的联动集中平台、大宗药材集中采购平台、同类重点产品的集中营销平台建设；二是加速研发转型，建立研发项目契约化管理机制。获得国家新药重大创制“产学研联盟”专项资助。获得 5 个品种临床批文、3 个品种生产批文。实现 15 个品种产业化上市；三是加快全国战略布局。初步形成以华东区域、华北区域和华南区域布局；四是聚焦主业重组。提前一年落实重组承诺，抗生素以新亚药业为平台重组进入新上海医药。年内基本完成内部 7 项小重组，涉及重组资产 131 亿元、交易金额约 39 亿元；五是优化管控模式。建立健全新上海医药法人治理结构和职能管理体系，建立和完善包括新版质量手册、安全手册、财务管控等在内的 120 余项公司管理制度，启动公司资金集中管理；六是加强质量、环保、安全等各方面的风险管控。

【2011 年发展趋势】

2011 年，上海医药将紧紧抓住生物医药产业作为战略新兴产业发展的机遇期，转变观念，调整结构，立足产业，创新驱动，转型发展，通过内生与外延发展并重确立行业的领先地位，以营销变革和研发转型形成支持上药持续快速健康发展的核心竞争力，为未来公司战略目标的实现奠定坚实的基础。

（黄郁波）

上海仪电控股（集团）公司

【概况】

上海仪电控股（集团）公司是经上海市人民政府批准，接受上海市国有资产监督管理委员会授权的国有资产经营公司，是具有独立法人资格的国有独资的控股集团公司。

上海仪电有着悠久的仪表电子行业背景和历史传统，其前身是成立于 1960 年的上海市仪表电讯工业局。20 世纪 60—80 年代，在市仪表局的统一筹划下，建立起一大批大中型仪表电子企业，建成漕河泾仪表电子工业园，全系统共研制出 133 项国内首创的新产品和新技术，填补了多项国内空白，为我国仪电工业的发展作出了重要贡献。到 80 年代前中期，上海仪电曾雄踞全国仪电工业半壁江山。其中，彩电、收录机、计算机、雷达、电话机、示波器、自动化仪表、分析仪器等产品的销量都在全国名列前茅。

上海仪电是上海最早实施国资国企改革的行业之一。1993 年 12 月成立上海仪电国有资产经营管理总公司，1995 年 5 月更名为上海仪电控股（集团）公司，同时撤销上海市仪表电讯工业局建制，在全国率先进行国有资产管理体制的改革。历经数年的艰辛努力，完成企业组织结构调整、产品产业结构调整和工厂布局结构调整，妥善解决历史遗留的冗员过多和不良债务过重等问题，解决国企步入市场经济所面临的体制失衡、机制失灵、产品失宠等重大问题，全行业实现脱胎换骨般的重组、再造，走上持续、快速发展的轨道。

进入21世纪，上海仪电坚持科学发展观，努力转变经济增长方式，以“产业清晰、经营稳健、创新发展、富有社会责任感的国内一流企业集团”为目标，实施“三步走”发展新战略，实现资源优化和最佳配置，提高主业的竞争能力和经济效益，增强企业自主创新能力和发展后劲，努力打造成具有国际化经营管理能力的大型企业集团。

【2010年经济工作情况】

2010年，上海仪电控股（集团）公司按照贯彻落实科学发展观的要求，积极推进实施仪电新战略，解放思想，转变观念，开拓进取，努力创新，经济运行质量稳步提高。2010年，按工业统计口径仪电集团现价工业总产值411.2亿元，比上年增长13.5%；工业销售产值402.7亿元，增长13.6%；出口交货值239.2亿元，增长9.1%；工业产品销售率97.92%，同比持平；利润总额14.52亿元，同比持平；工业增加值55亿元，增长25%。

一、聚焦重点产业发展

仪电集团集中资源，聚焦发展主业。集团家用视听设备销售总值166.57亿元，增长6.75%；家用电力器具销售总值61.89亿元，增长14.88%；电子元件及组件制造销量总值104.46亿元，增长35.04%；照明电器销售总值21.86亿元，增长29.73%。集团完成三年滚动计划和“十二五”规划编制。节能降耗成效明显。仪电集团下属企业积极推进节能降耗工作，完成市政府下达的能耗总量不超过18万吨标准煤、万元产值能耗同比下降2%的刚性目标。全年，集团综合能耗总量16万吨标准煤，比考核指标下降12%；万元产值能耗0.039吨标准煤，下降5.78%，集团全面完成市政府下达的“十一五”期间完成万元产值综合能耗下降35%的目标。

二、制定科技创新体系建设大纲

5月，仪电集团召开第三届科技大会，表彰6位优秀科技工作者和7项科技创新成果；颁布《关于加强科技创新能力建设的若干政策》（试行）和《关于加强集团人才队伍建设的实施办法》（试行），鼓励和促进集团各级企业特别是制造业企业进一步加大科技创新和人才工作力度；聘请5位在业内有丰富经验的技术专家作为顾问。本次集团科技大会，进一步强调和突出科技创新和人才工作在集团产业发展中的重要地位，显示集团坚定科技创新、再战制造业的决心和信心。集团编制下发2010年重点科研（新产品）计划和集团科技工作简讯；组织重点企业编制“十二五”科技创新战略规划；成立集团科技管理网络，建立例会制度；搭建集团系统研发测试仪器设备的共享平台；举办各类科技政策、质量专题培训。据统计，仪电集团聚焦产业企业申请118项知识产权，其中，发明专利44项。获得专利授权数70项。集团下属企业积极参与8项国家标准的制定，其中，2项在年内颁布实施。获得1项上海市科技进步二等奖。新获2项上海名牌，目前，仪电集团拥有上海名牌产品称号达10项。其中，“亚”字牌为中国驰名商标，“沪工”牌为上海市著名商标。

三、完善集团管控体系

作为市国资委派驻外部董事第二批试点企业，仪电集团成立由3位内部董事和4位外部董事组成的新一届董事会。集团在按照现代企业制度要求，进一步规范董事会运作、完善公司治理结构方面迈出重要步伐。集团修订完善董事会和各专业委员会议事规则，明确董事会对总裁班子决策授权的内容和要求。集团实施子公司财务总监委派制度。对下属企业委派11名财务总监，签订财务总监绩效目标确认书，建立财务总监工作例会制度和工作报告制度。加强系统内资金管理，密切跟踪项目收支，并与银行开展战略合作，改善集团融资结构，提高资金使用效率。仪电集团成立预算管理工作领导小组和工作小组，对2011年实施全面预算管理进行了研究部署。加强内部审计工作，规范审计中介机构的选聘管理和内部审计行为，拓宽审计范围。以内部控制为主线，以经济效益、经济责任审计为重点，全年完成28项内部审计项目，提出审计建议50余条。集团加强对重大合同的评审和动态管理，跟踪分析重大法律纠纷的解决进展；完成集团常年法律顾问单位邀请招标工作；完成《集团法律风险管控条例》的起草，形成下一步法律风险管控工作计划。集团建立由各级财务负责人参加的月度经济运行分析会制度。每月经营例会对主营业务预算完成进度和运行情况进行跟踪分析，帮助指导企业调整产品结构，努力做大规模。

四、收购兼并重组工作取得突破

仪电集团推进一系列战略举措，转让飞亚公司股权并收回“亚”牌商标（中国驰名商标）；收购照明企业圣阑实业35%股权；收购并整合业内AEES公司的业务和团队，并积极寻求下一步的并购对象；电子标签收购三星公司生产线；与中国节能环保集团公司、宝山城投公司共同出资重组的上海国际节能环保发展有限公司；抓住广电信息重大资产重组机遇，制订包括产业调整、股权转让、不动产处置等内容的重组方案，为下一步整合培育信息服务业板块搭建平台；华鑫证券投行业务规模达到全国中位数水平，具备合资合作条件，年底前，中国证监会正式核准华鑫证券与摩根士丹利合资组建摩根士丹利华鑫证券有限公司

五、非主业调整退出工作取得进展

仪电集团在对投资管理结构进行全面梳理的基础上，编制调整工作三年规划，明确调整工作的指导思想、调整原则、调整目标、调整方式、工作重点和保障措施。全年计划调

整企业88家，实际完成90家，是近几年来完成调整企业最多的一年，也是2008年和2009年调整企业总和的3倍。其中，完成工商注销企业48家（含破产企业1家），股权转让企业24家，吸收合并企业2家，净壳企业16家。同时，在压缩管理层级、收缩行业跨度方面也取得突破，基本退出五级以下企业，管理层级上收一级。收缩一个行业（旅游业）。另外，集团基本完成对广电集团的托管重组任务。签订上海福克斯波罗公司股权转让协议。在加大调整工作力度的同时，集团各子公司同步研究制订调整企业人员安置方案，妥善处理和平稳做好员工的就业再就业工作，确保了企业正常生产经营的稳定大局。集团还制定《上海仪电社保服务中心服务和管理对象重大疾病助医帮困救助实施办法》，对纳入社保中心服务的退休人员、协保人员和管理的暂养人员提出重大疾病帮困救助措施，以帮助低收入困难群体减轻患大病后的医疗负担。

六、服务世博、奉献世博取得实效

仪电集团全面部署、动员下属企业创先争优、服务世博、奉献世博，积极参与并圆满完成世博项目的建设和服务任务。据统计，集团系统的亚明公司、浦江公司、科技网、智能电表公司、金陵时威公司、金陵网络公司等11家企业参与世博项目31项，涉及合同金额2.6亿元。其中，有12家单位和班组获上海市和市国资系统先进集体荣誉称号，19位个人获先进个人荣誉称号。世博期间，集团系统各级领导高度重视维稳和安全工作，各级职能部门以大局为重，协同作战，及时化解和稳控重点矛盾，保持了集团系统的总体稳定，全面实现了“平安世博”目标。

【2011年发展趋势】

2011年，仪电集团经济工作指导思想是：深入学习贯彻中央经济工作会议、市委九届十三次、十四次全会和市经济工作会议精神，按照市委、市政府提出的“创新驱动、转型发展”的要求，紧紧围绕集团发展战略和“十二五”规划，坚持科学发展，努力加快转变经济发展方式，坚定不移地推进集团战略实施，大力推进企业结构、产品结构和产业结构调整，聚精会神地抓好主业发展，继续加快非主业调整步伐，不断创新观念，突出技术创新和业务创新，在体制创新、机制创新和管理创新方面不断探索和实践，努力增强集团发展后劲和可持续性，在调整中加快主业发展，为集团战略和“十二五”规划的实施夯实基础、开好局。

仪电集团的主要工作：

一是突出战略聚焦，加快主业发展步伐；二是加强科技创新体系建设，推进自主创新；三是进一步理顺调整工作体制，继续推进非主业的调整退出；四是不断完善财务、审计和法律管控，防范系统经营风险；五是加强人力资源开发和管理，着力推进体制机制创新；六是加强和完善集团本部管理，提升能力，提高效率。

（陈赞周）

长江计算机（集团）公司

【概况】

长江计算机（集团）公司创建于1987年3月，是具有计算机产品科研开发、生产制造、系统集成、销售服务多功能并拥有进出口贸易自主权的国家计划单列企业集团，是上海市计算机产业的主体企业，经过20多年的发展，集团从初创时期的单一硬件制造，逐步走上了以系统集成带动产业结合，以应用带动制造，以信息服务推动产业发展的新型发展道路。

【2010年经济工作情况】

2010年，长江计算机（集团）公司在前所未有的困境面前，在市国资委的指导帮助下，紧紧围绕“价值为本，做精做细做实”的经营主题，有效应对种种不利因素负面影响的冲击，使智能交通、能源信息化和智能楼宇三大核心板块主业的技术特色进一步得到优化和提升，圆满完成了世博会项目，其中的“参观者预约系统”获得《电脑商报》组织评选的2010年全国十佳创新案例奖。集团全年实现主营业务收入7.8亿元，利润达到4239万元，经济保持平稳有序发展。

长江计算机集团经营工作主要有三个特点：

一是进一步优化现有业务结构。年内，集团确定的三大核心板块和重点领域的业务特色和价值有所提升。具体体现在智能交通业务的体系化建设和研发有新的突破，形成整体业务发展架构和部分解决方案。集团在充分调研和分析市场状况的基础上整合集团力量，确定包括ETC、车载服务、电子警察等智能交通发展框架。在轨道交通方面，积极参与云南地铁清分系统、上海轨道交通应急联动系统等项目的开发，使轨道交通应用有新的突破。在ETC不停车收费系统方面，完成上海A15等高速工程项目，OBU销售量达6万套，产品已进入北京、江苏等国内市场，年销售额比上年增长35%。

二是全力保障世博项目平稳运行。集团开发的世博数字媒体终端及EXPO预约系统、公众信息发布系统、参观者援助服务信息管理系统在世博会184天时间里经受住实战的考验。面对时间跨度长、预约机遍布园区和户外工作等特点，发扬“一切为了世博、一切服务世博”的务实精神，做到系统检查到位、整改落实到位、响应处置到位，保证整个系统优质、高效、安全运行。据不完全统计，世博期间仅“参观者预约服务系统”就为来自240多个国家、地区和国际组织的境内外游客提供了中国馆、主题馆的预约服务，为举办一届成功、精彩、难忘的世博会作出了贡献。

三是自主知识产权数量有新的突破。集团积极引导企业根据国家和市政府科技发展战略和方向开展自主创新工作，一批专利从各项新品研发和工程项目实践中产生，全年，集团申报自主知识产权比上年增长22%。其中，具有自动转换IC卡接触式和非接触式读写模式的车载电子标签、兼容多种发卡机和用户卡规格的通用接口的方法、国有资产监督管理信息软件、集中式运维管理平台软件、预约服务管理系统应用软件、网上协同平台软件、医疗健康体检信息管理软件、市民健康档案管理软件等关键技术的开发并应用于产品和项目，标志着长江集团在智能交通、智能楼宇、医疗保障等城市信息化建设中拥有一定的创新技术。

【2011年发展趋势】

2011年，面对上海“创新驱动、转型发展”的发展主题和“智慧城市”现代信息服务发展的良好机遇，长江计算机集团将依托在信息化领域丰富的实践经验，依托多年积累的自主创新技术和产品系列，依托较为健全的资质平台和各方资源，坚持不懈地把业务结构战略性调整作为加快转变经济发展方式的主攻方向；坚持不懈地把科技进步和创新作为加快转变经济发展方式的重要支撑；坚持不懈地把先进的企业经营管理作为加快转变经济发展方式的重要保证，努力完成“凝聚价值，实现突破”的经营工作新目标，凝聚价值，即以优质的市场、客户、需求凝聚发展价值；以增值业务、关键技术、优秀人才凝聚竞争力价值；以双赢理念、良好业绩凝聚经营价值；拥有充满激情活力的集团核心价值观。实现突破，即在数字能源、智能交通、智能楼宇三项重点业务的规模和价值上取得新突破；在以“根文化”的重点业务和特色技术发展上取得新突破；在集团重点业务的产业资本重组上取得新突破。

为此，集团将做好以下三方面工作：

一是提升整合资源和核心技术创新能力。围绕数字能源、智能交通、智能楼宇三个主要领域形成整体业务和技术的发展架构，通过完整的行业解决方案，整合集团的技术产品资源，使得技术成果最大限度地产业化，制定并实施大客户、大项目、高附加值的业务策略。在完成好重点业务目标的同时，抓紧研发具有核心竞争力的技术和产品，完成好国家“核高基”项目和上海市重点项目的研发工作，使集团的新技术业务和对社会的贡献率有明显的结构提升。

二是加快重点业务技术和市场的拓展和延伸。在重点领域的市场拓展、客户培育、增值软件业务和运维服务方面，加强垂直业务整合能力和核心技术研发能力，突出“根文化”的业务拓展模式。在重要项目和客户的业务延伸、增值业务和运维服务等方面要形成重点目标。积极引导并进一步要求企业争取在重点业务的增值收益和毛利率方面有明显的提升和改进。

三是完善激励机制凝聚核心人才。为支撑数字能源、智能交通、智能楼宇主要重点业务和项目，集团将采取措施，加大对关键技术研发的资金投入和人员保障，同时要求所属各企业在关键特色技术和专利方面有相应的配套激励措施，以促进集团重点业务和关键技术的迅速成长壮大。

（周慧琴）

上海航天局

【概况】

上海航天局，又称上海航天技术研究院、中国航天科技集团公司第八研究院，创建于1961年8月。业务领域主要涉及导弹武器系统、宇航系统（运载火箭、应用卫星、载人航天、深空探测）、航天技术应用产业和航天服务业。上海航天局以本部为运营总部，共有25家企事业单位。其中，航天型号总体、总装单位6家，制导、控制、电子、动力、电源、技术基础等核心专业技术研究所6家，拥有1家上市公司——航天机电（600151）。现有从业人员近2万人。从事航天型号科研生产人员11000人，从事民用产业8300人。其中，技术人员7000人；硕士学位以上人员1800人；国家级、部级专家110多人，拥有4个硕士授予点，1个博士后科研工作站。2010年，上海航天局实现收入179.3亿元，比上年增长26.1%；营业收入143.9亿元，增长27.3%，资产总额达到280.3亿元。

【2010年经济工作情况】

长征四号丙遥五运载火箭一箭三星成功发射遥感卫星九号。3月5日，长征四号丙遥五运载火箭在酒泉卫星发射中心一箭三星发射遥感卫星九号获得圆满成功。该组卫星主要用于科学试验、国土资源普查、农作物估产和防震减灾。承担本次发射任务的运载火箭由上海航天局抓总研制。

闵行航天城二期工程八部、805所，控制所、802所先后开工建设。3月29日，闵行航天城二期工程八部、805所建设项目举行开工典礼。新八部建筑面积总计44745平方米，将建成技术领先的试验中心以及22个专业齐全的试验室。新805所先期总建筑面积41896平方米，将构建先进的研发平台，提升运载火箭总体顶层策划、技术抓总、关键技术攻关和自主创新能力。12月2日，控制所、802所项目开工建设。控制所项目建筑面积总计106700平方米，项目建成后将全面提升控制所系统开发与集成能力、核心产品研制生产能力以及航天技术应用产业孵化能力，实现打造专业优势突出、产品配套齐全、军民高度融合、具有自主创新能力的一流、大型、骨干专业研究所的统筹建设目标。802所建设项目建成后，将显著提升型号批生产能力。

长征二号丁遥十五运载火箭发射实践十二号卫星取得圆满成功。6月15日，长征二号丁遥十五运载火箭在酒泉卫星发射中心成功将实践十二号卫星送入太空。该卫星主要用于开展空间环境探测、星间测量和通信等科学技术试验。承担本次任务的运载火箭和卫星均由上海航天局抓总研制。

上海航天局与上实集团签订新能源发展合作框架协议。7月19日，上海航天局与上海实业（集团）有限公司（下称“上实集团”）签订了新能源发展合作框架协议。上海市委副书记、市长韩正，副市长艾宝俊，上实集团董事长滕一龙，中国航天科技集团公司总经理马兴瑞、副总经理芮晓武等领导和代表出席签约仪式。根据新能源发展合作框架协议，双方的战略合作将以资本合作为纽带，依托上海航天局已经建成的和在建的航天光伏垂直一体化产业链研发、生产、销售能力和资源，通过上实集团及其子公司在多个层面的资本支持，促进航天光伏产业链又好又快发展，达到壮大新能源产业、抢占市场的目标。双方表示，将通过紧密的合作，优势互补，实现共赢，共同为国家的新能源战略、节能减排、可持续发展作出贡献。

上海航天局下属上市公司航天机电完成配股融资工作。7月，根据中央登记结算公司提供的信息，航天机电2010年度配股募集资金总额12.91亿元，获配率93.04%。航天机电配股工作自2007年5月启动以来，历时三年，先后经历中国证监会暂停IPO、再融资审核、国务院38号文限制多晶硅产业发展等重大政策和市场调整。针对各种情况，航天机电采取有效措施，加强与券商、机构投资者沟通，有力确保配股工作顺利完成，最终顺利实现预期目标。

长征四号丙遥六运载火箭成功发射遥感卫星十号。8月10日，在太原卫星发射中心，长征四号丙遥六运载火箭发射遥感卫星十号取得圆满成功。该卫星将在监测洪涝、干旱等自然灾害和环境变化等方面发挥重要作用。承担本次任务的运载火箭和卫星均由上海航天局抓总研制。

长征二号丁遥十四运载火箭成功发射天绘一号卫星。8月24日，长征二号丁遥十四运载火箭将天绘一号卫星成功送入太空。该卫星主要用于科学研究、国土资源普查、地图测绘等科学试验任务。承担本次任务的运载火箭由上海航天局抓总研制。

长征二号丁遥十一运载火箭成功将三颗卫星送入预定轨道。9月22日，长征二号丁遥十一运载火箭在酒泉卫星发射中心将遥感卫星十一号成功送入预定轨道。同时，还搭载发射了浙江大学研制的两颗皮星一号A卫星。承担本次任务的运载火箭由上海航天局抓总研制。

长征四号乙遥二十三运载火箭一箭双星发射实践六号04组卫星。10月6日，长征四号乙遥二十三运载火箭在太原卫星发射中心一箭双星，成功将实践六号04组两颗卫星送入预定轨道。该组卫星主要用于空间环境探测、空间辐射环境及其效应探测等空间科学试验。承担本次任务的运载火箭和其中一颗卫星由上海航天局抓总研制。

上海航天局开展“百万图书下班组”活动。10月，上海航天局开展了“百万图书下班组”活动。该活动是一个覆盖全局的系统工程、长期工程，有利于强化全员的学习意识，营造学习、研究、提高、创新的氛围，提升企业的可持续发展能力。本次活动选择具有普遍性、代表性的技术和管理书籍目录下发各单位，由各单位选择编订具体所需图书，计划2011年一季度完成图书资料的采购和下发。针对该活动，上海航天局还将开展专著出版等相关工作，择机开展效果评估和最佳实践推介活动。

上海神舟新能源公司电池片产量成功突破50兆瓦。12月下旬，上海航天局下属上海神舟新能源公司传来喜讯，该公司电池片产量成功突破50兆瓦（产值4.93亿元），实现“当年建成、当年投产、当年盈利”的目标。据悉，一期工程年产50兆瓦晶体硅太阳能电池片生产线于2010年6月10日完成安装调试并顺利投产；二期工程年产150兆瓦晶体硅太阳能电池片生产线于2010年11月1日投产运营。电池片总产量成功突破50兆瓦，标志着上海航天局垂直一体化百亿产业链初步贯通，为实现光伏产业“十二五”百亿产业链的宏伟目标打下了坚实基础。

长征四号丙遥七运载火箭成功发射风云三号卫星02星。11月5日，长征四号丙遥七运载火箭在太原卫星发射中心成功发射风云三号卫星02星，卫星进入预定轨道。风云三号卫星01星于2008年5月27日由上海航天局成功发射。风云三号卫星02星是在风云三号卫星01星基础上开展研制的，并根据与风云三号卫星01星使用要求的变化以及双星运行的特点进行改进。风云三号作为继风云一号后发展的我国第二代太阳同步极轨气象卫星，主要用于全球、全天候、多光谱、三维、定量探测。本次火箭和卫星的发射是上海航天局2010年“七箭四星”发射和“十一五”全部宇航型号发射任务的收官之战。

上海太阳能科技有限公司中标金太阳示范工程和太阳能光电建筑应用示范工程所需关键设备供应商。11月，上海航天局下属上海太阳能科技有限公司在国家财政部、科技部、住房城乡建设部、国家能源局四部委联合招标中脱颖而出，进入“金太阳示范工程和太阳能光电建筑应用示范工程所需关键设备供应商”中标入围公示，成为入围“晶体硅光伏组件”关键设备供应商的三家企业之一。国家四部委对200兆瓦“金太阳工程”指定选用至少不低于50兆瓦晶体硅组件供应商在北京集中采购招标。招标中，上海太阳能科技有限公司在与国内最具实力的26家企业的竞争中成功中标。这是国家10年来第3次大规模进行太阳能工程招标，也是上海航天局10年来第2次中标，即继上海太阳能科技有限公司2001年取得国家发改委送电到乡工程，承建日喀则地区42座离网太阳能电站后在承接国家重大项目任务中取得的又一突破，标志着航天光伏的综合竞争实力跃居国内领先水平。“金太阳工程”是国家实施节能减排、倡导绿色能源的一项激励措施，对批准实施的项目将给予一定比例的国家补贴。在海外订单供不应求、价格高于国内40%的情况下，上海航天局以高度的政治使命感和社会责任感致力于国内光伏产业发展，积极参与竞标，依靠航天技术应用产业的优势和航天光伏技术的不断创新，提高企业竞争力，为我国光伏产业的发展作出了积极贡献。

上海航天局圆满完成承担的上海世博会各项任务。2010年上海世博会期间，上海航天局承担了太空家园馆运营管理、气象卫星服务保障、太阳能光伏电站建设、动力锂离子电池配套、燃气调压设备、世博公安定位等6项任务。从5月1日世博会开幕至10月31日闭幕，在为期184天的运营管理和服务保障工作中，上海航天局精心策划、全力以赴、热情服务、完善预案，确保承担的世博会各项任务运营有序、科学规范和精彩和谐，出色完成6项有关世博会任务，充分展示航天人的精神和风采，为把2010年上海世博会办成一届成功、精彩、难忘的国际盛会作出了中国航天人的贡献。由中国航天科技集团公司、中国航天科工集团公司和电子科技集团公司共同筹建的太空家园馆在世博运营期间共接待参观人数318余万人，日平均接待17000余人，高峰时段日接待达5万人，远超过日接待5000人的设计能力，成为中国2010年上海世博会期间最具特色、最具吸引力的展馆之一。在气象卫星服务保障方面，上海航天局抓总研制的风云一号D星，风云二号D、E星，风云三号A星等四颗卫星各司其职，有力保障世博会重大活动的顺利进行。航天机电公司负责建设的世博中心航天兆瓦级太阳能光伏并网发电项目，总装机容量1.004兆瓦，年发电量可达100万度。该项目自4月20日正式并网发电，在为期6个月的世博会期间，共发电53万度，相当于减排二氧化碳480吨。在新能源电动汽车方面，航天电源公司配合上汽集团开发的燃料电池和锂电池插电式混合动力VIP接待轿车完成多次贵宾接待任务，产品还参与静态展示。航天能源公司承担世博园区燃气调压站建设和保障工作，世博期间，峰值每台站的实际流量达到20000立方／小时，均值流量在15000立方／小时。802所自主研发的GPS和无线测控网双模定位终端在世博会期间发挥了重要作用，该定位终端设备在世博会开幕之前就投入使用，并广泛应用于世博会安保指挥调度系统，整个世博会运行期间，设备工作良好。

【2011年发展趋势】

学习贯彻党的十七大、十七届四中全会精神，以科学发展观为指引，贯彻落实上海市有关会议精神、中国航天科技集团公司2011年党组一号文件、2011年年度工作会议、型号工作会议精神，以规划推进为抓手，抢抓机遇，开拓进取，夯实基础，深化改革，全力以赴确保以交会对接任务为代表的全年各项任务圆满完成，为推进上海航天局战略转型，为实现集团公司建设国际一流大型航天企业集团的目标而努力奋斗。

经济目标：总收入200亿元；营业收入165亿元。

主要抓好以下工作：

大力加强型号组织管理，提高把握成功的能力；大力推进规划落实和闭环管理，围绕规划推进统筹能力建设；全面推进企业化、市场化转型，提高集团化管控水平；大力推进民用产业管理体制改革，加快战略性新兴产业建设；大力加强技术创新系统谋划，提高研发组织管理水平；调整完善院部组织管理，打造高效务实企业总部；加强基础管理和综合管理，夯实转型发展管理基础；大力做好综合保障工作，确保大局安全和谐稳定。

（张 佳）

中国商用飞机有限责任公司

【概况】

中国商飞公司是由国务院国资委、上海市人民政府、中国航空工业集团公司、中国铝业公司、宝钢集团有限公司和中国中化集团等共同出资组建的有限责任公司。共有6家股东，注册资本为190亿元，公司注册地在上海。

主营业务：主要从事民用飞机及相关产品的设计、研制、生产、改装、试飞、销售、维修、服务、技术开发和技术咨询；与民用飞机生产、销售相关的租赁、航空运输和金融服务；经营本公司或代理所属单位进出口业务；承接飞机零部件的加工生产业务；从事业务范围内的投融资、外贸流通经营、国际合作、对外工程承包和对外技术、劳务合作等业务以及经国家批准或允许的其他业务。

组织机构：公司按照《公司法》和现代企业制度的要求，建立健全规范的公司法人治理结构，设立了股东会、董事会、经理班子，同时设立了党委、纪委、工会、团委。按照“主业突出、结构清晰、精干高效”的原则，实行“统一经营，两级管理”。公司人员总数6500多人。总部设立15个部门，人员200人。所属单位在上海有设计研发、总装制造、客户服务三大中心和上航公司，在北京有北京民用飞机技术研究中心，在美国、北京设立办事处。启动设立欧洲办事处工作。正在与浦发银行等开展合作，着手组建飞机金融租赁公司。成都航空公司运行良好。

【2010年经济工作情况】

一、经营情况

在党中央、国务院亲切关怀下，在国务院大型飞机重大专项领导小组正确领导下，公司深入贯彻落实科学发展观，围绕“两个建成”奋斗目标，全面落实公司发展战略纲要，以大型客机项目研制、新支线飞机项目研制和公司能力建设为主线，大力实施企业文化、人才强企、品牌和信息化四大战略，着力提升六大能力，着力构建高效的运行体系和有效的监督防范体系，不断加强党的建设和企业文化建设，各项工作进展顺利，公司已经从开局起步走上快速发展的轨道。

1．发布公司中长期发展战略纲要，确定公司未来10年发展蓝图。成功将民用航空产业纳入国家战略性新兴产业之一，将公司科技发展重点列入了国家和上海市相关“十二五”规划。

2．C919大型客机项目圆满完成预发展阶段工作，顺利进入全面实施阶段；ARJ21新支线飞机研制、试验、试飞、批产等主要工作进展顺利。

3．基本完成三大中心项目立项。综合试验室厂房土建竣工，设计研发中心大楼基础工程完工，总装制造中心、客户服务中心二期、北京研究中心101号科研办公楼开工建设。大场基地ARJ21新支线飞机的热表处理生产线、变电站投入运行，总装交付中心、表面处理厂房等完成基础施工，基本形成ARJ21新支线飞机批生产能力。

4．大力开展信息化建设。顺利上报大型客机数字化工程方案，形成公司一体化网络，完善C919大型客机协同研制、ARJ21新支线飞机产品数据管理、客户服务等三大平台，启动质量管理系统等五项建设，完成人力资源管理系统一期等7个项目建设，公司信息化建设全面进入规划实施阶段。

5．全面实施人才强企战略，人才队伍建设工作取得丰硕成果。制定并实施人才战略规划，按照“择优选调一批、大胆使用一批、重点培养一批、海外引进一批”的思路，海外人才培养渠道不断拓宽，内部培训力度进一步加大，不断壮大人才队伍，公司员工增加到6500多人。坚持德才兼备、以德为先，加快推进选人用人工作的科学化、民主化和制度化。

6．民机产业体系建设取得重要成果。公司创新体制机制，按照“中国设计、系统集成、全球招标、逐步提升国产化”的思路，积极探索“主制造商－供应商”民机发展模式，举全国之力，聚全球之智，加快提升主制造商能力，加强央企合作、政企合作、银企合作、校企合作，大力推动国际合作，初步建成以公司为核心，联合中航工业，辐射全国，面向全球的民机供应链，民机产业体系建设取得了重要成果。

7．综合管理水平进一步提高。加快规范化、制度化、信息化的建设步伐，办公系统、质量体系运行有效，项目质量管理能力明显提升。财务管理、科技管理成效显著，标准、计量、内部审计监督与服务体系进一步提升。

8．深入开展“创先争优”活动。建立巡视工作制度和监事长制度，加强“三重一大”决策制度执行情况的专项检查，完善公司内部权力运行制约和监督机制，效能监察、“双重双优”创建活动等各项反腐倡廉工作。规范公司视觉识别系统建设，发布公司理念识别系统，大力开展质量文化、成本文化、廉洁文化等子文化建设，党建和企业文化建设取得新进展。

二、研制生产情况

C919大型客机项目预发展阶段成效显著。圆满完成

C919大型客机项目预发展阶段工作，顺利实现“完成初步设计、提交TC申请、确定先锋用户、转入详细设计、加快条保建设”的年度工作目标。

项目管理成效突出。编制《C919大型客机项目科研经费管理原则》、《国外供应商管理规定》等几十项规章制度，建立并完善供应商管理体系、客户服务体系和项目标准规范体系。

初步设计、联合定义工作圆满完成。进一步优化总体技术方案，形成全机结构初步设计方案。完成联合定义（JDP）工作，确定系统初步设计方案。高质量完成展示样机研制，成功亮相珠海航展。

关键技术攻关、国产材料和标准件研制进展顺利。开展100多项关键技术攻关。43个国产材料研制项目被国家批准立项。组织编发国产标准件研制专项工作计划。

制造准备、客户服务、质量管理和试飞规划等工作成效显著。制定研制阶段制造总方案、客户服务总方案及8份子方案，飞行模拟机已进入详细方案设计阶段。完成项目质量保证大纲，明确主制造商和供应商的质量控制及质量信息报送的要求。印发项目试飞规划方案，编制项目试飞实施方案。

供应商选择工作取得重大成果。经过多轮谈判，最终选定17家跨国公司和国内23家合作单位作为C919大型客机发动机和航电等14个主要机载系统供应商，确定国内首批16家材料供应商和48家国产标准件潜在供应商，基本完成供应商选择工作。

成功签署C919大型客机启动用户协议和100架飞机启动订单，标志着C919大型客机获得主流航空公司的认可，为项目转入工程发展阶段奠定市场基础。首次对外发布全球民用飞机市场预测报告，参加范堡罗航展、新加坡航展、重庆高交会等重要展会并引起较大反响，获得全球广泛关注。

编制适航审定基础说明、飞机符合性验证计划（PSCP）等申请文件和设计保证手册、程序文件规划。2010年12月24日，中国民用航空局向公司颁发C919大型客机型号合格证受理申请通知书，标志着大型客机适航取证工作进入全面实施阶段。目前，已完成55项大型客机项目适航程序、标准的规划，编制了《中国商飞公司持续适航体系建设方案》。

ARJ21新支线飞机研制工作取得重大突破。新支线飞机项目在项目管理、技术、试验试飞、适航取证等多条战线，在质量、安全管理、客户服务准备、国外供应商管理、预投产、飞机改装、研制经费调概和市场开发等各个方面齐头并进，为2011年完成取证交付奠定了基础。

加强两总系统指挥力量，组建了西安外场试验队，创新外场试验管理模式，加强外场管理和研制保障，完善重大试验试飞组织管理流程。组织42项重大技术攻关，全机稳定俯仰2.5克极限载荷静力试验、最大垂直力着陆极限载荷静力试验、机头鸟撞试验顺利完成，全机疲劳试验全面启动。104架机首飞成功。

适航取证工作取得重要成果。签署《ARJ21－700飞机预投产适航管理框架协议》。全面启动FAA影子审查工作。

全面开展项目质量复查和质量审查活动。建立月度质量分析报告和会议制度，通过适航当局对飞机预投产项目质量保证系统的审查，制定《ARJ21新支线飞机试验飞行事故应急预案》，确保试飞安全。

客户服务准备工作全面展开。制定飞机交付方案和首家客户服务计划，建立航材保税仓库和航材管理信息系统（SPMS），基本完成工程技术支援体系建设，交付首批技术出版物。

国外供应商管理体系进一步完善。成立项目国外供应商联合工作团队，建立供应商管理项目经理制度，制定《ARJ21新支线项目国外供应商管理规定》等制度。

签订了批产10架飞机部件订单，105架机进入部装。中科院遥感飞机改装总体技术方案通过了评审。基本完成ARJ21新支线飞机项目研制经费概算调整，新增科研经费约18.3亿元。11月17日，公司与中国航空技术国际控股有限公司成功签署100架飞机销售协议，加快开发国际市场的步伐。

【2011年发展趋势】

2011年，中国商飞公司的主要任务是：科学发展，全面贯彻落实发展战略和规划；攻坚克难，大力推进C919大型客机研制工作；决战决胜，确保ARJ21新支线飞机取证交付；对标一流，进一步加快公司能力建设；以人为本，全面加强人才队伍建设；拓展视野，进一步深化国际合作与交流；强化管理，不断完善公司运行体系；整合资源，继续深化监督体系建设；凝神聚力，大力加强企业文化建设。

主要措施是：认清形势，进一步提高对全面完成2011年任务的重要性、艰巨性和紧迫性的认识；加强学习，进一步提高广大干部职工能力和素质；解放思想，继续探索和完善民机发展模式；转变作风，大力弘扬高度负责、真抓实干、一抓到底的作风；创先争优，充分调动广大干部职工的主动性、积极性和创造性。

（殷　瑛）

上海建筑材料（集团）总公司

【概况】

上海建筑材料（集团）总公司是国有独资的产业集团，被列为2010年中国制造业500强和上海100强企业。集团直接投资并列为合并报表范围的企业64户，其中，全资企业12户，控股企业52户，另有8个参股公司和5个事业单位，在册职工8823名。

建材集团合并口径资产总额126.4亿元，负债总额64.4亿元，净资产62亿元，资产负债率为50.9%。2010年，集团完成营业收入50.6亿元。

建材集团以玻璃、水泥为核心业务，风力机叶片、多晶硅等与新能源相关的新材料是集团重点培育的产业。主营业务还涉及复合材料、墙体材料、防水材料、保温材料、化学管材的生产经营以及建材贸易、装饰装潢施工、仓储物流等。集团下有耀皮玻璃（600819）、棱光实业（600629）两个上市公司。此外，集团与美国美标、欧文斯科宁及德国伊通等世界著名跨国公司合资建立工厂，专业生产驰名全球的美标洁具、玻璃棉制品、加气混凝土等。

【2010年经济工作情况】

一、抢抓市场机遇，生产经营取得新业绩

随着我国经济转型发展，新能源、建筑节能、汽车等产业的发展成为市场热点，建材集团相关企业聚焦新能源新材料产业，牢牢抓住机遇，积极拓展市场，取得明显成效。在新能源领域，耀皮公司和玻钢院公司生产的压延玻璃、风力机叶片等产品共完成销售收入6.4亿元，增长13%；在建筑节能领域，耀皮公司、新型建材矿棉厂生产的工程玻璃、矿棉保温产品共完成销售收入16.7亿元，增长37%；在汽车领域，耀皮公司、耀皮汽玻公司、耀华新材料公司生产的汽车玻璃原片、汽车玻璃、汽车玻璃钢配件以及供应总公司汽配物流业务共完成销售收入13.2亿元，增长55%。这三大热点的相关业务拉动了集团整体销售收入的较快上升。据统计，集团全年完成营业收入50.1亿元，主营业务收入增长11.3%，利润总额超额完成年度预算目标。

2010年，建材集团万元产值综合能耗为0.651吨标准煤，下降14.1%，被评为“上海市节能先进企业”，标志着集团在2009年提前完成市经信委下达的“十一五”万元产值综合能耗下降35%目标基础上，继续取得新的进步。

二、加快项目建设，发展工作取得新突破

建材集团围绕核心产业，积极推进新建项目建设，进一步优化产业布局。上海耀华皮尔金顿玻璃股份有限公司常熟压延玻璃二期项目、耀皮天津工程玻璃二期项目、耀皮汽车玻璃填平补齐项目、上海耀华大中新材料有限公司LFT-D项目均按计划完工投入生产，上海万安企业总公司水泥窑技术改造项目按进度要求正在顺利推进之中。集团全年实施固定资产投资项目15项，完成固定资产投资5.54亿元。与此同时，一批重大项目正在抓紧做前期工作，争取尽快启动，其中，白龙港示范基地项目的立项工作正在抓紧推进中，新疆喀什水泥重组项目已签订合作框架协议，江苏东台风力叶片项目、江苏大丰岩棉项目已经完成项目签约，江苏仪征汽车玻璃项目正在抓紧完成项目签约，这些项目总投资达数十亿元，项目实施后将进一步提升企业的技术水平和竞争实力。

建材集团进一步加强科研制度建设，不断推进企业技术进步。集团制定和出台《上海建材集团科研项目管理办法》，进一步发挥集团的科研导向作用。积极推进产学研合作，与中科院上海硅酸盐研究所签订战略合作协议，就温控玻璃等项目开展合作，取得一定进展；与复旦大学相关学院合作开展污泥深度脱水工艺的研究，已经进入产业化阶段。继续加大对企业科技工作支持力度，完善科技管理工作模式，促进企业科技创新工作的开展，确定“太阳能电池盖板用减反膜玻璃”等6项集团重点科研项目，签订项目合同，全年下拨项目支持资金650万元，相关项目已经取得多项成果，集团各企业共申请专利21项。

三、坚定推进改革，结构调整取得新成果

建材集团大力推动资产重组工作，经过持续努力，上海棱光实业股份有限公司定向增发工作取得成功，实现上海玻璃钢研究院有限公司资本证券化。集团将上海耀华玻璃厂所持有的上海耀华皮尔金顿玻璃股份有限公司16.14%股份划转至集团持有，使集团真正成为耀皮公司第一大股东（持股26.33%），为集团进一步做强上市公司，充分发挥好上市公司的平台作用奠定了基础。与此同时，集团持续推进剥离辅业工作，积极做好三类企业清理工作，完成85户壳体企业销壳任务。通过清理、销号，释放土地资源28000平方米，通过土地置换和盘活存量，集团全年合计取得现金收入16549万元。

四、完善管控模式，企业管理得到新提高

建材集团继续积极完善管控模式，进一步加强风险控制，确保集团运营安全。为了防止国资流失，规避经营中的风险，加强了事业单位审计、参股企业查账工作，开展“小金库”治理、投融资项目等专项检查，对揭示的问题进行跟踪、督促整改。在实施投资项目、资产转让过程中，监审工作做到事前介入、事中监督、事后跟踪，确保程序规范。

建材集团以预算管理为主线，坚持编制每月滚动预算，加强对企业资金运行的监管，严格控制各企业信贷规模和投资风险，并注重提高资金使用效率。在预算管理上，重点抓好预测预报，及时捕捉分析经营活动的动态信息，强调各个分预算之间的总体协调和衔接工作。

此外，进一步完善集团科技领军人才管理办法，选拔和确定12名集团科技领军人才。不断完善经营者、党组织书记激励机制，继续实施利润提成激励与重点工作考核相结合、经济指标与重点工作相结合的薪酬契约化管理。

五、服从世博大局，维稳工作取得新成绩

建材集团按照市委、市府的工作部署和要求，扎实做好上海世博会安保维稳工作。集团各级领导干部按照“谁主管、谁负责”的工作原则，认真落实安保维稳工作责任制，制定安保维稳应急预案，强化日常生产及危化品、特种设备、租赁厂房的安全监管，及时整改各类隐患，确保一方平安。在做好安保维稳工作的同时，集团所属企业积极向世博建设工地提供优质产品，支持世博场馆建设。玻璃、水泥、矿棉等九类产品在世博场馆建设中应用，获得好评。世博期间，集团有关部门积极做好各项接待工作，为世博会成功举办作出了贡献。

【2011年发展趋势】

2011年，上海建材集团经济工作的总体要求是：以邓小平理论、“三个代表”重要思想和科学发展观为指导，深入贯彻党的十七届五中全会、中央经济工作会议和市委九届十三、十四次全会精神，全面落实国盛集团工作会议要求，坚持“创新驱动、转型发展”，加快项目建设和科技创新，做大做强与新能源、新材料、循环经济相关的主营业务，持续提高集团核心竞争力；大力推进生产经营和不动产资源开发，不断提高集团经济效益；加大改革调整力度，利用上市公司平台推进重组联合，不断优化资源配置；坚持以人为本，加强精神文明建设和企业文化建设，努力建设和谐企业。

重点抓好八方面工作：一是着力推进重点项目建设，为集团长远发展奠定扎实基础；二是着力加强科技投入，持续提高集团核心竞争力；三是着力开拓两个市场，不断提高集团经营效益；四是着力完善管理体制机制，提升集团不动产资源价值；五是着力坚持开放性市场化重组，推进集团改革调整优化资源配置；六是着力推进人才队伍建设，为集团改革发展提供人才保障；七是着力完善管控体系，提升集团内部管理水平；八是着力加强企业文化建设，努力构建和谐企业。

（朱宏才）

上海烟草（集团）公司

【概况】

上海烟草（集团）公司是一个以卷烟工业为主的多元化、集约化、现代化的大型国有企业。2010年，公司实现税利583.8亿元，其中，利润150.3亿元，净资产达到747亿元。公司被上海市人民政府评为第十五届“上海市文明单位”；被上海市质量技术监督局评为“2010年度上海市标准化工作先进集体”；被上海世博会执委会评为“上海世博工作优秀集体”。

公司拥有一流水准的卷烟工业企业以及烟草储运、印刷、机械、材料等配套工业企业，并涉足商业、物流产业以及宾馆酒店、金融保险等行业。2003年和2004年，公司先后与北京卷烟厂和天津卷烟厂实现战略性联合重组。

目前，公司出品的主要卷烟品牌有“中华”、“熊猫”、“红双喜”、“中南海”、“牡丹”、“上海”、“大前门”、“江山”、“恒大”等。多年来，以“中华”卷烟为代表的集团名优品牌以其高知名度和高品质赢得全国卷烟消费市场的推崇，并始终保持畅销不衰。

【2010年经济工作情况】

公司紧紧围绕行业“卷烟上水平”战略任务，着力推进市场营销、技术创新、企业管理、文化建设、队伍建设“五个上水平”各项工作落实，依靠全体干部职工的不懈努力和扎实工作，圆满完成“541”年度目标任务，全面实现“十一五”发展目标，保持了集团持续健康发展。

一、明确“百万千亿”目标，确定集团发展战略，经济效益实现快速增长

明确提出“中华”品牌“百万千亿”目标。围绕国家局“卷烟上水平”战略任务和“532”、“461”品牌发展目标，结合实际，分析现状，找准位置，明确定位，提出全面实施“中华”品牌“百万千亿”工程的总体思路，并在行业内率先向国家局党组进行了汇报。国家局领导给予充分肯定和高度评价，并表示全力支持“中华”品牌的发展。“百万千亿”目标的确立，对外进一步树立上海烟草的形象，对内凝聚干部职工的人心，为推动集团改革发展注入新的强大动力。

研究确定集团“1+3”品牌发展战略。紧紧围绕“百万

千亿”目标，在深入思考、广泛听取各方意见的基础上，提出以“中华”品牌为核心的集团“1+3”品牌发展战略，明确“中华”在集团品牌发展中的核心地位及“中南海”、“红双喜”、“熊猫”品牌的发展方向和目标定位。“中华”要成为凸显“五个之最”的中式卷烟代表品牌；“中南海”要保持国内混合型卷烟第一品牌地位；“红双喜”要努力打造成为国内低焦油和喜庆市场首选品牌；“熊猫”要成为集团发展的潜力品牌和新的增长点。

积极谋划集团“十二五”发展。围绕《烟草行业“卷烟上水平”总体规划及五个实施意见》，明确集团“十二五”规划编制的指导思想、工作方针、总体目标和主要内容，并通过细化职责分工、落实工作进度、组织专题调研、听取各方意见等一系列措施，编制集团“卷烟上水平”总体规划和10个专题篇，形成较为完整的规划体系，引领和推动“卷烟上水平”各项工作扎实有效开展。

始终坚持“控制总量、稍紧平衡”方针，准确把握市场动态，柔性安排产销结构，有序组织卷烟生产，主动调控货源投放，做到“市场需求基本满足、零售价格持续稳定、社会库存保持合理”，经济运行呈现“速度快、质量高、可持续”的特点，经济效益在高位实现快速增长。全年，集团累计生产卷烟260.96万箱，销售卷烟269.93万箱，分别增长3.18%和2.96%。出口卷烟63.9万件，创汇1.37亿美元，分别增长10.33%和8.45%。预计实现工商税利587.3亿元，利润150.3亿元，分别增长40.93%和18.93%。公司净资产达到701.01亿元，增长8.17%。

二、增强品牌竞争能力，做好“世博营销”工作，市场建设取得新的成效

深入推进重点品牌发展。聚焦“中华”品牌，以精确信息、精准投放、精细管理为抓手，将精准营销扩展到全国59个地级市，保持“中华”在高档烟市场“价格最优、库存最稳、份额最高、销量最大”的良好表现。探索实施“红双喜”、“中南海”驱动营销，切实加强品牌培育，合理引导市场消费，取得预期的效果。把培育品牌作为商业企业第一要务，抓好终端维护、网上订货、营销服务、现代物流等工作，确保卷烟销量平稳增长、结构合理提升，基础管理更加扎实，服务水平持续提高。加强拓展海外市场的策略研究，明确“走出去”发展的目标方向，积极探索“落地生产”、“落地销售”合作机制，运用信息化手段加强品牌和市场的整体建设。“中华”、“金鹿”、“红双喜”、“中南海”出口数量继续位居全国单品牌出口前六位。

全力做好“世博营销”工作。以上海举办世博会为契机，从发展机遇的角度、谋求合作的思路、世博营销的观念出发，在集团上下的共同努力下，不仅成功接待行业来宾13万人次，真诚感谢和回报行业的支持，而且确保世博接待和生产经营“两不误”。期间，出色完成全国烟草专卖局长、公司总经理座谈会和工信部2010年工作座谈会等重要会议的会务保障工作。通过“世博营销”工作，扩大集团和品牌的影响力，树立一批优质服务“窗口”，培养一支世博志愿者队伍，形成以“不辱使命的负责精神、勇挑重担的拼搏精神、无私忘我的奉献精神、团结协作的团队精神”为主要内容的“世博精神”，丰富“和搏一流”企业文化内涵。公司（集团）荣获“上海世博工作优秀集体”称号。

始终保持打假高压态势。按照“端窝点、断源头、破网络、抓主犯”打假方针，把“四区”（世博区、旅游区、商业区、示范区）和运输分销枢纽作为整治重点，组建“海宝”特别行动队，加强与公安、司法等部门的协同执法，深入开展卷烟打假工作，为上海世博会和“卷烟上水平”提供了良好的市场环境。全年共查获各类非法卷烟2.08万件（其中，假冒卷烟1.5万件），总案值1.26亿元；破获符合国家局标准网络案32起，为近年最多；全市卷烟市场净化率达98.01%；协助公安司法机关抓获涉烟犯罪嫌疑人316名，依法刑事拘留119人，有197人被依法追究刑事责任。国家局、公安部2010年1号督办案的破获，实现了上海中心城区在跨地区合作破获重大涉烟违法案件上的新突破。

三、大力实施自主创新，加快推进科技创新园区建设，企业竞争实力持续提升

加快科技创新园区建设。围绕品牌发展战略，面向未来，着眼长远，超前思考，迎难而上，积极谋划集研发试验、生产制造、仓储物流于一体的科技创新园区建设。在上海市委、市政府和国家局的高度重视关心下，在市经信委和浦东新区有关部门的大力支持帮助下，仅用近5个月时间，就完成科技创新园区战略框架协议、投资项目协议的签约，取得国家局关于购置项目建设用地的批复，展开康桥工业园区1280亩土地规划的修编、报批等一系列重要工作。

扎实推进技术改造项目。“中华专线”项目生产工房主体实现结构封顶，并顺利通过优质结构验收，土建工程进入收尾阶段。北京卷烟厂技改项目各类设备设施运行良好，达到了规划总体设计要求。天津卷烟厂技改项目实现全面搬迁并正式投产，为下阶段高起步运行奠定了扎实基础。

着力加强品牌开发维护。积极实施减害降焦战略，加强对卷烟烟气、吸附剂的分析测试，深化以选择性减害为目标的配方、辅料、工艺优化研究，加大复合滤棒、烟草薄片研发和推广应用力度，有序推进降焦改版工作。切实加强卷烟新品研发，“中华”、“中南海”等10多个规格的新品研发工作取得积极进展，“红双喜”（晶派）成功上市，“熊猫”礼盒完成新版包装设计。精心组织重大专项实施，不断加大特色工艺、叶组配方、增香保润、风格特征、质量安全以及“中华”系列标准等关键技术研究力度，有力发挥重大专项

对集团科技进步的带动引领作用。强化质量监督检测，深化质量波动研究，加强对多点联合生产产品的一致性评价，确保了产品质量稳中有升。

健全完善科技创新体系。形成以品牌为主线、项目为载体，中心与工作站、研究室分工明确的集团技术中心内部运行体系，建立“以能力定岗位、以业绩定激励”的分配激励制度，构建技术人才培育三级递进模式，完善技术创新项目管理、能力评价、成果转化等系列标准。有针对性地开展质量改进、QC活动及合理化建议等群众性主题创新活动。“双多、双联”学术活动形成新的格局。

切实增强信息化保障能力。深入推进三地四厂MES（生产制造执行系统）和集团ERP（资源管理系统）平台建设，进一步完善协同研发系统功能，深化数据中心信息应用；完善企业门户管理构架，加强信息安全运维管理，为进一步加强集团化管理提供了技术支撑。

四、提高基础管理水平，加大内部监管力度，企业管理更加严格规范

扎实推进全面对标和体系贯标工作。围绕“对比标杆、改进短板、总体提升、争创一流”目标，以“指标体系化、改进项目化、管理制度化、工作信息化”为要求，构建集团关键绩效指标体系，全面推行集团对标工作项目管理。建立标准和制度统一策划、分类制定、统一评价的工作机制，进一步完善了集团规范性文件体系；全面推进商业企业质量标准体系并轨工作，初步建立“统一平台、分类管理、目标导向、分层运行、专业指导、系统推进”的集团化体系运行管理模式。

深入开展基层创优工作。以“打牢基础、强化功能、提升素质、增强活力”为目标，全面抓好基层建设各项工作。工业企业紧紧围绕“质量、成本、交货期、安全和队伍”主题，提出“职业自觉、现场主动”新的管理理念，积极“争创一流工厂”。京津沪三地四厂深入推进柔性化组织、同质化生产、市场化服务、精细化管理，实现管理和技术的持续进步；各配套企业围绕卷烟主业做好服务，进一步提升对集团的贡献度。商业企业深入开展“优秀专卖分局、有限公司”创建活动，着力发挥市场主体作用，切实加强工作标准、业绩评价、财务控制、教育培训四个体系建设，形成较为系统的企业内部管理机制。

切实加强内部管理监督。研究制订“三项检查”长效运行管理考核办法，深入开展“小金库”专项治理工作，实现了对重点领域、关键环节的常态化监督。扎实推进审计委派制，严格按照“关注风险、关注重点”原则开展“在线审计”，有效发挥了审计监督“免疫系统”作用。全面推行“明示与承诺”制度，试点推进办事公开、民主管理工作。整合监督资源，发挥监管合力，建立审计、法规、纪检三部门监督工作联席会议制度。

着力提升专业管理能力。积极构建集团预算指标体系、制度框架，形成“三算合一”预算管理模式；不断完善集团资金监管体系，加大资金分层分类控制力度；梳理统一会计核算标准，制定集团会计合并初步方案，进一步提高了集团财务管理水平。高度关注“市场要货数、产品交货期、质量可靠性”，加强产销计划与生产资源的统筹协调，建立“中华”卷烟生产KPI指标体系和卷烟生产过程质量综合评价机制。认真贯彻“主动参与、深度介入”方针，持续推进烟叶资源配置方式改革，加强以品牌为导向的“四位一体”烟叶基地管理，完成20个基地单元建设任务，形成“中华”品牌烟叶原料保障规划。积极促进资质认证管理与招标采购有机结合，巩固完善供需双方战略合作伙伴关系，进一步推进物资供应链、质量链建设。深入推行安全生产“一岗双责”制度，全面落实安全生产责任，强化安全标准化管理，严格防范各类安全事故发生，确保企业安全稳定。不断深化设备要素管理，建立设备管理绩效评价指标体系。加强对多元化投资的集中归口管理，完成王宝和大酒店等10家企业的股权划转工作。围绕世博接待服务工作，进一步提升酒店餐饮、后勤保障及三产、博物馆等的服务能力和管理水平，体现了良好的窗口服务形象。

五、加强集团文化建设和党风廉政建设，全面开展“创先争优”活动，职工队伍素质不断提高

持续深化企业文化建设。切实加大集团文化提炼和宣贯力度，建立完善集团文化建设体系和母子文化架构。积极打造“海烟”服务品牌，围绕“服务创造价值”的理念，提升“诚信、共赢、负责任”的“海烟”服务形象，按照“业务无投诉、服务无条件、管理无缺陷、工作无差错”的要求，初步建立全方位、全覆盖的市内服务体系。形成4类人员10个窗口的职业行为规范；通过国家局“五五”普法检查验收；完成《上海烟草志》(1993-2003) 编纂出版工作。

扎实开展“创先争优”活动。围绕在“‘达标创优’工作中创先争优，在‘百万千亿’工程中建功立业”活动主题，打造基层党建品牌，部署特色工作任务，提出具体承诺目标，积极落实“一个支部一个堡垒，一个党员一面旗帜”要求。重点加强“工人先锋号”和劳模先进群体培育，持续创新关心关爱工作机制，深化完善职工满意企业创建活动，进一步推动劳动关系和谐企业建设。紧紧围绕“四个引领”工作主线，组织开展“为世博加油，为青春喝彩”主题实践活动，不断完善团青选优、推优工作机制，激励团青立足岗位、实践成才。

切实加强领导干部队伍建设。修订完善《局、(集团) 公司党组议事规则》，为党组决策的科学化、民主化和工作的规范化、程序化提供了制度保障。注重学习型领导班子建

设，通过“走出去、请进来、坐下来”等方式，先后5次开展党组（党委）中心组联组学习，进一步提高了领导干部的党性修养和领导能力。全面开展“五个上水平”主题学习活动，组织集团900多名科级干部、机关500多名一般干部分12批参加封闭式教育培训，使各级干部更加坚定推进“五个上水平”、实现“百万千亿”工程的信心和决心。持续开展以“规范履权”为主题的党风廉政教育活动，明确“一岗双责、逐级负责”要求，健全党风廉政责任制，有力推进了管理监督一体化工作和集团标准化惩防体系建设。

不断推进干部人事制度改革。坚持德才兼备、以德为先用人标准，形成加强后备干部培养等10个方面的具体措施。制定《关于进一步从严管理干部的实施意见》，修订领导班子和领导干部年度考核办法。推进跨地域、跨工商、跨条线的干部交流和培养，年内有53名干部交流挂职。初步形成基于岗位管理和业绩评价的员工晋升激励机制；完成市场营销、宾馆管理、工艺配方等多个重要管理技术岗位竞聘工作。

高度重视“两高”人才培育。制定《专业技术岗位聘任工作管理办法》（初稿）及实施细则，完成专业技术职称聘任和博士后进站工作。积极营造有利于高技能人才成长的良好氛围，在行业首届卷烟商品营销职业技能竞赛和第二届烟草行业卷烟鉴别检验技能竞赛中取得佳绩。

不忘“报效国家、回报社会”，营造企业和员工、企业和社会和谐发展的良好局面。2010年，向“中华慈善教育基金”再次捐款1000万元，累计捐款近1.5亿元；资助家境贫困且品学兼优的学生累计6.3万余人次。向云南、福建等烟叶基地捐款1290万元，帮助当地救灾助学，进一步树立上海烟草集团负责任的企业形象。

【2011年发展趋势】

2011年，坚持以党的十七大精神为指导，深入贯彻科学发展观，全面落实“卷烟上水平”的基本方针和战略任务，坚持做精做强，着力开拓创新。围绕“中华”牌为核心的“1+3”品牌发展目标，紧扣科学发展主线，提高发展质量；深化体制机制改革，提高效率活力；突出严格规范管理，防范企业风险；积极开展“基础年”活动，夯实新一轮发展基础。重点提升技术创新和市场营销能力，全面推进“五个上水平”，为集团实现“十二五”发展目标，谋好开局、打好基础，确保集团持续健康发展。

2011年的企业目标简称“1521”，即聚焦一个发展主题——促进“1+3”品牌健康发展；全面推进五个上水平——技术创新、市场营销、企业管理、队伍建设、文化建设上水平；突出两个重点——深化企业改革，规范企业运行；实现一个目标——高质量完成年度各项目标，实现企业和谐发展，为确保“十二五”期间集团持续健康发展，谋好开局、打好基础。主要措施：

一、聚焦“百万千亿”工程，推动集团“1+3”品牌持续健康发展。积极推动“中华”品牌规模和价值增长。强化“1+3”品牌的市场维护和技术维护。健全完善集团品牌管理流程和机制。策划实施“中华”品牌60周年系列宣传活动。

二、持续推进技术创新，为集团发展提供强有力的技术支撑。继续实施集团重大技术专项和在行科研项目。启动新的技术重大专项和一批科研项目。不断完善“市场导向、营销主导、技术主体”的产品研发机制和程序。大力推进技术改造重大项目建设。认真抓好采购中心工作，搭建集团采购统一管理平台。进一步强化“1 + 3”品牌质量监督检验、一致性评价、分析反馈和指导改进工作。加大学术成果跟踪考察、推广应用力度。

三、切实抓好营销工作，进一步提升市场建设水平。形成“中华”品牌精准营销完整模式。搭建“工商零”一体化、面向消费者的市内现代营销体系框架。探索建立“落地生产、落地销售”境外合作生产基地。积极建立具有上海烟草特点的市场监管体系。不断增强生产组织应变能力。不断深化设备全要素管理。

四、积极开展“基础年”活动，夯实集团新一轮发展基础。建成集团工商企业一体化管理体系运行综合平台。规范法人治理结构下的预算运行模式。进一步加强集团信息化管理。继续推进对标管理，持续开展“优秀基层单位”创建活动。加强多元化投资管理。积极构建“大安全”管理框架。着力提高后勤服务质量和效率。

五、始终坚持以人为本，努力建设一支高素质的职工队伍。持续推进“四好”领导班子建设。加强领导干部队伍建设。组织建党90周年党建主题活动，深化“创先争优”活动。加强后备干部队伍建设。加快重点领域高层次人才培养。

六、紧紧围绕和谐发展，不断推进企业文化和品牌文化建设。注入“创新文化元素”，探索集团母子文化管理模式。深化“教育、责任、评价、保障、监督”五个体系，推进“两个至上”、“四进”活动取得成效。按照“品牌化塑造，体系化建设”要求，加强“海烟服务”品牌体系化建设。

七、深入推进企业改革，着力增强集团的效率与活力。探索建立董事会运行机制和制度，完善对外投资企业法人治理结构。全面规划集团现代物流建设，探索具有上海烟草特色的物联网建设。试点建立技术中心非法人实体的机制、体制、内部运行方式和评价激励办法。深化干部人事制度改革，加大竞争性选拔干部的力度。完善集团绩效管理方式，探索建立多序列的工资薪酬体系。

八、切实抓好“两项”工作，确保企业规范运行。全面落实国家局“两项工作”要求，强化内部有效监管和严格考核。整合内部监管部门资源，推进集团内部监管体系建设。深化党风廉政教育和企廉文化建设，深化标准化惩防体系建设。以风险、内控为主线加强审计监督，应用并优化审计信息化系统。组织风险管理的学习培训，构建重要风险管理框架。与此同时，积极落实产销目标计划，确保集团经济效益保持稳定较快增长。进一步强化有限公司主体意识，持续提升经营业绩和管理水平。坚持以维护“双发展”为主线，推进员工素质工程建设。积极推进清洁生产，提高集团节能降耗减排水平。通过扎实有效的工作，为确保“十二五”期间集团持续健康发展谋好开局、打好基础。

（吴敏竹）

中铝上海铜业有限公司

【概况】

中铝上海铜业有限公司是中国铝业公司控股子公司，于2006年8月28日在上海注册成立。公司注册资本122324万元，落户于上海市宝山区泰和路1088号，占地总面积42万平方米，建筑总面积17万平方米。

公司由5个股东共同发起设立，分别是中国铝业公司、上海仪电控股（集团）公司、上海有色新材料（集团）有限公司、上海长江有色金属现货市场、上海闵马投资管理有限公司。公司董事长张程忠。

公司从事有色金属材料加工和进出口业务等，主要产品为铜及铜合金板、带、箔、管、棒、线、型和复合材，以及半导体材料和高纯金属。铜材产品牌号全、种类多、规格齐、技术标准水平高，产品被广泛应用于电子信息、电力设施、汽车、船舶、航天航空、国防工业及重大装备等领域。公司充分利用合作各方在资源、技术、品牌、经营、市场等方面的优势，重点发展新材料产业，服务于上海先进制造业和现代服务业，并加快在上海建设精品铜材生产基地。

【2010年经济工作情况】

2010年，公司围绕经济效益中心，扎实做好学习实践科学发展观活动的整改落实工作，以“转观念、抓改革、调结构、促发展”主题实践活动为载体，深入开展“创先争优”活动，全力打好控亏增盈攻坚战，积极推进全方位深度结构调整，逐步深化管理改革创新，持续开展全方位对标，抓紧抓好项目建设，生产运行呈现总体平稳态势，各项工作取得新进展。

一、控亏增盈工作取得阶段性成果

公司密切关注市场形势变化，立足企业自身，按照全年整体工作目标，积极争取政策支持，持续做好控亏增盈工作，努力实施全方位全过程全口径的降本增效，稳定和提高生产质量，积极开拓市场，提升经济效益。

1. 向市场要效益。公司重视抢抓市场机遇，积极调整产品结构和营销策略，扩大出口，促进生产平稳有序运行。同时，外贸竞争取得实效，出口铜材销量比预算提高50%。公司促进营运联动，发挥各子公司作用，为完成企业全年目标作出了贡献。

2. 向管理要效益。对生产组织系统推进扁平化管理，注重产品质量，大力压缩在制品，重视交货期，提升精细化操作水平，以“反违章”为抓手，强化安全生产，提高生产效率。有效借助新线的装备和技术培训力量，为整体生产注入活力。公司完善预算管理，强化内部审计，争取融资优惠政策，严格管控各项费用支出，加强能耗管理，大力压缩非生产性费用支出，提升后勤保障能力，有效配置资源。公司中铝科研基金项目《高使用寿命金属陶瓷挤压模的研制》等五项研发项目获实质进展，同时提交专利申请四项。

3. 向政策要效益。公司积极争取优惠政策支持，得到中铝公司、上海市对铜板带项目的政策支持、产业结构调整补助、科技发展节能减排项目资金资助等多项资金共2928.17万元。

2010年，公司经济运行总体平稳。累计完成铜材产量50032吨，比上年增长17.5%。累计完成主营业务收入889039万元，增长12.64%。基本实现扭亏目标。各项主要技术经济指标基本保持企业近年来较好水平。

二、企业管理改革创新初见成效

加快实施企业管理体制改革创新。按照“定位准确、职能清晰、管控有力、人员精干、运行高效”的总体要求，本部管理部门从11个精简至8个，全体中层干部重新竞聘上岗，处级干部减少19.23%。调研员制度和协理员制度顺利推进。二级单位机构设置和一般管理岗位的定岗定员方案正在加快实施。同时，五级工程师、技师的职务竞聘上岗开始试点实施，涌现一批技术带头人，多渠道地为技术人员和普通职工构建职业愿景开辟通道。

推进分配制度向一线岗位、关键岗位倾斜，抓好业绩考核与专项工作挂钩。结合生产经营和发展需要，加强职工培训。全年共组织职工培训2646人次，推进队伍建设，提升了职工技能和素质。

以提高质量、节能降耗、加强管理、增加效益为主要目标，通过开展质量月活动等工作，落实改进措施，推进质量提升。

进一步加强基础管理，强化组织机构调整后的管理职能和管理职责，理顺后勤服务体系，对企业安全生产提供基本保证。

三、板带工程项目全面进入调试阶段

2010年，上铜板带项目投资计划5.04亿元，全年实际完成投资44649万元，完成年计划88.51%。项目累计完成建设投资概算的71.6%。

加快推进项目建设进度，严控建设费用，重视工程质量，强化风险防范，确保施工安全和质量达标。同时，加快建立适应新板带生产线的管理体制和运行机制，完善考核激励机制，着手市场开拓和人员组织，积极争取各项配套政策，争取节能减排、自主创新等方面资金政策支持，为保证项目试生产做好前期准备，力争在2011年上半年完成除压延铜箔生产线外的板带生产线贯通。

至12月末，主体设备（除2号轧机外）安装工作基本完成，进入调试阶段。板带项目生产准备开始布局。新线生产准备相继开展。相关生产报表和机组生产日报、原辅料的收发等基础台账初步建立，与一板带厂、供销分公司等相关单位的衔接及工作流程逐步理顺。

新线人员培训加快实施。集中上课培训达160多人次，实际操作培训15人，特殊工种上岗证培训20人，取得一定效果。

四、党建和群众性工作取得新进展

公司党委发挥政治核心作用，落实党风廉政建设责任制，构筑反腐倡廉惩防体系，深入开展效能监察工作，组织动员党员积极参与“世博先锋行动党员文明承诺”活动。同时，以“转观念、抓改革、调结构、促发展”主题实践活动为载体，积极开展“创先争优”活动。各级党组织围绕公司活动实施方案，认真抓好各项“规定动作”，力争体现上铜特色。

坚持科学发展，重视推进深化厂务公开工作，完善企业职工代表大会制度，加强工会组织建设，规范劳动用工制度，构建和发展和谐稳定的劳动关系，切实维护职工的合法权益。

充分发挥各基层团组织作用，多渠道搭建青年人才培养通道，激励青年职工岗位成才。

推进企业文化建设，全心全意依靠企业职工，努力保持企业经济运行的总体平稳和员工队伍的和谐稳定。

不断深化群众性建功立业活动，“控亏增盈，班组先行”主题活动取得成果。公司结合现场管理专项检查，持续开展安康杯劳动保护竞赛活动，进一步强化安全生产管理。

坚持“以人为本”，改善职工生产生活环境，积极开展送温暖活动。连续4年获得上海市总工会保障工作先进集体称号。

【2011年发展趋势】

2011年，公司要把握大局，坚定信心，完善思路，扎实工作。既紧紧抓住和切实用好企业当前发展面临的机遇，又全面把握和有效应对市场更为严峻的挑战。激励全体干部职工，把企业改革发展的各项工作做得更好。

经济工作的指导思想是：坚持以科学发展观为指导，全面贯彻党的十七届五中全会精神，认真落实中铝、中铜公司工作会议的总体要求和公司董事会的具体工作安排，坚持把全方位结构调整作为主要抓手，把管理创新作为重要支撑，把提高经济运行质量和效益作为主攻方向，把抓好项目建设和企业和谐稳定作为保障基础，更加注重以人为本，促进企业全面协调发展，实现“十二五”良好开局，全力完成年度生产经营和改革发展的各项任务。

经济工作的主要目标是：铜材产量：52600吨；主营业务收入：862338万元；新线上半年主体设备进入试生产。

公司将2011年确定为“管理改革年”，着力做好以下工作，推进生产经营和改革发展任务的实现。一是坚定信心，继续巩固提高控亏增盈阶段性成果；二是持续改进，逐步夯实企业基础管理；三是新厂新办，尽快发挥板带新线引领作用；四是创新机制，加快提高职工队伍素质；五是创先争优，不断提升党组织凝聚力；六是以人为本，努力构建和谐向上的企业文化。

（邱子雄）

上海船舶工业公司

【概况】

上海船舶工业公司是中国船舶工业集团公司（以下简称“中船集团”）在上海及苏、皖地区的派出机构，主要任务是受中船集团委托，对中船集团在上海及苏、皖地区的企事业单位进行必要的管理、协调、监督、服务。

上海地区集中了中船集团绝大部分骨干船厂，造船产量约占全集团造船总量的80%以上，技术和管理水平在国内处于领先地位，具有较强的国际竞争力，担负着我国机电行业出口创汇和海军装备生产的重要任务。

通过多年的发展，上海船舶工业具有了建造吨位大中小型，技术含量高中低档的各类用途水上、水下军民用船舶产品、海洋工程产品和配套设备、产品的开发能力、技术能力、生产能力。产品种类从普通油船、散货船到具有当代国际水平的化学品船、客滚船、大型集装箱船、大型液化气船、大型自卸船、高速船、液化天然气船、超大型油轮（VLCC）及海洋工程等各类民用船舶与设施，同时，在大型钢结构制作等多方面具有优势。

在做大做强造船主业的同时，积极发展壮大修船业、船用配套以及钢机构等非船业务。能够从事从一般海损坞修到大工程改装修理，建造了多型号、多系列的大型船用中、低速柴油机，在其他配套产品的开发生产上也取得了骄人的业绩。积极参与上海和全国各地城市的基础建设，先后承接建造了上海南浦、杨浦、徐浦、卢浦大桥，上海东方明珠、上海大剧院、浦东国际机场、八万人体育场等为代表的大型市政工程的钢结构制作和安装以及地铁、隧道盾构的制作、维修，为市政建设作出了重大的贡献。

【2010 年经济工作情况】

2010 年，上海船舶工业克服国际船市持续低迷的不利影响，逆势上行，强化内部管理，积极开展科技创新，增强企业核心竞争力，保持了增长势头，为“十一五”划上圆满的句号。

一、主要经济指标再创新高

2010 年，上海船舶工业实现造船总量和经济总量的快速增长，造船完工量突破 1300 万载重吨，工业总产值超过 700 亿元。

主要经济指标如下：全年完工船舶 110 艘，比上年增长 31%；完成造船产量 1211 万吨，增长 41%；全年完成工业总产值 586 亿元，增长 22%；实现销售产值 586 亿元，增长 22%；完成出口交货值 383 亿元，增长 6%；完成柴油机 152 台，增长 11%；功率达 214 万千瓦，增长 1%；全年承接各类合同金额 600 亿元，增长 110%；其中，签约新船订单 1200 万吨，增长 300%。

外高桥船厂造船完工 706 万载重吨，成为我国第一家年造船产量突破 700 万载重吨的船厂；沪东中华交船 33 艘 220 万吨，首次突破 200 万吨；上海船厂完工总量超过 100 万吨，迈入百万吨级大厂行列；长兴重工克服重重困难，交船 14 艘，总吨位逼近百万吨；江南造船集团在承担艰巨繁重的高新工程任务情况下交船 11 艘，合计 71.7 万吨。配套企业均全面完成或超额完成年度计划，沪东重机、中船三井等柴油机企业继续保持快速增长势头。

二、科技创新能力实现新的提升

上海船舶工业企事业单位以科技创新促进经济发展方式的转变，加大对三大主力船型的开发，科技创新能力实现新的提升。其中，上海江南长兴造船有限责任公司承担、上海外高桥造船有限公司参与研究的“VLCC 关键技术研究”项目，掌握 VLCC 船研制的关键技术，研制出上海市第一艘具有自主知识产权的 29.7 万吨 VLCC 船，打破国外船厂在此领域的垄断局面。沪东中华造船（集团）有限公司攻克 14.7 万立方米大型薄膜型液化天然气（LNG）船的蒸气动力推进系统、超低温液货驳运系统、超低温货物围护系统三大建造难关；掌握围护系统安装平台搭建、绝缘箱制造与安装、殷瓦焊接等一批核心技术，突破高温高压蒸气管系统的冲洗试验、锅炉点火试验、主机动车、船舶气体试验、液货舱脚手架搭载与拆卸、泵塔制造与吊装等关键难题，形成 LNG 船建造工艺企业标准，填补了我国 LNG 船设计建造的空白，达到国际先进水平。另外，沪东中华造船（集团）有限公司建造的 8530TEU 超大型集装箱船（“MSC 纳瓦里诺”号）首次出口希腊，该船满足 EP 船级符号，绿色环保。上海船舶研究设计院自主研发设计的世界最大 8000 车汽车滚装船设计完成，自主研发设计的 23 万吨矿砂船交付使用。沪东重机有限公司承担的“核电厂用 6000 千瓦应急柴油发电机组成套设备研制”项目，获国家核安全局制造许可资格，成为国内第二家获得认可的核电柴油机组供应商。沪东重机有限公司承担的高技术船舶科研项目“船用柴油机数字化集成制造平台技术开发研究”，通过国家工业和信息化部组织的验收，实现船用柴油机研发设计、制造的数字化，为建立“数字化设计、模块化制造、供应链配套、总装化生产”的船用柴油机制造新模式奠定技术基础。上海船舶工艺研究所“全自动坡口切管一体机研究”项目通过成果鉴定，项目成果可使船厂管子加工的生产效率整体提高 50%−80%，可降低 10%−30% 的生产成本。

三、精益管理水平进一步提高

为克服金融危机影响，上海船舶工业各企事业单位积极自我加压，以管理创新求突破，深化各项管理。其中，沪东中华造船（集团）有限公司研发的船舶产品三维数字化设计系统（SPD)，实现 CAD/CAPP/CAM 集成，采用实体和参数化建模技术，产品模型具有完整的拓扑关系便于模型修改，能大幅度提高建模效率和设计质量，可生成完整齐全的壳舾涂加工、制造、管理信息，能满足以中间产品为导向组织生产和推进区域模块化制造等技术要求，为实现船舶“设计、制造、管理一体化”奠定基础。上海外高桥造船有限公司全面应用自主研发的船舶企业图文档全生命周期管理系统，号船发图数量平均减少 20%，发图周期从原来的 14 天缩短到 4 天，效率提升明显，实现设计、档案、生产现场之间的全面控制和企业档案、资料的及时、快速、有效供给。

【2011年发展趋势】

2011年，上海船舶工业计划完成工业总产值700亿元，造船计划完工1400万吨，造机计划完成1000台。为了实现2011年经济工作的目标和任务，重点要着力“六个推进”，实现“六个突破”，确保“十二五”开好局，起好步，即着力推进生产经营工作，在提升经济总量上取得新突破；着力推进安全、质量、成本控制、节能减排工作，在加强精益管理上取得新突破；着力推进科技创新，在提高自主创新能力上取得新突破；着力推进配套、海工、非船业务和生产服务业的发展，在加快业务结构调整上取得新突破；着力推进人力资源工作，在建设人才高地上取得新突破；着力推进“创先争优”活动，在党建、政治思想工作上取得新突破。

（张水灿）

上海化学工业区

【概况】

上海化学工业区位于杭州湾北岸，规划面积29.4平方公里，是以石油化工及其衍生产品制造为主的现代化产业基地，主要发展石油化工和天然气化工系列产品、精细化工产品、合成新材料和综合性深加工产品。按照统一规划，纳入一体化管理的金山分区重点发展化工物流、化工检维修和化工品交易等产业，奉贤分区重点发展精细化工、化工机械装备和高分子材料等产业。2010年是“十一五”发展计划的最后一年，上海化工区经济运行和各项工作实现平稳良好发展，主要经济指标完成情况较上年大幅增长。全年，化工区（包括金山、奉贤分区）共完成销售收入870.7亿元，工业总产值806.3亿元；引进项目投资7.1亿美元，完成固定资产投资66.2亿元；区内注册企业实现利润65.7亿元，实缴税金44.8亿元；万元产值能耗0.868吨标准煤／万元。截至年末，化工区累计批准项目总投资168.9亿美元，累计完成固定资产投资915.3亿元。

【2010年经济工作情况】

一、全力出击，协调推进，招商引资保持稳定态势

化工区牢牢抓住有利时机，努力在重大项目前期工作、重点项目报批核准、后续项目招商储备、意向项目规划选址等方面取得了明显成效，继续保持招商引资工作的稳定态势。一是重大项目前期工作持续推进。面对激烈竞争和不确定因素，各方坚持立足当前，合力推进中石化1200万吨／年炼油项目和中电投IGCC项目的各项前期工作，取得一定进展。目前，炼油项目的国民经济影响评价、原油管线方案比选、码头和火炬的海洋环评、项目海域使用论证、储配煤场项目筹备等一系列工作都在有序进行之中。IGCC项目公司已经成立，基本确定建设选址方案，并已委托开展项目初步设计工作，“关于开展项目前期工作的申请”也已报国家发改委；二是一批重点项目报批核准相继落实。在协调落实项目安全评估和环境评价的情况下，西萨苯酚丙酮、巴斯夫铂族贵金属催化剂(PGM)、沙提热熔胶增资、拜耳聚碳酸酯掺混料二期扩建、星可生化高纯度溶剂、工业气体二期扩建、集惠环保资源化回收等项目在年内获得核准，项目投资总额5.61亿美元。亨斯迈MDI扩建、中石化三井苯酚丙酮、彤程化学轮胎添加剂等项目已上报进入审批程序，项目总投资达10.7亿美元，为在2011年获批落户奠定基础；三是后续项目招商储备继续扩大。通过加强与中咨公司、中国石油和化学工业联合会等专业机构的合作，强化与咨询、工程、科研等相关单位的信息交流，并不断优化项目用地规划和选址推荐方案，成功推动一批国内外知名企业把化工区作为项目投资首选地。其中，中石化三井EPT、高化异戊橡胶、神马尼龙66、汉高胶粘剂等项目已经列入招商储备，涉及项目投资超过150亿美元，为“十二五”期间的招商工作创造良好条件。

二、齐抓共管，管控结合，平安世博任务圆满完成

作为全市世博安保重点单位之一，化工区坚决贯彻胡锦涛总书记对世博筹办工作“六个确保”的要求，全力以赴做好世博安保工作。全年未发生重大安全事故和亡人事故，发生上报事故3起，同比下降130%，应急响应中心共接处警542起，下降13.3%，整个园区生产运营平稳有序，安全总体受控。一是健全区域安全管理机制。成立化工区世博安保、反恐防恐工作领导小组以及边防化工区派出所，认真制定和实施《上海世博会化工区安全保卫工作总体方案》，坚持“每周例会、联合检查、综合演练、三级指挥网络”四个机制，确保各单位各司其职、各项措施落实到位；二是强化区域安全生产管理。与区内44家生产经营企业和金山、奉贤分区发展公司签订安全生产责任书，开展固定放射源的定期抽查、移动探伤作业的全程跟踪检查，组织剧毒品等危险管控物品、“交通安全整治月”等集中专项整治，建设园区码头、沿岸海域监控设施、区域人防警报系统、集成应急广播系统；三是探索建立规范化管理制度。制定《化工区承包商队伍安全准入规定》，切实加强承包商队伍安全作业的源头管理。建立对人员进入封闭区域的检查登记制度，进一步

加强园区封闭式管理，制定相关辐射安全管理制度，对园区世博期间探伤作业实施全面监管；四是完善应急响应体系。正式启用金山、奉贤分区应急响应中心，编制完成化工区生产安全事故综合应急预案、突发事件人员疏散撤离和应急防护预案，开展危险化学品综合处置等各类演习，进一步提高应急队伍的快速反应能力和园区应急救援能力。

三、严格准入，生态立区，推进园区经济发展方式转变

化工区以建设循环经济示范区和生态工业园区为抓手，主动调整结构，推进园区经济又好又快发展。年内，化工区被国家工信部评为全国第一批“国家新型工业化产业示范基地”，被联合国开发计划署、联合国环境规划署和上海市环保局授予“环境友好型城市动议示范项目”称号，被国家环保部、商务部、科技部批准创建国家生态工业园区。一是争取符合化工区产业发展要求的企业落户区内。积极引进甲醇制烯烃等项目，力争实现乙烯丙烯等原料的多元化供应，并牵线华谊集团等企业，努力形成产业链上下联动、集群发展的态势；二是着力落实节能降耗工作。根据市经信委节能目标要求，鼓励企业节能挖潜，并主动沟通市节能主管部门，争取理解和支持，圆满完成年度节能工作目标。全年区内企业申报3个节能技改项目，每年可节省1.32万吨标准煤；三是加大环境保护和宣传力度。开展区域环境质量及重点污染源调查监测，加强对企业污染物排放的监督检查。编制并公布化工区2010年度环境公报，举办以“化学致力于美好生活”为主题的“2010年公众开放日”活动和“化工区低碳发展愿景与选择”主题嘉宾论坛；四是积极推进循环经济项目建设。认真做好国家生态工业示范园区的各项创建工作，开展生态湿地试运行和数据分析工作，园区循环经济建设成效日益显现。

四、探索应对，突破瓶颈，土地经营取得阶段成果

化工区积极探索应对在土地经营模式和具体运作上遇到的若干问题，主动与相关政府部门协调确定解决方案，加快推进土地储备、转让和出让等工作，在化解土地难题、突破经营瓶颈上取得可喜的阶段性成果。第一，积极推动园区土地储备工作。根据市领导的要求，研究提出处理解决土地问题的具体建议，并相继付诸实施。其中，关于设立化工区土地储备机构的建议已获得批准，目前正在加紧开展各项筹建工作。同时，西区土地权属转移已进入实质性操作阶段，漕泾电厂用地在年底与凯迪公司签订补偿协议，并着手办理转移登记手续。涉及市土地储备中心的地块，也已明确在化工区土地储备机构成立后一并解决；第二，全力落实项目用地转让出让。在市领导的关心支持下，经过与市有关委办局多次沟通协商的不懈努力，成功争取到认定2005年后取得权证的地块为成片开发土地，可以进行分割转让，从而确保这部分土地顺利完成公开转让、实现经营收入。年内分别与星可生化、奥普化工、优月仓储、工业气体、昭和电工、彤程、集惠、舒驰等公司签订项目用地的土地转让合同，并协助杜邦公司完成项目用地的土地出让和权证办理工作；第三，着力抓好储备项目用地预留。在招商储备进一步扩大的基础上，着力加大与项目业主的商务谈判力度，积极促进其以预留土地的形式确定选址决策，先后与宏特化工、保立佳等公司签订土地预留合同。另外，还与西萨公司续签土地预留合同，与英威达、三菱瓦斯等公司落实延长预留期事宜，与巴斯夫公司多次协调预留地块的转让问题。

五、强化抓手，形成合力，三区一体化管理工作全面展开

2010年是金山、奉贤分区正式纳入化工区一体化管理的第一年。化工区充分依托和发挥三区联席会议的作用，加强与金山、奉贤两区政府的沟通和联系，全面开展与金山、奉贤分区的对接工作。经过一年的努力，各项工作已逐步走上正轨，两个分区经济快速发展，产业结构和产业布局得到优化，管理水平进一步提高，配套服务更加完善，应急联动和安全管理水平迈上新台阶。一是加强沟通协调，落实相关职权和人员。经与市建交委、市商务委、市规土局、海关等部门以及金山、奉贤两区政府的沟通，落实一体化管理部分职权，为一体化管理先行启动提供依据；二是加强工作对接，发挥联动效应。经过多次调研，三区联席会议将由三区提出的9项重点工作确定为抓手，推进一批遗留问题的逐步解决。目前，化工区区域详细规划编制工作已经启动，分区的统计工作与化工区统计工作基本做到同步，协调金山分区污水纳管、F8地块动迁等问题，区域水资源的综合利用也得到了进一步优化；三是抓住契机推进《化工区管理办法》修订。以金山、奉贤分区纳入化工区一体化管理为契机，积极协调市有关部门，推进一体化管理有关的立法修订工作。至年末，《管理办法》修订稿在征求市有关部门意见的基础上，已开始进行意见协调。

【2011年发展趋势】

2011年是实施“十二五”规划的开局之年，也是上海化工区开发建设15周年。化工区要深入贯彻落实科学发展观，紧扣“十二五”发展目标，围绕市委市政府提出的“创新驱动、转型发展”的指导方针和“六个着力”的工作要求，以“安全发展年”为工作主题，加大招商引资力度，加强安全生产监管，加快推进“两个基地”建设，实现化工区“十二五”发展开好局、起好步，为全市经济平稳健康运行作出新贡献。

2011年，化工区计划招商引资18亿美元，力争完成销售收入900亿元、工业总产值850亿元、固定资产投资58亿元。重点抓好以下工作：

1. 全力推进招商引资工作，促进项目落地。继续加强

与国家有关部委、市政府有关部门的主动汇报和协调推进，加大与中石化、中电投、高桥石化等企业的联络沟通力度，坚持不懈地配合做好1200万吨／年炼油和IGCC项目的各项前期工作。全力争取亨斯迈MDI扩建、沙索煤制油催化剂、中石化三井三元乙丙橡胶、正大甲醇制烯烃、拜耳聚碳酸酯及MDI扩建、菱优聚碳酸酯扩建等项目完成报批，在年内核准落户。努力争取西萨苯酚丙酮、中石化三井苯酚丙酮、星可生化高纯度溶剂等项目在年内开工建设。贯彻“调结构、促发展”的战略，积极推进石化产业集聚发展、集约发展，协同华谊集团、高桥石化等公司做好企业生产逐步向化工区转移的工作，做大做强区内的生产基地。

2．完善安全生产管理体系，确保园区安全稳定。继续巩固世博安保工作各项有效措施，形成长效机制。制定《化工区安全发展规划》，进一步提升园区本质安全度；全面推进安全生产标准化建设，要求重点危险化学品企业须达到安全生产标准化2级及以上；进一步加大安全隐患排查治理力度，充分发挥化工区安委会成员单位的作用，形成工作合力，对重大安全隐患做到“挂牌督办、限期整改”；加大建设工程管理力度，安全质量监督逐步介入金山、奉贤分区；完成化工区重大危险源场所图像信息系统通过应急响应中心与市局联网，实现园区安全应急的全覆盖监控，提高园区应对突发事故的能力。

3．加强服务企业工作，为企业发展创造良好条件。进一步加快项目审批，支持和鼓励具有先进技术、符合新材料标准、环保安全措施到位的项目落户园区发展；进一步服务企业项目建设，积极发挥规划、土地、建设的综合管理职能，及时办理项目规划选址、土地预审等前置手续，为项目建设创造条件；保障电力、天然气等能源供应，跟踪天然气价格调整，争取能耗总量的合理考核指标，加大节能技改和能效评估工作；继续做好统计分析工作，加大财税等政策法规的宣传力度，帮助企业解决生产运营中的实际困难，促进企业发展。

4．优化区域公共环境管理，营造优良投资环境。一是要完善土地管理。做好化工区土地储备中心和招拍挂办公室正式成立的各项筹备工作，并在成立后严格按照新的工作流程和定位，协调落实B4、C5地块内项目用地的收储、开发和出让，加快实施F8地块动拆迁，进一步规范和理顺园区土地管理程序，加快项目供地进程；二是要继续做好环境保护工作。尽早完成大气环境监测站建设工作，继续加强对区内企业的日常监督检查，保证各企业污染物稳定达标排放。完善环境风险应急工作预案和防范措施，组织环境污染事故应急处置为主题的应急演练。加强辐射安全日常检查，开展在园区内建设化工园区放射源公共源库的可行性研究。

（方　敏）

上海市电力公司

【概况】

上海市电力公司是从事上海地区电力输、配、售的特大型企业，统一调度上海电网，参与制定、实施上海电力、电网发展规划和农村电气化等工作，并对全市的安全用电、节约用电进行监督和指导。上海市电力公司管辖的上海电网位于长江三角洲的东南前缘，北靠长江，东临东海，与江苏、浙江两省接壤。供电营业区覆盖整个上海市行政区。目前，上海市电力公司直接管辖各类电网企业、发电企业、修造、施工、设计、科研、医院、培训中心等单位23个，共有职工14700余人。

【2010年经济工作情况】

截至2010年年末，全市发电装机容量为1858.44万千瓦，35–500千伏变电站819座，变电容量10932.95万千伏安，年发电量943.88亿千瓦时；完成年售电量1028.04亿千瓦时，比上年增长13.45%。公司聚焦世博，夯实基础，加快电网发展和公司发展方式转变，全面和超额完成上级下达的各项任务，企业面貌繁荣和谐，员工队伍充满活力，劳动组织综合改革进一步深化完善，新体制成功经受世博保障和迎峰度夏双重考验，世博供电保障确保万无一失。公司连续第二年获得全国“五一”劳动奖状。

一、世博供电保障工作取得完胜

确保全市重要用户安全用电、“三个不发生”和没有发生重大社会影响事件，国家电网馆运营“成功、精彩、震撼”，实现世博保电“零事故”、园区运行“零故障”和场馆接待“零投诉”，谱写了一曲伟大、壮丽的保电新篇章。公司荣获党中央、国务院“上海世博会先进集体”、国家电监会“世博保电突出贡献奖”和国家电网公司“世博保障工作功勋单位”。在世博保障和建设工作中，公司系统共有92个先进集体和452名先进个人受到上级表彰，其中，公司下属浦东供电公司、市区供电公司、超高压输变电公司、电网建设公司获党中央、国务院表彰，国家电网馆临时党总支获中组部、中央创先争优活动领导小组表彰。公司3位员工荣获党中央、国务院“上海世博会先进个人”称号。

二、安全生产和重大保电任务圆满完成

全年未发生重大及以上电网、设备、人身伤亡事故。电网智能安全预警与控制系统建成投运。电压合格率99.814%，提高0.001个百分点；最高负荷2621.2万千瓦，同比增长10.13%；供电可靠率99.983%，提高0.002个百分点，荣获全国供电可靠性金牌企业第一名。圆满完成上海世博会、国庆60周年及迎峰度夏等重要保电任务，确保上海经济社会发展和人民生活的安全可靠供电。

三、电网建设登上高起点

高质量完成"十二五"公司和电网发展规划编制工作。配合国家电网公司成功投运向家坝——上海特高压直流示范工程并向世博会提供清洁能源，获"特高压直流输电示范工程功勋集体"等荣誉称号；建成500千伏南外半环和国内首座500千伏全地下静安（世博）变电站并问鼎"鲁班奖"；按时完成迎峰度夏重点工程及一大批配网建设项目，为世博安全供电提供了坚强保障。配合国家电网公司与上海市政府签订智能电网建设战略合作协议；建成国内首个世博园智能电网综合示范工程；亚洲首座大型海上风电场——上海东海大桥风电场全部风机并网发电；建成7座电动汽车充电站和360个充电桩。全年完成基建投资58.38亿元，51项基建项目顺利投产；新增线路605.51公里、变电容量567.82万千伏安。在2010年上海市重大工程立功竞赛活动中，电网建设公司被评为市金杯公司，监理公司工程部被评为市金杯集体，16个单位被评为市优秀公司。

四、营销服务和品牌建设屡创佳绩

深入开展"塑文化、强队伍、铸品质"供电服务提升工程，实施2010年版供电服务10项承诺。在全市窗口行业社会公众满意度测评和市行风网上测评中均名列榜首，并获上海世博城市服务文明指数百日测评公用事业类"八连冠"。通过"技术分析、营销管理、技术防范、打击稽查和改善外部环境"等线损治理举措，全年累计查实窃电户数4.46万户，追补电量0.68亿千瓦时。以上海世博会为契机，成功建设和运营国家电网馆，配合国家电网公司完成世博会全球合作伙伴履约工作，全面展示电网发展成就和"创新、绿色、低碳"发展理念，"国家电网"品牌影响力进一步提升。

五、技术管理创新取得丰硕成果

公司"城市电网电灾防治关键技术与应用"项目首获国家科技进步二等奖，"电动汽车智能充放储一体化电站系统及示范"项目首次成功申报国家863计划。获国家电网公司科技进步奖6项（其中，一等奖2项），获全国电力行业企业管理创新成果一、二等奖各1项，核心期刊论文发表255篇，获专利授权145项，累计拥有专利439项，荣获"上海市专利工作示范企业"称号。成功制造国内首台国产AP1000核电站常规岛给水泵组前置泵。国内首套实用化的故障抢修管理系统率先在世博园区应用。率先在国家电网公司系统内通过信息系统实用化评价验收，整体实用化水平位居第一。获上海市科委批准设立"上海电力能源转换工程技术研究中心"。

【2011年发展趋势】

2011年乃至整个"十二五"期间，公司主要面临以下挑战：一是基础管理有待进一步夯实。安全生产始终面临较大风险，局部地区电网建设受阻引起的用电"卡脖子"现象依然突出。社会公众对供电服务要求日益提高，使公司优质服务水平提升面临新的考验。同时，"主多分开"、"主辅分离"改革、"厂网分开"历史遗留问题以及农电工等多种用工管理，使队伍稳定面临较大挑战；二是电网发展任务艰巨、前期工作困难。电网建设外部环境日趋复杂，项目核准进度滞后，建设施工受阻频发，城市发展的存量资源不足和电网发展之间矛盾日益凸显；三是经济效益增长面临较大压力。售电量增长缓慢，购电成本不断上升，电网建设转移成本增加，电价矛盾难以疏导，加之公司资产折旧压力不断增大，使公司控制成本压力进一步增大，资产盈利能力提升困难。

"十二五"是上海电网和公司加快发展的重要战略机遇期。一是上海市加快转变经济发展方式，加快推进"四个率先"、"四个中心"和国际化大都市建设，为上海电网科学发展提供了战略机遇；二是国家电网公司深入推进电网和公司发展方式转变，规划建设"三纵三横"特高压骨干网架，大力推进省级主网建设和城网、配电网升级改造工程，统筹开展各环节智能化建设与改造，大力推动电动汽车充换电服务网络和电力光纤到户等项目建设。加快建设"三集五大"管理体系，为公司深化"两个转变"，实现又好又快发展提供了重大机遇；三是公司通过世博保电、劳动组织综合改革的成功实践以及多年的持续快速发展，电网发展和公司发展能力得以全面增强，更增添了我们前进的信心和动力。

2011年，上海市电力公司将深入贯彻落实科学发展观，坚决贯彻上海市委、市政府和国家电网公司部署，大力发扬世博保电精神，以实施"十二五"发展规划为主线，以安全生产、优质服务、队伍稳定和经济效益为基础，以建设坚强智能电网和落实国家电网公司"三集五大"工作部署为重点，确保上海电网安全有序供电，以优异的成绩迎接建党90周年，实现"十二五"发展良好开局，为服务上海经济社会发展和上海"四个中心"建设作出新的更大贡献！

（徐建兵）

上海电力建设有限责任公司

【概况】

上海电力建设有限责任公司（以下简称“上海电建”）是华东电网有限公司全资子公司，创建于1953年，主要从事大型电站工程和输配电工程建设，具有国家电力工程施工总承包一级资质。经过50多年的发展，上海电建已成为集电力工程总承包管理、建筑施工、设备安装、机组调试、工程监理、加工制造、物流管理和科研教育于一体的大型专业化施工企业。技术力量雄厚、装备精良、管理先进，具有良好的工程业绩和社会信誉。上海电建贯彻“工程创优、管理创新、诚信为本、服务满意”的方针，以“优质、准点、安全、文明、高效”为建设目标，为顾客打造满意的工程。

【2010年经济工作情况】

2010年，上海电建以“十一五”规划为引领，以“优化结构、提升能力”为主线，按照《2010年度公司工作报告》提出的要求落实各项措施，完成全年工作目标和任务，实现“十一五”规划的完美收官。

一、经济指标再攀新高

2010年，完成总产值34.06亿元，主营业务收入38亿元，劳动生产率31.37万元／人年，工业增加值劳动生产率99531元／人年，实现利润3500万元，资产负债率79%，净资产收益率4.15%。全系统职工人数5970人，人均年收入4.43万元，各项社会保险基金人均缴费4.75万元，实现了年度目标和规划的要求，全面完成华东电网公司经营考核指标。

二、工程建设摘金夺银

全年，在建机组20台，容量1219万千瓦。投产机组11台，容量513万千瓦。主要在建线路工程有800千伏1条、750千伏1条、500千伏5条，线路施工总长350公里；投产和在建的主要变电工程有800千伏换流站、750千伏变电站和500千伏换流站各1座。

投产机组中，漕泾工程高标准通过达标检查，总得分在中电投集团名列第一；绥中电厂投产后运行稳定，技术指标先进，在国华系统树立了良好形象；参与世界最高等级的800千伏向上线直流输变电工程线路建设的华东送变电公司获得国家电网突出贡献集体荣誉称号；上电建筑公司和华东送变电公司参与建设的向上线奉贤换流站实现高标准投产，以优异的施工质量打造了国家电网的又一个窗口示范工程，上海电建第一轮百万工程建设全面告捷。

在2010年国家优质工程奖的评比中，公司系统取得“两金四银”的优异成绩。华东送变电公司参建的1000千伏晋东南－南阳－荆门特高压交流试验示范工程、上电建筑公司参建的华能海门电厂一期工程荣获“国家优质工程金质奖”。上海电建总承包的望亭电厂扩建工程，上电建筑公司、上电监理公司参建和监理的浙江华能玉环电厂二期工程，上电监理公司监理的广东河源电厂一期工程获得“国家优质工程银质奖”。750千伏拉西瓦至官亭输电线路工程被评为国家电网公司“输变电优质工程”。

三、安全生产平稳有序

上海电建积极推进和落实2010年安全策划方案所提出的18项主要措施，在建工程项目安全生产和文明施工处于能控在控状态，圆满完成“创建安全无事故年，为平安世博作贡献”的安全生产年度总目标。

根据国家电网公司和华东电网公司的要求，公司系统结合企业实际，积极推进“三个不发生”百日安全活动和“抓基础、控风险、防事故”基建安全主题活动在系统内的实施；认真开展“安全生产月”活动，发挥工会、团委、宣传的组织优势和思想工作优势，充分调动广大职工“众志成城保平安”的主观能动性；细化年度安全管理策划方案，明确了每个月的安全主题和工作重点；认真组织世博安全专项检查，采取积极措施，确保世博期间的安全生产；参与世博主题馆配电、轨道交通运行应急保障工作，为世博会保驾护航；结合安全性评价开展总部对标检查；精心参与国网施工安全方案的策划、编制和试点工作；严格执行分包队伍管理、重大作业监管、施工机具、风险评估工作的各项措施；进一步完善应急体系、文明施工标准化体系的建设；加强安监队伍的素质建设，强化安全检查的力度，有力保障安全生产的稳定局面。

四、结构优化全面推进

1．组织结构。企业转型在探索中前进，项目管理模式实现优化，分支机构建设日趋完备。

2．队伍结构。一是拓渠道，增加人才引进的数量；二是强培训，提高在职员工的素质；三是抓分配，激发高级人才的潜力；四是练精兵，重塑核心班组的能力；五是严管控，加强分包队伍的建设。

3．业务结构。传统业务势头不减。多元市场锋芒初现。海外核电再获突破。

五、能力建设初见成效

1．提高了干部队伍战斗力。公司系统领导干部调整共

15人次，其中，新提任干部7人，总部与基层交流干部8人次。一批工程建设中涌现出的业绩突出、有朝气、业务能力强的年轻同志被提拔到各级领导岗位，70年代后出生的年轻干部占公司干部总数的23%以上。干部队伍整体的学历和高级职称比例有所增长，活力和战斗力得到进一步的提高。

2．强化了安全生产管控力。一年来，公司严格执行项目的风险评估，从源头上预防高风险项目带来的不可控因素；以国网安全方案的编制和实施试点为契机，加强事前的安全策划和过程的技术保障；技术体系的支撑作用日益明显，对重大作业的控制力度有了较大提升；将总部对标检查和安全性评价工作相结合，完善考核评价体系；机械管理体系和应急体系建设更加完善，安全管控能力得到进一步提升。

3．深化了体系建设执行力。体系建设成为总部工作的重要抓手。公司已完成《土建工程企业技术标准》和《安装工程作业指导书》的编制，为提高施工方案和作业指导书的编制质量，规范工艺过程和现场施工提供标准化文本；编制和完善工程管控体系“施工用电篇”，为解决现场施工用电存在的突出问题从制度上提供强制性规范，进一步充实管控体系的内容。

4．夯实了技术创新支撑力。公司系统以科技创新增强企业核心竞争力的意识和氛围日益浓厚，积极搭建平台，鼓励科技创新，取得一批新成果。

上海电建取得省部级以上获奖科技成果6个，其中，“国产首座2×1000兆瓦超超临界塔式锅炉燃煤电站安装调试技术的研究和应用”获得“中国施工企业管理协会科学技术创新成果特等奖”；上海电建、上电一公司、上电二公司共同完成的“SA335−P92钢大口径厚壁管道焊接及热处理工艺研究”获得“上海市科学技术进步奖三等奖”；上电一公司“大型火电机组锅炉冷灰斗整体组合吊装工艺研究”和上电二公司“大机组厚壁管道与主要转动设备零应力接缸施工技术”获得“中国电力建设科学技术成果奖三等奖”；上电建筑公司共同参与的“上海漕泾电厂（2×1000兆瓦）工程异型烟囱筒身设计、施工关键技术研究”和“上海漕泾电厂（2×1000兆瓦）工程120米直径整体式预应力圆形煤场设计、施工关键技术研究”分获“中国电力建设科技成果奖一等奖和二等奖”。

5．拓展了品牌文化影响力。以专题纪录片、宣传册等形式，集中展示了企业的品牌形象；开展以百万工程为代表的典型项目和以先进党员、劳模为代表的典型人物宣传；对重点工程建设进行集中的系列报道，展示工程亮点，交流特色经验，鼓舞人心，振奋士气；通过征文、摄影和群众性文体活动，反映电建职工积极向上的精神面貌。

六、规划编制如期完成

上海电建“十二五”规划的编制工作分为八个阶段，十易其稿。“十二五”规划的编制体现“开门编规划”的思想，凝聚全公司的心血和智慧，为公司“十二五”发展确立了行动纲领。

【2011年发展趋势】

2011年是“十二五”规划的起步之年。经济工作的总体思路是：认真学习贯彻党的十七届五中全会和中央经济工作会议精神，以科学发展观为指导，全面落实国家电网公司和华东电网公司各项工作要求，以企业“十二五”规划为引领，坚持“优化结构、提升能力”的工作主线，确保安全稳定局面，注重增长方式转变，强化人才队伍建设，加快企业转型步伐，促进上海电建持续平稳健康发展。

一、主要目标

1．经济指标。产值考核目标29亿元；计划目标32亿元；争取目标35亿元。全员劳动生产率32万元／人年；工业增加值劳动生产率102092元／人年；实现利润3300万元。市场订单考核目标31亿元；计划目标34亿元；争取目标38亿元。其中，电站板块订单总量不少于12亿元，火电合同装机不少于300万千瓦；电网板块订单总量不少于12亿元；非电板块不少于10亿元的目标；电力检修板块做大做精，两个安装公司的检修订单总量要确保达到1亿元。

2．安全目标。创建安全无事故年，进一步推进安全管理规范化。全口径杜绝人身死亡事故、重大火灾事故、重大机械事故、重大交通事故和重大电网事故，不发生涉及电网安全运行的一般事故，轻伤事故频发率≤6‰／年。

3．工程建设目标。漕泾电厂工程1号机组、绥中电厂二期3号机组、奉贤800千伏直流换流站争取获得国家优质工程金银奖和鲁班奖。全面开展包括新密、新海、赤壁百万机组，800千伏锦苏线输电线路，防城港核电项目在内的第二轮百万工程建设，发掘新亮点，力争工程建设形象的新突破。陈家港、芜湖、临港项目、北京燃机项目和柴达木750千伏、枫泾500千伏变电站、500千伏妙西—含山线路等工程实现竣工投产，具备达标投产和争创优质工程的各项条件。福建南埔、同里变电站等工程按业主要求实现里程碑进度目标，严格过程控制，实现达标创优。周密策划，严格管控，确保核电工程和海外工程的顺利实施。其他项目质量事故为零，工程项目优良率达到合同规定的承诺。

4．科技创新目标。以百万机组和特高压工程的安装调试技术，以及新领域的施工工艺和技术的研究应用为重点，立项研发课题18个，组织工法编制15个，组织QC成果申报16个。积极组织对“燃气轮机进排气烟道设计项目开发”、“大口径超大壁厚（δ ≥ 80毫米）P92钢管道焊接内外壁同时加热热处理工艺”、“南京金陵电厂240米钢烟囱施工技术研究”、“线路施工中应用GPS定位技术研究”、“百万机组烟塔合一调试技术研究”等科技项目成果的专家验收，积极申报上海市科技进步奖或中国电力建设科技成果奖，力争获得奖项。上电调试所争创“高新企业”称号。

5. 人才建设目标。紧紧围绕公司“十二五”规划首年人才队伍建设目标，人才密度提升2个百分点（达到70%以上）；持续扩大和提高引进人才的数量与质量；建设结构合理、业务精湛的专业管理队伍，中高级职称人员比例达职工总数的16.5%以上；建设技术领先、专业技能突出，具有创新能力的核心技能人才队伍，技师、高级技师人数占职工总数的11.7%以上。

二、主要工作

优化组织结构，优化业务结构，优化队伍结构，提升市场营销能力，提升施工生产能力，提升集约经营能力，提升科技创新能力，全面推进管控体系建设，提升文化引领能力，持续推进精神文明建设。

（季天培）

上海市漕河泾新兴技术开发区发展总公司

【概况】

2010年，上海漕河泾新兴技术开发区发展总公司（以下简称“漕河泾开发区”）实现销售收入2188.9亿元，比上年增长14.1%（其中，第三产业收入809.7亿元，增长40.4%，三产占比上升至36.9%）；工业总产值1253.1亿元，与上年持平；地区生产总值（GDP）670.3亿元，增长15.8%（其中，工业增加值360.9亿元，增长0.2%；第三产业增加值308.5亿元，增长40.5%）；税收收入57.9亿元，增长23.3%；进出口总额180.3亿美元，增长1.9%。

2010年，漕河泾开发区被工信部授予“国家新型工业化产业示范基地”。在商务部国家级经济技术开发区的投资环境综合评价体系中，漕河泾开发区位列第八，其中，发展与效率指数蝉联第一。在首次开展的上海市56家开发区综合评价中，漕河泾开发区综合发展总指数排名第一，四个分项指数中，资源利用、创新发展、投资环境三项分指数排名第一，产业发展分指数排名第三。此外，还被评为上海市企业服务优秀园区，“上海品牌园区”年内也再次经复评通过。

【2010年经济工作情况】

一、招商项目质量显著提升

漕河泾开发区着力实施“大招商”战略，统筹本部、浦江、松江、海宁、盐城等区域，发挥联动效应，加快引进高品质项目，“一五一”产业（即电子信息支柱产业，已形成的新材料、生物医药、航空航天和正在形成中的汽车研发配套、环保新能源五大重点产业，以及现代服务业支撑产业）格局进一步形成。

本部区域全年新引进项目362个，其中，外资项目49个。新批准设立外商投资企业32家，新增合同外资2.5亿美元。新引进20个国内外重大项目，项目质量显著提升。如沃尔玛、甲骨文软件、富士康科技、泰森集团、泰克科技、泰科电子、标致雪铁龙、思科视频技术、柯惠等世界500强企业9家；美光半导体、英维思科技、艾利、都富集团、捷普科技等美国500强企业5家；研祥智能、金煤集团、瀚洋船舶、华创证券、上海市知识产权交易中心、淘米网络等国内知名企业6家。

浦江高科技园新引进项目50个，新增内资注册资本1.45亿元，外资注册资本1.76亿美元，项目注册率及科技含量均有提升。目前，国内唯一以建筑智能化为主业的上市公司延华智能、世界500强百事公司亚洲研发中心等一大批优质项目落户浦江。截至2010年年底，浦江高科技园累计引进注册企业154家，总投资额17.73亿美元，园区先进制造业占闵行区工业比重已达23%。

松江高科技园新引进欧亚电气、联合路桥工程、海希工业通讯设备等近70个项目。

海宁分区启动后第一年即取得招商突破，成功引进宝捷机电、蓝晶科技、永大电气、丰源集团等多家高科技企业。其中，由法国博旭瓦集团投资的宝捷公司成为海宁首家纯欧美外资高科技企业，也是海宁首家采用度身定制模式的项目。

二、规划建设扎实推进

漕河泾开发区本部区域总建设面积75万平方米，其中，新开工项目4个，面积25.1万平方米；续建项目2个，面积13万平方米；竣工项目3个，面积37.1万平方米。国际商务中心和现代服务业集聚区总部区两项目被列为上海市重大工程。现代服务业集聚区总部区项目已通过“LEED美国能源与环境设计先锋”评价体系的认证，6幢办公楼中3幢获得金奖，3幢获得银奖。

浦江高科技园F地块三期3标项目竣工交房。新开工项目包括F地块三期4标和联星河疏浚项目。在建项目地铁广场一期项目所有单体完成结构验收，并分别荣获市、区优质结构奖和迎世博观摩工地。

三、创新创业服务体系加快完善

开发区“聚焦企业，聚焦服务”，进一步加大构筑“双创”服务体系和扶持自主创新力度，加快创新型科技产业园区建设。

一是完善“双创基地”建设。孵化联盟现有7家成员单位，在孵企业360家；大学生创业创新园入驻企业82家，入驻率100%，被认定为“大学生科技创业见习基地”，并成为中国青年创业国际计划（YBC）上海服务站，累计引进科技苗圃项目50个，其中，39个项目成功转化，转化率78%；浦江双创园累计引进企业100家；开发区软件园获评“2009-2010中国软件和信息服务业年度优秀服务机构”，成为上海唯一获此殊荣的软件园区。

二是加强“双创超市”建设。初步形成包括企业辅导、项目申报、人事人才、企业融资、国际合作等16个服务模块约600项服务的“双创服务超市”。以获批上海市科技企业加速器建设试点单位为抓手，完善拟上市重点企业服务平台，围绕高成长企业提供全方位增值服务。目前，申报入驻加速器的企业20家，年销售额超过6亿元，销售和利润增长率均超过30%。成立松江创新创业园，进一步拓展延伸双创服务。

三是优化开发区投融资环境，多渠道帮助中小企业解决融资难问题。中小企业融资平台贷款规模增至1亿元，8家企业获批信用贷款2660万元；与上海银监局、徐汇区政府等联合主办“送金融服务进园区”活动，45个项目签约，授信金额33亿元；协调多家银行为8家企业提供贷款6525万元；与专业机构合作，对拟上市重点企业开展个性化辅导服务，开发区现有拟上市企业38家。

四是依托大张江资金，加强开发区自主创新能力和环境建设。专项资金重点支持高科技项目引进、生态工业园建设、创新创业培训服务、中介咨询服务、中小企业融资平台及大学生创业园建设。2010年度共申报项目19个，获批市级资金3983.5万元。其中，松江高科技园首次参与，获批612万元。

五是大力推动高新技术企业、技术先进型服务企业以及软件和信息技术服务重点出口企业认定工作。至年末，漕河泾开发区内经认定的高新技术企业238家，占全市总数的7.64%；经认定的技术先进型服务企业17家，占全市总数的8%。经认定的软件和信息技术服务重点出口企业4家，占全市总数的17%。

六是推进公共设备和技术共享服务平台建设。汇集中国上海测试中心、微特检测、航空无线电电子研究所、大唐移动等企业资源，仪器共享服务平台加盟单位增至17家，共享仪器增至282台，服务次数1626次，服务金额965万元，有效提高仪器设备利用效率，降低中小企业研发成本。

七是积极争取政府资金支持，全面推进服务外包示范区和知识产权试点园区建设。推荐龙旗、理光等14家企业申报录用人才培训费和国际认证费等专项资金364万元；先后培训软件测试工程师、嵌入式软件工程师等各类服务外包人才656人次，认证考试通过率78.3%。2009年，区内企业专利申请量1072项，同比增加56.5%，累计专利申请量4756件；落实知识产权重点企业专项资助，完成知识产权信息服务平台建设，为区内企业提供良好的知识产权保护环境。

八是深入开展科技政策调研。首次编制完成开发区《2009年科技发展报告》及新一轮《创新创业三年行动计划》（2011-2013）、《漕河泾开发区金融集聚区建设研究》等研究报告，为开发区转型发展、进一步完善科技服务功能、建设金融集聚区奠定了基础。

四、投资服务环境日臻完善

坚持“以企业为本”的服务宗旨，以客户需求为导向，以创建“国家生态工业示范园区”为抓手，不断推进环境改善，创新服务方式，提升服务质量，推动区域经济朝着“高端产业，低碳发展”的节能高效方向迈进。

一是进一步加强区区合作，为企业发展创造良好的服务环境。包括开展政策咨询讲座、警企座谈会；推动医疗服务进园区，共建医疗保健平台；与徐汇区政府、虹梅街道共建开发区实验小学，解决区内企业员工子女上学问题；围绕宣传世博，开展以节能减排、低碳环保为主题的系列活动；围绕产业发展组织各类研讨会和论坛，如2010中国汽车安全系统技术与应用高峰论坛、汽车电子关键芯片产业链高层论坛、中国民营科技企业发展高峰论坛、新能源产业发展高峰论坛等。充分利用公共服务平台进一步为企业提供服务，帮助区内企业解决在人才引进、融资发展、扩建选址、政策落实、户口、劳资纠纷、设备通关、商检质检、政务咨询等方面的困难。积极协调地方政府有关部门帮助企业处理劳资纠纷。

此外，启动“漕河泾开发区服务平台”筹建工作，研究形成《漕河泾服务平台建设方案》、《漕河泾开发区服务战略五年规划》等文件，为下一步建立服务平台及“客户服务中心”打下基础。

二是按照“一带、三圈、五点”开发区商业布局规划，进一步完善园区配套项目建设。对密集度较高的小区配备银行、便利店、咖啡店等必备业态，对集聚区总部区等重点小区进行延伸业态配备，新引进招商银行、上岛咖啡、赛百味、啡城咖啡、爱果果汁吧、吉腾拉面、新食尚等项目，与公共餐厅形成互补，初步形成商业配套集聚的规模效应；绿洲商务会所二期实现整体开业，会所经营服务功能得到进一步完善和扩展；开发区“一卡通”扩展至55个商业网点联网运行。

三是整合各方资源，加快建设人才高地。人力资源公司继续做好人事代理、人员派遣、猎头服务、企业登记代理和人才培训等多元服务，新拓展人事快递、人事调解等特色服务，在复旦、交大等各高校举办校园招聘活动11场，区内554家企事业单位踊跃参会，推出1874个招聘岗位，计划招聘8685人，共收到求职简历10735份，取得良好社会反响。开发区人才网7月改版以来，访问量超过150万人次，网上招聘会点击量超过23万人次。启动“国家级海外高层次人才创新创业基地”筹建工作，马晓光等6人入选国家“千人计划”创新创业人才，新推荐曹刚、张翌等2人申报国家“千人计划”，另推荐8人申报市“千人计划”。全面建设“漕河泾开发区双创培训服务平台”，漕河泾双创大讲堂共举办56场培训活动，累计657家企业、3016人次参加。通过举办“人力资源沙龙”等活动，搭建区内企业人事经理信息交流互动网络。与交大联手打造“漕河泾开发区高级金融人才培训基地”，开展2次金融专题讲座，全力打造漕河泾开发区金融人才集聚高地。

四是继续大力开展“三大园区”建设。在双优园区建设方面，年初编制完成《国家生态工业示范园区建设规划》，9月获国家环保部、商务部、科技部批复同意，创建国家生态工业示范园区推进委员会同期成立，并于11月30日召开首次会议。此外，在区内大力开展节能环保宣传工作，集中完成一批低碳、节能、环保建设项目，重点推进贝岭等企业实施清洁生产审计，落实捷普、先进、3M、安普等企业开展节能减排技术改造，据单位统计共节约能源折合标煤约5000吨。与此同时，积极落实《环境改进两年行动计划》项目，完成蒲汇塘、上澳塘和高门泾等河道整治，完成电梯、玻璃镀膜、LED灯等一批节能改进项目，搬迁桂菁路垃圾房等建筑，贯通上澳塘、桂菁路沿线绿地，园区环境进一步改善。在数字园区建设方面，持续做好ERP维护工作，完成开发区门户网及人才网改版；加强园区网络基础设施建设，开通公共区域无线覆盖，新一代城市光网覆盖基本到位，完成31幢楼宇光纤进楼到户的接入；加快推进平安园区建设，完成区内17个路口、75根车道高清智能监控系统建设；开展智能停车引导系统和办公大楼智能化建设。在国际园区建设方面，以世博会为契机，进一步加强与国际姐妹园区交流，加强与以色列、加拿大、乌克兰的技术转移与创新合作，“中俄乌科技园”已有10个项目入驻创业中心，其中，2个项目获得国家科技部专项资金支持，2个项目将成立企业并落地开发区。物业公司进一步深化与英国莱坊在浦江地铁广场项目的合作，倾力打造具有国际水准的高端项目典范。华美达新园酒店9月升级全新开业，成为华美达国际首家在运营期内成功实现品牌升级的酒店，继续保持“亚太首席”的殊荣。

五、扎实推进“走出去”工作

在获评“上海品牌园区”、“上海市著名商标”基础上，2010年，漕河泾开发区借力世博，进一步扩大对外宣传，扎实推进“走出去”工作。

一是借力世博，全力做好品牌宣传推广。开发区累计接待中外来宾240多批、3600人次，其中，世博来宾140多批、2000余人。与俄罗斯新西伯利亚州、意大利米兰及博洛尼亚工业家联合会、越南胡志明市、巴西圣保罗州、爱沙尼亚商会、泰国国家创新局、墨西哥蒙特雷科技大学等国外机构新建立联络。

二是扎实推进“走出去”战略，加强与国内外兄弟园区联络交流。与南非比勒陀利亚创新园、中国－危地马拉合作商会、安徽铜陵开发区、内蒙通辽开发区、新疆喀什叶城工业园区签署友好合作协议。至年末，开发区共有国内外友好园区41家，其中，国外16家，国内25家。新制定交流挂职人员接待方案，从工作、生活、学习等方面为挂职人员提供便利服务。

三是以产业转移促进中心商务部上海基地为平台，切实推进项目合作。共有24个项目落户中西部，投资额共计156.69亿元；达成先期意向项目31个，投资额38.36亿元。项目辐射省市和涵盖领域更为广泛。此外，配合江苏大丰、成都青羊区等召开推介会8场；组织代表参加各类专场项目推介会3次；联合世界银行等机构，组织招商人员主题培训3场，200多人次参加；组织入驻商务代表与美国加州基金会、世界银行国际金融集团等机构沟通接洽并达成初步意向。

四是紧密合作，共建海宁分区。海宁分区的成立是漕河泾开发区实现走出上海的第一步。启动一年来，公司派出的工作人员不畏艰难，扎实有效推进各项工作，实现了招商引资的“开门红”。

六、共建和谐开发区文化

以“瞩目漕河泾”创新文化节为主题，实现体育与文化相结合、企业员工业余文化生活与开发区创新文化相融合的良好氛围。长三角电子竞技大赛、迎世博专题摄影展、群众性广场文艺表演等活动的召开，增强了开发区凝聚力。在此基础上，“漕河泾开发区杯”上海市第十四届运动会于10月举行，成为首家由园区冠名的市级运动会，成功展现漕河泾开发区和企业员工蓬勃向上的风采，进一步扩大开发区品牌影响力。“相约漕河泾”联谊活动逐渐形成品牌，推出与会员单位联手举办活动、与张江合作举办“相约漕河泾——情系张江园”以及与市侨联合作开展联谊活动三项新举措，全年组织4次活动，共160人参加。继续开展“再生电脑公益行”活动。至年末，“再生电脑公益行”捐赠中心已回收各类电子产品4510台（件）。

【2011年发展趋势】

2011年是“十二五”规划开局年，也是改革创新的突破年。漕河泾开发区将继续坚持“创新驱动、转型发展”，以科学发展为主题，以加快转变经济发展方式为主线，以获批国家新型工业化产业示范基地为契机，以创建国家生态工业示范园区为抓手，以增强开发区自主创新能力和国际竞争力为重点，全面推进本部区域、浦江高科技园、松江高科技园及海宁、盐城分区的建设，切实加强安全生产，继续写好“产业、环境、创新”三篇文章，进一步“优二进三”，推进二、三产业和内外资并举、融合发展。重点做好八个方面工作：

一、推进平安园区建设

牢固树立“安全第一”观念，坚持预防为主，以消防安全、工程建设安全为重点，强化安全责任，加强监督检查，开展宣传教育，加强队伍建设，完善管理系统，全面抓好各项安全工作，为开发区经济平稳较快发展创造安全、稳定、有序、和谐的环境。

二、提升园区服务水平

要继续提升服务理念，整合服务资源，完善服务机制，创新服务手段；继续完善政务服务、商务服务、双创服务、人才服务、综合服务；继续坚持“客户至上，追求卓越”，坚持“以企业为本”的服务宗旨，构建具有漕河泾开发区特色的“大服务”体系，综合提升漕河泾开发区服务水平。

三、促进产业优化升级

进一步整合资源，发挥联动效应，在“漕河泾开发区”品牌统领下，全面实施“大招商”战略，加快促进漕河泾开发区产业优化升级。

四、推进园区开发建设

以园区规划设计为抓手，统筹协调各分园区，研究建立覆盖“一中心、两片区”的“大建设”工作机制，对各园区建设项目进行把关，同时抓好开发区土地储备，为新一轮发展打好基础，增添后劲。

五、完善综合投资环境

要根据发展实际情况，进一步充实、丰富“三大园区”建设内涵，不断完善园区综合投资环境。

六、提升区域创新能力

要以建立“国际孵化中心”为抓手，继续深化创新创业服务体系，重点在完善“双创基地”和“双创超市”建设、加快人才高地建设、推动企业上市等方面取得新突破，进一步把双创工作做实、做好、做出特色。

七、发挥品牌联动效应

进一步推进“走出去”战略，充分发挥开发区品牌联动效应。

（王 晖）

上海市工业区开发总公司

【概况】

上海市工业区开发总公司于1986年由上海市人民政府批准成立，直属上海市经济委员会领导，是受政府委托，承担全市工业区开发建设任务的企业，2009年10月，根据上海实施国资监管全覆盖的精神，划转上海市国有资产监督管理委员会管理。

总公司成立以来，由经营管理走向市场运作，先后完成了漕河泾微电子工业区、桃浦地区重污染综合治理改造等项目。在普陀、杨浦等地区建成了三个都市型工业园区；以控股和参股等形式开发建设住宅商品楼盘，建设了徐汇区的徐汇新城小区、杨浦区的三湘四季花城小区、君欣豪庭小区、松江三湘四季花园小区、闸北紫兰苑小区（二期）、普陀区桃浦新村小区、静安区四季公寓和闸北志园公寓等共计208万平方米房产的房地产板块；在桃浦工业区建立两座公益性的集中供热中心，在普陀区桃浦建立了涉及仓储、理货、停车及货物配载等功能的物流板块；以主要代甲方管理、投资咨询、招商引资、招标投标、工程建设、园区管理、物流配送等服务的中介服务板块。构成了四大产业板块，形成了完整工业产业链，具备了为上海工业战略性结构调整和工业区开发建设提供优质配套服务的整体功能，同时为总公司创造了比较稳定持久的经济收益。

【2010年经济工作情况】

一、以围绕世博工作为主线，做强经营，促进发展。

确定工作主线，抓好工作布局。围绕世博拓思路、抓经营，促进经济稳步发展是公司全年工作重心。年初，根据国资委加快转变经营机制、调整产业结构的总体要求，从自身实际出发，提出“经营、管理、安保”六字工作要求，围绕重点工作任务，按照不同时段和外部环境的变化要求，抓好工作布局，落实工作措施。根据世博召开前重点要求，进一步抓好环境整治工作，各企业投入大量财力、物力和人力积极推进整治工作，使企业经营环境及周边地区环境得到极大改观，得到市、区“迎世博”600天行动办公室和市国资委高度评价，切实做到抓好经营与迎世博环境整治同步部署；安全保障、规范管理与世博顺利举行同步推进；企业经营业绩与世博圆满顺利闭幕同步创造。

二、以优化产业板块为重点，均衡发展，提升业绩

1．挖潜调整增效，提升存量发展。公司下属各物流企业坚持在调整中提升存量发展。北方商城整合资源优势，建立大物业、大招商格局，理顺了企业经营管理机制，经营效益明显提高。万隆公司将环境整治和规范服务相结合，整洁、规范停车区域环境，发挥资源在市场配置中的较大效应，使停车业务稳步上长。各工业园区积极调整，万力公司盘活有效资源，优化办公区域，加大招商业务，保持了园区租赁业务相对稳定。桃浦热力公司面临蒸汽用户开发与区域产业结构调整矛盾，合理调节抓好经营拓市场，加强基础管理降成本，基本保持了生产与成本平衡。万润公司适时调整租金，跟踪客户动向，有效缩短了招退租对接期；调整安全可控性差企业，加强安全设备改造，以建设园区平安推进经济稳步发展。中介企业以市场为导向，坚持走出去战略，主动走访客户，共商应对之策，招标公司全年实现代理招标项目 57 项，标的 3.5 亿元。各房产企业根据项目进程，积极做好销售、调整、收尾工作。景秀置业继续做好存量商业房销售，妥善解决了小产证遗留、交房维修等问题。君欣房产积极做好商品房产证办理和“君欣时代广场”方案设计和优化工作，以“时尚商业组团”理念对商业建筑空间特性作相应调整，有效提升了项目商业价值。“紫兰苑”项目坚持做好为业主服务，有效解决了房屋渗漏等问题，并继续做好存量房销售，全年销售 21 套。

2．积极降本节支，增加企业效益。坚持把节能减排贯彻到企业生产实践中。各企业积极推进节电、节水、节材措施，加大资源节约和技术改造力度，降低企业运行成本。桃浦热力公司针对煤价上涨、用户减少的困难，坚持完成 1 号站两台锅炉的分层装置改造，使煤渣含碳率降低 6%。积极做好用汽量分析，科学控制生产锅炉开停和设备维护保养工作，确保运行处于最佳状态。北方商城通过内退养降低用人成本，改变了人浮于事的现象。万力公司细分经营成本，加强能源规范管理，实施后勤人员社会化外聘，不仅降低了企业成本，且提高了效率和质量。

3．转型创新增能，拓展经营结构。在保持经济平稳发展的同时，关注形势对业态的驱动效应，适时调整转型，拓展经营思路，培育新增长点。北方商城在抓好主业的基础上，积极开拓新市场，深入与上海地铁公司加强合作，全年实现营收 191.63 万元，实现毛利 75 万元；与上海海洋大学、上海增欣机电设备制造有限公司建立三方合作研制食品冷冻设备，样机已试制成功，正进入调试阶段。万力公司加大贸易服务的开展，全年实现销售收入 230 万元。通过培育新经济增长点，不断拓展市场，有效地提升了企业市场竞争力，为企业调整发展打开新途径。

4．加快调整步伐，实施主动调整。根据桃浦地区产业结构调整总体规划，10 月中旬，公司与普陀区人民政府签订战略合作意向书，市经信委、市国资委有关领导和普陀区党政领导出席了签字仪式，进一步确立依靠仕欣公司这个平台，推进区域开发的模式。二是积极开展企业内部调整，针对综开公司经营中的困难，实施综开公司由万力公司托管，企业间互帮互助，资源整合，有效提高了经营能力，2010 年扭亏为盈，实现了“1+1〉2”效果。热力公司按市产业结构调整要求，主动调整，一方面继续做好园区供热企业的正常用气，履行社会责任；另一方面积极做好调整方案，有序推进，打好主动仗。金山企业发展公司圆满完成了缩股撤资工作，得到了股东的高度评价和肯定。闵北公司抓紧推进股权转让等工作。

三、适应国资管理体制要求，加强监管，规范经营

1．抓好专项检查，完善监管制度。根据市国资委专项治理工作要求，公司分别对国有土地和“小金库”进行调查。通过摸底调查，未发现有小金库现象；所有国有土地产证齐备，在土地使用和管理中严格执行国有土地的管理使用规定，并不断建立健全国有土地监管的内控制度，规范国有土地的运作，确保国有资产的安全运行和保值增值。

2．全力配合经审，规范经营管理。根据市国资委开展市属企业经济责任审计的总体要求，市审计局自 5 月起对公司进行经济责任审计工作（为期 5 个月）。公司坚持把审计工作作为加强企业管理、落实国资监管、规范资产管理的一项举措。认真对待审计工作的检查，并对审计部门提出问题加以调整和整改。通过审计，进一步理清、理顺资产关系，确保国有资产操作规范有序，资产保值增值。

四、以保障世博安全为己任，狠抓安全，确保平安

1．扎实落实世博安保责任，确保一方平安。公司坚持从“常态化、创造性、动态性、多样化”四方面落实安保措施，落实主要领导安全第一责任制，层层签订世博安保工作责任书，实施过程监管，领导干部坚持亲自下基层巡查暗访，亲自严查督办，形成了上下联动、人人参与、齐抓共管的安全督察机制，并结合《继续深入开展“安全生产年”活动实施方案》等安全工作要求，开展安全活动、组织安全检查、落实隐患整改，切实将安全工作落到实处。在世博会举办期间，总公司坚持“没有最好、只有更好”的意识，对安全工作不掉以轻心，不骄傲自满，常抓不懈，确保世博会召开期间平安稳定。

2．开展全方位安全大检查，形成安保工作常态化。公司及所属企业每月开展拉网式的安全大检查，做到警钟长鸣，找出薄弱环节，有目标地抓好整改工作，不放过任何差错和隐患；联合地区相关部门，重点对危险品、易燃易爆物品开展地毯式搜查，发现一例，整改一项，督促整改，落实规范；建立完善全系统安全值班制度，形成安保立体监控体系，实施过程监管。总公司始终按照高标准、严要求落实安全工作，世博会刚结束，即要求各企业将世博期间安保中创

造的行之有效的工作方法通过制度建设不断完善，并运用实际形成常态化。

五、以提高职工利益为目标，以人为本，构建和谐

1．实现职工收益与企业效益同向增长。各企业在抓好经营，提升企业效益的同时，坚持以人为本，万隆、北方商城、万力、招标等企业均为职工增加了工资，实现职工工资增长与企业效益同向增长。根据季节扎实做好防暑降温工作，改善工作环境，增加职工福利，落实职工一年一次体检，做好职工疗休养等，为员工提供良好的工作和生产环境。

2．增强企业凝聚，促进企业稳定和谐。关心员工生活，帮困结对活动已成为一种制度、一项经常性的工作。各企业将帮助困难职工作为增强企业凝聚力的重要载体，全年共家访慰问困难职工及家庭近百人次。通过提高服务质量，加强与入租企业沟通和了解，增强与入租企业感情联络，形成共同遵守世博安保工作制度，共创安稳健康文明工作经营环境。

【2011 年发展趋势】

2011 年是“十二五”开局之年，也是公司根据适应国资改革调整，面临发展机遇的关键之年。面对机遇和困难叠加的环境，公司将认真贯彻落实党的十七届四中、五中全会、中央经济工作会议和上海市经济工作会议精神，深入贯彻落实科学发展观，紧紧抓住上海国资国企改革重组的政策机遇，以“安全、经营、调整”为主线，着力落实企业的安全运行，着力推进产业结构的调整，着力提高企业经营管理水平，着力实现驱动创新、产业升级、效益增长的目标，以优异的成绩迎接建党 90 周年。

一、工作方针

服从改革大局、确立战略定位、实施产业转型、实现科学发展。

二、经济目标

营业收入 10350 万元；利润总额 2895 万元。

三、工作思路

一是突出安全生产新机制，保障企业平稳有序发展；二是突出产业结构调整，有序推进产业转型；三是突出企业经营管理质量和经济效益双提高，增强企业发展动力。

四、工作要点

一是抓住国资整合机遇，集聚资金、资源，明确战略定位，谋求新发展；二是加快转型发展步伐，积极推进产业结构调整，培育新业态；三是拓展渠道，提高质量，完善产业链，创造新业绩；四是进一步完善企业各项制度建设，加强企业管理，实现管理创新；五是加强队伍建设，调整人员结构，为总公司可持续发展提供人才支撑。

（岳　平）

沪东重机有限公司

【概况】

沪东重机有限公司是研制大功率船用柴油机的专业化企业，位于上海市浦东新区，占地面积 12.7 万平方米，注册资本 24 亿元。

公司是我国最早研制大功率船用柴油机的生产企业。早在 20 世纪 50 年代，公司开始研制国产船用大功率柴油机。1958 年，公司研制成功我国首台 6ESDZ43/82 船用大功率柴油机，1965 年，中国首台万匹机 7ESDZ75/160 通过国家鉴定，1969 年，我国海军护卫舰主机 E390V 中速大功率柴油机又研制成功。改革开放后，通过引进中、低速大功率柴油机专利技术，先后制造出 MAN、WRTSIL、S.E.M.T. 系列多种机型的专利产品。1989 年，研制出 2700TEU 集装箱船的主机 7RTA84。2003 年，研制出 30 万吨油轮的主机 7S80MC。2005 年，研制出国内首台智能型柴油机。2006 年，研制出 3500TEU 集装箱船的主机 7K90MC-C。

公司获得 DNV 船级社 ISO9001 质量管理体系和新时代 GJB9001A-2001 产品质量体系的认证。1998 年至今连续被认定为上海市高新技术企业。从 2003 年起先后被认定为上海市浦东新区企业技术开发机构、上海市企业技术中心、国家级企业技术中心（分中心）。2009 年 11 月，公司被认定为国家级企业技术中心。

公司投资的上海临港重装备产业园区项目公司——上海中船沪东重机配套有限公司于 2010 年 12 月 30 日领取工商营业执照。

4 月 6 日起，公司升级为海关 AA 类管理企业。8 月 31 日，公司获得国家核安全局颁发的民用核安全电气设备设计许可证和民用核安全设备制造许可证。

【2010 年经济工作情况】

一、市场状况

2010 年，造船行业呈现触底回升态势，中小型散货船、油船和集装箱船市场需求有所回升，使得中小缸径主机有一定市场需求。全年的市场形势复杂多变；新订单签约和撤单，交货期、船型和船东变更，降价、付款、成本等因素使公司的经营面临严峻考验，但在生产、技术、质保、营销部门的通力合作下，柴油机订单量仍取得国内第一的成果，沪东重机的品牌仍然是目标客户的首选。

二、经营业绩

完成工业总产值 329470 万元，比上年增长 15.7%，完成出口产值 5567 万元，增长 57.1%；全年实现营业收入 350461 万元，增长 24.2%；出口创汇 830 万美元，增长 10.4%。

完成低、中速柴油机 113 台 /127.3 万千瓦，功率产量增长 15.2%；完成新开发机型 11 台 /13 万千瓦。完成地铁盾构机 13 台。

三、技术进步

承担的最大科研项目“船用柴油机数字化集成制造平台技术开发研究”，顺利通过国家工业和信息化部组织的验收。

成功提交 5S60ME-C7#1 柴油机。该机的液压系统压力为 300bar，在世界范围内还是第一次使用。该首制机的成功提交标志着公司在智能型电喷柴油机领域又有了一次大突破。

上海市高新技术成果转化服务中心授予公司“RT-flex68 型柴油机”项目高新技术成果转化“百佳”称号。

承担的上海市重大技术装备研制专项——第三代核电站用柴油应急发电机组首台研制通过上海市经济和信息化委员会验收。

国务院发展研究中心中国企业评价协会《RT 轨道交通》杂志在上海国际会议中心召开“城市轨道交通国际峰会”，会上，公司被授予“2009 年轨道交通企业自主创新 50 强企业”称号。

实施的“船用柴油机多级柔性生产计划协同管理体系的构建与实践”项目荣获 2010 上海市企业管理现代化创新成果一等奖。

四、年末从业人数

年末从业人员 1320 人，其中，工程技术人员 360 人，管理人员 253 人，高级职称 97 人，中级职称 115 人，高级技师 3 人，技师 34 人。

【2011 年发展趋势】

2011 年，公司主要经济工作目标是：完成工业总产值 34.5 亿元，完工柴油机 140 台 /151 万千瓦。主要工作措施有：全力以赴抢柴油机定单，确保全年柴油机生产任务的完成；狠抓成本工程，不断改善和提高经济运行质量和效益；优化运行机制，深入推进生产转模，强化质量管理；加快技术创新步伐，增强自主研发工作力度。

（於玉泉）

上海外高桥造船有限公司

【概况】

上海外高桥造船有限公司成立于 1999 年，是中国船舶工业集团公司旗下上市公司——中国船舶工业股份有限公司的全资子公司，规划占地总面积近 500 万平方米，岸线总长度超过 4 公里。外高桥造船公司通过探索和实践现代造船模式，不断强化基础管理，持续缩短造船周期、不断提高生产总量和经济效益。目前，外高桥造船公司已形成好望角型散货船、阿芙拉型成品 / 原油轮、大吨位海上浮式生产储油轮（FPSO）、超级油轮（VLCC）和深水半潜式钻井平台等五大系列产品。产品远销美国、德国、希腊、意大利、挪威、新加坡、加拿大、土耳其、比利时、日本以及中国香港、中国台湾等国家和地区。

【2010 年经济工作情况】

2 月 26 日，公司建造的 3000 米深水半潜式钻井平台顺利出坞。4 月 28 日，公司的全资子公司上海外高桥造船海洋工程有限公司举行试生产仪式。10 月 18 日，公司第一艘正式实施 PSPC 新规范的首制 20.6 万吨散货船开工建造。11 月 23 日，公司建造的首制 17.6 万吨好望角型散货船命名交付。12 月 11 日，公司建造的又一艘 17.6 万吨好望角型散货船完工交船，至此，公司 2010 年造船完工总量累计达到 706 万载重吨，连续 6 年高居中国各船厂之首，成为我国第一家造船产量突破 700 万载重吨大关的船厂。

公司坚持外延和内涵协调发展。一是构建精益管理体系。把构建精益管理体系作为企业工作的重中之重，以建设精益造船管理体系为抓手，全面提升公司生产组织、生产管理、质量、安全、成本、效率等管理工作，强化核心竞争力建设；二是促进增长方式转变。将企业的发展方式从“规模速度型”向“质量效益型”转变，结合差异化的策略，采取成本集中战略，并在此基础上谋求相应细分市场的规模经济和成本领先优势；三是推进信息化建设。通过引进国外先进管理理念，又充分考虑中国造船业的环境特点和公司业务特色，成功开发具有自主知识产权的 SEM（造船企业管理）系统，形成了以信息化引领管理提升的信息化建设路线。

【2011 年发展趋势】

根据《船舶工业中长期发展规划》及中国船舶工业集团公司总体发展战略，公司将在“十二五”期间力求实现由“规模速度型”向“规模与质量效益并举型”的转变，力争在“十二五”末，造船总量突破 1000 万吨大关，实现企业的第二次跨越式发展。

（谢莎莎）

江南造船（集团）有限责任公司

【概况】

江南造船（集团）有限责任公司创建于清朝同治四年(1865 年)，创建时名为江南机器制造总局，其后历经江南船坞、海军江南造船所，1953 年更名为江南造船厂，1996 年改制为江南造船（集团）有限责任公司。它是中国民族工业的发祥地，中国近代工业的起点、中国产业工人的摇篮，我国大型骨干造船企业之一，海军装备建设的中坚力量，现为中国船舶工业集团控股的全资子公司。

【2010 年经济工作情况】

2010 年，江南造船全体干部员工深入学习党的十七届五中全会精神，全面贯彻落实中船集团“保交船、抢订单、强管理、降成本、防风险、谋发展”18 字工作方针，同心协力，勤奋工作，全面完成各项经营生产计划任务，实现了公司“三步走”战略的第一步夯实基础目标。

经营强化“抢订单”工作，全年承接高新产品 3 艘，承接 76000 吨散货船 6 艘。生产强化“保交船”工作，完成交船 10 艘，开工 15 艘，上船台 10 艘，下水 10 艘，达到交船状态 1 艘。多型高新产品实现重要节点目标，军品保修任务如期顺利完成。全年完成造船 71.7 万载重吨，实现工业总产值 55 亿元，工业增加值 9 亿元，销售收入 67 亿元。

强化成本控制。公司加强对费用预算计划执行的过程监管，强化产品目标成本管理，严格执行采购审价制度，通过努力，圆满实现全年预算框架内降本增效 2% 目标。

完善基础管理。公司制定、修订和完善各类管理规定与制度共 104 篇，促进公司管理规范运行。以中间产品组织生产为基本特征的壳、舾、涂一体化区域总装造船生产模式，以计划为导向和以预算为基础的管理模式，以标准化为方式和以信息化为手段的运行模式的现代造船与管理新模式基本建立。

推动研发、工法、信息化等技术创新工作。完成第六代 76000 吨散货船优化设计、第七代低碳环保“江南巴拿马型散货船”开发。积极开展工法研究和创新，全面推进信息化建设。全年开展科研课题 83 项，完成结题 58 项，申报省部级以上科技进步奖 5 项，获得国防科工局一等奖 1 项，申报专利 15 项，获得授权 12 项，企业核心竞争力进一步提高。

加强企业文化建设。以纪念 145 周年厂庆活动为载体，组织开展系列庆祝活动，弘扬江南精神。以 2010 年上海世博会为契机，江南博览馆公司圆满完成中国船舶馆参展上海世博会任务。公司获得中共中央、国务院颁发的“中国 2010 年上海世博会先进集体”。2010 年，公司被评为上海市企业文化示范基地。

【2011 年发展趋势】

2011 年，江南造船（集团）有限责任公司将强化管理和生产的标准化、精细化、数字化和信息化，基本形成一支能满足公司跨越式发展要求的职业化员工队伍，全面提升公司综合管理水平、生产总量水平、运行效率水平和经济效益水平，实现公司健康和高效运行。

（陈桂明）

沪东中华造船（集团）有限公司

【概况】

沪东中华造船（集团）有限公司于 2001 年 4 月由原沪东造船厂与原中华造船厂合并重组成立，是中国船舶工业集团公司旗下既建造军用、民用船舶，又制造船舶和船用柴油机配套件、大型钢结构的综合型企业集团。控股和参股上海东鼎钢结构有限公司、上海沪东造船电器有限公司、上海沪东三造船舶配套有限公司、上海华润大东船务工程有限公司等多家企业公司。公司总部位于上海浦东新区，注册资本 7.6094 亿元。公司拥有 360×92 米大型船坞 1 座，配置 700 吨龙门吊 2 座；12 万吨级和 8 万吨级船台各 1 座，2 万吨级以下船台 2 座等一批先进设施和设备，具有年造船 200 万吨的生产能力。

公司具有雄厚的造船实力和丰富的造船经验，为国内外船东建造过 LNG 船、LPG 船、大中型集装箱船、化学品船、滚装船、油船、散货船、军舰和军辅船等多类军用、民用船舶。产品除满足国内用户需要外，还远销亚洲、欧洲、美洲、非洲、大洋洲等 40 多个国家和地区，深受国内外船东的好评。公司成功建造的中国第一艘 14.7 万立方米大型液化天然气（LNG）运输船，拥有完全自主知识产权的 8530TEU 超大型集装箱船，填补了国内空白，标志着公司的生产技术和能力达到了国际一流水平。

公司拥有一流的国家级企业技术中心、博士后工作站以及大批中高级专业技术人员，科研开发力量强大。公司信息化技术先进，在普遍使用国际先进造船软件的基础上，自主研发了具有完全知识产权的SPD船舶设计软件，全面建立沪东中华HZ-CIMS技术。

公司具有可靠的质量管理体系，先后通过中国新时代质量认证中心GJB9001A-2001军品质量认证和中国CCS船级社、美国ABS船级社、挪威DNV船级社、英国LR船级社等主要船级社的ISO9001质量认证，具备并运行一套完整有效的质量保证体系。公司以先进的造船理念，全面推进“HSE（职业安全健康）”管理，通过英国劳氏质量认证公司的GB/T24001-ISO14001环境管理体系、OHSAS18001职业健康安全管理体系的审核认证。

8月，国家发改委已批文同意启动长兴二期工程一阶段的建设，对于沪东中华进一步优化船舶产品结构、提高高端船舶产品的生产能力和市场份额，以及提升本公司和中船集团公司在世界造船领域的地位具有重要意义。

公司正全面实施“数字造船、绿色造船”发展战略，努力建设世界一流造船基地。

【2010年经济工作情况】

2010年，公司积极贯彻“保交船、抢订单、强管理、降成本、防风险、谋发展”18字工作方针，以成本效益为主线，以从严管理为手段，推进工艺、技术进步和体制优化调整，全面提高公司运行效率和经济效益，各项工作取得喜人的成绩。

全年完成造船33艘220万吨，工业总产值131.7亿元，销售收入132亿元，实现利润总额3.25亿元。首次实现年产值、销售双双突破130亿元大关，创历史新纪录。

公司实施“生产一代、开发一代、预研一代”的船型开发战略，在散货船、油船和集装箱船这三大主力船型中，不断开发出具有沪东中华特色的船型。尤其是形成集装箱船从1700箱到13000箱系列；LNG船通过引进、吸收、再创新，掌握核心技术，不仅成功建造5艘LNG船，而且开发出16万立方、17.5万立方和22万立方电力推进液化天然气船以及17.4万立方高效透平和常规蒸汽透平液化天然气船，抢占了国内LNG船制造的制高点。

公司通过大力推广新工艺新技术，提高造船质量和效率。全面推行分段100%精度报检，分段无余量制造率比上一年度提高了5%，PSPC工作也已经在部分制船上实施。同时对舾装管子单元模块化、总段舾装完整性等进行了深入研究和在实船上的应用。

为进一步加强内部管理，练好内功，公司重点抓好降本增益、体制调整、人力资源建设等主要工作。通过加强预管理控制、分解和落实，完善工时实名制等手段，不断深入推进降成本、防风险的各项工作，在降本增益方面取得了良好的成效。通过深化体制调整，理顺职能、加强管理，加快了公司向“总装造船”模式的转变。通过岗位薪酬绩效改革，建立更加科学有效的考核体系，进一步加强人力资源基础管理。

技术改造方面，节能降耗技改、三部生产区域改造、军贸生产线改造等项目为公司船舶生产目标的实现、经济总量的提高提供了保障。同时，在集团公司的统筹安排下，长兴二期工程建设和配套项目的建设也取得较大成果，为公司新一轮发展创造了条件。

【2011年发展趋势】

2011年，公司经济工作的指导思想：以科学发展为主题，以加快发展方式转变为主线，按照公司“十二五”规划纲要的总体要求，全力推进长兴二期生产基地和配套基地建设，进一步加强科研开发力度，促进产品升级换代；继续以“保交船”为重点，千方百计降成本，不断提高船舶建造水平和质量水平；继续深化造船体制调整和岗位薪酬改革，强化各项基础管理，促进管理进步；不断提高公司运行效率和经济效益，确保“28128”目标顺利完成，为公司“十二五”规划开好局。

主要经济指标：完成造船28艘178万吨，完成工业总产值128亿元，完成销售收入120.97亿元，实现利润总额2.2亿元，经营承接150亿元，国有资产保值率大于100%。同时，安全生产实现001目标。

主要工作安排：经营工作与产品研发相结合，拓展高端市场，争取高端产品订单；体制、机制调整与新工艺新技术应用相结合，推动工艺水平上台阶，提高管理和生产效率；抓好成本工程，完善成本管理体系和责任制，降低成本，提高经济效益；抓好长兴二期工程及配套工程的规划和建设，努力建造世界一流造船企业；以LNG船为契机，提高HSE管理体系运行质量，全面改善公司HSE和安全管理水平。

（刘　燕）

上海航海设备有限责任公司

【概况】

上海航海设备有限责任公司（SMEC）是由历史悠久，在船舶业享有盛名的中国船舶工业集团公司（CSSC）直属上海航海仪器总厂利用数十年军工技术成果开发成功的主要民品和军民共用产品的经营实体改制组建的现代企业。早在1996年11月，公司就通过了ISO9001质量认证，公司主营的船用设备及机舱自动化系统、液压元件及系统等，其制造质量在国内堪称一流。

【2010年经济工作情况】

2010年，公司完成工业总产值6556万元，其中，出口产值25.4万美元；销售收入6064万元；税利总额421.73万元。完成船用产品产值192船／套，合3060万元。完成非船产值4263万元。2010年，公司平均从业人员195名。

自2009年被上海市命名为高新技术企业后，2010年8月被确定为上海市“科技小巨人”（培育型）企业。

按最新国际标准设计的为船舶驾控台配套的航行灯／信号灯控制系统通过产品型式试验，取得中国船级社颁发的船检认可证书。

船用液压舱盖系统和船用辅机（吊机、锚绞机等）液压控制系统开始大批量提供给各大船厂所使用。

2010年，公司主导产品二通插装阀通过一系列的技术改进和升级换代，整体上达到“优于或领先于国内同类产品，接近或同步于国际产品”的水平，可以替代国外Rexroth等进口产品。

公司近年来注重技术创新，新型液压元件及液压阀组在欧美市场、上海振华港机、南京绿洲机械厂等大企业的产品中替代了进口产品，在科技创新中迈出了新的步伐。

【2011年发展趋势】

2010年，公司将以雄厚的技术力量，先进的管理，在汽配产业的子午线轮胎成型机的核心部件的加工制造上，以质量取胜，使众多用户认可，逐步扩大销量。公司愿以“一流产品、一流服务”与广大客户共创未来。

（刘国跃）

上海船厂船舶有限公司

【概况】

上海船厂船舶有限公司是中国船舶工业集团公司下属的五大造修船基地及四大海洋装备工程基地之一。公司历史可追溯到1862年。2005年5月，公司的主要厂区全部从上海浦东陆家嘴地区搬迁至崇明岛南岸新建成的造修船基地，现主要生产区域分布在上海市黄浦江西岸及长江口崇明岛南岸，占地总面积约163万平方米，码头岸线总长约2750米。公司主要造船设施有7万吨级船台一座，110米×190米海洋装备工程港池一座，还有8万吨级干船坞、3.5万吨级干船坞各一座及5.3万平方米船体加工车间、3.2万平方米造船焊接车间。主要修船设施有10万吨级浮船坞、4万吨级浮船坞各一座。公司拥有完备的造修船配套设施，拥有船舶制造三维设计系统SB3DS等10余项高端自主知识产权专利。公司具有上海市钢结构、网架工程施工一级资质证书，并取得了中国船级社的ISO9001:2000、ISO14001、OHSAS18001认证证书。

【2010年经济工作情况】

2010年，公司完成工业总产值比上年增长4.63%，利润增长4.39%；经营承接新船订单9型42艘船209万吨。

公司“十一五”时期与“十五”时期相比，工业总产值增长244%，利润翻了近5番，造船完工吨位增长197%，造船经营承接额翻了两番多，修船产值增长55%。

公司全年完工交船4型17艘、114.1万吨，艘数、总吨位同比分别增长31%、69%。全年工业总产值、造船完工交船吨位均创历史最高纪录。

目前，公司手持造船订单60艘、300多万载重吨，造船任务排至2013年。

【2011年发展趋势】

2011年，公司主要经济工作目标：工业总产值和销售收入突破70亿元，利润继续保持一定的增长幅度。造船完工8型23艘船、138.03万吨。

（钱稳柱）

上海德科电子仪表有限公司

【概况】

上海德科电子仪表有限公司系光明食品（集团）上海长江总公司下属的主要骨干企业。公司是上海市及国家级汽车零部件重点电子产品生产企业，具备年生产各种轿车仪表200万套、空调控制器160万套、数字显示器100万套，各类传感器260万套和其他适应市场需求电子产品数百万套，兼有LED半导体照明、空气治理器等生产能力及质量保证能力。

【2010年经济工作情况】

2010年，上海德科电子仪表有限公司深入贯彻落实科学发展观，大力实施“走出去”战略，开展管理创新，全年实现营业净收入达到5.50亿元，比上年增长41%以上，其中，组合仪表增长52.8%、空调控制器增长47%、传感器增长30%、数字钟增长236%。

上海德科电子仪表有限公司积极倡导“准时的产品、准确的行动”的理念，推动“9S”和“6σ”等科学的管理方法在企业生产和管理中的运用，严格执行ISO/TS16949质量体系、OHSAS18001职业健康安全管理体系和ISO14001环境体系，通过广泛的、长期的、多层次、多角度的企业培训，将企业转变为学习型组织，敢于吸收外来文化，敢于摒弃企业陈腐的思想观念，敢于摆脱企业长久以来形成的不良习惯和传统，构建起积极向上、活力四射的企业文化，并以此为源泉，维系企业核心竞争力的健康发展，进而在风云变换、机遇与风险同在的中国汽车市场生存和壮大。

上海德科电子仪表有限公司相继成立的7家控股公司和两家生产基地，经过这几年的培育和扶植，在2010年显现出一定的实效，其战略定位、目标要求、运作方式、市场的搏击能力和运行结果直接影响对SDE的贡献程度，销售贡献率为35%。“走出去”战略的实施在当前乃至中长期战略规划中是SDE举足轻重的一盘具有生命意义的棋局已日渐明显，为SDE新产品、新市场的发展奠定可靠和扎实的基础，同时以此为载体的品牌战略的影响力和辐射力也得到不断扩大。

【2011年发展趋势】

2011年，上海德科电子仪表有限公司将建立和完善强有力的成本控制与核算体制，持续强有力地实施降本增效，全员行动，齐抓共管，消除各个环节的浪费和对现有流程的优化，绩效额达到2000万元。确保销售增长率≥11%；预计净销售收入≥60000万元；实现销售利润率≥15%。

（办公室）

上海市市北高新技术服务业园区

【概况】

上海市市北高新技术服务业园区成立于1992年8月，由上海市北高新（集团）有限公司开发建设，是上海最早提出大力发展生产性服务业的国家高新区。2008年，园区整体纳入上海张江高新区管理范围。2009年，园区完成更名及扩容后，其范围为北至走马塘－共和新路－场中路，西至彭越浦，南至汶水路，东至泗塘，规划面积3.13平方公里。

园区地理位置优越，坐落于上海两条交通大动脉——中环线和南北高架两翼，10公里范围内可至外滩、南京路、五角场、静安寺等繁华商业中心，20公里范围内则可达虹桥航空枢纽、张华浜国际货运码头。

近年来，市北高新园区在市场经济的大潮中搏击风浪，在体制转轨、产业结构调整的最前沿发展壮大，实现从传统的工业园区向以研发设计、服务外包、总部型企业为主导的生产性服务业功能区的转变，一跃成为上海首个国家高新技术产业基地、上海首批生产性服务业功能区、上海首个云计算产业基地和国产基础软件产业基地及上海品牌园区。

【2010年经济工作情况】

2010年，市北高新园区在市、区两级政府和张江高新区管委会的关心指导下，坚持加快自主创新，推动转型发展，不断提升服务水平，优化投资环境，扩大品牌影响，综合实力明显增强。

在产业结构调整上，园区通过规划形态转型、服务功能转型，着力推进产业结构转型，重点实施生产性服务行业优质企业集聚并加大地区性总部企业的招商力度。2010年，园区成功引进大公信用评测、思高方达、中科软等为代表的金融后台服务业企业以及以中标软件、达梦软件、东方通泰软件等为代表的基础软件优质企业，并相继完成了特易购、和通汽车两家国际知名企业总部机构的认定工作。截至2010年12月底，园区生产性服务业比重已超过70%。

在环境打造上，园区不断提升楼宇品质，并统筹设计建设集绿化、水景、花卉、雕塑和泛光照明等元素为一体的景观建设，精心推进以商业设施、会务中心、植物园等内容为一体的配套设施建设，使园区的环境质量显著提升。

在服务提供上，园区以“打造以服务为主导的核心竞争力”为指导思想，积极推进大客户服务模式，通过行业协会平台、党员服务中心平台等众多服务平台以及“银企通”中小企业融资平台、企业孵化器等产业服务平台的搭建，为入驻园区的企业提供了更专业、更全面的服务环境，使园区服务体系日臻完善。

在品牌建设上，园区顺利取得上海国产基础软件基地、上海市云计算产业基地、上海市企业文化建设示范基地、上海市品牌园区等资质。8月，市北高新（南通）科技城项目正式签约，园区“走出去”战略迈出实质性步伐，品牌影响不断增强。

截至年末，园区完成税收总额22.46亿元，第三产业主营业务收入493.9亿元，排名全市开发区第3位，成为区域经济的重要增长极，被列为上海“创新驱动、转型发展”的成功案例之一。

【2011年发展趋势】

2011年，市北高新园区将以上海“四个中心”和闸北服务业综合改革试点区建设为契机，以“加快科技化步伐、打造国际化园区”为主线，积极实施“产业升级、绿色节能、品牌发展、信息化建设、服务增值、资本运作、人才培育、人文关怀”八大战略，努力把园区建设成为闸北区和上海市自主创新的核心区、转变发展方式的示范区、高新技术产业集群的先导区、生态型城市的承载区和体制机制创新的先行区，打造上海乃至长三角地区知名的品牌园区。

市北人将以宽阔的视野、博大的胸怀、专业的服务和满腔的热情，迎接四方宾客，共铸新的辉煌！

（李怡青）

2011·上海工业年鉴

SHANGHAI
INDUSTRIAL
YEARBOOK

- 特载
- 综述
- 专题
- 区县工业
- 企业简介
- **上市股份公司**
- 行业协会简介
- 大事记
- 经济法规
- 统计资料
- 企业形象

上海工商类上市公司行业分类

序号	代码	公司简称	行业	序号	代码	公司简称	行业
1	600019	宝钢股份	制造业-黑色金属冶炼及压延加工业	42	600630	龙头股份	制造业-纺织业
2	600061	中纺投资	制造业-化学纤维制造业	43	600631	百联股份	批发和零售贸易-零售业
3	600072	中船股份	制造业-专用设备制造业	44	600633	*ST 白猫	制造业-化学原料及化学制品制造业
4	600073	上海梅林	制造业-食品制造业	45	600636	三爱富	制造业-化学原料及化学制品制造业
5	600081	东风科技	制造业-交通运输设备制造业	46	600637	广电信息	制造业-日用电子器具制造业
6	600094	*ST 华源	制造业-化学纤维制造业	47	600645	ST 中源	制造业-纺织业
7	600104	上海汽车	制造业-交通运输设备制造业	48	600654	飞乐股份	信息技术业-通信及相关设备制造业
8	600149	华夏建通	制造业-普通机械制造业	49	600655	豫园商城	批发和零售贸易-零售业
9	600150	中国船舶	制造业-专用设备制造业	50	600656	ST 方源	制造业-化学原料及化学制品制造业
10	600151	航天机电	制造业-交通运输设备制造业	51	600676	交运股份	制造业-交通运输设备制造业
11	600171	上海贝岭	制造业-电子元器件制造业	52	600679	金山开发	制造业-交通运输设备制造业
12	600196	复星医药	制造业-医药制造业	53	600680	上海普天	信息技术业-通信及相关设备制造业
13	600210	紫江企业	制造业-其他制造业	54	600688	S 上石化	制造业-石油加工及炼焦业
14	600272	开开实业	制造业-服装及其他纤维制品制造业	55	600689	上海三毛	制造业-服装及其他纤维制品制造业
15	600278	东方创业	批发和零售贸易-商业经纪与代理业	56	600695	大江股份	制造业-食品加工业
16	600315	上海家化	制造业-化学原料及化学制品制造业	57	600757	ST 源发	制造业-服装及其他纤维制品制造业
17	600320	振华重工	制造业-专用设备制造业	58	600781	上海辅仁	制造业-纺织业
18	600420	现代制药	制造业-医药制造业	59	600818	中路股份	制造业-交通运输设备制造业
19	600490	中科合臣	制造业-化学原料及化学制品制造业	60	600819	耀皮玻璃	制造业-非金属矿物制品业
20	600500	中化国际	批发和零售贸易-商业经纪与代理业	61	600822	上海物贸	批发和零售贸易-商业经纪与代理业
21	600517	置信电气	制造业-电器机械及器材制造业	62	600824	益民商业	批发和零售贸易-零售业
22	600530	交大昂立	制造业-生物制品业	63	600826	兰生股份	批发和零售贸易-商业经纪与代理业
23	600555	九龙山	制造业-服装及其他纤维制品制造业	64	600827	友谊股份	批发和零售贸易-零售业
24	600597	光明乳业	制造业-食品加工业	65	600833	第一医药	批发和零售贸易-零售业
25	600601	方正科技	信息技术业-计算机制造业	66	600835	上海机电	制造业-电器机械及器材制造业
26	600602	广电电子	制造业-电子元器件制造业	67	600836	界龙实业	制造业-印刷业
27	600604	*ST 二纺	制造业-专用设备制造业	68	600838	上海九百	批发和零售贸易-零售业
28	600605	汇通能源	制造业-普通机械制造业	69	600841	上柴股份	制造业-普通机械制造业
29	600608	ST 沪科	信息技术业-通信及相关设备制造业	70	600843	上工申贝	制造业-专用设备制造业
30	600610	SST 中纺	制造业-专用设备制造业	71	600844	丹化科技	制造业-化学原料及化学制品制造业
31	600612	老凤祥	制造业-其他制造业	72	600848	自仪股份	制造业-仪器仪表及文化、办公用机械制造业
32	600614	鼎立股份	制造业-橡胶制造业	73	600849	上海医药	制造业-医药制造业
33	600615	丰华股份	制造业-食品制造业	74	600850	华东电脑	信息技术业-计算机制造业
34	600616	金枫酒业	批发和零售贸易-零售业	75	600851	海欣股份	制造业-皮革、毛皮、羽绒及制品制造业
35	600617	ST 联华	制造业-化学纤维制造业	76	601727	上海电气	制造业-电器机械及器材制造业
36	600618	氯碱化工	制造业-化学原料及化学制品制造业	77	900935	阳晨 B 股	制造业-专用设备制造业
37	600619	海立股份	制造业-电器机械及器材制造业	78	900953	*ST 凯马 B	制造业-交通运输设备制造业
38	600623	双钱股份	制造业-橡胶制造业	79	002022	G 科华	制造业-生物药品制造业
39	600626	申达股份	制造业-纺织业	80	002028	G 思源	制造业-输配电及控制设备制造业
40	600628	新世界	批发和零售贸易-零售业	81	002058	威尔泰	制造业-仪器仪表及文化、办公用机械制造业
41	600629	棱光实业	制造业-非金属矿物制品业	82	002158	汉钟精机	制造业-普通机械制造业

上海工商类上市公司

序号	代码	公司简称	资产总计	股东权益	主营业务收入	利润总额	净利润
1	600019	宝钢股份	21606510.37	10474647.83	20214915.24	1707623.30	1288908.33
2	600061	中纺投资	95450.15	56820.87	184530.84	2658.50	2111.42
3	600072	中船股份	237337.91	139768.89	137476.04	6140.61	4427.31
4	600073	上海梅林	216098.64	75864.08	220387.44	-318.50	268.69
5	600081	东风科技	167297.35	52440.01	230666.77	24390.41	16385.10
6	600094	*ST 华源					
7	600104	上海汽车	22884235.90	6616967.27	31248548.63	2668439.08	1372852.35
8	600149	*ST 建通	31015.72	25877.17	600.00	-33929.00	-33796.87
9	600150	中国船舶	5143430.96	1594968.62	2985536.88	323611.77	260852.57
10	600151	航天机电	789740.97	268690.91	248850.42	16765.02	13855.46
11	600171	上海贝岭	193258.57	169109.16	58807.18	2343.42	1669.22
12	600196	复星医药	1682013.58	842302.30	455542.17	120195.13	86365.39
13	600210	紫江企业	963506.98	357057.54	644585.41	90648.02	67844.70
14	600272	开开实业	109057.16	31237.42	86689.78	3258.61	2670.38
15	600278	东方创业	301472.42	163080.17	595468.93	13675.10	9965.41
16	600315	上海家化	212234.43	149670.42	309395.66	30232.48	27563.07
17	600320	振华重工	4528712.63	1526804.61	1711617.74	-84760.89	-69483.80
18	600420	现代制药	113563.26	72356.14	142296.36	15405.83	10811.14
19	600490	*ST 合臣	33662.95	10486.14	81088.79	1790.94	1128.53
20	600500	中化国际	2480845.16	583466.82	3969194.69	121312.21	67008.65
21	600517	置信电气	197533.71	131106.31	151640.94	43965.15	31981.77
22	600530	交大昂立	131543.81	105886.83	33898.44	5425.11	5800.47
23	600555	九龙山	284128.60	175514.74	929.56	3231.59	1132.00
24	600597	光明乳业	597454.95	232931.63	957211.10	24096.26	19437.56
25	600601	方正科技	699583.14	410580.90	816779.28	29578.35	24085.47
26	600602	广电电子	248471.21	216165.26	52482.77	15647.86	15172.69
27	600604	ST 二纺	83397.29	17044.93	46718.57	-9365.84	-9103.58
28	600605	汇通能源	81861.92	45969.99	151726.29	966.43	416.06
29	600608	*ST 沪科	39525.88	-15929.88	32337.60	2557.03	2117.14
30	600610	SST 中纺	36438.95	20729.53	11639.25	867.53	886.94
31	600612	老凤祥	548334.41	165612.56	1431086.73	56318.22	29219.41
32	600614	鼎立股份	190046.50	77140.95	77614.44	7781.14	6467.53
33	600615	丰华股份	72387.85	50636.57	28128.91	3561.38	3019.49
34	600616	金枫酒业	139451.99	110538.49	97804.93	18771.44	13138.88
35	600617	*ST 联华	6063.20	-7628.02	786.84	1674.33	1674.33
36	600618	氯碱化工	561372.22	250520.97	573650.14	10465.27	14137.18
37	600619	海立股份	658903.40	162408.49	640197.39	25524.02	14388.20
38	600623	双钱股份	845338.59	223056.04	909462.54	22397.42	29059.20
39	600626	申达股份	288774.33	176377.30	595618.58	25615.36	20139.44
40	600628	新世界	504350.66	191308.89	303008.98	27587.26	19864.85
41	600629	棱光实业	135051.88	75310.18	75726.52	7156.97	7216.47

2010 年度经营情况之一

单位：万元

序号	代码	公司简称	资产总计	股东权益	主营业务收入	利润总额	净利润
42	600630	龙头股份	257948.18	141693.54	353141.39	6648.09	5754.17
43	600631	百联股份	1472510.56	621509.61	1284395.92	99693.49	61484.92
44	600633	*ST 白猫					
45	600636	三爱富	304415.39	78628.24	309560.62	15612.72	4598.89
46	600637	广电信息	293716.25	129047.04	213420.61	11017.98	10618.17
47	600645	ST 中源	77168.68	13253.49	26847.33	3869.97	838.05
48	600654	飞乐股份	172318.87	114562.32	115572.22	11134.13	10805.83
49	600655	豫园商城	1027287.93	456982.11	1207023.38	88537.66	67273.29
50	600656	ST 方源	16685.87	-36223.12		280.63	937.09
51	600676	交运股份	494966.25	198661.17	547831.43	33323.50	17332.54
52	600679	金山开发	129827.78	59469.18	90672.07	2422.08	746.44
53	600680	上海普天	219847.80	142676.61	84993.90	-8794.25	-8776.02
54	600688	S 上石化	2915810.40	1791304.00	7759118.70	345374.40	270373.40
55	600689	上海三毛	122841.58	39964.75	165321.90	1826.47	1561.45
56	600695	大江股份	66274.95	19534.38	70961.52	2184.39	1276.92
57	600757	*ST 源发	9342.19	0.00	63036.22	69662.21	85192.60
58	600781	上海辅仁	63050.23	22710.02	27671.60	3327.13	2243.05
59	600818	中路股份	74311.20	35416.12	63224.36	1840.02	2311.08
60	600819	耀皮玻璃	647346.74	201031.11	268563.86	24443.22	19415.88
61	600822	上海物贸	815123.58	156675.70	5795323.68	13237.85	10276.64
62	600824	益民集团	209632.78	135159.37	186570.49	17356.50	12303.67
63	600826	兰生股份	256017.82	192259.90	139197.86	10621.65	9230.45
64	600827	友谊股份	2128505.22	269552.01	3105242.20	112704.21	29798.39
65	600833	第一医药	78817.90	42887.29	114747.57	4132.85	3032.44
66	600835	上海机电	1518764.83	548707.77	1325997.88	124814.79	66571.88
67	600836	界龙实业	259826.92	41648.97	149398.19	4092.18	1707.53
68	600838	上海九百	98929.16	59165.43	15050.77	2913.27	2879.24
69	600841	上柴股份	404686.55	202911.57	483139.85	11884.64	13632.53
70	600843	上工申贝	163062.34	60092.89	167790.56	5583.68	4516.19
71	600844	丹化科技	399132.54	127333.93	30866.05	50.87	1358.84
72	600848	自仪股份	130474.54	16600.83	97491.94	878.90	588.36
73	600850	华东电脑	81652.64	27024.61	151095.68	3559.89	1422.37
74	600851	海欣股份	466945.45	303914.83	123190.92	1625.41	1523.84
75	601607	上海医药	2816902.02	913455.93	3741106.61	217253.66	136825.29
76	601727	上海电气	9821184.10	2700244.90	6317586.20	412256.80	281949.90
77	900935	阳晨 B 股	217504.62	47794.25	19761.22	955.88	682.40
78	900953	凯马 B	387005.77	94818.61	617023.45	30870.36	17307.85
79	002022	科华生物	108691.58	89963.28	78131.58	27708.60	22525.85
80	002028	思源电气	410608.10	300395.32	187723.36	71909.05	55435.38
81	002058	威尔泰	22748.05	18380.97	11871.67	1536.98	1315.23
82	002158	汉钟精机	87952.27	66588.74	69789.00	15852.94	13733.75

上海工商类上市公司

序号	代码	公司简称	每股收益	每股净资产	净资产收益率	每股经营现金净流量
1	600019	宝钢股份	0.74	5.98	12.30	1.08
2	600061	中纺投资	0.05	1.32	3.72	0.037
3	600072	中船股份	0.11	3.51	3.17	-0.137
4	600073	上海梅林	0.01	2.13	0.35	-0.01
5	600081	东风科技	0.52	1.67	31.25	0.2179
6	600094	*ST 华源				
7	600104	上海汽车	1.61	7.16	20.75	2.702
8	600149	*ST 建通	-0.89	0.68	-130.60	0.0083
9	600150	中国船舶	3.94	24.07	16.35	11.81
10	600151	航天机电	0.16	2.81	5.16	-0.506
11	600171	上海贝岭	0.02	2.51	0.99	0.1
12	600196	复星医药	0.46	4.42	10.25	0.11
13	600210	紫江企业	0.47	2.49	19.00	0.733
14	600272	开开实业	0.11	1.29	8.55	0.193
15	600278	东方创业	0.31	5.10	6.11	0.25
16	600315	上海家化	0.65	3.54	18.42	0.78
17	600320	振华重工	-0.16	3.48	-4.55	1.18
18	600420	现代制药	0.38	2.51	14.94	0.4
19	600490	*ST 合臣	0.09	0.79	10.76	-0.03
20	600500	中化国际	0.47	4.06	11.48	0.44
21	600517	置信电气	0.52	2.12	24.39	0.25
22	600530	交大昂立	0.19	3.39	5.48	0.04
23	600555	九龙山	0.01	1.35	0.64	-0.15
24	600597	光明乳业	0.19	2.22	8.34	0.51
25	600601	方正科技	0.12	1.87	5.87	0.0944
26	600602	广电电子	0.13	1.84	7.02	-0.064
27	600604	ST 二纺	-0.16	0.30	-53.41	-0.1279
28	600605	汇通能源	0.03	3.12	0.91	-0.025
29	600608	*ST 沪科	0.06	-0.48		-0.05
30	600610	SST 中纺	0.02	0.58	4.28	-0.04
31	600612	老凤祥	0.93	4.94	17.64	-0.6167
32	600614	鼎立股份	0.11	1.36	8.38	-0.0811
33	600615	丰华股份	0.16	2.69	5.96	0.64
34	600616	金枫酒业	0.30	2.52	9.02	0.39
35	600617	*ST 联华	0.10	-0.46		-0.04
36	600618	氯碱化工	0.12	2.17	5.64	0.5381
37	600619	海立股份	0.24	2.69	8.86	0.77
38	600623	双钱股份	0.33	2.51	13.03	0.29
39	600626	申达股份	0.43	3.73	11.42	0.0602
40	600628	新世界	0.37	3.60	10.38	0.9
41	600629	棱光实业	0.25	2.60	9.58	-0.475

2010年度经营情况之二

单位：元、%

序号	代码	公司简称	每股收益	每股净资产	净资产收益率	每股经营现金净流量
42	600630	龙头股份	0.14	3.34	4.06	0.058
43	600631	百联股份	0.56	5.64	9.89	1.51
44	600633	*ST 白猫				
45	600636	三爱富	0.13	2.26	5.85	1.124
46	600637	广电信息	0.15	1.82	8.23	0.1126
47	600645	ST 中源	0.03	0.41	6.32	0.541
48	600654	飞乐股份	0.14	1.52	9.43	-0.07
49	600655	豫园商城	0.47	3.18	14.72	0.386
50	600656	ST 方源	0.05	-1.90		-0.2
51	600676	交运股份	0.24	2.72	8.72	0.52
52	600679	金山开发	0.02	1.68	1.26	0.0139
53	600680	上海普天	-0.23	3.73	-6.15	-0.22
54	600688	S 上石化	0.38	2.49	15.09	0.589
55	600689	上海三毛	0.08	1.99	3.91	-0.044
56	600695	大江股份	0.02	0.29	6.54	-0.068
57	600757	*ST 源发	1.54	0.00		0.04
58	600781	上海辅仁	0.13	1.28	9.88	0.1
59	600818	中路股份	0.08	1.21	6.53	0.12
60	600819	耀皮玻璃	0.27	2.75	9.66	0.381
61	600822	上海物贸	0.21	3.16	6.56	-1.81
62	600824	益民集团	0.17	1.85	9.10	0.186
63	600826	兰生股份	0.33	6.86	4.80	0.03
64	600827	友谊股份	0.63	5.71	11.05	7.126
65	600833	第一医药	0.19	2.69	7.07	0.2505
66	600835	上海机电	0.65	5.37	12.13	1.75
67	600836	界龙实业	0.05	1.33	4.10	-0.27
68	600838	上海九百	0.07	1.48	4.87	-0.0786
69	600841	上柴股份	0.28	4.22	6.72	0.73
70	600843	上工申贝	0.10	1.34	7.52	-0.1516
71	600844	丹化科技	0.02	1.64	1.07	0.237
72	600848	自仪股份	0.02	0.42	3.54	-0.02
73	600850	华东电脑	0.08	1.58	5.26	-0.7166
74	600851	海欣股份	0.01	2.52	0.50	0.0519
75	601607	上海医药	0.69	4.58	14.98	0.85
76	601727	上海电气	0.22	2.11	10.44	0.38
77	900935	阳晨 B 股	0.03	1.95	1.43	0.35
78	900953	凯马 B	0.27	1.48	15.94	0.4
79	002022	科华生物	0.46	1.83	25.04	0.49
80	002028	思源电气	1.26	6.83	18.45	0.39
81	002058	威尔泰	0.21	2.95	7.16	0.4
82	002158	汉钟精机	0.76	3.66	20.62	0.55

上海工商类上市公司 2010 年度资产总额排序

单位：万元

序号	代码	公司简称	资产总额		序号	代码	公司简称	资产总额	
			2010 年	2009 年				2010 年	2009 年
1	600104	上海汽车	22884235.90	13815835.72	42	900935	阳晨 B 股	217504.62	208659.62
2	600019	宝钢股份	21606510.37	20114278.25	43	600073	上海梅林	216098.64	233938.84
3	601727	上海电气	9821184.10	8962608.20	44	600315	上海家化	212234.43	186365.19
4	600150	中国船舶	5143430.96	4303016.63	45	600824	益民商业	209632.78	204000.31
5	600320	振华重工	4528712.63	5106642.59	46	600517	置信电气	197533.71	172245.30
6	600688	S 上石化	2915810.40	3045832.20	47	600171	上海贝岭	193258.57	184051.72
7	601607	上海医药	2816902.02	2156492.13	48	600614	鼎立股份	190046.50	187501.55
8	600500	中化国际	2480845.16	2001335.69	49	600654	飞乐股份	172318.87	188608.83
9	600827	友谊股份	2128505.22	1857903.05	50	600081	东风科技	167297.35	129902.03
10	600196	复星医药	1682013.58	1152714.59	51	600843	上工申贝	163062.34	197838.08
11	600835	上海机电	1518764.83	1311162.85	52	600616	金枫酒业	139451.99	113809.45
12	600631	百联股份	1472510.56	1517108.89	53	600629	棱光实业	135051.88	79077.25
13	600655	豫园商城	1027287.93	865053.23	54	600530	交大昂立	131543.81	112552.13
14	600210	紫江企业	963506.98	818351.78	55	600848	自仪股份	130474.54	125187.54
15	600623	双钱股份	845338.59	872848.54	56	600679	金山开发	129827.78	122653.07
16	600822	上海物贸	815123.58	590537.45	57	600689	上海三毛	122841.58	90832.94
17	600151	航天机电	789740.97	564523.80	58	600420	现代制药	113563.26	92770.86
18	600601	方正科技	699583.14	562290.49	59	600272	开开实业	109057.16	99104.45
19	600619	海立股份	658903.40	524744.35	60	002022	科华生物	108691.58	92584.41
20	600819	耀皮玻璃	647346.74	577298.90	61	600838	上海九百	98929.16	101957.77
21	600597	光明乳业	597454.95	412298.78	62	600061	中纺投资	95450.15	78282.45
22	600618	氯碱化工	561372.22	572144.38	63	002158	汉钟精机	87952.27	72741.93
23	600612	老凤祥	548334.41	365033.86	64	600604	ST 二纺	83397.29	92433.19
24	600628	新世界	504350.66	394348.60	65	600605	汇通能源	81861.92	55890.91
25	600676	交运股份	494966.25	447168.89	66	600850	华东电脑	81652.64	80492.74
26	600851	海欣股份	466945.45	618122.06	67	600833	第一医药	78817.90	72157.06
27	002028	思源电气	410608.10	386075.69	68	600645	ST 中源	77168.68	69994.32
28	600841	上柴股份	404686.55	323395.05	69	600818	中路股份	74311.20	75448.04
29	600844	丹化科技	399132.54	354323.60	70	600615	丰华股份	72387.85	71157.70
30	900953	凯马 B	387005.77	305047.41	71	600695	大江股份	66274.95	70638.48
31	600636	三爱富	304415.39	234011.16	72	600781	上海辅仁	63050.23	56192.37
32	600278	东方创业	301472.42	336134.17	73	600608	*ST 沪科	39525.88	49556.02
33	600637	广电信息	293716.25	324453.99	74	600610	SST 中纺	36438.95	40767.63
34	600626	申达股份	288774.33	297178.68	75	600490	*ST 合臣	33662.95	37639.28
35	600555	九龙山	284128.60	292425.34	76	600149	*ST 建通	31015.72	62911.53
36	600836	界龙实业	259826.92	227313.51	77	002058	威尔泰	22748.05	24297.74
37	600630	龙头股份	257948.18	250121.79	78	600656	ST 方源	16685.87	14142.17
38	600826	兰生股份	256017.82	358131.21	79	600757	*ST 源发	9342.19	106810.09
39	600602	广电电子	248471.21	242296.90	80	600617	*ST 联华	6063.20	5109.56
40	600072	中船股份	237337.91	237439.73	81	600094	*ST 华源		
41	600680	上海普天	219847.80	222923.49	82	600633	*ST 白猫		

上海工商类上市公司 2010 年度总股本排序

单位：万股

序号	代码	公司简称	总股本		序号	代码	公司简称	总股本	
			2010 年	2009 年				2010 年	2009 年
1	600019	宝钢股份	1751204.8100	1751200.00	42	600843	上工申贝	44888.6777	44888.68
2	601727	上海电气	1282362.6700	1250768.60	43	002028	思源电气	43968.0000	43968.00
3	600104	上海汽车	924242.1691	655102.91	44	600061	中纺投资	42908.2900	42908.29
4	600688	S 上石化	720000.0000	720000.00	45	600630	龙头股份	42486.1597	42486.16
5	600320	振华重工	439029.4600	439029.46	46	600315	上海家化	42303.2064	32554.69
6	600601	方正科技	219489.1200	172648.67	47	600838	上海九百	40088.1981	40088.20
7	601607	上海医药	199264.3338	199264.33	48	600848	自仪股份	39928.6890	39928.69
8	600196	复星医药	190439.2400	123777.49	49	600072	中船股份	39869.1300	36244.67
9	600500	中化国际	143758.9600	143758.96	50	600680	上海普天	38222.5300	38222.53
10	600655	豫园商城	143732.2000	79851.22	51	600149	*ST 建通	38016.0000	38016.00
11	600210	紫江企业	143673.6200	143673.62	52	600616	金枫酒业	36555.9577	36555.96
12	600555	九龙山	130350.0000	86900.00	53	600610	SST 中纺	35709.1535	35709.15
13	600851	海欣股份	120705.6700	120705.67	54	600073	上海梅林	35640.0000	35640.00
14	600602	广电电子	117294.3082	117294.31	55	600679	金山开发	35361.9662	35361.97
15	600618	氯碱化工	115639.9976	115640.00	56	600636	三爱富	34722.7792	34722.78
16	600631	百联股份	110102.7295	110102.73	57	600612	老凤祥	33533.1900	27695.73
17	600597	光明乳业	104919.3400	104189.26	58	600608	*ST 沪科	32886.1400	32886.14
18	600835	上海机电	102273.9300	102273.93	59	600645	ST 中源	32504.1000	32504.10
19	600151	航天机电	95747.4700	74854.40	60	600278	东方创业	32000.0000	32000.00
20	600623	双钱股份	88946.7722	88946.77	61	600836	界龙实业	31356.3400	31356.34
21	600844	丹化科技	77862.0600	38931.03	62	600081	东风科技	31356.0000	31356.00
22	600654	飞乐股份	77504.3200	75504.32	63	600530	交大昂立	31200.0000	31200.00
23	600824	益民商业	73196.3245	73196.32	64	600818	中路股份	29222.5400	26565.94
24	600676	交运股份	73139.5948	73139.59	65	600629	棱光实业	28999.9844	26900.05
25	600819	耀皮玻璃	73125.0082	73125.01	66	600420	现代制药	28773.3400	28773.34
26	600637	广电信息	70886.4554	70886.46	67	600826	兰生股份	28042.8192	28042.82
27	600695	大江股份	67630.5700	67630.57	68	900935	阳晨 B 股	24459.6000	24459.60
28	600171	上海贝岭	67380.7800	67380.78	69	600272	开开实业	24300.0000	24300.00
29	600150	中国船舶	66255.6500	66255.65	70	600689	上海三毛	20099.1300	20099.13
30	900953	凯马 B	64000.0000	64000.00	71	600656	ST 方源	19034.3700	19034.37
31	600517	置信电气	61870.5000	61870.50	72	600615	丰华股份	18802.0500	18802.05
32	600619	海立股份	60274.4100	54794.92	73	002158	汉钟精机	18172.8800	15803.00
33	600614	鼎立股份	56740.2600	56740.26	74	600781	上海辅仁	17759.2900	17759.29
34	600604	ST 二纺	56644.9190	56644.92	75	600850	华东电脑	17103.1500	17103.15
35	600757	*ST 源发	55217.2200	55217.22	76	600617	*ST 联华	16719.4800	16719.48
36	600628	新世界	53179.9270	53179.93	77	600833	第一医药	15934.7391	15934.74
37	600822	上海物贸	49597.2914	33064.86	78	600605	汇通能源	14734.4600	14734.46
38	002022	科华生物	49227.7500	41023.00	79	600490	*ST 合臣	13200.0000	13200.00
39	600841	上柴股份	48030.9280	48030.93	80	002058	威尔泰	6236.8800	6237.00
40	600626	申达股份	47349.5211	47349.52	81	600094	*ST 华源		47208.50
41	600827	友谊股份	47211.6442	47211.64	82	600633	*ST 白猫		15205.08

上海工商类上市公司 2010 年度净资产排序

单位：万元

序号	代码	公司简称	净资产		序号	代码	公司简称	净资产	
			2010 年	2009 年				2010 年	2009 年
1	600019.00	宝钢股份	10472204.76	9513689.95	42	600844.00	丹化科技	127304.47	125979.57
2	600104.00	上海汽车	6617573.93	4246245.38	43	600654.00	飞乐股份	117806.57	104679.18
3	601727.00	上海电气	2705785.23	2247484.83	44	600530.00	交大昂立	105768.00	82955.65
4	600688.00	S 上石化	1791360.00	1534607.28	45	900953.00	凯马 B	94720.00	73319.81
5	600150.00	中国船舶	1594773.50	1389120.54	46	600616.00	金枫酒业	92121.01	97399.62
6	600320.00	振华重工	1527822.52	1581224.74	47	2022.00	科华生物	90086.78	75482.32
7	601607.00	上海医药	912630.65	825964.61	48	600636.00	三爱富	78612.37	73979.35
8	600196.00	复星医药	841741.44	647652.23	49	600614.00	鼎立股份	77144.06	70874.49
9	600631.00	百联股份	620979.39	658529.82	50	600073.00	上海梅林	75913.20	75996.74
10	600500.00	中化国际	583661.38	584835.01	51	600629.00	棱光实业	75399.96	41596.68
11	600835.00	上海机电	549211.00	495005.72	52	600420.00	现代制药	72221.08	61544.99
12	600655.00	豫园商城	456924.66	398670.00	53	2158.00	汉钟精机	66512.74	56732.77
13	600601.00	方正科技	410576.35	286957.28	54	600843.00	上工申贝	60092.47	55247.41
14	600210.00	紫江企业	357028.95	324282.84	55	600679.00	金山开发	59468.22	60925.19
15	600851.00	海欣股份	303912.74	404229.28	56	600838.00	上海九百	59166.17	56598.20
16	2028.00	思源电气	300301.44	286231.68	57	600061.00	中纺投资	56638.94	54709.45
17	600827.00	友谊股份	269531.28	271697.39	58	600081.00	东风科技	52439.77	36045.04
18	600151.00	航天机电	268667.40	130247.93	59	600615.00	丰华股份	50577.51	35448.82
19	600618.00	氯碱化工	250522.49	230502.08	60	900935.00	阳晨 B 股	47696.22	24460.00
20	600597.00	光明乳业	232920.93	210666.92	61	600605.00	汇通能源	45986.25	36017.35
21	600623.00	双钱股份	223078.50	174102.37	62	600833.00	第一医药	42886.76	40225.40
22	600602.00	广电电子	215821.53	193314.86	63	600836.00	界龙实业	41703.93	43352.52
23	600841.00	上柴股份	202690.52	189599.73	64	600689.00	上海三毛	39965.11	38803.29
24	600819.00	耀皮玻璃	201020.65	181615.24	65	600818.00	中路股份	35359.27	34240.53
25	600676.00	交运股份	198939.70	185018.45	66	600272.00	开开实业	31225.50	24360.31
26	600826.00	兰生股份	192373.74	263198.24	67	600850.00	华东电脑	27024.69	25009.99
27	600628.00	新世界	191447.74	177639.84	68	600149.00	*ST 建通	25877.49	59024.06
28	600626.00	申达股份	176613.71	175896.46	69	600781.00	上海辅仁	22731.89	20466.97
29	600555.00	九龙山	175972.50	192272.07	70	600610.00	SST 中纺	20711.31	22450.74
30	600171.00	上海贝岭	169125.76	167263.08	71	600695.00	大江股份	19545.23	18323.83
31	600612.00	老凤祥	165613.72	98092.36	72	2058.00	威尔泰	18398.80	17463.60
32	600278.00	东方创业	163200.00	187393.28	73	600604.00	ST 二纺	17044.46	26794.97
33	600619.00	海立股份	162138.16	154636.85	74	600848.00	自仪股份	16770.05	16061.87
34	600822.00	上海物贸	156727.44	152661.98	75	600645.00	ST 中源	13261.67	12805.02
35	600315.00	上海家化	149753.35	131973.79	76	600490.00	*ST 合臣	10428.00	9357.61
36	600680.00	上海普天	142570.04	150119.73	77	600617.00	*ST 联华	-7690.96	-7012.30
37	600630.00	龙头股份	141691.34	135973.68	78	600608.00	*ST 沪科	-15785.35	-17580.57
38	600072.00	中船股份	139781.17	136223.07	79	600656.00	ST 方源	-36165.30	-42085.50
39	600824.00	益民商业	135193.61	127234.97	80	600094.00	*ST 华源		1186.11
40	600517.00	置信电气	131165.46	117685.67	81	600633.00	*ST 白猫		11428.81
41	600637.00	广电信息	129048.79	119452.61	82	600757.00	*ST 源发		-124019.10

上海工商类上市公司 2010 年度主营业务收入排序

单位：万元

序号	代码	公司简称	主营业务收入		序号	代码	公司简称	主营业务收入	
			2010 年	2009 年				2010 年	2009 年
1	600104	上海汽车	31248548.63	13887542.08	42	600517	置信电气	151640.94	129616.22
2	600019	宝钢股份	20214915.24	14832636.39	43	600850	华东电脑	151095.68	102925.06
3	600688	S 上石化	7759118.70	5172272.70	44	600836	界龙实业	149398.19	147446.79
4	601727	上海电气	6317586.20	5779039.40	45	600420	现代制药	142296.36	116423.37
5	600822	上海物贸	5795323.68	4579963.02	46	600826	兰生股份	139197.86	145806.41
6	600500	中化国际	3969194.69	2275048.26	47	600072	中船股份	137476.04	145635.75
7	601607	上海医药	3741106.61	1956812.38	48	600851	海欣股份	123190.92	118379.97
8	600827	友谊股份	3105242.20	2918690.24	49	600654	飞乐股份	115572.22	121818.82
9	600150	中国船舶	2985536.88	2523753.62	50	600833	第一医药	114747.57	103697.03
10	600320	振华重工	1711617.74	2756411.56	51	600616	金枫酒业	97804.93	94452.96
11	600612	老凤祥	1431086.73	1085024.76	52	600848	自仪股份	97491.94	111809.22
12	600835	上海机电	1325997.88	1098623.53	53	600679	金山开发	90672.07	90215.39
13	600631	百联股份	1284395.92	1027368.90	54	600272	开开实业	86689.78	86566.20
14	600655	豫园商城	1207023.38	825619.97	55	600680	上海普天	84993.90	84574.09
15	600597	光明乳业	957211.10	794316.97	56	600490	*ST 合臣	81088.79	11670.42
16	600623	双钱股份	909462.54	729405.46	57	002022	科华生物	78131.58	61882.56
17	600601	方正科技	816779.28	778956.27	58	600614	鼎立股份	77614.44	72293.77
18	600210	紫江企业	644585.41	516525.78	59	600629	棱光实业	75726.52	43814.31
19	600619	海立股份	640197.39	451284.04	60	600695	大江股份	70961.52	67255.00
20	900953	凯马 B	617023.45	552706.42	61	002158	汉钟精机	69789	41270.12
21	600626	申达股份	595618.58	516748.57	62	600818	中路股份	63224.36	61040.24
22	600278	东方创业	595468.93	425639.61	63	600757	*ST 源发	63036.22	54717.81
23	600618	氯碱化工	573650.14	491015.05	64	600171	上海贝岭	58807.18	51254.22
24	600676	交运股份	547831.43	358572.28	65	600602	广电电子	52482.77	56741.72
25	600841	上柴股份	483139.85	337754.92	66	600604	ST 二纺	46718.57	28678.88
26	600196	复星医药	455542.17	387225.63	67	600530	交大昂立	33898.44	31531.81
27	600630	龙头股份	353141.39	297222.51	68	600608	*ST 沪科	32337.60	30257.50
28	600636	三爱富	309560.62	210222.39	69	600844	丹化科技	30866.05	26275.12
29	600315	上海家化	309395.66	269711.53	70	600615	丰华股份	28128.91	20333.94
30	600628	新世界	303008.98	273047.17	71	600781	上海辅仁	27671.60	24364.29
31	600819	耀皮玻璃	268563.86	216360.34	72	600645	ST 中源	26847.33	30774.92
32	600151	航天机电	248850.42	131028.71	73	900935	阳晨 B 股	19761.22	19155.36
33	600081	东风科技	230666.77	128998.30	74	600838	上海九百	15050.77	17745.73
34	600073	上海梅林	220387.44	198308.16	75	002058	威尔泰	11871.67	11202.09
35	600637	广电信息	213420.61	234812.30	76	600610	SST 中纺	11639.25	7186.64
36	002028	思源电气	187723.36	187933.39	77	600555	九龙山	929.56	1448.18
37	600824	益民商业	186570.49	145022.03	78	600617	*ST 联华	786.84	2054.88
38	600061	中纺投资	184530.84	123865.69	79	600149	*ST 建通	600.00	1912.71
39	600843	上工申贝	167790.56	163196.64	80	600094	*ST 华源		
40	600689	上海三毛	165321.90	132723.03	81	600633	*ST 白猫		37407.74
41	600605	汇通能源	151726.29	130417.12	82	600656	ST 方源		179.98

上海工商类上市公司 2010 年度利润总额排序

单位：万元

序号	代码	公司简称	利润总额		序号	代码	公司简称	利润总额	
			2010 年	2009 年				2010 年	2009 年
1	600104	上海汽车	2668439.08	1618240.86	42	600826	兰生股份	10621.65	6709.21
2	600019	宝钢股份	1707623.3	1342427.13	43	600618	氯碱化工	10465.27	25970.28
3	601727	上海电气	412256.80	934768.10	44	600614	鼎立股份	7781.14	14269.20
4	600688	S 上石化	345374.40	474473.20	45	600629	棱光实业	7156.97	12005.31
5	600150	中国船舶	323611.77	360779.72	46	600630	龙头股份	6648.09	52907.80
6	601607	上海医药	217253.66	169143.52	47	600072	中船股份	6140.61	12589.41
7	600835	上海机电	124814.79	206164.32	48	600843	上工申贝	5583.68	24780.96
8	600500	中化国际	121312.21	176765.23	49	600530	交大昂立	5425.11	19240.10
9	600196	复星医药	120195.13	123964.70	50	600833	第一医药	4132.85	18038.24
10	600827	友谊股份	112704.21	595406.61	51	600836	界龙实业	4092.18	22079.81
11	600631	百联股份	99693.49	255504.56	52	600645	ST 中源	3869.97	17758.88
12	600210	紫江企业	90648.02	139589.54	53	600615	丰华股份	3561.38	3873.05
13	600655	豫园商城	88537.66	112214.86	54	600850	华东电脑	3559.89	15729.99
14	002028	思源电气	71909.05	112649.23	55	600781	上海辅仁	3327.13	10004.29
15	600757	*ST 源发	69662.21	1369.79	56	600272	开开实业	3258.61	22585.09
16	600612	老凤祥	56318.22	73356.72	57	600555	九龙山	3231.59	182.00
17	600517	置信电气	43965.15	47093.22	58	600838	上海九百	2913.27	5393.96
18	600676	交运股份	33323.50	65145.62	59	600061	中纺投资	2658.50	9598.89
19	900953	凯马 B	30870.36	67659.22	60	600608	*ST 沪科	2557.03	8326.64
20	600315	上海家化	30232.48	145819.42	61	600679	金山开发	2422.08	9391.88
21	600601	方正科技	29578.35	61790.81	62	600171	上海贝岭	2343.42	3214.65
22	002022	科华生物	27708.60	24468.75	63	600695	大江股份	2184.39	6986.09
23	600628	新世界	27587.26	74766.00	64	600818	中路股份	1840.02	6020.36
24	600626	申达股份	25615.36	36957.21	65	600689	上海三毛	1826.47	12933.03
25	600619	海立股份	25524.02	60951.15	66	600490	*ST 合臣	1790.94	-165.76
26	600819	耀皮玻璃	24443.22	30789.97	67	600617	*ST 联华	1674.33	-193.84
27	600081	东风科技	24390.41	18139.95	68	600851	海欣股份	1625.41	18133.68
28	600597	光明乳业	24096.26	295585.36	69	002058	威尔泰	1536.98	847.52
29	600623	双钱股份	22397.42	144460.73	70	600605	汇通能源	966.43	3456.23
30	600616	金枫酒业	18771.44	47477.20	71	900935	阳晨 B 股	955.88	5963.68
31	600824	益民商业	17356.50	47964.90	72	600848	自仪股份	878.90	21658.55
32	600151	航天机电	16765.02	24113.46	73	600610	SST 中纺	867.53	793.65
33	002158	汉钟精机	15852.94	8606.35	74	600656	ST 方源	280.63	40584.11
34	600602	广电电子	15647.86	8059.35	75	600844	丹化科技	50.87	-1681.94
35	600636	三爱富	15612.72	35609.06	76	600073	上海梅林	-318.5	14387.86
36	600420	现代制药	15405.83	34279.76	77	600680	上海普天	-8794.25	12914.13
37	600278	东方创业	13675.10	34065.11	78	600604	ST 二纺	-9365.84	-1338.05
38	600822	上海物贸	13237.85	44207.05	79	600149	*ST 建通	-33929	1565.81
39	600841	上柴股份	11884.64	64042.77	80	600320	振华重工	-84760.89	294002.26
40	600654	飞乐股份	11134.13	22439.04	81	600094	*ST 华源		
41	600637	广电信息	11017.98	13185.70	82	600633	*ST 白猫		7038.64

上海工商类上市公司2010年度每股收益排序

单位：元

序号	代码	公司简称	每股收益		序号	代码	公司简称	每股收益	
			2010年	2009年				2010年	2009年
1	600150	中国船舶	3.94	3.77	42	600615	丰华股份	0.16	0.03
2	600104	上海汽车	1.61	1.01	43	600637	广电信息	0.15	0.05
3	600757	*ST源发	1.54	-0.91	44	600654	飞乐股份	0.14	0.01
4	002028	思源电气	1.26	2.16	45	600630	龙头股份	0.14	0.10
5	600612	老凤祥	0.93	0.47	46	600636	三爱富	0.13	0.05
6	002158	汉钟精机	0.76	0.47	47	600602	广电电子	0.13	0.05
7	600019	宝钢股份	0.74	0.33	48	600781	上海辅仁	0.13	0.15
8	601607	上海医药	0.69	0.66	49	600618	氯碱化工	0.12	-0.33
9	600315	上海家化	0.65	0.72	50	600601	方正科技	0.12	0.06
10	600835	上海机电	0.65	0.46	51	600072	中船股份	0.11	0.26
11	600827	友谊股份	0.63	0.40	52	600272	开开实业	0.11	0.16
12	600631	百联股份	0.56	0.37	53	600614	鼎立股份	0.11	0.13
13	600081	东风科技	0.52	0.10	54	600843	上工申贝	0.10	0.07
14	600517	置信电气	0.52	0.41	55	600617	*ST联华	0.10	-0.40
15	600210	紫江企业	0.47	0.46	56	600490	*ST合臣	0.09	-1.10
16	600500	中化国际	0.47	0.43	57	600850	华东电脑	0.08	0.04
17	600655	豫园商城	0.47	0.60	58	600689	上海三毛	0.08	0.07
18	002022	科华生物	0.46	0.50	59	600818	中路股份	0.08	0.16
19	600196	复星医药	0.46	2.02	60	600838	上海九百	0.07	0.03
20	600626	申达股份	0.43	0.21	61	600608	*ST沪科	0.06	-0.63
21	600688	S上石化	0.38	0.22	62	600836	界龙实业	0.05	0.05
22	600420	现代制药	0.38	0.31	63	600061	中纺投资	0.05	0.01
23	600628	新世界	0.37	0.34	64	600656	ST方源	0.05	-2.48
24	600826	兰生股份	0.33	0.04	65	600605	汇通能源	0.03	0.15
25	600623	双钱股份	0.33	0.19	66	900935	阳晨B股	0.03	0.03
26	600278	东方创业	0.31	0.29	67	600645	ST中源	0.03	0.01
27	600616	金枫酒业	0.30	0.40	68	600679	金山开发	0.02	0.01
28	600841	上柴股份	0.28	0.14	69	600171	上海贝岭	0.02	-0.27
29	900953	凯马B	0.27	0.20	70	600610	SST中纺	0.02	0.02
30	600819	耀皮玻璃	0.27	-0.29	71	600695	大江股份	0.02	-0.07
31	600629	棱光实业	0.25	0.24	72	600844	丹化科技	0.02	-0.12
32	600619	海立股份	0.24	0.11	73	600848	自仪股份	0.02	0.01
33	600676	交运股份	0.24	0.21	74	600851	海欣股份	0.01	0.01
34	601727	上海电气	0.22	0.20	75	600073	上海梅林	0.01	-0.19
35	002058	威尔泰	0.21	0.12	76	600555	九龙山	0.01	0.15
36	600822	上海物贸	0.21	0.22	77	600320	振华重工	-0.16	0.19
37	600530	交大昂立	0.19	0.08	78	600604	ST二纺	-0.16	-0.21
38	600597	光明乳业	0.19	0.12	79	600680	上海普天	-0.23	0.03
39	600833	第一医药	0.19	0.25	80	600149	*ST建通	-0.89	0.01
40	600824	益民商业	0.17	0.15	81	600094	*ST华源		0.00
41	600151	航天机电	0.16	0.10	82	600633	*ST白猫		-0.13

上海工商类上市公司2010年度净利润排序

单位：万元

序号	代码	公司简称	净利润		序号	代码	公司简称	净利润	
			2010年	2009年				2010年	2009年
1	600104	上海汽车	1372852.35	659193.30	42	600826	兰生股份	9230.45	1065.56
2	600019	宝钢股份	1288908.33	581622.74	43	600629	棱光实业	7216.47	6528.12
3	601727	上海电气	281949.90	250127.00	44	600614	鼎立股份	6467.53	7161.43
4	600688	S上石化	270373.40	156160.50	45	600530	交大昂立	5800.47	2651.69
5	600150	中国船舶	260852.57	250060.52	46	600630	龙头股份	5754.17	4283.38
6	601607	上海医药	136825.29	131086.36	47	600636	三爱富	4598.89	1887.19
7	600196	复星医药	86365.39	249820.18	48	600843	上工申贝	4516.19	3340.55
8	600757	*ST源发	85192.60	-50034.35	49	600072	中船股份	4427.31	9523.92
9	600210	紫江企业	67844.70	65403.21	50	600833	第一医药	3032.44	4000.36
10	600655	豫园商城	67273.29	48147.17	51	600615	丰华股份	3019.49	500.84
11	600500	中化国际	67008.65	61990.10	52	600838	上海九百	2879.24	1272.70
12	600835	上海机电	66571.88	46574.14	53	600272	开开实业	2670.38	3950.32
13	600631	百联股份	61484.92	40431.68	54	600818	中路股份	2311.08	4148.89
14	002028	思源电气	55435.38	95018.24	55	600781	上海辅仁	2243.05	2673.78
15	600517	置信电气	31981.77	25546.45	56	600608	*ST沪科	2117.14	-20773.46
16	600827	友谊股份	29798.39	18814.07	57	600061	中纺投资	2111.42	443.72
17	600612	老凤祥	29219.41	12980.17	58	600836	界龙实业	1707.53	1508.98
18	600623	双钱股份	29059.20	16861.09	59	600617	*ST联华	1674.33	-6652.38
19	600315	上海家化	27563.07	23328.57	60	600171	上海贝岭	1669.22	-18525.37
20	600601	方正科技	24085.47	9800.35	61	600689	上海三毛	1561.45	1363.07
21	002022	科华生物	22525.85	20434.25	62	600851	海欣股份	1523.84	736.73
22	600626	申达股份	20139.44	10131.70	63	600850	华东电脑	1422.37	614.48
23	600628	新世界	19864.85	18038.23	64	600844	丹化科技	1358.84	-4487.62
24	600597	光明乳业	19437.56	12247.01	65	002058	威尔泰	1315.23	774.84
25	600819	耀皮玻璃	19415.88	-21086.99	66	600695	大江股份	1276.92	-4772.89
26	600676	交运股份	17332.54	15353.54	67	600555	九龙山	1132.00	12893.44
27	900953	凯马B	17307.85	13042.90	68	600490	*ST合臣	1128.53	-14504.31
28	600081	东风科技	16385.10	3036.04	69	600656	ST方源	937.09	-47183.20
29	600602	广电电子	15172.69	5771.53	70	600610	SST中纺	886.94	776.60
30	600619	海立股份	14388.20	6298.43	71	600645	ST中源	838.05	212.49
31	600618	氯碱化工	14137.18	-38648.04	72	600679	金山开发	746.44	332.83
32	600151	航天机电	13855.46	7748.24	73	900935	阳晨B股	682.40	726.69
33	002158	汉钟精机	13733.75	7476.82	74	600848	自仪股份	588.36	572.45
34	600841	上柴股份	13632.53	6955.00	75	600605	汇通能源	416.06	2262.24
35	600616	金枫酒业	13138.88	14576.79	76	600073	上海梅林	268.69	-6838.25
36	600824	益民商业	12303.67	11097.63	77	600680	上海普天	-8776.02	1178.38
37	600420	现代制药	10811.14	8905.23	78	600604	ST二纺	-9103.58	-11989.12
38	600654	飞乐股份	10805.83	1032.28	79	600149	*ST建通	-33796.87	246.42
39	600637	广电信息	10618.17	3542.18	80	600320	振华重工	-69483.80	83985.33
40	600822	上海物贸	10276.64	7157.03	81	600094	*ST华源		120.29
41	600278	东方创业	9965.41	9263.97	82	600633	*ST白猫		-1930.58

上海工商类上市公司 2010 年度每股净资产排序

单位：元

序号	代码	公司简称	每股净资产		序号	代码	公司简称	每股净资产	
			2010 年	2009 年				2010 年	2009 年
1	600150	中国船舶	24.07	20.97	42	600636	三爱富	2.26	2.13
2	600104	上海汽车	7.16	6.48	43	600597	光明乳业	2.22	2.02
3	600826	兰生股份	6.86	9.39	44	600618	氯碱化工	2.17	1.99
4	002028	思源电气	6.83	6.51	45	600073	上海梅林	2.13	2.13
5	600019	宝钢股份	5.98	5.43	46	600517	置信电气	2.12	1.90
6	600827	友谊股份	5.71	5.75	47	601727	上海电气	2.11	1.80
7	600631	百联股份	5.64	5.98	48	600689	上海三毛	1.99	1.93
8	600835	上海机电	5.37	4.84	49	900935	阳晨 B 股	1.95	1.93
9	600278	东方创业	5.10	5.86	50	600601	方正科技	1.87	1.66
10	600612	老凤祥	4.94	3.54	51	600824	益民商业	1.85	1.74
11	601607	上海医药	4.58	4.15	52	600602	广电电子	1.84	1.65
12	600196	复星医药	4.42	5.23	53	002022	科华生物	1.83	1.84
13	600841	上柴股份	4.22	3.95	54	600637	广电信息	1.82	1.69
14	600500	中化国际	4.06	4.07	55	600679	金山开发	1.68	1.72
15	600626	申达股份	3.73	3.71	56	600081	东风科技	1.67	1.15
16	600680	上海普天	3.73	3.93	57	600844	丹化科技	1.64	3.24
17	002158	汉钟精机	3.66	3.59	58	600850	华东电脑	1.58	1.46
18	600628	新世界	3.60	3.34	59	600654	飞乐股份	1.52	1.39
19	600315	上海家化	3.54	4.05	60	900953	凯马 B	1.48	1.15
20	600072	中船股份	3.51	3.76	61	600838	上海九百	1.48	1.41
21	600320	振华重工	3.48	3.60	62	600614	鼎立股份	1.36	1.25
22	600530	交大昂立	3.39	2.66	63	600555	九龙山	1.35	2.21
23	600630	龙头股份	3.34	3.20	64	600843	上工申贝	1.34	1.23
24	600655	豫园商城	3.18	4.99	65	600836	界龙实业	1.33	1.38
25	600822	上海物贸	3.16	4.62	66	600061	中纺投资	1.32	1.28
26	600605	汇通能源	3.12	2.44	67	600272	开开实业	1.29	1.00
27	002058	威 尔 泰	2.95	2.80	68	600781	上海辅仁	1.28	1.15
28	600151	航天机电	2.81	1.74	69	600818	中路股份	1.21	1.29
29	600819	耀皮玻璃	2.75	2.48	70	600490	*ST 合臣	0.79	0.71
30	600676	交运股份	2.72	2.53	71	600149	*ST 建通	0.68	1.55
31	600833	第一医药	2.69	2.52	72	600610	SST 中纺	0.58	0.63
32	600615	丰华股份	2.69	1.89	73	600848	自仪股份	0.42	0.40
33	600619	海立股份	2.69	2.82	74	600645	ST 中源	0.41	0.39
34	600629	棱光实业	2.60	1.55	75	600604	ST 二纺	0.30	0.47
35	600616	金枫酒业	2.52	2.66	76	600695	大江股份	0.29	0.27
36	600851	海欣股份	2.52	3.35	77	600757	*ST 源发	0.00	-2.25
37	600171	上海贝岭	2.51	2.48	78	600617	*ST 联华	-0.46	-0.42
38	600420	现代制药	2.51	2.14	79	600608	*ST 沪科	-0.48	-0.53
39	600623	双钱股份	2.51	1.96	80	600656	ST 方源	-1.90	-2.21
40	600688	S 上石化	2.49	2.13	81	600094	*ST 华源		0.03
41	600210	紫江企业	2.49	2.26	82	600633	*ST 白猫		0.75

上海工商类上市公司2010年度净资产收益率排序

单位：%

序号	代码	公司简称	净资产收益率		序号	代码	公司简称	净资产收益率	
			2010年	2009年				2010年	2009年
1	600081	东风科技	31.25	8.42	42	600602	广电电子	7.02	2.99
2	002022	科华生物	25.04	27.04	43	600841	上柴股份	6.72	3.67
3	600517	置信电气	24.39	21.71	44	600822	上海物贸	6.56	4.69
4	600104	上海汽车	20.75	15.52	45	600695	大江股份	6.54	-26.05
5	002158	汉钟精机	20.62	13.16	46	600818	中路股份	6.53	12.12
6	600210	紫江企业	19.00	20.17	47	600645	ST 中源	6.32	1.66
7	002028	思源电气	18.45	33.19	48	600278	东方创业	6.11	4.94
8	600315	上海家化	18.42	17.68	49	600615	丰华股份	5.96	1.41
9	600612	老凤祥	17.64	13.23	50	600601	方正科技	5.87	3.42
10	600150	中国船舶	16.35	18.00	51	600636	三爱富	5.85	2.55
11	900953	凯马B	15.94	17.79	52	600618	氯碱化工	5.64	-16.77
12	600688	S上石化	15.09	10.18	53	600530	交大昂立	5.48	3.20
13	601607	上海医药	14.98	15.87	54	600850	华东电脑	5.26	2.46
14	600420	现代制药	14.94	14.47	55	600151	航天机电	5.16	5.95
15	600655	豫园商城	14.72	12.08	56	600838	上海九百	4.87	2.25
16	600623	双钱股份	13.03	9.68	57	600826	兰生股份	4.80	0.40
17	600019	宝钢股份	12.30	6.11	58	600610	SST 中纺	4.28	3.46
18	600835	上海机电	12.13	9.41	59	600836	界龙实业	4.10	3.48
19	600500	中化国际	11.48	10.60	60	600630	龙头股份	4.06	3.15
20	600626	申达股份	11.42	5.76	61	600689	上海三毛	3.91	3.51
21	600827	友谊股份	11.05	6.92	62	600061	中纺投资	3.72	0.81
22	600490	*ST 合臣	10.76	-155.00	63	600848	自仪股份	3.54	3.56
23	601727	上海电气	10.44	11.13	64	600072	中船股份	3.17	6.99
24	600628	新世界	10.38	10.15	65	900935	阳晨B股	1.43	1.54
25	600196	复星医药	10.25	38.57	66	600679	金山开发	1.26	0.55
26	600631	百联股份	9.89	6.14	67	600844	丹化科技	1.07	-3.56
27	600781	上海辅仁	9.88	13.06	68	600171	上海贝岭	0.99	-11.08
28	600819	耀皮玻璃	9.66	-11.61	69	600605	汇通能源	0.91	6.28
29	600629	棱光实业	9.58	15.69	70	600555	九龙山	0.64	6.71
30	600654	飞乐股份	9.43	0.99	71	600851	海欣股份	0.50	0.18
31	600824	益民集团	9.10	8.72	72	600073	上海梅林	0.35	-9.00
32	600616	金枫酒业	9.02	14.97	73	600320	振华重工	-4.55	5.31
33	600619	海立股份	8.86	4.07	74	600680	上海普天	-6.15	0.78
34	600676	交运股份	8.72	8.30	75	600604	ST 二纺	-53.41	-44.74
35	600272	开开实业	8.55	16.22	76	600149	*ST 建通	-130.60	0.42
36	600614	鼎立股份	8.38	10.10	77	600656	ST 方源		
37	600597	光明乳业	8.34	5.81	78	600617	*ST 联华		
38	600637	广电信息	8.23	2.97	79	600633	*ST 白猫		-16.89
39	600843	上工申贝	7.52	6.05	80	600094	*ST 华源		10.14
40	002058	威尔泰	7.16	4.44	81	600757	*ST 源发		
41	600833	第一医药	7.07	9.94	82	600608	*ST 沪科		

上海工商类上市公司2010年度每股现金流量排序

单位：元

序号	代码	公司简称	每股经营现金净流量		序号	代码	公司简称	每股经营现金净流量	
			2010年	2009年				2010年	2009年
1	600150	中国船舶	11.81	5.42	42	600637	广电信息	0.1126	1.04
2	600827	友谊股份	7.126	5.66	43	600196	复星医药	0.11	0.21
3	600104	上海汽车	2.702	3.29	44	600171	上海贝岭	0.1	0.08
4	600835	上海机电	1.75	1.98	45	600781	上海辅仁	0.1	0.40
5	600631	百联股份	1.51	1.15	46	600601	方正科技	0.0944	0.07
6	600320	振华重工	1.18	0.13	47	600626	申达股份	0.0602	0.31
7	600636	三爱富	1.124	0.63	48	600630	龙头股份	0.058	0.35
8	600019	宝钢股份	1.08	1.37	49	600851	海欣股份	0.0519	0.17
9	600628	新世界	0.9	0.58	50	600530	交大昂立	0.04	0.41
10	601607	上海医药	0.85	0.96	51	600757	*ST 源发	0.04	-0.15
11	600315	上海家化	0.78	1.39	52	600061	中纺投资	0.037	-0.03
12	600619	海立股份	0.77	0.88	53	600826	兰生股份	0.03	-0.04
13	600210	紫江企业	0.733	0.85	54	600679	金山开发	0.0139	0.08
14	600841	上柴股份	0.73	0.87	55	600149	*ST 建通	0.0083	-0.01
15	600615	丰华股份	0.64	0.66	56	600073	上海梅林	-0.01	-0.10
16	600688	S 上石化	0.589	0.51	57	600848	自仪股份	-0.02	-0.02
17	002158	汉钟精机	0.55	0.57	58	600605	汇通能源	-0.025	0.42
18	600645	ST 中源	0.541	0.38	59	600490	*ST 合臣	-0.03	-0.22
19	600618	氯碱化工	0.5381	0.31	60	600610	SST 中纺	-0.04	-0.02
20	600676	交运股份	0.52	0.55	61	600617	*ST 联华	-0.04	0.003
21	600597	光明乳业	0.51	0.45	62	600689	上海三毛	-0.044	-0.44
22	002022	科华生物	0.49	0.53	63	600608	*ST 沪科	-0.05	-0.01
23	600500	中化国际	0.44	0.66	64	600602	广电电子	-0.064	-0.08
24	002058	威尔泰	0.4	0.35	65	600695	大江股份	-0.068	-0.14
25	600420	现代制药	0.4	0.34	66	600654	飞乐股份	-0.07	-0.01
26	900953	凯马 B	0.4	0.55	67	600838	上海九百	-0.0786	-0.12
27	002028	思源电气	0.39	2.32	68	600614	鼎立股份	-0.0811	0.23
28	600616	金枫酒业	0.39	0.48	69	600604	ST 二纺	-0.1279	-0.23
29	600655	豫园商城	0.386	0.73	70	600072	中船股份	-0.137	-0.20
30	600819	耀皮玻璃	0.381	0.51	71	600555	九龙山	-0.15	0.28
31	601727	上海电气	0.38	0.55	72	600843	上工申贝	-0.1516	-0.26
32	900935	阳晨 B 股	0.35	0.32	73	600656	ST 方源	-0.2	-0.16
33	600623	双钱股份	0.29	1.37	74	600680	上海普天	-0.22	-0.22
34	600833	第一医药	0.2505	0.17	75	600836	界龙实业	-0.27	0.41
35	600278	东方创业	0.25	0.10	76	600629	棱光实业	-0.475	-0.19
36	600517	置信电气	0.25	0.23	77	600151	航天机电	-0.506	0.15
37	600844	丹化科技	0.237	0.06	78	600612	老凤祥	-0.6167	-0.37
38	600081	东风科技	0.2179	0.07	79	600850	华东电脑	-0.7166	0.13
39	600272	开开实业	0.193	-0.03	80	600822	上海物贸	-1.81	-0.21
40	600824	益民商业	0.186	0.27	81	600094	*ST 华源		
41	600818	中路股份	0.12	0.08	82	600633	*ST 白猫		

2011·上海工业年鉴

SHANGHAI
INDUSTRIAL
YEARBOOK

上海市经济团体联合会

上海市工业经济联合会（以下简称“市工经联”）是经上海市人民政府批准成立，上海市民政局注册登记的社会团体，成立于1991年3月。2008年9月，经市社团局同意，增挂“上海市经济团体联合会”牌子（以下简称“市经团联”），以此更好地拓展服务功能。现有会员单位300多户，主要由140多户中央在沪企业、上海各行业中有影响的领军企业和在全国知名的民营企业以及160多家经济类行业协会、专业性协会会员组成。

目前，编辑出版有《市工经联》杂志、《简报》、《行业动态》、《经济信息摘编》和《专报》，向政府有关部门和会员单位传递各种信息。通过上海市工经联（经团联）网站，各行业协会可共享各类信息。超过161家行业协会和72户企业的网站（网页）与上海市工经联（经团联）网站链接。

2010年主要工作：

2010年，上海市经济团体联合会认真贯彻党的十七届四中、五中全会精神，紧密联系行业协会和各会员企业，为加快上海转变经济发展方式，促进二、三产业的融合，推进经济平稳较快发展作出努力。

一、发挥桥梁、纽带和参谋作用，推进上海产业发展

1．编制《上海部分行业“十二五”发展规划建议》。遵循中央对上海产业发展的定位目标，根据市经信委制定的“十二五”规划要求，广泛动员各行业协会发挥专业化优势，为政府部门调整产业结构、转变发展方式献计献策。邀请市经信委领导和有关处室负责人为行业协会讲解编制“十二五”规划的要求，以及上海产业发展的现状、存在问题和发展设想，促进政府部门和行业协会的沟通。蒋以任会长亲自走访行业协会和相关企业，了解行业发展现状，听取行业“十二五”期间的建议，并主持召开3次协会座谈会。4月26日，与市经信委联合召开“十二五”规划大讨论专家报告会，取得较好效果。在医疗器械、重型装备、信息家电等44家行业协会的大力支持下，市经团联撰写《对制定上海产业发展“十二五”规划的建议》，并完成《上海部分行业“十二五”发展规划建议》一书，为市政府相关部门制定上海“十二五”产业发展规划提供了重要参考依据。市社团局还写了《专报》，将《上海部分行业“十二五”发展规划建议》推荐给国家民政部和上海市委、市政府领导。

2．深入开展调研，形成专项课题。根据市社团局关于加强市经团联功能建设的建议，完成了《推进“五项功能”建设，发挥行业协会联合会枢纽作用》的课题调研，提出在市经团联加强服务、管理、行业信息发布、党建和政府购买服务等“五项功能”的意义、条件、内容及措施建议。完成《关于加快创意产业融入制造业》的课题调研，报告分析了上海创意产业发展的现状，突出了设计创新的战略高度，要通过工业创意设计、品牌培育、产业模式策划等提高制造业产品的附加价值。年初，在蒋以任会长的带领下，市经团联所有执行副会长分别带队，深入各行业协会会员单位调研，了解协会的发展现状、遇到的难点和下一步工作，完成《上海行业协会发展状况调研》的汇总报告。

二、推进行业协会规范发展，提升协会的服务水平与形象

1．编制完善行业协会规范化建设的文本。坚持不懈地推进行业协会规范化建设，加强行业自律管理。通过走访、召开座谈会，广泛听取协会的意见和建议，补充、修订2002年编写的行业协会规范化建设工作文本，包括《关于新建行业协会的必要条件》、《关于试点协会的规范化要求》、《关于制定和实施〈行规行约〉的要点》、《关于行业协会负责人产生的要点》、《加强党建工作的意见》、《新建行业协会工作流程》。

2．引导协会参与承担部分行业管理职能的探索与实践。以行业协会秘书长工作例会、“专题沙龙会议”等形式，开展协会工作交流和专题研讨。年内举办20多次活动，共有500多人次参加。通过切实引导行业协会和协会从业人员在提高业务能力、工作质量、规范管理和职能承接等方面下功夫，不少协会通过政府购买服务，承接了部分职能，主要有：参与行业准入的管理工作；起草并推动实施行业标准；行业（企业）科技创新和管理创新成果的总结、评估和推广应用；行业安全生产、节能减排和质量管理基础工作；技术和管理交流、人才培训、有关资质认证等相关工作。

3．开展行业统计工作。初步建立起一支比较具有专业知识的统计队伍，尤其是18家行业协会授权试点，配备了专门的专职或兼职的统计人员，探索出一套比较适合为协会服务的产品指标体系。其中，铝业、家纺等部分行业协会收集的企业产、销、存数据质量较好，进入全市数据库汇总系统，并上报国家统计局。

4．加强诚信体系建设，完善信用管理服务系统。修订、完善行规行约，建立实施行规行约的保证机制。完善“上海市工业经济联合会信用管理服务系统”数据库资料，对网络用户提供技术支持和咨询服务，增进会员信息互通，强化行业和企业信用信息的使用效应，提高诚信意识。

5．成立“行业协会发展研究委员会”。为加强行业协会自身研究，成立“行业协会发展研究委员会”，制定《行业协会发展研究委员会工作条例》，开展对行业协会发展的研究。

6．举办促进产业经济发展的论坛。结合市人大常委会新修改通过的《上海市促进行业协会发展规定》的实施，与市社团局联合主办“上海市行业协会发展论坛”，共同探讨加强行业协会内部治理的方法和增强协会创新活力的途径。围绕上海产业发展的热点问题，举办“沪港行业协会合作发展论坛”、“上海企业社会责任论坛”、“移动互联网产业发展论坛”、“上海国际创意设计产业高峰论坛”等有影响力的大型论坛活动。

7．开展先进行业协会和先进工作者的评比工作。对在推进上海产业结构转型升级，加快二、三产业的融合发展，促进行业协会健康发展中涌现的先进行业协会和个人进行表彰。通过制定《先进行业协会和协会先进工作者评选标准》，评选出37家先进行业协会，30名行业协会先进工作者。

8．编写《上海市经济团体联合会年鉴（2010）》。《年鉴》记载了2009年市经团联及广大工商业行业协会积极履行职能，以“维权、服务、自律、协调”为已任，紧紧围绕政府、社会、企业、市民关注的热点问题履行社会责任，在协会发展、经济运行、节能减排、技术进步等方面开展工作的重要情况。300多家行业协会、企业会员共同参与编写，具有权威性、客观性、公正性。

三、搭建多渠道的服务平台，拓展服务新功能

1．组织举办高层次、高质量的专题会议。3月，邀请清华大学中国与世界经济研究中心主任李稻葵教授作“中国与世界经济结构调整及企业发展机遇”演讲。4月，邀请第十届全国政协副主席、中国工程院院长、中国工经联会长徐匡迪作“转变经济发展方式，推进低碳经济建设”的专题演讲。6月，邀请上海财经大学副校长、经济学（会计学）博士孙铮作“从理财幕僚到战略设计者——兼议CEO与CFO搭档关系”的专题演讲。9月，邀请著名国际问题专家、上海国际问题研究院杨洁勉院长作“当前国际形势展望与我国对外战略”的演讲。这些报告会内容丰富、贴近行业和企业的发展需要，具有较强的前瞻性和指导性，深受欢迎。

2．推进品牌建设和企业管理创新、自主创新。企业共申报了157项管理成果，有151项成果被审定为“2010年上海市企业管理现代化创新成果”，其中，一等奖14项，二等奖77项，三等奖60项。部分一等奖成果被推荐参加全国企业管理创新奖的审定，部分民营企业申报的成果质量也有所提高。市经团联还组织行业协会开展上海装备制造业与高新技术产业自主创新品牌评选工作，新申报44项。经评审，最终推荐69项上海市装备制造业与高新技术产业自主创新品牌。

3．开展中国工业大奖的组织申报及调研工作。4月，根据中国工业经济联合会下发的《关于认真做好第二届中国工业大奖申报、推荐工作的通知》向市经信委写了书面汇报，并向相关企业集团发了通知，共收到申报材料7份。经专家评审，宝钢集团有限公司入选中国工业大奖候选名单；上海电气集团股份有限公司入选中国工业大奖表彰奖候选名单。

4．积极推进节能减排JJ小组活动（简称“JJ活动”）。在市发改委、市经信委等政府部门的支持、指导下，在各相关行业协会和企业会员单位的积极参与下，“JJ活动”取得一定成效，得到了国家工信部、中国工经联的肯定。市经团联联合多家行业协会和企业集团，组织开展“JJ活动”操作培训，共10批约600多人次参加培训，为“JJ活动”培养了一批骨干。10月，召开“我为节能减排献一策”推进大会，在全市工业和信息业系统掀起“JJ活动”的高潮。年内有26个行业协会响应“JJ活动”，12个行业协会的30个企业、5个直属企业申报组建120个JJ小组，近800人次参与，征集金点子15个、征文8篇、攻关课题105个。市长韩正在市经团联召开的“节能减排JJ小组试点工作交流大会”上作了重要讲话，对“JJ活动”给予高度评价。化工、交通运输协会和宝钢不锈钢、正泰、氯碱、中远集装箱等6家单位被评为节能减排JJ小组活动先进单位。

5．搭建交流平台，促进国内外合作发展。国内方面，通过“上海仲裁委员会驻上海市经济团体联合会仲裁中心”、“上海市经济团体联合会知识产权服务工作站”，为企业解决经济纠纷和知识产权的保护提供优质服务。通过“产学研工作推进委员会”，推动上海应用技术学院与上海铝业行业协会建立产学研合作框架，并与上海电机协会、上海液压协会、上海自行车协会建立广泛联系，形成若干产学研合作项目意向。组织行业协会和企业参加外省市的招商引资等活动，先后与常州、东台、宜兴、象山、上虞、磁县等组织举办建设新家园恳谈会、招商会、产业对接会等活动。7月，组织召开“长三角工经联联席会议”，邀请有关专家作“关于进一步推进长江三角洲地区改革开放和经济社会发展的指导意见”的演讲。9月，举行京沪渝工经联联谊活动，加强中国直辖市工经联之间的沟通交流。国际方面，市经团联分别与日本关西地区最大的企业家协会——关西经济联合会、西班牙马德里大区最大的企业家组织——马德里工商会，马德里企业家联合会主席阿图罗·费尔南德斯签署了合作协议和合作备忘录。组织上海市宝钢、电气、百联、华谊等大型企业和金融业协会与台湾最具规模和影响力的工商团体“三三会”进行了交流洽谈，促进两岸经济合作。还先后与德国汉堡商会共同举办“汉堡峰会”说明会、与韩国京畿道中小企业综合支援中心上海代表处共同举办招商会，帮助企业“走出去”，推动中外企业家合作。另外，还接待德国奥斯纳布吕克市市长为团长的代表团、美国上海总商会主席一行，日本三菱重工业株式会社上海办事处、也门亚丁省省长一行等，就会员交流、招商引资、技术引进等多方面内容进行交流探讨。

四、发挥联合优势，履行社会责任

1．为办好世博全力以赴作贡献。发动行业协会积极参与“世博先锋行动”党员主题实践日活动和“百万党员践行文明承诺签名活动”。组织各行业协会开展《观摩2010上海世博会启示录》的征文活动，共收到征文82篇。与市环保局、上海世博会事务协调局、美国环保协会合作开展100+企业“世博绿色出行”活动，70余户企业参加并签署承诺书。与上海市环境科学院联合举办“世博低碳之旅”活动。组织12家行业协会和35个企业的JJ小组代表参观城市最佳实践区。世博期间，专门成立世博会接待工作小组，共热情接待和安排兄弟省市工经联同志参观上海世博会计50多人次。

2．为会员单位做好人才招聘服务工作促进社会就业。与杨浦区人才交流中心联合举办2010年春季、秋季“大型综合人才招聘会”。11月，为促进上海市“小白菜、小蓝莓”的就业，联合举办“后世博青年人才”企事业单位招聘会。年内共组织大型招聘会107场次，有72家行业协会参加，得到协会和企业的高度评价。此外，市工经联的大学生见习基地承担了对30余家行业协会见习基地和见习学生的管理工作。基地设立以来，为帮助大学生就业和提高行业协会从业人员年轻化、知识化和专业化问题发挥了重要作用。今年安排了66名大学生到24家行业协会见习。经市人事保障局组织评估，见习基地获得年度评估优良的成绩。

3．开展企业社会责任推广工作。与市质量协会等联合开展企业社会责任推广工作，通过举办企业社会责任论坛，开展对企业领导进行企业社会责任方面的专题培训，实施企业社会责任的试点工作。

五、不断创新，进一步发挥新社会组织党组织的核心作用

1．扎扎实实完成第3批学实活动。市工经联党委及所属信息化15个行业协会党组织，742名党员参加了第3批学实活动，通过电子邮件、视频会议、飞信、MSN、QQ等网络化、个性化的方式，组织党员开展学习，在探索实践新社会组织的党建工作中取得了一定成效。

2．结合实际，深入开展“创先争优”活动。将“创先争优”活动与开展“世博先锋行动”相结合、与巩固和扩大学习实践活动的成果相结合、与“讲党性、重品行、作表率”的党员主题活动相结合、与行业协会的党组织建设和党员队伍的建设相结合，以创建“五个好”党组织和争当“五带头”党员为目标，要求党员公开承诺，保证活动实效，突出新社会组织的特色。

3．评选先进、树立典型。市工经联党委组织开展评选系统“先进党支部”、“优秀共产党员”的工作，25个行业协会党支部被授予“先进党支部”的称号，24名党员获得“优秀党员”的殊荣。年内经市工经联党委推荐，1家行业协会党支部荣获上海市委“创先争优世博先锋行动”“五好基层党组织”称号，1名党员荣获上海市委“创先争优世博先锋行动”五带头共产党员称号，1名党员荣获上海市经信工作党委系统“世博先锋”称号，形成了学习先进、崇尚先进、争当先进的良好风气。

4．抓好日常党建基础工作。至年末，隶属市工经联党委管理的行业协会党组织有81个，党员1100多人。通过深入学习贯彻党的十七届四中全会和十七届五中全会的精神，大力创建学习型党组织，认真执行《关于加强行业协会党建工作的实施意见》，坚持“三会一课”制度、党支部书记培训制度，注重对新党员的发展教育。利用《上海市党员党组织管理信息系统》，及时掌握党组织动态信息、党员流动情况。

（程　莹）

上海市创业投资行业协会

上海市创业投资行业协会成立于2000年11月17日，是由从事创业投资、投资管理、咨询和中介服务企业及金融证券机构、律师和会计事务所、学术机构、创业企业和其他相关企业自愿组成的行业性非营利社会团体组织。现有团体会员146户。

2010年主要工作：

一、成功举办2010年上海创业投资和私募股权投资高层研讨会

国内外一流的投资机构和对创业投资有兴趣的企业及政府部门来宾近500人出席大会。国家发改委、科技部、市发改委的领导，美国黑石集团、美国卡内基大学等外国专家分别介绍创业投资和股权投资的政策、趋势和操作经验。会议对中小企业上市、创投和银行的合作、GP和LP关系等3个专题的讨论，引起了来宾的广泛兴趣。

二、成功举办和合作举办项目对接会10场，部分项目已成功融资

与鼎合投资、上海银行、漕河泾开发区创业中心、上海生物医药产业促进中心、市创业中心金蛋工程、市经信委中小企业办、市信息服务业行业协会等举办专场项目对接活动，参与经信委规划室2场企业见面会。总共40多户创业企业进行融资路演。

三、咨询交流沙龙和高层酒会

举办各类信息咨询性的沙龙活动8次，包括会员单位交流投资理念、创投相关的税收政策、企业上市问题，国外专家学者的报告讲座等。4月，协会顾问马丁先生协同道琼斯公司，来协会介绍2009年最新的全球创投相关数据；与瑞士代表团进行交流活动；组织会员单位向创业企业传授创投理念，宣传创投与投资对象共同成长的理念；举办以“投贷联动”为主题的高层酒会，邀请协会内外的一些著名投资机构，与银行共同探讨双方合作的可能性。

四、开展会员单位调研和软课题研究

进行调研和走访，了解会员单位的发展状况和遇到的问题，调研创投风险救助政策的落实情况，听取会员单位对政府引导基金的意见和建议。调研结果以专报、通讯等形式向政府相关部门反映，以引起重视，并得到落实。协会向市科委申请“上海创业投资的发展和政策研究”的项目，通过课题研究，在总结多年来上海创投发展的经验、体会和教训的基础上，提出相应的政策建议。

五、努力做好政府交办的工作

完成科技部和市科委下达创投统计工作；协助发改委完成备案登记年检工作和网上历年数据登录工作；参加市政府创业投资引导基金工作，协助征求和反映创投机构的意见和建议，参与引导基金专家评审的服务工作；审批1项创业投资风险救助资金，获得救助金额56万元。同时，协会对救助资金管理办法提出修改建议，降低政策门槛，让更多的创投机构受益，目前正在和政府机构协商过程中。与区县的合作，已为徐汇、闵行、杨浦、青浦、奉贤等区提供引导基金管理、介绍投资机构等多种服务，也为会员单位开拓与区县合作的渠道。闵行区政府的引导基金已于11月正式挂牌。

六、积极开展国际、国内交流

先后接待瑞士创投专家马丁教授、瑞士企业家代表团、匹兹堡市长代表团等一系列外国专家的来访。世博期间，韩国、芬兰、以色列、挪威、美国VC协会、我国台湾和香港地区等代表团先后与协会进行交流活动。接待内蒙、吉林、东莞、天津等创投协会等来访，建立联系，加强合作。11月20日，长三角创投峰会在无锡举行，上海市创投机构和协会共20多人参加了会议。应邀参加或作为支持单位参与的会议有国际LP&GP高峰会议、天津金融会议、深圳第十二届创业投资论坛、上海国际金融峰会、陆家嘴论坛、清科论坛等。作为地方协会参与了国家发改委发起成立的国家创业投资专业委员会工作，并将专委会成立的消息及时通报大家，部分会员参加专委会。

七、开展宣传工作、发展工作、培训工作

全年发行会刊12期，发行量已达到300份。年内有27户投资机构和管理机构新加入协会；农商银行、兴业银行、南风投资、寅嘉创投、睿立投资成为协会副会长单位，南京银行上海分行成为理事。与上海交通大学海外学院联合举办的创投专业培训，毕业2期，新生入学2期，每期学员50—60人，为创投事业储备人才。

（谢　璐）

上海市工业合作协会

上海市工业合作协会（以下简称“上海工合”）成立于1983年11月，是中国工业合作协会的地方组织，协会形成组织健全、关系紧密的市、区（县）两级协会体系，拥有两级工合协会团体会员单位220户。

2010年主要工作：

一、经济总量，在克难奋进中稳健增长

各区工合千方百计抓招商、千言万语争政策、千辛万苦勤服务（包括指导）和企业自身坚持科学发展，狠抓结构调整，克服国际金融危机等影响，主要经济指标保持两位数增长。整个上海工合系统实现产销总额112亿元，纳税51723万元，创利89979万元，分别比上年增长30%、82%、97%。徐汇工合牢牢抓好企业检验登记、政策扶持、问题协调、融资贷款和培训指导五大服务，把普遍关心和重点帮助，承接政府职能和协会创新服务有机结合起来，促使不少会员单位弱者变强，强者变优。经济总量占工合整体一半之多。青浦工合各方面一直保持领先地位，“一二三产”全面开花的局面正在逐步形成。闵行工合利用网络和人脉资源，尽心尽责帮企业排忧解难，积极发展新会员，区“科技小巨人”智定科技发展公司及龙神餐饮公司等企业先后成为新会员。松江工合在招商中为大学生创业提供物资和场地，在服务中注重企业维权，深受各方好评。金山工合把为企业服务做到细微之处，如三废环保、残疾优待、小额贷款、达标验收和一门式办证等，受到企业的赞扬。奉贤工合积极吸收申江高压容器厂等实力强大的企业进入工合队伍。市工合直属企业万商羽绒博览公司以羽博会为载体，做到管理、招商、定价、结算“四统一”，诚信服务赢顾客、四季兼顾调结构，越做越大，全年销售达7000多万元。华清电脑公司、工合广告公司等也都在激烈的市场竞争中保持经济稳中有升。

二、对外形象，在共享世博中彰显光彩

举世瞩目的世博会在沪举行，为让各省市工合同仁共享盛会，体现“全国工合是一家”，加强合作求共赢的精神，5月，向各地工合发出《欢聚上海共享世博》的邀请书。6月22—24日，接待中国工合秘书长等来自外地及各区工合的50多位代表畅游世博园区，密切了上海工合和各地工合的联系。11月中旬，应江苏工合热情邀请，特地上门取经，并在南京召开六届四次常务理事扩大会。世博期间，不少会员企业还踊跃争取直接参与世博、服务世博。龙神餐饮公司有幸中标，进入世博园营业，为工作人员和志愿者提供美味的工作餐。各单位共同为“成功、精彩、难忘”的上海世博会的圆满实现尽绵薄之力。在3月的年会上，青浦、闵行工合就联合向各区工合和300多户企业1万多名员工发出“当好东道主、共享世博会”的倡议书，各单位纷纷响应，提高了企业的管理水平和员工的文明素质。

三、统战特性，在挖掘历史中充分显现

随着民国史档案的不断解密，提供了许多有关国共合作，共同抗日，接受国际友人提议，创办工合、支持工合的鲜为人知的珍贵史料，如蒋介石曾担任中国工合首届名誉理事长，宋氏三姐妹努力推进工合运动，宋子文也十分支持工合，工合运动是中国近代史及中共党史不可或缺的组成部分。为彰显统战性，《上海工合报》对新解密的史料进行了连续重点介绍。

9月2日，在抗日战争胜利65周年纪念日前夕，与农工民主党在民主党派大厦联合举行专题座谈会。市工合理事长作《传承工合光荣历史，弘扬民族浩然正气》的主题演讲。通过回顾历史，进一步弘扬爱国主义精神，增强民族自尊心、自信心和自豪感，坚定在党的领导下，走中国特色社会主义道路，实现中华民族伟大复兴的共同信念。工合的统战性，在各区工合得到充分体现。区委统战部长任区工合名誉理事长已形成基本格局，青浦、闵行等区工合参加统战会议已成惯例。市委统战部也十分关心市工合工作，综合处和宣传处处长专程前来调研指导，建议组织学习中央关于加强工商联工作的文件，共同引导非公经济健康发展，依托民营大企业夯实上海工合这个统战平台，并表示在建党90周年活动中于《浦江同舟》书中将适当介绍工合运动，以扩大工合影响。

四、转型发展，在服务三农中初试锋芒

为贯彻中央为“三农”服务和市委“创新驱动、转型发展”的精神，青浦工合率先响应中国工合“三大”关于“各地各级工合组织要积极探索农业合作经济模式，参与社会主义新农村建设”的号召，经积极筹备、多方协调，在区政府支持下，一个新型的一、三产紧密结合，由9个股东单位共同投资组建的上海青浦工合农业经济联合有限公司于国庆前夕成立并开始运营。这是“工合运动的时代创举，服务三农的有效途径”。金山工合也做了可喜尝试，积极引进皇母蟠桃合作社等单位加入工合队伍，并给予指导帮助。

五、企业创新，在宣传评选中崭露头角

根据中国工合企业创新活动的总体部署，3季度进行布置、名额分配，推荐、材料申报，工合报集中宣传，最后经中国工合批准，上海智定科技发展公司、上海东升新材料公司和杜邦化工青浦分公司，上海惠工缝纫机三厂厂长王瑞福、上海挡圈厂厂长李增全、上海万商羽绒公司总经理金汇云、上海麦源实业公司董事长马福志和上海澎博钛白粉公司董事长何文龙分别荣获中国工业创新型先进企业和优秀企业家称号，还有3位员工被评为先进工作者。

六、协会报刊，在各方重视中作用突出

《上海工合报》创办6年来，一直坚持正常出版，在对内鼓动、激励增强工合凝聚力、战斗力和对外宣传、推介扩大工合影响力、感召力方面起到独特作用。许多领导和部门以及外界朋友正是通过这一报纸才知道工合的名字和组织，了解工合的昨天与今天，看到工合的地位及作用，从而重视工合、加盟工合。

七、队伍组织，在积极开拓中逐步扩大

协会一直把扩大工合队伍作为重点工作来抓。年内促成安徽铜陵市工合的建立。6月20日，在铜陵市工合成立大会上，上海市、区工合代表应邀前往祝贺，安徽省相关领导和铜陵市主要领导致词、揭牌，实现了长三角地区工合组织建设的新突破。同时，积极筹建杨浦区工合组织，在杨浦区委、区政府领导的重视关心下，成立由区商贸委副主任和区委统战部负责人为正副组长的筹建领导小组，动员一大批会员单位，并已落实区工合理事长人选和办公场所。

八、班子建设，在新老交替中顺利实现

2月22日，经常务理事会一致通过，提议由陈启豪同志接任市工合理事长，聘请原理事长王志宽同志为市工合名誉理事长，并经六届三次理事会批准同意，实现新老班子交替，并在原设对外联络部、科技工作部基础上，增设金融工作部和会员工作部。

（周裕德）

上海漕河泾新兴技术开发区企业协会

上海漕河泾新兴技术开发区企业协会成立于1998年9月，是由上海市漕河泾新兴技术开发区发展总公司等企业发起，漕河泾开发区内各企事业单位自愿组织起来的社会团体。会员单位260多户，下设集成电路、通讯、金融、软件和现代服务业、人力资源专业委员会等。

2010年主要工作：

一、宣传、服务世博，开展以节能减排、低碳环保为主题的系列活动

围绕迎接世博、宣传世博、服务世博，联系开发区企业正在推行节能减排，创建国家生态产业园区的实践，结合世博会发展低碳经济的主题，承办了由市科技协会和漕河泾新兴技术开发区发展总公司联合主办的“迎世博，倡导节能减排、践行低碳生活”宣传月活动，先后召开推进会、举办企业专题研讨会和专场报告会、邀请世博局专家介绍绿色环保建馆情况、组织节能减排、低碳环保专题巡回展和联合发布倡议书等多种方式，推动了发展低碳经济、创建生态产业化园区的宣传，取得圆满成功，约131户企业和个人响应参与“低碳行动、享受快乐生活”的倡议。

世博期间，积极支持、组织开发区企业参与徐汇区科协组织的区科技文化节活动，还组织开发区节能减排低碳环保专题巡回展版进社区的宣传周巡展活动。组织开发区侨界人士（企业家）参观思科馆，以及出席中国民营企业家高峰论坛的全国近百名民营企业代表参观世博园区。

二、服务科技创新，促进开发区高新产业发展

1月，支持SGS通标标准技术服务有限公司举办电能平衡工作推进会，为开发区和上海开展电能平衡工作，帮助企业寻找节能降耗的突破口，提供专业的实施节能改造解决方案等。

7月，协助中国汽车工程协会和中国汽车咨询中心网举办“2010中国汽车安全系统技术与应用高峰论坛”，开发区内10多户从事汽车研发与零部件配套企业和来自各地汽车行业近百家企业的200多位代表，围绕汽车安全系统的技术、应用和市场等进行交流和研讨。支持区内企业上海先进半导体制造股份有限公司等单位在开发区举办“2010打造上海汽车电子关键芯片产业链高层论坛”。

同月，在市科协、市科委、市工商联和总公司大力支持下，首次承办由中国民营科技实业家协会主办的“中国民营科技企业发展高峰论坛”。世博后，协会又举办“后世博时代企业与开发区发展”主题沙龙活动，数十户企事业单位领导就弘扬世博精神，传播创新与低碳理念，促进园区内现代服务业企业走可持续发展之路，抢占市场赢得自身发展等课题发表了观点和提出建设性意见。

三、为企业健康发展创造良好综合性服务环境

年初，与漕河泾开发区总公司、区区合作综合协调办以及虹梅街道党工委，联合召集开发区内部分集成电路企业主要领导座谈，了解企业经历金融危机后新的发展情况，倾听企业对服务工作的要求和建议。对所反映的国家支持扶植软件企业发展的18号文到期后对集成电路企业的影响、企业高层管理人员个人所得税退税政策、企业重大项目改造的电费补贴等问题及时向政府部门做了沟通。年末，协会侨界联合会、科协分会又配合中国科协和市科协，召开“长三角地区海外人才战略考察”座谈会，开发区内10名荣获国家“千人计划”、国务院津贴，以及创新创业取得优异成绩的海归企业家出席会议，并结合归国后创新创业的亲身经历就人才政策与评价体系、创新创业环境、市场公平性、自身的适应性和价值观，以及政府的管理体制与服务等畅谈体会，提出许多积极建议。

联合区政府金融办、区合作办先后多次召开金融单位领导座谈会，就推进政府金融扶持政策落地、帮助企业融资贷款等进行多方面的努力和探索，牵手SGS公司和徐汇职教集团，推进产学研间交流；组织税务干部、律师赴大学生创业创新园举办专题讲座和座谈会，支持大学生创业创新园建设；协助创业中心共同推荐优秀企业家申报国家“千人计划”和参加国家和上海市的先进评比活动；组织开发区企业参加由市科协、科委、各市行业协会组织的各类讲座、论坛、报告会和展示活动；召开开发区编制“十二五”发展规划企业负责人座谈会，参加开发区现代服务平台功能建设和餐厅服务的调查研究工作；组织开发区企业参与徐汇区政府组织的对工商所、税务所、公安派出所和社区医院行风政风的民主测评与监督活动。

四、积极推进开发区公益性事业发展

1．继续创新“相约漕河泾”青年联谊活动。“相约漕河泾”未婚青年联谊活动很受企业与青年欢迎，在社会上也引起积极反响。与张江开发区社区党委、市侨联“侨之缘信息服务中心”合作，携手举办“相约漕河泾——情系张江园”等青年联谊活动。年内共举办4场活动，有160人参加，至今已有48对青年喜结良缘。

2．实施“开发区员工健康管理关爱计划”。7月，与闵行区的1家中医院合作，启动实施《开发区员工健康管理关爱计划》。利用社会医疗机构和资源，对员工的健康状况建立电子档案，实施个性化干预和管理服务，探索创新服务机制，目前已在部分企业中试运行。

3．深入开展“再生电脑公益行”活动。至9月，开发区内企业已回收各类电子产品2919台（件）。先后在浦江科技园、松江科技园、创业中心和物业公司分别建立捐赠站和捐赠联络站，加上早已建立的“再生电脑公益行”漕河泾开发区分中心、大学生见习基地和浦原捐赠站，已在开发区内初步形成捐赠工作网络。这为长期开展“再生电脑公益行”活动奠定了良好的组织基础。目前，还与新金桥环保有限公司洽商合作，为争取政府的扶持政策创造条件。

五、倡导开发区企业先进文化，打造“瞩目漕河泾”创新文化品牌

1．在总结历年组织篮球、足球、乒乓球、象棋、围棋、桥牌、健身跑、电子竞技、羽毛球、高尔夫等体育竞赛经验的基础上，大胆创新。首先，将体育赛事的组织工作委托给专业的体育服务机构承包实施；其次，把各项分散的、单项体育赛事连接起来，列入总公司正在开展的“瞩目漕河泾”创新文化节活动之中，实现把体育与文化相结合，把企业员工业余文化生活与开发区的创新文化相融合，努力打造开发区的文化品牌，从而提升系列体育赛事的文化水准；再次，突破传统的赛事组织方式，简化程序取消单项比赛的开闭幕式，只在整个系列活动揭幕时和全部比赛结束后搞一次一定规模的开闭幕式，单项比赛后只计名次不颁奖，所有奖项统一在闭幕式上集中颁发，形成规模宣传效应。实践证明，不仅降低了赛事成本，还扩大了宣传和影响。

2．与市、区体育局合作，连续两年联合承办上海市“漕河泾开发区杯”长三角电子竞技比赛，努力使开发区的企业体育活动走出漕河泾，参与到市级体育赛事活动中去，扩大开发区影响；与虹梅社区合作，世博期间联合承办迎世博专题摄影展，组织开发区企业内数十名摄影爱好者参与；与徐汇区文化局、上影集团、街道共同在开发区内首次联合举办电视剧导演、主要演员与企业观众见面会；协助组织部分企业参加区政府在港汇广场举办的迎世博群众性广场文艺表演。

3．7月，组织召开漕河泾开发区首届企业文化体育工作经验交流会，开发区内20余户企业代表、区体育局和总公司领导参加交流会。会议对开发区企业群众性文化体育活动的进一步发展起到了积极的推动作用。

六、整合各种服务资源，加强对外合作交流

1．利用开发区内会员单位和企业的仪器设备资源建设社会公共测试共享服务平台。参加企业已发展到17户，共利用仪器300多台，提供近2000多次服务。

2．主动加强与各级政府以及兄弟行业协会的联系和合作。与市科协、市侨联、市华侨事业发展基金会、市工经联、市社团局、徐汇区相关委办局和市集成电路行业协会等近10多家行业协会和社会团体进行交流与合作。年内举办全国规模的高峰论坛2次，联合组织开展开发区内大型活动4项，合作项目3项。

3．开展对兄弟省市开发区和国外友好园区的交流活动。协助总公司先后接待各省市近10余个企业家协会代表团、开发区和工业区领导等访问活动，积极组织开发区企业和企业家对长三角地区的江苏盐城、吴江汾湖、七都、浙江海宁等开发区进行了互访考察和经济合作活动。接待中国侨联、中国科协、市侨联、市科协和市工经联领导，协助其在开发区召开座谈会、参观活动。另外，总公司领导代表协会分别与危地马拉合作商会、意大利米兰企业协会等签订了友好合作协议。

七、加强内部管理，打好“组合拳”

新设松江高科技园区分会和法律事务专业委员会（也称上海市企业法律顾问协会漕河泾开发区分会）。协会依托所建立的通信、集成电路、金融、人力资源、现代服务业、汽车研发和零部件、软件等7个专业委员会和浦江科技园、松江科技园2个分会，开展各项活动，并根据开发区内生物医药和医疗器械企业发展的新趋势，积极筹备新设生物医药专业委员会。协会坚持秘书长工作例会制度，调动和发挥15位企业兼职副秘书长的积极作用。充分发挥侨界人士作用，在开发区内积极筹建一个由企业资助、市场运作的符合开发区特点的“新侨之家”，使其成为新侨人士活动的场所，展示新侨人士风采和归国人员创业创新成果的窗口。

（姚向东）

上海市乡镇企业协会

上海市乡镇企业协会成立于1987年12月，是由办在上海市乡镇区域内、以农村劳动力为主体的企业和在城市开办的承担支援农业义务的企业自愿组成的跨行业、跨所有制的非营利性的社会法人团体。现有会员单位241户。

2010年主要工作：

一、借助世博会契机，扩大兄弟省市协会联络，提升协会地位

1．3月28日，在全国会长和秘书长会议上介绍贯彻中乡协“关于组织各兄弟省市参观世博会”的准备工作情况，获得中乡协领导和兄弟省市协会的首肯。

2．4月，组建工作小组，使接待服务有序进行。

3．出版7期《乡镇企业通讯》，向兄弟省市作世博专题介绍（每期2版）。

4．世博期间，共接待20批次兄弟省市参观团约450人次，较好地完成了服务任务。

5．依据中乡协要求，每批次参观团安排参观上海表现良好的乡镇企业，取得良好效果。

二、加强服务，提高地位

1．针对企业所需贴身服务。推荐有条件企业申报市科技发明奖1项。为需申请市高新企业的会员单位协助做好前期工作，申请专利6件。配合专利事务所解决企业专利授权，为企业搭建技术中心创造条件。联合花旗银行，为企业引入多渠道资金运作模式，共同于1月29日召开新春茶话会，企业反响良好。6月，组织企业赴英国等四国考察；12月，赴美国考察，通过访问英国与美国等国际商会，开辟国际交流合作。

2．与市农委职称改革办沟通，本会作为乡镇企业技术人员职称评审报名培训点正式启动，报名人数达60余人。12月考试，通过率95%以上，目前正准备评审，企业反响良好，希望协会继续做好此类服务，协助企业整体素质的提高。

3．受市经信委委托，就当前乡镇企业结构调整等情况进行调研，与市农委、市农经促进会等单位联合，于6月完成《发展壮大乡镇企业是实现城乡统筹和城镇化的有力依托》的调研报告，获得好评。

4．配合中乡协开展乡镇企业信用评价试点工作。

5．委托市企业诚信创建活动办公室开展乡镇企业参与上海诚信征信活动。

三、加强信息化建设，扩大知名度

1．通过参加中国中小企业协会丹东会议，提高协会社会认知度。

2．重视维护网站建设，使会员通过网站及时获得信息。

3．出版《乡镇企业通讯》12期，发行3500份。

4．加强协会文化建设，美化办公环境。

（戴荣兰）

上海市股份合作制企业协会

上海市股份合作制企业协会成立于2008年1月18日，是以股份合作制企业为主自愿组成的跨行业、非营利性的社会团体法人。现有会员单位60多户。

2010年主要工作：

一、积极向政府建言，深化股份合作制企业改革

面对股份合作制企业生存和发展中存在和遇到的种种问题和巨大困难，协会多次向市领导呼吁，建议制定政策帮助股份合作制企业摆脱困境，走上科学发展之路，由此得到积极回应。根据市委、市政府领导批示，明确市发改委承担制定政策文件、指导并协调股份合作制企业深化改革的责任。为此，市发改委综合改革处多次组织召开专题会议，仅协会参加的会议就有10多次，平均每月1次，并指派处室工作人员直接参加企业深化改革的工作会议，指导、协调试点工作，直至7月市政府2010年27号文上海市人民政府批转市发改委《关于进一步深化本市股份合作制企业改革的指导意见》文件的出台。随着27号文件的出台，改变了相关部门对股份合作制企业改革不提倡、不批准，任其自生自灭的态度，为深化股份合作制企业改革带来了希望。

二、发挥桥梁作用，做好为企业服务

在市发改委综合改革处、市经信委中小企服务中心等各方领导的关心和支持下，按照市府27号文件中对协会提出的“市股份合作制企业协会要充分发挥政府和企业之间的桥梁纽带作用，积极做好相关的服务工作”的要求，在各会员单位的支持和配合下，坚持发挥政府和企业之间的桥梁和纽带作用，不断提高自身的政策水平和服务意识，面向企业，为企业办实事办好事，促进企业和谐稳定的发展。年内新发展会员5户；编辑出版会刊《上海股份合作》12期；接待来访119批151人／次；协会238人次走访21户企业48次、参加企业深化改革调研和试点讨论会46次；组织年会、培训班、研讨会等大中型会议4次，组织小型座谈会、讨论会42次。

（朱桂芳）

上海市企业法律顾问协会

上海市企业法律顾问协会成立于2004年10月29日，是由上海市企业法律顾问、有关人士及有关单位自愿参加，经社团登记管理机关核准登记，具有法人资格的专业性、非营利性社会团体。

2010年主要工作：

一、认真开展理事会和会员代表大会工作

1．召开一届八次理事会议。3月5日，在光明食品（集团）有限公司召开了第一届理事会第八次会议。会议总结了第一届理事会工作，讨论了第二届会员代表大会和二届一次理事会的各项筹备事宜。

2．召开协会换届大会。3月17日，在上海青松城召开第二届会员代表大会，近300名会员代表出席了会议，并表决通过第一届理事会工作报告、换届审计报告和关于修改协会章程和会费收缴办法等文件，选举产生第二届理事会理事共94名。代表大会后召开第二届理事会第一次会议，选举产生会长、副会长、秘书长，并通过副秘书长的提名。

3．组织了两次考察交流活动。6月22—26日，组织部分理事赴黑龙江、内蒙古学习考察，受到兄弟省市国资委和企业法务部门的热情接待。12月9—10日，组织理事和部分会员赴浙江安吉学习考察。通过考察活动，加强了与兄弟省市的联系沟通，开拓了双方交流和合作的渠道，增强了理事单位之间的互动交流，得到各方好评。

4．加强与理事单位的沟通联系。走访光明食品（集团）有限公司等20余户理事单位，了解其法务工作开展情况，听取对协会工作的建议和要求，密切了相互间的联系。

二、积极抓好业务培训和研讨工作

1．组织4次大型继续教育培训。协会把抓好大型常规业务培训作为对执业人员进行继续教育，提升企业法律顾问专业水准的主要形式，以及为会员提供服务的重要内容，形成自己的品牌和特色。4月20日，在云峰剧院举办《侵权责任法》培训讲座，邀请华东政法大学张驰教授主讲。6月29日，在上海图书馆举办关于物权法司法解释的培训讲座，邀请著名民法专家傅鼎生教授主讲。8月25日，在上海图书馆举办关于公司法最新司法解释的培训讲座，邀请长宁区法院邹碧华院长主讲。12月13日，在云峰剧院举办《社会保险法》培训讲座，邀请著名劳动法专家陆敬波主讲。

2．举办9次研讨会、1次专题培训班和1次合同管理人员内训班。为加强与国际法律界的交流，6月9日，在锦江小礼堂与香港国际仲裁中心联合举办了“香港国际仲裁研讨会”，由香港国际仲裁中心主席莫石主讲；7月30日，举办2场“公司并购重组中的法律尽职调查与风险防范”研讨会；9月3日，举办“企业并购重组中不良资产处置法律风险防范”研讨会；9月8日，举办“企业商标注册与保护”研讨会，10月20日上午和下午，分别举办“借款合同纠纷法律问题适用及担保法律风险防范”和“房地产纠纷中的法律风险防范实务”研讨会；11月30日上午和下午，分别举办“企业并购重组中特殊性税收处理”和“建设工程中的热点难点及法律风险防范”研讨会，共计730余位企业法律顾问参加上述研讨会，取得较好效果。还于6月3—4日，以市场化运作的形式，组织100余位从事企业法律工作和人力资源工作的负责人，前往常熟举办1期“企业劳动规章制度中的法律误区和应对实务”专题培训班，邀请劳动法专家陆敬波律师主讲，并组织律师团队进行咨询答疑。由于培训内容较翔实，案例较生动、切合现状，博得了学员们好评。8月31日，还接受上海国际机场股份有限公司委托，为30余位企业经营管理人员开展合同管理操作实务培训，帮助他们提高依法治企水平。

3．开展2010年度企业法律顾问执业资格考试的考前培训。共有1276位考生报名参加年度全国企业法律顾问执业资格考试。协会在市职业能力考试院等有关部门的支持下，注重考前培训的动员和组织管理工作，与上海政法学院、上海企管进修学院、上海经管干部学院加强合作，为考生提供从考试报名、考试用书征订到考前培训等一条龙服务，努力提高培训质量，为发展壮大企业法律顾问队伍提供人才储备。

三、切实做好企业法律顾问执业资格注册工作

3月25日始，协会为新考出执业资格以及历年来通过执业资格考试并从事企业法律顾问工作的人员开展注册工作，至年末，共新增212名注册企业法律顾问，并在《企业法律顾问》会刊上进行公告，从而使有效注册的企业法律顾问达到1694名，进一步壮大了企业法律顾问队伍。

四、大力加强会刊、业务学习资料的编辑和网站改版工作

1．出版4期《企业法律顾问》会刊，于8月25日取得市新闻出版局颁发的上海市连续性内部资料准印证，从10月起由季刊改为双月刊，努力提高刊物质量和可读性。还编写了上海市企业法制建设文萃《企业守护神》一书，展示了企业法律顾问的风采和心得，所录用68篇文章的作者绝大多数是企业法律顾问。

2．出版双月刊《业务学习资料》共6期，及时搜集汇编了最新实用的规范性法律文件。

3．进一步更新改版网站，使网站内容更丰富、实用、及时、活泼。

4．组织2次通讯员和作者活动。8月11-12日，在浙江省金华市召开“加强会刊、网站建设，提升协会服务功能”专题研讨会，39位来自各单位的通讯员以及热心人士出席，提出了许多真知灼见。11月24日下午，在上海服装（集团）有限公司召开“扩大稿源，加强合作，提升质量”工作会议，部分骨干作者和合作嘉宾出席。

五、不断完善协会组织机构建设

为了加强开发区的法制建设，更好地为开发区内的企业保驾护航，12月23日，上海市企业法律顾问协会漕河泾开发区分会暨上海漕河泾新兴技术开发区企业协会法律专业委员会在漕河泾开发区成立，旨在全面发挥法律培训、咨询服务、交流合作、纠纷协调、学术研究和权益维护的功能，成为开发区企业法律工作者之家。

协会还开展建设行业专业委员会和物流专业委员会的筹建工作。

六、继续加强中小企业公共法律服务平台建设

协会于2008年11月向市中小企业办公室申报的“上海市中小企业公共法律服务平台”项目，获得市促进中小企业发展协调办公室验收通过。协会加强平台建设，一是注重参与相关课题研究，在市经信委的支持下，参与“促进中小企业发展立法调研”，积极反映中小企业的合理诉求，为立法提供决策参考；二是加强业务培训。在对注册企业法律顾问开展业务培训时，经常特邀相关中小企业的人士听讲，为提高上海市中小企业经营者和法律工作者的职业素质作出了努力；三是发挥咨询服务功能。自2006年7月28日开通法律咨询服务热线至今，协会承担相当数量的法律咨询工作，积极帮助广大中小企业答疑解惑，提供快捷开放的服务途径。还与新闻媒体合作，于5月25日、6月30日和上海法治报社联合召开两次企业维权座谈会，并在媒体组织文章为中小企业呼吁和维权。

七、精心组织普法宣传

根据市法宣办和市经信委的要求，配合开展宪法宣传周活动，在会刊上开辟专栏，组织多组文章，宣传社会主义法治，并举办《人民调解法》宣传讲座，特邀市司法局基层处处长主讲，经信系统、国资系统及中小企业的法宣人员、人民调解工作者出席了活动。

八、接受政府委托开展课题调研工作

承接市经信委关于上海市产业和信息化法治建设“十二五”规划的调研工作，分别召开企业和行业协会的调研会，组织专家改稿会，广泛征求意见，为政府法制工作献计献策。此外，还认真搜集汇编《工业和信息化政策法规汇编》，积极完成政府委托的相关课题。

九、努力建立与社会各界的良好合作关系

与《劳动报》、《上海法治报》、《企业与法》杂志建立联系，努力通过新闻媒体宣传企业法律顾问工作，扩大协会的影响。年内与6户著名律师事务所签署合作协议，在法律培训、业务研讨、法律宣传、法律服务等方面开展合作。例如，与北京金诚同达律师事务所上海分所合作，共同邀请美国知名律师就中国公司如何在美国进行诉讼进行演讲，有50余人参加了此次的演讲会。

为了借助社会专业培训力量搞好培训工作，12月29日，与上海桥智企业管理咨询有限公司签署合作培训协议，成立协会培训中心，双方计划联手整合优质资源，共同拓展法律培训市场，打造优质培训品牌。

十、进一步完善内部工作机制

建立会长例会制度。9月2日，在王宗南会长和法定代表人强志雄副会长的主持下，召开了首次会长例会。

坚持秘书长办公会议制度和秘书处工作例会制度，明确职责，定期汇报工作，探讨、解决问题。秘书处加强了内部管理、班子建设和队伍建设，梳理内部分工，提高工作效率，提高全体工作人员的积极性、主动性和创造性，促进各项工作平稳有序开展。

（滕志凌）

上海市质量协会

上海市质量协会（原名“上海市质量管理协会”）成立于1982年9月，是由致力于质量事业的组织和个人自愿参加组成的专业性的非营利性社会团体法人。

2010年主要工作：

一、服务上海世博会工作扎实有效

1．增强责任意识，促进企业提升为世博服务的质量。配合上海世博局运营部等，研发上海世博会《订房服务管理规范》、《物流服务管理规范》。在世博举办前，专门组织召开五届三次常务理事会（扩大）会议，号召全体会员企业进一步增强责任意识、质量意识，积极参与世博、服务世博、奉献世博。为促进服务世博的物业企业提升服务质量，先后两次组织上实、明华、百联、上房等单位召开专题质量会，交流研讨提升世博物业服务质量；委派食品专业的审核员和专家，参加市质监局检查组，对上海市向世博园区餐饮单位供应原料的16户食品生产企业，组织专项检查；积极关注涉及世博产品的质量与安全，先后组织139人次的审核员对58户企业的生产场所实施跟踪服务。同时，在世博接待工作中，严格按照上级有关廉洁办博要求，接待了国内外领导、专家，以及外省市企业代表500余人，包括中国质协、陕西、江西等兄弟省市质协领导。

2．围绕世博会的举行，开展系列质量调查工作。先后组织开展“中国2010年上海世博会公众认知调查”、“中国2010年上海世博交通系列调查”、“上海市公共信息图形标识规范率抽样调查”等社会调查；配合市旅游委、市绿化市容局、长宁区政府，以及重点窗口服务单位等，对机场、铁路、公交、旅游、银行、商场、电话热线等服务窗口进行明察暗访；开展对世博专属出租车服务、世博园轨道交通涉博线路、世博园内公共交通等专题调查。据统计，共调查了包括上海市民、外省市和港澳台游客，以及国外游客在内的27178名游客，收集有效信息10余万条，提供有价值的典型案例1000多个，并将调查结果上报世博会交通协调保障组等主管部门，作为重点整改方向。

3．组织举办“服务精彩世博，提升管理水平”获证企业高层论坛。世博期间，众多获得质量、环境、职业健康、食品、信息安全等管理体系认证的会员企业，为世博会的成功举办发挥了积极的作用。10月29日，市质协以“服务精彩世博·提升管理水平”为主题，组织召开获证企业高层论坛。中国合格评定国家认可委主任、中国认证认可协会会长王凤清，全国政协常委、市经团联会长蒋以任出席论坛并讲话。上海申通地铁集团有限公司、上海市电力公司等200多户企业领导出席论坛。论坛上，来自沪上卓越企业的领导，总结了企业质量认证工作和为世博服务管理创新成果。《解放日报》、《文汇报》、《新民晚报》、《中国质量报》、上海电视台、东方广播电台等媒体作了相关报道。

二、服务经济建设大局取得新的进展

1．聚焦“质量兴区”，服务区域经济发展。与嘉定、闵行、黄浦等区县质量技术监督局开展质量服务合作，就区域质量水平与企业质量管理水平进行调查研究，共调查约3000户企业，收集20余万条数据。参与5次“质量兴区”联席会议和质量报告研讨会，以及10余次专题讨论会；参与区县质量状况分析、质量专题分析；参与区县“十二五”质量发展规划编写，提出30余项区县质量提升建议，有关成果得到相关政府部门的认可。

2．聚焦节能减排，推进能源管理体系国家标准的实施。2009年11月1日，国家开始实施GB/T23331《能源管理体系》国家标准，协会及时组织来自有关行业、企业的能源管理、审核认证方面的专业人员，研究制定机械、化工、轻工（食品）、大型公共建筑等行业《实施规则》，并联合市节能协会以“完善能源管理体系，提升节能减排水平”为主题，组织200多户企业，召开新标准企业研讨会。编撰出版《能源管理体系的建立与实施》一书，为企业建立和实施能源管理体系提供指导。组织上海日立电器、上海锅炉厂有限公司、上海重型机器厂等12户企业开展能源管理体系实施试点，并先后到6户试点企业，进行达50余人次的现场访问，帮助试点企业实施能源管理体系标准。同时，在《上海质量》杂志连续刊登了标准宣贯系列文章。

3．聚焦重点行业，开展质量专题活动。4月，组织150多户汽车、食品行业的企业召开座谈会，邀请国际质量科学院院士、日本京都大学教授饭冢悦功就丰田门事件，解读企业发展与质量的关系。9月，邀请国际质量科学院院士、美国质量协会前主席哈林顿博士和新西兰梅西大学罗宾曼博士为近300户企业作“卓越管理五大支柱”、“卓越标杆管理”等专题讲座。11月，工博会期间，会同市食品化妆品质量安全管理协会，举办质量创新论坛，特邀加拿大食品检验局专员托马斯·格瑞姆先生介绍加拿大食品企业的风险管理和食品检验体系，邀请国际质量科学院院士、美国加州大学伯克利分校教授罗伯特·科尔先生重点分析了企业质量与风险管理。12月，邀请国际质量科学院查尔斯院士围绕“金融服务的质量管理”，为150户金融系统企业举办专题讲座。

三、服务社会和谐发展取得新的突破

1．围绕企业社会责任等热点问题，组织召开专题研讨会。在市经团联的支持下，会同市企业联合会、上海进出口商会，以“树立现代经营理念，切实承担社会责任”为主题，组织举办“2010年上海企业社会责任论坛”，来自进出口企业、劳动密集型企业的300余名代表出席。上海投资咨询公司、上海大河针织有限公司等代表在会上作交流发言。

2．在公共服务、社会服务等领域，围绕社会热点、民众关心的问题，开展服务质量标准的研究和制定工作。会同有关行业技术机构和企业的50多位专家，先后完成《残疾人养护机构服务规范》、《热线电话服务质量规范》、《航空货运代理安全质量管理规范》的编写工作，得到市质监局标准化主管部门和业内企业的好评。其中，会同市残疾人联合会、市残疾人康复服务指导中心等单位共同起草的《残疾人养护机构服务规范》于12月1日起正式实施，为上海市残疾人社会化养护机构的服务和管理建立了统一规范，更好地服务于上海3万多名重残人员。

3．聚焦民生质量，开展社会公益调查。为进一步关心老年人生活，对全市18个区县、100多个街镇、数千名不同年龄和层次的老年人开展“上海老年人居家养老服务需求调查”，呼吁全社会关注和重视老年人在护理服务、生活服务和精神关怀等方面的需求。受市质监局委托，完成燃气行业服务质量的公众满意度测评，有5000余名市民参与，并提供了100余个服务质量改进案例。受市旅游局委托，开展2010年上海市旅游行业行风建设游客总体满意度测评。

四、促进全社会质量意识进一步提升

1．组织少儿质量画赛，开展少儿质量意识教育。受亚太质量组织（APQO）委托，开展首届亚太少儿质量绘画赛暨第五届“我与质量”上海少儿绘画赛活动。活动历时近2年，来自墨西哥、俄罗斯、美国、尼泊尔、乌兹别克斯坦、澳大利亚、智利、菲律宾、中国（天津、广州和上海地区）等9个国家的1500多名少年儿童参与活动，其中包括来自特殊学校的孩子们。9月，在尼泊尔举行的亚太质量组织年会上，协会荣获亚太质量组织奖。还组织开展主题为“质量，让生活更美好”第五届上海少年儿童质量夏令营活动，上海市少年宫绘画班的近100名少年儿童参加。活动期间，来自世博会城市最佳实践区服务中心的领导作了绿色世博专题讲座，让同学们感受到城市在环保和可持续发展中的重要作用。

2．开展“质量月”活动，全方位开展质量宣传活动。根据国家质检总局、工信部《关于开展2010年全国“质量月”活动的通知》精神，在质量月活动期间，协会以“抓质量水平提升，促发展方式转变”为主题，组织全市质协开展系列质量服务工作。各区县、各行业质协深入开展形式多样的“质量月”活动。普陀区开展《卓越绩效评价准则》培训、质量安全管理培训等。黄浦区邀请市民参观食品“老字号”企业。虹口区开展“质量创新与质量共建”活动。嘉定区举办了“抓质量水平提升，促发展方式转变”质量月大型宣传咨询活动。浦东新区开展“质量安全下社区服务”活动。金山区开展“质量专家企业行”活动，帮助企业解决实际生产中的技术和质量问题。徐汇区开展“徐汇区青少年、社区居民世博低碳体验活动”。闸北区开展质量安全以及食品企业质量培训工作。宝山区联合东方讲坛为企业进行质量管理讲座。奉贤区积极推进企业实施卓越绩效模式，深入开展质量对比提升活动。松江区、崇明县邀请社区居民参观食品企业，了解食品生产加工过程和质监部门对食品生产企业的监管。闵行区开展标准化基础知识免费培训。在工业生产行业中，中国商飞公司围绕AS9100质量管理体系标准等组织开展质量知识擂台赛活动。宝钢公司向全体员工进一步宣传卓越绩效管理模式等质量方法和理念。上汽集团组织开展“持续提升质量安全水平，全面建设用户满意质量文化”主题活动。上海烟草集团深入开展学习1项质量管理工具等“五个一”活动。

3．推进企业开展群众性质量活动，普及质量理念与方法。会同市总工会、团市委和市妇联，开展QC小组活动。据不完全统计，在上海市334个企业和集团公司的54．5万名员工中，活动普及率达到25．24%，共注册QC小组15099个，取得成果11946个，成果率达到77.23%，获得直接经济效益达22．2亿元。还开展用户满意服务明星创建活动，包括公用事业、交通运输、生活服务、文化娱乐和公共服务等71个行业系统和11个区县，285个窗口服务单位参加，共推荐了418个创建明星，其中，班组196个、个人222名。通过活动，员工参与质量管理、质量改进的积极性得到提高，促进了企业强化质量管理基础。

五、推进先进质量方法进一步普及

1．配合中国质协开展“先进质量方法推广年”活动。年初，市质协作为地方质协代表，应邀参加中国质协召开的“2010年先进质量方法推广年”活动新闻发布会，并作交流发言。

2．继续实施“百千万质量人才工程”，开展质量普及教育和培训。配合中国认证认可协会积极开展审核员继续教育工作，编制风险管理、法律法规方面的教材，对上海市1600余名国家注册审核员进行继续教育培训，得到广大审核员和认证机构的欢迎。还深入企业开展专项调查，重点建设7个质量方法培训示范基地，有针对性地开展质量技术方法推广工作，并组织编写《中小企业领导质量读本》、《中小企业常用质量管理方法和技术》，对200多户企业近6000名质量专业人员开展专门质量技术方法推广培训。联合有关区县质协和高校，组织对中小企业员工和大学生质量意识、质量知识的公益性培训4000人次。

3．引导企业追求卓越质量。致力推进企业实践当前先进的质量管理“卓越绩效模式”。培育和推荐上海投资咨询公司、上海新世界股份有限公司两户企业获得全国质量奖，推荐上海四建、上海明华物业、上实物业、大众出租、申通地铁等12户企业为全国实施卓越绩效模式先进企业，并根据中国质协要求，开展现场管理星级评价试点工作，共有服务业、制造业、建筑业中的26个现场参加试点工作，其中，5个现场获得“全国五星级现场”荣誉。此外，组织各类会员活动54次，参加活动的企业达2785户次，参加人数3765人次，活动主题为企业关注的管理体系运行、供应商质量管理、现场管理、过程管理、顾客满意等。12月6—7日，配合国家工信部、国家质检总局在沪举办全国质量管理暨可靠性现场经验交流会。12月5日，中国质协在沪召开宣贯卓越绩效国家标准交流会，协会积极组织会员企业参加学习交流。

4．开展“质量诊所”服务中小企业活动。“质量诊所”深入松江、嘉定等区县开展诊断服务。服务过程中，多次组织召开中小企业高层领导质量座谈会，深入了解其发展中的质量问题。“质量诊所”为20多户企业提供公益性的现场质量管理咨询诊断，并以“品质铸就品牌”为主题，组织召开

5次中小企业质量管理讲座，介绍质量管理方法，共有200多户中小企业的300多名质量工作者参加。还为中小企业举办5000人次的TQM基础知识公益性培训。

六、自身建设得到进一步加强

1. 不断加强自身建设。连续接受市纪委、市外办外事工作检查，市物价局涉企收费检查，市经信委工作党委的党建责任制检查、党风廉政建设责任制检查，以及市财政检查局等部门的财务检查，均得到肯定。在深化“一个党员一面旗帜”主题活动的基础上，全面开展以“党员世博先锋行动”为重点的创先争优活动，组织广大党员参加社区“志愿者服务”等活动，加入地铁执勤等各类志愿服务团队，号召全体员工参与“世博先锋行动”党员文明承诺网上签名活动。进一步加强中层干部和业务骨干队伍建设，对部分岗位进行轮岗，全年充实调整中层干部和业务骨干13人次。年内，协会被评为全国优秀质量协会，获得国家认监委颁发的“认证认可科技与标准化工作先进集体”荣誉称号，会长获得“认证认可科技与标准化工作突出贡献奖”。在社区世博总结工作中，协会获得“华阳社区世博工作贡献奖”荣誉称号。

2. 不断加强学习型组织建设。全年开展理论学习、质量专业知识学习，以及主题教育活动近25次，共2000余人次参加。新年节后的第1天就组织中层干部和业务骨干召开卓越绩效模式学习研讨会。“两会”刚结束，即组织全体党员和员工，召开学习贯彻“两会”精神报告会。此外，推荐有益于提高自身素质和管理能力方面的书籍给党员和员工，号召他们在工作之余读好书。

3. 积极履行社会责任。关爱社会弱势群体，积极履行社会责任是市质协的优良传统。青海玉树县发生地震后，全体员工向受灾地区募捐善款35632元。春节期间，协同所在社区慰问老劳模。重视员工理想信念教育，国庆前夕，组织全体员工高唱红歌。此外，组织质量志愿者进社区，开展义务服务。通过社区现场质量志愿者服务、市民质量安全讲座和参观质量先进企业等活动，先后到全市5个街道、9个社区，组织服务近2000人。

（刘恒冉）

上海市绿色工业促进会

上海市绿色工业促进会成立于1998年6月，是在市经信委指导下，以传播绿色理念，开展绿色信息、技术和工艺交流，推进清洁生产和循环经济，促进工业经济可持续发展为宗旨的社团组织。现有会员单位66户，包括上海市工业系统控股（集团）公司及企业、大专院校和科研设计院所等。

2010年主要工作：

一、编制“十二五”清洁生产规划

受市经信委、发改委和市环保局的委托，开展上海市“十二五”清洁生产规划的研究和编制工作。其主要内容如下：

1. 重点在高能耗、高物耗和高污染行业实施清洁生产促进法和依法进行审核，对火电、黑色金属冶炼及压延加工、化学原料及化学制品制造、石油化工、制药、金属表面处理及热处理加工、轻工、电池制造、电子元件制造等行业，优先安排审核，对“双超”、“双有”企业依法安排审核。

2. 集中对市级以上工业开发区的企业进行审核，计划每年85%的审核名额安排在工业开发区。

3. 鼓励企业开发和采用清洁技术，每年重点安排5—10个有共性的和关键的清洁技术项目，不断提升行业的技术水平。

4. 计划在“十二五”期间推进2000—2500家企业清洁生产审核，预计每年可节省标煤8万–10万吨。

5. 加大清洁生产培训力度，市级对各区（县）集团公司、市级工业区的分管领导和管理人员每年进行一次培训，大约160人；每年举办一期国家清洁生产审核师培训班，大约为45人；每年举办12期清洁生产内审员培训班，大约500人。区（县）集团公司负责对系统内企业领导和管理人员进行培训，大约1000人；各审核机构对当年实施审核企业的领导和管理人员进行培训，大约6000人。

6. 制定上海市贯彻清洁生产促进法的实施条例；建立和健全市、区（集团公司）二级责任制和联系网络；加强对清洁生产审核机构的监督和考核。

二、开展清洁生产审核和咨询服务

协会加强审核工作的规范化和质量保证体系建设工作，使清洁生产审核的质量和效率均有较明显提高。主要集中在工业系统企业内，如宝钢股份、西门子、通用药业、强生制药、复旦张江生物、MBW等知名企业。节能节水减排专业技术委员会加强与国内外有关组织的交流和合作；为企业收集清洁生产技术并开展技术创新活动，提供清洁生产咨询服务；参加上海市的清洁生产中／高费项目的评审工作，加强清洁生产技术的推广力度。

三、清洁生产培训

协助市推进清洁生产办公室举办清洁生产审核内审员培

训班11期，为企业的清洁生产审核工作提供技术骨干。协会上门为近百家企业进行清洁生产审核宣贯和培训，为企业顺利开展清洁生产审核工作奠定良好的思想基础。

四、加强自身队伍建设

在工作重、任务紧的形势下，协会派出3名成员参加上海市推进清洁生产办公室的日常管理工作，为全市清洁生产审核工作验收和评估服务。下半年又引进2位新成员加入清洁生产审核队伍。9月，派选3名成员参加国家环保部举办的“国家清洁生产审核师”培训，进一步充实清洁生产审核的力量。还有3名环境专业的硕士研究生在协会实习，为企业提供环境咨询的后备人才。

（李云祥）

上海市节能协会

上海市节能协会成立于1985年3月21日，是使用能源、生产能源和生产用（节）能产品的企业单位，能源管理、科研、设计、教育、信息等事业单位，社区管理单位及有志于节能事业的个人自愿组成的全市节能行业专业类非营利性的社会团体法人。下设分布式供能专业委员会、合同能源管理专业委员会、制冷冷冻节能专业委员会、汽车工业工作委员会、化工行业工作委员会、纺织行业工作委员会、电气行业工作委员会嘉定区联络站、崇明县联络站等9个分支机构。现有团体会员600多户。

2010年主要工作：

一、乘“世博会”东风，开展多方位的国际、国内节能交流活动

世博期间，先后应世博会美国商务部长代表团、巴西馆、广州市英国总领事馆、英国零碳馆、日本馆、挪威馆、丹麦馆、“卢森堡商贸周节能生态日”、世博会湖北省展馆等方面的邀请，组织相关会员单位参加国际低碳节能论坛和交流活动10多次，约480余人次参加。大家在学习绿色世博、低碳世博国内外宝贵经验的同时，结交了不少新朋友，并与有关节能组织建立了联系。

二、认真组织2010年上海市节能宣传周系列宣传活动

在市经信委的指导下，以实现形式创新、思想创新和内容创新的新思路，围绕着产业结构调整、全民共同参与、社会积极响应的要求，按照全国节能宣传周活动“节能攻坚，全民行动”主题，认真组织2010年上海市节能宣传周系列宣传活动，充分利用信息化、多媒体（Flash&3D）的科技手段，以多维、多点、多线的形式开展宣传周各项活动，取得了较好效果。

三、积极做好市领导视察科学节能展示馆的接待工作

7月28日、11月23日，中共中央政治局委员、市委书记俞正声，市长韩正及市人大主任刘云耕等市领导到市科学节能展示馆视察，本会组织的上海市青少年节能环保科技作品展位，受到市领导的极大肯定，市领导除观看中小学生制作的各种节能环保科技作品外，还与小学生进行亲切交谈，合影留念。

四、举办我国首次以“节能服务产业”为主题的展览会

6月，举办我国首次以“节能服务产业”为主题的展览会，共吸引211户节能服务企业、9户金融机构、8户联合咨询机构参展。展会期间，达成合同能源管理或节能技改项目意向性合同多项，形成产值金额约1．8亿元。期间还举办上海市首次“合同能源管理项目需求信息发布会”，发布了上海市第一批50个合同能源管理项目信息，促进了合同能源管理项目需求双方的交流与合作。

五、组织开展节能先进表彰活动

组织开展“2008—2009年度上海节能先进单位和先进个人评选表彰活动”，评出节能先进单位41个，节能先进个人58名。通过评选，发扬先进，推动了上海市各行各业学习节能先进思想、先进经验活动的不断深入。

六、大力推广使用节能产品，促进节能产业发展

受市经信委委托，按照“上海市节能协会评审推荐节能产品的实施办法”，积极开展上海市节能产品的评审、推荐及推广应用等方面的工作，共有79个产品被评为“上海市节能产品”，销售总额达342．4亿元，其中，创汇1．6亿美元。

七、围绕节能减排工作重点，积极开展“三项服务”工作

年内组织各类会议、活动45次，共有2729人次参加活动，出席率达76．4%。举办“上海节能沙龙”活动；组织开展上海市“创建诚信企业”活动；开展上海市分布式供能项目的后评估调研工作；加快推进上海市高能耗电力变压器节能改造；组织建筑节能的宣传和推广等，受到广大会员单位与社会节能服务企业的欢迎。

八、认真开展培训、论坛、课题调研等活动

充分利用“会会合作”（与能源研究会等20多家协＜学＞会合作）、“院会合作”（与上海社科院等科研单位、高等院校合作）的优势，开展了一系列的节能减排培训教育、课题调研等方面活动。

九、做好协会发展工作，加强自身建设

年内，新发展会员单位115户。为适应形势发展，协会“合同能源管理专业委员会”正式更名为“上海市节能协会节能服务产业专业委员会”。加强自身建设，不断提高秘书处人员思想、业务素质，以适应节能减排工作深入发展的需要。

（毛雄飞）

上海市包装技术协会

上海市包装技术协会成立于1978年10月28日，是上海市包装行业同业企业以及其他包装经济组织自愿组成、实行行业服务和自律管理的跨部门、跨所有制的非营利的行业性社会团体法人。现有团体会员403户，专业技术、管理人员组成的个人会员400名。下设包装设计委员会、纸容器包装协会、绿色包装委员会、塑料制品委员会、金属容器委员会、包装印刷委员会、包装机械委员会、木制品包装委员会、玻璃容器委员会、价格工作委员会等10个分支机构。

2010年主要工作：

一、热忱服务，当好参谋，推动包装业健康发展

1．加强为会员和理事单位的服务工作。协会领导走访企事业理事单位，特别加强对副理事长单位联系，进行合作、沟通，在他们的支持和领导下，开展各项工作。各专业委员会也深入会员企业，开展调研、服务与指导等工作。

2．深入企业，开展调研。协会领导和有关专业委员会秘书长，为应对金融风暴，深入包装企业调研。

3．编制《上海包装行业“十二五”发展规划》。组织力量编写《上海包装行业的“十二五”发展规划》建议，推动本行业走可持续发展的道路，为政府制定上海产业“十二五发展规划”出谋献策。

4．开展“上海市物流包装业现状与发展调查报告”课题调研。为加快上海物流包装的快速发展，重视“第三方物流包装”工作，开展“上海市物流包装业现状与发展调查报告”课题调研，此工作得到市商务委、市经信委、市科协有关部门的积极支持。

5．联手主办“2010年上海国际印刷包装产品交易会”。在“上海国际印刷周”举行期间，与市新闻出版局以及兄弟协会联手主办以“创新——包装印刷发展原动力”为主题的交流洽谈会，邀请与包装相关的粮油、茶叶、家电、针织品、化妆品等行业协会和企业参加交流活动。

6．鼓励包装自主创新，促进行业技术进步。支持包装企业实施高新技术项目、自主创新产品开发和新技术创新、推广。积极鼓励企业争取国家财政部关于包装行业高新技术研发资金的政策，做好动员、调查、咨询、申报、推荐、上报等工作。

7．积极组织会员参与世博会活动。为配合上海世博会的“世博礼品”筹备工作，与市茶叶学会联合主办世博会礼品茶和中国十大名茶包装创意设计研讨会，发动设计公司积极参与世博礼品茶包装以及世博礼品的开发。与茶叶学会、上海世博会礼品部联合举办“迎世博茶叶礼品包装交流会”。在世博瑞典馆成功举行由瑞典政府投资促进署主办、协会协办的“瑞典——包装先锋，源于创新”高峰论坛。

二、围绕行业、企业的需求，认真做好服务工作

1．开展第三届（2010–2012年度）星级包装企业评估工作。在企业自愿基础上，按不同的包装专业，组织专家对包装企业从经济效益、企业管理、创新能力、低碳经济、诚信服务等5个方面进行评估，确定星级。

2．联合主办2010北京国际包装博览会。与中国包装联合会等联合在中国国际展览中心主办2010北京国际包装博览会。

3．重视人才培养、提升行业技术水平。与市工程师学会、上海大学机电工程与自动化学院共同配合市人事局和考试院完成了上海市2010年度包装工程师资格考试与培训工作。

三、推行循环经济、促进包装可持续发展

1．举办“低碳包装研讨座谈会”。为探讨低碳包装，促进循环经济和绿色包装产业的发展，9月9日召开“低碳包装研讨座谈会”，协会组织业内企业家、专家就业内如何推行低碳经济进行了探讨。

2．组建“低碳包装”科普展示馆。为提升包装行业的整体素质，宣传包装业的社会责任，加大促进低碳包装的宣传力度，协会协助上海新通联包装材料有限公司，以科普、人文、艺术的方式，组建“木材资源”与“低碳包装”科普展示馆，为包装行业和整个社会提供一个长期弘扬低碳经济，宣传环保绿色包装的科普场所。

四、开展国内外包装交流、更好地为行业发展服务

10月3–10日，组织赴日包装考察团，走访两家包装专业协会，考察6户包装企业，并参观了2010日本东京国际包装展览会。10月5–12日，组团参加在日本举办的第十二届亚洲（APD）包装设计展示交流会，共有33名设计师、企业家、高校老师等参团出席APD大会。组团赴京参加2010世界包装大会，来自25个国家和地区的同行和代表近千人参加大会。大会期间，参加“京、沪、浙、粤”两省两市包装交流会，与北京包协的同行进行交流、学习。还与中国包装联合会等3省市在中国国际展览中心联合主办“2010北京国际包装博览会”。10月13日，与中国包装联合会等联合主办2010珠三角、长三角、环渤海湾经济圈包装发展高峰论坛。论坛期间，还举办第三届中国纸包装工业（天津）瓦楞纸箱包装印刷展览会和第三届中国纸包装工业（天津）彩盒印刷包装展览会。

五、深化协会改革与发展，加强协会自身建设

1．充分发挥理事会领导作用。9位副理事长与大多数常务理事都是企业的主要领导，他们在百忙中积极支持协会各项工作，支持专业委员会开展工作。理事们在各专业委员会中发挥领导表率作用，带领委员会开展各种活动，帮助委员会开展工作。全体党员认真参加深入开展创先争优活动，加强支部建设，提高党支部的战斗力和凝聚力，进一步发挥模范带头作用。

2．协会二级机构，不断提高服务能力。办公室和各专业委员会认真做好服务工作，深入企业，虚心听取和征求理事与会员的意见，有的放矢地做好服务工作。继续加强协会信息网络建设，搭建现代化服务平台，在1刊、1报、1网、1站基础上，有了新的拓展和提高。以服务促发展，认真搞好专业委员会工作，提高了组织凝聚力。

（舒仁厚）

上海市环境保护工业行业协会

上海市环境保护工业行业协会成立于1992年11月，是由从事环保产品生产、研制、教育以及技术服务等企事业单位自愿组建的跨部门、跨所有制的非营利性具有法人资格的社会团体。现有会员企业195户。

2010年主要工作：

一、加强协会自身建设和管理工作

1．完善编制上海市环境保护工业企业名录。自2008年10月起，着手编制上海市环境保护工业行业企业名录，主要录入环保企业的产品、资质、业绩、高新技术等有关内容。至年末，已收集到100余户环保工业企业的资料，预计2011年上半年完成。

2．积极整合和发展行业会员。利用对上海市环保工业企业基本情况全面调研的契机，加强与上海市重点骨干环保工业企业的联系，做好发展新会员工作，年内新发展会员7户。

二、完成《上海市环保制造业发展战略研究》课题

根据市经信委要求，开展《上海市环保制造业发展战略研究》课题研究。按课题要求，前期调研了于上海市注册登记的各类环境保护生产企业和咨询企业，内容包括企业的基本信息、环保产品的基本信息、近3年的主要经济指标情况、技术发展和近期规划设想、企业存在的困难和对政府、行业协会的要求等，并从中挑选出100户重点企业，找出相关数据进行统计和归纳，根据市环保工业的现状、上海市及周边地区环境保护的主要问题、国家环保标准的变化趋势及总量控制的要求，进行分析，为政府部门决策提供参考。

三、继续推进环保工业行业科技创新工作

协会瞄准当前节能减排的热点、难点问题，采取专题调研、信息互动、技术交流、项目评选等方式，促进企业新工艺、新技术、新装备的科研开发工作，提升上海环保工业的科技水平和能效、加快发展环保服务产业，开拓环境保护与综合利用工作的新局面。

参与上海神工环保股份公司技术的推广应用工作。上海神工以固体废弃物全过程管理为发展方向，实行从源头分类收集、中转运输到末端资源化综合处理的全过程管理。其在宝山区建设的生活垃圾处理厂是末端资源化综合处理的示范工厂。该工艺包括垃圾分选、有机垃圾厌氧发酵产沼气发电、可燃垃圾气化发电、建筑垃圾制砖等方面，最终实现生活垃圾处理的“减量化、无害化、资源化”，并已申请6项专利。上海神工的生活垃圾处理理念和先进技术得到国家商务部的认可，成为商务部对外环保技术合作的重点企业。11月，公司作为上海唯一的1户环保企业入选全国生活垃圾处理行业的代表，参加国家12个部委组织的“2010年中国绿色产业与绿色技术国际博览会”，协会领导应邀出席绿博会。

上海乾瀚环保科技有限公司是一家专业从事气态污染物治理的高新技术企业，公司拥有自主知识产权开发的“低温等离子体工业废气净化设备”，2007年被认定为上海市高新技术成果转化项目。已在国内完成多项工程，让许多民众脱离了臭气的污染。协会领导对乾瀚公司进行调研，并在多种方面给予了帮助，推动公司发展。

上海市凌桥环保设备厂有限公司是“中国环保产业百强企业”、“上海市高新技术企业”、国家“863”项目PEM课题主持单位。公司利用聚四氟乙烯薄膜制造技术，在国内首先研制成功“聚四氟乙烯长、短纤维及滤料”，填补了国内空白，突破国际垄断，产品广泛使用于垃圾焚烧和电厂烟气除尘系统，并被评为国家和上海市重点新产品。协会领导对凌桥公司进行调研，并在各方面给予帮助。

对舜禹环保科技有限公司的水处理技术进行推荐和帮助，舜禹公司在水处理技术与工艺上具有独创性和实用性，其针对工业节水的要求，自主开发了直接用河道水净化后作为工业用冷却水和循环水的成套装备，大大节约了能耗和水资源，开辟了工业节水、节能的新路子。还对上海睿优环保科技有限公司、上海尚泰环保配件有限公司等高新技术公司进行了调研和帮助。协助市经信委装备处开展对上海环保装备业的调查工作。

四、积极发挥协会综合功能，努力做好为会员的服务工作

1．培育、评选上海市环保工业的先进企业。开展培育和树立若干环境保护装备工业先进企业的工作，要求达到技术上高新、产值上领先、装备上先进、管理上严谨、诚信上可靠、服务上优质，初步拟定环境保护标杆企业的入门条件，并组织人员到企业去调研，筛选标杆企业的初选名单。

2．组织国内外技术交流合作工作。积极组织国外环保企业来华进行技术交流活动。5月5日，协会名誉会长赵国通陪同丹麦环保代表团访问市城市建设投资开发总公司上海环境集团。5月6日，赵国通陪同丹麦环保代表团访问宝山区常务副区长夏雨，并与上海国际节能环保园领导座谈，达成建立合作关系的意向。5月7日，接待由韩国环境工业新闻社会长、韩中环境技术促进会会长李仁锡率领的韩国环境工业代表团，进行友好交流，目前，双方已在神工环保公司的项目中开展合作。

3．继续办好环保工业协会简讯并创办行业内部交流期刊。在原有的基础上扩大简讯版面和栏目，内容更加充实和丰富，并建立了协会网站。

（周树鹂）

上海市室内环境净化行业协会

上海市室内环境净化行业协会成立于2006年8月，原名为上海市室内环境净化协会，是由从事环境净化、洁净室的设计、工程施工、设备制造、生产、研发、咨询、服务、测试及其他相关的企业自愿组成的专业性质的非营利性社会团体法人。

2010年主要工作：

一、规范行业

1．加强行业自律，提高企业竞争力。先后制定《健康型净化产品推荐管理办法》、《上海市室内环境净化优秀企业推荐管理办法》以及《优秀会员单位评选办法》，重新修订了《上海市室内环境治理企业服务资质等级认定暂行办法》和《上海市健康型净化产品技术评定办法》。所有推荐工作全部免费向会员单位提供，通过各种办法，鼓励行业内优秀企业带动全行业健康发展，并在此基础上向市名牌办公室推荐产品，促进行业名牌发展。共评选出优秀会员单位10户，健康型净化产品1户，服务资质等级2户。

6月24日，在协会努力下，由市建筑业管理办公室提议，并以沪建建管文复函，同意协会试点开展《洁净工程专业承包企业能力评定》工作，首创在市场资质准入过程中，由洁净能力评定替代净化工程施工分包资质的试点，年内已为11户会员单位颁发了洁净工程施工能力评定证书，后续工作还在积极展开。

行业诚信建设是协会的重点工作，通过对协会网站进行全面改版，增设服务器，采集全部会员企业信息，建立新入会企业信用信息自主申报的长效机制。协会新增OA办公自动化软件，作为为企业服务的一个亮点。通过OA软件企业可以达到自主申报各种项目，节约时间，提高办公效率，这也是上海市行业协会加强自身建设工作中首创的新尝试。同时，还参加市“知荣辱、讲文明、迎世博、建诚信”活动组委会开展的市诚信企业创建活动。协会设立“诚信企业创建办公室”，对会员企业进行诚信评估。年内，共评出诚信创建企业7户，诚信企业2户，星级一级企业2户。

2．在国内第一个实施公共场所室内空气品质评价体系，推行空气品质理念。室内空气品质评价办法，国内一直没有统一标准，协会制定了《上海市公共场所室内环境综合评价管理办法》，作为成果被上级业务主管认可。年内为上海信息大楼、汇亚大厦、花旗集团大厦、飞利浦创新科技园、长泰国际金融大厦、世纪商贸广场、徐汇苑大厦等10多处公共场所作出空气品质评价，并向其颁发室内空气品质优秀级商务楼证书。

二、发展产业

1．集思广益，编制“十二五”规划发展建议。完成编制工作并报送市经信委及市发改委，在建议中，首次将净化行业定位为高新产业和先进制造业前期介入的必要的、基础性产业，为新兴的生产性服务业，同时设想在上海设立室内环境净化产业聚集区和建立研发平台，这将促进政府对我行业的关注和政策引导，加快行业发展。

2．加强统计调研，为政府建言献策。重视行业统计，设立专人负责统计工作，并多次派员向市统计局、市经团联专家学习统计知识。制定了行业发展调研、净化市场应用调研、净化企业现状调研模块，分别进行调研。组织完成《上海洁净产业行业调研报告》和《新装修房空气品质调查报告》，成为企业投资、政府制定行业发展规划和政策的重要依据。

3．做好政府助手，组织各种政策法规听证会，积极为企业谋求效益。先后多次参加市经信委、市工经联、浦东新区政府、浦东新区工商局、杨浦区政府、农工党、市社会服务局、市委、政协等有关部门组织的交流和咨询会，反映行业发展现状，扩大协会影响力及知名度，并积极向会员单位上传下达，宣贯上级指示。在政府有关行业重大政策出台前，积极协助召开听证会、业务指导会。如组织《上海市风管清洗管理条例》听证会；联合浦东区政府召开空气净化节能研讨及社会意见征询会，提出修改上海公共场所禁止吸烟条例、上海市公共场所管道应强制清洗、涉及世博接待的酒店宾馆必须放置空气净化装置等3条意见。12月15日，组织企业代表出席市人大组织的《公共建筑集中空调风管清洗管理办法》法规听证会。

三、服务企业

1．设立职称工作站，开发专业培训课程，为行业输送专业人才。提高从业人员的技术能力和专业知识，开展《室内环境净化治理员》、《工业洁净（中级）》紧缺人才培训班等培训，同时组织专家编制教材、题库、大纲，出版《室内环境治理员》基础和中级教材。还将培训工作与职称评定工作相结合，为会员企业员工解决评定职称困难，并由市职业能力考试院专家担任指导老师，指导职称申报工作。工作站职称申报范围包括暖通、环境、电气、机电工程师、经济师等共9项。

2．通过技术交流、会展加强行业交流，为会员提供合作平台。多次举办行业国际交流、长三角地区合作交流、行业内上下游交流、同业交流。交流形式包含技术论坛、走进企业、新闻通气会、新品介绍会等；交流内容涉及企业经营的方方面面，如企业的融资、战略管理、财务知识、《劳动合同法》、技术和产品交流、专业技术知识讲座，等等，年内共组织会员单位免费交流17次。世博期间，在世博远大馆先后组织技术交流3次，参会人员最多达255人。其中，组织有关专家和领导参加远大空调在世博会举办的室内空气品质论坛，并及时将各种行业信息和调研结果传播给上海媒体，召开新闻通气会4次，还通过电台、电视媒体对行业进行宣传共6次，晨报、新民晚报及行业平面媒体刊登报道约60多篇。

9月14—30日，邀请美国供热空调制冷工程师学会（ASHRAE）洁净分会主席来沪参观交流，与其共同拜访参观江浙沪企业、大学院校计20余次。还与驻沪各国大使馆建立联系，参加美国、德国、荷兰、韩国、丹麦、加拿大等大使馆主办的商务洽谈活动；接待美国伊利诺伊州立大学、西班牙建筑协会来访专家；为会员牵线搭桥，参加台湾净化技术交流会、韩国优秀环保设备上海经贸洽谈会、加拿大融资会等，促进国内外企业建立合作关系。年内，两次组织企业出访美国环境科学与技术协会，参加其举办的展会和技术交流会，达成了编制标准、技术交流、设立办事处等初步合作框架。10月，组织企业参加日本国际污染控制研讨及产品展示会，了解国际技术动态和产品现状。

在民用净化市场方面，成功举办第七届上海国际室内环境净化技术与产品展览会；在工业净化方面，与香港雅时商讯的《洁净室》杂志合作，在浦东举办“洁净室研讨会暨产品展示”，由于双方的诚挚合作，该会议成为全国同行业中最有影响力的洁净室专业会议。积极参加上下游行业展示会，如带领企业参加苏州中国洁净展、上海物业暨相关配套产品展览会；协办或参加世界制药原料中国展，上海电子展、ICCHIAN展览会、慕尼黑电子展，慕尼黑上海激光、光电展等。

3．争取政策扶持。年内，经协会推荐，共有4户企业成功享受市北高新技术园区及市中小企业发展孵化优惠政策。

四、组织建设

设立协会远期发展目标和近期工作目标，实现战略管理，明确协会职能和组织构架，积极培养专职工作人员。充分发挥理事会作用，坚持民主办会与民主集中制原则，重大事项全部经理事会审议，坚持召开会长办公会议、秘书处工作例会、理事会、会员代表大会。全年共召开理事会4次，审议行业重大决策，讨论行业工作重点。每年组织召开会员年会，促进上下游企业交流及合作。重视党建工作，制定净化行业党建工作长期发展规划，在协会内积极培养入党积极分子，在民营和外资会员企业中积极筹备成立党支部。完善内部组织构架，设立办公室、会员服务部、教育培训部和专家委员会，成立了食品药品净化检测专业委员会。增加对会员短信服务，利用短信服务及时将市场信息、行业动态、会务信息递发给会员企业。坚持出版《绿报》，为会员企业做技术和信息宣传，目前已出版71期。

（王　芳）

上海市机电设备招标投标协会

上海市机电设备招标投标协会成立于2004年8月，是由从事机电设备招标代理业务的机构和与招标投标活动相关的机电设备制造企业及供应商、咨询单位、设计研究机构、高等院校等自愿组成的非营利的社团法人组织，现有会员单位42户。

2010年主要工作：

一、开展全国招标师考前培训工作，促进招标从业人员职业素质提高

3月，开展2010年全国招标师考前培训工作。协会及时派授课老师参加中国招标投标协会举办的师资培训，开展授课老师教研活动，及时向学员提供考试复习指导参考书。参训考生全科合格率达39．5%，远高于全国19．06%的合格率。

二、加强行业自律，开展会员诚信创优工作

1．8月，与市“企业诚信创建”活动组委办共同推进会员企业的诚信创建工作，协会积极发动会员参加创建工作。其中，上海浦东机场进出口有限公司、上海翔波工程咨询有限公司获得了组委办和本会共同授予的“企业诚信创建”称号。

2．11月，开展本年度市重大工程立功竞赛设备赛区先进集体和先进个人的评比推荐工作，共推荐优秀集体2个，立功个人4名。

3．5月，开展编制《上海市机电设备招标投标工作规程》（试行）工作。目前已经建立编写小组，初步形成《规程》的总体思路和框架。

三、组织开展多种形式活动，反映行业诉求

9月，参与中国招标投标协会的行业问卷调查，协助其在上海召开调研工作座谈会，并积极组织招标人、投标人、招标代理机构等会员代表参与调研，为其提供了有质量的素材，为政府决策提供了依据。

10月，组织征求会员对中国招标投标协会草拟的《招标代理服务收费管理规定》（草稿）意见，并作出书面意见反馈，为补充和完善《招标代理服务收费管理规定》提供了有益的参考。

四、加强协会信息化建设，为会员提供深化服务

1．着力于协会刊物《通讯》内容上的不断丰富、创新，重点刊登了经济要闻、招标实务操作、招投标案例分析、招投标理论与探索、招投标发展动态等相关内容，结合行业特点、理论联系实际，具有较强的针对性、实用性。全年出版《通讯》月刊12期。

2．8月，启动筹建网站工作。通过书面征求会员意见，召开理事会议对网建工作建言献策，使建网工作能够顺利进行。目前，已开展收集会员信息资料等工作，力求做到信息准确、完整。

3．12月，开展推荐信息员工作。有25个会员单位各自推荐从事招标业务或从事招标信息的同志作为协会信息员，共同为协会的信息化建设提供服务。

五、积极参加市工经联组织的学习交流活动

加强与其他行业交流，开阔工作视野，拓展工作思路、提升服务能力。12月，按照市经信委治理“小金库”工作布置要求，认真开展自查，及时向上级部门汇报，完成政府下达的专项工作。

（董红生）

上海市设备管理协会

上海市设备管理协会成立于1986年5月，具有独立的社团法人地位，现有会员单位676户，下辖仪电、化工、医药、纺织、轻工、宝钢、船舶、电气、维修、调剂、状态检测和金山等12个行业工作委员会或代表处。

2010年主要工作：

一、加强设备安全管理，确保世博平安和谐

4月13日，召开第六届常务理事会扩大会议暨“加强设备安全管理，确保世博平安和谐”经验交流会。部分骨干企业作交流发言，市安全生产委员会有关领导到会讲话，会议要求各会员单位全力以赴做好世博会的各项工作，建立完善设备隐患排查体系，认真查找安全隐患，严防事故发生，确保世博会期间安全生产形势平稳有序。会议向各会员单位和全市设备工作者发出“加强设备安全管理，确保世博平安和谐”的倡议，受到会员单位的积极响应。

二、拓展服务平台，完善协会的组织建设

1．为推广应用设备状态监测技术，经市经信委批准，协会成立设备状态监测专业委员会。根据“行业性、先进性、经济性”的要求，组织市内外产学研以及生产和使用单位的有关专家，开展设备状态监测技术的学术研究，积极推广设备状态监测技术，使上海市企业设备现代化管理水平迈上新的台阶。

2．9月15日，召开协会维修行业第三届工作委员会换届工作会议，会议通过《上海市设备管理协会维修行业第二届工作委员会工作报告》和新的《工作条例》，通过修改后的《上海市设备维修企业资质认证管理办法》、《上海市设备维修企业安全生产合格证管理办法》，产生新一届维修工作委员会组织机构和成员，为协会更好地改进工作方式和服务模式，充分发挥桥梁和纽带作用，创造了良好的发展条件。

三、加强自律管理，促进设备维修行业健康规范发展

在做好日常资质认定工作的同时，根据企业动态变化，对原档案进行收集、整理，修改《设备维修企业资质申请表》、《年审表》、《复审表》等，提高为设备维修行业和广大企业服务的管理水平，使设备维修企业的资质认证工作有较大的进展。全年完成初审43户、年审270户、复审159户。

完善设备维修企业安全生产管理保证体系，确保企业安全管理处于受控状态，最大限度避免因管理不善引起的人身伤害和财产损失。在总结试点工作的基础上，全面开展《安全生产合格证》认证工作，对102名企业安全生产分管领导和专职安全岗位干部进行加强企业安全生产的教育培训，有80户企业通过《安全生产合格证》认证，提高了企业的安全风险管理能力和规范管理水平。

四、务求实效，开展各项培训工作

根据行业设备管理实际状况和培训的专业需求，举办4期注册设备维修工程师考证培训班，共227人。另与有关单位合作举办3期设备状态监测人员专业培训，共57人。

五、继续加强协会的宣传和信息服务工作

《上海设备管理》会刊加大对国家各部委政策动向的关注和跟踪，配合市经信委的中心任务，陆续刊出与设备管理有关的财税优惠政策，并对部分文件进行解读，为企业了解、用好、用足政策提供信息服务。开辟“加强设备安全管理，确保世博平安和谐”和“节能减排”专辑，介绍企业在安全管理和节能减排工作中的先进经验，加以推广借鉴。

协会网站在做好日常维护和内容更新的基础上，扩大服务内容和信息量，为企业做好各类信息服务。同时加强对协会的维修资质、安全认证、培训、会员管理、评优表彰等工作的支持服务，设置有关文件、表格的下载和信息公示，提高了工作效率和服务水平。

六、组织开展设备管理的各项学习交流和研讨活动

1．5月7日，在上海烟草（集团）公司召开“低碳经济时代设备维修与管理的应对策略”研讨会，探讨节能环保和低碳经济对设备管理与维修所产生的影响，以及设备管理和维修改造的应对策略，与会单位的代表作经验交流，一些新的理念、运作模式及新技术的应用得到普遍关注。

2．12月2日，在上海华谊丙烯酸有限公司举办“现代润滑管理与基础实务”免费讲座，聘请业内资深专家主讲，为提高会员单位和设备工作者的管理水平，正确了解科学的润滑管理是改善设备运行状态、减少设备故障、提高设备经济使用寿命的途径，为推广现代设备润滑管理的新技术起了积极作用。

3．12月，在江苏天目湖召开“加强设备状态管理确保设备低耗高效运行”经验交流会。

七、开展国内外交流与考察活动

1．9月16–19日，组织部分会员单位赴大连市学习考察。在大连市设备管理协会的组织和主持下，与大连市部分骨干企业的有关领导进行座谈，分别就设备的维修管理模式、社会化设备维修保障体系的构建、信息化建设、节能环保、设备管理考核指标体系的完善等作了交流，并实地考察大连港集团有限公司等企业。

2．7月7日，天津市设备管理协会组团来沪交流考察，协会在上海泛洋城市度假村召开“沪津企业设备维修与管理经验交流座谈会”，上海市部分骨干企业的代表参加交流座谈。

3．4月，组织部分会员单位赴欧洲参加专业展览会和国际专业技术学术交流活动，帮助会员单位开拓进口二手设备渠道，扩大与国外同行的交流和业务拓展。

（夏仁海）

上海市新材料协会

上海市新材料协会成立于2000年12月，是上海市从事新材料工作的企业、高等院校、科研院所自愿组成的跨部门、跨所有制的非营利的行业性社会团体法人。

现有会员单位294户，下设产业部、信息部、专家工作部和办公室，并成立有粉末冶金分会、硬面技术分会、青浦产业基地分会和无机新材料、降解材料、改性塑料专业委员会及标准化技术委员会。

2010年主要工作：

一、召开二届五次理事会和会员大会

1月21日，在上海科学会堂召开二届五次理事会和会员大会，市人大财经委副主任俞国生、市政府有关委办、市工经联等领导应邀出席大会。

二、服务世博，展示协会风采

为配合世博会举行，在市经信委的领导下，发动会员单位积极参加“与世博同行——上海市高新技术产业化展”，为世博会“园内园外都精彩”作了贡献。世博期间，为配合媒体的“专家陪我看世博”活动，协会专家经常在现场为广大参观者释疑解惑，还多次考察世博场馆新材料的使用情况，撰写《世博材料科技创新成果应用和产业化趋势》研究文章，对后世博新材料的发展进行了预测。同时，协会会刊和网站做了大量宣传和报道，开设专栏，共发表有关世博会的报道、文章30多篇。还为《上海科技报》撰写《提倡学习型参观》等多篇稿件，在《绿色建筑》杂志上发表《绿色建材为世博场馆添光彩》等专业文章。

三、坚持科学发展观，编制“十二五”产业和人才规划

在市政府有关部门的指导下，年内编制完成《上海新材料产业“十二五”发展规划》，《上海新材料人才“十二五”发展规划》也已形成初稿，正在做后期修改。

四、开展多项调研，全力推进新材料产业的发展

1. 圆满完成上海市电子信息关键材料调研活动。根据市经信委的要求，组织力量调研我国电子信息产业发展状况，以及集成电路、移动通信、平板显示等上海市电子信息产业三大重点领域中的重点元器件及关键新材料情况，并就供需状况、发展瓶颈、重点突破口等内容，形成题为《上海电子信息关键材料发展战略研究》的调研报告，供政府有关部门产业决策参考。

2. 开展对先进制造业用关键新材料的调研。为了全面了解先进制造业用关键材料的状况，受市经信委委托进行调研，调研组查阅资料文献，拜访专家学者，走访产、学、研、用等有关单位，召开各种座谈会，在了解产业发展动态、关键材料供求的基础上，提出发展策略，编写题为《先进制造业用关键新材料发展战略研究》的调查报告。

3. 参与市重点项目的协调和跟踪。及时将项目进展的情况向市有关委办汇报。此外，还接受市科委下达的14个项目难题全跟踪的任务。秘书处领导和专家积极参与，走访有关企业，开展调查研究，摸清症结所在，提出了解决问题的意见和建议。

4. 编制《2009年上海市新材料产业发展报告》。根据市政府有关部门的要求，就2009年上海市新材料产业主要经济指标、关键新材料研发、重大产业化项目进展等情况，以及2010年上海新材料产业发展趋势、上海新材料产业发展战略与政策撰写研究报告，提供多方面的信息和建议，具有前瞻性。

5. 编制《上海市新材料产品统计指导目录》。在市统计局的组织下，对近两年来新材料产业产品、产值开展调查，在此基础上编制《上海市新材料产品统计指导目录》。

五、举办展览和论坛，为产、学、研、用交流合作架设多个平台

6月10日，由中国商会和市经团联主办、本会等协办的“2010年上海电子展”开幕。电子展历时3天，协会组织上海交大、上海合成树脂所、上海合金硅材料有限公司、上海汉源特种陶瓷有限公司等15户会员单位参展。8月11–14日，参与举办“2010上海国际汽车制造技术与装备及材料展览会”。11月8–11日，主办“2010中国国际新材料工业展览会暨第七届玻璃纤维复合材料展览会”，“2010中国（上海）国际新材料产业发展论坛”，中科院上海硅酸盐研究所、上海大学、华东理工大学、上海斯瑞聚合体科技有限公司、上海凌桥环保设备厂有限公司等近20户会员单位参展。市人大财经委副主任俞国生、市经信委和市科委等领导、部分省市新材料园区、上海市兄弟协会和湖南、黑龙江省新材料协会等250多位宾客应邀出席。下半年，还与上海国际工业设计中心共同筹备创建“上海国际创新材料馆”，目前，各项建馆工作正在进行之中。

六、加强区域联动，积极参与长三角地区的各种活动

4月，偕同上海市海外经济促进会，与江苏江阴临港新城新材料产业园在锦江饭店共同举办“2010年江阴临港新城新材料产业投资推介会”。6月，应江阴临港新城新材料产业园邀请，组织10多户会员企业赴江阴参观和洽谈。同月，赴常熟经济开发区实地考察。7月，在江苏海门召开秘书处中层干部会议。9月，在江苏海安县举行“2010年上海新材料协会工作会议”。12月，在南京高淳经济开发区召开工作会议。还与江苏泰兴、浙江嘉兴、桐乡等地区建立联系和合作。会议期间，主动为长三角地区的一些县市、园区、企业送知识、送信息、送服务，还在当地发展新会员单位。

七、各司其职，分支机构在各自的领域里再创佳绩

充分发挥分支机构的工作积极性，积极支持他们开展形式多样的服务工作。经市科委批准，粉末冶金分会成立“上海市粉末冶金汽车材料工程技术研究中心”，将进一步增强行业自主创新能力。硬面技术分会主动服务企业，协助上海施威焊接设备厂加强企业建设，成为国家863火炬计划铜牌单位。降解材料专委会在同济大学召开了“第四届生物基与生物分解材料技术和应用国际研讨会”，来自国内外300余名低碳环保新材料领域的专家和生产商参加会议。无机新材料专委会为上海科贵高抗渗材料有限公司、上海科超实业公司、上海汉源特种陶瓷有限公司等企业的产品开发提供了技术、标准和应用上的多项服务。青浦产业基地分会对会员单位加强创新引导、推动创新发展，并在企业融合、培育产业集群方面取得了明显成效。改性塑料专委会建立“上海市改性塑料技术创造战略联盟”，成为该领域首个合作、交流为产业发展服务的平台。

八、与时俱进，在广阔的领域里开展服务

1．帮企业创新，助企业发展。帮助上海石化股份有限公司、上海斯瑞聚合体科技有限公司、上海玻璃钢研究院有限公司和上海特安纶纤维有限公司等企业申请市重大产业化项目；为上海海赛科技发展有限公司的科技成果寻到投资伙伴；应杉杉股份有限公司的要求，向其推介上海理工大学筹建的新型碳素协作平台。向市经信委推荐有成长性、发展潜力的中小企业30多户。

2．为大学生就业出一把力。1月15日，联合上海理工大学材料科学与工程学院共同举办“2010届毕业生就业专场供需洽谈会”，上海纺科院、上海科贵高抗渗材料有限公司、上海世鹏聚氨酯发展有限公司等24户会员单位参加洽谈会。3月26日，与上海应用技术大学举办应届大学毕业生就业招聘会，包括14户会员单位在内的85户单位参加招聘会。

3．继续开展诚信企业创建活动。经申报评审，有7户会员单位获得“创建诚信企业”、“诚信企业”、“星级诚信企业”的光荣称号。

4．中高级职称评审工作深受欢迎。继续在业内开展中高级职称评定工作，共有7名工程技术人员取得中高级技术职称资格。

5．标准化工作又有新进展。在前几年制定《中频淬火张力辊》等9项协会标准的基础上，又有3个协会标准的草案正在制定中。

6．举办“上海新材料创新人才研修班”。12月28—30日，举办“上海新材料创新人才研修班”，授课内容涵盖标准、专利、新材料产业发展、中小企业政策解读等诸多方面。

7．加强协会信息服务。《新材料》期刊紧紧抓住“协会动态”、“行业动态”和“会员单位动态”展开报道，贴近产业、贴近企业，具有较强的针对性、时效性和专业性；完成协会网站的再次改版，增设电子刊物等新栏目；与上海科技情报所共同筹划创办“上海行业情报发展联盟”，打造情报沟通和信息共享平台。

九、用创新思维加大服务力度，拓展服务空间

在《“十二五”上海新材料领域人才发展规划》的专家评审会上，协会理事长就“什么是新材料产业的关键人才”提出看法，给参与人才规划编制工作的同志带来很大启发。在“2010中国（上海）国际新材料产业发展论坛”的专题演讲中，协会秘书长介绍技术联盟是当前合作创新的一种主要形式，建议中小企业不妨将科技项目委托给专业研究机构和院校研发，通过合作，不仅能创造出符合市场需要的新产品，也可降低中小型企业的开发成本和开发风险。同时，还对企业投融资方面提出了富有创意的建议。

十、不断探索，开创协会工作的新思路

1．建立“官、产、学、研、用”一体的新材料产业发展机制。新材料的研发和引进面临着比其他行业更多的壁垒，单纯依靠市场力量难以保证高新技术及其产业化的实施，还必须发挥政府更多、更重要的作用。

2．树立“大服务”的理念。要站在产业的高度，以调整产业结构和改变经济增长方式为目标，着眼于提高企业的素质，不断地向服务的深度和广度进军。

3．紧扣国民经济支柱产业开展服务。以关键新材料为突破口，破解产业发展中的难题，围绕关键产业开展服务，带动业内大批产业的迅速发展。

4．为企业服务是协会工作的基石。企业是新材料产业创新和发展的主体，促进和推动企业的进步、成长、壮大和发展是协会服务的出发点和目标。

十一、加强自身建设，秘书处工作不断取得新进步

积极参与抗震救灾活动，组织为灾区捐款，3位支部领导首先捐出第1笔2000元善款，秘书处成员共募集3500元。年内，党支部再次获得了市工经联系统“先进党支部”的光荣称号，支部委员吕家申同志被授予“优秀党员”的荣誉称号。4月，根据产业发展形势增设对外联络部，加强了区域，特别是与长三角地区的联动，增强了协会活力。

（吕家申）

上海电子商会

上海电子商会（上海电子制造行业协会）成立于2002年4月，为上海市电子产品研发、生产制造、加工和流通服务行业企事业单位自愿组成的跨部门、跨所有制的非营利的行业性社会团体法人。现有各种所有制会员单位260户，下设流通分会、智能化设备专业委员会和表面贴装专业委员会。

2010年主要工作：

一、做好行业统计，为政府决策提供参考

1．在相关行业协会和企业的大力支持下，认真开展行业统计工作，按季进行统计汇总，及时了解行业经济运行动态，反映企业的诉求。

2．市经信委经济运行处委托协会承担对全市电子信息制造业的月度产销数据的收集和整理、分析工作，在兄弟行业协会的支持下，每月对电子计算机、家用视听设备，通信设备、集成电路、电子元件等五大行业及每行业的前3位重点企业的月度经济运行数据进行统计汇总、整理与分析，并作出趋势判断，对其中的共性问题，及时反映市经信委作为决策参考。

二、承办“2010年第二届上海电子展”，聚焦新兴产业，为企业产品升级转型搭建合作平台

6月10−12日，中国电子商会、市经团联主办，本会和上海电子商城共同承办“2010年第二届上海电子展”。联手市集成电路行业协会、市信息家电行业协会、市通信广播电视行业协会、市新材料协会、市电子元器件行业协会、市交通电子行业协会、市仪器仪表行业协会、市室内环境净化协会、市防静电工业协会和台湾区电机电子工业同业公会等12家协会参与协办，共组织参展企业300余户，展出内容涉及物联网应用产品、半导体照明、绿色环保型集成电路、电子元器件、新型汽车电子产品、3D电视等。市人大财经委副主任俞国生、中国电子商会常务副会长兼秘书长王宁、市经信委副主任邵志清、嘉定区副区长徐斌等领导出席开幕式。展览期间，还举办“电子行业新兴产业应用论坛”等研讨会。展会为企业调结构、促产品的转型升级，拓展内需市场提供了一个良好的合作交流平台。

三、继续做好企业诚信建设

企业的诚信意识不断得到增强，年内又有13户企业获得“市诚信创建企业”和“2010年市诚信企业”称号。协会通过“上海电子制造业诚信建设平台”，对获得诚信企业称号的企业进行了宣传和报道，扩大了企业的社会影响力和公信度。

四、举办中小企业沙龙活动，推动政策落实，促进中小企业发展

积极发挥中小企业平台作用，举办4次沙龙活动，两次请市中小企业促进办宋晓辉副主任讲解《上海市关于促进中小企业条例》（草案），具体解读各项扶持中小企业发展专项资金的内容、条例和申报手续，现场回答大家关心的问题，使协会中小企业的老总对专项资金有了更贴切的了解，并积极进行了申报，已有良相电子、克拉公司等企业获得了专项资金的资助，还向会员单位发放《中小企业政策汇编》、《上海市中小企业融资指引》等刊物，组织走访克拉公司，考察海门经济开发区。

五、电子商会流通分会开展一系列活动，社会影响进一步扩大

流通分会积极参与各项社会公益活动，在所属地街道党工委支持下，资助两名贫困学生，组队到世博武警支队，慰问武警官兵，并关心会员健康，组织会员体检，组队出行旅游，同时继续做好诚信企业的推荐和评定工作。

六、专委会渐趋活跃，服务专业化初显成效

12月18日，在上海大学新型显示技术及应用集成——教育部重点实验室、上海大学材料科学与工程学院的支持下，SMT专委会于上海大学延长校区举办“LED封装与绿色制造技术研讨会”，来自上海市及江苏地区SMT行业组织、科研机构、生产厂家的领导和技术人员50余人出席了会议。上海大学的张建华教授、韦习成教授及长三角SMT专家协作组的王行乾高工、张申雄高工、上海华庆焊材技术有限公司吴念祖高工等分别就LED封装与可靠性、LED封装中的热处理工艺及无铅焊材技术的发展等发表了演讲，会上还发行专委会精心编印的《中国SMT25年发展历史进程纪念特讲》，受到与会者广泛的赞誉和好评。

七、进一步发挥信息服务平台的作用，促进产业的转型升级和创新发展

充分利用“上海电子网”和协会网站，以及每月1期的“上海电子信息”两大信息服务平台，及时报道国内外电子行业的动态，重点聚焦物联网、云计算、LED、3D显示、平板电视、智能手机、电子书等新兴产业和热点产品，使会员企业及时了解和掌握产业发展的趋势，促进产业的转型升级和创新发展。

八、开展调查研究，走访会员单位

走访会员单位亿人、松下等离子、宜鑫、诺基亚、西门子等，及时了解情况，反映企业诉求。如企业反映劳动力成本上升过快，高新技术企业期限已到等，都及时向市经信委进行了反映。同时，积极介绍推动会员单位之间的业务协作，通过中小企业沙龙活动，部分会员单位间建立了业务关系，密切了会员单位的关系，推动了企业的发展。

九、积极发展新会员，提升会员企业的行业覆盖面

共发展英顺达科技有限公司、昆山赛格电子市场经营管理有限公司等8户会员单位。

（朱伟民）

上海市信息服务业行业协会

上海市信息服务业行业协会（原上海市互联网信息服务业协会）成立于2001年1月18日，是由上海市信息服务业企业自愿组成的非营利性社会团体。下设9个专业委员会、4个中心、3个联盟、1个分会、1个工作组、1个办公室和1个基金会。其中，9个专业委员会为企业信息化应用推广工作委员会、社区信息化应用推广工作委员会、数码互动娱乐专业委员会、动漫产业专业委员会、网络教育专业委员会、数字内容专业委员会、移动互联网专业委员会、数字出版专业委员会和金融信息服务专业委员会；4个中心为上海市互联网违法与违规信息举报中心、上海信息服务人才培训中心、上海数字内容产业促进中心、上海市数字健康信息中心；3个联盟为上海市电子书产业发展联盟、上海市严肃游戏产业发展联盟、反盗号绿色联盟；1个分会是上海浦东新区数字媒体行业协会，以及全国信息技术标准化技术委员会电子书标准工作组交互平台专题组、中国青少年数字创意行动组委会办公室、中国扶贫基金会信息扶贫专项基金。

目前，上海具有影响力的ICP、ISP、ASP和一些著名网站，以及部分信息服务企业都参加本会。

2010年主要工作：

一、聚焦重点领域显成效

1．网络游戏产业组建产业联盟，共铸龙头地位。协会在2007年发起成立“反盗号绿色联盟”，以解决产业中常见的“盗号”行为。经过两年多试运营，该联盟于4月27日正式成立。期间，联盟成员在用户安全意识环节、流通环节、安全技术支持环节等领域进行了多样性的尝试，并设立以安全技术为核心的“反盗号技术支撑服务平台”。全国30多户游戏企业达成在交易环节限制盗号销赃的反盗号协议，与游戏企业在交易环节共建抑制盗号销赃的合作机制，并取得良好效果。联盟在4月发布“网络游戏反盗号市场调研报告”，对当前游戏的防盗号体系进行评估分级。

12月7日，由协会倡议，10多户从事严肃游戏的企业和机构共同发起成立上海市严肃游戏产业发展联盟，成为国内第一个专注于严肃游戏发展的产业联盟。

2．电子书产业专业组织，凝聚产业链力量。6月11日，协会成立数字出版专业委员会，同时成立上海市电子书产业发展联盟。联盟有79户成员单位，基本覆盖电子书产业链的各环节，其中，内容提供企业48户，阅读终端制造企业21户，电信运营、咨询、投资、研究机构和其他单位10户，18户为外省市企业。

为促进业内交流，联盟组织举办“2010中国（上海）电子书产业发展高峰论坛”、“探寻电子书产业未来发展的轨迹——从阅读器的角度看电子书产业的历史、现在与未来”讲座、电子书发展计划政策解读培训及电子书终端产品展示。组织撰写《电子书产业发展趋势分析报告》，为政府决策提供依据。

联盟大力支持成员单位各项活动，如“OPOB高峰论坛暨版权签约仪式”和“OPOB电子书高峰论坛”、“盛大电子书Bambook特卖会”，大力支持成员单位盛大文学、汉王推进自身的产品和业务，并引导联盟成员在竞争中讲合作。为保护知识产权，营造全社会尊重版权的良好氛围，联盟还与协会共同声明，支持会员单位采用法律手段起诉百度盗版的问题，主张合法权益。

为了规范电子书产业，统一电子书标准，全国信息技术标准化技术委员会成立了制定电子书标准工作组。目前，全国电子书标准工作组共有5个专题组，其中，两个专题组已落在上海，由联盟来承担，交互平台专题组由联盟担任组长，电子课本和电子书包专题组由联盟成员华东师范大学担任组长。目前，这两个标准都在认真组织制定中。

8月起，联盟每月出1期专报，向市有关领导和部门以及联盟成员单位通报工作情况，年内已出5期。联盟工作得到了市委宣传部的肯定和赞赏。

3．设立移动互联网产业专委会，稳步落实各项工作。2月26日，协会成立移动互联网专委会。目前，专委会会员单位有26户，涵盖了制造、内容、传输、服务等移动互联网产业链上相关企业。包括通信运营商、信息内容服务商、移动终端制造商及其他第三方应用服务企业。特别是经多次反复的沟通、协商，完成上海电信、上海移动、上海联通3户通信运营巨头共同加入专委会，创下历史佳绩。

年内专委会完成《移动互联网发展研究》，组织3期专业论坛交流活动：一是与上海集成电路设计孵化基地共同组织“走进南湖，论剑3G”2010无线终端互联网南湖论坛；二是举办“网络尽在手中，3G无处不在”移动互联网发展合作交流会；三是举办工博会移动互联网产业发展国际论坛。此外，还积极参与上海科技助老活动周。

4．协助政府机构，推动发展云计算产业。5月7日，协会在创智天地举行“云计算行业专家座谈会”，共同探讨政府应该如何引导和支持云计算发展、组建云计算联盟、云计算服务的法律框架，以及搭建云计算公共应用服务示范平台等问题。12 月 15 日，为配合“2010 上海推进高新技术产业化软件和信息服务业活动周”和推进上海电信云计算应用业务，协助举办“上海云计算应用推进峰会”，会议围绕云计算产业发展规划、云计算产品研究、云计算应用解决方案等进行了交流，还为上海电信在云计算产品应用推广上提供了展示机会。上海电信作为运营商参与云计算的基础建设，响应政府号召，领先投入云计算行业应用，引导中小企业、电子政务等信息化应用项目，依托云计算基础设施，降低信息化运行的成本。

二、扩大品牌活动创新高

1．受市经信委委托，12 月 7–17 日，承办“2010 上海推进高新技术产业化软件和信息服务业活动周”，由 20 项活动组成，内容涉及云计算、游戏开发、基础软件产业链创新、移动互联网、3D 内容产业发展、网络视听、数字出版、企业信息化高峰论坛等行业、产业热点。

2．举办 2010 游戏开发者大会 · 中国（GDCChina 2010）。以“源自开发者，为了开发者，内容为王”为宗旨，举办了 56 场报告会。邀请 60 多位演讲人到 GDC 现场进行交流和沟通。其中，海外的演讲嘉宾约占 75%，充分体现了 GDC 国际化的水准和特色。本届 GDC 注册参会专业听众超过 1000 人，参观 GDC 技术展示的专业观众超过了 3000 人次。

3．举办中国工博会“移动互联网产业发展国际论坛”。工信部杨学山副部长与 300 多位业界精英共聚一堂，共同研讨国内外移动互联网的发展环境及发展趋势，交流国内外移动互联网发展经验及未来战略，提出振兴发展我国移动互联网的发展对策。会上还颁发了“2010 年度移动互联网影响力奖项”。4 名优秀企业家荣获 2010 年度移动互联网影响力人物奖项，15 户企业分别获得 2010 年度移动互联网影响力企业和产业基地、产品和应用奖项。

4．第五届上海市优秀网站评选。5 月 28 日，协会主办主题为“传播世博、服务世博”的第五届上海市优秀网站评选活动启动暨工作推进会召开。评出 10 家上海市“十佳”优秀网站；100 家新闻类网站、政务类网站、商务类网站、视听类网站、网络服务提供商类网站等 14 类“上海市优秀网站”；10 家“最具潜力奖”网站。

5．大学生数字创意创业大赛。4 月 29 日，首届大学生数字创意创业大赛颁奖暨入园仪式在大柏树 930 创意产业园落下帷幕。大赛吸引 29832 名创业者报名参赛，收到成熟的创业方案 167 份，大赛官网浏览量达 44 万人次，经过严格考评，选出 10 个优秀创业项目。

11 月 25 日，举办“第二届大学生数字创意创业大赛”，主题为“创新、创意、创业”。大赛加大扶持力度，如设立大学生创业苗圃、配备基本的办公设备及公共会议室等公共服务，并推出鼓励青年创业专项补贴政策、推荐申请青年创业贷款等各种创业孵化服务，并通过搭建公共服务平台等一系列措施，为有梦想的参赛团队尽情施展创业才华、获取公平竞争的机会提供畅通的渠道。

6．“确保信息安全铸就世博成功信息服务业在行动”系列活动。系列活动于 4 月 27 日推出，并向全市信息服务行业发出“信息行业不辱使命勇担责任奉献世博”倡议，得到了各方积极响应，在新闻通气会上，协会团委、上海市互联网违法与违规信息举报中心、基层党支部、企业代表分别宣读响应书，表达尽己所能、全力以赴服务世博、参与世博、奉献世博的决心和信心。

7．组织举办信息服务业企业家徒步考察等各项活动。成功举办“上海市软件和信息服务行业企业家，走进嘉定、接轨马陆”、“考察绿色青浦、探访红楼文化、融入低碳经济”两次徒步考察活动，共有 50 多名企业家参加。还积极与多方合作，主办、承办、协办各项活动，如 2009 中国企业 e–Learning 卓越实施年会暨颁奖大会、2010 上海软件和信息服务业投融资洽谈会、上海市“第九届老年数字生活科普周”——“科技助老”活动、上海 3D 内容产业发展高峰论坛、2010 中国动漫影视创意产业发展论坛、沪港数码娱乐精英荟论坛、移动互联网发展合作交流会、第五届中国国际残疾人和医疗器械展暨 2010 科技助老活动展等。

三、规范行业秩序得成果

1．完成全国第一部《网络游戏服务规范》地方标准及实施细则。8 月，在市经信委，市文广局，市质监局等政府主管部门的大力支持下，协会数码互动娱乐专委会携同 5 户《上海市网络游戏服务规范》发起单位，完成该地方标准的制定工作，这是国内首部与网络游戏相关的地方标准，争取 2011 年 1 月通过市质监局验收。在此基础上，再携手 5 户发起单位，完成《网络游戏杰出 / 优良服务 KPI 实施细则》草案。《实施细则》从服务形式与服务能力方面对网络游戏企业的服务能力与质量进行全方位评估，从中评选出“杰出服务企业”和“优良服务企业”，并建议只有获得“杰出服务企业”称号才能参加上海市优秀服务名牌评选。

2．以法律手段维护行业秩序。2009 年，中国出版工作者协会游戏出版工作委员会和北京汉威信恒展览有限公司对我会引进并主办的中国游戏开发者大会（GDCChina）进行诋毁，并利用职权要求其会员单位、顾问团成员、参展、参会者不参加“GDCChina2009”，造成行业不正当竞争。协会经过 1 年多的努力，11 月 16 日，上海市卢湾区人民法院就协会数码互动娱乐专委会秘书长单位 UBM 诉游戏工委和汉威不正当竞争纠纷案一审作出宣判，对 UBM 提出的诉讼全部予以支持，行业的公正得到了维护。当前，协会还高度关注多家出版、发行机构欲联合起诉百度盗版的问题，协会及上海市电子书产业发展联盟特作声明，支持会员单位采用法律手段主张合法权益，并呼吁政府部门尽快制定规定，采取有效措施，维护市场的稳定，营造“人人尊重正版”的良好社会氛围。

3．举报中心作用显成效。下辖上海市互联网违法违规信息举报中心作为维护法纪法规的窗口，协助解决集成电路行业协会公共邮箱垃圾信息、银广企信贷假冒网站、淘米网络游戏运营时间矛盾调整，以及假冒物流业相关著名企业网站事件等。针对被举报单位，举报中心采取有效措施强化引导，先后帮助调查快钱在网络交易中“钓鱼”事件的风险漏洞，出具声明公告，并对消费者实施补偿机制；审查today题网分类信息不合规部分，指出个中存在的安全隐患，责令其对发布框架模板进行完善，规范信息发布内容；辅助生物谷完成申报卫生部颁发的医药类互联网医疗卫生信息服务的前置审批，正规化其经营资质，并吸纳其为会员单位等。此外，举报中心还建设监测系统，加强举报中心的工作效率，该项目于10月29日顺利通过专家评审组的验收。

至11月末，举报中心以周报的形式将举报案件详细分析结果报送各委办局，共计39期；递送正式函文4件，进行举报中心备案登记16件次，发送举报告知单172次。今年，举报中心共收到举报案件1246件，上海地区有效举报案件下降为78件。举报中心在迎博办博“扫黄打非”总结评比中被市网宣办评为“有功集体”。

4．专业管理信息系统工程监理。按照信息系统监理资质评审机构的要求，年初，协会建立了项目部，落实评审人员，建立质量管理体系，撰写《质量手册》等体系文件。3月9日，协会接受工信部资质评审专家小组对协会资质评审机构的评审，获得较好的评价。6月，取得工信部资质办授权本会在上海地区开展丙级信息系统工程监理单位资质评审工作的批复。协会派遣5名评审人员参加工信部资质办组织的评审员培训，并通过考试。

今年，项目部与广州赛宝认证中心合作，完成对上海市3户信息系统工程监理企业的换证评审工作、1户企业的信息系统工程监理资质申请的评审工作，独立完成6户信息系统工程监理企业换证评审工作；开展年度监督检查工作，完成对14户企业年度检查工作，并实地抽查6户企业，撰写年度检查报告；完成29名信息监理工程师申报材料评审工作。协会与工信部资质办保持联系，及时向企业传达评审的最新消息和政策，为企业提供相关信息咨询，解答问题。同时，还与广州赛宝认证中心合作，开展信息监理工程师辅导培训。

四、加强产业研究促发展

上半年，参与市经信委关于《上海信息服务业“十二五”发展规划研究和建议》的制定工作，提交了网络游戏与网络教育的发展规划研究和建议。受浦东新区经信委委托，完成《2010年浦东新区软件和信息服务业发展报告》。此外，还编撰《信息服务业企业基本情况摸底调查及细分领域研究》、《上海网络产业结构优化升级及区域化布局调整研究》、《上海网游行业2010行动方案》、《移动互联网发展研究》、《2009—2010中国动漫产业研究报告》，以及《数城十年——上海信息服务行业十年发展报告》。上述研究，不仅为政府提供了行业数据及规划建议，而且对信息服务业的发展起到了促进作用。

五、提升服务质量赢好评

1．真诚服务以心易心。当协会得知1户从事第三方医药信息服务业的会员单位因为政策、管理、行业特点和应用环境的各种制约，面临崩溃的情况。协会领导主动关心，积极协调，召开以政府职能部门、行业协会、企业三方为代表的座谈会。通过大量的实例与调研成果与政府不断沟通，终于得到上海乃至国家药监局的认可，这家单位得以正常运营。9月20日，与国家药监局、上海药监局在上海举行全国药物流通领域研讨会，进一步商讨药物流通试点落户在上海的事宜。目前，该单位已取得上海药监局同意为试点单位的批复。国家药监局也正在着手制定药物流通领域管理办法。救活了企业，也推动了一个新产业的发展。

2．多样沙龙吸引会员。组织40多次会员活动，包括“助力企业构建好沟通平台”沙龙、数码互动娱乐专委会网游专项资金及出口扶持政策介绍会、“高新技术成果转化项目认定培训”主题沙龙、宁波国家高新区（上海）投资环境推介会、“云计算行业专家座谈会”、“企业信息安全建设”主题沙龙、“构建分布式数据中心，提升客户体验”研讨会、动漫衍生产业发展交流与对接会、鲨鱼与海豚－PPSS组织沟通交流与培训课程、上海市电子书产业发展讲座和展示活动等多项活动，得到了会员单位的好评。

3．项目申报贴心指导。积极协助企业申报各类项目基金30多个。如市经信委电子信息产业发展基金项目申报、市经信委软件和集成电路产业发展专项资金项目申报、市发改委2010年信息安全专项申报等。此外，还在会员单位中开展优秀推荐工作。如上海IT十大新锐、上海中小企业品牌推荐、上海名牌服务评选等。为了更好地做好工作，协会及时告知会员单位，还为部分项目开展专题解读，以便企业能围绕项目要求做好申报工作。年内新发展会员41户，包括上海移动、网宿、土豆、三星、LG、AMT、新浪乐居等业内领先企业。

4．专业刊物广受欢迎。为提高《上海信息服务业》杂志质量，年初，协会聘请高端人才，对杂志的版面、字体、颜色等进行改版，并对每期杂志内容都确定专业主题，分别是物联网、信息世博、三网融合、数字出版、云计算、网络游戏、视频视听、车载信息、电子商务等；组织近40人的通讯员队伍，利用QQ群进行通联组稿等活动；深入重点企业、走访行业专家，采编了一批有质量的稿件；改进杂志排版印刷。这些措施使杂志有了质的飞跃，在社会上得到一致好评。

六、整合组织架构趋完善

根据行业发展的新形势以及需要，协会相继成立9个专业委员会、4个中心、3个联盟、1个分会、1个工作组和1个基金会。年初健全了秘书处职能部门，做到分工明确，责任到人。

七、开拓党建工作获佳绩

党建工作紧紧与企业经济、协会工作、产业发展相结合。目前，协会党委现有党支部31个，共有党员835名。年内新成立3个党支部，发展新党员2名，转正预备党员10名。开展党支部“争先创优”活动竞赛，以党建推动中心工作和行业发展。同时，加强对支部书记的培训，组织赴韶山红色之旅。利用行业优势，运用QQ群、飞信、网络学习平台等技术手段，有效落实学实活动各项工作。积极组织各党支部和会员单位参加第五届上海市优秀网站评选活动、组织“世博激荡青春IT无限未来”摄影大赛，还联合团委组织了“世博知识和信息安全竞赛”。协会党委工作得到了社会认可，在2月26日北京人民大会堂举行的“社会组织深入学习实践科学发展观活动经验交流暨全国先进社会组织表彰大会”上，本会被民政部授予“学习实践活动先进单位”称号，是上海行业协会中唯一的一家协会。

八、协会工作经验受认可

国家民政部、民间组织管理局局长孙伟林、市人大常委会副主任、上海现代服务业联合会会长周禹鹏、市社会工作党委副书记王希俊、市经信委党委书记潘志纯、纪工委书记黄肇达、副主任邵志清、市社会团体管理局局长方国平相继到协会调研，并对协会工作表示肯定，给予表扬。12月16日，中共中央国家机关工委书记、全国人大副委员长华建敏到上海视察工作，点名本会作上海信息服务业“十二五”规划专题汇报。8月31日，协会作为先进典型以讲座形式，在浦东与200多户行业协会领导分享发展的经验，赢得了共鸣。

（陆　静）

上海通信广播电视行业协会

上海通信广播电视行业协会成立于1985年10月，是由从事通信、广播、电视、电子等生产、制造、科研及服务的企事业单位自愿组成的非营利性、自律性、独立的社会团体法人。目前，拥有国有企业、集体企业、股份制企业、中外合资企业、私营企业等100多户会员单位。

2010年主要工作：

一、编制“十二五”发展规划建议

受市经信委委托，由协会牵头，集聚行业内龙头企业、骨干企业中的诸多专家和一线技术、业务精英，开展深入调研，紧紧跟踪国内外行业发展轨迹、最新成果和成长趋势的预判，以上海市九大产业发展思路为契入点，结合行业实际，综合各方意见，实施规划可供选择的各类方案，完成《上海通信广播电视行业“十二五”发展规划建议》课题报告。

二、举办“2010第一届中国大屏幕投影显示及控制室设备展览会”及“2010年第二届上海国际数字标牌展会”

6月25—27日，与市多媒体行业协会共同主办“2010第一届中国大屏幕投影显示及控制室设备展览会”及“2010年第二届上海国际数字标牌展会”。展会得到美国数字标牌行业协会、台北世界贸易中心、台湾数位电子看板产业促进会等多家单位的积极参与和配合。展会以新品展示、技术交流为亮点，为国内外数字标牌行业提供综合全面的展览展示，来自国内外的近200户知名公司参加展出，内容涉及数字标牌行业从显示终端、信息发布系统、系统集成、软件、广告机、远程控制到相关的配件及服务等各个环节，通过展示和交流，为各地的行业生产商、经销商、采购商提供了一个各方交流互动、扩大市场需求的优质平台。另外，近20场的技术研讨会，以及一系列丰富的活动让与会者获益匪浅。

三、积极推进节能减排JJ小组活动

扩大JJ小组活动的会员单位和活动内容，开展“办公室绿色办公JJ小组活动”和“我为节能减排献一策”活动，取得了较好成效。协会和会员企业上海松下微波炉有限公司被市节能减排JJ小组活动领导小组评为上海市节能减排JJ小组活动试点工作表扬单位。上海夏普电器有限公司参与的“我为节能减排献一策”活动获得市节能减排JJ小组活动领导小组的表扬。

四、加强与政府及有关部门合作，服务政府、服务企业

1．承接研究项目。与上海市标准化研究院通力合作，共同承担市科委下发的《标准推动企业创新的作用机制和方法研究》课题项目的研究工作。在调研企业标准化工作现状的基础上，提出促进产业发展的标准化政策，还首次研究如何通过技术机构、行业协会、企业的通力合作，发挥标准对推动企业创新的方法和作用机制。

2．成为上海市行业质量工作促进会成员。由市质监局牵头，以市质监局、市经团联、市现代服务联合会、市商业联合会、上海通信广播电视行业协会等19家单位组成的“上海市行业协会质量工作促进会”，将加强政府部门和行业协会的联系，建立全面覆盖、分工明细、运行有效的质量工作网络，提升上海整体质量水平，促进经济结构调整和升级。

五、积极推进品牌建设活动，不断提升企业整体形象

1．组织推荐“2010年度上海市企业管理现代化创新成果”。经协会推荐、评审委员会评审，上海索广电子有限公司、上海松下微波炉有限公司、上海广联电子有限公司获“2010年度上海市企业管理现代化创新成果二等奖”、上海索广映像有限公司、上海亿人通信终端有限公司、诺基亚西门子（上海）有限公司获“2009年度上海市企业管理现代化创新成果三等奖”。

2．参与“上海市著名商标”推荐。受市工商局委托，组织有关专家对上海冠林银保科技有限公司进行实地调研，并走访相关的职能部门、专业学会、主要客户等，确认上海冠林高端视频监控设备产品的市场份额属实，参建商标产品为世博会等国内外重点工程以及国家商务部和承建集团公司选用，建议上海冠林视频监控设备为“上海市著名商标”。

六、积极开展“3·15”国际消费者权益保护日活动

3月15日，携手上海家用电器行业协会、上海电子产品维修服务协会在市科学会堂举办家用电器、电子产品以“消费和谐”为主题大型宣传、咨询、投诉活动。参与活动的企业及苏宁、永乐大卖场共有50户，参加设摊接待人员有200余人。

七、求真务实，夯实基础，不断加强自身建设和完善服务功能

1．为了更好地提高行业覆盖率，提升协会行业代表性，年内新发展上海广擎光电科技有限公司等3户民营企业加入协会。

2．继续开展“专家库、资料库、信息库”建设。以“传播世博、服务世博”为主题的上海市第五届优秀网站评选活动于5月28日正式启动，该活动作为上海互联网行业唯一获得政府支持的权威评选活动，已成为推动上海市网络文化和信息服务业健康发展的有力抓手，成为促进上海市网络文明建设的重要内容。协会网站经改版成功进入“入围网站”，参选“上海市优秀网站”。

3．加强行业基础管理，做好信息统计服务工作。由于会员企业在上海通广电视行业占有一定比重及覆盖率，协会及时通过对行业三大类代表性产品（即通信设备、广播电视、通广配件），建立行业重点产品的生产、销售、出口、产销率等主要经济指标与情况综合分析数据库，尽可能较客观、全面地反映上海通广产业的发展现状与趋势，为行业“十二五”规划编制、行业产业结构分析、进一步节能减排等各方面工作提供基础性数据。此外，提高企业统计人员的素质和工作水平是做好统计工作的基础，每年召开1次行业协会统计年会，请统计局老师对统计员进行业务培训和互动交流，表彰鼓励优秀统计工作者。

4．加强协会党建和自身建设。认真落实市工经联党委关于开展“创先争优活动”的会议精神，带领全体党员“创先争优”，为精彩世博、平安世博、树立文明观博社会新风尚作出贡献。党支部和党员在加强自身学习同时，夯实群众基础，努力发挥支部战斗堡垒作用。

（程明华）

上海市通信制造业行业协会

上海市通信制造业行业协会成立于2002年3月，是由上海贝尔股份有限公司、上海大唐移动通信设备有限公司、上海普天邮通科技股份有限公司、诺基亚西门子通信（上海）有限公司、上海光通信公司、联芯科技有限公司、上海华为技术有限公司、中国电信股份有限公司上海分公司、上海闻泰电子科技有限公司、英华达（上海）电子有限公司、希姆通信息技术（上海）有限公司等单位自愿组织的行业社团组织。

2010年主要工作：

一、以“服务”为平台，配合政府当好参谋

1．精心组织，编写课题。先后承接市、区政府委托编写报告12个，其中，《上海通信制造业“十二五”发展规划预研究》、《上海通信设备制造业自主创新重点领域、机制和路径研究》、《黄浦区移动互联产业中信息终端发展规划研究》等5个课题已完成。

2．推进上海市物联网产业的发展。积极开展调研，陪同市经信委领导专访嘉定区政府、上海微系统所、上海无线通信研究中心等20余户业内企业和相关部门，了解上海物联网发展情况，掌握第一手资料，配合市经信委推出《上海推进物联网产业发展行动方案（2010—2012年）》。承办“全球物联网产业发展（上海）论坛”，本论坛是由市经信委和浦东新区政府主办，上海世博集团和本会承办的大型公益性论坛，是国内最具专业化和国际化的物联网产业盛会之一。论坛以“中国智慧，感动世界”为主题，邀请工信部和市主管领导、物联网行业专家，汇聚国内外产业链上下游领军企业及行业机构，以分析物联网产业技术、应用的发展现状及趋势，分享国内外成功案例，探讨上海物联网产业发展的关键要素，受到业内和媒体的高度关注，参会代表达700余人。牵头组织筹备成立“上海物联网产业联盟”，并于11月8日在“全球物联网产业发展（上海）论坛”上正式宣布成立。“联盟”由上海物联网产学研用各界20户领军企事业单位发起，共同打造具有整体竞争力的上海物联网产业链。

3．积极推进上海市“三网融合”产业发展。对重点企业进行调研，摸清家底，开展《电子信息技术在“三网融合”中的应用和产业升级调研》报告编制工作。

4．协助政府开展对企业的信息采集、调研。根据市经信委、市知识产权援助中心关于“建设民营或留学生创业的中小信息企业数据库”的要求，采集新球、博达、普然、百林、安保、天诚、创远、摩波彼克、迪妙、锐合等10余户企业的基本信息资料，汇总上报。组织上海贝尔、上海大唐移动、上海华为和诺西等单位参加市经信委开展“两化融合”应用典型案例评估活动抽样调查，为政府对重点产业扶持提供参考依据。协助市知识产权援助中心开展的“上海市高新科技企业知识产权状况调查”，有针对性地向业内企业群发了调查表，对30余户单位反馈的信息汇总后上报，并及时召集涉案和知识产权示范及培育企业召开讨论会。

5．应对欧盟对华数据卡产品发起保障措施及反倾销立案调查。积极配合市商委条法处及时对2009年具有数据卡（无线宽域网络调制解调器）产品出口到欧盟的业内19户企业进行电话及书面沟通，协助市商委帮助上海三旗通信科技股份有限公司和达丰电脑公司认真做好应诉准备工作，该案最终以比利时厂商撤诉而告终。

6．关税调整意见的调研。根据市经信委关于《征求企业关税调整意见的通知》要求，走访和电话调研业内企业23户，共征集意见10项。其中，增列税目建议7项，调整进（出）口暂定税率建议3项，形成调研报告呈报。

7．配合市经信委和上海移动积极推动上海TD-LTE产业发展。12月29日，在市经信委的指导下，由中国移动上海分公司主办，协会协办的“TD-LTE给力智慧城市发展，暨上海TD-LTE扩大规模试验网建设及产业链发展研讨会”在张江顺利召开。会议邀请了TD-LTE产业链上在系统、终端、芯片、测试、应用平台中的主要企业20余户，企业代表达60余人。

二、以服务为宗旨，提升行业整体形象

1．服务世博。世博期间，先后组织企业参加“中英携手创新领袖高峰论坛”、“2010韩国最新科技成果上海展示会”、“波兰——中国信息技术与通讯推介交流会”、“新西兰电子通信部部长代表团鸡尾酒会”等多项在世博园区内举办的ICT产业跨国交流会。在国际领域内树立中国企业的形象，为促进国际交流与合作贡献力量。

2．指导企业做好各类申报服务工作。指导企业在申报《2010年市科委中小企业创新基金》过程中应注意的事项和操作程序。根据《关于做好中央企业投资重点产业振兴和技术改造专项有关工作的通知》的要求，组织联芯科技、希姆通等单位向政府相关部门递交了专项申报材料。根据《关于开展2010年度上海领军人才选拔工作的通知》的要求，向会员单位传达相关信息，其中，中国移动通信集团上海有限公司、上海闻泰电子科技有限公司、东方有线网络有限公司、希姆通信息技术（上海）有限公司4户单位经过协会推荐，及时报送市经信委。配合市经信委跟踪近年来行业内高新技术产业化通信类项目发展的情况，收集上海贝尔、上海闻泰、上海移动、东方有线等企业提供的相关资料，汇总上报“上海市高新技术产业化推进情况表”。根据《上海市经济信息化委关于开展2011年度软件和集成电路产业发展专项资金项目申报工作的通知》的要求，组织希姆通、阿尔卡特网络支援等企业递交了专项申报材料。

3．开拓国内外市场。主办协办参办各类论坛、展会19次。其中，全球性论坛1次，与外方合办7次，组团参加外省论坛1次，其他10次。

4．组织各类专项培训。与市征信管理办公室和业内相关领域的专业人士联合举办“通信制造业企业信用管理培训”活动，对上海贝尔、大唐移动和闻泰集团等37户企业进行专项培训，通过理论和实际案例的分析交流培训，让到会企业更直观认识到企业诚信建设的重要性。7月29日，组织8户会员单位参加“省下来的都是利润”法律知识讲座，帮助企业进一步加深了对法律风险管理问题的认识和理解。另外还组织2场会员联络员会议，出席人员近百名。

5．接待国内外同行。先后接待国内外同行8批代表团的来访，分别就协会的组织结构、会员服务、推动做大做强、规范中小企业发展等热点问题进行广泛而深入的交流。其中，国外有加拿大AVERNAN公司、加拿大艾伯塔（Albert）省信息通信协会、新西兰电子通信部部长代表团。国内有天津西青区工业经济委员会、广东东莞松山湖科技产业园区、湖州市吴兴区人民政府等。通过洽谈、交流，增进友谊，促进发展，建立合作桥梁。

6．牵线搭桥。为多户企业在寻找合作伙伴方面提供机遇、创造条件。如受上海华为公司委托，通过业务外包的方式协助寻找“手机网上商城”项目合作伙伴。与上海阿尔卡特网络支援系统有限公司领导共同接待会员单位普然通讯技术（上海）有限公司相关人员，商讨普然公司DSL控制芯片等产品推广事宜。

7．行业形象宣传。受浦东新区经信委、《上海商报》编辑部委托，及时起草并发送《关于上海商报征集世博新闻资讯的通知》，推荐上海贝尔股份有限公司、上海齐乐通讯科技有限公司世博产品和会员单位“参与世博，奉献世博”风采的新闻资讯。

三、以服务为根本，强化协会发展建设

1．顺利召开三届二次会员大会和三届三次、四次理事会。

2．新发展会员单位 24 户。

3．经过与上海集成电路设计孵化基地历时半年的共同努力，10 月 9 日，市社团局、民政局审核批准同意设立协会移动终端专业委员会。

4．印发《上海市通信制造业行业协会反馈意见征询函》，广泛听取会员单位的意见，并针对会员的需求和行业的特点适时调整工作计划，有序开展各项活动。不断完善内部管理制度，严格落实岗位责任制，明确各部门的工作职能及员工的工作职责，提高工作效率。

5．9 月，与上海金桥投资服务中心签署了合作协议书，共同努力促进金桥开发区的经济发展。

6．6 月起，及时收集国内外通信制造业信息和动态汇编成《通信行业报道》，每周 1 期，定时传送到会员单位，年内共编辑 28 期。

7．党支部荣获市工经联党委“2008-2009 年度先进党支部”。

（潘国妹）

上海电子元器件行业协会

上海电子元器件行业协会成立于 1989 年 5 月，是由各类电子元器件企业、上海高等院校、科研单位自愿组成的跨部门、跨所有制行业性的非营利社团法人。现有会员单位 130 多户。

2010 年主要工作：

一、开拓合作渠道，深化咨询服务

先后与上海大学自动化系、上海扬光投资管理咨询有限公司、上海仁信保险经纪有限公司签署合作协议，努力为会员单位提供各具特色的咨询服务。如上海大学自动化系的自动控制技术团队是市教委确定的 19 个上海高校知识服务试点团队之一，将帮助企业解决新产品研发及生产过程自动控制技术；上海扬光投资管理咨询有限公司是市高新技术成果转化中心认定的科技中介机构，将为企业提供科技政策咨询筹划、科技项目代理申报等服务；上海仁信保险经纪有限公司系经中国保监委批准，全国性综合保险经纪公司，将为企业提供防灾、防损或风险评估、风险管理咨询方面的服务等。

二、加强与政府联系，发挥桥梁作用

继续与市经信委、市经团联、市社会团体管理局等上级机构保持密切联系，发挥政府与企业之间桥梁作用。本会是市经团联“行业协会发展研究会首批研究会成员”，并于年内向市经信委递交了“上海电子元器件行业现状分析和发展趋势预测”报告，还积极与市中小企业服务中心联系，为会员免费发放《上海市中小企业政策法规汇编》（上海市促进中小企业发展协调办公室编）、《上海市中小企业融资指引》（市经信委编）。

三、深化服务职能，开展各项活动

1．职称评定。作为市人事局技术职称评定工作的受理点，及时组织相关人员培训，进行前期业务指导和辅导，申报高、中级职称成功率达到 100%。

2．项目申报。积极组织动员会员单位申报市、区技术改造，高新技术产业化专项，市、区“科技小巨人”，市、区科技进步奖，市著名商标等项目。年内，10 余户会员单位，包括协会软课题获政府立项并得到中小企业发展资金、创新基金等各类资金资助。其中，上海飞乐股份公司（与上海大学合作）的“汽车电子核心控制器芯片、系统模块研发及其应用”项目获得上海市科技进步二等奖。积极关注会员企业在建国家、市级重点项目的进展情况，及时提供服务。

3．产学研活动。与上海大学自动化系、电子材料系、微电子研发中心继续保持良好联系，扩大合作领域。与上海电子信息职业技术学院开展产学研活动。

4．专题研讨会。举办电接插元件等专题研讨会，与会企业共同研讨高端先进制造业对接插元件的影响、工业自动化控制对接插元件需求影响；军用及相关领域的接插元件技术发展动向与市场趋势；环保制造探讨；新材料应用前景；国际与国内形势以及其他相关联的热点。

5．办好电子展和协办“卢森堡商贸周”活动。圆满组织相关企业参展“第二届上海电子展”、“2010 中国国际工业博览会”和“第 76 届中国电子展”。世博期间，协助卢森堡驻沪总领事与上海市国际贸易促进会共同在金茂大厦以及世博园内卢森堡大公国国家馆举办“卢森堡商贸周”。卢森堡工业联合会、信息通讯行业企业家与多户我会会员及兄弟省市信息通讯、软件科技、网络交易等方面的企业家进行交流互动。

四、强化基础建设，促进协会发展

1．月刊。月刊继续发挥秘书处与企业联系、服务与引领作用。下半年增设“政策导读”栏目，重点宣传政府新近出台，尤其是与中小企业密切相关的好政策、好举措，及时在新辟的“会员风采”栏目内报道会员活动等。

2．做好协会组织凝聚力建设。秘书处年内走访会员单位，近60户／次。组织召开会员大会、理事会议、专业委员会（年度活动2次）等各类会议交流、活动、培训、讲座活动共计32次。9月，举办协会“第二届高尔夫球友谊对抗赛”，吸引了众多会员单位的高尔夫球爱好者参与比赛与观看。

3．会费缴纳。年度会费比上年增加16%，收支平衡，略有节余。

4．团队建设。秘书处人员团结一致，共同做好协会工作，在常务副秘书长更换，工作人员减少时，做到平稳过渡。

（宣祥光）

上海仪器仪表行业协会

上海仪器仪表行业协会成立于1988年6月4日，现有会员单位139户。

2010年主要工作：

一、完成编写“十二五”规划建议

按关于编制《上海仪器仪表行业“十二五”发展规划建议》的计划，成立由专家、协会领导、骨干企业领导10人组成的领导小组，并由18位企业专家组成自动化仪表、科学仪器、电工仪器仪表、光学仪器、传感器和试验机等6个课题组。在专家撰写的资料和课题组的分规划基础上，进行汇总编制，再由课题组评估后修改成《规划建议》初稿。经领导小组和专家评审会提出修改意见，于5月修改定稿，并上报市经信委和市社团局。

二、以“十二五”规划为主线开展工作

1．走访调研企业，了解企业近年的发展情况、“十二五”期间的发展目标和打算，发现企业的亮点，挖掘高新技术产业化的项目。

2．召开“十二五规划”座谈会，介绍《上海仪器仪表行业“十二五”发展规划建议》内容，并发书面文本，通过讨论提出改进的意见和建议，集思广益进一步明确振兴上海仪器仪表行业的做法和突破的重点。围绕《规划建议》中提出的催生和培育6–8个国内龙头型重点企业，成为行业发展的依托和支撑；支持一批成长型民营企业，成为各自行业领域的领头企业；重点培育一批“专、精、特、新”的中小企业等加快发展行业的建议，向出席座谈会的单位布置《上海市仪器仪表行业重点企业培育自荐表》填报工作，以便向市经信委推荐重点企业培育对象，争取政府支持。此项工作得到与会企业的大力支持，有22户企业（包括4户非会员单位）认真填报。协会组织人员专门疏理、审议推荐出首批22户企业为“十二五”期间重点培育企业，其中，龙头培育企业4户，领头培育企业8户，“专、精、特、新”培育企业10户。12月30日，协会向市经信委呈送《关于推荐上海仪器仪表行业重点培育企业的报告》，上报《上海仪器仪表行业“十二五”期间重点培育企业首批推荐名单》。

3．协助市经信委装备产业处组织海得、新华、神开、华魏、舜宇海逸、安科瑞电、一诺、高晶、舜宇恒平和华创等10户企业召开仪控企业座谈会，与会单位汇报了2011年产品研发、市场突破、项目投资和创新能力等方面的打算，挖掘2011年行业亮点。会后，部分企业上报高新技术产业化项目和科研项目可行性方案。

三、召开信息发布会提供行业发展信息

12月2日，假座新东纺大酒店召开信息发布会，自仪、精科、神开等近60户会员单位的领导及相关人员参加信息发布会。以详细的书面资料向会员单位传递信息，包括最新全国仪器仪表行业及上海仪器仪表行业经济运行概况；国内外仪器仪表发展趋势、市场预测以及上海地区以外主要竞争企业的情况；仪器仪表主要子行业经济运行概况、2009年中国DCS主要供应商市场规模、市场份额，等等。这些信息为会员单位分析外部环境，制定相应市场策略提供重要依据。

四、上报军民两用技术推动行业发展

为配合11月16–17日在上海举办的“2010上海首届军民两用技术促进大会暨项目对接会”，积极推介民用的先进技术成果和产品转为军用，组织会员单位填报《军民两用技术（产品）对接征询表》，共有15个会员单位填报，将55个产品项目资料转发给“2010上海首届军民两用技术促进大会暨项目对接会”组委会。组委会将按军方要求进行项目汇编，供军方对接筛选，并组织军方相关单位对意向项目进行考察。

五、积极开展市诚信体系建设专项项目

本会被列入“上海市诚信体系建设专项资金项目”单位，积极会同第三方专业机构上海维诚信用风险咨询有限公司，确定自仪表股份、精科、黄河、仪华、华建和星申等6户企业为试点单位，按实施流程开展工作。

六、通过多种渠道服务企业

1．开展诚信企业创建活动。又有8户会员单位加入创建行列，在11个已获“诚信创建企业”的单位中共有7户单位提出升级为“诚信企业”的申请，并已通过“诚信企业创建活动”组委会审查批准。在不断推动本行业的诚信企业创建活动中，本会也获得优秀“行业诚信企业创建办公室”的荣誉称号。为提升“诚信创建企业”在社会公众中的形象，协会采用多种渠道加强宣传。首先在网站及会刊上专题宣传已获得“诚信企业”和“诚信创建企业”称号的企业。在网站“协会动态”和《简讯》及时报道创建活动的动态，在网站的“弹出窗口”发布公告公布诚信企业名单。其次在网站首页链接《上海仪器仪表行业协会行业诚信体系建设平台》，在平台主要栏目上传送相关信息并及时更新。在“诚信品牌展示”频道中创建以上海仪器仪表行业诚信企业创建办公室名义举办的“创建动态”栏目，及时报道创建活动的动态。

2．推荐企业创建创新品牌。在连续三年开展装备制造业与高新技术产业自主创新品牌评选活动的基础上，继续推荐有关企业申报和续报，经评审委员会评审，神开、华建、安科瑞、长望和联能等5户企业继续入围“上海市2010年度装备制造业与高新技术产业自主创新品牌”。

3．组织企业申报机械工业科学技术奖。有4户会员单位参加申报，经协会审核，推荐上报安科瑞、神开和高晶等会员单位的3个项目。

4．组织企业参加高新技术产业化展。2月，组织自仪、宝信、新华、辛克、开通、精科、迪一、长望、气象、科创、高晶、舜宇恒平、安科瑞、亚泰、神开、威尔泰、联能和华建等18户企业参加由市经信委主办的高新技术产业化展。

（鲍亦廉）

上海照明电器行业协会

上海照明电器行业协会成立于1996年10月，是由上海地区为主从事照明电器产品生产、经营的工商企业及其他相关企事业单位自愿组成的跨部门、跨所有制、非营利的行业性社团法人，现有会员单位103户。

2010年主要工作：

一、按照协会章程，完成换届改选

年初，开始筹备换届改选工作。7月2日，在上海好望角大饭店召开第四届第一次会员大会，选举产生理事单位30户，占会员单位总数的31．6%。在此基础上召开第四届第一次理事会议，选出上海明凯照明有限公司为新一届会长单位，上海明凯集团（投资）有限公司副董事长陆泽明出任会长；选出飞利浦（中国）投资有限公司、上海亚明灯泡厂有限公司、上海灯具城市场经营管理有限公司、上海宏源照明电器有限公司、上海翔山实业有限责任公司、上海照明灯具有限公司、欧司朗（中国）照明有限公司上海分公司、复旦电光源研究所等8户企业为副会长单位，并及时办理社团法人变更登记、组织机构代码登记及财务印记变更等手续，顺利完成协会换届改选、新老交替的各项程序。

二、根据行业特点，编写“十二五”规划

根据市委、市府有关部门的工作布置，结合行业发展的特点，7月，开始着手编写行业“十二五”发展规划，通过对党的方针、政策的学习，根据国家“十二五”期间转变经济发展方式的定位，对中照协“十二五”规划纲要和《上海工业信息化“十二五”发展规划建设》的深入了解，并走访会员企业、征求专家意见，起草《上海照明电器行业“十二五”发展规划建议》（草稿）。8月，召开四届一次会长办公扩大会议，征求意见。在此基础上又进行修改完善，形成《上海照明电器行业“十二五”发展规划》（建议稿），通过对行业现状、发展瓶颈、发展趋势的分析，提出行业“十二五”期间发展的重点和措施，为发展低碳经济、行业健康持续地发展献计献策。

三、加强网站建设，优化信息服务

9月，与会员单位上海明凯科技有限公司签署《战略合作协议》，该公司是一家专业从事照明行业互联网信息服务、电子商务、企业应用软件开发的综合IT服务公司。由此，网站获得技术支持，通过改版、调整栏目，点击量逐月上升，目前还在不断修改完善中，力求成为向社会传递行业动态、政策导向、市场信息、新品开发、科技成果、工作交流、国内外行业发展动态和会员企业信息的平台，为会员企业提供快速、便捷的信息服务，扩大协会的影响力。

四、创新工作理念，服务会员企业

1．走访会员企业。先后走访亚明、亚尔、埃蒙、宏源、华联电工、华荣、翔山、绿源、锐高、阳泰（非会员）等企业，进一步了解会员企业的生产经营和发展需求，更好地帮助和支持会员开展生产经营、创建品牌和对外交流活动，听取会员企业对协会工作的要求和建议。

2．加大品牌宣传。先后为亚明续评“优秀质量管理奖”、明凯照明、绿源等会员企业续评“上海名牌”出具证明材料，同时在协会网站上陆续宣传推介会员企业的品牌，受到会员单位欢迎。

3．参与满意度调查。根据上海城市公众满意企业调查活动的推荐要求，协会在调查核实的基础上，推荐亚明、明凯照明、宏源、欧司朗、绿源、飞利浦灯具（上海）、松下、振欣、华荣、锐高等10户会员单位参与满意度调查活动，以提升企业的形象。

4．组织业内交流。11月18日，组织明凯照明、灯具研究所部门主管70余人到亚尔参观和培训，实地参观亚尔的生产车间及办公场地，为业内企业炼好内功，创建品牌起到相互学习、共同提高的作用。

5．拓展服务内容。根据会员单位的需求，先后为诚赢公司搬迁出具材料、半成品和成品的作价建议。参加亚明一期竣工、二期开工剪彩仪式，参加诚赢在江苏生产基地的开工剪彩仪式和新会员单位奥加的品牌推荐会，推荐东风参加“2010军民两用技术大会暨项目对接会”的情况说明会等。

6．筹措培训资金。11月，市经信委下发《2010年度上海市社会诚信体系建设专项资金项目申报工作》的通知，根据申报范围、行业的特点和会员企业的需求，协会与上海维诚信用风险咨询有限公司合作，提出《加大信用管理培训力度，促进绿色照明产业健康发展》项目，申报专项资金，获得政府补贴8万元，在“政府购买服务”上实现突破。

五、加强协会建设，扩大协会影响

1．注重自身学习。先后参加市社团局举办的“提高秘书长能力建设学习班”、经团联“行业协会发展研究会”、主席团会议、理事会、会员大会、支部书记会议、节能减排JJ小组交流会、2010沪港行业协会合作发展论坛、行业协会沙龙论坛和经团联开展的“创先争优”活动等，通过学习、培训、交流，努力达到“提高服务本领，建设懂行协会”的要求。

2．壮大会员队伍。年内发展新会员8户。11月，协会加入了上海市轻工行业协会。

3．做好会费管理。根据市经信委“小金办”下发的《关于进一步做好“小金库”自查自纠工作的通知》要求，9月，完成“社团‘小金库’治理报表和自查总结”，12月，完成“小金库”专项治理总结。

4．开展对外交流。先后接待新西兰罕扎照明国际有限公司、台湾台达电子公司、世博会罗阿大区、爱沙尼亚建筑学会代表团和香港照明学会代表团等，共磋行业发展前景，借鉴成功经验。还参加轻工协会、节能协会、行业协会沙龙、浙江象山招商会、轻工工会产学研座谈会、轻工联合工会品牌宣传等活动；组织13家行业协会与重庆荣昌的投资洽谈会；协助并参与橡塑和模具协会研讨活动；参加兄弟协会组织的松江、奉贤、安徽绩溪、江苏宜兴、浙江桐庐的考察等，通过活动拓宽了工作视野，拓展了服务内容，扩大了协会影响力。

5．关注行业热点。废旧节能灯汞污染问题引起了媒体的关注，也引起全社会的关注。协会积极参与建言献策，关注这一热点问题，认为应尽快建立“政府主导、全民参与、媒体和协会共同推进”废弃荧光灯管回收机制。同时，应继续大力推广节能灯，要求制造企业实现清洁生产，以固态汞逐步取代液态汞，并呼吁社会做好废旧含汞光源的回收。

（刘增玮）

上海市信息家电行业协会

上海市信息家电行业协会成立于2002年3月，为上海市信息家电行业企事业单位自愿组成的跨部门、跨所有制的非营利的行业性社会团体法人。现有会员单位103户。

2010年主要工作：

一、积极推动“三网融合”的早日实现

7月7日，在张江高科技园区管委会、张江集团、市经信委、市文广局等部门的支持和指导下，借助“2010年相约张江／第六届张江科技文化节”平台，成功举办以“三网融合·机遇与挑战”为主题的第三届上海数字电视发展论坛，并组织与会代表参观位于浦东东方有线内的下一代广播电视网（NGB）国家级实验室，在现场互动交流。论坛的举办，为社会各界加深对“三网融合”国家战略的理解，加深产业链各个环节间的沟通交流，起到积极效果。

二、承担多项课题调研，为推进产业发展进言献策

《上海电子信息制造业发展研究报告——上海数字电视产业发展报告》收集数字电视产业的创新产品数量、企业申请专利数量、产业分布情况等重要数据，客观分析上海数字电视产业发展的优势和不足，并对上海数字电视产业健康发展提出建议。考虑到新型显示终端产业是发展与壮大上海电子信息产业的支柱，为此，着手开展“新型显示终端产业发展”课题研究，结合上海的产业特点和优势，前瞻性地提出产业发展对策措施建议，该研究的开题报告已通过专家论证。

三、坚持服务至上，扶助企业健康发展

协助上海澳星科技公司申报“智能半程式交通信号处理产业化项目”并已获批；协助上海广电电器有限公司完成“数字电视一体机”产业化项目并完成验收；积极推动激光显示产业的形成和发展，协助上海广电电子公司激光电视项目进行可行性分析，并协同编写相关报告，向主管部门提出上海建设激光显示产业和产业链的建议。同时，为促进上海特有的超短焦投影技术的产业化进程，还组织相关企业进行了多次交流与合作。

四、继续推进标准制定与技术培训

完成《高清会议电视系统规范》联合企业标准并通过验收。由协会申报的市地方标准《居住区信息系统网络互联技术规程》已由市建交委正式发文批准立项，编制工作已正式启动。《家庭用电力线宽带联网设备技术规范》、《微型激光投影机技术规范》等两项标准通过专家组评审，列入市经信委标准制订计划。其中，《家庭用电力线宽带联网设备技术规范》正式向市质监局申请作为地方标准，而《微型激光投影机技术规范》已向工信部申请为全国行业标准。另外，还引领智能家居有关企业组建 RISI（居住区信息系统网络互联技术）产业联盟，组织联盟企业有关专家共同编制 RISI 技术标准，统一定义和接口，以实现联盟单位内部产品的互联互通。同时，为确保培训顺利开展所编撰的《信息家电行业岗位目录》正式通过市经信委组织的专家验收。在上年组织专家编写专业培训教材的基础上，又组织有关专家编写《数字电视图像显示与增强技术》与《数字电视地面广播传输国家标准中的关键技术》两门课程的教材、课件，两份培训教材、课件已通过专家评审，受到好评。本年度组织“专业技术人员知识更新工程（653 工程）”讲座培训，达 1026 人次。

五、搭建多种平台，为企业提供发展途径

搭建“上海信息家电行业峰会”交流平台，11 月，以“三网融合背景下信息家电终端产品发展趋势”为题举行首次活动，仪电集团、上海电信、东方有线、上海交大、数字电视国家工程中心、全景、文广互动等单位的领导和专家就产业发展进行交流与沟通；搭建行业诚信建设服务平台，开展企业诚信创建活动的宣传、交流、指导、服务，已有近 20 户企业成为市诚信创建企业，5 户企业已晋级为星级诚信企业；与上海电子产品维修服务协会共同组建“服务与维修联盟”，为有关企业牵线搭桥；与市研发公共服务平台管理中心签订《上海研发公共服务平台上海信息家电行业协会服务站共建协议》，在会员活动中邀请市研发服务平台到现场宣传推广，促进科技资源共享，更好地为企业提供科技公共服务。

六、为企业寻找合作机遇牵线搭桥

5 月，应墨西哥上海总领事馆邀请，组织部分会员单位参加在世博园区内举办的中国、墨西哥交流峰会，两国企业进行面对面的交流和沟通。6 月，应比利时上海总领事馆邀请，组织部分会员单位参加世博会“比利时——欧盟馆”举办的“影像瓦隆——广电业的尖端科技”研讨会。同月，组织 11 户企业参加第二届上海电子展，参展的蓝光播放器、激光卫星投影机、3D 投影机、数字一体机、家电节能插座、家庭联网报警系统、数字建筑智能控制系统、电力线以太网适配器、EOC 同轴电缆等产品受到展会主办方和参观者的高度评价。

七、主办、协办、承办各种研讨会，为开拓企业视野出力

4 月 14 日，与上海武宁科技创业园、苏州电子信息行业协会在苏州联合举办“共享平台服务资源，促进中小企业发展暨上海武宁检测认证平台推广会”，苏州地区电子信息行业近百家企业参会。6 月 24 日，受中电标协委托，承办的“2010 年电子信息产业华东地区标准化工作研讨会”在上海隆重举行，工信部电子信息司丁文武副司长出席会议，并作《电子信息领域标准化工作》的主题报告，市经信委、市科委、中电标协相关领导到会致辞，工信部科技司领导作重要讲话。来自福建、山东、浙江、安徽、江苏、贵州、湖北、江西等省、市标准化主管部门、有关企事业单位的近百名代表出席会议并进行了交流研讨。11 月 4 日，协办在上海新国际博览中心举行的“2010 年电子信息产品污染防治英雄会”论坛，工信部节能与综合利用司、环保部化学品登记管理中心、环保部污染防治司相关领导以及来自 SGS、Intertek 的专家出席会议并作主题报告。11 月 11 日，协办在中科院上海学术活动中心举行的第七届数字电视与无线多媒体通信国际论坛，市经信委副主任邵志清出席会议并作主题报告，世博信息化部副部长、同济大学教授程大章，中国电信上海公司总经理张维华等国内外知名学者、企业高层领导作了精彩的演讲。

（上海市信息家电行业协会）

上海市电子商务行业协会

上海市电子商务行业协会成立于2002年4月13日，是由从事电子商务的企事业单位按照自愿平等原则组成的，具有独立法人资格的非营利性行业组织。会员单位涉及与电子商务相关的细分行业达20多个，包括贸易流通、交易服务、技术支持、电子支付、物流配套、安全认证、消费资讯、教育培训等多个领域。

2010年主要工作：

一、务实求新，促进行业发展

1．配合“双推对接”试点工程，促进产业政策落地。为贯彻落实《上海市促进电子商务发展规定》，促进有影响、有潜力、符合产业发展导向的上海市电子商务平台做大做强，促进中小企业健康发展，在市经信委领导下，组织电子商务“双推”试点工程企业座谈会，进行政策解读，听取意见，推荐会员单位参加试点，举办多场“双推工程”平台推介会，推广专业领域电子商务应用。

2．成立电子支付专委会。6月3日，成立电子支付专业委员会，促进上海市电子商务支付产业和国际金融中心建设，推进电子支付规范发展。本会作为国内首个针对电子支付的行业性自律组织，专委会的成立，将对电子支付的行业统计、标准研究、技术咨询、合作交流、宣传推广等方面产生积极影响，有利于加快推进上海电子支付产业做大做强，并对全国电子支付发展起到示范带动作用。银联商务、银联电子支付、付费通、汇付天下、环迅、美银宝等沪上电子支付企业，以及号码百事通等电子商务企业成为专委会成员单位。

3．持续完善统计工作，提升行业统计分析能力。组织两年来规模最大的统计年报会议，通过动员和宣传，提高了企业积极性，统计样本量显著增长，通过完善统计数据库，优化分析方法，进一步提升统计数据质量。

4．探索电子商务园区服务创新机制取得新突破。一是正式入驻宝山庙行镇智力产业园区，达成共建上海电子商务示范基地的战略性合作协议，就诚信建设、人才服务、政策咨询、项目申报、品牌创建、信息交流、深层次行业研究等开展长期合作。应园区要求，协会设立园区管理办公室，安排专职人员入驻园区协调处理日常服务事务，还就开展园区电子商务诚信体系建设、人才建设配套和综合配套等具体服务项目签署合作协议；二是继续完善虹口北外滩开业园区配套服务功能。协会在园区安排驻站专职人员，并确保在规定的工作日正常在岗，严格执行园区工作站管理办法和工作站岗位职责及相关流程，做到了各项工作制度化、规范化。建立与网上创业基地内小企业的在线沟通机制，通过在线互动了解园区企业创业中的服务需求，以便提供更有针对性的服务方案。为促进园区健康发展，坚持做好园区企业的诚信承诺登记服务，年内全部完成了对新入驻企业的诚信承诺登记和更新了原有企业的诚信承诺登记证；三是探索与浦东国家级电子商务综合创新实践区的合作。协会高度重视浦东新区电子商务的发展，先后走访浦东新区经信委和国家电子商务创新试点镇唐镇镇政府主要领导，就共同合作，在浦东新区唐镇电子商务创新港开展电子商务配套服务等核心问题进行坦诚交流，为下一阶段实质性合作进行铺垫。浦东新区经信委希望协会积极参与完善浦东国家电子商务创新实践区的建设方案，在构建“六个一”工程方面做深入研究，并希望协会将浦东综合实践区作为电子商务推广的主要载体，参与营造浦东电子商务发展环境。唐镇镇政府则重点从电子商务创新港诚信体系建设、支持电子支付产业发展和建立创新港人才培训机制等具体事项提出了深化合作要求。

5．开展调研活动，为行业发展助力献策。聚焦电子商务热点问题，通过调研掌握行业动态，建立与会员的交流沟通机制，组织电子商务服务创新园管理办法座谈会，电子商务信用体系建设企业调研，双推试点工作座谈，“十二五”规划编制调研等多项调研活动。

二、提高凝聚力，专注会员服务

1．丰富活动内容，服务会员需要。组织10多户会员单位参加首届“皖江城市带电子商务发展论坛”，为会员单位拓展业务、推进地区间合作提供商机；为30多户中小企业组织网络营销讲座，举办“职业培训与电子商务共同发展”和“B2C企业初创期注意事项”等沙龙，帮助园区企业提高创业成功率。

2．支持会员企业实施品牌战略。通过提供申报信息和推荐意见，组织30多户会员单位参加上海中小企业“品牌企业”、“品牌产品”评选。数字证书认证中心、汇付天下、跨国采购中心等分别获得“品牌企业”或“品牌服务”称号。

3．组织会员参加政府专项资金项目申报。始终关注政府有关电子商务专项资金项目信息，通过协会网站及时转发，组织10多户会员企业和电子商务园区参加“上海市加快自主品牌建设专项资金”项目申报座谈会，为会员单位提供申报咨询服务。

4．为会员提供多种形式媒体宣传服务。与《IT时报》建立合作关系，先后刊发“电子支付专版”、“世博会专版”，报道上海电子商务发展动态，扩大社会影响力。利用自有刊物《电子商务资讯》和协会网站，开展电子商务法律政策、行业动态宣传，为会员和社会各界提供了解动向、掌握政策、把握商机的重要信息。

三、支持政府决策，深化行业研究

1．出版发行《2009年上海市电子商务报告》。在市经信委指导下，组织编纂出版《2009年上海市电子商务报告》，系统总结2008－2009年上海电子商务发展成果，对上海电子商务发展趋势、政策研究方向进行分析建议，为电子商务研究提供参考和借鉴。

2．组织信用评价体系专项研究。受政府部门委托，组织了高校学者、电子商务企业和信用机构专业人士参与的研究团队，开展企业调研，搜集分析国内外电子商务信用体系发展动态，结合上海实际，提出构建上海电子商务信用评价体系设计方案和实施建议。

四、夯实管理基础，增强服务能力

1．发展会员，增强协会的行业代表性和影响力。在继续健全会员信息资料库基础上，努力发展新会员，阿里巴巴、京东商城、1号店、银联商务、汇付天下、新跃物流、一嗨租赁等业内著名电子商务企业纷纷加入协会。至年末，会员总数达336户。

2．加强对外交流，构筑区域互利合作机制。实施“走出去”战略，通过互访，与浙江、福建、广东等地区电子商务协会探讨了商业互动、标准制定、诚信建设等方面的区域合作机制；与台湾地区电子商务行业组织建立沟通渠道，为促进两岸电子商务企业交流、学术研究做了铺垫。

3．完善工作团队建设，提升专业化服务能力。坚持抓团队建设，在知识结构、年龄结构等方面继续优化，引进年富力强、具有高知识结构的专家型人才，增强了协会专业服务的深度和广度。

（刘　俊）

上海家用电器行业协会

上海家用电器行业协会成立于1985年8月，为上海市家用电器行业企事业单位自愿组成的跨部门、跨所有制的非营利性的行业性社会团体法人。现有各种所有制会员单位480余户。下设家用中央空调、家电维修、水家电等3个专业委员会。

2010年主要工作：

一、认真编制上海家电行业“十二五”发展规划建议

根据市经信委要求，年初将编写《推进家电行业转型升级实现发展方式的根本转变——上海家用电器行业协会“十二五”规划的建议》列为今年的重点工作。2月，工作正式启动，成立了以会长为组长的编制建议书领导小组，建立了由秘书长和相关主要企业、专家组成的工作班子。经过努力，汇总各方面的意见，形成了《推进家电行业转型升级实现发展方式的根本转变——上海家用电器行业协会“十二五”规划的建议》，并上报市经信委等有关部门。《建议》中提出“十二五”期间主要任务是加快转变发展方式，创新发展，实现产业转型升级。同时，在节能减排、循环经济和自主品牌建设上提出了建议和要求。

二、发挥协会桥梁纽带作用，积极反映和帮助企业解决诉求

贴近企业，倾听企业的呼声，先后走访了日立、尊贵、杜氏、中日、聚兰、森中等10多户制造企业，中央空调、水家电、维修3个专业委员会还分别走访了近100户企业。通过走访，了解了企业生产情况和诉求，力所能及地帮助解决难题，并根据水家电企业技术工欠缺情况，经多方联系，为开能、申花、AO史密斯等企业举办了两期近50人参加的初级和中级工的培训，已有近40人拿到了由市劳动局颁发的证书。

高温季节，为保证市民的正常用电，市供电部门对我们很多生产企业实行了限电，但此时，正是家电下乡企业的生产关键时期。协会根据企业的反映，经过调查，及时反映到经信委和有关部门，建议将限电时间适当延后。在政府有关部门的支持下，顺利解决了双鹿、尊贵、索伊等企业的用电问题，保证了企业的正常生产。

在上海市发生“11·15”特大火灾后，协会结合维修行业的特点，立即发出了《关于进一步加强上海家用电器行业安全生产管理工作》的紧急通知，要求各企业做好安全管理，开展安全检查，并会同企业对持证作业等进行了抽查。

三、认真开展各类技术培训和工程设计大赛，努力提升行业从业人员的素质

先后举办了5期各类制冷工上岗证班和等级工班、两期水家电等级工的培训，共有近700人参加培训。经过考核，取得了由市人事局、安全生产监督局颁发的上岗证书和上海制冷空调特种作业操作证书。6月8日，由市人事局职业考试院组织的第6期制冷空调维修工程师班进行了理论和实务考试，共有51人参加，36人考试通过取得了相应的证书。第7期工程师班也于11月顺利开班，已有54人报名参加工程师和助理工程师培训，将在明年进行应知应会考试。

为了推动我国家用中央空调作业技术进步和发展，促进应用技术的提高，中央空调专业委员会连续7年举办“家用／商用中央空调优秀工程设计实例”大奖赛活动。在奇士企业的大力支持下，今年举办的“奇士杯”优秀工程设计实例大奖赛，共收到稿件43篇，来稿对象有会员单位，也有大学、设计院。11月17日，召开“奇士杯”中央空调绿色、低碳、节能技术交流论坛，会上有7位工程师将来稿进行了交流，教授、专家在现场进行了点评。通过专家、顾问的评审，共评出了工程设计优秀奖10名，优秀论文奖3名，奇士企业被授予特别奖。通过工程设计实例大奖赛活动，为广大会员单位提供技术交流的平台，为企业提高知名度提供了机遇，也为广大技术人员提供了交流学习机会。

四、组织“迎世博，讲文明，树新风”活动，积极推进家电行业优质满意服务活动

组织“迎世博，创一流消费活动”为主题的大型“3.15”咨询、投诉活动，在广大会员单位的支持下，与电子维修协会、通讯广播电视协会共同组织了53户单位参加，包含了冰箱、空调、洗衣机、热水器、手机、电脑、音视频、电热器具、净水机、小家电等十大类产品。

与市质监局、市质量协会用户委员会共同组织完成第3次上海地区15户主要空调品牌的客户满意度调查，并于3月1日向社会发布测评结果。期间，协会认真组织开展了用户回访、用户座谈会和上门听取投诉客户意见等活动，并与企业召开了多次座谈会，将情况反映进行通报，使企业能及时为用户解决问题。这些做法，得到了质监局有关领导的充分肯定，并对各品牌企业自觉提高客户满意度、提升服务质量起到了很大的促进作用。

五、积极、认真做好标准的制定和宣传贯彻工作

为了规范企业服务工作，根据市质监局标准化处的要求，结合水家电行业的情况，将《家用和类似用途饮用水处理设备服务规范》多次进行修改，使之能更贴近企业，更具可操作性。经努力，上半年，《家用和类似用途饮用水处理设备服务规范》被市质监局作为地方标准次标准向社会进行了公示，10月，通过专家初审。

六、继续开展好诚信企业创建工作

继续做好诚信企业创建的活动，年内有47户企业通过了星级诚信企业的评定和创建诚信企业的审定，增强了企业诚信文化，树立了良好社会形象。

七、积极组织国内外会展活动，扩大视野和信息交流，促进销售业绩增长

先后组织了近20户家电生产企业和水家电企业参加荷兰——阿姆斯特丹国际水展、国际健康生活方式博览会、2010年大连轻工博览会等多个展会。通过展会，提升消费者对这些企业品牌的知晓率和满意度，拓展与海内外客商的业务联系，并通过展会平台了解新品、新技术和新市场、新渠道，有力促进了企业销售业绩的增长。

八、提升网站、报刊、杂志的影响力，积极做好信息服务工作

为使协会信息工作更贴近企业，及时反映企业、市场、客户的需求，我们对协会报纸和双月刊栏目作出调整，增设了1厂1品的栏目，在每期报纸上宣传1个企业，介绍1个产品，推广1个品牌。今年，共出版《上海家电》报12期，《中央空调》专刊6期，同时出版了1期《水家电》论文和1期《水家电》服务篇。

九、做好协会自身建设工作

完善和充实了协会管理制度，积极做好新会员的发展工作，年内新发展会员47户。

（上海家用电器行业协会）

上海空调风管清洗协会

上海空调风管清洗协会成立于2007年7月，是国内首家以净化空调风管、节约能源、防止疾病传播、保障公众健康为宗旨，实现行业自律管理的非营利性的社会团体法人。现有会员单位179户。

会员单位包括专业清洗企业，清洗、消毒设备和药剂供应企业，空调工程施工与技术服务企业，卫生保洁企业，检测企业，教学科研单位和有关主管部门等。大部分会员单位为民营企业，其余为外资及合资企业等。

2010年主要工作：

一、服务世博

在世博会召开之前，上海市卫生部门要求对全市900多幢公共场所进行空调风管清洗，为配合政府的卫生要求，协会组织会员单位进行多次业务培训和技术指导，从行业自律的角度出发参与了空调清洗工程技术质量的技术指导和管理，为世博作出了应有的贡献。

二、全面推行《空调通风系统清洗企业A、B、C级能力推荐评定管理办法》

为使空调通风系统清洗机构从行业自律角度上在企业的经营活动中符合法律、法规和国家、地方的有关政策，并按照诚实守信的原则进行，维护行业声誉。协会推荐具有一定的工作能力和良好业绩的25个会员单位成为A级能力企业。目前，协会能力推荐已逐步成为政府采购招标的必备条件之一。

三、与市企业诚信创建活动组委会共同创建分体空调清洗公共服务平台

分体空调清洗公共服务平台通过统一流程、统一管理、统一呼号、统一保障，为消费者提供方便、安全、可靠、放心的专业空调清洗服务。同时，将平台紧密地与企业诚信创建结合在一起，协会工作的重点是对分体空调清洗公共服务平台起到孵化和指导作用，逐步建立平台的工作标准和分体空调清洗的行业标准。

四、开展了“企业诚信创建”活动

经宣传动员，由会员单位提出申请，通过协会初审，活动组委会复审，并安排专业部门征信，已有近50户会员单位得到“诚信创建企业”的称号。

五、联合相关协会共同举办“2010上海制冷空调与节能减排高峰论坛”

论坛以“未来城市节能减排技术”为主题，邀请政府有关部门领导、院校专家结合即将颁布的节能减排扶持政策，介绍政府的节能减排规划打算、论述空调节能技术的未来发展趋势和节能服务业的新动向。

（谢华樑）

上海冷冻空调行业协会

上海冷冻空调行业协会成立于1985年12月，是以生产制冷空调设备的企业为主，包括有关科研、设计、院校、工程安装、维修及商贸等企事业单位和社会团体自愿组成的跨地区、跨部门的行业组织。现有各种所有制会员265户，分布在机械、电子、轻工、航天、航空、商业、建筑等多个部门。

2010年主要工作：

一、办公室工作

1．发展会员41户，现有会员265户。根据协会章程，对两年未缴纳会费的15户企业将予以除名。

2．根据上海市“企业诚信创建”活动组委会文件精神，在行业内开展“创建诚信企业”活动，现有57户企业被评为“市诚信企业”。

3．完成市社团局每年的年检工作和“行业协会的预评估”工作。

4．与上海物业管理行业协会联合开办“上海物业服务技术和设施装备展览会”，主题为“物业管理，城市美好生活的开始”，上冷、本家空调、沃特奇勒、新晃等9户单位参展。

5．与台商盟立自动化科技（上海）有限公司联合举办“中央空调机组先进节能控制技术研讨会”，会议由协会总工程师邵乃宇主持，龙惟定教授、本家空调张小力博士作了专题演讲，近50户会员单位与会参加。

二、工程专业委员会工作

1．资质认证工作。新办理“资级认证”的企业共38户，至10月末，资质认证办公室办理资质认证企业已达260户。其中，A级92户，B级92户，C级76户。按资质认证管理办法规定，“对已办证3年以上企业要进行复审”，已复审20户企业，并给予换证。

2．根据市安监局文件的要求，在业内开展小企业安全生产评估工作。年内有55户小企业通过安全生产评估，获得《安全生产合格证》。累计共有101户企业通过了安全性评估。

3．开展“上海冷冻空调行业2009优质工程奖”评选活动。协会专委会专门成立了评审委员会，评审中严格按照规定的程序和要求，按照工程的实用性、效益性、规范性和先进性，通过项目分工和集中讨论逐个评审，以投票表决的形式确定入选项目。经评审，评出23个工程项目，涉及20户会员单位。8月，召开“上海冷冻空调行业协会工程专业委员会会员大会暨2009优质工程奖”颁奖仪式，向获奖企业颁发奖杯和奖状。

三、培训部工作

1．组织开展“2010上海市职业技能竞赛”活动，本会为2010上海市市级二类（制冷设备维修工中央空调系统操作员）竞赛主办方，杨浦区人社局协办，会员单位上海科技管理学校具体承办。6月，协会培训部在网上公告后，得到社会上广泛支持，共有34户单位151人报名参加。9月前，进行赛前培训。9月18日，应知考试，55名学员考试合格。10月30日，开展应会比赛。

2．与人事局合作，在业内开展专业技术职称评审工作。

经过外语、计算机、知识产权3门课目的复习考试，有7人考核合格，其中，高级职称1人，中级职称6人。9月，将有关评审材料上报市职称评审考试院。12月30日，将公布评审结果。

3．在小企业安全生产评估过程中，组织法人代表和安全管理人员参加市安监局举办的“生产经营单位负责人”和“安全生产管理人员”培训班。有91户会员企业相关人员报名参加培训，培训人员达230人，获得市安监局颁发的《安全生产合格证》，人数为216人，合格率达94%。

四、咨询部工作

1．开展生产许可证认证管理咨询服务工作。经协会指导服务，上海环球冷冻机厂LSB冷水机组生产许可证于年初审核通过。上海弘旭空调设备有限公司的组合式空调机组、柜式风机盘管机组、风机盘管机组，3组产品的审前准备工作也已完成。

2．组织大金、海信日立、三菱电机、上安、翰艺5户公司制定《热泵低温热水地面供暖系统的应用设计与安装规范》标准，并已通过专家评审，将以上海冷冻空调行业标准进行发布。

3．与上海铝业行业协会联合开发和推进新技术新材料在冷冻空调行业中的应用。9月，全铝蒸发式冷凝器已通过专家鉴定。

4．由协会专委会专家对上海松江大学城体育中心冰雪运动场工程项目进行验收评估，并提出合理建议，出具协会评估报告，得到用户和施工方好评。

5．承接虹桥枢纽中心商务核心区域集中供冷供热项目方案的咨询和评估，现阶段工作已完成，正组织专家评审。

6．参于市科技协会、咨询行业协会联合举办的稀有气体氪氙提取技术装置的评估会，本会专家提出了相当有益的建议。

7．受黄浦区人民法院委托，会同市质量监督技术研究院机电所，对“太阳都市”住户空调系统运行状况进行现场勘测，并出具报告，为法院判决提供法律依据。

五、信息部工作

1．认真办好协会《制冷信息》杂志，建立信息员队伍，召开两次通讯员会议。共收到企业通讯员稿件近70多篇，使用率达98%。

2．进一步搞好网站建设。网站新设《专家论坛》专栏，专委会有12位专家积极为协会杂志、网站撰写论文和文章；积极调动通讯员的作用，及时为网站提供企业信息。在网站设立文件与资料的下载功能，企业资质认证、安全评估、职称评审等文件资料均可从网站下载，受到企业欢迎。

3．建立协会通讯员工作会议制度。定期汇报、交流通讯工作经验，不断提高工作质量，并对通讯工作比较突出的通讯员予以适当奖励。

另外，还携手兄弟协会共同主办2010上海制冷空调节能减排应用论坛。12月18日，与上海制冷学会、上海冷冻食品协会、上海冷藏库协会在上海科技会堂联合举办“上海市第三届制冷节”活动总结表彰大会。

（刘俊飞）

上海锅炉压力容器行业协会

上海锅炉压力容器行业协会成立于2003年12月8日，是集锅炉和压力容器的设计、制造、销售、安装咨询服务的相关企业、院校、研究院所自愿组成的行业性社会团体。现有会员单位86户。

2010年主要工作：

一、发挥协会自身优势，当好政府决策参谋

1．开展行业调研，编制“十二五”规划建议。以科学发展观为指导，组织专门人员，深入会员单位，开展以电站锅炉、工业锅炉、锅炉辅机、压力容器和中石化等企业和研究单位为主的行业调研，经过反复修改，撰写题为《精细规划行业产业结构、开创低碳经济新布局》的“十二五”规划建议，为政府决策提供参考和素材，发挥了参谋作用。

2．运用统计分析，提升经济运行质量。2月4日，接市统计局文，协会为市统计局认可并授权的行业统计单位。在各单位的大力支持下，及时、正确、公开地反映行业及各企业经济状况和经济指标，如期上报市统计局。同时，根据经济统计资料提供的各类信息加以分析运用，撰写《突破经济发展瓶颈，提升经济运行质量》报告，对行业上半年经济运行情况作简要分析。

3．集成军民科技，增进军地双向交流。落实市委、市政府关于“建成一批高质量、有影响的军民结合，形成一套有利于军民统筹协调的工作机制”的要求，为会员企业加快进入军民合作与交流牵线搭桥，上锅、上辅、广安、华征、新凌、三荣等会员企业参与军民科技项目推荐，6户会员单位主动推荐自主创新的高新技术产品，参与项目对接，为推动军地两用技术交流，参与军民科技资源集成和共享，实现军民科技相互促进和协调发展作出努力。

二、发挥协会服务功能，推动企业持续发展

1．提供法律支撑，维护会员经济利益。与上海（维诚）山田律师事务所合作建立协会法律咨询部，以团队化、专业化的服务，为企业提供法律顾问服务。法律咨询部为协会下属部分工程公司、工厂企业单位回笼应收账款实施专业化服务，成功处理多宗历史遗留的棘手案件，减少企业经济损失。

2．强化重点培训，提高行业技能水平。一是进行新容规培训。根据国家质量监督检验检疫总局《TSGR0004-2009固定式压力容器安全技术监察规程》，与节能减排工作要求相结合，与上海机械工程学会压力容器与管道专业委员会共同举办二期培训班，邀请相关专家对新容规进行宣讲与释疑，收到一定效果；二是进行统计员专业知识培训。与市统计局、工经联联合举办会员企业统计员培训班，以求掌握统计工作原则、要求和规定，掌握统计分析应用于企业工业统计工作，确保企业持续发展；三是进行企业管理理论的培训。3月5日，在会员大会上，邀请上海电气电站集团的金升龙博士介绍先进的TOC企业管理理论，通过典型案例与管理理论相结合，进行形象、富有成效的培训；四是进行法律知识的专业培训。针对在对会员单位检查过程中暴露的合同问题，举办合同履行过程中要注意的法律问题培训班，并采取讲解案例、提问答疑方式，做到有的放矢，受到企业欢迎。

3．筹划低碳会展，展示低碳技术成果。与中国压力容器学会共同主办，由上海京慕展览策划有限公司承办的2010年第四届中国（上海）国际锅炉压力容器、压力管道技术与设备展览会于10月17-19日在上海世贸商城举办，有100余户企业参展，展会凸显“低碳、节能、环保、高效、安全”主题。

三、开拓国际市场，组织出国考察服务

组织部分会员单位赴迪拜考察、参观展示。会员单位一方面提供各种环保节能型产品、压力容器管道及各种小型设备和材料等参展，挖掘会展贸易的商机；另一方面带着市场的难点、热点和发展企业的课题进行实地考察，以引入新的理念、新的模式，取得了一定的成效。

四、发挥协会自律作用，促进行业规范发展

1．强化信息建设，提高效率提升管理。一是重新充实调整协会网站，主页界面和信息服务内容焕然一新，会员单位可以更快捷地进行协会内各行业、各单位、各层次的信息交流和沟通；二是与各会员单位的信息联络员，加强沟通和交流，使协会成为向政府反映社情、企情、民情的信息主渠道；三是出版6期《信息简报》和网站各栏目，反映锅炉压力容器行业的发展概况，推动政府与行业、协会与企业的上下沟通和信息交流，发挥政策在行业结构调整、企业产品转型、自主技术创新中的导向作用。

2．实行走访机制，掌握动态把握需求。先后走访会员单位22次，听取会员单位对协会的建议和意见，改进协会工作；了解会员单位的各类需求和诉求，及时为会员单位提供咨询和服务。如为拓展市场推广节能工程，有的企业要求申请工业生产用电单位之外的“低谷电”优惠政策，成为协会下一步努力协调的工作目标。

3．加强制度建设，依法办会廉洁办会。按市经信委的有关文件规定，认真学习文件中清理“小金库”精神，认识了依法办会、廉洁办会的重要性。尽管没有“小金库”，但是通过自查更认识到行业协会廉政制度建设的必要性。

（周国仁）

上海市电力行业协会

上海市电力行业协会成立于2004年9月28日，是由上海市电力企事业单位自愿组成的跨部门、跨所有制的非营利的行业性社会团体法人。现有电网、发电、电力建设和工程施工、电力设备制造和物资供应、科研院校等会员单位152户。

2010年主要工作：

一、坚持各项重要会议制度，确保协会有效运转

3月31日，在上海虹桥迎宾馆召开第二届理事会第二次会议，审议2009年工作总结和2010年工作打算、2009年会费使用情况及2010年预算安排等报告。会议号召会员单位围绕平安世博主题，为办好一届“成功、精彩、难忘”的世博会作出贡献。

4月21日，协会在上海南新雅大酒店承办召开直辖市电力行业协会工作研讨会，来自北京、天津、重庆、河南、四川电力协会的代表交流了各行业协会的工作经验和信息，增进了友谊。

11月，召开上海市电网和发电企业负责人联谊会，电力公司和上电股份、申能股份、华能华东分公司等发电企业负责人进行交流，市经信委、华东电监局有关负责人应邀出席。市电力公司副总经理胥传普感谢发电企业为世博保电和迎峰度夏的圆满成功所作的突出贡献，并希望厂网携手共同为上海电网的安全平稳运行再立新功。

定期召开常务理事单位联络员会议、秘书处年度工作务虚会及每周办公会议，通报工作情况，交流各自信息，协力确保协会工作的正常运转。

二、坚持当好政府部门的参谋助手，促进行业不断发展

3月，市经信委电力处负责人率装备产业处等相关人员来协会商议组建上海智能电网产业联盟事宜。3月18日，经努力筹措，“上海市智能电网产业联盟筹备会”在南新雅大酒店召开，相关核心单位的领导、部门负责人20余人出席会议。

4月，前往华东电监局，与邱水录副局长和资质处负责人等商议协助华东电监局成立承装（修、试）电力设施企业的社团组织事宜。为筹办该机构，协会走访市社团局、市经信委进行咨询，秘书处对具体方案进行多次研究和论证，并向华东电监局有关部门提出建议。

受市发改委委托，组织华能上海燃机电厂、上海漕泾热电有限责任公司、上海奉贤燃机发电有限公司等单位成立“上海市天然气发电机组发电量指标转让”课题组，开展以高效天然气机组替代低效天然气机组发电的节能效果以及技术经济可行性分析、气价结算等内容的研究。目前，《上海市天然气发电机组发电量指标转让暂行办法》已编制完成，并付诸应用。

受市质监局和市节能监察中心等机构委托，组织上电股份公司、华能华东分公司、申能股份公司编制的《上海市常规燃煤发电机组单位产品能源能耗限额标准》已通过评审，将成为上海市地方性标准。受市发改委、华东电监局委托，组织电力公司、上电股份公司、华能华东分公司、申能股份公司等企业开展“电力用户与发电企业直接交易”课题研究，4月，完成课题成果评审及试点实施方案（建议稿）的编制。

按照市政府法制办的要求，组织骨干发电企业对《上海市节约用水管理办法》（修订草案）进行研究，并提出修改意见。受市经信委委托，组织骨干发电企业牵头成立课题组开展《上海电网节能调度实施细则和操作制度》研究。

三、坚持服务会员服务行业宗旨，提升行业管理水平

持续推进全面质量管理，组织开展QC小组活动的推广交流和成果评选工作。年初，多次召开QC小组活动工作会议，研究部署成果评选工作，讨论审定成果发布评审办法以及发布纪律。3月，召开QC成果发布会，对业内企业QC成果进行发布。在此基础上，推荐QC成果分别上报相关机构参加成果评选，其中，有1项成果获得国家级优秀奖，共有36个集体、个人获得省市级QC小组活动先进集体和先进个人奖。

继续做好行业统计工作，注意统计内容与形式的多样化、个性化，加强与兄弟协业的统计成果交流共享，按月编制和发布统计资料，为社会及业内企业服务。

加强与相关企业的协调和合作，加强互通，资源共享，优势互补。经努力，上海闸电燃机电厂“上海燃气轮机发电国家职业技能鉴定站”获批成立。这是由国家批准的全国燃气轮机行业首家职业技能鉴定站，填补了国内燃机行业无职业技能等级的空白；上海石洞口电厂和石洞口检修公司分别被华能集团公司批准设立为华能集团公司第六（火力）和第八（火力）技能鉴定中心，同时成为上海电力行业教育培训协作网的成员。帮助原市东供电公司下属的重欣公司向市有关部门申请成立五大工种技能鉴定站已获得批准，相关培训大纲教材也将完成编纂并报审。

受市电力公司委托，组织专家对2009年度科技信息项目符合国家有关“五新”（新产品、新工艺、新技术、新材料、新设备）抵税政策情况进行专题评估，可抵扣企业所得税约4000万元；在市经信委、华东电监局、市安监局等部门的指导下，受市电力公司委托编制的《用户高压配电装置安全运行管理规范》已形成送审稿，将成为上海电力行业标准；会同上海久隆企业管理咨询有限公司开展“上海市电力公司法律风险防范对策”课题研究，目前，该课题已通过初审。

秘书处对接报的有关电力工程费用结算支付方面的投诉，在认真倾听投诉意见并进行耐心细致分析、解释的基础上，及时向相关企业进行了反映，促成该企业及时结付工程款项，避免矛盾激化。对居民投诉的有关用电问题，进行认真调查，并作细致耐心解释。

四、重视交流与交往，加强沟通，增进了解

6月和9月，与广东省电力行业协会在上海外高桥第三发电公司联合开展沪粤两地发电企业学习交流活动，来自于广东省电厂和电网企业的负责人和部门经理两批共70余人参观外高桥第三发电公司，并听取节能减排等方面的经验介绍。

6月13日，接待由会长吉田藤夫率领的日本内燃力发电设备协会访华团一行，双方进行交流座谈，并陪同日方人员参观上海闸电燃气轮机发电有限公司。

积极参加中国电力企业联合会组织开展的各项活动，并在中电联换届改选中成为第五届理事单位。11月，接待由中电联理事会办公厅副主任与会员处负责人一行的调研考察。

重视加强与市经团联、上海现代服务业联合会的联系，积极参加其组织的报告会、研讨会及其他活动。市工经联有关领导对协会提请关注的成员企业申报有关奖项，给予热心帮助和支持。

继续协办“中国国际工业博览会”，与工博会组办单位联合举办“能源装备技术研讨会”，积极推荐电力行业优秀企业参展和组织行业观众参观“工博会”，荣获“2010年中国国际工业博览会优秀组织奖”。会同市节能协会顺利举行分布式供能研讨会和低碳发展报告会。

《上海电力行业信息》是协会汇集热点、传递信息和沟通各方的重要载体。年内信息调研部注意围绕世博保电等热点开展工作，加强报道的广度和深度，调整和优化版面结构、样式，注意反映小企业信息，信息刊载量明显增加，受到普遍欢迎，并注意做好各专业网络的平台建设及专业交流，组织相关成员企业和专业网络开展考察、调研活动，加强沟通、增进友谊。

（朱辛放）

上海市汽车行业协会

上海市汽车行业协会成立于1996年，为上海市汽车行业企事业单位自愿组成的跨部门、跨所有制的非营利的行业性社会团体法人。现有会员单位319户。

2010年主要工作：

一、参与世博、服务世博

积极参与市经团联与美国环保协会联手开展“世博绿色出行”活动，组织100余户会员企业签订世博绿色出行承诺书。组织16户会员企业领导出席世博绿色林挂牌仪式和植树活动。与培训中心合作举办世博培训班，推介世博培训方案，并接待和组织北京汽车行业协会的14名企业高管参加培训和观博活动。组织协会专家及有关人员50余人参观世博会。积极参加台湾馆、加拿大馆、瑞典馆、南非馆、卢森堡馆等外国参展团举办的世博推介活动。

二、认真做好为会员企业的服务

加强与浦东新区政府的交流和合作，为会员企业协调解决生产发展所遇到的问题，同时与新区经信委工业处联合召开政策宣讲会与企业进行交流互动。全年召开两次市场形势报告会，邀请相关专家就全国汽车市场的发展、汽车产业政策、产销形势作分析预测。召开统计信息年会，与会员单位进行交流座谈和提高统计信息质量的研讨。为上海乘用车公司提供年度市场分析报告和每月的市场产销情况分析预测。每季编报《汽车市场分析》供会员单位参阅，每月在网站和会刊上定期刊登市场产销分析文章和图表。在慧龙计算机公司的支持下进行网站的改版工作，为会员企业提供多角度、各层次的资料和信息，受到社会和用户的关注。深入开展节能减排JJ小组活动。在会员企业开展“我为节能减排献一计”活动，推进企业节能减排工作的深化。与市工经联联合举办JJ小组活动及相关操作知识培训班。协会和3个试点企业均被市工经联评为节能减排活动的表彰单位。

三、抓好协调，发挥分会的作用

动力总成分会于3月成立后，开展多项活动。组织主机企业的实验室检测能力的认证；邀请同济大学专家进行动力总成开发流程的技术交流讲座；举办“汽车污染物控制国际学术研讨会”；举办“机动车出口认证检测平台”研讨会；配合上汽集团商用车事业部开展商用柴油柴油机的研发工作。

配合汽车铸造分会开展有关活动。参与和协调铸造分会开好华东地区铸造行业年会，组织会员参观上海世博会；铸造分会领导先后赴无锡、泰州、杭州、厦门、浙江、福建等十余个企业访问和开展技术咨询活动；铸造分会组织专家对山东天泽昌大缸盖有限公司等10个会员单位开展上门技术服务，组织研发新设备、新材料等工作。

协助专用车、改装车专业委员会开展课题调研工作。开展“关于深化上海专用汽车课题研究”，已完成冷链物流类专用汽车和建筑工程类两个分报告；专业委员会还为会员企业搭建合作交流平台，联合开发出口产品，实现资源共享；组织专用车企业专业技术人员的产品认证、公告管理、准入标准的业务培训；定期召开专用车会员企业的工作会议和业务咨询工作。

电子电器专业委员会召开新能源汽车技术交流会，参与和组织召开第八届上海汽车电子论坛的各项组织工作，还定期开展会员企业的技术交流活动。

服务分会开展旧车市场的定位和发展的调研，探索二手车市场物流服务的可行性调研，并定期走访会员企业，帮助企业发展提供决策建议。

四、认真做好政府部门委托的各项工作

完成市经信委交办的《上海汽车行业“十二五”发展规划建议》的编制工作。依靠有关企业编写完成《上海专用汽车现状和发展》两个分课题初稿。在会员企业中发放调查表，配合市经信委有关部门推进工业化和信息化“两化融合”的实施工作。为市发改委编制出版《2010年上海市国民经济和社会发展报告》提供汽车产业发展报告。为市统计局定期提供汽车行业产销统计报表。

五、注重特色服务，构建新的服务平台

建立“二会二中心”联席会议制度。明确活动定位、内容和原则；每季轮流召开联席会议，进一步健全工作机制；发挥二中心的优势资源，服务上海汽车产业及华东地区和沪外企业。

共建上海研发公共服务平台汽车行业协会服务站。参加研发服务平台组织的业务培训和推介会议；宣传平台的功能和服务项目，推动企业的技术创新工作，为中小企业会员服务。

设立经济合同仲裁中心上海汽车行业协会工作站。积极参与市经团联的经济合同仲裁中心各项活动及业务培训；配合市中院积极调解企业间的经济合同纠纷，圆满解决了上海中外合资零部件企业与整车企业开发合同违约的经济纠纷案1项。

六、加强行业协会间的合作交流

推进汽车产业链协会的合作，定期活动，互相配合，共同行动，扩大影响。加强与上海其他兄弟行业协会的合作，参加协会沙龙论坛的筹备工作和协会间的工作研讨、考察活动，配合上海模具协会举办汽车模具技术交流和采购沟通会，协助上海塑料行业协会筹办国际橡塑展览，推荐专家研讨演讲，组织会员参观展览等活动。配合北京汽车行业协会召开每年一届全国汽车工业（行业）协会联席会议，积极参加全国汽车行业年会活动，交流协会工作信息，共同开展各项联谊活动。加强与长三角地区汽车行业协会的交流与合作，接待了南京汽车行业协会领导的来访和交流，参与浙江省汽车行业协会举办的有关活动，参加山东省汽车行业协会的年会等。接待扬州高新开发区管委会的来访。开展汽车行业的国际交流活动，与马来西亚、墨西哥、韩国、中国台湾等同行举办报告会、研讨会、市场形势分析等交流活动。

七、加强协会组织建设

完成协会秘书长的调整工作，履行相关手续和程序。召开四届四次理事会和会员大会，完成大会制订的各项议程。建立会长办公会制度，制定《会长办公会议议事规则》，得到会长单位的一致认同和支持。形成每年两次行业调研制度，全年走访20余户会员企业，调研主题明确，重点突出，交流信息，推进工作。完善和健全各项会议制度，坚持按制度落实各项会议安排，协会每月1次工作会议正常化、制度化、规范化。加强会籍动态管理，坚持积极发展新会员，及时清理违背章程规定的原会员。每年两次组织专家、顾问开展活动，结合市场调研和课题活动发挥协会专家的作用，组织专家撰写行业发展蓝皮书，在行业内发行。

八、重视秘书处自身建设

加强秘书处制度建设，年内制定和修订有关规章制度6项。不断完善工作目标责任制考核，每年制定年度工作目标分解，每半年检查考评1次，协会工作做到有安排、有进度、有要求、责任到人。认真做好会费收缴工作，确保会费收缴率目标实现。按要求认真做好小金库清理整顿工作，在自查的基础上完善财务手续和相关制度。加强党支部建设，在党员中认真开展“创先争优”活动，发挥党员的带头作用，坚持每年1次的党员民主评议活动。党支部连续被市工经联党委评为先进党支部。

（练维洁）

上海有色金属行业协会

上海有色金属行业协会成立于2002年1月8日，是由上海及周边地区有色金属行业同业企业及其他经济组织自愿组成、实行行业服务和自律管理的跨部门、跨所有制的行业性社会团体。现有会员单位102户，基本覆盖上海地区主要的有色金属骨干企业。

2010年主要工作：

一、编制规划建议，引导产品升级，积极推进行业“十二五”产业发展战略

1．开展行业调研，编制规划建议。年初，按照上海产业发展的方针目标，结合贯彻《有色金属产业调整和振兴规划》的实施方案，多次深入会员企业开展调研，在充分听取行业专家意见的基础上，于4月完成由市经信委委托编制的《上海有色金属行业发展“十二五”规划建议》。

2．引导产品升级，筹划发展论坛。8月，召开“有色金属发展论坛”议题征求会，就有色金属行业的发展现状及关注的热点进行了讨论。业内专家针对不同地区、企业类型的规模、产能、产品等情况提出了建议与看法。将于2011年3月在本会召开的“上海有色金属技术与产品市场前沿论坛”上就中国铜、铝加工等最前沿的技术与产品等问题，通过专家剖析，帮助企业寻找未来发展的方向，跟上新一轮经济发展的形势。

3．助力现货贸易，筹建电子交易平台。建立涵盖有色金属交易全过程的上海有色金属现货电子交易平台是协会近两年来倾力推动的主要工作之一。虽然筹建过程步履维艰，但发起人单位已形成共识，达成初步意见，目前正进入报批程序。12月，市经信委信用管理处批准《上海有色金属电子交易平台信用评价体系建设》项目。该体系是为参与现货电子交易平台的企业提供第三方信用评价，从源头防范交易风险，为有色金属现货贸易保驾护航。

二、抓好常规工作，促进企业转型，提高行业整体水平

1．调整产业结构，制定行业标准。9月，承接市节能监察中心委托的《铜及铜合金管材单位产品能耗限额》（上海地方标准）编制工作。编制过程中得到市能源标准化技术委员会主任等业内专家及上海海亮铜业有限公司等6户企业技术高管大力支持，特别是对关键数据，进行反复推敲。该标准将于2011年2月1日执行。届时，单位能耗“限额值”及“准入值”将作为强制标准执行。同期，作为市“十一五”技术重大项目的《铜及铜合金棒线涡流探伤方法》国家标准编制项目也在积极编制过程中。该标准已向国标委申请立项。

2．提升行业水平，成立计量专委会。成立市计量协会有色金属专业委员会，已在松江、金山、嘉定和吴淞地区试点推行，并在40多户企业中开展强检、校检、维修和咨询一条龙服务。

3．增强竞争能力，评选名优产品。坚持企业自愿申请，在行业内评选出一批实物质量在上海有色金属市场同类产品中处于领先地位、销售额或市场占有率居行业前列、用户满意程度较高、具有较强市场竞争力的名优产品，为推动新技术引领行业发展起到促进作用。

4．提高职工素质，开展职称评审。开展上海有色金属行业专业技术职称（资格）评审工作，共有29名技术人员获得上海有色金属行业专业技术职称（资格）。其中，高级工程师5人、工程师9人、助理工程师15人。

5．倡导低碳生活，推荐铝箔产品。12月，召开“铝箔餐盒应用推荐新闻发布会”，会议得到了市发改委、市政协、市技监局、市经信委、市商务委、市教委、市污控处等有关部门领导的高度重视，《解放日报》、《新闻晨报》、《青年报》、《劳动报》、《中国有色金属报》及中央电视台财经频道等新闻媒体先后作了报道。《中国食品安全报》也专程赴上海爱邦铝箔制品有限公司作专题采访。市发改委环资处领导建议铝箔餐盒申报市政府的《循环经济扶持办法》，争取列入政府补贴项目，得到与会者的一致赞许。

三、加强组织建设，圆满完成协会理事会换届改选工作

1．换届改选理事，产生新的班子。7月，协会三届一次会员大会在上海银河宾馆隆重举行。通过章程修改草案、工作报告及财务审计情况报告，选举产生第三届理事会、理事、秘书长和正、副会长。

2．增添新鲜活力，充实调整理事。协会把上海地区的有色金属生产企业列为会员发展的重点，以进一步提高行业的代表性和覆盖面。经过多方努力，发展新会员45户，会员单位已达129户。根据协会章程、会员单位自荐和秘书处的推荐，经三届二次理事会审议通过，充实调整部分理事，目前，理事单位为31户，理事31名。

四、继续办好峰会，帮助企业寻求新的合作伙伴与发展机遇

1．举办铜铝峰会。5月，与富宝金属网联合主办“2010上海铜铝峰会”，中国有色金属工业协会副会长文献军、中国有色金属加工工业协会副理事长兼秘书长马世光等11位专家就业内关心的铜铝产业结构调整、价格走势、铜铝应用发展等问题作了精彩演讲，来自22个省市200多位与会代表齐聚一堂，进行交流与探讨。

2．举办铜杆（线）产业发展论坛。7月，与钢铁网有色事业部联合举办“2010年中国铜杆（线）产业发展论坛及金融贸易洽谈会”，会议涵盖了贸易商、铜杆（线）生产企业、金融资产提供商等各方面、多领域的国内主流知名企业，参会人数近200人。国家行政学院决策咨询部、海关总署综合统计分析处等单位12位专家学者与国内众多铜杆（线）生产厂家及部分精炼铜生产企业，对行业发展现状及下阶段行情走势进行探讨。

3．举办铅锌峰会。9月，协会与上海有色网主办“2010上海铅锌峰会”，300余名铅锌产业链及相关产业人士参加会议。中国有色金属工业协会铅锌部主任赵翠青、中国期货业行业协会副会长张宜生等11位业内资深专家和分析师就铅锌市场的变化、行业结构调整等情况进行分析，并探讨保持铅锌产业健康发展的对策措施。

4．举办世界废金属大会。11月，与新加坡terrapinn共同主办第六届2010世界废金属大会。上海出入境检验检疫局检验鉴定监管处处长、江西铜业股份有限公司执行董事等30多位专家及领导作了演讲，嘉宾们对中国未来再生金属行业的发展充满信心，来自世界各地的中外同行150多人出席了会议。

5．开展招商引资活动。先后组织两批企业家赴辽宁铁岭市、抚顺市和江西上饶学习考察。组织3批企业家参加辽宁省经贸团宁波会议、2010投资上饶（上海）项目对接会和瑞典废金属回收、金属回收贸易交流会。

五、搭建服务平台，提高秘书处办会能力与服务水平

不断加强自身队伍建设，提高秘书处办会的能力，形成较为完整的工作思路，实现办事机构社会化、工作内容常规化、激励机制市场化，并通过“四个服务中心”和“三个委员会”的组织形式加以贯彻落实。“企业服务中心”在制定行业标准、名优产品评选、技术职称评审等方面工作已进入常态化。“信息服务中心”在周三准时出版《上海有色金属信息》周报、每月2期《上海有色金属电子简报》、发行《上海有色金属》季刊杂志的基础上，经市新闻出版局审核同意协会主编的《上海有色金属信息》周报可作为连续性内部资料性出版物出版。与上海镍鑫电子商务有限公司联合主办的《中国镍钴网》正式上线，成为该行业又一新门户网站。“会议会展中心”组织安排的铜铝、铅锌、废金属会议已成为国内品牌会议，并延伸发展到组织技术论坛。“技术监测中心”和有色计量站在拓展内外业务、发展新客户、提高检测实验基地的检测能力和经济效益方面有了较大提高。华东质检中心共接受样品检测近千余份。无损检测中心检测涡流探伤设备67台／套，开办涡流探伤（超声）人员培训班3期，发（换）证140份。7月，技术监测中心与上海纤导精密机电设备有限公司合作，成立中国有色金属工业无损检测中心技术研究室，为企业拓展涡流技术研发业务，创造了更好的条件。

上海市有色金属标准化技术委员会、上海市计量协会有色金属专业委员会和上海有色金属行业协会专家委员会等三个委员会的32位专家活跃在行业的第一线。他们在编制上海有色金属行业发展《“十二五”规划建议》，开展行业发展战略研究、献言献策，参与制定企业技术标准、评审的名优产品及行业职工技术职称、推广铝箔餐盒应用等方面，发挥各自专长，起到了积极作用。

（上海有色金属行业协会）

上海铝业行业协会

上海铝业行业协会成立于1989年3月，是上海及长三角地区从事铝材、铝制品、铝冶炼的生产企业和铝产业链等相关企事业单位自愿组成的行业性社会团体。现有会员199户，来自上海、江苏、浙江等11个省市。

2010年主要工作：

一、联系会员、服务会员、发展会员、巩固会员，做大做强协会工作平台

年内发展新会员55户，会员总数为199户；新增补理事单位13户，理事会成员单位为32户；协会专家委员会增补4位资深专家，专家总数达40人，其中包括清华大学、上海交大等6所大学的9位教授，涵盖铝加工业所有门类、学科、专业。同时，坚持每月走访会员30户（次），主动开展会员服务工作。先后赴南通恒秀、浙江银河铝业现场办公开展技术咨询，赴萨帕、神火铝箔、万泰铝业、明岐铝业、沪鑫铝箔等单位开展技改节能项目申报辅导工作，应振兴铝业投资商邀请开展生产设备稳定性的专家论证等；帮助富邦铝业、军马铝业、浙江盛奎、江阴龙鼎等单位申报省著名商标；为江苏怡球产品出口通关、银河铝业出口土耳其、华源铝业上新项目等事项开展服务；为日本三协在国内寻找合作商；为南美某国购买四辊可逆式轧机等；还积极协助上海爱邦铝箔通过三大标准体系国际认证，并在112个国家和地区认证备案，产品进入上海世博会。

二、积极开展技术交流、技术咨询、技术推广活动

3月11日，组织长三角地区有关铝业企业参加上海高校科技成果发布会。5月12日，与上海冷冻空调行业协会召开第4次联系会议，检查前阶段项目合作进度，部署下阶段项目开展合作计划。5月28日，与苏州博能炉窑科技有限公司合作举办“2010年长三角地区铝合金熔铸及炉窑节能技术研讨会”，上海、江苏、浙江、福建、广东、山东、河北等7省市以及日本三井，共46户单位91位代表参加会议。其中，上海交大、应用技术学院的4位教授、市经委的有关专家也参加会议，并编辑会议《论文集》。

应上海众福公司要求开展熔炼工培训，有25位熔炉工参加培训。协会编写《铝熔炼资质培训教材》，所有参训员工经考试都获得《培训合格证书》；派出教授级高工，赴南通华特公司进行检测人员现场培训；多次为江苏中天集团职称评审进行申报辅导；组织开展第3次节能减排JJ小组培训，共有3个单位的60名骨干参加培训。

牵线搭桥，促成江苏艾伯纳公司与上海大学材料学院签订了产学研合作协议，为苏州博能公司和宁波威尔公司进行业务对接；为江苏龙鼎集团创国家驰名商标提供服务，还陪同鑫裕公司赴京汇报工作，协助该公司办理有关申报手续；就上海神火公司解决出口土耳其配额问题，与北京有关部门进行联络、反映，提供服务；为宁波威尔公司起草项目咨询报告；为萨帕铝热传输（上海）有限公司开展现场技术鉴定；与上海冷冻空调行业协会、上海上枫制冷设备有限公司成立联合专家组，为上海瑞斯乐公司的“冷库用全铝蒸发式冷凝器”以及“氨制冷系统中以铝代钢新材料应用”项目进行了专项鉴定；帮助上海东方希望集团铝轧卷板开拓出口渠道，邀约蒂森克虏伯公司在东方希望大厦进行技术交流，并促成了业务对接；协助某理事单位，配合国家商务部和上海商务委做好反倾销、反补贴案例的跟踪和应对；应银邦铝业要求，专家委员会特撰写、出具相关专业报告。

三、开展节能减排工作

协助会员单位开展节能技改项目申报工作，获取政府合同奖励数为4083吨标煤，其中，神火铝箔2583吨，万泰铝业1500吨。积极协助企业开展技改节能项目申报、节能设备退税申报和技改节能量审核工作等，其中，上海沪鑫铝箔有限公司已通过市经信委节能量专家组的审核，除技改节能政府奖励项目以外，协会努力推进企业申报技改投资政府奖励10%的项目，上海万泰铝业的1个项目通过市项目预审。1月25—26日，在上海沪鑫铝箔有限公司、上海浙东建材有限公司分别组织节能减排JJ小组活动培训，共有12个单位82人参加了培训活动。

四、认真开展上海铝行业“十二五”规划编制工作

上半年，受政府委托编制上海铝行业“十二五”发展规划建议书，协会用4个月时间开展调查研究听取各方意见，两次组织企业领导、协会专家、大学教授等参加座谈会、研讨会，圆满完成“十二五”规划建议的编制和上报工作。

五、开展职称评审工作

4月25日，协会发出文件通知，组织开展第4次职称评审工作。8月27日，举行第4批专业技术职称任职资格的颁证仪式，15户会员单位的55位专业技术人员分别获得高、中、初级技术职称任职资格。

六、加强信息平台建设

2月9日，上海铝业网独立办网（原挂靠中铝信息网）。4月1日，协会英文网正式开通。全年编辑出版6期《上海铝业》会刊，积极反映国家政策、行业动态、会员情况和本会动态等，编辑出版6期《技术信息动态》，积极反映国内外技术信息最新动态。

七、重视参加市商务委关于“双反”的系列活动

6月9日，市商务委确定本会为“上海市进出口公平贸易行业工作站”，并在大会上颁牌。协会组织有关会员单位参加市商务委组织的各类“双反”培训，协助企业建立公平贸易安全预警机制。

八、开展第二次“行业名优产品”评审工作

下半年，开展第二次“行业名优产品”评审工作，12户会员单位的12个产品荣获殊荣。12月18日在《文汇报》套红刊登《上海铝业行业协会“行业名优产品”公告》，并在各有关宣传媒介上进行报道和推介。

九、认真开展中国长三角地区铝业行业协会筹备工作

4月9日、5月13日，市民政局通知建议（推荐）将本会纳入全国第1批区域性行业协会工作试点，成立长三角地区铝业行业协会，并希望尽快上报《长三角铝业行业协会章程》（申报稿）。为此，协会积极响应，开展创建中国长三角地区铝业行业协会的系列筹备工作。

十、加强秘书处内部建设，不断提升办会能力

为了主动、及时向理事会报告工作，年内，秘书处共编发67期《秘书处工作汇报》，发至各理事成员单位，秘书处的工作第一时间向理事单位报告，受到理事单位的肯定。秘书处坚持每周1次工作例会，每月1次月度工作总结和计划会议安排，还制定《协会工作人员考勤制度》、《实行协会工作人员全员劳动合同的管理办法》、《上海铝业行业协会办公室工作职责》等各项内部管理制度和工作条例。10月，成立“专家工作部”，形成“四部一室”的办事架构，协会服务功能进一步得到拓展。

十一、党支部换届改选，认真加强党建工作

8月，党支部改选，选举产生协会第二届党支部委员会，建立“三会一课”制度，定期开展党员学习会，建立党员联系积极分子制度，制定《廉政守则》，为每位党员订1份党报，编辑《铝协党建》简报，积极发挥秘书处党员先锋模范作用。

十二、顺利完成协会办公场所的搬迁工作

12月18日，顺利完成办公场所的搬迁工作。新址面积增加了130%，设有大小会议室各1个，配置6门直线，实行总机转接，为工作人员每人配置电话、电脑，办公条件得到进一步改善。

（袁永达）

上海市铸造协会

上海市铸造协会成立于1984年1月，是以上海地区铸造企业为主体，并吸收科研、设计、教学和经贸等与铸造相关的企事业单位自愿组成的跨行业、跨部门、跨所有制性质的具有独立法人资格的非营利性社会团体。现有团体会员单位390余户，会员单位遍及信息、汽车、机电、冶金、船舶、航天、航空、纺织、仪表、轻工、化工、农机、装饰装潢等产品行业，上海地区行业覆盖面达98%以上，涵盖34个区、县、局、集团、控股公司所属铸造厂点，民营铸造企业，外资、合资、股份制和其他经济形式的铸造企业以及与铸造有关的大专院校、科研、设计和经贸等单位和在沪注册的外地企业等。下设5个专业委员会和1个中心：铸铁、铸钢及精铸、有色铸造及压铸、铸造原辅材料、设备及机模专业委员会，政策及价格工作委员会和上海市铸造技术培训中心。

2010年主要工作：

一、组织11户上海铸造企业赴北京参加2010年国际铸件博览会

连续3年组团参加由中国铸造协会等单位主办的此项世界级国际铸造展会。本次展会上，上海6户铸造企业荣获7个优质铸件金奖。其中，上海宏钢公司的1000兆瓦超超临界汽轮机组高压缸排气端和F级266兆瓦重型燃气轮机轴承座被中国铸造协会理事长贾成炳高度赞誉为“国宝级”的产品，是本届博览会中的“镇馆之宝”。

二、以“达标评议”为抓手，推进产业结构调整和节能减排

对60余户企业进行达标评议，向企业宣传转变经济增长方式，推进九大领域高新技术产业化的产业发展方向，推动企业调整优化产品结构，增强技术开发和自主创新能力，提升节能减排和管理水平。

三、配合、协助市工经联组织企业开展“JJ节能减排活动”

经组织动员，有4户企业报名参加“JJ”试点活动，参与人数126人，组建JJ小组20个，完成攻关课题20个，收到员工献计献策29份、征文3份，共节约能源4727.41吨标煤，减少二氧化碳排放34.28吨，减少粉尘排放5703.9吨，减少烟气排放195700立方米，产生经济效益962.13万元。

四、编写《中频感应电炉熔炼铁水能源消耗限额标准》

据统计，上海铸造行业使用中频炉进行铸铁熔炼生产所消耗的电能，约占上海全部铸造能耗的30%左右，但是国家、地方都没有关于中频炉熔炼铁水能耗限额的“标准”，这种状况，对于上海铸造行业“十二五”期间要在科学发展、“绿色铸造”理念指导下的产业升级和创新发展是不相适应的。协会响应市发改委、质监局、节能监察中心等部门提出的任务，通过努力，圆满完成《上海中频感应电炉熔炼铁水能源消耗限额标准》的编制任务。

五、编写《上海铸造行业“十二五”规划》

2月，开始着手编写，期间经过征询企业意见、理事长办公会议的讨论、修改，几易其稿，于10月完成并送交经信委。《规划》较全面阐述上海铸造行业当前面临的形势和任务，明确“十二五”时期上海铸造行业发展的重点，制定了相应的对策和措施，提出了建议。

六、开展行业交流

组织召开第22届全国地方铸造协会秘书长联席会议。市经信委总工程师马静、市经团联陈振浩副会长给大家作精彩的报告和发言。会后，组织来上海参加第22届全国地方铸造协会秘书长会议的全体代表52人参观世博盛典。参加第69届世界铸造会议、长三角地区铸造协会秘书长联席会议、香港压铸及铸造业总会25周年庆祝活动、江苏省铸协成立大会、浙江省铸协五届五次年会、常熟市冶金铸锻协会年会等。

（张方祹）

上海市电镀协会

上海市电镀协会成立于1984年，是上海地区电镀生产企业和相关的设备、经营、设计、科研、教育等单位自愿参加组成的社团法人。现有会员281户。下设教育、清洁生产、热镀锌、电子电镀，青年、老电镀工作者专业委员会。

2010年主要工作：

一、开展各类培训，提升行业整体素质

1．为8户企业提供技能培训，培训146名员工。

2．根据我国环境保护的要求，编写《电镀三废处理和环境保护》教材，继续对金山、宝山、嘉定、松江、奉贤、青浦企业的环保管理人员和操作人员进行培训，培训人次达257人。

3．在全行业持续开展清洁生产，推荐培训国家级清洁生产审核师15名，为企业培训清洁生产内审员97名。

4．全市有112户电镀企业使用含氰剧毒化学品，为了更好地规范储存运输、使用的要求，先后培训了250多人次。对使用剧毒化学品者坚决执行持证上岗，并对260多户企业的500多人次进行易制毒化学品上岗证持有者复训，保证了电镀生产过程的安全运营。

二、行业自律

电镀工业是先进制造业不可缺少的产业，但也是危险废弃物发生源之一。为了把废弃物从源头上削减及资源化的循环利用，协会对企业实行准入证发放制度。我们邀请各区经信委、环保、卫防、安监等部门面向企业进行咨询、服务，对符合准入要求的企业，发放3年期的准入证，对要求整改及在产业调整的企业发放1年期准入证。年内共发3年期证55户，1年期证35户。专家向企业提出各类可行性建议共400多条，督促企业文明、安全、低碳、高效生产，促进企业的发展。

三、促进交流相互学习

年内组织多次考察交流活动。组织企业联谊会、学习交流会、重阳敬老会；组织会员单位参加上海国际电子论坛，赴浙江、重庆、山东等地学习考察；接待北京、大连、天津、沈阳、哈尔滨、太原、兰州、浙江等地的行业同仁来我会指导、交流。

四、服务企业

1．协会和上海机械工艺研究所联合电镀实验室共为169户企业做检测，出具包括槽液分析、厚度、结合率、空隙力、内应力、盐雾测试等201次的检测报告，为保证企业产品的质量提供了可靠的科学依据。

2．为企业提供121次管理、质量、技术等咨询服务，并对一些企业进行了现场指导。

3．协会和上海轻工研究所合作推出的镀镍废水资源生产装置取得令人瞩目的成果。为77户企业安装136套镍废水回收设备，回收67吨镍，节约水资源70多万吨。既减少废水处理成本又提高水的再利用率，并将镍资源充分回收利用，取得可观的社会效益和经济效益。

4．网站和会刊《上海电镀》是为企业服务的窗口，共设置协会动态、热镀之窗、技术知苑、信息集萃等10多个栏目。全年出版《上海电镀》6期，为企业提供产业结构调整、节能减排、技术创新、质量检测、法律规范、行业动态等信息。定时更新《上海电镀》网站信息，有效地为行业和社会服务。

5．协办荷兰国际水展、中国表面处理工程处理展及中国表面处理论坛。行业内有2000多人次出席参加。

五、服务政府

1．完成市政府交办的《上海市电镀行业“十二五”规划》的制定工作，为行业的发展、产业结构调整提供依据和建议。

2．完成市安全生产监督管理局交办的“上海市危险化学品安全责任保险”工作。

3．完成经信委、安监局、公安局交办的116户含氰剧毒化学品使用量的审核工作。

4．完成市禁毒办、市缉毒处要求的易制毒人员上岗复训工作。

5．完成市环保局固废中心对上海市电镀行业固废情况的调研工作，并对电镀产生的污泥后处理提出建议。

6．配合市环保局环境监督大队完成了世博期间环境安全大检查。

7．完成市清洁生产推进办交办的对50户企业和青浦区环保局要求增加的3户企业的清洁生产审核任务。

（王纪民）

上海钢管行业协会

上海钢管行业协会成立于2000年4月。现有会员企业62户，遍布上海、江苏、浙江两省一市。下设不锈钢管专业委员会和专家技术委员会。

2010年主要工作：

一、服务国家长三角战略，推动长三角钢管行业协会的筹组

长三角地区已有钢管企业近千户，产能约占全国钢管产能的1/3，并集中全国一半以上的核电、化工、高压锅炉、油井、医药卫生等高质量钢管的生产能力。长三角钢管企业在生产、技术和产业链上紧密连接，在人才、市场和资源配置方面互为融合，上海钢管行业协会会员中约1/3来自江、浙两省，由于江、浙两省至今没有钢管行业组织，在全球经济一体化背景下，企业发展受到了一定的制约，为此，长三角钢管企业都希望能够尽早建立自己的行业组织。

协会秘书处根据理事会的安排，分别向上海市社团管理局和上海市社会工作党委汇报会员企业的要求，以后又不断利用各种会议的机会，向市民政局和国家民政部分管领导多次进行口头汇报。年初，民政部门正式将设立区域性行业协会列入日程，并通知本会递交申请报告。协会主动征求宝钢的意见，获得宝钢股份的大力支持，宝钢股份发文同意牵头发起成立长三角钢管行业协会，宝钢钢管事业部专门指派筹建人员参与协会筹组工作。协会还派出工作人员，进京向国资委、中钢协等领导部门汇报区域性行业协会的筹组情况，得到上述领导部门的支持。

目前，已有包括宝钢在内的20余户行业内具有一定代表性的钢管企业表示愿意作为发起单位，共同发起成立长三角钢管行业协会。

二、服务行业公平贸易，协助企业应对“双反“诉讼

一是将有关公平贸易方面的信息通过网站传递给企业；二是重要信息通过简报形式直接寄给企业负责人；三是重要又直接与某个企业相关的信息，则立刻用电话或邮件通知相关企业负责人。6月，从相关渠道了解到，欧盟正在准备对中国进行不锈钢管的“双反”调查，立刻向市商委汇报，并通知相关企业，力争抢在欧盟公布信息之前做好应对准备，由于此案将不可避免地涉及长三角地区企业，协会还联合江、浙有关企业，共同做好应对准备工作。由于准备充分，9月30日，欧盟委员会对原产于中国的不锈钢无缝管进行反倾销立案调查消息正式公布后，涉案企业纷纷应诉，极大地有利于抗辩工作，相关企业还获得了政府的反倾销工作补贴。还主动与政府有关部门联系，开展反倾销培训和调研工作。5月，邀请商务部公平贸易局欧美处有关负责人来沪，专门针对钢管公平贸易状况为会员企业做形势分析与应对策略的报告。

协会在公平贸易工作方面的努力，不仅受到企业好评，同时引起上级领导的重视。2008年，协会被商务部命名为全国27个公平贸易基层工作点之一。6月，又被市商务委授为第一批“上海市进出口贸易行业工作站”。

三、服务政府当好参谋，拓宽协会服务领域，增强协会造血功能

多次接受政府委托，协助政府完成行业管理和行业调研工作。受市经信委委托，组织编写7000余字的《上海钢管产业“十二五”发展规划建议》。接受市社团局的委托，为其完成课题《区域行业协会建设可行性研究》，提供研究资料。

四、服务企业信息交流坚持办好展会、网站和会刊

坚持每年主办上海国际钢管工业展，在举办第六届上海国际钢管工业展览会期间，同期举办“第三届中国钢管技术与市场论坛”，邀请国家商务部、中国钢铁工业协会的领导作钢铁工业形势和钢管反倾销实务报告，以及核电、海洋工程、锅炉、石化等行业专家作产业需求报告，西马克的德国专家也与会介绍了该公司最新轧管设备。上海国际钢管工业展在国外已颇具影响，在国内钢管行业中影响力居首。

“钢管行业”网站开办至今，已发布行业信息6800多条、钢管行情信息6500多条、协会和会员动态信息200多条，传播钢管知识和发布供求信息100多条。网站的点击率不断攀升，独家信息不断地被业内其他网站转载，已成为业内外了解协会和会员企业的窗口。《上海钢管行业简报》至今已出版214期，约107万字。简报通过宏观信息、国内外行业动态和协会动态3个栏目，为会员提供近期钢铁行业趋势、钢管产业技术市场信息和协会、会员动态信息。

五、服务企业品牌建设，引领产业优化升级

通过“上海名牌”及“上海著名商标”的推荐和评选，引导会员企业优化升级。每次评比，协会都认真协助企业做好资料的准备工作，对初次参评的企业，协会还组织专家上门为该企业进行面对面的辅导。目前，会员企业中拥有“上海名牌”6个和“上海著名商标”4个。

随着我国市场经济的不断发展，部分钢管国家标准已不适应当前的需求，协会及时与全国钢标委钢管分会联系，并受其委托组织对精密冷轧冷拔无缝钢管及船舶用无缝钢管两项国家标准的修订工作。

通过品牌建设、标准制定等一系列制度的建设，企业通过优化升级，产品向高端化、高附加值方向良性发展。

六．服务会员企业员工，开拓培训、职称评定新渠道

多方联系已落实无损检测及材料化验的专门培训机构，经培训可发给中国无损检测学会岗位证书，目前已为多户会员企业培训无损检测和材料化验技术人员。

经过多方调研和联系，与上海职业能力考试院建立有关职称评定的工作联系，今后将按照市技术职称评定统一规定，协助会员企业推荐申报中、高级专业技术职称人员。还可通过中钢协，为会员企业申报评定高级专业技术职称。

七、积极发展会员企业，抓好协会自身建设

年内共发展新会员4户，其中，内资企业3户，外资企业1户。现有会员单位62户。召开两次理事会和会员大会，并经理事会通过，增补专职副秘书长和兼职副秘书长各1名。

（蒋秋生）

上海市焊接协会

上海市焊接协会是1986年经上海市民政局批准成立的市级专业协会，下设行业管理、教育培训、交流出版和组织建设等4个专业委员会。现有会员企业243户。

2010年主要工作：

一、技术培训工作

年内参加协会各类焊接技术培训的人数超过1000人。培训特点：一是大批量、大规模的技术培训减少，而零星、分散的技术培训和外地企业培训增加；二是国外焊工培训考试所占比例提高，如为韩资企业重山风力设备（连云港）有限公司60名焊工进行AWSD1.1焊接技术标准证书的培训；三是培训内容增加，新开辟CWI国际焊接检验师、涂装工程师技术培训等；四是培训成绩实现网上查询，考试后只要输入身份证号码，就能在网上查到自己的成绩。为了进一步搞好技术培训工作，1月、7月，先后两次召开技术培训工作总结会议。10月13日，中国船级社上海分社来技术培训基地，实地了解和考察中国船级社（CCS）焊工技术培训工作，对CCS焊工技术培训给予充分肯定。

二、“十二五”规划编制工作

年初，受市经信委委托编写《上海市焊接行业“十二五”规划纲要》，邀请焊接结构制造业、焊接与切割设备行业、焊接材料行业的22名专家参加编写，于6月初完成编写。《规划纲要》分行业现状和存在问题、发展目标和主要任务、实施措施和政策建议三大部分，共21000字。

三、杂志和网站工作

组建《上海焊接》杂志新的编辑部，杂志质量明显提高，稿源明显增多。上海焊接网也出现新的面貌，不仅内容多了，报道面宽了，时效性也强了，及时反映协会重大活动、政府产业政策、企业经验体会、国内外焊接技术等，如先后介绍梅达焊接设备、沪工焊机、无锡汉神电气、伯合乐焊接材料公司等依靠科技创新加快发展的经验做法，以及市政府贯彻国务院关于促进中小企业发展若干意见的实施意见、上海市鼓励和促进科技创业的实施意见等，努力发挥杂志、网站窗口和服务功能。

四、企业调查研究工作

年初，选择10户企业进行重点调研，先后走访通用重工集团、沪工电焊机集团公司、东升焊接集团、梅达焊接设备公司、大西洋焊接材料公司、无锡汉神电气公司、正泰电焊机公司、伯合乐焊接技术（中国）有限公司等企业。实地考察企业生产现场，了解企业生产经营情况，与企业直接交流，推动协会和企业的联系，改进协会服务工作。

年内先后吸纳上海大豪纳米材料喷涂有限公司、伯合乐焊接技术（中国）有限公司、沪光焊接设备厂、正特焊接器材制造有限公司、上海潮龙焊接机电有限公司、索益电器科技有限公司、米勒焊接设备有限公司、柯进电器（上海）有限公司、特焊工贸有限公司、上海仟知机电科技有限公司、上海索德焊接设备有限公司、无锡第一点焊机厂、上海世纪出版股份有限公司科学技术出版社等13户单位为新会员单位。

五、技术职称评定工作

7月，顺利完成第2批行业焊接技术职称评定工作，共评出焊接助理工程师16名，焊接工程师5名，高级焊接工程师6名，并颁发技术职称证书。

六、行业节能减排工作

本会和会员单位上海威特力焊接设备制造股份有限公司被市工经联确定为上海市节能减排JJ小组活动首批试点单位。按照上级部门要求，协会落实专人抓JJ小组活动。威特力公司以班组为主体，针对生产过程中的能耗与污染问题，运用管理和技术手段，积极开展节能减排改进活动，经市节能减排JJ小组活动委员会评估，获得肯定。7月9日，在上海市节能减排JJ小组活动试点工作交流大会上，协会和威特力焊接设备制造股份有限公司分别被评为2009年度上海市节能减排JJ小组活动表扬单位。

七、行业产品质量管理工作

8月，市技监稽查总队依法对上海市部分焊机生产企业进行抽查，发现交流弧焊机质量问题比较严重，主要表现为焊机实际输出缩水、铭牌所标志的指标不规范和在载率达不到要求。协会立即和市技监稽查总队联系，并召开有关企业会议，还在上海焊接网站上发表《把产品低价竞争转到技术质量竞争上来》的评论，要求企业深刻吸取教训，端正经营思想，从思想观念、经营策略、企业管理、技术工艺、生产加工等各环节着手进行整改。

9月2日，协会召开产品质量专题会议，邀请市技术监督稽查总队通报电焊机专项检查的总体情况，要求企业承担起社会责任和民事责任，深刻吸取教训，认真进行整改，不要为眼前的利益而搞产品低价竞争。还请沪工电焊机公司介绍不搞产品低价竞争，不搞假冒伪劣产品，靠技术开发新品，靠品牌取信客户，靠质量赢得市场，实现企业不断发展的体会。米勒、沪东、正泰等8户参加会议的电焊机公司代表先后发言，表示要积极整改，尽快把产品质量搞上去。

八、技术交流工作

1．与天津市焊接协会在天津召开主题为“创新、和谐、可持续发展”的第11次沪津焊接协会交流会。本会介绍编写行业“十二五”规划纲要的情况。

2．组织部分企业代表参加第十五届北京埃森焊接与切割展览会。

3．在协会副理事长吴祖乾博士的组织下，协会专家与焊接学会共同编写《先进焊接技术》一书，并于8月份出版。

4．与焊接学会联合于10月27日在科学会堂举办“焊接工艺评定最新进展”学术研讨会。

5．与天津市焊接学会、天津市焊接行业协会、天津三英焊业、大桥焊材集团、金桥焊材集团等单位合作，于10月26日就“焊接技术在海洋工程和现代制造业上的应用”主题在天津市科技大厦共同举办“第二届天津焊接论坛”。

九、海外参展考察工作

3月，应天盛公司邀请，对该公司设在阿联酋迪拜的焊接产品窗口进行了考察。通过实地考察，协会认为迪拜是1个经销各类五金产品和焊接器材良好的集散地，税收政策优惠、治安环境良好，以现金交易，不会发生账款拖欠。为了扩大上海名优焊接产品的对外贸易，协会召开座谈会，研讨如何利用天盛公司的海外销售窗口，把上海焊接行业名优产品推向国际市场。12月5日，协会理事长带队，组织梅达焊接设备有限公司等部分企业到迪拜实地考察，准备选送行业名优产品到迪拜展示，扩大上海焊接行业影响和名牌产品销售。

十、开展行业诚信企业评选工作

参加2010年行业诚信企业评审的企业有11户。6月4日，协会召开“关于上海市焊接行业诚信企业的实施细则”讨论会，专家们对《行业诚信企业实施细则》中部分内容提出一些富有操作性的修改意见。会后，协会对《实施细则》作出进一步的修改完善。11月16日，协会召开行业诚信企业专家评审会，评出上海沪工电焊机（集团）有限公司、捷锐企业（上海）有限公司、上海焊接有限公司、上海东升焊接集团有限公司、上海斯米克焊接材料有限公司、上海金刚冶金材料有限公司、上海通用重工集团有限公司、无锡汉神电气有限公司和上海梅达焊接设备有限公司等9户企业为2010年度行业诚信企业。

（柳国炎）

上海市气体工业协会

上海市气体工业协会成立于2007年1月，为上海市及与上海市气体工业相关的专业气体生产、气体储运、气体经营、空分装备、承压设备制造、相关仪器仪表和零配件制造，以及科研单位、检测中心和大专院校等相关企事业单位，并包括在本专业领域内具有一定影响的个人自愿组成的专业性非营利社会团体法人。下设焊工考试委员会，主要负责特种设备企业的焊工考试。

2010年主要工作：

一、协会重要会议和活动

1．1月26日，在上海万缘大酒店召开“上海市气体工业协会第一届第四次理事会”，共有16位理事单位代表出席了会议，另有11名领导和专家列席会议。

2．2月2日，为上海华谊装备工程有限公司和上海浦江特种气体有限公司在浦江特气公司牵线召开合作洽谈会，两户公司基本达成长管拖车采购意向。

3．2月2日，参加“2009年上海市企业管路创新成果及先进制造业自主创新品牌颁奖大会暨市工经联迎春团拜会”，艾宝俊副市长作关于自主创新的专题讲话，蒋以任会长到会并致贺词。

4．4月28日，为玉树地震捐款。

5．8月，按照市有关部门《关于在本市社会团体开展“小金库”专项治理工作的实施方案》通知的要求，组织严格自查工作，并形成自查自纠总结报告和统计表，报送主管单位市经信委。

6．9月28–29日，参加中国工业气体工业协会气体压力设备专业委员会在海口举办的2010年年会，会上就《固定式压力容器安全技术监察规程》、《气瓶安全技术监察规程》和《移动式压力容器安全技术监察规程》（报批稿）进行解读和讨论。

7．12月17日，参加市社团局和市经团联联合举办的“上海市行业协会负责研修班”。主题是“围绕行业协会内部治理和创新活力，进一步提升行业协会自主发展能力”，相关政府部门领导、专家以及外省市行业负责人出席会议，共同探讨新形势下加强行业协会内部治理和增强创新活力的途径，开展行业协会合作交流。

二、参与标准制修订工作

1．GB/T18843.1–GB/T18443.8《真空绝热深冷设备性能试验方法》8项标准已正式批准发布。

2．完成GB567.1–GB567.4《爆破片安全装置》和GB/T14566.1–GB/T14566.4《爆破片型式与参数》等8项标准审核与报批。

3．完成GB/T18442.1–GB/T18442.6《固定式真空绝热深冷压力容器》6项标准的报批。

4．完成GB/T5458《液氮生物容器》、GB14174《大口径液氮容器》及GB16774《自增压式液氮容器》3项国家标准的送审稿。

5．完成《承压设备安全装置选择、应用与安装》和《承压设备安全泄放装置选择、应用与安装》两项国家标准的制定。

6．开展《深冷容器－高真空多层绝热用材料》和《深冷容器－气体与材料的相容性》两项国家标准的制定工作。

三、参与安全技术规范的制定和修订

1．参与完成TSGR0005《移动式压力容器安全技术监察规程》的制定。

2．完成TSGR0005《移动式压力容器安全技术监察规程》释义的编制。

3．参加TSGR4002《移动式压力容器充装许可规则》和TSGR6001《压力容器安全管理人员和操作人员考核大纲》的制定和修订。

四、质检公益性行业科研专项

1．完成“深冷容器标准体系研究”专项研究，顺利通过国标委验收。该研究项目主要工作成果包括收集、购买和整理了国内外深冷容器相关标准108部，其中，我国深冷容器的相关法规和标准34部，欧盟指令和标准31部，ISO标准17部，美国DOT和CGA等标准26部，并分别形成标准目录；完成25部重点法规、标准的翻译工作，翻译内容共700页，52万字；通过对国内外深冷容器相关标准分析和研究，形成了《深冷容器标准体系研究报告》，其分为7个部分和7个附录，报告共120页，9万字；从材料、设计、制造、检验与试制等方面完成固定式真空绝热容器、移动式真空绝热容器国内外标准技术对比；按照压力容器标准制定和修订工作重点领域的思路，确定未来几年我国深冷容器重点15项的标准制定和修订计划；通过对国内外深冷容器标准相关基础技术的分析和研究，确定未来几年我国5项深冷容器相关基础技术研究计划。

2．开展“承压设备安全附件标准体系研究及重要标准”专项的研究。经国家质检总局和国标委立项，该项目主要针对我国承压设备安全附件标准体系长期处于空白状态、安全附件标准落后与缺乏，以及现有部分标准陈旧不适用等现状，通过对承压设备安全附件标准体系开展研究，构建与国际惯例相适应的我国承压设备安全附件标准体系。

3．“深冷容器气体与材料的相容性试验方法研究和相关标准研制”课题成为2010年国家质检公益性行业科研专项。该项目主要通过对国外深冷容器气体与材料相容性相关标准的收集和研究，掌握相容性试验的原理和方法，并建立试验平台，对相关试验方法进行验证。在研究和试验验证的基础上，完成《深冷容器——高真空多层绝热用材料》和《深冷容器——气体与材料的相容性》两项国家标准的制定，并形成《深冷容器气体与材料的相容性试验方法研究和相关标准研制》报告。

五、作为低温工作组秘书处承担单位参与ISO/TC220国际标准化事务

参与低温工作组代表我国SAC对ISO/TC220投票决议工作和低温容器国际标准引用中国相关材料牌号的提案工作。

六、积极协助企业获得政府资助，提高企业参与标准制修订的积极性

七、面向政府与行业的服务、管理工作

参加中国工业气体协会气瓶专委会制造许可证评审；作为授课老师为压力容器设计鉴定评审人员讲课；负责市焊工培训和考试工作；编辑出版《上海气协简报》；为企业提供出具相关证明的服务。

（施锋萍）

上海市热处理协会

上海市热处理协会成立于1984年，是以热处理企业为主和相关联的设计、科研、教育等有关单位，热处理设备制造企业和热处理工艺材料生产企业自愿参加组成的社会团体。现有单位会员367户。下设真空、感应、控制气氛热处理和表面改性技术等专业委员会。

2010年主要工作：

一、组织专家编制《上海市热处理行业“十二五”发展规划》

配合市“十二五”发展规划的编制，调研国内外热处理发展水平，结合上海市行业状况，继续以“发展先进工艺、限制传统工艺、淘汰落后工艺”为导向，促使热处理企业达到总量可控、结构合理、管理有序、发展有劲，组织行业专家共同构思、起草和编制《上海市热处理行业“十二五”发展规划建议》，于3月形成初稿；经征求常务理事、理事及专业委员会成员意见和召开协会理事长秘书长会议专题讨论作5次修改，形成6月22日的征求意见稿，后又征求徐祖耀和潘健生两位院士及10多名资深专家讨论、审议，与市兄弟学会、协会秘书长等深入审议修改，后于10月完成《“十二五”规划建议》（征求意见稿），最后又按10月媒体公布的《中共中央关于制定国民经济和社会发展第十二个五年规划建议》参找本行业的结合点进一步作修改、补充和完善，于11月22日正式完成《上海市热处理行业“十二五”发展规划》。内容写入前言、行业现状、“十一五”规划执行情况和存在问题、上海市热处理行业与国外同行的差距、上海市热处理行业“十二五”规划发展环境分析和需求预测、上海市热处理行业“十二五”规划发展战略指导思想、上海市热处理行业“十二五”规划发展目标及措施和政策支持、上海市热处理行业的战略研究等，共9个部分。

积极参与中国热处理行业协会制定《中国热处理行业“十二五”发展规划》，通过互相沟通，共同补缺和促进修改。该规划已上报中国机械工业联合会和工信部批准，将于2011年发布并组织实施。

二、继续配合市政府做好调整行业企业结构及优化升级工作

1．协会关于“上海热处理行业、企业结构调整的意见”受到市产业结构调整协调推进办的重视，已被采纳使用。继续协助市府抓好热处理行业、企业结构调整，针对四大工艺行业重点调整的3年行动方案提出建设性意见和建议，做好民生工作，维护会员合理权益，把握好行业发展方向。

2．积极配合区县和企业大集团，做好互通信息，提供专业导向，调整思路，调整方案，提高行业的准入门槛。协会鼓励企业积极实践向先进制造业转移；促使企业的松散型合作转向紧密型合作、合并、整合；资本扩张，收购企业，提升工艺和装备水平，扩大热处理规模。如上海热处理有限公司已扩展到太原、天津和大连等地收购设分厂，上海业顺金属有限公司扩展、调整和上海上大热处理有限公司的合股重组等。

3．继续执行沪经规［2007］192号文件，组织专家对相关项目评估。相继有伯尔克（上海）底盘技术有限公司、上海电站辅机厂有关热处理工序与改造等10项评估项目，其中，两项已通过市产业结构调整协调推进办公室的审核。

4．推动《上海市热处理协会和江苏大丰市经济贸易委员会推进上海市热处理产业转移合作框架协议》。年内与大丰经贸委互动回访上海热处理的部分企业，让企业深层次了解江苏大丰并参加2010江苏大丰（上海）科技人才教育投资说明会。

三、推动上海市热处理行业清洁生产技术升级，促进行业可持续发展

1．国务院颁布《装备制造业调整振兴规划》已将四大基础工艺之一的热处理推广清洁生产和重点研发清洁生产热处理设备列入产业调整和振兴的主要任务，协会指导企业抓住这一契机，运用《中华人民共和国清洁生产促进法》，推行清洁生产先进技术，从真空热处理技术、可控气氛热处理技术、IGBT晶体管感应加热技术、计算机精密控制技术等9个方面努力实施，按《热处理行业清洁生产水平评价技术要求》评估，促进产业技术升级、提高技术水准，适应低碳经济发展。目前，上海旗春热处理有限公司、上海上大热处理有限公司和上海明嘉金属科技有限公司3户企业已荣获全国热处理行业清洁生产先进技术示范企业称号，江苏丰东热技术股份有限公司荣获全国热处理行业节能减排清洁生产先进技术制造企业称号。

2．扩展上海热处理厂点的清洁生产审核试点工作。继上海海上热处理有限公司清洁生产审核验证后，上海旗春热处理有限公司等两户企业已筹措申请。另外，宝山钢铁股份有限公司特殊钢事业部、上海吉列有限公司等10余户企业在整体审核申请时覆盖热处理的清洁生产，同时，上海电气（集团）总公司中上海钢球厂、上海工具厂等共14户企业也已通过验收或正在评审和验收中，上海湖光热处理厂、奥达科金属制品（上海）有限公司已进入验收阶段。

3．组织上海上大热处理有限公司等4户热处理企业作为机械科学院总院等单位负责起草的我国国家环境保护标准《清洁生产热处理行业》（征求意见稿）的实地验证企业，以使该标准更具科学性、实用性和可操作性，进一步促进行业企业清洁生产的实施。

4．参与工信部发布的《高能耗落后机电设备产品淘汰目录》的继续编制工作，加快淘汰高能耗落后机电设备产品的生产和使用，促使节能减排工作的开展。

四、服务企业，规范行业，发展产业

1．与市科技开发交流中心合作，"走出一条军民融合式发展路子"，帮助企业疏通进入"民技军用"渠道，推荐20余户企业的热处理先进、实用工艺于11月参加"2010上海首届军民两用技术促进大会暨项目对接会"。

2．配合市科委、闵行区政府和上海科学技术开发交流中心等主办、承办单位，以及市热、铸、锻协会协办的"2010上海高端装备制造科技创新论坛"，以"科学创新推动高端装备制造业结构升级"为主题，搭建面向国内外装备制造业高端讨论平台。组织70余户骨干企业会员代表参加。

3．组织专家为上海申光高强度螺栓有限公司、上海电气临港重型机械装备有限公司等7户企业进行技术咨询、项目论证、现场诊断。相继为上海、长三角地区会员、热处理厂点咨询服务213次，并为民事、刑事诉讼提供技术咨询3次。

4．积极开展技术、信息交流活动。真空热处理专业委员会举行第二次活动，着重对真空油淬炉安全生产操作规程讨论修改，争取与市安全生产科学研究所合作立项将该规程上升为市地方标准或国家安全行业标准；控制气氛热处理专业委员会举办首次技术交流会，上海旗春热处理有限公司等技术报告体现了上海在控制气氛热处理上的先进性；组织22户会员企业，在世博期间参加意大利萨伊感应设备（上海）有限公司假座圣马力诺馆举办的"可再生能源及节能效应：感应热处理在材料热处理领域的应用论坛"，后又组织专业委员会等技术专家对该公司的感应热处理多项关键技术进行考察；组织上海汽车、重型装备、航天航空等知名企业和高校、科研所等20余名技术人员参加"先进淬火介质技术及应用研讨会"；组织28户会员单位55人分两期组团赴台湾考察热处理行业；筹备2011年国际感应加热暨表面热处理专题展览会工作。

五、为企业办实事，做会员贴心人

1．热处理厂（点）生产基本条件达标验收72户。在验收同时，协会重点继续宣传市产业结构调整和企业优化升级有关政策，大多数企业从生产现场管理、质量管理、安全管理、能源管理、设备技术改造、大修节能改造、三废治理和人员培训等方面都有较大提升与规范。

2．召开年度上海地区典型热处理规范企业现场检查示范会。受中国热处理行业协会委托，组织25户规范企业和2户质量管理优秀企业召开座谈会，畅谈验收工作落实情况、企业发展思路，接受现场审核和监督检查；为中国热协制定"十二五"发展规划的实地调研，提出意见、建议、见解；配合中国热协做好对上海重型机器锻件厂等3户企业的抽查和27户企业的年检工作。

3．完成和完善协会网站建设，及时传递政府政策和为会员单位服务。

4．按时出版《上海市热处理协会通讯》，宣传报道国家重点科技自主创新举措，促转型推动上海先进制造业的发展；支持小企业发展、企业优化升级、节能减排、清洁生产、行业协会管理等方面的政府信息、政策及协会活动，并在清洁生产国家标准、行业"十二五"发展规划上加大宣传力度。

5．着力抓好10户企业中269名员工热处理上岗技术培训，竭力提升行业技术水平。在市人社局协调和指导下，协会成为行业内职业资格培训试点单位，积极筹办热处理高级工培训班，并着手进行热处理高级技师/1级职业资格业内培训准备工作。合作举办上海地区材料热处理工程师资格认证考试培训班两期，经考试合格工程师41名，见习工程师18名，继续教育8名，为上海应用技术学院32名应届毕业生专办热处理中级工/4级职业资格培训班。

6．协助市人社局职业资格鉴定中心完成将协会编纂的《上海市热处理技师/2级题库》上报国家人社部列为国家级题库工作，为全国热处理行业金属热处理等级工职业资格培训作出努力。

7．组织编纂出版的《实用热处理手册》荣获第23届华东地区科技出版社优秀科技图书1等奖。

（朱祖昌）

上海市轻工业协会

上海市轻工业协会成立于2007年6月，是由轻工各专业行业协会、大中型企业集团（公司）、科研院所等自愿组成，跨所有制的非营利性社会团体法人。现有会员单位200余户。

2010年主要工作：

一、协助政府部门开展对上海轻工业重大问题的研究

承接编制《上海市轻工业“十二五”发展规划建议》，就上海轻工业的基本情况，“十一五”回顾，“十二五”上海轻工行业面临的发展环境，规划的指导思想、主要原则和目标、产业、重点行业的发展导向等作了充分阐述，并提出10项措施及建议。

二、动员轻工行业、企业和广大员工开展立功竞赛，主动参与世博、优质服务世博、真诚奉献世博

4-10月，与上海轻工业工会联合会组织开展“服务世博、诚信创优”立功竞赛活动，评选产生29户企业“上海轻工行业服务世博诚信创优企业”、34个“上海轻工行业服务世博工人先锋号”集体（班组）、47位“上海轻工行业服务世博诚信创优最佳实践者”、11位“上海轻工行业服务世博诚信创优优秀组织者”。

三、搭建促进上海轻工自主品牌建设平台

推进品牌战略，推荐20个品牌作为培育的项目；协助市质监局开展上海名牌推荐评审工作、协助市工商局开展上海市著名商标推荐评审工作；支持上海轻工业工会联合会与《劳动报》合作开辟“上海轻工品牌文化建设十日谈”专栏，集中宣传12个上海轻工新老品牌。

四、围绕科技创新、创意设计，为企业提供各项服务

作为市经信委“上海创意设计联席会议”成员，积极推进上海“设计之都”建设；在为上海市轻工企业科技进步工作中全面推行技术咨询、产品开发、项目申报、项目论证、组织产学研联合攻关等开展了一系列工作；支持开展2010年上海“轻工杯”钟表创意设计大赛，获奖者和作品在“2010第五届上海设计双年展”上得到表彰和展示。

五、抓典型示范，推进企业质量水平提升和行业发展方式转变

组织召开上海轻工行业“抓企业质量水平提升，促行业发展方式转变专题现场会”，被列入“2010年上海市质量月”23项活动之一；经与市质监局标准化处多次沟通，已有上海化妆品专卖店专营店的服务标准、市水家电的送水服务标准通过评审，被列入市地方标准；受市工商局委托对全市申报的轻工类7项上海著名商标进行评审；受市上海名牌办委托，对全市申报的48项上海名牌进行初审和专家评审。

六、推动企业“保增长、扩内需、调结构”

组织企业参加上海市新春大联展、大连轻博会和第108届广交会并提供相关服务。2月4-9日，作为协办单位，组织21户企业参加在上海展览中心举办的“2010年上海市新春大联展”，6天现场零售达50余万元，得到消费者的欢迎和主办方的好评。9月23-27日，中轻联和大连市政府共同举办第二届中国（大连）轻工商品博览会，协会组织上海市业内15个集团（公司）展位36个赴大连参展，上海展团现场销售总额达40万余元。在“万花杯创新产品奖”评选活动中，上海轻工有13项展品获奖，其中，金奖9项、银奖4项。10-11月，首次以协会名义组织上海市45户轻工企业参加第108届广交会，共向市商务委争取到219个展位，并提供相关服务。

七、评选表彰市轻工行业领军人物和优秀企业家，参与市、全国轻工多项先进典型的举荐工作

经市相关部门的专家评选，7人被评为市轻工行业领军人物、24人被评为市轻工行业优秀企业家，协会印制了《风采录》广为宣传。还积极参与上海领军人才的举荐工作。1月，协会举荐的上海海立（集团）股份有限公司沈建芳被列入市委组织部、市人社局2009年上海领军人才“地方队”培养计划人选名单。10月，为推进工业化和信息化“两化融合”，举荐的4户企业荣获“2010年全国轻工业企业信息化先进单位”称号，4位个人分获“2010年全国轻工业企业信息化优秀领导奖”和“2010年全国轻工业企业信息化科技人才奖”。

八、成立信息统计工作委员会，强化经济运行分析

1月，成立信息统计工作委员会，按季度对上海市轻工行业经济运行情况和趋势开展分析，承担市经信委经济运行分析任务；不定期召开由上海轻工行业集团、企业统计人员参加的统计及信息工作会议，互通信息，为行业和企业经济运行提供基本依据。经中轻联评选，协会荣获2009－2010年度全国轻工行业综合单位统计工作先进单位称号。协会为会员单位提供水电能源管理服务，在迎峰度夏、参与世博中做了大量工作，保证世博期间出口产品、世博特许产品生产的正常运行。还与市贸促会合作组团赴欧洲考察、举办降低经营风险专题讲座等，为企业开展多方面的服务，受到广泛欢迎。

九、开展市工程系列轻工专业高、中级专业技术职务等任职资格评审工作

协会通过制发文件、组织动员、沟通辅导等多种途径提供相关服务，严格把好材料关和评审关，推荐、评审事项和人数均比上年增加。向市经信委推荐“专项资金项目评审专家”19人、“行业设计专家库”34人、“设计师人才库”12人，向世博特许经营办推荐特许产品评审专家候选人37人。

十、按期召开一届四次会员大会暨一届四次理事会

多方拓展与会员企业、专业行业协会的沟通联系渠道，加强自身建设。3月24日，协会一届四次会员大会暨一届四次理事会召开，审议通过年度工作报告、财务收支决算报告、增补和变更部分副会长和理事，选举产生新会长。7月和11月，两次召开专业行业协会秘书长联席会议，邀请市经信委部门领导参加，就共同关心的问题进行交流和研讨，得到大家的欢迎。为促进行业自律，开展市诚信企业的推荐工作。网站进行扩容，内容经常更新。《上海轻工》会员通讯全年印发8期，共9万余字，还通过电台、电视台、报纸等媒体对上海轻工业进行了多次宣传报道，协会报送的信息得到中轻联和社团局等采用。在市经团联的支持下，先后吸收两名大学应届毕业生在协会见习。

（范伟民）

上海市印刷行业协会

上海市印刷行业协会成立于2004年4月28日，为上海从事出版物、包装装潢印刷品和其他印刷品印刷经营活动以及相关的印刷机械、设备、器材生产经营和印刷教育、科研等企事业单位自愿组成的跨部门、跨所有制的非营利的行业性社会团体法人。现有各种所有制会员单位431户。

2010年主要工作：

一、以参与世博、服务世博为契机，推动产业加快升级

早在2009年4月，市印协就积极行动，开展上海印刷行业“品牌企业”评选暨向世博会推荐印刷品牌特色企业活动，当年7月上海国际印刷周举办期间，召开“印刷企业迎世博”专题研讨会，向世博组委会递交了评选产生的70家各类印刷品牌企业名录。

上海印刷业积极“对接世博、服务世博”。上海印刷集团、上海中华商务、界龙集团、雅昌彩印、上海烟印、安全印务、文新印务、解放印务、同昆数码、文艺大一、盛隆印务、美雅延中、瑞时公司等20多家企业，发挥各自优势和特色，为世博会提供上百种、上千万册的精美印刷品。印刷集团不仅承印《上海迎世博市民读本》、《世博园区导览图》、《世博文化演艺活动每日节目单》、《上海世博精彩看点》、《新华世博珍藏版》、《世博中国新闻》等40多个品种的印品，还主动出击，在世博园内安营扎寨，创设影像服务点，为数以万计的观博游客提供个性化服务，以“零投诉”的优质服务和扎实的工作被上海市总工会、上海世博局、共青团上海市委、上海市妇联评为“先进集体”；上海雅昌在接到世博开幕式节目单的任务后，企业老总对全体设计人员紧急动员，并紧紧依靠雅昌集团整体设计优势，汇聚心智抓创新，72小时圆满完成世博节目单的创意设计，赢得世博组委会的高度评价。界龙集团专门设立文化创意分公司，组建项目团队，联合社会设计力量开发30多款精美纸制品真情服务世博，精心印制多语种《世博周报》为园区服务，借助世博宣传推介平台，扩大了界龙的知名度和影响力，促进了集团设计、服务水平的快速提升。

世博“低碳、环保”理念引领着上海印刷业转型发展，上海烟印、中华商务、文新印务率先在行业中推行清洁生产，起到示范表率作用；上海电气印包集团重视知识产权创新提升企业软实力，上海印刷集团、印新集团、上海人塑、铁路印刷、安全印务、紫丹印务、紫泉标签、界龙永发、瑞时等印刷企业着手开发一批环保节能新产品。

二、行业品牌建设取得新成效

协会推进品牌建设向纵深发展，工作成效显著。一方面积极引导会员企业申报各类品牌项目，另一方面主动与有关认证机构积极沟通，形成“合力”。

上海界龙（图案）商标被认定为“中国驰名商标”；上海烟印、安全印务、紫丹印务、美声服饰、紫江彩印、金叶包装、安兴汇东纸业、紫日包装、姚记扑克、亚华印机等10家企业荣获2010年度“上海市名牌产品（服务）”称号。上海烟印“运用价值标杆法构建企业管理模式”荣获“2010年上海市企业管理现代化创新成果”二等奖；市北集团、利丰雅高、人印八厂、耀科印机、雅思达、扬盛、解放传媒、东港安全、西口、中厦、精英、天地海、色多丽、金鳌国际包装城等21家企业获得“2010年度上海中小企业品牌产品（服务）”；新星公司5000型高速气垫橡皮布通过国家级科技创新成果鉴定；市印协与新星公司共同策划、主办“新星公司科技创新成果信息发布会”，取得圆满成功；与浦东新区印协联手推进市级企业诚信创建活动。57家企业在全市创建活动中晋级，其中，界龙艺术、盛隆印务在全行业中首获“二星级诚信企业”；上海印刷集团、高斯、外贸界龙、伊诺尔、艾登、平山、新华、美术等17户企业晋升“一星级诚信企业”；交大印务、集振印刷等31户企业晋升“诚信企业”；上海印包集团重视知识产权创新提升企业软实力，被国家知识产权局列为第2批全国企事业知识产权示范创建单位。印包集团下属上海紫光机械、亚华印机被上海知识产权局批准为2010年上海专利工作示范企业。

三、着力行业人才队伍建设，夯实产业发展基础

1．精心做好第二届全国印刷行业职业技能大赛服务和参赛工作。大赛历时6个月，上海赛区在组织发动、强化训练、选拔选手、组团参赛、宣传报道等各方面，全方位服务大赛；力荐上海名牌产品——新星印刷器材有限公司生产的5000型高速气垫橡皮布，积极囊助大赛；与全国大赛组委会密切配合，在版专成功举办全国大赛（平版制版）开幕式暨决赛，为来自全国20个赛区、200多名职工组与学生组的平版制版选手提供最佳的赛场、最好的设备、最优的服务，确保赛事圆满成功。

与此同步，市印协根据分工，精心组织开展上海赛区平版印刷工选拔赛和赴深圳参加决赛。平版印刷工部分是本届大赛的热点，实操比赛异常激烈。上海参赛团队在决赛中沉着应战，表现出良好的职业素质，与兄弟省市同行同台竞技，展示风采，团体总成绩、参赛选手平均成绩在全国各路精英中领先，在最为激烈的平版印刷职工组竞赛中夺得1名一等奖、1名二等奖、12名三等奖。其他组别也同样夺得优异成绩。

大赛组委会对上海赛区的组织工作给予高度评价，授予上海烟印、界龙艺术、版专“人才突出贡献奖”；授予市新闻出版局、版专“优秀组织奖”；授予新星、烟印、金鼎印务、高斯图文“特别贡献奖”；授予温良军、薛克、葛巍等13名同志“优秀裁判员”；授予滕跃民、程杰铭、朱道光“优秀组织工作者”。上述优秀选手、先进集体和个人都受到新闻出版总署隆重表彰。

2．为持续开展上海印刷行业职业技能登高暨竞赛活动给力。在市新闻出版局和市人力资源社会保障局统一部署下，由协会主办的平版印刷（高级工），平版混合（高级工）、印品整饰（中级工）竞赛活动，由于平装、印品整饰是新增竞赛项目，缺乏办赛经验，协会克服各种困难，精心落实各项比赛准备工作。经广泛发动，3个工种共有156名职工参加，竞赛效果超出预期：1名平版印刷工晋升技师；2名平版混合工晋升高级工，23名平版混合工晋升中级工；59名印品整饰工晋升中级工。

3．积极申报、参评“全国印刷行业百项科技创新成果（项目）奖”，通过组织开展评选活动，进一步弘扬“开拓创新、追求卓越、奉献行业”的精神，树立“标杆人物”、“创新项目”，推动上海印刷业创新驱动、转型发展。

四、搭建平台，为企业拓展国内外市场服务

1．协会与浦东印协联手，继续组团参加第五届香港国际展。参展企业的数量、达成的合作意向增幅明显，特别是参展服务工作不断深化：倾力做好展前推介工作；对参展人员进行业务培训；确保展品按期、安全运送；精心安排进港人员的生活和活动；协助企业申报政府对中小企业参展的经费补贴。在展会举办期间，认真组织交流活动。

2．全力参与承办2010年上海国际印刷包装交易会。7月举办交易会期间，正值纪念中国印协30周年活动在上海举行。协会从3个方面入手，以饱满的热情参与到交易会和上海国际印刷周的活动之中，一是招展工作如期按计划完成，确保交易会顺利召开；二是接待工作热情周到，组织来沪参加中国印协30周年活动的代表参观交易会，组织华东地区的印刷企业前来观展，诚邀上游行业及其企业前来观展洽谈贸易；三是首次开展“优秀展台”评比，邀请专家对展台的搭建材料、设计元素、时尚元素及展示效果进行打分，评选“时尚创意展台”和“绿色环保展台”，受到参展企业普遍欢迎，得到大会组委会的充分肯定。

五、发挥协会组织优势，积极开拓服务领域

1．为银企合作举办“鹊桥会”，举行“平安银行中小企业贷款专项推荐沙龙”活动，银行为印刷中小企业量身定度三款贷款创新产品。协会、银行双方签订合作协议。市北印刷集团等企业已与平安银行签定了贷款协议，享受到绩效的服务。

2．“11．15”重大火灾发生后，在第一时间向所有会员单位发出《关于切实做好防火及安全生产的紧急通知》，要求全面落实消防安全工作责任制，按照“安全自查、隐患自除、责任自负”的原则，对存在的隐患及时进行整改，做到不放过一个死角，不放过一个隐患。不少企业认为，协会在关键时刻提了个“关键的醒”。

3．在财政、税务招标工作中，主动维护行业、企业的实际利益。协会深入协调，就政府采购招标中评标方案提出了不少建设性的意见，均被采纳。协会工作敢于触及行业的热点、难点，站出来理直气壮地做工作，为公平竞争营造良好的环境，得到相关会员单位一致拥护。

4．鼎力支持有关协会、相关企业举办重大活动。如联手界龙集团全力支持纪念中国印协成立30周年活动在沪举办；支持中国印工协标签分会在上海举办票签展以及连续几届的“太阳杯”标签大奖赛；与《印刷杂志》、《印刷经理人》、《中国新闻出版报》、《中国包装报》等媒体合作，对行业中的成功案例进行深度报道；与新星公司共同策划筹建橡皮布博物馆。

2010年，协会先后被中国印刷技术协会、上海市经济团体联合会授予“先进协会”光荣称号。

（上海市印刷行业协会）

上海市摩托车行业协会

上海市摩托车行业协会成立于1995年，是以上海市生产、销售、研制摩托车的企业单位自愿组成的跨地区、跨部门、跨所有制的非营利的行业性社会团体。现有团体会员54户。

2010年主要工作：

一、发展产业方面

积极配合政府主管部门，对上海市摩托车企业进行大量的调查协调工作，了解企业的困难和诉求。通过市经团联积极搭建与政府沟通的平台，代表行业向政府部门反映行业意见，并和全国摩托车商会和信息网积极互动，呼吁从税收政策上扶持摩托车行业发展，呼吁规范理顺车辆管理并调整相关政策。其中，有关消费税和出口退税政策已经得到部分落实。此外，国家还出台了摩托车下乡优惠政策，使摩托车行业在困难的形势下，重新找到发展的支撑。邀请信息部门有关领导与协会理事和企业进行座谈，就行业的发展前景和政策导向进行沟通，得到会员单位的欢迎。

二、服务企业方面

1．以协会专家组为核心，各专业公司为基础，开展承接摩托车生产企业的委托服务。已开展的项目有产品造型设计、企业文化培训、技术服务等。

2．利用互联网，办好《摩托车行业信息》，为会员单位提供信息服务。

3．为业内企业申报著名商标，开展评比先进企业的活动，上报行业推荐评比材料。

4．组织有关企业，筹办2011年在上海举办的摩托车及配件展览活动。

三、规范行业方面

配合政府管理部门对二轮车市场的整顿工作，组织有关销售企业沟通座谈，学习相关政策，认真做好整改。针对销售市场萎缩、竞争激烈的困难局面，组织召开摩托车营销经验交流研讨会，请业绩好、作风正、有开拓精神的企业现身说法，介绍经验。

（徐生杰）

上海市自行车行业协会

上海市自行车行业协会成立于1988年11月，为上海市自行车行业企事业单位自愿组成的跨部门、跨所有制的非营利的行业性社会团体法人。现有各种所有制会员单位140户。

2010年主要工作：

一、制定好《上海自行车行业“十二五”规划发展建议》，为行业发展提供科学、符合实际的参考意见

在市经信委的指导下，协会组织搭建工作小组，通过对上海和全国各地自行车行业的调查研究、资料收集、国内外对比等，完成撰写《上海自行车行业“十二五”规划发展建议》，并于3月在上海清水湾大酒店召开《上海市自行车行业“十二五”发展规划建议》座谈会，认真听取来自市经信委都市产业处、市经团联、市轻工协会等领导和协会顾问委员会、技术专家委员会以及部分企业负责人对《发展建议》的意见，经吸收采纳，更加丰富了《规划》内容。此外，积极参加中国自行车协会组织的《中国自行车行业“十二五”规划发展建议》的讨论和编写。

二、举办“2010年北京——深圳自行车骑行活动”（上海段）活动，为宣传“低碳生活”、“绿色出行”作出贡献

6月3-5日，以“低碳生活，骑行中国”为主题的“2010年北京——深圳自行车骑行活动”（上海段）活动在上海顺利举行。协会特制定“走进企业、走进世博、走进市场、走进校园”的活动方案。为了确保骑行活动所经道路的畅通，协会主动与沿途区域的道路交通管理部门进行联系，并由秘书长带队专门对嘉定、浦东等8个区县的骑行活动路线及有关住宿、用餐点多次进行勘察和衔接。对举办队旗交接仪式的永久自行车有限公司，多次就会场布置、会议程序、环三灶地区骑游路线等问题进行商讨和安排。“走进世博”是此次骑游活动的重点内容之一，协会为了保证活动质量，特到世博园丹麦馆区事先拜访，进行工作联系，并得到丹麦馆区的大力支持。

三、组织会员单位参观2010年第23届台北自行车展览会，为海峡两岸自行车产业发展共图大业

3月14−19日，组织上海市部分自行车企业家一行15人赴台，参观全球三大自行车展之一的2010年第23届台北国际自行车展。参观期间，与台湾同行进行亲切交谈，并考察台湾地区的自行车经销商店、电动自行车租赁市场，还在下榻的渡假村开展自行车骑行活动，弘扬自行车骑行文化。

四、积极落实中国自行车协会要求，扎实做好第20届中国国际自行车展会期间的服务接待工作

4月27−30日，第20届中国国际自行车展览会在上海正式举办。根据中国自行车协会部署和要求，协助展会主办方，负责中国国际自行车展览会宾客的吃、住、行服务接待工作。协会认真研究和精心安排，组成领导小组和工作小组，按照服务内容及服务标准，认真做好展会期间接待服务工作。

五、带领电动车企业前往浙江同行考察学习，为电动车配套供需双方提供交易平台

3月8−10日，在“第七届台州（黄岩）国际电动车及零配件展览会”期间，协会组织所属电动车企业到浙江建德五星车业有限公司、台州市东模塑件有限公司、台州市老百姓车业有限公司和黄岩五星车业有限公司等4户电动车零件制造企业进行考察学习。考察活动得到上海电动车整车企业的积极响应，也受到浙江电动车零件企业的热烈欢迎和支持。

六、认真总结，不断改进，继续做好2010年度“原产地标志”认定工作

为更好地发挥2010年度“原产地标志”的作用，认真听取企业对2009年“原产地标志”认定工作的意见和进一步搞好2010年认定工作的要求。在调查研究的基础上，尽最大努力使2010年电动自行车“原产地标志”认定工作做得使企业更满意和更有实效。进一步加强与天津、山东、浙江、江苏等展览会的合作，扩大上海产品的知名度，为产品进军国内外市场加大宣传力度。

七、继续开展好“诚信企业”创建活动，为搭建行业诚信体系建设平台作出新努力

协会有5户新的企业被市评为“诚信创建企业”单位，8户会员单位被光荣评为市“诚信企业”。协会中获得“诚信企业”、“诚信创建企业”总数达到16户。

八、开展课题调研，争取实现上海自行车产业的结构调整和产品升级换代

根据《上海市自行车行业“十二五”发展规划建议》计划要求，经市经信委审批同意，10月，协会对《碳纤维在自行车上的应用》、《锂离子电池在电动自行车上的应用》两个课题进行立项专题研究，以达到扩大自主研发高档碳纤维系列自行车的规模，提高碳纤维车架、研发、设计的能力，提升成熟的制造工艺与规模化的生产水平的目的，并通过推广锂离子电池在电动自行车上的广泛应用，为消费者提供更轻捷、续行里程更长的交通工具，力争在“十二五”期间项目处于全国行业领先地位。协会专题召开“项目研究课题工作会议”，对课题方案进行认真分析和讨论，并对课题组组成、课题目标和理论依据，研究的方法、途径和可能存在的问题，预期结果及创新之处等进行落实。

九、为会员单位牵线搭桥，认真做好服务工作。

深入企业，了解广大会员单位的需求，主动地做好为行业服务，为企业产品开拓市场牵线搭桥，帮助企业扩大产品在全国的影响力。主动帮永久公司与张家港市牵线推荐，完成了永久“公用自行车”在张家港市的设置和布点工作。目前，公共自行车服务工程惠民实事项目一期在市区建立约80个服务网点，2000辆带有“绿色出行，保护环境”标志的自行车已为市民的出行提供便利。

下半年，有1位英国客商对永久“公共自行车”十分感兴趣，找到协会。协会热情接待，并立即为双方引荐搭桥。

此外，闻悉江西中投新能源有限公司有意在上海企业中推广、配套使用该公司生产的电动自行车锂离子电池，协会及时为其与上海电动车生产企业联系，推进双方合作。

（赵　陈）

上海市玩具行业协会

上海市玩具行业协会成立于1986年7月，是上海地区从事玩具生产、经营、科研、院校（幼教）等单位及相关企事业单位为主体自愿组成的跨部门、跨所有制、行业性的社会经济团体。

2010年主要工作：

一、换届工作

按期完成协会第七届理事会换届工作。为了加强协会集体领导，分阶段召开3次理事会对上届19名理事根据企业发展的状况作了及时的调整，撤销5名，增补11名，同时增补2名副会长，撤销1名副会长，并于9月28日召开会员大会，获得通过，顺利完成理事会换届工作。

二、完成《上海玩具行业“十二五”发展规划》的编制工作，上报经信委，供政府参考

三、培训与调研工作

1．年初，与国家玩具检测中心联合召开全市玩具质量大会。上海市60%以上玩具生产经营单位派员参加，会上通报玩具行业目前状况及趋势、全国及本市玩具质量抽查情况，重点讲解了国家有关玩具生产、销售的法规与指令。

2．召开出口企业安全工作会议。重点宣讲欧美地区、国家新颁布实行的有关标准、法规、指令，提高出口企业的安全性。

3．对老年玩具市场现状与开发进行专项调查。此项工作由协会组织，上师大、华师大的学生开展了两次调查。

四、贯彻“服务”宗旨，为企业排忧解难

1．积极参与世博会特许产品（玩具）的开发、申报及审核工作。作为世博特许产品受聘审核专家队伍之一，协会积极协助闻通信息科技、大圣玩具、上海西西利模型、大阿福童车等5户企业参与世博特许产品的研发、申报及促销工作。

2．主办、协办三届玩博会，搭建平台，提高商机。童车展及玩博会已成为行业名牌，影响力涉及国内外。

3．牵线搭桥，开拓市场。牵线搭桥充分发挥各会员企业优势，多户企业建立业务合作关系，为香港玩具堡公司、荣尼金属制品公司产品进入家乐福、大润发、乐购等大型超市发挥作用，提升了协会的凝聚力和公认度。

五、积极参与各项社会活动，重视开展行业内互动

1．连续11年受聘为市劳动就业指导专家团成员，参加种类咨询及审核工作，为稳定社会作贡献。

2．推进诚信企业建设工作。年内经协会推荐8户企业获得挂牌荣誉。

3．发扬先进，推荐3名企业家由轻工行业协会授牌为市轻工行业优秀企业家；推荐2名企业家被中国玩具协会评为“中国玩具行业杰出企业家”。同时，本会被中国玩具协会授予“2009—2010年度行业活动先进协会”。

4．开展跨地区行业互动。全年组团分3批23人赴广东、深圳、东莞、江苏常州、溧阳、如皋、浙江义乌、云和等地学习考察，同时，在沪接待了广东、浙江、北京等地18家玩具协会，通过交流、联谊、研讨，建立了深厚友情。

六、内部建设

1．通过换届，充实领导机构人员，充分体现各经济类型企业在协会的代表性。年内新发展新会员9户。

2．重新启动编印《玩具动态》刊物，作为业内交流平台，及时发布信息，提供企业参考。

3．扩大办公场地及增添办公设备，为开展业务创造了有利条件。

4．重视党建工作。党支部紧紧围绕党的中心工作与协会主要工作，做到政治思想教育不断，组织生活有序、正常。年内被玩具公司党委评为“创先达标”党支部。

（徐全宁）

上海电器行业协会

上海电器行业协会成立于1987年，是以上海地区电器行业的企事业单位及其他经济组织自愿组成的行业性的非营利性社会团体法人。

2010年主要工作：

一、积极开展为企业服务

1．广泛动员、收集信息。在协会六届一次会员大会上，特别邀请市经信委领导介绍上海市推进智能电网产业发展行动方案，重点介绍上海在智能电网建设要发挥优势超前规划和重点突破，并确定智能电网产品的7个研发方向和6项实施措施。

2．产业调查、指导方向。根据市经信委提出的上海发展智能电网7个研发产品方向，协会对在智能电网产品领域内有所突破的会员企业进行了排查摸底，走访思源电气、广电集团、德朗能动力电池、金陵电表等单位，了解企业在智能电网研发、生产、销售的情况，并与企业领导、技术专家进行探讨交流，指导企业智能电网产品向正确领域方向发展。

3．参观考察、取经学习。获悉江苏扬州高新技术产业园“智谷”展示世界500强输配电企业和国内领先企业的智能电网产品信息后，协会领导先期参观考察，接着组织部分会员企业50多人前往考察学习，及时了解有关智能电网产品的先进技术与研发的产品。

4．组织论坛、加深理解。6月9日，在上海电力学院组织了智能电网产业发展论坛，论坛按特高压技术、新能源接入与控制、智能变电站及智能设备、电力储能、智能配电网与智能终端等重点领域产品分项进行交流与探讨，还就当前智能电网产业的发展进行分析和展望，加深对智能电网产业发展的理解。

5．成立机构、引领发展。根据智能电网产业发展的需要，决定组建智能电网设备专业委员会，引领广大电器行业输配电制造企业向智能电网产业方向发展，同时及时传递智能电网产业政策信息、技术信息、标准信息、市场信息。8月25日，专委会正式成立。10月27日，专委会举行智能电网普及知识系列讲座第一讲“智能电网概述”，邀请市电力公司智能电网推进工作组老师主讲。

二、发挥专委会作用，举办各项研讨和讲座

输配电专委会与中低压电器设备专委会分别开展活动，帮助输配电企业在标准、产品差异、创品牌和搭建产业链上做了大量工作，并举办“低压抽屉式开关柜技术发展研讨会”，邀请行业专家介绍抽屉式开关柜在结构、工艺等方面改进的发明专利，启发、拓宽对开关柜产品的质量和提高改进的思路；组织中压柜产品新老标准的差异及应对措施技术讲座，邀请行业专家和试验中心专家作专题演讲；举办“企业在开关柜生产制造过程中存在的问题和改进措施”讲座，讨论解决开关柜工作状态下各参数在线检测的难题；举行“低压电器虚拟样机优化技术解决方案研讨会”，对仿真技术优化设计方案在低压电器中进行应用与推广，有效缩短企业自主知识产权和新产品研发时间。

三、组织撰写行业“十二五”规划建设

按照市经信委要求，承接撰写电器行业“十二五”规划建议。在协会专家委员会专家的大力配合下，并经过专家委员会两次讨论通过，按期完成了该项工作，得到市有关方面的好评。

四、推进企业诚信创建活动

落实和贯彻上海市诚信体系建设，积极参与市诚信创建活动组委会在全市进行的企业诚信创建活动，组织企业热情投入，已有56户会员单位荣获企业诚信创建单位称号。

五、做好名优产品企业回访

名优产品两年评审1次，2009年协会评选出名优产品96项，协会有重点地对开关柜类、变压器类、低压电器元件类名优产品企业进行了回访。

六、努力开展行业职称评定工作

协会走访人事局上海职业能力考试院，与有关负责同志进行探讨，依照上海市职称评定的要求和部署，对会员单位职称评定需求进行摸底，并邀请职业能力考试院负责人对政策进行讲解。目前，此项工作已全面开展。

（马学能）

上海市锻造协会

上海市锻造协会成立于1984年6月，是由上海及周边地区的锻造企业及相关企业事业单位自愿组成的跨地区、跨部门、跨所有制的非营利的社会团体法人。现有团体会员210户，遍及上海、江苏、浙江、安徽、山东、福建等省市，除专业锻造企业外，还涉及锻压设备、加热设备制造、工艺技术、原辅材料、研究开发等相关企业及大专院校、科研院所。

2010年主要工作：

1．配合市政府推进产业结构调整工作。先后走访20多户企业，并通过会议及时向企业通报情况，做到上情下达，帮助企业谋发展、推动升级、引导转型。

2．对上海地区锻造企业2009年能源消耗情况进行调查统计。上海市现有锻造生产企业134户，共有95户企业报来调查表，从业人员为8234人，年产锻件42万吨，平均每吨锻件耗能0.97吨标煤，每万元产值耗能0.37吨标煤。近年来，企业对节能工作重视程度提高，部分企业从设备、工艺、技术、管理等方面采取行之有效的措施，取得了很好的效果。

3．开展安全世博、我为世博增精彩活动，并组织协会工作人员参观了世博会。组织召开了一年一度的各区、县、局联络员工作会议，邀请市经信委部门领导讲解形势，相互沟通，探讨工作新思路，还召开老专家座谈会，听取其意见和建议。

4．3月11日，在江阴市六届三次召开会员大会，对上年协会工作进行了回顾总结，确定2010年主要工作要点。进行新工艺、新技术、新设备、新材料及节能降耗的技术交流。组织参观江阴新澄2特种钢铁有限公司真空精炼及连铸连扎钢材生产线、江阴南工锻造有限公司2000吨快锻生产线和6300吨液压机生产线。

5．5月27–28日，召开上海市锻造行业贯彻落实科学发展观政策研讨会。部分骨干企业的厂长、经理共36人出席会议。会议邀请崇明县科委向与会人员介绍和讲解"上海市科技小巨人工程专项资金"、"上海市高新科技企业认定"等科技创新政策。请在这方面取得显著成绩的上海运良企业发展有限公司、上海保捷汽车零部件锻压有限公司等4家企业介绍这方面工作的做法、经验和成果。上海爱知锻造有限公司副总经理、协会副理事长陈麟作"坚持科学发展、依靠科技进步、走科技创新之路"的总结发言。

6．7月21–22日，在杭州召开第六届二次理事扩大会议，理事单位及会员单位60余人出席会议。会议对上半年工作进行总结和回顾，通报全国锻压行业协会秘书长联系会议精神，围绕企业节能减排和产业结构调整进行信息沟通。

7．10月27–28日，组织部分企业的28位厂长、经理和30多位管理者参观南京汽车锻造有限公司、南京迪威尔锻造有限公司。参观学习期间，应中国锻压协会副秘书长、泰州中国机械中等专业学校校长韩木林的邀请，还参观考察了学校的环境、设施和教学情况。

8．开展全国性和地区性的交流活动。参加在南京举办的全国秘书长联系会议，相互交流经验、沟通信息。7月1日，与重庆市锻压协会在上海市开展工作交流活动。7月26日，参加中国机械工程学会塑性工程分会在昆明召开的九届四次理事扩大会议。9月，召开江苏海安与协会的技术交流会暨江苏海安锻压产业推介会。11月，参加长三角地区的协会、学会理事长、秘书长交流会暨浙江锻压协会会员大会。12月，参加瑞安市锻压协会的协会工作交流会等，通过交流活动提升本会在全国的影响。有5户企业新加入协会，会员总数已达210户。

9．组织部分企业厂长、经理赴美国辛辛那提参观国际锻造展览会，通过观摩学习，开阔视野，受到启发，也看到了差距。

10．继续做好锻造企业达标工作。结合产业结构的调整工作，在各区、县、局、集团公司有关部门的配合支持下，按照《上海市锻造企业基本生产条件》的要求严格评审，至年末共有32户企业通过评审，取得锻造企业达标证书。

11．根据市经信委和市工经联的要求，组织编写上海市锻造行业"十二五"规划的建议　围绕锻造在装备制造业中的地位和作用、概况、存在的问题、行业结构调整的目标、提升行业水平的主要措施和方法等方面展开，为政府"十二五"规划的编制提出建议和要求，规划建议稿现已编撰完成。

12．搞好教育培训，下半年在金山区举办锻工上岗培训班，培训学员36人，进一步提高受训学员的锻造基础理论知识和实际操作能力。

13．加强信息建设，发挥协会信息窗口的作用，做好企业信息的收集、整理、分析、处理和使用，全年出版《上海锻压》通讯12期，刊登技术交流46篇。进一步改进上海锻协信息网，扩大了容量、增添了新内容。

14．促进产、学、研合作。在协会的积极推进下，上海交通大学、上海工程技术大学、上海重型机器厂、上海爱知锻造有限公司、上海运良企业发展有限公司及上海东芙冷锻制造有限公司正在建立有效的产、学、研合作方式。

（韩英华）

上海起重运输机械行业协会

上海起重运输机械行业协会成立于2004年，是以起重运输机械行业企事业单位为主，自愿组成的跨地区、跨部门、跨所有制的非营利的行业性社会团体法人。会员现有起重运输机械制造、配套、安装维修以及政府授权的职能部门共105户，其中，上海会员企业有83户，外地会员22户。下设4个专业委员会。

2010年主要工作：

一、承接政府职能，发挥参谋作用

1．受市经信委委托，承担《上海起重运输机械行业"十二五"发展规划建议》的撰写工作。协会开展调查研究、大量收集国内外信息、充分听取行业专家和理事的意见，按时完成起草编撰工作。

2．服务产业升级，积极开展行业产业链合作模式专题研究。组织专家和有关人员对"振华重工"与中小企业开展产业链合作的几种模式和途径展开广泛深入研究和挖掘，形成调研报告，以进一步推进行业企业的技术创新和企业之间的合资、重组，以实现我国从“制造大国”向“制造强国”、从“价值链的末端”向“价值链的前端”转变。

二、搭建服务平台，开展技术交流和调研活动

1．1月12日，在“振华重工”举办起重机械电气控制厂家与用户的交流会。交流会上，用户代表对起重机械电气控制的发展需求，尤其是在节能降耗、减排环保等方面提出的市场需求和改进建议，使厂家代表获益良多。

2．遵照中央“军民结合、寓军于民”方针和胡锦涛总书记在十七大报告中提出的“走出一条军民融合式发展路子”的指示精神，进一步推进上海军民两用技术交流。积极为会员企业的产品能进入军需采购渠道提供服务，向军方推荐8户会员单位的19项民转军用产品。

3．6月10日，与上海兰格信息咨询有限公司、上海工商联钢贸商会共同主办“2010年起重运输机械与钢铁贸易企业交流会”。会议围绕上下游产业链衔接，实现信息互通、资源共享等进行深入研讨和沟通。

4．为支持会员企业“走出去”积极开拓海外市场。7月6日，应上海世博会南非馆邀请，在上海世博会南非馆和上海波特曼酒店举办投资研讨会。煤科院、法兰泰克起重机械、振栋材料设备等7个单位10多位代表出席会议，并与南非有关企业进行广泛交谈，加深了对南非投资环境的了解。

5．10月16–23日，组织10余户会员单位20余人赴台考察观光，参观“台湾国际扣件展”。台湾扣件产业高度整合的产业供应链，以及产业聚集优势，给大家留下很好印象，增强了会员企业之间的了解。

三、培育名牌产品，做好商标认定工作

动员会员企业积极申请著名商标，推进上海起重运输机械行业技术创新、品牌建设，提升企业管理水平。按照市委、市政府“调结构、促转变”的工作要求，积极制定和实施商标战略，进一步做好商标的发展、管理和保护工作，为行业发展作出新的贡献。有4户会员单位分获著名商标和重新认定著名商标称号。上海科大重工集团有限公司的“上一”牌输送机、上海和平发展起重设备厂有限公司的“发展”牌起重设备、上海南洋电机有限公司的“南洋”牌电动机荣获上海著名商标的称号。协会还为振华重工、宝松重工在审报中国驰名商标和上海市文明先进企业中出具行业意见，支持企业树品牌、争先创优活动。

四、举办起重机检验辅导讲座，确保国家法规的贯彻落实

5月，会同市特种设备监督检验技术研究院培训中心在特检验院举办第5期面向起重机用户单位的《起重机械定期检验辅导讲座》。120余户起重机用户单位的131名设备管理负责人、质检、安检等技术管理人员参加培训。为确保培训效果，协会还制作《起重机械定期检验辅导讲座》资料光盘发给学员，得到学员的好评。

五、构建人才建设平台，深化专业技术职称评审工作

为进一步壮大工程技术人员队伍，解决企业，尤其是民营企业技术人员实际需要，协会积极开展技术职称评审工作，进一步拓展协会服务领域。年内共收到28名技术人员的申报材料。通过评审，评出高级工程师4名，工程师8名，助理工程师12名。经对获得行业职称人员的评后跟踪，大多数人员已经走上技术领导岗位或成为技术骨干。

六、发挥专家作用，积极做好项目评审工作

1．9月12日，协会接到崇明县人民法院司法委托函，就法院审理的原告上海港机重工有限公司诉被告中国大地财产保险股份有限公司、中国大地财产保险股份有限公司上海分公司保险合同纠纷案，要求对有关技术问题组织专家论证。协会组织业内专家，通过阅看材料和到振华进行事故调查，本着科学、客观、公正的态度，对法院提出的问题给予答复，在开庭时得到市技监局事故调查处的肯定。

2．11月5日，与物流学会共同组织业内专家对《中船长兴造船基地二期工程门式起重机》进行项目前期技术评审。专家对该项目提出进一步深化和改进的方案，得到院方和用户方面的首肯。

七、走访会员企业，了解企业需求，做好服务工作

年内，先后走访上海雄风、和平发展、振华重工、公茂起重设备、九院、中港电力电气、赛富隆、豪力等多户会员企业，研讨技术创新、专利申请、科技成果申报、小巨人企业申报、品牌建设和世博期间的安全生产工作。还主动走访嘉定、金山区科委，加强与区科委的联系和沟通，为推进会员企业的技术创新、世博期间的安全生产做好调研和服务工作。

八、加强信息交流，办好网站和行业简报

指定专人负责行业通讯和门户网站，并在会刊和网站上专题介绍相关政策文件，重点报道会员单位的经营特色和典型经验，及时报道协会动态，并注重收集上海市和国内外其他地区起重运输机械发展动向，让会员企业通过简报和网站就能基本掌握近期内行业发展动态和政府相关扶持政策。网站在不断听取各方意见基础上，逐步进行完善和改版，使内容更丰富，版式更活泼，一些相关单位网站也主动要求与之友情链接，以更好地互通信息。

（包起帆）

上海市建筑材料行业协会

上海市建筑材料行业协会成立于1986年12月，为上海市建材工业和相关教学、科研、设计、流通行业企事业单位自愿组成的跨部门、跨所有制的非营利性的行业性社会团体法人。现有会员单位1100余户，包括建筑节能材料、新型墙体、地板、厨柜、陶瓷卫浴、采暖、门窗、涂料、防水材料、管材管件、建材流通等单位。

2010年主要工作：

一、世博精彩难忘，参与奉献共享

1．表彰宣传"世博用材参与奖"。根据会员企业参与世博工程用材的反馈情况，对参与世博建设、为世博提供建材的130户企业代表颁发"世博用材参与奖"，并在协会举办的展会上对世博用材参与奖案例集锦进行集中展示，展现了会员企业参与世博、共建世博的阵容和风貌。

2．开展"建协世博日"系列活动。组织参加世博会试运行，开展"建协世博日"系列活动，结合党支部"互对接、互帮红、全覆盖、争先锋"，走进世博园区，寻材料、寻低碳、寻亮点。先后组织企业家参与世博会丹麦馆、葡萄牙馆、俄罗斯馆、德国馆、西班牙馆等活动，并参与专场技术文化交流，受到建材企业的欢迎和好评。

3．接待国内外同行。世博期间，接待成都、沈阳、北京、江苏、浙江的同行们，用热情周到的服务，让来宾共享精彩世博。召开驻沪领事馆商务处交流恳谈会，共话"世博·建材·可持续"。

二、推动诚信自律，践行节能减排

1．撰写《上海建材行业质量白皮书》，揭牌"质量诚信林"。受市质监局委托，撰写《上海建材行业质量状况白皮书》，提供政府决策参考。认养古猗园猗猗亭区域1000平方米的竹林，命名为上海建材行业"质量诚信林"。

2．开展节能墙体企业质量诚信自律工作。推广蒸压灰砂多孔砖行业推荐性标准，推进新型墙体材料统一质保书发放和应用，发布并落实《关于加强本市墙体材料企业产品标识规范使用工作的通知》，做好建筑节能系统和部品件企业登记工作。继续开展上海市建筑节能材料和新型墙体材料的年度质量诚信考核，就质量诚信考核双十佳企业名单进行颁奖，对上海市节能材料、墙体材料质量情况进行通报。

3．参与制定"十二五"规划，编写市建筑产品推荐性应用标准。组织调研撰写《上海建筑外墙保温隔热系统应用研究》和《上海市非粘土块类新型墙体材料社会综合效益研究》课题；编写《蒸压粉煤灰加气混凝土砌块自保温墙体系统建筑构造》和《蒸压粉煤灰加气混凝土砌块自保温墙体系统应用技术规程》地方应用标准；参与编制《上海市墙材革新"十二五"规划》和《加气混凝土砌块墙体自保温的课题研究》。

4．编写采暖行业供暖技术规程和评定施工等级。开展上海地面辐射采暖施工等级评定工作，6户企业分别通过了甲级、乙级的评定。《上海地面辐射供暖技术规程》已被市建交委批准列为2010年（第2批）编制计划。

5．开展行业培训、统计、年鉴工作。协同市JJ小组活动指导办联合举办第2期上海建材行业节能减排改进小组活动操作知识培训班。开展"倡导节能减排，关注产品碳足迹"培训、"魅力领导"培训、国家标准《实木地板》培训和考试、上海采暖技术施工上岗证培训、市工程建设规范《建筑节能工程施工质量验收规程》标准培训等。召开2009年上海市建材行业统计工作会议，并配合完成《中国建材工业年鉴》、《上海年鉴》、《上海工业年鉴》、《上海市经团联年鉴》建材部分的编写。

三、提升品牌质量，扩大品牌影响

1．配合政府完成上海名牌、著名商标相关工作。受市质监局委托，调研起草编写完成《上海名牌评审规范》（建筑材料类）课题，以此作为《上海名牌管理办法》的配套与补充，2011年正式用于建材行业上海名牌的评审。完成对上海名牌（2011）44户申报企业（建材类）的行业初审工作，通过资料审查和实地考察的形式，帮助企业完善资料，最终，43户企业通过初审。完成市工商局针对市著名商标（2011）11户申报企业的征询工作。根据企业需求，帮助会员开具市场占有率证明。

2．组织上海建材行业名优、技术革新奖、精品等评审推荐。有53户企业荣获上海建材行业名优产品称号。第五届"台安月皇杯"上海市建材行业技术革新奖7个项目获得一等奖，10个项目获得二等奖，18个项目获得三等奖。本年度"凯盛杯"全国建材行业技术革新奖上海建材行业获得一等奖2个，二等奖2个，三等奖2个。继续推进上海建材品牌精品化发展战略及品牌建设的步伐，大力推广上海精品地板标志"SEF"，进行广泛宣传，扩大精品地板的辐射力、影响力。精品地板共评出51个品牌，42户企业；精品厨柜13户，畅销厨柜5户，放心厨柜1户，厨柜配套材料首选品牌8户；40个品牌荣获上海采暖行业信得过产品、服务诚信单位的称号。公布第2批14户2010年上海建设工程钢筋合格供应商（贸易企业）推荐名单。

3．编制《合同示范文本》、《消费告知书》、《建材市场分布图》。联手市工商局编制《上海市地板买卖示范合同》，编写“2010版实木地板／实木复合地板／强化木地板／竹地板《消费告知书》和厨柜《消费告知书》，绘制《上海建材市场分布图》，倡导企业诚信自律，得到消费者欢迎和企业的支持。

四、扩展工作层面，创新服务平台

1．成功举办第六届中国（上海）国际建筑节能及新型建材展览会。展会充分体现世博元素，在精心策划的世博用材案例集锦展示区，汇集行业低碳、绿色、节能、可持续产品应用案例，展示了在中国馆、最佳城市生活实践区等72个场馆中应用的品牌材料。

2．设立创意与工程设计分会和建筑绿化分会，厨柜分会更名，创新会务。根据市场发展需求，成立协会创意与工程设计分会和建筑绿化分会，并将“橱柜专业委员会”更名为“厨柜衣柜分会”。还举办多场材料和建筑师等新产品、新技术论坛。

3．办好会刊和网站。继续通过《建材行情》会刊，每月及时反映协会开展和参与的各项工作及行业动态，新开设了“世博·建设”、建筑绿化、建筑钢材、创意设计、质量安全等栏目。如期完成《上海厨柜》、《上海地板》、《上海采暖》、《建筑绿化》年刊，同时对上海建材信息网（www.sbmia.org.cn）进行了改版。

4．加强对外交流。组织安质监总站、市场管理总站、建科院的专家赴苏州地区考察建筑节能，组织蒸压加气混凝土砌块企业赴山东、辽宁、浙江长兴、芜湖考察。建筑绿化分会组织会员赴成都考察，地板、橱柜、采暖分会组织会员企业赴台湾考察，协会还组织企业赴韩国参观考察，参加G-FAIR展会。加强与媒体对接，联合新闻媒体召开“建材下乡”圆桌会议、“2010上海厨柜行业媒体通气会”、“品质·责任·发展”厨衣柜行业合作发展论坛暨《上海厨柜衣柜品牌企业责任承诺书》签署仪式。还接待了来自西班牙、法国、美国、智利等多个国家相关组织的交流来访。

5．履行社会责任。开展一系列的培训活动，提高理论水平，加强思想教育。奉献爱心，关心社会，向青海玉树赈灾捐款10万元。

（肖　琴）

上海市纺织机械器材行业协会

上海市纺织机械器材行业协会成立于1994年8月，是以上海地区的纺织机械器材企业单位为主，吸收江苏、浙江、安徽纺机企业参加的社会团体。

2010年主要工作：

一、宣传行业调整战略、引导会员单位产业结构调整

纺织机械行业是国家确定重点发展的16个重大技术装备领域之一，中国纺机行业的发展战略是“调整转型、创新升级”。结合市“创新驱动、转型发展”的战略，确定继续发展“数字化纺机”为本行业的发展战略目标。协会走访会员单位，通过会刊及网站宣传，组织会员单位参加中国纺机协会生产经营座谈会，促进会员单位调整发展战略，取得一些成效。如二纺机公司自动络筒机销量已突破百台，一纺机械有限公司的新型精梳机销量也大幅上升，太平洋成套公司的无纺布设备生产也有所增加。

二、大力开拓市场、扩大服务领域

组织会员单位参加中国纺机工业协会主办的“中国国际纺机展暨ITMA亚洲纺机展”，获得意向性需求协议金额达1．2亿元；组织举办棉纺产品推介会；参访浙江民营的纺织器材企业，学习如何细分市场，抢占市场的成功经验；组织参加地区性展览招商会及国际投资、商务投资洽淡会，如组织会员单位参加宁波服装节、咸阳市人民政府招商会，参加印度尼西亚商务论坛、土耳其投资洽谈会、约旦中国商品展、巴西哥南伯格和墨西哥哈里斯科招商洽谈等。

三、服务会员、组织会员参加政策解读及业务培训

组织会员单位参加市政府研究室举办的“十七届五中全会精神解读报告会”；参加市国际问题研究所主讲的“国际形势与我国对外战略”报告会；参加市经信委主办的“上海市促进中小企业发展若干意见的实施意见”政策解读会，并指导企业了解国务院《关于进一步促进中小企业发展的若干意见》；参加市商务委“贸易救济和维护产业安全业务培训”，出席“进出口公平贸易”行业协会共组会议；参加由市工经联主办，中国工业经济联合会徐匡迪会长主讲的“转变经济发展方式”报告和听取“从理财幕僚到战略设计者，兼议CEO与CFO的关系”的报告会，让会员单位了解CFO在企业发展中的战略地位。

四、加强协会自律和自身建设

1．认真参加市社团管理局举办的行业协会发展工作研讨会，学习上海市经修订的《促进行业协会发展规定》，参加市经团联组织的行业协会规范化发展研讨和市行业协会发展沙龙。

2．认真贯彻民政部《关于开展全国性行业协会商会、基金会和民办非企业单位评估工作的通知》，对中国纺织工业协会的工作进行实事求是的评估。

3．参加“促进行业协会发展规定”和“行业协会、商务法”的立法调研工作。

4．遵照市经信委文件的要求，做好“小金库”专项治理工作。统一思想、认真清查、及时总结、按时上报报表。

5．根据市纠正行业不正之风办公室清理上海市达标表彰活动通知的要求，严格按通知要求，绝不擅自开展“评比达标表彰”活动。

6．配合市经信委做好工信部《部分工业行业淘汰落后生产工艺和产品指导目录》的意见征求，并为市产业结构调整办公室制定《上海淘汰劣势产业导向目录》，提出本行业的意见建议。

7．推荐会员企业参加“上海城市公众满意企业调查”。

8．参加《上海工业年鉴》、《上海纺织产业发展报告》的编写工作；组织并参加《上海市志·工业分志·纺织业卷》的编纂工作；做好行业统计工作。

（严中立）

上海市模具行业协会

上海市模具行业协会成立于1994年12月，为上海市模具行业及相关企事业单位自愿组成的跨部门、跨所有制的非营利行业性社会团体法人。现有各种所有制会员单位596户。下设经营管理、技术、模具标准件、模具材料、信息及联络、价格工作、汽车模具、教育培训、特种加工和资深专家等10个专业委员会和“华威”模具培训中心。

2010年主要工作：

一、加强基础工作建设，拓展协会服务渠道

1．加强网站服务功能，发挥会刊宣传作用。协会网站全面更新后新增加了新闻速递、副会长单位宣传等栏目，每天都有新信息上传，让广大会员及时了解国内外最新信息，也欢迎企业能充分利用网站登载产品推介、供求合作、人才招聘等。会刊及时报道行业、企业信息，邀请业内人士通过“人物专访”、“模具论坛”、“模具技术”等栏目发表对行业发展看法，向业内企业家、专家、学者、工程技术人员约稿进行模具技术工艺、管理、发展等方面交流和探讨。为了加强对副会长单位宣传力度，专辟“副会长单位宣传”新栏目，通过宣传报道，帮助其提升社会影响力、拓展海内外市场。此外，应企业要求刊登会员介绍、新书出版、业务合作等信息。会刊内容丰富、报道及时，深受欢迎。

2．新发展会员单位22户。近年来，协会工作取得一定成绩，得到社会认可、赞赏，许多企业通过协会网站或其他渠道了解协会，希望通过协会平台扩大影响、拓展业务，年内申请入会的企业有20户。

3．访问会员单位，加强与企业交流沟通。深入企业调查，了解企业需求、反映企业呼声，并与常务理事、理事单位建立联系制度，全年专访、电话联系会员单位400余户次，及时掌握了企业最新信息，加强了与企业间友谊。

4．加强协作，帮助企业开展业务。为模具及模具相关企业介绍模具和零部件加工、模具设计、模具材料采购等各种业务180余次，涉及会员单位及模具企业超过200户次。

5．召开会长会议，执行协会章程。6月29日，召开四届理事会第四次会长会议，听取秘书处上半年工作情况汇报，审议、通过四届三次常务理事会的议程，布置落实下半年工作。12月16日，在奉贤南郊宾馆举行协会四届理事会第五次会长会议，审议年度工作汇报和2011年工作打算，通过《上海模具行业重点骨干模具企业评选办法》、《2009-2010年度先进名单》、调整常务理事和理事的报告。

6．开展统计工作。专门组织人员对所有会员单位发放统计表，对企业基本状况、总产值、固定资产、公司计划、要求和建议进行全面了解并汇总。

7．修订秘书处工作制度，制定、落实各部门职责。修订秘书处10种工作制度，制定秘书处6部1室部门职责，每月召开1次全员会议，布置工作内容，每周召开1次主任会议，检查跟踪工作落实情况，加强自律和规范。

二、为企业和社会服务成效显著

1．制定上海市模具行业“十二五”发展规划。通过走访会员单位、召开座谈会及各专业委员会的论证会，听取业内专家、学者意见后，完成上海市模具行业“十二五”发展规划编制工作，其中对模具企业发展新技术、材料国产化、人才培训、行业发展方面都提出了积极建议。

2．开展上海“诚信企业”创建活动。与市企业诚信创建活动组委会联合在业内开展市诚信企业创建活动，得到会员单位积极响应。已有31户企业（10户企业创建诚信，21户为诚信企业）通过活动组委会的最终审定。

3．提倡节能减排，发展低碳产业。在业内大力宣传节能减排活动，通过召开座谈会、网站、会刊宣传、邀请企业介绍节能减排成功经验和剖析案例，使节能减排工作落实到业内每户企业，推进模具行业向低碳经济发展。

4．制定《塑料注射模具验收条件》。在模具十大类中，塑料模所占比例超过 40%，涉及的产品和领域广泛。为了帮助塑料模具企业在签订合同及模具验收时有统一标准及参考准则，协会成立专家小组，多次召开工作会议，组织编写和审核工作，经过 1 年多努力，于 5 月定稿出版，并在第 13 届国际模展期间免费发放，受到广大塑料模生产企业及用户的欢迎。

5．制定《压铸模标准模架》。为了帮助压铸模企业在模具设计及生产过程中缩短制造周期、快速应对市场，帮助模具标准件企业提升压铸模架及零部件质量，协会组织业内专家进行充分调研，多次召开专家会议，起草、制定、出版了《压铸模标准模架》，并在第 13 届国际模展期间发放。

6．成功协办“第十三届中国国际模具技术和设备展览会”。5 月 11–15 日，第十三届中国国际模具技术和设备展览会在上海新国际博览中心隆重举行，展会展示面积超过 7 万平方米，共有 15 个国家和地区的 1500 户单位参展，8 多万人次中外观众参观展览会。本会作为协办单位，与润滑油品行业协会、苏州市模具行业协会联合举办“油品和刀具技术交流会”，并成功举办 10 多场场内技术交流会。作为东道主，组织 121 户独资、合资、国有民营企业参展，为企业提供技术交流、寻求合作、市场开发的平台。

7．举办 2010 模具界联谊会，增进友谊与合作。5 月 11 日，假座新世界紫澜门大酒店隆重举行“2010 模具界联谊会”。中国模协、全国各地模协、市工经联、30 余家行业协会领导、展览公司、部分著名模具企业负责人、协会会长单位和专业委员会主任等共 300 余位嘉宾出席联谊会。

8．举办“汽车工业与汽车模具发展论坛”。5 月 11 日，与市汽车行业协会、市汽车工程学会在上海新国际博览中心共同举办了“汽车工业与汽车模具发展论坛”，来自汽车及汽车模具企业的领导及大专院校专家、学者共 100 余人出席会议。论坛会显示了我国模具制造业先进水平、传递汽车模具行业管理新理念和发展新思路，为推动汽车模具工业技术发展、加快国产化进程起到积极促进作用。

9．举办“采购汽车模具沟通会”。5 月 12 日，与市汽车行业协会、市汽车工程学会在上海新国际博览中心联合举办“采购汽车模具沟通会”，上海汽车集团股份有限公司、上海通用汽车有限公司、延锋伟世通汽车饰件有限公司等汽车主机厂参加会议。上海金涌模具有限公司、上海炎坤模具有限公司等近 20 户模具企业到会与汽车主机厂进行充分交流和沟通，对提高汽车模具行业技术水平，加快汽车工业发展和技术创新起到促进作用。

10．协办模展场内技术交流会。为了丰富第十三届中国国际模展内容，主办方计划组织 11 场高水平场内技术交流研讨会，并委托本会负责所有的筹备工作。协会成立筹备小组，多次召开专题会议、制定方案，将技交会信息通过协会网站，有针对性传递给主要企业及相关人士。展会期间，还动员参展商、现场观众出席，保证了所有场次技交会成功举行，得到主办方和技交会演讲单位的好评。

11．组织参加“上海行业协会沙龙”活动，加强协会间联系和互动。年内参与组织行业协会沙龙活动 5 次，通过沙龙活动加强协会间交流、沟通、合作和友谊。

12．加强与同行之间交流与合作。年内接待北京、天津、重庆、河北、陕西、山东、青岛、安徽、江苏、常州、无锡、昆山、黄岩、余姚、宁海、西安、成都、福建、厦门、四川等地模协或代表团，以及台湾地区模具工业同业公会辛培舜总干事，还有韩国金型工业协同组合专务理事金富国先生率领的 30 余位韩国模具企业代表团的来访。协会也拜访了天津、余姚、昆山、温州、深圳、金华、黄岩、台州、台湾等地模协。

13．建立公共服务平台，帮助企业增强核心竞争力。与上海市研发公共服务平台联合建立模具行业服务平台，可通过文献下载、科技资源交流、专家咨询，帮助企业充分运用政府政策来提高科研开发能力，增强企业核心竞争力和抗风险能力。

14．搭建融资平台，推进产业发展。多次与平安银行联系，通过召开专题座谈会、走访企业，为会员单位融资牵线搭桥。根据行业特点，在协会协调、建议下，平安银行推出专为模具行业量身定做的设备抵押、信用担保等融资产品。已签约 5780 万元，还有多户企业达成初步合作意向，已申报企业 10 户，其中，4 户贷款待批，涉及金额 500 万 –600 万元。除直接贷款外，与租赁公司密切合作，多种途径帮助模具企业购置设备，年内，9 户企业共购买 2.38 亿元的设备。据统计，上海模具企业全年利用租贷方式融资 5 亿多元。

15．举办敬老节联谊会。10 月 9 日，假座上海新世界紫澜门大酒店举行“2010 年模具界重阳敬老联谊会”，50 多位模具界老领导、老专家相聚一堂。在听取协会工作汇报后，对协会开展的“收集上海模具工业发展史资料”表示支持，对协会取得的成绩表示高兴，对上海模具发展前景充满希望，纷纷表示要为上海模具工业持续、健康发展作出贡献。

16．组织长三角地区模具界代表团赴台考察。7 月 29–8 月 5 日，组织上海、江苏、浙江模具界代表团共 36 人赴台湾考察。期间，代表团走访梧济工业股份有限公司，出席由台湾区模具工业同业公会主办的台北国际模具暨模具制造设备展开幕式并参观了展览会，拜访台湾区模具工业同业公会会长曾源坤、总干事辛培舜和台北市机器商业同业公会陈胜地总干事，加强了与台湾模具界的交流和友谊，为两岸的技术交流与合作奠定基础。

17．举办“行业协会沙龙论坛”，推进行业协会健康发展。参与主办“上海行业协会沙龙论坛”，市经信委、市社团局、市经团联、上海大学的领导及上海各行业协会秘书长共80余人出席了论坛。论坛的成功举行，加强了院校和协会的合作，推动了行业协会的发展。

三、各专业委员会积极开展活动

经营管理委员会。4月23日，与市中小企业信息服务中心、东海期货有限公司联合举办2010春季（塑料）中小企业研讨会，帮助会员单位在生产经营中规避风险、锁定成本、提高资金利用率、提供咨询服务。5月，与协会价格委员会、技术委员会共同在协会召开“注塑模验收标准”论证会，为该标准的推广、使用提出了较好的建议，还与维诚信用咨询有限公司联合举办5次法律讲座，帮助企业增强法律意识，维护会员单位的合法权益等。12月15日，在静安宾馆召开会议，讨论如何开展行业内的节能减排工作，对于评选重点骨干模具企业标准进行了探讨。

技术委员会。4月19日，在协会召开工作会议，对协会制定“十二五”发展规划中模具新技术如何落实、推广与应用进行了探讨；在第十三届模展期间，策划、组织了多场高水平技术交流会，并有针对性组织相关企业参加。部分成员还参加了制定《塑料模验收标准》的编写工作。

标准件委员会。主要工作是制定压铸模模架标准，多次召开专家小组会议，策划、布置、落实《压铸模架标准》的制定工作，保证了该标准在第十三届模展期间顺利出版、发行。10月19日，召开主任工作会议，对全年工作进行回顾和总结，对下阶段工作进行布置和落实。

价格工作委员会。多次召开专家小组会议和专家论证会，布置、落实标准的制定工作并对该标准进行多次修改，不断完善、保证了《注塑模具验收标准》在第十三届模展期间成功发行。

材料委员会。4月22日，召开主任工作会议，对第十三届国际模展期间和中国模协材料委员会联合举办“模具材料发展与模具材料应用”研讨会进行布置、落实，对下半年工作进行安排。5月13日，与中国模协材料委员会共同举办了新材料研讨会，取得圆满成功。还积极组织委员单位和个人参加及参观展览会。

信息及联络委员会。2月3日，召开主任工作会议，总结上年工作，探讨2010年工作计划，并进行整体布置和落实。6月30日，在上海大学召开协会信息员工作会议，讨论信息员活动章程，制定、落实信息员工作内容。此外，上海大学作为信息及联络委员会主任单位与上海行业协会加强合作，于3月15日在上海大学成立上海行业协会沙龙基地，12月10日，上海行业协会沙龙论坛在上海大学举行。

资深专家委员会。2月4日，召开主任工作会议，总结上年工作，审议2010年工作计划。5月13日，组织20余位成员参加了第十三届中国国际模展开幕式，并参观展会，随后召开资深专家委员会工作会议。11月10日，召开主任会议，对全年工作进行总结，讨论2011年工作。12月1日，部分资深专家委员应邀参加在上海市工业技术学校召开的教育培训委员会（扩大）会议，对行业开展教育培训发表意见。此外，还积极参与制定《塑料模验收标准》审核工作和收集《上海模具工业发展史》资料工作。

汽车模具委员会。2月25日，与市汽车行业协会、上海汽车工程协会达成联合举办汽车与模具论坛的初步意向。3月31日，在市汽车培训中心召开汽车与模具论坛会的筹备会议。5月11日，成功举办上海汽车与汽车模具论坛会。

教育培训委员会。1月6日，拜访市工业技术学校，商讨与特种加工专业委员会联合召开专委会活动的事项。1月18日，与特种加工委员会组织联合活动。1月12日，拜访赫比国际有限公司，商讨有关定向培训事宜，之后并按要求完成委托定向培训的任务。12月1日，在市工业技术学校召开教育培训委员会（扩大）会议，对如何更好开展教育培训进行了探讨。

特种加工委员会。1月18日，与教育培训委员成功举办联合会议，作出汇编《上海模具发展史》的提议。5月13日，与上海润滑油品协会在第十三届模具展上联合举办YG—1技术及润滑油品应用技术的交流会。8月11日，与爱路华机电技术（上海）有限公司和吉特迈技术贸易（上海）有限公司在上海新国际博览中心联合举办“高速加工链技术交流会”，加强模具制造产业链的互动。8月12日，与上海东洋炭素有限公司和沙迪克机电（上海）有限公司在黄岩联合举办“石墨应用技术交流会”，促进了上海、黄岩两地模具行业技术交流与合作。

（范　芃）

上海市工具行业协会

上海市工具行业协会成立于1987年10月，是以上海地区工具行业为主体，吸收江苏、浙江等地区企业加入，并由生产、科研、经营等单位自愿参加的行业组织，为多元化经济的社会团体法人，现有会员单位135户，约占上海地区工具企业数的62%。

2010年主要工作：

一、拓展服务，推动行业发展

1．广泛开展诚信企业创造活动，根据市“诚信创建企业”活动组委会文件精神，认真举办诚信经商、抵制伪劣等培训讲座，积极推荐行业内有条件、有志向的企业加入诚信企业创建活动。上海约纳森工具制造有限公司被评为“星级诚信企业”，上海宝山轧钢厂有限公司、上海瑞峰工具制造有限公司、上海沃施园艺股份有限公司、上海田野工具（集团）有限公司、上海正峰工业有限公司、上海气动工具厂、上海山研机械科技有限公司、诺霸精密机械（上海）有限公司、上海力成五金工具有限公司、上海骏马气动工具有限公司等10户企业进入“诚信企业”和“诚信创建企业”的行列。还在上海维诚信用风险咨询有限公司配合下，在6月和11月，两次向市政府有关部门申报《“行业诚信经营互助平台”建设》专题报告，旨在行业内逐步培育建立“守诚信、讲效益、懂管理”的员工队伍。

2．针对工具行业标准混乱、标准老化或无标生产的现象，走访江、浙、沪一带的优秀企业，了解行业的现状，配合全国工具五金标准化中心，协助编辑出版《工具信息与标准》专刊，依靠行业内的标杆企业，制定相关工具标准，引导企业按标生产。在市工商和市技监部门的领导下，配合轻工部五金工具质量监督检测上海站，对市场工具类产品抽检，褒优罚劣，起到净化市场的作用。与上海维诚信用风险咨询有限公司合作，先后举办5场“企业信用知识普及”、“客户资信调查和科学授信”、“应收款的风险管理和催收”法律专题讲座，约有80多户（次）会员单位主动联系协会和维诚公司，进行专题咨询。同时，针对一些特殊情况，秘书处同志陪同律师走访企业，释疑解难。

3．年内两次向会员单位发放《关于申报中高级工程技术经济职称评定》的通知，在走访单位和有关会议上进行宣传。向市有关部门推荐的上海沃施园艺股份有限公司、上海约纳森工具制造有限公司荣获上海市中小企业“品牌企业”称号；上海沃施园艺股份有限公司的吴海林、上海山研机械科技有限公司的钱建生、上海田野工具（集团）有限公司的赵兵评为“上海市轻工行业优秀企业家”。在4月和12月，由中国五交化商业行业协会和中国五交化网主办、全国50多家媒体、网站共同参与评选的“2010中国五金品牌风尚盛典”大型公益活动中，四大主榜单和6个子榜单上都有上海工具行业协会的成员。

二、整合资源，创新服务平台

借助上海行业协会沙龙这一平台，广交朋友，实行业内的合作和业外的探索，对话大产业、走进大行业、携手支柱业。以船舶工业为例，造船需要大量的的专用工具和通用工具，在工具精度、功能和效率上都有很高要求，同时还应有系列的、成套的服务体系。工具行业与船舶行业多次协商，交流接触，在9月，联合召开信息发布会和项目对接会，有5户工具企业填报项目申请表。10月，组织20多户工具企业到长兴岛造船基地两个船厂和崇明岛（沪港）合资修船厂考察对接。上海上船利富船舶工具有限公司迅速研制了XDJ30型气动倒角机和多点焊接平衡机、上海华光悦达电力工具有限公司研发的3D—HAS全自动三维调整机、上海山研机械科技有限公司研发的偏平气动起重设备，等等，都受到造船行业一线工人的认可和欢迎。国外造船商知道后，也要求定购。还多次与兄弟（商）协会一起联合组织企业，走出上海，走进长三角地区，走向全国，考察市场，参观企业，参加展览会，相互观摩，开展创新创意的服务工作。11月，在上海行业协会沙龙的活动中，与上海市研发公共服务平台管理中心签约成立上海市工具行业协会工作站，为会员单位提供一系列的特色服务。还与上海机电城、《精品五金》杂志、上海维诚信用风险咨询有限公司以及大产业行业协会的联系合作方面都有长足的进步。

三、规范管理，加强自身建设

1．调整分工，加强力量。明确内部分工，加强团结，克服忙闲不均的现象。秘书处制定《上海市工具行业协会关于健全和加强协会秘书处规范化建设的若干意见》，调整设立3部1室，明确人员的分工、职责和要求，建立每周工作例会制度，相互及时沟通情况，一主多副地开展工作。

2．7月，建立协会网站，已开通10个窗口，为广大会员单位进行电子商务、信息沟通、政策咨询、经验交流、企业诉求等服务，得到会员单位的大力支持。

3．在加强自身建设上，把党支部工作也融汇在协会的日常服务中，与市工经联党委签定廉政协议，学习时事新闻，组织观摩世博会等。3月，输送1名有入党要求的同志到市党校参加培训班。

4．积极发展新会员，增加协会活力。年内发展10户有影响的企业加入协会，有5户会员单位进入理事会，3户理事单位选为副会长单位。

（张寿珏）

上海市化工行业协会

上海市化工行业协会成立于1997年6月18日，是由从事化工生产、流通、施工、科研、设计、教育及服务等活动的企事业单位自愿参加组建的非营利性的社会团体。现有260户会员单位。

2010年主要工作：

一、为会员服务工作

1．信息服务。做好网站管理，在协会网站、通讯上发布了大量的行业信息，在市社会工作党委、市经信委以及市经团联的网站和通讯上共发布26篇文章。办好会刊，共收集资料、编纂、发行6期，增加"法律专栏"，刊登法律文件及实用案例介绍，为会员企业保护自身利益增加法律知识。收集编写经济运行分析，共向市经信委提供"化工行业经济运行分析报告"12篇，为中国石油和化工联合会《经济分析杂志》提供"上海化工行业2009年经济运行分析与2010年任务"1篇。

2．培训服务。积极开展易制毒化学品、危化品和安全管理人员培训。开展易制毒化学品管理人员初训班8期，参加培训人数达819人；举办易制毒化学品管理人员复训班7期，参加培训人数783人。开展危险化学品从业人员培训班17期，参加培训人数1769人次，其中，为俱进安全事务所代培训约100人次；开展生产经营单位厂长、经理、安全管理干部培训班4期，加上与参加俱进安全事务所培训班的学员，合计培训人数400人次；全年开班数达36个，平均每月3个班，总人数达3770多人次。做好上海市易制毒监管服务网站管理工作，要求对培训单位上网登记，对上网不正确的单位，通过电话耐心指导，并做好每月易制毒化学品生产、经营、购买使用、运输、进出口的月报，还为会员单位举办了"财务管理培训班"、"国家级信息师培训班"等。

3．市场服务。对评为2009年"上海化工诚信企业"的单位，在《中国化工报》、《上海化工杂志》、《协会网站》、《协会通讯》、《上海华谊报》等媒体上进行宣传，并在会员大会上对6户荣获"上海化工诚信企业"的单位进行表彰、颁发奖牌和证书。开展2010年"上海化工名优产品"评选和复评工作，共有13户企业25项化工产品评为"上海化工名优产品"。对会员企业品牌工作开展调研，把荣获上海名牌产品、上海著名商标40户企业的产品和商标登入协会网站和通讯，进行宣传。在企业大力支持下，收集了2009年中石化上海石油化工股份有限公司、中石化上海高桥石油化工公司、上海华谊（集团）公司、中国石化集团资产管理有限公司、上海宝钢化工有限公司等48户企业123种主要化工产品的生产量、销售量和出口量数据进行汇编，提供了有价值的资料和市场经济分析的数据，有助于政府部门协调、调控市场价格，参与制定反倾销、反补贴和保障措施，为企业应对国际贸易争端中各类应诉和诉讼提供有力依据。组织做好应对反倾销、国际贸易争端和产业损害预警工作。与市商务委于6月9日召开"化工企业公平贸易工作座谈会"，会上对上海吴泾化工有限公司知识产权案、双钱集团股份有限公司轮胎特保案、上海三爱富新材料股份有限公司、上海华谊丙烯酸有限公司、华昌聚合物有限公司的化工产品反倾销案等7户企业案例分析介绍，开展法律咨询，并对申诉和应诉问题进行认真探讨，加强化工企业参与反倾销申诉和应诉的措施，提高应对国际贸易摩擦和产业损害预警的能力。积极帮助企业开拓国内外市场，组织5批21户化工企业参加辽宁、四川、贵州、云南、陕西、吉林等外省市来沪的招商活动，为企业的产业调整提供条件。组织8批30户化工企业参加美国、德国、匈牙利、摩洛哥、土耳其、埃及、越南、巴西等8个国家和地区的招商投资、贸易洽谈、技术交流活动，为帮企业进一步了解国际市场提供商机。为企业开拓市场，提供更多市场信息，把10类化工产品市场信息资料共106篇文章6万字左右汇编成《2010年化工市场预测》市场信息刊物，发放到250多户化工企业，为企业制定经营战略和经营决策，提升市场应变能力，也为政府部门对化工市场宏观调控、经济增长方式转变、产业结构调整和产业布局调整提供依据。

4．节能减排。推动上海化工节能减排活动，紧紧围绕"调结构、转方式、推创新、促节能减排"的工作主题，把行业节能减排和加强生态环境建设作为重点。组织58户企业87人参观"2010年第三届荷兰阿姆斯特丹国际水处理展中国展会"。积极推进节能减排合同能源管理活动，推介应用新技术、新设备，确立推进节能减排技术改造、技术创新的新观念。如对上海氯碱股份有限公司采用合同能源管理进行了循环水泵改造，节能将达到600多万度电、8000吨标准煤。上海赛科石油化工公司实施3项重大节能项目，使万元产值能耗下降为1.595吨标煤，同比下降19.7%。大力推广节能减排JJ小组活动，取得了显著成效。如上海氯碱公司，年内组建15个JJ小组，共80人参与，当年节约1.3万吨标煤，碳减排3.45万吨，经济效益3500万元；上海焦化公司组建9个JJ小组，参与人员108人，当年节约3.9万吨标煤，碳减排10.6万吨，经济效益1965万元；吴泾化工公司组建23个JJ小组，参与人数132人，当年节约1.19万吨标煤，碳减排2.9万吨，经济效益2515万元。为进一步推动行业节能减排JJ小组活动纵深发展，与市节能减排JJ小组指导办在上海石油化工股份有限公司举办“第4期化工行业节能减排JJ小组活动培训班”，公司部门负责人、工程师和技术骨干共80多人参加了培训。积极参加市经信委、市总工会、市经团联组织召开的“我为节能减排献一策”活动推进会，并向全行业发布了倡议书，号召职工积极参与“献一策”活动。年末召开节能减排交流会及上海市节约用水管理办法研讨会，共有30多户企业出席了会议。协会被评为“上海市节能减排JJ小组活动试点工作先进单位”。

5．组织大型活动。组织和参加由浙江省石油和化工协会承办的“第7次中国长三角化工协商会议”。会议围绕节能减排对行业的影响，各省市石油和化学工业“十二五”规划的思路、结构调整、转变方式等，进行热烈讨论。为了加强与各地区间的协调发展，组织会员单位参加“吉林化学工业循环经济示范区说明会”、合肥市、蚌埠市、辽宁抚顺、河北邯郸、葫芦岛等省市县的招商活动，应抚顺市经信委邀请，组织有关单位赴抚顺市交流考察。接待由合肥市经信委副主任带队的合肥市化工行业协会、企业联合会、机械行业协会、建材行业协会、家电行业协会的会长、秘书长，一行12人来我会考察交流。举办“合同履行常见问题”专题讲座，共有20多名会员单位财务、资产部负责人到会听讲。与市教委科技发展中心在上海高校技术市场举办以“以调结构、转方式、推创新、促节能减排”为主题的第十二届上海化工企业——上海高校双边技术交流对接会。参与主办“迎世博、创品牌知识产权高峰论坛”，邀请政府部门、法官、律师、专家学者参加讨论、演讲，部分化工企业也参加会议。召开部分会员单位“企业统计和经济运行座谈会”，交流企业运行情况和明年的打算，并听取到会单位的意见与困难，协会将尽所能帮助企业渡过难关。召开2010年信息工作委员会年会，要求企业“走出去、请进来”，加强信息交流。

二、为政府服务工作

1．协助政府加强易制毒化学品监管。组织召开易制毒化学品管理工作委员会第3次全体会议。汇报培训和网站工作，听取政府8个委办局和企事业单位的意见，进一步改进工作。每月向政府有关部门提交易制毒化学品统计汇总报表及分析，供政府参考。

2．协助政府加强危化品管理。为生产经营企业做安全评价报告，完成经营单位安评43户，完成生产及仓储企业安评11户。

3．承接市经信委的委托，编制《上海石化产业“十二五”发展规划》建议书，并于11月通过市经信委组织的专家评审。

4．参与市科委研发公共平台服务站网络建设，申报专家6人，推荐化工环保监测站进入服务平台。

5．为市政府法制办制定《上海市节约用水管理办法》(修订草案)，提出化工行业的修改意见。

三、加强协会的自身建设，提升协会的素质与功能

完善理事会建设，及时调整和增补理事、副会长。世博会召开之际，积极组织协会工作人员参与平安志愿者服务，争做文明上海人，并为每人发放了参观世博门票。党支部被评为“2008–2009年度市工经联党委的先进党支部”，还被中共上海市委授予“五好”基层党组织称号。组织协会人员参加自愿为玉树地震灾区献爱心捐款活动。坚持每2周1次的全体人员学习和党员组织生活，提高思想政治水平和业务能力。组织全体人员赴崇明岛参观，体验崇明岛的建设与变化。牢记“11·15”上海特大火灾惨痛教训，组织全体工作人员学习防火自救知识学习。年内新发展9户会员单位。

（江　荣）

上海市润滑油品行业协会

上海市润滑油品行业协会成立于2005年6月，是由润滑油、脂的生产、研发、质检、销售、服务等企事业单位自愿组成跨部门、跨所有制的非营利性行业社会团体法人。现有会员单位86户。下设添加剂专业委员会。

2010年主要工作：

一、走访考察与调研

先后走访江苏高科石化、江苏路路达有限公司、无锡南方添加剂有限公司等17户会员单位，调研企业应对金融危机中所发生的各种情况。及时了解行业需求，特别是中小企业发展需求，适时推出各项活动。通过服务与活动，使协会队伍不断壮大，年内新发展9户会员企业。

二、交流研讨

年内组织召开8次各类学术交流与技术研讨会。其中，5月18－19日，在无锡召开以“竞争、合作、共识”为主题的第二届国内添加剂产生研讨会，规模宏大，内容精彩，获得业界一致赞赏与好评。11月22－23日，在上海召开主题为“创造植根本、润滑赢未来”行业会议暨高峰论坛，以四大专题展开，会员单位、国内外企业与相关专家、学者踊跃参加，规模空前。

三、合作与拓展

积极组织会员单位参与各项展示企业、品牌、行业新技术、新产品和发展新途径的产业链活动。参加由市模具协会等兄弟协会发起的行业协会沙龙，采取请进来、走出去的办法，将行业内用户及潜在市场与发展，向会员单位推荐，成为信息、技术、应用的采集点、应用点、拓展点，深受会员企业欢迎，已成为协会活动的一个亮点。

四、培训与信息

全年举办各类培训班8次。其中，初级油品分析化验班3次，中级润滑油质量工程师班1次，高级研讨班和各类研修班共4次。参加培训的学员计130人次，39人获得初、中级油品分析化验员注册，9人获得中级润滑油质量工程师注册。协办第十届中国国际润滑油、脂及调和技术设备展览会，扩大了协会的影响。同时，召开为期3天的2010年协会会员大会，会员积极参与展示、交流、论坛、现场参观，为行业盛会画上圆满的句号。顺利开展第2次实验室能力比对试验，共有20个比对试验点，涉及国内拥有4球试验装备的实验室。年内按时出版12期《上海润滑油信息》，其中自撰稿件占65%，摘录、转载的占15%，信息员投稿占20%，约12万字，刊登174篇文章。

（竺关妹）

上海防静电工业协会

上海防静电工业协会成立于2004年9月，是由从事防静电产业的企事业单位自愿发起组成的专业性、跨行业、跨地区的非营利性社会团体法人。现有会员单位85户，覆盖长三角地区的服装、地板、包装、耗材、设计、装备设备等领域的骨干企业。下设标准委员会、专家委员会和具有独立法人资格的“上海工业静电技术研发服务中心”，负责技术咨询、检测、评估、组织培训、项目开发等。

2010年主要工作：

一、联系、服务会员

1．走访会员单位。3－12月，走访42户会员单位，接待来访的公司老总，访问电子工程设计研究院、太欧、3M公司工程师等。

2．召开会员单位座谈会。介绍政府有关鼓励开发创新税收优惠政策和协会工作设想，参加会议的13户会员单位对协会工作也提出了一些很好的建议。

3．为12户参加2010年第二届上海电子展的公司做好后勤服务工作。包括帮助预定住宿房间、展位布置、日期通知、交通路线指引、预定分送午餐盒饭、发送300余份协会杂志等。其中，有8户公司老总直接到展位参加指导展销活动。

4．给所有会员单位转发市经团联通知参观“2010年中国国际工博会”邮件，帮助康惠、贝岭、加富、亚林等公司联系参观胸卡。

5．参与12月9日在深圳召开的2010防静电、净化新产品、新技术研讨会筹备工作。联系通知12户会员单位，为君江、国达、宏德雨等3户参展公司做好联络和与会服务工作。

6．采集到78户会员单位的电子邮箱，发出电子邮件及书面通知65份。收集、整理会员企业名片，在9月的第23期会刊上免费刊登第1批38户会员企业名片。

7．由理事单位上海电子工程设计研究院有限公司主编、协会参编的《电子工程防静电设计规范》，7月已被住房和城乡建设部批准为国家标准，自2011年2月1日起实施。

8．由协会理事长单位晨隆公司牵头、协会参与制定的《纺织品静电性能的测定穿着法》，6月初已被国家质量监督检验检疫总局批准立项，作为国标计划下达，要求在2010年完成。

二、与政府部门、其他协会的沟通

1．2月，拜访市工经联，汇报协会有关人事变动、工作开展计划。积极参加市经团联组织的各类会议、活动，包括“十二五”规划专家报告会、浦江经济论坛、国际形势、低碳经济报告、“行业协会规范化”沙龙、信息员工作、行业协会研究会、党建创先争优动员会等。8月11日，工经联来协会指导支部换届工作，协会支部汇报了支部工作。积极参与上海市“十二五”工业规划大讨论，撰写《关于将支持防静电产业发展列入本市“十二五”工业规划的建议》。

2．拜访市政府有关部门。3月，约见原市质监局长咨询有关政策。5月，拜访上海质量技术监督局标准处，了解有关制定标准政策变化信息。参加市继续教育会议。拜访市职业能力考试院认证部门等。4月，拜访市经信委综合处，汇报协会人事变化情况。6月，向市经信委申请2010年度行业协会专项资金并递交报告。9月，获取市政府委托《制定防静电产品行业标准及行业准入基本条件》项目及相关费用。参加市经信委召开的社会组织工作会议，根据市经信委《关于开展治理和规范涉企收费工作的通知》要求，填写《社团收费治理规范情况表》，并按时完成。参加11月社团局举办的社会组织负责人、财务人员岗位培训。

3．访问上海电子商会、医疗器械、上海铝业、新能源（电话沟通）等行业协会。交换协会出版物。

三、发挥专业优势，服务社会

开展咨询、培训、检测业务，发挥协会专业技术优势，服务会员、社会。2—12月，据初步统计，协会接到80余次电话、电子邮件，咨询有关防静电技术或相关专业服务、培训要求，涉及各地单位30多户。我们及时为会员单位提供咨询、帮助，并根据国家工信部关于质量兴业活动要求，配合开展“中国防静电装备品牌企业”行业认定工作，指导帮助企业提高产品质量和管理水平。

四、组织建设

发展新会员上海恩硕等13户公司。完成第22、23期协会季刊的出版、发送工作。建立健全秘书处制度，完善每月工作、财务报告制度和新会员入会通知、缴费、发证等有关程序。制定《上海工业静电技术研发服务中心关于有偿服务收入分配的暂行规定》（试行），设计培训、检测服务反馈表等。

（熊衍元）

上海市标准化协会

上海市标准化协会成立于1981年4月，是从事全市标准化工作的社会团体法人。下设组织、科普学术、教育培训、技术咨询等工作委员会，并拥有纺织、汽车、机电、轻工、化工、船舶、仪电、航空、宇航、有色、能源、信息、情报、包装、粮油、花卉苗木、蔬菜、饲料、种植、水产、医药、建材和服务等23个标准化专业委员会，现有团体会员190多户，个人会员1000余名。

2010年主要工作：

一、开展学术研讨，组织交流活动，举办专业讲座

1．开展国际学术交流。主办2010中国国际工业博览会科技论坛——低碳技术与标准化国际研讨会，出席研讨会的有国内外标准化技术专家300余人。国家发改委、国家标准化研究院、上海市经信委、英国标准协会、美国国家标准学会、欧洲标准化项目代表、美国世界资源研究所、长江经济联合发展集团、中船重工711研究所、上海市节能协会、西门子公司、GE能源、瓦褐兰公司专家学者就全球经济发展和环境保护及提倡低碳技术的紧迫性，并对国际上最新的碳足迹碳审核的新标准进行了深入研讨。

2．组织标准化优秀学术论文评选。协会学术委员会评选出年度市标准化优秀论文18篇，并根据中国标准化协会关于开展第七届全国标准化论坛优秀论文评选活动的要求，组织向大会选送53篇论文，其中，4篇获全国优秀论文奖，有23篇入选《第七届中国标准化论坛论文集》，协会获得论坛组委会颁发的优秀组织奖。受市质量技术监督局的委托，进行2010年度上海市标准化优秀学术成果奖的评选，从2008年以来发表的120多篇标准化论文和研究成果中评选出近30项优秀学术成果。

3．所属专业委员会根据本行业的需要，组织开展权威性的标准化理论交流和研讨活动。

4．推介先进典范，组织团体会员赴标准化创新示范企业参观学习，提高标准化水平，增强企业核心竞争力。

二、服务企业，服务社会，为推进上海市标准化事业做扎实的工作

1．执行国家质检总局、国家标准委新制定的《企业产品标准管理规定》，做好政府委托的企业标准备案工作，对全市1000多户企业进行新规定的培训。全年接受无偿咨询数千次，并为上海市企业制定、修订大量企业标准。

2．配合各级行政主管部门开展以服务世博为目标的标准化宣传和技术咨询。开展全市范围“规范公共标识，文明迎接世博”的活动，邀请全国图形符号标准化技术委员会秘书长讲解公共信息图形标志标识有关标准和设置要求，对各级主管标准化工作的官员和标准化工作者进行培训。编撰《公共信息图形标志应用指南》手册，并对上海市9个区的公共场所、公共设施行政管理部门和重点相关企业进行公共图形标识标志标准化培训，对各个区的重点区域多次开展现场咨询服务，参与重点商业中心和旅游景区创建服务标准化和公共信息图形标识标志标准化示范总体策划，提供技术咨询。

三、服务世博，注重理念创新，积极做好各项保障工作

1．规范公共图形标志。为规范公共信息图形标志，结合上海世博会的需要，在重点区域、重点旅游景点、大型园林场所等开展公共图形标识标志标准化技术服务工作。重点在卢湾区、国际客运中心、上海南站、佘山国家旅游度假区、顾村公园等举行各种培训和讲座，接受各区主管部门和企事业单位公共图形设计方案的咨询和审核，参与对公共图形标识标志的专项检查等。发放《上海市公共图形标志应用指南》2000余本；开展培训、讲座10余场，培训人数千余人次；调整公共图形信息标志25000余块，审核设计方案50个。

2．提供技术支持。积极推动新能源汽车的标准研究工作，完成制定《燃料电池电动汽车的车载氢系统技术要求》、《燃料电池汽车最高车速》、《燃料电池电动汽车加氢口》等3项国家标准；为世博提供建筑安全玻璃科学合理的检测方案，为LED照明、光源、灯具的检测提供技术保障；在世博召开前后，对158家世博重点蔬菜生产基地开展全面检查指导，使世博基地在农业投入品使用规范化、农资仓库标准化、产品生产标准化、产品质量可追溯等方面全面落实。

3．研讨世博后效应。10月，组织邀请有关教授专家作“世博后生产性服务及其标准化展望”和“世博后给餐饮、旅游业标准化工作带来新的启迪”的专题研讨，引发了标准化人员中的深深思考。

四、服务“两个优先”，为重点产业发展提供标准化技术支撑

先进制造业和现代服务业是当前经济发展的重点，协会毅然决策在这两个领域开拓标准化服务的市场，作出样板，取得经验，争取推广。通过为两个国有大企业集团建立标准化体系和众多企业制定标准，拓展社会影响力，发展各行业标准化专家队伍，取得良好的社会效益，也取得一定经济效益。

五、服务企业需求，加快标准化人才队伍建设

1．组织团体会员赴标准化创新示范地区和单位参观学习。

2．认真做好标准化工程师资格考试考前培训和标准化人员岗位培训。数年来共为上海市培养700多名标准化工程师，并获得市科协颁发的品牌培训项目证书。年内举办8期标准化人员岗位培训，有450人获标准化人员岗位证书。

3．开展国家标准的宣贯培训。举办GB/T24421-2009《服务业组织标准化工作指南》等系列国家标准的宣贯培训。邀请起草该标准的专家来沪讲授辅导，组织全市重点服务业企业及区县管理人员参加，培训效果良好，为帮助服务业组织标准体系建设，加快推进上海市服务标准化奠定重要基础。

六、加强与会员和企业的信息交流，加大标准化事业的宣传力度，提高全社会对标准化工作的认知度

1．办好《上海标准化》杂志、《标准化协会通讯》和协会网站，密切与会员的联系交流，扩大对社会和企业的标准化宣传。

2．做好庆祝世界标准日的宣传工作。每年10月14日的世界标准日，国际标准化组织（ISO）、国际电工委员会（IEC）和国际电信联盟（ITU）都会联合发布世界标准日主题和祝词，协会围绕主题开展各种形式的庆祝和学术交流活动，并将历届世界标准日主题祝词收集汇编成册，宣传国际标准化工作发展的进程，参与国际标准化活动，提高上海标准化工作对国家标准和国际标准的贡献率。

（上海标协）

上海橡胶工业同业公会

上海橡胶工业同业公会成立于1986年12月，是由上海、江苏、浙江地区橡胶加工及其相关企业自愿组成，实行行业服务和自律管理的跨地区、跨部门、跨所有制的非营利性的行业社会团体组织，现有会员企业110户。

2010年主要工作：

一、认真做好换届改选的筹备工作，为顺利换届奠定基础

遵照理事长会议要求，认真开展换届改选的筹备工作。先后完成公会第七届理事会工作总结、章程修改及其说明、财务审计及财务工作报告的起草；广泛听取意见，酝酿和商定第八届理事会理事和正副理事长及秘书长候选人名单；拟定换届改选大会议程、总监票人、监票人名单及制备选票等工作，并书面汇总上报给社团业务主管部门，为顺利召开换届改选会员大会奠定了基础。

二、隆重召开八届一次会员大会，顺利实现新老届别交替

4月8-9日，公会八届一次会员大会暨理事会议在浙江湖州隆重召开，近百位代表认真听取并审议通过公会《第七届理事会工作总结》、《章程修改和说明》、《财务决算》和《换届改选筹备工作情况》等报告，以无记名投票选举产生由30位当选理事组成的公会第八届理事会。大会向荣获14只行业名优产品的10户会员企业和荣获“诚信创建企业”称号的34户会员企业颁发证书和铭牌，并召开八届一次理事会议，选举产生第八届正、副理事长及秘书长，形成八届一次会员大会暨理事会议决议，获得与会代表一致通过，顺利实现新老届别的交替。

三、走访会员企业，了解服务需求，及时提供帮助，增强凝聚力

年内先后走访会员企业 80 余户次。一是广泛听取意见，做好换届改选筹备工作，为召开换届改选会员大会作前期动员，保证了会议的出席率；二是进行调研，了解企业生产经营现状和发展情况，以及遇到的困难和问题，为编写“十二五”行业发展规划建议作准备；三是为新秘书长熟悉、了解行业和企业情况，以便顺利开展工作；四是了解企业的服务需求，及时提供服务。如康艳橡胶制品公司开发生产氯丁再生胶急需拓展销路、胜天橡胶制品公司承接的产品发生气泡难题、新星印刷器材公司需要橡胶技术人才、樊利实业有限公司需要设备行家为其上胶带项目把关、华向制品公司需要寻找合作伙伴等。

四、认真完成行业“十二五”发展规划建议的编制工作

遵照市经信委和市工经联的部署，通过调查研究，组织专人起草撰写《上海橡胶行业“十二五”规划建议》。《建议》以“为支持产业提供配套产品服务发展橡胶工业”为题，就橡胶工业在国民经济中的地位、上海橡胶工业的基本情况、“十一五”期间上海橡胶工业发展和变化、上海橡胶工业发展中的几个主要问题和上海橡胶工业在“十二五”期间发展设想及建议等作了客观、清晰的描述，经讨论修改成文，按时报送市经信委和市工经联，已被编入《上海市部分行业“十二五”发展规划建议》一书中出版。

五、召开企业厂长（经理）世博专题会，动员做好安保和关心、参与、奉献世博

世博会前后，公会召开两次行业厂长（经理）参加的“世博专题”会议，详尽传达市委俞正声书记强调做好安保工作的指示精神，动员大家做好安保工作，同时提出关心、参与、奉献世博的要求。世博期间，各企业未发生安保事故，积极参与世博，回力鞋业公司按时保质保量为世博会提供安保鞋和环保鞋。许多企业不仅组织员工观博，而且购票分送客户参观，还组织志愿者团队到地铁和公交站点服务，其中，富大集团公司的志愿者获得“世博优秀团队”的称号。

六、认真推进企业诚信创建工作

以推进企业诚信创建工作作为“服务企业、规范行业、发展产业”的抓手，在市创建办的配合和支持下，通过召开“诚信创建”专题会议，重点走访、举办“诚信创建”企业授牌仪式等方式进行推动，行业已有“诚信星级企业”2 户、“诚信企业”31 户、“诚信创建企业”12 户。

七、认真搞好信息传递

重视会刊《橡胶同业》的出版和发行，每月如期出版，发行 12 期，约 20 万字。内容贴近行业实际，有宣传党和政府的方针政策、领导讲话、公会动态、企业生产经营管理经验、先进典型人物介绍、原材料价格行情、行业新产品信息传递等。为配合世博会召开，还特意开辟世博专栏，宣传世博盛况和报道会员企业参与情况。

八、加强公会建设

1．党支部和秘书处经常组织学习、召开会议，及时传达、学习市经信委、市社团局、市工经联有关文件和会议精神，提高了工作积极性，充分发挥党员同志的骨干作用。

2．积极发展新会员。年内先后发展 13 户企业入会，为近年发展新会员最多的一年。

（王宝根）

上海涂料染料行业协会

上海涂料染料行业协会（上海染料农药工业行业协会）成立于 1987 年 1 月，是由长三角地区染料、涂料、颜料、助剂及其他经济组织为主自愿组成、实行行业服务和自律管理的跨部门、跨所有制的非营利的行业性社会团体组织。现有会员单位 159 户。

2010 年主要工作：

一、提出涂料染料颜料行业“十二五”规划建议，力推行业科学发展

1．经过调查研究，结合上海发展的总体要求，多次征求专家意见，并在 1 月 12 日邀请上海涂料公司、龙盛科华公司、立邦涂料公司、雅运公司、一品颜料等重点单位和行业资深专家，召开规划工作的专题会议，会后再深入企业征求意见，提出“涂料行业”、“染料行业”、“有机颜料行业”和“无机颜料行业”4 份“十二五”规划建议报告，被市经团联收录到全市规划建议汇集文件中，同时报送市政府有关部门。

2．依据“低碳、环保、绿色”的要求，结合上海市产业布局的调整，积极牵线搭桥，推荐立邦（上海）涂料公司的 4 亿元投资项目进入金山精细化工产业园。目前，这一征地 300 亩、规划年产 20 万吨涂料与树脂的项目已正式签约入驻金山化工产业园。

二、搭建十六个服务平台，竭诚为会员单位服务

1．技术咨询服务。依靠专家库专家的技术力量，经常开展技术咨询，比如为安诺基公司制定企业产品标准，提供指导意见，为吴江桃源染化公司多次进行活性染料新产品项目的鉴定。

2．品牌建设服务。向市工商局推荐上海造漆厂“眼睛牌”油漆及辅助材料、上海雅运公司“雅格素”活性染料、上海捷红颜料公司“JECD”的有机颜料为上海市著名商标。推荐上海华元实业总公司的“飞机”牌还源染料系列、上海雅运纺织化工有限公司的“雅格素”活性染料、上海开林造漆厂的“光明”牌船舶漆、重防腐蚀涂料、上海涂料有限公司振华造漆厂的“飞虎”牌卷材涂料系列、上海市涂料研究所的“上涂牌”H80-3厚膜型环握拳地坪涂料为上海市2010年度装备制造业与高新技术产业自主创新品牌，并在《解放日报》上作出公示。

3．信用风险管理服务。与上海仁信保险经纪有限公司合作，提供应收账款风险管理、风险转移、贸易融资服务。开展诚信建设，在上海信用行业协会和上海金维志源企业信用征信有限公司的指导下，着手进行“信用档案”项目的建设。

4．信息平台服务。提高信息服务能力，《上海染料》期刊在重点刊登技术论文外，加强国内外信息的发布。3月18日，在金沙江大酒店召开协会年会暨涂料、染料、颜料信息发布会，龙盛集团介绍转变增长方式、染料又好又快发展的经验，立邦（上海）涂料公司高级技术经理作“净味技术在建筑涂料中的开发与应用”的演讲，巴斯夫上海首席代表作“清洁生产、循环经济与可持续发展”的报告，上海工技大原校长作“低碳经济与绿色化工”的报告。8月23-24日，承办由中国染协主办的“染颜料发展国际论坛”，邀请美国、日本等专家来沪共同讨论行业发展的重大课题，500余位代表出席大会。

5．搭建学习平台、产学研互动服务。在市干部培训中心的支持下，组织会员单位利用业余时间到市党校听课“充电”更新知识，参加市科协和新民晚报报社联合主办的“新民科学咖啡馆活动”，举行多次学术活动。积极引导会员单位与华东理工学院、东华大学等开展产学研互动，促进企业的科技创新。

6．开发区的合作服务。与上海金山化工产业园合作，宣传产业园的投资环境，并于3月19日组织兄弟协会负责人、企业总经理、管理干部等近100人赴园区现场参观、考察。9月，在市工经联的指导下，组织塑料行业协会、家电行业协会、重型装备行业协会等到上虞工业园区考察投资环境。会员立邦工业涂料公司将在金山区精细化工产业园区建立新的生产基地，生产工业涂料、卷钢涂料以及电泳涂料等。

7．统计服务。8月23日和11月25日在上海良安大饭店召开“2010年协会行业统计员、信息员会议”。邀请市统计局工交处专题介绍“2010年工业统计知识”和讲解国家对统计工作的新要求，提高统计人员业务水平。先后为“上海涂料有限公司振华造漆厂的‘飞虎牌’”、“上海开林造漆厂的‘光明牌’”、“上海雅运纺织化工有限公司的‘雅格素’”、“上海金力泰股份有限公司的‘金力泰’”、“上海捷虹颜料化工集团有限公司（JECO）”等单位出具市名牌产品、市著名商标的市场占有率及在行业中的排名证明。

8．清洁生产审核服务。3月18日，召开年会，邀请市绿色工业促进会与市环境科学研究所有关专家作“清洁生产”的专题报告，随后向市经信委推荐“上海雅运纺织化工有限公司”、“上海捷虹颜料化工集团有限公司”参加清洁生产审核，并着重宣传“上海一品颜料有限公司”、“立邦涂料（中国）有限公司”、“上海染料研究所有限公司”清洁生产的经验。还组织了上海永庆染料公司、海门龙腾颜料公司等会员单位赴江苏双乐化工颜料有限公司学习环保治理经验。

9．职称申报服务。上半年，组织30多位技术和管理的专业技术人员到上海市工业经济管理进修学院进行“2010年全国职称外语等级考试复习应考”、“全国职称计算机考试培训”、“知识产权公需科目继续教育培训及全国经济专业技术资格考试考前强化班”等，大部分学员通过中级和高级职称的评审。

10．市场对接服务。12月，组织20户有机颜料企业与全国15户重点色母粒企业进行对口交流，并讨论有机颜料在色母粒上应用的技术标准，为色母粒企业正确使用有机颜料提供技术保证，也扩大了有机颜料的市场用量。

11．网站建设。进一步强化与会员的信息沟通，并向市有关部门购买“福卡财讯”，及时转发到会员单位，供大家传阅，及时了解经济形势变化。

12．技术培训服务。一是组织专家到企业开展现场服务指导及技术培训；二是在9月20-24日组织100多位技术、营销人员在上海良安大饭店举办第11期全国有机颜料技术应用培训班，邀请7位专家嘉宾与学员共同讨论有机颜料在油墨、塑料、涂料上的实际应用问题。

13．国际技术交流服务。4月，与中国染协有机颜料专业委员会共同组团赴美国参观“美国涂料展”与美国太阳化学、永光集团等单位开展技术交流。到日本与日本DIC大油墨公司共同举办技术交流会。在染料颜料国际论坛期间，与印度代表团探讨景津压滤机过滤技术的节能效果问题。

14．大学生见习基地服务。设立大学生见习基地，有5位大学生经过实践活动，不仅提高了工作能力，又为正式到岗工作打下了一定基础。

15．广告服务。为企业宣传产品，扩大市场影响，把好产品推荐给客户。配合广告宣传，在期刊上增设染料、颜料、涂料的应用栏目，受到读者欢迎。

16．会展服务。协会每年都积极支持涂料和染料展的举办，特别在4月举办“中国国际染料工业暨有机颜料、纺织化学品展”期间与前后，主动沟通客户，广泛联系观众厚爱展览会，提高展览的效果。

三、开展日常工作，强化协会建设

3月，进行换届改选，第七届理事会有49位理事组成，产生正、副会长7名，常务理事16名。年内新吸收会员单位7户，注销了5户。13次组织会员单位参观世博会，在接待天津渤海精细化工有限公司代表团参观中，开展双方交流及意向合作洽淡。坚持开展老同志的元宵、中秋敬老活动，邀请上海茶叶协会专家畅谈茶文化。配合中国人民大学研究生进行中国染料史的调研，召开水性木器玩具漆的调研工作会议，并积极支持中国氧化铁系分会和铬黄系列分会在上海召开的年会。

（郑家琨）

上海印染行业协会

上海印染行业协会成立于1987年10月8日，是以上海及长三角地区从事纺织印染的国有、集体、民营、合资企业为主，以及与印染行业生产相关的企事业单位、科研院所、大专院校等自愿组成的跨行业、跨部门、跨地区的行业性社会团体法人。现有会员单位61户。

2010年主要工作：

一、探索行业协会在新形势下的新模式

适应产业发展的方向，改变单一分割的专业行业协会模式，上海纺织系统的10个专业行业协会已组成联合会形式，充分发挥纺织行业协会产业链和协调的作用，取得了一定的成果。1月26日，协会在浙江嘉兴永新印染有限公司召开五届五次理事会，探讨协会近期工作和新一年的工作规划。4月8日，协会搬迁到澳门路158号8楼805室办公。6月11日，与棉纺织协会联合召开五届二次会员大会，两个会长分别介绍当前经济形势和纺织“十二五”规划和纺织白皮书的情况，大丰纺织有限公司和上海沪帮印染有限公司在会上作交流。棉纺织行业协会顾问梅寿椿和印染行业协会名誉会长杜双信参加会议并讲话。

二、积极转变职能，努力成为政府和企业之间的纽带和桥梁

承接市经信委的《上海印染行业的调整和发展》课题，对行业企业进行全面调查，写出专题报告，作为市政府调整产业的依据。年初，协会呈报了对上海产业结构调整和淘汰纺织行业落后产能意见和建议。

2009年，帮助指导上海沪邦印染有限公司制订搬迁方案、实施设备安装、调整产品结构等项工作。7月2日，在该公司召开节能技术交流会。会上，公司介绍开展节能减排的工作，其开发的中水回用项目／能源综合利用项目，为企业争取获得国家节能项目资金发挥了积极作用。年内，还为上海华纶印染公司节能项目提供服务，实施完成锅炉节能改造项目。9月，受上海幸福印染有限公司委托，与东华大学联手对幸福公司进行企业综合能耗评估，对企业节能提出建议，并对其采用太阳能供能方式提出可行性分析报告，计划项目于年内完成。

三、发挥上海纺织人才和技术优势，组建专家委员会

建立棉纺织专家委员会，成立“长三角纺织人才交流协作中心”和“长三角纺织设备调剂中心”，在协会参与的全国大型纺织印染技术交流会、科技论坛、国际纺织展览会交流会等方面发挥了积极作用。4月，在上海光大会展中心举办2010年上海国际印花技术设备展览会。上半年，同上海纺织工程学会共同组织“纺织面料展览会”和有关技术论坛。下半年，进一步加强同社会各界和兄弟省市的各种联系。还组织专家参与行业标准的编制、企业调整和改造方案的论证和重大项目的评审等，充分发挥专家的积极作用。

完成印染行业踪合能耗标准、机织和针织印染企业用水标准的申报。8月16日，协会制定的关于节能减排的3个标准获得国家工信部的批准成为行业标准。

组织14位专家完成国家劳动总局《关于14套印染各工序的标准》教材的撰写。12月23–25日，组织在苏州召开印染职业培训教材编写交流活动，确保印染教材培训教材编写工作质量和按时完稿。同时，与苏州联胜化工有限公司进行技术交流和探讨合作事宜。

四、建设上海纺织公共信息服务平台，制定纺织“十二五”规划，编制《上海纺织白皮书》，编写《上海纺织志》

行业协会通过整合，发挥技术和人才优势，借助上海纺研院的公共信息平台，在网站上发布行业协会的信息和资料，建立起纺织各行业协会同政府、社会以及各会员单位的纽带和桥梁。6月28日，上海纺织协会召开纺织白皮书发布会。12月23日，在上海纺织协会召开行业协会秘书长扩大会议，布置纺织白皮书的编写工作。

五、规范行业，发展产业，服务企业

协会新发展会员单位3户，主要分布在长三角地区。最近，国家公布关于新疆地区的开发和发展规划，上海将承担产业援助计划，市政府已组建专门班子，多次召开行业协会会议，协会将充分利用好机遇，积极谋取行业发展。

（王祥兴）

上海塑料行业协会

上海塑料行业协会成立于1990年2月，涵盖石油化工、化工、轻工、机电、建材等系统的国有、民营、合资、独资企业和相关的高校、科研院所，覆盖树脂生产、工程塑料/改性塑料研发生产、塑料制品成型加工、塑料加工模具设计与制造、塑料加工机械制造等五大专业领域。

2010年主要工作：

一、发挥协会在政府和企业间的桥梁、纽带作用

利用每月一期的会刊《上海塑料通讯》和主办的上海塑料网宣传党和政府的重大方针政策、领导精神，传播各种专业信息，以及协会职能开展情况、活动内容等，为会员单位、业内企业提供资源共享的平台，推进上海塑料业的发展。按时上报《2009上海产业和信息化协会发展报告》。参与《中国塑料工业年鉴》的编制。完成《上海市社会团体年度检查报告书》。深入企业进行调研，坚持下厂访调，与会员单位和业内企业面对面的沟通，了解企业生产经营状况，特别是产业结构调整和节能减排推进情况等，采集编写“十二五”行业发展规划建议，同时通过调研不断寻求服务企业的切入点，年内先后走访13户企业。积极发展新会员，扩大行业覆盖面，全年共发展新会员20户。

二、建立为会员单位服务的新平台

成立“上海市工商业联合会塑料行业商会”，组建成立协会工程塑料专业委员会，成立上海轻工业工会联合会塑料行业分会。

三、增强企业品牌和质量意识，争创名优产品、名优品牌

开展行业名优品牌的评选工作，坚持以培育上海名牌产品、市著名商标为目的，促进上海塑料行业又好又快发展、增强企业核心竞争力为目标。努力做好行业名优品牌的培育、评选工作，注重跟踪、鼓励已获行业名优品牌的企业不断提升品牌建设，积极推动申报、争创“上海名牌产品”、“上海市著名商标”、“上海市中小企业品牌企业、品牌产品”，对已申报的10多户企业作出推荐意见。

四、开展行业专业技术人员职称评审工作

开展本年度行业技术人员职称评审工作，调动企业专业技术人员的积极性，促进企业技术进步、综合竞争力的提高。

五、推进诚信企业建设，规范行业经营行为

经诚信办初审推荐、诚信活动组委会审核，已有22户企业获得“诚信创建企业”称号；5户企业荣获“诚信企业”称号；7户企业荣获“一星级诚信企业”称号；6户企业荣获“二星级诚信企业”称号。

六、认真完成行业“十二五”发展规划建议编制工作

七、举办“聚丙烯塑料后加工技术培训班”

9月8-9日，与上海轻工业工会联合会塑料分会联合主办“聚丙烯塑料后加工技术培训班”，参训人员共43人，并组织学员参观透明PP制品加工生产线。

八、协助雅式展览服务有限公司成功举办展会、论坛

4月19-22日，在上海新国际博览中心协办举行以“绿色制造·共塑未来”为主题的“2010国际橡塑展”，展会期间举办“绿色科技在塑料橡胶行业的应用和发展”等6场“绿色橡塑行业论坛”。11月8-10日，协助雅式公司举办“中国国际新材料工业展览会”及“2010中国（上海）国际新材料产业发展论坛”。12月8日，协助雅式公司举办“第二十五届中国国际橡胶塑料工业展览会”新闻发布会，组织华东6省及台州塑料协会、上海相关协会及企业近70人参加会议。

九、开展国内外塑料同业间的交流与合作

8月26日，与大连商品交易所联合主办“2010塑料行业（上海）投资高峰论坛”。4月17日，与深圳市塑胶行业协会等单位共同举办“第二届中国国际生物降解塑料应用研讨会”。与英国橡胶和塑料研究协会、英国塑料联合会、中国塑料加工工业协会联合举办“英国塑料行业可持续发展论坛”。出席由慧聪网主办、本会协办的“天工开物、诚信兴商——2009年中国塑料行业十佳企业年度总评选颁奖典礼暨2010年塑料行业高峰论坛”。出席“2010年荣格技术创新奖——塑料行业颁奖典礼”。组织会员企业领导出席“中国民营企业家看世博暨民企低碳转型高峰论坛”。参加“第二十届亚洲塑料论坛”等专业会议。

十、不断加强党支部、秘书处建设，发挥专委会作用

1. 注重发挥党支部、共产党员作用，注意吸收新鲜血液，认真组织创先争优等活动。经市经团联党委批准，党支部再次荣获“先进党支部”称号。

2．秘书处依照章程做好召开会长办公会议、理事会会议、会员大会等工作，做好年度工作计划、年终工作总结及各项日常工作的组织实施工作。

3．下设的PVC制品专业委员会、塑料包装专业委员会、工程塑料专业委员会3个专业委员会在各主任单位的关心领导下，依靠贴近企业、专业相似的优势，积极开展工作。例如，PVC制品专业委员会组织下属企业赴江苏泰兴工业园区的联成塑胶有限公司60万吨／年PVC生产基地进行考察交流，并请PVC市场专家分析讲解“PVC的现状和发展趋势”；塑料包装专业委员会于12月15日组织下属企业前往上海人民塑料印刷厂进行低碳节能减排情况的交流并参观企业等。

（储萍华）

上海日用化学品行业协会

上海日用化学品行业协会成立于2005年12月9日，覆盖化妆品、洗涤用品、香精香料和口腔护理用品等四大日化行业。现有会员单位180户，包括从事生产、科研、加工、销售和会展等上海市行业内所有重点企事业单位。

2010年主要工作：

一、协助政府部门编写《上海日用化学品行业“十二五”发展规划》

受市经信委委托，从调查行业现状、总结“十一五”规划入手，加快转变经济发展方式，实施品牌战略，适应农村市场，兼顾内外市场，发展植物健康型、卫生安全型、高效新颖型等新型产品，以技术创新攻关，创造“十二五”期间高技术含量的日化产品为目标、发展方向，完成相关技改项目来实现上海日化行业新一轮腾飞。《规划》将列入市经信委文件，并作为上海市都市型、创意型产业发展的参照。

二、利用世博会发展契机，召开广东、山东、浙江、江苏、上海四省一市联合会议

主办四省一市会议，近250名代表聚集一堂，就行业创新技术与产业发展进行交流与沟通。中国香化协会秘书长发表“化妆品目前状况和发展的几点思考”的演讲，就日化企业目前关心的问题，诸如化妆品成分标识规定、QS标识、新化学物质的申报等进行解答。市经信委、中国轻工业联合会、广东省轻工业协会、中国日化工业研究院等有关领导在会上讲话。会议内容贴近行业实际，起到经验交流、信息沟通、成果分享、优势互补、共同发展的作用。

三、举办化妆品、洗涤用品企业质量经理培训班

为了实施国家出台的有关化妆品全成分标识和相关安全卫生要求，与市质检院食品化妆品质量检验所、上海食品药品监督所等部门联合举办有110户企业质量经理参加的培训班，并就化妆品技术审评、化妆品命名规定、化妆品原料备案及化妆品委托加工OEM/ODM生产规范、抽样检验的出厂保证等内容进行培训，通过考核，颁发培训合格证书。

四、起草《化装品专卖、专营店服务质量规范》上海市地方标准

针对化妆品专营专卖和专柜的营销模式已近化妆品销售总额50%以上的现状，为了加强服务和管理，适应上海市快速发展现代服务业要求，协会与上海家化联合股份有限公司、伽蓝集团股份股份有限公司、上海相宜本草化妆品有限公司共同起草的《化妆品专营、专卖店服务质量规范》上海地方标准在市技监局的支持下应运而生。《标准》规定经营资质、人员培训、卫生要求、进货预收、广告、售后服务等各项基本要求，经广泛征求意见，由市质监局组织专家审定，将于2011年实施。

五、推荐行业“上海名优产品”

实施品牌战略，根据会员单位申报，经评审审定，推荐了24户企业、32个产品为2010年度上海日用化学品行业的“上海名优产品”。其中有10项产品获得“中国名牌”、“中国驰名商标”、“上海名牌”、“上海著名商标”等政府部门颁布的荣誉称号，名优产品产值占全行业40%以上。

六、完成市商务委《上海日用化学品行业代加工贸易摩擦调研和对策建议》项目

协会以化妆品进出口贸易代加工为切入口，对生产企业、专业调查机构等进行调研，并对国际主要化妆品品牌在上海的代加工情况进行调查，了解到企业在代加工中遇到的一系列问题，比较集中在进口国技术贸易壁垒、税负不一、退税难、汇率不一致，加工成本高、盈利空间小，营销不对等方面，以及企业在贸易摩擦中必须规范和规避的一些政策性问题。调查反映上海日化工业已经拥有一批国际一流装备、规模经济发展迅猛、物流快速反应，网络健全、通晓国际贸易规则的供货商。调查报告得到政府部门的充分肯定。

七、召开“化妆品、洗涤用品使用的防腐剂国家标准起草工作”座谈会

随着我国化妆品行业监管力度的不断加大，更加重视对化妆品原料的管理，并通过出台国家标准加以规范。为了完善“国标”草案制定，听取广大化妆品企业的意见，协会牵头组织邀请上海化妆品企业，特别是一些重点企业，在上海轻工业研究所举行3项防腐剂国家标准征求意见座谈会。承担起草“国标”单位上海轻工所向参会代表汇报国标编制的过程和目前进展情况，通报了3项“国标”的基本内容、指标设置范围、检测方法，听取意见和建议，为使“标准”更具科学性和广泛性，也为上海化妆品企业稳定、健康地发展提供保证。

八、组织会员单位参加韩国化妆品企业贸易洽谈会

6月22日，在市外资委的邀请下，组织上海家化、上海天乐、上海爱珂、上海媚兰和、上海美臣、上海莎莎、上海维尔雅等10余户化妆品企业参加中韩化妆品企业贸易洽谈，韩方参加企业的产品分别有BST药妆化妆品、CNTCH便捷式包装染发剂和天然植物材料面贴膜、WORLDCH植物提取物消毒液、UNICOF黄土红参为原料制作的化妆品防晒霜等，在中韩合作共同开发市场上作了交流。

九、召开对国家环保部下达的“标准”征求意见座谈会

国家环境保护部日前发布《清洁生产审核指南及编制说明——有关化妆品、肥皂及合成洗涤剂、口腔清洁用》的标准征求意见稿，并要求协会等组织讨论。10月25日，协会召开4项标准征求意见座谈会。上海家化联合股份有限公司等10户企业及有关专家对这4项标准的审核指南和编制说明进行充分讨论，并提出修改建议，上报给国家环保部门。

十、搭建桥梁、沟通政府，服务好企业

协会出具42份自由销售证明，为企业的产品出口创造了条件。帮助4户开展顾客满意度测评工作。推动企业名牌战略提升，推荐上海家化双妹品牌复出，申请市自主品牌培育发展资金。与中国香化协会共同举办新春团拜会，宣传国家新的法律法规。

（金　坚）

上海医疗器械行业协会

上海医疗器械行业协会成立于1987年3月，是全市医疗器械行业企事业单位自愿组成的跨部门、跨所有制的非营利性的行业性社会团体法人。现有会员单位550户。下设经营工作委员会、口腔工艺专业委员会、植入介入专业委员会等。

2010年主要工作：

一、编制“十二五”产业发展规划

4月，完成“十二五”医疗器械发展规划（建议稿），上报市经信委、科委、经团联。为配合“十二五”规划编制，摸清行业生产经营家底，展示上海医疗器械产品形象，由协会、市中医药产业促进中心、药监局评审中心联合编辑的《上海医疗器械大全》电子版，于4月正式出版发行。参与市经信委、科委“十二五”科技发展规划中生物医学工程领域分报告的讨论和起草工作。每年向政府建议呈报产业重点发展指南，争取政策扶持。

二、配合推进新医疗改革的实施

3月3日，配合市医保办职工保险处，听取部分企业对沪医保办(2009)102号文意见，对政府如何扶持医疗器械民族工业发展，进行交流。3月18日，配合市发改委医药收费处，组织部分企业参加《关于规范调整本市临床诊疗类医疗服务价格通知》座谈会，并撰写专题报告，上报政府主管部门。4月28日，配合市医保办职工保险处，对高值耗材列入医保范围问题，组织21户企业召开咨询会，促进政府与企业互动，协助政府科学决策。5月4日，举办“可另收费一次性医疗器械价格申报”培训班，共有82户企业110人参加，让企业及时了解新医改政策和信息。收集调研13户企业有关“一次性使用麻醉穿刺包”生产情况，及时向政府主管部门反映企业诉求，经市发改委同意，5月26日列入医疗收费项目，解决了企业燃眉之急。协会网站转载市发改委、科委制定的《上海市生物医药创新产品价格管理办法》，受到企业会员的欢迎。9月21日，召开《医疗器械监督管理条例（征求意见稿）》座谈会，上海浦东医疗器械贸易行业协会、德国贝朗、西门子医疗、康德莱集团、微创公司、力康集团、阿洛卡等10余户单位派代表参加了研讨会，并提出对新监管条例的修改建议。

三、共同拓展国内、国际新市场

3月12日～14日，组织7户企业参加孟买第十六届杜塞尔多夫（印度）国际医疗设备、医院用品展览会，对印度医疗器械市场进行实地考察。4月18日～21日，组织160多户企业参加深圳举办“第63届中国国际医疗器械博览会”，会上向全国各地客户分送1000份《上海医疗器械大全》光盘，宣传扩大上海产品影响。5月11日～13日，组织14户企业参加悉尼举办“2010澳大利亚国际医疗器械展览会”，会员单位力康、康德莱公司设展位，对产品进行了推介。6月24日～27日，16户企业参加台北“2010年海峡两岸健康暨医疗展览会”，并与台湾同业公会在扩大两岸两地交流合作形成共识。7月29日～31日，组织91户企业在天津国际会展中心参加“第11届全国医疗器械区域博览会”。8 月 12–16 日，组织 17 户单位 26 人参加香港“国际健康医疗展览会”。8 月 25–26 日，参与“国际医疗设备设计与技术展览会”筹备工作，为引入新技术、新设备、新工艺、新材料，倡导创新理念，搭建交流平台。8 月 28–30 日，组织 18 户企业参加在光大会展中心举办的“2010 中国药店、国际家庭医疗用品展览会”。9 月 15–18 日，组织 19 户会员单位参加“第七届中国国际中小企业博览会暨中澳中小企业博览会”。10 月 12–15 日，组团参加“第 64 届中国国际医疗器械博览会（CMEF）暨第 11 届中国国际医疗器械设计与制造技术展览会”。11 月，组团参加在德国杜塞尔多夫举办的“2010 年国际医院及医疗设备用品展览会”，来自医疗集团、金环公司、力新仪器、申风医疗等 17 户单位的代表参加展会和相关商务活动。11 月 12–14 日，在四川成都国际会展中心举办“第十二届骨科学术年会暨第五届 COA 国际学术大会”，协会植入、介入专委会和上海相关企业参加会议。12 月 1–4 日，首届全球华人口腔医学大会暨中国国际医学大会在福建厦门召开，口腔义齿专委会陪同药监局、安监处领导和相关企业参加了会议。

四、开展各类培训，提升专业水准

1 月 31 日，对 11 户企业的 40 名学员进行《口腔义齿质量规范》培训。与中国医学装备协会合作建立上海培训中心，负责上海市和华东地区的有关培训工作。3 月 23–26 日，与检测所、评审中心共同举办 GB9706.1—2007《医用电气设备、安全通用》第 4 期宣贯培训，27 户企业的 35 名设计、质检、标准管理人员参加培训。5 月 10 日，协会下发《2010 年上海市工程系列中、高级专业技术职务任职资格评审工作通知》，新开教授级高工评审，年内评审结束。5 月，与药监培训中心、安监处共同举办“医疗器械生产质量管理规范”培训班两期，共有 92 户企业 250 名企业管理者代表、内审员、质检负责人参加培训。7 月 19–23 日，与药监培训中心共同举办“医疗器械注册申报”培训班，48 名学员接受培训。10 月 19–21 日，与市食品药品监督管理局合作举办，共有 38 户企业的 80 多位质量、技术、经营人员参加。

五、争取政府对产业政策扶持

1. 积极参与、配合，经科委公示，业内企业形状记忆、双鸽实业、澳华光电被列为 2010 年度“科技小巨人”培养企业，康德莱被列入第 6 批高新技术成果转化项目评审范围。通过网站、电子邮件及时向会员企业通报科委立项信息，年内已确定两项重大项目，争取政府政策扶持。

2. 配合主管部门对 3 个重大专项（微创“慢性病治疗器械”、科华“生理生化试剂仪器”、复兴“体外诊断产品”）和 5 个产业化项目（凯利泰“椎体扩张球囊导管”、爱申“超声聚焦肿瘤消融机”、思爱“个体化人工关节”、其生“医用几丁糖”、诺诚“神经专业监护设备”）进行跟踪协调，使政府扶持政策落到实处。

3. 引进招商银行、民生银行、平安银行等，量身定制为企业服务各类产品，缓解行业中小企业融资困难，营造产业发展良好环境。

六、调结构、转方式，促进增长改变

1. 继续跟踪调研去年产学研对接课题，即复旦大学“心电远程监护”、上海交通大学“治疗图像精确引导系统”和“罐注式化疗肿瘤”、上海大学“细胞生长自动检测”和“生命体征无线检测”、上海理工大学“手术器械质量检测”和“吻合器漏针检测”项目，助推产学研合作。

2. 与模具协会、塑料协会合作，参加“第二十三届中国国际塑料橡胶工业展览会”、“第十三届中国国际模具枝术与设备展览会”，在展会论坛上发表“医疗器械产业与医用模具展望”演讲。为加强产业互动、产品开发、结构调整探索新途径。

3. 牵头服务企业，在引进高值耗材、新型医疗器械的生产企业与生物医用材料、植入器材等企业整合上有所突破，加大优势产品向优势企业集聚，实现资源互补、合作双赢，形成新增长点。

4. 12 月 21 日，与市生物医药科技产业促进中心联合举办第 2 次上海医疗器械行业产学研医沙龙与成果对接洽谈会。以促进上海医疗器械（生物医学工程）产业发展、促进产业自主创新和科研成果产业化，通过“沙龙”形式，搭建“产学研医”的合作平台，通过交流、沟通，促进各方寻找合作发展机遇，适应医保改革需要，加快产品结构调整、提升产业新的经济增长。

七、推进品牌战略，创立诚信自律

1. 开展上海市中小企业“品牌企业、品牌产品”推荐活动，根据评审要求，在行业“名优产品”的基础上进行推荐。博迅、其生、建中、凯乐、银京 5 户企业获上海市中小企业“品牌企业”；淞行、三申、跃进、金塔、形状记忆、美迪科等 11 户企业获“品牌产品”称号。

2. 落实市工经联、经信委、国资委、科委、工商局、知识产权局开展“上海市 2010 年装备制造与高新技术产业自主创新品牌评选”，推荐 6 户企业具有自主创新科研成果产品参加评选，争取政府的产业扶持。

3. 9 月 14 日，召开行业“企业诚信创建”工作会议，45 户企业近 60 余人参加会议。后经对 23 户申报“诚信创建企业”，通过东方咨询公司第三方信用评估，其中，22 户被命名为“诚信企业”。

4. 开展“2010 年最受欢迎的上海医疗器械产品”评选活动，共 34 户单位的 57 个产品参加了评选。

5. 在“科技创新与装备制造业”2010 工博会上，上海医疗器械首度获奖，获奖产品为锐珂公司的数字 X 线成像系统，微创公司药物支架，其生公司医用几丁糖。

八、广泛联络，扩大交流，加强合作

参加“沪港行业协会合作发展论坛”、“2010中国长三角工业经济联合会联席会议”，对接“长三角—宁波市象山投资合作推介会”、“扬州维扬经济开发区推介会”。分别接待四川、河北、辽宁、安徽、江西、福建、山西、山东等地药监、商会来访洽谈交流。还通过使领馆接洽英国、韩国、西班牙、乌克兰、瑞士、爱尔兰等国企业商务来访。10月26日，新加坡驻上海总领事馆商务处、新加坡国际企业发展局代表团来协会进行访问交流。11月9日，由加拿大领馆发起，协会协助组织的“上海－加拿大安大略省生命科学研讨会”在东锦江索菲特大酒店举行，上海生物医学工程学会和上海市医学会临床医学工程专委会也派代表参加此次会议。

九、加强改进专业委员会工作

1．协会经营工作委员会配备专职秘书长，年内召开主任办公会，明确全年工作，并与市社会医疗机构协会联动，共同搭建企业与医院互动平台。

2．口腔义齿专业委员会配合药监局制定“上海市口腔义齿生产企业质量检查细则”，开展对无学历员工全体上岗培训，举办两期培训班共220人次，加强行业自律管理。并受企业委托，为4户企业提供咨询服务，协助完成生产注册、体系认证，指导10户企业变更生产场地和更换注册证。

3．植入（介入）专业委员会多次召开办公会，研究新医改后给企业带来的新问题，会同价格协调部，针对企业反映问题，积极向发改委、医保办提出诉求，帮助企业解决经营工作中实际问题，受到企业好评。6月26—28日，参加“第二届骨科转化研究与前沿技术国际研讨会”，对植入器材国际发展趋势与国内现状加深了解。9月3日，召开“高值耗材管理与发展”交流研讨会，并邀请了药监、物价、医保办等政府部门及临床医学工程学会等的领导莅临指导。12月16日，召开“植入介入信息工作会议”，专题研讨专委会网站建设，培养信息员队伍协同能力。

十、夯实协会建设规范化

1．会籍管理制度化。新入会企业40户，新增常务理事4户、副会长1户。为90户理事单位安排体检，为常务理事、副会长安排冬令膏方。新设立协会“医学园区工作站”，使协会工作得到延伸。

2．工作流程规范化。对协会规章制度进行了梳理，各部门根据岗位职责进行修订完善，制定《行业自律管理办法和协会规章制度汇编》。

3．信息传递网络化。协会办公逐步半纸和无纸化，网站建设不断改进提高，信息更新、发布、传递尽可能快速及时，加强针对性、可读性，提高网站点击率。年初，为副会长单位安装视频会议系统，加强参与协会工作。

4．重大事项民主化。年内先后召开五届三次常务理事会、会展预备会、五届四次理事会、2010医疗器械国际市场—上海峰会暨年会、五届七次会长办公会、五届五次常务理事会、五届六次理事会，五届八次会长办公会等，汇报协会工作，审议重大事宜，加强与会员单位沟通、配合和互动。

5．协会工作品牌化。10月28日，“中国医学装备协会成立20周年暨十九届学术年会”在桂林召开，协会荣获“先进团体会员”称号，会长潘明荣、副秘书长王云龙荣获“先进个人”称号。

（吴汝康）

上海市生物医药行业协会

上海市生物医药行业协会成立于2002年12月，是由上海及相关省市生物医药企业、相关大学、科研院所和产业园区等单位自愿结成的社会团体。现有会员单位190户。

2010年主要工作：

一、坚持民主办会，加强协会规范管理

1．加强日常运作规范。制定《上海市生物医药行业协会秘书处管理制度》和《上海市生物医药行业协会绩效考核责任书》，将岗位责任、工作效果、服务成效和行业发展与协会目标和责任相挂钩，在全市行业协会中首先提出将行业发展经济增长率同绩效挂钩，制定秘书处的绩效管理和激励机制，提高了协会的工作效率，真正做到岗薪分配的合理性和规范性。

2．重视发展新会员。大力发展新会员，会员数已从2006年135户发展到目前的190户，占整个行业企业比例的70%，产业规模近80亿元。

3．创新协会党建工作。认真开展学习实践科学发展观活动，党建工作与业务工作相互协调、相互促进。党支部被市工经联党委授予2009—2010“先进党支部”称号。

二、配合政府制定产业发展规划和政策，提升协会话语权

1．注重发挥桥梁纽带作用。在参加韩正市长等市领导召开的各种座谈会上，积极反映当前上海生物医药产业发展中遇到的问题和企业存在的实际困难，受到市领导肯定。在上药集团的重组过程中，积极向市有关部门从产业发展的角度提出建议，受到市有关方面的肯定和采纳。

2．提出行业发展规划建议。在编制《上海市战略性新兴产业发展“十二五”规划》、《推进上海医药产业发展的工作方案》等行业发展规划过程中，通过走访企业、实地调研、专家座谈、信息收集等形式，提出上海生物医药产业发展相关建议，受到市科委、发改委、市经信委等有关部门的重视，并在行业规划中得到了体现，同时，承接并编制完成市经信委下达的《上海市生物医药产业发展“十二五”规划》项目。

3．开展行业发展对策研究。配合市委办公厅、市政协、市经信委、市科委、市发改委等开展调查研究，针对上海生物医药产业调整与发展，分析市场趋势和行业应对措施，反映企业的呼声。如参与完成《生物医药行业税收问题》、《张江－周康生物医药产业化基地建设实施方案》（草案）等行业发展研究。

4．承担项目推荐评审工作。配合市科委、市经信委、市商务委、区政府等政府部门，开展生物医药产业化项目、市“科技小巨人”企业、高新技术企业、技术先进型服务企业、市经信委技术引进消化吸收项目、技改项目、专利新产品、工博会、服务外包等项目评审工作。推荐上海科华实验系统有限公司、上海奥普生物医药有限公司、上海吉凯基因化学技术有限公司等企业的12个项目进入市科委“2010年度生物医药产业转化项目”名单，并与市食药局建立定期反馈制度，在信息沟通、药品安全监管等方面都做了大量的工作。

三、研究产业发展、反映行业诉求，增强企业社会责任感

1．组织会员单位与政府部门对话沟通。走访会员单位，通过对会员状况的调查了解，及时反映会员的意见和呼声，为政府制定生物医药产业政策提供参考。先后就贯彻《关于促进上海生物医药产业发展的若干政策规定》、国家和市科技项目申报等重大事项，主动邀请政府部门领导与业内专家和企业家恳谈对话，解读相关的政策法规，共商产业发展大计。

2．参与行业标准制定。受市环保局委托，与华东理工大学共同制定完成上海市《生物制药行业污染物排放标准》，已于7月正式实施；参与《基因检测样本采集服务规范》等企业标准的制定，已通过相关部门审定；参与《上海市引进技术的吸收与创新计划项目（生物医药）指南》编制工作，并完成项目评审工作。

3．提高会员企业在社会中的责任感。一是制定行业自律规约和诚信企业认定办法，开展诚信企业认定工作。已认定38户会员单位为行业诚信企业，其中，8户为市星级诚信企业，24户为市级诚信企业。年内协会被市“企业诚信创建”活动组委会授予市“诚信企业创建”活动优秀“行业诚信企业创建办公室”称号；二是积极组织和开展名牌企业和产品推荐工作。推荐1户会员企业入选“中国驰名商标”，3户企业荣获“上海市著名商标”。推荐奥普、荣盛、中信国健、克隆等9户企业相关产品，获得上海市中小企业“品牌产品”，1户企业的产品获得“上海名牌产品”。

4．促进中国生命科学事业的不断发展。与联合基因科技集团共同发起，在国家科技部登记设立“谈家桢生命科学奖”，鼓励广大生命科技事业工作者秉承谈家桢先生对生命科学事业的严谨态度与奉献精神，激励生命科研和产业化的不断创新。目前，已成功举办三届，评选出包括5位中国科学院院士在内6位成就奖获得者和28位创新奖获得者。

四、开展多元化、多视角的活动，提高服务有效性

1．开展政策性服务。围绕企业在申报政策性支持方面存在信息不对称的情况，协会分别邀请市科委、市商务委有关处室就“科技小巨人”、“中小企业创新资金”、“火炬计划”、“服务外包“、“品牌企业，品牌产品”等申报进行宣讲和解读；针对产业当前形势，组织开展《上海生物医药产业发展行动计划（2009—2012年）》、《上海市生物医药产业发展若干政策》等解读会和报告会，帮助企业充分了解并用好政策。

2．开展知识产权服务。积极为行业提供知识产权方面的咨询、检索、评估或专家“会诊”等服务。自2007年起，协会已为相关企业申请2700余项国内外专利，其中，发明专利占68%，PCT国际认证30余件，专利维权23起，内容涉及抗肿瘤药物、基因芯片、疫苗、诊断试剂和微生物等领域。同时，聘请业内专利顾问，构建行业知识产权服务平台，上门为会员单位提供专利申请咨询和代理服务。

3．举办专业研讨和培训班。针对行业的热点和难点，成功开展包括生物医药行业高峰论坛和人力资源、企业资金申报等各类专业培训班。如举办“2009上海生物医药行业高峰论坛”、“2010年科技项目申报、经费使用及税收优惠政策解读实务培训班”、“医药行业人力资源管理高峰论坛”、“下游分离纯化技术论坛”。

4．组织国内外交流活动。年内主办或协办各类专业交流活动约37项，包括国际、国内的大型活动11项。如参办“上海国际生物技术与医药研讨会”、“中国国际生物技术和仪器设备博览会”等多项专业会议。还先后与美国、法国、英国、加拿大、日本、印度、比利时、丹麦等国家驻沪领事馆商务处建立联系。

5．提高信息服务能力。每月按时出版会刊《生物技术产业》，传递国家和政府部门有关发展生物医药产业的法律规范，报道国内外产学研的动态，反映业界的想法和要求；建立协会网站、专利数据库，为会员提供专业信息；编制《会员手册》，以及为会员提供专题信息等，不断拓展信息服务领域，受到广大会员单位的欢迎。同时构建快捷信息通道，每周向会长和副会长提供信息快递；每月向上海张江（集团）有限公司提供有关张江园区医药产业调查及建议的咨询服务报告；每月向市科委有关部门通报反映产业发展现状、企业诉求等。

6. 推进上海生物医药产业化进程。配合市政府加大上海生物医药产业政策的宣传力度，帮助生物医药产业基地招商引资、加大生物医药科技成果转化，推进一批规模企业，如复星医药、青岛康原、一芯生物、复康健力、健耕医药等落户产业园区，促进了产业集聚。积极推进以复星医药、医工院、药明康德、上海药物所、中国药科大学等企业和研发机构为代表的产业联盟体系，作为促进生物医药企业科技创新的载体，形成科技创新要素的集聚。目前，已成功促进复星医药集团与华东理工大学及嘉和生物药业有限公司组建“上海复星医药抗体药物技术创新战略联盟”，推进“上海抗体药物产业技术创新战略联盟”建设，提高我国抗体药物产业的整体竞争力。

7. 宣传世博会，加强合作交流。利用世博契机，加大对《上海市生物医药产业三年行动计划》的宣传力度，推介上海投资环境，加强海外交流，组织跨国研讨会或参与海外活动共计10余次，并分别与比利时瓦隆州生命科学竞争力中心、丹麦生物技术协会签订合作备忘录，此外，还安排有意向企业进行一对一的会面，促成比利时瓦隆州科技园联合组织与张江生物医药基地、金山工业区达成初步合作意向，签订了框架协议。

（陆 赟）

上海医药行业协会

上海医药行业协会成立于1987年1月5日，为上海市医药工业为主的企事业单位自愿组成的跨所有制的非营利的行业性社会团体法人。现有会员单位240户。下设生物技术专业委员会、药品包装材料专业委员会、药用辅料专业委员会和医药机械专业委员会。

2010年主要工作：

一、三次会议，成功难忘

1. 召开六届三次会员大会暨工作年会。3月19日，在新改建的“世博一号”游船上召开六届三次会员大会暨2010年工作年会，近200户会员企业领导出席大会，市物价局、市卫生局相关处室领导应邀出席会议，部分《上海医药》编委和特邀编委也参加会议。会上报告上年度工作，审议2010年度工作；审议通过协会章程的修改条款，增补副会长、理事；物价局、卫生局相关处室通报上海医改和药品价格相关工作。

2. 主办第12届全国各省市医药行业协会会长、秘书长联席会议。5月31日，22个省市协会会长、秘书长以及企业领导60余人出席在上海国际饭店隆重召开的第12届全国各省市医药行业协会会长、秘书长联席会议。中国医药企业管理协会、中国化学制药工业协会、中国医药商业协会和中国中药协会的领导应邀参加会议。会议交流各地协会的工作。对大家关注的上海闵行医改模式进行热烈讨论，形成共识，并委托上海、北京、重庆协会起草文件，以书面形式对外发布，委托中字头协会向国家有关部门反映。会议决定下届会议由武汉医药行业协会承办。会议期间，协会组织各省市会长、秘书长参观上海医药分销控股公司医药物流中心，并努力让全部代表进入世博园中国馆参观。

3. 联合上海SFDA、上海社会科学院举办“首届长三角企业社会责任论坛暨颁奖典礼”。11月20日，“首届长三角医药企业社会责任论坛暨颁奖典礼”在上海商城剧院举行，近600位嘉宾参加了会议。全国政协副主席厉无畏和原国家SFDA局长齐谋甲先后致辞。市政协原主席、市经团联会长蒋以任，市卫生局党委书记、副局长王龙兴先后作主题演讲。上海社会科学院常务副院长左学金主持开幕式。市国资委、经信委、市社团工作党委、市社团局、科委等9个政府机关部门领导，市企业社会责任研究学者、专家，上海市近30个行业协会领导以及江苏、浙江、福建、苏州等省市协会领导，200户会员企业领导和代表参加会议。会议包括主旨演讲、圆桌会议、颁奖典礼3项议程，为评选出首届长三角地区8户企业和10位企业家颁发“医药企业社会责任奖”证书和“人球金奖”奖杯。

二、两个服务，拓展提升

1. 有针对性帮助企业解决药品价格问题。如帮助常州四药、上海丽珠、上海昊海药业等企业，合理解决去年第2期药品招标采购中的价格矛盾。又如配合成本调查，帮助放射性药品系列、维U铝镁双层片、瓜蒌皮注射液等产品，在价格集体审议会上进行诉求，获得成功，受益产品25只。

2. 专题报告向政府诉求企业的要求。随着医改的深入，政策性问题比较普遍。年内单独或联合各省市协会对药品价格政策、药品集中采购招标政策、“闵行”模式等向政府部门上呈了4份专题报告。一方面通过座谈，专题会了解企业的实际情况，协助政府解读有关政策，帮助企业尽快适应形势；另一方面用专题报告向政府反映行业、企业的诉求，提出建言，受到政府有关部门的重视。

3．逐步把培训服务打造成又一个主打服务产品。年内举办新版GMP培训班，有近100名分管质量工作的副总、QA经理、QC经理、工程部经理、生产车间主任、验证专员参加。培训努力做到与企业可操作性相结合，与企业互动研讨相结合，与企业现场咨询相结合，与培训企业培训师相结合。

4．发挥编委资源优势为企业服务。与杂志社联手赛伦生物技术有限公司，邀请《上海医药》总编张永信教授，就“狂犬病破伤风蛇毒的免疫治疗”课题对该公司30余位员工进行专题培训。还在泰州、泰兴、苏州、常熟等地开展培训宣讲，对当地医务工作者作技术培训，扩大杂志的影响。

5．开展基本药物生产电子监管工作。为帮助基本药物生产企业落实国家食品药品监督管理局规定要求，8月18-19日分两批，组织29户企业79位有关人员参观信谊工厂ERP实施情况，并作现场培训。《上海医药》还就此专题进行采访，刊登专题文章。

6．召开药品海外营销报告会。请丹麦leopharma公司亚太区高级经理OliveChen医药硕士主讲“国际医药市场新动态和中国药品海外营销”报告，有25户会员企业30位董事长、总经理和高层营销负责人参会，听取构建海外营销的策略和模式。

7．继续为会员企业工程技术人员申报技术职称。申报工作已开展3年，成功为会员企业申报3名高级工程师和2名工程师。

8．首次评“品牌企业”和“品牌产品”。在市中小企业办的指导下，为6户企业、9只产品申报成功“品牌企业”和“品牌产品”，享受中小企业发展优惠政策。

9．评优工作有新进展。在技术工作年会上表彰13户企业为医药行业技术工作先进企业，介绍他们的先进经验，协会出资对每户先进企业发放奖金鼓励。年内完成12户企业13只产品市“名牌产品”的初审及专家评审；完成5户企业市“著名商标”认定；完成44户企业156只产品，行业名优产品的评审，并在12月30日《解放日报》上公告。

10．知识产权调研。配合中国工经联对上药集团、复星医药、医工院、雷允上、中信国健、百岁行等6户企业开展上海医药工业企业知识产权的调研工作。推荐信谊二厂、禾丰等企业4篇论文参加市2010年企业管理现代化创新成果的评审，获三等奖。

11．赴三明参加“海峡两岸生物医药产业论坛”。组织8户企业参会、参展福建三明市举办的“海峡两岸生物医药产业论坛”与医药企业产品展示。与会8户企业16位代表参观三明市紫杉醇、雷公滕、红豆杉生物医药产业基地。在交流学习中既扩大了上海生物医药产业影响，又帮助企业拓展了合作的空间。另还组织14户企业的主要领导参访考察山西仟源制药公司，增进交流合作。

12．组织专题讲座。举办“医药行业节能排水处理研讨会”，“工厂蒸汽热力系统节能减排讲座”，对会员企业很有启发。旭东海普、和黄药业等企业当场要求专家能赴现场指导。根据药包材企业适应新GMP验证的需求，请市认证中心专管人员来协会解读药包材产品注册、审查和现场核查存在的问题，受到企业的欢迎。

13．制定“十二五”规划。受市经信委的委托，在调研、数据整集的基础上，组织专家编制完成《上海医药行业“十二五”规划》，得到有关领导的肯定。

14．与政府联络机制常态化。继续加强与市科委生物医药处建立定期联络的工作机制。每月按时完成向市科委生药处、新药中心上报医药行业的现状和问题，反映重点企业产值利润、排序的统计，以及企业和行业发展中的诉求等情况，并如期完成承担的新药中心子课题结题报告。

15．深化为政府的服务。受市药监局委托，拟订精麻毒药品强化管理监控的方案，制作易制毒化学品和禁毒品的生产、经营、监控的宣传资料。受市药监局稽查处委托，召开制定《药品召回实施细则》上海市药品生产企业的意见征询会，明确召回等级、实施步骤及大众媒体和药监部门对企业主动召回保护等。

16．加强对外联络和协作。接待印度CHEMTECH基金会CEO来访。双方进行友好沟通。客人热情邀请协会组团访问印度，考察印度生物医药产业。世博期间，还受市外事机构的委托，组织企业对西班牙、波兰、瑞士展馆的交流，拓展医药企业走出国门的途径。

三、年度计划，全面完成

1．信息服务已经成为协会的“拳头产品”。《上海医药》杂志从加强内部工作机制着手，继续以创新要求办刊。栏目的设置更贴近实际，封面人物栏目越来越受到企业的欢迎，排版、印刷更接近市场化，总页数由48页增加到54页。再次评为全国优秀医学期刊，月平均发行量达到7000本，为历史最高。《医药参考》不断扩大信息采集来源，办成“为企业家开拓思路”的内部期刊，自发订阅人数不断增加。《每日信息》保证每天按时传送，提供信息也越来越贴近读者的需求。协会网站在认真做好网站信息更新和日常维护的同时，开通专门的网络博客，关注度稳步上升。《协会动态》每月出版2期，突出反映会员企业的风貌，展示协会工作。出版2期统计资料分析，为政府有关部门和企业服务。按时编制《新医药信息》4期，收集整理、分析最新的国内外医药行业信息，注重医药产业的特点，加强药包材、药辅专业的资料收集。

2．传统服务有创新。信息部、杂志社开拓合作机制，先后与上海卫生工作者协会、《社区卫生保健》杂志、上海医药商业协会、市药学会和数字电视健康频道合作，打开社区医院的通道，开设“医学继续”栏目和“家庭药箱”栏目。价格办公室在协会网站上动态刊登近3年上海药品价格信息和建立数据库，发挥网络作用，为会员企业提供价格信息服务。针对会员单位多、覆盖面广的特点，成立药用辅料专业分会，强化专业服务。成立联络员沙龙，组织沙龙活动，健全与会员企业的联络渠道，保证协会日常工作的开展。

为适应市场的发展，修改协会章程，努力发展市外企业，年内发展新会员10户。现有会员单位240户，增加副会长8户，理事单位13户。日常工作机制不断规范。按照章程召开会员大会1次、理事会（扩大）2次，会长会2次，研究决定重大工作和行业的共性问题，实行预算制和工作人员聘任制。常态工作，按规定进行。技术工作年会、价格员会议、统计会议、联络员会议、编委和特约编委年会都按期召开，开展信息传递和布置专题工作，保证了日常工作健康有序。

（王金娣）

上海中药行业协会

上海中药行业协会成立于1989年12月，是以上海市中药工商企业为主体的社会团体。现有会员单位2144户。下设上海中药价格工作委员会、中药饮片专业委员会、中药制药专业委员会。

2010年主要工作：

一、树立科学发展观，推动中药产业创新发展

1．编纂《上海中药行业“十二五”规划》。发挥协会“服务企业、规范行业、发展产业”，以及在经济管理中的主体作用，积极参与编制《“十二五”发展规划的建议》。通过调研、座谈、考察等多种形式，分析上海中药行业发展的阶段性特征、结构水平、发展优势和不足、政策扶持等问题，结合上海促进生物医药产业发展的精神，制定“十二五”期间上海中药行业发展的指导思想、总体思路、方向和目标、保障措施，当好政府的参谋、助手。

2．参与科委《中医药与生物医学工程产业推进研究》的课题研究。在市科委的领导下，参与推进《中医药与生物医学工程产业推进研究》的课题研究，每月提交行业统计报表，为政府部门提供中药宏观经济调控的依据，促进上海市中药行业资源整合与利用，推动科研成果的产业化进程。

3．协助企业参与行业专题项目投标。配合组织落实国家发改委2010年《中药产业发展专项》文件要求，组织5户上海中药企业参加国家发改委的项目答辩，其中1户企业已中标。组织企业参加工信部“关于组织申报2010年度中药材生产扶持项目”的投标工作。配合上海生物医药办落实“中药现代化项目”的申报工作。

4．强化统计分析工作。在做好政府有关部门授权的统计工作外，还增加采编《中药行业经济运行分析报告》，对全国的医药、中成药、饮片、经济效益等情况与上海实际进行对照分析，分发给有关部门和领导，受到大家欢迎。

5．正视行业现状与经济规律，做好价格协调工作。做好政府委托的价格初审工作，通过对成本、比价、质量等资料的分析提出初审意见，并对周边省市进行市场调研收集中药材价格信息，提出调（订）价格方案，上报市物价部门。2010年初审中成药品种价格2000余只，上报市物价局1400只，获批复1100只；中药材饮片价格初审上报市物价局，获批复599只；参茸、中药材精制饮片初审备案1071只品种；配方颗粒初审上报1064只，均获批复。

二、规范行业生产与经营，促进行业可持续发展

1．协助修订与执行新版《上海中药饮片炮制规范》。将2008版《上海中药饮片炮制规范》在执行过程中发现的有关情况，汇总、整理、分析行业的检测数据，积极参与《上海中药饮片炮制规范》修订工作，坚持药品质量、正视行业的整体现状，力争规范、平稳地将执行落实到各个环节，提升上海饮片产业的质量竞争力。

2．定制膏方管理。4月，在江苏吴江召开“定制膏方”工作交流会，总结2009年的工作情况，对存在问题提出了整改意见。10月，召开2010年冬令膏方加工现场会，对膏方加工工作进行部署，提出要求。会上，雷允上西区药业康桥膏方加工点被授予协会“定制膏方”培训基地。协会根据《上海市中药行业定制膏方加工管理办法》的要求，对生产单位进行审核，于11月公布首批52户达标单位，并在《新闻晨报》、《上海医药》、《自我保健》、协会网站等媒体上向社会公告。至年末共有55户达标单位。

3．制定优质饮片等级标准。组织行业有关人员制定部分优质饮片的等级标准，完成150只主要品种的标准制定，为提高饮片质量，满足社会不同人群需求打下基础。

4．名优产品的评审。组织专家评审通过66个2009年度行业名优产品，其中，中成药40个，中药饮片26个。

5．医保结算代码工作。配合市医保部门开展医保定点药店医保药品统一结算代码的梳理与新一轮申报工作。面对37户连锁公司与大型开架式经济大药房开展申报医保结算代码工作，已完成申报近180只。

6．防霉保质工作。结合"3·15"活动与夏令时节的防霉保质工作，在工商企业联合检查的基础上，动员企业自律保证药品质量，维护消费者权益，促进行业健康有序发展。

7．配合处理蒲黄、沉香等色素添加问题。6月11日，召开"关于2010年中药饮片专项抽检情况的通报"会议，点名通报检查中发现的蒲黄、沉香"色素"添加情况，药监局有关领导严肃指出"色素添加"的危害性与严重性，引起中药饮片企业负责人的高度重视，为防止事件恶化起到了积极的作用。

三、弘扬传统文化，焕发行业发展的活力

1．提升行业服务质量，喜迎世博盛会。围绕"健康世博"的目标，通过重点检查药店零售示范服务规范与服务承诺，全力营造诚信服务氛围和舒适度购物环境，并通过组织执业中药师、中药师的培训，以及协会网站、刊物的宣传，力促药店零售服务窗口为市民与游客提供更优质、更规范的中医药防病治病服务，弘扬中国传统医药文化。2季度，举办"迎世博、展行业风采"交流会，以优异的精神面貌迎接世博会的召开。

2．推广"柜台方"的应用。为促使其造福更多百姓，缓解"看病难，买药贵"的局面，协会通过多方努力，获药监部门批复，自8月17日起，允许32只柜台方在上海市26家中药零售门店试点销售。

3．开拓传统节庆经济市场。继续开展端午节香囊、烟熏剂的评比与竞赛，力促"节庆文化"成为中医药市场的开拓方式。据对行业内14家连锁门店与单体药店的统计，香袋与烟熏剂的销售总额达1000多万元。

4．继承文化精髓，构建行业诚信体系。在行业内全面推进企业诚信创建活动，有近200户优秀企业获得市"企业诚信创建"活动组委会办公室的审批，通过第三方的信用审计。

四、培育行业专业人才，激发行业发展的原动力

1．积极开展职业技能培训，提高人员业务素质。年内，培训中药调剂员、中药购销员培训共784人。其中，中高级600人，占76．5%。为配合规范行业管理工作，开展包括"定制膏方"、"中药保管养护"、"特殊药品管理"、"中药柜台方"等专业培训284人次，并为上海市医药企业GSP认证工作培训2200余人。

2．举行第九届职业技能竞赛。本届竞赛新增"中药泛丸"、"闻药辨别"的比赛环节，共有3000多人次参与竞赛，191人获得等级晋升。

3．组队参加全国医药行业特有职业技能竞赛。组织行业优秀人才参加2010年全国医药行业特有职业技能竞赛天津总决赛，获得团体总分第2名，选手孙伟获得二等奖，选手邬祎旻、马鑫、卞晓萍获得三等奖。协会被评为优秀组织奖。

五、加强自身建设，提升行业管理水平

1．建立会员单位年检制度。通过建立会员证书年检制度，完善会员管理工作，了解会员变动情况，提高秘书处工作效率。

2．《上海中药行业信息》改版与提升。通过对编委会的换届调整、《上海中药行业信息》的改版、网络信息平台的完善，协会及时掌握会员单位的有关信息，也为各级领导的决策提供参考依据。

（赵　婷）

上海保健品协会

上海保健品行业协会成立于1985年7月5日，是由生产、经营保健品等相关产品企业及有关事业、科研单位与科技工作者自愿组成的行业性的非营利性社会团体法人。现有会员185户。

2010年主要工作：

一、坚持科技进步，开展科普宣传

随着人民生活水平的提高，人们的保健意识不断增强，研发更多具有高科技含量的保健产品，成为上海保健品行业的重大任务。为了使消费者熟悉了解新研发的高新科技保健产品，协会抓科普教育，开展的讲课内容有欧米迦3、OPC、灵芝、纳豆、一氧化氮等10多项内容。一方面宣传产品知识，另一方面普及生命科学和养生文化知识，使消费者对心血管病、癌症、糖尿病等的形成有初步了解，激起消费者对保健品的消费热情。

二、迎接世博举办，展示行业风采

在世博举办前，协会制定《上海保健品企业员工礼仪规范》，得到广大员工的积极响应，尤其是在世博会进行展示的几户企业，更是身体力行，尽显行业风采。为了倡导世博会宣传的节能、低碳、环保、绿色健康理念，组织力量为1万多名消费者宣讲《走向健康》知识，阐述十大环境污染对人们身体的伤害，增强了环保意识。为了支持世博会的召开，各企业先后组织近5万人参观，进一步增强世博会所倡导的环保健康意识，为办好一届成功、精彩、难忘的世博会作出贡献。

三、倡导合作交流，实现共同发展

6月10日，主办"中国泛长三角健康食品协会联席会议第六次（上海）会议暨2010年泛长三角健康产业发展高峰论坛"。会上，各地协会领导分别交流行业协会建设的经验、产业分至点展望、科技创新的经验及市场营销的经验。各地代表并签署《关于举办中国长三角保健产业发展论坛的倡议书》。

四、加强诚信建设，实现行业自律

针对社会上存在的对保健品的信任危机，协会组织各企业认真学习《上海保健品行业行规公约》，教育全体员工对保健食品不作夸大宣传，对健康食品不作虚假宣传，要求生产企业保证不添加违禁药物。通过学习讨论，各企业纷纷制定诚信建设措施，加强企业自律。在诚信教育活动中，协会还与誉康国际健康服务连锁机构签订《诚信公约》。

凯旋门保健市场和福佑路保健品市场一直是上海市民十分关注的市场，每年近12亿元的保健品销售为上海带来了健康福音。为防范假冒伪劣产品出现，在元旦、春节期间，协会派专人开展专家咨询服务，共接待800多人，专家的热情介绍和商品鉴别，受到广大消费者的欢迎。

五、实施品牌战略，开展名优评比

落实市工经联《关于开展推荐行业名优产品试点工作的意见》，推进上海保健品行业名优产品战略，组织开展第5次推荐上海保健品行业产品工作，以评审市行业名优为抓手，提升保健品企业的知名度，增强产品市场竞争力，推进保健品行业的快速发展。协会成立名优产品评审委员会，并设立专家评审组，负责对申报产品进行具体评审和现场检查。经评审，同意32户企业的48只产品推荐为2010年度上海保健品行业名优产品。10月21日，协会举行2010年度推荐上海保健品行业名优产品授牌仪式，并对10年来5次开展推荐行业名优产品工作进行回顾总结，激发广大企业创建更多优秀保健品牌的信心和决心。

六、加强信息沟通，交流合作共赢

11月4日，召开2010年度上海保健品协会信息工作会议。会上，协会汇报2010年度工作总结，提出2011年度的初步设想。与会代表交流科技创新方面的信息和健康教育的经验，为企业间的交流搭建了平台。

七、齐全协会职能，加强协会管理

年内，在行业统计方面有所突破，配备专门统计人员，首先对67户生产企业发出统计报表，同时对参加评审的行业名优产品企业的市场占有率进行统计分析。对协会网站进行改版，经常更新内容，把网站办得更生动丰富。编办的《上海保健品信息》杂志，内容上更多反映国家的方针政策、企业动态、科技成果、市场信息、养生知识、健康教育等，为广大企业喜闻乐见，取得良好效果。继续发扬主动服务企业的精神，深入企业进行调查研究，解决企业困难。积极动员非会员单位加入协会，使他们共享保健品产业大家庭的温暖。

（张福敏）

上海硅酸盐工业协会

上海硅酸盐工业协会成立于2003年12月5日，是由上海及长三角地区从事陶瓷、玻璃、晶体、耐火材料、无机生物与环保材料、无机涂层及膜材料生产、设备、检测仪器等制造企业，以及与之相关的大专院校、科研和设计咨询机构组成的社会团体。

2010年主要工作：

一、重在实效，为企业做好服务

年内，会同有关专家，走访企业，了解情况，先后协助5户企业申报了20多项实用新型专利，申报两项国家中小企业创新基金项目（已有1项获得资助），申报两项国家中小企业创新成果项目，这两个项目全都获得中国中小企业协会颁发的"中小企业创新成果项目"证书。此外，还协助会员企业申报1项市产学研项目，在4季度，获得市教委的专项经费支持。协助1户会员企业申报国家行业标准项目，现正在进行材料的整理、测试分析和专家评议。协会组织3批专家走访会员企业，想法设法帮助解决陶瓷产品生产过程中遇到的技术问题；帮助相关企业进行玻璃窑炉技术鉴定，以及玻璃窑炉用耐火材料的技术数据确认，并在现场进行商讨，从技术上给予指点。此外，为鼓励企业青年技术骨干立足本职工作，为企业发展储备人才，继续开展职称申报工作及评审工作。

二、增进交流，扩大协会影响

9月，协会针对世博展馆内各种新型玻璃建筑材料的使用情况，组织部分会员单位参加"玻璃材料与玻璃幕墙在世博展馆应用”的技术讲座会。11 月，组织部分会员单位和协会专家参加“玻璃、陶瓷节能减排技术交流会”通过交流研讨，大家不仅对企业如何开展节能减排工作有了新的认识，而且了解到节能减排的严峻形势和必要性。为了增进会员企业与国外同行的交流，协会组织多户会员单位参加在北京举办的“第 21 届国际玻璃工业技术展览会”，还组织部分会员单位去观展。7 月，与韩国精细陶瓷协会等单位在沪主办“中韩精细陶瓷产业技术发展交流会”，会上两位韩国专家和 3 位中国专家作专题演讲或项目介绍。会前，专门编印演讲报告集。会后，还就双方合作事宜进行了分组讨论。4 月，协会秘书长代表理事长专门去韩国，与韩国精细陶瓷研究中心签订合作意向书，并参加“中韩精细陶瓷产业发展研讨会”，作专题报告。应组办单位邀请，派专人先后参加了在沪举办的“第六届国际化工制造商高峰会议”、“中国民营企业家看世博暨民企低碳转型高峰论坛”等会议，同会议主办方进行交流。先后接待来自美国、韩国、日本和我国台湾地区的材料专业访问团 6 批，并多次派员参加外国政府代表团来沪举办的商贸与技术洽谈会。

三、不断进取，加强自身建设

召开年度工作总结和交流会，吸收 6 户新单位加入协会。目前，会员单位除长三角区域外，已延伸到河南等地。积极配合上级主管部门开展的社团组织“小金库”自查自纠工作和抽查工作，做到认真对待、一丝不苟，已获审核通过。先后组织召开原上海精细陶瓷企业退休专家座谈会和理事交流会，加强理事会成员间交流沟通，听取他们对协会建设和发展的许多好的建议。年内，顺利完成网站网页的更新工作，做到定期发布新的信息，按时如期发出会刊。

（张 申）

上海棉纺织工业行业协会

上海棉纺织工业行业协会成立于 1987 年 11 月 5 日，是以上海地区为主的棉纺织相关企事业单位自愿组成的行业组织。现有国有企业、合资企业、民营企业、科研单位等团体单位 56 户。

2010 年主要工作：

一、编制行业“十二五”规划

协助政府制定上海产业“十二五”发展规划，经过多次修订和深入讨论，于 4 月定稿，上报市工经联。

二、行业统计

协会统计工作自成立以来一直局限于原业内国有企业。现国有企业已大幅调整，不同所有制企业尚未全部纳入统计范围，目前，统计数据尚不能充分反映上海棉纺织行业的整体水平。

三、编制《棉纺织协会通讯》

编制《棉纺织协会通讯》，坚持按月出版，目前已出版 280 期，受到业内好评。

四、提供技术咨询

为企业提供技术咨询，在产品开发、技术改造、设备选型等方面，做到有求必应，及时解决企业困难。协会组建行业专家人才库，为企业提供诊断服务，企业一旦提出要求，及时组织专家上门服务。

五、总师活动

9 月 17 日，召开第 61 次总工程师活动。出席对象为各企业总工程师、生产技术负责人以及退休老工程技术人员。会议主题是解读消化“2010 中国国际纺机展”。

六、加强协会建设

随着社会经济的发展，各不同所有制的纺织企业发展很快，协会通过不同渠道了解业内企业的变动情况，采取电话联系、发送欢迎函、反复上门等方式，动员其加入协会。

（陈国平）

上海纺织协会

上海纺织协会成立于 2008 年 12 月 17 日，是由纺织行业的企事业单位及相关事业单位自愿组成的跨地区、跨所有制的非营利性的行业性社会团体法人。现有会员单位近 500 户，涵盖制造业企业、贸易类企业、科研院校、行政事业单位和社团机构等多种经济类别，并辐射至长三角地区。下设时尚产业分会、产业用纺织分会、毛纺织分会和品牌发展专业委员会、知识产权保护专业委员会。

2010 年主要工作：

一、健全组织机构和运行模式

1．坚持民主办会，按时召开理事会、健全秘书长联席会议制度。

2．坚持管理制度化、规范化，加强纺协的内部建设，落实了部门和成员的分工和职责，完善协会的各项规章制度。

3．积极发展新会员，吸收不同地区、不同所有制和不同行业的企业入会，使协会更具有广泛性和代表性，不断增强凝聚力和影响力。年内又吸收了一批长三角地区产业集群地企业。会员数从成立初的208户发展壮大至目前的500多户。

二、首次发布《上海纺织产业发展报告》（白皮书）

6月28日，隆重举行了白皮书首发仪式。市经信委、商务委、统计局、新闻出版局、社团局、海关和市经团联、市科协等领导参加了首发式。白皮书的发表不仅在上海、在业内，也在长三角地区、上海市各行业协会中起到了重要的引领作用。

三、发挥纺协在长三角地区的集聚、协调、合作和交流的平台作用

1．积极组织会员单位参加各种展会和交易会，对接客户，成功签单。在2010华交会期间，与上海纺织资源网共同组织举办了第四届纺织采购交流洽谈会，参会单位包括30多户欧美采购商和数百户长三角地区的供应商。成功取得了为上海纺织装饰集团进出口有限公司对接中国家纺香港有限公司、为上海棉纺印进出口有限公司对接澳洲HWI公司。其中，嘉兴越龙提花织造有限公司成功对接德国HEIMTEXTILE集团，并签定了1000万美元出口欧盟窗帘的订单。

2．主动参与世博，积极服务世博。一是推介一批产品进入世博会特许经营。浙江明效丰汇集团公司的亚麻袜、江苏海安丝乡有限公司的围巾和家纺产品，不仅获得世博特许生产殊荣，并直接进入园区零售，同时，组织专家帮助企业提高产品设计能力，适应市场需求；二是组织迎世博公众满意度调查。积极参与由中国政府门户网站主办的迎世博上海城市消费品公众满意度调查，推荐了5名专家参与评审，推动诚信工作的开展；三是经办世博礼仪小姐启航仪式。与上海国际服装服饰中心、江苏泰州市政府在泰州市凤城河景区举办了世博礼仪小姐启航仪式暨泰州国际旅游节的活动。

3．主动与上海纺织会展接轨服务。利用协会长三角地区会员企业的资源，组织了嘉兴王江泾、浙江海宁、江苏盛泽等产业集群地参加了上海新国际博览中心第16届上海国际服装纺织贸易博览会，面积超过5000平方米。展会期间，组织产业集群地与采购商的配对洽谈会、纺织印染技术交流会、推进时尚产业合作交流会等系列活动。

4．发布2011国际面料流行趋势，精心组织上海时装周走进王江泾。世博后，即举办了上海时装周走进王江泾暨第二届嘉兴中国南方纺织城交易会系列活动，中国纺织协会、市工经联，嘉兴市领导出席了活动。纺协组织了上海市30多户外贸、品牌、设计等会员企业参加了互动交流。活动期间，与中国纺织工业协会共同召开了中国新型纺织面料推介会；举行了2011年面料流行趋势手册首发式；评选出2011年国际面料流行趋势最佳面料，王江泾产业集群地有18户企业获此殊荣。在庆典晚会上，知名设计师运用最佳面料设计出60多套流行时装走上了上海时装周王江泾专场的T台上。推动了上海时装周与长三角地区的联动，将上海的贸易、设计、信息、科技与长三角地区产业集群的制造业紧密结合，为上海纺织产业形成以先进制造业与现代服务业相融合、科技与时尚相辉映的高端纺织新格局注入新的生机与活力。11月18日，上海《新民晚报》以半版篇幅报道了此次活动。

5．二赴江苏海安学习调研，并将上海纺织时尚产业园区的精品企业M50引入江苏海安，与海安文化产业园达成合作意向。参与了由东华大学主办的江苏常州湖塘镇产业转型升级洽谈会，围绕国家产业振兴规划，共同探讨当地产业规划制定对策和纺织企业升级转型。同时，利用上海人、财、物等资源，从提供信息服务、品牌设计、培训咨询、棉检检测、电子商务等服务进行了全面探讨，达成一定共识。

四、建立政府与企业的沟通桥梁，加强国际交往，扩大协会的凝聚力、影响力、战斗力

1．参加市经信委牵头的都市产业“十二五”规划编制小组，总结上海轻纺产业的“十一五”规划，并提出了“十二五”规划的工作思路，包括工作目标、任务、重点项目和工作举措等建议，得到了市经信委的好评。

2．通过了市科技发展基金的研究项目《上海纺织技术对策研究》，内容是依据上海纺织控股集团的新三年规划，关于重点发展产业用纺织差别化纤维新材料提出相应的技术对策，该项目将由市科委专报市有关领导和国家科委。

3．落实市经信委关于2010年上海市加快自主品牌建设专项基金项目，由此申报了上海纺织展览公司的MODESHANGHAI、上海纺织园区五维空间、民营企业纽腾电热毯，并积极帮助他们准备资料和争取资金支持。

4．积极配合世博会有关国家的馆日活动，如波兰馆、英国馆、阿根廷馆、巴基斯坦馆、泰国馆等。

5．与土耳其纺织进出口协会携手共商合作。首先由土耳其纺织进出口协会主席、土耳其驻上海总领馆总领事率代表团访问我会，协会组织上海纺织15户具有代表性的企业集团参加了土耳其在上海举行的双方企业对接会，部分企业达成了合作意向，取得良好效应。然后，协会组团访问土耳其。土耳其全国进出口商会联盟主席会见了代表团并举行了会谈，合作有了新的进展。再后，协会在浙江省政府和土耳其商务部举行的中土企业家商务洽谈上，与土耳其进出口商会签署了全面合作的框架协议。框架协议旨在促进上海纺织协会与土耳其出口商会进一步紧密合作，促进双方的经济发展和国际贸易。

6．与英国驻上海总领馆建立了较密切的联系。多次参加英国领馆在上海举办的活动。与英国总领馆、英国贸易投资署联合举办了中英纺织企业商务洽谈会，中英双方企业进行了对接交流，为进一步合作奠定了基础。

7．各分会和专业委员会开始正常运作。产业用纺织品分会接待了美国IFAI国际产业用纺织品协会首席执行官的拜会，并就双方交流合作达成了意向；组织会员企业参加新加坡国际产业用纺织品展览会；邀请专家教授作"国内外产业用纺织品趋势"的报告，探讨上海产业用纺织品"十二五"规划的思路；时尚分会与上海纺织控投集团时尚产业事业部联合编制出版了《入住纺织园区百强企业的名录手册》，为上海纺织的发展提供了新的资源；知识产权专业委员会主动联系广大会员企业，包括联系长三角地区的企业，为企业的专利工作和知识产权工作提供法律服务。

8．为进一步优化中小会员企业的融资渠道，组织30余户会员企业与建银上海浦东分行小企业经营中心联合举办了"第1期银企合作项目推介会"，银行为中小企业量身定制的信贷品种引起了企业的兴趣。银企双方认为，今后将进一步加强沟通，实现互动、互利、互助。

9．上海纺织控投集团承担了《上海市志纺织业卷》纺织志的编撰工作，我会担当了其集团之外企业的编撰任务，并联系和推荐其中的20名企业领导担任编委会委员，占编委会55名人选中的40%，这些编委均为上海纺织各行业的领军人物。

（章微玲）

上海长三角非织造材料工业协会

上海长三角非织造材料工业协会成立于2004年1月9日。现有会员单位包括长三角地区四省一市的159户非织造材料及相关单位。

2010年主要工作：

1．走访业内重点企业，了解其在应对金融危机中面临的困难与诉求，及时向政府反映，为企业提供了大量应对危机、调整产品结构、谋求新发展的信息和服务。

2．承接政府专项研究报告撰写工作，为产业用非织造材料的发展出谋划策。年内完成长三角非织造工业"十二五"发展规划撰写工作并呈报相关部门；完成上海纺织工业发展白皮书（2009年）有关产业用非织造材料及产业用纺织品分报告；完成呈报市经信委《上海非织造材料产业技术创新、产业化及产业结构调整研究项目》项目申报，并已立项；完成呈报市经信委《长三角非织造材料行业信用档案、评价体系、风险防范机制建设》项目申报。

3．与全国非织造科技信息中心联手，在昆明召开"2010年化纤、非织造材料和相关行业振兴战略研讨会"。

4．4月12–13日，在杭州召开理事会扩大会议暨沙龙活动。

5．协助抚顺经委组织碳纤维及下游加工产业园区研讨会，组团赴抚顺考察对口合作事宜。

6．参与组织2010年亚洲过滤与分离工业展览会暨第六届中国国际过滤与分离工业展览会及研讨会。

7．7月29–30日，组织召开《创新与发展——2010年非织造材料产业应用发展论坛》，132户单位、140余位代表参会。会后编撰涵盖《金融危机后欧美非织造工业发展现状及创新发展趋势》、《绿色经济与非织造材料》、《IDEA美国国际非织造布展览会传递的行业创新与发展理念》、《非织造材料于产业应用之新发展》、《中国医疗卫生非织材料（纺熔）工业现状与发展》、《中国土工合成材料技术的发展与未来》、《创新—湿法非织造布发展之本》等17篇论文合集。12月2–3日，参加2010差别化纤维技术及应用产业发展论坛，撰写发表《新型聚合物、新型纤维与非织造材料的技术创新》报告。

8．继续在长三角地区开展技术职称的申报和评审及统计工作。

技术职称认证工作受到长三角区域内非织造企业的大力支持，为企业一批长期从事专业技术工作的技术人员解决职称认证问题。共评定初、中、高级专业技术人员33名，并颁发职称认证资格证书。

年度统计工作月报、季报、年报正常而有序地进行，并为企业申报项目等需求提供了个性化服务。

9．参加市经团联等七部门倡导的节能减排活动"JJ"小组试点工作。制定节能减排（简称JJ）试点工作推进计划，在业内深入学习、广泛传达《关于在本市有关重点领域试点开展节能减排改进小组活动的通知》精神，发挥协会的推动作用，今年，协会JJ试点企业已增至4户。

10．为会员单位提供服务，主要有：

（1）为上海华成高新技术企业复审、上海大胜卫生用品制造有限公司申报"市高新技术企业"提供服务。

（2）参加"2010毕业生专场供需洽谈会"。3月，组织业内相关企业参加"上海应用技术学院材料工程系2010毕业生就业专场供需洽谈会”。6月，组团赴常州纺织服装职业技术学院招聘非织造及相关专业的大学生。

11．协会标委会通过前期准备，决定采纳欧洲与美洲非织造协会“战略合作伙伴 WSP 标准”，该标准为国际非织造材料 ISO 标准制定的基础，目前正在推进之中。

12．向市技监局申请作为“上海市企业产品标准审查咨询机构”，以期提高标准制定工作的质量，更好地为行业和企业服务。

13．新发展5户会员单位。

14．加强信息工作，出版发行6期快讯，及时做到网页更新，已初步建立协会数据库。

15．参加市工经联党委的“学习实践科学发展观活动”，正逐步建立与完善贯彻落实科学发展观的长效机制，努力把学习融入党员的日常工作中。

（曾　健）

上海内衣行业协会

上海内衣行业协会原名上海针织行业协会，成立于1987年，并于2002年12月更名为上海内衣行业协会。现有会员单位111户，涵盖针织服装、内衣、袜品、手套等主要企业。

2010年的主要工作：

一、千方百计抓好服务，帮助企业化解发展中的突出问题

1．紧紧抓住行业发展中的主要矛盾和困难，切实做好会员企业的“贴身”服务。针对企业发展中面临转型困难、成本增高等诸多问题，急企业所急，想企业所想，竭尽全力为会员做好服务。在深入走访了解企业的情况下，召开两次大型的经验交流会和现场会，总结经验、推广先进、破解难题，与会人数近60人次，对化解企业的困难和行业的发展产生了较大的影响。

2．根据行业中小企业发展不平衡的情况，分类进行调研。走访会员企业28户，并在行业内组织品牌选样会，还把袜子品牌引伸到内衣专卖店中设立柜中柜，帮助企业走品牌延伸之路，受益企业达11户。开展各类经贸互动，定单介绍，推广新品销售，各类销售服务共计29次。如上海伟达针织厂是1户制袜小企业，成功研发防裂底袜类新产品，投放市场就获得好评，还申请了专利，协会利用一切资源平台帮助其推广宣传，协助其在展销会、市老干部局、三枪“尚品生活馆”开辟市场，取得了良好的业绩，成为企业销售中的“拳头产品”，并组织引导其参加2010年迎春大联展，取得了非常好的经营业绩和社会效益。

3．为维护企业利益，反映企业诉求取得新成绩。为两户企业展开维权服务，努力挽回经济损失，得到会员企业的好评。在重点抓好法律援助的同时，大力抓好社会咨询工作，先后为多户企业开展咨询服务，提升协会工作活力和影响力。

4．大力开拓市场，为国内外客户提供各类服务。联合浙江多个袜业协会共同主办“中国（上海）袜业采购交易会”。与此同时，举办袜业发展研讨会，吸引国内外主要袜业品牌企业参予，扩大协会在中国袜业界的地位和影响。另外，还同上海展览中心和兄弟协会共同主办每年一届的迎春大联展，促进企业树品牌、促销售、压库存的工作，取得了较好的社会经济效益。为应对金融危机的冲击，积极组织参与了沪苏、沪浙之间行业协会的交流互动。5月，在山东组织召开信息交流会议，10多户会员企业代表同山东针织企业举行交流座谈会，推动两地间互动合作，促进企业间的信息交流。

二、大力推进企业创品牌建设，推动行业和企业的创新发展

10月，根据市经信委的要求，建立上海内衣行业公共服务平台，着力建设平台的信息服务、公平贸易服务、技术服务、出口数据监测、会员个性需求服务5项功能，并面向社会开放，为中小企业创品牌提高服务能级作出了努力。参加“中国名牌”复评的企业11户，行业中已有“中国名牌”、“中国著名商标”7个，“上海名牌”13个。特别加强对广大中小企业创品牌工作的指导和服务，东珠厂“珠珠”牌首次荣获“上海市著名商标”，帕兰朵连续多年成为“上海著名商标”，还荣获“上海市高新技术企业”的称号。年内主办各类新品推介会、博览会、展示会等共7次，促进企业的品牌推进工作。积极组织开展行业各类培训。联合纺织技监所举办针织内衣质量新标准宣讲培训，开展产品质量管理培训，组织会员企业参加大型人才招聘会，还创建协会与企业联办的人才培训实习基地。

三、积极开展提高企业核心竞争力的服务工作

在市商务委的指导帮助下，协会开展的四体联动公平贸易工作取得新进展，并承接政府委托的两大任务，开展对全国主要纺织品出口情况的监察运行，建立服务企业的数据库。发布出口产品分析报告的预警信息6次，《文汇报》发专刊介绍行业协会开展产业预警工作，赞扬本会担当贸易预警的“千里眼”。“上海内衣网”取得稳定发展，月点击率已突破25万次，宣传了企业，也提高了协会的社会知名度。

为了有效提高企业核心竞争力，协会把实施社会责任工作做得较好的大河针织厂作为推进工作的突破口，搭建交流平台，推广“大河”新经验、新做法。“大河”和“三枪”已正式取得国家有关部门的社会责任试点证书，成为上海企业管理争先创优的佼佼者，也推动了行业管理的创新发展。

提高企业自主创新和核心竞争力，组织企业走出去。根据市商务委安排，帮助企业拓展中东市场，组织会员企业赴约旦参展；孙毅仁副会长赴美参加美国袜子年会，疏通中美袜业界的误解，取得了新谅解；利用协会技术服务部的人才优势，在信息专刊上开设“技术服务专讯”栏目，发布最新的行业信息，研判新产品、新面料、新原料的发展趋势；组织新品交流会研讨会；联手多户企业推广麻浆纤维新原料，取得了较好的应用效应，为企业求生存、谋发展创出了一条新路。

四、加强行业自律，依靠政府支持，促进协会工作发展

根据卢湾区委组织部的要求，协会党支部向卢湾区社会党工委呈交《上海内衣行业“两新”党建情况调查报告》，得到较好评价。协会积极参与各类社会公益活动，组织参加“3·15”维护消费者权益活动两次，组织开展对上海主要商业街的品牌占有率的调查；组织行业开展节能减排工作，推广节能灯的使用；组织推荐行业优秀领军人才入选“全国纺织系统劳动模范”、“三八红旗手”；组织开展《上海纺织白皮书》、《上海纺织志》编写等。

（陈国琪、陆 珊）

上海市家用纺织品行业协会

上海市家用纺织品行业协会（原为上海市纺织复制行业协会）成立于1988年10月，是由毛巾被单、纺织装饰、手帕和制线织带业的企事业单位自愿组成，不受地区、部门和所有制限制，非营利性的社会团体法人。现有团体会员100户，其中，民营企业占85%，理事单位34户。下设毛巾被单（含纺织装饰）、手帕、制线织带等3个专业委员会。

2010年主要工作：

一、推进品牌建设，提高企业核心竞争力

1．抓宣传造势，增强创建品牌的积极性。召开两次品牌建设研讨座谈会，宣传总结成功经验，积极呼吁政府对民族品牌的保护，有重点地深入相关企业，引导、鼓动创建市级名牌。

2．指导上海名牌和著名商标的申报。主动与技术监督局和工商局联系沟通，为企业在上海名牌和著名商标的申报上提供各种服务，对8户企业进行具体指导和出具有关证明材料。

3．重视知识产权保护。与市知识产权纺织服务中心联手开展知识产权保护的咨询服务，参与举办第四届上海知识产权周活动，其中有7户企业获得国家知识产权博览会金奖，8户企业展示专利产品，为提高知识产权创造和运用能力，落实科学发展观发挥了积极作用。

4．抓好相关产品标准的宣传与制定。通过协会网站和刊物，积极宣传有关国家推荐标准；为坚持质量兴业，配合中国家纺协会对20户重点企业开展了质量调查活动；推荐宽紧带厂修订线带相关标准并按时完成了修订任务；对于国家和市府检测家纺产品所揭示的质量问题，凡涉及会员企业的案例，及时告知企业负责人，并对整改情况进行跟踪。

5．重视创意设计工作。联合国教科文组织批准上海加入“创意城市网络”，命名为“设计之都”称号后，协会参加上海创意设计联席会议工作和组织创意设计相关活动，向市经信委推荐3项设计典型案例和20位设计人才进入人才库；举荐罗莱家纺的设计总监肖媛丽作为上海设计脊梁人物，在上海市创意产业平台上展示；两位青年设计师参与上海高端创意人才的评选；协会被市经信委评为优秀组织奖。还组织企业参加中国家纺协会召开的设计师代表大会、功能性家纺产品论坛及画稿展。经协会推荐，上海有4户企业、10位设计师获得中国家纺协会授予优秀设计团队和优秀设计师的称号，并连续组织企业参加迎春大联展和上海购物节、国际家纺博览会等活动，提升了参展企业的形象，扩大了品牌的社会影响。

二、关注产业发展，努力提高经济运行质量

1．积极编制“十二五”发展规划建议。认真做好《上海家用纺织品行业“十二五”发展规划建议》的编制工作，借助市统计局授权行业统计的有利条件，收集汇总行业主要经济指标的统计数据以及国内外与行业相关的数据信息，分析现状和发展趋势，召开3次座谈会和走访企业，围绕企业和行业发展战略、转变经济发展方式、大力推进品牌建设等内容广泛听取意见，反复修改，形成《上海家用纺织品行业十二五发展规划建议》稿，于3月底报送市信委及市经联，较好地完成了“十二五”规划建议的编写工作。

2．主动参与世博，积极服务世博。在行业中形成“参与世博、服务世博，我为世博作贡献”的氛围，进一步提高产品和服务质量，树立企业和城市良好形象；及时传递参与世博的信息，组织相关企业去世博特许商品办公室就申请特许产品生产商和零售商等问题进行咨询学习。上海龙头家纺、诺伊曼、红富士等会员企业成为世博特许产品生产商和零售商，不仅展示了上海品牌的良好形象，而且取得较好的经济效益，为世博会的成功举办作出积极贡献。

3．深化统计工作，把握经济运行态势。坚持每年两次向政府和企业发布行业经济运行行情信息，及时掌握现状动向、发展趋势、成绩差距。在企业的配合支持下，统计产、销、存月报表的企业由2009年的22户扩大到27户，目前，45%以上的企业每月上报主要经济指标，行业经济运行分析质量得以不断提高。自6月起，每月向中国家纺协会上报30户规模以上企业的主要经济指标。10月，应邀参加中国家纺协会召开的统计工作会议，并作交流发言，获得全国家纺行业统计工作优秀集体的称号。此外，还参与上海纺织产业发展报告的编写工作。

三、深化诚信体系建设，进一步规范行业自律

1．不断统一思想认识。对诚信体系建设工作专门作了动员，使大家认识到协会能成为市社会诚信体系建设第3批试点，是上级的信任和希望。加强诚信体系建设既是政府和社会的要求，也是协会自身发展的需要，世博会举办之年做好诚信体系建设工作，更具重要意义。

2．建立完善诚信档案。把企业概况、信用资质、产品质量、销售服务、劳动法规、安全生产、参加社会公益活动、舆论监督、企业荣誉称号、信用评估等10个方面作为诚信档案的内容，于4月完成了诚信档案的建立和完善工作，已对45户企业建立诚信档案。协会加强过程管理和动态跟踪，并在12月完成今年诚信档案内容的更新工作。

3．开展创建诚信企业活动。与市“企业诚信创建”活动组委办联手开展诚信企业创建活动。通过企业申请、协会推荐、经具有权威性及公信力的上海东方企业信用征信有限公司对企业进行信用评估后，年内获得诚信企业的单位共有45户，其中，一星级诚信企业27户、诚信企业8户、诚信创建企业10户。

4．加强诚信建设培训和交流。3月24日，请上海克耐迪企业信用征信有限公司为所有会员企业作防范信用风险的报告，与会者认为很有启发。还通过走访企业、座谈了解等多种形式，掌握行业创建活动的情况，并通过协会网站、刊物进行了宣传。

5．修定行规行约。结合协会换届改选，修订行规行约，其中对严格执行产品质量标准、安全生产、正常人才流动、依法经营等都作了明确规定。

6．加强日常管理工作。认真做好行业诚信建设网络管理平台上诚信企业排行、行业人员风采、行业标准、行业警示等工作。积极指导企业在东方网诚信企业展示频道展示企业和产品的形象，已有部分企业在东方网上展示。对企业质量等方面存在的问题，做到及时跟踪，督促整改，不断规范经营行为。由此，本会获得市“企业诚信创建”活动2009−2010年度最佳“行业诚信企业创建办公室”和最佳组织者的荣誉。

四、认真搞好换届改选，提升协会自身建设

1．认真开展换届改选工作。成立换届工作领导小组和工作小组，起草修改并通过换届改选的相关文件，酝酿和选举产生新一届理事会理事、正副会长。经民主协商，四届十次理事会审议通过、五届一次会员大会民主选举，顺利产生了新一届理事和正副会长、秘书长。

2．突出服务职能，发挥桥梁作用。年内为10户进入商务部应急商品生产企业数据库的民营企业申请30万元专项资金；针对行业关注的热点、难点，就企业在出口退税、用工成本、贷款、超市收费、最低工资标准等问题开展调研，主动向政府部门反映企业的呼声要求。积极向会员企业提供市政府有关政策支持、金融服务、学习培训等各类信息，并通过《上海家纺》刊物和网站做好信息服务。为企业间的经营合作牵线搭桥。

3．加强秘书处自身建设。注重完善内部治理结构，重视协会工作人员思想业务能力素质的提高，在人手较少的情况下，整合党支部、秘书处、专委会的组织作用，尽力为会员企业办实事、做好事。走访60余户企业，发展5户新会员。同时，加强制度建设，认真执行《上海市行业协会内部管理实施办法》，建立完善学习制度、工作会议制度、财务管理制度、党建工作等方面的管理制度，提升“服务企业、规范行业、发展产业”的功能，协会第6次被市经团联评为先进行业协会，党支部也被工经联党委评为先进党支部。

（上海市家用纺织品行业协会）

上海市室内装饰行业协会

上海市室内装饰行业协会成立于1997年10月，是由上海市从事室内设计、室内装饰及产品制造、科研院校相关企事业单位自愿组成，跨部门、跨所有制的非营利性社会团体法人。

2010年主要工作：

一、成功举办“2010上海国际室内设计节”

年初，上海被联合国教科文组织命名为“设计之都”之后，协会率先组织、承办“2010上海国际室内设计节”，在市经信委的特别支持、中国室内装饰协会和市经团联共同主办下取得了圆满成功。来自我国港台、英、美、法、日等10多个地区和国家的100多位设计名师参加开幕式仪式。“设计节”期间还举办“2010上海国际家居设计流行趋势实景展”、“2010上海国际室内装饰流行趋势发布会”和“2010上海国际室内装饰产品和材料流行趋势发布会暨低碳装饰研讨会”等主题活动。

“国际化程度高、社会影响面广、行业积极参与、引领产业发展”是“设计节”的鲜明特征，初步形成中外室内设计师的人才集聚效应和设计引领产业发展的示范效应；初步形成室内装饰流行趋势发布机制和室内设计国际合作交流机制。扩大了行业影响力，带动了产业链发展，提升了设计师国际化地位，也标志着上海市室内装饰行业进入上海市“创意城市—设计之都”主旋律。

二、积极参与“2010中国室内设计周”活动

积极参与中国室内装饰协会举办的“2010中国室内设计周”。在“第八届中国国际室内设计双年展”、“第二届中国国际陈设艺术双年展”中，本会参展作品115幅，体现了上海室内设计最新成就。上海获得1个金奖，8个银奖，12个铜奖，33个优秀奖。上海现代建筑装饰环境设计研究院沈立东被评为“十大风云人物”之一，协会被评为“双年展最佳组织奖”。

三、企业星级认定得到了巩固和发展

从2009年起，协会共认定38户星级企业。为了继续做好认定的推进工作，协会着力于从调结构、转方式以及低碳、环保、节能等方面的达标内容来帮助企业提升水平，帮助企业通过星级认定来增强市场核心竞争力。有7户企业分别被认定为3星、4星级企业，有5户“星级企业”得到了星级提升。

四、市诚信创建工作取得了新的成效

将行业诚信体系建设与“上海市企业诚信创建活动组委员会”对接，确立诚信创建的长效机制，使企业通过创建达标自律，逐渐成为真正意义上的诚信企业。协会向“市诚信创建组委会”推荐108户企业参加创建活动，经评审，24户企业被纳入市级诚信体系单位，其中，1星级诚信企业3户，诚信企业15户，诚信创建企业6户。协会被评为“市优秀行业诚信企业创建办公室”。

五、开展室内装饰优质材料产品认定工作

推进室内装饰产业链协调发展，坚持“以设计引领产业发展”的理念，开展“材料、产品企业”评优服务，重点聚焦低碳、环保、节能，先后对符合国家低碳环保标准的品牌壁纸、涂料、照明、地板、厨具、瓷砖等5户知名企业开展认定工作，1户壁纸企业被“中国室内装饰协会质量工作委员会”认定为“全国室内装饰优质品牌产品企业”，另外5户被认定为“上海市室内装饰行业优质品牌产品企业”称号。

六、完成世博场馆室内装饰的资料汇编

在10多户会员单位的支持下，协会制作《上海世博场馆室内设计、施工、材料、产品配套项目成果》光盘，内容包括8户企业完成的43个世博场馆的实景资料，其中，外国馆18个，国内馆25个，充分展示业内企业参与世博、贡献世博的辉煌成果，集中体现创意、创新特式，对配套产品、材料在低碳环保、节能、节约、循环经济等方面的应用案例进行图文解析，生动诠释“城市，让生活更美好”、“设计，让环境更精彩”的价值取向。

七、充实、调整理事和新一届设计专委员

按照企业综合业绩，热心协会工作的标准，7月，在六届四次会员代表大会上新增补7位理事、3位常务理事、3位副会长人选。

八、开展上海青年高端创意人才评优工作

会员单位上海荣欣家庭装潢有限公司沈静、上海汉丽建筑装饰设计工程有限公司姚兢两位青年设计总监被评为“2010年度上海青年高端创意人才入围奖”，并被列入“上海青年高端创意人才促进计划”中室内设计领军者之一。

九、开展“3·15”消费与服务咨询活动

根据“3·15消费者权益保障日”提出的“消费与服务”主题，开展行业维权咨询活动，把低碳装饰作为本次“3·15”咨询活动的热点。活动日期间，还与“上海团装网“共同主办咨询服务活动；与红星美凯龙在真北路共同主办“服务3·15低碳家装设计博览会”，就低碳设计、装饰广泛开展“消费与服务”咨询活动。

十、开展设计师与企业互动交流

3月10日，组织20多户工装企业领导、设计师在大金空调嘉华中心召开室内装饰“产业链”交流会。5月、9月，先后与美国针叶材出口联盟共同举办“美国住宅技术和建材产品研讨会”、“美国针叶木材在室内设计与建筑中的应用技术研讨会”。会上，来自美国爱达荷州、美国工程木业协会等13户企业的机构、专家就绿色环保材料在室内装饰中的应用进行交流。8月21日，组织有关设计师与来沪参观世博会的香港设计师在8号桥创意园区共同举办“创意新一代——八月主题展”交流活动。年末，与中国建筑金属结构协会华东分会共同主办以“低碳、设计、舒适”为主题的“暖通与设计师交流会”。

十一、调整提高了丁级施工资质业务承接范围

针对家庭装饰消费档次提高，装饰价格随之提高，出现丁级施工资质业务承受量相对滞后的现状，协会向中国室内装饰协会提出扩大丁级施工资质经营范围的建议。经批准，对现有丁级施工资质承接100万元内的业务量调高至300万元以内，相应提高企业承担施工任务的范围，满足企业市场发展的需求。

十二、切实加强企业从业人力资源岗位培训

积极把设计师资格培训与职称评定结合起来，年内共培训助理设计师8名，中级设计师293名，高级设计师38名。积极与上海工程类职称考核委员会合作，持续两年开展国家工艺美术师职称资格考试、评定，全年共组织25名设计师参加中级工艺美术师职称考试，其中，21名取得中级职称，1名高级室内设计师取得高级工艺美术师职称资格。与此同时，协会把上岗培训与企业资质、安全生产认定、星级达标结合起来，年内共培训监理师86名，项目经理37名。持续开展了施工员、质量员、安全员、电工以及工人上岗培训教育。

十三、修订新版2010室内设计合同范本

修订、完善《上海市室内装饰行业室内设计合同》，增加了安全设计、软装、陈设艺术类条款。经市工商局批准，已在行业内试行。

十四、制定行业“十二五”发展规划

按照市经信委要求，在行业调研的基础上，结合室内装饰内涵丰富、产业链长、交融性广的新特征，制定、完成《上海市室内装饰行业“十二五”发展规划》。

十五、改版室内装饰网站、会刊

调整、改版室内装饰网站，充分发挥会刊窗口宣传作用，每月编制1期趋于正常化。

（刘澄华）

上海工艺美术行业协会

上海工艺美术行业协会成立于1996年2月13日，下设上海市红木家具标准化技术委员会、红木雕刻专业委员会、旅游纪念品（工艺礼品）专业委员会，现有会员单位400余户。

2010年主要工作：

一、长三角地区联动，切实找到突破口

7月，“长三角16+n城市工艺美术行业协会联合体”在大连举行年会，会议肯定本会在促进长三角地区工艺美术“十二五”行业发展规划中找到发展的突破口，同时认真研究长三角地区行业之间转型升级、联手合作、资源共享等实质性问题，并达成建立长三角地区16+n城市工艺美术产学研研发中心的共识。12月27日，在上海工艺美术职业学院举行“研发中心”的成立仪式。

二、传统工艺美术保护工作有序开展

1．受理第3批上海市工艺美术精品的申报。至11月30日，已有274件（套）作品申报第3批上海市工艺美术精品，涵盖玉石雕刻、象牙雕刻、漆米雕刻、砚石雕刻、竹刻、陶瓷、金属工艺、抽纱刺绣、民间工艺等9个大类。

2．上海市工艺美术大师作品汇报展持续展出。3月起，在市经信委的指导下，协会发起，组织、联络了相关协会、学会、研究机构等，在上海工艺美术博物馆举办了上海市工艺美术大师作品汇报展，还举办10多个大师个展、联展。

3．编辑出版工艺美术系列丛书。受市经信委的委托，编辑出版工艺美术系列丛书《上海工艺美术大师风采录》、《上海工艺美术精品》、《上海传统工艺美术品种技艺》、《上海工艺美术在世博》等4本书。12月25日，在上海工艺美术职业学院举行丛书首发仪式。

4．《上海手工艺导航》问世。5月，与市妇联、市经信委都市产业处共同策划、携手制作的首张《上海手工艺导航》图问世。它以图表的形式收录101户上海手工艺企业（个人），分布在全市18个区县的版图上，展现一批有着丰厚传统文化积绽的民间手工艺文化，介绍上海具有代表性的手工艺品种和技艺资源。《上海手工艺导航》还印制英文版，为国外友人提供了解中国手工艺现状的途径。

5．组织完成2010年度的工艺美术专业任职资格考试。根据市考试院《上海市2010年度初、中级工艺美术专业任

职资格考试考务工作安排》的通知，8月起，受理报名。11月6-7日，组织第6次考试，为培育专业技术队伍起到推动作用。

6. 徐家汇街道手工艺名师工作室走出新路子。一是为残疾人士开设绒绣班；二是联络韩国艺术家李惠庆女士，在徐家汇街道社区学校授课。

7. 参加“第十一届中国工艺美术大师作品暨国际艺术精品展”。10月28-11月1日，组团参加在杭州和平国际会展中心举办的“第十一届中国工艺美术大师作品暨国际艺术精品展”。上海参展单位20户，参评作品73件。其中，获金奖9件，银奖6件，铜奖7件，优秀奖17件，占参评作品的53．4%。

三、喜迎世博，旅专委工作有条不紊

1. 为黄浦区撰写普查报告。受黄浦区商委委托，开展黄浦区工艺美术普查工作，通过收集、调查、研讨、分析，撰写黄浦区工艺美术产业普查报告。报告从长三角区域经济、产业布局、功能提升一体化出发，探索创新产业集聚体制，形成设计中心、展示中心、交易中心和中介服务中心的模式。

2. 各展会缤纷亮相。5月，“郭爱和大师三彩艺术作品上海专题展”在上海手工艺朱家角展示馆举行开幕式。展览集中展示大师20多年来潜心探索“三彩艺”的成果。9月15日，以“创意后世博”为主题的2010年上海国际创意产业活动周在徐汇区越界创意产业集聚区开幕。协会主办的“2010中国上海第二届现代壶艺双年展”和“纸＆空间”在创意周期间进行展出。9月30-10月15日，与瑞士文化基金会、上海工艺美术博物馆等单位共同主办的“3D纸艺——2010中国·瑞士纸艺合展”在上海工艺美术博物馆、徐汇图书馆举行，并于10月17-11月17日在复旦大学视觉艺术学院继续展出。“纸艺合展”适逢2010上海世博会举行和中国瑞士建交60周年，现代纸艺契合当前所倡导的环保低碳绿色理念，有着美好的发展前景。

3. 发布今年及预测明年旅游纪念品（礼品）流行趋势。《2010年旅游纪念品（礼品）流行趋势预测报告》中指出，世博和虎年的主题、环保材料和材质创新设计以及蓝、绿、金黄的色彩将成为该年度崇尚的流行趋向，并于《2011年旅游纪念品（礼品）流行趋势预测报告》指出，世博记忆和生肖兔年的主题、低碳元素和设计为先、自然裸色和中间色调将成为2011年旅游纪念品的发展方向。

4.“老凤祥杯”上海旅游纪念品设计大赛走向国际化。8月31日，在花园酒店启动“2010年上海旅游节‘老凤祥杯’旅游纪念品大赛”。大赛评委会更多关注于参赛作品的环保性。设计者在创新意巧设计的同时，还有意识地将原材料的环保性融合进作品中去，顺应国际旅游纪念品低碳化的发展趋势。

四、红标委、红专委工作步入新局面

1. 第四届上海市红木家具标准化技术委员会正式换届成立。上半年，开始第四届红标委的换届筹备工作，8月，第四届上海市红木家具标准化技术委员会换届成立，为实现后5年的工作目标提供保障。

2. 海派红木在世博。9月，由上海海派红木艺术博物馆主办、中国工艺美术学会和上海工艺美术行业协会协办的“传统文化与包天伟先生的艺术追求”对话活动在世博会联合国馆内论坛区举行。包天伟在与于丹的对话过程中，生动地体现出传统文化与时代生活交融所产生的魅力。世博会联合国馆总代表贝楠亲自颁证，授予包天伟“中华儒匠”的称号。

（赵　琰）

上海市家具行业协会

上海市家具行业协会成立于1994年，是跨地区、跨部门，由不同隶属关系和不同所有制的工业企业、商业企业和相关的企事业单位自愿组织起来的行业性社会团体。

2010年主要工作：

一、主动参与世博、真诚奉献世博、充分用好世博

世博会在上海举办，海内外同行借参观世博及上海国际家具展，频繁造访，各企业礼仪待客，热情接待，展现行业规范形象。

世博期间，发起的规范市场行动，在26户著名商标、市名牌企业带头下，创建优秀品牌形象，形成企业自觉规范、诚实信用为本、承担社会责任的好风气。与相关政府部门加强市场监管，参与组织市场监督活动，抓好管理规范、产品质量进场关、在有条件的企业中推行ISO质量管理体系的学习和认证。提高行业责任意识，重视提高行业第一窗口经营人员的素质，年内共举办21期营业员培训班，培训学员963名。

结合形势和市场营销需求，先后举办和参与“消费与服务”为主题的“3·15”活动，以及“服务世博，服务消费，上海红木家具品牌展示会”等活动。红星美凯龙入选中国民企馆，向世界展示中国的家居文化。“震旦美玉馆”传播玉石历史文化，宣扬与彰显企业设计文化和产品质量。“艺尊轩红木”再现力作“万世师表”，荣登世博会联合国馆大厅。期间，还召开“于丹与包天伟”《儒家学术与儒家工匠》红木艺术论坛。

开展与国内外同行联络、交流，组织企业赴意大利、美国考察家具展，了解最新的家具市场需求及流行趋势。先后接待丹麦家具代表团、葡萄牙家具协会代表团，并参与葡萄牙森林国活动，出席上海世博会葡萄牙馆召开的葡萄牙林业资源研讨会。参加法国国际专业展《时尚和家居创新趋势的交流和价值体现》，参加西班牙“西中商业拓展会”。还有许多企业产品供应世博会，为世博工程配套作出了贡献。上海亚振家具有限公司的高鑫被评为“服务世博诚信创优最佳实践者”。

二、宣贯家具标准化、服务会员企业，提高标准化水平及质量管理能力

在市质监局指导下，与市质监检验技术研究院、国家家具质监检验中心、全国家具标准化技术委员会共同主办“标准化服务中小企业系列论坛”家具标准化服务交流会，通过互动交流，扶持帮助家具企业提高标准化水平及质量管理能力，提升家具产品质量和企业竞争力。

三、集成智慧，携手发展

以“集成智慧，携手发展”为主题，协会四届四次理事会在南通亚振国际东方家具有限公司召开，常务副理事长黄志良作协会工作回顾和今后工作要点的讲话。会后，与会理事参观南通亚振国际东方家具公司和位于如东的亚振生产基地。

四、振兴企业、制定发展家具行业“十二五”规划工作

根据市经信委的部署，协会从行业现状、面临的形势，“十二五”期间工作的指导思想、基本原则和目标，振兴行业的任务和措施，政府支持和行业协会承担责任等方面，制定上海家具行业“十二五”规划意见。要求树立自律、自重意识，维护行业形象，创新驱动、推进名优工程，加快技术进步，保障产品质量。维护行业规则，促进行业有序竞争。推进生产保护，鼓励低碳生产和消费，推进行业调整产品结构，转变经济增长方式，适应上海经济发展转型，争取“十二五”期间生产年平稳增长8%-10%，出口平稳有升，再争创3-5户市级名牌产品。

五、参与“创意城市工作推进”活动

上海被联合国教科文组织正式批准加入“创意城市网络”，市经信委和市委宣传部联合相关行业协会（学会）于4月建立上海创意设计联席会议制度，协会成为创意设计联席会议制度的首批成员。协会参与重大赛事活动，参加各类高峰论坛、研修、交流活动，发动会员企业开展多种形式创意设计活动，多户著名企业在家具设计、生产方面逐步形成具有个性、自主品牌的低碳、健康、环保、时尚的家具产品。震旦（中国）有限公司原创的玉之华系例办公家具产品成为上海家具行业知识创新产业的转型典型案例，并经协会推荐被编入上海产业领域设计成果和体现设计创新对于产业发展促进作用的案例集，报联合国教科文组织。年内，协会积极参加创意设计联席会议工作，组织创意设计活动，受到市经信委表彰。

六、“企业诚信评价”开拓了行业诚信体系建设的新步伐

为适应现代经济环境、适应大都市形象的考量，在“家协杯”举办14年的基础上，年内开展“企业诚信评价”活动。活动期间，与搜房网、家居网联合策划“大话家居”专题论坛。论坛围绕“传统家具业，如何突破消费者信任危机，重塑消费信心”、上海“‘企业诚信评价’是否会成为全国家居业诚信体系的范本？”等主题展开讨论。12月18日，举行“企业诚信评价”社会主题活动，场上38户候选诚信评价的企业在接受消费者征信的同时，还为消费者提供家具、家居环境方面的咨询和设计。历时4个月的“企业诚信评价”工作不仅是对原“家协杯”形象的延伸和升级，更是一次全行业弘扬诚信的宣传和动员。经过自报、评审、宣传、评价、公示，协会最终评出15家商场、23户生产企业为年度上海家具行业“诚信企业”。

（上海市家具行业协会）

上海宝玉石行业协会

上海宝玉石行业协会成立于1996年5月，是由珠宝、玉石行业及相关教育、科研、鉴定机构的企事业单位自愿组成的跨部门、跨所有制的非营利的行业性社会团体法人。

2010年主要工作：

一、认真做好换届改选工作

3月25日，召开第四届会员大会暨第一次理事会。胡书刚会长作了“重基础凸现诚信、顺势为稳步前行，为打造行业品牌添砖加瓦”协会第三届工作报告。会议选举产生了新一届领导班子，经报上级主管部门审核批准，新一届理事会对协会工作提出进一步要求，并展开工作。

二、积极投入服务世博工作

年初，配合市钻石办，向世博会招募部提出增加钻石类特许产品。同时，建议成立专家组，帮助世博局审核把关，规范和管理特许产品，提出由高校、检测机构及企业的专家权威组成的专家组建议名单，并获批复同意。协会还推荐企业参加世博产品生产销售，参加协办世博会首场特许产品（钻石、黄金、翡翠）展示暨拍卖活动，动员更多的企业参与，扩大了影响，取得了成功。

组织开展“服务世博、诚信创优”竞赛活动，努力以一流的产品、一流的服务、一流的形象，为世博增光添彩，体现上海珠宝玉石首饰行业优秀精神风貌。协会表彰11户行业服务世博、诚信创优企业，8个服务世博、诚信创优班组（门店），以及12名最佳实践者。协会受到上海轻工“服务世博诚信创优”立功竞赛活动表彰，协会秘书长获得“优秀组织者”奖。协会两次编发《服务世博诚信创优》上海宝玉石通讯特刊，以36个版面进行集中宣传，《劳动报》、《上海商报》和《中国黄金报》多次转载报道。

三、继续深化诚信与规范建设

年内，完成对上海14户诚信企业复审，再获中国珠宝玉石首饰行业“放心示范店”称号；完成“上海珠宝玉石首饰行业放心店”复评，9户企业11个门店再次榜上有名；9户企业成为上海市星级“诚信企业”，4户为“诚信企业”。协会获得2009—2010年度上海市诚信企业创建优秀组织者奖。协会网站开通诚信企业创建平台，链接东方网“诚信企业”专栏，扩大了宣传影响。

努力推进《上海珠宝玉石首饰行业检测管理工作若干规定》的实施。协会向比利时IGI国际珠宝学院CEO建议推出中英文对照检测证书。IGI认同协会《上海珠宝玉石首饰行业检测管理工作若干规定》要求，于10月正式推出检测证书的中文翻译对照单页。

12月初，鉴于北京工商检查发生的若干问题，向会员发出《关于加强上海珠宝玉石首饰行业商品自律监管的通知》，要求大家引以为戒，认真自查，找出薄弱环节与不足之处，加强质量监管，深入做好诚信规范，负起社会责任，重申认真遵守执行政府法律法规和国家标准、行规行约，以及协会自律文件。同时，组织参加“3·15”消费者权益日活动和4季度的行业自律检查，已成为协会做好市场规范有序服务的常态化工作。

四、恢复“玉龙奖”玉雕作品评选活动

决定恢复举办第三届上海“玉龙奖”玉雕产品评选活动，弘扬海派玉雕，提升玉雕设计创新，引导珠宝玉石设计潮流，促进作品繁荣，优化玉雕制作人才成长环境，促进人才脱颖而出，激励多出精品，促进行业发展。在组委会会议后，工作小组听取多方意见建议，于年末正式向社会征集作品。

五、开展服务，促进会员经济活动

主办第四届上海玉器节，5次组织会员单位参观上海世博会，组织会员参加人才招聘活动，协办并组织会员参加现代婚庆博览会、山东昌乐县政府（上海）珠宝推介会、中韩珠宝首饰设计技术报告会，开展电子商务新模式沙龙活动。努力争取得到民生银行支持，推出中小企业贷款服务平台。推荐企业参加名牌企业、产品的申报。参与协办2010商会大会，参加2010钻石国际高峰论坛活动，还参加各类内外交流与论坛、座谈活动。

（包富樑）

上海钻石行业协会

上海钻石行业协会成立于2001年4月，是由从事钻石饰品、钻石工具生产、经营、加工、贸易以及相关的学校、检测鉴定的企事业单位组成的具有法人资格的社会团体。现有会员单位78户。

2010年主要工作：

一、全力以赴做好“参与世博、服务世博”的各项工作

年初，积极配合上海钻石交易联合管理办公室围绕世博会组织了一系列钻石珠宝类特许产品推广活动，共有6户会员单位成为世博会特许产品的生产商和零售商。积极支持钻石办、特许办成立专家组对企业申报的世博特许产品进行专业评审，并提出由协会领导、检测机构、教育单位和著名企业组成的钻石珠宝首饰领域资深专家推荐名单，得到市钻石办和特许办的认可。2月5—7日，世博会特许产品（钻石、黄金、翡翠）展示拍卖会在中国钻石交易中心大厦举行，并取得成功。世博期间，协会广泛参加参展国举办的各种活动，达到增加了解、相互交流、增进友谊、促进合作之目的。6月7日，在世博会比利时国家馆会议厅由安特卫普世界钻石中心举办“安特卫普钻石日”活动，协会主要领导和部分会员单位参加这次活动。6月18日，泰国会议展览局（TCEB）在浦东香格里拉大酒店召开泰中展览业交流推介会，协会应邀出席此次活动。会后主办单位还组织大家参观世博会泰国馆。9—10月，先后派员参加了非洲“安哥拉商务论坛”、“喀麦隆—中国投资论坛”、“科摩罗—中国投资论坛”等活动，对参展国的地理人文、政治经济和贸易投资等方面，有了较全面的了解，为今后开展各种合作奠定了基础。

二、积极参与“2010 中国钻石论坛”的筹备工作

应上海钻石交易联合管理办公室邀请，与其共同商讨论坛的有关筹备工作，并向各会员单位发出参会的通知和论坛的邀请书。11 月 30–12 月 1 日，由商务部、市政府支持，上海钻石交易联合管理办公室、比利时安特卫普世界钻石中心（AWDC）和上海钻石交易所共同主办的“2010 中国钻石论坛”在上海隆重举行，来自中国、比利时、以色列、印度、美国、俄罗斯、阿联酋、南非、加拿大等 23 个国家和地区的 400 多位代表参加论坛。其中有 40 多位各国政府官员、国际组织代表、知名业界人士和企业家进行了发言。论坛促进了世界钻石界与中国钻石业的交流和合作，有助于我国钻石企业向国际化发展。

三、发挥协会的社会优势和组织优势，为会员单位发展提供帮助

2 月 3 日，协会召开迎春座谈会，会员单位代表欢聚一堂，畅谈努力开拓市场，加强诚信建设，规范市场秩序，抓住世博会的商机，做好做强上海的钻饰品销售市场。针对一些中小企业融资难的问题，协会请来浦发银行的有关人员讲解向银行融资的方式、方法等问题，为会员单位与银行之间牵线搭桥，建立融资平台，拉近企业与银行之间的距离。

四、加强行业自律，继续开展诚信建设活动

4 季度，市消保委黄金珠宝专业办公室会同协会及其他相关行业协会在全市范围内对经营黄金珠宝饰品的企业开展行业自律检查。检查涉及 12 个区 76 家销售点 145 个品牌，共抽检 210 件样品，其中，钻石饰品 62 件，贵金属 93 件，珠宝玉石 55 件。抽查结果较好，商品质量基本比较稳定。

五、加强与有关社团组织和行业协会的交流合作，提升协会的社会知名度

4 月 1 日，参加由国家民间组织管理局作为指导单位，市经团联和长江开发沪港促进会共同主办的“浦江经济论坛——2010 沪港行业协会发展论坛”。

4 月 21–22 日，由中国中小企业国际合作协会、中国商会网、世界经济贸易联合促进会、中国温州中小企业发展促进会联合主办的“2010 商会大会”在浦东香格里拉大酒店举行。协会全体人员参加，并在优秀商会展示洽谈区设置了展位，进行展示和接待活动，受到大家的欢迎。

12 月 17 日，由市现代服务业联合会、江苏省现代服务业联合会、浙江省服务业联合会和黄浦区政府共同主办的“2010 长三角现代服务业合作与发展论坛”在上海大酒店隆重举办，协会应邀参加论坛活动。

12 月 17–12 月 20 日，由上海黄金饰品行业协会主办的 2010 上海黄金珠宝玉器首饰展览会在上海世贸商城举行，受到广大消费者的欢迎。协会作为协办单位积极参与了此次活动。

12 月 27 日，应上海工艺美术行业协会的邀请，派员参加了长三角地区 16+n 城市工艺美术产学研发中心揭幕暨研讨会。

六、加强与会员单位的联系，努力发展新会员，扩大协会覆盖面

先后走访 20 多户会员单位，每逢重大节假日后，都要通过电话了解市场的动态和会员单位的销售情况。年内编制了两期《上海钻石行业协会简讯》寄发各会员单位，及时传递协会信息和市场动态情况，收到了很好效果。发展 5 户新会员单位。

（顾志中）

上海市乐器行业协会

上海市乐器行业协会成立于 2009 年 2 月，是由上海生产、经营各类乐器的企业以及相关的专业院校等自愿组成的非营利性的社会团体法人。现有团体会员单位 40 户。

2010 年主要工作：

一、围绕世博，服务世博，我为世博作贡献

以上海世博会为核心，部署协会全年的工作，开展“我为世博作贡献”活动，形成人人关心世博、参与世博氛围，在各自的工作岗位上作出贡献。上海钢琴公司，以服务世博为中心，开拓新产品，拓展新渠道，钢琴产量、销售量都有很大的增长，尤其是借力在电视东方 CJ 的销售，取得可喜成绩。上海民族乐器一厂，在世博会现场宣传演奏推广民族乐器。在协会的推荐下，厂长王国振被评为上海轻工系统优秀企业家，该厂获得市轻工系统先进企业称号，年销售额和利润又创新高。上海柏斯琴行有限公司、上海华新乐器有限公司、海音琴行有限公司等企业，在为世博服务、开展作贡献活动的竞赛中，职工精神面貌振奋，企业经济效益提高。

二、抓住机遇，寻求发展，进一步加强自身建设

1. 召开会员大会，部署全年工作。年初，召开会员企业大会，部署以世博为中心的各项工作，倾听会员的意见和建议，进一步加强和会员企业沟通，为会员企业服务。

2. 发展上海泓旸钢琴、上海爱乐职业学校加入协会。协会专业委员会得到进一步发展，推进协会的组织建设。

3．组织会员企业参加各类讲座，帮助企业了解政策，扩大信息渠道。在兄弟协会的帮助下，组织“经济形势和借贷政策”、“小企业扶持与发展”、“企业节能减排”等各类讲座17次。

4．组织会员企业活动、开展交流。组织会员企业和部分理事单位参观泰兴凤灵乐器公司的生产厂和“乐器博物馆”，学习兄弟企业的成功经验，交流各厂的经营经验。邀请上海音乐学院原院长杨立青教授主讲“现代音乐讲座”，与会企业代表反映良好。

三、围绕企业生产经营，立足为企业做好服务

1．上半年，会同上海国际展览公司，组织上海民族乐器一厂赴印度尼西亚参展和进行市场推介，取得一定的市场效果。民乐一厂的产品和敦煌丝语乐队的精彩表演给东南亚客户留下深刻的印象。

2．继续办好中国（上海）国际乐器展览会。2010年上海国际乐器展览会，规模之大，企业之多，人数之众，均创历史最高水平。

3．钢琴调律师鉴定工作进一步制度化、规范化。坚持做好每年的钢琴调律师鉴定工作，为确保工作质量，从完善制度和规范考核着手，为保证考核“公平、公正”，做到岗位人员“公示牌”上墙，接受监督，取得考生的信任。除鉴定三、四、五级钢琴调律师技术人员外，在中国乐器协会支持下，鉴定钢琴调律师二级技师、高级技师14位。

4．积极帮助会员企业争创名牌产品工作。先后帮助民乐一厂的敦煌古筝、中雅钢琴公司海曼牌钢琴做好创建名牌产品工作，支持企业创名牌、保名牌、发展名牌。

四、其他工作

1．与上联口琴会共同组织“口琴进中国”90周年沪、浙、台纪念活动。7月1日，举办口琴传入中国90周年活动，上海、浙江和我国台湾地区的口琴爱好者都有代表参加。

2．举办全国钢琴调律师研讨会。为进一步推进钢琴调律师技术的发展，在中国钢琴调律师专业委员会的支持下，于7月举办“全国钢琴调律师研讨会”，全国各地专业人员60余人参加会议。

3．开展“诚信企业”创建，公众满意企业调查工作。在市“诚信企业创建”领导小组的指导和支持下，推荐上海钢琴公司、上海民族乐器一厂、上海华新乐器公司、上海柏斯琴行、上海海音琴业公司、上海蒙特罗琴业公司等为市公众满意企业评选单位。

4．党建和工会工作。党支部在“学习实践”活动验收合格的基础上开展党员对党组织的评价和党员“创先争优”活动，并结合党风廉政建设，配合开展“小金库”自查工作，进一步完善协会收支的财务制度。在玉树大地震中，积极发动会员企业捐款献爱心活动，共计捐款49176元。

（范志华）

上海市钟表行业协会

上海市钟表行业协会成立于1996年4月，为上海市钟表、钟表配件及计时仪器行业企事业单位自愿组成的跨部门、跨所有制的非营利的行业性的社会团体法人。现有各种所有制会员单位80多户，涵盖上海钟表制造、营销、科研、教育、培训等方面的精干主体。

2010年主要工作：

一、围绕行业经济发展的主旋律充分发挥行业协会作用

根据国家、上海的产业发展规划，总结上海钟表行业在“十一五”规划中所取得的经验和不足，切实制定好行业的“十二五”发展规划。协会先后走访、调研10多户会员企业，了解企业的现状，听取企业总经理对企业和行业发展的想法和建议，在《上海市钟表行业“十二五”发展规划建议》的基础上，起草《上海钟表行业结构调整和优化升级的研究》，确定上海钟表行业在“十二五”期间的发展目标。

二、组织会员企业服务世博、参与世博，为世博作贡献

上海世博会是宣传企业，推广品牌的大舞台，是推出具有上海钟表水平、上海钟表特色产品的重要契机。协会在做好世博会的服务工作的同时，号召企业积极参与世博特许商品的招募申报工作，并为企业在资料准备、申报，与世博特许办公室沟通、世博产品宣传等工作中积极配合，做了大量服务工作。上海表业有限公司的“上海牌”手表、上海青雅实业有限公司的木制礼品盒、上海斯维世表业有限公司时尚手表、上海新天始钟科所的陀螺式时差指南针等近60种钟表产品成功成为上海世博的特许商品。

三、开展2010上海“轻工杯”钟表创意设计大赛活动

2010上海“轻工杯”钟表创意设计大赛是由上海轻工业工会联合会、上海市钟表行业协会主办，上海市包装技术协会、华东理工大学艺术设计与传媒学院、上海工程技术大学艺术设计学院、上海工艺美术职业学院、上海轻工业工会联合会钟表行业分会等单位共同协办。大赛围绕“城市，让生活更美好”的上海世博会主题，体现“创意源自生活，设计提升品质”宗旨，让人们在创意设计、引领时尚、展现经典中领略钟表的奥秘，积极推动和提升上海轻工产品的发展。大赛历时近3个月左右，组委会共收到来自全国各地的作品近180件，其中，表类90件，钟类70件，其他计时类20件。这些作品紧扣时尚和文化主题，展现时尚钟表的魅力，透过这些具有创新性的设计作品进一步展现“城市，让生活更美好”的上海世博会主题。

四、举办2010年上海钟表发展论坛

12月9日，协会主办的“2010上海钟表发展论坛”在上海影城举行，近50名上海钟表企业的代表参加论坛。有5位嘉宾先后进行主题演讲。上海钟表要走中、高端的道路，只有不断设计开发出新的产品，才是钟表发展的希望。在钟表设计过程中，学校的设计专业学生、社会的专业设计队伍、企业内部的设计人员之间的相互交流和合作至关重要，要积极探索寻求合作的最佳结合点，协会不遗余力地构建这样的平台。

五、协会其他工作

1．积极组织参加展会。为促进消费，迎接新春佳节，协会组织上海九鼎钟业有限公司、上海青雅实业有限公司、上海汉斯钟业有限公司等企业积极参加2010年上海市新春大联展。组织具有50多年历史的“上海牌”手表、“钻石牌”手表、秒表、日月牌眼镜等钟表眼镜企业参加。由市商务委、市经信委、黄浦区政府、中国商业联合会中华老字号工作委员会主办的2010中华老字号博览会。组织钟表企业参加由香港贸发局、市商务委、黄浦区政府联合举办的香港时尚品牌展示展销活动。

2．开展钟表培训。举办历时两个星期的“钟表维修培训讲座”、“古董钟表鉴赏”讲座。钟表维修以实物讲解为主，从典型案例出发帮助学员提高分析问题和解决问题的能力。古董钟表鉴赏重点介绍了航海钟、空气钟、皮套钟、瓷壳钟、八大件、劳力士等钟表，让学员进一步了解钟表的文化。

3．组织参与钟表活动。由《it国际精表》杂志、《新闻晨报》共同主办，协会作为指导的“2010国际精表大赏”评选活动，经过历时近6个月的专家评选、网络公众投票，产生24款腕表、机芯，使上海钟表企业了解到当今世界钟表的技术发展方向。

5月25日，与到访的比利时商贸代表团（时钟）在上海威斯汀大酒店进行商务洽谈。其中，比利时狄根斯仪器及钟表有限公司介绍该公司的气压计和时钟，两款能反映温度、湿度、气压等室内环境的气压计已在上海世博会比利时馆进行了展出。协会介绍上海的钟表发展及市场情况，欢迎比利时钟表商能与上海钟表商建立合作，协会愿积极提供合作通道。上海汉斯钟业有限公司、上海新天始国际时钟科研所等与其达成了合作意向。

4．参与编写《中国计时仪器通史》。协会主要负责编写《中国计时仪器通史·现代史》中钟表元器（配）件及钟表设备章节，提供补充上海地区手表、时钟的发展史料，并于12月定稿，将由安徽教育出版社出版发行。《中国计时仪器通史》被列为我国“十一五”规划国家重要出版书籍，该书的出版将填补我国钟表发展史书的空白。

（蔡辉明）

上海市纸业行业协会

上海市纸业行业协会成立于2003年8月，是由上海地区纸业行业的企事业单位及相关企事业单位自愿组成的非营利性社团法人。现有会员单位72户。

2010年主要工作：

一、参与世博、奉献世博

会员单位积极参与世博、奉献世博，东冠纸业公司在世博期间向世博园区赞助了“自由森林”品牌的本色环保生活用纸，受到中外游客的一致好评。其造纸2车间被评为轻工系统服务世博诚信创优“工人先锋号”，市场部经理被评为上海市服务世博诚信创优“最佳实践者”。该公司又是世博特需商品供应商，为世博提供优质低价的各类生活用纸。利乐（中国）公司向世博园区无偿提供1200只用废旧牛奶盒制作的休息长椅。安兴汇东纸业通过竞标，脱颖而出，成为世博园区办公用纸供应商。新江南纸业承担了世博会全部邮票用纸的供应。

二、后世博时期的思考和行动

如何借世博之力，把工作推上新台阶，部分企业已有很好的想法和行动。如东冠纸业扩大“自由森林”的产能，将“自由森林”环保生活用纸打入大卖场和超市；安兴汇东着手产业化和信息化的结合，扩大和完善中国特种纸在线的电子商务平台和鑫概念连锁店，又推出“全能纸管家”电子商务，“全能纸管家”项目被评为上海市现代化管理创新成果二等奖；东冠纸业与市环境绿化局联手开展“绿色账户”活动，在部分小区试点回收废旧牛奶盒换取卷筒卫生纸。

三、按照《章程》规定，实行民主办会

2月，召开协会二届二次理事会。3月31日，在上海科学会堂召开了协会第 6 次会员大会。

四、认真开展授权统计工作

经市统计局委托授权，作为行业统计的试点单位。每年都召开统计工作会议，传达上级文件、会议精神，组织学习，贯彻实施，每月做好报表汇总上报，年末做好年报。

五、完成上海造纸“十二五”发展规划

受国家发改委和中国造纸协会的委托，牵头完成上海造纸“十二五”发展规划，上报中国造纸协会、市经信委和市工经联。

六、支持企业创新发展

上海新江南纸业有限公司是邮票纸专业生产企业，市场占有率达到 100%，其研制的绢质防伪邮票纸被列为高新技术转化项目。金奉源纸业的高松厚度防油食品卡被批准为上海市专利新产品，该厂的液体无菌包装原纸被评为上海市重点新产品。

七、支持企业争创名牌

在业内开展争创上海市名牌的活动，其中，上海安兴汇东纸业公司有两只产品，一是“汇东”牌复印纸，2008 年已评上“上海市名牌产品”，完成两年期满续评；另一个是“恩倍牌”高档复印纸。还有上海金大塑胶有限公司的“金舟牌”不干胶纸，已评为上海市名牌产品。

八、积极支持企业开展节能减排、循环经济、清洁生产

世博会上倍受国内外游客青睐的东冠纸业的绿色环保生活用纸“自由森林”所用的原料为 100% 的废旧牛奶盒回收纤维，是本会千方百计牵线搭桥找到的。积极推荐宣传金奉源纸业节能减排的好做法、好经验，如风机水泵变频改造、节能照明灯改造、碎浆机叶轮改造、空压机冷却水回用等。12 月，金奉源纸业公司通过清洁生产验收。

九、扎实推进进出口公平贸易行业基层工作点的试点

按照上级要求，协会建立进出口企业联络员网络。

十、诚信建设工作正式启动

11 月，市创建诚信企业活动组委办主动上门指导，解决机制、体制、硬件、软件等诸多问题，12 月，正式成立协会创建诚信企业办公室。

十一、帮助企业解决困难

某印刷厂要协会帮助解决印刷机垫衬纸板的磨损问题，协会多方咨询专家，帮其提出较好的解决方案。部分企业原料紧缺，协会帮助牵线搭桥解决原料；有的企业要延伸生产链收购下游企业，协会为他们多方打听提供信息；有的企业要扩大生产，协会帮他们选址，研究可行性等；有的企业要提高纤维回用率，协会帮他们推荐优质的造纸化学助剂。

十二、开展国际间的交流

年内，先后与美国 TUMAC 公司和葡萄牙 GPS 公司开展交流。

（王承稼）

上海石材行业协会

上海石材行业协会成立于 2002 年 12 月，为上海市石材加工、贸易、工程、石材养护、石材机械与工具、石材造景与雕刻、人造石行业企事业单位自愿组成的跨部门、跨所有制的非营利的行业性社会团体法人。现有各种所有制会员单位 860 户，其中，86% 为民营企业，13% 为外资企业。下设石材养护、石材造景与雕刻、人造石、石材机械与工具 4 个专业委员会、砂石分会及上海东方石材研究所等机构。

2010 年主要工作：

一、凝聚行业力量，全方位参与世博，服务世博

一是直接服务世博石材工程。推荐 3 户石材企业承接世博园内工程，组织 6 批次石材专家对世博石材工程开展咨询和方案论证。应业主要求，世博期间跟踪 4 个场馆的石材日常护理并提出改进建议；二是下发《关于加强世博会期间石材市场管理的通知》，召开专题会议进行动员布置，要求石材市场和石材企业加强市容、企容管理、明示价格、规范合同、诚信经营，并举办 2010 服务世博上海石材市场经营企业诚信创建活动；三是在各大石材市场、企业悬挂世博横幅 63 条，张贴海报 2500 张，在石材行业营造良好的世博氛围；四是积极配合世博窗口指挥部、工商、市容等部门对石材市场和企业进行 4 批次的检查，发现问题及时纠正。2009—2010 年上半年，共有 37 户会员企业承接世博园区内工程 43 项，有 27 户企业承接 32 项世博配套工程。

二、做好协会日常工作，切实服务会员企业

召开各种形式的座谈会和交流会 5 次、报告会 2 次、行业研讨会和论坛 6 次、会长会议 4 次、常务理事会 1 次、理事会 1 次。协会参与协调应收款问题 5 件，其中，协议解决 3 件；石材工程质量问题 12 件，出具鉴定书 15 份；解决海关进关 2 起，检验检疫 1 起，企业与员工劳动纠纷 4 起，工伤死亡事故 4 起；市民投诉 41 起，解决 37 起，满意率 87%；法律顾问免费咨询 23 起，2 起进入司法渠道；争取石材企业备案 35 户，石制作劳务分包资质 1 户，幕墙装饰资质二级 2 户，三级 5 户。

三、加强交流，拓展市场

充分利用多渠道沟通优势为上海石材业建立良好的公共

关系，营造良好的舆论和政策环境，及时化解涉及行业定位、环保、产品质量、社会舆论、上下游产业链合作等方面的问题和危机。协会在各种媒体发表石材相关文章28篇，参与市人大《促进行业协会发展规定》的专题讨论、市经信委对石材业的产业定位咨询、环保部门对石材业的环保政策讨论、市建管办对石材企业备案条件认定及办理手续的方案论证等，为石材行业创造良好的市场环境。

注重与国内外石材同业及产业链的交流合作。其一，与国外协会、领事馆合作，面对面交流。先后组织意大利石材上海研讨会、葡萄牙石材上海推广会、德国石材加工企业合作交流会；其二，带队出国考察和参展。先后组织意大利维罗纳展、意大利石材机械考察团、迪拜石材展、美国会长考察团等；其三，组织石材企业国内参展。包括Stonetech展、莱州展、青岛展、北京展、云浮展、厦门展、水头展；其四，产业链扩展。先后与市房产商会、市建筑学会、市装饰协会、市建筑师与建材企业家联谊会等合作，召开2010陆家嘴“玫瑰之约”矿品发布会、“海龙机械”石材机械研讨会、捷云人造石建筑师联谊会、（广州）石材养护论坛、石材工程信息发布会等，共9场专题会议，互通信息，争取商机。

四、提升行业素质，树立行业品牌，举行大型活动

做好石材岗位资格培训和认证工作。共举办初级班4个、中级班3个、外地中级班1个；应市建交委和人事局的要求，对所有800余名中级、高级人员进行每两年1次的轮训；举办首届石材幕墙的专业培训。在试点的基础上，“石材工程安装”也将列入石材岗位资格序列。

通过各种形式致力提升石材企业的品牌价值。将石材行业纳入市商务委的品牌促进工程，动员鼓励优秀企业进行品牌职业人培训；从事企业品牌讲座，辅导企业注册商标，进行品牌管理；推荐石材企业参评“上海建材行业技术革新奖”，两户企业获奖；推荐企业参加市建设工程安质监督站牵头举办的“世博及其配套工程质量管理、技术创新论文征集活动”，共提交9篇论文参评；2009年度有两户企业荣获“上海著名商标”，3户企业荣获“上海市名牌”，年内推荐3户企业申报“上海市著名商标”，2户企业申报“上海市名牌”。

4月，召开2009年度石材业风云榜颁奖大会，同期举办系列论坛和峰会，此项活动已经成为中国石材业的精英盛会和行业发展风向标。联合浙江、江苏装饰协会共同主办第二届中国长三角地区优秀石材建设工程金石奖，参评工程数量比首届增长32%，工程质量也有很大的提高，一批世博工程获奖。通过长三角地区金石奖评选，江浙沪三地的联系更加紧密，为上海石材企业拓展江浙工程提供了便利。

五、规范市场，协助政府做好行业管理工作

1．年初，协助市建设工程安质监总站完成石材工程质量大检查，对检查情况进行了深入的分析，召开专题讲评会。

2．围绕石材工程应用，开展石材工程质量评估的试点。石材工程专业性强，技术要求高，但有关部门的专业设置和管理又比较欠缺和薄弱，造成石材工程安全质量隐患多。为此，协会经过1年多的论证和筹备，组织专家队伍，建立评估体系，对石材工程，特别是石材幕墙工程从设计到竣工进行全过程的专家跟踪咨询评估，以使业主、施工企业、石材企业均很满意，三方得利。

3．继续做好诚信考核、石材备案、质保书、现场验证单、石材供料示范合同、诚信手册、石材标准等相关工作。在广大企业的支持下，每两年1次的备案换证、诚信年度考核、能力等级复审等工作已完成。

六、引导企业积极承担社会责任，加强行业凝聚力

共有103户会员企业在各种场合捐款，涉及帮困、助学、环保、家乡建设、基金等，共计金额726万元，并建立上海慈善基金会石全石美基金，首批募捐近160万元，成为上海行业协会首个慈善公益基金。加强党建工作，在上级党委的领导下，协会党建工作和业务工作相互促进。有两名预备党员转正，4名积极分子成为预备党员，吸收1名同志成为入党积极分子。除此以外，4个专业委员会和1个分会运作顺利，协会还加强内部管理和制度建设，以及对工作人员的能力培养。

（茅明舫）

上海都市型工业协会

上海都市型工业协会成立于2001年6月，是由上海轻工控股（集团）公司、上海界龙实业股份有限公司等10户单位发起成立的跨系统、跨部门、跨所有制的新型社会团体。现有会员单位125多户。涵盖电子信息产品、服装服饰业、广告印刷与包装业、钻石珠宝等工艺美术和旅游品业、钟表眼镜业、食品加工业、室内装饰装璜等传统行业以及其他符合都市型工业特征的新兴行业。

2010年主要工作：

一、进一步推动都市型工业园区结构转型工作，大力发展生产性服务业和创意产业

1．树典型、开展经验交流会。上海塑料制品三厂在上海塑料制品公司和徐汇区经信委的指导和帮助下，经过多年努力，建成以影视广告为主的创意园区，取名为“500视觉园”，企业也从亏损到盈利，取得全面的经济、社会效益。9月2日，协会召集部分园区单位的负责人在上塑三厂召开“推进都市型工业发展、加快园区转型”现场经验交流会。“500视觉园”领导在会上介绍企业从建立都市型工业园区到转成创意园区的过程及体会。与会园区负责人上海钟表公司、上海手表二厂领导深受启发，回厂后加快了“宝石花”工业楼宇的转型工作。

轻玻都市工业园区占地70亩，建筑面积4万余平方米，在轻玻公司领导亲自推动下，初步完成1期工程，核心工程之一“上海市玻璃博物馆”和园区大门广场已建成，接下来将进行2—4期工程，最终建成以研发、设计、营销“艺术玻璃”为主的“玻璃创意”园区。协会始终关注参与轻玻都市型工业园区的转型，尽力做好服务工作。

2．积极参与调研，努力反映上海都市型工业发展情况。5月17日，市委研究室领导带队来协会调研。协会根据要求上报《上海都市型工业发展情况及对今后工作的建议》的书面材料，并由协会会长、秘书长等人陪同参观“映巷创意工场”、“长征都市型工业园区”、“杨浦都市工业园区”，分别召开座谈会，充分了解园区的发展情况、存在问题及对今后工作的建议。调研后，他们撰写《盘活优势、提升能级、推动都市型工业持续发展》的调研材料，刊登在市委研究室的期刊上，供市委领导及有关部门领导参阅。

3．编写出版《上海·重庆都市型产业园区》宣传册子，推进园区招商引资工作。目前，协会会员单位中有近40余户是都市型工业园区，为了扩大各园区的知名度，集中宣传各都市型工业园区、创意园区和生产性服务园区，协会由秘书处牵头，各园区单位自愿参加，编写出版园区宣传册子，此项工作得到重庆兄弟协会的响应，部分重庆都市型工业园区也参加其中，最后宣传册定名为《上海·重庆都市型产业园区》，目前已到排版印刷阶段，即将完成。

4．树园区品牌，将“M50”输出到重庆。M50创意园区在2009年被评上“上海市区域品牌产品”。重庆市都市工业园（楼宇）企业协会的领导及重庆市有关方面的领导曾多次参观过M50，深受好评。重庆方面有意引进M50品牌，在协会穿针引线下，上海M50负责人与协会秘书长一行4人于11月13—15日赴重庆考察了解重庆都市工业园区的情况及投资环境，通过座谈加深了解，为今后M50品牌输出打下基础。

二、为企业努力做好品牌和质量管理咨询服务工作

根据企业要求，积极认真帮助企业做好创上海名牌的资料申报工作。协会应新通联包装集团的请求，详细了解情况，仔细审阅该厂“上海名牌”的申报资料，根据上海名牌的标准，提出相应整改措施，经过企业努力，积极整改，终于被评为上海市名牌产品。协会还积极参与上海市中小企业品牌企业、品牌产品的评选，凡是企业有要求帮助的，均能做到认真周到的服务，奇士企业发展有限公司继续被评为“上海中小企业品牌企业”。

三、加强协会建设，提高服务水平

为了更好地为企业提供信息服务，协会网站更换服务商，迅速更换信息，增加网上信息量。协会《简讯》在封面增加本期要目，便于提高阅读效率。在2月和3月，顺利召开了二届四次理事会和二届三次会员大会。

（马金娣）

上海市糖制食品协会

上海市糖制食品协会成立于1988年6月，是由上海地区从事食糖、糖果、巧克力、糕点、饼干、冷冻饮品、休闲食品、馅料生产经营企业和科研院所、大专院校等单位自愿参加组成的跨部门、跨所有制的非营利的行业性社会团体。现有会员106户，涵盖上海市场90%中西糕点的经营大户和食糖经营龙头企业，囊括上海现有的15户经营焙烤食品、糖制食品的中华老字号企业。

2010年主要工作：

一、努力服务企业，促进行业发展

1．做好三大节令市场预测。通过调查研究，把握食品市场走势，及时写出冷饮、月饼、春节市场的分析预测及工作设想，为企业决策提供参考。

2．召开信息例会。召开4次产销信息例会，交流沟通产销计划设想以及世博会服务经营情况，为企业提供原料价格、商品价格及糖制食品市场动态多方面的信息。

3．做好行业信息的编写与发送。年内共发《上海糖制食品信息》24期，刊登各类稿件信息138篇，专题资料5份，统计分析4份，其中，4篇被上海和全国有关报刊和信息刊物选登。

4．跟踪报道服务世博的相关工作进展情况。在世博会准备阶段和开幕期间，协会不间断报道相关企业服务世博的信息，使行业内聚焦世博、服务世博、奉献世博的热情空前高涨，共有10户企业直接参与世博会的经销与服务。

5．与光明食品集团联合举办“2010年上海月饼节”，开展多项活动。5月27日，召开“2010年上海中秋月饼市场预测暨月饼原料包装信息发布会”，5户企业出样展示最新的月饼陷料，协会对月饼市场作出分析预测。会上特邀市质监局计测院专家讲解限制商品过度包装有关食品包装方面的具体问题，使与会者对包装层次、空隙率及包装成本的计算方式有明确理解。7月20日，召开“2010年奉献世博、上海月饼节、购物节工作会议”，为月饼产销夯实基础。8月6日，组织“光明食品杯”2010年名特优月饼评比交流，54户企业的234种月饼获奖，并在《新闻晨报》上公示表彰。9月3日，在百联中环购物广场举办“2010年上海月饼节开幕式”暨“光明食品杯”上海名特优月饼颁奖仪式，向公众展示26户企业的200余款获奖产品，为提升上海月饼企业形象起到宣传作用。举办市民手机短信有奖评选“我最喜爱的月饼品牌”活动，上海牛奶棚食品有限公司获得“最佳口味品牌”、“最具特色品牌”月饼两项桂冠，上海杏花楼食品有限公司获得“最受欢迎品牌”月饼称号。

6．为企业排忧解难办实事。为30余户企业提供50余次咨询、协调服务。如指导规范生产、解答有关政策法规、为企业人才需求牵线搭桥、为企业产品开发提供建议，提供原料最新价格信息等。特别是对于麦青水的使用问题，与市质监局进行反复沟通，使青团产销维持正常进行，既维护企业生产权利，又满足消费者的需求，保持清明节令食品的特色。

7．组织会员企业参加“上海国际包装交流洽谈会”，了解最新包装印刷动态，为企业包装设计提供帮助。11月11—12日，组织会员参加第四届上海市食品安全与食品添加剂研讨会，听取多位国内和国外专家的讲课，使与会者获益匪浅。

二、培育名优品牌，提高行业竞争力

1．做好传统节日商品宣传，跟踪报道销售热点。在春节前宣传企业迎春新产品；清明节、端午节前发布青团价格、粽子价格信息；夏季来临前报道冷饮相关信息等，并在清明节、端午节、中秋节后及时统计青团、粽子的销售情况，进行分析和跟踪报道，引导企业不失时机发展节令食品生产，拓展上海节令食品市场，并为来年的节令食品产销提供参考。

2．开展青团质量交流。3月4日，组织青团质量交流活动，有18户企业29种青团被评为“上海质优青团”；3月11日，在《劳动报》登报公示；3月12日，召开“第三届青团高层会议”，为获奖企业颁奖，并组织4户企业在会上交流发言，既弘扬清明传统文化，宣传青团品牌产品，也提升了青团的制作技术和管理水平。

3．开展上海名特优糖制食品评选活动。4月14日，经专家评审，有14户企业的27种产品荣获“2010年上海名特优食品”称号，并在《新闻晨报》上刊登向社会公示。

4．培育知名品牌。积极提供服务，支持会员企业争创知名品牌，会员企业中有中国名牌产品1户，两户中国驰名商标，10户上海市著名商标，6户市名牌产品，1户市名牌服务。知名品牌在业内连年增加，市场影响也逐年扩大。

5．组织参加全国糖酒会。组织上海60余户企业参加在成都、济南举办的第八十届、第八十一届全国糖酒商品交易会，带去糖果、巧克力、酒类、休闲食品、调味品等上海名特优食品，受到各地经销商的欢迎。

三、加强行业自律，规范企业产销

1．坚持诚信经营，提升行业形象。4月27日，召开“奉献世博誓师大会”，杏花楼集团代表协会内百厂千店2万余名职工宣读“欢庆世博、服务世博、奉献美食、满足消费”诚信公约，倡导诚信经营，加强行业自律，规范企业产销，得到与会市领导的肯定。

2．加强食品安全宣传，加强食品安全管理。6月12日，在《协会信息》中发出“认真做好夏令食品安全的通知”，要求企业做到夏令食品产销3规范，并在各种会议和下基层时，提醒企业强化食品安全的管理。

3．继续搞好冷饮价格协调工作。3月18日，牵头召开第29次冷价委工作会议。协会介绍冷饮主要原料的行情，分析预测上海冷饮市场的特点和销售趋势，共同商议冷价委的工作，提出以“奉献世博”为中心的工作设想，得到与会者的赞同。会后，协会报道各企业在“料费工”全面普涨的严峻形势下，通过内部挖潜和调整通路价等措施，达到不调价、少调价，保持上海冷饮市场价格平稳，受到市发改委的肯定和媒体关注。

4．组织上海企业参加《裱花蛋糕》国标修订工作。7月29日，与克莉丝汀、元祖、瑞来新侨等企业代表参加在江苏盐城的《国标》起草工作会。8月10日，组织上海著名裱花生产企业专家召开专题座谈会，提出修改建议，并将征求意见稿转发给其他会员企业，广泛听取修改意见，汇总上报国家标准起草工作组。

四、加强自身建设，促进协会发展

1．做好新一届理事会的换届工作。做好换届准备工作，落实第七届理事会候选人选，做好换届财务审计，修改协会章程并交市商务委和市社团局审核通过等。5月20日，召开第六届理事会六次会议，产生了第七届理事候选人名单。6月4日，召开第七届一次会员大会，85户企业参加，出席率达80%。大会表决通过新《章程》，选举产生新一届理事会。

2．3月，完成社团年检工作。

3．搞好行业统计工作。及时做好2009年度产销统计、2010年春节产销统计、中秋月饼产销统计，做好清明节青团和端午节粽子销售统计，掌握市场销售的第一手数据，进行跟踪分析，为相关方面和会员提供可靠的信息。

4．年内发展新会员两户。

（仲梅丽）

上海市汽车销售行业协会

上海市汽车销售行业协会成立于2003年12月19日，是由上海汽车销售行业企事业单位依照市场经济运作模式自愿组成的、跨所有制的非营利性社团组织。

2010年主要工作：

一、落实新政策，推动汽车消费

为了贯彻落实汽车、摩托车下乡政策，拉动内需、促进汽车消费，与会员企业在崇明县文化广场举办以“推动汽车进村落户、提高农民生活质量”为主题的崇明汽车下乡启动仪式暨展示会，宣传国务院制定的惠民政策到农村，让广大农民享受政策带来的实惠。活动得到县政府、市商务委市场处等部门的大力支持。

二、开展课题研究，推进行业发展

充分进行市场调研，摸清现状、理顺思路、明确重点，组织专家组进行《上海汽车销售业“十二五”发展规划建议》的课题研究，几易其稿，完成课题项目，分析上海汽销业的现状和存在的问题；预测“十二五”期间市场的需求；提出“十二五”发展的主要任务和具体措施，为政府有关部门制定汽车产业政策和企业谋求发展起到参谋作用。

三、抓好诚信建设，服务于世博会

1．开展2009—2010年度诚信服务星级评选活动。经企业申报、调查核实、专家评审，共有28户企业被评为诚信服务企业，其中，“五星级”企业14户、“四星级”企业7户，使会员企业的诚信服务建设上了新台阶。

2．开展“迎世博、讲文明、树新风”活动。经综合评定，评出“迎世博示范企业”10户，“迎世博示范店”3户，以实际行动迎世博，达到优化服务环境，全面提升企业服务水平的目的。

四、深入调查研究，推进品牌战略

努力做好行业服务品牌的培育、推荐服务，配合市政府实施品牌战略，在跟踪服务过程中，支持、鼓励已获得“上海名牌”的企业，注重自主创新、不断提升自身品牌建设；挖掘、培育有条件的企业，进行现场指导、咨询服务，创建“上海名牌”；对申报企业以积极、务实的态度，作出客观、公正的推荐意见，经过企业和协会的共同努力，有6户企业被推荐到市名推委；积极鼓励、配合具备条件的企业申报“上海市著名商标”和“驰名商标”。

五、进行换届改选，促进协会发展

严格按照规定程序，精心筹备，按期完成换届改选各项筹备工作。8月18日，在上海光大国际大酒店会议中心召开上海市汽车销售行业协会第三届会员大会暨三届一次理事会，选举产生第三届理事会理事、会长、副会长。

六、发挥网、刊作用，体现动态效应

在网站和会刊上报道会员单位的需求、汽车行业信息、会员企业成就、政府颁布的行业相关政策，让会员企业在经营和管理方面获取更多有益信息，加强信息互动，使会刊和网站紧贴行业、紧贴企业，体现动态服务。

七、创新服务理念，提升服务质量

走访会员企业，关心企业经营状况、了解需求、征求意见、加强沟通、听取建议和要求。把企业的难点热点，当成协会服务企业要点重点，拓展服务企业功能和方法，认真做好每一件每一项服务工作。坚持企业老总联谊会制度，定期举办老总联谊会，邀请专家为其讲授新能源知识、销售形势分析和预测、试乘试驾体验等，丰富联谊会的内涵，成为会员企业信息交流的平台。举办消费知识讲座，邀请市消保委汽车专业办主讲汽车经销商在销售过程中如何执法维权、规避风险、人性化处置投诉善后工作，让客户真正满意，使销售人员从中获益。成立协会机动车登记服务站专业委员会，为协会工作向行业后继服务领域延伸，进一步规范机动车登记服务行为、严格执行操作流程、让消费者得到更好服务，也为登记服务站打造一个互动平台。坚持会议制度，加强自身建设，坚持理事会议制度，实行科学民主管理，做到大事要事必经理事会议审议，包括年度总结和打算、年度财务决算和重要举措等，充分发扬民主、认真听取理事意见，形成决议抓好落实；坚持每季度秘书长工作会议，具体研究落实理事会决议事项，分析行业的动向，结合会员反馈的信息，确定协会工作的重点；坚持周一工作例会，通报协会工作开展情况，了解工作进度，布置每周的工作，组织员工学习新政策、新法规，提高员工的服务能力，更好地完成各项任务。

八、抓好理论学习，推进党建工作

贯彻落实党的十七大方针和政策，提高、统一思想认识，理论联系实际，学习经济形势、经济理论和业务知识，提高党员和员工的综合素质和服务水平，形成服务企业、凝聚人心、促进和谐的工作氛围，发挥团队的合力，努力完成各项工作。开展党组织活动。坚持组织生活正常化，建立和完善党内廉政建设责任制，积极开展党员和群众结对子活动，年内党支部发展1名新党员。

（苏翔伟）

上海市消毒品协会

上海市消毒品协会成立于2004年2月，是我国唯一的消毒行业协会。现有会员单位57户，主要来自上海、浙江、江苏等省市，也有其他省市和外国的消毒企业。下设市场协调、标准化和政策法规3个工作委员会，以及皮肤粘膜消毒和水消毒两个专业委员会。

2010年主要工作：

一、服务企业

1．咨询服务。为会员单位、消毒企业和社会人群提供大量的无偿咨询服务，对提出的消毒产品和技术、消毒防病方法、消毒产品的研发和检验、消毒产品的市场准入和监督等问题耐心地进行介绍，特别对消毒产品的检测以及消毒市场存在的较多问题作出详细解答。

2．产品宣传。在协会的“中国消毒信息网”和《消毒信息报》上免费为会员企业的产品进行推广宣传，网站点击率已超过100万人次，就社会影响和点击率来看，“中国消毒信息网”已成为国内第一消毒网站。《消毒信息报》是国内唯一的1份消毒行业报纸，受到业内外的广泛关注和欢迎。同时，协会专家委员会专家在讲学和著作中，十分关注宣传推广会员企业的消毒产品，有力促进消毒产品的市场推广。4月，协会会长应邀为广西医院感染界作题为“医院消毒进展”的学术报告，着重介绍会员单位的消毒产品，包括消毒灭菌设备、化学消毒产品和生物消毒技术等。

3．解决问题。当会员企业在销售产品上遇到困难，协会尽可能给予帮助，包括介绍客户、推荐代理商、进行产品介绍等。有的企业在市场销售过程中，面对不合理执法无处申诉，协会通过与相关部门沟通及时解决企业的问题。有的企业在向卫生部申请卫生批件时遇到问题，协会会长不厌其烦地向卫生部和相关部门反映，协助妥善解决，使企业少受损失。

二、规范行业

1．提高企业的自律行为。始终要求会员单位自觉遵守和履行《消毒企业行规行约》，树立诚信企业的良好形象。

2．编制发布技术规范和行业标准，指导科学使用消毒产品。编制和发布《公共场所消毒技术规范》第2版，并于5月在全国发行。《规范》在第1版的基础上增加对常用消毒器和消毒剂的规范性介绍，丰富公共场所消毒的内容，使读者能进一步了解各种场所的卫生要求、科学的消毒方法、消毒器和消毒剂在公共场所的正确使用等，在规范消毒行业和开发我国公共场所消毒市场上发挥了很大作用。组织编写我国第一部《传染病消毒技术规范》，将于2011年出版，对我国传染病的预防性消毒和疫源地消毒提供了全面而规范的消毒方法，并对消毒产品在传染病预防上的应用提出了规范性的要求。

3．评审国际消毒灭菌标准和国家消毒标准。参与评审国际标准化组织（ISO）消毒灭菌标准委员会（TC198）的送审标准3项；应邀参加国家标准委TC200贵阳审标会议，评审国家消毒标准8项。这些标准的送审稿我们将载入“中国消毒信息网”的“会员专区”栏，供会员单位阅读和下载。

4．继续开展诚信建设活动。通过专业评估，年内，不少会员单位获得“上海市诚信企业”称号。

三、发展产业

1．加强消毒防病工作宣传。加强消毒防病宣传，呼吁政府重视消毒防病工作，加大在贯彻落实《规范》工作中的支持，为此做了大量工作。在甲型流感、手足口病、禽流感等传染病发生疫情时，协会及时向社会提供科学的消毒方法，指导预防和控制疫情。协会消毒学专家在多种场合不遗余力地为会员单位的消毒产品进行宣传，并及时把用户需求信息和销售业务反馈给会员单位。

2．举办培训班，不断提高我国消毒学理论和技术水平。6月9—14日，联合中华预防医学会消毒分会、中国卫生监督协会和上海市传统医学会环境微生物控制委员会，举办“全国消毒学理论和技术培训班”，通过培训让学员初步系统地掌握现代消毒学的理论和技术。授课教员都是我国最高水平的专家，学员为来自各疾病预防控制中心、医院、血站、卫生监督以及消毒企业的技术人员和管理人员。卫生部监督局赵同刚局长出席开班仪式并作题为“中国消毒产品的卫生监督”的学术报告。

3．参加学术会议。年初，中华预防医学会医院感染控制分会在南京召开国际医院感染预防和控制大会，协会会长应邀在会上作“细菌对消毒剂抗药性”的专题报告；7月，中华预防医学会消毒分会在青岛召开“2010年学术年会暨消毒及医院感染控制高层研讨会”，协会会长应邀作专题报告；10月，协会举办“国际酸性氧化电位水论坛”，部分理事和会员单位参加会议，为酸性氧化电位水的研发和推广起到促进作用。

4．发展和壮大消毒行业力量。年内有内外资12户企业加入协会。

四、理事会会议

6月9日，召开第二届第二次理事会。会议就增补副会长、理事单位和理事、副秘书长作出决议，调整专业委员会和工作委员会，通过专业委员会工作纲要及缴纳会费的补充规定。

（李　华）

上海市酿酒专业协会

上海市酿酒专业协会创建于1989年2月，是由上海市专门从事酒类生产和经营相关的企业及有关酒类科研、教育等单位自愿组织的跨部门、跨系统的行业组织，为具有法人资格的社会经济团体。现有会员单位85户，涵盖上海市啤酒、黄酒、葡萄酒、白酒、老白酒、配制酒、洋酒等所有酒种的生产企业和部分酒类经销商，其中，酒类生产企业占上海合法酒类生产企业的50%，包含国有、三资、私有、股份合作等性质的企业，其会员企业的产量占全市酒品产量的95%以上。

2010年主要工作：

一、实施名牌战略，开展上海市名优食品的评选活动

响应市政府培育一批中国乃至世界级名牌的号召，积极组织开展上海市名优食品的评比活动。除继续推选酒类行业五大市名牌产品和企业之外，与上海食品协会合作，推荐和评选27只产品为上海市名优食品，得到企业和市商务委的好评。

二、组织参加“服务世博、诚信创优”活动

积极组织会员企业参加由市轻工产业工会联合会和协会共同发起开展“服务世博、诚信创优”的立功竞赛活动，共有9户会员企业的10个生产班组参加本次活动，努力为世博作出贡献。

三、举办“迎世博，上海酒类市场‘金樽奖’”评选活动

与市商联会等协会共同发起组织“迎世博，上海酒类市场‘金樽奖’”评选活动，将优质产品推荐给广大消费者，引导消费，以帮助企业的优质产品能更畅通、更便捷地进入家庭，提高消费者对酒水的认知度，促进了消费。

四、继续协调酿酒生产用水价格，维护了行业的利益

4月，工业用水价格再次上涨，协会为此与政府、物价、水务等部门积极协调，妥善解决问题，维护会员企业的基本利益。

五、信息咨询服务

1．重视信息的收集、整理、发布、利用，提供给政府有关部门，作为决策依据。向国家发改委、商务委、市经委、酒类专卖局、国税局、市统计局等政府有关部门提供多方面的信息和数据，如上海酒类产品产销情况、市场预测、价格动态、外省市及国外酒类产品在沪销售情况、酒类专卖和酒类流通政策贯彻执行的具体情况等，为政府有关决策部门提供信息和建设性意见，为国家出台新政策提供依据。

2．及时将有关信息传递给企业，使其能了解和掌握国家有关的政策、法规，市场产销情况，引导企业产销决策更合理、更科学。共向上海亚太、三得利中国投资公司、上海青岛、金枫、皇轩、神仙和10多户崇明老白酒企业等会员企业及日本朝日、麒麟、三得利、三菱商事等公司，美国、匈牙利、阿根廷、西班牙、意大利、澳大利亚、意大利等驻沪领事馆和协会、商务处等国内外同行提供各类信息300多条，提供咨询50多户次、80多人次。

3．增强《上海酿酒简讯》的出刊力度。全年编发会刊《上海酿酒简讯》24期，每期的信息量增加20%，内容更具针对性，把政府的有关政策、法规，企业的发展，市场产销情况以及协会的动态，及时传递给企业，帮助企业了解和掌握更多信息，也给政府有关部门决策管理提供有用的参考和依据。

4．利用互联网加大信息服务。在市烟糖集团公司的大力支持和帮助下，协会专属网站利用网络平台，以最快的反应速度、最大的信息数量在网上共发布1600多条各类信息，计110万多字。这是上海迄今为止最为专业的酒类网站，受到行业内外的欢迎和赞许，并受到媒体和国外同行的关注，国外一些机构和企业也通过网站与协会建立联系和沟通。

5．通过大众媒体向外发布信息。由于食品价格普遍上涨，酒类包括啤酒、黄酒、白酒也面临上涨压力，协会及时发布行业的产成本的真实情况，解释疑问，将有关信息报告给政府部门的同时，通过大众媒体渠道来消除社会和广大消费者的顾虑，既帮助会员企业维护声誉和合法权益，也维护消费者的权益。还通过媒体，分别发布酒品市场信息、啤酒瓶使用状况和国家标准执行难度的报告，以及进口酒信息和对国内酒类市场影响的分析报告。在国家对白酒产品的税收政策做出调整时，针对媒体和消费者对税收调整会导致白酒涨价的担心，协会一面接受媒体采访，一面在网站上发布相关信息，解释税收政策和白酒价格的实际情况，回应社会和广大消费者的疑惑，消除误解，维护酒企的合法权益，也促进消费和市场的发展。

六、参与国家对企业的“清洁生产”工作的审定

参与市经信委、环保局、环科院共同对全市酿酒行业“清洁生产”的预审和审查工作，提出上海市啤酒、黄酒等行业企业的清洁生产的有关数据和标准的参考意见。会员企业三得利、青岛、华光、三得利、光明等先后通过“清洁生产”的审定和预审，达到国家“清洁生产”的标准。为了在“十二五”期间全面贯彻落实国家《清洁生产促进法》，完成节能减排 20% 的任务，进一步提高酒类食品质量安全水平，落实企业生产安全措施的自查和监督，11 月 26 日，在三得利啤酒上海有限公司召开市酿酒行业“清洁生产”现场会。上海酿酒行业的骨干企业金枫酒业公司、三得利啤酒上海公司、上海亚太酿酒公司、上海申马南京公司、上海神仙酒厂、上海冠生园华佗酿酒公司、青岛啤酒上海松江公司、华润雪花啤酒上海公司、各酒种会员企业和相关企业等，共 28 户企业的负责人和生产技术主管参加现场会。

七、组织举办“上海国际葡萄酒与烈酒展览会”

在上海展览中心举办第五届“国际酒展”，共有 17 个国家的 190 多家参展商参展，吸引 2000 多专业人士前来参观、洽谈，进行了一系列的报告会、讲座、品酒等活动。还联合多家协会共同组织进行新加坡“WFA”上海巡展的活动，10 多家外商和上海近 100 户经销商共同参与论坛、讲座、品酒和交流、洽谈等互动活动。在第三届中荷上海国际水处理展会期间，举办国际酿酒水处理技术专题报告会，不仅上海的啤酒、黄酒、葡萄酒、果露酒等会员企业前来参加，还吸引江苏、浙江等长三角地区的酿酒生产企业的领导和专业技术人员 80 多人报名听讲，协会邀请日本、美国等水处理技术国际领先的跨国公司专家介绍最先进的技术和设备，听众与专家进行互动，讲座受到业内普遍好评。

八、组织会员企业参加大学生招聘专场活动

组织会员企业参加由杨浦区政府和市经团联组织的多场上海应届大学生招聘专场的活动。9 户中外会员企业提供 80 多个职位，包括啤酒、黄酒等销售、营销、行政、食品检验和化验、质量控制等各专业工种。

九、贯彻执行《食品安全法》的宣传与落实

组织会员企业参加在淮海路、雁荡路进行的上海“质量月”和“食品安全月”的室外大型活动，指导广大消费者认识和掌握酒类食品的质量与安全的基本常识。及时把质检总局特别通报的有关酒类食品存在的主要问题传达到企业，要求生产企业务必严把质量、安全关，严格按照产品标准生产和销售，坚决杜绝违法添加和超剂量添加食品添加剂等违法行为的发生。对个别技术薄弱的企业，协会为之请来专家咨询和指导解决关键问题。

十、进一步加强与国外的交流

世博期间，与国内外同行间的交流更加频繁和密切，尤其是与法国、意大利、西班牙、美国、匈牙利、澳大利亚同行的联系更密切，活动也更多。同时，与国外驻沪领事馆、法国食品协会、美国农贸处、西班牙商务处、意大利贸易处等驻沪机构的交往也越来越多。组织会员企业有选择地参加在沪举行的大型国际食品展，如法国爱博（SAIL）展览集团主办的“第七届上海国际食品、饮料展”、“第九届上海国际饮料、食品及技术博览会”、“中国国际水处理设备展”、“2010 意大利三大葡萄酒产区国家展”等专业性展览等，为促进中外交流、寻找发现商机提供机会及服务。

十一、尊章办事，开展协会基础工作

组织召开四届三次理事会和四届三次会员会议，按照程序通过有关决议和章程赋予的义务。积极发展会员，扩大行业的覆盖面，年内发展日本三浦上海公司、红酒客、美国协讯网络等 5 户会员企业。

（吴建华）

上海市物流协会

上海市物流协会成立于 2007 年 4 月，是上海市物流与商贸流通企业，以及相关单位自愿组成，实行行业服务和自律管理，跨系统、跨部门、跨所有制的非营利性社会团体法人。现有团体会员近 900 户。

2010 年主要工作：

一、积极参与上海世博会的服务和保障工作，为推动物流企业转型发展作出了新努力

1．世博前抓宣传、提要求，动员全行业努力确保世博会的成功开园。世博会前，分别召开第一届第四次常务理事会和第一届第四次理事会暨会员代表大会。在常务理事会上，市商务委副主任张新生到会并作重要讲话，就物流行业确保世博会举行提出要求。新任会长要求在保障世博物流、服务园区供求等方面发挥协会作用。协会就参与世博、服务世博作出了 3 项具体布置，动员会员企业全力确保世博会的成功举办和完满运转。协会召集 8 户会员企业参加市商务委市场体系建设处等政府部门召开的世博会管控区交通保障工作会议，就落实保障工作要求，进行方案细化和责任的再落实。协会还参加市政府有关部门关于世博期间危险品物流安全的工作协调会，配合政府部门对会员单位的危险品物流配送进行检查、监控。

2．世博期间抓推广、促交流，为世博会的顺利运行尽责尽力。世博期间，密切与会员企业的联系，跟踪会员企业服务世博的工作进程。在协会刊物上开设世博信息专栏，宣传推广服务世博的典型事例，从世博会开展至闭园，共报道33篇。世博期间，积极对接世博的集聚效应，热情开展国内外物流交流与合作。一是接待官方随团。先后接待立陶宛共和国物流代表团和乌拉圭东岸共和国物流代表团的来访，向两国物流界介绍上海物流业的发展和有关政策、物流协会的功能和作用，就双方的合作进行了交流，还安排来宾参观考察了上海的5A级物流企业。在卢森堡大公国国家馆活动周期间，该国组织物流活动日，协会组织20余户物流企业参加；二是接洽区域来访。先后接待来自长三角区域14个市县的物流行业协会、物流园区和物流企业的代表，代表在观博后，通过协会的平台，考察上海的物流园区、物流企业，并就合作事项进行洽谈，取得新的进展；三是推进交流深度。世博期间，德国的多个州政府纷纷在沪举办洽谈会、招商会等，协会参与其中4个州政府的交流合作，内容涉及投资招商，还有港口的规划咨询等。

3．世博会后，抓应对、重提升，放大世博效应，推进产业发展。主办“后世博·物流业的机遇和挑战”专题论坛。在论坛上演讲的既有高校研究机构的教授、专家，又有物流企业高管和运营总监，通过对世博会物流运行成功经验的分析、总结和理论提升，为推进产业发展和企业转型起到积极作用。

二、积极配合政府部门，完善为会员企业服务取得了新进展

1．受市经信委委托，基本完成《白皮书》等工作。年初，受市经信委委托编写《上海口岸物流、制造业物流发展白皮书》和构建“上海物流公共服务平台”两项任务。至年末，《白皮书》已经完成，“公共平台”开始试运转。

2．配合市“名牌办”和市商务委，开展市服务名牌的评审工作。协会作为市服务名牌评审委的成员之一，积极动员并受理物流企业参加市服务名牌的评选，组织对上报的服务名牌企业的专家评审会并完成初审工作，有18户上海物流企业进入市名牌办复审。积极落实物流企业税收试点工作，推荐11户物流企业上报政府有关部门，并获批准。

3．配合市工商行政管理局，共同制定标准化合同文本。与市工商局合同处一起调研，联合制定上海市建筑模板租赁标准化示范合同文本，已在建筑模板租赁行业试行，将对行业和企业规范市场、加强管理、健康发展产生积极促进作用。

4．配合市商务委市场体系建设处，开展全国先进物流企业评选和制造业与物流业联动示范项目的评选。市商务委市场体系建设处先后授权协会牵头组织物流相关协会，开展2010年全国先进物流企业评选和上海市制造业与物流业联动发展示范项目的评选。协会积极联络相关行业协会，搞好宣传、动员，受理企业报名，搞好初审、汇总，组织企业参加宣讲评审等，评出30户上海市2010年全国先进物流企业，16个上海市推荐到国家的制造业与物流业联动示范项目。

5．受中物联授权并委托，组织上海地区国家标准A级物流企业的评审和复评。在中国物流与采购联合会的授权指导下，开展上海地区A级物流企业的申报和复核评估工作，25户物流企业通过评审，成为A级物流企业，并有25户A级物流通过复核评审，其中，3户物流企业分别上升到更高一级的A级物流企业资质。至年末，上海地区共有A级物流企业94户，其中，5A、4A级物流企业有49户。

6．履行行业管理的职能，开展行业自律的相关工作。组织多层次诚信建设活动，有4户物流企业成为国家3A级信用企业，多个物流企业成为上海市诚信建设单位。

三、积极增强协会功能，在作用发挥上得到了新提升

1．代表行业建言献策。积极参与政府制定“十二五”物流发展规划，制定工作计划，成立编写小组，开展行业调研，进行专家论证，完成《关于“十二五”物流发展规划建议的报告》并上报市发改委、市经信委、市商务委等政府部门和市工经联、市服务业联合会。《建议》积极反映行业发展和会员企业创新转型的诉求，提出突破重点和解决路径，为政府制定规划提供了参考。

2．汇集政策进行解读。召开2010物流发展相关政策解读研讨会，共有40多户物流企业计70余人参加。政府部门有关领导作上海物流发展的重要讲话。协会相关负责人就A级物流企业和A级信用企业评审、试点物流企业税收政策申报等7项政策进行集中解读和辅导。协会还为物流企业分发《推进现代物流业发展文件选编》，共6.5万字。

3．优选个案推向全国。密切关注会员企业对物流新技术的应用、物流管理的创新，积极优选其中的个案，参加高层次、有影响的全行业年度评选，努力展示上海物流业的新水平。在各地协会优选并推荐的一批获奖成果中，由本会推荐的物流管理优秀案例占中物联全部获选优秀案例的近10%。上海新跃物流企业管理公司关于“陆运物流企业信息化智能官网”项目获中物联2010年科技进步二等奖。在中物联颁布的2010年6个中国物流示范基地中，协会会员企业有两户。

4．开展活动增强活力。积极组织和推进物流企业会员小组活动，对专业委员会小组活动加强指导，组织各类会员活动80余次，发展43户物流企业入会，新增两个产学研基地和实训中心。

5．信息服务惠及企业。加强网站建设，努力提高信息服务的数量和质量，定期出版协会简报、会刊，加强信息沟通，编辑发行《2009−2010 年上海物流指南》，为会员企业提供政策、信息等服务。

四、积极推进长三角物流业区域合作，促进联动发展实现了新突破

1．召开长三角地区物流发展联席会议暨长三角地区现代物流合作联盟主席团秘书处 2010 年工作会议。协会提出长三角地区现代物流联动发展大会暨合作论坛的策划方案、关于开展“守行规、讲诚信”先进企业推荐评比活动、关于设立长三角“5．6”物流活动日《倡议书》等影响遍及长三角区域物流业的新动议，得到了会议代表一致认同和赞誉。

2．首倡并协调江浙两省协会，组织开展长三角地区“守行规、讲诚信”先进企业推荐评选。根据近年来长三角地区物流业开展“守行规、讲诚信”的实际成效和行业发展对诚信建设的迫切要求，协会首次向长三角地区物流行业协会提出了评选和表彰长三角地区“守行规、讲诚信”先进企业的倡议，加强与江浙物流协会的联系、协调，共推荐江浙沪 15 户物流企业作为诚信先进企业，在联动发展大会上表彰，成为长三角地区物流业诚信标杆单位。

3．首倡长三角地区“5 · 6”物流活动日。协会汇集众多企业的意愿，在与上海新跃物流企业管理公司成功举办上海“5 · 6”物流活动日之后，向市政府物流主管部门报告，倡议设立“5 · 6”物流活动日，建议成为长三角区域的“5 · 6”物流活动日，得到江浙两省政府和物流行业协会的赞同，并在 2010 长三角地区现代物流联动发展大会上获得通过。至此，长三角地区物流业有了共同的物流纪念日。

4．共同举办“2010 长三角地区现代物流联动发展大会暨合作论坛”。市政府副秘书长、市商务委主任沙海林主持会议并作重要讲话。国家发改委经济运行局，苏浙政府物流主管部门的领导，苏浙沪物流行业协会、物流园区、物流企业负责人和高校研究机构的代表等共 200 余人到会参加。会上，苏浙沪政府物流主管部门分别作本地区物流发展情况回顾和关于“十二五”物流业专项规划设想的报告。国家发改委经济运行局领导作物流业发展的报告，受到与会代表的高度重视。本会会长贺涛主持合作论坛，江浙沪企业和高校的 6 位代表作交流发言，选了 14 篇论文作为书面交流。

（朱泽榕）

上海市咨询业行业协会

上海市咨询业行业协会（原上海市科技咨询协会）成立于 1987 年，是由上海市从事咨询业的单位和社会团体等自愿组成的跨部门、跨所有制的非营利性的行业性社会团体法人。

2010 年主要工作：

一、积极参与“十二五”规划的制定，发挥咨询的决策参谋作用

积极参与各级各层的“十二五”规划制定，会员单位上海工业发展咨询公司、天强管理咨询有限公司积极参与市经信委和国家建设部等政府部门的“十二五”规划的编制工作。上海工业发展咨询有限公司受市经信委和市援疆工作前方指挥部委托，以援建喀什地区为规划对象，承担《上海对口援建喀什地区产业发展规划》的编制工作，主要对喀什地区的巴楚、莎车、泽普、叶城 4 个县的产业园区、产业布局、投资合作编制产业发展规划。

二、坚持为会员单位服务的宗旨，提供多方面的服务功能

1．5 户会员单位获市商委服务贸易重点单位（咨询服务类）证书。根据市商委《上海市专业服务贸易重点单位（咨询服务类）认定管理暂行办法》的通知和《关于开展 2009 年度“上海市专业服务贸易重点单位（咨询服务类）”认定工作的通知》精神，协会在第八届上海信誉咨询企业（机构）的基础上，推荐有涉外专业服务贸易（咨询服务类）的会员单位进行申报和认定。上海华钟投资咨询有限公司、上海专利商标事务所有限公司、上海外商投资咨询有限公司、上海投资咨询公司、中国海诚工程科技股份有限公司等 5 户会员单位入选，获市商委服务贸易重点单位（咨询服务类）证书，享受国家和市有关支持服务贸易发展的政策。

2．向会员单位及时提供申报职称的信息。经同市科委和有关单位联系，从英语等级考试、计算机考试等信息入手，为众多会员单位的年轻科技人员提供相关信息，为会员单位申报中、高级专业技术职务任职资格评审提供服务。

3．推荐企业参加“2010 年上海首届军民两用技术促进大会暨项目对接会”。为做好对接会的参加工作，推介民用先进的技术成果和产品转为军用，协会组织近 30 户贸易企业参加会议，开拓会员单位新的市场渠道。

4．推荐大学生参加见习基地工作。根据推荐和需要，成功推荐 7 名见习大学生到金桥建设监理有限公司见习。经过毕业见习，7 名大学生全部录用，成为正式职工。

5．积极为会员单位提供政策信息。5 月起，在《上海咨询信息》上连续刊登有关促进服务业发展、技术先进型服务企业、促进服务外包产业发展、企业研究开发费用加计减征等政府财政、税收、科技、资金扶持等政策文件，并对个别企业上门辅导，帮助企业用好政策。

三、完成《上海市注册咨询师专业技术水平认证》考试的筹备工作

与市职业能力考试院共同制定《上海市注册咨询师专业技术水平认证暂行办法》、《上海市注册咨询师（专业技术水平认证）注册管理办法》，协助市职业能力考试院制定完成《上海市注册咨询师专业技术水平认证考试标准》等一系列水平认证考试的前期筹备工作。4季度，对原来培训教材进行修订，充实调整各教材编写组，讨论研究修改教材的提纲和内容，根据水平认证的要求，增加实务操作比重，着重案例分析，使培训教材更具实用性和操作性。10月，《上海市注册咨询师专业技术水平认证考试培训》教材申报市科协的“继续教育示范项目”，被确认为“2009–2010年度上海市科协继续教育示范项目”，并获得授牌和资助。

四、积极拓展对内对外交流与合作工作

1．积极开展与外地政府与协会的交流合作，将服务功能扩展到长三角地区，同时为会员提供市场机会。3月，协会一行23人赴嘉兴市工商联及南湖区咨询行业协会考察交流。10月，协会一行17人应邀赴南通市通州区参加“第十六届通州金秋经贸洽谈会”，与当地政府部门就“十二五”规划座谈，进行企业交流。

2．接待外地协会代表来沪考察交流。3月，芜湖市代表团一行9人来访，举办“沪芜两地咨询业发展交流洽谈会”，双方就进一步加强实质性的合作深入交流和探讨。11月，芜湖市代表团一行3人再次访问协会，与协会领导和部分会员单位的领导进行座谈，探讨2011年双方合作的具体意向。12月，厦门市经济管理咨询协会秘书长专程访问协会，双方交流开展管理咨询方面的经验与存在的问题，并邀请协会访问厦门交流与考察，探寻合作的可能性。

3．参加外省市在沪交流推介会。4月，组织部分会员单位负责人和咨询专家参加绍兴市来沪经济交流及项目推介会。8月，经市府合作交流办的推荐，参加“乘高铁东风，绘平江新图——2010年苏州市平江区转型升级项目推介会”。

4．承办美国《科学》杂志总编辑来沪的学术交流活动。10月，承办应《科学新闻》杂志社总编邀请来华访问的美国《科学》杂志总编辑Bruce Alberts博士出席的主题为“科学·人才·产业”交流会。会上，Bruce Alberts博士作了关于“科学与人类的未来”的演讲。上海地区千人计划中的10多位专家以及近40位科技、新闻界的专家学者应邀出席交流会。

五、开展协会“上海市信誉咨询企业”和“上海市青年咨询精英”评审表彰工作

5月，在六届二次会员大会上，表彰70户会员单位荣获“第八届上海市信誉咨询企业（机构）”光荣称号，同时表彰第六届上海青年咨询精英奖和上海青年咨询精英提名奖各10名。

六、成功举办“第七届上海青年咨询论坛”

10月，“第七届上海青年咨询论坛”作为市科协第八届学术年会项目在科学会堂隆重举行。论坛由协会主办，上海天强管理咨询有限公司、上海社会科学院外国投资研究中心和市管理学学会共同承办，会员单位、注册咨询专家和咨询师、青年咨询精英、咨询企业等近80位同志出席论坛。协会副会长祝波善作题为“新一轮发展下的上海咨询业”的主题报告。《解放日报》作了《本土咨询业处于“突破前夜”》专题报道。

七、加强调研，扩大沟通，加深联系

6月，上海现代服务业联合会会长、市人大常委会副主任周禹鹏等联合会领导来协会就上海咨询业发展进行调研。会长张祥、副会长和部分会员单位的领导参加调研会，并汇报开展现代服务业咨询业的工作情况。同月，协会领导到上海天强管理咨询有限公司进行调研，对天强公司在全国建筑及设计院所的管理改制中取得的卓越成就和积极参与国家相关部委的规划制定，给予了好评。

八、积极开展咨询课题研究，提高咨询服务能力

承接和完成多项市科委、市科协的调研课题。如承接市科协决策咨询项目《加强政策扶持力度，促进上海现代服务业（咨询业）企业发展条件探索》、《2008–2009上海咨询业发展年度报告》；完成市科委项目《提高咨询服务功能建立上海市咨询业统计年报制度》报告；协助市科协完成世博的调研报告《世博科技》等。完成浦东新区《杨高路－浦建路立交桥项目》、2009年《虹口区交通状况分析》后评价报告；汇总分析发布第八届上海信誉咨询企业（机构）统计分析报告。

九、结合形势组织举办专题报告会

1．张祥会长应邀在市内相关系统作多场次主题为“经济全球化、知识经济与中国服务业发展”的专题报告，扩大了协会影响。

2．与现代服务业联合会合作，连续6次举办上海市现代服务业“‘十二五’发展规划论坛”报告会，会员单位共有近600人参加会议。

3．9月，与市老科技工作者协会、市高级离退休专家协会共同举办由著名国际问题专家俞邃作的题为“当今世界局势中的热点”专题讲座。

4．组织召开《非线性哲学漫谈》一书座谈研讨会，邀请作者余季方先生介绍创作思路与心得体会，探讨利用数学方法服务于咨询工作的途径与方法，并向与会者赠书。

（郭德利）

上海市国际服务贸易行业协会

上海市国际服务贸易行业协会成立于1996年10月，是由从事国际贸易、会展、金融、保险、运输、广告、信息、咨询、设计、会计、律师、旅游、宾馆、商业等企事业单位组成的行业社团法人组织。下设投资和管理顾问专业委员会、文化贸易专业委员会、安全防灾专业委员会和外经贸车辆管理专业委员会等。现有团体会员500多户。

2010年主要工作：

一、服务世博有行动

1．围绕世博各项活动，协助参加世博会的部分省市及参展国家做了大量的组织工作，并组织会员企业参加世博会有关活动。5月，英国大使馆、英国广告创意协会在上海开展英国广告创意推介、交流活动，协会组织20多户企业参加。同月，香港律政司和香港贸发局在上海开展世博会香港法律服务活动，作为协办单位，组织近30户相关企业参加活动。6月，世博会安徽周，作为协作方，组织40多户企业参加活动。7月，世博会伦敦周活动，协会组织30余户企业参加。8月，世博泰国活动周，协会应泰中友好协会要求，组织15户企业参加活动。另外，韩国世博会活动、英国投资贸易技术交流会等，协会都应有关方要求，组织企业参加。以上活动，提高了协会在行业中的影响，为各参展国留下了良好的印象。

2．为了“平安世博”，协会安全防灾专业委员会开展形式多样的活动，宣传落实世博年和安全生产年的安全工作。年初，安全防灾专委会开展以“整治事故隐患、保障世博安全”为主题的专项活动，深入相关企事业单位，对安全防灾工作进行检查、指导。世博期间，专委会利用简报、走访、检查等形式，推动了会员单位的世博安全工作。

3．会员单位积极参与世博，为世博作贡献。世博集团是中国馆和主题馆工程建设的责任企业，同时又参加世博会的运行管理。会员单位中现代国际、国际展览、商展办、村山公司、万耀企龙等会展企业，承担部分世博场馆的设计、装修等工作。如现代国际展览有限公司承接10多个国家展馆的设计、装修工作；村山公司承担日本大阪馆的设计装修工作；东方汇文公司承担上海世博会舞美技术设备租赁服务平台的工作，集成全国，包括上海的数十户文化企业，为上海世博会184天、33块场地、近23000场演出提供舞美、灯光、音响、视频等设备租赁和演出活动保障服务，不但赢得来自美国、西班牙、日本、加拿大蒙特利尔等国家和地区参演方的书面表扬，还获得市里的嘉奖，被世博局等4单位联合授予“世博园区服务保障先进集体”等荣誉称号，向全世界展示了上海文化企业的风采和能力；东方汇文、海润影视、城市舞蹈、新文化集团、美影厂等积极参与世博会的开、闭幕式演出。世博结束后，东方汇文承接世博会音乐会场的拆迁工作；东浩人力资源有限公司受市政府、团市委的委托，着手解决为世博会辛勤工作、无私奉献的“小白菜”工作安置问题等。

二、服务会员有效果

1．利用协会宣传阵地，为会员单位服务。协会报纸坚持就服务贸易的重点问题、热点问题展开有深度的探讨；网站也在新闻采编、服务贸易研究等栏目有重点、有目的地刊登相关文章，帮助会员单位了解服务贸易的动向和发展趋势。年初，编印《服务贸易百问》，挑选有关服务贸易的100个基本问题给予解答，理清服务贸易的基本概念、基本范畴、基本政策和对外的方针政策，突破长期重货物贸易，对服务贸易的认识不足，起到很好的普及和解惑作用。协会报纸、网站坚持对会员单位进行宣传，尤其对新会员的主要业务、产品、发展方向等进行重点介绍。向中国服务贸易网推荐第3批风云人物，由此，上海地区上网宣传的贸易风云人物已达近60名，有效地宣传了上海货物贸易、服务贸易的发展和先进人物事迹，扩大了协会影响力。

2．坚持举办各类讲座，为会员单位答难解忧。根据经济的热点难点，举办专题讲座。因人民币升值加快，对外贸企业出口影响较大，为帮助企业进一步了解人民币汇率和人民币实际结算的新政策，邀请市外汇管理局吴鸣副处长作“人民币汇率和上海跨境人民币业务试点政策”专题讲座，使企业从中受到启发。还针对企业的需求，举办针对性强可操作性大的专题，破解企业在实际工作中遇到的问题。

3．成功组团参展“服务贸易博览会”。11月13–15日，由中国贸促会主办、商务部支持的“2010中国国际服务贸易博览会”在北京中国国际展览中心举办。博览会是中国首个以“服务贸易”为主题的综合性博览会，根据市商务委的要求，协会组织上海参展团参加博览会展出。上海展区展出面积360平方米，用大量的图表、照片、数据展示上海服务贸易的现状和发展，给参观者留下了深刻的印象，获得了组织方的好评。

三、服务经济有措施

协会积极为上海的服务贸易发展服务，为会员单位的业务开展服务。其中，安全防灾专委会对上海的华交会、广交会、跨国采购大会和工博会的安全保卫、办证等工作认真负责，保证了这些重大经济活动的顺利开展。投资管理专业委员会与上海印尼商会、中国工业投资（国际）有限公司、上海得力旺实业有限公司共同承办的“中印经济贸易论坛”为会员单位走向国际市场创造了条件。协会还为约旦中国展、印尼中国技术设备和商品展从招展到有关展会的准备做了大量工作，有力促进两个境外商品展顺利开展。

文化贸易专业委员会积极组织文化企业参加《2010年上海服务贸易发展专项资金》的项目申报，通过协会申报的企业数量和获得政府资金支持的数额，在全国均名列前茅。协会还为部分咨询企业完成推荐成为专业服务（咨询）重点企业的申报，并取得首批资格。

（冯志伦）

上海工业设计协会

上海工业设计协会（原上海工业设计促进会）成立于1993年3月，是由上海工业系统从事产品设计的企事业单位、工业设计工作者等设计专业人员自愿联合组成的跨行业、非营利和专业性的社会团体法人。

2010年主要工作：

一、大力推进“创意城市、设计之都”建设工作

1．协助市区政府做好最高领导视察工作。1月16日，胡锦涛总书记视察以设计为主题的上海“8号桥”创意产业园区。协会积极配合市区二级政府组织安排8个会员单位参加“8号桥”产品设计创新展。胡锦涛总书记在市委书记俞正声等领导陪同下视察“8号桥”设计创意园，并绕有兴趣地参观该园区的产品设计创意展，亲切接见参展的4个会员单位设计总监。总书记对设计师的创意设计产品给予鼓励与肯定，并指出：“创意产业蕴藏着巨大发展潜力。要进一步做好园区规划，不断完善服务体系，努力营造创新氛围，真正把创意产业培育成上海经济发展的新亮点。”在会员大会上，被接见的设计师向与会的全体会员汇报接见后的感想，纷纷表示将牢记总书记的讲话精神，不断为推进中国的设计产业发展作出新的贡献。

2．协助政府编制《上海加快设计产业发展三年行动计划》。紧密配合市经信委组织编制《上海加快设计产业发展三年行动计划》。《行动计划》从产品设计、建筑设计、广告包装设计、动漫软件设计、时尚设计、设计咨询管理领域等六大重点设计行业领域，紧紧围绕城市功能定位和发展目标，结合产业结构升级和调整需求，从推进设计产业发展的总体思路、主要目标、重点专项工程及保障措施等方面提出了具体行动计划，为打造“创意城市、设计之都”、上海设计产业的发展奠定了基础并发挥了引领作用。

3．承接政府《上海创意设计人才现状及政策研究》课题任务。在市经信委的领导下，承接《上海创意设计人才现状及政策研究》课题，会同上海设计学院，对上海创意设计人才现状及政策深入开展调研，收集整理各相关资料，完成《上海创意设计人才现状及政策研究》课题计划。

4．联合院校与设计企业推进产学研一体化。牵头联合在全国内衣行业具有龙头地位的三枪（集团）公司以及拥有雄厚专业实力和技术水平的东华大学服装学院和纺织学院，共同建立了“上海内衣设计实验中心”。实验中心试运行一年，运用项目化操作，广泛集成上海内衣设计师的智慧，对上海内衣时尚款式的发展起到引领作用，为上海打造“设计之都”起到实质性的推动作用，是上海工业设计领域产学研三结合的积极探索，也是“中国制造”向“中国创造”转变的有益尝试。

5．积极参与“上海青年高端创意人才促进计划”。积极参与团市委与市经信党工委和市经信委共同组织的“上海青年高端创意人才促进计划”。动员广大会员积极申报参与此项活动，丁伟、娄永琪、张青雷和王虹等4名设计创意人才荣获“十大上海青年高端创意人才”称号，杨明洁获“2010年度上海青年高端创意人才入围奖”。

6．积极开展各类设计创新大赛活动。与中国五金制品协会联合举办2010中国卫浴五金（水龙头类）设计创新大赛。所有获奖作品在上海新国际博览中心举办“2010年中国国际橱柜、橱房卫浴产品与技术博览会”并举行颁奖典礼。联合上海电气集团中央研究院共同主办第九届上海“电气杯”设计大奖赛、“三维设计”大奖赛以及“低碳产品”创新设计大奖赛。大赛为装备制造业与电气行业新产品的开发提出更多可行的思路和理念，为企业利润的创造和节能降耗提供了更好的途径和方法。

7．推进中国工业设计博物馆建设工作。联合中国工业设计协会与上海汽车集团资产经营公司，在上海工业设计中心共同建立“中国工业设计博物馆”，此馆是国内首个以工业设计为主题的专题性展示馆，通过陈列工业设计作品实物、模型及影像资料，为公众提供全方位认知的互动渠道，也为国内外工业设计师及企业搭建产品展示与交流的互利平台，推动工业设计行业的进一步发展。同时，积极配合上海工业设计中心筹建“上海国际创新材料馆”——中国首个创新材料馆。通过学习、借鉴国外材料馆的运营模式，建设创新材料与创意设计相结合的中国式专业材料馆，展示具有高科技含量的经济、节能、环保的创新材料及技术应用成果，并以建立国内最前沿、权威的创新材料馆为目标，积极推进本土创新材料研发及应用，促进研发机构、院校、生产和经销企业、设计公司及设计师之间的有效互动，为实现从“中国制造”到“中国创造”与“中国设计”的转变贡献力量。

二、积极开展世博之年各类设计交流活动

1．与世博会各国展览馆主办方及相关设计组织充分交流。与芬兰国家馆、波兰国家馆、西班牙国家馆、葡萄牙国家馆、联合国馆、最佳城市实践区之法国罗阿大区案例馆、巴塞罗那案例馆等展馆及泰国工业设计协会、法国巴黎工商会、以色列设计促进会和联合国教科文组织创意城市网络组委会等相关设计协会及组织交流互动，携会员代表参与各类工业设计论坛及展览等相关活动，与展馆主办方及来访的国外高校与企业代表深入交流，介绍上海工业设计行业发展的情况，了解国外设计产业发展的特点，借鉴其成功之处，为上海工业设计行业的进一步发展献策给力。

2．与国内相关协会积极互动。利用世博之年的良好机遇，与深圳工业设计协会、杭州工业设计协会及沪港文化交流协会等周边兄弟省市及港澳台地区相关设计行业协会及组织积极互动，互通信息，共同发展。

3．与香港设计中心签订战略合作协议。在市政府及香港政府相关部门的推动下，协会和香港设计中心于10月17日借座8号桥二期创意园产业区签订战略合作协议。与香港设计中心联手，协同香港主办方做好为期6个月的“香港创意生态设计展”活动。同时，携手上海其他设计行业协会，共同组织广大会员参与展览会中的“创意新一代”系列活动，通过学术研讨会和设计展等活动，加强了沪港两地设计师的交流互动，促进两地设计产业的共同发展。

4．认真开展2010年上海国际设计创新高峰论坛等活动。承办2010年中国国际工业博览会论坛中的“2010上海国际设计创新高峰论坛”。论坛以“设计创新与世博后”为主题，邀请上海世博集团有限公司领导、世博会地球人馆设计师 Herman Kossmann、上海电气科技带头人，高级工程师张青雷以及参与上海2010年世博会日本企业馆设计、亚太地区著名工业设计师喜多俊之等专家学者进行跨国界的交流，探讨世博会上所展示的创新设计成果理念的利用与推广，推动上海“创意城市、设计之都”的建设。

5．组织会员单位参与第一届南岸创意市集活动。联合上海创意产业协会、上海国际艺术节中心和青浦区政府共同主办了的第一届南岸创意市集活动，会员单位展示各自的设计创意产品。此活动与团市委和市经信委开展的“创意汇——创意周末奇幻之旅”活动紧密结合，为上海青年和创意人士提供知识性、趣味性、教育性相结合的创意体验之旅和开放的交流平台，吸引众多文化创意设计资源品牌的集聚，构筑了上海设计创意产业发展的新平台。还邀请香港设计中心董事会副主席刘小康在南岸创意市集活动期间作“从创意到产业”的主题演讲。

三、进一步加强自身建设

1．建立和完善各项自律性的制度。按照《章程》要求，制定《常务理事会议事决策规则》、《秘书处日常工作管理制度》、《驻会人员岗位聘用管理制度》、《驻会人员劳务报酬管理制度》和《财务管理制度》等5项规章制度。

2．调整与充实领导班子。协会第四届理事会第二次会议审议通过决定协会理事会人员变更和3项重要事项。

3．网站和协会动态全新改版。“协会动态”于年初全新改版，共分综合报道、互动交流、业内信息、工作调研和会员智库五大组成部分。网站在协会青年设计师专业委员会的技术支持下于6月份全新改版，信息量更为丰富。

（陈建萍）

上海市会展行业协会

上海市会展行业协会成立于2002年4月，是由上海市从事会议、展览及相关业务的企事业单位自愿组成的跨部门、跨所有制、非营利性的行业性社会团体法人。现有会员498户。

2010年主要工作：

一、总结“十一五”期间行业发展情况，制定“十二五”上海会展业发展蓝图

1．通过调研梳理，完成上海“十一五”期间会展业发展报告，并以书面形式上报市商务委和中国会展经济研究会。

2．完成“十二五”时期上海会展业发展研究报告。为使上海会展业“十二五”规划既有前瞻性，又有可操作性，组织全行业进行为期3个月的大讨论，先后组织理事单位、专业委员会成员、业内骨干企业总经理、业内外专家等召开座谈会，综合各方意见。在市商务委的直接领导和关心下，协会认真总结“十一五”期间上海会展业发展的经验和不足，研究“十二五”时期上海会展业发展趋势，按时完成“十二五”时期上海会展业发展研究报告。

3．起草编制上海会展业“十二五”发展规划。受市商务委委托，牵头组织包括市商务委、市外办、市旅游局、华东师范大学、上海应用技术学院、上海国际经济研究所、上海环球展览、上海百文展览、上海国展中心等19名专家和教授，组成上海会展业“十二五”发展规划课题组。通过大量的调查研究，八易其稿，于10月定稿，向市商务委、市政府综合部门上报上海市“十二五”会展业发展规划报告。

二、积极发动和组织企业参与世博、服务世博

1．组织会员企业直接参与世博会的现场服务工作。通过招标，业内有36户企业中标，获得上海世博会服务供应商和受援国服务供应商资格，共承接99个国家馆、21个省区市馆、44个企业综合馆的深化设计、布展搭建和运营工作，以及26场大型活动的组织和服务工作。在为世博服务中，他们的工作得到发包方的充分肯定和政府的表彰。其中，上海现代国际公司参与服务的城市最佳实践区获得国际展览局银奖奖章；创信公司参与服务的印度尼西亚馆获得A类创意展示铜奖；汉图公司参与服务的佛得角馆获得D类主题演绎铜奖；乃村公司参与服务的太平洋联合馆获得D类创意展示金奖；龙展公司参与服务的世界气象馆则获得上海世博会评委会特别奖。

2．世博园区内外联动，为2010年世博会成功、精彩、难忘增添光彩。世博期间，在园区外举办近200个展览会，承办者组织近400多万人次的展商、专业观众参观世博会，同时，部分参观世博的观众也参观园外的展览会，形成园区内外互相联动。如协升公司组织展商参观丹麦馆后，与丹麦领事馆达成在2011年自行车展会上设立丹麦自行车专区的意向。

3．积极反映企业意见，确保了园外展会活动的正常进行。为了安全举办世博会，市政府原设想在世博期间和前后阶段，停办上海市其他所有大型会展活动。协会闻悉后，立即组织力量进行认真调研，了解到如停办这些项目，将对企业造成巨大的经济损失，还要涉及国际纠纷和赔偿，对上海会展业产生的负面影响是无法估量的。同时，根据国际经验，只要认真组织，园外活动非但不影响世博会的成功举办，还能起到园内外互动，效果更佳。为此，通过向市商务委、市社会工作党委和媒体内参上报书面报告，提出对规模以上的展览会不宜控制的建议，后被市政府采纳，既促进世博会的圆满成功，又确保会展活动的正常举办。

4．采取有效措施，确保世博会的绝对安全。按照市商务委的要求，及时下发《关于做好世博期间上海会展业服务与安全保障工作的通知》，部署世博期间上海市展会的安保工作，要求各办展企业制定严密的安保方案和应急预案；协会党委也根据市社会工作党委有关世博安保和维稳工作的指示精神，及时与下属各支部及会展企业签订《中国2010年上海世博会反恐怖工作责任书》。世博期间，会长亲自带队对各展馆的安保工作进行了不定期抽查，以确保世博期间园区内外无事故。

5．尽东道主职责，为全国各地的业界人士参观世博园做好服务。一是4月25日，在市旅游局的支持下，协会组织来自长三角地区、北京、青岛、太原，以及会员企业代表共5009人，租借117辆巴士进世博园区先行参观，圆满完成参与世博演练这项光荣而艰巨的任务；二是当好东道主，认真做好接待工作。在世博局的支持下，为北京、太原、青岛、广东等国内省市业内同行，以及境外合作伙伴参观世博园区做大量的联络服务和接待工作。如在10月16日，进园人数突破100万人次，为满足一批青岛市政府的部门领导参观世博园区，千方百计与园区联络，使青岛同志如愿参观世博会；三是尽一切力量为会员单位服务。承办亚洲耗材打印展的广会会展公司，其合作伙伴是一家美国媒体，在中秋期间提出要参观中国馆的想法。协会本着“服务”的宗旨，立即通过协会党委办公室形成报告报中国馆部，并与世博园区临时支部进行沟通联系，使该公司的合作伙伴如愿参观中国馆。

三、充分发挥世博效应，成功举办两次“上海会展论坛”

1．7月20日，由商务部中国会展经济研究会、长三角城市会展联盟和本会共同主办的“会展与低碳公共建筑可持续发展”上海会展论坛在上海光大国际大酒店隆重举行，来自全国各主要城市会展办、会展协会、场馆经营方等相关单位共250人参加论坛。论坛围绕低碳在会展中的运用等主题展开讨论。会后，协会组织与会代表参观世博会中国馆、意大利馆等热门场馆。

2．12月21日，以“放大世博效应，促进会展发展”为主题的上海会展论坛在上海第二工业大学举行。论坛成功举办，充分显示世博会给上海会展业带来发展空间，与会各方对本次论坛给予高度评价。

四、积极参与上海创意城市推进工作，开展首届上海会展创意设计评选系列活动

1．2月，上海被联合国教科文组织正式批准加入“创意城市网络”，授予“设计之都”称号。4月7日，协会被确认为“创意城市（上海）推进工作办公室”联席会议成员。为配合市经信委对“上海创意城市网络——设计之都”的建设要求，给展示工程企业和优秀设计师创造更好的发展环境和最佳的服务平台，协会积极参与上海市创意城市推进工作办公室的一系列活动。

2．8月，启动上海会展业创意设计系列评选活动。共有38户展示工程企业上报120幅作品。经由上海工程技术大学、同济大学教授和行业专家组成的专家评审组评审，上海现代国际展览有限公司等5户企业荣获“首届上海会展创意设计品牌企业”。上海美术设计有限公司等16户企业荣获“首届上海会展创意设计优秀企业”。获得“首届上海会展创意设计优秀作品”共63幅，共有20位个人、33个团队荣获“首届上海会展创意设计优秀个人（团队）奖”。

五、继续推进由行业协会牵头，以企业为主体的企业诚信创建活动

积极推动会员企业参加“企业诚信创建”活动，已有73户会员单位获得各项荣誉。其中，被现代服务业联合会、市工经联、市商联共同授予的“诚信创建企业”48户，“诚信企业”15户，被授予“一星级诚信企业”的有上海商展办展览有限公司、上海美术设计有限公司、上海展览中心（集团）有限公司、上海现代国际展览有限公司、上海新思维传播策划有限公司、上海川吉展览安装有限公司、上海和煦展览服务有限公司、上海百文会展有限公司等8户企业。被授予“二星级诚信企业”的是上海国际展览中心有限公司和上海协升展览有限公司。本会被市经信委列为社会诚信体系建设的试点单位。

六、利用多种途径为会展人才提供培训机会

1．根据企业需求，组织“劳资法规”专场培训、“会展项目经理”培训、“会展企业信用体系建设”专题培训、“会展营销与管理”的培训。

2．经协会、市职业能力考试院与上海世博人才培训中心联席会议决定，每年3月将进行“会展管理”初、中级考试，会展管理高级每两年考评1次。年内通过中级认证培训12人，助理3人。至年末，已有122人获得“会展管理”中（助理）级职称，66人获得“会展管理”高级职称。

3．积极配合参与《会展策划》、《会展设计》技能标准的鉴定工作。

4．进一步加强产学结合，推进校企合作，促进学校人才教育与企业岗位需求的有效对接，开展会展教育与人才培养专题调查。

七、继续发挥桥梁纽带作用，反映企业诉求，向政府建言献策

1．经反复论证形成可行性报告，上海市特大型场馆建设框架协议落地。自2007年起，协会通过各种途径，向市政府相关部门多次呈报反映场馆需求报告。2月，多次召集业内主（承）办企业总经理的座谈会，围绕上海再建特大型场馆的可行性进行反复调研征询论证后，形成《关于上海急需建造50万平方米展览馆的报告》报市商务委。同时，形成《关于建议成立大型会展设施专家组的报告》上报市商务委。3月，再次形成《上海建造特大型场馆的必要性和可能性》报告报市商务委。9月，市商务委、国家大型会展项目建设上海推进工作小组办公室成立，协会被列为项目报审组成员单位。11月，协会再次形成《新建场馆可行性分析》报告报市商务委。12月9日，协会会长参加虹桥地区建设大型会展中心意见征询会。2011年1月9日，商务部与市政府举行共建国家会展项目合作框架协议签约仪式，多年来制约上海市会展业发展的瓶颈问题取得了实质性的突破。

2．会展企业渴望解决的要求降低企业营业税和出台扶持政策问题，已列入市商务委的“十二五”规划中。

八、努力推进长三角地区会展城市的合作

作为长三角城市会展联盟的理事长单位，不但积极推进区域交流和合作外，还成功为昆山、杭州、合肥及广州等会展城市组织推介交流活动。长三角城市会展联盟的建立和运营，发挥了上海会展业在长三角地区的龙头地位。

九、加强自身建设，不断开拓秘书处工作新领域

1．年初换届后，秘书处领导班子得到充实，增设常务副会长岗位，形成会长、常务副会长兼秘书长、副秘书长的领导班子。

2．组建协会顾问团。为扩大与政府的沟通渠道，年初，分别走访有关政府部门，组建由市商务委、市社工委、市科委、市教委、市外办、市旅游局、市统计局、市社团局、世博局等政府相关部门领导组成的顾问团，顾问积极地为上海会展业的发展出谋划策，已初见成效。

3．扩大对外交流，不断提升协会知名度、影响力。年内，先后组团赴我国台湾、澳门、香港等境外地区进行考察交流，拓展了会员单位的国际合作空间。9月19日，与亚洲展览会议协会联盟签署合作协议，联盟将海外中国地区唯一办公室设在协会，吴承璘会长被选为联盟副会长。

4．第一批主（承）办机构资质等级评定基本完成评审工作。万耀企龙等14户企业获得主（承）办机构一级资质。

5．筹备会议、场馆专业委员会。经调研，会议专委会筹办工作于12月启动，协会制定《会议场所（宾馆）统计表》及《2010会议举办明细》，分发给上海近400家五星级与四星级酒店进行调查统计，得到上海各会议相关产业链公司的积极响应。场馆专业委员会筹办也于12月开始调研，协会已对上海各类展览场馆、常年展示场地进行情况摸底，为成立场馆专业委员会作准备。

6．继续发挥协会协调职能，反映企业诉求，尽心尽力为会员单位服务。针对近年来反映的新国际博览中心服务方面的问题，组织部分展览主（承）办、展示工程企业负责人与新博领导进行对话，通过沟通，问题得到较圆满的解决。协会还想方设法为会员单位寻找商机，积极推荐展示工程一级资质企业纳入政府项目招标行列。

7．行业治理已见成效。自2006年起，协会参加由市商务委、市工商局、市公安局、市容环卫局、市知识产权局、市消防局联合组成的“上海展览专项整治联合小组”工作。通过治理整顿，受理投诉事件与上年相比减少40%，行业发展日趋规范。

8．在媒体宣传方面，除每年正常编报上海会展咨询、上海会展业发展报告、上海会展报、每月的会展简讯及协会网站宣传外，在《解放日报》、《经济日报》、《青年报》、《中国会展》、《中国展会》等媒体上及时发表行业动态、资质评定等信息。

（龚维刚）

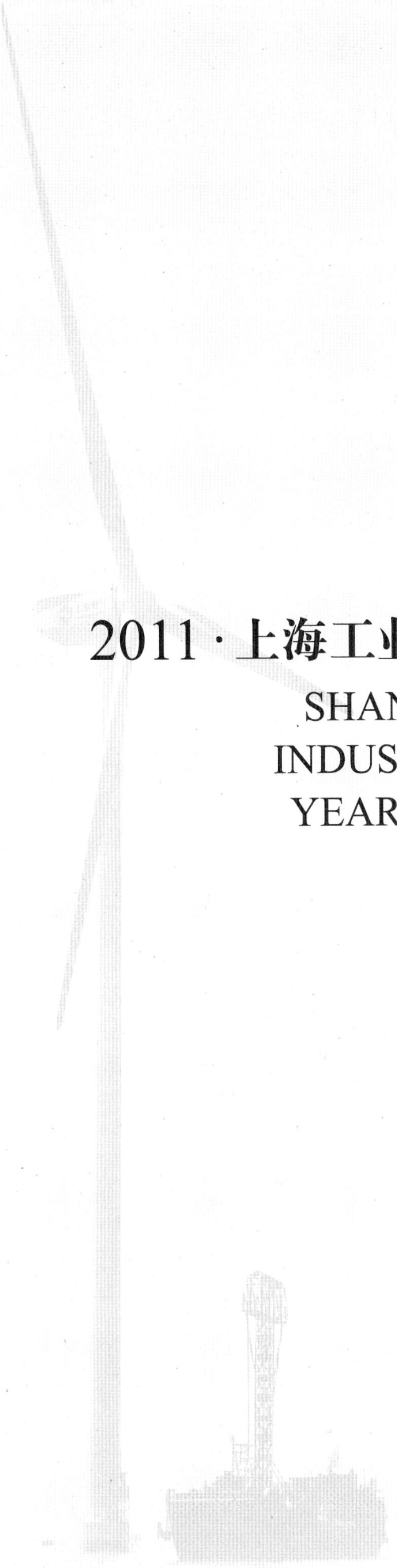

2011·上海工业年鉴
SHANGHAI
INDUSTRIAL
YEARBOOK

2010年上海经济和信息化大事记

1月

4日 中航商用飞机发动机有限责任公司国产大飞机发动机的总装试车用地落户上海浦东临港地区。

5日 市委副书记、市长韩正，副市长艾宝俊等领导赴上海烟草考察指导工作。韩正要求上海烟草继续发扬低调务实的工作作风，积极探索社会接受度高、资本回报好的项目，高度注重科技创新，努力为上海经济社会发展再立新功。

6日 市经济信息化工作党委召开系统党建信息化方案研讨会，介绍系统党建信息化工作设想，提出进一步完善现有系统党建网站、构建面向系统全体党员、覆盖党建全部业务的一体化党建信息平台。市委宣传部副部长、上海社会科学院党委书记潘世伟，市委宣传部网宣办副主任谢海光，市经济信息化工作党委书记潘志纯，纪委书记黄肇达，市经济信息化委副主任刘健和副巡视员施兴德出席研讨会。

6日 闵行区和上海电气集团战略合作协议签约仪式暨高新技术产业化发展论坛在闵行区政府举行，闵行区区长陈靖、副区长程向民，市经济信息化委副主任尚玉英，市政府发展研究中心副主任朱金海，上海电气（集团）总公司党委书记、董事长徐建国等参加签约仪式和论坛。

8日 上海恒动汽车电池有限公司在同济大学新能源汽车工程中心举行成立签约仪式。科技部高新司司长张志宏、市经济信息化委主任王坚、市科委主任寿子琪、市发改委副主任池洪、同济大学常务副校长李永盛、联想控股副总裁朱立南、嘉定区副区长费小妹、同济大学副校长陈小龙等出席仪式并致辞。

9日 由上海红神信息技术有限公司、国家数字交换系统工程技术研究中心等单位发起，十多家企业、大学、科研机构参与的“新型计算结构与应用产业技术创新战略联盟”在沪成立。该联盟将开发一种比现有“超级计算机”更节能、性能更高的计算系统。它是科技部与上海市“部市合作”的重点项目。

10日 上海市紫竹新兴产业技术研究院正式成立。中共中央政治局委员、市委书记俞正声发来贺信，市委副书记、市长韩正为研究院揭牌，市委常委、常务副市长杨雄在揭牌仪式上讲话，市经济信息化委主任王坚及有关部门负责人参加仪式。三位中组部千人计划入选者加盟了研究院，其中，新能源项目首席科学家、上海交通大学“长江学者”李杰教授已被任命为研究院院长。

12日 中航商用飞机发动机有限责任公司研发基地在闵行区破土动工。副市长艾宝俊，中国航空工业集团公司党组副书记、副总经理谭瑞松出席仪式并讲话。市经济信息化委主任王坚及有关部门负责人参加奠基仪式。该研发基地用地面积约450亩，规划建筑面积约30万平方米，投资额约为32.3亿元，预计于2013年完成各项功能建设。

12日 市经济信息化工作党委副书记张金康、市经济信息化委副主任傅新华一行赴上海电力股份公司调研。张金康就电力股份围绕“五个确保”，全力做好全年工作提出要求。

12日 市经济信息化工作党委召开2010年度组织、统战工作会议，传达市组织部长会议精神，总结2009年度系统组织、统战工作，部署2010工作重点。

14日 市经济信息化委主任王坚主持召开主任办公会议。传达九届市委十次全会精神，并就学习贯彻会议精神作出部署。同时，听取关于2010年工作党委、经济信息化委工作会议有关情况的汇报、关于《上海市贯彻〈国务院关于进一步促进中小企业发展的若干意见〉实施意见》情况汇报、《市经济信息化委关于支持临港产业区加快发展的若干意见》（征求意见稿）情况汇报。

14日 市经济信息化工作党委、经济信息化委召开2010年党政联席会议。党委书记潘志纯主持会议，传达九届市委十次全会、世博学习班精神，研究工作党委、经济信息化委贯彻落实意见，审议关于机关2009年度及高新技术产业化专项考核实施方案和直属单位2009年度领导班子和领导干部考核意见等。

14日 第五届上海市信息化专家委员会成立，来自全国的67位专家将组成“智库”为上海市新一轮发展献计献策。副市长艾宝俊到会讲话并向专家颁发了聘书。市经济信息化委主任王坚等出席会议。聘任全国人大常委会委员吴启迪为第五届专家委主任，中国科学院何积丰院士、贺寿昌、高新民为副主任。

15-16日 市经济信息化工作党委、经济信息化委召开2010年工作会议，传达学习市经济工作会议和九届市委十次全会精神，总结回顾2009年工作党委、经济信息化委工作，部署2010年任务。市政府副秘书长肖贵玉出席会议并讲话。

党委书记潘志纯总结工作党委、经济信息化委2009年工作中的亮点，党委副书记、市经济信息化委主任王坚作工作报告，党委副书记张金康作党委工作报告。

18日 上海市政府与神华集团、中国海运集团签署了关于保障世博会期间上海煤炭供应和运输合作备忘录。市委副书记、市长韩正，副市长艾宝俊，神华集团董事长张喜武、总经理张玉卓，中国海运集团总裁李绍德、党组书记马泽华以及市经济信息化委主任王坚等出席仪式。

19日 “909”工程升级改造——12英寸集成电路生产线项目启动仪式在上海举行。中共中央政治局委员、市委书记俞正声与原全国政协副主席胡启立共同启动项目启动装置。市委副书记、市长韩正与国家发展改革委副主任张晓强、工业信息化部副部长娄勤俭、科技部副部长曹健林共同为上海华力微电子有限公司揭牌。中科院副院长江绵恒，市委常委、常务副市长杨雄出席仪式，并分别代表中科院和上海市委、市政府对“909”工程升级改造——12英寸集成电路生产线项目启动表示祝贺。副市长艾宝俊主持项目启动仪式，国家开发银行副行长郑之杰、原电子工业部副部长张文义、中国电子信息产业集团董事长熊群力出席仪式。

20日 市经济信息化工作党委、经济信息化委召开系统直属（归口）单位工作会议。党委书记潘志纯对直属单位2010年在转变经济发展方式、世博会安保等方面工作提出要求。市经济信息化委主任王坚总结2009年主要工作，部署2010年工作任务。

20日 由市总工会、市经济信息化工作党委和市经济信息化委联合举办的上海加油（气）站“创工人先锋号、为世博加油”立功竞赛活动暨环境整治集中展示活动启动。市总工会副主席陈国华、市经济信息化工作党委副书记张金康、市经济信息化委副主任刘健、系统工会主席汪仲华等领导出席启动仪式。系统直属单位工会负责人、参赛单位代表参加仪式。

22日 市经济信息化工作党委、经济信息化委召开系统党政负责干部会议，传达学习贯彻胡锦涛总书记在上海考察时的重要讲话精神。会议还部署工作党委、经济信息化委领导班子绩效考核工作。

22日 市经济信息化工作党委召开系统2009年干部挂职锻炼工作座谈会。党委书记潘志纯充分肯定系统2009年干部挂职锻炼工作。座谈会上，来自机关、企业、区（县）26名挂职干部围绕自身收获和体会进行交流。

25日 市经济信息化工作党委、经济信息化委召开2010年党政联席会议。党委书记潘志纯主持会议。会议传达学习胡锦涛总书记在上海视察时的重要讲话精神以及学习十七届中纪委五次全会、九届市纪委五次全会精神，听取2009年干部选拔任用工作的报告。

29日 市经济信息化委主任王坚主持召开主任办公会议。会议听取关于承担世博相关工作情况的汇报、关于委新闻发言人制度暨政府世博舆情监控、应急工作预案规范的情况汇报、《上海市振兴工业软件专项行动方案（2010-2012年）》的汇报以及关于手机测试平台项目落地，组建上海市华东电信研究院有关事项的汇报。

2月

1日 上海市政府与河北港口集团有限公司在北京举行保障上海世博会电煤运输合作协议签约仪式。交通运输部副部长徐祖远，河北省委常委、副省长杨崇勇，上海市副市长艾宝俊，铁道部总调度长徐啸明，国家发展改革委、工信部有关领导及上海市经济信息化委主任王坚、副主任尚玉英等出席签约仪式。

3日 市经济信息化工作党委召开系统2010年党的工作会议。市委常委、常务副市长杨雄，副市长艾宝俊出席会议并作重要讲话，市政府副秘书长肖贵玉出席会议，党委书记潘志纯作工作报告，党委副书记、市经济信息化委主任王坚主持会议。会上，电信一所、杨树浦发电厂等4家系统单位党委作交流发言。

3日 市经济信息化委召开2010年世博信息化研讨会。本次研讨会以“可持续的世博信息化”为主题，重点探讨信息技术在中国2010年上海世博会的创新应用，以及对带动上海城市信息化建设、相关产业发展的作用和效应。市经济信息化委、市信息化专家委员会、上海世博局相关部门以及IT业界人员出席研讨会。

5日 市经济信息化工作党委、经济信息化委联手嘉定区进行中心组联组学习活动，主题是围绕经济发展方式转变和高新技术产业化，立足条块联动，联手学习，联合发展。党委书记潘志纯主持学习活动。嘉定区中心组和工作党委、经济信息化委中心组成员参加学习活动。

9日 市经济信息化工作党委、经济信息化委召开党政联席会议。党委书记潘志纯主持会议。会议要求进一步做好系统世博安保工作，加大矛盾纠纷的化解力度，进一步完善工作预案；不断完善工作党委、经济信息化委稳定、安保联席会议制度；编写世博稳定、安保工作简报；举办两次世博安保稳定专题学习会；开展明察暗访堵塞漏洞；召开工作党委、经济信息化委机关干部大会；全面贯彻市委迎博办博的部署要求。

9日 市经济信息化工作党委、经济信息化委召开2010年党政联席会议。党委书记潘志纯主持会议，传达学习胡锦涛总书记在省部级主要领导干部专题研讨班上的重要讲话精神和吴邦国委员长在上海调研时的重要讲话精神。

13 日 农历除夕一早，中共中央政治局委员、市委书记俞正声到上海市电力公司慰问节日加班的电力职工，听取 2010 年上海世博会电力供应保障情况汇报。市委常委、常务副市长杨雄，市委常委、市委秘书长丁薛祥，副市长艾宝俊及市经济信息化委主任王坚等参加慰问活动。市领导首先来到市电力公司电力调试中心调度室，了解春节期间上海电网运行和准备情况，并与值班职工亲切握手，致以节日问候。

20 日 市经济信息化委主任王坚主持召开主任办公会议。会议听取关于 1 月份工业经济运行情况和一季度预测的情况汇报、关于《2010 年度高新技术产业化工作要点》编制情况和推进高新技术产业化工作会议方案的汇报、关于委“两会”人大代表书面意见、政协提案承办情况的汇报，以及关于《上海市企业信用征信管理试行办法》行政执法情况的汇报。

21 日 市经济信息化工作党委、经济信息化委召开 2010 年高新技术产业化工作推进会议。会议回顾 2009 年工作党委、经济信息化委高新技术产业化工作，表彰优秀责任处室和优秀联络员，领取 2010 年工作责任书。党委书记潘志纯、市经济信息化委主任王坚等领导出席会议并讲话。

24 日 市经济信息化工作党委、经济信息化委召开世博安保工作领导小组会议，专题研究世博安保应急预案工作。会议由党委书记潘志纯主持，市经济信息化委副主任刘健、党委秘书长陈更、国防科工办副主任沈庭忠出席会议。会议明确，市经济信息化工作党委、经济信息化委世博安保应急预案由电力运行、成品油供应和运营安全、网络与信息安全、无线电管理、信息基础设施、物资储备供应、反恐事件、系统群体性事件、系统重点对象重点事件稳控和舆情分析等 10 个板块组成。

26 日 当今世界上最先进的第六代 3000 米深水半潜式钻井平台经过 10 个月紧张有序的坞内搭载总装，于上海外高桥造船有限公司顺利出坞。

3 月

1 日 市经济信息化工作党委、经济信息化委召开党政联席会议。党委书记潘志纯主持会议。会上，宣读关于周敏浩任市经济信息化委副主任、免去其秘书长职务的通知；研究系统确保世博安保工作意见；传达贯彻《廉洁从政若干准则》电视电话会议精神；传达市学习实践活动总结大会精神，研究系统贯彻落实意见。

1 日 市政府召开上海市重要电力用户用电安全管理工作会议。副市长艾宝俊出席会议并讲话。会上，市经济信息化委与上海市电力公司及虹桥机场等 6 家重点电力用户代表签订了《中国 2010 年上海世博会安全（供）用电保障责任书》。

3 日 市政府召开市经济和信息化发展暨结构调整工作会议。副市长艾宝俊出席会议并讲话，市政府副秘书长肖贵玉主持会议，市经济信息化委主任王坚作工作报告。会上，肖贵玉代表市政府与浦东、嘉定、松江、奉贤、闵行、宝山、电气集团、华谊集团等区（县）政府和企业集团代表签订 2010 年产业结构调整责任书。

5 日 市经济信息化工作党委召开系统央企党委书记（扩大）会议。会上，党委书记潘志纯强调近期要重点做好三方面工作：一要按照实战要求抓落实，全力以赴完成世博会安保工作任务；二要认真贯彻落实《中国共产党党员领导干部廉洁从政若干准则》电视电话会议精神，进一步做好领导干部廉洁自律工作；三要建立健全学习实践科学发展观长效机制，在重点工作任务的实践中检验学习实践活动成效。系统中央在沪和直属单位党组织主要负责人、工作党委、经济信息化委各处室负责人参加会议。

9 日 市经济信息化委在金山区农建村召开市政府实事项目——“千村万户”农村信息化培训普及工程 2009 年总结表彰暨 2010 年启动大会。市政府副秘书长肖贵玉出席会议并讲话，市经济信息化委主任王坚主持会议。市经济信息化委副主任刘健在会上代表市农委、市教委、市妇联等 4 家单位总结实事项目 2009 年的实施情况，并部署 2010 年工作。会上，表彰 2009 年度先进区县、优秀培训点、优秀工作者、优秀学员以及村级网页示范单位。崇明县、金山区以及农民学员代表作交流发言。

16 日 “2010 上海国际信息化博览会”在新国际博览中心开幕，展期 3 天。副市长艾宝俊出席开幕式并致辞，中国电子商会会长曲维枝，市经济信息化委主任王坚、副主任刘健，工信部电子信息司副巡视员王勃华，中国印制电路行业协会理事长关建华、副理事长王龙基以及慕尼黑国际博览集团主席兼首席执行官 Klaus Dittrich、国际半导体设备与材料协会主席兼首席执行官 Stanley Myers 等出席开幕式。市政府副秘书长肖贵玉主持开幕式。

17 日 市政府召开 2010 年上海世博会电力保障工作会议。副市长艾宝俊出席会议并讲话，市经济信息化委主任王坚代表上海世博会电力供应保障协调小组部署世博会电力保障重点任务，市政府副秘书长肖贵玉主持会议。市用电协调小组成员单位、各区县政府、上海市各电力企业负责人等参加会议。

19 日 市经济信息化委主任王坚主持召开主任办公会议。会议听取关于推进上海加快先进制造业走新型工业化道路的意见情况的汇报、关于 2010 年工业节能目标的情况汇报、关于 2010 年工业投资情况的汇报、筹备“信息化与城市发展”主题论坛情况的汇报、关于 2010 年市政府重点工作安排情况的汇报。

23日 市经济信息化委主任王坚召开专题会议，研究2010年高新技术产业化八大领域重点突破事项。会上，在听取一季度高新技术产业化工作进展情况的汇报后，王坚就按照市委、市政府的工作部署，提出贯彻落实的工作要求。

24日 市经济信息化委主任王坚带队到上海互联网络交换中心和上海市计算机病毒防范服务中心进行专题调研。王坚就全力做好世博会期间上海市信息安全保障工作，确保4月15日前世博信息安全保障工作就绪，确保运营期间24小时值班制度的落实提出要求。

25日 中共中央政治局委员、市委书记俞正声，市委副书记、市长韩正带领各郊区（县）党政负责人和有关委办负责人前往嘉定区调研，先后考察上海大众动力总成有限公司、奥托立夫（上海）汽车安全有限公司后，俞正声主持召开郊区（县）先进制造业发展座谈会，交流发展先进制造业的经验和下一步发展思路。市委常委、浦东新区区委书记徐麟，副市长艾宝俊及市经济信息化委主任王坚等参加调研和座谈会。

26日 市经济信息化工作党委召开专题会议，研究落实2010年全市党风廉政建设和反腐败工作部门分工，明确各处室工作责任。党委书记潘志纯主持会议。

28日 上海国际节能环保园战略合作启动暨环保发展有限公司成立仪式在宝山区举行。国家环保部副部长周建，上海市副市长艾宝俊出席仪式并为上海国际节能环保发展有限公司成立揭牌。在启动仪式上，国家发改委培训中心节能环保培训基地、中国节能减排技术研究中心、国家仿真控制工程技术研究中心上海分中心、中国节能投资公司科技研发基地等也正式揭牌成立。复旦大学、上海市新能源协会、中加可持续发展中心与上海国际节能环保园签订了战略合作框架协议。

28-30日 市经济信息化委副主任尚玉英带队拜访中国石油化工集团公司、中国石油集团公司、中国铝业集团公司和中国航天科技集团，商谈深化合作机制，进一步落实推进44个央企重点对接项目，同时对接“十二五”产业发展规划，争取这些央企“十二五”期间加强新能源、新材料等高新技术产业化重点领域在上海的布局和规划，重点推进太阳能光伏、碳纤维、精密铜带、卫星应用等工作，并进一步加大投资力度，加快推进速度。

30日 市经济信息化工作党委书记潘志纯一行赴上海石化调研世博安保工作。潘志纯听取了上海石化关于世博安保群防群治的专题汇报，对其世博安保工作的有关做法和经验表示充分肯定，并要求全力以赴应对世博考验，确保生产正常运行和安全稳定。

31日 市经济信息化工作党委、经济信息化委召开党政联席会议，党委书记潘志纯主持。会议专题研讨“十二五”规划大讨论工作，并提出一要围绕转变经济发展方式这一主旋律，在更高、更宽、更深的领域开展大讨论；二要衔接“十一五”规划，凸显国家战略，通过大讨论，寻找上海产业发展的优势、差距和对策；三要集思广益，集中民智，把视野拓宽到中小企业、民营企业、新兴产业领域，把触角延伸到长三角地区、外省市；四要深入发动，党政联手，工作党委、经济信息化委机关干部积极参加，把大讨论过程作为深化认识、统一思想、协调步伐的过程。

4月

1日 市经济信息化委与长宁区政府、东华大学签署推进“环东华时尚创意产业集聚区建设合作框架协议”，共同推动上海市创意产业集群发展。副市长艾宝俊、市政府副秘书长肖贵玉出席签约仪式，市经济信息化委主任王坚、长宁区区长李耀新、东华大学校长徐明稚出席仪式并讲话，市科教党委书记李宣海、市教委主任薛明扬等出席仪式。长宁区副区长杲云主持仪式。

2日 市经济信息化委主任王坚主持召开主任办公会议，专题研究大讨论工作方案落实情况。王坚要求，制定“十二五”规划，要与全市的要求相结合，做到“对题”，在全市“十二五”规划中有产业发展和信息化建设的份额；在优化全市工业布局、推动各类所有制经济发展上要“破题”，在“融合”问题上要“命题”，把握制造业和服务业融合的趋势；有针对性地安排好赴外省市进行学习调研活动；充分发挥行业协会等各方面的力量，依托主体，善用“外脑”。

9日 市经济信息化工作党委召开“廉洁办博”工作座谈会。党委书记潘志纯出席会议。潘志纯指出，要把“廉洁办博”的要求贯穿于世博会运行的全过程，需在五个方面下功夫：一是在加强教育、提高认识上下功夫；二是在健全制度、优化流程上下功夫；三是在深化体制机制改革上下功夫；四是在加强监督检查上下功夫；五是在培育、弘扬世博廉洁文化上下功夫。

12日 市经济信息化委召开一季度经济运行分析会，通报当前经济运行情况，部署相关工作，确保世博期间上海市产业经济平稳运行。

13日 市政府召开产业和信息化“十二五”规划大讨论专家和企业家座谈会。副市长艾宝俊主持会议，市政府副秘书长肖贵玉、市经济信息化委主任王坚，以及市委研究室、市发展改革委、市国资委分管领导等出席座谈会。全国人大常委会委员、市信息化专家委主任吴启迪，中国商用飞机有限责任公司副总经理史坚忠，上海电气（集团）总公司董事长徐建国，盛大网络发展有限公司董事长兼首席执行官陈天桥等在沪央企、国企和中小企业的主要负责人、部分金融和研究咨询机构专家参与研讨。

14 日　市政府召开上海市工业节能工作会议。副市长艾宝俊出席会议并讲话，市政府副秘书长肖贵玉主持会议。市经济信息化委主任王坚作工作报告。会议总结 2009 年工业节能工作，落实 2010 年工业节能指标，部署 2010 年工业节能重点工作。会议要求全面完成“十一五”全市工业节能工作目标。会上，市经济信息化委副主任尚玉英与工业集团、区县代表签订 2010 年工业节能目标责任书。华谊集团、浦东新区、上海外高桥第三发电有限责任公司分管负责人进行交流发言。

14 日　市经济信息化委主任王坚、副主任周敏浩带队前往吴泾热电厂、吴泾发电有限公司、吴泾第二发电有限公司进行世博电力安保工作检查，要求全力以赴做好世博会期间电力保障工作。市经济信息化委副主任、市网安办主任陈跃华和市经济信息化委副主任傅新华等带队到海通证券股份有限公司进行世博信息系统安全检查。委领导听取了工作汇报，并要求企业进一步提高对信息安全的认识，加强监控，确保措施落实到位。

15 日　市经济信息化工作党委、经济信息化委召开关于人才工作专题会议。党委书记潘志纯听取专题汇报后提出进一步做好人才工作的明确要求。党委副书记张金康、市经济信息化委副主任陈跃华参加会议。

15 日　市经济信息化委副主任、市网安办主任陈跃华带队到市教育考试院进行世博信息系统安全检查。在听取情况汇报后，陈跃华要求在上海市中、高考期间加强网上监控，做好应急预案的演练，切实做到领导到位、人员到位、责任到位、措施到位，保障所属重要信息系统的安全运行。

16 日　市经济信息化委召开二季度行政工作例会，传达 4 月 12 日市政府工作会议精神，总结产业发展和信息化建设一季度工作进展情况，部署二季度工作任务和措施。市经济信息化委主任王坚主持会议并讲话。

16 日　在 500 千伏静安（世博）变电站举行“国家电网公司上海电网 500 千伏静安（世博）输变电工程竣工仪式”。副市长艾宝俊、国家电网公司总经理刘振亚出席仪式，市政府副秘书长尹弘和国家电网公司副总经理曹志安分别致辞，市经济信息化委副主任周敏浩出席仪式。

16 日　市经济信息化委主任王坚主持召开主任办公会议。会议传达 4 月 12 日召开的市政府工作会议精神，明确要一手抓办博，一手抓发展，进一步统一思想，形成共识，切实抓好相关工作落到实处。会议听取关于第二季度产业发展世博保障工作情况的汇报、关于世博会信息安全保障工作情况的汇报、关于 2009 年度创意产业集聚区年度考评情况的汇报。

17 日　市经济信息化委主任王坚带队检查世博会参观者预约服务信息系统运行准备工作。市经济信息化委副主任陈跃华，世博局信息化部部长、市无线电管理局局长周卫东，世博局信息化部副部长汪羽以及市经济信息化委信息安全处、办公室负责人参加检查。

17 日　市经济信息化工作党委、经济信息化委组织上海市 28 家中央在沪企业党政领导实地考察上海市北高新技术服务园区等地，并与闸北区党政班子成员互动交流，共商合作大计。市经济信息化工作党委书记潘志纯参加考察活动并讲话，党委副书记张金康、市经济信息化委副主任周敏浩参加考察活动。闸北区区委书记方惠萍、区长周平及区相关领导陪同考察。

19 日　市经济信息化工作党委召开 2010 年党委会（扩大）。党委书记潘志纯主持会议，并通报系统党建工作任务。市经济信息化委主任王坚通报一季度产业发展工作情况和二季度工作任务。

20 日　由市经济信息化委作为支持单位的、GE（中国）有限公司主办的“智能电网产业发展研讨会”在上海召开。市政府副秘书长肖贵玉出席座谈会并讲话，市经济信息化委副主任尚玉英、市发改委副主任池洪出席会议，GE 公司数字能源集团高层管理人员、专家以及上海市智能电网产业领域产学研用相关单位的 20 多位学者和专家参加会议。

20 日　上海世博会迎来首场试运营。上海移动同步启动通信保障工作，通过系统实时监控、话务分析以及有效信息反馈，及时对高需求的热点区域进行参数优化调整。当日园区内全天总话务量达到 3.34 万 ERL，峰值话务量达到 9632ERL，掉话率小于 0.5%，达到演练预期目的。

22 日　副市长艾宝俊一行到上海华普汽车有限公司调研产业发展情况。听取关于吉利集团和华普公司发展情况的汇报，询问企业发展面临的问题，并指出将全力支持上海华普汽车的产业发展，支持 TX4 等新车型产品扩大市场份额。市经济信息化委主任王坚、金山区副区长沈华棣等参加调研。

27 日　“2010 年中国物联网创意和应用设计大赛”在上海嘉定正式启动。工信部信息化推进司司长徐愈、市经济信息化委副主任邵志清、中科院上海微系统所党委书记王曦等出席启动仪式。大赛将历时 3 个月，于 9 月进行“物联网高峰论坛及颁奖典礼”。

27 日　市经济信息化委召开窗口服务行业世博银行卡刷卡无障碍保障工作动员会议暨“迎世博银行卡刷卡无障碍立功竞赛活动”总结会议。会议要求，上海市各相关单位，加大工作力度，明确工作职责，细化工作方案，为海内外持卡人提供银行卡刷卡无障碍服务。

29 日　市经济信息化委主任王坚主持召开主任办公会议。会议传达 2010 世博会试运行情况通报大会精神，要求进一步做好服务世博会相关工作的整改和完善工作。同时听取关于5月重要工作和会议安排建议情况汇报、服务区（县）发展工作调研安排以及产业和信息化领军人才后备队人选情况的汇报。

5月

5日 市经济信息化委主任王坚召开专题会议，研究智能电网产业发展工作。会议要求，抓住上海市与国家电网公司即将签署智能电网合作协议机遇，进一步细化《智能电网产业发展行动方案》的实施措施和工作计划，明确2010年具体的工作任务和节点目标。

5日 市经济信息化工作党委召开党委会。党委书记潘志纯主持会议，听取关于开展“创先争优”活动及切实加强基层基础建设实施意见的汇报。会议要求，按照中央、市委的要求和部署，围绕世博这个主题，结合纪念建党89周年，深入开展系统“创先争优”活动，进一步巩固学习实践活动成果，加强党的基层基础建设。

5日 市经济信息化委主任王坚召开专题会议，研究工业投资工作。会议要求，坚持一手抓办博、一手抓发展，进一步加大招商引资工作力度，完善重大产业投资项目绿色通道机制，确保项目落地，继续推进一批企业技术改造项目和一批工业节能技改项目，确保全年完成1500亿元的工业投资规模。

6日 市经济信息化委主任王坚主持召开专题会议，研究贯彻5月5日国务院节能减排工作电视电话会议和韩正市长在上海分会场讲话精神，做好工业节能工作。

10日 市经济信息化工作党委召开专题会议，传达贯彻5月6日中纪委、中组部召开的“贯彻实施四项监督制度，进一步提高选人用人公信度”视频会议上海分会场的会议精神。党委书记潘志纯就贯彻会议精神提出具体意见。党委副书记张金康出席会议。

11日 上海市政府与中国国电集团公司在沪签署《关于推进新能源发展战略合作框架协议》。市委副书记、市长韩正，中国国电集团总经理、党组副书记朱永芃出席仪式并共同为“国电华东新能源投资有限公司”揭牌。副市长艾宝俊与国电集团总经理朱永芃签署框架协议，国电集团公司党组书记、副总经理乔保平出席仪式。市政府秘书长姜平主持仪式。市经济信息化委主任王坚、市发改委副主任周亚、市经济信息化委副主任尚玉英、闵行区区长陈靖及有关单位负责人参加签字仪式和揭牌仪式。

12日 市政府召开上海市促进中小企业发展工作会议。副市长艾宝俊出席会议并讲话，市政府副秘书长肖贵玉主持会议，市经济信息化委主任王坚出席会议并作上海市中小企业发展工作报告。会议要求，深入宣传和全面贯彻国务院《关于进一步促进中小企业发展的若干意见》及《上海市贯彻国务院＜关于进一步促进中小企业发展若干意见＞的实施意见》，促进上海市中小企业发展。会上，市科委、闵行区政府分别作交流发言。举行服务中小企业发展合作协议签约仪式。

17-18日 工业和信息化部部长李毅中来沪调研上海市产业发展和信息化建设情况，并召开“转变经济发展方式，加快产业结构调整”座谈会，听取工作情况汇报。副市长艾宝俊、市政府副秘书长肖贵玉、市经济信息化委主任王坚等出席座谈会并全程参加调研。

18日 市国防科工办副主任张华芳带队到崇明县调研，实地察看长兴海洋装备产业基地内长兴金属表面处理厂、沪东阀门分厂的建设项目和振华重工集团长兴基地中海洋工程装备的集中生产区域。

18日 市信息化专家委员会举办“三网融合的发展与应用”专题报告会，市政府副秘书长肖贵玉出席会议并致辞，会议由市信息化专家委主任吴启迪主持。会上，国际电信联盟副秘书长、专家委成员赵厚麟，上海电信公司总经理、专家委成员张维华，东方明珠股份有限公司副总裁、专家委成员林定祥等业界专家分别从全球信息通信技术发展、应用、下一代广播网以及通信设备制造等角度作了主题演讲，阐述了“三网融合”对信息化及信息产业带来的机遇和挑战。

21日 市经济信息化委主任王坚主持召开主任办公会议。听取关于工信部李毅中部长在沪调研时讲话精神有关情况的汇报、关于落实市政府关于贯彻国务院加大节能减排工作力度实施意见，节约100万吨标煤指标分解情况的汇报、关于下一轮上海产业发展思路的汇报等。

25日 市经济信息化“两委”领导班子围绕推进产业发展工作，先后参观考察太空家园馆、国家电网馆、石油馆、日本产业馆、信息通信馆、航空馆、通用汽车馆、中国船舶馆等企业馆，学习世博会所展示的未来城市发展理念，把“城市，让生活更美好”的主题落实到产业发展中去，并与制定“十二五”规划工作结合起来，用创新的理念规划好上海未来的产业发展之路。

26日 市委、市政府召开上海创意城市工作推进会议。市委副书记殷一璀、副市长艾宝俊出席会议并讲话，市委副秘书长姚海同、市委宣传部副部长张止静出席会议，市政府副秘书长肖贵玉主持会议。市经济信息化委主任王坚作工作报告。会上，长宁、卢湾、杨浦、静安等区政府分管副区长作交流发言。上海张江文化科技创意产业基地等15家集聚区被授予上海市首批示范创意产业集聚区称号。中国浦东干部学院、上海交大、同济大学、东华大学和上海亚太地区经济和信息化人才培训中心被认定为首批上海创意产业人才培训基地。

26日 市经济信息化委召开《上海市人民政府贯彻国务院关于进一步促进中小企业发展的若干意见的实施意见》专题会议，研究讨论和部署实施细则制定相关工作，市经济信息化委副主任傅新华出席会议并讲话。会议要求，市政府各部门要根据《实施意见》的内容和分工，尽早完成相关实施细则的制定，及时向中小企业发布，以共同推进各项政策落实。

27日 市经济信息化委召开部门政风行风建设工作会议，传达全国和上海市纠风工作会议精神，通报2009年政风行风工作情况，部署2010年工作。委政风行风建设领导小组副组长、纪工委书记黄肇达主持会议，委政风行风建设领导小组副组长、副主任尚玉英部署工作，市政风行风监督员第一组组长彭镇秋出席会议并讲话。

28日 市经济信息化工作党委召开党委会。党委书记潘志纯主持会议。会议传达5月6日召开的全国人才工作电视电话会议和近期党委召开的人才工作专题会议精神。会议要求，领导班子要有强烈的意识，重视抓好人才工作，善于发现人才，用好人才；加强调查研究，掌握高新技术产业化人才队伍现状，制定高新技术产业化人才工作意见；由机关党委书记黄肇达牵头，推进机关人才工作，进一步形成尊重人才、重视人才、发挥人才作用、让人才脱颖而出的良好环境。

6月

1-2日 市经济信息化工作党委召开归口中央企业人才工作座谈会。党委书记潘志纯主持会议。潘志纯提出，要深入学习胡锦涛、温家宝的重要讲话精神，结合工作党委、经济信息化委工作实际，提出贯彻意见；要结合高新技术产业化等工作重点和归口企业的特点，提出有针对性的举措，切实帮助企业解决实际问题；要营造有利于人才脱颖而出的环境和氛围，多出人才、出好人才。系统航天、石化、造船、电力、通信等单位领导参加会议。

4日 市经济信息化委主任王坚主持召开主任办公会议。听取关于“落实两手抓要求，进一步服务区县发展”调研工作情况的汇报、关于2010年上海市电力迎峰度夏工作安排情况的汇报、关于“2010年上海节能宣传周”筹备工作情况的汇报、关于软件和集成电路专项资金项目安排情况的汇报、关于《上海市公共信息系统突发事件处置办法》和《上海市重点技术改造项目竣工验收管理办法》编制情况的说明。会上，王坚对确保完成“双过半”目标任务提出具体要求。

5日 我国第一艘太阳能混合动力游船“尚德国盛号”在上海黄浦江畔起航。同时，还举行上海建设“千兆瓦级太阳能产业基地”项目签约仪式。中共中央政治局委员、市委书记俞正声启动游船首航按钮。市委常委、市委秘书长丁薛祥，副市长艾宝俊及市经济信息化委主任王坚等出席首航仪式。“尚德国盛号”将于7月正式在世博水路通行运营。

8日 第二届全球绿色经济峰会在上海国际会议中心举行。中国企业联合会会长王忠禹，上海市市长韩正出席开幕式并致辞。葡萄牙经济部长希尔瓦、上海市副市长艾宝俊以及市经济信息化委主任王坚、副主任尚玉英等出席峰会。《彭博商业周刊》董事长贝诺漫也在开幕式上致辞。国家发改委副主任解振华作主题演讲。国家环境保护部总工程师万本太宣读国家环保部部长周生贤的演讲稿。本届峰会由中国企业联合会、上海市人民政府和美国《商业周刊》共同主办，峰会主题为“绿色创新——为可持续发展的未来”。

8日 市经济信息化委分别与中国电信上海公司、中国移动上海公司和中国联通上海市分公司签署“调结构、促转型，提升产业能级、保障精彩世博”2010年度服务合作协议。共同为世博会顺利举行，促进上海市经济转型保驾护航，尤其将大力推进宽带网络建设，为提升城市信息化运行能力提供有力支撑。

11日 由市经济信息化委、市新闻出版局共同主办上海市电子书产业发展联盟成立仪式暨上海市电子书产业发展合作对接会。同时，全国信息技术标准化技术委员会电子书标准工作组交互平台组落户上海。副市长艾宝俊出席仪式并为电子书发展产业联盟揭牌，市政府副秘书长肖贵玉出席仪式并为联盟成员单位代表颁发证书。市经济信息化委主任王坚、市委宣传部副部长张止静、市新闻出版局局长焦扬在仪式上致辞。市经济信息化委副主任邵志清主持仪式。

11日 市经济信息化工作党委召开区（县）经济信息化委党委书记例会，通报人才工作和政风行风建设工作情况。党委书记潘志纯出席会议并讲话。

12日 2010年上海节能宣传周活动在市科学节能展示馆启动。节能宣传周的主题是“节能攻坚、全民行动”。市人大常委会副主任杨定华、副市长艾宝俊、市政协副主席吴幼英和市政府副秘书长肖贵玉出席开幕式并开通上海市能效监控平台。市经济信息化委主任王坚主持开幕式。在开幕式上，市领导启动上海市合同能源管理十大示范项目，向上海市居委会代表授“千万节能灯进家庭”市政府实事工程推广任务牌，还向青少年代表赠送节能科普丛书。同日，上海市各单位、区县、集团公司都开展了丰富多彩的系列宣传活动。

12-13日 市经济信息化纪工委召开系统电力片纪检监察工作例会，学习贯彻贺国强在全国反腐倡廉建设创新经验交流会上的重要讲话和全市反腐倡廉创新工作推进会精神，交流工作经验做法，探讨下一步工作举措。例会由市经济信息化纪工委书记黄肇达主持并讲话。系统电力片单位纪检监察部门相关负责人参加例会。

17日 市经济信息化委召开经济运行分析会，通报当前全市产业经济运行情况、高新技术产业化工作推进情况、软件和信息服务业发展情况，下达2010年高新技术产业化规模目标。市经济信息化委副主任周敏浩出席会议并讲话。

22日 市经济信息化委主任王坚在主持召开主任办公会议。会议听取关于产业和信息化上半年工作总结及下半年工作安排情况的汇报、关于2010年技术改造及节能技改工作情况的汇报、关于启动新能源汽车第二批高新技术产业化项目情况的汇报、关于《上海市法人信息共享与应用系统管理办法》(草案)编制起草的说明、关于委内设机构主要职责修订情况以及“三定”规定执行情况评估自查工作的汇报。会上，王坚传达市长韩正在世博会主运行指挥部第九次会议上的讲话精神，研究部署下阶段贯彻落实的重点工作。

24日 经国务院同意，国家减轻企业负担专项治理工作领导小组召开电视电话会议，部署开展2010年减轻企业负担专项治理工作。副市长艾宝俊出席上海分会场会议并讲话，市经济信息化委主任王坚及市政府有关委办局分管负责人等参加会议。市政府副秘书长肖贵玉主持上海分会场会议。

24日 市经济信息化工作党委召开党委会(扩大)。党委书记潘志纯主持会议。会议研究工作党委、经济信息化委上半年度工作总结和下半年度总体要求；听取关于开展系统“创先争优”活动工作情况汇报；研究做好老干部工作；研究人才工作，以及学习《关于领导干部报告个人有关事项的规定》。

24日 市经济信息化委主任王坚召开专题会议，研究市经济信息化委援疆相关工作。会上，在听取援疆工作进展情况以及下一步初步工作打算后，王坚要求，根据援建对口地区的现有基础和产业实际情况，结合上海市和援建对口地区的优势，有针对性地制订促进当地产业发展的各项工作计划，并抓好推进和落实。

25日 市经济信息化工作党委召开系统纪念建党89周年大会。表彰20个“世博先锋队”、50名“世博先锋”，并就进一步深入开展“创先争优”活动作出部署。市委常委、常务副市长杨雄出席会议并讲话。党委书记潘志纯参加会议并讲话。党委副书记、市经济信息化委主任王坚主持。上海市无线电管理局、江南造船(集团)公司、上海市电力公司等单位代表作交流发言；工作党委、经济信息化委领导、系统归口单位党组织负责人、基层党员代表、离退休党员代表、机关处室负责人参加会议。

29日 市网安办召开上海市重要信息系统世博会信息安全保障工作会议，通报和总结前期保障工作情况，部署下阶段工作任务。会议要求，进一步加强上海市重要信息系统世博会信息安全保障工作，圆满完成世博会信息安全保障任务，努力实现信息安全保障目标。

28-29日 上海、江苏、浙江、安徽信用办(征信办)在上海嘉定召开长三角区域信用体系专题组第十一次例会，分别听取工作计划介绍，就年内有关合作事项进行研究，并对本年度的重点合作任务进行研讨。市经济信息化委副主任、市征信办常务副主任陈跃华，江苏省经济信息化委副主任李春江，浙江省信用办副主任钱建鑫，安徽省发改委副主任张天培，以及三省一市信用办(征信办)有关同志参加会议。

7月

1-3日 市经济信息化委主办的第一期“两化融合”高级培训班在上海经济党校举办。工信部副部长杨学山出席开班仪式并作主题报告。来自18个区县政府，近20家企业、10余个行业协会，以及高校、科研院所等单位共130余人参加本期培训班，培训学员涵盖上海推进“两化融合”的十大重点产业领域。

6日 市经济信息化委副主任陈跃华带队到世博园区调研世博园区内上汽集团纯电动和超级电容公交车基地运行情况。

6日 我国乃至亚洲首座大型海上风电场——东海大桥风电场正式并网发电，其二期工程的前期工作已获批准。首批清洁电力将优先供应世博园区。国家发改委副主任、国家能源局局长张国宝，上海市副市长艾宝俊等出席启动仪式。

7日 市经济信息化委召开专题会议，研究下半年产业经济运行工作，进一步明确工作重点和工作要求。市经济信息化委副主任周敏浩出席会议并讲话。

12日 上海市政府与中国航空工业集团公司签署共同投资发展民机航空电子产业合作框架协议。中共中央政治局委员、上海市委书记俞正声出席签约仪式。上海市市长韩正，工信部副部长苗圩、山东省副省长王军民、中国航空工业集团公司总经理林左鸣在仪式上分别致辞。副市长艾宝俊与林左鸣共同签署合作框架协议。中国商用飞机有限责任公司董事长张庆伟、总经理金壮龙，上海交通大学党委书记马德秀等出席仪式。仪式上，中航工业航空电子系统有限责任公司、闵行区政府、上海紫竹科学园区发展有限公司三方签署关于共同实施民机航电产业化项目合作协议。中航工业航空电子系统有限责任公司、上海仪电控股(集团)有限公司、上海国盛(集团)有限公司、上海紫江创业投资有限公司、烟台蓝天投资控股有限公司、上海闵航投资建设有限公司六方签署关于共同投资组建民机航电产业公司的合作协议。

12日 市经济信息化委在青浦区召开“千村万户”农村信息化培训普及工程推进会。

14日 市经济信息化委主任王坚主持召开主任办公会议。会上，王坚传达九届市委十二次全会精神，并对全力以赴落实委下半年各项工作提出要求。会议听取关于高新技术产业化三季度工作要点以及有关活动安排情况的汇报、上海市开展争创“国家新型工业化产业基地”活动有关工作情况的汇报、关于2010年上海市领军人才选拔推荐人选、委内事业单位调整工作和成立智能电网产业推进办公室的情况汇报、关于提交“全国工业和信息化主管部门负责同志座谈会”交流、参阅材料及工作党委、经济信息化委年中会议工作报告的情况汇报。会议还通报近期市委、市政府有关会议精神并对有关工作作出部署。

15日 长三角地区CA交叉互认工作座谈会在上海召开。工信部信息安全协调司副司长欧阳武、上海市经济信息化委副主任陈跃华出席会议并讲话。上海、浙江、江苏、安徽四地工业和信息化主管部门有关负责人和四地CA机构负责人参加会议。

15日 市经济信息化工作党委、经济信息化委组织开展“市区企联动发展暨央企看杨浦”活动。20多家中央在沪企业党政领导考察了杨浦区创智天地、新江湾城等地，并与杨浦党政班子成员进行互动交流，共商合作大计为推动中央在沪企业更好对接区县经济发展，合力促进经济发展方式转变。党委书记潘志纯参加活动。杨浦区委副书记、区长金兴明介绍杨浦区经济社会发展情况，并陪同考察。

16日 市经济信息化工作党委、经济信息化委召开机关年中工作会议，学习贯彻九届市委十二次全会精神，总结上半年工作，部署下半年任务。党委书记潘志纯传达九届市委十二次全会精神，并对下半年工作提出要求。党委副书记、市经济信息化委主任王坚，党委副书记张金康分别对上半年工作进行了总结，对下半年任务进行安排部署。

19日 “上海市推动电子商务企业创新发展推动中小企业应用电子商务工作会议”在上海智力产业园举行。

20日 市经济信息化委召开上半年经济运行分析会，上海市工业各控股（集团）公司分管领导和经济运行部门负责人、各区县经委分管主任等参加会议。市经济信息化委副主任周敏浩出席会议并讲话。会议通报上半年全市产业经济运行情况、电力迎峰度夏形势和工作安排，浦东新区、闵行区、上海石化、电气集团代表作交流发言。

21日 市经济信息化工作党委召开统战工作专题会议。党委书记潘志纯要求统战工作要紧紧围绕党委中心工作，特别是九大高新技术领域展开，准确定位统战工作对象，探索统战工作规律。

22-25日 全国工业和信息化主管部门负责同志座谈会在上海召开。工信部党组书记、部长李毅中在会上作题为“把握形势、攻坚克难、狠抓落实，加快发展方式转变和产业结构调整”的专题报告。工信部党组副书记、副部长苗圩，党组成员、副部长娄勤俭，党组成员、中央纪委驻部纪检组组长郭炎炎，党组成员、国家烟草专卖局局长姜成康，党组成员、办公厅主任刘利华，党组成员、总工程师朱宏任，总工程师苏金生及上海市政府副秘书长肖贵玉出席会议。上海市副市长艾宝俊到会致辞，工信部党组副书记、副部长奚国华主持会议。全国各省、自治区、直辖市、计划单列市、副部级省会城市的工业和信息化主管部门负责人，单部分省市国防科工办负责人，工信部各司局主要负责人参加会议。

座谈会期间，原中国社科院工经所所长吕政作题为“转变工业发展方式的任务和途径”的辅导报告。上海市经济信息化委主任王坚及内蒙古经济信息化委、天津市经济信息化委、辽宁省中小企业厅负责人分别作交流发言。

25日 上海市政府与国家电网公司在沪正式签署《智能电网建设战略合作协议》。上海电气集团、上海市电力公司和中科院上海硅酸盐研究所共同签署《关于推进钠硫电池产业化的合作意向书》。中共中央政治局委员、市委书记俞正声出席签约仪式。市委副书记、市长韩正，国家电网公司党组书记、总经理刘振亚，中国科学院副院长阴和俊分别致辞。市经济信息化委副主任尚玉英等相关部门领导参加仪式。

25日 工信部部长李毅中，副部长奚国华、苗圩等一行来到世博园区，亲切慰问高温酷暑下坚守世博信息化运行和新能源车辆运行保障服务的一线员工。市政府副秘书长肖贵玉、市经济信息化工作党委书记潘志纯、市经济信息化委主任王坚等参加慰问。

27日 市经济信息化委主持召开市农村信息化培训普及工程工作小组年中工作会议。总结上半年工作情况，并讨论下半年工作计划。截至7月23日，全市已完成培训13370人、宣传普及183540人，分别占年度计划数的102.9%和91.8%。

8月

10日 市经济信息化工作党委召开“创先争优”领导小组第一次会议。会议明确要建立有效的推进机制，切实抓好系统“创先争优”工作。党委副书记、“创先争优”领导小组组长张金康，纪工委书记、副组长黄肇达，党委秘书长、副组长陈更等领导出席会议。

10日 市农村信息化培训普及工程工作小组召开实事项目年中工作推进会，总结上半年工作情况，并部署下半年工作。

12 日 市经济信息化工作党委书记潘志纯一行赴上海电力建设公司专题调研高技能人才工作。他要求系统各级党政领导要进一步重视高技能人才的培养和使用。

16 日 市经济信息化委主任王坚主持召开主任办公会议。会议听取关于委加强预算资金管理及信息公开工作的情况汇报、委审计进展情况的通报、关于制定信息服务业领域落实营业税差额征收实施方案的情况汇报、关于2010年“全球城市信息化论坛”筹备工作的情况汇报、关于市人大来委进行书面意见集中督办有关情况的通报、关于事业单位岗位设置管理工作方案的情况汇报。会上，王坚通报市政府常务会议精神，并对近期工作作出部署。

18 日 市经济信息化委会同市政府新闻办组织举行“感知上海”智能电网产业发展系列采访活动，介绍上海推进智能电网产业发展三年行动方案。

19 日 市总工会、市经济信息化工作党委、经济信息化委联合召开“上海加油（气）站‘创工人先锋号，为世博加油’立功竞赛活动表彰推进会”。市总工会副主席杜仁伟，市经济信息化工作党委副书记张金康，党委副巡视员、系统工会主席汪仲华出席会议。会上，中国石化上海石油分公司物流中心、中国石油上海销售公司、中国海洋石油上海星城中心加油站等单位作了交流发言。

20 日 市经济信息化纪工委召开系统廉政文化建设推进会。华东电网公司、中国电信上海公司、中国移动上海公司、上海市电力公司和市工商外国语学校代表作交流发言。

23 日 市经济信息化工作党委召开专题会议，贯彻落实全国和上海市人才工作会议精神，统筹系统人才队伍建设。党委书记潘志纯出席会议并对做好系统人才工作提出要求。

26 日 市经济信息化委主任王坚主持召开专题会议，研究推动上海市创意义产业发展和创意城市网络建设相关工作。

27 日 市网安办召集上海世博会信息安全决策咨询组专家开展“世博会信息安全中期评估”。市经济信息化委副主任陈跃华主持会议。原国家信息化专家委员会主任、国务院参事曲维枝，工程院院士沈昌祥、方滨兴，工信部信息安全协调司司长赵泽良，以及国家信息技术安全研究中心、国家计算机病毒应急处理中心、上海交大信息安全学院等领导出席会议。市网安办主要成员单位、三大电信基础运营商、世博信息化部的负责人等也参加会议。会前，各位专家实地察看世博信息安全防范工作，并进行认真地调研和了解。

30 日 市经济信息化委主任王坚主持召开主任办公会议。会议听取关于推进高新技术产业化“四个聚焦”工作的情况汇报、关于上半年上海市工业节能目标完成情况及下一步工作安排的情况汇报、关于上海市生产性服务业功能区建设和申报的情况汇报。纪工委书记黄肇达通报近期有关案件情况和进一步加大机关干部队伍建设的工作建议。秘书长戎之勤通报全国依法行政工作电视电话会议和上海市贯彻落实工作会议情况。副主任陈跃华通报胡锦涛等党和国家领导人以及市委、市政府主要领导对世博会进展情况及下一阶段工作安排的批示。王坚部署近期重点工作。

9 月

3 日 市经济信息化工作党委“创先争优”活动领导小组召开第二次会议，总结系统创先争优活动开展情况，部署下一阶段工作。党委书记潘志纯强调，“创先争优”既要重视一时一事，又不能只追求和满足于一时一事，要进一步提高自觉性，结合自身实际，针对自身特点，深入推进。

7 日 市政府召开市无线电管理委员会全体会议。副市长艾宝俊出席会议并讲话。他要求，各有关部门要抓紧总结前阶段形成的好机制、好做法，加强协同配合，形成合力，全力以赴做好世博会无线电安全保障工作，确保万无一失，确保年内重点任务顺利完成。同时要认真听取有关各方对无线电管理方面的意见建议，梳理共性问题，明晰下一步发展思路，做好无线电管理“十二五”规划编制工作。

7 日 市经济信息化委召开在沪央企服务工作例会，通报上半年上海市经济运行情况，分析下半年上海市产业发展走势。46家重点在沪央企联络员参加会议，部分央企联络员在会上交流本单位经济运行、编制“十二五”规划等情况。

10 日 市经济信息化工作党委召开三季度区县经济信息化委党委书记例会，交流各区县经济信息化委在“十二五”期间调结构、转方式的主要思路，部署党委系统企业文化建设研究会筹建工作和干部公开选拔等工作。党委书记潘志纯主持会议并讲话。

10 日 市经济信息化委主任王坚主持召开主任办公会议。会议听取关于加强专项资金管理和开展2011年预算编制工作情况、关于2010年公务员公开选调和2011年公务员招录工作的情况汇报、关于“创意城市”推进工作进展情况的汇报等。王坚对近期工作作出部署。

13 日 市经济信息化委主任王坚主持召开专题会议，研究重大产业投资项目推进情况。分析上海市重大产业投资项目和高新技术产业化项目的进展情况，研究下一步推进措施。市经济信息化委副主任尚玉英、秘书长戎之勤、总工程师马静出席会议。

13 日 市经济信息化工作党委召开系统三季度央企党委书记例会，部署系统关于“创先争优”、干部公开选拔、党建信息化等工作。党委书记潘志纯主持会议并讲话。市经济信息化委总工程师马静通报上海市高新技术产业化工作情况。会后，参观高新技术产业展。党委副书记张金康等领导参加例会。

14日 市经济信息化委主任王坚带队赴国家信息安全成果产业化（东部）基地调研。市经济信息化委副主任陈跃华，以及办公室、信息安全处，上海市计算机病毒防范服务中心及张江集团、上海八六三信息安全产业基地公司等相关企业负责人陪同参加调研。

15日 在徐汇区越界创意产业集聚区举行“创意后世博”为主题的2010上海国际创意产业活动周开幕式。市委常委、宣传部部长杨振武出席开幕式并宣布活动周开幕，副市长艾宝俊出席开幕式并致辞，市政府副秘书长肖贵玉，市经济信息化委主任王坚、副主任邵志清，联合国教科文组织副助理总干事嘉莉·萨乌玛女士和中国联合国教科文组织全国委员会副秘书长杜越出席仪式。同时，来自韩国首尔、日本神户、富山等设计之都的代表，京、津、渝直辖市代表，上海市相关委办局、区（县）政府、有关院校、创意设计企业、消费品制造企业和来自江苏、浙江、广东等省市的相关行业协会、设计类企业代表参加此次开幕式。

15日 市经济信息化委召开经济运行分析会。市经济信息化委副主任周敏浩出席会议并通报当前全市产业经济运行情况。

17日 市经济信息化工作党委、经济信息化委紧急召开安保工作会议，传达贯彻中央维稳领导小组密码电报精神和市委稳定工作会议精神。党委书记潘志纯主持会议并讲话。会议要求，切实做好值班和信息报送工作，并做好应急预案的准备。

17日 市经济信息化委召开专题会议，研究和分析今年及“十二五”期间上海市产业投资形势，落实调整产业投资结构的有关措施。

25日 以“信息化促进城市科学发展”为主题的2010全球城市信息化论坛在上海国际会议中心隆重开幕。全国政协副主席、科技部部长万钢到会作“用信息化促进现代化”主题演讲，联合国公共行政与发展司司长钱海燕代表联合国副秘书长沙祖康致辞，工信部副部长杨学山、上海市常务副市长杨雄出席大会并致辞，联合国助理秘书长卡洛斯·洛佩兹主持开幕式。来自全球五大洲40个国家、54个城市、49个国际组织的350多名专家和企业代表参加论坛。论坛是由联合国开发计划署、联合国经社事务部、原国家信产部、中科院和上海市政府共同发起的。

25日 市经济信息化委主任王坚出席开幕式并参加“信息化与工业化融合，促进绿色经济发展”主题论坛作了“深入推进信息化应用，提升产业发展能级”的演讲；副主任陈跃华出席联合国训练研究所全球培训中心网络年会；副主任刘健出席开幕式、主题论坛及电信移动专题分论坛和电子商务创新发展论坛；副主任邵志清出席软件测试会议。

25日 首个“国家电子商务综合创新实践区”落户浦东新区，区内唐镇同时获批成为“国家电子商务创新试点镇”。工信部副部长杨学山，市委常委、浦东新区区委书记徐麟出席授牌仪式。市委副秘书长、浦东新区区长姜梁，市经济信息化委主任王坚等出席仪式。

26日 市经济信息化委召开上海信息化“十二五”规划专家咨询会，邀请国家和上海的知名专家围绕上海信息化“十二五”规划进行讨论，推动上海以“智慧城市”为方向，加快实施“信息港”向“智能港”转变。上海市信息化专家委员会主任吴启迪主持会议。市经济信息化委副主任刘健出席会议并介绍上海信息化“十二五”规划的制定情况；国家信息化专家委副主任兼两化融合与信息化推进专委会主任杨国勋、中国互联网协会常务副理事长高新民、中国电信上海分公司总经理张维华等专家参加讨论；市发改委、市教委等有关部门和部分区（县）信息化委有关负责人参加会议。

经国家有关部门批准，莘庄工业区正式成为国家生态工业示范园区。由此，莘庄工业区成为全国第7家、上海首家国家生态工业示范园区。

26日 市工业合作联社召开长期从事集体经济工作者表彰会。市经济信息化工作党委书记潘志纯出席会议并讲话。他要求市工业合作联社在推进集体经济发展中进一步发挥重要作用，不断加强自身建设，增强服务能力。

27日 市经济信息化工作党委召开系统企业文化研究会发起人会议。会议通报系统企业文化研究会筹建情况，研究讨论拟提交会员大会通过的《上海市经济和信息化企业文化研究会章程》（草案）、研究会拟任负责人人选、《关于筹建上海市经济和信息化企业文化研究会的申请》、《上海市经济和信息化企业文化研究会经费管理规定》（草案）。党委书记、拟任会长潘志纯出席会议并讲话。

28日 市经济信息化工作党委、经济信息化委召开党政联席会议。党委书记潘志纯主持会议。会议传达学习习近平在上海调研时的重要讲话精神；听取干部公开选拔工作进展情况的汇报；研究贯彻落实《2010—2020年干部教育培训改革纲要》暨中组部电视电话会议精神的意见；听取加强近期世博安保社会面防控工作情况的汇报。

10月

12日 市经济和信息化工作党委召开系统党建信息化工作现场交流会。会议运用信息技术和视频网络等手段，直观地总结、展示、交流上海电信、上海航天局805所、上海石化、上海商学院等党建信息化先行先试单位的经验和做法；党委副书记张金康通过视频会议系统参加上海电建第二分公司陈家港项目党支部网上组织生活；党委书记潘志纯用飞信的形式对上海商学院1700名“小白菜”、“小蓝莓”表达致意和慰问，并参与系统党建网“党员社区”论坛讨论。

13日 市经济信息化委召开第四季度行政工作例会，总结前三季度各项工作推进情况，布置第四季度工作任务，确保实现全年和“十一五”各项目标完成，同时筹划好2011年和“十二五”开局起步工作。市经济信息化委主任王坚主持会议并讲话，副主任陈跃华通报有关世博保障工作，副主任刘健通报加强财政专项资金管理和做好2011年部门预算等工作。

15日 市经济信息化委主任王坚主持召开主任办公会议。会议听取关于修改《中共上海市委关于制定上海市国民经济和社会发展第十二个五年规划的建议》（征求意见稿）有关情况汇报、关于当前上海工业运行情况和全年预测情况汇报、关于2010年度软件和集成电路研究性课题项目资金计划编制情况汇报、关于2010“中国工业博览会”评奖工作筹备情况汇报、关于《上海市合同能源管理财政奖励办法》（草案）起草情况汇报。

18日 由中国时尚产业论坛、中国时尚同盟先锋设计发布等系列活动构成的中国时尚同盟时尚发布在上海长宁区正式拉开帷幕。副市长艾宝俊、市政府副秘书长肖贵玉出席开幕式，市经济信息化委主任王坚、副主任邵志清和中国纺织工业协会、长宁区有关领导以及上海市有关部门和单位代表参加此次开幕式。在开幕式上，中国时尚同盟与长宁区政府签署了战略合作框架协议，并发布《长宁时尚宣言》。

19日 市经济信息化机关党委召开党委会，学习党的十七届五中全会公报，传达上海市市级机关第四季度书记例会精神，研究机关党委第四季度党建工作。

21日 市经济信息化工作党委召开系统党员负责干部会议。会议由党委副书记、市经济信息化委主任王坚主持。党委副书记张金康传达党的十七届五中全会和全市党员负责干部会议精神。王坚提出三点要求：一要深入领会和准确把握全会精神实质，认真抓好传达、学习和贯彻；二要落实全会精神，全面做好市经济信息化系统“十二五”规划编制工作，积极参与全市“十二五”规划编制工作；三要全力以赴，扎扎实实做好当前各项重点工作。市经济信息化“两委”党员领导干部、机关各处室党员负责同志、系统单位党委（组）主要领导参加会议。

26日 “上海市云计算创新基地”揭牌成立，这是上海落实“云海计划”，打造云计算产业集聚区的平台与载体。副市长艾宝俊为创新基地揭牌。市政府副秘书长肖贵玉、市经济信息化委主任王坚、杨浦区区委书记陈寅、区长金兴明等领导，市相关委办以及云海产业联盟成员单位代表等参加仪式。

27日 市经济信息化工作党委召开系统“创先争优”活动推进会，并进行视频直播。会上，党委副书记、“创先争优”活动领导小组组长张金康讲话。上海电力浦东供电公司党委、中国电信上海公司党委工作部、外高桥造船有限公司加工部部件作业区电焊F班班长朱贺等分别代表单位和个人作交流发言。

27日 市经济信息化委召开经济运行分析会。市经济信息化委副主任周敏浩出席会议并通报当年前三个季度全市产业经济运行情况。

28日 市经济信息化委召开专题会议，研究上海市“十二五”信息化应用规划及近期相关重点工作推进措施。市经济信息化委主任王坚、副主任刘健、副巡视员施兴德出席会议。

28日 上海电气集团与印度信诚电力在上海举行超大电厂项目合同签字仪式，由上海电气制造的36台660兆瓦超临界火力发电机组将出口印度，合同金额高达82.9亿美元。这是印度历史上最大的进口合同，也是上海电气迄今为止承接的最大火电机组合同。副市长艾宝俊、市政府副秘书长肖贵玉等出席签约仪式。

30日 市经济信息化工作党委副书记、市经济信息化委主任王坚走进“政风行风热线”，与市民听众共话上海经济和信息化发展工作。

11月

1日 市经济信息化委主任王坚主持召开主任办公会议。会议听取关于起草委2011年工作要点的情况汇报、关于当前煤电油运保障和电力迎峰度冬工作的情况汇报、关于《上海市促进中小企业发展条例》（草案）、《上海市社会诚信体系建设专项资金管理办法》（草案）起草情况以及委规范性文件清理情况的汇报。王坚部署近期工作。

4日 市经济信息化工作党委召开中心组学习会，传达学习中纪委、中组部坚决刹住用人上不正之风通报精神。党委书记潘志纯主持会议。

8日 首届全球物联网产业发展（上海）论坛在上海国际会议中心隆重举行。副市长艾宝俊出席会议作主旨演讲，并按启象征“智慧地球”的光球为上海物联网产业联盟鼓劲。市政府副秘书长肖贵玉为上海物联网产业联盟揭牌，国家工信部科技司司长闻库介绍国家对物联网产业发展的有关政策。市经济信息化委主任王坚主持主论坛。同时，论坛还邀请国内一批著名专家和企业介绍物联网先进技术研发和应用经验。

9日 2010中国国际工业博览会在上海新国际博览中心隆重开幕。中共中央政治局委员、上海市市委书记俞正声出席并宣布开幕，上海市市委副书记、市长韩正，国家发改委副主任刘铁男分别致辞。工信部副部长杨学山、商务部副部长蒋耀平、科技部副部长杜占元、中国科学院副院长施尔畏、中国贸促会副会长王锦珍，上海市领导刘云耕、丁薛祥、徐麟、唐登杰、艾宝俊和部分兄弟省区市领导等出席。上海市委常委、常务副市长杨雄主持开幕式。市经济信息化委主任王坚等出席开幕式。

9-10日 市经济信息化工作党委、经济信息化委机关举办《机关基层组织工作条例》培训班暨"创先争优"、"学习型机关"创建工作推进会。

10日 中国联通在上海举行手机应用"沃商店"（wostore）上市发布会。市委副书记、市长韩正和中国联通董事长常小兵共同为中国联通手机应用商店揭牌，副市长艾宝俊、中国联通总经理陆益民出席并致辞。市政府秘书长姜平、副秘书长肖贵玉，市经济信息化委主任王坚、副主任刘健出席仪式。

10日 2010中国国际工业博览会——"移动互联网产业发展国际论坛"在上海召开。工信部副部长杨学山，全国政协常委、上海市经济团体联合会会长蒋以任出席论坛并致辞。市政府副秘书长肖贵玉、市经济信息化委主任王坚出席论坛。

12日 市经济信息化工作党委、经济信息化委召开系统干部大会，学习传达九届市委十三次全会精神，部署系统今冬明春重点工作。党委副书记、市经济信息化委主任王坚主持会议并讲话。会上，党委副书记张金康传达九届市委十三次全会精神。

16日 市经济和信息化工作党委召开党委会（扩大）。党委书记潘志纯主持会议。传达中央、市委领导对"11·15"特别重大火灾事故批示、市委专题会议和全市防火及安全生产电视电话紧急会议精神，研究系统贯彻落实意见；通报上海市党政代表团赴新疆考察工作情况，研究系统贯彻落实意见。

17日 市经济信息化工作党委召开系统重点安保和信访稳定单位工作会议，要求系统各单位即日起开展防火、安全生产大检查和不稳定因素大排查，坚决防止重大事故的发生。系统部分归口单位、直属单位的内保部门和信访部门负责人参加会议。

23日 工信部在上海召开"第十二届信息技术领域专利态势发布会"。工信部党组副书记、副部长奚国华出席会议并讲话，市政府副秘书长肖贵玉出席会议并致辞，市经济信息化委总工程师马静及工信部、国家知识产权局等有关部门负责人出席会议。会上，工信部科技司发布2010年信息技术领域专利态势报告。来自各地工业和信息化主管部门、国内企事业单位、行业协会以及国外公司的代表参加会议。

28日 市经济信息化委与市工商联联合主办"2010上海中小企业发展论坛"。市委常委、市委统战部部长杨晓渡，副市长、市促进中小企业发展工作领导小组组长艾宝俊出席论坛并为"上海市中小企业发展服务中心"揭牌，市政协副主席、市工商联主席王新奎，工信部中小企业司副司长许科敏等领导为上海"2010品牌中小企业"代表和"上海市中小企业信息化应用示范企业"代表授牌。论坛开幕式由市政府副秘书长肖贵玉主持。市经济信息化委主任王坚、总工程师马静分别作"坚持创新驱动，完善服务体系，促进上海中小企业转型发展"和"激发中小企业创新创业热情，为高新技术产业化增添动力"的讲话。上海市促进中小企业发展工作领导小组成员单位，各区（县），"专、精、特、新"中小企业代表，银行、担保、创投、行业协会负责人参加论坛。

30日 市政府召开上海市三网融合工作协调小组第一次全体会议。副市长、上海三网融合试点工作协调小组组长艾宝俊出席会议并讲话，市政府副秘书长肖贵玉主持会议。会上，市经济信息化委主任王坚就推进三网融合工作提出具体意见，副主任刘健汇报上海市三网融合工作推进情况。副市长艾宝俊为上海交通大学副校长张文军等12位专家颁发上海市三网融合工作专家聘书。上海市三网融合工作协调小组由市委宣传部、市经济信息化委、市文广影视局、市通信管理局、市发改委、市科委等18个部门组成，协调小组办公室设在市经济信息化委。

12月

6日 市经济信息化委主任王坚主持召开主任办公会议。会议听取关于委专项资金项目管理等4个工作规程编制情况的汇报、关于2010年度软件和集成电路专项资金第二批项目安排的情况汇报、关于2010年度市社会诚信体系建设专项资金项目安排的情况汇报、关于创意产业集聚区立项工作情况的汇报等。秘书长戎之勤通报今冬明春工作和委领导工作互补机制的设想。

7日 "2010上海推进高新技术产业化软件和信息服务业活动周开幕式暨企业家高峰论坛"隆重举行。副市长艾宝俊出席开幕式并讲话，市经济信息化委主任王坚宣读26家应用创新的信息服务业新业态、新模式优秀企业名单，市政府副秘书长肖贵玉为企业颁证。工信部软件司司长陈伟及上海市相关部门、区（县）政府领导出席开幕式。在企业家高峰论坛上，盛大集团、快钱公司、东软集团、金蝶软件、趋势科技等企业负责人先后发表演讲。上海市软件和信息服务业相关行业协会会员，软件和信息服务业产业基地、产业园区及软件和信息服务业企业代表参加开幕式和论坛。

7日 上海市电力公司总经理周永兴、工会主席黄效喜、副总工程师沈兆新等一行专程来到市经济信息化委送上锦旗，对市经济信息化委在世博期间给予上海市电力公司的坚强领导和大力支持表示感谢。

7日 市经济信息化工作党委书记潘志纯、副书记张金康一行到中国渔政东海总队渔政码头迎接再次赴钓鱼岛及附近海域维权渔巡航凯旋的中国渔政201船，并慰问全体渔政员。

8日 市经济信息化委与拜耳（中国）有限公司签署战略合作备忘录。副市长艾宝俊和德国拜耳材料科技公司董事长唐佩德出席签约仪式，市经济信息化委主任王坚与拜耳大中华区总裁柯尼希签署协议，市经济信息化委副主任尚玉英主持签约仪式。市发改委、市商务委、市安全监管局、上海化工区管委会、浦东新区等相关负责同志出席签约仪式。

10日 市经济信息化工作党委召开系统党委中心组联组学习会，专题学习党的十七届五中全会精神。会议邀请市委常委、常务副市长杨雄作题为"后世博效应与'十二五'上海产业发展"的辅导报告。党委书记潘志纯主持会议并讲话。党委中心组成员、系统中央在沪单位和直属单位党政主要负责人、市第九次党代会代表、机关副处级以上干部、区（县）经济信息化主管部门负责人等参加会议。

13日 第九届"上海IT青年十大新锐"评选结果揭晓，卜广齐等10人当选，王正军等10人荣获提名奖。副市长艾宝俊、市经济信息化工作党委书记潘志纯出席颁奖典礼，并为选手颁奖。团市委书记潘敏，上海移动公司董事长、总经理郑杰分别在颁奖典礼上致辞。

17日 市经济信息化委主任王坚主持召开主任办公会议。副主任周敏浩传达中央经济工作会议和全国发展和改革工作会议精神。听取关于委2011年一季度工作要点和2011年全委工作要点编制情况的汇报、关于市本级信息化项目预算审核工作情况的通报、关于中航民用航空电子有限公司组建情况的汇报等。王坚通报12月13日召开的市委常委会和12月15日召开的市党政干部会议精神；副主任尚玉英通报赴北京拜访工信部主要领导相关情况；副主任邵志清通报韩正市长在区（县）长座谈会上的讲话精神。

19日 市经济信息化委在长宁区红坊创意产业集聚区举行"行动·派——2010上海青年创意日"活动。与此同时，主办方还举行"创意日盛典"和获选人才的颁奖仪式。市政府副秘书长、市文化及创意产业领导小组办公室主任肖贵玉、市经济信息化工作党委书记潘志纯、团市委书记潘敏等有关领导出席活动并为获选人才颁奖。

21日 市经济信息化工作党委召开系统党建联系点党组织书记工作研讨会，对基层联系点明年工作提出要求。系统30家基层党建联系点党委书记参加会议。

22日 市经济信息化工作党委召开党委会（扩大）。党委书记潘志纯主持会议。会议传达学习九届市委十四次全会精神，研究系统贯彻落实意见，同时通报市委办公厅关于紧急信息报送的要求，研究部署近期工作安排。工作党委、经济信息化委领导班子成员出席会议。

27日 市经济信息化委与中国浦东干部学院举行《教育培训战略合作框架协议》签字仪式。根据协议，上海高新技术产业化展、上海科学节能展示馆首次以展示馆形式被中国浦东干部学院列入现场教学点。出席仪式的有中国浦东干部学院副院长王金定、市经济信息化委秘书长戎之勤、总工程师马静等。

30日 市经济信息化工作党委召开四季度央企党委书记例会。党委书记潘志纯主持会议。潘志纯同志传达中央经济工作会议、全国工业和信息化工作会议、九届市委十四次全会和市经济工作会议等一系列重要会议精神，并对系统进一步做好当前工作提出要求。会上，纪工委书记黄肇达传达全国党的基层组织党务公开电视电话会议精神，总结部署系统"五五"普法工作。

（王耀鑫）

2011·上海工业年鉴

SHANGHAI
INDUSTRIAL
YEARBOOK

2010年主要法律法规目录

中华人民共和国涉外民事关系法律适用法

（2010年10月28日第十一届全国人民代表大会常务委员会第十七次会议通过）

中华人民共和国社会保险法

（2010年10月28日第十一届全国人民代表大会常务委员会第十七次会议通过）

全国人民代表大会常务委员会关于修改《中华人民共和国著作权法》的决定

（2010年2月26日第十一届全国人民代表大会常务委员会第十三次会议通过）

国务院关于修改《中华人民共和国发票管理办法》的决定

（1993年12月12日国务院批准、1993年12月23日财政部令第6号发布　根据2010年12月20日《国务院关于修改〈中华人民共和国发票管理办法〉的决定》修订）

国务院关于修改《工伤保险条例》的决定

（2003年4月27日中华人民共和国国务院令第375号公布　根据2010年12月20日《国务院关于修改〈工伤保险条例〉的决定》修订）

国务院关于修改《中华人民共和国专利法实施细则》的决定

（2001年6月15日中华人民共和国国务院令第306号公布　根据2002年12月28日《国务院关于修改〈中华人民共和国专利法实施细则〉的决定》第一次修订　根据2010年1月9日《国务院关于修改〈中华人民共和国专利法实施细则〉的决定》第二次修订）

国务院关于进一步加强淘汰落后产能工作的通知

国发〔2010〕7号

各省、自治区、直辖市人民政府，国务院各部委、各直属机构：

为深入贯彻落实科学发展观，加快转变经济发展方式，促进产业结构调整和优化升级，推进节能减排，现就进一步加强淘汰落后产能工作通知如下：

一、深刻认识淘汰落后产能的重要意义

加快淘汰落后产能是转变经济发展方式、调整经济结构、提高经济增长质量和效益的重大举措，是加快节能减排、积极应对全球气候变化的迫切需要，是走中国特色新型工业化道路、实现工业由大变强的必然要求。近年来，随着加快产能过剩行业结构调整、抑制重复建设、促进节能减排政策措施的实施，淘汰落后产能工作在部分领域取得了明显成效。但是，由于长期积累的结构性矛盾比较突出，落后产能退出的政策措施不够完善，激励和约束作用不够强，部分地区对淘汰落后产能工作认识存在偏差、责任不够落实，当前我国一些行业落后产能比重大的问题仍然比较严重，已经成为提高工业整体水平、落实应对气候变化举措、完成节能减排任务、实现经济社会可持续发展的严重制约。必须充分发挥市场的作用，采取更加有力的措施，综合运用法律、经济、技术及必要的行政手段，进一步建立健全淘汰落后产能的长效机制，确保按期实现淘汰落后产能的各项目标。各地区、各部门要切实把淘汰落后产能作为全面贯彻落实科学发展观，应对国际金融危机影响，保持经济平稳较快发展的一项重要任务，进一步增强责任感和紧迫感，充分调动一切积极因素，抓住关键环节，突破重点难点，加快淘汰落后产能，大力推进产业结构调整和优化升级。

二、总体要求和目标任务

（一）总体要求。

1．发挥市场作用。充分发挥市场配置资源的基础性作用，调整和理顺资源性产品价格形成机制，强化税收杠杆调节，努力营造有利于落后产能退出的市场环境。

2．坚持依法行政。充分发挥法律法规的约束作用和技术标准的门槛作用，严格执行环境保护、节约能源、清洁生产、安全生产、产品质量、职业健康等方面的法律法规和技术标准，依法淘汰落后产能。

3．落实目标责任。分解淘汰落后产能的目标任务，明确国务院有关部门、地方各级人民政府和企业的责任，加强指导、督促和检查，确保工作落到实处。

4．优化政策环境。强化政策约束和政策激励，统筹淘汰落后产能与产业升级、经济发展、社会稳定的关系，建立健全促进落后产能退出的政策体系。

5．加强协调配合。建立主管部门牵头，相关部门各负其责、密切配合、联合行动的工作机制，加强组织领导和协调配合，形成工作合力。

（二）目标任务。

以电力、煤炭、钢铁、水泥、有色金属、焦炭、造纸、制革、印染等行业为重点，按照《国务院关于发布实施〈促进产业结构调整暂行规定〉的决定》（国发〔2005〕40号）、《国务院关于印发节能减排综合性工作方案的通知》（国发〔2007〕15号）、《国务院批转发展改革委等部门关于抑制部分行业产能过剩和重复建设引导产业健康发展若干意见的通知》（国发〔2009〕38号）、《产业结构调整指导目录》以及国务院制订的钢铁、有色金属、轻工、纺织等产业调整和振兴规划等文件规定的淘汰落后产能的范围和要求，按期淘汰落后产能。各地区可根据当地产业发展实际，制定范围更宽、标准更高的淘汰落后产能目标任务。

近期重点行业淘汰落后产能的具体目标任务是：

电力行业：2010年底前淘汰小火电机组5000万千瓦以上。

煤炭行业：2010年底前关闭不具备安全生产条件、不符合产业政策、浪费资源、污染环境的小煤矿8000处，淘汰产能2亿吨。

焦炭行业：2010年底前淘汰炭化室高度4.3米以下的小机焦（3.2米及以上捣固焦炉除外）。

铁合金行业：2010年底前淘汰6300千伏安以下矿热炉。

电石行业：2010年底前淘汰6300千伏安以下矿热炉。

钢铁行业：2011年底前，淘汰400立方米及以下炼铁高炉，淘汰30吨及以下炼钢转炉、电炉。

有色金属行业：2011年底前，淘汰100千安及以下电解

铝小预焙槽；淘汰密闭鼓风炉、电炉、反射炉炼铜工艺及设备；淘汰采用烧结锅、烧结盘、简易高炉等落后方式炼铅工艺及设备，淘汰未配套建设制酸及尾气吸收系统的烧结机炼铅工艺；淘汰采用马弗炉、马槽炉、横罐、小竖罐（单日单罐产量8吨以下）等进行焙烧、采用简易冷凝设施进行收尘等落后方式炼锌或生产氧化锌制品的生产工艺及设备。

建材行业：2012年底前，淘汰窑径3.0米以下水泥机械化立窑生产线、窑径2.5米以下水泥干法中空窑（生产高铝水泥的除外）、水泥湿法窑生产线（主要用于处理污泥、电石渣等的除外）、直径3.0米以下的水泥磨机（生产特种水泥的除外）以及水泥土（蛋）窑、普通立窑等落后水泥产能；淘汰平拉工艺平板玻璃生产线（含格法）等落后平板玻璃产能。

轻工业：2011年底前，淘汰年产3.4万吨以下草浆生产装置、年产1.7万吨以下化学制浆生产线，淘汰以废纸为原料、年产1万吨以下的造纸生产线；淘汰落后酒精生产工艺及年产3万吨以下的酒精生产企业（废糖蜜制酒精除外）；淘汰年产3万吨以下味精生产装置；淘汰环保不达标的柠檬酸生产装置；淘汰年加工3万标张以下的制革生产线。

纺织行业：2011年底前，淘汰74型染整生产线、使用年限超过15年的前处理设备、浴比大于1：10的间歇式染色设备，淘汰落后型号的印花机、热熔染色机、热风布铗拉幅机、定形机，淘汰高能耗、高水耗的落后生产工艺设备；淘汰R531型酸性老式粘胶纺丝机、年产2万吨以下粘胶生产线、湿法及DMF溶剂法氨纶生产工艺、DMF溶剂法腈纶生产工艺、涤纶长丝锭轴长900毫米以下的半自动卷绕设备、间歇法聚酯设备等落后化纤产能。

三、分解落实目标责任

（一）工业和信息化部、能源局要根据当前和今后一个时期经济发展形势以及国务院确定的淘汰落后产能阶段性目标任务，结合产业升级要求及各地区实际，商有关部门提出分行业的淘汰落后产能年度目标任务和实施方案，并将年度目标任务分解落实到各省、自治区、直辖市。各有关部门要充分发挥职能作用，抓紧制定限制落后产能企业生产、激励落后产能退出、促进落后产能改造等方面的配套政策措施，指导和督促各地区认真贯彻执行。

（二）各省、自治区、直辖市人民政府要根据工业和信息化部、能源局下达的淘汰落后产能目标任务，认真制定实施方案，将目标任务分解到市、县，落实到具体企业，及时将计划淘汰落后产能企业名单报工业和信息化部、能源局。要切实担负起本行政区域内淘汰落后产能工作的职责，严格执行相关法律、法规和各项政策措施，组织督促企业按要求淘汰落后产能、拆除落后设施装置，防止落后产能转移；对未按要求淘汰落后产能的企业，要依据有关法律法规责令停产或予以关闭。

（三）企业要切实承担起淘汰落后产能的主体责任，严格遵守安全、环保、节能、质量等法律法规，认真贯彻国家产业政策，积极履行社会责任，主动淘汰落后产能。

（四）各相关行业协会要充分发挥政府和企业间的桥梁纽带作用，认真宣传贯彻国家方针政策，加强行业自律，维护市场秩序，协助有关部门做好淘汰落后产能工作。

四、强化政策约束机制

（一）严格市场准入。强化安全、环保、能耗、物耗、质量、土地等指标的约束作用，尽快修订《产业结构调整指导目录》，制定和完善相关行业准入条件和落后产能界定标准，提高准入门槛，鼓励发展低消耗、低污染的先进产能。加强投资项目审核管理，尽快修订《政府核准的投资项目目录》，对产能过剩行业坚持新增产能与淘汰产能“等量置换”或“减量置换”的原则，严格环评、土地和安全生产审批，遏制低水平重复建设，防止新增落后产能。改善土地利用计划调控，严禁向落后产能和产能严重过剩行业建设项目提供土地。支持优势企业通过兼并、收购、重组落后产能企业，淘汰落后产能。

（二）强化经济和法律手段。充分发挥差别电价、资源性产品价格改革等价格机制在淘汰落后产能中的作用，落实和完善资源及环境保护税费制度，强化税收对节能减排的调控功能。加强环境保护监督性监测、减排核查和执法检查，加强对企业执行产品质量标准、能耗限额标准和安全生产规定的监督检查，提高落后产能企业和项目使用能源、资源、环境、土地的成本。采取综合性调控措施，抑制高消耗、高排放产品的市场需求。

（三）加大执法处罚力度。对未按期完成淘汰落后产能任务的地区，严格控制国家安排的投资项目，实行项目“区域限批”，暂停对该地区项目的环评、核准和审批。对未按规定期限淘汰落后产能的企业吊销排污许可证，银行业金融机构不得提供任何形式的新增授信支持，投资管理部门不予审批和核准新的投资项目，国土资源管理部门不予批准新增用地，相关管理部门不予办理生产许可，已颁发生产许可证、安全生产许可证的要依法撤回。对未按规定淘汰落后产能、被地方政府责令关闭或撤销的企业，限期办理工商注销登记，或者依法吊销工商营业执照。必要时，政府相关部门可要求电力供应企业依法对落后产能企业停止供电。

五、完善政策激励机制

（一）加强财政资金引导。中央财政利用现有资金渠道，统筹支持各地区开展淘汰落后产能工作。资金安排使用与各地区淘汰落后产能任务相衔接，重点支持解决淘汰落后产能有关职工安置、企业转产等问题。对经济欠发达地区淘汰落后产能工作，通过增加转移支付加大支持和奖励力度。各地区也要积极安排资金，支持企业淘汰落后产能。在资金申报、安排、使用中，要充分发挥工业、能源等行业主管部门的作用，加强协调配合，确保资金安排对淘汰落后产能产生实效。

（二）做好职工安置工作。妥善处理淘汰落后产能与职工就业的关系，认真落实和完善企业职工安置政策，依照相关法律法规和规定妥善安置职工，做好职工社会保险关系转移与接续工作，避免大规模集中失业，防止发生群体性事件。

（三）支持企业升级改造。充分发挥科技对产业升级的支撑作用，统筹安排技术改造资金，落实并完善相关税收优惠和金融支持政策，支持符合国家产业政策和规划布局的企业，运用高新技术和先进适用技术，以质量品种、节能降耗、环境保护、改善装备、安全生产等为重点，对落后产能进行改造。提高生产、技术、安全、能耗、环保、质量等国家标准和行业标准水平，做好标准间的衔接，加强标准贯彻，引导企业技术升级。对淘汰落后产能任务较重且完成较好的地区和企业，在安排技术改造资金、节能减排资金、投资项目核准备案、土地开发利用、融资支持等方面给予倾斜。对积极淘汰落后产能企业的土地开发利用，在符合国家土地管理政策的前提下，优先予以支持。

六、健全监督检查机制

（一）加强舆论和社会监督。各地区每年向社会公告本地区年度淘汰落后产能的企业名单、落后工艺设备和淘汰时限。工业和信息化部、能源局每年向社会公告淘汰落后产能企业名单、落后工艺设备、淘汰时限及总体进展情况。加强各地区、各行业淘汰落后产能工作交流，总结推广、广泛宣传淘汰落后产能工作先进地区和先进企业的有效做法，营造有利于淘汰落后产能的舆论氛围。

（二）加强监督检查。各省、自治区、直辖市人民政府有关部门要及时了解、掌握淘汰落后产能工作进展和职工安置情况，并定期向国家有关部门报告。工业和信息化部、发展改革委、财政部、能源局要组织有关部门定期对各地区淘汰落后产能工作情况进行监督检查，切实加强对重点地区淘汰落后产能工作的指导，并将进展情况报告国务院。

（三）实行问责制。将淘汰落后产能目标完成情况纳入地方政府绩效考核体系，参照《国务院批转节能减排统计监测及考核实施方案和办法的通知》（国发〔2007〕36号）对淘汰落后产能任务完成情况进行考核，提高淘汰落后产能任务完成情况的考核比重。对未按要求完成淘汰落后产能任务的地区进行通报，限期整改。对瞒报、谎报淘汰落后产能进展情况或整改不到位的地区，要依法依纪追究该地区有关责任人员的责任。

七、切实加强组织领导

建立淘汰落后产能工作组织协调机制，加强对淘汰落后产能工作的领导。成立由工业和信息化部牵头，发展改革委、监察部、财政部、人力资源社会保障部、国土资源部、环境保护部、农业部、商务部、人民银行、国资委、税务总局、工商总局、质检总局、安全监管总局、银监会、电监会、能源局等部门参加的淘汰落后产能工作部际协调小组，统筹协调淘汰落后产能工作，研究解决淘汰落后产能工作中的重大问题，根据“十二五”规划研究提出下一步淘汰落后产能目标并做好任务分解和组织落实工作。有关部门要认真履行职责，积极贯彻落实各项政策措施，加强沟通配合，共同做好淘汰落后产能的各项工作。地方各级人民政府要健全领导机制，明确职责分工，做到责任到位、措施到位、监管到位，确保淘汰落后产能工作取得明显成效。

附件：淘汰落后产能重点工作分工表

国务院

二〇一〇年二月

附件：淘汰落后产能重点工作分工表

序号	工 作 任 务	负责单位	参加单位
1	提出分行业的淘汰落后产能年度目标任务和实施方案，并分解落实到各省（区、市）	工业和信息化部、能源局分别负责	发展改革委、国土资源部、环境保护部、商务部、安全监管总局等相关部门
2	根据国家下达的淘汰落后产能目标任务，制定实施方案，将目标任务分解到市、县，落实到具体企业；将拟淘汰落后产能企业名单报工业和信息化部、能源局	各省、自治区、直辖市人民政府	

序号	工作任务	负责单位	参加单位
3	制定和完善落后产能界定标准	工业和信息化部、能源局分别负责	环境保护部、安全监管总局等相关部门
4	加强投资项目审核管理，严格环评、土地和安全生产审批，防止新增落后产能	发展改革委、工业和信息化部、国土资源部、环境保护部、安全监管总局、能源局分别负责	
5	支持优势企业通过兼并、收购、重组落后产能企业淘汰落后产能	工业和信息化部	发展改革委、国资委、能源局
6	完善差别电价政策，加大对落后产能执行差别电价的力度	发展改革委	工业和信息化部、财政部、电监会、能源局
7	推进资源性产品价格改革	发展改革委	工业和信息化部、财政部、能源局
8	落实和完善资源及环境保护税费制度，强化税收对节能减排的调控功能	财政部	发展改革委、工业和信息化部、国土资源部、环境保护部、税务总局、能源局
9	加强环境保护监督性监测、减排核查和执法检查	环境保护部	工业和信息化部、能源局
10	加强对企业执行产品质量标准情况的监督检查	质检总局	工业和信息化部
11	加强对企业执行产品能耗限额标准情况的监督检查	工业和信息化部、发展改革委、能源局	
12	加强对企业安全生产情况的监督检查	安全监管总局	
13	提高落后产能企业和项目的土地使用成本	国土资源部	
14	采取综合性调控措施，抑制高消耗、高排放产品的市场需求	发展改革委、商务部、财政部	工业和信息化部、能源局等相关部门
15	对未按期完成淘汰落后产能任务的地区严格控制国家安排的投资项目，实行项目“区域限批”	发展改革委、工业和信息化部、环境保护部、能源局等分别负责	
16	对未按规定期限淘汰落后产能的企业吊销排污许可证，银行业金融机构不得提供任何形式的新增授信支持，投资管理部门不予审批和核准新的投资项目，国土资源管理部门不予批准新增用地，相关管理部门不予办理生产许可，撤回已颁发的生产许可证、安全生产许可证	发展改革委、工业和信息化部、国土资源部、环境保护部、人民银行、质检总局、安全监管总局、银监会、能源局分别负责	
17	对未按规定淘汰落后产能、被地方政府责令关闭或撤销的企业，限期办理工商注销登记，或者依法吊销工商营业执照	工商总局	
18	统筹支持各地区开展淘汰落后产能工作，加大对经济欠发达地区的支持和奖励力度	财政部	工业和信息化部、能源局
19	指导、督促地方和企业做好职工安置工作	人力资源社会保障部、发展改革委、财政部	工业和信息化部、能源局
20	提高生产、技术、安全、能耗、环保、质量等国家标准和行业标准水平，做好标准间的衔接，加强标准贯彻	质检总局、国家标准委、工业和信息化部、环境保护部、安全监管总局、能源局等分别负责	

序号	工 作 任 务	负责单位	参加单位
21	统筹安排技术改造资金，落实完善相关税收优惠和金融支持政策，支持对落后产能进行技术改造；对淘汰落后产能任务较重且完成较好的地区和企业，在安排技术改造资金、节能减排资金、投资项目核准备案、土地开发利用、融资支持等方面给予倾斜	发展改革委、工业和信息化部、财政部、国土资源部、人民银行、税务总局、安全监管总局、银监会、能源局分别负责	
22	支持积极淘汰落后产能企业的土地开发利用	国土资源部	
23	向社会公告本地区年度淘汰落后产能的企业名单、落后工艺设备和淘汰时限，定期向国务院有关部门报告工作进展情况	各省、自治区、直辖市人民政府	
24	向社会公告淘汰落后产能企业名单、落后工艺设备、淘汰时限及总体进展情况	工业和信息化部、能源局分别负责	
25	加强工作交流，宣传、推广淘汰落后产能工作先进地区和先进企业的有效做法	工业和信息化部、能源局分别负责	相关部门
26	对各地区淘汰落后产能工作情况进行监督检查，对任务完成情况进行考核，并将情况报告国务院	工业和信息化部、发展改革委、财政部、能源局	监察部、国土资源部、环境保护部、商务部、人民银行、工商总局、质检总局、安全监管总局、银监会、电监会
27	对瞒报、谎报淘汰落后产能进展情况或整改不到位的地区，依法追究该地区有关责任人员的责任	监察部	
28	建立淘汰落后产能工作部际协调机制	工业和信息化部	发展改革委、监察部、财政部、人力资源社会保障部、国土资源部、环境保护部、农业部、商务部、人民银行、国资委、税务总局、工商总局、质检总局、安全监管总局、银监会、电监会、能源局
29	根据“十二五”规划研究提出下一步淘汰落后产能的目标	工业和信息化部、能源局分别负责	相关部门

国务院关于促进企业兼并重组的意见

国发〔2010〕27 号

各省、自治区、直辖市人民政府，国务院各部委、各直属机构：

为深入贯彻落实科学发展观，切实加快经济发展方式转变和结构调整，提高发展质量和效益，现就加快调整优化产业结构、促进企业兼并重组提出以下意见：

一、充分认识企业兼并重组的重要意义

近年来，各行业、各领域企业通过合并和股权、资产收购等多种形式积极进行整合，兼并重组步伐加快，产业组织结构不断优化，取得了明显成效。但一些行业重复建设严重、产业集中度低、自主创新能力不强、市场竞争力较弱的问题仍很突出。在资源环境约束日益严重、国际间产业竞争更加激烈、贸易保护主义明显抬头的新形势下，必须切实推进企业兼并重组，深化企业改革，促进产业结构优化升级，加快转变发展方式，提高发展质量和效益，增强抵御国际市场风险能力，实现可持续发展。各地区、各有关部门要把促进企业兼并重组作为贯彻落实科学发展观，保持经济平稳较快发展的重要任务，进一步统一思想，正确处理局部与整体、当前与长远的关系，切实抓好促进企业兼并重组各项工作部署的贯彻落实。

二、主要目标和基本原则

（一）主要目标。

通过促进企业兼并重组，深化体制机制改革，完善以公有制为主体、多种所有制经济共同发展的基本经济制度。加快国有经济布局和结构的战略性调整，健全国有资本有进有退的合理流动机制，鼓励和支持民营企业参与竞争性领域国有企业改革、改制和改组，促进非公有制经济和中小企业发展。兼并重组企业要转换经营机制，完善公司治理结构，建立现代企业制度，加强和改善内部管理，加强技术改造，推进技术进步和自主创新，淘汰落后产能，压缩过剩产能，促进节能减排，提高市场竞争力。

进一步贯彻落实重点产业调整和振兴规划，做强做大优势企业。以汽车、钢铁、水泥、机械制造、电解铝、稀土等行业为重点，推动优势企业实施强强联合、跨地区兼并重组、境外并购和投资合作，提高产业集中度，促进规模化、集约化经营，加快发展具有自主知识产权和知名品牌的骨干企业，培养一批具有国际竞争力的大型企业集团，推动产业结构优化升级。

（二）基本原则。

1. 发挥企业的主体作用。充分尊重企业意愿，充分调动企业积极性，通过完善相关行业规划和政策措施，引导和激励企业自愿、自主参与兼并重组。

2. 坚持市场化运作。遵循市场经济规则，充分发挥市场机制的基础性作用，规范行政行为，由企业通过平等协商、依法合规开展兼并重组，防止“拉郎配”。

3. 促进市场有效竞争。统筹协调，分类指导，促进提高产业集中度，促进大中小企业协调发展，促进各种所有制企业公平竞争和优胜劣汰，形成结构合理、竞争有效、规范有序的市场格局。

4. 维护企业与社会和谐稳定。严格执行相关法律法规和规章制度，妥善解决企业兼并重组中资产债务处置、职工安置等问题，依法维护债权人、债务人以及企业职工等利益主体的合法权益，促进企业、社会的和谐稳定。

三、消除企业兼并重组的制度障碍

（一）清理限制跨地区兼并重组的规定。为优化产业布局、进一步破除市场分割和地区封锁，要认真清理废止各种不利于企业兼并重组和妨碍公平竞争的规定，尤其要坚决取消各地区自行出台的限制外地企业对本地企业实施兼并重组的规定。

（二）理顺地区间利益分配关系。在不违背国家有关政策规定的前提下，地区间可根据企业资产规模和盈利能力，签订企业兼并重组后的财税利益分成协议，妥善解决企业兼并重组后工业增加值等统计数据的归属问题，实现企业兼并重组成果共享。

（三）放宽民营资本的市场准入。切实向民营资本开放法律法规未禁入的行业和领域，并放宽在股权比例等方面的限制。加快垄断行业改革，鼓励民营资本通过兼并重组等方式进入垄断行业的竞争性业务领域，支持民营资本进入基础设施、公共事业、金融服务和社会事业相关领域。

四、加强对企业兼并重组的引导和政策扶持

（一）落实税收优惠政策。研究完善支持企业兼并重组的财税政策。对企业兼并重组涉及的资产评估增值、债务重组收益、土地房屋权属转移等给予税收优惠，具体按照财政部、税务总局《关于企业兼并重组业务企业所得税处理若干问题的通知》（财税〔2009〕59号）、《关于企业改制重组若干契税政策的通知》（财税〔2008〕175号）等规定执行。

（二）加强财政资金投入。在中央国有资本经营预算中设立专项资金，通过技改贴息、职工安置补助等方式，支持中央企业兼并重组。鼓励地方人民政府通过财政贴息、信贷奖励补助等方式，激励商业银行加大对企业兼并重组的信贷支持力度。有条件的地方可设立企业兼并重组专项资金，支持本地区企业兼并重组，财政资金投入要优先支持重点产业调整和振兴规划确定的企业兼并重组。

（三）加大金融支持力度。商业银行要积极稳妥开展并购贷款业务，扩大贷款规模，合理确定贷款期限。鼓励商业银行对兼并重组后的企业实行综合授信。鼓励证券公司、资产管理公司、股权投资基金以及产业投资基金等参与企业兼并重组，并向企业提供直接投资、委托贷款、过桥贷款等融资支持。积极探索设立专门的并购基金等兼并重组融资新模式，完善股权投资退出机制，吸引社会资金参与企业兼并重组。通过并购贷款、境内外银团贷款、贷款贴息等方式支持企业跨国并购。

（四）支持企业自主创新和技术进步。支持有条件的企业建立企业技术中心，提高研发水平和自主创新能力，加快科技成果向现实生产力转化。大力支持兼并重组企业技术改造和产品结构调整，优先安排技术改造资金，对符合国家产业政策的技术改造项目优先立项。鼓励和引导企业通过兼并重组淘汰落后产能，切实防止以兼并重组为名盲目扩张产能和低水平重复建设。

（五）充分发挥资本市场推动企业重组的作用。进一步推进资本市场企业并购重组的市场化改革，健全市场化定价机制，完善相关规章及配套政策，支持企业利用资本市场开展兼并重组，促进行业整合和产业升级。支持符合条件的企业通过发行股票、债券、可转换债等方式为兼并重组融资。鼓励上市公司以股权、现金及其他金融创新方式作为兼并重组的支付手段，拓宽兼并重组融资渠道，提高资本市场兼并重组效率。

（六）完善相关土地管理政策。兼并重组涉及的划拨土地符合划拨用地条件的，经所在地县级以上人民政府批准可继续以划拨方式使用；不符合划拨用地条件的，依法实行有偿使用，划拨土地使用权价格可依法作为土地使用权人的权益。重点产业调整和振兴规划确定的企业兼并重组项目涉及的原生产经营性划拨土地，经省级以上人民政府国土资源部门批准，可以国家作价出资（入股）方式处置。

（七）妥善解决债权债务和职工安置问题。兼并重组要严格依照有关法律规定和政策妥善分类处置债权债务关系，落实清偿责任，确保债权人、债务人的合法利益。研究债务重组政策措施，支持资产管理公司、创业投资企业、股权投资基金、产业投资基金等机构参与被兼并企业的债务处置。切实落实相关政策规定，积极稳妥解决职工劳动关系、社会保险关系接续、拖欠职工工资等问题。制定完善相关政策措施，继续支持国有企业实施主辅分离、辅业改制和分流安置富余人员。认真落实积极的就业政策，促进下岗失业人员再就业，所需资金从就业专项资金中列支。

（八）深化企业体制改革和管理创新。鼓励兼并重组企业进行公司制、股份制改革，建立健全规范的法人治理结构，转换企业经营机制，创新管理理念、管理机制和管理手段，加强和改善生产经营管理，促进自主创新，提高企业市场竞争力。

五、改进对兼并重组的管理和服务

（一）做好信息咨询服务。加快引进和培养熟悉企业并购业务特别是跨国并购业务的专门人才，建立促进境内外并购活动的公共服务平台，拓宽企业兼并重组信息交流渠道，加强市场信息、战略咨询、法律顾问、财务顾问、资产评估、产权交易、融资中介、独立审计和企业管理等咨询服务，推动企业兼并重组中介服务加快专业化、规范化发展。

（二）加强风险监控。督促企业严格执行兼并重组的有关法律法规和政策，规范操作程序，加强信息披露，防范道德风险，确保兼并重组操作规范、公开、透明。深入研究企业兼并重组中可能出现的各种矛盾和问题，加强风险评估，妥善制定相应的应对预案和措施，切实维护企业、社会和谐稳定。有效防范和打击内幕交易和市场操纵行为，防止恶意收购，防止以企业兼并重组之名甩包袱、偷逃税款、逃废债务，防止国有资产流失。充分发挥境内银行、证券公司等金融机构在跨国并购中的咨询服务作用，指导和帮助企业制定境外并购风险防范和应对方案，保护企业利益。

（三）维护公平竞争和国家安全。完善相关管理办法，加强和完善对重大的企业兼并重组交易的管理，对达到经营者集中法定申报标准的企业兼并重组，依法进行经营者集中审查。进一步完善外资并购管理规定，建立健全外资并购国内企业国家安全审查制度，鼓励和规范外资以参股、并购方式参与国内企业改组改造和兼并重组，维护国家安全。

六、加强对企业兼并重组工作的领导

建立健全组织协调机制，加强对企业兼并重组工作的领导。由工业和信息化部牵头，发展改革委、财政部、人力资源社会保障部、国土资源部、商务部、人民银行、国资委、税务总局、工商总局、银监会、证监会等部门参加，成立企业兼并重组工作协调小组，统筹协调企业兼并重组工作，研究解决推进企业兼并重组工作中的重大问题，细化有关政策和配套措施，落实重点产业调整和振兴规划的相关要求，协调有关地区和企业做好组织实施。各地区要努力营造企业跨地区、跨行业、跨所有制兼并重组的良好环境，指导督促企业切实做好兼并重组有关工作。

附件：促进企业兼并重组任务分工表

国务院

二〇一〇年八月二十八日

附件：促进企业兼并重组任务分工表

序号	工　作　任　务	牵头单位	参加单位
1	清理取消阻碍企业兼并重组的规定。	工业和信息化部	各省、自治区、直辖市人民政府
2	放宽民营资本的市场准入。	工业和信息化部	发展改革委、国土资源部、工商总局、银监会等

序号	工 作 任 务	牵头单位	参加单位
3	完善和落实企业兼并重组的税收优惠政策。	财政部	税务总局
4	鼓励商业银行开展并购贷款业务，扩大贷款规模。鼓励商业银行对兼并重组后的企业实行综合授信。通过并购贷款、境内外银团贷款、贷款贴息等方式支持企业跨国并购。	银监会、人民银行	发展改革委、工业和信息化部、财政部
5	积极探索设立专门并购基金等兼并重组融资新模式，完善股权投资退出机制。支持符合条件的企业通过发行股票、债券、可转换债等为兼并重组融资。	证监会、发展改革委	工业和信息化部、财政部
6	在中央国有资本经营预算中设立专项资金，支持中央企业兼并重组。	财政部	国资委、发展改革委、工业和信息化部、商务部
7	鼓励地方人民政府通过财政贴息、信贷奖励补助等方式，激励商业银行加大对企业兼并重组的信贷支持力度。有条件的地方可设立企业兼并重组专项资金。	各省、自治区、直辖市人民政府	
8	进一步推进资本市场企业并购重组的市场化改革，健全市场化定价机制，完善相关规章及配套政策，支持企业利用资本市场开展兼并重组。鼓励上市公司以股权、现金及其他金融创新方式作为兼并重组的支付手段。	证监会	发展改革委、财政部、商务部、人民银行、银监会
9	完善土地使用优惠政策。	国土资源部	财政部
10	加大对兼并重组企业技术改造支持力度。支持有条件的企业建立企业技术中心。鼓励和引导企业通过兼并重组淘汰落后产能，切实防止以兼并重组为名盲目扩张产能和低水平重复建设。	发展改革委、工业和信息化部	财政部
11	研究债务重组政策措施，支持资产管理公司、创业投资企业、股权投资基金、产业投资基金等机构参与被兼并企业的债务处置。	财政部	发展改革委、人民银行、国资委、银监会
12	制订完善相关政策措施，继续支持国有企业实施主辅分离、辅业改制和分流安置富余人员。	财政部、国资委	人力资源社会保障部
13	落实积极的就业政策，促进下岗失业人员再就业。	人力资源社会保障部、财政部，各省、自治区、直辖市人民政府	国资委
14	建立促进境内外并购活动的公共服务平台	工业和信息化部	发展改革委、商务部、证监会
15	发挥境内银行、证券公司等金融机构在跨国并购中的咨询服务作用，指导和帮助企业制定境外并购风险防范和应对方案。	商务部	银监会、证监会、工业和信息化部、发展改革委等
16	督促企业严格执行有关法律法规和政策，规范操作程序，加强信息披露。有效防范和打击内幕交易和市场操纵行为，防止恶意收购，防止以企业兼并重组之名甩包袱、偷逃税款、逃废债务，防止国有资产流失。	工业和信息化部	发展改革委、财政部、商务部、国资委、人民银行、税务总局、工商总局、银监会、证监会

序号	工 作 任 务	牵头单位	参加单位
17	深入研究企业兼并重组中可能出现的各种矛盾和问题，加强风险评估，制定相应的应对预案	工业和信息化部	发展改革委、财政部、人力资源社会保障部、商务部、人民银行、国资委、银监会、证监会
18	对达到经营者集中法定申报标准的企业兼并重组，依法进行经营者集中审查	商务部	发展改革委、工业和信息化部、国资委等
19	完善相关管理办法，加强和完善对重大的企业兼并重组交易的管理	工业和信息化部	发展改革委、财政部、商务部、国资委、证监会
20	建立企业兼并重组工作部际协调机制	工业和信息化部	发展改革委、财政部、人力资源社会保障部、国土资源部、商务部、人民银行、国资委、税务总局、工商总局、银监会、证监会等

国务院关于加快培育和发展战略性新兴产业的决定

国发〔2010〕32号

各省、自治区、直辖市人民政府，国务院各部委、各直属机构：

战略性新兴产业是引导未来经济社会发展的重要力量。发展战略性新兴产业已成为世界主要国家抢占新一轮经济和科技发展制高点的重大战略。我国正处在全面建设小康社会的关键时期，必须按照科学发展观的要求，抓住机遇，明确方向，突出重点，加快培育和发展战略性新兴产业。现作出如下决定：

一、抓住机遇，加快培育和发展战略性新兴产业

战略性新兴产业是以重大技术突破和重大发展需求为基础，对经济社会全局和长远发展具有重大引领带动作用，知识技术密集、物质资源消耗少、成长潜力大、综合效益好的产业。加快培育和发展战略性新兴产业对推进我国现代化建设具有重要战略意义。

（一）加快培育和发展战略性新兴产业是全面建设小康社会、实现可持续发展的必然选择。我国人口众多、人均资源少、生态环境脆弱，又处在工业化、城镇化快速发展时期，面临改善民生的艰巨任务和资源环境的巨大压力。要全面建设小康社会、实现可持续发展，必须大力发展战略性新兴产业，加快形成新的经济增长点，创造更多的就业岗位，更好地满足人民群众日益增长的物质文化需求，促进资源节约型和环境友好型社会建设。

（二）加快培育和发展战略性新兴产业是推进产业结构升级、加快经济发展方式转变的重大举措。战略性新兴产业以创新为主要驱动力，辐射带动力强，加快培育和发展战略性新兴产业，有利于加快经济发展方式转变，有利于提升产业层次、推动传统产业升级、高起点建设现代产业体系，体现了调整优化产业结构的根本要求。

（三）加快培育和发展战略性新兴产业是构建国际竞争新优势、掌握发展主动权的迫切需要。当前，全球经济竞争格局正在发生深刻变革，科技发展正孕育着新的革命性突破，世界主要国家纷纷加快部署，推动节能环保、新能源、信息、生物等新兴产业快速发展。我国要在未来国际竞争中占据有利地位，必须加快培育和发展战略性新兴产业，掌握关键核心技术及相关知识产权，增强自主发展能力。

加快培育和发展战略性新兴产业具备诸多有利条件，也面临严峻挑战。经过改革开放30多年的快速发展，我国综合国力明显增强，科技水平不断提高，建立了较为完备的产业体系，特别是高技术产业快速发展，规模跻身世界前列，为战略性新兴产业加快发展奠定了较好的基础。同时，也面临着企业技术创新能力不强，掌握的关键核心技术少，有利于新技术新产品进入市场的政策法规体系不健全，支持创新创业的投融资和财税政策、体制机制不完善等突出问题。必须充分认识加快培育和发展战略性新兴产业的重大意义，进一步增强紧迫感和责任感，抓住历史机遇，加大工作力度，加快培育和发展战略性新兴产业。

二、坚持创新发展，将战略性新兴产业加快培育成为先导产业和支柱产业

根据战略性新兴产业的特征，立足我国国情和科技、产业基础，现阶段重点培育和发展节能环保、新一代信息技术、生物、高端装备制造、新能源、新材料、新能源汽车等产业。

（一）指导思想。

以邓小平理论和“三个代表”重要思想为指导，深入贯彻落实科学发展观，把握世界新科技革命和产业革命的历史机遇，面向经济社会发展的重大需求，把加快培育和发展战略性新兴产业放在推进产业结构升级和经济发展方式转变的突出位置。积极探索战略性新兴产业发展规律，发挥企业主体作用，加大政策扶持力度，深化体制机制改革，着力营造良好环境，强化科技创新成果产业化，抢占经济和科技竞争制高点，推动战略性新兴产业快速健康发展，为促进经济社会可持续发展作出贡献。

（二）基本原则。

坚持充分发挥市场的基础性作用与政府引导推动相结合。要充分发挥我国市场需求巨大的优势，创新和转变消费模式，营造良好的市场环境，调动企业主体的积极性，推进产学研用结合。同时，对关系经济社会发展全局的重要领域和关键环节，要发挥政府的规划引导、政策激励和组织协调作用。

坚持科技创新与实现产业化相结合。要切实完善体制机制，大幅度提升自主创新能力，着力推进原始创新，大力增强集成创新和联合攻关，积极参与国际分工合作，加强引进消化吸收再创新，充分利用全球创新资源，突破一批关键核心技术，掌握相关知识产权。同时，要加大政策支持和协调指导力度，造就并充分发挥高素质人才队伍的作用，加速创新成果转化，促进产业化进程。

坚持整体推进与重点领域跨越发展相结合。要对发展战略性新兴产业进行统筹规划、系统布局，明确发展时序，促进协调发展。同时，要选择最有基础和条件的领域作为突破口，重点推进。大力培育产业集群，促进优势区域率先发展。

坚持提升国民经济长远竞争力与支撑当前发展相结合。要着眼长远，把握科技和产业发展新方向，对重大前沿性领域及早部署，积极培育先导产业。同时，要立足当前，推进对缓解经济社会发展瓶颈制约具有重大作用的相关产业较快发展，推动高技术产业健康发展，带动传统产业转型升级，加快形成支柱产业。

（三）发展目标。

到 2015 年，战略性新兴产业形成健康发展、协调推进的基本格局，对产业结构升级的推动作用显著增强，增加值占国内生产总值的比重力争达到 8% 左右。

到 2020 年，战略性新兴产业增加值占国内生产总值的比重力争达到 15% 左右，吸纳、带动就业能力显著提高。节能环保、新一代信息技术、生物、高端装备制造产业成为国民经济的支柱产业，新能源、新材料、新能源汽车产业成为国民经济的先导产业；创新能力大幅提升，掌握一批关键核心技术，在局部领域达到世界领先水平；形成一批具有国际影响力的大企业和一批创新活力旺盛的中小企业；建成一批产业链完善、创新能力强、特色鲜明的战略性新兴产业集聚区。

再经过十年左右的努力，战略性新兴产业的整体创新能力和产业发展水平达到世界先进水平，为经济社会可持续发展提供强有力的支撑。

三、立足国情，努力实现重点领域快速健康发展

根据战略性新兴产业的发展阶段和特点，要进一步明确发展的重点方向和主要任务，统筹部署，集中力量，加快推进。

（一）节能环保产业。重点开发推广高效节能技术装备及产品，实现重点领域关键技术突破，带动能效整体水平的提高。加快资源循环利用关键共性技术研发和产业化示范，提高资源综合利用水平和再制造产业化水平。示范推广先进环保技术装备及产品，提升污染防治水平。推进市场化节能环保服务体系建设。加快建立以先进技术为支撑的废旧商品回收利用体系，积极推进煤炭清洁利用、海水综合利用。

（二）新一代信息技术产业。加快建设宽带、泛在、融合、安全的信息网络基础设施，推动新一代移动通信、下一代互联网核心设备和智能终端的研发及产业化，加快推进三网融合，促进物联网、云计算的研发和示范应用。着力发展集成电路、新型显示、高端软件、高端服务器等核心基础产业。提升软件服务、网络增值服务等信息服务能力，加快重要基础设施智能化改造。大力发展数字虚拟等技术，促进文化创意产业发展。

（三）生物产业。大力发展用于重大疾病防治的生物技术药物、新型疫苗和诊断试剂、化学药物、现代中药等创新药物大品种，提升生物医药产业水平。加快先进医疗设备、医用材料等生物医学工程产品的研发和产业化，促进规模化发展。着力培育生物育种产业，积极推广绿色农用生物产品，促进生物农业加快发展。推进生物制造关键技术开发、示范与应用。加快海洋生物技术及产品的研发和产业化。

（四）高端装备制造产业。重点发展以干支线飞机和通用飞机为主的航空装备，做大做强航空产业。积极推进空间基础设施建设，促进卫星及其应用产业发展。依托客运专线和城市轨道交通等重点工程建设，大力发展轨道交通装备。面向海洋资源开发，大力发展海洋工程装备。强化基础配套能力，积极发展以数字化、柔性化及系统集成技术为核心的智能制造装备。

（五）新能源产业。积极研发新一代核能技术和先进反应堆，发展核能产业。加快太阳能热利用技术推广应用，开拓多元化的太阳能光伏光热发电市场。提高风电技术装备水平，有序推进风电规模化发展，加快适应新能源发展的智能电网及运行体系建设。因地制宜开发利用生物质能。

（六）新材料产业。大力发展稀土功能材料、高性能膜材料、特种玻璃、功能陶瓷、半导体照明材料等新型功能材料。积极发展高品质特殊钢、新型合金材料、工程塑料等先进结构材料。提升碳纤维、芳纶、超高分子量聚乙烯纤维等高性能纤维及其复合材料发展水平。开展纳米、超导、智能等共性基础材料研究。

（七）新能源汽车产业。着力突破动力电池、驱动电机和电子控制领域关键核心技术，推进插电式混合动力汽车、纯电动汽车推广应用和产业化。同时，开展燃料电池汽车相关前沿技术研发，大力推进高能效、低排放节能汽车发展。

四、强化科技创新，提升产业核心竞争力

增强自主创新能力是培育和发展战略性新兴产业的中心环节，必须完善以企业为主体、市场为导向、产学研相结合的技术创新体系，发挥国家科技重大专项的核心引领作用，结合实施产业发展规划，突破关键核心技术，加强创新成果产业化，提升产业核心竞争力。

（一）加强产业关键核心技术和前沿技术研究。围绕经济社会发展重大需求，结合国家科技计划、知识创新工程和自然科学基金项目等的实施，集中力量突破一批支撑战略性新兴产业发展的关键共性技术。在生物、信息、空天、海洋、地球深部等基础性、前沿性技术领域超前部署，加强交叉领域的技术和产品研发，提高基础技术研究水平。

（二）强化企业技术创新能力建设。加大企业研究开发的投入力度，对面向应用、具有明确市场前景的政府科技计划项目，建立由骨干企业牵头组织、科研机构和高校共同参与实施的有效机制。依托骨干企业，围绕关键核心技术的研发和系统集成，支持建设若干具有世界先进水平的工程化平台，结合技术创新工程的实施，发展一批由企业主导，科研机构、高校积极参与的产业技术创新联盟。加强财税政策引导，激励企业增加研发投入。加强产业集聚区公共技术服务平台建设，促进中小企业创新发展。

（三）加快落实人才强国战略和知识产权战略。建立科研机构、高校创新人才向企业流动的机制，加大高技能人才队伍建设力度。加快完善期权、技术入股、股权、分红权等多种形式的激励机制，鼓励科研机构和高校科技人员积极从事职务发明创造。加大工作力度，吸引全球优秀人才来华创新创业。发挥研究型大学的支撑和引领作用，加强战略性新兴产业相关专业学科建设，增加急需的专业学位类别。改革人才培养模式，制定鼓励企业参与人才培养的政策，建立企校联合培养人才的新机制，促进创新型、应用型、复合型和技能型人才的培养。支持知识产权的创造和运用，强化知识产权的保护和管理，鼓励企业建立专利联盟。完善高校和科研机构知识产权转移转化的利益保障和实现机制，建立高效的知识产权评估交易机制。加大对具有重大社会效益创新成果的奖励力度。

（四）实施重大产业创新发展工程。以加速产业规模化发展为目标，选择具有引领带动作用，并能够实现突破的重点方向，依托优势企业，统筹技术开发、工程化、标准制定、市场应用等环节，组织实施若干重大产业创新发展工程，推动要素整合和技术集成，努力实现重大突破。

（五）建设产业创新支撑体系。发挥知识密集型服务业支撑作用，大力发展研发服务、信息服务、创业服务、技术交易、知识产权和科技成果转化等高技术服务业，着力培育新业态。积极发展人力资源服务、投资和管理咨询等商务服务业，加快发展现代物流和环境服务业。

（六）推进重大科技成果产业化和产业集聚发展。完善科技成果产业化机制，加大实施产业化示范工程力度，积极推进重大装备应用，建立健全科研机构、高校的创新成果发布制度和技术转移机构，促进技术转移和扩散，加速科技成果转化为现实生产力。依托具有优势的产业集聚区，培育一批创新能力强、创业环境好、特色突出、集聚发展的战略性新兴产业示范基地，形成增长极，辐射带动区域经济发展。

五、积极培育市场，营造良好市场环境

要充分发挥市场的基础性作用，充分调动企业积极性，加强基础设施建设，积极培育市场，规范市场秩序，为各类企业健康发展创造公平、良好的环境。

（一）组织实施重大应用示范工程。坚持以应用促发展，围绕提高人民群众健康水平、缓解环境资源制约等紧迫需求，选择处于产业化初期、社会效益显著、市场机制难以有效发挥作用的重大技术和产品，统筹衔接现有试验示范工程，组织实施全民健康、绿色发展、智能制造、材料换代、信息惠民等重大应用示范工程，引导消费模式转变，培育市场，拉动产业发展。

（二）支持市场拓展和商业模式创新。鼓励绿色消费、循环消费、信息消费，创新消费模式，促进消费结构升级。

扩大终端用能产品能效标识实施范围。加强新能源并网及储能、支线航空与通用航空、新能源汽车等领域的市场配套基础设施建设。在物联网、节能环保服务、新能源应用、信息服务、新能源汽车推广等领域，支持企业大力发展有利于扩大市场需求的专业服务、增值服务等新业态。积极推行合同能源管理、现代废旧商品回收利用等新型商业模式。

（三）完善标准体系和市场准入制度。加快建立有利于战略性新兴产业发展的行业标准和重要产品技术标准体系，优化市场准入的审批管理程序。进一步健全药品注册管理的体制机制，完善药品集中采购制度，支持临床必需、疗效确切、安全性高、价格合理的创新药物优先进入医保目录。完善新能源汽车的项目和产品准入标准。改善转基因农产品的管理。完善并严格执行节能环保法规标准。

六、深化国际合作，提高国际化发展水平

要通过深化国际合作，尽快掌握关键核心技术，提升我国自主发展能力与核心竞争力。把握经济全球化的新特点，深度开展国际合作与交流，积极探索合作新模式，在更高层次上参与国际合作。

（一）大力推进国际科技合作与交流。发挥各种合作机制的作用，多层次、多渠道、多方式推进国际科技合作与交流。鼓励境外企业和科研机构在我国设立研发机构，支持符合条件的外商投资企业与内资企业、研究机构合作申请国家科研项目。支持我国企业和研发机构积极开展全球研发服务外包，在境外开展联合研发和设立研发机构，在国外申请专利。鼓励我国企业和研发机构参与国际标准的制定，鼓励外商投资企业参与我国技术示范应用项目，共同形成国际标准。

（二）切实提高国际投融资合作的质量和水平。完善外商投资产业指导目录，鼓励外商设立创业投资企业，引导外资投向战略性新兴产业。支持有条件的企业开展境外投资，在境外以发行股票和债券等多种方式融资。扩大企业境外投资自主权，改进审批程序，进一步加大对企业境外投资的外汇支持。积极探索在海外建设科技和产业园区。制定国别产业导向目录，为企业开展跨国投资提供指导。

（三）大力支持企业跨国经营。完善出口信贷、保险等政策，结合对外援助等积极支持战略性新兴产业领域的重点产品、技术和服务开拓国际市场，以及自主知识产权技术标准在海外推广应用。支持企业通过境外注册商标、境外收购等方式，培育国际化品牌。加强企业和产品国际认证合作。

七、加大财税金融政策扶持力度，引导和鼓励社会投入

加快培育和发展战略性新兴产业，必须健全财税金融政策支持体系，加大扶持力度，引导和鼓励社会资金投入。

（一）加大财政支持力度。在整合现有政策资源和资金渠道的基础上，设立战略性新兴产业发展专项资金，建立稳定的财政投入增长机制，增加中央财政投入，创新支持方式，着力支持重大关键技术研发、重大产业创新发展工程、重大创新成果产业化、重大应用示范工程、创新能力建设等。加大政府引导和支持力度，加快高效节能产品、环境标志产品和资源循环利用产品等推广应用。加强财政政策绩效考评，创新财政资金管理机制，提高资金使用效率。

（二）完善税收激励政策。在全面落实现行各项促进科技投入和科技成果转化、支持高技术产业发展等方面的税收政策的基础上，结合税制改革方向和税种特征，针对战略性新兴产业的特点，研究完善鼓励创新、引导投资和消费的税收支持政策。

（三）鼓励金融机构加大信贷支持。引导金融机构建立适应战略性新兴产业特点的信贷管理和贷款评审制度。积极推进知识产权质押融资、产业链融资等金融产品创新。加快建立包括财政出资和社会资金投入在内的多层次担保体系。积极发展中小金融机构和新型金融服务。综合运用风险补偿等财政优惠政策，促进金融机构加大支持战略性新兴产业发展的力度。

（四）积极发挥多层次资本市场的融资功能。进一步完善创业板市场制度，支持符合条件的企业上市融资。推进场外证券交易市场的建设，满足处于不同发展阶段创业企业的需求。完善不同层次市场之间的转板机制，逐步实现各层次市场间有机衔接。大力发展债券市场，扩大中小企业集合债券和集合票据发行规模，积极探索开发低信用等级高收益债券和私募可转债等金融产品，稳步推进企业债券、公司债券、短期融资券和中期票据发展，拓宽企业债务融资渠道。

（五）大力发展创业投资和股权投资基金。建立和完善促进创业投资和股权投资行业健康发展的配套政策体系与监管体系。在风险可控的范围内为保险公司、社保基金、企业年金管理机构和其他机构投资者参与新兴产业创业投资和股权投资基金创造条件。发挥政府新兴产业创业投资资金的引导作用，扩大政府新兴产业创业投资规模，充分运用市场机制，带动社会资金投向战略性新兴产业中处于创业早中期阶段的创新型企业。鼓励民间资本投资战略性新兴产业。

八、推进体制机制创新，加强组织领导

加快培育和发展战略性新兴产业是我国新时期经济社会发展的重大战略任务，必须大力推进改革创新，加强组织领导和统筹协调，为战略性新兴产业发展提供动力和条件。

（一）深化重点领域改革。建立健全创新药物、新能源、资源性产品价格形成机制和税费调节机制。实施新能源配额制，落实新能源发电全额保障性收购制度。加快建立生产者责任延伸制度，建立和完善主要污染物和碳排放交易制度。

建立促进三网融合高效有序开展的政策和机制，深化电力体制改革，加快推进空域管理体制改革。

（二）加强宏观规划引导。组织编制国家战略性新兴产业发展规划和相关专项规划，制定战略性新兴产业发展指导目录，开展战略性新兴产业统计监测调查，加强与相关规划和政策的衔接。加强对各地发展战略性新兴产业的引导，优化区域布局、发挥比较优势，形成各具特色、优势互补、结构合理的战略性新兴产业协调发展格局。各地区要根据国家总体部署，从当地实际出发，突出发展重点，避免盲目发展和重复建设。

（三）加强组织协调。成立由发展改革委牵头的战略性新兴产业发展部际协调机制，形成合力，统筹推进。

国务院各有关部门、各省（区、市）人民政府要根据本决定的要求，抓紧制定实施方案和具体落实措施，加大支持力度，加快将战略性新兴产业培育成为先导产业和支柱产业，为我国现代化建设作出新的贡献。

国务院

二○一○年十月十日

铬化合物生产建设许可管理办法

中华人民共和国工业和信息化部令第 15 号

《铬化合物生产建设许可管理办法》已经 2010 年 8 月 13 日中华人民共和国工业和信息化部第 13 次部务会议审议通过，现予公布，自 2011 年 1 月 1 日起施行。

部长 李毅中

二○一○年九月十四日

第一章 总 则

第一条 为了加强对铬化合物生产建设许可的管理，保障公民生命健康安全，保护生态环境，规范铬化合物生产建设活动，根据《中华人民共和国行政许可法》和《国务院对确需保留的行政审批项目设定行政许可的决定》的规定，制定本办法。

第二条 在中华人民共和国境内新建、改建或者扩建铬化合物生产装置（以下简称铬化合物生产建设），应当依法取得《铬化合物生产建设许可证书》（以下简称《许可证书》）。

第三条 本办法所称铬化合物，是指以铬矿、碳素铬铁等含铬原料生产的铬酸盐、重铬酸盐、铬酸酐等产品，以及利用铬酸盐、重铬酸盐或者铬酸酐等生产的铬盐、铬氧化物等产品。

第四条 铬化合物生产建设应当遵循统筹规划、合理布局的原则。

第二章 申请与审查

第五条 从事铬化合物生产建设活动，应当具备下列条件：

（一）符合国家铬化合物生产建设规划布局。

（二）具有固定的场所。

（三）具有符合国家产业政策、标准的铬化合物生产装置以及含铬污染物（包括含铬渣料、液体和粉尘，下同）治理和综合利用设施。

（四）具有健全的安全生产、环境保护设施和管理制度。

（五）具有完善的质量管理体系。

（六）法律、行政法规规定的其他条件。

第六条 国务院工业和信息化主管部门委托省、自治区、直辖市工业和信息化主管部门（以下称省级工业和信息化主管部门）负责本行政区域内铬化合物生产建设许可的初审工作。

申请《许可证书》，应当向生产装置所在地省级工业和信息化主管部门提交下列材料：

（一）企业申请报告。

（二）企业法人营业执照副本复印件。

（三）企业主要负责人、安全生产管理人员任职安全资格证书复印件。

（四）安全生产、环境保护证明文件。

（五）质量管理体系的有效证明文件。

（六）项目可行性研究报告。

（七）项目土地使用证明或者土地规划意见。

（八）项目环境影响评价文件（包括含铬污染物治理和综合利用方案）及环境保护行政主管部门的批复文件。

（九）在役危险化学品生产装置安全评价报告、危险化学品建设项目安全许可意见书和重大危险源所在地安全生产监督管理部门同意备案文件。

（十）法律、行政法规规定的其他材料。

企业新建铬化合物生产项目申请《许可证书》的，不需提交前款第四项、第五项规定的文件和第九项的在役危险化学品生产装置安全评价报告。

申请人提供申请材料复印件的，应当同时提供申请材料原件。受理机关验证材料复印件的真实性后将材料原件退还申请人。

第七条 省级工业和信息化主管部门对申请人的申请材料进行初审。申请材料齐全、符合法定形式的，应当予以受理，并出具受理通知书；申请材料不齐全或者不符合法定形式的，应当当场或者在五个工作日内一次告知申请人需要补正的全部内容。

第八条 省级工业和信息化主管部门对申请材料进行审查，并自受理申请之日起五个工作日内将申请材料和初审意见报国务院工业和信息化主管部门。

第九条 国务院工业和信息化主管部门应当自省级工业和信息化主管部门受理申请之日起二十个工作日内作出行政许可决定；二十个工作日内不能作出行政许可决定的，经国务院工业和信息化主管部门负责人批准，可以延长十个工作日，并将延长期限的理由告知申请人。

第十条 国务院工业和信息化主管部门在作出行政许可决定的过程中，依法需要聘请专家对申请材料进行评审的，所需时间不计算在本办法第九条规定的期限内。

第十一条 国务院工业和信息化主管部门和省级工业和信息化主管部门（以下统称工业和信息化主管部门）在受理许可过程中需要对申请材料的实质内容进行核实或者需要核查申请人条件的，可以对申请人的有关情况进行实地查验，查验时应当指派两名以上工作人员进行。

申请人应当配合工业和信息化主管部门开展的查验活动。

第十二条 《许可证书》的内容包括：企业法人名称、法定代表人、注册地址、生产地址、许可品种、许可证编码、许可证有效日期等。

获得《许可证书》的企业名单，由国务院工业和信息化主管部门予以公告。

第三章　监督管理

第十三条 工业和信息化主管部门应当加强对被许可人的监督检查，依法查阅或者要求报送有关材料。被许可人应当予以配合，如实提供有关情况和材料。

第十四条 被许可人应当每年按许可条件要求进行自查，并于每年三月三十一日前将上一年度自查情况报告报省级工业和信息化主管部门，同时抄送国务院工业和信息化主管部门。被许可人自查情况报告作为《许可证书》有效期届满换证的参考。

被许可人自查情况报告应当包括下列内容：

（一）企业生产经营情况：铬化合物生产建设活动状况、含铬污染物治理和综合利用情况以及清洁生产审核、清洁生产水平等情况；

（二）企业发展变更情况：企业股权及注册资本变更，企业名称及资质变更，注册及生产场地变更，生产品种及能力变更，主要负责人变更等情况。

（三）企业管理能力建设情况：企业质量管理、安全生产、环境保护等制度建设及运行情况等。

第十五条 省级工业和信息化主管部门应当对自查情况报告进行审查。经审查，自查情况报告不符合要求的，由被许可人重新自查；重新自查后仍不符合要求的，由省级工业和信息化主管部门组织检查，并责令其整改。

第十六条 工业和信息化主管部门对被许可人实行监督检查时，应当记录监督检查的情况和处理结果，由监督检查人员和被许可人签字后归档。

第十七条 工业和信息化主管部门对被许可人进行监督检查，应当坚持公开、公平、公正的原则，不得妨碍被许可人正常的生产建设活动，不得收取任何费用。

第十八条 《许可证书》有效期为三年。

《许可证书》有效期届满企业需要继续从事铬化合物生产的，应当在有效期届满九十日前向省级工业和信息化主管部门提出延续申请，并提交下列材料：

（一）延续申请。

（二）企业法人营业执照副本复印件。

（三）质量管理体系的有效证明文件复印件。

（四）安全生产、环境保护证明文件复印件。

（五）铬化合物生产装置运行完好状况证明材料。

（六）含铬污染物治理和综合利用进展情况。

（七）清洁生产审核验收证明材料。

申请人提供申请材料复印件的，应当同时提供申请材料原件。受理机关验证材料复印件的真实性后将材料原件退还申请人。

第十九条 省级工业和信息化主管部门应当对延续申请材料予以审查，并在收到材料之日起三十日内将申请材料和审查意见报国务院工业和信息化主管部门。

经审查符合条件的，国务院工业和信息化主管部门准予延续换发新证；不符合条件的，不予换发，并书面告知申请人，说明理由。

第二十条 被许可人进行合并、分立、迁移导致许可条件变化的，应当依照本办法的规定重新申请办理《许可证书》。

第四章 法律责任

第二十一条 被许可人以欺骗、贿赂等不正当手段取得许可的，由国务院工业和信息化主管部门撤销其《许可证书》，并视情节轻重处一万元以上三万元以下罚款，该企业在三年内不得再次申请许可。

第二十二条 被许可人有下列情况之一的，由国务院工业和信息化主管部门责令限期改正，给予警告，并处三万元以下的罚款：

（一）涂改、倒卖、出租、出借或者以其他形式非法转让《许可证书》的。

（二）监督检查时，隐瞒有关情况，提供虚假材料或者拒绝提供反映其活动情况的真实材料的。

（三）监督检查不合格，限期整改仍不合格的。

第二十三条 未获得《许可证书》擅自新建、改建或者扩建铬化合物生产装置的，由国务院工业和信息化主管部门视情节轻重处一万元以上三万元以下罚款，并向社会公示。

第二十四条 被许可人有下列情况之一的，由国务院工业和信息化主管部门责令限期改正。改正期内，被许可人不得提出新的许可申请：

（一）产生的铬渣未按《铬渣污染综合整治方案》完成治理的或者当年产生的铬渣未进行无害化处置的。

（二）已许可项目没有通过竣工环境保护验收的；有重大污染事故或者不能稳定达标排放，被国家或者地方环境主管部门责令限期整改未完成的。

（三）未通过清洁生产审核验收的。

（四）存在违规建设项目，尚未按国家相关部门要求停工整改或者虽已整改但未完成的。

（五）有重大安全隐患或者安全生产条件不符合标准规定的。

第二十五条 对于未取得《许可证书》的企业，有关管理部门不得为其核发或者换发《工业产品生产许可证》等相关证书。

第二十六条 任何单位或者个人对违反《中华人民共和国行政许可法》和本办法的行为，有权向负有监督管理职责的部门举报。

第五章 附 则

第二十七条 本办法施行前已经建设铬化合物生产装置的，应当自本办法施行之日起一年内，依照本办法的规定申请《许可证书》。

第二十八条 《许可证书》包括正本和副本，正本、副本具有同等法律效力。

《许可证书》由国务院工业和信息化主管部门统一印制。

颁发、换发《许可证书》不得向被许可人收取费用。

第二十九条 本办法自 2011 年 1 月 1 日起施行。

上海市人民政府贯彻国务院关于促进中小企业发展若干意见的实施意见

沪府发〔2010〕11 号

各区、县人民政府，市政府各委、办、局：

中小企业是国民经济和社会发展的重要力量，是上海率先转变经济发展方式、实现科学发展的重要基础。进一步促进中小企业发展，是中央的重要决策。必须充分发挥市场机制和政府扶持的作用，更加关注民营、无主管部门中小企业的发展，更加关注科技型、创新型、成长型中小企业的培育，更加关注初创、小型微利企业的生存，更加关注中小企业在新兴领域、新型业态中的成长，更好地促进本市中小企业健康、持续和创新发展。为此，现结合实际，就贯彻《国务院关于进一步促进中小企业发展的若干意见》（国发〔2009〕

36号）提出如下实施意见：

一、进一步营造有利于中小企业发展的良好环境

（一）营造公平的中小企业发展环境。

推动本市促进中小企业发展的立法工作。（市政府法制办、市经济信息化委）

营造有利于中小企业发展的公开、公平、公正的政策环境。发挥市场配置资源的功能，支持中小企业公平享受各项企业扶持政策，公平获取各类社会资源，公平参与各类重大项目。（市发展改革委、市经济信息化委、市科委、市商务委）

进一步减轻中小企业社会负担，规范执收行为，继续清理整顿涉及中小企业的收费，严格执行收费项目公示制度。全面实行中小企业缴费登记卡制度，完善价格违法投诉举报制度，市、区县政府设立中小企业负担举报电话。（市物价局、市监察局、各区县政府）

支持中小企业参与国企开放性、市场化重组。聚焦装备、汽车、电子信息、医药、纺织、化工等产业领域，按照公平原则，围绕做强做大企业和发展产业的目标，支持中小企业以参股或控股方式，进行跨区域、跨所有制的市场重组。（市国资委、市经济信息化委）

（二）加大财税扶持力度。

完善中小企业财政扶持政策，加大对中小企业发展的资金支持力度。中小企业发展专项资金主要用于支持中小企业技术改造、鼓励中小企业发展与创新、提高中小企业经营管理水平、改善中小企业融资环境、扶持中小企业服务体系和服务平台建设等。其中用于小企业的专项资金比例不低于三分之一。（市经济信息化委、市财政局）

现有支持企业发展的相关专项资金要适当向中小企业倾斜，原则上不低于三分之一。发挥财政资金的引导作用，带动社会资金推动中小企业发展。各区县要加大对中小企业的支持力度，相应设立中小企业发展专项资金。（市经济信息化委、市发展改革委、市科委、市商务委、市财政局、各区县政府）

落实国家税收优惠政策。2010年1月1日至12月31日，对年应纳税所得额低于3万元（含3万元）的小型微利企业，其所得减按50%计入应纳税所得额，按20%的税率缴纳企业所得税。对于中小企业投资国家鼓励类项目，除《国内投资项目不予免税的进口商品目录》所列商品外，所需的进口自用设备以及按合同随设备进口的技术及配套件、备件，免征进口关税。中小企业缴纳城镇土地使用税确有困难的，可按有关规定向市地税局提出减免税申请。中小企业因有特殊困难不能按期纳税的，可依法申请在3个月内延期缴纳。严格执行税收征收管理法律法规，不得违规向中小企业提前征税或者摊派税款。（市地税局、市财政局）

（三）优化小企业创业环境。

继续落实《上海市人民政府关于进一步做好本市促进创业带动就业工作的若干意见》（沪府发〔2009〕1号），进一步优化政府服务，简化注册程序，扩大出资方式，提供创业场地便利；增加创业扶持的资金投入，加大小额贷款担保、大学生科技创业基金等融资支持的力度；支持发展各类创业园区，充分发挥创业孵化作用；普及开展创业意识教育，加强创业培训与能力提升；大力培育创业主体，拓展创业空间，完善创业服务，弘扬创业精神，营造有利于创业的社会氛围。完善鼓励科技创业的相关政策，加强科技企业孵化器建设，支持科研人员、高校毕业生等创办企业，强化科技创业。支持初创企业的发展。（市人力资源社会保障局、市工商局、市科委、市财政局、市教委）

二、支持中小企业参与“四个中心”建设

（四）鼓励中小企业参与上海国际金融中心建设。

鼓励民间资本投资银行、证券、保险、基金、信托、金融租赁、消费金融等金融行业；大力发展私募股权投资基金、风险投资、担保、典当、小额贷款公司等融资性服务机构；鼓励中小企业开展为金融业服务的会计审计、法律服务、资产评估、信用评级、投资咨询、金融咨询、金融外包服务等业务。（市金融办）

（五）鼓励中小企业参与上海国际航运中心建设。

鼓励中小企业参与航运产业发展，开展游轮（艇）经济、货物运输、船舶租赁、拖船作业等业务；参与现代航运服务业发展，开展航运融资、海损理算、航运交易、航运咨询、公证公估、航运保险经纪等业务；参与航运辅助服务业发展，开展码头服务、仓储服务、船舶代理、货运代理、报关服务、内陆运输服务、船舶供应服务、船员劳务中介等业务。（市建设交通委、市金融办、市口岸办）

（六）鼓励中小企业参与上海国际贸易中心建设。

鼓励中小企业参与商品货物流通相关产业发展，开展商品流通、批发、交易、口岸贸易等业务；参与商业购物相关产业发展，开展连锁经营、商务楼宇、商业零售等业务；参与贸易服务相关产业发展，开展商检、报关、理赔、会计、物流、会展服务、旅游经济、电子商务、采购中心及展贸平台建设等业务。（市商务委、市经济信息化委）

对符合条件、具有鉴证职能、从事代理业务的中介服务机构，其取得的全部收入可按规定在扣除支付给协作方的相关费用后计征营业税。对专业从事广告代理、货运代理、保险代理、报关代理的中介服务机构，其取得的收入可按规定在扣除支付给有关单位的费用后计征营业税。对举办或承办会展业务的中介服务机构，其直接向参展商收取的全部价款和价外费用可按规定在扣除支付给第三方的有关费用后计征营业税。降低对广告发布业务征收文化教育事业建设费的费率，合理确定征收范围。（市地税局、市财政局）

（七）支持中小企业发展高新技术产业。

发挥科技型中小企业创新能力强、运营机制灵活的优势，鼓励其发展高新技术产业，聚焦重点项目，形成产业化基地；加强专业对接，鼓励中小企业在新能源、民用航空制造业、先进重大装备、生物医药、电子信息制造业、新能源汽车、海洋工程装备、新材料、软件和信息服务业等领域加快发展。（市经济信息化委、市科委）

（八）支持中小企业发展新兴产业。

重点发展节能环保、现代农业、高端制造等列入国家和上海新兴产业目录的产业。支持创新型中小企业发展信息化与工业化融合催生的新型业态。重点发展下一代互联网技术、宽带移动无线技术、电子商务、网络信息服务、网络游戏、数字出版等互联网产业；重点发展智能变电站、新能源接入系统等电力电子、电力储能系统、智能电表及家域网、高温超导、特高压输变电设备、IC 和 IT 通信及软件等智能电网产业；重点发展芯片、传感器、识读设备、中间件、传输网络、应用服务等物联网产业；聚焦发展制造业专业服务、融资租赁、节能服务等生产性服务业；聚焦发展嵌入式软件、工业软件等软件业和电信、广电等信息服务业；聚焦发展工业设计、时尚设计、软件动漫设计等时尚创意产业；聚焦发展世博科技在世博会后相关产业的应用。经认定的符合条件的动漫企业自主开发、生产动漫产品，可申请享受国家鼓励软件产业发展的有关增值税和所得税优惠政策；动漫企业自主开发、生产动漫产品，涉及营业税应税劳务的，可按规定范围暂减按 3%的税率征收营业税。（市经济信息化委、市发展改革委、市农委、市地税局、市财政局）

（九）支持中小企业提高创新能力。

支持中小企业技术中心建设。加强中小企业知识产权保护，培育中小企业成为知识产权示范企业。依托研发公共服务平台等载体，支持中小企业技术创新，促进各类研发资源向中小企业开放。帮助中小企业提高创新能力，支持中小企业承接科研成果项目，推动科技创新与技术标准研发的良性互动，促进中小企业科技成果的转化和产业化。大力推进中小企业技术改造、节能减排和清洁生产。对纳入环境保护、节能节水企业所得税优惠目录的投资项目，按规定给予企业所得税优惠。加强中小企业标准体系建设，鼓励企业采用国际标准和国外先进标准，培育标准化示范企业，鼓励并资助中小企业承担制定国际、国家和行业标准的项目。（市经济信息化委、市科委、市质量技监局、市教委、市知识产权局、市地税局）

（十）鼓励中小企业向“专、精、特、新”方向发展。

继续推进中小企业百千万成长工程，支持中小企业为支柱产业专业化配套。到 2012 年，科技小巨人企业达到 200 家左右；细分行业领先，具有“专、精、特、新”特点的成长型中小企业达到 1000 家左右；中小型高新技术企业达到 2500 家左右。对经认定为国家重点扶持的高新技术企业的中小型企业，减按 15% 的税率征收企业所得税。（市科委、市经济信息化委、市地税局、市财政局）

三、切实缓解中小企业融资困难

（十一）拓宽中小企业直接融资渠道。

深化中小企业改制上市培育工程，健全市、区县中小企业改制上市培育工作机制，协调解决中小企业改制上市过程中遇到的问题，落实有关税收优惠政策，鼓励区县对中小企业改制上市相关费用给予资助。按国家统一部署，加快多层次资本市场建设，培育和规范发展产权交易市场，探索建立非上市公司股权转让市场，推动张江高科技园区企业进入代办股份转让系统。到 2012 年，重点推进 200 家中小企业改制，力争在各类资本市场上市的中小企业达到 100 家左右。（市经济信息化委、市科委、市金融办、市地税局）

大力发展创业投资、私募股权投资等各类投资机构，鼓励向本市高新技术企业及科技成果转化项目投资。发挥市创业投资风险救助专项资金的作用，通过政府支持，鼓励创业投资机构自愿提取风险准备金，用于化解创业投资风险。引导社会资金聚焦于本市高新技术产业化和现代服务业领域的中小企业，加大对中早期创业型、创新型和成长型企业的投资力度。（市发展改革委、市科委、市金融办、市财政局、市地税局）

推进中小企业发行集合债券和集合票据，开展中小企业信托融资试点，并对相关费用给予资助。（市经济信息化委、市发展改革委、市财政局）

（十二）改善中小企业间接融资服务。

鼓励各银行按银监会要求，尽快建立小企业金融服务专营机构，完善中小企业授信业务制度，提高贷款审批效率，创新金融产品和服务方式，推进小企业信贷网络服务平台建设，鼓励开展中小企业并购贷款业务，逐步推广股权质押融资、知识产权质押融资、保单质押融资、供应链融资和贸易融资等方式，逐步提高小企业中长期贷款及信用贷款的规模和比例。建立小企业贷款风险补偿资金，对金融机构发放小企业贷款按增量给予适度补助，对小企业不良贷款损失给予适度风险补偿。（市金融办、市财政局、市经济信息化委）

深化小额贷款公司和村镇银行试点工作，鼓励向初创期企业提供融资服务，对符合条件的，给予利息补贴。（市金融办、市人力资源社会保障局、市财政局）

鼓励保险机构开展中小企业贷款保证保险等业务。鼓励融资租赁、典当等融资方式在中小企业融资中发挥积极作用。（市金融办、市商务委、市经济信息化委）

（十三）完善中小企业融资担保体系。

鼓励各区县财政出资，与开发区、产业基地和企业联合组建区域性中小企业融资担保基金和担保机构。鼓励中小企业自愿建立互保联保融资机制，规范发展商业性融资担保机构，扩大全市融资担保业务的受益面。（各区县政府、市金融办、市经济信息化委）

增强政策性担保机构资本实力，完善政策性担保机构担保资金补充机制。综合运用资本注入、再担保风险分担、风险补偿和奖励补助等多种方式，提高各类担保机构对中小企业的融资担保能力。落实好对符合条件的中小企业信用担保机构免征营业税、准备金提取和代偿损失税前扣除的政策。（市金融办、市经济信息化委、市财政局、市地税局）

为中小企业和担保机构开展抵押物和出质的登记、确权、转让等提供优质服务。（市规划国土资源局、市住房保障房屋管理局、市金融办、市工商局）

充分发挥信用产品在中小企业融资中的作用。加快中小企业信用服务平台试点，建立适合中小企业特点的信用征集、比对、评价和共享机制，不断完善中小企业信用信息数据库建设。（市经济信息化委、市地税局、市工商局、市质量技监局、市人力资源社会保障局、市金融办）

四、支持中小企业开拓市场

（十四）支持中小企业拓展境内外市场。

支持中小企业参加境内外展会、开展各类体系产品认证和能力评定认可，鼓励运用电子商务开展经营活动，充分发挥中小企业国际市场开拓资金、中小外贸企业融资担保专项资金和出口信用保险的作用，提高中小企业市场开拓能力，增加市场交易机会。（市商务委、市经济信息化委、市财政局、市质量技监局）

加大对中小企业自主创新产品支持力度，完善本市重大技术装备首台（套）支持办法，鼓励中小企业申报市重大技术装备首台（套）业绩突破项目认定，支持中小企业首次订购或使用经认定的首台（套）业绩突破项目。（市经济信息化委、市发展改革委、市财政局、市建设交通委、市科委）

搭建合作交流平台，组织中小企业双向对接，鼓励中小企业加强与境内外企业的联合与协作。（市政府合作交流办、市经济信息化委）

（十五）支持中小企业创建自主品牌。

加大对中小企业品牌的培育力度，增强中小企业品牌意识，鼓励中小企业争创国际知名品牌、国家驰名商标和名牌产品、市著名商标和名牌产品。（市质量技监局、市工商局、市商务委、市经济信息化委、市财政局）

（十六）加大政府采购支持中小企业力度

落实《上海市政府采购促进中小企业发展的暂行办法》（沪财库〔2009〕51号），加大政府采购扶持中小企业力度，提高中小企业在政府采购项目的中标比例。（市财政局、市经济信息化委）

五、推动中小企业提高经营管理水平

（十七）加强对中小企业经营管理者的培训。

开展综合素质提升培训，提高中小企业经营管理者的管理水平、创新能力和社会责任意识，推动企业建立健全法人治理结构。（市经济信息化委）

（十八）引导中小企业诚信经营。

加强中小企业诚信体系建设，支持企业诚实守信经营，提高运营透明度，履行社会责任，逐步提升企业信用等级。（市经济信息化委、市工商局、市地税局、市人力资源社会保障局、市质量技监局）

（十九）加快推进中小企业管理信息化。

支持中小企业信息化建设。实施中小企业信息化应用推广工程，支持中小企业信息化公共平台建设，鼓励引导中小企业应用第三方电子信息平台开展产供销管理和交易活动，培育中小企业信息化应用示范企业。引导中小企业利用信息技术提高企业综合竞争力。（市经济信息化委）

（二十）引导中小企业提高质量管理水平。

在“上海市质量金奖”中，专设“中小企业”组别，鼓励中小企业追求卓越，不断提高质量管理水平，增强核心竞争力。加强对中小企业应用先进质量管理方法的培训，提高企业经营质量。（市质量技监局）

六、完善中小企业工作和服务体系

（二十一）加强对中小企业工作的指导、协调，推动政策落地。

成立由分管市领导牵头、相关委办局负责人参加的上海市促进中小企业发展工作领导小组，加强对本市中小企业工作的统筹规划、组织领导和政策协调。领导小组办公室设在市经济信息化委，由市促进中小企业发展协调办公室负责具体落实领导小组的部署，加强与市政府各职能部门的联系和业务对接，加强对全市促进中小企业发展工作的指导、协调和服务。（市经济信息化委）

市政府有关职能部门要在各自职责范围内，加强对中小企业的指导和服务，制定、宣传、解读和落实有关政策措施。

各区县要建立相应的组织机构和工作机制。

（二十二）建立全覆盖的中小企业服务体系。

建立市、区县中小企业服务机构。市中小企业服务机构归口市经济信息化委，区县中小企业服务机构归口区县经委（经济信息化委），提供“一站式”服务，重点开展政策咨询、信息发布、情况反馈、政策建议、权益保障等服务工作。(市经济信息化委、各区县政府)

进一步发挥各类社会中介组织和公共服务平台对中小企业发展的支持作用，支持中介组织壮大发展，多方联动，提高对中小企业的服务效率。(市经济信息化委、市商务委、市科委、市工商局、市发展改革委、市质量技监局、市社团管理局)

（二十三）建立中小企业统计监测制度。

建立健全中小企业的分类统计、运行监测和分析发布制度。对规模及限额以上中小企业，开展经营运行情况跟踪监测。(市统计局)

各区县政府、市有关部门要结合实际，尽快制定实施本意见的细则或措施，并切实抓好落实。

上海市人民政府

二〇一〇年四月三日

2011·上海工业年鉴

SHANGHAI
INDUSTRIAL
YEARBOOK

历年上海工业总产值及指数

单位：亿元

年份	工业总产值（亿元）			工业总产值指数（以1978年为100）		
	合计	轻工业	重工业	总指数	轻工业	重工业
1978	514.01	266.02	247.99	100.0	100.0	100.0
1979	556.30	290.78	265.52	108.6	109.7	107.6
1980	598.75	331.13	267.62	115.7	123.4	108.3
1981	620.12	360.12	260.00	120.0	135.9	104.6
1982	634.65	359.62	275.03	125.6	139.9	111.9
1983	663.53	363.92	299.61	134.4	147.6	121.8
1984	728.12	395.60	332.52	147.7	163.3	132.7
1985	862.73	456.59	406.14	167.7	184.3	151.9
1986	952.21	493.09	459.12	177.0	192.2	162.6
1987	1073.84	556.96	516.88	188.9	206.3	172.4
1988	1304.66	679.17	625.49	208.8	227.2	191.4
1989	1524.67	789.57	735.10	215.0	233.6	197.3
1990	1642.75	846.63	796.12	223.6	241.8	206.7
1991	1947.18	976.34	970.84	255.2	269.2	241.9
1992	2429.96	1132.75	1297.21	306.7	306.4	306.6
1993	3327.04	1401.33	1925.71	368.2	352.7	380.1
1994	4255.19	1890.12	2365.06	435.3	429.9	437.6
1995	5349.53	2432.67	2916.86	510.9	504.2	513.9
(1995)	(4547.47)	(2092.89)	(2454.57)			
1996	5126.22	2334.29	2791.73	590.1	568.7	606.4
1997	5649.93	2528.19	3121.74	675.7	640.4	704.1
1998	5763.67	2527.56	3236.11	728.5	657.7	788.7
1999	6213.24	2679.71	3533.53	805.1	709.1	887.5
2000	7022.98	2903.40	4119.59	913.7	782.2	1027.7
2001	7806.18	2986.59	4819.59	1063.8	865.2	1234.8
2002	8730.00	3169.30	5560.70	1219.1	934.7	1463.2
2003	11708.49	3550.80	8157.68	1601.9	1063.9	2061.3
2004	14595.29	3871.33	10723.97	1927.1	1268.2	2492.2
2005	16876.78	4299.31	12577.48	2195.0	1395.0	2873.5
2006	19631.23	4747.28	14883.94	2500.1	1494.0	3341.9
2007	23108.63	5318.85	17789.78	2892.6	1641.9	3926.7
2008	25968.38	5839.41	20128.96	3126.9	1770.0	4244.8
2009	24888.08	5663.34	19224.74	3227.0	1716.9	4457.0
2010	31038.57	6692.35	24346.22	3966.0	2025.9	5540.1

注：从1996年开始，工业总产值按新规定计算，括号内数为1995年新规定数。以下同。
资料来源：上海市统计局。

2010 年上海规模以上工业企业主要经济指标（一）

单位：万元

类 别	单位数	从业人员年平均人数	工业总产值现价	工业销售产值	出口交货值
总计	**16684**	**2916242**	**301144067**	**298381125**	**82042746**
按登记注册类型分					
内资	10556	1306954	117067335	116227262	10816769
国有	265	96038	17529941	17550195	323931
集体	525	57591	2445342	2434912	36658
股份合作	322	29566	1116315	1122705	64059
国有联营	10	1278	121715	118611	0
集体联营	24	3997	206913	208307	2558
国有与集体联营	57	8349	427769	422195	13167
其他联营	11	835	47452	44390	0
国有独资公司	71	39787	10249473	10235635	2754536
其他有限责任公司	1010	220877	21959525	21859821	2499305
股份有限公司	151	101037	27656035	27550658	2369348
私营独资	717	52786	2416693	2405803	114826
私营合伙	224	15272	604556	588626	24704
私营有限责任公司	6741	630526	29388511	28845211	2388782
私营股份有限公司	383	42754	2423462	2402197	142163
其他内资	45	6261	473635	437995	82733
港澳台商投资	1823	453388	53475394	52860904	29254034
合资经营（港或澳、台资）	469	114937	6755932	6684822	1928507
合作经营（港或澳、台资）	187	35907	1449053	1418209	568820
港澳台商独资	1129	274150	36708342	36269986	25827900
港澳台商投资股份有限公司	38	28394	8562069	8487887	928806
外商投资	4305	1155900	130601338	129292960	41971944
中外合资经营	1131	350412	59602823	58817345	8136491
中外合作经营	246	53718	3575902	3586911	923571
外商独资企业	2869	726791	63904674	63422134	31166611
外商投资股份有限公司	59	24979	3517939	3466569	1745271
按控股情况分					
国有控股	1013	467170	111905461	111279114	9552762
集体控股	958	126174	5904211	5894601	475164
私人控股	9007	905365	44823667	44031012	4026827
港澳台控股	1626	379158	43087387	42518920	28327958
外商控股	3830	980147	91028912	90282617	38944536
其他控股	250	58228	4394429	4374861	715499
按企业规模分					
大型企业	112	529012	128642015	127767835	49298846
中型企业	1638	1072840	92795528	91469458	21687751
小型企业	14934	1314390	79706523	79143831	11056149

资料来源：上海市统计局。

2010 年上海规模以上工业企业主要经济指标（二）

单位：万元

类　别	主营业务收入	主营业务成本	营业费用	主营业务税金及附加	利润总额
总计	**320840848**	**269377335**	**10612338**	**5780380**	**22996590**
按登记注册类型分					
内资	124652443	104790653	2695566	4161964	9287298
国有	18225299	12643857	182434	3217855	1717529
集体	2520691	2313702	30152	6098	81586
股份合作	1136099	994871	27031	10572	55831
国有联营	121277	105805	2824	157	6703
集体联营	216886	196424	1262	403	11707
国有与集体联营	427999	386070	6765	719	13627
其他联营	45870	41029	1043	64	285
国有独资公司	10255283	9284766	63756	21023	378645
其他有限责任公司	23823727	20835383	558097	71121	1257140
股份有限公司	32284015	27505429	752690	750641	3823085
私营独资	2485151	2069937	59362	8503	201958
私营合伙	602666	510676	13783	1226	38746
私营有限责任公司	29644771	25526971	889844	68651	1472906
私营股份有限公司	2428395	2016453	88816	4153	202067
其他内资	434316	359280	17708	779	25483
港澳台商投资	53633485	47994772	1221351	561107	2408392
合资经营（港或澳、台资）	6890597	5745462	252512	7516	486611
合作经营（港或澳、台资）	1440285	1183749	67187	2302	92483
港澳台商独资	36639830	33774067	809925	7940	1296139
港澳台商投资股份有限公司	8662773	7291495	91726	543350	533160
外商投资	142554920	116591909	6695421	1057309	11300900
中外合资经营	68397975	54934722	2649702	1011887	6972538
中外合作经营	3818745	3109454	221164	9219	243266
外商独资企业	66915728	55492367	3716010	30788	4095380
外商投资股份有限公司	3422472	3055367	108545	5415	-10283
按控股情况分					
国有控股	127430234	104941597	2624289	5580160	11306847
集体控股	6020203	5279968	122974	13335	335084
私人控股	45298448	38434573	1456667	108349	2738914
港澳台控股	42993473	39090742	1053944	11789	1793029
外商控股	94423018	77871849	5105505	56815	6337505
其他控股	4675472	3758607	248958	9933	485212
按企业规模分					
大型企业	141981272	120966151	2797574	5504699	10497209
中型企业	96199800	79189085	4993318	131731	7007913
小型企业	82659776	69222099	2821446	143950	5491468

资料来源：上海市统计局。

2010年上海规模以上工业企业主要经济指标（三）

单位：万元

类 别	税金总额	亏损企业亏损额	固定资产原价	其中：生产经营用	固定资产净值
总计	**13950073**	**1435942**	**150346494**	**139298081**	**80709523**
按登记注册类型分					
内资	8069716	491328	81967828	76889668	45490948
国有	4412292	120630	23909599	23032923	14196270
集体	78688	7510	562078	440905	280560
股份合作	46149	7357	374336	273016	200066
国有联营	4473	374	71992	60926	28522
集体联营	4268	110	57823	52574	24345
国有与集体联营	12214	3627	191946	157946	69800
其他联营	762	223	9050	3853	4510
国有独资公司	238063	42276	7565122	7355036	5166189
其他有限责任公司	739903	168660	12242348	11521331	7223949
股份有限公司	1590290	22016	27662268	27045745	12143423
私营独资	80225	6613	591845	429236	384208
私营合伙	17130	1430	165617	129261	107518
私营有限责任公司	769331	103366	7847453	5828926	5173814
私营股份有限公司	64244	6823	586200	453733	405882
其他内资	11686	314	130152	104259	81893
港澳台商投资	1369091	201016	16432313	15169086	7939796
合资经营（港或澳、台资）	171603	69612	3332016	2998721	1888095
合作经营（港或澳、台资）	32971	19926	700851	585347	304210
港澳台商独资	289797	107461	7661087	6930305	3837242
港澳台商投资股份有限公司	874720	4017	4738360	4654713	1910250
外商投资	4511266	743598	51946353	47239328	27278778
中外合资经营	3123065	136813	21030742	19454463	10459369
中外合作经营	100420	25640	1657905	1517824	712654
外商独资企业	1237651	475824	26690352	23806317	14376181
外商投资股份有限公司	50130	105321	2567354	2460723	1730575
按控股情况分					
国有控股	10073830	374627	86148374	83160058	45226555
集体控股	190088	22662	1575234	1275210	773775
私人控股	1198267	152724	12005686	9151095	7865989
港澳台控股	412376	167703	10170268	9136048	5059895
外商控股	1911579	697929	38164985	34493365	20589736
其他控股	163934	20298	2281948	2082307	1193573
按企业规模分					
大型企业	9101154	140053	70900429	68920866	35397638
中型企业	2516761	582252	46388627	43585915	25292881
小型企业	2332159	713637	33057439	26791300	20019004

资料来源：上海市统计局。

2010年上海规模以上工业企业主要经济指标（四）

单位：万元

类 别	流动资产合计	存货	其中：产成品	资产总计	流动负债合计
总计	**157282514**	**38908594**	**10972464**	**275558768**	**125144965**
按登记注册类型分					
内资	68731786	17115771	4728763	137941507	55398956
国有	10406893	2098690	380977	28429726	6588189
集体	1268321	262183	131718	1677320	852880
股份合作	670071	117028	46580	935622	493466
国有联营	54609	11406	2797	86307	42223
集体联营	111698	44834	15209	150626	97000
国有与集体联营	209741	83683	39309	310094	174131
其他联营	20682	6529	2758	32178	17403
国有独资公司	6252819	741130	86543	13121115	6912206
其他有限责任公司	14905065	4138567	1207447	25979196	12967795
股份有限公司	14278327	4421996	995998	37193332	10780161
私营独资	1465824	311162	93986	2004652	1151720
私营合伙	355207	92570	37839	499739	276614
私营有限责任公司	16704874	4310394	1526316	24643296	13600519
私营股份有限公司	1719373	395090	140914	2454390	1205320
其他内资	308283	80509	20373	423917	239329
港澳台商投资	20754271	5163089	1565025	33282889	17662865
合资经营（港或澳、台资）	4006575	1097296	379497	6649454	3363591
合作经营（港或澳、台资）	924943	270288	97114	1330788	661610
港澳台商独资	13908382	3045700	937480	19087890	11463249
港澳台商投资股份有限公司	1914372	749805	150934	6214757	2174416
外商投资	67796457	16629734	4678676	104334372	52083145
中外合资经营	31430005	6441601	2188743	46732299	23911596
中外合作经营	2165731	560308	141050	2970987	1320871
外商独资企业	30586315	8622457	2239567	48065868	23823658
外商投资股份有限公司	3614406	1005367	109316	6565218	3027020
按控股情况分					
国有控股	58511625	13717325	3324290	127705798	50052748
集体控股	3610985	922252	382043	4974688	2445279
私人控股	27170666	6822149	2431324	39605402	21327570
港澳台控股	17924740	4107458	1336533	25203876	14154251
外商控股	46832371	12710121	3297418	72847878	35286326
其他控股	3232127	629290	200856	5221126	1878791
按企业规模分					
大型企业	58273365	13376329	2742356	112330760	49738340
中型企业	49254864	12657707	4190067	85503419	38675599
小型企业	49754285	12874559	4040042	77724589	36731026

资料来源：上海市统计局。

2010年上海规模以上工业企业主要经济指标（五）

单位：万元

类　别	长期负债合计	负债合计	所有者权益	成本费用总额
总计	**18505506**	**145004580**	**130554188**	**296709430**
按登记注册类型分				
内资	11057787	67201895	70739612	114611196
国有	1231352	8003505	20426221	13677364
集体	51260	919373	757946	2477572
股份合作	19111	520246	415376	1097888
国有联营	3519	51161	35146	114807
集体联营	3313	100368	50258	208681
国有与集体联营	8812	183628	126466	425757
其他联营	213	22406	9772	45948
国有独资公司	2549813	9504634	3616481	10246737
其他有限责任公司	2028512	15066059	10913138	22857755
股份有限公司	4386195	15198336	21994996	29598442
私营独资	20532	1212472	792180	2283983
私营合伙	8901	299370	200369	564515
私营有限责任公司	653642	14566215	10077081	28338666
私营股份有限公司	73010	1295169	1159221	2262444
其他内资	19602	258954	164962	410638
港澳台商投资	1602117	19371001	13911888	51015769
合资经营（港或澳、台资）	313133	3690491	2958962	6473082
合作经营（港或澳、台资）	60214	730879	599909	1359444
港澳台商独资	757310	12300180	6787710	35451574
港澳台商投资股份有限公司	471461	2649450	3565307	7731669
外商投资	5845603	58431684	45902688	131082465
中外合资经营	2168635	26390779	20341520	60879105
中外合作经营	93891	1417989	1552998	3586145
外商独资企业	2697432	26701645	21364222	63184070
外商投资股份有限公司	885645	3921271	2643947	3433145
按控股情况分				
国有控股	11706888	62301059	65404739	113790494
集体控股	94358	2562450	2412238	5776280
私人控股	1107531	22852409	16752993	42829496
港澳台控股	1009950	15291291	9912585	41395840
外商控股	4274054	39784030	33063849	88624949
其他控股	312726	2213342	3007784	4292371
按企业规模分				
大型企业	7594079	57354245	54976515	128245878
中型企业	7303685	46268113	39235306	90579460
小型企业	3607743	41382223	36342367	77884092

资料来源：上海市统计局。

2010 年上海规模以上工业企业主要经济指标（六）

单位：万元

类　别	管理费用	财务费用	累计折旧	其中：本年折旧
总计	**15619090**	**1100668**	**69636971**	**9584563**
按登记注册类型分				
内资	6464855	660122	36476880	4664731
国有	837744	13329	9713329	1515157
集体	126148	7571	281517	38322
股份合作	71611	4375	174270	19728
国有联营	5385	792	43470	4118
集体联营	10355	638	33479	2928
国有与集体联营	31266	1656	122146	8009
其他联营	3788	88	4540	424
国有独资公司	835488	62728	2398933	410917
其他有限责任公司	1319527	144748	5018399	638957
股份有限公司	1170907	169417	15518845	1427196
私营独资	142109	12576	207636	36383
私营合伙	37233	2824	58099	10627
私营有限责任公司	1701821	220030	2673639	509292
私营股份有限公司	142434	14742	180318	34403
其他内资	29042	4608	48259	8269
港澳台商投资	1694172	105474	8492517	1024431
合资经营（港或澳、台资）	418951	56158	1443921	196214
合作经营（港或澳、台资）	100272	8236	396642	39677
港澳台商独资	870167	-2585	3823845	526095
港澳台商投资股份有限公司	304783	43665	2828110	262445
外商投资	7460063	335072	24667575	3895401
中外合资经营	3231304	63377	10571373	1555175
中外合作经营	246512	9015	945251	94999
外商独资企业	3746518	229176	12314171	2047639
外商投资股份有限公司	235729	33504	836780	197588
按控股情况分				
国有控股	5882553	342055	40921820	5080980
集体控股	354773	18565	801459	94681
私人控股	2608654	329602	4139697	775935
港澳台控股	1215272	35883	5110372	680899
外商控股	5309181	338415	17575249	2840359
其他控股	248658	36148	1088375	111710
按企业规模分				
大型企业	4504063	-21910	35502791	4559434
中型企业	5797016	600042	21095746	2990902
小型企业	5318011	522536	13038435	2034228

资料来源：上海市统计局。

2010年上海国有工业企业主要指标

单位：万元

指标	总计	其中		
		国有企业	国有联营企业	国有独资公司
单位数（个）	346	265	10	71
#亏损企业单位数	72	54	2	16
工业总产值	27901129	17529941	121715	10249473
工业销售产值	27904442	17550195	118611	10235635
#出口交货值	3078467	323931	0	2754536
从业人员年平均人数（人）	137103	96038	1278	39787
年末资产总计	41637149	28429726	86307	13121115
流动资产合计	16714321	10406893	54609	6252819
#存货	2851225	2098690	11406	741130
#产成品存货	470317	380977	2797	86543
固定资产合计	19775270	14291488	28522	5455260
固定资产原价	31546713	23909599	71992	7565122
#生产经营用	30448884	23032923	60926	7355036
累计折旧	12155733	9713329	43470	2398933
#本年折旧	1930192	1515157	4118	410917
固定资产净值	19390980	14196270	28522	5166189
无形资产	1373549	1069312	588	303649
年末负债合计	17559301	8003505	51161	9504634
#流动负债	13542619	6588189	42223	6912206
长期负债	3784685	1231352	3519	2549813
年末所有者权益	24077848	20426221	35146	3616481
#实收资本	6030036	3941793	25154	2063089
#国家资本	1117940	785073	2570	330296
法人资本	4904576	3149200	22584	1732792
主营业务收入	28601858	18225299	121277	10255283
主营业务成本	22034428	12643857	105805	9284766
主营业务费用	249014	182434	2824	63756
主营业务税金及附加	3239034	3217855	157	21023
管理费用	1678616	837744	5385	835488
财务费用	76849	13329	792	62728
利息支出	105142	7598	677	96867
营业外支出	114466	75197	14	39255
营业外收入	153165	94291	201	58674
营业利润	2055051	1689594	6517	358940
利润总额	2102878	1717529	6703	378645
税金总额	4654828	4412292	4473	238063
亏损企业亏损总额	163280	120630	374	42276
应缴所得税	471524	384435	1979	85110
本年应缴增值税	1415794	1194437	4316	217041
本年应付工资总额	1254820	814265	6982	433574
本年应付福利费总额	51773	27058	959	23757

资料来源：上海市统计局。

2010 年上海国有控股工业企业主要指标

单位：万元

指 标	国有控股企业	其中	
		大型企业	中型企业
单位数（个）	1013	41	250
#亏损企业单位数	196	4	42
工业总产值	111905461	73958374	28091581
工业销售产值	111279114	73498050	27969730
#出口交货值	9552762	6553919	2572190
从业人员年平均人数（人）	467170	200743	181401
年末资产总计	127705798	85336868	29658407
流动资产合计	58511625	39352061	13617047
#存货	13717325	8997812	3317236
#产成品存货	3324290	1744418	1093449
固定资产合计	46588253	30233803	11336833
固定资产原价	86148374	59100200	19497781
#生产经营用	83160058	57428659	18845857
累计折旧	40921820	29758202	8587034
#本年折旧	5080980	3594397	1083044
固定资产净值	45226555	29341998	10910747
无形资产	3433617	2392391	768889
年末负债合计	62301059	38671596	16857300
#流动负债	50052748	32401572	12652383
长期负债	11706888	6253556	4079445
年末所有者权益	65404739	46665272	12801107
#实收资本	24121398	11178990	8755717
#国家资本	4103597	1604589	1482417
法人资本	15469619	6995432	5868673
集体资本	318401	83309	28516
个人资本	867299	533081	288894
外商资本	2886939	1618019	1006051
港澳台资本	475543	344560	81168
主营业务收入	127430234	86131677	30213540
主营业务成本	104941597	68549840	26651078
主营业务费用	2624289	1801828	593546
主营业务税金及附加	5580160	5483307	63191
管理费用	5882553	3381137	1919778
财务费用	342055	11692	211936
利息支出	476325	126371	224039
营业外支出	228380	125188	67980
营业外收入	475793	215988	164235
营业利润	11036559	9005794	1540244
利润总额	11306847	9096594	1643553
税金总额	10073830	8789375	919717
亏损企业亏损总额	374627	12589	218448
应缴所得税	1868168	1500835	265200
本年应缴增值税	4493670	3306068	856526
本年应付工资总额	4413276	2571575	1347603
本年应付福利费总额	221271	112050	77274

资料来源：上海市统计局。

2010年上海工业企业经济效益指数

类别	工业经济效益综合指数	总资产贡献率(%)	资本保值增值率(%)	资产负债率(%)	流动资产周转率(次)	成本费用利润率(%)	工业全员劳动生产率(元/人)	工业产品销售率(%)
总计	**250.70**	**14.68**	**114.17**	**52.62**	**2.25**	**7.75**	**216404.49**	**99.08**
国有控股	518.46	18.02	112.28	48.78	2.44	9.94	631550.78	99.44
#大中型企业	578.36	19.14	112.53	48.29	2.48	10.42	723322.04	99.43
按轻重工业分								
轻工业	240.83	20.55	111.38	46.75	1.83	9.89	176414.82	98.28
重工业	261.08	13.01	115.13	54.29	2.39	7.24	239282.53	99.30
按隶属关系分								
中央工业	828.07	16.29	106.57	44.96	2.50	8.06	1159591.60	99.85
地方工业	217.96	14.05	118.07	55.48	2.19	7.67	164956.16	98.88

资料来源：上海市统计局。

2010年上海六个重点发展工业行业主要指标

单位：万元

行业	单位数(个)	从业人员年平均人数(人)	工业总产值	工业销售产值	其中：出口交货值	年末资产总计	主营业务收入	利润总额	税金总额
总计	**6066**	**1380901**	**198910811**	**197277316**	**66318135**	**168583796**	**214988410**	**15879446**	**6890489**
占全市比重(%)	36.4	47.4	66.1	66.1	80.8	61.2	67.0	69.1	50.7
电子信息产品制造业	1717	553346	70224597	69530603	50434713	39028813	71686626	2092175	282467
汽车制造业	659	207747	36264555	36041820	1739527	33662837	46031690	6344173	2596623
石油化工及精细化工制造业	995	128755	34424410	34455236	2402982	23628838	35643574	2384233	2381384
精品钢材制造业	125	39903	17228706	17119005	1457764	20481514	20869771	1549289	408486
成套设备制造业	2106	359609	34856499	34536872	9361038	44989480	34851969	2713144	900712
生物医药制造业	464	91541	5912046	5593781	922112	6792314	5904781	796434	320817
在总计中：信息产品制造业	1717	553346	70224597	69530603	50434713	39028813	71686626	2092175	282467
通信设备制造	101	61655	7575969	7498310	5583849	5746123	7706946	268029	10716
雷达制造业	1	234	6722	9124	0	10594	8980	895	975
广播电视设备制造	16	3133	132655	129787	38322	105865	132863	13302	1495
电子计算机制造	62	131937	38689090	38343768	32989187	10771077	39652085	284533	14773
家用视听设备制造	40	13623	2364000	2339608	1168325	1089172	2416612	29775	3443
电子测量仪器制造	178	22154	1408687	1405489	571787	1215643	1455895	185943	36726
电子专用设备制造	339	42780	1693770	1657006	382064	1905963	1786334	156167	51013
电子元件制造	418	127130	6123690	6058703	3649145	5279787	6141625	532524	57900
电子器件制造	162	77541	6045531	5910115	4445170	7567997	5932977	356897	37478
电子机电产品制造	375	69198	5786616	5768816	1484307	4855103	6057719	210888	63400
电子专用材料制造	25	3961	397869	409879	122558	481490	394590	53224	4549

资料来源：上海市统计局。

上海市高技术产业主要情况（2009-2010年）

单位：万元

类　别	工业总产值	工业销售产值	产品销售率（%）	年末资产总计	主营业务收入	利润总额	税金总额
2010年总计	**69580113**	**68326144**	**98.2**	**40367861**	**70356757**	**2467428**	**561082**
占全市比重（%）	**23.2**	**23.0**		**14.7**	**22.0**	**11.1**	**4.1**
按登记注册类型分							
国有	797927	835727	104.7	1421291	871643	132117	41994
集体	26052	25694	98.6	67657	31838	2119	1890
股份合作企业	88720	94000	106.0	111213	100106	11413	10822
股份制企业	3903715	3772526	96.6	5928975	4055375	340238	153063
外商投资企业	64364492	63219864	98.2	32488192	64916565	1956412	342428
其他经济	399208	378333	94.8	350535	381230	25130	10885
按技术领域分							
#信息化学品制造	396637	406782	102.6	524428	388486	55320	3366
医药制造业	4131640	3882520	94.0	4968114	4134831	567006	262787
航空航天器制造	359437	360305	100.2	1176291	373196	15266	5823
电子及通信设备制造业	21760413	21172314	97.3	19209046	21576597	1117694	154328
电子计算机及办公设备制造业	39229489	38837627	99.0	11071804	40067624	269795	31001
医疗设备及仪器仪表制造业	3702497	3666597	99.0	3418178	3816023	442347	103777
2009年总计	**55606531**	**54667655**	**98.3**	**36483293**	**57680000**	**729420**	**489474**
占全市比重（%）	**23.3**	**23.1**		**15.0**	**22.9**	**5.2**	**4.4**
按登记注册类型分							
国有	641116	630184	98.3	1135492	643976	55017	27484
集体	13758	13630	99.1	45539	22176	7	751
股份合作企业	67541	65670	97.2	56666	67345	7584	3410
股份制企业	2995746	2951956	98.5	4750819	3309900	237956	150775
外商投资企业	51511462	50682787	98.4	30211662	53313635	415007	295041
其他经济	376908	323428	85.8	283116	322968	13848	12014
按技术领域分							
#信息化学品制造	104523	104864	100.3	303210	138757	11352	8673
医药制造业	3517353	3362566	95.6	4273440	3577500	470810	217931
航空航天器制造	221007	226316	102.4	738870	243446	16852	4567
电子及通信设备制造业	16914153	16737708	99.0	18216157	16964402	-307965	144274
电子计算机及办公设备制造业	31940195	31369422	98.2	10020625	33768699	211917	26859
医疗设备及仪器仪表制造业	2909299	2866779	98.5	2930991	2987196	326454	87171

资料来源：上海市统计局。

2010年上海市都市型工业基本情况

单位：万元

类别	单位数（个）	从业人员年平均人数（人）	工业总产值	工业销售产值	其中：出口交货值	年末资产总计	主营业务收入	利润总额	税金总额
总计	**3916**	**678839**	**32949737**	**32544201**	**7673949**	**28450282**	**34638490**	**2395037**	**1135878**
按登记注册类型分									
内资	2300	274567	12055699	11949031	1047232	10424706	13090855	820638	398505
国有	53	7788	327924	323623	10833	493003	391768	31419	15323
集体	87	7212	166883	168404	10248	156058	167921	5287	7525
股份合作	56	5250	126673	127215	15621	133371	126946	3038	5349
国有联营	1	67	937	937	0	1823	868	-245	113
集体联营	4	547	10934	10956	0	12333	11336	585	583
国有与集体联营	11	1529	59372	60207	0	66988	63016	2268	2138
其他联营	3	184	17405	14519	0	4978	15856	-104	182
国有独资公司	4	2367	207898	207059	0	224138	209695	37441	15115
其他有限责任公司	192	35687	3296227	3287034	168659	2032231	3586842	160577	72953
股份有限公司	38	19946	1895963	1861605	96215	2717871	2534098	290556	110220
私营独资	158	16000	604853	596303	37915	405118	629588	46182	22295
私营合伙	50	4161	89646	89097	12238	79652	92415	5103	3072
私营有限责任公司	1557	164843	4928655	4868764	647730	3788858	4955385	212650	137069
私营股份有限公司	77	7718	278884	290238	28223	276307	261664	19966	5995
其他内资	9	1268	43446	43073	19552	31978	43458	5914	574
港澳台商投资	540	135642	6335124	6198119	2248728	5330035	6373113	540943	186000
与港澳台商合资经营	142	44538	1773757	1754453	444963	1391334	1852473	146787	57410
与港澳台商合作经营	54	14624	478783	473686	213455	465809	474764	26592	13390
港澳台商独资	332	70181	3118027	3033654	783029	2814893	3091841	314096	111813
港澳台商投资股份有限公司	12	6299	964557	936326	807281	657999	954036	53467	3387
外商投资	1076	268630	14558914	14397052	4377989	12695542	15174521	1033455	551373
中外合资经营	286	67093	3087594	3154921	983204	2843218	3273575	220096	83875
中外合作经营	85	22326	1067030	1068965	364403	980413	1228009	75877	41319
外商独资	688	176263	10214721	9968681	3014634	8655618	10446408	719658	417646
外商投资股份有限公司	17	2948	189569	204485	15749	216293	226529	17825	8533
按企业规模分									
大型企业	23	67740	4814654	4802455	1912436	4079861	5349394	496757	154583
中型企业	403	257023	14918950	14630878	3252176	12273935	15439762	1186225	604267
小型企业	3490	354076	13216133	13110868	2509337	12096486	13849334	712055	377028
按行业分									
服装服饰业	1247	219886	5930793	5791619	1738858	5220652	6008247	448766	206475
食品加工制造业	507	105040	8197970	8043268	274827	6873280	8790279	468421	416639
包装、印刷业	577	63835	2842224	2820135	255700	3191415	2935774	226602	107257
室内装饰用品制造业	696	103033	4839623	4763822	1382085	3738821	5015229	345320	114683
化妆品及清洁洗涤用品制造业	225	26936	2884345	2924274	312074	2937207	3155699	278970	164141
工艺美术品、旅游用品制造业	413	80625	3911187	3901082	1172706	2810851	4395027	223152	69309
小型电子信息产品制造业	251	79484	4343595	4300001	2537700	3678055	4338235	403806	57375

（续表）

类　别	单位数（个）	从业人员年平均人数（人）	工业总产值	工业销售产值	其中：出口交货值	年末资产总计	主营业务收入	利润总额	税金总额
按地区分：									
浦东新区	814	146136	8533281	8491201	2191479	7419697	8975798	884547	309828
黄浦区	22	3639	349103	321095	13806	163734	489255	7468	9045
卢湾区	14	2268	80598	82034	9155	96004	97007	7618	3175
徐汇区	75	11304	1996682	2015803	145052	979774	2232751	69660	28805
长宁区	20	4542	128992	135156	42850	325593	165994	21403	5807
静安区	9	1566	26411	26618	3089	12515	26633	248	1851
普陀区	92	16412	732894	744120	54559	885717	851950	114631	39788
闸北区	43	4551	165570	164398	45717	187493	175393	8965	5066
虹口区	25	3978	217163	215581	51568	329022	288383	42528	11700
杨浦区	43	5342	230089	236697	25206	306174	249773	11096	10261
闵行区	572	101099	5704148	5577718	992076	5067381	6152637	434509	331403
宝山区	200	23765	932195	932612	161834	906465	940559	42565	35153
嘉定区	469	95030	4331686	4371616	1303204	3280753	4476195	268090	76955
金山区	277	43247	1480325	1465804	445380	1307667	1563027	78355	44743
奉贤区	406	58984	1888748	1862119	357935	1663883	1937596	125122	55560
松江区	440	84723	3756111	3596824	995270	3328645	3691826	201630	97370
青浦区	340	67569	2263829	2172775	809938	2040955	2191637	71425	61884
崇明县	47	4359	95687	94703	25686	109069	93350	1790	2943

资料来源：上海市统计局。

2010 年上海市各区县工业企业主要指标

单位：万元

地　区	单位数（个）	从业人员（万人）	工业总产值	出口交货值	年末资产总计	主营业务收入	利润总额	税金总额
总计	**16684**	**293.23**	**301144067**	**82042746**	**275558768**	**320840848**	**22996590**	**13950073**
浦东新区	3711	68.38	84817803	21523369	87358576	94034666	7847139	3704675
黄浦区	39	1.19	955735	238633	1420083	1755900	56955	32493
卢湾区	30	0.84	730617	28895	812012	845170	48799	19717
徐汇区	306	5.48	6331969	1677697	5164704	6973505	517557	136192
长宁区	85	1.19	858209	88140	1035172	982425	104677	40838
静安区	24	0.29	167235	18468	445363	185575	37251	16429
普陀区	281	4.64	2492992	241646	2914442	2868402	280617	127613
闸北区	127	2.59	1600919	194224	2447563	1667471	64104	60250
虹口区	88	1.23	607444	82746	885255	676807	63147	27466
杨浦区	194	3.71	8294961	585592	11313166	8441510	1524842	4073497
闵行区	2039	39.34	35925660	12696628	30364150	36781119	2486342	1071544
宝山区	1059	16.11	24775376	2529415	28075210	28657733	2119963	656575
嘉定区	2291	37.87	33730541	4250285	24935496	36376260	3135598	1432117
金山区	1012	15.47	14727582	1171000	9843874	14829276	820165	1054033
奉贤区	1780	20.96	12952821	2700170	12116035	13201814	849260	277179
松江区	1775	41.72	42521030	28417714	25036867	42449708	1519743	414786
青浦区	1494	24.65	13228697	3419709	11820268	13070291	786384	353941
崇明县	301	6.00	3837320	1603400	5640957	3900402	88462	116127
其他	48	1.58	12587156	575017	13929575	13142815	645588	334604

资料来源：上海市统计局。

2010 年上海市工业企业主要指标

单位：亿元

类　别	单位数（个）	工业总产值	工业销售产值	从业人员（万人）	主营业务收入	利润总额
2010 年总计	**59510**	**31038.57**	**30696.83**	**367.63**	**33011.29**	**2322.65**
轻工业	24894	6692.35	6583.37	140.80	6928.74	573.29
重工业	34617	24346.22	24113.45	226.83	26082.55	1749.37
在总计中：私营工业合计	46325	4300.92	4184.20	138.01	4334.46	221.00
轻工业	19634	1451.14	1432.09	60.88	1462.56	66.94
重工业	26692	2849.78	2752.12	77.13	2871.90	154.05
2009 年总计	63496	24888.08	24571.57	359.29	26212.69	1441.82
轻工业	26517	5663.34	5541.46	141.19	5777.85	461.17
重工业	36979	19224.74	19030.11	218.10	20434.83	980.65
在总计中：私营工业合计	48753	3564.71	3436.54	129.47	3495.10	160.80
轻工业	20521	1264.61	1210.33	57.58	1239.51	48.46
重工业	28232	2300.10	2226.20	71.89	2255.58	112.34

资料来源：上海市统计局。

2010 年上海市主要工业产品生产、销售和库存

产品名称	年初库存	生产量	销售量	年末库存
天然原油（吨）	54426	83052	108507	28801
发电量（万千瓦小时）	0	8761868	6991341	0
精制食用植物油（吨）	88368	853148	858997	82518
配混合饲料（吨）	5302	800371	792530	10356
乳制品（吨）	3560	422958	421941	3548
罐头（吨）	3077	40628	40450	3646
啤酒（千升）	8555	653588	639629	22242
黄酒（千升）	5670	117631	111370	11931
软饮料（吨）	95862	2609775	2595463	96881
卷烟（万支）	238368.25	8825878.1	8785299.75	276367.7
化学纤维（吨）	37321	489985	496997	27055
合成纤维（吨）	37321	489985	496997	27055
纱（吨）	4841	46647	39649	3221
布（万米）	1867.3	17010.27	16907.79	1963.78
棉布（万米）	312.56	5814.43	5807.49	314.5
棉混纺布（混纺交织布）（万米）	206.95	204.97	143.66	267.26
化学纤维布（纯化纤布）（万米）	1347.79	10990.87	10956.64	1382.02
绒线（毛线）（吨）	148	535	519	164
毛机织物（呢绒）（万米）	123.28	383.2	358.3	148.18
服装（万件）	7684.05	57242.36	58129.95	6653.84
皮鞋（万双）	157.35	2269.57	2207.86	219.06
人造板（立方米）	14295	251764	257234	8824
实木地板（木地板）（万平方米）	80.95	486.69	483.74	83.9
复合地板（万平方米）	285.25	3074.7	3037.86	322
机制纸及纸板（吨）	35009	869359	823021	33234
新闻纸（吨）	7915	135264	142330	818
汽油（吨）	22899	2596720	2339347	29473
煤油（吨）	18276	1493019	1261685	37649
柴油（吨）	52245	7736076	7411263	60455
润滑油（吨）	26073	572748	559047	35430
燃料油（吨）	0	295719	153905	10357
焦炭（吨）	13905	6307463	837561	39372
硫酸（折 100%）（吨）	3767	286605	237696	5016
浓硝酸（折 100%）（吨）	1	7976	7723	133
氢氧化钠（烧碱）（折 100%）（吨）	29873	726333	753355	13145
农用氮、磷、钾化学肥料总计（吨）	1134	25394	26008	531
氮肥（折含 N100%）（吨）	104	20143	20156	102
磷肥（折合 P2O5100%）（吨）	1030	5251	5852	429
化学农药原药（折有效成分 100%）（吨）	4228	52777	51644	5360
乙烯（吨）	22764	2267155	538157	10193

（续表）

产　品　名　称	年初库存	生产量	销售量	年末库存
纯苯（吨）	8909	934510	599583	11356
冰醋酸（吨）	7503	563138	487820	11723
涂料（油漆）（吨）	83606	1328039	1313770	92882
染料（吨）	7014	50893	49057	8177
初级形态的塑料（塑料树脂及共聚物）（吨）	79955	3612038	3586458	96643
合成橡胶（吨）	4578	269802	261896	5709
合成纤维单体（吨）	27305	1613865	894248	39558
合成纤维聚合物（吨）	21872	1336015	1219786	46858
合成洗涤剂（吨）	26662	232122	227188	24969
化学药品原药（化学原料药）（吨）	2230	27979	24784	2058
中成药（吨）	1201	13657	13319	1512
橡胶轮胎外胎（轮胎外胎）（条）	963060	9152202	8921588	1193007
塑料制品（吨）	118488	2044360	1978813	123774
农用薄膜（吨）	1818	39515	38997	1824
水泥（吨）	174277	6707979	6749274	132473
生铁（吨）	1109	19013933	14865	0
粗钢（吨）	3264	22142689	396777	3741
钢材（吨）	414767	24759477	24618129	546518
中板（吨）	95193	2110176	2115628	89741
冷轧薄板（吨）	6429	635520	617785	24164
中厚宽钢带（吨）	25438	4426173	4410518	41093
热轧薄宽钢带（吨）	19986	1641339	1649873	11452
冷轧薄宽钢带（吨）	33623	4312199	4304685	41136
镀层板（带）（吨）	37948	3861319	3832675	66592
涂层板（吨）	2195	533185	532737	2643
电工钢板（带）（吨）	16423	1288797	1289302	15918
无缝钢管（吨）	25593	884562	873938	36217
日用不锈钢制品（吨）	4400	17073	16515	4958
十种有色金属（吨）	1778	160699	159859	2007
精炼铜（铜）（吨）	30	100793	100030	182
铅（吨）	1717	59350	59300	1768
铜材（铜加工材）（吨）	14423	393059	382984	14734
铝材（吨）	14663	302385	305174	12327
燃气热水器（台）	50222	1036979	1025554	59114
工业锅炉（蒸发量吨）	462	764	907	319
电站锅炉（蒸发量吨）	58181	82794	80099	60876
发动机（千瓦）	2152670	143303469	66359750	4081576
金属切削机床（台）	1886	13386	13520	1755
数控机床（台）	790	6136	6031	895
缝纫机（架）	76679	775213	793833	50292

（续表）

产 品 名 称	年初库存	生产量	销售量	年末库存
大中型拖拉机（台）	993	9719	9686	981
汽车（辆）	20730	1698878	1689363	29978
载货汽车（辆）	119	246	369	1
公路客车（辆）	518	5896	6401	17
基本型乘用车（轿车）（辆）	19968	1597654	1587458	29960
摩托车（辆）	45633	867407	837526	75514
两轮自行车（自行车）（辆）	242358	5128285	5132166	238477
民用钢质船舶（载重吨）	0	11118200	11118200	0
发电设备（千瓦）	10143836	25556013	21934163	13763186
交流电动机（千瓦）	772400	18908312	18260182	1420345
电力电缆（公里）	59710	1191052	1189015	60928
光缆（芯千米）	4179	54276	57623	832
家用洗衣机（台）	120714	2165747	2159741	131362
家用吸尘器（台）	1926	57668	56620	2974
家用电冰箱（台）	102165	2185534	2135365	146743
家用电风扇（台）	71076	831785	822125	80736
房间空气调节器（台）	188108	4004053	3957366	233752
吸排油烟机（台）	7270	48198	48691	6034
微波炉（台）	435546	5548425	5454635	527774
电饭锅（个）	599567	6328470	6155859	772106
移动通信基站设备（信道）	14133	2994434	3001949	1867
程控交换机（线）	32602	2470308	2478370	24540
数字程控交换机（线）	32602	2470308	2478370	24540
移动通信手持机（手机）（台）	133358	1293786	1283626	143518
微型电子计算机（台）	2819449	93884417	92844505	3859361
显示器（台）	0	1391232	1391232	0
集成电路（万块）	43705.13	1134628.75	1115789.08	62274.2
集成电路圆片（万块）	4.91	288.79	282.36	10.84
彩色电视机（台）	27532	2540319	2532335	35505
液晶电视机（台）	7237	1701624	1692559	16294
组合音响（台）	31808	6037893	5940864	128837
光学仪器（台）	19	19047	19003	63
表（万只）	15.96	89.41	93	12.37

资料来源：上海市统计局。

2010年上海市工业自营出口1000万美元以上企业

单位：万美元

序号	企 业 名 称	出口额
1	上海振华重工（集团）股份有限公司	240040.18
2	宝山钢铁股份有限公司	181046.55
3	上海外高桥造船有限公司	151080.91
4	沪东中华造船（集团）有限公司	142950.41
5	上海江南长兴造船有限责任公司	116243.63
6	上海浦东国际机场进出口有限公司	115534.84
7	上海电气集团股份有限公司	74631.64
8	上海船厂船舶有限公司	55628.01
9	上海中燃船舶燃料有限公司（保）	44542.27
10	江南造船（集团）有限责任公司	37662.58
11	上海飞马进出口有限公司	33012.2
12	上海新联纺进出口有限公司	31786.84
13	上海申达进出口有限公司	30543.46
14	双钱集团股份有限公司	30443.16
15	上海丝绸集团股份有限公司	30071.67
16	上海纺织装饰有限公司	27265.4
17	上海海螺建材国际贸易有限公司	27086.6
18	中化国际（控股）股份有限公司	23557.61
19	上海龙头（集团）股份有限公司	21094.4
20	上海江南长兴重工有限责任公司	21026.54
21	上海八达纺织印染服装有限公司	20677.33
22	上海汉森环宇进出口有限公司	18272.35
23	上海三毛进出口有限公司	18117.62
24	上海服装集团进出口有限公司	17737.29
25	中国航空技术进出口上海公司	17309.46
26	东方航空进出口有限公司	17289.61
27	上海华申进出口有限公司	17183.46
28	上海协通（集团）有限公司	16493.81
29	上海申航进出口有限公司	16012.26
30	中国金山联合贸易有限责任公司	14913.15
31	上海海外进出口有限公司	14706
32	中纺联合进出口股份有限公司	13270.06
33	上海汉森投资发展有限公司	13255.87
34	上海海立（集团）股份有限公司	13198.48
35	上海祥源化工有限公司	13067.95
36	中国烟草上海进出口有限责任公司	13004.22
37	上海市纺织原料公司	12625.56
38	晨风集团股份有限公司	12600.31
39	中化上海有限公司	12058.34
40	上海交大泰阳绿色能源有限公司	11469.7

（续表） 单位：万美元

序号	企 业 名 称	出口额
41	上海航空进出口有限公司	11394.06
42	上海新申达企业发展有限公司	11105.55
43	上海迪赛诺医药投资有限公司	10875.42
44	上海天马微电子有限公司	10609.13
45	上海联合纺织印染进出口有限公司	9817.45
46	上海长丰智能卡有限公司	9616.2
47	上海集优机械股份有限公司	9610.83
48	中交上海航道局有限公司	9264.71
49	上海利步瑞服饰股份有限公司	9135.82
50	上海华谊集团国际贸易有限公司	8511.9
51	上海电视电子进出口有限公司	8427.77
52	上海太阳能科技有限公司	8383.83
53	上海启越化工有限公司	8375.15
54	上海京鸿实业有限公司	8063.29
55	上海汽车进出口有限公司	8022.98
56	上海特波电机有限公司	7745.61
57	上海洋帆实业有限公司	7679.58
58	上海玩具进出口有限公司	7668.28
59	上海市机械设备成套（集团）有限公司	7665.6
60	上海依德工具有限公司	7501.26
61	上海建工（集团）总公司	7327.7
62	上海双牌铝业有限公司	7252.51
63	上海电器进出口有限公司	7231.87
64	上海岱美汽车内饰件有限公司	6932.34
65	上海天坛国际贸易有限公司	6874.69
66	上海东风汽车进出口有限公司	6753.76
67	上海保隆工贸有限公司	6635.24
68	上海迪赛诺化学制药有限公司	6607.11
69	上海电气国际经济贸易有限公司	6530.34
70	上海外轮供应有限公司	6234.63
71	中国船舶工业贸易上海公司	6023.16
72	上海市食品进出口公司	6015.2
73	上海亚明灯泡厂有限公司	5956.59
74	上海东源企业发展股份有限公司	5757.38
75	中国浦发机械工业股份有限公司	5672.37
76	上海宝钢金属贸易有限公司	5530.62
77	上海嘉宝贸易发展有限公司	5525.23
78	上海北方工业发展有限公司	5505.73
79	上海中纺联国际贸易有限公司	5481.79
80	上海木材进出口有限公司	5475

(续表) 单位：万美元

序号	企 业 名 称	出口额
81	上海大亚科技有限公司	5286.7
82	上海氯碱化工股份有限公司	5257.7
83	中国东风汽车工业进出口有限公司	5241.07
84	上海风格服饰有限公司	5004.37
85	上海浦东亿菱机械设备有限公司	4970.99
86	上海东圣电子进出口有限公司	4674.9
87	上海华翔羊毛衫有限公司	4657.31
88	上海东霞实业有限公司	4621.5
89	上海酬勤家俱有限公司	4585.71
90	中国长城工业上海公司	4550.32
91	上海远洋运输公司船舶供应公司	4484.19
92	上海华谊丙烯酸有限公司	4471.61
93	上海汽车进出口公司浦东公司	4439.11
94	上海电气液压气动有限公司	4422.14
95	上海康宏进出口有限公司	4333.8
96	三信国际电器上海有限公司	4246.97
97	上海中远船务工程有限公司	4241.8
98	上海光达照明有限公司	4008.92
99	长江经济联合发展（集团）股份有限公司	3989.1
100	上海亿力电器有限公司	3973.29
101	上海北连生物科技有限公司	3953.27
102	上海农工商集团国际贸易有限公司	3795.62
103	上海浦韦星工贸有限公司	3781.01
104	上海化工供销有限公司	3772.05
105	中国凯盛国际工程有限公司	3765.66
106	上海双燕化工设备制造有限公司	3723.89
107	上海电气进出口有限公司	3697.81
108	上海欣宇创业进出口有限公司	3635.19
109	上海健生实业股份有限公司	3633.16
110	神飞集团有限公司	3611.53
111	中国外运上海储运公司	3610.49
112	上海通茂能源发展有限公司	3542.75
113	上海标旗服饰有限公司	3485.6
114	中国精密机械进出口上海浦东公司	3478.15
115	上海申际国际经济服务有限公司	3471.22
116	上海天承实业有限公司	3445.35
117	上海康德莱企业发展集团有限公司	3435.44
118	上海凤凰进出口有限公司	3412.69
119	上海东源华裕工艺品有限公司	3407.56
120	上海申贝办公机械进出口有限公司	3406.18

（续表）

单位：万美元

序号	企　业　名　称	出口额
121	上海上工进出口有限公司	3366.04
122	上海永冠胶粘制品有限公司	3350.17
123	上海温龙化纤有限公司	3343.9
124	上海京清蓉服饰有限公司	3311.12
125	上海荣利纺织品有限公司	3310.93
126	正泰电气股份有限公司	3269.98
127	上海鑫云贵稀金属再生有限公司	3233.01
128	中海工业有限公司	3221.69
129	上海明东汽车配件有限公司	3211.59
130	上海民友化工有限公司	3209.34
131	上海联众医疗产品有限公司	3168.56
132	上海三枪进出口有限公司	3137.83
133	上海恒逸聚酯纤维有限公司	3132.08
134	中钢集团上海公司	3093.09
135	上海化学纤维（集团）进出口有限公司	3055.91
136	上海纳尔实业有限公司	2975.24
137	上海顺风国际贸易有限公司	2926.14
138	上海梅林正广和股份有限公司	2903.41
139	上海美星电子有限公司	2838.54
140	上海喜悦家纺有限公司	2829.9
141	上海银萨工程设备有限公司	2810.53
142	上海美梭羊绒纺织品有限公司	2801.29
143	上海白象天鹅电池有限公司	2794.62
144	上海东方久信集团有限公司	2788.52
145	上海科学器材有限公司	2780.86
146	上海金桥（集团）有限公司	2766.74
147	上海塔汇针织厂	2749.49
148	上海工艺美术总公司	2739.1
149	上海能泰纺织品有限公司	2701.11
150	上海诚然实业有限公司	2687.84
151	上海普泰电动工具有限公司	2611.99
152	上海裕金实业有限公司	2608.98
153	上海凯路化工有限公司	2598.26
154	上海汽车股份有限公司	2556.79
155	上海景韵实业有限公司	2554.69
156	上海奇鑫木业有限公司	2546.82
157	上海三润服装有限公司	2540.56
158	上海斯麟特种设备工程有限公司	2513.28
159	上海浦东机械设备成套公司	2508.31
160	中交三航局工程物资有限公司	2505.86

（续表） 单位：万美元

序号	企 业 名 称	出口额
161	上海祥源生物科技有限公司	2462.13
162	上海沪工电焊机制造有限公司	2444.3
163	上海益森园艺用品有限公司	2388.62
164	上海蝴蝶进出口有限公司	2382.91
165	上海紫汇实业有限公司	2379.27
166	上海乾天厨房用具有限公司	2364.68
167	上海交大海隆软件股份有限公司	2359.13
168	上海诚凯制衣有限公司	2358
169	上海申达科宝新材料有限公司	2309.58
170	宝钢钢构有限公司	2288.58
171	上海西芝电力设备有限公司	2288.17
172	上海市医药股份有限公司	2268.54
173	上海保利科技有限公司	2265.45
174	上海天服三悦服装有限责任公司	2256.64
175	上海题桥纺织染纱有限公司	2239.85
176	上海黎众木业有限公司	2234.55
177	上海劳达斯洁具有限公司	2234.33
178	上海佳丽绒绣厂	2211.94
179	上海诚赢照明电器有限公司	2210.78
180	上海申华进出口有限公司	2206.34
181	上海名佳利金属有限公司	2187.58
182	上海泛泰克化工有限公司	2177.29
183	上海建发实业有限公司	2175.22
184	上海世邦机器有限公司	2173.8
185	上海中最实业发展有限公司	2146.8
186	国家物资储备局上海七处（保）	2129.96
187	上海现代制药股份有限公司	2104.19
188	上海医疗器械进出口有限公司	2086.87
189	上海傲胜木业有限公司	2071.83
190	上海汇迅企业发展有限公司	2064.71
191	上海雅泰实业集团有限公司	2060.76
192	上海鸿积汽车零部件有限公司	2056.67
193	上海宝钢工程技术有限公司	2054.96
194	上海亿钻五金工具有限公司	2047.72
195	上海合安防护科技有限公司	2020.9
196	上海荣泰健身科技发展有限公司	2018.82
197	上海市申华企业发展有限公司	1990.58
198	上海新技电子有限公司	1959.66
199	上海广电信息产业股份有限公司	1955.09
200	上海杉杉进出口有限公司	1943.55

（续表） 单位：万美元

序号	企 业 名 称	出口额
201	上海水鲸纺织品有限公司	1932.77
202	上海晟达纺织品有限公司	1929.77
203	上海福莱特玻璃有限公司	1918.06
204	上海三爱富新材料股份有限公司	1904.57
205	上海领秀眼镜有限公司	1903.94
206	上海物资集团进出口有限公司	1903.42
207	上海全方实业有限公司	1899.71
208	上海华普汽车有限公司	1863.46
209	上海新垠贸易发展有限公司	1858.72
210	上海拓步企业发展有限公司	1839.98
211	上海远大铝业工程有限公司	1836.25
212	上海白猫股份有限公司	1835.56
213	上海豪润家纺有限公司	1833.58
214	上海友能帽业手套有限公司	1815.53
215	上海闻东实业有限公司	1802.55
216	上海启门机电有限公司	1774.82
217	上海永继电气有限公司	1771.15
218	上海宏闽电机有限公司	1760.7
219	大山合集团有限公司	1756.45
220	上海欣锋纺织品有限公司	1756.07
221	上海轴承进出口有限公司	1752.04
222	上海韦尔半导体股份有限公司	1741.2
223	上海埃塞电子有限公司	1739.61
224	上海菱海水产经贸有限公司	1727.07
225	上海贝思特电气有限公司	1723.19
226	上海中艺抽纱有限公司	1711.89
227	上海西卡思新技术总公司	1703.12
228	上海新联纺浦东进出口有限公司	1694.34
229	上海捷得服饰有限公司	1671.22
230	上海意潇宠物用品有限公司	1659.87
231	上海美本机电有限公司	1654.14
232	上海维特服饰有限公司	1651.44
233	上海均和集团有限公司	1635.99
234	上海卓泰打印耗材有限公司	1612.23
235	上海彭浦机器厂有限公司	1584.69
236	上海宏进工贸有限公司.	1579.7
237	上海前卫衬布厂	1561.88
238	上海美晶钻石有限公司	1552.39
239	上海龙纳实业有限公司	1545.04
240	上海广电进出口有限公司	1540.06

(续表)　　　　单位：万美元

序号	企 业 名 称	出口额
241	上海昶诺服饰有限公司	1536.1
242	上海凯而高化工有限公司	1519.38
243	上海亮力活动房有限公司	1516.87
244	上海综礼礼品有限公司	1510.78
245	上海中维企业发展有限公司	1490.09
246	上海丹爱法企业发展有限公司	1485.09
247	上海天宝紧固件制造有限公司	1451.87
248	上海昊群数码科技有限公司	1447.88
249	上海市食品进出口公司浦东公司	1441.72
250	上海安投机械配件有限公司	1433.86
251	上海永太服装金山有限公司	1431.9
252	上海木兰特化妆品有限公司	1428.92
253	上海机床厂有限公司	1428.87
254	上海国驰进出口有限公司	1424.52
255	上海一品颜料有限公司	1403.71
256	上海兰生体育用品有限公司	1390.47
257	上海信服化工有限公司	1388.3
258	上海华悦包装制品有限公司	1381.88
259	上海中科合臣化学有限责任公司	1381.45
260	上海誉泰实业有限公司	1369.52
261	上海露西尔旅游用品有限公司	1367.59
262	上海弘嘉木业有限公司	1360.8
263	上海帝捷电子科技有限公司	1357.18
264	上海恩远实业有限公司	1337.65
265	上海农工商经济贸易有限公司	1330.88
266	上海普恩伊进出口有限公司	1330.35
267	维科集团上海工贸发展有限公司	1327.88
268	上海雨思五金工具有限公司	1327.79
269	上海汇利船务有限公司	1323.77
270	上海耀久化工有限公司	1312.45
271	上海彪地实业有限公司	1307.87
272	中国标准缝纫机公司上海惠工缝纫机三厂	1304.69
273	上海宝隆国际贸易有限公司	1302.42
274	上海港口机械进出口有限公司	1302.12
275	上海捷虹颜料化工集团有限公司	1301.42
276	上海摩士达钟表进出口有限公司	1294
277	上海水晶宫钢管厂有限公司	1293.74
278	上海泰杰进出口有限公司	1285.31
279	上海雪源五金机械有限公司	1284.73
280	上海宇宝工贸有限公司	1283.55

(续表) 单位：万美元

序号	企 业 名 称	出口额
281	上海威特力焊接设备制造有限公司	1283.47
282	中国二十冶建设有限公司	1278.62
283	上海勤拙家具有限公司	1272.68
284	上海海渊船舶工程有限公司	1271.17
285	上海九鹰电子科技有限公司	1266.9
286	上海凯兴实业公司	1259.12
287	上海徕木电子有限公司	1257.75
288	上海茗洋实业发展有限公司	1247.75
289	上海派克汉尼汾流体连接件有限公司	1246.91
290	上海跃江钛白化工制品有限公司	1242.57
291	上海景超工贸有限公司	1241.73
292	上海民光进出口有限公司	1238.27
293	上海恒泰实业有限公司	1237.26
294	上海兴长活性炭有限公司	1232.71
295	上海集佳纺织品有限公司	1229.79
296	上海宜钦实业发展有限公司	1225.18
297	上海大联石油化工有限公司	1219.7
298	上海朗硕工贸有限公司	1217.64
299	上海泰胜电力工程机械有限公司	1216.85
300	上海隧道工程股份有限公司	1213.35
301	上海网讯光缆材料有限公司	1209.12
302	上海宏源照明电器有限公司	1196.54
303	上海三思科技发展有限公司	1188.18
304	上海输配电设备有限公司	1185.53
305	上海南田经贸有限公司	1181.16
306	上海奔腾企业（集团）有限公司	1180.41
307	上海家化进出口有限公司	1178.05
308	上海高裕海绵制品有限公司	1176.73
309	上海景麟实业有限公司	1174.57
310	上海重型机器厂有限公司	1172.44
311	上海嘉盟电力设备有限公司	1169.59
312	上海海连电动工具有限公司	1168.52
313	上海昭宇机械配件有限公司	1161.25
314	上海华向橡胶履带有限公司	1158.88
315	上海裕生特种线材有限公司	1157.83
316	上海中荣铝业有限公司	1156.66
317	上海康耐司信号设备有限公司	1135.55
318	上海百伦丝实业有限公司	1131.87
319	上海巴兰仕汽车检测设备有限公司	1126.25
320	上海工菱实业公司	1122.16

（续表） 单位：万美元

序号	企 业 名 称	出口额
321	中国船舶工业物资华东公司	1119.45
322	上海晓宝增强塑料有限公司	1103.96
323	上海高南制衣有限公司	1103.29
324	上海葵花进出口有限公司	1103.09
325	上海东富龙科技有限公司	1093.33
326	上海力顺船用配件有限公司	1088.09
327	上海嘉运文具有限公司	1085.46
328	上海浦江缆索股份有限公司	1080.36
329	上海庞统企业发展有限公司	1080.18
330	上海精诚工控电子科技有限公司	1077.53
331	上海新龙塑料制造有限公司	1066.75
332	上海国际科学技术有限公司	1057.77
333	华峰集团上海有限公司	1057.37
334	上海润虹染料进出口有限公司	1053.76
335	上海欣洲电气有限公司	1051.11
336	上海茂捷纺织品有限公司	1047.01
337	上海永远化工有限公司	1044.63
338	上海清河机械有限公司	1038.59
339	上海速泊润机械有限公司	1036.27
340	宝钢资源有限公司	1034.77
341	上海人意服饰有限公司	1021.21
342	上海秀乐化工科技有限公司	1019.06
343	上海瑞名扬实业有限公司	1015.27
344	上海林雄箱包有限公司	1011.5
345	上海生大企业有限公司	1008.44
346	上海家浩实业有限公司	1005.23
347	上海维安热电材料股份有限公司	1005.03
348	上海永利带业制造有限公司	1004.58

2010 年度上海名牌名录

序号	品牌	产品	企业名称
		一、产品类	
		A、生产资料类	
1	银河	棉涤纶	东方国际集团上海市纺织品进出口有限公司
2	博格	环保过滤材料	上海博格工业用布有限公司
3	金舟 JINZHOU	环保型压敏胶复合材料	上海金大塑胶有限公司
4	大宝 TAIHO	溶剂型木器涂料	上海大宝化工制品有限公司
5	HUADEPLUS（华德）	汽车塑料件	华德塑料制品有限公司
6	JECO（捷虹）	有机颜料（偶氮、酞菁、永固紫系列）	上海捷虹颜料化工集团股份有限公司
7	图案（YP）	合成树脂（醇酸树脂、丙烯酸树脂、环氧树脂）	上海元邦树脂制造有限公司
8	萬得	BOPP 胶粘带	亚化科技（上海）有限公司
9	上纬 Swancor	乙烯基酯树脂	上纬（上海）精细化工有限公司
10	ZCALMTRY	水性复膜胶	上海奇想青晨化工科技股份有限公司
11	欧巴代	薄膜包衣预混剂	上海卡乐康包衣技术有限公司
12	万达	工业粘合剂（丙烯酸脂胶、环氧胶、聚氨酯胶）	上海康达化工新材料股份有限公司
13	中南	合成树脂内外墙涂料、水溶性聚乙烯醇胶粘剂	上海中南建筑材料有限公司
14	一把火一把手	20% 百草枯水剂、41% 草甘膦异丙胺盐水剂	上海泰禾（集团）有限公司
15	图案（永利皮带）	轻型输送带	上海永利带业股份有限公司
16	DSSUN（东升）	重质碳酸钙系列	上海东升新材料有限公司
17	亚士	功能型内外墙建筑涂料、地坪涂料、聚氨酯木器漆	亚士漆（上海）有限公司
18	图案（捷派克）	化工设备制造	上海高桥捷派克石化工程建设有限公司
19	宝钢	精萘	上海宝钢化工有限公司
20	宝钢	纯苯特号	上海宝钢化工有限公司
21	CABLE 凯波	电线电缆用硅烷交联聚乙烯绝缘料	上海凯波特种电缆料厂有限公司
22	环美	减振器、可曲挠橡胶接头	上海青浦环新减振器厂
23	沪试沃凯	化学试剂	国药集团化学试剂有限公司
24	金力泰	双酰胺结构阴极电泳涂料	上海金力泰化工股份有限公司
25	KINGFA 金发	阻燃塑料、增强增韧塑料	上海金发科技发展有限公司
26	泓旸	塑料压延机系列	上海泓阳机械有限公司
27	上耐	阀门	上海耐腐阀门集团有限公司
28	图案（大力神）	QE 型 850T 通用桥式起重机	上海起重运输机械厂有限公司
29	鼎新 DINGXIN	柴油发电机组	上海鼎新电气（集团）有限公司
30	图案（HVC）	阀（机器零件）	凯斯特阀门集团有限公司
31	海光 HG	异步电动机	上海海光企业（集团）有限公司
32	华良	母线槽	上海精成电器成套有限公司
33	上海电气	大功率低速船用柴油机曲轴	上海船用曲轴有限公司
34	施威	电焊机	上海施威焊接产业有限公司
35	恒顺	电线电缆	上海永进电缆（集团）有限公司
36	KOKO	球阀	上海科科阀门集团有限公司
37	都市	自控温室	上海都市绿色工程有限公司
38	图案（上新）	汽车轴承	上海振华轴承总厂有限公司

（续表）

序号	品牌	产品	企业名称
39	图案（BAOLIN）	成套电器开关设备	上海宝临电器集团有限公司
40	金梳	棉精梳机	上海一纺机械有限公司
41	UNITEDOSD	螺杆空气压缩机	上海优耐特斯压缩机有限公司
42	立马 WEISHI	熨烫机械（蒸烫机系列、粘合机系列）	上海威士机械有限公司
43	图案（申江）	金属罐（储气罐）	上海市奉贤设备容器厂
44	SPS	QC12Y 系列剪板机，WC67Y 系列板料折弯机，PS 系列数控板料折弯机	上海冲剪机床厂
45	EKDQ 一开	3-35 千伏交流金属封闭开关设备	上海一开电气集团有限公司
46	力师	电动机	上海力超电机有限公司
47	上人	纤维板生产线成套设备	上海人造板机器厂有限公司
48	金菱	筒式柴油打桩锤	上海工程机械厂有限公司
49	图案	球阀	凯泰阀门（集团）有限公司
50	SPERI（斯倍力）	电子称重式给煤机	上海发电设备成套设计研究院
51	图案（HaoLi）	桥式起重机、门式起重机	上海豪力起重机械有限公司
52	序达	液压传动汽车举升机系列	上海田田汽车保修设备有限公司
53	UBC	轴承	优必胜（上海）精密轴承制造有限公司
54	图案（SF）	安全阀	上海阀门厂有限公司
55	图案（ERHUAJIE）	冷却风机	上海尔华杰机电装备制造有限公司
56	图案（SG）	滚动轴承	上海联合滚动轴承有限公司
57	图案（恒锦）	柴油发电机组	上海恒锦动力科技有限公司
58	远跃 YUANYUE	中药提取、浓缩设备、真空干燥机	上海远跃轻工机械有限公司
59	DERRAN（德兰）	3.6-40.5 千伏交流金属封闭开关设备和控制设备	上海德兰电力设备有限公司
60	征耐	水泵	上海长征泵阀有限公司
61	狮印	模切、压痕、烫印机	上海亚华印刷机械有限公司
62	艾波而	AZ 型标准化工泵、核电站系列用泵	上海阿波罗机械股份有限公司
63	ACCESSEN 艾克森	板式换热器及换热机组	上海艾克森新技术有限公司
64	上海电气	300 兆瓦、600 兆瓦、1000 兆瓦电站锅炉	上海锅炉厂有限公司
65	华五	隔离开关、塑料外壳式断路器、万能式断路器	上海华通电气有限公司
66	凌环 LH	袋式除尘器	上海市凌桥环保设备厂有限公司
67	LY 立液	高压液压阀	上海立新液压有限公司
68	古鼎	紧固件	上海标五高强度紧固件有限公司
69	SHFE	高低压成套开关设备	上海一电集团有限公司
70	起帆 QIFAN	电力电缆	上海起帆电线电缆有限公司
71	ROGY 永继	小型断路器、漏电断路器	上海永继电气有限公司
72	博澳	高、低压成套开关设备	上海博澳电气成套有限公司
73	图案（人民）	电线电缆	上海人民电缆厂
74	FATO	高低、压成套开关设备	上海华通企业集团有限公司
75	FS 復盛	空气压缩机	复盛实业（上海）有限公司
76	NAJIE 纳杰电气	智能型高、低压开关柜	上海纳杰电气成套有限公司
77	神开	防喷器	上海神开石油化工装备股份有限公司

（续表）

序号	品牌	产品	企业名称
78	COOLTECH	柴油发电机组	上海科泰电源股份有限公司
79	Nader 良信	小型断路器、塑壳断路器、交流接触器、设备用断路器	上海良信电器股份有限公司
80	RONDA 朗达	聚乙烯交联电力电缆、阻燃耐火电线电缆、防水无卤电缆、计算机补偿电缆、本安防爆电缆	上海朗达电缆有限公司
81	浦高	35 千伏及以下交联聚乙烯绝缘电力电缆	上海高桥电缆集团有限公司
82	图案（SHTZ）	电线电缆	上海特种电线电缆（集团）有限公司
83	图案（人民）	水泵	上海人民企业（集团）有限公司
84	图案（飞航）	35 千伏及以下电力电缆	上海飞航电线电缆有限公司
85	图案（人民）	断路器	上海人民企业（集团）有限公司
86	图案（华明）	有载分接开关系列	上海华明电力设备制造有限公司
87	天灵	12-40.5 千伏高压开关设备	上海天灵开关厂有限公司
88	WAROM 华荣	BAD 系列防爆灯具	华荣集团有限公司
89	图案（CHAON）	地面用晶体硅光伏组件	上海超日太阳能科技股份有限公司
90	上线	矿用电力电缆、柔性防火电缆、船用电缆、风能电缆	上海浦东电线电缆（集团）有限公司
91	外高桥造船	17.5 万吨好望角型散货船，10.5 万吨阿芙拉型油船	上海外高桥造船有限公司
92	图案（龙人）	石材制品	上海龙人石业装饰有限公司
93	ZHSU	塑料管道	上海中塑管业有限公司
94	美尔固 MIERGU	塑料管道及配件	上海金塑实业有限公司
95	月皇 YUEHUANG	防水卷材	上海台安工程实业有限公司
96	阿路邦 ALUBANG	铝塑复合板	上海吉祥科技（集团）有限公司
97	钢之杰	金属建筑材料、钢结构围护产品	上海钢之杰钢结构建筑有限公司
98	世丰	建筑用塑料管	上海日丰实业有限公司
99	图案（捷步）	非金属楼梯、非金属板	上海捷步实业有限公司
100	浦江	索结构产品	上海浦江缆索股份有限公司
101	SIMON	金属板、金属建筑材料	上海西蒙幕墙吊顶板有限公司
102	图案（上海明珠）	建筑饰面天然石材、钢结构件	上海明珠企业集团有限公司
103	白碟	塑料管材、管件	上海白蝶管业科技股份有限公司
104	图案（SABC）	钢结构建筑系统	上海美建钢结构有限公司
105	SHSU 上塑	塑料管材、管件	上海上塑控股（集团）有限公司
106	吉の意	铝塑复合板	上海吉祥塑铝制品有限公司
107	宝冶	混凝土建筑构件	上海宝冶集团有限公司
108	wellsseed	蔬菜种子、瓜果种子	上海惠和种业有限公司
109	图案（瑞华）	环保型纯电动汽车动力系统总成	上海瑞华（集团）有限公司
110	图案（汇众）	轿车前后桥系列	上海汇众汽车制造有限公司
111	盾徽	铝质散热器系列、空调模块系列、冷却模块系列	上海贝洱热系统有限公司
112	双桦	汽车空调蒸发器、汽车空调冷凝器	上海双桦汽车零部件股份有限公司
113	HIKARI	工业缝纫机	上海富山精密机械科技有限公司
114	光缔	一体化电子节能灯	上海明凯照明有限公司
115	AOTO	废弃物箱、垃圾箱	上海奥图环卫设备有限公司
116	图案（山富）	数码喷墨写真材料	上海山富数码喷绘复合材料有限公司
117	汇东恩倍	商务办公用纸	上海安兴汇东纸业有限公司

（续表）

序号	品牌	产品	企业名称
118	XTL（新通联）	纸制品、木制品包装、塑料制品	上海新通联包装材料有限公司
119	紫江 ZIJIANG	易撕复合膜	上海紫江彩印包装有限公司
120	图案	复合包装纸	上海金叶包装材料有限公司
121	图案（紫日）	高品质塑料防盗饮料瓶盖	上海紫日包装有限公司
122	农好 NH	鸡、鸭、虾系列配合饲料	上海农好饲料有限公司
123	图案（金昌）	Φ406-Φ1016 无缝不锈钢管	上海金昌不锈钢管制造有限公司
124	图案（SB）	BRL 锰锌软磁铁氧体料粉	上海宝钢磁业有限公司
125	大隆 DALONG	工业链条系列	上海大隆链条厂有限公司
126	图案（CKM）	烤漆龙骨	青钢金属建材（上海）有限公司
127	上冶	高纯阴极铜	上海鑫冶铜业有限公司
128	图案（佳方）	螺旋缝埋弧焊钢管	上海佳方钢管（集团）有限公司
129	图案（SWT）	铝合金锭、铝合金铸件	上海万泰铝业有限公司
130	海隆	石油钻杆	上海海隆石油钻具有限公司
131	金环	医用缝合针、线	上海浦东金环医疗用品有限公司
132	JZ（金钟）	外科手术器械	上海医疗器械（集团）有限公司手术器械厂
133	MICROTEK	扫描仪	上海中晶科技有限公司
134	飞奥	燃气过滤调压计量监控装置及其附件	上海飞奥燃气设备有限公司
135	澳思达	LED 交通信号灯、LED 交通诱导显示屏（LED 道路交通诱导可变标志）	上海澳星照明电器制造有限公司
136	图案	IC 卡模块及 IC 卡	上海长丰智能卡有限公司
137	NFA	高频开关电源	纽福克斯光电科技（上海）有限公司
138	Acrel	智能电力监控仪表	上海安科瑞电气股份有限公司
139	神开	综合录井仪	上海神开石油化工装备股份有限公司
140	熊猫	汽车电线、450/750 及以下聚氯乙烯电缆	上海熊猫线缆股份有限公司
141	图案（人民）	电度表	上海人民企业（集团）有限公司
		B、日用消费类	
1	正家	牛奶蛋白纤维	上海正家牛奶丝科技有限公司
2	北极绒	保暖内衣、裤	上海北极绒纺织品有限公司
3	图案（JD）	汽车座套、汽车座垫	上海俊达汽车装饰有限公司
4	新联牌	色织面料	上海新联纺进出口有限公司
5	绮芳	真丝绸、真丝服装、呢绒	上海真丝商厦有限公司
6	百丽丝 BLISS	床上用品	上海百丽丝家纺有限公司
7	图案（钟牌 414）	毛浴巾	上海龙头家纺有限公司
8	贝拉维拉	女装	贝拉维拉服饰股份有限公司
9	朵彩	针织内衣	上海朵彩棉服饰有限公司
10	三枪	针织内衣、袜品	上海三枪（集团）有限公司
11	图案（黄色小鸭）	婴幼儿童装	上海黄色小鸭贸易有限公司
12	Fanying（繁莹）	女装丝绸服装、羽绒服	上海繁莹服饰有限公司
13	FUKURYO	服装	上海服良时装有限公司
14	图案（EIRST）	羽绒服装	上海佳立服装制品有限公司
15	寒布仕 hampsheer	羽绒服装	上海寒布仕服饰有限公司

（续表）

序号	品牌	产品	企业名称
16	broadcast: 播	休闲女装	上海日播实业有限公司
17	蔓・楼蘭 M・LL	旗袍、中装	上海丝典高级时装有限公司
18	添香	防辐射服饰	上海翰纳森制衣有限公司
19	东隆	羽绒家纺系列	上海东隆羽绒制品有限公司
20	东隆	羽绒服装系列	上海东隆羽绒制品有限公司
21	3F	聚四氟乙烯树脂	上海三爱富新材料股份有限公司
22	SINKO 新晃	工商用中央空调末端设备	上海新晃空调设备股份有限公司
23	名成 MINGCHENG	窗帘	上海名成智能遮阳技术有限公司
24	佳饰木业 JIASHIWOOD	橱柜	上海佳饰木业有限公司
25	LS 龙胜	建筑用塑料管材、管件	上海龙胜实业有限公司
26	贝尔林达	地板	上海林达木业有限公司
27	安洋 ANYANG	木门	上海安洋木业有限公司
28	合丽	浸渍纸层压木质地板	上海合丽木业有限公司
29	古猿人 guyuanren	人造石	上海古猿人石材有限公司
30	汉斯	浸渍纸层压木质地板（强化复合地板）	上海汉斯木业有限公司
31	正格	实木地板	上海正格木业有限公司
32	欧雅 EUROART	壁纸	上海欧雅装饰材料有限公司
33	GMT	地弹簧	上海东丰五金有限公司
34	保利	冷热水用 PP-R 系列管材、管件，冷热水用耐热聚乙烯（PE-RT）管材、管件，冷热水用硅烷交联聚乙烯（PE-Xb）管材，给水用聚乙烯（PE）管材	爱康企业集团（上海）有限公司
35	美丽岛 MARRYLAND	实木地板	上海佳乐美木业有限公司
36	书香门地	实木地板、实木复合地板	书香门地（上海）木业有限公司
37	格林德斯	复合木地板	上海格林德斯木业有限公司
38	佳优	鸡、鸡蛋	上海太平洋家禽育种有限公司
39	淀山湖	禽蛋食品	上海青西禽蛋食品有限公司
40	绿妮	西瓜、甜瓜	上海南汇瓜果有限公司
41	馥怡	翠冠梨	上海市崇明县庙镇农技综合服务部
42	锦绣	黄桃	上海新光农贸有限公司
43	奉叶	上海蜜梨	上海奉叶农副产品配送有限公司
44	桃咏	南汇水蜜桃	上海桃咏桃业专业合作社
45	益升	保鲜食用菌（香菇、秀珍菇、小平菇）	上海益升食品有限公司
46	赵屯桥	鲜食草莓	上海青浦赵屯草莓研究所
47	三泖	大闸蟹	上海市松江区水产良种场
48	图案（红刚）	青扁豆	上海红刚农副产品有限公司
49	禾露	新鲜蔬菜	上海新浜农业投资有限公司
50	都市菜园	蔬菜	上海都市营销管理有限公司
51	仓桥	水晶梨	上海仓桥水晶梨发展有限公司
52	峰泖 FENGMAO	新鲜蔬菜、玉米	上海市松江区小昆山镇农业服务中心

（续表）

序号	品牌	产品	企业名称
53	万金	金鱼	上海万金观赏鱼养殖有限公司
54	友益	大豆粕	上海东辰粮油有限公司
55	SYL（上海银龙）	新鲜蔬菜、鲜切蔬菜	上海金山银龙蔬菜加工厂
56	天寿 TASTESO	蔬菜	上海正义园艺有限公司
57	自然之子	大米	上海跃进现代农业有限公司
58	图案（城市蔬菜）	蔬菜	上海城市蔬菜产销专业合作社
59	瀛丰五斗	有机米	上海万事发实业总公司
60	图案	电热保湿毛毯	上海森中电器有限公司
61	上海牌	成套家具	上海家具厂有限公司
62	图案（卧龙）	电动自行车	上海卧龙电动车业有限公司
63	东华美钻	铂金、钻石饰品	上海东华钻石饰品有限公司
64	POVOS	电动剃须刀	上海奔腾电工有限公司
65	丰收	搪瓷器皿	上海市轻工业品进出口有限公司
66	绿太阳	水龙头及配件	上海绿太阳建筑五金有限公司
67	TankedRacing	运动防护头盔	上海和汇安全用品有限公司
68	CONWOOD	箱包	上海海琛国际贸易有限公司
69	牛头牌	男皮鞋	上海皮鞋厂
70	大生	商业标识、公共标识	上海大生牌业制造有限公司
71	外冈	水龙头	上海市外冈水暖器材厂
72	杰尔·曼尼	家具	上海太亿企业股份有限公司
73	马可 MARCO	铅笔	安硕文教用品（上海）有限公司
74	洁伴	卫生纸	上海东冠华洁纸业有限公司
75	MAYFLOWER（五月花）	保温瓶	上海万盛保温容器有限公司
76	SBS	金属、尼龙、塑钢拉链	上海浔兴拉链制造有限公司
77	E-JEYIK	家具	上海诚龙木业有限公司
78	顶新	箱包	上海顶新箱包有限公司
79	敦煌牌	古筝	上海民族乐器一厂
80	尊贵航天民生	冰箱	上海尊贵电器有限公司
81	朗尼	沙发	上海朗尼家具沙发制造有限公司
82	图案（洋帆）	救灾帐篷、野营帐篷	上海洋帆实业有限公司
83	自然堂 CHCEDO	化妆品	伽蓝（集团）股份有限公司
84	HONGDUN	法定证件物理防伪膜	上海宏盾防伪材料有限公司
85	相宜	护肤品	上海相宜本草化妆品有限公司
86	荣泰 RONGTAI	健身按摩器	上海荣泰健身科技发展有限公司
87	姚记	扑克	上海姚记扑克股份有限公司
88	奔腾 POVOS	电磁炉、电饭煲、电压力煲	上海奔腾企业（集团）有限公司
89	张铁军	翡翠玉雕制品	上海张铁军珠宝集团有限公司
90	图案（盘点美味）	熟食肉制品	上海万诚食品有限公司
91	三添	芝麻油	上海三添食品有限公司
92	沪 XINHUI	黄酒	上海新晖酿造有限公司

（续表）

序号	品牌	产品	企业名称
93	老杜	畜、禽制品	上海老杜鸭鸭养殖有限公司
94	艺杏	豆制品	上海艺杏食品有限公司
95	元盛	牛羊肉制品	上海元盛食品有限公司
96	味好美	香辛调味料	上海味好美食品有限公司
97	皇轩	葡萄酒	上海申马酿酒有限公司
98	富味乡	芝麻油	上海富味乡油脂食品有限公司
99	红宝石 RUBY	鲜奶蛋糕	红宝石食品有限公司
100	五丰上食	冷鲜肉	上海五丰上食食品有限公司
101	禾煜 HEYU	南北干货	上海禾煜贸易有限公司
102	图案（奕方）	果酱	上海荣港工贸发展有限公司
103	上食	清真牛羊肉系列	上海市食品（集团）有限公司
104	日加满	日加满饮料	上海东锦饮品有限公司
105	上雷	中药滋补品	上海雷允上药业西区有限公司
106	余天成	参茸制品、中药饮片	上海余天成医药有限公司
107	康桥	中药饮片	上海康桥中药饮片有限公司
108	沐舒坦	盐酸氨溴索片剂、胶囊、口服液	上海勃林格殷格翰药业有限公司
109	天丰	急救药品	上海禾丰制药有限公司
110	田力	转化糖电解质注射液	扬子江药业集团上海海尼药业有限公司
111	上龙 SL	复方酮康唑软膏	上海宝龙药业有限公司
112	兰迪	苯磺酸氨氯地平片	扬子江药业集团上海海尼药业有限公司
113	KHB	诊断试剂系列	上海科华生物工程股份有限公司
114	KAIBAO（凯宝）	痰热清注射液	上海凯宝药业股份有限公司
115	益赛普	注射用重组人Ⅱ型肿瘤坏死因子受体——抗体融合蛋白	上海中信国健药业股份有限公司
		二、服务类	
1	荣庆堂	商业零售	上海荣庆堂实业发展有限公司
2	图案（星光）	商业零售	上海星光照相器材批发市场经营管理有限公司
3	九和堂	中药零售	上海九和堂国药有限公司
4	惠罗羽博会	羽绒服饰零售	上海惠罗有限公司
5	图案（泰康）	食品零售	上海市泰康食品有限公司泰康分公司
6	余天成	药品零售	上海余天成药业连锁有限公司
7	蔡同德堂	中药零售	上海蔡同德堂药号
8	曹杨商城	商业零售	上海市曹杨商城有限公司
9	红宝石 RUBY	食品零售	红宝石食品有限公司
10	曹家渡	家具销售	上海曹家渡家具商城有限公司
11	dm（东明）	商业零售	上海东明家居（集团）有限公司
12	雷允上	中药零售	上海雷允上药业西区有限公司
13	长江口股份	商业零售	上海长江口商城股份有限公司
14	华菊妹	黄金饰品特色零售	上海亚一金店有限公司
15	张铁军	翡翠玉雕零售	上海张铁军珠宝集团有限公司
16	图案（CCSP）	商业零售	上海烟草集团卢湾烟草糖酒有限公司长春食品商店

（续表）

序号	品牌	产品	企业名称
17	炫游	农家乐系列：海上名山——雁荡山玩转精华景区 3 日游	上海大通之旅旅行社有限公司
18	景泰	1）学子之旅：18 岁成人仪式 + 月圆园公园 1 日活动，小小航海家、大大航博馆 1 日活动，2）景满天下——绿色青浦：陈云纪念馆、东方绿洲 1 日游	上海景泰旅行社有限公司
19	沪铁旅游	假日列车旅游：武夷山 4 日游，武夷山新景 4 日游，庐山专列 4 日游，井冈山 4 日游	上海铁路国际旅游（集团）有限公司
20	携程 CTRIP	携程旅游——透明团：香港迪士尼 + 海洋公园 4 日半自助双园游，香港海洋公园 4 日豪华团队游，台北温泉美食 5 日舒适团队游，普吉岛 +PP 岛豪华深度团队游（直飞），巴厘岛 VILLA+ 酒店 6 日团队游，北海道温泉美食 7 日深度团队游，韩国济州 + 首尔 5 日舒适深度团队游，三亚潜水 + 悬崖酒店 + 温泉 5 日专属游，黄山 + 黟县宏村 3 日巴士自由行	上海携程国际旅行社有限公司
21	杨休	“学在乐途”系列——学生休学游产品：我的梦想我的家，从“石拱”到“彩虹”，我跌落在这个漩涡里，科技“嘉年华”，沪苏杭全外教英语夏令营，海外（香港）学生普通话夏令营	上海杨浦休养旅行社有限责任公司
22	大众	1）“大众假日汽车游——浙东南山水游”系列：余姚摘杨梅之旅 1 日游，仙居、仙都、方岩美景游 3 日游，2）健康温泉大众游：南京汤山温泉、古猿人文化休闲 2 日游，武义温泉、郭洞探险休闲 2 日游	上海大众旅游有限公司
23	城市沙滩 CityBeach	城市沙滩	上海金沙滩投资发展有限公司
24	强生旅游	张家界等地双飞 4/5 日游	上海强生旅游有限公司
25	乐途	隽秀山水桂林游、魅力湘西精彩游	上海旅行社有限公司
26	前卫农家乐	农家乐	上海农闲乐休闲娱乐有限公司
27	都市菜园	都市菜园景区	上海都市农商社有限公司
28	CTS（中旅国际）	1）绚丽春晖——新西兰南北岛冰川 11 日深度游，2）港澳 5 日纯玩团“新体验”，3）香港 4 日纯玩团“二选一”，4）泰国普吉甲米卓越游，5）神秘吴哥窟——尊荣艺术美食深度游	上海中旅国际旅行社有限公司
29	乐航之旅	巴厘岛 4 晚 6 日游，柬埔寨 4 晚 6 日游，新西兰南北岛 8 日游，菲律宾马尼拉长滩 4 晚 5 日游	上海航空国际旅游（集团）有限公司
30	有趣	1）台湾游系列——动力火车台湾游，2）环球悠游系列——“峰”景如画瑞士自然之旅，长滩岛 5 日游，3）环球享游系列——澳大利亚大堡礁墨尔本东海岸游，日本精品 6 日游，4）环球酷游系列——巴厘岛豪华蜜月自由行，香港全家总动员，5）环海邮轮系列——“皇家加勒比”邮轮日韩 8 日游，6）精彩中国世博之旅	上海国旅国际旅行社有限公司
31	CITYEXPLORER（都市旅游）	上海都市 1 日游，上海都市半日游，夜上海魅力游，苏州园林，周庄水乡 1 日游，杭州天堂 1 日游，周庄水乡 1 日游，苏州园林 1 日游	上海锦江旅游有限公司
32	锦彩	新西兰四季深度游	上海锦江旅游有限公司
33	锦 show	经典澳洲、魅力新西兰南北岛之旅，瑞士经典之旅，西葡太阳海岸热情之旅，英国全景之旅，泰——品味普吉，新趣香港家庭乐翻天之旅，日本北海道梦幻四季游，精致台湾环岛游，澳洲大堡礁逍遥纯玩游，柬埔寨——净享吴哥，韵动上海，锦江修学旅游	上海锦江旅游有限公司

（续表）

序号	品牌	产品	企业名称
34	品天下	1）上海印象之旅，2）“普”天同“吉”——泰国普吉6日游，3）贵乎“西”有、典雅“葡”质——西班牙、葡萄牙10日游，4）“意”往情深意大利风情9日品质游	上海中国青年旅行社
35	贵族之旅	成都、青岛、厦门、云南纯玩团——成都九寨沟黄龙四飞4日四星贵族之旅，“青岛烟台蓬莱威海”贵族之旅系列，昆明大理丽江四星贵族之旅	上海春秋国际旅行社有限公司
36	春秋旅游	1）海岛度假系列——“礁”澳：澳洲大堡礁8日，2）文化休闲系列——法国意大利浪漫游系列，情定爱琴海——希腊系列	上海春秋国际旅行社有限公司
37	图案（上海海洋水族馆）	科普游览	上海海洋水族馆有限公司
38	中远物业	物业服务	上海中远物业管理发展有限公司
39	图案	物业服务	上海威斯特物业经营有限公司
40	SHENERGY	物业服务	上海申能物业管理有限公司
41	PUJIANG	物业服务	上海浦江物业有限公司
42	明华物业	物业服务	上海明华物业公司
43	图案	物业服务	上海东湖物业管理公司
44	图案（旭富企业）	现代物流	上海旭富国际物流有限公司
45	图案（贝业新兄弟）	现代物流	上海贝业新兄弟物流有限公司
46	图案（ADP）	现代物流	上海亚东国际货运有限公司
47	MLS	现代物流	上海现代物流投资发展有限公司
48	图案（金山石化物流）	现代物流	上海金山石化物流有限公司
49	图案	现代物流	上海新金桥国际物流有限公司
50	图案（圆通）	现代物流	上海圆通物流有限公司
51	图案（东方国际）	现代物流	东方国际物流（集团）有限公司
52	上海市长途汽车运输公司	现代物流	上海市长途汽车运输有限公司
53	申丝 SHENSY	现代物流	上海申丝企业发展有限公司
54	图案	现代物流	上海中石化工物流有限公司
55	图案	现代物流	上海景鸿国际物流股份有限公司
56	北芳储运	综合物流	上海北芳储运集团有限公司
57	图案（云峰集团）	综合物流	上海云峰（集团）公司
58	图案（新杰）	综合物流	上海新杰货运服务有限公司
59	佳吉快运	普通货运、货运代理、联运服务	上海佳吉快运有限公司
60	东昌西泰克	现代物流一体化管理	上海东昌企业集团有限公司
61	图案	现代物流	西上海（集团）有限公司
62	申银汽车	汽车销售	上海申银汽车服务有限公司
63	图案（联海）	汽车销售	上海联海沪西汽车销售有限公司
64	东昌	汽车销售	上海东昌企业集团有限公司
65	外高桥	汽车一条龙服务	上海外高桥汽车交易市场有限公司
66	图案（云峰集团）	汽车销售	上海云峰（集团）有限公司

（续表）

序号	品牌	产品	企业名称
67	冠松	汽车销售	上海冠松集团有限公司
68	冠松	汽车维修	上海冠松汽车维修服务有限公司
69	图案（永达）	汽车维修	上海永达汽车经营服务有限公司
70	图案（永达）	汽车维修	上海永达汽车浦东销售服务有限公司
71	锦江	汽车客运	上海锦江汽车服务有限公司
72	图案（海博）	出租汽车营运	上海海博出租汽车有限公司
73	冠松	汽车维修	上海冠松丰田汽车销售有限公司
74	蓝十	信息服务	上海众达信息产业有限公司
75	Bsteel	电子商务	东方钢铁电子商务有限公司
76	欧唯特	信息服务	欧唯特信息系统（上海）有限公司
77	合胜	信息服务	上海合胜计算机科技有限公司
78	远东资信	信息服务	上海远东资信评估有限公司
79	昂泰兰捷尔 ANGTAI-LANJER	信息服务	上海昂泰兰捷尔信息科技股份有限公司
80	BOKE	信息服务	上海博科资讯股份有限公司
81	3G（三吉电子）	信息技术外包	上海三吉电子工程有限公司
82	Hotsales.net 火速	互联网服务	上海火速网络科技有限公司
83	网宿科技	IDC 和 CDN 互联网服务	网宿科技股份有限公司
84	光典	信息服务	上海中信信息发展股份有限公司
85	图案（ssec）	钢铁电子交易平台服务	上海大宗钢铁电子交易中心有限公司
86	宝信	信息技术外包	上海宝信软件股份有限公司
87	携程 CTRIP	互联网服务	携程计算机技术（上海）有限公司
88	图案	餐饮	上海世好餐饮管理有限公司
89	图案（鸿瑞兴）	餐饮	上海鸿瑞兴餐饮管理有限公司
90	红子鸡	餐饮	上海红子鸡美食总汇有限公司
91	图案（天天渔港）	餐饮	上海天天渔港餐饮管理有限公司
92	鹭鹭	餐饮	上海鹭鹭餐饮管理有限公司
93	葡京、葡京煲煲好	餐饮	上海葡京餐饮管理有限公司
94	王家沙	餐饮	上海王家沙餐饮股份有限公司
95	圆苑	餐饮	上海圆苑餐饮管理有限公司
96	图案（双鸭）	餐饮	鸭王餐饮集团有限公司
97	功德林	餐饮	上海功德林素食有限公司
98	图案（兰亭图）	餐饮	上海绍兴饭店管理有限公司
99	味之都	餐饮	上海齐鼎餐饮发展有限公司
100	南翔	餐饮	上海老城隍庙餐饮（集团）有限公司
101	金萌苏浙汇	酒吧 / 餐饮	上海金萌苏浙汇餐饮有限公司
102	上海老饭店	餐饮	上海老饭店
103	小南国	餐饮	小南国（集团）有限公司
104	经营者	人才服务	上海市经营者服务有限公司
105	上海人才	上海人才网服务	上海人才网（集团）有限公司
106	易才（CTG）	人才资源服务外包	上海智联易才人力资源顾问有限公司

序号	品牌	产品	企业名称
107	才俊管理	人才资源服务外包	上海才俊管理有限公司
108	图案	人事外包	上海东方国际传媒人才有限公司
109	图案（徐汇人力）	人才派遣	上海徐汇人力资源有限公司
110	图案（博尔捷）	人才派遣、高级人才推荐、生产作业外包、招聘流程外包、人事代理	上海正东人力资源有限公司
111	荣欣	装潢	上海荣欣家庭装潢有限公司
112	B&Q百安居	装饰装潢	上海百安居装饰工程有限公司
113	佳园·屋	室内装潢	上海进念室内设计装饰有限公司
114	云兰	装饰装修	上海云兰建筑装饰工程有限公司
115	图案（iorddeco）	家居装饰	上海统帅建筑装潢有限公司
116	聚通装潢	建筑装饰装修	上海聚通建筑装潢工程有限公司
117	图案（百姓）	家居装饰	上海百姓装潢有限公司
118	全筑	室内装饰	上海全筑建筑装饰工程有限公司
119	图案（中华商务）	印刷服务	上海安全印务有限公司
120	图案（现代国际）	主办国际来华展、展览展示策划、设计、工程制作	上海现代国际展览有限公司
121	图案（上海紫丹）	印刷服务	上海紫丹印务有限公司
122	图案（MAXIN）	服装标牌印刷服务	上海美声服饰辅料有限公司
123	图案（幻维数码）	数字多媒体影视动画创意制作	上海幻维数码创意科技有限公司
124	图案（烟印）	印刷服务	上海烟草包装印刷有限公司
		三、区域类	
1	豫园	国际化商业文化旅游区	上海豫园旅游商城股份有限公司
2	朱家角	朱家角古镇旅游区	上海朱家角古镇旅游发展有限公司
3	梅泰恒	梅泰恒商圈	上海市静安区商业联合会
4	8号桥	集办公、餐饮、零售为一体的创意产业园区	上海8号桥房屋租赁有限公司
5	田子坊	集文化、创意设计、购物休闲为一体的旅游景区	上海市卢湾区旅游咨询服务中心

2011·上海工业年鉴

SHANGHAI
INDUSTRIAL
YEARBOOK

企　业　形　象

（排列不分先后）

申能（集团）有限公司
宝钢集团有限公司
上海汽车工业（集团）总公司
中国石化上海石油化工股份有限公司
中国石化股份有限公司上海高桥分公司
上海化学工业区发展有限公司
上海市漕河泾新兴技术开发区联合发展有限公司
上海市工业区开发总公司
上海烟草集团有限责任公司
上海质量体系审核中心
上海市质协用户评价中心
上海建筑材料（集团）总公司
宝钢发展有限公司上海新型材料分公司
上海桦厦实业有限公司
上海钢联电子商务股份有限公司
上海重矿连铸技术工程有限公司
上海大众汽车有限公司
上海小糸车灯有限公司
上海捷新动力电池系统有限公司
上海骆氏减震件有限公司
上海申华控股股份有限公司
上海延锋江森座椅有限公司
上海胜华波汽车电器有限公司
上海汽车信息产业投资有限公司
上海市信息管线有限公司
上海北特科技股份有限公司
上海航盛实业有限公司
延锋百利得（上海）汽车安全系统有限公司
上海攀业氢能源科技有限公司
上海开腾信号设备有限公司
上海润欣科技有限公司
上海合美电子科技有限公司
千方工业产品设计（上海）有限公司
上海博泰悦臻电子设备制造有限公司
上海智超照明设备有限公司
上海南麟电子有限公司
上海电科智能系统股份有限公司
上海银晨智能识别科技有限公司
上海科海豪斯信息技术有限公司
上海中航光电子有限公司
理光图象技术（上海）有限公司
上海新华传媒电子商务有限公司
上海钢之源电子交易中心有限公司
瑞电士（上海）传感器有限公司
上海复宝软件科技发展有限公司
上海美科新能源股份有限公司
中国电信股份有限公司上海号百信息服务分公司
中国航空无线电电子研究所
上海长望气象科技有限公司
纮华电子科技（上海）有限公司
上海菱通软件技术有限公司
上海安科瑞电气股份有限公司
上海三鑫科技发展有限公司
上海市化工环境保护监测站
中国石油天然气股份有限公司华东化工销售分公司
中国石油西气东输管道公司
上海正欧涂料有限公司
上海金山第二工业区投资有限公司
上海宜瓷龙新材料科技有限公司
上海华谊天原化工物流有限公司
上海克硫环保科技股份有限公司
上海三洋电梯有限公司
上海电气集团股份有限公司
上海振华重工（集团）股份有限公司
上海金盾消防安全设备有限公司
上海纳杰电气成套有限公司
上海造币有限公司
索肯和平（上海）电气有限公司

上海爱登堡电梯有限公司
上海三一科技有限公司
上海紫光机械有限公司
上海新型建材矿棉厂
上海运安制版有限公司
上海瑞孚管路系统有限公司
上海市志卓机械制造有限公司
上海诺雅克电气有限公司
复盛实业（上海）有限公司
上海悦英机械设备制造有限公司
上海源盛机械电气制造有限公司
上海罗克空调系统工程有限公司
上海索谷电缆集团有限公司
上海冶金矿山机械厂
上海汉钟精机股份有限公司
上海电气输配电试验中心有限公司
上海华东电器（集团）有限公司
上海电气凯士比核电泵阀有限公司
上海施耐德日盛机械（集团）有限公司
上海凯士比泵有限公司
上海闸电燃气轮机发电有限公司
上海尚实能源科技有限公司
上海裕生特种线材有限公司
上海阿波罗机械股份有限公司
上海第一机床厂有限公司
欣狮铝业（上海）有限公司
上海第三机床厂
上海松华药业有限公司
上海万德风力发电股份有限公司
远纺工业（上海）有限公司
上海宝亚安全装备有限公司
上海博莱科信谊药业有限责任公司
上海凯宝药业股份有限公司
上海中华药业有限公司
上海外高桥第三发电有限责任公司
上海外高桥造船有限公司
沪东中华造船（集团）有限公司
江南造船（集团）有限责任公司
上海超日太阳能股份有限公司
晶澳太阳能
上海上电漕泾发电有限公司
上海电力修造总厂有限公司
上海吴泾第二发电有限责任公司
上海石洞口冶金设备修造有限公司
上海华明电力设备制造有限公司
上海浦城热电能源有限公司
上海金联热力供应有限公司
上海成信建业节能科技有限公司
上海亚明灯泡厂有限公司
上海福莱特玻璃有限公司
上海水星家用纺织品股份有限公司
上海嘉麟杰纺织品股份有限公司
上海纺织科学研究院
上海巨亮服饰有限公司
上海市工业综合开发区有限公司
上海新金山工业投资发展有限公司
上海金桥出口加工区管理委员会
上海青浦工业园发展（集团）有限公司
上海市莘庄工业区
上海市市北高新（集团）有限公司
上海宝山经济发展区
上海市奉贤区南桥镇杨王工业园区
上海龙华工业有限公司
上海富荣经贸发展有限公司
上海市崇明工业园区管理委员会
中铁快运股份有限公司上海分公司
上海美设国际货运有限公司
上海汇金担保有限公司
杰劳瑞森国际货运（上海）有限公司
上海忆霖食品有限公司
上海协升展览有限公司

上海液化天然气一期工程

锐意开拓　稳健运作

电气并举　产融结合

上海临港燃气电厂4套350MW级燃气轮机联合循环机组

申能（集团）有限公司

申能(集团)有限公司(以下简称“公司”)于1996年经上海市政府批准成立，注册资本60亿元，是上海市国有资产监督管理委员会出资监管的国有独资有限责任公司。

公司成立以来，秉持“锐意开拓、稳健运作”的经营理念，基本形成了“电气并举、产融结合”的发展格局，兼具产业集团与投资公司双重企业特征。2010年公司全口径发电量580亿千瓦时，权益发电量262亿千瓦时，天然气供应量44.9亿立方米。截止2010年底，公司总资产1047亿元，所有者权益667亿元，当年实现营业收入253亿元，实现净利润26.6亿元。连续九年列入中国企业500强。

2010年是举世瞩目的世博年，公司紧紧围绕这一重中之重的工作，在能源安全保障供应、重大项目投资建设、金融投资和创新业务发展、科技创新与节能减排大家等多个方面取得了优异的成绩。

[世博会能源安全保障供应工作圆满完成] 公司积极履行世博会高级赞助商职责，全力以赴做好世博保障各项工作。加强世博园区和系统34处重点目标的安全。按时完成世博园区燃气配套建设，在浦东和浦西园区分别成立了燃气世博保障中心，世博期间累计向园区和世博村供气1626万立方米。世博中国馆和主题馆太阳能电站运行正常，累计发电241万千瓦时。系统发电企业全力确保发电机组安全可靠运行。申能物业出色完成世博局行政中心和世博非洲馆的物业管理工作，获得好评。

[清洁能源项目建设取得新的突破] 上海临港燃气电厂一期工程第一台机组2010年底顺利并网；天然气主干管网二期工程稳步推进，顺利接收川气东送天然气；石洞口燃气生产和能源储备项目开工建设；临港风电和启东风电二期实现并网发电，长兴风电完成建设。

[金融投资和创新业务积极推进] 公司组建新能源产业基金，专业投资于新兴能源及节能减排领域。以上海石油交易所为平台，成功推出液化天然气和液化石油气现货交易品种。对东方证券的持股比例上升到近40%，公司金融股权布局进一步优化。参与“上海医药”重组，配合光大银行完成IPO上市等。下属申能股份完成增发，有力支撑了电力能源项目拓展。

上海燃气球罐

上海临港风电项目

世博太阳能项目

[科技创新与节能减排再创佳绩] 公司《1000兆瓦超超临界机组系统综合优化和节能减排关键技术研究及应用》和《东海平湖油气田薄油层开发技术研究及应用》荣获2010年上海市科技进步一等奖。外高桥三发电和石油天然气公司被评为上海市高新技术企业。组建成立上海申能能源科技有限公司，进一步加大科技成果转化利用。2010年公司控股电厂供电煤耗累计300克/千瓦时，处于全国领先水平，其中外高桥三发电供电煤耗279克/千瓦时。

展望未来，公司将按照上海“十二五”创新驱动、转型发展的总体要求，真抓实干、奋力拼搏，努力开创公司发展新局面。

BAOSTEEL

宝钢集团有限公司
BAOSTEEL GROUP CORPORATION
地址：上海市浦东新区浦电路 370 号宝钢大厦 邮编：200122
电话：021-58350000 / 58358888 传真：021-68404832
http://www.baosteel.com

钢铁新时代

宝钢是中国最具竞争力的钢铁联合企业。至今已连续七年进入《财富》杂志评选的世界500强企业，并被评为“全球最受尊敬企业”，成为中国内地唯一获得此称号的企业。

宝钢钢铁主业立足于生产高技术含量、高附加值钢铁精品，已形成普碳钢、不锈钢、特钢三大产品系列，广泛应用于汽车、家电、石油化工、机械制造、能源交通、建筑装潢、金属制品、航天航空、核电、电子仪表等行业。目前宝钢产品通过遍布全球的销售网络，畅销国内外市场，不仅保持国内板材市场的主导地位，而且将钢铁精品出口至日本、韩国、欧美等四十多个国家和地区。

近年来，宝钢重点围绕钢铁供应链、技术链、资源利用链，加大内外部资源的整合力度，提高竞争力，提高行业地位，已初步形成了包括钢铁主业及相关多元板块的业务结构。

公司使命：致力于成为世界一流的钢铁产品、技术和服务供应商。

上海汽车工业（集团）总公司
SHANGHAI AUTOMOTIVE INDUSTRY CORPORATION (GROUP)

上海汽车工业（集团）总公司（简称“上汽集团”）是中国三大汽车集团之一，主要从事乘用车、商用车和汽车零部件的生产、销售、开发、投资及相关的汽车服务贸易和金融业务。集团持有上海汽车集团股份有限公司（简称“上海汽车”）72.95%的股份；同时持有独立供应汽车零部件业务上市公司——华域汽车系统股份有限公司（简称“华域汽车”）60.10%的股份。2010年，上汽集团整车销售358.3万辆，同比增长31.5%。其中，乘用车227.9万辆，同比增长41.9%；商用车130.4万辆，同比增长16.6%。在国内汽车集团排名中继续保持第一位，同时也是国内唯一进入全球整车销售排名前十位的汽车集团。2010年，集团以上一年度336.29亿美元的合并销售收入，第六次入选《财富》杂志世界500强，排名第223位，比2009年上升了136位。

上汽集团坚持自主开发与对外合作并举，一方面通过加强与德国大众、美国通用等全球著名汽车公司的战略合作，不断推动上海通用、上海大众、上汽通用五菱、上汽依维柯、上海申沃等系列产品的后续发展，取得了卓越成效；另一方面通过集成全球资源，加快技术创新，全力推进自主品牌轿车的研发、生产和销售。目前，已实现荣威750、550、350及MG 7、MG TF、MG6、MG3等多款产品的成功上市，树立起良好的品牌形象。由此，深入推进了合资品牌和自主品牌共同发展的格局。

上汽集团除在上海当地发展外，还在柳州、重庆、烟台、沈阳、青岛、仪征、南京、英国长桥等地建立了自己的生产基地；拥有韩国通用大宇 6.01% 的股份；在美国、欧洲、香港、日本和韩国设有海外公司。

上汽集团的愿景是：为了用户满意，为了股东利益，为了社会和谐，上汽集团要建设成为品牌卓越、员工优秀，具有核心竞争能力和国际经营能力的汽车集团。

上汽集团的核心价值观是：满足用户需求、提高创新能力、集成全球资源、崇尚人本管理。

地址：上海市威海路 489 号　邮编：200041　总机：86-21-22011688　传真：86-21-22011188

加氢裂化装置

上海石化世博礼仪接待员出征石油馆

年产60万吨芳烃（PX）装置）

年产15万吨碳五分离装置（夜景）

中国石化上海石油化工股份有限公司
SINOPEC SHANGHAI PETROCHEMICAL COMPANY LIMITED

高桥石化成立于1981年11月，是我国第一个跨行业、跨部门的特大型经济联合体，隶属于中国石油化工集团公司。

公司位于浦东新区，占地面积4.2平方公里，共有75套生产装置，主要产品有汽油、航空煤油、柴油、润滑油基础油、石蜡、合成橡胶、有机化工原料、合成塑料以及精细化工产品等，公司拥有炼油能力1250万吨/年、化工产品生产能力100万吨/年，自备电厂具有装机容量17.5万千瓦。2010年底，公司资产总额为185亿元，年销售收入600亿元。

公司先后有100余项科技成果获国家、中国石化集团公司或上海市科技奖、上海市新产品奖。产品远销欧美和非洲。

公司积极开展对外合作交流，分别与德国巴斯夫公司、美国加德士公司、韩国SK公司、日本三井石化烷基酚株式会社等世界著名企业合作，成立合资公司。

公司加大对上海化学工业区的投资力度，已建成20万吨/年苯酚丙酮、10万吨/年丁苯橡胶、20万吨/年ABS装置以及合资12万吨/年双酚–A等项目。

上海化学工业区位于杭州湾北岸，规划面积29.4平方公里，是以石油化工及其衍生产品制造为主的现代化产业基地，主要发展石油化工和天然气化工系列产品、精细化工产品、合成新材料和综合性深加工产品。按照统一规划，纳入一体化管理的金山分区重点发展化工物流、化工检维修和化工品交易等产业，奉贤分区重点发展精细化工、化工机械装备和高分子材料等产业。2010年是“十一五”发展计划的最后一年，上海化工区经济运行和各项工作实现平稳良好发展，主要经济指标完成情况较上年大幅增长。全年，化工区(包括金山、奉贤分区)共完成销售收入870.7亿元，工业总产值806.3亿元；引进项目投资7.1亿美元，完成固定资产投资66.2亿元；区内注册企业实现利润65.7亿元，实缴税金44.8亿元；万元产值能耗0.868吨标准煤/万元。截至2010年底，化工区累计批准项目总投资168.9亿美元，累计完成固定资产投资915.3亿元。

上海天原华胜烧碱装置

上海赛科乙烯装置

上海联合异氰酸酯装置

高桥石化年产10万吨丁苯橡胶装置

拜耳聚碳酸酯装置

工业气体

液体化工品码头

公共管廊

漕河泾
CAOHEJING
HI-TECH PARK

漕河泾浦江高科技园生产型服务业功能区

新漕河泾国际商务中心

科技绿洲三期

上海市漕河泾新兴技术开发区

到凌云处
总虚心

快樂一起來
红双喜品派
晶于心·派于形
SINCE 1906
DOUBLE HAPPINESS
SHANGHAI TOBACCO
璀璨“金牌”，城市气派
“金牌”中刻画了大都市的建筑群象，象征城市万千气派。
“金牌”四角为抽象的城市历史建筑轮廓，演绎城市人文内涵。
整体包装内外辉映，完美诠释城市魅力的精髓所在。

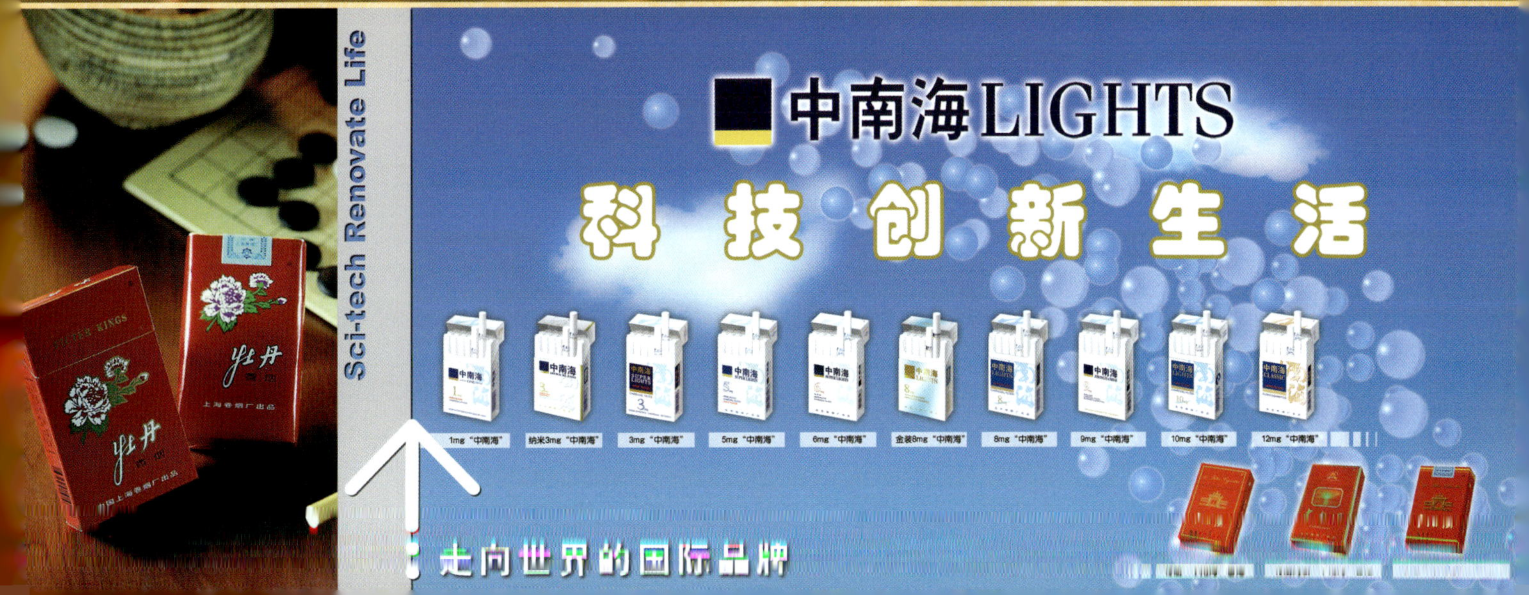
Sci-tech Renovate Life
中南海LIGHTS
科技创新生活
走向世界的国际品牌

上海市质协用户评价中心(以下简称 CEC · SAQ)成立于 1999 年 5 月，隶属于上海市质量协会，是国内第一家专门从事顾客满意度测评的第三方中介技术服务机构。

CEC · SAQ 拥有一支成熟的研究队伍，都经过严格的理论培训，并具有丰富的项目经验。CEC · SAQ 专注于顾客满意领域的研究，运用先进的管理理论和研究方法，帮助客户更深入地了解顾客需求、提升质量。

CEC · SAQ 以顾客满意研究、高价值的定制服务为专长，并拥有良好的声誉，每年为企业、行业管理部门、政府职能部门开展顾客满意专项研究和咨询服务 200 多个，获得持续的好评，并与 80% 的客户保持着持久合作关系。

CEC · SAQ 自成立以来每年围绕社会广泛关注的质量热点、民生焦点开展十余项社会调查，调查结果得到解放日报、文汇报、新民晚报、新华网、人民网、东方网、地方政府网站等社会主流媒体的认可和发布，为改善质量提供了科学的依据，并形成了良好的社会效应。

CEC · SAQ 的使命是，传播先进的质量理念、方法和技术，组织质量推进活动，提供专业化服务，为促进经济发展与社会和谐做出贡献。

上海市质协用户评价中心

Customer Evaluation Center-An Aiffiliate of SAQ

地　址：中国上海普陀区曹杨路 1040 弄 1 号中友大厦 7 楼(近武宁路口)
邮　编：200063
电　话：021 － 5266 0999
传　真：021 － 6216 8870
EMAIL：service@ shcsi.org.cn
网　址：http://www.shcsi.com

CEC·SAQ

上海建
合并报表
上海建
营业务还
储物流等。
德国伊通
玻璃棉制品

集团地址：
电话：（021

江苏大丰启动岩棉

上海桦厦实业有限公司，注册资本人民币 8000 万元，成立于 2003 年 7 月，主要从事钛、钛合金和镍基合金板材的生产、加工和销售，是世界上少数能生产钛及钛合金材料的公司之一。主体生产设备和生产人员前身属于上海三钢有限公司薄板分厂（军工）。2004 年，三钢薄板世博搬迁，公司抓住这个机会利用资产购买的方式，对设备搬迁改造，并于 2006 年 9 月建成试生产，2007 年初正式投入生产。公司已获得 ISO9001:2000 劳氏认证、国家质量监督局颁发的工业产品生产许可证、世界钛协会（ITA）会员单位，中国锻压协会理事单位，中国机械工程学会塑性工程分会会员，属上海市高新技术企业。

钛在发展经济和国家安全中具有战略意义的金属，被称为“太空金属”、“海洋金属”、“钛时代”。它具有中低温性能优异、耐腐蚀，尤其耐海水腐蚀；比强度高，超过不锈钢和高温合金，钛合金的这些特性具备了替代钢和高温合金等材料。

公司近期已获得市科委上海市科技小巨人企业（含培育）项目资助，“年产 2000 吨大飞机支线飞机钛合金板材深加工生产线建设”项目，获得 2010 年上海市中小企业发展专项资金产业升级配套项目资助，2010 年度上海市高新技术产业化重点项目计划——《钛板 - 钛带卷生产线》现已通过市经委答辩。这些项目已极大拓展了公司的发展空间，结合这些项目在最近几年内，公司将在钛领域里逐步实施重大项目。

公司 2009 年度销售额达到 2.06 亿元，分别比 2008 年 1.54 亿、2007 年度销售额 1.02 亿分别增加 134%，203%，在经历了世界性的金融危机及国内外需求不足的困境后，公司生产销售呈现稳定上升的势态。

公司主要生产的钛及钛合金产品，主要分为钛板换、普通钛轧品、钛合金等主要产品，从 0.5mm 到 30mm 的各种规格的钛薄板和中厚板，市场定位于纯钛板中高端用途的板式热交换器用钛板和电化学用钛板及钛合金板，技术水平在国内属领先地位。公司已完成超塑性 TC4（Ti-6Al-4V）合金钛板的试制生产，钛合金超塑性薄板的产量目前远远不能满足国际国内航空航天市场的需求。面对航空工业巨大的市场机遇，公司克服种种困难，已成功完成对 TC4（Ti-6Al-4V）合金热叠轧工艺生产及 TC4 合金超塑性专用钛板的生产，具备了生产高性能 TC4 合金的能力。公司同类产品销售在国内市场排名前二位，国际市场处于前列。公司已获得“板式热交换器专用钛板的超塑性成形方法”、“燃气轮机压气机叶轮等温模锻方法”等五项专利。

公司正在积极为大飞机，军用项目提供优质的钛产品，积极溶入国家发展新材料战略的研发和应用，成为中国钛产品生产基地，取得较高的品牌影响力。通过提供有竞争力的价格，高标准的客户服务，成为客户首选的钛及钛合金产品供应企业。

上海桦厦
实业有限公司

ATBS
捷新动力

公司状态

- ⊙ 上海捷新动力电池系统有限公司于2010年4月29日成立
- ⊙ 公司经营地址为上海安亭塔山路585号；在第一阶段公司拥有2000平方米的办公楼和1500平方米车间

公司为客户带来的价值

只有捷新公司拥有A123公司的纳米技术

- ⊙ 不同于磷酸铁锂材料
- ⊙ 捷新公司是唯一一家在交通工具上运用A123公司专有的纳米技术的中国公司
- ⊙ A123 公司纳米技术的优势：
  - 功率
  - 循环寿命长，特别是在高放电的情况下
  - 日历寿命长
  - 可用的能量
- ⊙ 捷新公司可运用A123的技术优势进行电池系统集成

电池系统

公司业务

- ⊙ 研究开发、组装、集成和制造完整的车辆驱动电池系统和模块
- ⊙ 混合动力，插电式混合动力和纯电动汽车
- ⊙ 乘用车，重型卡车和大巴
- ⊙ 包括上汽在内的中国所有OEM制造商

骆氏 LUOSHI

公司董事长骆联盟（左）和中共中央国务院委员、国务院副总理张德江（右）的合影

上海骆氏减震件有限公司成立于2002年，专业从事汽车用橡胶金属减震件的研发与生产。公司拥有上海市区级技术中心，研发人员近百人，能完成整车NVH性能评估和解决方案设计，汽车发动机悬置和排气系统吊耳的正向开发，减震产品结构设计、配方和工艺设计开发，工装夹具和模具的设计制造，产品样件试制分析，CAD测绘，CAE分析等技术开发工作。公司拥有国家级检测中心，包括物理实验室，化学实验室，产品性能实验室及NVH检测和整车评估实验室，能够完成产品所有物理性能、化学性能、动静态性能、台架试验、整车NVH评估等测试以及动力总成系统的相关参数设计。公司累计申请国家专利31项，已授权的专利中有多项为发明专利。2009年公司实现销售额12003万元，利润总额1497万元。

公司使用的"骆氏/LUOSHI"商标是中国驰名商标，并在全球75个国家和地区注册，是中国橡胶金属减震件市场的高品质保证，公司的隔震块和衬套类产品在行业销量中排名全国第一。公司荣获上海市高新技术企业，2010年中国最具竞争力汽车零部件供应商百强企业，中国汽车底盘零件组最具竞争力的十强企业，上海民营百强企业，上海市高新技术成果转化项目A级、上海市重合同守信用企业、上海市民企100强、嘉定区科技小巨人、嘉定区科技进步奖、嘉定区发明创造专利奖、嘉定区先进制造企业，是中国第一个进入欧洲"TECDOC(泰多克)系统"的会员。

公司减震产品主要分布在汽车的四大系统：动力总成系统(发动机悬置，变速箱支架，发动机进气波纹管)，转向机系统(护套，减震垫)，底盘系统(包括减震器隔震块、减震器衬套、防尘罩、缓冲块、前后桥各类铰链/衬套等)，排气系统(吊环以及相关总成)及橡塑制品，开发产品多达2500余种，配套车型80多款。公司共有五大系列产品每个系列产品都有自己的专利。

公司运行的体系主要有ISO/TS16949质量体系认证，IEC17025实验室体系认证，VDA17物流体系认证，ISO14001环保体系认证，福特Q1体系，并且公司于2004年通过德国大众A级供应商评审，于2010年通过德国大众PQ35平台认证。

骆氏企业一直致力于乘用车市场，随着中国汽车工业的发展，通过多年的努力经营，已与几乎所有的世界著名汽车制造商在中国的工厂建立了长期的配套关系，其中包括VW，Mercedes-Benz，BMW，Audi，FORD、GM，MG，本田、丰田等公司在中国的合资企业，此外还与一汽集团、上汽集团、东风汽车、广汽集团等中国一流的整车制造厂及本特勒、上汽汇众、德尔福、天纳克、塔奥、阿文美驰等一级模块供应商建立了长期合作关系。

上海骆氏减震件有限公司

地址：上海市嘉定区安亭镇安晓路51号　电话：86 021 59509570　传真：86 021 59509571

上海延锋江森座椅有限公司(简称"延锋江森")由延锋伟世通汽车饰件系统有限公司和美国江森自控国际有限公司共同投资建立。公司成立于1997年,选址于上海浦东康桥工业园区。

公司业务领域覆盖座椅总成、机械零件、座椅发泡、座椅面套、头枕及顶饰系统等,在全国各主要汽车制造商集聚区建立工厂,为客户提供零距离的即时化供货与服务。同时,公司已进入众多跨国汽车企业的全球采购体系,为国际客户提供超越期望的产品与服务。

作为中国最大的汽车座椅及顶饰系统供应商之一,延锋江森拥有国际先进水平的技术中心、工业造型工作室、产品对标工作室和试验室,并且已经形成了强大的产品研发及制造能力,以及完整的产品平台和产品体系,能够适应各类客户不同车型的设计和开发需求。

20010延锋江森实现销售收入137.6亿人民币,出口2.26亿美元。

延锋江森积极参与2010上海世博会,动车VIP座椅成为了吉林馆中的一个亮点,为上汽通用馆3D影院提供的动感座椅广受好评;另外,我们还配套3600辆途安世博出租车以及世博所有上汽新能源车的座椅,为世博的成功举办贡献自己一份力量。

上海延锋江森座椅有限公司

Shanghai Yanfeng Johnson Controls Seating Co., Ltd. (YFJC) was founded in 1997, jointly invested by Yanfeng Visteon Automotive Trim Systems Co., Ltd. and Johnson Control Asia Holdings Co., Ltd.. Headquarter of YFJC located in Shanghai Kangqiao Industrial Zone.

The products of YFJC cover complete seat assembly, mechanism, foam, trim cover, headrest and various overhead systems. YFJC has set up nationwide manufacturing facilities providing sequence delivery service to OEMs. At the same time, YFJC has entered the global purchasing system of various multinational OEMs to provide the products and services beyond the customers' expectation.

As one of China' s biggest automotive complete seat and overhead system manufacturers, YFJC has successfully formed a complete product platform and portfolio to meet various demands of different vehicles. The Technical Center, the industrial styling design studio, the benchmarking studio, and the laboratory, equipped with world-class facilities, further consolidate YFJC' s capability in product development.

The sales revenue of YFJC in 2009 is 13.76 billion RMB (including 226million USD export business).

YFJC actively participate in 2010 Shanghai Expo. CRH VIP seats which manufactured by YFJC has become a highlight in Jilin province Pavilion. We designed and manufactured Dynamic Seats, provided to the SAIC-GM Pavilion are widely acclaimed by audiences. As our contribution to the success of 2010 Shanghai Expo, we also provide seats to 3600 Expo Touran taxis and all new energy passenger vehicles from SAIC.

上海胜华波汽车电器有限公司

上海胜华波汽车电器有限公司创建于 2002 年，座落在上海国际汽车城零部件配套工业园区内，注册资本人民币 3000 万。年生产汽车座椅电机 900 万台，座椅弯管 1200 万根，雨刮器 150 万套。产品主要出口到美国、加拿大、法国、德国等地。先后与美国通用公司、克莱斯勒公司、法国标志公司、雷诺、德国大众 PQ35 平台、宝马等世界巨头的汽车制造厂家配套。

公司秉承质量是企业的生命线，拥有较完善的质保体系和监测、检测设备。十分注重质量管理工作，于 2006 年先后通过 ISO/TS16949 质量体系认证和 ISO14001 环境管理体系认证。

公司拥有一支专业力量强、团队合作精神强、创新意识和实践强的科研、设计队伍。随着汽车市场的不断扩大，零部件行业竞争越来越剧烈，公司高层明白公司必须拥有自主创新能力，打造自己的品牌、拥有自己的专利技术，保持向高新技术发展的方向，才能拥有强大的技术和市场开发能力。2008 年公司创建了研发实验中心，同时引进 2 位留学回国精英，他们带领 57 人的中高级科研技术团队拥有较强新产品开发能力以及有较强质量控制能力。五年来，有 13 项产品申请获得国家专利，其中实用新型专利 9 项，外观专利 4 项，其中公司自主研发生产的 322-LA 抬高电机、322-DOS 水平电机获“上海市重点新产品”，2008 年度被中小企业品牌建设评为“品牌产品”，公司被评为“品牌企业”。2006-2010 年度均被评为“上海市嘉定区小巨人企业”。2008-2010 年底均被评为“上海市嘉定区先进制造业银奖”。2009-2010 年连续两年被评为“上海市嘉定区文明单位”、“上海市嘉定区劳动关系合谐企业”。

上海汽车信息产业投资有限公司

上海汽车信息产业投资有限公司（SAIS），由上海汽车工业（集团）总公司于2000年投资成立，注册资金1亿元人民币，是一家投身汽车制造业的信息技术与服务公司。公司向顾客提供发展战略、解决方案及相关服务。2009年公司销售收入超过1.5亿元人民币。

公司致力于通过自身的资源、智慧、丰富的行业背景和专家技术为快速发展的国内汽车行业提供高质量专业化的IT技术支持和服务，同时积极开拓业外市场，2009年在其它行业销售收入占31%的比重。

公司帮助客户处理全球经济飞速发展下出现的业务和技术问题。主要业务范围包括业务咨询、产品生命周期管理（PLM）、企业管理与应用解决方案（SAP/QAD）、电子商务实施（采购平台、配件交易平台）、智能化布线以及系统运行、汽车后市场解决方案（DMS、CRM）、围绕汽车用户的通讯服务Telematics等。公司拥有众多国内外合作伙伴，帮助客户推动企业发展、抓住机遇，在激烈的市场竞争中取得领先地位。

上海汽车信息产业投资有限公司战略目标：巩固成熟业务，突出重点，持续推进产业信息化，成为一流的汽车及制造业IT服务供应商；培育新兴项目，围绕汽车，加快实现信息产业化，成为汽车电子信息产品和服务的专业提供商。

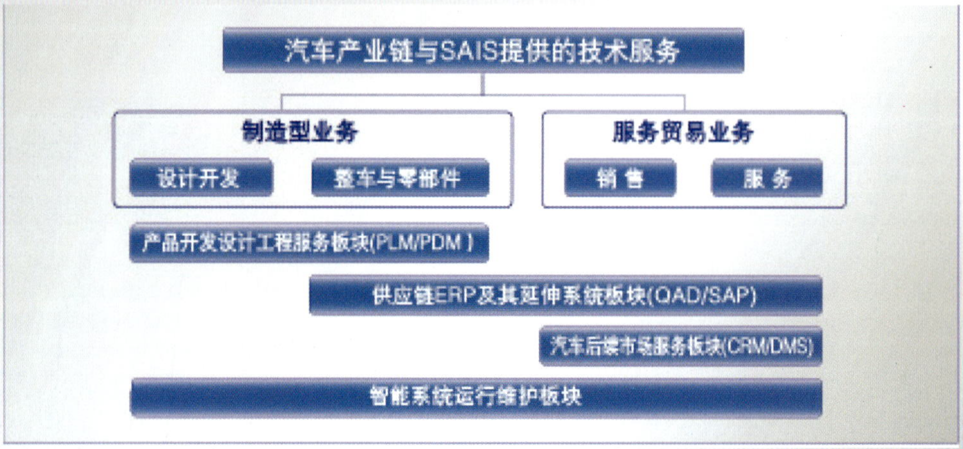

产品开发设计工程服务板块

为企业产品设计开发提供：计算机辅助、研发的项目管理、数据管理和工程技术服务，针对市场客户需要进行产品设计，缩短"产品设计—试制试验—小批量生产—大批量生产—推向市场"的周期，提高设计效率，在整个汽车供应链上的协同开发，加快整车上市时间。

ERP供应链及其延伸系统板块

为以企业资源规划ERP为主的企业管理信息提供系统解决方案及其延伸业务，如质量管理、制造执行管理、定制开发、以及应用托管服务等。

汽车后续市场服务板块

规划集团统一的消费型服务数据平台，以信息技术引导汽车服务版块的业务规划，形成完整的客户价值链经营管理；运用信息技术为汽车销售、服务等渠道管理提供支持。

智能系统运行维护板块

提供建筑智能化系统和信息平台架构的设计、实施、管理和运营维护；提供智能化制造系统的设计、实施和运营维护。

汽车电子信息系统板块

紧密围绕汽车驾乘人员日常驾乘行为方式，开发先进、适用并且具有价格竞争力的车载电子产品的自有品牌，满足其在日常出行过程中的各种需求，提供便捷、易用、稳定的各类相关信息和增值服务。

上海市信息管线有限公司

Shanghai Information Pipeline Co.,Ltd.

公司简介
Company Introduction

为适应国家电信体制改革的要求和加入WTO后中国电信业开放的趋势，上海市人大常委会在2000年8月1日颁布了《关于加强本市基础通信管线管理的决定》，决定对本市基础通信管线建设实行统一规划、统一建设、统一管理，为各通信、有线电视和信息服务运营商公平公正地开展业务创造良好的网络资源环境，更好地满足上海经济和社会发展的需要，更合理地利用地下管位资源，减少城市道路的重复开挖。上海市信息管理有限公司(以下简称公司或SIP)应运而生。

公司由上海市信息投资股份有限公司投资设立，成立于2000年9月，现注册资本2.1818亿元人民币。公司主要从事上海集约化信息管线的投资建设和经营管理，主要经营范围包括通信管道、通信机房和光纤线路的建设、销售和出租、运营维护及工程抢修、集约化信息管线专业领域的工程设计，技术承包、开发、咨询。

10年来，公司在上海以集约化建设的方式建成5500公里以上信息通信管道，接入各类商务楼宇、居住小区、移动基站3000多处，利用地铁、黄浦江越江隧道等城市基础设施同步建设城市公共光纤网，敷设光缆1400多皮长公里，集约化信息管线已覆盖全市所有区县和主要新城，传输接入网络基本覆盖上海主要商圈和工业园区(开发区)，为各通信、有线电视和信息服务运营商公平地提供基础管网和光纤，满足了上海经济和社会发展的需要。与此同时，公司自身也得到了快速发展。

上海市徐汇区小木桥路681号上海外经大厦12F　邮编：200032
电话：(86 21) 6132 5200
传真：(86 21) 6133 5300
网址：www.sip.sh.cn

目前，公司正按照企业“十二五”发展战略和规划纲要的指引，从一个上海地区专业从事信息管道、城市光纤、共用机房等公共信息基础设施投资建设和运营管理的主要企业，朝着发展成为向各类用户提供公共信息基础传输资源及其第三方专业服务提供商的方向迈进。

www.sh-beite.com

上海北特科技股份有限公司

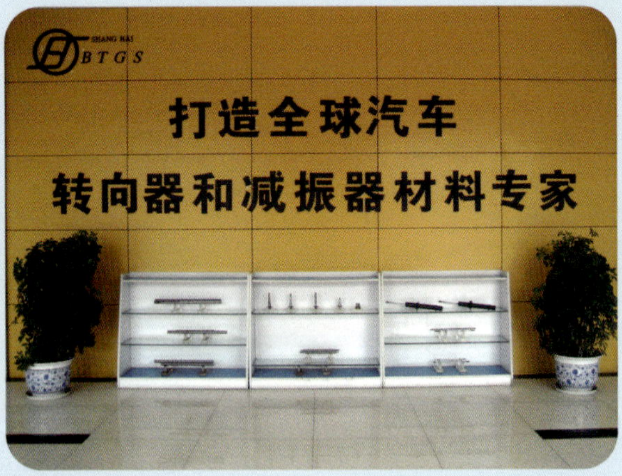

上海北特科技股份有限公司(原上海北特金属制品有限公司)是一家主要从事减震器活塞杆、转向器齿条、高精度轿车转向杆件、悬挂杆件等产品研发、生产、销售的股份制企业。公司注册资本8000万元人民币，现有员工512人，其中科技人员50余人，具有中、高级职称者20多人。

随着国内汽车工业的蓬勃发展及对高精度轿车保安转向杆件、悬挂杆件日益强烈的国产化要求，公司集聚了国内知名的冷拔、热处理专家对相关技术进行了开发和攻关，自主研制出一整套工艺技术，相继开发了减震器活塞杆、转向器齿条、高精度轿车转向杆件、悬挂杆件等产品，实现了产品国产化技术上的突破，填补了国内这一工艺领域的空白，使该项目达到了同类产品的国际水平，解决了中、高档轿车保安杆件一直靠进口的难题。“高精度轿车转向杆件调质、悬挂杆件消应力的制造方法”技术，已申请发明专利并获得通过和公开(20051002344.0)，拥有自主知识产权。

2005年公司核心产品高精度轿车保安转向杆件、悬挂杆件获得上海市高新技术成果转化项目认定，2006年该项目获得国家创新基金支持，2007年、2008年、2009年、2010年连续四年被评为上海市嘉定区小巨人企业，2009年并被评为上海市小巨人企业，并通过了上海市高新技术企业认定，获得了相应的证书。2009年公司的产品被授予上海名牌称号。2010年公司申请的9项实用新型被授予专利证书，申请1项发明专利并在受理中。公司获得嘉定区先进制造业综合实力奖银奖，嘉定区科学进步奖三等奖；同时被国家相关部委评为2010年国家重点产业振兴和技术改造项目。2011年1月，公司通过ISO14001环境管理体系认证。

2010年公司实现销售收入26400万元。公司高精度转向器齿条、减震器活塞杆产品在细分市场的占有率已经达到60%。为了实现公司的跨越式发展，公司正在积极准备上市的相关事项，企业改制已经完成，进入上市辅导期阶段。

今天，公司员工秉承“打造精品、追求卓越”的理念，以技术为核心、视质量为生命，不断开拓创新。奋进中的北特人愿和大家一起共创璀璨的明天。

地址：上海市嘉定区华亭镇高石路2488号　邮编：201816
电话：021-39900006/39900770/39900800、39900868　传真：39900887

我们的产品拯救您的生命！
We save your lives!

延锋百利得（上海）汽车安全系统有限公司是延锋伟世通汽车饰件系统有限公司同美国百利得安全系统公司（KEY SAFETY SYSTEMS, INC.）共同投资成立。公司总投资 3250 万美元。座落在上海浦东康桥工业园区。公司主要从事汽车被动安全系统的设计、开发、测试、制造，产品包括安全气囊模块、安全带、方向盘以及汽车安全系统集成。其研发中心为美国百利得公司在全球三大研发中心之一，工程开发业务涵盖亚太地区。

延锋百利得公司目前拥有员工 800 名，其中研发团队近 150 人，通过德国莱茵公司 TS16949：2000 以及 ISO14001 的体系评审以及 ISO14001 环保体系认证和 OHSAS18001 的职业安全健康体系认证，已经具备了优异的新产品研发和制造能力。公司的远景目标是：致力于成为中国乃至世界上最优秀的汽车被动安全产品及系统集成供应商。

公司愿景 VISION

成为中国乃至世界上最优秀的汽车被动安全产品及系统集成供应商

公司目标 OBJECTIVES

客户满意度：我们将通过不断提高质量、服务、交付以及项目管理水平超越客户的期望

最佳的成本控制者：将提供最具竞争力的市场价格

先进技术的提供者：我们将不断开发出世界一流的汽车被动安全系统技术

高度的专业化水平：以公平、公开以及合理的方式开展业务

股东回报：我们将为我们的股东创造杰出的财务指标

研发中心R&D Center

延锋百利得研发中心建筑面积为 13000 平方米，研发团队人数为 150 人左右。研发中心实验室目前已经通过德国大众认证，并已经通过了通用汽车 GP-10 的认可。

其中 HYGE 台车系统是目前国内少有的汽动式正面碰撞模拟系统。能模拟各种实车碰撞波形，同时满足 ECE，FMVSS，NCAP 等各项国内国际要求。目前该研发中心作为美国百利得在全球三大研发中心之一，积极参与主机客户的开发试验。

延锋百利得
Yanfeng KSS

上海攀业氢能源科技有限公司

地址：上海市金沙江西路1555弄西郊商务区C区5号6楼
电话：021-39556181
网址：www.pearlhydrogen.com

上海攀业氢能源科技有限公司（Pearl Hydrogen Technology Co., Ltd.，以下简称“攀业”）是一家在空冷自增湿质子交换膜燃料电池领域处于国际领先水平的高科技企业。自2006年1月成立至今，一直致力于燃料电池的商业化应用。在燃料电池的关键材料制备、电池堆结构设计等关键技术方面取得了突破，拥有完全自主的知识产权，目前攀业共申请中国专利30余项，国际专利2项。在中小功率燃料电池系统的开发、生产和应用上取得了突破性进展。

作为氢能源技术行业的先驱企业，攀业的产品主要应用于车辆驱动能源、电信基站建设等领域，为其提供高效、环保的能源设备。作为一家高新技术企业，攀业已和帝国理工学院（英国）、伯明翰大学（英国）、伦敦城市大学（英国）、纽海文大学（美国）、清华大学、同济大学等国内外著名高等学府及科研院所建立了密切的合作关系，持续不断地推动氢能源技术行业的科技进步及应用优化，保证为客户提供最优质的服务。

攀业在成立之初就秉承“人力资源是第一资源”的观念。我们坚信，员工是攀业最宝贵的财富。攀业的品牌由广大员工的不懈努力所铸就，攀业的一切利润均由广大员工的辛勤劳动所创造。世界上的一切事情都要靠人去做，因而，攀业在由小到大、由弱到强的发展历程中，我们都将视员工为攀业最可宝贵的资源，竭尽所能地为广大员工谋取福利，我们认为这正是攀业的凝聚力和向心力之根源所在。企业在创造利润的同时，也在为社会创造人才，伟大的企业能够造就出一流的人才。攀业将尽己所能地承担起为社会培养高素质人才、为所在国家和地区造就高素质公民的责任。

CATA
LED Signal

上海开腾信号设备有限公司是一家专业研发、设计、制造、销售LED应用产品的创新型企业，致力于研究开发LED在信号灯和通用照明领域的应用。迄今已在LED应用领域取得十多项国家专利，3项国际专利。

公司产品齐全，覆盖全系列LED汽车灯、LED警示灯及满足特殊作业需求的LED工作灯等，并在LED航标灯和通用照明领域取得不凡的成果。新产品LED格栅灯、投射灯是工业照明和家用照明节能环保的最佳选择。

开腾是ISO/TS16949质量管理体系认证企业，所有车用灯具均按照欧盟ECE或美国SAE标准设计制造，满足所在国家或地区的认证要求，如E-mark、DOT等。

开腾立志做LED应用专家，倡导“以人为本、科学管理、稳健发展、为客户创造价值”。我们一直努力着，进步着！

地址：上海市南汇工业园区南宣公路89号
邮编：201314
电话：86-21-58182113-8003
传真：86-21-58189139
E-mail：catasignaloffice@sina.com

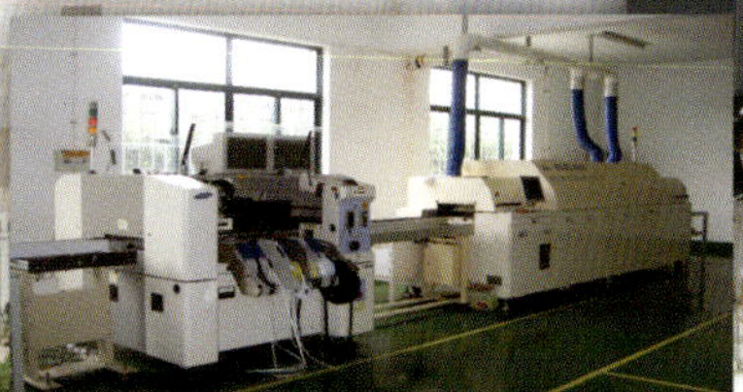

上海开腾信号设备有限公司

www.catasignal.com

上海润欣科技有限公司成立于 2000 年，经过十多年的洗练，公司目前在上海，深圳设有 2 个研发中心，先后在深圳，北京，成都，武汉，厦门设立了分公司（办事处），并在香港及台湾各拥有一个全资子公司。从 2003 年起，公司开始实施 ISO9001：2000 版质量体系认证。

作为知名电子元器件及产品经销商，润欣科技产品范围涵盖半导体、连接器、无源器件及网络产品。润欣科技一直致力于开展高品质的产品服务，代理多家世界知名厂商的产品，为国内客户引进先进的技术，提供一流的供应链管理及工程设计服务。我们也大力致力于电子元器件的应用级研发，客户能够更好、更快地使用关键新技术，提前进入市场，减少经营成本（时间成本、机会成本、研发成本）。而上游厂商产品也能快速地被主要系统品牌厂商使用，从而达到迅速、最大化占领市场的效果。

基于对未来市场和产业链发展态势的分析和研究，润欣经过了多年的自我探索和发展之后，逐步确立了适合自身长远发展的一套先进的商业模式。有别于传统的供销模式，我们的商业模式的核心价值在于和细分行业产业链中的每一个环节都环环相扣，密不可分。

我们不仅和业内上游主要芯片级硬件厂商进行战略合作，参与研发，推出最适合市场需求的芯片和模组，同时也和运营商（电信，移动）及其专属标准制定商进行战略合作，积极的让我们的模组和解决方案进入运营商定制终端的标准。和下游制造商之间，润欣也一如既往的投入研发力量，为其提供大量优秀参考设计。基于目前的商业模式，润欣已经摆脱了过去单一的 IC 分销模式，成为集原厂芯片研发，模组二次开发，解决方案，标准制定为一身的具有一定核心竞争力的高科技公司。和我们建立战略合作的公司大多为业内的佼佼者，如：西电捷通，ATHEROS，联芯通讯，富士康，威盛，比亚迪，诺基亚，东芝，宇龙，龙旗，天宇，中国电信，中国移动。

上海博泰悦臻电子设备制造有限公司（PATEO）

上海博泰悦臻电子设备制造有限公司成立于2009年10月，现有研发人员近400名，占公司总人数60%以上。在北京、南京、深圳、嘉兴、合肥等地均设有研发中心或制造基地。

公司致力于整合－发现－定位消费者需求到为消费者创造需求，打造、整合车载、互联网、手机三个部分的以汽车生活服务为核心的跨平台体系，逐步形成与车厂、运营商、硬件制造商、生活服务商间的系统整合。

提供含前装硬件设备、操作系统、基本应用(含互联网与非互联网)、实名区域门户、CP/SP网站、APP商店、SNS社交平台、旅游平台、LBS平台、手机与MID平台等的整合规划开发，以及后续的WEB平台、CRM平台的管理和运营，是一家提供车载信息服务系统整体解决方案企业。

公司与上海汽车共同完成了荣威350 inkaNet系统的研发、制造、及运营，现为近20000名车主提供基于3G的车载信息服务。

经过近两年的发展，目前公司就核心技术已申请了三百余项知识产权，其中80%以上发明专利，及多项实用新型专利授权和软件著作权。公司先后承担国家知识产权局“重点专利战略”、国家科技部863等具有较大影响的科技项目。

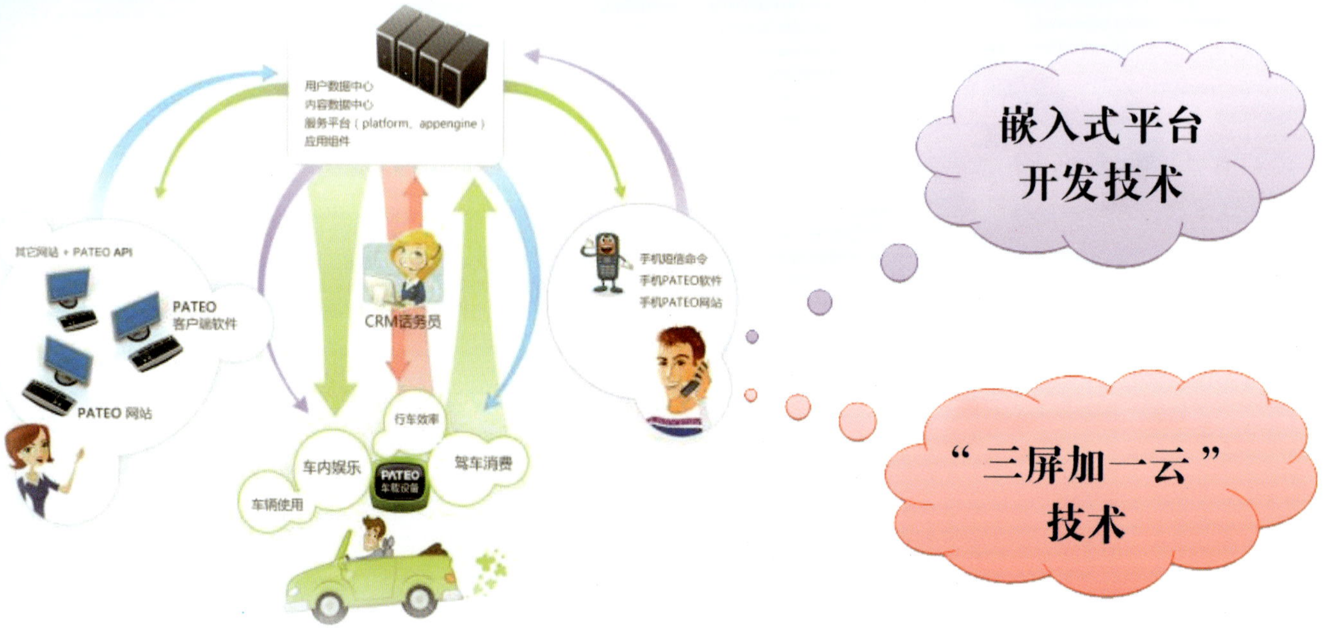

博泰——核心技术优势

南麟电子产品应用领域

学习创新　以亲至善

见微知著　以集大成

上海南麟电子有限公司成立于 2004 年，总部位于浦东新区张江高新技术园区，在深圳及香港均设有办事处，是一家专业从事模拟电路和数模混合类集成电路设计与研究的企业.公司拥有强大的研发实力和合理的人才配备，技术骨干均有多年海内外知名企业的从业背景，在电路设计、版图设计、制造工艺等方面均有着极其丰富的经验。目前有员工近百人，研发人员占员工总数的 70% 以上。

公司在 2005 年获得集成电路设计企业证书、2006 年获得科委创新基金及信息委专项资金。2007 年获得上海市高新技术企业证书，2008 年通过了 ISO9001 并且成为上海市浦东新区研发中心。2009 年成功申报了“上海市小巨人培育企业”。

上海南麟电子是国内较早将 LDO 商业化的 IC 设计企业，目前占据中国大陆 LDO 相当大的市场份额.同时我们其它门类的产品发展也相当迅猛，已经成功推向市场的产品有电源管理类和音视频处理类，涵盖了低功耗线性电压调整器(LDO)、高速 LDO、双路 LDO、DC/DC 转换器、MOSFET、运放、WLED 驱动、音频功放、充电管理、AC/DC 近 10 个门类，200 多个规格，2008 年底公司开始涉足 SOC 和 RF 芯片领域，产品日趋系列化，多元化。

由于公司产品拥有稳定的性能和极具竞争优势的价格，渐渐为越来越多的客户所青睐。公司多款主打产品如低功耗、低压差电压稳压器 LDO LN6260、LN1130、LN1150，LN2054 等，音频功放 LN4890 等已占到市场份额的 30%-40%。随着销售额的节节攀升，“南麟电子”在业内已成为品质和高性价比的代表。

公司以“学习、创新、改进、止于至善；性能、价格、服务、客户满意”为质量目标，以“虚心诚实、协作互助、勤劳守法、胆大心细”为行为准则。不断完善企业管理制度，建立质量保障体系，并且公司所有产品均独立研发，拥有 100% 的知识产权。

公司凭借“一流的研发水平、一流的设备、一流的性价比和一流的售后服务”为竞争优势，短短几年，2009 年的销售额相较于 2005 年已经提高了近 30 倍。现在公司核心团队、技术、品质等优势彰显，南麟正以惊人之速度稳步增长。

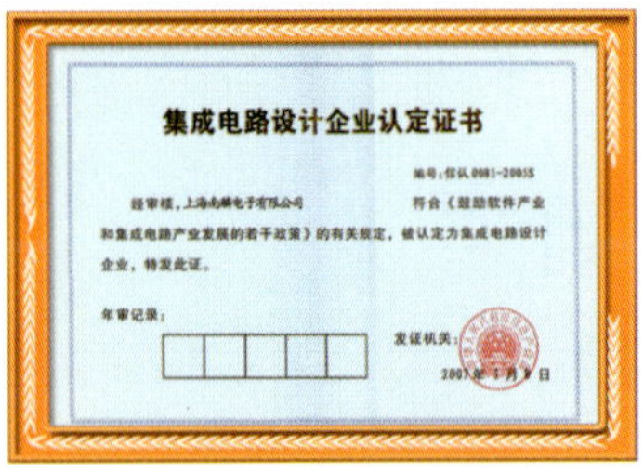

上海南麟电子有限公司　　**Shanghai Natlinear Electronics Co.,Ltd**

地址：上海市浦东新区张江高科技园区松涛路 489 号 C 座 2 楼
电话：021-50275851　50275853
传真：021-50275852
网址：http://www.natlinear.com

Address:2/F,Block C,NO.489 SongTao Road, Zhangjiang Hi-tech Park, Shanghai
Tel:+86-21-50275851　50275853
Fax:+86-21-50275852
Website:http://www.natlinear.com

IS vision
银晨科技
人脸识别产品主要应用在:金融监控、公安照片比对、机要部门出入控制等行业。
拥有自主知识产权人脸识别核心技术
银晨人像比对系统
依据照片，查找嫌疑人身份
1. 采集录入　2. 批量处理
3. 自动建模　4. 智能比对
5. 查询统计
（公安用）
银晨人脸智能识别监控系统
国内首创，国际领先
高清晰采集人脸，高精度方式记录
具有普通数字监控系统不能实现的人脸检索录像回访功能
新建数字监控系统和模改数的最佳方案
（安全场所用）
银晨脸部特征视频盒
本产品专为银行柜台交易提供场景、客户脸部特征及点钞数字合成记录
（银行柜台用）
银晨智能出入控制系统 e面通
数字时代的门禁系统，基于最新的高速多媒体数字处理器DSP研发和生产的，采用银晨人脸识别、非接触射频识别（RFID）卡或键盘输入人员编号（密码）复合识别模式的智能多重识别门禁系统，实施对人员出入行为的放行、拒绝、记录和报警等操作。在当前国内外同类产品中具有领先水平。
（出入控制用）
IS vision Technologie
人脸识别核心技术的领先者
人脸识别技术应用方案的提供者
www.isvision.com
上海银晨智能识别科技有限公司 www.isvision.com
公司地址：上海市浦东新区郭守敬路498号浦东软件园9号楼4楼 电话：021-50805681 传真：021-50805699 邮编：201203
客服热线：800 820 0109 客服电邮：support@isvision com
北京分公司:010-88572235 成都办事处:028-86759418 海南办事处:0898-66512179 济南办事处:0731-5553976 广州办事处:020-37612029

上海科海豪斯信息技术有限公司

新建徐汇党校项目共11个系统，整体功能应用得到党校各级领导、区委、区政府各级领导部门的一致赞誉。本照片为200人报告厅，位于徐汇党校新建大楼二层，报告厅是用于举行大型学术报告、区市委重大会议的场所。多功能厅设计包括多媒体网络系统、音频扩声系统、视频联动系统、舞台灯光系统、会议录制系统等子系统。

上海科海豪斯信息技术有限公司（以下简称“公司”），其前身是中科院北京科海高技术有限公司上海科海电子有限责任公司。2006年底在戴以惠总经理的领导下改制成为上海科海豪斯信息技术有限公司。2008年3月上海科海豪斯信息技术有限公司取得了ISO9001:2000质量管理体系认证证书，2008年公司成为上海市企业联合会和企业家协会团体会员单位，2009年戴以惠总经理任上海市计算机行业副会长，同年公司成为上海市计算机行业第五届理事会理事单位之一。2010年公司被上海市合同信用促进会评定为上海市守合同重信用企业，合同信用等级为AAA级。

上海科海豪斯信息技术有限公司以“科技创新为先导，高品质服务”为宗旨，引入和融合国际先进的技术和管理理念，在IT（信息技术）领域，特别是智能建筑弱电系统和系统集成、软件开发等业务方面业绩斐然。业务涵盖综合布线、安防监控、多媒体系统、音视频会议系统和计算机网络等智能化楼宇工程的设计施工提供规范、高效的运行维护服务。在上海拥有广泛的客户群，并逐渐形成较高的知名度。其中，公司高素质的技术团队和自主知识产权的软件系统已经成为公司在激烈市场竞争中立于不败之地的主要核心竞争力。目前公司与国内外著名厂商和企业建立了良好的合作伙伴关系。整个公司处于良好的运营状态。

随着国民经济的飞速发展人民生活水平的提高，以及信息化的不断推进，企事业单位中各类计算机网络和应用类信息系统需求日益高涨，各种智能化的楼宇和建筑物及智能化小区也纷纷拔地而起，其中需要大量的系统集成综合布线、安防监控、多媒体系统和计算机网络等智能化工程的设计和施工任务。而这些工程是我们公司的主营业务，也是我们公司的强项。近五年来，公司主要以政府采购为重点领域，立足区域，拓展周边，辐射全市，加大投标力度，在上海IT行业形成一定的影响力和知名度。技术的领先和自主开发的软件与系统产品具体体现了公司的核心竞争力，公司拥有精通系统集成和软件开发技术的高级人才，并在实践中积累了丰富的工程技术经验。因此，公司的市场前景十分广阔。

作为一家信息技术公司，我们为客户提供的是整体服务，为用户解决实际问题，我们为用户提供系统选型、方案论证、系统分析、设计和应用开发、实施一条龙的“整体服务”。我们强调的是解决用户的实际问题，满足用户的实际需求。我们追求开拓、进取、合作、创新的企业文化。我们推崇勇敢的面对困难、真诚的对待客户、积极的团队合作的价值观。我们的宗旨：

“完美的销售，高质量的服务，快速的响应，客户至上，诚信第一”

新闻访谈模拟实训室位于徐汇党校新大楼三层，用于模拟新闻访谈现场，为学员提供身临其境面对突发事件学习如何应对媒体采访，包括言谈举止、全程摄录制、以及专家点评指导修正的情景模拟。模拟实训室包含音频扩声、访谈发言、视频投影、自动摄像跟踪、数字非编、中控系统、电话接听仿真、模拟闪光、无线表决及无线投影传输子系统等组成。

上海新华传媒电子商务有限公司（以下简称为“新华电商”）成立于2008年，位于上海黄浦区四川中路133号，注册资本一个亿，是一家专注于预付卡发行和受理的企业。新华电商是上海新华传媒股份有限公司（简称新华传媒，股票代码600825）的全资子公司。新华传媒是中共中央宣传系统上海市委宣传部掌控的一家拥有百年历史的国有企业，也是中国出版发行行业第一家上市公司。目前已形成图书发行、报刊经营、广告代理、电子商务及传媒投资等业务板块。其中公司拥有上海书城、新华书店门市等直营网点近200家，《解放日报》、《新闻晨报》、《申江服务导报》等报刊的广告总代理商。

作为预付卡发行企业，新华电商的技术部门与风险管理设置齐全，公司非常重视系统的研发投入，定期组织公司研发人员、技术骨干进行培训、学习，不断提升自身的专业水平。

经过两年多的发展，新华电商已经建立起完善的内部管理体系和规范的管理制度，具备了从发卡到售后维护整个过程的控制能力。并拥有高效可靠的交易处理平台和专业的营销和技术服务团队，在上海预付卡服务市场中始终保持自身的文化特色。目前公司特约商户已遍布上海书城、新华书店、教育培训机构、票务影院、网上商城、公共事业缴费等各类泛文化类商户。网点交易金额过亿元人民币。

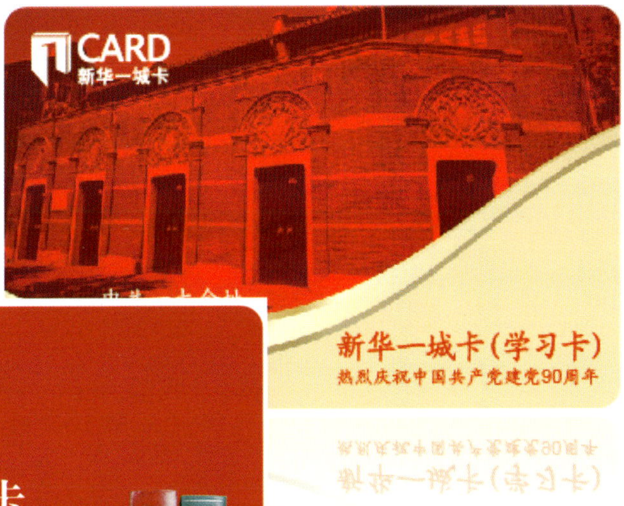

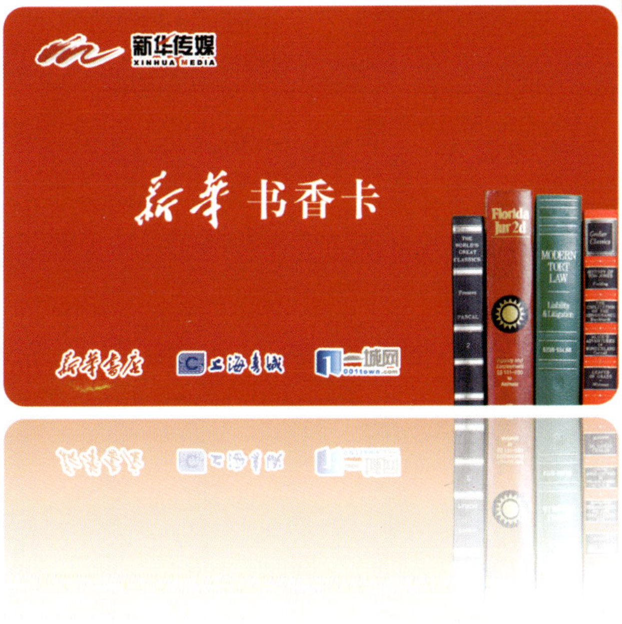

新华传媒
XINHUA MEDIA

复旦软件园

一.复旦软件园简介

复旦软件园以不断创新的理念开展包括信息产业发展的各项工作，积极营造良好的创新创业氛围，培养适应新经济发展要求的复合型人才，努力培育国内外瞩目的高新科技企业。园区 2010 年实现销售收入 29 亿元，纳税总额 8 千万元，实现出口 3 千万美元，入园企业数 471 家。

2009 年 5 月软件园启动了大学生创新创业基地建设(邯郸路 100 号，4600 平方)。为鼓励大学生依托科技自主创业，推动科技成果产业化，培育技术创新人才，拓宽大学生就业渠道。

二、积极开辟新基地的建设和招商工作

2010 年 3 月，在宝山区人民政府和上海复旦复华科技股份有限公司的大力支持下，组建了以上海复宝软件科技发展有限公司为运营平台的复旦软件园高新技术产业基地。

自 2010 年 3 月 1 日正式招商起至 2010 年 10 月底，高新技术产业基地一期 A 幢写字楼招租率达 100%，共有 115 家企业入驻，有近 1500 人在园区工作、生活，其中有近 20 人是海外留学归国创业人员。

2011 年 1 月 1 日至 2 月 1 日的一个月时间内，复旦软件园高新技术产业基地又推出了 B 幢写字楼，建筑面积 7500 平方米，已有 5500 平方米的写字楼预租，预租率达 73%，入住企业 20 余家。

目前园区内有 5 家企业正在申报软件著作权，已经有 3 个获得软件著作权；1 家企业申报的中小科技企业创新基金项目获上海市及科技部扶持；另有 5 家企业准备在 2011 年上半年申报中小科技企业创新基金项目。

预计 2011 年年底，共入驻高科技企业到达 200 家，营业收入达到 4 亿元。约 2500 人的高新技术人才将在此工作生活。

三、园区专业服务

为让入驻园区的企业及员工更好的在此工作、生活，并享受到软件园的服务，园区主要提供以下专业服务：

(一)公司注册、代理记账、税务代理等服务　　(二)园区免费班车

(三)精装人才公寓　　(四)高科技企业培育孵化服务内容

1. 专项科技服务

协助办理高新技术企业认定、技术先进型企业认定、双软认定；协助申请高新技术发展专项资金、现代服务业引导资金、中小企业创新基金；协助寻找风险投资、PE、VC 等战略投资者；

2. 专业人事服务

企业委托招聘、人才派遣、人事外包、上海人才居住证及户口的办理、外国认证代理、职称评审受理代理、企业员工心理咨询受理代理、财务记账代理、中国员工签证代理、提供见习机会和服务。

3. 运营及推广服务

政策宣讲及咨询服务、会计及审计、律师事务所专业服务、园区企业联谊会、软件园 IT 经理人俱乐部、展示交易平台服务、软件园企业联盟、市场推广服务，文化媒体推广。

4. 投资融资服务

企业早期股权投资服务、企业创业辅导服务、改制上市企业投融资服务。

四、软件及服务外包

上海中和软件 2010 年公司预计实现销售收入 2 亿元，软件出口接近 3 千万美元，已得到返税奖励 200 多万元。中和公司将继续加强市场的拓展工作，继续推动欧美软件市场的拓展，也包括对国内市场的开拓。

五、计划和展望

1、2011 年计划： 复旦软件园在 2011 年将加大招商力度，大力发展高新技术引进工作，积极响应政府号召，培育和支持网络安全、外包服务、集成电路、数据分析、互联网信息、视音频通讯、动漫、系统集成等高新技术企业入驻。

复旦软件园预计到 2011 年企业总数达 550 家，产值达到 32 亿元，纳税总额达 9 千万元。

2、展望： 复旦软件园力争在 2015 年入驻企业达到 1000 家，培育出 1 至 2 家上市公司，税收达到 1.8 亿元，园区从业人员 2 万人，实现经营总收入 60 亿元。

上海号码百事通，多样化信息解决方案提供商

权威信息发布、商业信息搜索、生活消费信息服务……上海号百能给您的，将有更多。自2008年5月改制以来，上海号百信息服务分公司开始作为中国电信上海公司二级单位独立运作。主要经营多媒体通信与信息服务；设计、制作、发布、代理国内外各类广告；经营与通信及信息业务相关的号码百事通及声讯业务。

主要业务介绍：

电信传媒广告业务是中国电信基于自有媒体面向企业用户推出的广告媒体发布业务，旨在借助电信媒介资源和电信品牌优势帮助客户更好地宣传企业形象、品牌、产品和服务，提高客户企业竞争力。电信传媒广告资源包括平面媒体、LCD 联网视频媒体、网络媒体、手机媒体和户外媒体等。

上海电信托管式呼叫中心业务是依托上海电信平台的网络资源和呼叫中心软排队接入资源，为企业提供的一种创新型的呼叫中心平台资源托管类服务。企业无需投入任何呼叫中心系统的软硬件，只需向运营商申请虚拟呼叫中心资源即可迅速建立与实体呼叫中心同样的体验的呼叫中心系统，为企业节省 2/3 的成本、3/4 的人力和一半的时间。详情请致电 021-55358888 咨询

114 名医导航——倡导预约就医，享受便捷服务。本市和异地用户只需拿起电话拨打 021-114 或登录 www.114-91.com 即可加入“健康随行包”（20 元包月），享受优质便捷的医疗信息咨询服务。114 名医导航为您提供专家在线咨询、健康短信、专家信息查询服务。健康随行包会员更可享有本市各大三甲医院免费专家预约服务。

114 号百生活为您提供最新、最全的上海生活服务信息。号百生活有着传统 114 电话查询的优点，又有现代网络的便捷。登录号百生活 114sh.cn ，生活资讯样样全。

上海号百，聚焦中国电信集团“从传统基础运营商向现代综合信息服务提供商转型”的转型战略，立足“全面创新、求真务实、以人为本、共创价值”的企业核心价值观，以客户为中心，致力于为企业发展提供信息多样化的解决方案。

中国航空无线电电子研究所创建于 1957 年，隶属于中国航空工业集团公司，位于上海市漕河泾高新技术开发区，是从事机载航空电子及其系统技术和无线电通信导航技术研究的专业研究所，同时承担有关民用电子技术及产品的开发、生产和经营。

研究所地址分为上海市桂平路 432 号和 555 号。总部设在桂平路 432 号，占地面积 23 亩，总建筑面积 69429 平方米。已在建设中的紫竹新所区设在紫月路 432 号，占地面积 103.2 亩，总建筑面积 103350 平方米，2011 年将建成并投入使用。研究所科研实力雄厚、专业齐全，拥有一个国家级的重点实验室（航空电子系统综合技术实验室）和计算机软件测评中心、电子元器件检验站、电磁兼容监督检测中心和可靠性工程与环境试验室等四个行业、地区级重点实验室。全所现有职工 1000 余人，其中专业科技人员占 70%，研究员和高级工程师 200 多人，享受国务院政府特殊津贴的专家 25 名，设有博士后科研工作站。

研究所主要从事军、民机的先进航空电子系统综合技术、航电核心分系统以及无线电通信导航等相关技术领域的研究，主要的产品包括：显示控制管理系统、数据传输设备及数字地图、任务管理系统及应用、电子飞行仪表系统、综合数据管理系统、飞行管理系统、无人机遥控遥测系统、无人机地面指挥控制显示控制系统、空管应答机、空中防撞系统等。

民用电子设备方面有船舶自动识别系统（AIS）、物流系统设备、EMC 滤波器、无方向信标台（NDB）、新航行系统（ADS/B）设备等产品，具有高的市场占有率。

研究所建有先进的 SMT 电装生产线、机械加工生产线和航空电子系统总装调试中心，具备工艺先进、质量稳定的柔性生产制造能力。并通过了 GJB5000 二级认证和软件能力成熟度模型 CMM 三级认证。

在发展的过程中，研究所高度重视企业文化的建设，营造政通人和、激情奋进的工作氛围，积极构建“四个共同”的文化体系，即“以共同愿景来凝聚人心，以共同理念来激励斗志，以共同行为来创造辉煌，以共同发展来构建和谐”。通过企业文化建设，进一步提升了企业的管理水平和整体形象。

长期以来，研究所得到了党和政府的关怀和帮助，党和国家领导胡锦涛、习近平等先后来所视察，对研究所取得的成绩给予充分的肯定和高度评价，并对研究所今后的发展提出更高的要求和希望。当前，研究所正向着“航空电子技术领先、产业均衡发展、经营业绩优良、企业文化先进的创新型研究所”的目标加速迈进。

中国航空无线电电子研究所

上海长望气象科技有限公司创建于1930年，自1955年研制成功中国第一台探空仪以来，探空仪的研制和生产均处于国内领先地位。公司是上海市高新技术企业，所研制的GTS1型系列数字探空仪作为新一代的高空探测系统已在国内广泛使用，是国内最大的探空仪制造商。近年来，公司致力于各类新产品的开发，GPS探空仪、火箭探空仪以及现行探空仪的更新换代，已达到更先进的技术水平。此外，公司还研制了地面气象探测仪器，有第二代自动气象站、能见度仪及土壤水份测量仪等环境测量仪器，其技术水平处于国内领先地位。

AzureWave

纮华电子科技是大型外商独资企业，在上海设立生产研发基地。公司现有员工600多名，其中中国大陆分支机构遍及北京、上海、深圳及南京，投资总额超过3千万美元。

公司自主研发生产半导体系统集成电路芯片及模块的产品，产品包括先进无线通信 ，蓝牙，摄像头，全球定位系统，移动电视，并提供完整配套的产品售后应用服务。在专业领域方面，我公司处于全世界前三名领先地位。

公司管理及研发技术团队均来自业界顶级企业，有着丰富的业界经验及实践成果，其它公司员工也具备在相关产业工作的经验，为企业的健康及高速成长打下了良好的基础。

Customized Add-on Card

SiP module

USB Dongle

Stamp module

AzureWave Technologies is a large firm foreign-owned company and have setup both R&D center and production facility in Shanghai China. Employee is now up to 600, including the other branch offices in Beijing, Shenzhen and Nanjing. Company total investment is more than 30 million U.S. dollars worldwide.

AzureWave self designed and produced the world smallest SiP IC, mini module cards which aims to the main stream market in Wireless communication, Bluetooth, Camera module, GPS, DVB and so on. AzureWave also deliver comprehensive service and application support to their entire customer. At this hign-end industry ,AzureWave is now being ranked as one of the top three leading companies position.

The company whole management and R&D teams were all coming from the worldwide leading companies, has extensive industry experience with excellent results of performance. The other employees are all having fruitful experience in the same industry and laid a good foundation for company to healthy and rapid growth.

纮华电子科技(上海)有限公司

地址：上海市嘉定区马陆镇陈宝路66弄8号　邮编：201801
电话：86-21-39156666　传真：86-21-69151580
www.azurewave.com

上海三鑫科技发展有限公司

董事长：应立富

上海三鑫科技发展有限公司，是一家注册在上海市浦东新区张江高科技园区，专注于激光LD显示和LED投影显示领域的高科技企业，拥有国际化的管理和研发团队，具备强大的激光微显示引擎、超短距大屏幕正投影电视引擎及终端消费产品研发、设计、生产能力。公司产品线覆盖独立型微型投影机、嵌入式微型投影显示模块(主要应用于手机、数码相机、游戏机等手持式电子产品)、嵌入式小型投影显示模块及超短距大屏幕投影模块(主要应用于数字机顶盒、DVD播放器等多媒体设备)，超短距大屏幕正投影电视。

上海三鑫科技是国内在激光微显示领域中唯一一家科研能力及产业化成熟度处于全球领先的企业。三鑫科技的Laseno系列微型激光投影产品是全世界范围内第一个进入量产并进行销售的产品，其分辨率，最高亮级，单位功耗效率及视觉安全等技术指标均达到国际最先进水平，并广泛出口至美、欧、日等国家。同时三鑫掌握了LED光机，超短距镜头等关键技术，在全国处于领先地位。

公司目前已申请激光显示及投影领域相关国内外专利数十项，基本覆盖了激光投影和正投影电视机的关键技术及其重要应用。三鑫科技与“中国电子技术标准化研究所”紧密对接，正逐步实现将企业的激光显示标准上升为国家标准，目前已经立项。

公司研发部下设系统实验室、光学结构实验室、电路软件实验室、测试实验室、可靠性实验室，具有高素质跨国界的专业研发团队。此外，公司还积极与国内知名科研院所及高校进行产学研合作，努力突破激光影像显示产业上下游被国外垄断的核心技术，与相关单位联合组建成立了上海激光影像工程技术研究中心。同时，集结国内十余位院士专家，成立了上海三鑫激光影像研究院，与中科院苏州纳米所技术团队进行半导体蓝光产业化研究，与庄松林院士领导的上海理工大学技术团队进行LCOS显示芯片及光学系统研究等，为中国在未来激光影像产业占领核心地位铺石攻坚。

2010年上海三鑫科技被认定为上海市高新技术企业，并负责牵头成立上海市激光显示产业技术创新战略联盟。2010年3月，上海山鑫科技被授予“中国2010年上海世博会特许生产商”。2010年6月，上海三鑫科技获得“迎世博纪念品全球华人设计大奖赛”最佳科技创新奖。2010年11月，上海三鑫科技荣获“2010中国国际工业博览会创新奖”。上海三鑫科技有信心在政府支持和自身的努力之下，良好地推进产业化规划，成为全球激光微显示技术的领袖企业，开创微型激光投影新时代！

上海市
学研究机构，
长宁区东诸
业编制为 43
化工监
供技术支持
化工监
（CNAS）。

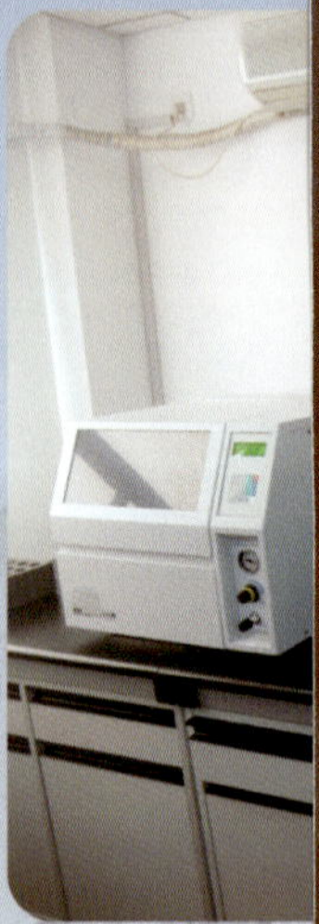

化工监
原子吸收光
体、噪声振动
化工监
和针对其变
环境综合整
已有 30
业场所检测
和咨询为一
懈努力。

中国石油西气东输管道（销售）公司（以下简称公司）是中国石油天然气股份有限公司直属的地区公司，主要负责西气东输管道生产运营管理、天然气市场开发与销售业务及管道支线工程建设。

颁发竣工验收鉴定书

“十一五”期间，公司运营管道总长度由 4188 公里增至 8959 公里，站场由 35 座增至 102 座，压缩机组由 12 套增至 63 套，销售与分输用户由 35 家增至 144 家。管输商品气量累计实现 809.77 亿立方米，天然气销售量累计实现 771.43 亿立方米。先后建成冀宁、淮武、沁水煤层气、金坛—镇江、江都—如东、甪直—宝钢等管道，总长超过 2500 公里。西气东输二线中卫至黄陂段投产试运行。开展增输工程建设，干线年输气能力由西段 120 亿立方米、东段 90 亿立方米增至全线 170 亿立方米，淮武管道年输气能力由 15 亿立方米增至 22 亿立方米。金坛储气库累计造腔 190 多万立方米，形成地下库容 4.7 亿立方米，基本满足应急调峰要求。

在下游供气十分紧张的情况下，公司还承担了保证首都北京供气的任务，五年累计向陕京二线分输天然气 69.97 亿立方米。目前，西气东输已成为长江三角洲、中原地区、华中地区的主供气源和环渤海地区的补充气源，使天然气在我国一次能源消费结构中的比例提高了一个百分点，占近 5 年我国新增天然气消费量的 50% 以上，使 110 多个城市、3000 多个大中型企业、近 3 亿人口从中受益。

秦书记慰问一线员工

加强巡检确保平稳供气

公司荣获国家科学技术进步一等奖

2010 年，公司切实履行经济、政治和社会三大责任，科学组织输气生产和安全管理，全年输送天然气 245 亿立方米，用气高峰时日均输气 8000 万立方米以上。全年为上海供气 24 亿立方米，为保障上海能源供应和“绿色世博”提供强有力支持。公司不断深化经营管理，全面加强计划管理，强化绩效考核和薪酬激励，优化人力资源配置，抓好业务流程管理，保证了内控体系持续有序运行。2010 年，西气东输工程通过国家竣工验收，《西气东输工程技术及应用》获国家科学技术进步一等奖，公司获“上海市职工最满意企业”称号，获上海市“精神文明单位”称号。

中国石油西气东输管道公司

上海精细化工产业园区
Shanghai Fine Chemical Industry Park

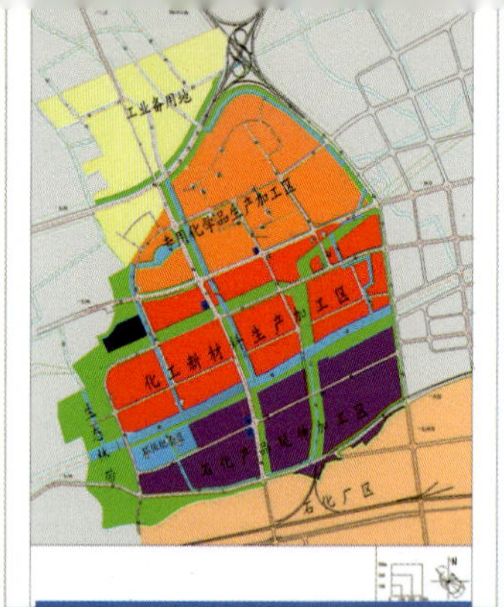

上海精细化工产业园区控制性详细规划

[基本概况]

上海精细化工产业园区位于东海之滨、杭州湾畔，东临上海化学工业区，南依上海石油化工股份有限公司，西与浙江省平湖市接壤，规划面积 10.78 平方公里，是上海市政府规划的全市唯一的精细化工产业园区。园区被授予“上海国家生物产业基地”和“上海国家新材料产业基地”，已列为上海市循环经济试点园区、上海市自主知识产权试点园区、上海精细化工产业发展促进中心，并已通过 ISO9001 和 ISO14001 双体系认证。

园区现有企业 143 家，投资总额达 120 亿元，其中已投产企业 81 家，竣工待投产 11 家，在建 24 家，待建 27 家。2010 年，园区完成税收 1.77 亿元，同比增长 46.28%；工业总产值 45.19 亿元，同比增长 81.19%；合同利用外资 4566 万美元，同比增长 399.02%。

“十二五”期间，园区总体目标为“五年翻两番、基本建成”。园区将建成总投资 200 亿元，工业总产值 160 亿元，税收 8 亿元的中等规模、在国内外有较高知名度、有一大批国内外精细化工领先企业、安全环保、节能高效、绿色生态的精细化工产业基地。

[招商引资]

园区承接了上海化学工业区和上海石化两大化工基地的丰富资源，具有独特的原料优势，形成上下游结合、产业互补、利益共享格局。园区聚焦新材料、生物医药等重点领域，立足园区自身优势，瞄准重点领域行业高端，集聚行业龙头企业，夯实产业基础。凭借明确的产业定位，完善的配套设施，园区已被越来越多的国内外知名企业所关注，涂料、油墨、改性工程塑料、剂类产业特色明显。特别是涂料产业的集聚优势突显，已有立邦、紫荆花、嘉宝莉、巴德士、东方雨虹、大通等近 20 家涂料及配套企业入驻园区，总投资规模达 30 多亿元。产品更是向着多样化发展，以家具涂料、建筑涂料为主，辐射至汽车涂料、船舶涂料、新型的环保型涂料等。

[交通优势]

园区地处沪、杭、甬及舟山群岛经济发达的城市群中心地带。G15 和 S19 高速公路在园区相交并有出入口，可零距离上高速，至上海虹桥、浦东国际机场仅需 45 分钟左右；距杭州湾跨海大桥北岸出口不足 30 公里……四通八达的水、陆、空交通网络，极大地节约了商业运行成本。

[基础设施]

园区生产性配套已基本完善。“七通一平”基本实现，园区内有蒸汽供应站、污水处理厂、固废物处理厂、110KV 变电站、消防站等配套设施。同时，为加强落户企业的配套服务，已在园区东侧规划了生产性服务集聚区，着力发展企业总部、仓储物流中心、会展商贸中心、交易市场等新的商业平台。

[政策支持]

园区内生物医药和新材料两大支柱产业，是上海市政府出台的《关于加快推进上海高新技术产业化的实施意见》中明确支持的九个产业领域中的两大产业，并提供政策支持。针对这两大主导产业，金山区人民政府也配套出台了财政扶持、科技支撑和人才支持等一系列政策。同时，园区根据项目的产出、效益情况，对贡献大的企业给予一定的财政扶持。

知名企业

BASF　NIPPON PAINT　LANXESS 朗盛　SÜD-CHEMIE　金海雅宝 JINHAI ALBEMARLE　锦湖日丽　東邦化学工業株式会社　INABATA

イハラケミカル工業株式会社 IHARA CHEMICAL INDUSTRY CO., LTD.　THOR　紫荆花漆 BAUHINIA PAINTS　台界化工　TAKEMOTO　东方雨虹 ORIENTAL YUHONG　嘉宝莉漆 CARPOLY PAINT　BADESE 巴德士　CRF 长润发　上海化工研究院 Shanghai Research Institute of Chemical Industry

Resun 丽臣　PRET 普利特　BLUESTAR 中国蓝星　JIAHUA 佳化化工　HUAYI 华谊(集团)　上海江信化工有限公司　中国科学院上海有机化学研究所 Shanghai Institute of Organic Chemistry, CAS

上海宜瓷龙新材料科技有限公司是一家专业从事陶瓷涂料研发及生产，并定位于新型材料引导型应用和推广的科技公司，属于上海市重点扶持的九大类产业之一。公司自2003年3月成立以来，始终坚持以技术引领市场，从不松懈对于品质的追求，不断改进和提升产品的竞争力，为企业的快速发展提供了坚实的基础。

公司以高新技术研发与应用为基础，依靠团队的力量和优化的组织结构，与科研单位、知名企业建立技术及产品应用联盟；依托先进的制造技术、现代化的生产设备和广达的市场网络，并充分发挥公司成长中所积累的经验，利用符合国家产业政策的优势，牢牢掌控了新兴材料领跑者的地位。公司现有员工92人，其中本科以上学历超过70%，硕士学历以上11人，博士3人。

公司自主研发的“宜瓷龙(ECL)”系列新材料，具有深厚的技术含量和行业领先性，是国内陶瓷涂料领域的先驱和领导者，现已与Siemens、Berghoff、LG、HITACHI、SAMSUNG、苏泊尔、爱仕达、美的等国内外知名企业建立了长期稳定的合作关系，在国内外的炊具涂层领域占据着重要地位。公司2008年在中外200多家投标企业中脱颖而出，成为2008年奥运火炬指定专用涂料，是宜瓷龙的骄傲。

创新、领先、发展、服务、共享，公司将一贯坚持以科技支撑发展，以创新引领未来的腾飞之路。

公司地址：上海市莘庄工业区金都路3679弄
工厂地址：上海市金山工业区通业路128号
电　话：(86-21)57275368
传　真：(86-21)57272400
网　址：www.excilon.cn

上海宜瓷龙新材料科技有限公司

上海华谊天原化工物流有限公司

上海华谊天原化工物流有限公司成立于2003年9月28日。由上海天原（集团）有限公司与上海氯碱化工股份有限公司等合资组建的一家专业化工物流公司。2010年6月28日，上海华谊（集团）公司与上海化学工业区发展有限公司签订物流合作项目协议，以上海华谊天原化工物流有限公司为合作平台，由上海天原(集团)有限公司、上海氯碱化工股份有限公司和上海化学工业区置业有限公司、上海化学工业区投资实业有限公司四家公司共同出资组建新的公司。新公司注册资金2.63亿元，净资产额达5亿元人民币，是华谊集团旗下具有中国领先地位的专业化工物流服务供应商。

公司拥有上海质量体系审核中心质量、环境、职业健康安全(ISO9001，ISO14001，OHSMS18000)三合一证书，并具有危险化学品经营许可证、危险品货物港口作业资质认定、企业信用评价AAA级信用等级证书、无船承运证书等多项资质证书等多项资质证书。公司还获得国家AAAA级综合服务型物流企业、全国百佳企业、全国杰出危险品物流服务企业、中国危险品物流企业模范单位等荣誉称号。

公司承揽各类化工液体剧毒品、危险品和固体物流业务，拥有严密的安全环保及信息管理控制系统。为各大化工企业总揽和承揽第三方包装、掺混、气流输送等物流服务；为专业化工公司提供仓储业务、槽罐储存业务、码头装卸业务(含危险品、海关监管)、铁路运输服务；各类化工危险品(含剧毒品和温控)的全国配送业务；国际货物运输代理业务、会展业务；各类液体、气体集装罐的清洗；起重机械的安装、改造及维修、车辆维修业务等。

公司紧紧依托华谊集团及化工区发展公司，强强联手，优势互补，以专业化工物流为主线，有效整合化工区物流资源，加速推进物流一体化进程，努力提升核心竞争力，实现扩张性发展规划，做大、做强、做优上海制造业化工物流品牌，致力于成为全国最具影响力的专业化工物流企业。

上海华谊天原化工物流有限公司
地址：上海市金山区漕泾镇合展路155号
邮编：201507
电话：86-21-57252555
传真：86-21-57255111
[illegible]

上海克硫环保科技股份有限公司
SHANGHAI CLEAR SCIENCENCE&TECHOLOGY CO.,LTD.

上海克硫环保科技股份有限公司于 2006 年 3 月设立在上海浦东新区张江高科技园区，是依托国家“十五”863 课题——“可资源化烟气脱硫技术 2”而成立的高新技术企业，由国电南京自动化股份有限公司、瓮福(集团)有限责任公司、煤炭科学研究总院和华电环保系统工程有限公司共同发起创立，具有很强的电力、环保、化工和煤炭的行业背景。

公司承接了“十五”863 课题的全部研究资源和人才队伍以及全部技术成果，集中了化工、环保、煤炭、设备、电气、自动化和土建等专业人才，形成了一支专业的环保技术队伍，专门从事具有自主知识产权的可资源化活性焦烟气脱硫技术及其他高科技环保技术的产业化推广应用，通过了 ISO9001：2008 质量管理体系认证，在推广可资源化脱硫技术的同时，承担并按期完成“十一五”课题的研究工作，具有环保工程设计资质和承担环保技术开发、技术服务以及工程总承包的能力。

先进工艺

“活性焦吸附法烟气脱硫”即可资源化活性焦烟气脱硫技术，是一种干法烟气脱硫及硫资源化技术，通过煤基活性焦吸附脱硫，加热脱附，活性焦循环使用，脱硫副产物 SO_2 生产硫酸等含硫产品，实现资源化脱硫，获得两项 A 级和一项 B 级上海市高新技术成果转化项目认定，并获得 2009 年度中国石油和化学工业协会科学进步奖二等奖，是国家工业和信息部印发的《关于印发聚氯乙烯等 17 个重点行业清洁生产技术推行方案的通知》中“清洁生产技术推行方案”推广技术之一。目前该技术成功应用于有色金属、硫酸尾气和燃煤锅炉的尾气治理。已建成的工业示范装置有瓮福(集团)有限责任公司的燃煤锅炉废气处理装置和江西铜业贵溪冶炼厂铜冶炼废气处理装置。与传统湿法脱硫工艺相比，技术具有以下优点：

◆环保效果好：脱硫效果达 92% 以上，同时具有脱氮及脱除重金属功能，实现污染物的集成净化，所产生的废弃物极少，无而二次污染；

◆脱硫后烟气温度高，不需增加烟气再热系统；

◆节水：基本上不消耗工艺水，特别适合水资源缺乏地区；

◆资源回收：在减排的同时回收紧缺的硫资源，用于化工和化肥生产，实现综合利用。

◆脱硫剂以煤为原料，可循环利用，减少地表破坏，保护生态环境。

江铜集团环集烟气脱硫装置

江铜集团硫酸尾气脱硫装置

人性化设计的办公环境

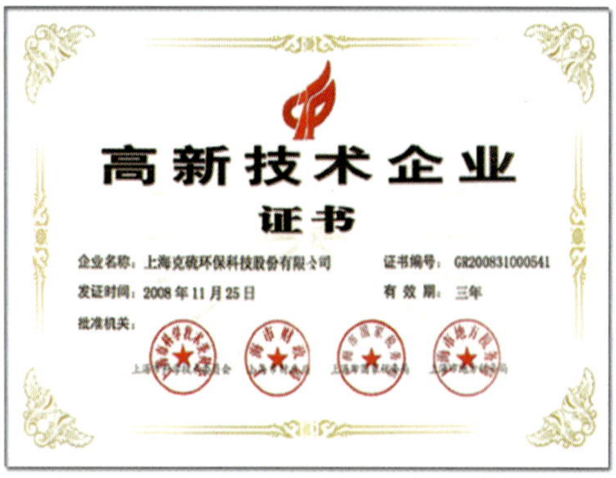

上海克硫环保科技股份有限公司

地址：上海浦东新区郭守敬路498号1幢3201室

电话：021-68471066　　传真：021-68471055

邮编：201203

上海克硫环保科技股份有限公司南京分公司

地址：南京市玄武区红山路153号　　邮编：210028

电话：025-85606900　　传真：025-85410226

网址：http://www.clear-tech.cn/

三洋电梯

上海三洋电梯有限公司

CCTV.COM | 三洋电梯

电梯·黄金展位合作伙伴

上海三洋电梯有限公司是一家中日合资企业，落户于上海市浦东新区新场工业园，占地 24000 平方米，是沈阳三洋重工集团旗下的一子公司。

上海三洋电梯有限公司集生产、销售、安装、改造及维修服务于一体，经营客梯、货梯、观光梯、医用梯、别墅梯、自动扶梯、自动人行道等各种电梯和配件，供住宅、商务楼、工厂、商场、机场、车站等客户选用。公司秉承“以中低档的价格，提供中高档的品质”的销售思路，充分体现了“以服务现代生活为己任”的理念；致力于培养员工“全面、细致、优质、周到”的服务意识、做事做到位的职业道德和个性追求完美的职业修养，以科学的设计、生产、检验和服务流程作为保障，提供安全、舒适、快捷、环保的高品质电梯；追求“建高效团队、造完美产品、供精心服务、创一流品牌”的企业目标，真正与和谐社会融为一体，为更多的消费者创造便利生活。

“热心、爱心”是企业生存的根本；“自信、自强”是企业发展的动力；“拼搏、顽强”是企业强大的保障。上海三洋电梯有限公司尽管是一个年轻的企业，但是她既有开疆拓土的雄心胆略也有造福社会的赤子爱心。公司愿携手业界同仁，提高品质、服务百姓，为中国电梯行业的辉煌明天共谱篇章。

三洋电梯，伴您上升！

上海电气集团股份有限公司

SHANGHAI ELECTRIC CO.LTD

地址：中国 · 上海 · 临春路 188 号　　电话：86-21-34059888

上海电气是中国规模最大，实力最强的综合性装备制造业集团之一。拥有一流的人才资源和一流的装备资源，旗下有电站、输配电、重工、轨道交通、环保等多个产业集团。主要产品长期居中国领先地位，并在国际市场占有一定份额。

电站工程是上海电气发展主站的板块之一，多年来为海内外用户提供了多项大型电厂工程总承包、电站设备总成套等优质工程项目。

建设在巴基斯坦木扎法戈、伊朗萨汉德、孟加拉巴拉普库利亚、泰国东帝士、印度雅慕娜以及中国上海吴泾、湖北蒲圻、安徽安庆、海南海口、广东中山、重庆爱溪等电站工程，机组经济性、安全性、稳定性等指标均达到国际同类产品的先进水平；2009 年 7 月建成的印度金达 2×300MW 工程项目，其 1 号机组在 24 个月里完成了从安装地脚螺栓到成功并网发电，创造了印度电力建设速度的奇迹，成功展现了上海电器的深厚实力，为上海电气赢得了良好的品牌效应；2009 年 9 月投运的山西平朔煤矸石发电有限责任公司二期工程，是山西地区首例成功采用总承包模式建设大型循环流化床发电机组的项目；2009 年 11 月建成的山西兆光发电有限责任公司 2×600MW 机组扩建工程是上海电气在国内首次采用国产化的 600MW 超临界双缸双排汽直接空冷机组，也是山西省“十一五”规划的现代化大型环保发电厂重点项目；2009 年 12 月建成的印度海萨 2×600MW 电站机组，是上海电气首台出口海外的 600MW 电站机组，同时也是印度首例引进的国外 600MW 电站机组。

2002 年以来，火力发电设备的生产量、销售量以及订单数量保持世界第一。目前，上海电气

印度金达2×300MW机组胜利投运

山西兆光2×600MW机组顺利投产

印度海萨2×600MW1号机组并网发电

山西平朔2×300MW机组顺利投产

在建中的越南广宁4×300MW机组

广西阳西一期2×600MW机组建成

在执行罗莎电厂 4×300MW、DVC 2×600MW、印度金达电厂 4×300MW、印度瑞吉 4×300MW、京德)×135MW、莎圣 6×660MW 等工程；同时正在承建以 EPC 模式运作的越南广宁 4×300MW、印尼公主 3×350MW 燃烧电站项目以及中国内地广东佛山三水恒益 2×600MW、山西耀光 2×200MW 等多个大电站工程。

上海电气始终以振兴民族装备工业为己任，秉持“与创造者共创未来”的核心理念，努力实现引中国装备制造业振兴，跻身世界装备列强之林的目标。

上海振华重工（集团）股份有限公司

ZPMC自主研发的世界第一的7500吨全回转起重船在我国南海吊装作业

美国加州新海湾大桥建设现场

（1700吨起重船及钢塔、桥面钢箱梁全部由ZPMC提供）

ZPMC自主研发、位于长兴分公司的自动化码头示范线

上海振华重工（集团）股份有限公司（ZPMC）成立于 1992 年，为国有控股 A、B 股上市公司，控股方为世界 500 强之一的中国交通建设公司。振华重工是全国乃至世界最大的重型装备制造企业。

上海振华重工在上海、南通、江阴等地设有 8 个生产基地，占地总面积 1 万亩，总岸线 10 公里，特别是长江口的长兴基地有深水岸线 5 公里，承重码头 3.7 公里，是全国也是世界上最大的重型装备制造厂。公司有 7500 名焊工，每年 10 万吨钢结构的制造实力，特别是可以生产制作单件重大 2000 吨或更大的重型钢构钢梁。有世界首屈一指的 23 艘 6 万～10 万吨级整机运输船，可将大型产品跨海越洋运往全世界。另外，公司还拥有全国最大的 8 艘浮式起重船，其起重量最大 4000 吨，吊高 110 米，居全国首位。

上海振华重工主要产品为港口机械、海上重型装备以及大型钢构钢梁等，产品遍布全世界 76 个国家和地区，其中港机产品方面，生产岸桥近 1600 台、场桥近 3000 台，占据世界市场份额的 76% 以上，在全球占有绝对的领先地位。

面对新时期新的形势与任务，公司加快了在海上重工、大型钢结构、海水淡化、污水处理、以及再制造等领域的市场开拓，并取得了一系列成果。利用自身各方面优势资源，振华重工在海工市场方面，已成功建造了多台具有世界影响力的起重船，同时加快自主创新和引进创新的步伐，加强在全球海工市场的影响力。在钢结构市场方面，公司持有世界权威的美国钢结构协会桥梁和建筑钢结构企业生产资质、德国钢结构生产企业资质、加拿大焊接局钢焊接企业资质，已完成了世界最大的英国风力发电项目全部钢结构制造，承接美国加州新海湾大桥钢塔、桥面钢箱梁的全部钢构制作，承担港珠澳大桥岛隧工程专用设备碎石铺设船、预制模板系统、沉放系统、钢圆筒的制造与运输任务。

在环保低碳新能源市场方面，公司利用人才、技术、设备等软硬件方面的优势，前瞻性地介入了低碳环保新能源领域。江苏龙源振华海洋工程有限公司的成立标志着公司进军海上风电市场，在新能源装备的发展中取得主动。公司自主研发的环保高效的全自动化码头已与唐山市曹妃甸工业管委会签订框架协议，它所带来的示范效应，必将成为当今集装箱码头新一轮建设的发展趋势。

在配套件和售后服务市场，公司加大对公司特有且领先的吊具、重型齿轮、电控系统等产品加大宣传力度，举行配套件推介会，进一步提高产品影响力。售后服务是经营的保障，公司不断完善售后服务网络，完善全球性网络；采取信息化手段做好对备件库的管理，提高反应速度，为营造市场创造条件；做好产品售后服务管理，提高客户对“ZPMC”品牌的忠诚度和满意度。

上海振华重工始终坚持科技兴企战略不动摇，着力提高自主创新能力。目前，上海振华重工已拥有 20 多项世界领先的重大核心技术，28 项国家重点新产品，16 项上海市重点新产品；申请国内专利 223 项，其中发明专利 103 项，实用新型专利 113 项，外观设计专利 7 项；有效国际专利申请 24 项，国际授权有效专利 10 项。公司共有近 2400 名科技人员。

19 年的发展铸就了上海振华重工世界知名的“ZPMC”品牌，取得了举世瞩目的发展成果。上海振华重工将着力在经营、管理、企业文化、管控体制等方面寻求新的突破与转型，迈向公司新的发展高度，将公司打造成为基业长青企业。

九龙壁高浮雕彩色银条

龙年生肖金条

彩色银条

hapn
和平電氣

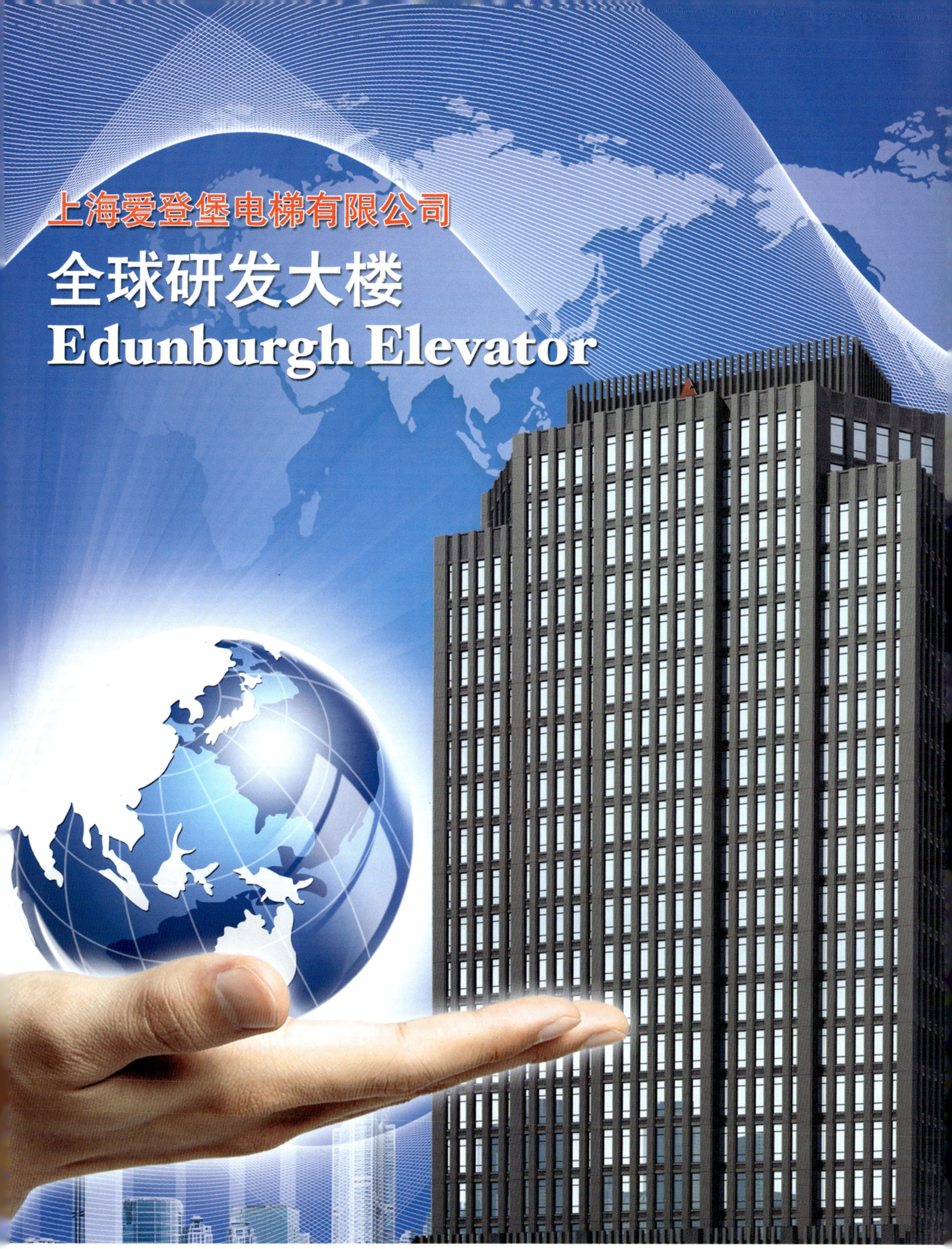
上海爱登堡电梯有限公司
全球研发大楼
Edunburgh Elevator

上海紫光机械有限公司的前身是上海订书机械厂，成立于 1951 年。1992 年 12 月与英国紫文投资有限公司合资，更名上海紫光机械有限公司。2009 年，上海电气集团印刷包装机械有限公司成功收购外资方 50% 股份，成为国有独资企业。

2006 年 2 月，公司落户上海闵行区浦江镇工业园区，占地面积 40501m²，建筑占地面积 19048 m²，总建筑面积 30412 m²，员工保持在 300 人左右。按照“哑铃型”结构，建立“技术中心、制造中心、营销中心、质量保障体系”的企业职能和运行机制，建立国家级技术中心的分中心和国内先进一流的机加工车间，推行精细化管理，精益化生产。

公司经营宗旨：“制造一流设备，传播先进文化。”目前拥有无线胶订、铁丝装订、锁线装订和商用轮转印刷、柔性版印刷五大系列达 30 种机械产品，实现产品系列化、性能优质化、功能多样化、联机自动化、模块产业化。公司 2009 年 10 月已通过 ISO9001:2008 质量管理体系标准的认证。SXZ400 全自动锁线机、ZXJD450 系列平装胶订自动线、LQD10 骑马装订联动机、YR420 卷筒纸柔性版印刷机、PYGL400 配页联动线等 10 多个产品获欧洲标准“CE”证书。商用表格印刷机、骑马装订联动机、圆盘包本机、平装胶订自动线、卷筒纸柔性版印刷机等产品获得国家、上海市优秀新产品等奖项，其中圆盘包本机、骑马装订联动机、平装胶订自动线等产品连续 10 年获得《上海市名牌产品》称号。

公司坚持“顾客的最大满意是紫光的永远追求”经营理念，建立国际、国内市场营销网络，建立一流的客户培训中心和售后服务中心，实行质量保证承诺制。

公司荣获“中国机械工业 500 强”、“中国机械工业企业核心竞争力 100 强”、“上海市高新技术企业”、“上海市外商投资先进技术企业”、“上海市文明单位”、“上海市质量管理奖”、“上海市科技小巨人培育企业”、“上海市专利工作示范企业”等 10 多项荣誉称号。

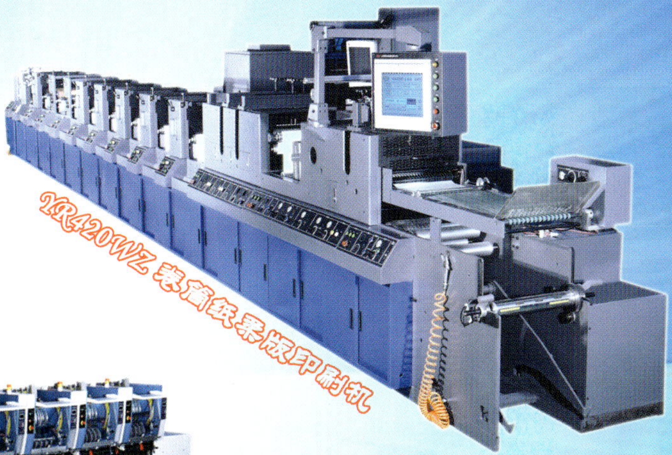

YR420WZ 卷筒纸柔版印刷机

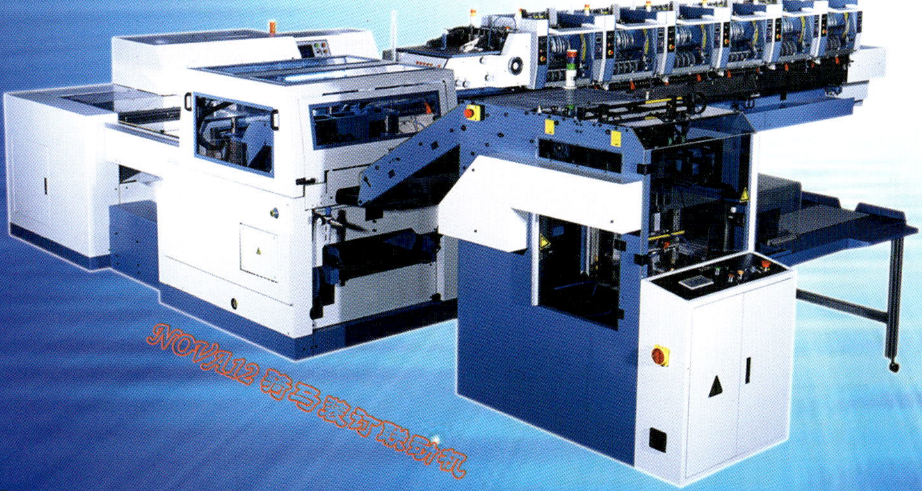

NOVA12 骑马装订联动机

ABM®

FIRESAFE INSULATION

Shanghai Advanced Building Materia

上海运安制版有限公司

Shanghai Yunan plate-Making Co.,Ltd.

上海运安制版有限公司，是由山西运城制版集团股份有限公司控股的跨国企业。山西运城制版集团目前是全球规模最大、产品种类最全、技术含量最高、行业管理经验丰富、人才梯队齐备、专业化的凹印制版企业。

公司先后获得“上海市高新技术企业”、“上海市嘉定区科技小巨人企业”、“上海市嘉定区企业技术中心”、“上海市专利工作培育企业”、“上海市科技小巨人培育企业”等称号。

公司主要生产是凹印印刷辊筒以及辊筒印花机。辊筒系列产品广泛应用于食品、饮料、医药、日化、个人护理、服装、家纺、装饰壁纸、高档瓷砖、激光防伪等行业领域。

公司生产的激光雕刻高清三维瓷砖印刷辊筒，是国际先进的激光雕刻制版技术在瓷砖印刷辊筒领域的创新应用，拥有完全自主知识产权，技术达到国际先进水平。通过该技术激光雕刻的瓷砖印刷辊筒，实现了能够在凹凸的瓷砖表面上印刷，清晰度甚至超过了喷墨印刷技术，而且在生产应用成本上相比喷墨印刷技术大幅度降低，对高档瓷砖印刷辊筒产品的国产化和产业化产生很大的影响。

公司是目前国内在规模、客户、品牌、销售网络、技术等方面最具竞争力的专业生产高档激光雕刻瓷砖印刷辊筒的龙头企业，并在佛山、印尼、越南建立子公司，在山东、福建、四川等地建立分支机构，国内市场占有率位居第一位（50–60% 左右）。客户主要面向斯米克、宏宇陶瓷、诺贝尔、东鹏、亚细亚、蒙娜丽莎、冠军、马可波罗等国内外高端瓷砖品牌企业。

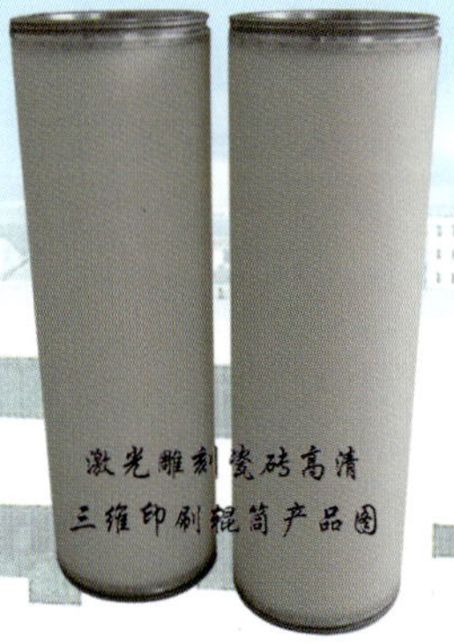

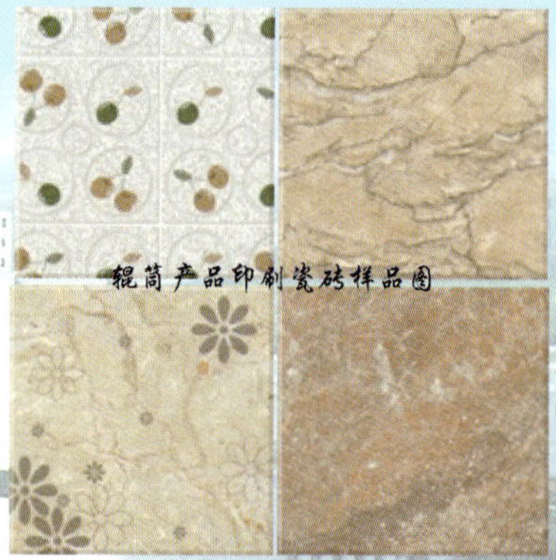

RECOMB®

ISO9001:2008 CE FM APPROVED NFPA UL cUL

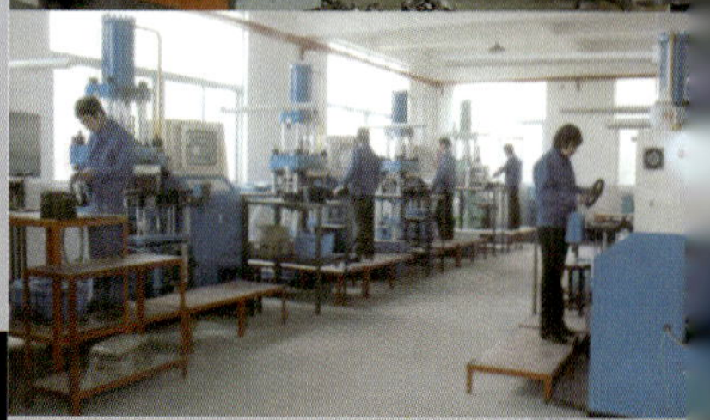

上海瑞孚管路系统有限公司是集科研、生产、销售和工程服务于一体的国内首家专业研制和开发沟槽式管接头及配件的企业。公司成立于 1998 年，总部设在上海逸仙路 270 号。生产基地坐落于崇明岛工业园区，占地面积 80000 多平方米。

公司生产的“RECOMB”牌沟槽式管接头及配件产品 1998 年 10 月经上海科学技术情报研究所检索为“国内首创产品”，并荣获“国家重点新产品”证书。1999 年 12 月被认定为“上海市高新技术成果转化项目”，2004 年公司被上海市科学技术委员会认定为“高新技术企业”，公司主编的《沟槽式管接头》企业标准，在 2002 年 5 月经国家建设部审查，批准为行业标准（CJ/T156–2001），并参编 GB50261–2001《自动喷水灭火系统施工及验收规范》及 GB5135.11《沟槽式管接头》国家标准。

公司通过了 ISO9001–2008 质量体系认证。2003 年“RECOMB”牌沟槽式管接头及配件在国内管接件行业中首家通过美国 FM 质量认证和国家质量监督检验检疫总局压力管道元件制造单位安全注册认证（AZ），2004 年通过美国的 UL、加拿大的 ULC 安全质量认证，公司资信等级评定为 AAA 级。

近几年，公司不断完善企业管理，优化产品质量，拥有年产万吨以上的迪砂铸造流水线、全自动橡胶注压成型机等生产设备，每道工序均配备先进的理化检测仪器并执行严格的质量监控手段。公司先后研发了以刚性接头、挠性接头为主导产品的四十多个品种、六百多种规格型号的“RECOMB”牌沟槽式管接件，以及耐热、耐油、耐燃、抗氧化等性能的各种规格的橡胶密封圈。由公司自主研制、生产的橡胶密封圈是国内唯一一家各项性能指标均通过美国 FM 和 UL 认证的产品。公司销售网点遍布全国各大城市，产品远销欧美、东南亚、中东等几十个国家和地区，公司销售业绩逐年大幅增加，已经成为国内最具实力的沟槽式管接头及配件产品的生产基地。

瑞孚公司的创始人陶松岳先生是美国消防协会会员，在他主持下成功研制和开发的沟槽式管接头开创了国内管路连接的新工艺和新方法，被国内行业誉为中国管路连接革命的倡导者。

公司将秉承“执着诚信、奉献真情、完善自我、追求卓越”的企业精神和“质量至精、服务至诚”的经营理念，一如既往地为您提供优质的产品和完善的售后服务。

上海瑞孚管路系统有限公司

地　址：上海市逸仙路270号

电　话：021-65606108

传　真：021-65366725

网　址：www.recomb.com.cn

电子邮件：welcome@recomb.com.cn(国内)

sales@recomb.com.cn(国际)

邮　编：200434

上海悦英机械设备制造有限公司

上海悦英机械设备制造有限公司是依据上海理工大学实业总公司技术支持的独立法人企业。专业制造通用设备、非标设备等。并专业承担电站深孔管板、核电站深孔管板、化工行业蒸发皿深孔管板、隔板钻孔加工业务。凭借上海理工大学高等院校的科技优势和国营大型企业科研单位的科技专家、教授、工程师的共同合作,公司先后研制并开发了一系列的产品,如研制生产了抽芯铆钉、小五金等全自动包装流水线。煤气表壳的四轴研磨机。75T、250T 电子塑封油压机,高精度数控立式双端、双面磨床,(企业还承接工业产品的外贸加工业务)。公司在 2006 年初至 2007 年底用了 18 个月的时间,自己设计自己制造了一台 ZK2110*3 型数控三轴深孔钻床,约重 100 吨。在 2007 年 6 月,经中国科学院上海科技查新咨询中心进行"立项查新"表明,在核电管核加工方面,均未涉及三轴深孔钻床。因此该项目的设计与制造技术具有新颖性,而且在 2007 年 7 月制订了 IK2110*3 型数控三轴深孔钻床"企业标准",经宝山区质量技术监督局审查通过实施。在 2007 年 8 月,申请"用于核电管板钻孔的深孔内排屑钻头"的发明专利(申请号:2007100460626)获受理。"多功能核电管板钻孔机床"实用新型专利(专利号为 LZ2072007441.X)获授权。在 2007 年 9 月,第二次作"项目成果水平查新",结论是:该项目综合技术水平在国内处于领先,并达到国际先进水平。公司在 2010 年又设计制造了一台 ZK2110X2 型数控二轴深孔钻床,并在三轴基础上成功地把机床的齿轮箱改进,改进为同步带轮代替齿轮箱,在质量上、精度上更上一层,并且减少噪音,达到了绿色环保的效果。

本公司在 2008 年 6 月取得 ISO9001:2000 质量体系认证证书。2008 年 8 月,"ZK2110x3 型数控三轴深孔钻床"经上海市质量监督技术研究院检测,各项技术性能指标均达到设计标准。2008 年 12 月通过了上海市经委组织专家组验收通过。该设备从 2007 年年底至 2008 年年底一年正式运行,加工出来的五十几块各种蒸发皿管板,如(30 万、60 万、100 万),其中有化工不锈钢管板,其中有一块管板(上海电气电站设备有限公司)直径 2.6 米,厚度 575 厘米超高加管板,加工后经上海市质量监督技术研究院检测,各项技术指标均达到图纸标准。

公司现有加工深孔管板的厂房面积为 3000 平方米,拥有各种数控落地钻床、铣床、数控车床、平面磨床、工具磨床、内外圆磨床、各种车床、刨床等各种加工设备,有 5T、10T、20T 行车等。

公司目前已形成一支专业知识:年龄结构合理,持续创新能力强劲的技术开发团队,在编人员 56 人,工程师 12 人。其中高级工程师 6 人,还聘请了高等院校国有大型企业、科研单位的业余工程师技术人员 6 人。

上海悦英公司本着诚信、优质、快捷为客户服务的宗旨,以依托与高级科研机构的科研项目有机合作,发挥我公司在机械制造、加工行业的优势,以优势互利,联合开拓高精机械设备加工领域,联合推动我国核电、锅炉设备制造、化工行业及加工工业的发展而有所为。

源盛 RICH

上海源盛机械电气制造有限公司

Shanghai Rich M&E Manufacturing Ltd.

安全型碳刷架装置
Safety Carbon Brush System

板式冷却器
Plate-heat Exchanger

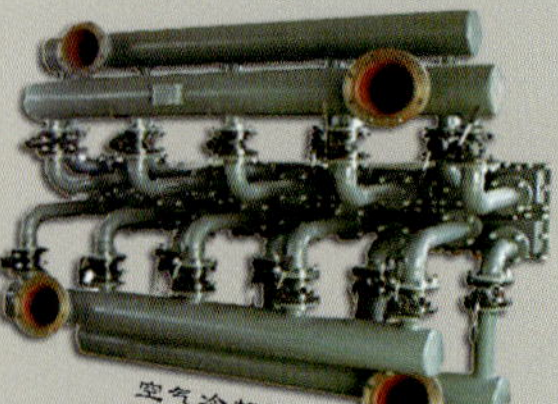

空气冷却器
Air Cooler

不锈钢管壳式冷水器
Stainless Steel Water Cooler

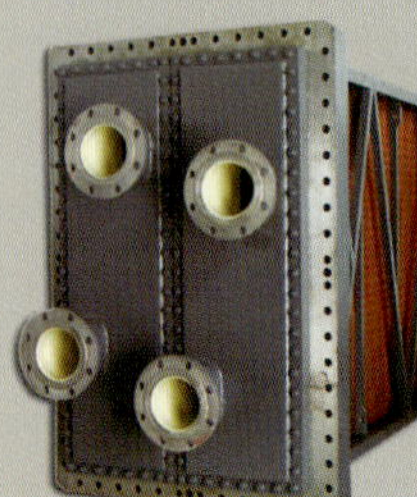

氢气冷却器
H2 Cooler

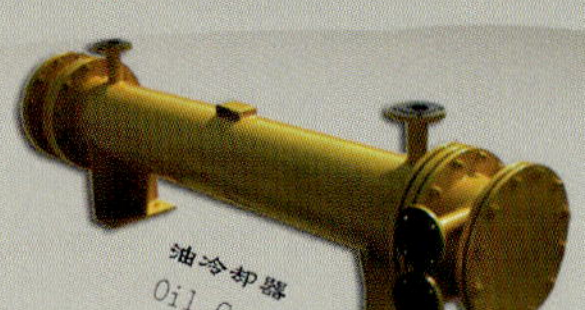

油冷却器
Oil Cooler

公司简介 COMPANY

SDFKESDFCS

上海源盛机械电气制造有限公司是电厂辅机设备的专业生产厂,产品包括各种类型的大型发电机用换热器,集电环装置,氢油水系统,安全型碳刷架,发电机轴瓦等.

作为电力主机设备的专业配套企业,我公司配备精良的生产设备,精密的检测设备。采用先进的设计和制造工艺,完备的检测手段,制造出一流的产品。公司建立了完善的产品质量保证体系,通过了 ISO9001 质量管理认证。产品从设计到售后服务完全遵照管理体系的要求执行,保证了产品的安全性和可靠性。

为了赶超世界先进水平,满足国内电力行业安全、可靠的要求,公司坚持"科技兴厂"的原则,与上海理工大学、上海电气集团发电机有限公司和上海电机厂等单位在新产品开发等领域建立了长期的技术合作关系。通过技术合作开发的多个项目被列为上海市重点攻关课题成果,并已经在国内外电力行业广泛使用,为 600MW、1000MW 等级大型火力发电机和核电站的配套辅机研制开发攻克了难关。

近年来,我们与国际能源巨头西门子公司和 GE 在发电机冷却器、集电环装置和碳刷装置等辅机领域开展了全面的合作,产品已经出口到世界各地。并获得了客户的好评。

作为上海市高新技术企业,"质量第一,用户至上"是我们企业的工作准则,我们愿与国内外各行业通力合作,提供性能优良、质量可靠、用户满意的产品。

地址:上海松江区北松公路7201号(201611)
电话:+86-21-57775559
传真:+86-21-57775813
网址:www.rich-sh.com.cn

上海汉钟精机股份有限公司

SEC SHANGHAI ELECTRIC

KSB

上海电气凯士比核电泵阀有限公司

SEC-KSB Pumps and Valves Co., Ltd.,

为了满足中国核电的快速发展和实现核电站用泵、阀设备的国产化的要求，2008 年 6 月，上海电气集团中国最大的装备制造业集团之一，与德国 KSB 拥有先进专业技术的、实力雄厚的、著名核电泵阀生产厂商，合资组建了上海电气凯士比核电泵阀有限公司。该合资企业由中方控股(55%)，专业主要从事所有核电站用泵、阀的销售活动和项目管理，并且在上海临港新建厂房，从事核主泵、核二、三级泵以及核二、三级阀门的生产制造和测试。上海电气凯士比核电泵阀有限公司所有的核一级、二级、三级泵产品的技术由德国 KSB 转让并与德国 KSB 的技术同步更新，同时 SEC-KSB 拥有研发和自主创新的能力。

作为技术支持方的德国 KSB 公司，创立于 1871 年，是世界核电站用泵的主要生产厂家，也是世界上唯一能为所有类型核反应堆提供主泵的厂家。KSB 是当今世界上技术最先进、产品质量最高的泵阀供应商之一。在过去的 20 年间，世界上超过 80~90% 的核电站使用 KSB 的泵阀，其中超过 60% 的核电站使用 KSB 的主泵。自 1960 年开始，KSB 为世界范围内的压水堆、沸水堆、重水堆核电站提供了大约 300 台主泵和超过 300 台的核二、三级泵。KSB 在 25 年前为中国第一座核电站，秦山一期核电站提供了反应堆冷却剂泵，该泵已经在秦山核电站安全、可靠、高效的运行了 20 年，公认为国内核电站运行最好的反应堆冷却剂泵。

KSB 也是美国西屋公司 AP1000 第三代核电站的主泵的合格供应商。2010 年，KSB 为 AP1000 机组研制的无密封湿定子核主泵通过了美国西屋公司的最终设计评审。同时 KSB 已经基本研发完成适于中国市场的 50 赫兹的 CAP1000，CAP1400 第三代核电站的核主泵。

2011 年 3 月，正式开始投生产的上海电气凯士比核电泵阀有限公司将在引进德国 KSB 技术的基础上，加快国产化和进一步自主研发的进程，目标是成为一家可以同时提供用于二代加核主泵和三代核主泵以及所有辅助系统相关泵的专业厂家。

二代加核主泵

三代核主泵

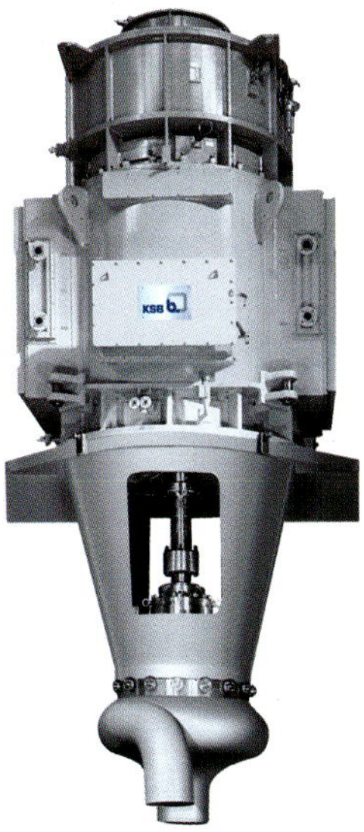

二代加核主泵

核二、三级泵

www.ksb.com.cn

KSB

泵- 阀门- 系统

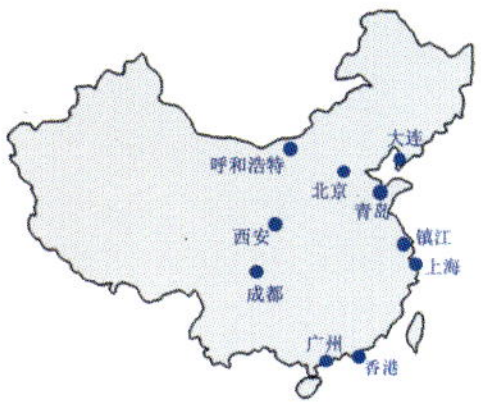

KSB Group

- Over 130 years' experience
- In more than 150 countries
- Over 14,000 employees
- More than 100 service centers worldwide

KSB 集团

- 超过130年的经验
- 遍布150多个国家的分公司
- 全球超过14000名员工
- 100多个服务中心

KSB in China

- 5 companies
- Over 1200 employees
- A competent partner for safe and economic transportation of fluids
- Reliable service across China

KSB 在中国

- 5家公司
- 1200多名员工
- 提供安全经济的流体传输解决方案的最佳伙伴
- 可靠信赖的服务遍布全中国

上海 021-6485 1778 021-6430 2888 北京 010-8561 5768 广州 020-2237 8490 香港 0852-2147 1220 成都 028-8559 6661

∠企业足迹

1997 年 1 月 1 日

上海闸电燃气轮机发电厂正式投入商业运行，装有 4 台 10 万千瓦级 MS-9001E 型燃气轮机发电机组。

2003 年 6 月 30 日

提高燃气轮机机组一次启动成功率 QC 小组被评为 2003 年全国优秀质量管理小组。

2005 年 3 月

燃用国产重油替代进口重油的技术研究项目获第 9 届上海市科协优秀咨询项目一等奖。

2006 年 6 月 19 日

上海闸电燃机联合循环工程胜利竣工，增加了 2 台 10 万千瓦级汽轮发电机组，总装机容量达到 60 万千瓦，机组热效率达 47% 以上，大大提高了机组的能源利用效率。

2008 年 2 月 28 日

《上海城市电网火灾防治体系研究与建设》科技项目，获 2007 年度上海市科技进步一等奖。

2010 年 5 月 14 日

我厂燃气轮机培训基地获得电力行业职业技能鉴定指导中心批准，成为上海燃气轮机发电国家职业技能鉴定站。

2010 年 12 月 31 日

我厂累计调峰电量为 93.01 亿千万时，启停次数为 10373 次；2010 年顶峰合格率为 99.65%，一次启动成功率为 98.95%。

上海闸电燃气轮机发电厂宋敏强厂长与上海电力行业协会虞凭秘书长为燃机培训基地揭牌

上海电网的“黑启动”

何谓黑启动？黑启动是指整个电网因故障而崩溃，系统全部停电，处于全“黑”状态，发电厂不依赖外来电源和汽源，依靠自备的动力，带动厂用辅机启动发电机组运转发电，并逐步扩大恢复范围，直至电力系统全面正常运行。上海闸电燃气轮机发电厂为了“服务电网、更快更好”的承诺，成为了上海电网唯一的黑启动电源点。

国家电网
STATE GRID

国网能源上海闸电燃气轮机发电有限公司
SHANGHAI ZHADIAN GAS TURBINE POWER GENERATION CO., LTD.,

上海尚实能源科技有限公司是一家成立于二 0 一 0 年四月，注册资本 500 万元人民币节能减排及新能源类公司；是上海节能协会会员、上海市合同能源管理专业委员会成员，经备案的 EMC 专业服务公司。公司长期致力于工业及民用领域的新能源及综合节能减排类核心技术的研发，并针对用户实际情况进行系统设计和集成；在低温余热、炉窑燃烧系统等领域掌握核心技术，在该领域具有国内领先地位，基于该技术所研制的节能系列产品在大型国有化工企业发挥着作用，取得了良好的社会和经济效益。公司的宗旨：“专注于节能环保的领航者。”一贯坚持根据用户需求及产品特点来制定个性化及高效的节能方案，积极为用户做好售前、售中、售后服务。公司拥有一支由工程师、项目经理和中高级技工为骨干的技术队伍，为优质的服务提供了强有力的技术支持和质量保证。公司目前还拥有自有研发生产基地，是向全国潜在用户直接销售节能产品的主要基地，800 平方米的工厂设施齐全，包括：钎焊设施，氩弧焊设施等加工设施，以及测试工具，手动液压吊车，空压机等。随着客户和业务量的不断增多，公司将为合同期满后的客户和直接采购用户提供维护等后期技术服务，也将成为公司的未来的核心业务之一。公司恪守信誉，竭诚服务，规范管理，公司将更快的发展。

电话：52287327　　传真：52287326　　网址：http://www.sh-ssny.com

上海尚实能源科技有限公司

上海阿波罗机械股份有限公司

上海阿波罗机械股份有限公司，是一家致力于开拓高端泵产品的高新技术企业。在“创建卓越精英团队，打造百年盛世品牌”的长期愿景下，通过不懈的努力，公司于 2009 年 1 月获得了由国家核安全局颁发的《民用核安全设备设计 / 制造许可证》、并且被授予“上海市质量金奖”、“上海市企业技术中心”、“上海市名牌产品”等众多荣誉称号。

公司成立于 2001 年，现占地面积 80 余亩，拥有各类数控机加工设备百余台套。公司三期扩建用地新增 45 亩，计划建造核泵试验中心及研发和生产的扩容性设施。公司现有专业的水泵开发、设计、制造团队 360 余人，本科以上学历的人员占职工总数 65% 以上。在核电设备国产化目标的指引下，公司与国内多家大学院校和科研机构成立产学研合作模式，建立了长期的技术合作关系。国内一大批核泵设计生产制造行业的精英纷纷加盟公司，他们在开发设计、组织生产、计划调度、外协管理、工艺指导、装箱发运、安装调试等方面有着丰富经验。

公司目前已拥有混凝土蜗壳海水循环泵、核三级电动辅助给水泵、核三级汽动辅助给水泵、核三级安全厂用水泵、核三级设备冷却水泵等世界级高端产品的设计开发能力和核心制造管理能力，同时也成为了世界上少数有能力生产这几类产品的企业之一，并且是国内第一家能够同时具备上述产品设计制造试验能力的企业。目前由公司自主制造、发运的福清核电厂一期工程 1 号机组海水循环泵已于 2011 年 6 月 26 日顺利交货，该泵的顺利发运打破了外商长期垄断的局面，意味着我公司完全具备了混凝土蜗壳海水循环泵自主供货能力。

为进一步提升企业的核心竞争能力，提高企业管理能力，优化业务流程，实现卓越绩效，公司与国内 ERP 行业龙头企业——用友软件股份有限公司签订了“企业信息化平台建设长期战略合作协议”。ERP 项目的实施，标志着公司的信息化建设迈上了新的征程，为企业长期战略的实现和未来的高速发展打下了扎实的基础。

地　址：上海市奉贤区南桥镇亿松路555号 邮编：201401
电话：021-67159999　传真：021-67158001
网址：www.apollopump.com　E-mail：ljq@apollopump.com

上海电气
SHANGHAI ELECTRIC

上海第一机床厂有限公司是由原上海第一机床厂核电板块和上海先锋电机厂核电、军工板块于2005年组建而成，成为我国核反应堆堆芯主设备 --- 堆内构件和控制棒驱动机构二项设备的专业生产厂。两厂各自四十多年的发展历程为公司积累了丰富的制造经验，从上世纪七十年代为秦山一期工程提供主设备开始，先后为秦山、岭澳、巴基斯坦恰希玛等核电站；提供了优质产品，形成了压水堆300MW、600MW、1000MW系列生产，也是国内唯一具有系列生产业绩的企业；出色的完成了高温气冷堆、中国实验快堆、中国先进研究堆等四代堆等科研项目，从而形成了多种堆形生产；累计为国家的核能装备制造事业创下了“十二个国内第一”，从而奠定了在核电设备制造行业的领先地位。

上海第一机床厂有限公司在国家新一轮核电发展中已获得了红沿河、宁德、阳江、福清、方家山、桃花江、石岛湾等项目，累计50多个机组的堆内构件和控制棒驱动机构合同，占市场绝对领先优势；同时公司在2010年完成了临港扩能任务，2011年开始公司产能将达到8个机组以上，基本满足市场需求。

多年来公司坚持以科技进步推动企业发展，以自主创新成果转化为核心竞争力，一手抓好两代加核电产业化工作，一手抓好第三代核电技术引进、吸收和消化工作。公司已承担了国家重大专项中AP1000的堆内构件和控制棒驱动机构六项课题，届时将形成新的核心技术，在以后的第三代核电站建设中实现产业化并达到国际先进水平奠定基础。

上海第一机床厂有限公司正以实践科学发展观活动为契机，聚焦国家战略，发挥自身独特优势，主动跟踪四代核电，不断为国家新一轮的核电事业作出新的贡献。

上海第一机床厂有限公司

振兴集团由母公司、两家子公司构成，主要经营业务为工业和建筑铝合金型材、铝合金门窗、安全进户门、多孔微通道管、换热器等五大产品的生产制造、加工安装，以及产品和技术的出口业务。

上海振兴铝业有限公司

前身为创建于 1986 年的上海振兴铝材厂，2001 年成功改制为上海振兴铝业有限公司，经过二十余载的艰苦创业，发展成为上海地区铝业、建筑门窗、安全技术防范产品等三个行业的领先企业。法人为周秋芳，注册资本 5773 万元，注册地为上海徐汇华泾镇。振兴铝业先后获得上海市高新技术企业、上海市民营 100 强、中国优秀品牌、上海市名牌产品、上海市著名商标等众多荣誉，并于 2005 年成为上海铝业协会的理事长单位。振兴铝业拥有铝门窗、进户门生产线 30 余条，铝门窗年生产能力为 120 万平方米，进户门年生产能力为 5 万樘，系上海和华东地区最大和最早的生产企业。

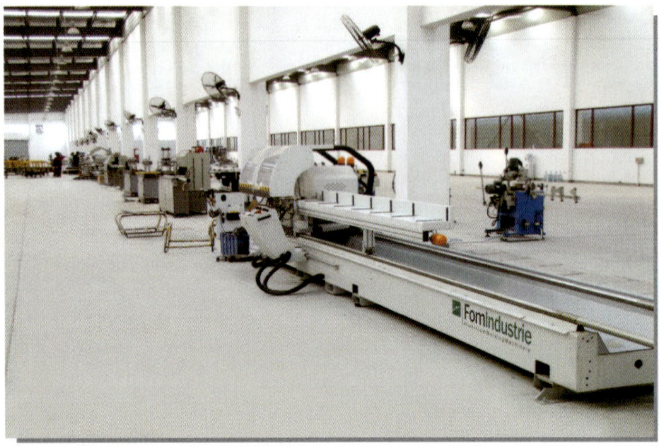

上海瑞斯乐复合金属材料有限公司

系前身为振兴集团于 2002 年 2 月全额投资而创办的上海瑞斯乐门窗有限公司。为适应发展需要，集团以该公司名义，投资 1.8 亿人民币在松江工业园区建成了占地 100 亩、建筑面积 64000 平方米的集团新厂区。2009 年，作为振兴集团新一轮发展、调整产业结构的突出重点之一，投资 1 亿元，以该公司名义开发了具有广阔市场前景的空调多孔微通道管的高新技术产品，同时作为微通道的专业生产企业，公司更名为上海瑞斯乐复合金属材料有限公司。目前，该新产品的第一、二条生产线已建成投产，第三、四生产线正在安装之中。全部建成后，将形成年产微通道管 2 万吨，可新增产值 7 亿元，成为国际上最大的生产基地。

欣狮铝业（上海）有限公司

欣狮铝业于 2006 年成立后，先后收购了上海振兴铝业有限公司和上海瑞斯乐复合金属材料有限公司，成为集团的母公司，并与振兴铝业和瑞斯乐公司组成了经营联合体，形成了三家公司各有侧重、紧密关联的集团化运作。经过整合优化，欣狮铝业主要承担工业与建筑铝型材的研发、制造和销售，拥有从铝型材挤压、表面喷涂、金属木纹转印、以及型材深加工等 20 余条生产线，年生产能力为 2 万吨。

拯救生命 我们义不容辞
宝亚成功屹立于“呼吸保护产业”世界品牌之林，在国内宝亚始终扮演着行业领导者的角色。
宝亚产品正在消防、石油、化工、航空等领域中保护人们的生命安全。
深入100米
坚持1小时
高层消防救灾必备利器
---双瓶正压式空气呼吸器（型号：SDP1100）
• 适合消防抢救人员高层建筑密闭空间搜救
• 双瓶6.8L碳纤维复合气瓶，储气量大、供气时间长
4.7L正压式空气呼吸器
（另配呼吸面罩）
防毒全面罩
（另配滤盒）
3L逃生空气呼吸器
（另配恒流逃生面罩）

上海宝亚安全装备有限公司

BAUER GROUP
Shanghai Baoya Safety Equipment Co.,Ltd.
宝亚集团

上海宝亚安全装备有限公司创立于 2006 年 4 月，座落于上海浦东金桥出口加工区。作为一家高新技术创新型企业，宝亚自 2008 年起，连续三年空气呼吸器销量荣获国内消防行业第一，始终扮演着呼吸器领域中的引领者角色，成功屹立于呼吸保护产业世界品牌之林。　上海宝亚安全装备有限公司创立于 2006 年，正压式消防空气呼吸器于 2008 年荣获"上海市高新技术企业成果转化产品"证书。宝亚公司于 2010 年 12 月被上海市政府评定为"上海市高新技术企业"，并颁发证书。作为一家高新技术创新型企业，宝亚已成功屹立于呼吸保护产业世界品牌之林，其源动力来自于企业对该领域国际最新科研技术的吸收，在国内，宝亚始终扮演着行业领导者的角色。

宝亚以创造世界一流产品为目标，以打造适合中国人使用的个人呼吸防护产品为己任，积极与国际、国内知名学者、公司、科研单位合作，公司成立的呼吸保护产品研发中心具备国内最强的产品设计能力，团队拥有来自国外的呼吸器专家及国内获得多项专利技术的资深高级工程师，具有丰富的理论和实践经验，研制生产的呼吸保护装置，技术领先，性能可靠，深受国内外客户好评。

以此为基础，宝亚凭借优质的产品质量，专业的技能和服务优势，与同行业的国际化大公司合作承揽消防、石油、化工、航空、军工等危险作业场合的呼吸保护系统方案。2010 年公司产品进入国家核军工装备领域，为某海军基地配套空气呼吸保护装置，圆满完成国家重点项目并受到使用单位一致好评，为国防事业贡献了一份力量。

公司将凭着执着的信念，致力于企业安全系统咨询、管理、培训及推广。公司全面推行"恪守诚信、饮水思源"的经营理念，以满足客户需求为核心，不断开拓进取，创新科技，为广大客户提供高品质，高性价比的产品与服务！真诚欢迎海内外客户前来洽谈合作，共谋发展！

关爱生命·关注安全

宝亚　您的呼吸保护专家！

BAUER GROUP
宝亚集团
Shanghai Baoya Safety Equipment Co.,Ltd.

上海浦东新区金桥出口加工区金藏路 258 号 4 幢 406 室　邮编：201206
电话：+86(021) 50328028　传真：+86(021) 50320636
Http://www.bauergroup.com.cn

「企业概况」

公司成立于2000年，主要剂型有小容量注射剂、口服固体制剂、口服液体制剂。公司属于上海市高新技术企业、高新技术成果转化项目企业，于2010年1月8日在深圳证券交易所创业版成功上市。2010年实现销售收入6亿元，利润1.2亿元，上交税金1.2亿元，奉贤区经济百强排名第八。

「产品介绍」

- 主导产品痰热清注射液是公司拥有自主知识产权的专利新产品，拥有专利7项，其工艺先进、标准完善，临床应用安全有效。由五味药材组成，药材均定点采购，并按GAP标准进行管理，确保各种原辅料质量稳定，产品主要功能清热解毒。
- 2003年上市以来累计生产销售9000万支，不良反应发生属罕见级
- 在四次重大疫情（非典、禽流感、H1N1、手足口病）中均被卫生部门上列为临床用药

「质量控制」

- 首批采用指纹图谱进行药材、中间产品、成品检验
- 痰热清注射液检查项目在中药制剂中最多，达到了36项
- 采用近红外技术进行在线质量监控
- 中药提取物采用数字自动化控制全过程生产

「设备设施」

- 制剂生产线采用德国博世品牌
- 过滤系统采用美国密理博品牌
- 制水系统采用芬兰斯泰瑞品牌
- 空压机采用瑞典阿特拉斯品牌
- 全自动灯检机采用日本卫材品牌
- 高效液相检测仪采用美国安捷伦品牌

「产、学、研合作」

- 上海市药检所689物质基础研究
- 浙江大学自动化控制项目
- 天津大学近红外在线控制
- 重庆大学熊胆粉新工艺及收率提高研究

地址：上海市工业综合开发区程普路88号
邮编：201401
电话：021-37572039
传真：021-37572036
网址：www.kbyy.sh.cn

沪东中华造船(集团)有限公司

沪东中华造船(集团)有限公司于2001年4月由原沪东造船厂与原中华造船厂合并重组成立，是中国船舶工业集团公司旗下既建造军、民用船舶，又制造船舶和船用柴油机配套件、大型钢结构的综合型企业集团。控股和参股上海东鼎钢结构有限公司、上海沪东造船电器有限公司、上海沪东三造船舶配套有限公司、上海华润大东船务工程有限公司等多家企业公司。公司总部位于上海浦东新区，注册资本7.6094亿元。公司拥有360×92米大型船坞1座，配置700吨龙门吊2座；12万吨级和8万吨级船台各1座，2万吨级以下船台2座等一批先进设施和设备，具有年造船200万吨的生产能力。

公司具有雄厚的造船实力和丰富的造船经验，为国内外船东建造过LNG船、LPG船、大中型集装箱船、化学品船、滚装船、油船、散货船、军舰和军辅船等多类军、民用船舶。产品除满足国内用户需要外，还远销亚洲、欧洲、美洲、非洲、大洋洲等40多个国家和地区，深受国内外船东的好评。公司成功建造的中国第一艘14.7万立方米大型液化天然气(LNG)运输船、拥有完全自主知识产权的8530TEU超大型集装箱船，填补了国内空白，标志着公司的生产技术和能力达到国际一流水平。

公司拥有一流的国家级企业技术中心、博士后工作站以及大批中高级专业技术人员，科研开发力量强大。公司信息化技术先进，在普遍使用国际先进造船软件的基础上，自主研发了具有完全知识产权的SPD船舶设计软件，全面建立沪东中华HZ-CIMS技术。

公司具有可靠的质量管理体系，先后通过中国新时代质量认证中心GJB9001A-2001军品质量认证和中国CCS船级社、美国ABS船级社、挪威DNV船级社、英国LR船级社等主要船级社的ISO9001质量认证，具备并运行一套完整有效的质量保证体系。公司以先进的造船理念，全面推进“HSE（职业安全健康）”管理，通过了英国劳氏质量认证公司的GB/T24001-ISO14001环境管理体系、OHSAS18001职业健康安全管理体系的审核认证。

公司未来将进一步扩大生产基地，2010年8月国家发改委已批文同意启动长兴二期工程一阶段的建设，对于沪东中华进一步优化船舶产品结构、提高高端船舶产品的生产能力和市场份额，以及提升本公司和中船集团公司在世界造船领域的地位，具有重要意义。

公司正全面实施“数字造船、绿色造船”发展战略，努力建设世界一流造船基地。

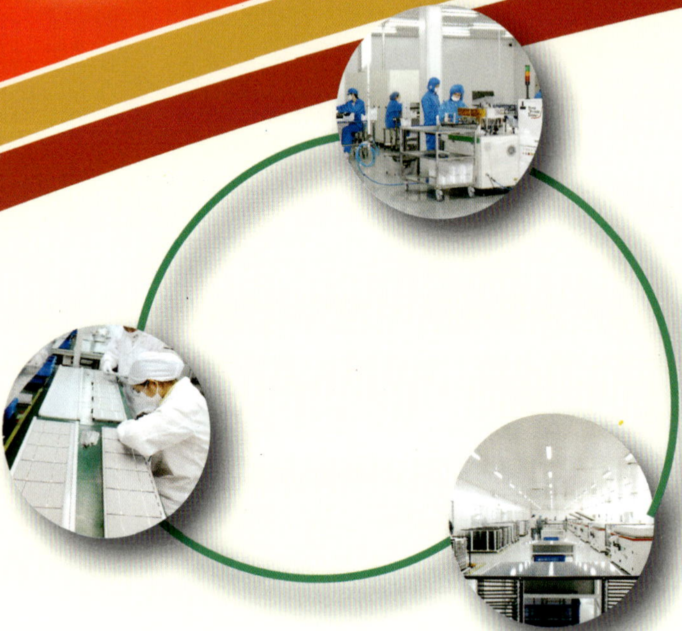

上海超日太阳能科技股份有限公司是一家汇聚众多太阳能科技领域高级人才，研究、开发、利用太阳能资源的高科技民营企业，公司成立于2003年6月，位于上海市奉贤区杨王经济园区旗港路738号，注册资金2.636亿元，占地3.5万平方米，建有标准化厂房3.23万平方米，拥有员工1500多人，公司目前拥有五家全资子公司：上海超日（洛阳）太阳能有限公司、上海超日（九江）太阳能有限公司、洛阳赛阳硅业有限公司、上海卫雪太阳能有限公司和上海超日国际贸易有限公司。公司现已成功登入深交所中小板（超日太阳，002506）。

公司利用国际先进的专用设备，通过精心的设置、严格的质量控制体系及完美的生产工艺，专业生产各种型号、规格的太阳能电池组件，配套生产和安装太阳能用户系统、太阳能灯等太阳能系列产品及工程。公司生产的太阳能组件产品95%以上出口，畅销国际太阳能应用的主流市场——德国、西班牙、意大利等欧美国家。2009年，由第三方专业机构对在德国市场上应用的，非德国生产的太阳能产品的品质、用户满意度等综合指标评比显示，“超日”产品紧随日本夏普之后，位居世界第二。

公司在全国太阳能行业中享有盛誉。先后通过了ISO9001、ISO14001、TUV认证、IEC61215认证、CE认证、美国UL认证、英国MCS认证和韩国组件认证。这代表着“超日”产品的质量与安全都完全合乎国际化标准。

公司先后被评为“上海市高新技术企业”、福布斯中国“潜力100强企业”、上海市“品牌企业”，上海市“名牌”企业，先后获得上海市“科技进步三等奖”、上海市民营企业百强、奉贤区财富百强、首届奉贤区区长质量奖、奉贤区五一劳动奖章等荣誉称号，公司产品先后获得“上海市重点新产品”、上海市“火炬计划项目”、“品牌产品”、“名牌产品”等称号。

上海上电漕泾发电有限公司

上电漕泾卸煤码头

上电漕泾 500kV GIS

上电漕泾发电机组

上海上电漕泾发电有限公司由上海电力股份有限公司和申能股份有限公司按照总股本的 65% 与 35% 比例合资成立，负责上海漕泾电厂（2×1000MW）工程建设和电厂生产运营。电厂坐落于上海化学工业区西端，毗邻金山区漕泾镇，紧靠杭州湾北岸，是上海能源规划中的五大发电基地之一——漕泾发电基地内建成的一期工程。该工程是根据 2006 年 8 月上海市委、市政府关于加快本市燃煤老电厂改造工作的决策，优化电源结构，提高能源利用效率，减少污染物排放的“上大压小、节能减排”建设项目。承担着 2010 年上海世博会配套工程的重任，被列为上海市“十一五”重大工程项目。工程于 2007 年 12 月 18 日正式开工，两台百万机组分别于 2010 年 1 月 20 日和 2010 年 4 月 6 日投入商业运行，是中国电力投资集团公司和上海电力股份有限公司首台投运的单机容量达百万千瓦机组。

电厂三大主机设备均由上海电气集团股份有限公司供货，采用国产超超临界蒸汽参数的 1000MW 机组，锅炉采用的是超超临界变压运行燃煤直流塔式炉，一次再热、露天布置、全悬吊钢结构锅炉。汽轮机采用单轴、四缸四排汽、凝汽式汽轮机。发电机采用水氢氢冷却方式，无刷励磁。电厂同步建设有锅炉烟气脱硫和脱硝装置，脱硫效率不低于 95%，脱硝效率不低于 80%。配套建设有一座 3.5 万吨级码头和两个直径 120 米的圆形封闭煤场，建有国内首座 210 米高度异型烟囱。电厂采用 500kV GIS 配电装置，以两条 500kV 线路接入上海电网。

在中国电力投资集团公司和上海电力股份有限公司的正确领导和大力支持下，上海上电漕泾发电有限公司将深入贯彻落实科学发展观，抓住历史发展机遇，围绕中国电力投资集团公司和上海电力股份有限公司的发展经营战略和中心工作，团结带领广大员工，本着“透明、规范、高效、绿色、和谐”的管理理念，以争创“国家优质工程奖”、确保机组长期安全、经济、稳定、环保运行为目标，为创建中国电力投资集团公司燃煤标杆电厂努力奋斗。

上海吴泾第二发电有限责任公司

上海吴泾第二发电有限责任公司是由申能股份有限公司(控股)和上海电力股份有限公司两家上市公司共同投资建设的独立发电企业,位于上海市闵行区,成立于1999年,注册资本金20亿元。

公司拥有沪产第一、二台600MW亚临界燃煤汽轮发电机组。两台机组分别于2000年7月10日和2001年5月6日投入商业运营。

成立十二年来,公司始终坚持"创新求实 和谐高效"的企业精神和"安全生产为基础 经济效益是中心 科学管理重实效 以人为本促发展"的企业理念,在公司物质和精神文明建设上取得了丰硕成果。截止2010年底,公司累计发电量646.89亿千瓦时,至2010年12月31日公司连续安全生产天数突破3551天,取得了良好的经济效益和社会效应。公司曾荣获"全国电力行业优秀企业"、"上海市文明单位"、"上海市花园单位"、"上海市厂务公开民主管理工作先进单位"、"上海市爱国卫生先进单位"、"上海市节能先进集体"、"上海市治安安全合格单位"等荣誉称号。公司两台机组在2003年、2004年、2005、2006年均获全国火电大机组(600MW级)竞赛三等奖,2007年和2008年连续两年被评为全国发电可靠性金牌机组(火电600MW级),2009年被上海市电力公司评为"迎峰度夏优胜单位",2010年被国家电监会、上海市电力公司分别授予"世博保电先进单位"、"迎峰度夏奖励单位"荣誉称号。

进入新的发展时期,吴二电人将继续认真贯彻落实科学发展观,求真务实,不断进取,为把吴泾二发电公司建成具有较强竞争能力和可持续发展能力的现代化一流发电企业而不懈努力。

上海石洞口冶金设备修造有限公司

Shanghai Shidongkou Metallurgy Equipment Repairing & Manufacturing CO.,LTD

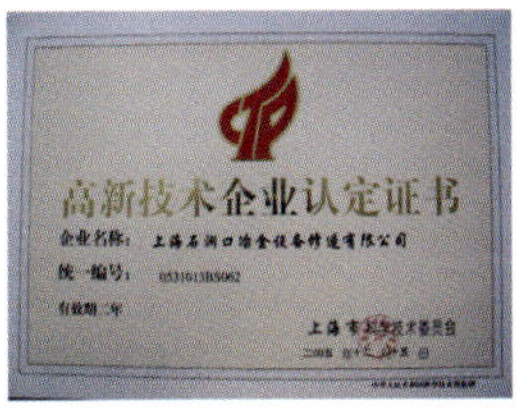

上海石洞口冶金设备修造有限公司于 2005 年 8 月由上海宝山石洞口设备修造厂转制而成，是上海市新材料协会硬面行业分会理事及市焊接学会团体会员单位、上海市高新技术企业。公司创建于 1995 年 5 月，地处上海宝钢六号门西侧，占地面积 65 亩，厂房面积 10000 多平方米。固定资产 5000 余万元，年产值超过 7000 万元，且以每年大于 25% 的速度增长。

公司拥有各类堆焊、喷涂、喷焊设备及专用工装二十多套，以及以 5M 数显立车、CW61160*9000 卧车、Φ1000*12000 深孔镗床、Φ800*5000 外圆磨床为代表的二十多台金属切削机床形成了强大的机械加工能力。从美国林肯公司购置的明弧摆动焊机，氩弧焊机，以及引进的国家专利技术电熔爆机床均已吸收消化，成为不可或缺的重要设备。

十多年来，公司通过高层次专业技术人才的引进，不断引进新技术、新设备，不断研制具有自主知识产权的新材料、新工艺，使企业硬面技术的综合开发达到了新的层次。所从事的业务覆盖面不断扩展，主要产品从磨煤辊、耐磨衬板、导料板发展到热轧支承辊、托辊、助卷辊、穿孔机硬面精密衬板等，尤其是自主研制的 HRC62 的堆焊材料取得国家发明专利，走出高硬度辊类堆焊、修复的新路。在产品中，大型风机叶轮的堆焊修复，大型液压缸内孔堆焊修复，都取得了良好效果，建材行业的水泥挤压辊堆焊修复使用寿命达到国内领先水平。几年来公司对电力、冶金、建材、化工及铸管等各个行业的设备、零部件的技术开发和制作修复进行了开拓和发展都达到了预期目标。

公司作为宝钢无库存备件供应单位，先后通过了 ISO9001：94 版及 ISO9001：2000 版的国际质量体系认证。

近年来公司在大型热轧支承辊的堆焊修复工作中取得了工艺、材料、工装设备、操作技能上的重大突破。产品已形成单重 30T、40T、52T、72T、78T、108T 的系列化。由此，无论在数量上、规模上、辊子的吨位上及加工的能力上均在国内处于领先地位。在取得社会效益的同时创造了良好的经济效益。

2004 年度《堆焊修复大型支承辊》和《高硬度焊丝修复硬面辊》被评为“上海市新材料优秀产品”。

本公司技术力量雄厚、服务周到、管理科学、质量一流、工艺先进、装备精良，愿与社会各界有识之士真诚合作，共同努力推进硬面、耐磨、耐蚀、耐热、抗粘技术的发展，为我国的各行各业更好地服务。

油缸内孔堆焊修复

油缸缸筒内孔磨损失效，采用内孔堆焊 + 镀铬工艺修复，达到新品的使用性能

层流冷却辊校正修复

使用我公司专利校正喷焊设备，可以校正修复层流冷却辊，也可制造新品辊。（专利号 ZL03228200.1）

高硬度轧辊修复

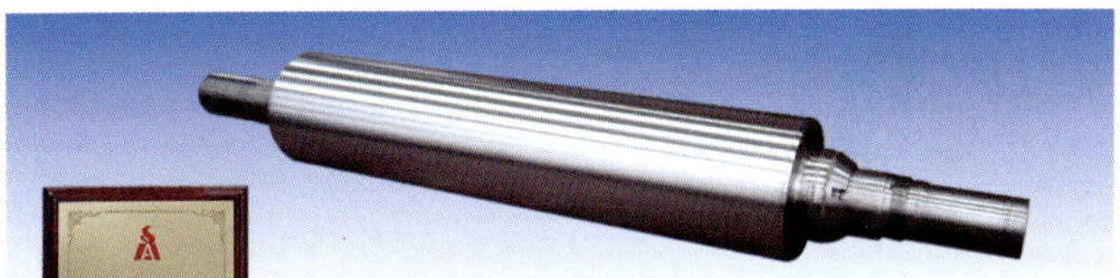

热轧精整机夹送辊、张力辊等高硬度轧辊的埋弧堆焊修复是我公司的专利技术，硬度 HRC60-64，无裂纹、气孔、夹渣等缺陷。被评为 2004 年上海市新材料优秀产品

热轧冷轧支承辊堆焊修复

堆焊修复冷、热轧支承辊系列，被评为 2004 年上海市新材料优秀产品。以浦钢厚板厂Φ2000?3400 精整机支承辊为例，辊重 107.7T，辊面剥落、磨损、裂纹失效，采用堆焊修复辊面，并已上机正常使用，得到用户认可。目前该大型轧辊的辊面堆焊修复为世界之首，已刊登在《宝钢日报》。我厂承修的同类产品还有安阳钢厂 78T、柳州钢厂 72T、新余钢厂 56T、无锡兆顺 40T 等不同规格的支承辊

风机叶轮修复

炼钢、高炉、煤焦除尘风机，主要失效形式为叶片磨损严重导致动平衡破坏，引起震动。更换堆焊耐磨叶片，使用寿命是超音速喷涂的 3 倍，粘陶瓷片的 2 倍以上，有效地改善平衡状态

上海华明电力设备制造有限公司，是一家致力于变电站高压电力设备的研究、开发、生产、销售为一体的民营高新技术企业。公司形成了集团化运作模式。现有员工 1000 余人，公司总部、技术研发中心、中试基地在上海普陀区，在奉贤成立了生产制造基地。

公司主营有载分接开关，产品的技术指标达到国内领先、国际先进水平，在该行业中已经成为国内第一、世界第二的企业。多项产品获得上海市科技成果奖及上海市新产品奖，获上海市名牌产品称号，成为国家电力公司推荐使用的品牌产品，也是国内唯一能与国际强国抗衡的企业，连续 5 年国内产品市场占有率超过 75%，同时产品出口到世界上 70 多个国家和地区。目前华明公司受理及授权专利超过 160 项，同时也是《分接开关》产品新版国家标准的起草单位。

为加速企业规模化的生产经营管理、集中税收，同时也符合普陀区在长征地块建设国际中小企业总部经济的规划，已在普陀区成立华明电力设备集团公司，建造华明总部基地，立即实施第一期工程——华明总部大楼，预计在 3~5 年内完成总部基地的建设工程，华明的发展将会有一个更大的飞跃。

上海华明电力设备制造有限公司

上海浦城热电能源有限公司

主控室

上海浦城热电能源有限公司是一家垃圾资源化的综合运营企业，管理国内首座千吨级生活垃圾焚烧发电厂——御桥生活垃圾发电厂和负责浦东城区垃圾收集与清运的上海浦发环境服务有限公司，实现了浦东生活垃圾收集、清运、焚烧和发电的产业链管理。

上海浦城热电能源有限公司为上海浦东发展（集团）有限公司和德国费赛亚巴高克环境工程公司共同出资经营管理的一家环保能源企业。该合作开拓了在城市基础设施领域的跨国合作先例，为开拓环保产业市场化道路进行了有益的探索。

公司依靠完善的管理和现代化的流程，实现了垃圾处理的减量化、资源化和无害化操作。2003 年－2006 年年均处理垃圾约 45 万吨，售电约 8680 万度。

采用拥有专利技术的炉排，通过使垃圾沿炉排表面向前移动、翻转、混合，使垃圾充分燃烧。

垃圾焚烧炉炉排

垃圾焚烧产生的热能通过加热余热锅炉中的水，并将水转化为水蒸汽，由水蒸汽推动汽轮机叶片，快速旋转的汽轮机带动发电机进行电磁转化，产生电能。

拥有一套先进的环保控制设备，确保生产的无害化和排放达标。

建成日处理能力 300 吨的渗沥水处理站，采用国际先进的专业渗沥水处理工艺，处理后达到上海市《污水综合排放标准》中三级标准排放，进一步改善环境质量体现，为中国生活垃圾发电厂的渗沥水就地处理树立了典范，也为同类项目再建提供良好的借鉴作用。

2006 年，通过 ISO9001 质量管理体系和 ISO14001 环境管理体系认证，进一步完善了标准化管理体系的建设，确立了绿色浦城的发展目标。

作为环保示范型工程和环保教育实践基地，我们积极承担起环保宣传和先进工艺展示的社会责任。每年接待约 2000 人次的参观访问。

伴随着浦东环保事业的发展，我们将继续为建设更美好的环境而努力。

主厂房

地址：浦东北蔡御桥路 869 号　邮编：201204　电话：68931581

上海金联热力供应有限公司成立于2007年3月，是由金山工业区管理委员会和杭州热电集团有限公司共同发起组建的、致力于节能减排事业的区域性集中供热企业。公司以环保理念，力争打造工业区绿色品牌，受到了各级领导的广泛关注。

公司一期工程投资4.88亿元，设计建设3台130t/h高温高压循环流化床锅炉，于2009年5月正式投产，成为金山工业区内基础配套供给企业，满足园区内各企业的用热需求。投产一年多来，公司热网已覆盖金山工业区及周边区域(亭林工业区、漕泾化工分区)，纳管用户达80余家，合同签订供汽量260t/h，目前公司热网工程随用热合同的签订，仍在持续建设中。

上海金联热力供应有限公司

国家水利部领导来公司调研指导工作

市经信委领导来公司指导工作

上海成信

建业节能科技有限公司

□ 上海成信建业节能科技有限公司是一家专门从事节能环保领域内的技术开发、技术咨询、技术服务、技术转让和节能设备生产、安装、销售的高科技公司，年产值约5000万元。公司主要针对我国烟草、电力行业的耗能现状和特点，制定出极富个性化的节能综合解决方案，为用户提供能效审计、方案设计、设备选型、工程施工、效果验证、技术培训、维护维修一条龙的项目化服务，使用户最终获得显著的经济收益。

□ 公司始终秉承“成就事业从信誉开始”的经营理念，经过多年的积极探索和良性发展，为社会和客户提供大量的优质产品和服务的同时，逐步锤炼和培育了“真诚、和谐、高效、创新”企业精神，塑造了独具特色的“成信”企业文化。公司的愿景：成为一家持续发展99年受公众尊重的公司、成为绿色、低碳一体化集成的领先者、成为可以实现价值与梦想的公司。

□ 节能公司自成立以来，一直致力于节能技术与设备的研究开发工作，通过自主研发及国内外同行的技术交流与合作，已发展成为一家在国内独具优势的节能设备提供商。目前已获得和正申报的专利技术共有十多项。

□ 上海成信建业节能科技有限公司具有完善的管理组织机构，现有办公室、人力价值部、营销中心、市场部、研发中心、财效管理部、知识产权部等部门在节能环保工艺开发、工程设计、设备生产、工程施工以及市场销售方面汇聚了杰出的专业人才，结合自身优势，投入大量资金进行开发及工程应用研究，致力于高效节能环保高新技术的开发应用，并申请了相应的技术发明和实用新型专利七项，其中热质大循环能量回收技术在相关领域处于国内领先地位。

□ 上海成信建业节能科技有限公司业务涉及节能环保设备研制生产，工程设计、承包、施工及运营管理，机械设备成套供货和销售等等，特别是在工矿企业能量回收领域等方面拥有大量工程业绩，客户遍及全国各地，取得了良好的经济效益和社会效益。

□ 多年的努力、坚持和积累，能量回收技术取得了娇人的成绩，在取得有限的经济效益的同时，我们更渴望获得的是无限的社会效益，作为上海市高新技术企业，公司还充分利用科技资源丰富的优势，与英国诺丁汉大学等国内外知名院校签定合作协议，开发科技含量高的节能环保新产品。

地址：上海市闵行区吴中路618号吴中大厦22层

邮编：201103

电话：0086-21-52199806

传真：0086-21-52198600

http://www.cxgroup.com.cn

成信节能

CHENGXIN ENERGY CONSERVATION

上海嘉麟杰纺织品股份有限公司

上海嘉麟杰纺织品股份有限公司(以下简称为SCT)成立于2001年，地处上海市金山区亭林镇亭枫公路1918号，法人代表黄伟国先生。经历次增资，SCT于2010年10月15日首次公开发行股票并在深圳中小板上市，正式登陆资本市场(股票代码：002486)，目前注册资本为20800万元。因在功能性运动面料、高档羊毛面料、起绒类面料等领域占有强大技术领先优势，使公司目前成为中国纺织工业协会理事单位、中国针织工业协会副理事长单位，并连续两次被评为“中国针织行业竞争力10强企业”。(2008-2009，2009-2010)

上海嘉麟杰纺织品股份有限公司以立足长远的企业发展战略思路、积极创新的管理理念、求真务实的技术探索，以及在节能环保方面强烈的社会责任意识取得了良好的经济和社会效益。

1. 经营业绩突出： 公司自2004年重组以来每年企业效益都有30%左右的增长速度，连续6年被评为“全国外商投资双优企业”，多次获得所在地区政府颁发的“工商业50强”、“纳税十强”等光荣称号。

2. 行业技术领先： 公司有两项技术分别获2007-2008年度中国纺织工业协会科学技术进步二等奖、三等奖，董事长黄伟国先生还当选了2008年度的中国纺织行业年度创新人物。公司的“导湿保暖空气夹层服装面料”获金山区创新基金项目及上海市重点新产品称号。在核心技术领域，目前公司已拥有授权的国家发明专利3项，已授权的实用新型专利5项。

3. 紧抓节能减排： 公司自 2005年至今年底将累计投资超过3000万用于改善节能环保设施，使公司万元产值能耗下降了20%以上，减排更是达到了50%以上。

在外贸出口的同时，公司依托高端功能性面料的制造优势，开始从研发生产环节向价值链下游延伸，并用自有资金培育出了自有户外运动品牌“Kroceus”。

未来的SCT将强化领先优势、进一步提高高技术、高附加值产品的比重，并适时向产业用布领域扩展。同时加快自有品牌建设，最终有望成为SPA(Specialty store retailer of Private label Apparel，设计生产品牌渠道一体化)业态的企业！

上海市工业综合开发区原名上海奉浦开发区，成立于 1994 年 5 月，区域面积 20.8 平方公里，其中包括占地 3 平方公里的国家级出口加工区——上海闵行出口加工区。

经过十多年的发展，开发区已经逐步形成了新能源、电子信息制造业、汽车零配件、输配电、生物医药五大支柱产业。截至 2010 年底，有 209 户工业企业入驻开发区（其中：外资企业 136 户，内资企业 73 户）。日本先锋、日野、电装、爱思帝、德国马勒、伦福德、瑞典奥托立夫、台湾创见、英国艾力克、晶澳、上海雷允上、凯宝药业等 20 个国家地区的知名企业相继落户开发区。

目前，开发区已进入功能性发展阶段，地理位置良好，基础设施完善，投资环境优越，工业和生产性服务业共同发展，开发区将为更多企业的落户提供优质的服务和良好的发展环境。

JINSHAN INDUSTRIAL ZONE
上海·金山
Shanghai Jinshan

金山工业区 Jinshan Industrial Zone

金山工业区是2003年9月由上海市人民政府批准成立的市级工业区，规划面积58平方公里，人口总规模27万人。经过多年的开发建设，工业区初步形成了以现代化新型工业为主导，专业化、特色化、规模化为产业集群的"园中园"发展模式，并将努力成为“环保生态、诚信法治、功能完善、和谐持续”的“三区一基地”，即：先进产业集聚区、科技进步先导区、体制创新示范区、建成“国家新型工业化产业示范基地”。

Jinshan Industrial Zone is a municipal-level industrial zone which was established with approval of Shanghai Municipal People's Government in Sept. 2003; it has a planned area of 58km2 and total population of 270,000 people. Through many years' development and construction, the industrial zone has formed preliminarily a "park in park" mode oriented by modern new-style industry and with specialization, characterization and scale as industrial cluster, and will strive to become "three zones and one base" of "environmental and ecological protection, good faith and legal mechanism, well-functional, harmonious and continual development", i.e., advanced industry gathering zone, scientific & technological development guiding zone and institutional innovation demonstration zone, and building a "national new-style industry demonstration base".

主导产业 Pillar Industries

- 生物医药产业
  Biological and pharmaceutical
- 食品加工产业
  Food processing
- 绿色印刷产业
  Green printing
- 电子信息、机械制造产业
  Advanced manufacturing and dlectronic information
- 新能源新材料产业
  New-type energy and energy-saving, environmental protection

• 国家绿色创意印刷示范园区	Notional Green Creative Printing Demonstration Zone
• 上海国家生物产业基地	Shanghai National Biological Industrial Base
• 国家科技兴贸创新基地（生物医药）	National Revitalizing Trade through Science & Technology Innovation Base
• 上海市高新技术产业化新材料产业基地	Shanghai New High-tech Commerrcialization New Materrial Industy Base
• 上海品牌建设优秀园区	Excellent Shanghai Brand Building Park
• 上海市企业服务优秀园区	Excellent Shanghai Enterprise Service Park

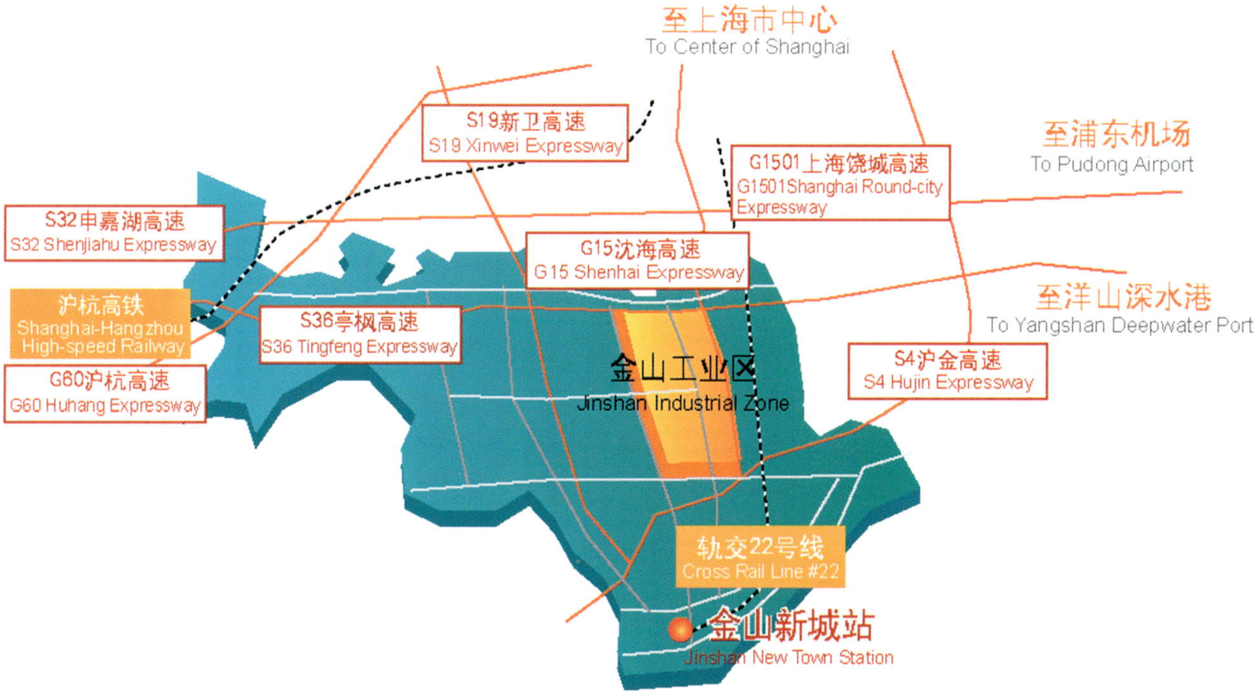

金桥开发区

金桥开发区紧紧围绕"调整产业结构，转变经济发展方式"的战略要求，以"优二进三"为发展主线，积极推进开发区转型升级，努力打造全国一流、行业领先、具有国际竞争力的新兴产业与高端产业创新园区。

2010年开发区经济保持高位运行态势，重点经济指标取得历史性突破，据《2010年上海市开发区综合评价报告》显示，金桥开发区综合发展指数位居全市第三、产业发展指数位居全市第一。2010年实现工业总产值2097.3亿元创历史新高，首次突破2000亿元，占浦东新区工业总产值24.7%，同比增长29.2%；完成营业收入3234亿元，同比增长21.8%；完成税收收入252.44亿元，同比增长53.2%；完成出口交货值393.85亿元，出口率19.0%，金桥工业对出口的依存度明显减弱。汽车及零部件、电子信息整机及配套件、家用电器及配套件、生物医药及食品四大重点发展行业产值继续稳步上升，完成工业产值1864.88亿元，占开发区工业总产值的88.92%。以通用、联合汽车电子等为龙头的汽车产业实现产值979.56亿元，成为开发区第一个近千亿级的产业。

2010年开发区工作呈现"四大特点"。一是以结构调整为切入点，转变开发区发展方式。坚决淘汰"高能耗、高污染、高危险、低效益"产业，完成三洋杰电池等10家企业迁移和关闭工作，降低能耗4384吨标煤。加大创建国家现代ICT产业创新基地步伐，积极申报国家新型工业化产业示范基地。积极推进国家生态工业示范园区创建，顺利通过国家环保部、商务部、科技部及专家组联合验收，促进开发区从工业文明向生态文明转变。二是以招商引资为突破点，增强开发区发展后劲。举办金桥开发区经济发展情况说明会、（东京）招商推介会和新能源汽车产业发展现状与挑战研讨会，不断扩大招商影响力。全年完成合同外资6.35亿美元，实到外资2.63亿美元，内资注册资本10.85亿元。大唐电信产业园等一批具有行业增长潜力的生产性服务业项目和地区总部相继投入运营，提升了金桥产业复合发展优势。三是以项目引进为着力点，形成开发区新的产能。落实项目跟踪服务制度，展开项目洽谈、开工建设、投产达效等全程督导和服务，及时分析项目开工过程中存在的问题，妥善处理项目建设中遇到的各类矛盾，确保重点项目"早落地、早开工、早产出"。四是以强化服务为结合点，抓好开发区亲商稳商。健全对口联系开发区重点企业制度，启用开发区投资服务中心，主动为进区企业提供全方位服务。积极推进金桥南区"分批进出区、集中报关"通关模式，拓展保税物流功能。

以“优二进三”为发展主线，积极推动开发区转型发展

2010年，上海青浦工业园区坚持以科学发展观为统领，坚决贯彻落实市委、市府的战略部署，在青浦区委、区政府的正确指导及市区各有关部门的大力支持下，一手抓"一园三区"分设的平稳交接，资产划分、财力分配和人事调整，一手抓转型发展，注重优化产业结构，培育新经济增长点，进一步优化投资环境，确保各项工作有序推进，基本完成了区政府下达的各项工作目标。

15年来，青浦工业园区紧紧围绕大局，一心一意谋发展，聚精会神抓建设，探索奋斗、艰苦创业，取得了经济建设和社会发展的丰硕成果。

15年来，青浦工业园区按照"四个聚焦"、科学选资的招商策略，围绕主导产业，大力引进精品项目，大力发展先进制造业，经济结构不断优化，综合实力逐步增强。

15年来，青浦工业园区已完成20平方公里区域的项目布点，30平方公里的"九通一平"，40平方公里的"四横六纵"道路框架，一个集生产、生活、生态于一体的、现代化的先进制造业开发区已经形成了初步框架和一定的规模。

15年来，青浦工业园区大力倡导"人人都是投资环境"的理念，全力打造"亲商、安商、富商"的投资软环境，在宣传推介、招商引资和服务企业等方面积累了丰富的工作经验，涌现出了一批又一批的招商标兵、服务明星，打造了一支有一定经验和水平的管理队伍。

一、10年经济目标　创新记录

税收收入：全年完成46.11亿元，同比增长27.4%，完成区下达任务的109.27%；地方收入完成19.49亿元，同比增长24.5%，完成区下达任务的107.68%。其中：园区集团公司完成税收收入约32.27亿元，地方收入完成约13.6亿元。

规模产值：全年完成规模以上工业总产值656.3亿元，同比增长27.4%。其中：园区集团公司完成规模以上工业总产值388.5亿元，同比增长25.1%，完成区下达目标的104.7%。

二、主攻重点项目　收效显著

10年我们继续针对龙头性企业开展招商。上半年成功与美国斯伦贝谢签约，国家级研发项目国核电和21所顺利引进，下半年又顺利与日本AMADA株式会社、德国永恒力和天玑科技等3家行业龙头企业签订投资协议；11月份又借青浦工业园区成立十五周年的东风与南大苏富特等20家企业签约，涉及生物医药、新能源、精密机械、软件信息、物联网以及总部经济等领域。

三、总部基地推进　扎实有力

总部基地建设，采用边规划、边建设、边招商的方式，委托专业设计公司进行方案设计，并邀请市经信委、区经委、区规土局及部分企业家代表一同参与完善设计方案。同时，积极与市有关职能部门加强沟通联系，9月份获上海市总部经济促进中心认证，被授予"上海淀山湖总部基地"；生产性服务业功能区正在市五部委流转审批中。目前，已有日立电梯、尤妮佳、润盈生物、AMADA等一批企业设立了研发中心，另有一批内外资企业都对在园区设立总部基地表示出强烈的投资意向。

四、中央商务区　凯歌高奏

呼应青浦"产城联动"实施方案，岛区动迁顺利推进。集团公司与街道紧密合作，对岛区46户动迁户实行了统一评估、统一签约、统一搬离、统一拆除等"四统一"的阳光动迁，动迁户得到妥善安置，为中央商务区的开发奠定扎实的基础。

功能配套日趋完善。园区坚持高品质开发，引进有品牌的房产公司对中央商务区进行开发。目前，已建成27万平方米住宅。同时，岛区西侧110亩和富力东侧63亩住宅用地分别挂牌交易，通过建设高层次的商务居住区，进一步提升了园区的层次，优化了投资环境。

五、企业服务　如火如荼

青浦工业园区在去年实施"服务年"的基础上，2010年开展了百家落户企业服务结对子活动，进一步探索服务企业的长效机制。由班子领导、部门负责人与百家落户企业结成对子，实施当好"三个员"（宣传员、服务员、发展员）和开展"三个比"活动，同时，举办中秋赏月活动和落户企业座谈会，与落户企业进行交流沟通，解决企业的实际困难，在广大落户企业中取得良好社会反响。2010年获得上海市"企业服务优秀园区"和上海市品牌优秀园区称号。

上海青浦工业园区

【上海市莘庄工业区】于 1995 年 8 月 5 日经上海市人民政府批准为市级工业区，目前总规划面积为 17.88 平方公里。已完成所有村级集体经济改制，成立了股份合作社。现在辖区内共有 9 个居委会，户籍人口 2 万余人，外来人口约 3 万人，总人口达 5 万余人。

经过十多年的发展，工业区基本形成“4+2”的产业格局。4 个重点产业——电子信息行业、机械及汽车零部件、重大装备制造、新材料及精细化工；2 个产业高地——平板显示产业基地、航天研发新区；今后还将大力发展新能源和生物医药。目前工业区正在积极推动产业结构调整，规划 2 平方公里，实施生产性服务业集聚区建设，充分利用已落户的企业资源，依托三大支柱产业和两大产业高地，引进商务服务业、跨国公司与民营企业总部、保税营销中心、研发中心、高科技产业项目等，以高科技、高生态、高人文的理念，营造人与自然和谐共生的环境，将生产场所与交流场所融为一体，将工作场所交融于自然之中。

在过去的几年里，工业区先后通过了国际标准的环境管理体系、质量管理体系以及职业健康安全管理体系认证，成为全国首家同时拥有这三项资格认证的“三优”工业园区。经过几年的努力，国家生态工业示范园区创建工作通过国家有关部门的验收，成为了全国第 7 家、上海首家国家生态工业示范园区。同时，工业区又被国家发改委列为第二批国家循环经济试点单位。最近，还在开展创建上海市知识产权试点园区工作。这几项工作的开展，将使工业区的经济，在统筹人与自然、和谐发展的更高层次上得到进一步发展。

2010 年，莘庄工业区完成增加值 179.8 亿元，同比增长 37.7%；实现财政总收入 49.9 亿元，同比增长 21%；地方财政收入 12.1 亿元，同比增长 16.7%。引进合同外资 2.7 亿美元，同比增长 143%；到位资金 1.8 亿美元，同比增长 61%，另外与莘庄镇联动项目合同外资 2000 万美元；内资注册资本 26 亿元人民币，同比增长 49%。截至 2010 年底，园区共吸引外商投资总额 66.3 亿美元，合同外资 27.7 亿美元，到位外资 18 亿美元；落户园区的外资企业 350 家，主要是欧美企业和日本企业（占 80% 左右），其中世界 500 强企业 42 家，投资额 1000 万美元以上企业 94 家，研发企业 53 家（含内设研发部门的企业）；内资方面，园区有包括航天、船舶等国有大中型企业、科研院所 100 多家。

宝 山 有 宝 · 罗 泾 有 金 · 投 资 罗 泾 · 前 程 似 锦
培育1000个
千万富翁的五星之家
5星之家
奉献 执着 开拓 和谐
上海宝山经济发展区
SHANGHAI BAOSHAN PRIVATE ECONOMIC ZONE

杨王是一片充满生机和活力的热土，位于奉贤区中部地区，毗邻上海市南桥新城。A4、A30 两条高速公路贯穿境内，规划中的上海轻轨 8 号线在园区内设站点，连接黄浦江和杭州湾的黄金水道—金汇港运河，在园区相会。水路、陆路交通运输十分便捷。

多年来杨王工业园区致力于优化投资环境，水、电、气、通讯等配套设施一应俱全。吸引了众多国内外投资者入户杨王创业发展。形成了以新能源产业、文化产业、输配电产业、汽配产业、机械制造产业、环保产业、建筑装潢产业、服装鞋帽产业等八大支柱产业，10000 多个品种的产品畅销国内外市场。另外，杨王拥有农业生态特色的集旅游、观光、娱乐、休闲产业区。

2010 年，杨王在商贸型企业招商取得的成绩主要有，一是新增商贸型企业注册登记 368 户，比上年增加 281 户，完成了区招办下达的年度(300 户)任务指标、超额完成 68 户；二是新增商贸型企业纳税总额 1883 万元，完成了区招商办下达的 1180 万元年度任务指标。超额 700 万元，按指标超 60%；三是新增纳税商贸型企业 122 户，比上年增加 92 户，完成了区招办下达的年度任务指标 68%。

上海奉贤
杨王工业园区

位于徐汇区罗城路258号的上海龙华工业有限公司成立于1979年，是一家有着近三十多年发展历史、颇具规模的投资性管理公司。公司的主营业务是对外投资和园区的开发建设与管理，公司拥有占地约880亩的两大工业园区，分别被区商务委认定为徐汇区五星级产业园区和三星级产业园区，还有一批与上汽集团合资组建的企业，著名的有上海三电贝洱汽车空调有限公司，该公司生产的汽车压缩空调机占全国市场的70%以上。公司全年实现工业收入达11.8亿元，利税1亿元，全年租金收入4000万元。时值"十二五"计划启动之际，公司将以新形势下创新驱动、转型发展为要求，努力将两大园区打造成市级工业基地，实现在资源有限的条件下，向空间要发展，为园区的二次转型、二次发展打下良好基础。

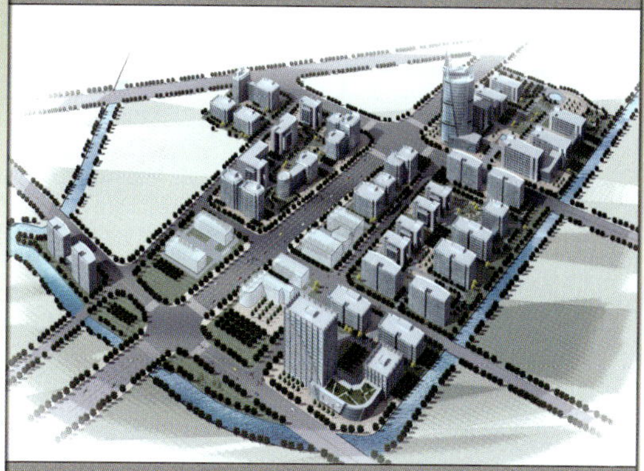

华泾工业园区 规划设计方案

公司两大园区：关港工业园区和华泾工业园区，分别由下属二级公司上海关港科技发展有限公司和上海龙华实业有限公司负责开发和管理。

关港工业园区是徐汇区第四板块建设的重要组成部分，位于徐汇区西南端，于2001年5月启动开发，园区总占地面积34.76公顷(521.4亩)。园区建设以"绿色、生态"为规划理念，已建成14.5万m2建筑面积的标准厂房，绿化率达35%以上。园区以生物医药、电子信息、新材料、现代服务业等高附加值、无污染为主要产业导向进行招商，已形成一定的产业集聚度。

园区2007年通过ISO9001：2008质量管理体系的认证，经徐汇区商务委认定为2009年度五星级产业园区。

华泾工业园区是徐汇区华泾镇1993年就开发的老工业园区，园区总占地面积358.81亩，总建筑面积15万平方米，出租率100%。其中国家级的上海市纳米技术产业化基地和华东理工大学科技园就落户于华泾工业园区。

园区通过ISO9001：2008的质量管理体系认证，经徐汇区商务委认定为2009年度三星级产业园区。

两大园区已整合一起正在向市里申报上海华泾生产性服务业功能区产业规划，为此，公司专门投资约5000万元重新对两园区的环境及基础设施进行了整治，园区面貌得到了彻底的改善。未来园区的发展公司将紧紧围绕政府产业导向的要求，转变经济发展方式，实现转型发展，让园区真正发挥其经济载体的作用，实现工业向园区集中，产业向园区集聚的战略思想，提升园区经济的贡献率。

招商联系电话： 54354049　54364398×19
传真： 54354048
网址： http://www.shlhgy.com
邮箱： shlonghua@shlhgy.com

富荣经济区
FURONG ECONOMIC ZONE

上海富荣经济区，创立于一九九五年六月，十几年的风雨兼程，经济区从蹒跚起步到羽翼渐丰；十几年的携手共进，经济区由点点星辰至宾客云集。十几年来，在小区落户的企业达到3300多户，创造税收9亿多元；建造标准厂房12万平方米，并逐步形成了以服装针织为行业集聚的，松江区第一家专业特色园区，拥有春竹，梦特娇等知名品牌服装企业几十家。

在注重招商引资工作的同时，小区也特别注重企业文化的建设。提出了诚信为本，服务至上的富荣理念，树立了坚韧谦卑，务实进取的富荣形象。与此同时，小区已于2007年9月通过了ISO质量管理体系认证，这一认证工作不但理顺了我们企业内部发展的运行机制，而且全面提高了企业整体素质，完善了企业的管理模式，为我们小区以后的发展提供了坚实的基础。

正是这种和谐进取的氛围与我们富荣员工的不断努力，十几年来，小区获得了不少荣誉和成绩。其中包括上海市红旗文明岗的市级荣誉，松江区先进经济小区等区级荣誉十一次，还有其他荣誉等。携手叶榭，携手富荣，我们富荣园区真心希望与你一起携手，共同努力，共同创造我们的美好明天！

地址：松江区叶榭镇叶旺路1号（都市工业大厦）3楼　邮编：201609
电话：57808718 57808400 57808720　传真：57808718 57808720
网址：www.shfurong.cn　E-mail: shfurong@sj.net.cn

崇明工业园区

崇明工业园区原为1994年3月成立的县外商投资开发区，1996年2月经上海市人民政府批准，成为第一批批准建设的综合性市级工业园区，并享受海岛所特有的"自收自支、以岛养岛"优惠政策。

园区规划总面积9.97平方公里，地理位置优越，东与城桥新城毗邻，紧靠中心城区，南依崇明最大港口南门港，北连岛上交通大动脉陈海公路，周边交通极为便利。

建园十多年来，园区严格按照"高起点规划、高标准建设、高速度推进"的总体要求，坚持"突出重点、集中力量、分步实施"的原则，大力实施基础设施建设，区内道路宽敞、环境优美，先后荣获"上海市高科技产业基地"和"上海市科技园区"称号，2003年又通过ISO质量管理与环境管理两项认证。2003年起，连续四届被授予"上海市文明单位"称号。为招商引资工作的顺利开展做好了准备，为落户企业的发展创造有利条件。目前，共引进注册企业5000多家、落户企业46家，已成为促进崇明经济发展的重要增长点和崇明岛重要的工业集聚地之一。

随着崇明国家级生态岛建设的不断推进和上海隧桥的通车，园区将根据崇明建设发展成为现代化生态岛的总体定位，将加快招商引资步伐，通过引进国内外高新技术项目，调整、优化崇明现有工业结构，推动全县工业企业实现科学管理，并充分利用自身特有的地理位置和资源优势，依托城市大工业，致力于发展技术含量高、附加值大、无污染的劳动密集型项目，积极打造汽车零部件生产基地和总部经济园，为建设和发展有崇明本土特色的生态工业园区而努力。

中国企业500强　中国物流百强企业第二名

中铁快运
China Railway Express Co., Ltd.

上海分公司简介

中铁快运上海分公司是铁道部直属专业运输公司中铁快运股份有限公司的下属18个分公司之一，经营区域涵盖长三角地区上海、江苏、浙江和安徽三省一市。下设39个车站、市区、分拨配送、快运专列、物流基地、列车乘务等不同类型的营业部，300多个自营、专营及代理经营网点。分公司目前拥有沃尔沃、依维柯、五十铃等各类运输车辆近500辆，全国各方向铁路始发车150列，行包、行邮专列8对，公路干支线24条，初步形成了以华东地区东陇海、京沪、沪杭、浙赣、皖赣等5730公里铁路干支线为支撑，以多条公路干支线为补充，以上海、南京、杭州、合肥等大中城市为节点，向全国扩张渗透的综合运输网络、经营网络和配送网络。2010年通过ISO9001：2008标准质量体系认证。

我们始络秉承“安全、准时、经济”的经营宗旨和“为客户创造价值”的服务理念，不断提升经营能力和服务水平，热诚为广大企业和客户提供运输、配送、仓储、包装和运费到收等一体化物流服务，努力打造中国物流企业优秀品牌。

第二十一届中国国际自行车展览会

THE 21ST CHINA INTERNATIONAL BICYCLE & MOTOR FAIR

中国国际自行车展览会（CHINA CYCLE）由中国自行车协会主办，上海协升展览有限公司承办。自1990年成功创办以来，经过二十年的努力和不断探索、创新，现已成为世界三大自行车品牌展之一，中国乃至亚洲地区规模最大、产品覆盖面最广、专业活动最丰富，能代表国内外行业发展水平的专业化国际性展览会，被全球行业领导者视为两轮车行业的首选商贸平台，成为高品质自行车展的代名词。

以“低碳出行、骑乐无穷”为主题的“第二十一届中国国际自行车展览会”（CHINA CYCLE 2011）于2011年5月4日-7日再次亮相于上海浦东新国际博览中心。展会向人们展示国内外自行车产业的新产品、新创意和新潮流，并共同为自行车产业发展与进步构建最具号召力和吸引力的集展览、交流、资讯、文化、竞赛为一体的多功能综合平台。

实现三大突破CHINA CYCLE再上历史新台阶

一、规模堪称历届之最，展会实现新的超越

中国国际自行车展览会（CHINA CYCLE）的雏形原是中国自行车协会无锡理事会会议中的一个议程“新产品零部件展示会”，1990年首次举办时的展出面积不到100平方米。1993年，作为展会主办方的中国自行车协会果断决定把展会移师上海，并正式定名为“中国国际自行车展览会”，展会规模发生了翻天覆地的变化。CHINA CYCLE 2010的规模已发展到了的1117 家参展商、4778个展位，100,000平米展出面积，观众人数更是达到了创纪录的102,022 人次。

第二十一届中国国际自行车展览会（CHINA CYCLE 2011）实现了历史性超越，规模堪称历届展会之最，九大展馆、110,000万平方米的展览面积，5,300个展位，吸引来自国内外的1200家企业共同参与，已超越了07年自行车展九大展馆、5,200个展位的规模，但仍有近300多家国内外预参展企业订不到展位，企业的参展热情与主办方可提供的展览面积形成了反差。

二、全面推进国际交流与合作，国际化实现新的突破

作为全球顶级自行车展会，第二十一届中国国际自行车展览会（CHINA CYCLE 2011）将汇集全球两轮车产业领先品牌，倾力打造全球贸易盛会。随着展会带来的巨大影响，外国同行已经把进入中国大陆、寻求合作企业的目标锁定在了CHINA CYCLE上，国外参展商参展热情空前高涨，国外采购商数量也在逐年的增加。

CHINA CYCLE 2011吸引了来自意大利、瑞士、荷兰、法国、德国、美国、葡萄牙、西班牙、英国、丹麦、日本、韩国、印度、巴基斯坦、中国等国家以及香港和台湾地区的知名厂商报名参展。海外参展国家数由去年的14个提升至18个，新增了西班牙、葡萄牙、加拿大和马来西亚，海外参展企业数则由去年的61家增至72家，而印度和台湾地区此次更是组团前来参展。与去年相比，无论是海外参展企业数还是海外参展国家数都已实现了历史性的突破，展会国际化程度进一步提升。除此之外，展会主办方上海协升展览有限公司2010年成功收购专门从事海外大型自行车展览会组展工作的海兰基国际展览（北京）有限公司，使其成为了中国国际自行车展览会对外宣传、招展的新生力量，为促进中国自行车企业与世界各国同行间的经济和文化的交流合作提供更全面的服务。

三、提升产业文化品位，自行车展览文化再上新的台阶

在中国，绿色出行、低碳生活方式正受到越来越多人的推崇。让自行车展览文化成为驱动自行车产业转型升级的新引擎，为自行车产业注入新的生机与活力。

第二十一届中国国际自行车展览会在为展商和专业观众构建交流贸易平台、展示国内外自行车产业新产品、新创意和新潮流的同时，同期举办“2011中国国际极限运动单车大师赛”、“CHINA CYCLE 2011创新产品评选”、“极速PK室内骑行赛”、“骑行台1分钟竞速赛、3分钟里程赛”、“世界品牌自行车试骑区”、“中国自行车展览会车友文化节”等多项现场活动，并免费对自行车爱好者与普通观众开放。这一系列的活动使展会的可看度更高，展会的整体效益得到提升。精彩纷呈的自行车文化为展商和观众搭建一个以文化驱动展会、展会带动产业循环发展的新平台。

图书在版编目（CIP）数据

2011上海工业年鉴 / 上海市经济和信息化委员会编.
—上海：上海社会科学院出版社，2011
ISBN 978-7-80745-903-3

Ⅰ. ① 2… Ⅱ . ①上… Ⅲ . ①工业经济 − 上海市
−2011 − 年鉴Ⅳ . ① F427.51-54

中国版本图书馆 CIP 数据核字（2011）第 142640 号

上海工业年鉴（2011）

编　　者：上海市经济和信息化委员会

责任编辑：董汉玲
封面设计：上海宝华会展服务有限公司
出版发行：上海社会科学院出版社
（上海市淮海中路 622 弄 7 号　电话 63875741　邮编 200020）
（http://www.sassp.org.cn　E-mail:sassp@sass.org.cn）
经　　销：新华书店
印　　刷：上海市徐浦包装印刷厂
开　　本：889 × 1194 毫米　1/16 开
印　　张：36
插　　页：12
字　　数：942 千字
版　　次：2011 年 7 月第 1 版　2011 年 7 月第 1 次印刷
印　　数：0001-3800

ISBN 978-7-80745-903-3/F · 175　　定　价：280.00 元